全国企业管理现代化创新成果

（第二十五届）

中国企业联合会管理现代化工作委员会　编

图书在版编目(CIP)数据

全国企业管理现代化创新成果:第二十五届/中国企业联合会管理现代化工作委员会编.—北京:企业管理出版社,2019.3
ISBN 978－7－5164－1916－8

Ⅰ.①全… Ⅱ.①中… Ⅲ.①企业管理－现代化管理－创新管理－成果－汇编－中国 Ⅳ.①F279.23

中国版本图书馆 CIP 数据核字(2019)第 049647 号

书　　名	全国企业管理现代化创新成果(第二十五届)
作　　者	中国企业联合会管理现代化工作委员会
责任编辑	郑　亮　黄　爽　田　天
书　　号	ISBN 978－7－5164－1916－8
出版发行	企业管理出版社
地　　址	北京市海淀区紫竹院南路 17 号　　邮编:100048
网　　址	http://www.emph.cn
电　　话	编辑部(010)68701638　发行部(010)68701816
电子信箱	qyglcbs@emph.cn
印　　刷	河北宝昌佳彩印刷有限公司
经　　销	新华书店
规　　格	210 毫米×285 毫米　　大 16 开本　　93 印张　　2679 千字
版　　次	2019 年 3 月第 1 版　　2019 年 3 月第 1 次印刷
定　　价	380.00 元(上、下册)

版权所有　翻印必究·印装有误　负责调换

全国企业管理现代化创新成果（第二十五届）

顾　　问： 王忠禹

主　　编： 邵　宁　朱宏任

副主编： 于　吉　于　武

专家组成员：（按姓氏笔画排序）

王　辉	王　毅	王刊良	王利平	王其文
王继承	邓　洲	宁连举	刘丽文	吕　萍
吴少平	吴剑锋	吴贵生	宋毓钟	张文彬
杜莹芬	陆　燕	周应堂	周绍朋	罗　鹏
郑明身	赵剑波	徐东华	高红岩	崔永梅
崔新健	黄津孚	焦　豪	程多生	蔡曙涛
蔺　雷	魏秀丽			

全面提升管理水平 推动企业高质量发展

——在 2018 年全国企业管理创新大会上的讲话

中国企业联合会、中国企业家协会会长　王忠禹

各位代表、同志们：

首先，我代表中国企业联合会、中国企业家协会，向荣获第二十四届全国企业管理现代化创新成果的企业和创造人表示热烈祝贺！

2018 年是贯彻党的十九大精神的开局之年，是实施"十三五"规划承上启下的关键一年。党的十八大以来，中国企联先后组织召开了五次全国企业管理创新大会。借此机会，我对党的十八大以来企业管理创新做一简要回顾，并就新时代如何贯彻落实新发展理念，全面提升管理水平，促进企业高质量发展谈几点意见，供参考。

一、我国企业管理创新取得的主要进展和成就

党的十八大以来，在以习近平总书记为核心的党中央坚强领导下，广大企业主动适应经济发展新常态，全面贯彻落实新发展理念，以推进供给侧结构性改革为主线，以提高发展质量效益为中心，全方位推进企业管理创新，企业发展取得了显著成效。

（一）践行新发展理念，企业发展呈现新气象

发展理念是发展行动的先导，决定着企业的使命、战略和行为。2015 年 10 月，党的十八届五中全会提出，必须牢固树立创新、协调、绿色、开放、共享的发展理念。习近平总书记系统论述了"五大发展理念"深刻内涵，指出牢固树立并切实贯彻"五大发展理念"，是关系我国发展全局的一场深刻变革，攸关"十三五"乃至更长时期我国的发展思路、发展方式和发展着力点。广大企业认真践行新发展理念，以理念转变引领发展方式转变，以发展方式转变推动发展质量效益提升，企业发展呈现新面貌新气象。从企业规模来看，2017 年中国企业 500 强入围门槛为 283.11 亿元，较上年大幅提升了 39.65 亿元，提升幅度是 2002 年首次发布以来最大的。2017 年中国企业 500 强的资产总额达到了 256.13 万亿元，是 2013 年的 1.7 倍；营业收入总额达到了 64 万亿元，是 2013 年的 1.28 倍。2007－2017 年的十年间，中国企业进入世界 500 强的数量由 30 家上升到 115 家，增长了 3.8 倍，远超日本，与美、欧的差距日益缩小。

（二）扎实推进供给侧结构性改革，企业效益明显改善

供给侧结构性改革，改的是体制、调的是结构、变的是企业。近年来，广大企业以壮士断腕的决心和勇气，树立"以减为增，增减都是提效；以退为进，进退都是发展"的理念，承受关停并转和结构调整的短期阵痛，换取"浴火重生"的长远发展，扎实推进化解过剩产能、处置"僵尸企业"、兼并重组等各项重点工作，取得了很好的效果。五年来，累计退出钢铁产能 1.7 亿吨以上、煤炭产能 8 亿吨，安置分流职工 110 多万人。仅中央企业就完成了 1200 多户"僵尸企业"处置和特困企业治理。企业各项经济指标全面优化。2016 年年末，规模以上工业企业资产负债率为 55.8%，比上年下降 0.4 个百分点，2017 年进一步下降为 55.5%；2016 年利润增幅实现由负转正，比上年增长 8.5%；2017 年增速进一步加快，比 2016 年增长 21%，是 2012 年以来增速最高的一年。

（三）深入开展新一轮国企改革，企业经营活力增强

党的十八大以来，我国国企改革加速推进，取得积极进展。一是国有资本布局更加优化。五年来，持续推进国有企业结构调整，仅中央企业就累计压减各级企业法人8390户，完成18组34家企业重组，国务院国资委管理的中央企业数量由117家调整为98家。二是现代企业制度进一步健全。中央企业集团层面公司制改制基本完成，全国国有企业改制面达到90%以上。省级国有企业超过80%建立了董事会，绝大部分中央企业建立起规范的董事会。三是混合所有制改革积极推进。中央企业及其下属企业中混合所有制企业占比超过70%，省级国有企业及其下属企业中混合所有制企业占比接近50%。四是市场化经营管理机制更加完善。随着国有企业功能界定、分类改革全面展开，企业的发展决策权、经理层成员选聘权、业绩考核权和薪酬、职工工资分配及重大财务事项等经营管理权限逐渐落实，企业经营活力明显增强。2017年国资监管企业累计实现营业收入50万亿元，同比增长14.7%；实现利润总额2.9万亿元，同比增长23.5%；上缴税费总额3.7万亿元，同比增长11.5%。国有企业资产总额、收入、利润等主要经济指标创历史最好水平。

（四）加快实施创新驱动发展战略，企业竞争力提升

习近平总书记多次指出，实施创新驱动发展战略就是推动以科技创新为核心的全面创新，坚持需求导向和产业化发展方向，建立企业在科技创新中的主体地位。广大企业抓住世界科技革命和产业变革的战略机遇，大力实施创新驱动发展战略，取得了突出成绩。一是科技创新硕果累累。2016年，企业投入的研发经费已占到全社会的77.5%。企业申请发明专利28.7万件，占企业专利申请总量的40.1%。发明专利拥有量为77万件，比上年增长34.2%。一批中国企业由跟跑转向并跑、领跑，成为具有国际竞争力的创新型企业。二是新业态、新模式层出不穷。越来越多的中国企业适应数字化、网络化、智能化的发展趋势，大力推进业态创新、商业模式创新和管理创新，焕发出生机与活力。比如海尔，30多年来持续推进管理创新，创造的管理经验多次被审定为国家级企业管理创新成果，张瑞敏同志先后三次登上哈佛大学讲堂，在国际舞台上展现中国企业管理的风采。同时，新业态、新模式的出现也催生了一大批快速成长的新兴企业。根据科技部火炬中心等单位发布的报告，2017年中国独角兽企业已经达到了164家，比上年新增62家，总估值达到6284亿美元。这些企业都是在中国境内注册、成立时间不超过10年且尚未上市、企业估值超过（含）10亿美元的企业。

（五）积极参与"一带一路"建设，企业海外经营实现新拓展

"一带一路"倡议提出以来，广大企业积极响应。既包括中央企业、地方国有企业，还包括大量的民营企业、中小企业。2017年，我国企业对沿线国家直接投资144亿美元，在沿线国家新签承包工程合同额1443亿美元，同比增长14.5%。其中，中央企业参与投资合作项目就达到1700多个。肯尼亚蒙内铁路、中老铁路首条隧道等一批重大基础设施项目建成竣工。越来越多的中国企业将"中国制造""中国建造""中国服务"的品牌树立在沿线国家，促进了当地经济社会发展和民生改善。

二、全面提升管理水平，推动企业高质量发展

党的十九大确立了习近平新时代中国特色社会主义思想，标志着中国特色社会主义进入了新时代，这是我国发展新的历史方位。我们要深入学习贯彻习近平新时代中国特色社会主义思想，增强政治意识、大局意识、核心意识、看齐意识，坚定维护以习近平总书记为核心的党中央权威和集中统一领导，在思想上、政治上、行动上同以习近平总书记为核心的党中央保持高度一致，贯彻落实新发展理念，着力推进企业改革创新，全面提升经营管理水平，促进企业高质量发展。

（一）以新时代新思想为指导，推进企业战略转型

一是准确把握我国经济发展阶段的新变化。当前，中国经济发展进入新阶段，基本特征就是由高速增长阶段转向高质量发展阶段。高质量发展就是体现新发展理念的发展，是能够很好满足人民日益增长

的美好生活需要的发展,是创新成为第一动力、协调成为内生特点、绿色成为普遍形态、开放成为必由之路、共享成为根本目的的发展。对企业来说,要实现高质量发展,不仅要提高产品和服务的质量,更重要的是通过理念、目标、制度、业务、产品到具体工作的全方位变革和创新,全面增强企业综合素质和发展能力。二是准确把握我国社会主要矛盾的新变化。我国社会主要矛盾已经转化为人民日益增长的美好生活需要和不平衡不充分的发展之间的矛盾,这是关系我国发展全局的历史性变化。为此,党的十九大做了全面部署,提出了许多重大战略。这些部署和战略蕴含了巨大的发展机会和潜力。作为企业,要认真研究,主动将企业战略和国家的大战略相契合,在积极落实国家战略部署的过程中,实现企业新的更高质量的发展。

(二) 扎实推进企业创新,实现创新驱动发展

习近平总书记指出,企业持续发展之基、市场制胜之道在于创新。大量实践证明,企业的创新既包括创造新企业、新产品、新技术和新模式,还包括对现有企业、产品、设备、工艺、生产线等的深刻改造。一是要切实增强原始创新能力。当前,我国技术整体上已经迈入到以自主创新为主的新阶段,再期望大规模引进国外正在使用或储备的先进技术已经不现实,必须靠自力更生、自主创新。我们要主动面向世界科技前沿、面向国民经济主战场、面向国家重大需求布局创新,具有立足世界科技创新潮头的魄力和勇气,主动融入全球创新网络,努力攻克更多前瞻性、原创性、颠覆性的技术和产品,切实增强原始创新能力。载人航天、深海探测、高速铁路、特高压输变电、新一代移动通信、华龙一号等就是这方面的典型代表。二是要瞄准传统产业和存量企业,大力开展技术改造升级。存量改造相对于新建投资少、见效快。要顺应未来发展方向,大力实施技术改造升级,全面提高产品、技术、工艺装备、能效环保、质量效益和本质安全水平,通过引入新技术、新管理、新模式,老企业、老设备、老产线焕发新生机。三是要积极开展模式创新。主动抓住科技与产业变革的新机遇,大力发展共享经济、数字经济、智能制造、3D打印、工业互联网、大数据挖掘、物联网应用、移动支付、互联网金融、信息服务等新业态、新产品和新模式,塑造新优势,培育新增长点。

(三) 全面提升经营管理效率,实现高效益发展

在市场经济条件下,效率就是竞争力,是实现高质量发展的必由之路。企业的效率涉及方方面面,需要系统推进。一是提高资本配置效率。以市场为导向,以企业战略规划为引领,围绕优质业务、核心业务和战略性业务,积极推进横向联合、纵向整合和专业化重组,优化供给质量,提升资本配置效率。二是提高管理效率。加快推进管理信息化,以信息化推动企业组织变革和流程再造,打造信息系统集成、数据共享、协同高效的线上经营管理平台,实现管理的精准化和高效化。三是提高生产效率。适应生产方式柔性化、智能化和服务化的发展方向,积极探索各种新型生产制造方式,大幅提高生产效率和产品品质。四是提高资源能源利用效率。绿色发展是高质量发展的重要特征。要将绿色发展理念融入企业生产经营的各个层面,积极开展产品、生产线、工艺装备、环境设施、资源能源利用等方面的低碳化、集约化、高效化改造,实现能源资源的高效循环利用。

(四) 大力提升质量和品牌,实现优质发展

质量是企业的生命线和生存基础,是高质量发展的本质要求。一是要树立质量第一的理念。把质量作为企业发展的核心价值导向和经营底线,贯穿于产品全生命周期、经营管理全过程和企业全体员工,当质量与发展速度、质量与订单、质量与交货期、质量与效益等经营指标发生冲突的时候,能够坚守质量底线,真正做到以质取胜。二是要提高产品和服务质量。主动对标达标国际先进水平,优化调整产品结构,使资源向优质产品集中,切实提高产品和服务的质量层次。三是要加强品牌培育。改变重视产品轻视品牌的现象,加大品牌培育力度,不断提高产品和服务的附加价值,实现品质与品牌同步提升,培育企业独特竞争优势,推动中国制造、中国产品向中国质量、中国品牌转变。

（五）把握全面开放新机遇，实现全球发展

党的十九大报告提出，推动形成全面开放新格局。从开放到全面开放，标志着我国对外开放进入了一个崭新阶段。这对广大企业来说，既是机遇，又是挑战。一是要树立全球化经营的新思维。我国已经成为世界第二大经济体，与此相适应，企业发展的参照系也应该从单纯的国内市场拓展为国际市场。要将高水平"引进来"与主动"走出去"有效结合，在全球范围内配置和重组资源，努力形成面向全球的贸易、投融资、生产、服务网络，加快培育国际竞争新优势。二是切实提高国际化经营管理能力。随着全面开放的持续推进，越来越多的中国企业将直接参与国际竞争，即使不走出去，在国内市场也将与越来越多的外资企业展开面对面的竞争。从总体来看，我国企业的国际化水平还处于初级阶段，尤其是还没有对外开放的区域和行业，企业利用两个市场、两种资源的能力还不强，在国际竞争中处于劣势。为此，广大企业要增强危机感，按照培育具有全球竞争力的世界一流企业目标，未雨绸缪，主动变革，提升能力。三是积极参与"一带一路"建设。"一带一路"建设是推动形成全面开放新格局的工作重点。企业要按照国家总体部署，结合自身特点，在国际贸易、技术合作、人才交流、资金融通、基础设施建设、装备制造、资本投资、创新合作、园区建设、文化交流等众多领域中寻求与沿线国家和企业的合作，拓展新的发展空间。

党的十九大描绘了我国全面建成社会主义现代化强国的宏伟蓝图。新思想引领新时代，新时代展现新作为。让我们紧密团结在以习近平总书记为核心的党中央周围，以习近平新时代中国特色社会主义思想为指导，勇立时代潮头，创新拼搏，锐意进取，努力开创企业高质量发展的新局面，为决胜全面建成小康社会、实现"两个一百年"奋斗目标做出新的更大贡献。

谢谢大家！

依靠管理创新促进企业高质量发展

——在 2018 年全国企业管理创新大会上的讲话

全国企业管理现代化创新成果审定委员会主任　邵宁

各位代表，同志们：

今天，我们组织的第 24 届全国企业管理现代化创新成果的评审结果正式发布了。在这里，我代表成果审定委员会，向获奖成果的创造企业和创造者表示衷心的祝贺。

当前，全党上下都在深入学习贯彻党的十九大精神。大家应该注意到了，习总书记在党的十九大报告中对中国经济发展的阶段性提出了一些非常重要的判断："我国经济已由高速增长阶段转向高质量发展阶段。""中国特色社会主义进入新时代，我国社会主要矛盾已经转化为人民日益增长的美好生活需要和不平衡不充分的发展之间的矛盾。"这些论断对中国经济和中国企业今后一个时期的发展具有重大的指导重义。

改革开放以来，我国经济实现了连续 30 年的高速增长，人民的生活水平和中国经济的国际地位由此实现了巨大飞跃，我国从一个低收入国家发展成为一个上中等收入国家。这个时期中国经济和中国企业的发展无疑是成功的，创造了世界经济发展史上的一个奇迹。但我们也要看到，这个时期的高速增长主要确立在三个基础之上。第一，长期存在结构性短缺的国内市场，中国的高增长从短缺经济起步，市场短缺是相关产业发展的最好机会；第二，低收入水平加上低环保要求造就了低的要素成本，使中国企业和中国产品的价格竞争力非常强；第三，国内外巨大的产业技术差距使引进技术相对容易，外部的技术来源使我们不必承担自主创新所需要的时间和可能的风险。这三个基础对我国前一个时期的高速增长至关重要。但同时也决定了，这样的增长方式只可以是阶段性的，是难以持续的。

在 30 年高增长之后，中国经济发展的内外部条件发生了重大变化。我国的国内市场不再短缺，过剩已经成为一种新的常态；随着人民收入水平和环保要求的提高，我国的要素成本在快速上升，低成本、低价格逐渐成为历史；中外产业的技术差距不断缩小，使我国企业从国外购买先进技术越来越困难。这些变化表明，我国前一个阶段经济的高速增长已走到尽头，这正是近几年来我国经济减速、企业困难的根源。党的十九大把这些变化概括为经济发展阶段的转换是非常准确的。

经济发展新的阶段要求我们转变经济增长方式，这就是党的十九大提出的转向高质量发展。高质量发展除了对政府的经济、社会、生态管理提出了更高的标准之外，对中国企业实际上提出了更多的新的要求。企业需要使自己的产品或服务高端化、高品质化、个性化，使自己的经营活动国际化，从而开拓新的市场、满足更高层次的需求、实现更高的附加价值，由此避开产能过剩导致的恶性竞争。企业必须下最大的决心抓自主的技术创新，增加研发投入、建设高水平的研发平台、建立创新所需要的激励措施和容错机制，逐渐减少对外部技术的依赖，掌握自身转型升级的主动权。企业必须扎扎实实提升管理水平，使企业的管理与技术、质量上的转型升级相适应。尤其是当代信息技术的发展极大地突破了传统技术手段和管理手段的可能性，其应用的边际成本很低而潜在的效益巨大，人工智能技术的应用和企业管理的信息化越来越成为当代企业生存发展的一个基本条件。企业是国民经济发展的主体，也是经济转型升级的主体，企业不转型国民经济整体不可能转型。因此，在新的经济发展阶段上，中国企业肩负着重大的使命。我们必须看清这个大势、顺应这个大势，承担好我们应该承担的责任。

党的十八大以来，我国经济发展取得历史性成就、发生历史性变革，经济实力再上新台阶，经济结构出现重大变革，经济体制改革持续推进，经济更具活力和韧性，大力培育新动能，强化科技创新和管理提升，培育出一批具有创新能力的排头兵企业，探索形成了一批企业管理创新成果。

一、开展个性化定制，打造独特竞争优势的产品和服务

随着中国经济增长结构逐渐发生的变化，消费已经取代投资成为中国经济增长的第一驱动力。同时，消费者行为越来越成熟、理性和多元，对更高品质和更好体验的需求日益凸显。很多企业敏锐地把握住这一消费市场的新趋势，完善产品与服务，适应、引领消费升级。

一是紧紧围绕需求，开发"打动人心"的产品，提供差异化、个性化、风格化的产品与服务。小米科技有限责任公司以品质为先，以国际一流为目标，通过工业设计塑造企业核心竞争力。围绕用户需求，以让每个人都享受科技乐趣为愿景，明确"质高价优""感动人心"的工业设计定位，力求产品不仅有精美的外观，同时在实用性、功能性、创新性，以及细节之处做到极致，为用户带来美的享受。小米公司设置工业设计中心，在内部实现研究机构与产品研发、生产等部门的无缝合作，对外与消费者、同行、供应商、社会组织广泛合作，打造设计生态链，推动工业设计外延发展。通过反复探索，小米工业设计部门形成了"合理的简约设计"的品牌风格，助力企业累计推出数百款产品，其中很多产品凭借卓越的工业设计和极致性价比成为爆款。小米及生态链产品累计获得国内外工业设计大奖110余项，在国际工业设计领域确立了领先地位，使工业设计成为小米产品体系的核心竞争力。

内蒙古鄂尔多斯羊绒集团公司针对不同层次消费需求，全新设计了四大差异化品牌，构建了四个品牌区隔经营、有效协同的运营管理体系。以企划为指挥中枢创立"三上三下"的产品全生命周期管理机制，通过多次阶段性的多方沟通会议来打通从商品企划、开发执行、组货买货，到终端销售的整个链条，实行柔性化生产、精益化管理、差异化营销，成功实现由单一品牌向多品牌经营的转型，得到消费者的认可和社会的肯定。在2017年中国500最具价值品牌发布中，以880亿元的品牌价值，位列全国纺织服装行业第一，产品质量、市场占有率、出口创汇、销售收入连年居全国绒纺业第1名。

二是积极向服务型制造转型，产品与服务相互融合、促进。北京汽车集团有限公司主动适应汽车消费领域呈现的新需求，提出将汽车制造商定位转变为出行解决方案供应商，围绕出行场景，开展出行服务，以多个关联性服务业务及创新型产品获取市场数据，通过大数据与智能化技术实现产品、服务、制造各个环节的大数据互联互通，以大数据等智能化手段分析数据、发现需求，以智能制造、个性化定制等手段落实并满足需求，倾力打造符合市场需求的产品与服务，实现服务与制造相互促进，产出与利润均迈入新的增长阶段，推动北汽集团向服务型制造转型升级。

二、开展柔性化、开放式的人力资源管理，灵活构建创新创业配套机制

进入高质量发展阶段后，创新成为驱动企业发展最重要的引擎。创新的基础是人才，因而吸引人才、用好人才就成为企业面临的一个核心问题。

一是打通企业内部部门边界、企业内外部边界，搭建双创平台，完善双创管理机制，推进协同创新与创业孵化。中国航天科工集团公司根据军工企业的特点，搭建面向企业内部员工的双创平台和面向外部双创的工业互联网平台，打造"制造与服务结合、线上与线下结合、创新与创业结合"的双创模式。将内部研发体系与外部双创工作有效结合，实现全产业链各环节业务的高效聚合，打造"制造与服务结合、线上与线下结合、创新与创业结合"的新业态。这些举措使得企业内部创新活力充分释放，并吸引了一批社会创业者和中小企业加盟，形成了协同创新发展的新模式，创新体系得到完善。在信息技术、装备制造领域研发推出了一系列高附加值的新技术产品，产业结构得到调整，企业经营指标及效益得到大幅提升。

海尔集团公司依托海尔32年的用户资源、管理服务资源、供应链和研发技术资源及海尔品牌的影响力，全面开放企业资源，将企业从金字塔式科层组织改造为以创业小微为基本单元的节点组织，构建对全社会开放的共享式创业平台，培育"众创—众包—众扶—众筹"的智慧生态圈，打造全球领先的"互联互通新生态，共创共赢新平台"。一方面将员工创客化变成创业者，打造一个利益共享、共创、共赢的平台，每一位创客都有公平、公开创业发展的机会；另一方面，向社会开放，为创业企业成长和个人创业提供"创意→设计→制造→销售"全要素的专业服务，让每个有创业梦想的人都可以通过海尔开放平台进行孵化。

二是适应高素质人才特点，建立开放式人力资源池，调整组织架构，变革工作流程，柔性化管理，最大限度地调动智力资源、激发创新热情。中国电子科技集团公司信息科学研究院提出"开放的平台、流动的人才"的工作理念，积极探索"不求所有、但求所用"的柔性用人机制。依据科研布局的业务密度，创新院建立起以"核心层、紧密层、松散层"三层辐射为基本特征，"小核心、大外围"的圈层组织架构。核心层，主要是创新院内设的研究所、专项业务支撑机构、职能管理部门。紧密层，主要是创新院与国家重点高校，按照"2+x"的方式建立的多方共建共管的集产、学、研、用为一体的协同创新中心。松散层，主要是与创新院建立常态化合作机制的海外高水平科研机构。这个体系采取网络化管理，以工作任务为中心，实行项目式流动、兼职式流动、候鸟式流动、咨询式流动、交换式流动等多元开放的人才集散模式，开展基于市场化的薪酬分类激励；实行团队自治，支持团队以在岗创业、离岗创业的模式创办公司；在给予项目、人力、资金支持的同时，让创业团队按照独立法人的模式自主运行。目前，创新院已迅速汇聚各类人才200人，平均年龄33岁，博士占比接近60%，流动人才累计占比达到20%，协同创新的平台效应逐步显现。

三、推进"智能+"赋能各行业，积极探索智能制造与智慧管理

随着人工智能技术的不断进步，世界已经进入新的"智能化"阶段，对于各行各业都有巨大的赋能作用。中国拥有巨大的数据优势和显著的计算力优势，广大企业应把握住机遇，进一步加快数字化、网络化、智能化应用和改造，力争在智能化时代实现弯道超车，为经济发展注入强大的新动能。

一是进一步深化"互联网+"相关技术在关键生产领域的应用。中国电子科技集团公司第十四研究所实施装备"数字化、可视化、智能化"管理，以信息化平台为支撑，以业务流程为驱动，实施装备分层级、全流程、全特性协同虚拟仿真设计、检查、验证、制造与检验，装备实现过程全面互联，过程运行状况全面显性可视，质量信息数据实时可测。以此为基础，开展基础数据信息综合分析和知识整合，实施数字化采购管控、质量安全风险预警、质量控制与改进智能决策，有效提高了质量正向研发与事先防控能力，为保证装备作战效能的发挥奠定了质量基础。

东风汽车集团乘用车公司在生产信息系统方面，采用三种不同方式分门别类地解决物料编码规则不同的问题，实现制造数据的自动化识别，重新构建跨企业的信息资源集成管理平台和制造执行管理系统，从而支撑跨企业多车型共线混流生产体系的实现。在生产排产方式上，采取嵌入式混流排产；在零部件物流模式上，采取"外协内统"方针，重新规划仓储布局，以空间换时间；在质量管控方式上，识别、梳理不同企业在质量标准、管控流程上的差异，建立统一的质量管理制度和业务流程。最终实现了汽车企业间的制造资源共享、产能互补，避免大量的产能再投资，经济效益显著。

二是结合自身业务特点，初步探索针对性的智慧企业建设路径，形成各具特色的智慧管理模式。国家能源集团大渡河公司把提升员工的幸福指数和企业安全、管理、效益的数字转变作为智慧企业建设的出发点，确立"业务量化、集成集中、统一平台、智能协同"的建设路径。强化物联网建设、深化大数据挖掘，实现企业全要素的数字化感知、网络化传输、大数据处理和智能化应用，由数据驱动决策管理，进一步弱化管理层级，实现智慧企业无层级纯数据驱动的管控模式，达到自动预判、自主决策、自我演进。

中煤陕西榆林能源化工有限公司提出智能煤化工工厂"控制自动化、信息数字化、生产组织模型化、业务场景可视化、系统集成化、决策科学化"的六化特征，明确"以生产管理为核心，逐步实现自动化控制、生产操作与管理、经营管控等业务全覆盖，物流、能流、资金流和业务流四流全打通"的建设目标。坚持信息化建设与工程建设同步规划、同步建设、同步投用，开发三维数字化工厂及其全流程数字化模型，调整生产组织，按上下游生产顺序拉动生产作业，基于实时数据驱动开展煤化工厂运营管理，率先适应新工业革命。

四、产业链、生态圈协同发展，共享发展成果

这些年我国共享经济保持了高速增长。共享经济正成为企业管理创新的着力点，涉及平台共享、资源共享、市场共享、技术共享、知识共享等，采取企业上下游协同、产业链协同、生态圈协同等多种方式，优势互补、深度合作、协调一致，共同促进企业发展。

一是上下游协同。徐工随车起重机有限公司作为吊装设备厂家，根据专用车行业特点，在行业内与一汽、东风、重汽等底盘制造企业合作，以软文化和互联网信息平台为支撑，通过研发前置、柔性生产、品牌融合、渠道互建、一体服务等全价值链协同举措，开展研发协同、供应协同、生产协同、渠道协同、服务协同，实现"双品牌·双渠道"协同发力。目前公司产品远销100多个国家和地区，成为最具价值和最受用户信赖的臂架类专用车制造领军企业。

二是产业链协同。吉林化纤集团有限责任公司作为竹纤维产业链上的核心企业，充分发挥其在产业链中的领导、协调和引领的作用，以拥有的竹纤维原创性核心技术为基础，以组建产业联盟为依托，纵向上向原料基地拓展，横向上集合纺纱、织造、染整、成衣制造、商贸企业，创建竹纤维产业联盟，共同研究开发竹纤维产业链各环节的技术、工艺和产品，共同培育和发展竹纤维产业。目前，吉林化纤集团有限责任公司拥有世界最大的竹纤维生产基地，产品畅销国内，远销海外。

三是生态圈协同。中企云链金融信息服务有限公司由中国中车联合中国铁建、国机集团、金蝶软件等国有和民营企业发起组建，依托工业制造、建筑、能源、军工、现代服务等众多大企业资源，构建大企业、中小企业与银行共同发展的良性生态圈。建立以"免费、共享、安全"为基本特征的信用流转共享服务机制，创新推出"云信"产品，实现产业链企业资产与金融机构资金的有效对接，构建起跨产业、跨部门、跨地域的产业互联网供应链金融创新服务体系。

五、充分运用市场化手段，继续推动结构调整、转型升级

一是积极开展国际产能合作，立足国内国际"两种资源、两个市场"化解国内产能过剩。2016年，河钢集团成功完成对塞尔维亚斯梅代雷沃有限公司的资产收购，调度全集团可利用的优势资源，精心打造国际产能合作的样板工程。河钢塞钢项目成功践行国家"一带一路"倡议，丰富了中国与中东欧国家的合作成果，并带动其他中国制造"走出去"。安徽江淮汽车集团股份有限公司国际公司遵循化解国内过剩产能与优化提升产品结构的"双轮驱动"基本思路，构建完善的"母子工厂"体系，采取当地散件组装、合资合作等方式，将海外投资或指导建设的工厂作为承载一般产品和技术的"子工厂"，而将国内的工厂建设成为具备先进制造技术并具有技术支援功能的"母工厂"。通过"母子工厂"建设，有序推进国内产能转移，提升产品的属地化生产能力。

二是做好业务布局"加减法"，推动产业转型升级。中国机械工业集团有限公司在与中国二重实施联合重组的过程中，以"培育具有世界水平的一流装备制造企业"为目标，坚持战略统筹、标本兼治、内外结合的指导思想，遵循平等协商、相互尊重、优势互补、共赢发展、积极稳妥、规范操作的行动原则，实施主动退市、债务重组、资产盘活等多项"外科手术"，支撑中国二重减负增效，成功化解了企业的破产风险。同时，系统推进人员分流、成本控制、业务调整、市场开拓等一系列"内科手术"，先控制"止血"点，再恢复"造血"机能，全面提升二重市场化经营管理能力。通过三年多的努力，二重经营状况和经济效益明显改善，实现了三年扭亏为盈的目标。

六、把握"一带一路"建设机遇，进一步推进国际化经营合作

"一带一路"倡议为我国企业国际化经营合作创造了良好的机遇。一方面，国内配套的支持政策越来越完善；另一方面，"一带一路"沿线国家的投资环境不断改善，一定程度上降低了企业"走出去"的风险。广大企业把握机遇，依托、强化自身核心竞争能力，因地制宜探索多种方式，进一步深化国际化经营合作，共享发展成果。

一是国际化经营合作手段多元化，国际化经营格局日益丰满。中国兵器工业集团公司以军贸为核心，充分发挥军贸在市场、人才、产业、资源等方面对国际化经营的带动作用，推动国际化经营向武器装备出口、海外工程建设与运营总承包、合资合作与重组并购并重转变，形成市场国际化、产业国际化、资源国际化、品牌国际化的良好经营局面。利用军贸与合作国建立的深度互信，推动海外战略资源开发，以国际产能合作实现资源全球配置，以海外工程总承包增强国际工程业务竞争力，创造出以产业平台优势带动我国装备和技术"走出去"的国际化经营途径。

二是整合企业内外优势资源"抱团出海"，提供整体解决方案。中国电建集团海外投资有限公司作为以海外电力能源开发与资产运营为主的专业化投资公司，依托集团"懂水熟电、擅规划设计、长施工建造、能投资运营"的核心能力和全产业链优势，发挥电建海投公司作为投资方的主导作用，实施"投资建设运营一体化"管理。带动设计、施工、制造、监理、运营等业务单位向海外拓展，为海外客户提供全产业链集成、整体解决方案，促进集团公司海外业务向高端价值链的转型发展。

三是借力国际化引进全球优质技术、管理经验，全面提升竞争力。内蒙古蒙牛乳业股份有限公司自2012年明确"进军世界乳业10强，成为世界一流的乳品企业"战略目标以来，持续深耕全球资源布局，借助中国中粮、法国达能、丹麦阿拉福兹三大战略股东的合力，整合国际优质资源、引进全球最佳技术，全面提升全产业链的国际竞争力，从奶源、研发、生产、市场、配套等方面，保障奶源安全，构建多元化产品体系，严格管控产品质量，布局海外营销网络，打造强大的支撑保障团队，引领乳制品消费升级。

2018年是全面贯彻党的十九大精神的开局之年，是实施"十三五"规划承上启下的关键一年。我们要按照党中央的要求强化科技创新和管理创新，高质量发展，为决胜全面建成小康社会，进而全面建设社会主义现代化强国做出积极贡献。

聚焦高效率、高品质，推动管理创新
——在 2018 年全国企业管理创新大会上的讲话

工业和信息化部党组成员、副部长　王江平

尊敬的王忠禹会长，各位嘉宾，女士们、先生们：

大家上午好！我们履新之际，十分高兴参加 2018 年全国企业管理创新大会。作为从车间成长起来的一名干部，我对制造业充满感情。从这个意义上讲，我既是工业战线的老兵，同时我更是一名新兵。因为近五年来，我们工业战线发生了巨大的变化。在习近平新时代中国特色社会主义思想指引下，我国制造业发生了巨大的变化。中国制造 2025 全面推行，各个行业生产效益大幅度提升，技术创新、管理创新硕果累累。

全国企业管理创新大会作为全国企业管理创新的重要的交流平台，发布推广企业管理创新的最新成果，总结传播先进的管理理念和方法，对提升企业的管理水平和核心竞争力，促进产业转型升级、提质增效发挥了积极的作用。所以，利用这个机会，我代表工业和信息化部对大会的召开表示热烈的祝贺，对来自全国各地的企业家、企业管理工作者、专家学者和嘉宾朋友们，表示诚挚的问候。

中央经济工作会议把推动高质量发展作为当前及今后一个时期的发展思路，高质量发展的关键在于企业，本次大会把"以管理创新促进企业高质量发展"定为主题，我认为是极具时代特色和现实意义的。我们理解企业的高质量发展，意味着要高效率使用要素资源，向社会和消费者提供高品质的产品和服务，这里我觉得有两个关键词。一是要素效率，全要素效益，企业就是使用要素资源的生产产品和服务的，要素效率高不高，直接关系到管理水平和竞争力。二是品质、质量，也就是我们经常所说的产品质量和服务质量。所以，借此机会，我就这个问题谈四点体会，供同志们参考。

第一，推动管理创新与新一代信息技术紧密结合。企业生产经营管理的数字化、网络化、智能化已经成为一个趋势，更是高质量发展的一个必然要求。所以我们一方面要加快实施生产装备的智能化改造，建设数字化的车间和智能工厂，不断提高产品和服务的智能化水平，实现全方位、实时精准的控制和对产品使用的智能化的感知、预测、分析和管理，使企业生产车间成为智慧的车间、对市场高度敏感的车间。另一方面，要构建适应互联网时代要求的新型管理模式。当前云计算、大数据深度挖掘客户的需求，搭建与客户零距离的互动平台，积极发展线上线下良性互动的营销新模式，精准捕捉有效满足用户的需求。

第二，要推动管理创新与双创紧密结合。大家都知道，这两年党中央国务院推动了"大众创业、万众创新"，在全社会引起了很大的反响，效果十分明显。开展企业创新是"大众创业、万众创新"在企业内部创新的做法，有利于深入挖掘人的潜力，保持创新的活力、地方人力资源的使用效率。今天发布的管理创新成果也有这方面好的企业，我记得我也到很多企业参观过，企业内部的双创给企业带来强劲的创新动力和活力。为了加快转变管理模式，企业积极构建内部的创业创新产品，采取创业辅导培训，通过创意优化产品快速试制、验证，创业资金扶持甚至股权、天使投资、风险资金的投入，来扶持内部创业者创业，在人才培养、成果转化、激励机制等方面鼓励员工在岗位上创新，发挥员工的价值，实现企业、员工共同发展。特别是有的科研企业原来留不住人才，但通过这种方法让优秀的人才找到了创新、创业的舞台。

第三，推动管理创新与服务业制造紧密结合。当前制造业价值重心向服务领域延伸，将资源配置到高价值空间，是高质量发展的必然要求，所以建议企业结合自身的实际，合理调整流程、组织构架和管理模式，既可以发展研发设计、技术支持、战略执行等上游，也可以做后端，提供生产装备的租赁、产能出租、生产线共享、在线监测等。既可以发展网络精准营销市场服务，也可以发展第三方物流、卖方信贷、产品保险等延伸性服务，还可以提供总集成、总承包、综合解决方案等整合服务。由卖产品向卖服务发展，由单件产品向系统集成调整，由单一业态向业态并发的方向发展。

第四，推动管理创新、科技创新和商业模式创新紧密结合。创新是企业的动力资源，是实现高质量发展的根本的动力，管理创新、技术创新和商业模式创新都是创新的重要内容，必须协同推进。企业应推动国内创新发展，实现国内创新要素深度融合、互补、匹配，通过技术创新不断涌现出更好的技术和装备，开发新的产品。利用管理创新完善管理规范，实现最优的效率，更好地服务于新技术、新产品的开发和产业化。同时借助模式创新来优化业务模式与业务流程，创造新的价值。企业在推进管理创新的实践中，要构建三者协同的创新体系，多维度的创新融合发展，从而培育出自己核心的竞争力，推动中国制造向中国创造的转变，实现延续性、系统性、全方位高质量的发展。

2018年是贯彻党的十九大精神开局之年，也是全面建成小康社会实施"十三五"规划承上启下十分关键的一年，我们要抓住难得的发展机遇，以管理创新促进高质量发展。全国企业管理创新大会是中国企业联合会为大家搭建的很好的平台，希望社会各界加强交流沟通，为推动企业高质量发展做出新的贡献。

最后，预祝本次大会取得圆满成功。谢谢大家！

（本文根据王江平同志在2018年全国企业管理创新大会上的讲话录音整理，未经本人审定）

关于发布和推广第二十五届全国企业管理现代化创新成果的通知

国管审〔2018〕3号

各省、自治区、直辖市、新疆生产建设兵团、计划单列市企业管理现代化创新成果审定委员会、管理现代化工作委员会、企业联合会，各全国性行业协会，各有关企业：

为深入学习党的十九大精神和习近平新时代中国特色社会主义思想，落实《中共中央、国务院关于营造企业家健康成长环境弘扬优秀企业家精神更好发挥企业家作用的意见》（中发〔2017〕25号），深入实施工业和信息化部等11部委联合下发的《关于引导企业创新管理提质增效的指导意见》（工信部联产业〔2016〕245号），根据《关于组织申报第二十五届全国企业管理现代化创新成果的通知》（国管审〔2018〕2号），全国企业管理现代化创新成果审定委员会（简称全国审委会）组织开展了第二十五届全国企业管理现代化创新成果的申报、推荐与审定工作。截至2018年9月底，共收到并受理申报成果529项。经组织高等院校、科研机构、企业团体有关专家初审、预审，在媒体进行公示，并由全国审委会终审，有219项成果被审定为全国企业管理现代化创新成果，其中一等31项、二等188项，现予公布（名单详见附件）。

第二十五届全国企业管理现代化创新成果充分反映了各类企业认真学习贯彻党的十九大精神，践行习近平新时代中国特色社会主义思想，推动高质量发展，紧扣当前经济发展和企业管理中的重点、热点、难点问题，在国家重大战略工程自主创新、注重国计民生、加强信息化建设和智能制造、加快转型升级、深入推进创新创业战略、推动生态文明建设和社会责任、深化国际经营风险防范等领域的创新实践，体现了当前我国企业管理的新特点、新趋势、新模式，为政府有关部门制定相关政策提供了参考，为其他企业提供了可学习借鉴的成功经验，为大专院校和科研机构进行企业管理科学研究与教学提供了实践案例。

现就本届成果宣传推广工作，提出以下意见：

一、拟于2019年4月2日在北京召开"全国企业管理创新大会"。会议将正式发布第二十五届全国企业管理现代化创新成果，并就当前企业管理创新热点问题展开研讨，组织成果交流。会议具体安排另行通知。

二、希望有关单位参照《国家科学技术奖励条例》（国务院2003年第396号令）和《国家科学技术奖励条例实施细则》（科学技术部1999年第1号令），结合各地区、各部门及企业制订的奖励办法，对成果创造人员给予适当奖励。

三、各地区、有关行业协会要按照《关于引导企业创新管理提质增效的指导意见》（工信部联产业〔2016〕245号）的要求，围绕当前企业改革与企业管理面临的重点难点问题，加强统筹协同和组织领导，积极开展专题性或区域性的成果交流和宣传推广，充分发挥成果的示范作用。广大企业特别是成果创造企业，要结合成果审定和推广活动，加强相互交流和学习借鉴，进一步激发企业活力和创造力。

附件：第二十五届全国企业管理现代化创新成果名单

全国企业管理现代化创新成果审定委员会

2018年12月26日

附件

第二十五届全国企业管理现代化创新成果名单

等级	成果名称	申报单位	主要创造人	参与创造人
一等	大型航空企业基于数字系统工程的正向创新型研发体系建设	中国航空工业集团有限公司	张新国 高星海	郄永军、孙智孝、段卓毅、许泽、雷宏杰、邓平煜、杨新团、王乾、朱伟杰、陶福星
一等	大型电网企业战略导向的先进重大典型培育与推广管理	国家电网有限公司	寇伟 辛保安	全生明、王彦亮、王海啸、王锋、王健、赵亮、施学谦、郭向军、及明、唐志津
一等	基于COSMOPlat工业互联网平台的大规模定制管理	海尔集团公司	张瑞敏 周云杰	梁海山、陈录城、张维杰、张玉波、赵建华、孙明、甘翔、王勇、刘玉平、王强
一等	提升航空发动机自主研制能力的聚焦主业战略实施	中国航空发动机集团有限公司	曹建国	陈少洋、李军、徐新、于建军、张永新、欧珍艳、杨超、王建、赵晓永、张斌强
一等	基于管理视图分析法的管理体系变革	中国环境保护集团有限公司	郑朝晖 梁磊	李喜联、肖兰、符晓彤、关欣
一等	智能家居企业"双创"服务管理	合肥荣事达电子电器集团有限公司	潘保春	陈勇、姚其林、杨德平、龚志岚、杨波、张时飞、徐淑娟、王晓玉、梁前菊、陈蕾
一等	大型有色金属集团基于管理模块和负面清单的社会责任管理	中国铝业集团有限公司	葛红林 余德辉	敖宏、张程忠、杨燕青、赵秀富、张晓军、冯修青、董祈祥、代金林、陈一新、韩露
一等	装备制造企业面向高端的世界一流品牌建设	徐州工程机械集团有限公司	王民 韩冰	徐筱慧、张丽娜、张涵、刘彬、张冉、王琳、张丹

等级	成果名称	申报单位	主要创造人	参与创造人
一等	跨多国油气运输管道基于联防联治的社会安全管理	中油国际管道公司	孟繁春 金庆国	张 鹏、张 强、钟 凡、李 琳、刘 涛、王立军、关新来、韩相军、赵 罡、李 健
一等	依托水下发射运载火箭研制的国家重大工程创新能力建设	中国运载火箭技术研究院	李明华 王亚军	董利强、严泽想、沙 江、刘夏杨、范建芳、张 巍、郑 卓、魏海鹏、黄劲松、张 伟
一等	大型奥运场馆的服务提升管理	北京国家游泳中心有限责任公司	岳 鹏 直 军	武晓南、杨 城、杨奇勇、李云峰、白旭涛、石海涛、朱 榕、马海瑞
一等	大型建材企业集团以技术创新为引领的新材料产业拓展	中国建材集团有限公司	姚 燕	光照宇、邳 晓、彭 寿、颜碧兰、王于猛、张 健、魏如山、阎 宏、祝伟丽、王茂生
一等	安装企业机电设备智能化服务转型管理	无锡市工业设备安装有限公司	朱 正	王焰文、桂树东、刘旭东、俞 铮、杨逸萍、唐秀芳
一等	基于技术创新的绿色煤炭港口建设与管理	神华黄骅港务有限责任公司、中交第一航务工程局有限公司	刘 林 王洪涛	黄健仓、周合亭、宋桂江、赵利军、王明乐、刘 鑫、刘 强、怀 全、王春新、汪大春
一等	基于军民融合战略的先进核反应堆研发管理	中国核动力研究设计院	罗 琦 吴 琳	许 余、彭诗念、姚维华、汤华鹏、李海博、臧峰刚、李朋洲、贾伟江
一等	化工企业基于扭亏脱困的管理变革	沧州大化集团有限责任公司	谢华生 于 伟	郭新超、赵红星、张素巧、孙洪玉、王卫华
一等	船舶租赁企业促进产业发展的逆周期投资管理	中国船舶（香港）航运租赁有限公司	杨 力 钟 坚	胡 凯、程 康、马云翔、李朝坤、李 矗、陈 慧、丁唯淞、袁 超、黄传红、王 磊
一等	火电企业基于"三单六化"的配煤掺烧优化管理	国家能源集团江苏电力有限公司	武 俊 杨宏强	陈旭伟、姜国平、张世山、朱永超、邵家林、陈 焱、张苏闽、雍建强、张红阳、苟慧智

等级	成果名称	申报单位	主要创造人	参与创造人
一等	传统锻造企业实现工艺全流程整合的智能化生产方式构建	湖北三环锻造有限公司	张运军 邵光保	杨诗江、梁文奎、代合平、甘万兵、左培、汪锋、陈天赋、周明、邓庆文、王国文
一等	城市公交企业实现全面电动化的规模化运营管理	深圳巴士集团股份有限公司	余钢 王慧农	周志成、陈光悦、高波、祖太明、王宏元、张龙文、李倩倩、孔维琰
一等	钢铁企业基于事业合伙人制的全员共创共享管理	南京钢铁股份有限公司	黄一新 祝瑞荣	钱顺江、常建华、楚觉非、王芳、王道美、郑斌、杨辉、马征宇、许葛彬、邓中涛
一等	投资企业城市重大基础设施智能化主动安全生产管理	青岛国信发展（集团）有限责任公司	王建辉 杨瑞建	张哲军、杨雪、张东海、吴昊、丁阔、张勇、苗盛、李爱东、郭保华
一等	政务改革背景下的供电企业高效便民服务管理	国网浙江省电力有限公司衢州供电公司	肖世杰 何文其	吴国诚、黄宏和、裘华东、郑斌、周俊、侯素颖、徐帅、钟晓波、王广、袁忠华
一等	数字化环境下的复杂航空武器装备研发质量管理	中国航空工业集团公司成都飞机设计研究所	赵民 许泽	凌波、蒋成、杨超、张立新、陈裕兰、崔荣俊、李嘉俊、刘义、杨云辉、蹇益平
一等	境外上市国有控股企业以"产融社"为核心的市值管理	深国际控股（深圳）有限公司	高雷 李鲁宁	曾翔、郑至伦、杜洁菡、岳洋、王雅萱、戴晶
一等	航空企业基于信息平台的国际直销业务支付风险管理	中国东方航空股份有限公司	吴志伟 李晓宇	吕婕、马姚、汪一瑾、沈星、上官雪民、钱劲、陈晓华、高磊
一等	海外工程企业基于区域化管理的国际化经营	中国港湾工程有限责任公司	林懿翀 唐桥梁	贠亮、马俊、张世锋、翟晓峰、张珊、徐悦
一等	邮政企业基于"互联网+邮政网"的爱心健康服务体系建设	中国邮政集团公司辽宁省分公司	谷德凯 时德胜	陆洪志、郭杰、肇虹岩、张研、田野、陈龙、胡燕斌、王辉

等级	成果名称	申报单位	主要创造人	参与创造人
一等	实现百亿方产能的国家级页岩气示范项目工程建设管理	中石化江汉石油工程有限公司	杨国圣	吴洪奎、何开平、张国仿、魏大农、张良万、张国强、游云武、廖 勇、崔云海、李 宏
一等	电网企业促进全产业链资源优化配置的源网荷储互动管理	国网江苏省电力有限公司	尹积军	刘人楷、何大春、卞康麟、陆 晓、李瑶虹、徐建军、李志杰、江叶峰、杨 斌、费益军
一等	促进中非合作的蒙内铁路建设管理	中国路桥工程有限责任公司	卢 山 杜 飞	任 文、彭丹岩、杜 姗、夏 洁、李 菲、王 珂、黄万嘉
二等	民营化工企业依托氟技术优势的新能源业务培育发展	焦作多氟多实业集团有限公司	李世江	李云峰、谷正彦、郝建堂、程立静、陈相举、尚钟声、张小霞、周小平、高永林、魏现有
二等	大型建筑企业集团以"世界一流"为目标的国际业务集团化管控	中国电力建设集团有限公司	晏志勇 孙洪水	王 斌、李燕明、丁拯国、宋东升、赵家旺、欧阳小伟、唐玉华、任超锋
二等	特大型钢铁企业集团提升子公司经营绩效的"嵌入式支撑"项目管理	中国宝武钢铁集团有限公司	陈德荣	张锦刚、李世平、肖国栋、朱建春、刘建荣、林金嘉、封 峰、李 林、梁 军、金志杰
二等	石油销售企业"点环源"管控体系的构建与实施	中国石油天然气股份有限公司吉林销售分公司	徐金良	夏 春、林喜东、王金海、陆文波、王 勇、赵彤坤、张 鑫、徐 洋、孙少平
二等	以绿色发展为目标的新能源电池全生命周期管理	天能电池集团有限公司	张天任	杨建芬、赵海敏、韩 峰、陈建丰、宋 锐、宋文龙、袁关锐、施 璐、唐海萍、钱胜杰
二等	大型军工集团基于电子商务平台的采购管理	中国兵器工业集团有限公司	马保勇 李照智	杨 翔、朱宝祥、张红利、南 林、赵 敏、常 健、刘雨辰、蔡 博、傅楚寒、温燕朝
二等	钢铁企业与城市协调发展的非钢业务转型升级	首钢集团有限公司	靳 伟 张功焰	朱启建、张国春、卢贵军、甘小青、马力深、王瑞祥、陈 宏、王建新、陈小勇、胡晓阳

等级	成果名称	申报单位	主要创造人	参与创造人
二等	电网企业以保障城市可持续发展为目标的能源变革示范区管理	国网江苏省电力有限公司苏州供电分公司	陈宏钟 张志昌	丁丹军、马晓东、朱朝阳、张军民、管笠、吴锋、惠锦、姚晓君、范永宇、兴胜利
二等	大型军工企业基于对标管理的战略聚焦与升级	中国电子科技集团公司第三十八研究所	陈信平 王新鸣	梁潇、王博、胡友红、朱庆明、孔元、苏纪娟、王茜、单皓、韦玉芳、程琳惠
二等	以价值最大化为导向的油气资源配置管理	中国海洋石油集团有限公司	温冬芬 孙大陆	栾湘东、陈会民、刘伟、张仰胜、邵丽华、张红星、任磊、董元昌、李海波、尚春梅
二等	特钢企业基于全流程的智能化产品质量管控	方大特钢科技股份有限公司	谢飞鸣	居琪萍、李红卫、喻强、庄娜、张伟、徐冬华、魏学智、万云、范众维、章庆
二等	锂电新材料企业以技术创新驱动的产业链延伸战略实施	江西赣锋锂业股份有限公司	李良彬	邓招男、刘明、杨满英、徐建华、王大炳、周燕、谢晓林、周志辉
二等	通信企业基于"四位一体四级穿透"的战略绩效管理	中国电信股份有限公司新疆分公司	邵新华 岳彩民	付雪莲、贺勤、蒋合法、吴嘉琳、马秀玲、李峻、马海涛、赵晓红、王纪伟、马晓平
二等	特大型盐湖企业以建设生态镁锂钾园为目标的转型升级	青海盐湖工业股份有限公司	王兴富 谢康民	郑洪华、吴文好、刘玉兰、王向前、王祥文、王石军、俞秋平
二等	大型航空工业企业基于复杂需求的业务管理系统构建与运营	西安飞机工业（集团）有限责任公司	何胜强 陈胜	雷阎正、于萍、冯进、邓志均、袁春衡、李振兴、何磊、王博、史海江、王平
二等	军工研发企业提升核心竞争力的平台化发展战略的构建与实施	北京五洲中兴机电设备开发有限公司	伏睿	项启浩、王姣星、田长华、聂建媛、孙岩、孙宝富、孙宇飞、党小菲
二等	国际化企业基于集成信息系统的业财一体化管控	中国电子进出口有限公司	吴志锋 唐路	张艳玲、冯飞、苗峰

等级	成果名称	申报单位	主要创造人	参与创造人
二等	电网企业基于客户"全业务、全流程"体验互动式的服务管理	国网福建省电力有限公司	陈修言	蔡咸宜、陈春武、林志和、颜艺峰、蔡建煌、黄春竹、邹志向、蔡丽华、戴贤哲
二等	设计企业基于信息技术和"互联网＋"的转型业务成本管理	中国电建集团中南勘测设计研究院有限公司	张 涵 龙泽宙	汪 皓、刘小卫、李胜文、李伟峰、彭晨芳
二等	高端装备制造企业海上风电绿色产业高质量发展管理	中车株洲电机有限公司	聂自强 曹翰清	孙成刚、李丹兵、仲 威、郑 涛、向振国、成 龙、田星星、王德仁、邓奇慧、方 策
二等	大型建筑企业提高集团管控能力的财务共享中心建设	北京城建集团有限责任公司	王 晶	刘日梅、李 化、许 军、运 进、王 丽
二等	军民股权融合型企业管理体系的构建与实施	西北工业集团有限公司	王 英 许国嵩	黄演忠、郑 军、王 伟、刘 翾、戴军让、赵振川、丁红英、闫 宁、王雅晴、侯 田
二等	企业集团财务公司与业务深度融合的全流程风控管理体系构建	神华财务有限公司	陈新环	陈 晨、许 强、吴秀梅、王 颖、张艳菊、韩 晶、徐广鑫、杨 玲、陈晓辉
二等	半导体企业以三项结构调整为主导的战略实施	吉林华微电子股份有限公司	聂嘉宏	李 强、宋洪德、朱晓丽、鲍秀莲、宋宇宁、李斌晖、杨寿国、韦长伟
二等	基于信息化平台的轨道交通资产精细化管理	北京市基础设施投资有限公司	张燕友 郝伟亚	于 增、郑 毅、梁 平、王 平、姜 鸿、覃 云、张子轶、王 祎、么海亮、李峙伟
二等	资本运营公司助力地方发展的双轮驱动投融资管理	重庆渝富资产经营管理集团有限公司	李剑铭	崔树荃、邓 勇、乔昌志、王万洪、杨雨松、周一波、张治民、朱 旌
二等	煤炭服务企业"模块化、动态化"全面预算管理	陕煤集团神南产业发展有限公司	乔少波 徐国强	刘旭东、李建东、杨 林、潘长法、陈 峰、贺 华、刘 健

等级	成果名称	申报单位	主要创造人	参与创造人
二等	城市商业银行以高质量发展为导向的要塞式资产负债表管理	广西北部湾银行股份有限公司	罗 军	廖春晖、韦继强、李 慧、陈前总、徐展鹏、孔庆丽、何鸿雁
二等	轮胎企业以新型经营体为中心的利润目标管理	贵州轮胎股份有限公司	黄舸舸	熊朝阳、张艳君、王映红、王卫忠、蔡庸猛
二等	大型能源化工集团基于转换经营机制的混合所有制改革	中国平煤神马能源化工集团有限责任公司	梁铁山 万善福	陈金伟、张建五、曾国民、孙鹏飞、高志强、易天娇、杨红深、艾护民、曹德彧、毕军贤
二等	通信企业基于大数据分析的网格化精准投资管理	中国联合网络通信有限公司河南省分公司	韦海波 王宜科	马红兵、孔 力、徐文洪、黄志勇、夏学军、耿海粟、杨国颖、桑红梅、于 飞
二等	城市商业银行服务于中小企业的科技金融平台建设	威海市商业银行股份有限公司	谭先国	孟东晓、刘 河、毕秋波、张晓东、陶遵建、朱礼迎、刘 超、张家恩
二等	核电运营企业面向大修的精益化作业成本管理	大亚湾核电运营管理有限责任公司	谢秋发 刘 斌	王本富、张纯强、余太平、左裕轩、陈 军、郑玉申、王 翔、林 伟、黄艳英、袁小林
二等	煤炭生产企业实现业财深度融合的体系化成本管控	陕煤集团神木张家峁矿业有限公司	吴群英 郭佐宁	迪 明、韩华东、薛卫宁、张建安、王碧清、李文俊、王济民、严洪涛、田 力
二等	大型油气田以激发企业活力为目标的绩效管理	中国石油天然气股份有限公司新疆油田分公司	陈新发 杨学文	邬 瑛、邵 雨、梁玉斌、王正才、张智勇、刘北国、王新喜、文 翔、支宝珠、林子栋
二等	建筑施工企业国际项目的立体化风险管控	中国葛洲坝集团第一工程有限公司	陈 刚	曾红革、胡智军、才永发、冯 骏、杨 瑾、钱军辅、涂 磊、郝治国、曹娟婷
二等	促进"一带一路"沿线合作共赢的国际班列供应链管理	中国铁路呼和浩特局集团有限公司	张骥翼 柴随周	张中平、王恒利、骈文波、张瑞平、冯建勋、石三黑、刘 洁、吴立宏、刘 迪、张鹏春

等级	成果名称	申报单位	主要创造人	参与创造人
二等	省级电网企业提升新能源消纳比例的绿色调度管理	国网宁夏电力有限公司	季宏亮 摆世彬	钟海亮、项 丽、蒙金有、宁 波、耿 多、丁茂生、苏明昕、田志浩、耿天翔、马 军
二等	大型有色企业跨国资源项目管控体系建设	金川集团股份有限公司	马建青	郜天鹏、孙平安、庞大强、王永才、孟江涛、潘寿红、王永业、高云峰、姜 燕、侯艳丽
二等	海外电力项目全产业链价值创造的"四位一体"组织管控模式构建	中国电建集团海外投资有限公司	盛玉明 杜春国	蔡 斌、袁 洋、武夏宁、奚 鹏、郭广领、冯克锋、刘新峰、戴吉仙、刘 蕾、袁 莉
二等	施工企业基于"四位一体"全产业链的海外工程项目管理	中铁隧道集团一处有限公司	易国良 周校光	刘昌彬、彭登勇、刘洛汉、陈海锋、党红章、翟飞飞、胡红卫、陈文义、谭 奇、邓 伟
二等	城市商业银行基于"智汇聚莱"平台的中小企业服务管理	莱商银行股份有限公司济南分行	李华珍	王 湛、李志强、王庆振、张俊忠、赵鲁西
二等	以实现企业可持续发展为目标的集团管理能力提升	北京汽车集团有限公司	张夕勇 陈 江	刘 义、杨 钧、张 容、彭 进、姜建辉、褚 壮、黄 洋、李 凯
二等	大型军工集团协同型绩效管理体系的构建	中国核工业集团有限公司	黄敏刚 毋 涛	闵 苹、余富祥、王 梦、罗清平、田胜军、曹 欣、孟中华、周 觅
二等	电网企业基于质量提升的外委审计评价管理	国网安徽省电力有限公司	陈水军 蔡华林	吴 斌、朱少如、韦祖彬、杨 德、刘社兵、汪子林、刘 菲、赵承康、鲍 卿、张 清
二等	数字化条件下的航天产品跨企业工程协同研制应用	中国航天科工集团第四研究院	刘 春 宗玮庚	杨 贺、史阿云、高 琦、李国栋、申得玉、彭海民、高 林、胡 博、赵英杰、张升波
二等	科研院所智库型战略体系的构建与实施	中国船舶工业综合技术经济研究院	王 岩 李慧才	韩笑妍、罗春燕、雷贺功、左华伟、刘碧涛、裴大茗、周雪芬、温振宁、郭晓文、杨洪杰

等级	成果名称	申报单位	主要创造人	参与创造人
二等	建筑装饰设计企业以激发内部活力为导向的自主经营体系构建	湖北羿天建筑装饰设计有限公司	王 莉 严 斌	颜 轶、陈 娴、陈沐鑫、李 玲
二等	国有制药企业激发活力的内部市场化管理	株洲千金药业股份有限公司	江端预	寋 顺、谢爱维、刘建武、陈智勇、李 广、马向前、谭素娥、赵旭明、朱 溧
二等	大型化工企业以激发组织内生动力为核心的班组建设	新疆华泰重化工有限责任公司	冯 斌 张晓莉	马中宇、朱 政、张志升、刘 磊、杨 欢、毛莉莉、魏永梅、高 伟
二等	化工企业适应市场需求的全面变革管理	山东鲁北企业集团总公司	吕天宝	陈树常、翟洪轩、袁金亮、付希禄、鲍树涛、付长强、王同永、张占儒
二等	重塑内生动力的港口企业管理变革	日照港集团有限公司	蔡中堂 刘国田	王永刚、高 健、李兵华、石汝欣、徐振和、姜子旦、吕佐武、孟仔敏、张 强、焦文钰
二等	百年煤炭企业以"一提双优"为核心的新型生产方式构建	枣庄矿业（集团）有限责任公司	满慎刚 杨尊献	刘文宝、刘中胜、张延伟、靳家皓、徐若友、秦鹏远、李建军、曹东京、沈 彬、杨 涛
二等	钢铁企业激发生产单元活力的市场化机制的构建	鞍钢股份有限公司大型厂	王义栋	杜 斌、孙 强、李元华、王庆军、杜 民、尹燕鹏、张卫锋、王家策、卞宝泰、刘 虹
二等	军工院所基于大数据的多维协同管理体系构建与实施	北方电子研究院有限公司	梁培康 孙向东	包永洁、刘延峰、李 晶、茹 伟、邓钰栋、张小民、张东升、郭勇利、田 璐、李 婷
二等	以激发员工活力为导向的"智力众筹"班组创新管理	国网山东省电力公司济南供电公司	钱庆林 任志刚	崔晓青、王 璐、王 帆、于洪伟
二等	军工电子企业平台化、集约化、客户化采购管理	中电科技（南京）电子信息发展有限公司	王 平 邱国华	汪星宇、李春晓、徐 嵘、卓 悦、颜礼松、任 璇、王 涛、杨 刚、仇海星、刁志成

等级	成果名称	申报单位	主要创造人	参与创造人
二等	铁路运营公司基于转型发展的业务优化调整与管理	中国铁路北京局集团有限公司	王　勇 王立中	张　翼、郭贵军、侯建民、刘　楠、侯立波、冯　超
二等	基于服务主业的产融结合战略实施管理	中铝资本控股有限公司	蔡安辉	葛小雷、于红卫、黄　薇、杜纪福、杨　静、张翔宇、廉志伟、崔　啸、刘宇鹏、周　阳
二等	丝绸企业实现文化与科技双轮驱动的转型升级管理	万事利集团有限公司	屠红燕 李建华	余志伟、余唯杰、莫　杨、楼玉峰、莫昳丽、唐望娇
二等	科研院所提升运营质量的组织绩效管理	中国航空工业集团公司雷华电子技术研究所	邹伟锋 怀靓亮	毛锦海、李　瑞、吴鹏程、仲　瑶、张象羽、许　峰、胡　翔、万伟稼、刘　薇、刘　炤
二等	大型航空企业基于创新驱动的军民融合产业生态链构建	江西洪都航空工业集团有限责任公司	洪　蛟 张　弘	乐　阳、丁晓斌、周　晓、刘　益、章武强、梁　浩、黄亚超、冷　俊、刘爱兵、郭红亮
二等	环保企业基于全产业链的业务拓展管理	中国葛洲坝集团绿园科技有限公司	刘利军 陈　亮	崔红军、王　昕、陈英豪、杨大磊、饶贞强、朱　倩、陈　威、赵本凯
二等	特大型钢铁企业集团基于战略管控的成员企业差异化管理体系建设	鞍钢集团有限公司	唐复平 姚　林	白静瀑、计　岩、董雁鸣、梁　军、刘卫民、王永刚、毛希文、崔　健、巴　祎、林　超
二等	军工企业精准化战略管理体系构建	中国电子科技集团公司第二十八研究所	毛永庆 潘建群	张江涛、缪　鑫、王　旭、陈育谦、李苏宁、庄国献、刘　慧、崔文茂
二等	纺织企业以产品创新引领的差异化战略实施	上海德福伦化纤有限公司	杨卫忠	李　盈、卞春景、冯忠耀、黄秀平、周桂章、陆育明、朱亚宏、李东华、陈辉华
二等	对外合作气田企业以助力生态文明建设为目标的清洁生产管理	中国石油天然气股份有限公司长庆油田苏里格南作业分公司	刘社明 赵钰麟	王　东、王　栋、冯宁军、张　丽、陈志勇、马晓蓉、邱永利、苗　震、李　翔、董易凡

等级	成果名称	申报单位	主要创造人	参与创造人
二等	邮政企业依托"警医邮"平台的一站式便民服务体系构建	中国邮政集团公司浙江省分公司	陈　清	杨东辉、林　艳、俞　亮、张　逸、张俊晓、滕伟建、葛　敏、陈武军、傅　健、孙　珏
二等	基于"互联网＋能源"的电力生产管理体系构建与实施	河北建投能源投资股份有限公司	米大斌徐贵林	刘　红、李永强、姜　文、金　鑫、元　亮、鲁　贞、江　华、王建辉、王若颖、王云龙
二等	大型水电企业基于信息技术的运营风险防控管理	福建水口发电集团有限公司	陈建中陈锦洪	林明兴、陈崇乐、陈　伟、林炜锦、鄢　蕾、陈文洁、卓雪蓉、侯协舟、陈政同
二等	以生态优先、环境友好、资源节约为核心的复杂高铁工程施工管理	中铁五局集团有限公司	陈　彬蒋　思	方　锐、彭小平、秦世祥、龚小标、张习亭、彭宇峰、熊锦阳、陈　明、贾友文、罗都颢
二等	以打造绿色矿山管理样板为目标的露天铜矿建设	江西铜业股份有限公司城门山铜矿	但新民胡金华	廖先渺、熊衍良、黄钢平、杨　文、卢　晓、赵桂洪、黄良金、韩建华、安文庆、郭胜祥
二等	大型水利水电施工企业实现转型发展的市场开拓	中国水利水电第九工程局有限公司第一分局	朱　川李庭坚	林建振、谢朝宗、李庭忠、李和刚、谭　鹏、李军华、张　玲、王宗义
二等	以提升收费运营服务质量为目标的"秋子服务"品牌建设	北京市首都公路发展集团有限公司京沈高速公路分公司	周淑芝刘存来	薛　森、刘自轩、马景武、王　戈、赵　亮、林雪莲、方秋子、刘建生、邵　然、骈志昕
二等	顾客满意度多维度监听体系的构建与实施	浙江吉利控股集团有限公司	许乃平李东辉	宋文奎、陈　洪、李娓娓、马双阳、吴南南、杜晶晶、许良生、蔡　飞、徐　琦
二等	电瓷企业以"三升一降"为重点的绩效管理	苏州电瓷厂股份有限公司	张　斌	陆忠伟、沈云峰、杨斌忠、郭　蓉、李志伟
二等	高速公路企业依法维护路产路权协同管理	北京市首都公路发展集团有限公司安畅高速公路管理分公司	褚文洁	马连发、王建春、罗幸存、蔡凤龙、闫卫坡、王　涛、翟瑞林、王　强、杨一晨、邱　超

等级	成果名称	申报单位	主要创造人	参与创造人
二等	以助推数字家庭生态建设为目标的客户服务管理	中移（杭州）信息技术有限公司	张锦卫 浦贵阳	周晶、马春山、李峰、孟雨兴、许贝旎、邹梦妮
二等	电网企业基于大数据的智慧化综合能源服务管理	国网山东省电力公司青岛供电公司	孙旭日 卢刚	王凯、吴绍军、张松、李文升、孙振海、李元付、姜思卓、安树怀、徐志根、郭英雷
二等	大型建筑企业以高质量发展为目标的管理提升	中交第四公路工程局有限公司	赵云	蔡彬、毛昌锋、彭华、张丽芬、曹雪燕、姚熙、孙星、姜尚辰
二等	乘用车企业面向零部件的成本精细化动态管控	东风汽车有限公司东风日产乘用车公司	刘晓安 但宏春	贾德迪、谌仕涛、金冬平、林茵茵、郭志新、王喜、贺振兴、贾勇利
二等	电网企业价值驱动要素的管理体系构建	国网辽宁省电力有限公司	石玉东 范士新	唐屹峰、肖一飞、胡囡、刘中彦、巴明强、陈娇茵、李恒宇、尹明植、桑文奇
二等	宇航企业矩阵式外协质量管控体系建设	中国航天科技集团有限公司第五研究院	于潇 孙涛	张京波、王进军、吴臻、郭京、郑文霞、钱锋、杨力、王津、杨雪英、黄威
二等	传统煤炭企业以新旧动能转换为目标的业务优化升级管理	新汶矿业集团有限责任公司	葛茂新 谭永新	辛恒奇、徐竹财、刘玉果、王忠刚、高增功、高颖敏、张佐伟、庞继禄、朱岩坤、张博
二等	钢铁企业以关键工艺节点管控为核心的质量精细化管理	鞍钢股份有限公司炼钢总厂	王义栋 李镇	王华、李云、田勇、孙群、费鹏、姜振生、魏元、马勇、张晓军、吴世龙
二等	军工企业以提升过程绩效为核心的"三抓一管"预防型质量管理	中电科仪器仪表有限公司	李立功 张红卫	刘军红、金春玲、姜万顺、张冰、郝英稳、魏岩、郭韬、江岩、路波、霍建东
二等	钢铁企业适应国际新标准的卓越质量管理	山西太钢不锈钢股份有限公司	李建民 王涛	杨连宏、南海、苏伟中、王育田、单祥林、郭新宇、谢海运、张利军、李彬

等级	成果名称	申报单位	主要创造人	参与创造人
二等	以顾客满意为核心的舰船产品质量综合评价体系的构建与实施	沪东中华造船（集团）有限公司	翁红兵 胡江平	郑　豪、赵文裕、周秀丽、赵继权、况　觊、凌伟兴、卞金露、张伟祥、陈　光、王　飞
二等	火电企业引入基建监检模式的运维质量监督管理	华能国际电力股份有限公司玉环电厂	赵　贺 李法众	陈　江、陈　戎、杜光利、司广全、沈　琦、柯文石、汪德良、杨百勋、曹剑锋、马巧春
二等	大型化工企业精益生产管理体系的构建与运行	瓮福达州化工有限责任公司	黄光柱 付　勇	徐　进、黄世刚、孙建松、冉瑞泉、刘立锋、文小兵、傅忠德、孙应伦、邓信立、杨培德
二等	采油企业以提质增效为目标的"五全"精细管理	中国石油天然气股份有限公司长庆油田分公司第三采油厂	高占武 高小东	杨学峰、贾生军、齐连庶、刘尧刚、牟　瑾、时　蕾、张　煜、赵防震、李晓明、尚根社
二等	航空主机制造企业均衡排产管理	昌河飞机工业（集团）有限责任公司	吴智翔 吴小文	林　东、黄　琦、张红彤、崔延凤、谢晓文、籍科兴、何建彪、张小强、夏永勤、王　飞
二等	汽车合资企业基于持续改进的事业计划管理	东风汽车有限公司	雷　平 周先鹏	袁丹伟、徐新堰、符永波、胡　伟、黄志本、张小强、吴晨松、张　丁、李　非、余岳峰
二等	航天企业以实现产品化为目标的武器型谱管理	中国航天科技集团有限公司	张为民 王大勇	仝荣伟、韩一丁、韩天龙、杨世东、陆宏伟、李鸿儒、张佩锋、王　溯、刘　鑫、孙　宇
二等	基于瘦身健体提质增效目标的企业转型升级	河钢集团有限公司	迟桂友 李毅仁	谢文华、鲍彦丽、王宇辉、赵休龙、安　晖、郭建双、郭永军、刘丽娟、田　茵
二等	大型钢铁企业以高端化为目标的产品优化管理	唐山钢铁集团有限责任公司	王兰玉 田　欣	张洪波、张小帅、田　川、王东林、王　静、张书欣、刘　杰、李云海
二等	钢铁企业基于大数据平台的智能化能源管理	河钢股份有限公司承德分公司	耿立唐 张振全	高　影、张耀东、国富兴、邱洪涛、李月英、邹　颖、李银河、王家军、徐田君、石小艳

等级	成果名称	申报单位	主要创造人	参与创造人
二等	军工核心电子元器件企业适应产能快速提升的生产流程优化	中国电子科技集团公司第五十五研究所	沈 亚 孙春妹	杨东升、徐吉坤、刘宇旭云、郭才才、张 艳、朱晓华、黄琴芳、张孝强、刘 朝、崔永芳
二等	采油企业基于数据分析的设备全生命周期管理	中国石油天然气股份有限公司华北油田分公司第一采油厂	李经纬 王世海	杜善恩、李 贞、吴 颖、曾 睿、余 涛、黄霖莲、谷 雨、王海红、郑江红、王海青
二等	服务乡村振兴的农村电网组群式集约化工程建设管理	国网河南省电力公司	侯清国 刘长义	魏胜民、吴中越、张 翼、刘湘笠、张法荣、胡扬宇、田春笋、王利利、杨 卓、陈鹏浩
二等	隧道施工企业基于大数据的全断面隧道掘进机全生命周期管理	中铁隧道局集团有限公司	吕建乐	陈 建、康宝生、刘东亮、寇晓林、张宏达、杨露伟、袁朋飞、蒙先君、李凤远、李大伟
二等	桥梁建筑企业打造精品工程的"四位一体"质量管理	中铁大桥局集团有限公司	刘自明 文武松	李凤超、何荣康、刘杰文、季跃华、潘东发、胡永生、吴杰良、戚玉明、范维国、余发东
二等	石油企业基于多体系融合的综合管理体系构建与实施	中国石油天然气股份有限公司西北销售分公司	刘守德 赵振学	谢建林、康必勇、孙永凤、石建军、张双荣、陶明川、蔺 一、杨永新、高 铎
二等	大型火电企业基于全方位对标的"三全"管理	宁夏京能宁东发电有限责任公司	苏永健	李云峰、丁文彦、郑广庆、刘 君、李少平、杨菊梅、石 泉、范清华、陆 龙
二等	以智能化为核心的航空发动机数字电子控制器柔性生产管理	中国航发控制系统研究所	刘国平 钱海红	吴 红、陈 熙、奚春明、黄 超、尤 杰、戴瑾珺、陆建楠、丁国琴、陶 俊、黄小兵
二等	基于价值链重构的环境综合服务商业模式建设	环能科技股份有限公司	倪明亮 文世平	肖左才、谭铁生、乔成刚
二等	高铁站与地方政府联动的智行服务升级管理	中国铁路上海局集团有限公司金华车务段	蒋 辉 陈章儿	夏文辉、李达云、蒋 远、陆志华、张 麒、马晓岚、董 爽、马俊红、王平星

等级	成果名称	申报单位	主要创造人	参与创造人
二等	大型供电企业基于共享理念的电网建设管理	国网山西省电力公司太原供电公司	郭铭群 武登峰	闫晓丁、张建昌、董瑞彪、李国华、阴昌华、郭学英、白宝成、刘海龙、张 洁、贾晶晶
二等	邮政企业基于大数据分析的客户服务提升	中国邮政集团公司山东省分公司	王志奇 林令才	刘凌辰、董黎明、宋 钰、郭 娟、宫 伟、张亚飞
二等	高寒高海拔地区电力企业以员工为中心的后勤协同保障体系建设	国网青海省电力公司	巩正俊 李增业	王兴顺、韩廷海、石英慧、张永进、王凤鸣、赵国英、周军远、汪生丁、叶瑞凤、郑小娇
二等	建筑施工企业面向区域市场营销的目标管理	中铁三局集团有限公司	李建光	李新远、朱振宁、任克平、仲崇辉、蔺敬跃、宋海文
二等	向智能型企业转型的工人技能提升体系建设	帝业技凯（辽宁）精密工业有限公司	孙 悦 方巧媛	刘晨明
二等	煤炭企业基于组织分析法的机关和技术岗位精准定员管理	开滦（集团）有限责任公司	张建公 庞学东	赵景华、周玉君、梁 刚、石海涛、田福民、孙军保、张洪春、李峰松、胡雪松、李秀霞
二等	大型建筑企业关键岗位胜任力模型的构建与应用	中铁四局集团有限公司	耿树标 朱 智	耿天宝、刘 光、季文斌、张荣耀、仇明清、丁克东、周 尚
二等	供电企业以实现客户、企业、员工多赢为目标的数字化绩效管理	国网辽宁省电力有限公司沈阳供电公司	辛国良 王向臣	黄 旭、傅炜虹、潘泳超、赵 英、张 越、杨 旭、何 琛、谭 澈、孙佳琪、耿 正
二等	大型建筑企业基于互联网的差旅管理	中铁一局集团有限公司	马海民 李晓峰	贾国利、张海龙、刘永庆、许 刚、苏 星、孙海柠、谭洪波、陈青原、许 仁、杨 光
二等	应用型科研院所基于量化评价的员工绩效管理	中国石油化工股份有限公司西北油田分公司石油工程技术研究院	赵海洋 陈 元	李建杰、吴臣德、张建军、秦 飞、黄振琼、任 波、包 锐、张 翼、于晓静、段浩文

等级	成果名称	申报单位	主要创造人	参与创造人
二等	航空制造企业提升组织效能的员工全面绩效管理	成都飞机工业（集团）有限责任公司	潘 杰 刘可为	查玲娜、曾令芳、陈丽晶、李玉平、程 忠、刘海涛、刘大炜、宋子强、易晓彬、艾生辉
二等	以服务"低碳奥运、绿色奥运"为目标的城市智能电网规划与建设管理	国网冀北电力有限公司张家口供电公司	田 博 郑 林	周玉超、李永东、林 晋、李国武、周 毅、刘德坤、武剑飞、张 婧、周 鑫、张 涛
二等	建筑施工企业工程项目关键岗位后备人才培养与任用管理	中铁上海工程局集团有限公司	孔 遁	张庆远、张 超、邓保忠、俞运言、李 琦、夏伦梅、尤恩奎、周宝平、刘 毅
二等	供电营业厅"智能＋体验＋营销"服务体系的构建与实施	国网湖北省电力有限公司	傅景伟 王永会	张运贵、禹文静、李东升、宋 艳、刘 帆、彭 涛
二等	以创建世界一流产业工人队伍为目标的员工发展管理	广州供电局有限公司	吴 倩 李 玲	邝东海、杨 祺、洒聪敏、吴 迪、张 轶、蔡澄辉、赵 贤、马世禄、朱 帅、李 超
二等	发电企业实现安全生产的多层次分类别员工培训管理	华能沁北发电有限责任公司	韩吉亮 钱 辉	潘树成、李建高、彭宗贵、陈美端、王贵文、周 伟、吕炳燕、张国立
二等	宇航企业以增强核心竞争力为目标的创新人才培养体系建设	中国空间技术研究院	杨保华 赵小津	李 杰、陈国宇、杨 宏、焦泽兵、邵慧英、黄 昕、秦小康、高 珊、于 江、张 蕾
二等	电网企业基于"E＋租车"平台的电动汽车服务体系构建	国网重庆市电力公司	陈连凯 吕跃春	王建国、周孔均、侯兴哲、张 婧、孙洪亮、龙方家、段 立、龙 羿、汪会财、吴 宇
二等	新能源发电企业以消除浪费为导向的精益管理	华电国际宁夏新能源发电有限公司	李长军 安普亮	韩 超、万 鹏、苏卫东、王 冕、莫瑞浩、王小青、高振罡、池宗忠、许新华
二等	大型火力发电厂以设备为中心的技术监督管理	贵州西电电力股份有限公司黔北发电厂	刘 谢 唐 立	罗坤全、郑昌明、杨旭飞、蓬国盛、张 轶、周奋发、朱照红、杜 亚

等级	成果名称	申报单位	主要创造人	参与创造人
二等	基于大数据的配电网智能化调度管理	国网河南省电力公司郑州供电公司	刘长义 胡玉生	燕跃豪、林 慧、王 柳、郑 琰、鲍 薇、郑 阳、李朝晖、辛 军、艾学勇、张梦瑶
二等	大型汽车集团军民融合研发体系的构建与实施	北京汽车研究总院有限公司	徐和谊 王 璋	张夕勇、张 健、张建勇、王 磊、李凌日、邝 建、丛培清、丁祖学、田志远、谷利军
二等	基于大数据驱动的电力工程项目3A监理管理	内蒙古康远工程建设监理有限责任公司	刘和平 孟海涛	顾起宁、高建春、王 磊、张长河、张连保、韩忠才、付小红、辛学军、董淑怡
二等	县域电网多类型新能源接入协同管理	国网浙江宁海县供电有限公司	王凯军 王 伟	张韩旦、王永慧、金 婕、俞 军、陈春喜、王 琛、谢颖怡、许家玉、王伟军、朱 刚
二等	以提升安全风险防控能力为目标的心理健康服务管理	中国石化集团胜利石油管理局有限公司电力分公司	尚长泉 马玉岭	陈 萍、马菁媛、尚盟起、刘 琦、闫晓华、刘金萍、战宝丽、王维国、屈冬青、孙 申
二等	供电企业以保障营商环境为目标的优质电力服务体系构建与实施	国网福建省电力有限公司厦门供电公司	周敬东 许志永	刘海沧、林 蔚、黄景崖、童 刚、沈晓秋、孔瑞忠、张 颖、张卓生、戴贤哲、陈晓晖
二等	大型高科技集团以推动创新发展为目标的中长期激励管理	中国电子科技集团有限公司	胡爱民 王晓敏	冯拓宇、范文新、李少卿、杜江明、马明德、张魏林、张 栋、罗 旭
二等	复杂地质条件下市政公路长大隧道施工管理	中铁十四局集团有限公司	刘京增 吴言坤	李方东、周建芳、郑彦飞、肖载兴、王盛波、韩孟杰、甘国军、陈仁强、罗天禄、李洪宝
二等	地市供电企业促进生态产业发展的光伏扶贫项目管理	国网湖南省电力有限公司郴州供电分公司	周顺清 周有飞	周 军、彭佳期、侯雪波、邓建国、郭建辉、傅纪年、易继荣、曹孝平、叶伏虎、邓彦军
二等	以提升核心竞争力为目标的平行进口汽车全流程管理	山东高速青岛西海岸港口有限公司	杜晨光	韩 波、王新平、张 霞、王 琼、孙保华、马正坤

等级	成果名称	申报单位	主要创造人	参与创造人
二等	大型航空企业提升交付能力的生产单元三级优化管理	沈阳飞机工业（集团）有限公司	郭殿满 钱雪松	李长强、郭显华、李晓军、王建明、董桢、张敏、薛艳会、孙先夺、张辉、吕红宇
二等	航天火化工企业提升安全保障能力的产品质量管理	湖北三江航天江河化工科技有限公司	陈永钊 李九胜	赵文胜、何前明、林朝春、潘云武、刘丰华、马良科、黄波、刘后浪、杨理国、魏兴武
二等	以大数据为支撑的跨平台配电网监测分析管理	大连电力建设集团有限公司、国网辽宁省电力有限公司大连供电公司	鲁海威 刘波	王振南、李剑华、顾宝祥、杨万清、王跃东、刘家振、吴国辉、阎涛、牛明珠、王新宁
二等	炼化企业以预知维修为导向的设备完整性管理	中国石油化工股份有限公司武汉分公司	刘家海 杨锋	朱晓明、刘昕、程聂、武文斌、喻瑶琦、吴乔莉、贾长青、刘凯
二等	以核心技术为引领的大型液化天然气接收站工程自主建设管理	中海石油气电集团有限责任公司	王中安 邱健勇	单彤文、韦宝成、李德强、毕晓星、张超、扬帆、陈锐莹、段品佳、黄欢、姜夏雪
二等	创新引领的煤化工智能工厂建设管理	内蒙古中煤蒙大新能源化工有限公司	李俊杰 王六	冯细明、谢立波、李志荣、智斌海、陈美军、冯志宝、宋学强
二等	供电企业战略导向的目标任务管理	国网甘肃省电力公司	叶军 王德波	陟晶、刘淳、李玉鹏、苏华堂、姚振兴、刘亚平、周建宏、冉亮、李雪红、曹永胜
二等	农村金融机构精准扶贫开发管理	河北深州农村商业银行股份有限公司	扈健 冯月军	杨志勇、王建武、陈红卫、刘泽宇、孟宪如、张建东、周福胜、葛跃杰、孟凡庄、杜润宁
二等	以优化产品结构为核心的绿色油气田开发与管理	中国石油天然气股份有限公司华北油田分公司	王万迅 李林	方雷、冯运凯、郝存河、李红霞、王智、王丽敏、张影、张洁、刘建武、黄铠
二等	供电企业基于"互联共享"的综合能源服务管理	国网山西省电力公司晋中供电公司	刘宏新 安彦斌	张涛、任远、刘爱忠、翟利民、郭贺宏、张永明、史添、段尚祥、郭聪莉、武琛

等级	成果名称	申报单位	主要创造人	参与创造人
二等	供热企业实现节能减排的智慧热网建设与管理	乌鲁木齐华源热力股份有限公司	李 俊 彭 军	张建良、吴建中、金东海、付 进、朱 琳、陈国富、陈 伟、朱海涛、郑 赢、刘宏霞
二等	大型冶金企业绿色矿山建设管理	河北钢铁集团矿业有限公司	黄笃学 张国胜	李明彦、朱华明、胡志魁、刘志洲、王宏剑、霍顺生、孙旭宏、时小坤、王 宇、张光磊
二等	基于成套技术突破及产业化应用的绿色煤矿建设	山东新巨龙能源有限责任公司	李 伟 庞继禄	王焕忠、尹中凯、李洪国、田 伟、王 伟、王少庆、宋丽娟、张 燕、高 聪、高 翔
二等	大型电力变压器研发管理体系的建设与应用	保定天威保变电气股份有限公司	彭广勇 索 超	赵志伟、马明元、王 函、王月英、王东杰、张 炼
二等	基于"一体化"数据中心的大数据业务构建	北京供销大数据集团股份有限公司	肖立国	穆成源、王孝东、王锦锋、曹 杰、穆朝阳、陈轶农、白仲国、赵 冬
二等	供电企业激发基层活力的班组长协会运行与管理	国网福建省电力有限公司福州供电公司	郑佩祥 徐福聪	吴邵亮、郑 勇、傅晓菲、吴 蓓、汪 洋、吴 量、冯振波、黄 颂、叶 理
二等	装备制造企业基于整合视角的智能化制造执行系统自主开发与建设	大连冷冻机股份有限公司	范跃坤	隋宝庆、韩建伟、阚翔宇、沈 城、肖 阳、韩家麒、王 晨
二等	基于提升运营能力为核心的智慧公交"一体化云管理"服务平台建设	乌鲁木齐市公共交通集团有限公司	张 平 杨希平	金 锐、赵 昌、朱 虹、王 博、赵 静、李红卫、罗 莎、王玉琪、文 婷
二等	以智能管控为目标的特大型气田开发与建设	中国石油天然气股份有限公司西南油气田分公司	马新华 陈景富	谭敬明、戴晓峰、王 宁、谢敬华、钟 毅、赵 萌、李秀松、方 健、黄韬澄、刘夏兰
二等	大型软件企业基于"易比得"云平台的采购管理	中国软件与技术服务股份有限公司	张仲予 刘 炜	白 华、李大冀、卢 嘉、罗佳华、曾浩涛、刘 静、徐 云

等级	成果名称	申报单位	主要创造人	参与创造人
二等	偏远电厂推进一流企业建设的文化管理	贵州北盘江电力股份有限公司光照发电厂	冯顺田 莫 非	王泽洲、卢 斌、陈 帅、谌洪江、龙恩胜、范希勇、阮清德、冉雨欣、张加磊、张龙维
二等	大型电网企业基于价值共创的社会责任根植项目管理	国网浙江省电力有限公司	肖世杰	赵光静、余兆忠、刘心放、郭云鹏、董毓华、王 瑛、钟丽军、王楚东、王 磊、任 姚
二等	军工科研院所基于"三融三通"的军民融合技术产业生态链构建	中国飞机强度研究所	王彬文	蒋军亮、徐 浩、黄 河、徐晓东、周建锋、韩 晖、李 明、郭冬梅、王 靖、汪 腾
二等	民用航空发动机复杂构件自主研制能力建设	中国航空制造技术研究院	李志强 韩晓宁	韩秀全、陈福龙、廖 峰、姬学庄、杜立华、刘冠懿、王军伟、李 震
二等	供电企业以客户为中心的"超市化"服务管理	国网河北省电力有限公司石家庄供电分公司	周爱国 任建勇	侯志辉、陈香宇、董江涛、张国兴、睢 鹏、张 郁、陈 阳、崔 萌、薛 海、郝层层
二等	军工研究所"蜂巢式"经营体的构建与实施	上海航天控制技术研究所	刘付成 沈 洁	贾成龙、王洪波、杨勤利、刘 颖、杨 春、张一帆、吴云飞、罗 洁、李小燕、郎 勇
二等	基于业审融合的大数据内部审计管理	国网冀北电力有限公司	鞠冠章 张大鹏	王 良、鲍 喜、张海超、张 宇、田 雨、姜才海、王 粤、贾冬雪、张 洁、刘晓玮
二等	航天院所以"做强总体部"为目标的管理体系建设	上海宇航系统工程研究所	何文松 李广诚	史敏辉、郭家骅、林剑锋、李江道、王治易、赖东方、倪 波、唐 杰
二等	施工企业专业技术人员"积分制"管理	中交路桥华东工程有限公司	应 虹 宋 冰	王世宝、闫 朔、闫 超、陈宵梅、肖丽娜、莫 磊、于彤彤、王 洋、季 红、方叶仁
二等	以提升边远地区电力服务能力为目标的"全能型"供电所建设	国网新疆电力有限公司乌鲁木齐供电公司	向红伟 贾 涛	郭良松、郭 瑞、周 宜、崔用江、张 远、郭学善、张笑海、刘 沙、于海明、蔚 凡

等级	成果名称	申报单位	主要创造人	参与创造人
二等	汽车企业"双并行"产品试制验证管理	东风汽车集团有限公司	谈民强 宋景良	王伟振、孙凤梅、刘尚龙、高方勇、沈启明、黄海波、张轶斌、肖余芳、吉宏、苏涛
二等	以打造国际一流商用飞机设计研发中心为目标的协同研发管理	中国商用飞机有限责任公司上海飞机设计研究院	刘文恭	蒋君仁、许成伟、王晨、张小雯、王侃
二等	咨询设计服务企业以提高核心竞争力为目标的技术创新管理	中通服咨询设计研究院有限公司	朱晨鸣 唐怀坤	殷鹏、郁建生、朱强、王健、袁源、戴源、芮晓玲、李昀
二等	航空机电企业基于系统工程的产品集成开发管理	中国航空工业集团公司金城南京机电液压工程研究中心	焦裕松 陈丽君	彭妍、孟东、贾菊英、成佳丽、陈悦、刘晓东、赵鹏涛、彭建伟、许勇、焦留芳
二等	供电企业基于"强前端＋大后台"的现代服务体系建设	国网江西省电力有限公司九江供电分公司	曹世强 王健	熊志明、皮海斌、孙目元、樊友杰、王钦兵、陈朝明、邵平珍、谢慕林、陶飞、雷震
二等	自主品牌汽车模块化开发与管理体系的创建与实施	重庆长安汽车股份有限公司	朱华荣 刘波	莫方辉、吴林、张晓娟、杜剑勇、程莉华、张彬、王瑶、何俊、田英、杨海波
二等	军工院所面向作战能力生成的装备研发管理	中国电子科技集团公司第二十九研究所	杨建桥 张成伟	王步冉、卜伟、王萌、唐华、王丽军、廖明亮、马红、宋悦刚、陆江艳、柳涛
二等	以提升航空发动机维修能力为目标的知识管理	中国人民解放军第五七一九工厂	张铀 唐光辉	王良、龙振华、陈忠、唐民锋、李文兵、杜宇、杨刚、黄浩、马华军、刘飞
二等	电信运营商以规范、安全、共享为核心的大数据治理体系构建	中国联合网络通信有限公司北京市分公司	霍海峰 杨力凡	姜培华、金叶、毛明丹、黄继涛、李旻容、郭涵川、唐萌、孙妍、田英杰、于启霖
二等	电网企业实现国际先进水平的同期线损精益化管理	国网北京市电力公司	万志军 安建强	陈斌发、纪斌、王立永、丁冬、吴红林、韩旻、佘妍、王登政、王朝凤、齐清

等级	成果名称	申报单位	主要创造人	参与创造人
二等	铁路企业改革转型期法律事务管理体系构建与实施	中国铁路南宁局集团有限公司	康 维 鲁义元	李 军、李燕萍、刘玉宽、伍美胜、廖甲合、黄 羽、杨山虎、温凯丰、覃素君、谭掌嗣
二等	大型能源企业集团基于全流程的贸易风险管理	兖矿集团有限公司	茹 刚 张 宁	张春雷、岳 兵、付 明、周 楠、黄春风、张华立、李宪锋、孙兆鹏、栾海鹏、李 岩
二等	支持重大决策的风险评估机制建设与运行	中国石油化工股份有限公司中原油田分公司	王寿平 吴玉玲	贝远根、高海军、陈东升、孙尚敏、程杨利、游海滨、郑琪宁、王燕丽、彭贺林、孙旭东
二等	以保障清洁能源外送为目标的大型枢纽电网智能运检管理	国网四川省电力公司	谭洪恩 刘 勇	贺兴容、徐玲玲、苏少春、尹德君、张星海、冯权龙、王 超、范松海、龚奕宇、邵 进
二等	施工企业基于高铁项目数据驱动的智慧工地建设	中铁六局集团太原铁路建设有限公司	高荣峰 王德志	李 勇、渠小伟、邵小江、李林杰、王正波、高忠义、刘月明、修方敏、李彦君、王瑞珍
二等	轨道交通装备企业以技术引领为目标的科技创新体系优化与实施	中车戚墅堰机车车辆工艺研究所有限公司	王洪年 王文虎	陈 笃、段战国、靳国忠、张永升、吕梦熙、唐 娜、李娄明、陈 阳、张 萍
二等	基于大数据信息平台的极寒地区建设项目的全面协同管理	海洋石油工程股份有限公司	金晓剑	陈宝洁、李小巍、吕 屹、李 涛、王 伟、孙 宇、李晓光
二等	水务企业基于工业互联网的生产数据全链条管理	上海城投水务（集团）有限公司	陈明吉 冼 峰	王志荣、翁晓姚、鲍月全、倪 巍、苏林凤、刘 涛、马英欧、胡燕飞
二等	热力发电企业基于两化融合的电力工程建设管理	京能十堰热电有限公司	李 闯	胥成增、卢新川、董广林、许久平、袁新建、陈景勇、杨洪舟、刘文仓、程 凯、高晓亮
二等	地市供电公司适应配售电改革的服务管理提升	国网河北省电力有限公司沧州供电分公司	赵立刚 朱爱民	赵 玮、王正平、崔增坤、高建为、郑 旺、路 成

等级	成果名称	申报单位	主要创造人	参与创造人
二等	依托企业集团的"三融合"高技能人才培养体系构建	四川九洲教育投资管理有限公司	王国春 庞志刚	陈 佳、殷丽美、花树高、耿开民、吴春强、杨 翠、祝 林、赵 莉、陈崇卫

目　　录

自主创新与研发管理

大型航空企业基于数字系统工程的正向创新型研发体系建设 …………中国航空工业集团有限公司（3）
依托水下发射运载火箭研制的国家重大工程创新能力建设………… 中国运载火箭技术研究院（10）
基于军民融合战略的先进核反应堆研发管理………………………… 中国核动力研究设计院（17）
数字化环境下的复杂航空武器装备研发质量管理…… 中国航空工业集团公司成都飞机设计研究所（24）
实现百亿方产能的国家级页岩气示范项目工程建设管理………… 中石化江汉石油工程有限公司（35）
数字化条件下的航天产品跨企业工程协同研制应用………………中国航天科工集团第四研究院（43）
大型汽车集团军民融合研发体系的构建与实施……………………… 北京汽车研究总院有限公司（49）
以核心技术为引领的大型液化天然气接收站工程自主建设管理 ………………………………………
…………………………………………………………………… 中海石油气电集团有限责任公司（55）
大型电力变压器研发管理体系的建设与应用………………… 保定天威保变电气股份有限公司（61）
民用航空发动机复杂构件自主研制能力建设………………………… 中国航空制造技术研究院（67）
汽车企业"双并行"产品试制验证管理………………………………… 东风汽车集团有限公司（74）
以打造国际一流商用飞机设计研发中心为目标的协同研发管理 ………………………………………
…………………………………………………… 中国商用飞机有限责任公司上海飞机设计研究院（80）
咨询设计服务企业以提高核心竞争力为目标的技术创新管理…… 中通服咨询设计研究院有限公司（86）
航空机电企业基于系统工程的产品集成开发管理 ………………………………………………………
………………………………………… 中国航空工业集团公司金城南京机电液压工程研究中心（92）
自主品牌汽车模块化开发与管理体系的创建与实施……………… 重庆长安汽车股份有限公司（99）
军工院所面向作战能力生成的装备研发管理 ………… 中国电子科技集团公司第二十九研究所（105）
以提升航空发动机维修能力为目标的知识管理 ……………… 中国人民解放军第五七一九工厂（111）
轨道交通装备企业以技术引领为目标的科技创新体系优化与实施 ……………………………………
……………………………………………………… 中车戚墅堰机车车辆工艺研究所有限公司（118）

财务管理与产融结合

船舶租赁企业促进产业发展的逆周期投资管理 ………………中国船舶（香港）航运租赁有限公司（127）
境外上市国有控股企业以"产融社"为核心的市值管理 …………… 深国际控股（深圳）有限公司（134）
航空企业基于信息平台的国际直销业务支付风险管理 ……………… 中国东方航空股份有限公司（142）
国际化企业基于集成信息系统的业财一体化管控 …………………… 中国电子进出口有限公司（149）
设计企业基于信息技术和"互联网＋"的转型业务成本管理 ………………………………………………
………………………………………………………… 中国电建集团中南勘测设计研究院有限公司（154）

大型建筑企业提高集团管控能力的财务共享中心建设 …………… 北京城建集团有限责任公司（159）
企业集团财务公司与业务深度融合的全流程风控管理体系构建 …………… 神华财务有限公司（165）
基于信息化平台的轨道交通资产精细化管理 …………… 北京市基础设施投资有限公司（171）
资本运营公司助力地方发展的双轮驱动投融资管理 …… 重庆渝富资产经营管理集团有限公司（177）
煤炭服务企业"模块化、动态化"全面预算管理 …………… 陕煤集团神南产业发展有限公司（184）
城市商业银行以高质量发展为导向的要塞式资产负债表管理 …… 广西北部湾银行股份有限公司（190）
轮胎企业以新型经营体为中心的利润目标管理 …………………… 贵州轮胎股份有限公司（195）
通信企业基于大数据分析的网格化精准投资管理 …… 中国联合网络通信有限公司河南省分公司（201）
城市商业银行服务于中小企业的科技金融平台建设 …………… 威海市商业银行股份有限公司（208）
核电运营企业面向大修的精益化作业成本管理 …………… 大亚湾核电运营管理有限责任公司（214）
煤炭生产企业实现业财深度融合的体系化成本管控 …………… 陕煤集团神木张家峁矿业有限公司（220）
电网企业基于质量提升的外委审计评价管理 …………………… 国网安徽省电力有限公司（226）
基于服务主业的产融结合战略实施管理 ………………………………… 中铝资本控股有限公司（233）
乘用车企业面向零部件的成本精细化动态管控 ………… 东风汽车有限公司东风日产乘用车公司（239）
基于业审融合的大数据内部审计管理 ………………………………… 国网冀北电力有限公司（247）

国际化经营与品牌建设

装备制造企业面向高端的世界一流品牌建设 …………………… 徐州工程机械集团有限公司（255）
跨多国油气运输管道基于联防联治的社会安全管理 …………………… 中油国际管道公司（263）
海外工程企业基于区域化管理的国际化经营 …………………… 中国港湾工程有限责任公司（270）
促进中非合作的蒙内铁路建设管理 ……………………………… 中国路桥工程有限责任公司（277）
大型建筑企业集团以"世界一流"为目标的国际业务集团化管控 … 中国电力建设集团有限公司（285）
建筑施工企业国际项目的立体化风险管控 …………… 中国葛洲坝集团第一工程有限公司（292）
促进"一带一路"沿线合作共赢的国际班列供应链管理 …… 中国铁路呼和浩特局集团有限公司（299）
大型有色企业跨国资源项目管控体系建设 …………………… 金川集团股份有限公司（305）
海外电力项目全产业链价值创造的"四位一体"组织管控模式构建 ……………………………
……………………………………………………………… 中国电建集团海外投资有限公司（311）
施工企业基于"四位一体"全产业链的海外工程项目管理 …………… 中铁隧道集团一处有限公司（317）
大型能源企业集团基于全流程的贸易风险管理 …………………………… 兖矿集团有限公司（323）

人力资源与绩效管理

大型电网企业战略导向的先进重大典型培育与推广管理 …………………… 国家电网有限公司（331）
通信企业基于"四位一体四级穿透"的战略绩效管理 ……… 中国电信股份有限公司新疆分公司（340）
大型油气田以激发企业活力为目标的绩效管理 …… 中国石油天然气股份有限公司新疆油田分公司（346）
大型军工集团协同型绩效管理体系的构建 …………………………… 中国核工业集团有限公司（353）

大型化工企业以激发组织内生动力为核心的班组建设 …………… 新疆华泰重化工有限责任公司（360）
以激发员工活力为导向的"智力众筹"班组创新管理 ……… 国网山东省电力公司济南供电公司（367）
科研院所提升运营质量的组织绩效管理 ………………… 中国航空工业集团公司雷华电子技术研究所（373）
电瓷企业以"三升一降"为重点的绩效管理 …………………………… 苏州电瓷厂股份有限公司（378）
高寒高海拔地区电力企业以员工为中心的后勤协同保障体系建设 ………… 国网青海省电力公司（384）
向智能型企业转型的工人技能提升体系建设 ………………… 帝业技凯（辽宁）精密工业有限公司（390）
煤炭企业基于组织分析法的机关和技术岗位精准定员管理 …………… 开滦（集团）有限责任公司（396）
大型建筑企业关键岗位胜任力模型的构建与应用 ……………………… 中铁四局集团有限公司（402）
供电企业以实现客户、企业、员工多赢为目标的数字化绩效管理 ……………………………………
………………………………………………………………… 国网辽宁省电力有限公司沈阳供电公司（408）
应用型科研院所基于量化评价的员工绩效管理 ……………………………………………………
………………………………………… 中国石油化工股份有限公司西北油田分公司石油工程技术研究院（414）
航空制造企业提升组织效能的员工全面绩效管理 ………………… 成都飞机工业（集团）有限责任公司（424）
建筑施工企业工程项目关键岗位后备人才培养与任用管理 …… 中铁上海工程局集团有限公司（433）
以创建世界一流产业工人队伍为目标的员工发展管理 ………………………… 广州供电局有限公司（439）
发电企业实现安全生产的多层次分类别员工培训管理 ……………… 华能沁北发电有限责任公司（445）
宇航企业以增强核心竞争力为目标的创新人才培养体系建设 ………… 中国空间技术研究院（452）
以提升安全风险防控能力为目标的心理健康服务管理 ………………………………………………
………………………………………………………… 中国石化集团胜利石油管理局有限公司电力分公司（458）
大型高科技集团以推动创新发展为目标的中长期激励管理 ………… 中国电子科技集团有限公司（465）
供电企业激发基层活力的班组长协会运行与管理 ………… 国网福建省电力有限公司福州供电公司（471）
施工企业专业技术人员"积分制"管理 …………………………… 中交路桥华东工程有限公司（477）
依托企业集团的"三融合"高技能人才培养体系构建 ………… 四川九洲教育投资管理有限公司（484）

精益生产与质量管理

火电企业基于"三单六化"的配煤掺烧优化管理 ……………… 国家能源集团江苏电力有限公司（495）
电网企业促进全产业链资源优化配置的源网荷储互动管理 ………… 国网江苏省电力有限公司（502）
特钢企业基于全流程的智能化产品质量管控 ……………………… 方大特钢科技股份有限公司（509）
百年煤炭企业以"一提双优"为核心的新型生产方式构建 …… 枣庄矿业（集团）有限责任公司（516）
宇航企业矩阵式外协质量管控体系建设 ……………… 中国航天科技集团有限公司第五研究院（522）
钢铁企业以关键工艺节点管控为核心的质量精细化管理 ………… 鞍钢股份有限公司炼钢总厂（529）
军工企业以提升过程绩效为核心的"三抓一管"预防型质量管理 …… 中电科仪器仪表有限公司（534）
钢铁企业适应国际新标准的卓越质量管理 …………………… 山西太钢不锈钢股份有限公司（540）
以顾客满意为核心的舰船产品质量综合评价体系的构建与实施 ……………………………………
…………………………………………………………………………… 沪东中华造船（集团）有限公司（548）
火电企业引入基建监检模式的运维质量监督管理 ………… 华能国际电力股份有限公司玉环电厂（552）

大型化工企业精益生产管理体系的构建与运行 …………………… 瓮福达州化工有限责任公司（558）
采油企业以提质增效为目标的"五全"精细管理 ……………………………………………………………
　　　　　　　　　　　……………… 中国石油天然气股份有限公司长庆油田分公司第三采油厂（564）
航空主机制造企业均衡排产管理 ……………………… 昌河飞机工业（集团）有限责任公司（571）
汽车合资企业基于持续改进的事业计划管理 …………………………… 东风汽车有限公司（579）
航天企业以实现产品化为目标的武器型谱管理 ………………… 中国航天科技集团有限公司（585）
军工核心电子元器件企业适应产能快速提升的生产流程优化 ………………………………………
　　　　　　　　　　　………………………………… 中国电子科技集团公司第五十五研究所（590）
采油企业基于数据分析的设备全生命周期管理 ……………………………………………………………
　　　　　　　　　　　………… 中国石油天然气股份有限公司华北油田分公司第一采油厂（596）
隧道施工企业基于大数据的全断面隧道掘进机全生命周期管理 ……… 中铁隧道局集团有限公司（603）
桥梁建筑企业打造精品工程的"四位一体"质量管理 …………………… 中铁大桥局集团有限公司（609）
大型火电企业基于全方位对标的"三全"管理 …………………… 宁夏京能宁东发电有限责任公司（617）
以智能化为核心的航空发动机数字电子控制器柔性生产管理 ………… 中国航发控制系统研究所（623）
新能源发电企业以消除浪费为导向的精益管理 ………………… 华电国际宁夏新能源发电有限公司（629）
大型火力发电厂以设备为中心的技术监督管理 ……… 贵州西电电力股份有限公司黔北发电厂（635）
复杂地质条件下市政公路长大隧道施工管理 …………………………… 中铁十四局集团有限公司（642）
以提升核心竞争力为目标的平行进口汽车全流程管理 ……… 山东高速青岛西海岸港口有限公司（648）
大型航空企业提升交付能力的生产单元三级优化管理 ……………… 沈阳飞机工业（集团）有限公司（654）
航天火化工企业提升安全保障能力的产品质量管理 ……… 湖北三江航天江河化工科技有限公司（660）
炼化企业以预知维修为导向的设备完整性管理 ………… 中国石油化工股份有限公司武汉分公司（666）
电网企业实现国际先进水平的同期线损精益化管理 …………………… 国网北京市电力公司（672）
以保障清洁能源外送为目标的大型枢纽电网智能运检管理 ………………… 国网四川省电力公司（679）

智能制造与数字化转型

基于COSMOPlat工业互联网平台的大规模定制管理 ……………………………… 海尔集团公司（687）
传统锻造企业实现工艺全流程整合的智能化生产方式构建 ………… 湖北三环锻造有限公司（694）
投资企业城市重大基础设施智能化主动安全生产管理 …… 青岛国信发展（集团）有限责任公司（701）
大型军工集团基于电子商务平台的采购管理 ………………………… 中国兵器工业集团有限公司（708）
大型航空工业企业基于复杂需求的业务管理系统构建与运营 ………………………………………
　　　　　　　　　　　……………………………………………… 西安飞机工业（集团）有限责任公司（713）
军工院所基于大数据的多维协同管理体系构建与实施 …………… 北方电子研究院有限公司（718）
军工电子企业平台化、集约化、客户化采购管理 …… 中电科技（南京）电子信息发展有限公司（724）
基于"互联网+能源"的电力生产管理体系构建与实施 …… 河北建投能源投资股份有限公司（730）
大型水电企业基于信息技术的运营风险防控管理 ………………… 福建水口发电集团有限公司（736）
钢铁企业基于大数据平台的智能化能源管理 …………………………… 河钢股份有限公司承德分公司（742）

大型建筑企业基于互联网的差旅管理 ………………………………… 中铁一局集团有限公司（749）
基于大数据的配电网智能化调度管理 …………………… 国网河南省电力公司郑州供电公司（755）
基于大数据驱动的电力工程项目3A监理管理 ………… 内蒙古康远工程建设监理有限责任公司（761）
以大数据为支撑的跨平台配电网监测分析管理 ……………………………………………………
　　　　　　　　　　 大连电力建设集团有限公司、国网辽宁省电力有限公司大连供电公司（767）
创新引领的煤化工智能工厂建设管理 ………………… 内蒙古中煤蒙大新能源化工有限公司（773）
供热企业实现节能减排的智慧热网建设与管理 ………… 乌鲁木齐华源热力股份有限公司（779）
基于"一体化"数据中心的大数据业务构建 …………… 北京供销大数据集团股份有限公司（786）
装备制造企业基于整合视角的智能化制造执行系统自主开发与建设 … 大连冷冻机股份有限公司（792）
基于提升运营能力为核心的智慧公交"一体化云管理"服务平台建设 …………………………………
　　　　　　　　　　　　　　　　　　　　　　　　　乌鲁木齐市公共交通集团有限公司（799）
以智能管控为目标的特大型气田开发与建设 … 中国石油天然气股份有限公司西南油气田分公司（804）
大型软件企业基于"易比得"云平台的采购管理 ………… 中国软件与技术服务股份有限公司（811）
电信运营商以规范、安全、共享为核心的大数据治理体系构建 ……………………………………
　　　　　　　　　　　　　　　　　　　　　　 中国联合网络通信有限公司北京市分公司（817）
施工企业基于高铁项目数据驱动的智慧工地建设 ………… 中铁六局集团太原铁路建设有限公司（826）
基于大数据信息平台的极寒地区建设项目的全面协同管理 ………… 海洋石油工程股份有限公司（833）
水务企业基于工业互联网的生产数据全链条管理 ………… 上海城投水务（集团）有限公司（839）
热力发电企业基于两化融合的电力工程建设管理 ……………………… 京能十堰热电有限公司（845）

社会责任与绿色发展

大型有色金属集团基于管理模块和负面清单的社会责任管理 …………… 中国铝业集团有限公司（853）
基于技术创新的绿色煤炭港口建设与管理 …………………………………………………………
　　　　　　　　　　　　　　　　　神华黄骅港务有限责任公司　中交第一航务工程局有限公司（861）
城市公交企业实现全面电动化的规模化运营管理 ……………………… 深圳巴士集团股份有限公司（868）
邮政企业基于"互联网＋邮政网"的爱心健康服务体系建设 … 中国邮政集团公司辽宁省分公司（874）
以绿色发展为目标的新能源电池全生命周期管理 ……………………… 天能电池集团有限公司（882）
电网企业以保障城市可持续发展为目标的能源变革示范区管理 ……………………………………
　　　　　　　　　　　　　　　　　　　　　　　　　国网江苏省电力有限公司苏州供电分公司（887）
以价值最大化为导向的油气资源配置管理 ……………………… 中国海洋石油集团有限公司（893）
高端装备制造企业海上风电绿色产业高质量发展管理 ………………… 中车株洲电机有限公司（899）
省级电网企业提升新能源消纳比例的绿色调度管理 ………………………… 国网宁夏电力有限公司（905）
对外合作气田企业以助力生态文明建设为目标的清洁生产管理 ……………………………………
　　　　　　　　　　　　　　 中国石油天然气股份有限公司长庆油田苏里格南作业分公司（911）
以生态优先、环境友好、资源节约为核心的复杂高铁工程施工管理 …… 中铁五局集团有限公司（917）
以打造绿色矿山管理样板为目标的露天铜矿建设 ………… 江西铜业股份有限公司城门山铜矿（924）

服务乡村振兴的农村电网组群式集约化工程建设管理 …………………… 国网河南省电力公司（930）
电网企业基于"E+租车"平台的电动汽车服务体系构建 …………………… 国网重庆市电力公司（937）
县域电网多类型新能源接入协同管理 …………………… 国网浙江宁海县供电有限公司（943）
地市供电企业促进生态产业发展的光伏扶贫项目管理 ……………………………………………
　…………………………………………………………… 国网湖南省电力有限公司郴州供电分公司（949）
农村金融机构精准扶贫开发管理 ………………………… 河北深州农村商业银行股份有限公司（955）
以优化产品结构为核心的绿色油气田开发与管理 ………………………………………………
　………………………………………………………… 中国石油天然气股份有限公司华北油田分公司（962）
大型冶金企业绿色矿山建设管理 …………………………………… 河北钢铁集团矿业有限公司（968）
基于成套技术突破及产业化应用的绿色煤矿建设 ………………… 山东新巨龙能源有限责任公司（974）
大型电网企业基于价值共创的社会责任根植项目管理 ………………… 国网浙江省电力有限公司（980）

战略管理与转型升级

提升航空发动机自主研制能力的聚焦主业战略实施 ………………… 中国航空发动机集团有限公司（987）
大型建材企业集团以技术创新为引领的新材料产业拓展 ………………………… 中国建材集团有限公司（996）
民营化工企业依托氟技术优势的新能源业务培育发展 ………………… 焦作多氟多实业集团有限公司（1004）
钢铁企业与城市协调发展的非钢业务转型升级 ……………………………………… 首钢集团有限公司（1008）
大型军工企业基于对标管理的战略聚焦与升级 ………… 中国电子科技集团公司第三十八研究所（1014）
锂电新材料企业以技术创新驱动的产业链延伸战略实施 ………………… 江西赣锋锂业股份有限公司（1020）
特大型盐湖企业以建设生态镁锂钾园为目标的转型升级 ………………… 青海盐湖工业股份有限公司（1028）
军工研发企业提升核心竞争力的平台化发展战略的构建与实施 …………………………………………
　………………………………………………………………… 北京五洲中兴机电设备开发有限公司（1034）
半导体企业以三项结构调整为主导的战略实施 ………………………… 吉林华微电子股份有限公司（1040）
科研院所智库型战略体系的构建与实施 ………………………… 中国船舶工业综合技术经济研究院（1047）
铁路运营公司基于转型发展的业务优化调整与管理 ……………………… 中国铁路北京局集团有限公司（1053）
丝绸企业实现文化与科技双轮驱动的转型升级管理 ……………………………………… 万事利集团有限公司（1061）
大型航空企业基于创新驱动的军民融合产业生态链构建 ……………………………………………
　………………………………………………………………… 江西洪都航空工业集团有限责任公司（1068）
环保企业基于全产业链的业务拓展管理 ………………………… 中国葛洲坝集团绿园科技有限公司（1075）
军工企业精准化战略管理体系构建 ……………………… 中国电子科技集团公司第二十八研究所（1080）
纺织企业以产品创新引领的差异化战略实施 ………………………………… 上海德福伦化纤有限公司（1086）
传统煤炭企业以新旧动能转换为目标的业务优化升级管理 …………………… 新汶矿业集团有限责任公司（1090）
大型钢铁企业以高端化为目标的产品优化管理 ……………………… 唐山钢铁集团有限责任公司（1096）
基于价值链重构的环境综合服务商业模式建设 ………………………………… 环能科技股份有限公司（1101）
军工科研院所基于"三融三通"的军民融合技术产业生态链构建 ………… 中国飞机强度研究所（1109）
支持重大决策的风险评估机制建设与运行 ………… 中国石油化工股份有限公司中原油田分公司（1116）

市场营销与服务管理

大型奥运场馆的服务提升管理……………………………………北京国家游泳中心有限责任公司 (1125)
安装企业机电设备智能化服务转型管理……………………………无锡市工业设备安装有限公司 (1130)
政务改革背景下的供电企业高效便民服务管理…………国网浙江省电力有限公司衢州供电公司 (1137)
电网企业基于客户"全业务、全流程"体验互动式的服务管理………国网福建省电力有限公司 (1143)
城市商业银行基于"智汇聚莱"平台的中小企业服务管理……莱商银行股份有限公司济南分行 (1150)
邮政企业依托"警医邮"平台的一站式便民服务体系构建……中国邮政集团公司浙江省分公司 (1156)
大型水利水电施工企业实现转型发展的市场开拓……………………………………………………
………………………………………………………中国水利水电第九工程局有限公司第一分局 (1162)
以提升收费运营服务质量为目标的"秋子服务"品牌建设……………………………………………
……………………………………………………北京市首都公路发展集团有限公司京沈高速公路分公司 (1169)
顾客满意度多维度监听体系的构建与实施……………………………浙江吉利控股集团有限公司 (1175)
以助推数字家庭生态建设为目标的客户服务管理………………中移（杭州）信息技术有限公司 (1180)
电网企业基于大数据的智慧化综合能源服务管理………国网山东省电力公司青岛供电公司 (1186)
高铁站与地方政府联动的智行服务升级管理………中国铁路上海局集团有限公司金华车务段 (1193)
大型供电企业基于共享理念的电网建设管理………………国网山西省电力公司太原供电公司 (1200)
邮政企业基于大数据分析的客户服务提升……………………中国邮政集团公司山东省分公司 (1206)
建筑施工企业面向区域市场营销的目标管理………………………………中铁三局集团有限公司 (1213)
以服务"低碳奥运、绿色奥运"为目标的城市智能电网规划与建设管理……………………………
………………………………………………………………国网冀北电力有限公司张家口供电公司 (1220)
供电营业厅"智能+体验+营销"服务体系的构建与实施…………国网湖北省电力有限公司 (1226)
供电企业以保障营商环境为目标的优质电力服务体系构建与实施…………………………………
………………………………………………………………国网福建省电力有限公司厦门供电公司 (1233)
供电企业基于"互联共享"的综合能源服务管理…………国网山西省电力公司晋中供电公司 (1239)
供电企业以客户为中心的"超市化"服务管理……………国网河北省电力有限公司石家庄供电分公司 (1244)
供电企业基于"强前端+大后台"的现代服务体系建设……………………………………………
………………………………………………………………国网江西省电力有限公司九江供电分公司 (1251)
地市供电公司适应配售电改革的服务管理提升………国网河北省电力有限公司沧州供电分公司 (1257)

组织变革与管理提升

基于管理视图分析法的管理体系变革……………………………………中国环境保护集团有限公司 (1267)
智能家居企业"双创"服务管理…………………………………合肥荣事达电子电器集团有限公司 (1275)
化工企业基于扭亏脱困的管理变革…………………………………………沧州大化集团有限责任公司 (1282)
钢铁企业基于事业合伙人制的全员共创共享管理……………………………南京钢铁股份有限公司 (1290)

特大型钢铁企业集团提升子公司经营绩效的"嵌入式支撑"项目管理 …………………………………………………………………………………………… 中国宝武钢铁集团有限公司（1296）

石油销售企业"点环源"管控体系的构建与实施 ……………………………………………………………………………… 中国石油天然气股份有限公司吉林销售分公司（1304）

军民股权融合型企业管理体系的构建与实施 …………………… 西北工业集团有限公司（1310）

大型能源化工集团基于转换经营机制的混合所有制改革 …………………………………………………………………………… 中国平煤神马能源化工集团有限责任公司（1314）

以实现企业可持续发展为目标的集团管理能力提升 …………… 北京汽车集团有限公司（1320）

建筑装饰设计企业以激发内部活力为导向的自主经营体系构建 …………………………………………………………………………… 湖北羿天建筑装饰设计有限公司（1326）

国有制药企业激发活力的内部市场化管理 ……………………… 株洲千金药业股份有限公司（1334）

化工企业适应市场需求的全面变革管理 ………………………… 山东鲁北企业集团总公司（1340）

重塑内生动力的港口企业管理变革 ……………………………… 日照港集团有限公司（1346）

钢铁企业激发生产单元活力的市场化机制的构建 ……………… 鞍钢股份有限公司大型厂（1352）

特大型钢铁企业集团基于战略管控的成员企业差异化管理体系建设 ………… 鞍钢集团有限公司（1357）

高速公路企业依法维护路产路权协同管理 ……………………………………………………………………………………… 北京市首都公路发展集团有限公司安畅高速公路管理分公司（1366）

大型建筑企业以高质量发展为目标的管理提升 ………………… 中交第四公路工程局有限公司（1371）

电网企业价值驱动要素的管理体系构建 ………………………… 国网辽宁省电力有限公司（1377）

基于瘦身健体提质增效目标的企业转型升级 …………………… 河钢集团有限公司（1384）

石油企业基于多体系融合的综合管理体系构建与实施 ……………………………………………………………………………… 中国石油天然气股份有限公司西北销售分公司（1390）

供电企业战略导向的目标任务管理 ……………………………… 国网甘肃省电力公司（1396）

偏远电厂推进一流企业建设的文化管理 ………………… 贵州北盘江电力股份有限公司光照发电厂（1403）

军工研究所"蜂巢式"经营体的构建与实施 …………………… 上海航天控制技术研究所（1409）

航天院所以"做强总体部"为目标的管理体系建设 ………… 上海宇航系统工程研究所（1417）

以提升边远地区电力服务能力为目标的"全能型"供电所建设 …………………………………………………………………………… 国网新疆电力有限公司乌鲁木齐供电公司（1424）

铁路企业改革转型期法律事务管理体系构建与实施 …………… 中国铁路南宁局集团有限公司（1431）

编辑说明 …………………………………………………………………………………… （1439）

自主创新与研发管理

大型航空企业基于数字系统工程的正向创新型研发体系建设

中国航空工业集团有限公司

中国航空工业集团有限公司（以下简称航空工业）是由中央管理的国有特大型企业，紧紧围绕提高我国国防和军队现代化水平的战略部署，精确瞄准维护国家主权、安全和发展利益的军事需求，为国防安全提供歼击机、歼击轰炸机、轰炸机、运输机、教练机、侦察机、直升机、强击机、无人机等先进航空武器装备，提升我军空中进攻、战略投送、战略打击、侦察预警、舰基航空、空基反潜、无人作战、空天作战、电子作战、陆上立体机动能力，为我军战略转型和有效履行使命奠定坚实基础。同时，积极推动国防科技和装备军民融合，为交通运输提供水陆两栖飞机、支线飞机、民用直升机、公务机等先进民用航空装备。航空工业下辖100余家成员单位、近27家上市公司，员工逾45万人，2017年实现营业收入4035亿元，实现利润165.5亿元，成长为《财富》世界500强排名第161位的大型企业集团，位列航空航天与防务板块前列。

一、大型航空企业基于数字系统工程的正向创新型研发体系建设背景

（一）维护国家安全和新军事战略的需要

我国作为发展中大国，仍面临多元复杂的安全威胁。从传统的单军兵种能力对抗到多军兵种能力体系化协同作战对抗的转变，对航空武器装备满足体系化协同作战能力的要求更加综合化，航空武器装备与环境、外部装备、人员等的交联关系更加复杂。战争形态加速向信息化战争演变，正从传统的海、陆、空三位一体向海、陆、空、天、网五位一体的作战环境发展。在此背景下，要求航空武器装备从机械化、电子化进化为电子化、信息化、网络化综合性装备，并采用先进数字技术，提升航空武器装备创新研发能力，大幅缩短研发周期，快速列装部队形成战斗力，具备空天一体、走向深海、全域作战的能力。

（二）满足武器装备渐进式采办和研制复杂性的需要

在航空武器装备研制生命周期中，由军事战略调整、作战场景改变、装备技术革新等多方面因素带来的需求变化已成为新常态。渐进式采办已成为武器装备采办新模式，彻底取代过去一步到位的采办方式，是国防采办模式的重大变革，将实现快速部署核心能力，并在体系演进中持续提升作战能力。亟待构建航空武器装备创新研发体系，及时和精准地响应需求变化，支持需求自演进，打通从军事战略定义到作战场景开发、装备能力定义、装备需求定义的全链路，指导航空装备敏捷研发，满足装备渐进式采办要求。

高端装备面临产品对象、研制过程和研制组织的多重复杂性的特征，其涉及机械、气动、液压、控制、电子、电气和软件等多种学科的综合应用，构成装备的系统、子系统、部件等数量庞大及其交连接口众多。以往复杂装备研制生命周期工具应用碎片化，数字模型难以连续传递和自动解析转换，无法进行大系统的早期综合验证，需要频繁且大量地进行费时、昂贵的物理验证，造成大量跨阶段返工，周期延长不可预判，成本呈指数增长。先进复杂装备研制已不得不由过去的少数本地厂所转变为跨地域多厂所联合研制，基于文件的协同方式已无法应对当前复杂的网络型研制组织模式。数字系统工程方法是经国际先进的航空航天和防务领域广泛实践验证、应对当前装备复杂性挑战最为有效的解决之道，波音、空客、洛克希德·马丁等国际航空巨头积极采用数字系统工程、直接数字制造等先进数字技术开展新型复杂装备创新研发，以期成倍缩短研发周期，大幅提升产品效能。

(三) 提升企业核心能力、驱动航空工业转型升级的需要

在全球新一轮科技和产业变革背景下，世界许多国家均提出了新型工业发展战略，其共性特征是以数字转型为核心，聚焦复杂组织体架构、基于模型的系统工程、认知计算、机器学习、工业互联网、大数据、云计算等新一代数字技术的创新应用，推动制造业组织与管理、工程与制造领域的变革。数字系统工程是新一代数字技术驱动的新型系统工程方法，其不仅带动了复杂装备研发范式转型，亦引领高端装备智能制造技术发展。在中国制造业转型升级及两化深度融合背景下，航空工业作为高端制造业的代表，正处于由跟跑为主转向更多领域并跑、领跑转型的关键阶段，紧紧抓住新一轮数字技术革命的契机，构建面向复杂装备的创新研发体系，形成先进的航空装备正向研发能力，运用数字系统工程方法加速航空工业转型升级，成为必需的战略选择。

二、大型航空企业基于数字系统工程的正向创新型研发体系建设内涵和主要做法

航空工业采用架构引领、基于模型、数据驱动的创新方法，建立与国际航空航天和防务（A&D）领域对准的数字系统工程应用体系，面向联合作战和装备能力，构建完整的支持数字系统工程方法应用的知识体系、方法体系、工具链谱系，建立装备体系能力联合生成新模式；面向航空装备研发，建立基于模型的航空装备敏捷研发和虚拟综合与快速验证环境；面向产业协同，建立多领域、多专业模型定义和连续传递机制，实现需求驱动的正向研发，提升航空装备创新研发能力。主要做法如下。

(一) 制定数字系统工程应用、构建正向研发体系的顶层规划

装备研制项目是航空工业数字系统工程方法应用的最主要主体，涉及飞机系统、子系统、组件研制各个单位，需集团层面从推进组织策划、知识体系构建、人才队伍建设、工程应用实践等方面统筹规划、协同推进。2014年，航空工业集团制定《航空产品系统工程建设规划》，明确了系统工程信息化平台建设背景、目标、总体架构、建设路径和实施要求，提出了统一航空工业系统工程业务架构、软件工具及技术服务模式。为此，成立了集团系统工程推进委员会、推进办公室和卓越中心，推进委员会是航空工业集团系统工程推进工作的最高决策机构，推进办公室是管理机构，负责系统工程推进实施和日常业务管理工作，卓越中心负责组织形成符合航空工业业务特征的系统工程方法论、工具软件应用模式、最佳实践和模型库，开展系统工程业务咨询、培训、认证、工具平台建设及实施服务工作；制定了全集团数字系统工程方法应用导航、试点、推广和型号全面应用的推进路径。

面对航空装备自主创新正向设计要求，采用国际标准建模语言与模型互操作标准，建立贯穿航空复杂装备需求定义、功能分析、架构设计、系统设计与分析的数字系统工程正向研发体系，实现全程模型化定义、连续追踪与持续验证。基于国际标准的系统建模语言（SysML）开展复杂装备需求分析、功能分析和架构设计，实现需求、功能向架构的分解分配与结构化追踪，提升需求管理和架构开发能力；基于多学科统一建模语言（Modelica）开展复杂装备多学科联合仿真，实现系统级功能/性能仿真验证；基于功能样机接口（FMI）标准实现 SysML 模型与 Modelica 模型元素的集成，实现逻辑架构向物理架构的映射与追踪，同时基于 FMI 标准实现 Modelica 模型与机械、电子、软件等子系统/组件设计与分析模型的集成，从而实现从几何样机向功能、性能样机的突破，进而将验证和确认后的需求、功能、架构模型传递给机械、电子、软件等相关专业，开展子系统/组件的研发，确保系统、子系统、组件设计的一致性。

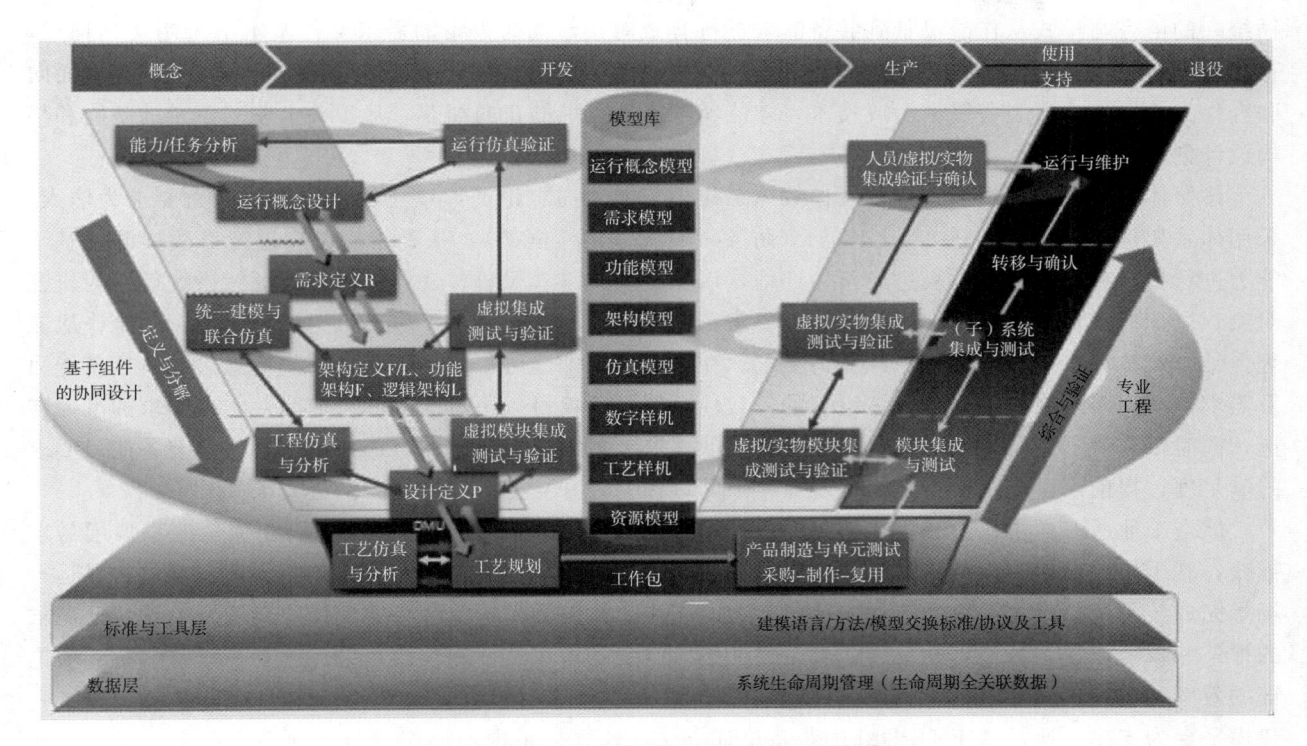

图1 复杂航空装备数字系统工程创新研发体系

（二）建立数字系统工程知识体系，为研发模式转型奠定基础

2013年，航空工业集团公司陆续加入了国际系统工程协会（INCOSE）、对象管理组织（OMG）、开放组织（TOG），引入了复杂组织体架构和系统工程领域相关方法论、流程、方法和标准规范，翻译并出版了《系统工程手册》《基于模型的系统工程方法论综述》《TOGAF标准》《敏捷系统工程》等核心知识体系，并选择国际系统工程协会（INCOSE）系统工程知识体作为推进的理论和方法依据。联合国际系统工程协会、清华大学共同建立了国际系统工程师联合培训与认证体系，形成创新驱动发展的实践载体、资源安排和生态保障，明确企业、高校、学会组织等各类主体功能定位，面向航空工业集团范围内各单位总师、副总师、型号主管、主任设计师及各类技术骨干开展培训，加快汇聚一支规模宏大、结构合理、素质优良的航空创新型系统工程师人才队伍，成为我国国防工业领域系统工程培训、认证和技术服务高端技术团队。

通过5年的探索和实践，集团公司不同业务、不同层级的单位内部积累了丰富的实践案例，数字系统工程流程、方法、软件工具和建模语言渐成体系。通过对INCOSE、OMG、SAE、TOG、ISO、IEEE、IEC、EIA等国际标准组织系统工程相关标准的深入研究，结合航空工业数字系统工程方法实践经验，编制并发布了《航空工业系统工程标准体系规划》，分为顶层要求类、技术管理类、技术类和专业工程类四类，每一类又细分为流程、方法/模板、建模规范/操作指南及工具环境三层，涵盖了业务与使命分析、利益攸关者需要与需求定义、系统需求定义、架构设计、系统设计、系统分析等系统工程核心技术流程，航空工业系统工程标准体系的建立为研发体系转型奠定了基础。

（三）建立基于体系架构方法的航空装备需求生成新模式

传统研发模式下，武器装备研制需求主要针对特定军兵种，需求的生成、验证和确认仅针对特定领域，没有在整个体系大环境下进行考虑，缺少面向联合作战能力需求进行多层面、多视角、多组织的一致沟通方式，加剧了联合作战概念到武器装备能力与装备系统需求割裂的情况，军方和工业方也无法遵循统一的语言与模式从作战场景到装备需求进行有效对接，同时大量的需求文件基本上采用文档描述，存在大量模糊性，难以早期验证与确认，为后期研制埋下了问题隐患，制约了自主创新，只有突破面向联合作战概念的武器装备需求生成技术，才能实现前端需求的正向捕获，从源头上驱动下游的功能和架构设计创新。

按照体系化联合作战模式，开展作战体系建模与能力需求论证，以飞机顶层作战能力要求为输入，采用体系架构建模技术 DoDAF/UPDM（防务领域统一建模框架），基于作战概念进行作战推演，基于能力进行指标分解，基于仿真进行指标评估，以作战系统（含飞机、武器、保障、训练系统等）为研究对象，论证提出针对主要作战任务的能力要求和体系需求与接口要求。以飞机为研究对象，围绕作战流程，结合对抗分析，提出飞机总体能力要求。在概念层级即能可视化表达联合作战概念、武器装备能力及需求，实现多层级、多视角、多组织的一致性理解，不仅可以通过全程的可追踪性实现需求的准确传递，同时可在武器装备研制之前提前验证和确认武器装备需求对未来联合作战概念及武器装备能力要求的满足度，提前洞察需求的缺陷，实现对结果的可预见，并支持对武器装备渐进式采办。

航空工业所有的主机所和主要系统所从 2013 年开始采用该技术开展各类飞机立项论证和顶层需求捕获，基于架构框架与模型体系，开发作战场景驱动的可视化任务与体系架构运行环境，通过仿真运行场景完成装备运行概念、能力体系、装备方案的同步、协同和综合验证，实现体系架构及关键特征需求的评估和权衡，得到客户方的高度认可，创新了航空装备需求论证新模式，大大提升了航空装备立项论证的效率和成功率。在某型飞机论证过程中，结合近距空中支援典型任务模型，以任务与体系架构统一建模平台为支撑，通过基于 UPDM 的装备论证方法，建立体系内地面引导员、地面指挥车、联合作战指挥中心、支援保障系统之间信息交互行为模型，开展模型的动态特性、协调性和时间特性的验证；采用可视化仿真技术，建立战区搜索、目标定位、支援攻击等时空作战演示场景，通过体系架构的行为模型驱动作战场景，开展空地作战概念、体系架构和主要功能的验证，实现任务体系架构模型和时空作战演示场景的联合动态仿真及关键特征的评估。在某无人体系项目中，基于无人集群作战概念捕获装备系统需求，将作战任务活动分解细化到系统的功能中，形成无人系统能力需求。基于体系结构设计的装备体系需求获取方法从作战、系统、技术等几个方面获取需求信息，实现作战需求到装备系统需求的映射，将作战任务中提出的能力需求与体系中作战装备的功能需求对应起来，通过体系能力牵引功能设计，整个需求获取和分析过程对应体系结构产品设计过程，符合基于能力和自顶向下的正向设计思想。

（四）采用基于模型的航空装备正向设计新方法

传统的装备研发模式是一种基于原型的逆向跟随式设计模式，一般通过原型类比的方式进行需求论证，功能和架构设计也难以突破原型机限制，顶层系统功能和性能指标在前期验证不足，系统行为通常在软硬件集成后再显现，主要靠后期的物理试验和试飞，严重制约创新能力提升。因此，迫切需要建立基于数字系统工程方法的装备正向研发体系，实现需求驱动的精细化设计。

基于模型的航空装备正向设计方法强调在产品研发的方案阶段通过模型翔实地定义需求与系统功能，并进行架构设计与综合，使用标准化的系统建模语言建立需求、功能、架构模型，实现从需求到功能、架构的分解和匹配，通过模型执行和仿真手段实现系统需求和功能逻辑的验证和确认，在设计前期更早的确认需求的正确性、功能实现的合理性。主要包括三部分，一是基于模型的需求分析，围绕作战概念和作战想定，进行作战能力和作战场景的建模与仿真分析，从中得到分配到各个作战单元（关注飞机）的任务需求，作为该作战单元研制的顶层任务需求，进而开展系统需求分析与定义。二是基于模型的功能分析与架构设计，以作战体系分配给飞机的顶层任务需求和其他利益攸关者需求及系统需求为输入，逐层开展飞机级、系统级、子系统级功能分析、分解和分配，最终将顶层需求逐层向下传递到成品设备，得到整个飞机的逻辑架构。三是基于模型的系统综合与联合仿真，以上游得到的逻辑架构和分配需求为输入，开展各系统、子系统的物理方案设计和建模分析，并通过早期基于模型的虚拟集成仿真，对设计方案进行虚拟验证、权衡分析和优化，同时将供应商的成品模型纳入系统早期虚拟验证过程，最终得到优化后的飞机物理架构和方案。

在新舟700商用飞机研制过程中，对12万条研制需求进行了条目化、结构化定义和管理，对航电、机电和飞控16个子系统进行了基于模型的用例分析和设计综合，建立了整个机电系统架构及ICD模型并开展了12个子系统的功能级虚拟集成验证，提升了型号工程需求管控能力和大系统综合能力，为型号需求的论证、综合性能的优化、成品技术指标的确定等提供了科学、量化的支撑，初步实现了"由基于文档的设计向基于模型的设计转变、由基于原型的逆向跟随设计向需求驱动的正向创新设计转变、由基于试验的后期验证向基于仿真的虚拟先验转变"，并对整个专业技术体系和研制流程体系的优化起到了良好的促进作用。

（五）开发航空装备功能/性能/几何全数字样机

传统数字样机主要基于CAD技术描述装备的几何结构及相关非几何信息，包括设计尺寸、材料、工艺等，应用于设计过程检查及装配分析，无法表达系统复杂的功能逻辑与内外部交联关系，也无法展现系统整体行为。需建立基于多维、多级数字样机为核心的大型飞机数字化工程设计体系。分别从功能、性能、几何三个维度，建立功能样机、性能样机和几何样机工程设计体系，每类数字样机按照研制进程，分为一级样机、二级样机和三级样机，分别对应初步设计、详细初步设计和详细设计。几何样机以CAD技术为核心，通过三维CAD技术描述产品的几何特征及相关的非几何信息，反映真实产品结构的全构造要素，如几何尺寸、空间位置、装配关系、材料属性等，可用于产品的设计协调、干涉检查、虚拟装配。随着几何样机与机构运行学、虚拟现实等技术的结合，几何样机的功能拓展到运动机构分析、维修性/可达性分析、人机功效分析等。功能/性能样机以CAE技术为核心，通过数据建模和数值仿真对航空装备机电液多学科功能/性能进行分析、权衡和优化，可用于多学科系统仿真、CFD计算、CAE分析，进行产品机、电、热、磁、声、控制等多学科性能的建模、仿真、分析和展示。例如，在某运输机研制过程中，建立了全三维几何样机，实现了设计内部多专业之间基于几何样机的在线关联设计、设计协调和设计审查，显著提升了设计效率和质量；建立了14个部件级功能/性能样机设计系统，实现了基于数字化功能/性能样机的多专业协同仿真分析、供应商模型集成验证和机电液系统的大规模虚拟试验验证。

（六）构建航空装备虚拟综合和验证新环境

传统复杂装备研制需要通过方案阶段的原理样件试验、工程研制阶段的初样试验和后期的铁鸟试验、地面试验等各类物理试验进行系统综合和性能验证，试验准备周期长，成本高，试验中发现了问题进行故障诊断和排查，修改设计方案，甚至推倒原有方案，进行返工，周期长、代价大。而物理试验自身有一定的局限性，以飞机为例，物理试验中无法完全模拟真实的飞行环境和飞行状态，较难考虑所有飞行条件，也比较难以表征系统软硬件的全部特征。

航空工业在型号研发中运用数字系统工程方法，基于模型开展复杂装备虚拟综合与试验，大幅度减少物理试验次数，降低成本和缩短研制周期。通过全系统数字样机的建立，对气动、机械、液压、电气、控制多学科子系统之间的复杂集成和耦合关系进行建模与仿真，通过虚拟仿真洞察和获取更多的品质，包括电液系统控制作动性能、机械运动与飞行状态、结构应力、疲劳损伤及复杂的力纷争问题等，在整机级调优系统性能并优化系统设计。虚拟综合验证方式彻底改变现有的系统集成方法和流程，在早期设计阶段基于架构级和功能级模型即开始进行初步的系统集成，将系统综合与整体评价的工作提前，以提高系统方案成熟度，避免设计后期出现颠覆性问题。在详细初步阶段，进一步细化各系统的模型，进行系统关键参数的仿真，进一步优化系统的设计方案。在详细设计阶段，通过性能级仿真模型，动态的反应各系统的瞬态行为,验证系统的瞬态性能特性。

某型飞机研发过程中,通过功能样机接口技术对电气、液压、环控、燃油、动力等多领域和机、电、液、控、热等多物理域模型的集成和综合,构建"虚拟集成飞机",并开展系统级仿真验证,获得全系统的整体最优或次优解,实现了多方案快速权衡,减少设计中的错误和不必要的反复,尽早发现设计缺陷,提高了设计质量。

三、大型航空企业基于数字系统工程的正向创新型研发体系建设效果

（一）数字系统工程在全集团得到广泛应用

航空工业构建了以数字系统工程方法为指导的复杂装备新型研发体系,涵盖了系统工程流程、方法、工具与知识为一体的数字系统工程应用环境。全集团在统一IT架构指导下,采用标准的系统工程流程,明确了业务与使命分析、利益攸关者需求定义、系统需求定义、架构设计、系统设计、系统分析、验证和确认的方法,规范不同领域和专业的建模语言与模型集成标准,覆盖了系统之系统、系统、子系统、组件各层级,实现模型的连续传递与持续验证与设计知识的高度复用,并在重点型号中进行应用和验证,支撑了航空工业研发模式的转型升级。

航空工业培养了掌握国际系统工程知识体系的专业人才队伍。通过建立国际系统工程领域认可的航空系统工程师培训和认证体系,形成知识转移平台,对接国际系统工程师协会,导入国际系统工程知识体系,培养了大批系统工程型号项目实践人员。截至2017年年底,已累计完成40期,有近1500余名工程师参加了INCOSE国际系统工程培训,取得国际系统工程师认证（SEP）人数达到200余人（而在2012年之前,全国取证人数不足10人）,国际取证的系统工程师数量已达到发展中国家前列。通过认证体系建设,为系统工程方法、流程在航空工业的实践奠定了人才基础,培养了航空工业系统工程领军人才。2018年7月,由国际系统工程学会（INCOSE）主办的国际系统工程大会在华盛顿召开,NASA、波音、洛克西德·马丁、诺斯罗普·格鲁门、雷神、泰雷兹等众多国际著名航空航天企业与组织1000余人参加本次大会,会上INCOSE高度肯定了航空工业副总经理兼CIO张新国在中国工业界引领和推动系统工程方法研究和工程实践方面的卓越贡献,并为张新国颁发了"奠基人"奖,此奖项每年全球仅授予1人,旨在表彰为推进系统工程知识方法和应用实践做出重大贡献的个人,张新国成为获得此国际奖项的第一位中国人。

（二）航空复杂装备正向研发体系初步形成,自主创新能力显著提升

通过数字系统工程方法在多个型号中的推广应用,航空工业集团已经建立了需求驱动的正向研发体系。打通了从基于作战概念的航空装备能力定义、需求生成到装备研发全链路,实现了以架构为中心、基于模型、数据驱动的航空装备正向研发新模式,全程可追踪、可迭代、可验证。

在型号论证阶段,建立了面向任务能力的装备作战体系建模与需求论证流程,实现了以装备作战使用环境和作战体系为背景、以作战能力和作战任务为驱动、以复杂作战场景建模与分析为手段,基于体系架构的需求正向捕获方法,使得需求捕获的完整性显著提升,需求与作战任务的匹配性显著提升。在某型飞机立项中,面对装备需求不完整、运行效能指标验证周期长、成本高等问题,基于系统之系统架构方法开展作战场景建模与利益有关者需求捕获,基于可视化三维场景识别装备功能边界及与外部装备、环境及人的交联关系,完成作战概念、装备能力和主要功能的验证,实现了型号成功立项。

在装备方案阶段,建立了基于需求和模型驱动的正向设计流程,实现了的飞机、分/子系统、设备各级需求条目化管理和正向分解分配和关联,基于需求进行飞机功能架构设计与权衡,基于功能架构开展飞机逻辑和物理架构的设计与权衡,通过机电液系统建模与性能样机联合仿真验证,实现早期对多方案优选、指标分配和早期验证,减少后期设计迭代。航空工业自控所某型惯导产品研制过程中,采用数字系统工程方法,需求覆盖率由原来的60%增长至90%以上,减少后期实物阶段30%的设计更改,工

程研制阶段样机研制减少至 6 个月，开发效率提升 40%。根据统计，55.6%的单位需求与产品模型之间建立了关联关系，实现系统需求、功能向架构的分解、分配；27.8%的单位建立系统级模型向软件级模型的传递与对接，实现功能逻辑模型通过分解、细化和传递；38.9%的单位实现产品信息在产品设计、工艺设计、生产制造、生产管理各业务环节的关联维护和一致性管理。

在协同研发方面，建立复杂航空装备各层级需求、功能、逻辑、物理模型的共享、协同与集成机制，形成主设计一分承制的上下游协同能力。根据统计，16.7%的上下游单位进行了结构化、条目化需求的对接与追踪，19.4%的上下游单位进行功能模型或性能模型的传递。航空工业西飞某型商用飞机研发中基于结构化的需求条目实现与赛峰、加普惠、柯林斯、霍尼韦尔、道蒂、南京机电等国内外供应商的协同研制，显著提升了研制效率。

（三）为贯彻落实中国制造 2025 起到了示范引领作用

航空工业是国家高端装备制造业的典范，具备复杂产品生命周期和完备产业链的特征，是落实中国制造 2025 的重点行业领域。航空工业集团公司长期以来，坚持推动新型数字技术的创新应用，积极践行两化融合为主线、智能制造为突破的工业转型发展战略。航空工业聚焦工业领域范式转型的共性技术和关键技术，形成产学研用相结合的创新体系，培育新型数字技术的应用创新、工程验证和技术服务的整体能力，致力成为中国制造业创新范式的先行示范。当前大力开展的数字系统工程新型研发体系建设和推进，进而带动智能制造中关键共性技术如数字孪生、直接数字制造等工程应用，通过成果转化也将促进我国军民共用数字技术和智能制造体系的融合。加速开放工业知识体系的导入和创新，参与和建立全球合作机制，提升我国工业界在国际数字工程转型领域的影响力和主导权。

2016 年 11 月，聚焦"系统工程驱动创新与变革"、以"创新、变革、开放、共享"为宗旨的首届国际系统工程协会（INCOSE）北京高峰论坛在京举办。国际系统工程协会、国际宇航科学院、中国科学院自动化研究所复杂系统管理与控制国家重点实验室、国际航空科学委员会（ICAS）、昂际航电等多位国内外资深专家及来自航空工业、中国航发、中国商飞、航天、船舶、电子等工业领域、清华大学、赛迪研究院等高校、研究机构和政府部门的 150 余人参加，航空工业系统工程领域推进思路、路径与工程实践成效得到了国内外专家的高度认可，助力系统工程方法在中国高端制造业、研究和教育领域的推广。

（成果创造人：张新国、高星海、郄永军、孙智孝、段卓毅、许　泽、雷宏杰、邓平煜、杨新团、王　乾、朱伟杰、陶福星）

依托水下发射运载火箭研制的国家重大工程创新能力建设

中国运载火箭技术研究院

中国运载火箭技术研究院（以下简称一院），隶属中国航天科技集团有限公司，成立于1957年11月16日，是中国航天事业的发源地。经过60多年的发展，一院已成为多型号研制并举、研制和批产并重的大型科研生产联合体，是中国最大的运载火箭研制生产基地。目前一院下属13个中央在编事业单位（含院本级）、3个预算内企业单位、9个院属非法人实体单位、4个院级全资公司、5个院级控股公司、2家上市公司，资产总额1100亿元，有6位"两弹一星"元勋、31位两院院士、2位国家最高科学技术奖获得者、38个副部级以上领导曾在一院工作，现从业人员3.3万人，博士超过1200人，硕士超过6000人。

一院完成了一系列国家重大科技工程任务，为我国的国防建设和国民经济发展做出了突出贡献，取得了历史性成就。在运载火箭领域，以一院为主研制的长征运载火箭，从常规推进到低温推进，从液体推进到固体推进，从串联到串联加捆绑，从一箭单星到一箭多星，形成了能发射近地轨道、太阳同步轨道、地球同步转移轨道卫星或航天器的长征火箭系列型谱，在陆基运载火箭领域拥有完备、成熟的技术体系和研制体系。在国防建设领域，成功研制了我国多型战术导弹和战略导弹武器，奠定了国家安全的战略基石。

一、依托水下发射运载火箭研制的国家重大工程创新能力建设背景

水下发射大型固体运载火箭是世界大国地位的重要标志，其研制是世界性难题，必须系统攻克以水下发射技术为代表的一系列重大关键技术。美国从20世纪50年代开始研制，花费近40年时间后发展了3代6种型号，才实现装备性能全面提升；俄罗斯也是先通过几十年12个型号的持续攻关才实现了装备的能力和升级换代。在此过程中，由于水下发射大型固体运载火箭研制的技术难度和复杂性，美俄在该领域历经多次失败，才在基础理论研究、工程设计、试验方法等方面构建了一套成熟的研制体系。我国20世纪80年代成功研制了中近程水下发射固体运载火箭，但受其综合性能限制，未能实现装备实际运用，之后我国水下固体火箭的研制处于停滞状态。

（一）填补国家战略安全领域空白的需要

20世纪末，根据国家战略安全需要，中央紧急决策，独立自主发展我国水下发射的大型固体运载火箭，以填补我国战略安全领域的空白。该型火箭的研制，直接从中近程跨越至超远射程能力，属世界首次，技术跨度前所未有，给传统的航天科研生产管理带来了巨大挑战。

这些挑战突出的表现在项目因国家急需而紧急启动，跨越了前期预研的重要环节直接立项，原理突破、技术攻关与工程研制同步开展，大量关键技术群需要在短时间内突破，具有约束紧、任务重、难度大、创新强的突出特点；水下发射固体火箭技术是世界大国的最高核心机密，没有国外技术引进的可能，同时为了国家安全和高度的自主可控性，必须立足自主创新；因工业基础薄弱，导致可选择的技术路线有限，型号研制必须从零起步开展试验验证和技术标准体系、研制程序和服务保障等诸多方面的基础条件建设。

为了完成这一重大突破性创新项目，必须整合相关学科、专业领域中的各类资源，带动和联合各类相关组织，高效地开展协同攻关，构建一个跨学科、跨领域、多类型主体参与的新型组织平台，进行组织机制创新的探索。

（二）突破重大工程自主创新瓶颈约束的需要

大型固体运载火箭在水中的高速运动及跨介质的出水过程，会引起多种复杂的物理现象，理论分析和试验验证都存在很大困难，是工程领域公认的世界性难题，涉及流体力学、结构动力学、弹道学、气体动力学、材料学等多个专业领域和广泛的学科交叉，特别是跨界面运动产生的非定常、非线性水动力研究难度极大，需要攻克多项原理性世界难题，为解决核心关键技术奠定理论基础。

我国虽已形成基本完备的陆基固体运载火箭的研制手段和设计方法，但水下发射所需的试验理论和方法、仿真技术及专用试验设施等均需从零起步着手研究、建设。美国、俄罗斯均经历了40余年的巨资投入才建成了专有试验设施和完整的设计方法体系，而我国要在工业基础薄弱、可选技术路线有限的前提下，尽快建成基本功能完备的专用设施，这是一次巨大的考验。

由于水下发射大型固体运载火箭的特殊性，传统的运载火箭设计方法、设计手段、研制程序等均不再适用，相关的设计、试验、生产制造的标准和规范缺失，使项目顺利推进面临前所未有的挑战。作为国内首次研制，创新要素严重不足。立项时，国内各大高校、科研院所在相关领域的研究基础非常薄弱且分散、不成体系，专业设计人员极度匮乏。面对这种局面，一院需要在协同创新网络平台的基础上，再造研制程序，优化工作流程，建立技术标准以规范模块协作、引导设计验证方法和设施建设，引导学科和专业建设、培养人才梯队等，这是一项重大的管理挑战。

（三）推动一院高质量发展、建设世界一流宇航公司的需要

建设航天强国，需要打造世界一流的宇航公司，掌握先进的航天型号工程研制管理理论与方法，研制世界顶级的航天产品，攻克行业的技术难关，引领行业的技术发展。

作为中国运载火箭技术领域的领先企业，要实现高质量发展，水下固体火箭研制是实现这一目标的重要契机和抓手。一方面，水下发射涉及空泡多相流动等未探明的重大科学问题，属于水动力学研究的最前沿，不仅具有重大的理论价值，还有显著的工程应用价值，将带来学科发展的重大突破和技术的重大跨越。另一方面，大型水下发射固体火箭是具有高技术含量的尖端装备，是包含多个子系统和单机的复杂产品系统，属定制专用产品，其接口和界面多，操作使用要求严格。用户在接装产品后无从借鉴操作和使用经验，面临使用、维护等多环节的能力和设施不足，要求一院面向用户需求，从提供产品转型成为提供定制化解决方案，为用户提供全方位的运营服务，与用户一起实现从无到有的跨越式的能力构建。

二、依托水下发射运载火箭研制的国家重大工程创新能力建设内涵和主要做法

一院以水下发射大型固体运载火箭研制工程为牵引，以强国强军为首责，以重大工程突破性创新能力建设为目标，通过产业协同创新的组织能力、核心技术研发能力、优势价值创造能力、型号产品保证能力等四大能力体系的建设，构建航天运载领域内通过产业协同开展重大突破性创新的组织平台，创新型号研制管理模式，培育创新型人才，高效完成水下发射固体火箭项目的研制，实现领域技术的跨代式发展，大幅度提升国家国防战略威慑能力，为我国该领域的可持续发展奠定坚实的基础，并推动一院实现了业务拓展和价值创造能力的提升，跻身世界一流宇航公司行列。主要做法如下。

（一）明确总体工作思路

面对水下发射大型固体运载火箭研制之初的薄弱基础，基于航天系统工程理论、产业价值链理论、复杂产品系统理论等，一院研究制定确保国家重大项目圆满完成为核心目标的总体工作思路。持续将水下发射大型固体运载火箭的研制作为全院年度首要工作全力推进，力量优先加强，资源优先保障，工作优先安排。同时，积极探索管理创新的理论实践和体系搭建，构建协同创新的产业生态网络、具有自主知识产权的核心技术研发和型号产品保证能力、组织协调与协同攻关引领能力和企业价值创造能力。在支持重大型号工程研制任务完成的同时，依托本重大工程构建国家在该领域的突破性创新能力体系，为

一院业务转型升级和水下发射大型固体运载火箭技术的可持续发展奠定坚实基础。

（二）搭建产业创新生态网络，培育协同创新组织能力

水下发射是多学科、多领域、深度耦合的复杂技术，仅靠一院自身力量难以按要求完成国家任务，一院作为联结国家意志和市场机制的桥梁，必须发挥核心机构的组织作用，高效整合和配置举国、企业内外的资源，并通过提升自身的技术牵引和集成能力，系统提出工程技术需求，以顶层设计牵引模块化分工和各类组织的协同攻关，突破科学原理探明和工程研制方面的诸多瓶颈。为此，需要构建多元主体参与的、具有多层次协作关系的产业协同创新网络，来支撑项目成功研制目标的顺利实现。

1. 构建水下发射的"国家队"，保证重大攻关项目的顺利推进

一院立足工程需要，按照国内单位大联合、优势力量大协作的攻关思路，集中国内该领域20多家高校、100多个最高水平的科研团队，组建以一院作为总体单位、研制领导企业和网络核心组织的我国首支水下发射技术研究和工程设计的产学研联盟，并联合100多家元器件和原材料供应商、单机组装生产商、总装批产单位等组成科研生产联合体；面向用户服务保障，组成包含指标论证单位、实验考核单位、装备使用部门的责任共同体，构建深度耦合的创新生态系统，覆盖水下发射机理研究、工程设计、仿真分析、试验验证、研制配套、运营服务等各个环节。

在创新协作中，以攻克水下发射技术难关为目标，以工程问题为牵引，各基础研究单位共同参加，采取实验室共同建设、重大研究项目共同承担、大型试验共同参与的技术攻关新途径，支撑水下发射技术在基础理论研究、试验技术研究和工程设计等。

2. 基于新型组织平台，大幅拓展一院角色定位和作用空间

在构建产业协同创新生态系统过程中，一院拓展自身的角色定位，强化在航天运载和国防自主创新体系建设中的作用。具体体现在以下6点。

第一，一院作为基础研发的牵头单位，探明任务需求、组建职能机构，推进水下发射的基础专业建设和自身人才培养，引导突破学原理瓶颈。在技术攻关进程中，各类科研主体间开展大量的跨学科的知识交互和集成，一院牵头打造保证知识共享的开放环境，组织各合作单位、相关专业领域人员围绕基础研究和理论分析等开展交流，通过专题研讨会、进展通报会、技术协调会、机构间学术访问等方法强化技术联系，促进各协作方的优势知识互补、叠加和延伸，有效激励合作伙伴向创新网络平台贡献自己的知识，成为知识共享和组织学习的推动者。

第二，作为总体设计单位，一院在产业协同创新过程中，着重强化提升自身的技术牵引和集成能力，系统提出工程技术需求，以科学的顶层设计为统揽，通过签订研制合同或研制任务书、制定接口约束条件和标准规范等多种形式，化解各系统间对于技术问题理解的分歧和矛盾，将分散、独立的科研院所、高校、生产联合体等各类组织的优势资源充分整合。

第三，作为系统集成单位，一院通过确定模块集成的接口约束条件，选择各行业内的合作单位，协调分配各单位承担相应的理论研究、技术攻关和模块化研制任务，利用市场机制实现举国力量联合、能力互补、资源共享，高效推进项目进程。

第四，作为项目的总承包单位，针对国家供给资源有限，供需矛盾长期存在的难题，一院建立"小核心、大外围"的工作协调机制，统一工作思路并推广落实。建立核心组协调机制，在火箭、船舶、专业院、用户等大系统间建立"两总联席"议事模式，秉承航天"有问题共同商量，有困难共同克服，有余量共同掌握，有风险共同承担"的"四有"传统，采取系统优化、适度差异性的协调配置做法，统筹主要资源的规模、布局、结构和投量，在保证自主可控的前提下，有力推进水下发射技术攻关、火箭产品研发生产的全面、协调和可持续发展。

第五，作为协作网络的核心单位，一院大幅度扩展组织协调手段，从传统的垂直行政干预的管理模

式，向战略联盟合作的协调模式转变。以一院为核心，围绕主线任务和工作目标，组织年度型号工作会、定期例会、过程监控等，实现合作共赢。

第六，作为解决方案提供单位，一院针对用户的需求，从零起步，着手建立完整的服务保障体系，为用户提供定制化解决方案和配套服务。

3. 发挥核心企业的领导作用，全面提升协同创新组织能力

以一院为领导企业，在基础薄弱、条件缺失的局面下，践行系统工程思维和集智协同攻关理念，引入市场机制，搭建产业协同创新网络高效整合和配置资源，通过布局基础研发、构建技术标准体系、形成集成设计下的模块接口约束条件，引领分工协作；引入战略联盟等协调、掌控协作进程，开发核心协调工作机制、联席会议制度等统筹资源开发和配置过程；拓展业务范围，面向用户提供解决方案等，帮助合作伙伴实现价值提升。

（三）形成水下发射技术和试验验证体系，构建核心技术研发能力

为确保核心技术完全可控，一院立足自主创新，基于所搭建的协同创新网络，以水下发射核心技术难题的解决为牵引，联合国内高等院校、科研院所等单位的优势力量，新建并发展"跨介质多相流动"学科专业，提出针对复杂空泡多相流问题的普适性研究方法，建立以基础理论和试验验证能力为核心的国家水下发射技术核心研发能力，为我国其他水中兵器装备研制奠定重要的基础。

1. 以重要原理和关键技术突破为基础，形成水下发射技术体系

一院首先立足关键原理探索，通过理论分析和试验验证，解决水下发射运载火箭研制的关键问题，取得若干项重大科学原理突破成果，体现工程设计企业在基础研究带动方面的巨大作用。

在原理探索取得突破的支持下，一院对陆基发射固体运载火箭技术基础进行系统分析，深入调研国内水下发射运载器的技术现状，实现关键技术突破，梳理形成水下发射大型固体运载火箭特有的技术体系，覆盖水下发射、总体设计、姿态快速控制、并行准备、多发发射五个技术领域，逐级分解关键技术所蕴含的科学问题及难点，针对性地组织协同攻关，最终实现关键技术突破，确立我国在水下发射技术领域的强国地位。

2. 创新试验验证方法，构建水下发射试验验证体系

针对固体火箭水下发射涉及的众多特有技术难题，一院组织相关单位系统分析技术解决和验证需要突破的试验理论和试验方法，明确多测点时空多维瞬态压力测量技术、动态载荷测量技术、水冲击试验技术等方向，并组织开展攻关，逐步建立适用于水下发射固体火箭的试验技术方法。

通过全面梳理研制手段和研制能力，组织论证一批特有的大型试验设施和设备，分阶段建成湿模态试验水池等特有试验设施，以及总装厂房等生产设施设备，有力保障试验验证和总装生产的需要。

随着对水下发射技术认识的不断提升，一院从顶层进行系统谋划，构建由实物试验、数字试验和支撑技术组成的水下发射试验验证体系，提出需发展的试验技术方向，明确各试验的功能定位和技术指标要求。该体系覆盖从水下发射机理研究至定型考核的全研制周期试验需求，为我国水下发射火箭可持续发展提供了根本保障。

3. 建立国家核心专业和人才，全面提升自主创新能力

立足于引领国家航天事业抢占前沿、产业化发展，依托水下发射重大工程，针对产业创新生态中的关键要素匮乏问题，系统部署，协同推进，具体做法为以下3点。

第一，提出以工程为依托、以用户为主导、符合国家大型工程研制规律的专业机构建设思路，成立专门的水下发射研究机构，和相关单位一起布局形成国家级水下发射领域专业研究能力，在关键技术瓶颈突破阶段，适时组织成立一批临时性专题攻关小组，高效强力推动关键技术攻关，布局形成国家级专业研究能力。

第二，充分发挥水下发射固体运载火箭这一国家重大项目的牵引、辐射和带动作用，在全国范围内遴选与水下发射研究相关性较高的高校和研究机构，组建专业的技术攻关联盟，带动国内水下发射领域专业建设，形成国内最高水平的水下发射技术领域的专业基础。

第三，在固体运载火箭水下发射项目研制过程中，以构建多渠道、多维度、多层次的人才梯队为目标，形成"专家引进、专业培训、交叉培育、联合培养"的高精尖人才交流培养机制，培育一大批高技术人才，孵化和培育配套的运营服务团队，形成水下发射技术和产业化发展的国家力量。

（四）拓展业务覆盖范围，构建优势价值创造能力

为实现一院"从火箭研制企业向航天运载解决方案提供商的转型升级，并占据科技前沿制高点，成为世界一流宇航公司"的中长期发展目标，依托该重大工程，一院进行全产业价值链的业务布局和结构优化（见图1），成为全产业链核心价值环节的掌控者。

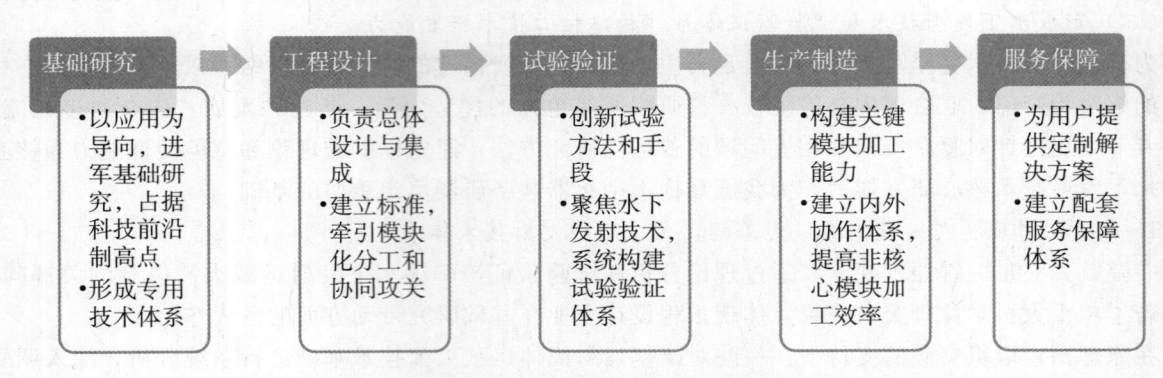

基础研究	工程设计	试验验证	生产制造	服务保障
• 以应用为导向，进军基础研究，占据科技前沿制高点 • 形成专用技术体系	• 负责总体设计与集成 • 建立标准，牵引模块化分工和协同攻关	• 创新试验方法和手段 • 聚焦水下发射技术，系统构建试验验证体系	• 构建关键模块加工能力 • 建立内外协作体系，提高非核心模块加工效率	• 为用户提供定制解决方案 • 建立配套服务保障体系

图1 依托重大工程一院实现全产业链业务布局

1. 布局重大基础研发，占据价值创造的科学原理环节

传统的火箭研制活动集中在设计研发和生产制造，其研制程序仅覆盖方案、初样、试样及定型阶段的总体、系统和单机研制工作。本项目在基础研究缺失、科学原理未突破的前提下开展研制，需要拓展价值创造活动范围，沿着创新链条，向后延伸至基础理论研究，强化一院在航天运载技术领域的引领地位，成为国内水动力基础研究领域的龙头企业。

在突破工程研制所需科学原理的同时，一院积势而发，积极承担多个国家级平台组织的抓总任务，布局空泡多相流动、先进试验技术等研究方向，负责水下发射发展战略研究、国防基础研究规划、重点发展方向建议、指导水下发射技术长远发展的纲领性文件起草制订等工作，以水下发射技术基础研究领域所取得的大批原创性高水平研究成果为标志，推动一院确立和增强在该领域的技术优势、话语权。

2. 建立以用户为中心的综合保障体系，为用户提供解决方案

针对使用环境非常恶劣和用户能力缺失的现实情况，一院建立贯穿产品全寿命周期的综合保障体系，以"责任共同体"式的深度融合方式，为用户提供"终生责任、全时保障、现场服务、靠前维修"的服务。为此，设立专门的驻前保障机构，开发远程机要视频会议系统，制定各项服务标准和制度文件，建立基于大数据的信息化综合保障平台，在为用户提供产品交装、年检、维护、维修、培训等全面的服务保障的同时，体系化地推进解决方案提供商相应能力的建设。

3. 配合价值链的双向延伸，重新规划研制程序

配合产业链的双向拓展，一院纳入全新要素，重新规划研制程序，以实现基础理论突破与设计研发并行开展，科学原理为设计研发提供方向，设计研发为基础研究提供验证，经过反复迭代最终实现基于突破性原理创新的先进设计研发；在服务保障过程中征集接纳用户提出的意见和建议，修改设计研发和生产制造，不断提高产品的可用性，提升用户的使用体验。

在对研制程序进行重新规划的同时，对关键流程进行再造，以提高研制效率，具体措施为针对水下发射技术的本质特征，综合分析各种可用的研制手段，确立并行采用理论机理、仿真计算、试验验证3条验证路径，在经费有限、周期紧张的约束条件下，多种手段并用，反复迭代，逐步验证，不断暴露、认识并解决出现的问题，解决项目推进中遇到的重大验证方法、手段问题。

（五）构建新型研制管理体系，提升型号产品保证能力

1. 构建顶层的统一标准体系，规范协作过程

在实现原理和关键技术瓶颈突破及技术体系构建的同时，着手解决设计、试验研制、制造等价值链各环节的技术标准缺失问题。针对这一多学科、跨系统、多领域的复杂巨系统，项目团队从顶层对火箭、船舶、有效载荷等领域进行大系统间的约定，建立型号统一化规定430项，构建一套覆盖设计、试验与制造全过程的技术标准，有效保证复杂巨系统的接口匹配协调、设计和制造的一致性，保证协同研制进程顺利。

2. 提出时序动作分析方法，构建技术风险防范管理体系

从风险管理视角，火箭飞行过程涉及"时域、空域、差异性、影响域、环境适应性、裕度"六个约束维度，每个飞行动作在六个维度上都涉及若干风险影响因素，为全面辨识、把握从而消除全部潜在的技术风险和隐患，依托该重大工程，一院采用逻辑推演和仿真思想，对火箭飞行过程的时序进行动作分解，对火箭从设计要求、设计结果到飞行全过程进行完整闭合的推演分析，构建以"火箭飞行全过程任务成功保证链"为特征的水下发射固体运载火箭技术风险防范管理体系。创立原材料性能、工艺参数和产品性能"三条成功包络线"分析法，提出参数偏离裕度定量分析评价方法，实现产品精细化、量化、可追溯的控制，破解批产中评价产品质量稳定性的难题。

同时，梳理并系统总结中国航天几十年探索形成的单点故障模式识别与控制、质量问题归零、"五环节"逆向风险识别与控制等20余种技术风险控制方法，纳入运载火箭研制过程的技术流程、工艺流程、试验流程，将技术风险控制要求和方法适用特点、应用场景，与具体的火箭研制阶段、产品类型和产品结构层次、关键控制节点的特性结合起来，保证技术风险控制工作过程清楚、节点控制清楚、方法使用清楚，促进型号研制流程、技术流程、工艺流程、试验流程的优化和再造。

3. 实施流程再造，大幅提升总装测试批产效率

部署改进生产组织模式，对约束产能的关键瓶颈——总装测试环节——的工艺流程进行再造，并对相应的工艺布局进行迭代优化。

首先，在深入研究原有单发火箭总装测试流程的基础上，按照并行工程的思路，通过再梳理、再辨识、再优化的迭代方法，在不增加基础厂房设施、设备及人员的前提下，研究可以被合并（或取消）的工作项目，对不能合并取消的工作项目再研究确定优化方案，将单发火箭的总装测试时间缩减了1/3。其次，研究火箭在批量生产要求下的并行生产流程，将传统运载火箭总装测试流程从单发产品的串行生产，转变为按部段垂直状态装配、水平对接总装、水平测试三大单元模块并行作业。

同时，为适应优化后的批产生产流程，以提高操作指导性为目的，组织总装厂创新设计新版装配作业书，对装配作业书中的工艺内容、控制措施等进行细化、量化，大幅增加多媒体作业指导要求，进一步提升总装操作的精准性，实现工艺文件、质量记录"一本通"。

依托该工程，一院通过生产组织模式优化，逐步推进总装测试、生产装配过程的数据化和模型化，以支持显性知识的系统化和隐性知识的固化，在提高生产效率的同时，保证型号研制的高可靠性得以持续。

三、依托水下发射运载火箭研制的国家重大工程创新能力建设效果

（一）自主创新攻克世界性难题，填补国防战略领域空白

水下发射大型固体运载火箭，是中国仅有的几个国防领域重大突破性创新项目之一。项目团队经过艰苦卓绝的探索，解决了预研基础缺乏、核心技术缺失、工业基础薄弱等诸多瓶颈问题，圆满完成水下大型固体运载火箭的研制，开创我国水下发射大型固体火箭发展的新局面。

该项目取得丰硕的成果，获授权139项发明专利，发表专著3部、论文126篇，形成标准规范430余项，建设专有实施设施62台套。其技术成果已全票通过2018年国家科技进步奖特等奖的专用项目组评审。该成果推动我国领域技术的跨代式发展，成为世界上第三个具备完备能力体系的国家，成为确保我国国家安全的战略基石。

（二）大幅提升价值创造能力，推动企业高质量发展

一院依托该项目，布局基础研发，形成水下发射技术等基础研究领域的专业研发能力，抢占了科技前沿制高点，为建设世界一流宇航公司奠定了基础。"十二五"以来，围绕水下发射基础研究，一院牵头承担以"国家安全重大基础研究项目"为代表的50余项前沿课题，从国家创新特区等多渠道获得经费支持累计超过3亿元。

同时，响应用户需求，延伸价值创造活动，全面参与用户的使用环节，建立高可靠性的服务保障体系，装备故障响应时间缩短一半，装备完好率大幅提升，大幅度提高产品的可用性和用户的满意度；围绕售后服务市场开发，一院先后承担"大数据信息化系统"等多项综合保障项目，累计经费超过2亿元。

依托该重大工程，一院大幅提升自身的价值创造能力，实现从火箭研制企业到航天运载解决方案提供企业的业务转型升级，推动了迈进高质量发展的新阶段。

（三）树立国防领域组织机制和型号研制管理模式创新典范

为支撑该重大工程的顺利开展，一院创新组织机制，建成我国航天运载技术领域的产业创新生态体系，全面提升自身的协同创新组织能力，引领了产业价值链的整合。探索并建立特有的研制程序和航天风险管理手段，构建一套新型的型号研制管理体系，保证了组织协同和过程协作的进展流畅，支持国防领域全新型号研制的高效率和质量可靠，引领我国国防管理的创新实践，具有重大的社会意义，为我国航天运载领域的产业化进程提供了重要支撑。

（成果创造人：李明华、王亚军、董利强、严泽想、沙　江、刘夏杨、范建芳、张　巍、郑　卓、魏海鹏、黄劲松、张　伟）

基于军民融合战略的先进核反应堆研发管理

中国核动力研究设计院

中国核动力研究设计院（以下简称核动力院）位于四川省成都市，隶属于中国核工业集团公司，是国有大型科研事业单位，是我国从事核反应堆工程研究、设计、试验、运行和核材料研究的规模最大的综合性基地，现有职工3800余人，先后产生10余位中国工程院院士。1965年建院以来，始终坚持国家利益至上，以兴核强军为己任，带领广大干部职工致力于国防建设与国民经济建设，以国家需求为牵引，以技术推动为着力点，艰苦奋斗，勇于开拓，实现了我国核动力事业从无到有、军民结合、军民融合三次跨越式发展。核动力院自主设计建造了我国第一座压水型核动力反应堆、第一座高通量工程试验堆、第一座脉冲反应堆、第一座60万千瓦核电反应堆、第一座数字化的百万千瓦核电反应堆、第一座自主三代百万千瓦核电反应堆等，是我国研发军民核动力反应堆的国家队。

目前，核动力院已经形成了包括核动力工程设计、核蒸汽供应系统设备集成供应、反应堆运行和应用研究、反应堆工程实验研究、核燃料和材料研究、同位素生产和核技术应用研究等的完整研发体系，是国家战略高科技研究设计院，曾被誉为"中国核动力工程的摇篮"。核动力院先后获"高技术武器装备发展建设工程突出贡献单位""国家科技进步一等奖""国防科技进步一等奖""国家优质工程奖""全国五一劳动奖状""第十五届全国质量奖"等荣誉。

一、基于军民融合战略的先进核反应堆研发管理背景

（一）落实军民深度融合发展的重要举措

国防科技和武器装备领域是军民融合发展的重点，也是衡量军民融合发展水平的重要标志。核工业是高科技战略产业，是大国地位的重要标志，是国家安全的重要基石，是军民融合最为重要的领域。我国核工业从大到强的发展必须贯彻国家军民融合发展战略，将军民核反应堆发展聚焦到不断提高自主创新能力上，聚焦到不断提升先进核反应堆研发水平上。长期以来，在我国反应堆研发中由于缺乏系统规划，存在军民融合动力不足，程度不深，目标不明确，军民缺少协同创新，军民先进科技成果相互转化运用少，产品与技术开发未分离，研发中资源冲突多，技术发展不协调等问题，导致反应堆创新水平不高、军民核心产品少，难以满足国家战略需要。因此，必须着眼解决反应堆研发中制约军民融合发展的障碍、矛盾、问题，抓好顶层设计，统筹军民反应堆产品战略规划，提出贯彻落实军民深度融合发展的具体举措。

（二）研发先进反应堆的必由之路

反应堆作为舰艇武器装备动力及核电站能量来源，是保障国家安全的重要工具、是重要的清洁能源。但反应堆系统极为复杂、涉及专业极多、质量要求极高。美国、俄罗斯、法国等核大国都是采取了军民融合发展的思路，保障军民反应堆研发持续投入，军民技术相互借鉴、相互转化，人才和核心设施共建共用。美国通过走军民融合路线先后研发SG、SW和SC三个系列四代共12个潜艇核动力型号，同时研发了三代核电反应堆。

几十年来，我国核反应堆研发尚未形成深度军民融合局面。这使得我国反应堆研发水平相对落后，舰艇核动力在先进性、型号、数量上与发达国家相比尚有差距，也一直没有形成先进的自主核电技术。新时期，面对复杂多变的国际形势以及日趋激烈的市场竞争，核动力院急需自主研发更加先进、更加多样化的核反应堆，解决国家军队装备现代化对先进核动力需求与军用反应堆型号供给能力不足的矛盾，

解决国家能源结构改善对先进核电需求与缺乏自主三代核电技术的矛盾。因此,核动力院必须坚持走军民融合发展路径,着力解决制约研发能力、研发水平提升的管理问题,突破创新,实现自主先进核反应堆技术跨越式发展。

(三) 创建国际一流研究设计院的必然选择

核动力院作为军民核反应堆研发的国家队,始终以"先进核动力的引领者"为使命。但在新形势下,核动力院依靠上级部门指令、按部就班开展科研管理的传统模式,已无法快速应对外部环境的不断变化,也不能满足众多型号研发的需要,核心竞争力与国外一流研究设计院有明显差距。

因此,核动力院急需进行研发管理理念的变革,从内部着手,从供给侧发力,改变过去独立型号单独体系的研发局面,从战略、产品规划、工具与程序、人才、组织管理体系等层面统筹考虑,全方位、多领域、全要素落实军民融合的广度与深度,构建基于军民融合战略的先进反应堆研发管理体系,切实提升核心竞争能力,践行使命,引领先进核动力发展,创建国际一流研究设计院。

二、基于军民融合战略的先进核反应堆研发管理内涵和主要做法

核动力院将军民先进反应堆研发作为开放的复杂大系统,以"军民反应堆一体化产品研发战略"为核心,按照"自主创新、军民融合、技术引领、型谱化发展"的研发战略,运用"军民融合产品技术路线图",从"需求、产品、技术、项目、资源"五个维度统筹军民产品研发路径,抓住物、事、人三个要素,实施"DECV"研发管理方法,建立"E+2+1+N"过程质量管理体系,采用"1333"组织与人才管理模式,强化"协同"机制,有效提升研发水平和创新能力,实现了军民重大先进反应堆型号研发目标,取得了良好的国防效益、经济效益和社会效益。主要做法如下。

(一) 明确军民融合的总体战略和先进反应堆产品研发战略

1. 制定"军民融合"为特色的核动力院总体发展战略

核动力院面对复杂多变的外部环境和竞争格局,客观分析研究外部发展形势,以"先进核动力引领者"为使命,以"创建和谐、创新、可持续发展的国际一流研究设计院的发展愿景"为指引,制定"军民融合、产研一体、创新驱动、国际一流"的总体发展战略,加快形成全要素、多领域、高效益的军民融合深度发展格局。通过打造国家级军民融合的核动力研发基地,全面提升研发能力;通过推进军民一体化先进反应堆产品研发战略实施,实现自主三代、四代核反应堆跨越发展;通过完善军民融合、技术创新、人才管理三个机制,推动新型研发管理体系建立;通过建立军民融合的产业体系,加强技术转化,促进五个主营产业纵深发展。

2. 提出军民一体化先进反应堆产品研发战略

核动力院制定军民一体化先进反应堆产品研发战略,明确"自主创新、军民融合、技术引领、型谱化发展"的军民反应堆产品研发战略。核动力院坚守"自主创新、勇攀高峰"精神,坚信核心技术是买不来的,从基础研究入手,围绕材料、软件、仪控、反应堆物理等开展"四大共性技术"攻关,着力解决自主技术发展共性问题,全面推动原始创新;在产品研发模式上,坚持"军民融合"方式,构建军民融合反应堆研发管理体系,从顶层规划,促进研发领域、研发要素、研发过程的全生命周期深度融合;核反应堆领域是大国科技力量的较量,技术竞争是核心,核动力院坚持"技术引领",把握技术发展趋势,引领先进技术发展,确定增强"五个新型"核能系统的发展目标,实现三代、四代技术引领;在具体产品上,明确"型谱化发展"的目标。产品线规划上,核动力院统筹军民产品组合优化,针对不同市场划分和需求差异,制定军用系列、民用系列、军民两用系列等产品规划,确定推动实施"四大工程",形成"八个系列品牌"的具体方向。在高性能军用核动力反应堆研发方面,瞄准新一代武器装备发展需要,推动核动力技术高精尖发展,丰富产品线,满足不同作战平台的差异化需求。在民用反应堆方面,以开发自主三代核电反应堆和关键设备为主,对标国际先进三代反应堆,着力打造 ACP 系列和 CF 系

列自主品牌，适应不同核电市场功率阶梯化、用途多样化的需求，实现三代核电完整供应能力，具备国际市场竞争优势。在研发机制方面，提出上下游联动、内外部互补的产品"协同"研发机制，建立跨地域的协同并行研发架构。

（二）制定军民融合产品技术路线图，统筹五大要素规划产品研发路径

核动力院从先进反应堆研发顶层规划入手，制定军民融合产品技术路线图，以需求为牵引，结合产品、技术、项目、资源的五要素多层次分析，绘制能够保障从现状到达军民一体化先进反应堆产品战略目标的发展路径。构建多元需求指标体系，统筹军民产品需求，实现战略层面需求信息的整合。采用产品组合方式，扩大军民产品组合的广度、深度及关联性，实现军民产品的有效结合与动态发展。建立军民技术库，实现军民技术的相互转化、共享共用及产品异步开发。通过项目集、项目组合方式，确保各级研发目标与产品研发战略协调一致。统筹军民设施与平台规划建设、人才培养、资金筹措，实现军民资源的共享与共用。

1. 以"需求"为牵引，统筹军民产品型号规划

"需求"是产品研发和技术创新的牵引力，为了解决需求分析不规范、不深入，与战略结合不紧密等问题，核动力院在制定先进军民融合产品技术路线图时，从战略、市场、竞争、技术等多个维度充分考虑内外部驱动力，构建多元需求指标体系，主要包括产品战略需求、细分的市场和顾客需求、产品性能指标需求、技术创新需求、工程可行性、经营指标六大方面。注重改进了解顾客需求和期望的方法，变被动为主动，高层领导定期对上级部门或顾客走访了解需求，并通过提供先进的技术方案牵引顾客需求，共同制定国家、集团、顾客研发项目规划，使需求转变为科研项目落地。

通过对需求的充分分析和评价，不但分别明确军民三代核动力内外部需求，也将军民一体化产品战略以具体的分解目标在需求指标体系中体现出来，进而在产品规划层面进行统筹考虑。需求指标通过分解，经过上下游的充分讨论和确认，促进规划过程中战略信息的整合，为产品和技术创新指明方向，使多个领域指标在战略层面协调一致。

2. 以"产品"和"技术"为中心，深化军民融合创新

作为军民融合产品技术路线图的核心，先进反应堆研发的军民融合创新主要在"产品"和"技术"两个层面实施。一方面，考虑军品和民品之间产品关联性，选择不同产品组合来满足军民不同需求或军民多用途的需求。另一方面，兼顾技术的支撑与驱动，促进技术的共享与相互转化。

"产品"层面，在先进反应堆产品规划过程中，核动力院通过目标分析、系统综合、系统分析、方案设计、决策等步骤，兼顾先进军用核动力型号研发和民用反应堆研发。通过层次分析法（AHP），依据产品战略目标、需求指标决策优选方案，结合多属性值理论（MAVT）和多准则决策分析（MCDA）量化评价方法，对具体产品方案进行定性和定量分析的决策。同时，在产品规划中，通过产品组合实现融合、共享。产品组合的决策在考虑产品战略一致性、竞争优势、市场潜力、核心能力增益、技术可行性、周期与成本等效益最大化基础上，通过决策树充分评估风险后制定。通过产品组合解决产品线过多导致的重复低价值开发、成果难以共享、新产品开发压力大、资源冲突、核心技术难以持续提高等问题，形成体系化反应堆型号，产品研发周期大大缩短，风险和成本显著降低。

"技术"层面，核心型号产品形成独立的技术平台，提升产品创新的能力，促进核心技术持续提升，独立发展。例如，"华龙一号"系列产品ACP1000、融合型HPR1000、出口型ACP1000开发都是基于共同技术平台，包括"177堆芯"和"能动＋非能动"核心技术、系统、子系统、关键设备等。

为加深军民技术融合发展，核动力院从技术层面进行分类，形成一系列共性技术和专用技术的合集，包括一般技术、关键技术、核心技术，并按系统、专业形成技术模块。在技术规划中，充分考虑军民共性技术的开发，最大限度地实现技术、模块、子系统等研发成果的共享，并通过军民技术之间转

化、衍生形成新的专用技术成果。在军民技术库中，一些关键技术、核心技术能够满足军民多个型号的应用，此类技术可直接在技术库中选择，最大程度考虑军民技术融合发展与共用，同时促进技术的独立规划与发展。

3. 以"项目"和"资源"为支撑，围绕产品研发目标整合管理

反应堆型号的研发属于技术密集型的系统工程，投资大、周期长、风险高，难以靠单一的项目完成，通常是依靠数个大型研发项目、许多技术研发项目，同时联合产业链多家单位协同研发共同实现。因此，核动力院结合路线图中产品和技术的发展路径，由科技部门统筹研发任务申报，针对研发目标，按国家、集团、自筹等不同渠道有计划地系统安排科研项目，既确保科研项目研发目标与产品技术要求匹配，也确保有足够的项目支撑产品研发。

在产品技术路线图中，核动力院根据产品研发计划的需要，从内外部两个方面配置和规划人力资源、财务资源、技术资源、基础设施设备，利用协同机制，统筹上级主管部门、合作方、制造企业等相关方的关键资源。特别是在影响研发能力的基础设施方面，为满足军民反应堆研发需求，确保基础设施先进性，核动力院采用的是项目牵引模式，主动超前谋划，制定核心能力建设规划。

（三）实施"DECV"研发管理方法，打造军民融合反应堆集成研发平台

针对军民先进反应堆研发技术趋势，核动力院提出"DECV"反应堆研发方法，通过精细化设计"D"（Delicacy-design），高精度实验"E"（High-precision Experiment），强调"设计"与"实验"过程强耦合"C"（Process Strong-Coupling），不断相互迭代逼近真实物理环境，构成先进反应堆的DNA基因双螺旋结构，并结合数字化反应堆、全寿期数据等先进平台的多维度验证手段"V"（Multi-dimensional Validation），以及自主研制集成研发平台NEPRI的应用，全面提升先进核反应堆的研发能力。

1. 打造精细化设计平台

采用高性能计算系统以及先进的理论模型、软件等手段开展精细化设计。在热工水力模型及数值计算方法方面，使用先进的三维两相多流场堆芯子通道和系统分析方法、全堆芯三维计算流体力学（CFD）等方法，掌握全堆芯精细的湍流和两相流动换热特性。在燃料、材料模型及数值计算方法方面，采用精细化三维宏观模型，同步研发介观和微观多尺度模型，实现对燃料及材料行为的全域多维精准模拟。通过将先进精细化理论模型与多物理多尺度耦合技术应用到反应堆物理、热工、堆芯燃料及反应堆系统，提升高性能并行计算能力等。

2. 强化高精度实验方法

由于反应堆研发相关实验通常功率规模大，甚至带有放射性，实验成本极高、难度大，通常采用缩比、数值模拟等方式，容易导致失真。核动力院采用精细化设计技术、数字化仿真技术、先进的仪器等综合手段，提升实验模拟的精度，确保实验台架先进性。在实验设施建设方面，提升实验数据采集系统在采集速度、抗信号干扰能力、测量精度等方面的能力。同时，尽可能确保实验规模更大，实验压力温度等参数范围更广，满足各种反应堆研发需求。

3. 推进设计与实验过程强耦合管理

通过研发组织、研发过程、研发工具等多个层次，强化过程耦合，特别是在推动新型反应堆研发过程中，促进反应堆物理、热工、流体、化学、力学、材料、设备等各专业领域技术从基础研究走向工程应用，加强设计与实验及各专业之间的耦合。通过研发平台，强化过程迭代，加强设计问题对实验的指引，加强实验结果对设计的反馈，实现多尺度多专业耦合。

4. 推动多维度验证管理

一是建成数字化反应堆，为反应堆研制提供全面精确直观的集成数值模拟系统及高效的设计验证平

台，改变过去过于依赖实物实验的方法，提升了设计与验证的精确度。二是实现数字化三维协同设计，通过网络实现多专业实时协同设计、装配、建造模拟，确保跨专业、跨地域协同设计的高效开展。三是实施全寿期数据管理，通过数据分析与比对，验证设计方案、实验结果的合理性，形成统一的验证数据中心，确保设计参数与实验数据的合理性。

5. 建立行业内先进的集成研发平台

NEPRI平台是核动力院自主开发的核反应堆设计的集成研发管理平台，NEPRI平台集成40多项核心工程设计软件，涵盖反应堆物理、屏蔽源项、燃料设计、热工水力、设备与系统等专业领域。该平台根据反应堆各专业的上下游接口关系，实现设计数据在上下游专业各环节间的无缝传递与流转，实现设计、仿真流程统一编排、运行与监控，支持可重用设计、设计活动标准化定义及设计研发优化迭代反馈等功能。同时，通过定制化的设计流程，实现各个专业软件无缝对接，各软件并行计算，数据自动传递。

（四）建立"E+2+1+N"军民融合过程质量管理体系，完善研发流程和质量管理

核动力院通过导入"卓越绩效"与质量管理体系融合，形成独具特色的"E+2+1+N"过程质量管理体系，秉承"质量是设计出来的，研发质量是产品质量的基因"理念，从过程质量体系的源头入手，建立适应先进反应堆研发的过程质量体系，并按戴明环PDCA持续改进，不断提升军民融合创新能力和水平。

1. 建立基于卓越绩效的过程管理模式

2012年，核动力院导入并实施卓越绩效模式，全面推动综合管理水平和核心竞争力的提升。核动力院围绕先进核反应堆研发这一关键核心，以"科学高效、改进创新、追求卓越"的理念构筑统一的过程管理体系。结合核动力院的使命、愿景、战略目标，根据研发过程与目标的关联度及价值的贡献度，通过专家测评，按照过程重要程度进行评分，确认相关核心价值创造过程和关键支持过程，并进行结构化。在过程实施中，充分运用数字化远程协同设计、三维仿真、研发云等新技术、新方法，提升过程能力，优化过程设计，确保满足关键过程要求。同时，为确保过程的运行达到战略目标及过程设计的目标要求，核动力院从体系建设、过程质量控制、过程和结果监控、相关方信息利用等方面系统实施，应用过程控制方法实施管控，对过程进行测量、分析和改进。

2. 推行军民融合的"2+1+N"质量管理体系

核反应堆质量涉及军品性能、核安全等，质量、监管等各方面要求极为严格。核动力院构建"2+1+N"多法规标准融合式质量管理体系。"2"是以GB/T 19001和GJB9001标准为基础，建立核动力院质量管理体系；"1"是将《武器装备装备质量管理条例》的要求落实在核动力院质量管理体系中，建立核动力院特色的四层次质量管理体系文件结构，即质量手册、质量管理程序、单位/部门管理性程序、作业文件；"N"是指核动力院针对项目或产品的特点，依据多个法规标准的要求，有针对性地建立项目或产品质量保证大纲（或手册）和大纲程序。对研发项目实施的组织机构、职责、任务划分、接口关系及各过程的控制要求做出规定，以保证项目实施的有效性。

（五）采用"1333"组织与人才管理模式，建立型号总体研发部和人才培养机制

建立实施"1333"组织与人才管理模式，"1"为一个院级反应堆型号总体研发部，"333"分别为"三同时""三队伍""三分级"的人才管理机制，并有效激励团队，培养军民融合的高层次人才队伍。

1. 建立院级反应堆型号研发组织架构

2011年，核动力院采用组织级项目管理模式，把反应堆型号研发作为项目集管理，将零散的与某型号相关的项目集中管理，统一管理架构，侧重从战略层面权衡组织效益，实现单个项目无法实现的效益。在产品研发组织架构上，建立型号产品研发管理团队，由院主管领导负责制，院级主要管理部门和

所领导、主要技术负责人、科技、质量、知识产权等部门专职管理人员组成，主要负责项目集管理和总体技术管理。具体科研项目由反应堆型号总体研发部下设的多个项目部负责子项目管理，型号总设计师负责技术管理。各项目部下设多个课题组，开展技术攻关。

2. 培养军民复合型高层次人才队伍

核动力院采用"333"人才管理机制，使人才培养管理工作紧密结合研发任务，分层分级管理人才。"三同时"是指在实际工作中依照科研与培养相结合的"双向联动"机制，以科技创新助力人才培养，以人才培养助推科技创新。做到科研任务与人才培养任务同时策划方案、同时制订计划、同时制定激励措施，推动科研与培养的联动发展。"三队伍"是指在对人才管理进行指导时，依照管理人才、技术人才、技能人才进行人员分类后完成相应指导，重点突出，有效地推进人才队伍整体建设。紧密结合产品研发，形成军民复合型人才培养机制。通过系统引进、专项培养，打造军民型号研发的技术尖兵队伍，发挥人才"领头羊"作用。在重大领域、重点学科、重点专业分类设置院首席专家、学科带头人和专业带头人三个层级职位，在重点领域选拔培养领军人才，在重点学科选拔培养学科引领人才，在重点专业选拔培养带头人才，形成"金字塔"形人才梯队建设，对三个层级的科技领军人才实行津贴制度。"三分级"是指分别设定院、所、室三级人才培养目标，针对三级人才培养，做到层层落实、层层培养、层层考核。完善人才轮岗交流制度，拓宽人才发展通道，使人才在军民两线的科研、管理、技能等不同的岗位上锻炼，形成人才队伍的发展通道。

（六）强化协同研发机制，构建军民协同并行研发架构

在军民反应堆研发上，除了依靠核动力院自身力量，还需要内外部、上下游多家单位协同并行。依托三代核动力研发平台和技术资源优势，核动力院牵头通过协同设计、协作研发、联合研制等方式，构建由配套设计院、高校、研发机构、制造企业等共同组成的、覆盖核反应堆全领域的、军民协同并行研发架构，通过工作包分解、多层级工作流和接口建立，借助集成研发平台、远程协同设计平台实现。

另外，核动力院建立国际科技合作基地、国防科技工业核动力技术创新中心、国防科技重点实验室、国家能源研发中心、核心技术领域研发中心、核技术制造业创新中心，实现围绕核反应堆研发的协同创新体系布局，利用核动力院行业领头地位，有效利用外部技术资源，增强反应堆型号研发整体技术创新能力、装备配套制造能力，保障军民型号研发成果落地。

三、基于军民融合战略的先进核反应堆研发管理效果

（一）全面提升了自主创新能力和研发水平

核动力院通过实施本成果，大幅提高了自主创新能力和研发水平。核动力院已初步建成国际一流的军民第三代核反应堆大型综合性研发平台，是国内唯一拥有覆盖核反应堆研发全领域基础设施的单位。该平台拥有世界先进水平的各类研发实验装置近20座，关键基础设施599台套，拥有中国最先进的核反应堆设计和验证平台，包括我国第一套自主反应堆设计与分析软件包（NESTOR）、我国第一个核反应堆设计集成开发平台（NEPRI），拥有亚洲地区规模最大的抗震实验基地，拥有国际上规模最大的堆芯水力分配实验装置、最先进的非能动余热排出系统实验装置等，全面提升了研发效率和研发能力，为新一代核动力技术研究提供有力保障。

同时，国家依托核动力院建立1个国家级核动力技术创新中心、2个国家级重点实验室、3个国家能源研发中心、1个国家级核动力国际科技合作基地，全面提升了国内外反应堆技术领导力，实现内外协同的创新机制。核动力院也依托反应堆型号研发，培养了一大批创新人才和队伍。2014年，"华龙一号"技术研发团队获得"中央企业先进集体"称号。

综合数据显示，核动力院的先进反应堆型号产品研制周期从传统8~10年缩短到3~4年，研制成本相比同行降低了约60%。反应堆技术完成了二代到自主三代的跨越发展，核电反应堆换料周期从12

个月提升为18个月，国产化率从55%提升至92%，堆芯融化概率降低1个量级，反应堆关键技术指标达到国际领先水平，军民融合效果显著。近几年，获得国家科技进步一等奖1项、国家科技进步二等奖2项，获得国防科学技术奖66项，其中一等奖8项，获得军队科技进步一等奖3项。截至2017年年底，获得授权专利1019件，主持制定国际标准1项、国家标准5项、国家军用标准43项、行业标准125项；在英国、阿根廷、南非等国家完成专利申请和授权共15项；计算机软件著作权登记111件，拥有注册商标115件，其中1项发明专利获中国专利优秀奖。

（二）军民先进反应堆型号产品研发取得重大成果

实现军民技术的相互转化、平台共享、协同创新，大大提高产品研发能力，军民先进反应堆型号产品研发取得重大成果，形成了"型谱化"的产品系列，反应堆技术实现升级换代，全面掌握核心技术，自主反应堆型号产品技术达到国际先进水平。

军用反应堆性能大大提升，多型先进反应堆核心技术攻关完成，武器装备预先研究取得突破，形成了系列化的反应堆型号，满足军用多种平台多用途需求，全面提升了现代化水平，使我国核威慑力得到大大提升，确保了核大国地位。

民用反应堆产品实现了从二代到三代、自主设计到全面掌握自主知识产权的跨越式发展，全面形成了包括ACP100、ACP600、华龙一号（ACP1000和HPR1000）、ACP1600阶梯化的产品型号。其中，"华龙一号"反应堆是核动力院自主研发达到国际先进水平的三代核电型号，是我国第一个具有完整自主知识产权的三代核电技术，国内第一个实现"走出去"的三代核电技术。2015年，"华龙一号"示范工程福清5、6号机组项目开工，国产化率85%以上。核动力院自主研发的核燃料CF系列、堆芯测量系统、ZH-65蒸汽发生器等十余项核心设备均属国内首创，打破国外垄断，性能达到国际领先水平，有力支撑中国高端技术和高端装备走出去，成功落地巴基斯坦。在国际上树立了我国自主三代核电品牌，并已与阿根廷、英国等国家签订出口协议。"华龙一号"核反应堆研发荣获2017年全国质量奖卓越项目奖。

另外，核动力院是国际上率先研发出多用途模块式小堆（ACP100），全球首个通过国际原子能机构审查的单位。ACP100模块式小型堆是军民融合发展的重大集成创新成果，协同国内20余家制造单位开发，拥有100%自主知识产权，首堆示范工程已启动建设。基于该型号平台，核动力院研发了先进模块式小堆ACP100＋、海上核电站（浮动堆）ACP100S等新的军民两用反应堆技术，开辟了核能应用领域的新市场，型谱化产品战略布局取得了显著成效。同时，在四代核电技术方面，核动力院是国际第四代反应堆论坛的超临界水冷堆首席单位，是铅基合金冷却反应堆领跑者。

（三）国防、经济和社会效益显著

多个军用先进反应堆型号的研发成功，大大增强了我国战略核打击能力，为国民经济建设和国家安全保驾护航，为落实"强军首责"做出了重要的贡献。核动力院通过核电反应堆技术自主研发，有力带动核电高端产业升级，培育出产业新增长点和经济新增长极，单台三代核电机组直接带动投资约300亿元，全寿期约1000亿元，为国家"创新驱动"和"中国制造2025"等战略实施贡献力量。通过先进反应堆研发，带动了院相关产业发展及技术收入提高，单台三代核电机组收入相比二代机组收入增长了近8倍，核动力院取得了显著的经济效益。

（成果创造人：罗 琦、吴 琳、许 余、彭诗念、姚维华、汤华鹏、李海博、臧峰刚、李朋洲、贾伟江）

数字化环境下的复杂航空武器装备研发质量管理

中国航空工业集团公司成都飞机设计研究所

中国航空工业集团公司成都飞机设计研究所（以下简称 611 所）建于 1970 年，隶属中国航空工业集团有限公司，主要从事有人战斗机、无人机系统、临近空间飞行器等高新技术产品研发和多学科综合性研究。拥有以航空为主的多专业、多领域优秀人才 1900 余人，资产总额 92 亿元，建立了满足先进航空、空天飞行器研发所需的完整专业体系和管理体系。611 所的航电系统综合、飞控系统综合、结构、材料、燃油、液压、舱盖、环控、电气等系统试验室和 CAD/CAE/CAM 等研发设施、试验设备已达到国内先进水平，科研技术与管理协同平台在国内处于领先地位。611 所已成功自主研制了第三代歼－10 系列、"枭龙"系列战斗机，国内最先进的侦察、打击一体化的翼龙系列无人机，以及具有世界先进水平的第四代战斗机等航空武器装备，其他新型装备预先研究、侦察无人机系统研制等方面也取得巨大进展。

一、数字化环境下的复杂航空武器装备研发质量管理背景

（一）传统研发质量管理模式难以适应数字化新环境

在西方航空航天领域，基于数字化环境的研发已被实践证明为解决上述问题的最佳实践，是应对复杂航空武器装备研发的最有效解决方案。例如，波音 777 飞机率先实现无纸化的数字化研发，洛·马公司的第四代战斗机 F-22、F-35 也全面采用了数字化研发手段，这些项目无论研发效率或研发质量都取得了巨大成功，其本质是从以物理试验为主、文本传递数据、串行研发流程为主的传统研发模式转向以虚拟仿真驱动设计、模型传递数据、设计制造高度并行为主的数字化研发模式，是航空航天企业实现战略转型升级的必然选择。611 所承担的我国新一代战斗机研发任务，其系统复杂程度前所未见，大量采用新技术、新材料和新工艺，软件开发规模庞大，同时为飞机配套的成品技术要求全面提高，需要众多参研单位创新、协同，攻关难度空前。基于数字化环境的航空武器装备研发为实现跨代新机提供了体系路径，但要实现真正的成功，必须建立数字化环境下的有效的研发质量管理体系，必须实现从传统的质量管理向数字化质量管理的转型升级。没有数字化环境下的有效的质量管理，就不可能有数字化研发的真正成功。

（二）建立数字化环境下的研发质量管理模式是确保项目研发成功的必要条件

质量是满足用户要求的程度，质量是武器装备的生命，事关部队战斗力，事关官兵生命，大幅度提升航空武器装备的研发质量是首要任务。航空武器装备质量已经从传统的"不出故障，少出故障"，发展到"高可靠性、高保障性、技术状态受控、风险受控等"全面质量管理阶段，为实现"能打仗、打胜仗"的质量目标，必须要从满足用户要求的符合性质量向为用户提供满足作战能力的适宜性质量转变，为用户提供从"能用"到"管用""好用"和"耐用"的高质量装备。这其中需要应对的挑战主要体现在如何构建正向设计所需的规范化、结构化、模板化的研发流程；如何更有效识别用户需求，确保研发输入的准确、有效；如何明确研发质量管理的要求和标准；如何建立建模和仿真的规范体系和标准体系，确保验证的充分性和有效性；如何在设计、建模、验证、数据发放等研发流程有效融入质量控制节点和要素；如何实现对供应商（配套参研单位）的有效质量管理；如何做好对技术状态"文文相符"和"文实相符"的质量控制；如何开展设计符合性和制造符合性质量审查；如何把功能、性能及通用质量特性的设计融入研发流程等。这些挑战具有前所未有的复杂度和难度，这更加突出了充分利用先进的数

字化技术全方位控制研发质量、构建一个数字化环境下的研发质量管理模式的必要性。

（三）建立数字化环境下的研发质量管理模式能显著提升装备研发效能

航空武器装备的研发质量是源头，对航空武器装备制造、全生命周期的可靠使用和高效率保障具有决定性作用，对制造、部队使用影响巨大。根据以往型号经验，在交付用户后暴露的技术质量问题中，通常设计质量问题占所有质量问题的30%左右，配套机载成品质量问题占整个武器装备质量问题的70%左右。611所作为主机所，除了保证型号总体设计质量外，还要牵头数百家供应商协同研制，通过规范研制全线的数字化研发质量流程，明确产品数字化定义、数据协同与质量管理标准，以三维数字样机作为系统间协同、设计与制造协同的共享环境，实现设计和制造信息全数字量传递取代传统的模拟量传递和协调方式，为虚拟仿真和并行工程的实施提供了条件。统一流程与标准的数字化研发质量管理模式，保证了全机成品接口、技术状态、数据传递的完整、准确和规范，最大程度消除了配套成品的研发质量短板，提高了设计缜密性、试验充分性，提高了飞机设计和制造质量，降低了研制成本，缩短了研制周期，从而提升整个航空武器装备的总体质量水平和研发效能。

二、数字化环境下的复杂航空武器装备研发质量管理内涵和主要做法

为满足国家对新一代战斗机提出的"技术跨代提升、周期显著缩短、质量全面提升"的高要求，611所以"培育超越质量文化"为基础，以"设计需求生成质量"为牵引，将"基于MBSE的系统工程管理质量"和"保障性研发质量"贯穿全过程，以"数字化设计与验证规范"和"技术审查质量"为两翼，以"一套供应商质量管理方法"和"一支追求卓越的研发团队"为支撑，建立了一整套适应全新数字化环境的研发质量管理体系，实现了研发质量管理的数字化、精准化和现代化，成功研发了我国新一代战斗机。主要做法如下。

（一）聚焦实战要求，提升装备系统设计需求的生成质量

以实战化需求牵引，把用户的作战使用需求（Needs）转化为武器装备系统设计需求（Design Requirements），需求分析的质量将直接关系到用户的需求是否能够被准确、有效地理解和识别。这是能否研制出满足用户要求装备的根本前提。

1. 基于作战概念建模，把作战概念的研究和设计纳入研发主流程

通过战场环境和作战应用建模和仿真驱动作战概念研究，通过战场环境仿真和体系化对抗仿真，分析战场威胁，构建作战战略，通过精细推演设计作战能力，牵引出武器装备的能力需求，由能力需求转化形成武器装备的设计需求。通过这个流程实现由"研制能力推动"转变为"实战需求牵引能力供给"，将研制流程前伸到实战化需求论证，确保研制的装备是用户需要的装备，是能用、管用、好用、耐用的装备。

2. 实施基于条目化的设计需求管理

质量控制采用条目化需求定义，并建立基于Doors的需求管理平台。建立能力目录、条目化设计需求，能力目录和设计需求实现关联。采用建模和仿真对设计需求进行确认，确保需求定义的完整性和有效性，避免需求病态或遗漏。基于需求，开展系统架构定义（组成、接口、功能分配），并生成下级子系统、产品需求。在需求管理系统平台中建立系统需求数据库，包括利益相关者、系统及子系统、产品各级条目化需求，每一条需求定义需求来源、重要度、验证方式、验证结果等属性，建立需求之间及需求与模型之间的关联，实现需求的条目化、结构化、关联化管理。通过需求追溯矩阵、需求验证追溯矩阵等工具，追踪需求在整个研制过程中的分解、贯彻和验证、实现及确认。

3. 运用质量功能展开（QFD）技术，明确关键设计要求

应用QFD方法，通过任务特性→技术特性质量屋、技术特性→技术要求质量屋，将任务特性分解到各子系统，并转化为子系统顶层设计要求，从而实现将用户需求依次映射转化为飞机、系统、子系统

的技术要求。量化分析任务特性与技术特性的关系，直观显示了飞机任务特性对满足用户需求的贡献；量化排序飞机技术特性，明确了关键技术要求，为方案设计提供导向。

（二）应用 MBSE 方法再造研发流程，提升研发效率和过程质量

应用基于模型的系统工程（MBSE）方法论，识别研发活动中与质量相关联的技术子流程和管理子流程，通过应用 MBSE 方法的流程建设，提升系统工程管理质量。

1. 基于模型的系统工程方法论，建立正向研发的质量技术和管理流程

在自顶向下设计、自下而上综合的研发流程框架下，强力推进基于模型的系统工程（MBSE）方法的运用，建立正向设计与质量流程，把建模和仿真贯穿设计流程活动之中。建立需求管理、系统架构定义、系统优化设计、系统集成和验证共 4 个研发的核心技术子流程。建立技术计划管理、技术风险管理、技术性能管理、技术状态管理共 4 个研发的核心管理子流程。运行这 8 个流程，确保技术活动、管理活动的质量受控。

2. 实施基于事件和里程碑驱动的技术计划管理，确保项目策划质量

技术计划管理是确保研发活动质量受控的重要工具。通过开展基于事件和里程碑驱动的项目技术计划管理把工程技术工作和质量管理工作有机地结合起来，实现同策划、同实施、同考核的"三同时"管理，目的是确保研发技术活动的完整性和有效性，避免研发活动漏项或浪费。同时，确保研发活动的结果，即交付物（包括数模、设计文档等）的完整性和规范性，避免质量缺陷或漏项。根据项目研发确定的项目事件和里程碑节点，以项目的里程碑和事件为驱动，按照项目策划→专业计划→资源计划的路线，采用层层推进的计划分解方式，明确项目技术/质量活动和交付物。按照产品分解结构（PBS）→工作分解结构（WBS）→具体交付物，形成项目研发交付物清单，明确计划活动的责任分配、进度安排、完成标准等管理要素，建立计划管理基线文件。

以交付物进展状态，作为质量监控重点，同时以交付物为纽带，将计划管理平台与其他相关管理系统建立关联，确保计划作业反馈的质量，并提高其效率。定制开发科研计划监控展示平台，以实时的多维度统计分析报表检查计划执行情况，及时发现问题和风险并督促解决。将项目质量控制相关的技术评审和审查、问题处理等工作项目融入主计划，建立包括项目进度指标、成本控制指标、质量控制指标等指标在内的计划考核指标体系，以科学、精细、透明的量化评估提升考核深度与精度，促进技术计划有效执行。为直观、动态地展示项目进展，跟踪问题处理，基于项目利益攸关者及其关注点分析，建立研发管理看板。动态监控项目计划协调、项目进展、项目资源用量、试飞质量问题处置和工程更改异常流程等，提高项目质量管理效率和信息透明度，提高各级管理人员发现问题和解决问题的效率。

3. 开展全数字化环境下研发技术状态管理，确保研发技术状态受控

没有有效的技术状态管理就不可能做到有效的质量管理。为此组建了技术状态管理团队，构建了技术状态管理平台和工具集，全面推进三维全数字化研发的技术状态管理。基于产品分解结构（PBS）规划 CI（技术状态项）树，在数字化环境中实现有效标识。建立基于事件驱动的技术状态控制流程，集成在 PDM 产品数据管理系统内，以"工程更改请求（ECR）－工程更改建议（ECP）－工程更改指令（ECO）"为基本流程，创新网页式、条目化表单，结合路径设计、防错设计、在线学习等保证措施，纳入数字化协同设计、生产平台，开展技术状态更改控制。基于 CI 功能、性能审查，结合里程碑技术质量审查分期分层次完成技术状态审核，实现了基于数字化产品定义的技术状态标识、控制和审核，如图 1 所示。

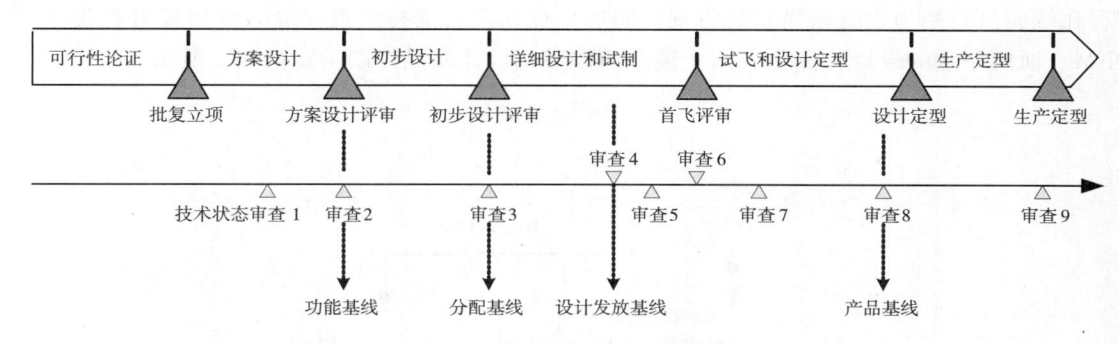

图 1 全数字化研发技术状态管理

利用信息化平台，构建型号 BOM（物料清单）体系，以设计 BOM－工艺 BOM－制造 BOM－保障 BOM，保证全寿命周期内的数据一致性，同时即时、跟踪和分析全过程技术状态。

（三）开展保障性与飞机设计同步，提升武器装备使用质量

作为航空武器装备一个重要的通用质量特性，保障性设计的质量直接关系武器装备的使用质量和效能，是实现装备好用和耐用的关键。

1. 有效开展保障性设计与验证

自主保障系统的研发纳入武器装备研发的主流程，按照 V 型研发流程，研制之初就与飞机同步开展保障总体设计，确保交付飞机，也交付保障系统，确保装备交付用户后能够快速形成作战能力和保障能力，实现由交付装备向交付能力转变。调整优化组织机构，打造更高效的售后服务保障和客户培训组织机构，建立平时和战时技术支援保障工作体系。构建综合保障信息化系统，实现故障远程排除引导、不离岗网络化培训及一体化自主保障。

2. 实施以信息化支撑的用户沟通及服务保障

以信息化为支撑，建立完善的用户沟通及服务保障机制和流程，保证用户需求得到有效获取和确认，需求变更得到有效沟通，以及需求不符合问题得到及时处置和解决。开发远程技术保障支持系统，打造 CBR 故障诊断专家平台、QINP 智能化应用平台和 MSISS 维修保障信息支持系统，以 PMA 便携式维修辅助设备、ITS 空地勤培训系统、IETM 交互式电子手册为支撑，实现远程维修保障信息电子化处理、典型故障排除引导、不离岗网络化技术培训、数据信息综合分析萃取和飞机技术状态电子化监控等功能，提高问题处理准确度和效率，大幅降低用户保障资源投入，保障外场完好率和顾客满意率持续提升。

（四）建立数字化产品设计规范体系，质量控制融入产品设计流程

数字化设计包括数字化产品定义，建模和仿真，产品数据管理等，提升质量的关键是建立设计标准、规范和模板，并把规范、要求融入设计流程，确保数字化设计的数模的质量符合相关设计要求。

1. 建立基于模型的数字化产品定义规范体系和基础数据库

归纳、整理、总结飞机产品设计知识、设计经验及建模方法，制定基于模型的三维数字化产品定义（MBD）的飞机产品设计规范及建模指南；建立数字化设计模板库，机械、管路连接、电气、标准件模型数据库，技术注释库等规范数据库；总结提炼行业专家的设计知识及经验、工艺知识和建模知识等，并与设计平台进行集成，保障基于模型的数字化规范定义。

2. 把质量控制融入数字化产品定义和设计过程

建立数字化设计质量控制和审查流程，将质量管控要点融入设计流程，纳入协同设计 VPM & Windchill 和虚拟产品数据管理 PDM 工具平台，运用数字化的设计质量评价工具，实现与协同设计同

步的过程在线质量控制与设计输出质量审查。制造单位在平台支持下提早介入,协同开展生产性分析,推进 DFM(面向制造的设计)深化。基于模型的数字化设计质量控制示意如图 2 所示。

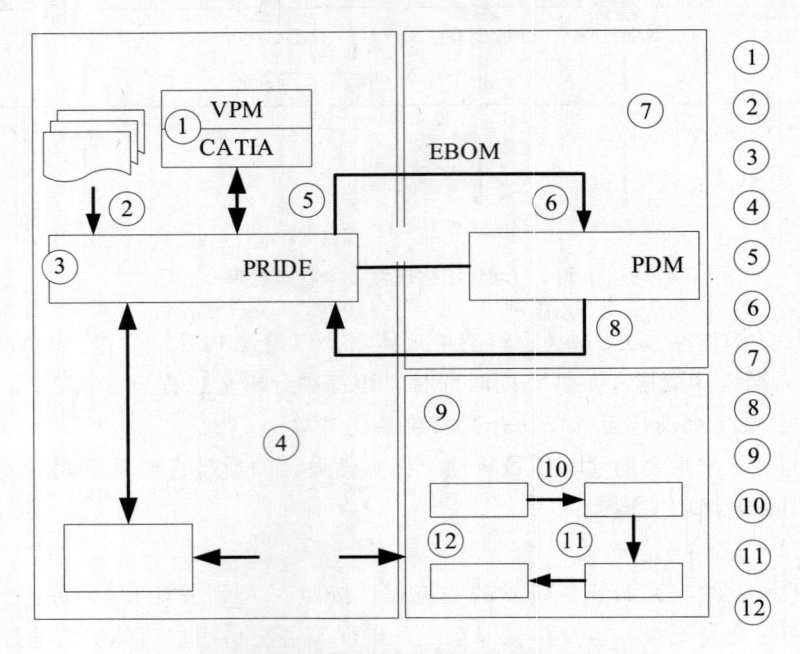

图 2 基于模型的数字化设计质量控制

(五)开展精细化技术质量审查,确保设计验证的符合性质量

确保设计对需求的符合性和制造对设计的符合性。明确研发质量控制要素,基于条目化和表单化的技术质量审查,确保研制质量的精细化管理。

1. 开展基于事件和里程碑的动态化精细化技术质量审查

切实解决研发质量评审存在的"要求不够明确""活动不够充分"和"程序不够完善"三方面问题。建立基于事件和里程碑的动态化质量审查流程,根据技术状态管理要求和各阶段的主要技术活动和质量控制要求,设计详细的技术质量审查表单 Checklist,采用设计师系统和质量师系统联合审查的模式,按照系统、分系统、成品单位组织实施,质量师系统监督检查和管理审查结果。在原有研制阶段划分和里程碑评审设置基础上,增加设置里程碑前技术质量审查,并构建以"条目化表单""动态化审查"和"前置性控制"为特点(见图 3),以 SDR 方案设计审查、PDR 初步设计审查、CDR 关键设计审查、FRR 首飞准备状态审查、FCA 功能技术状态审查、SVR 系统验证审查和 PCA 物理技术状态审查为主线的审查模型。

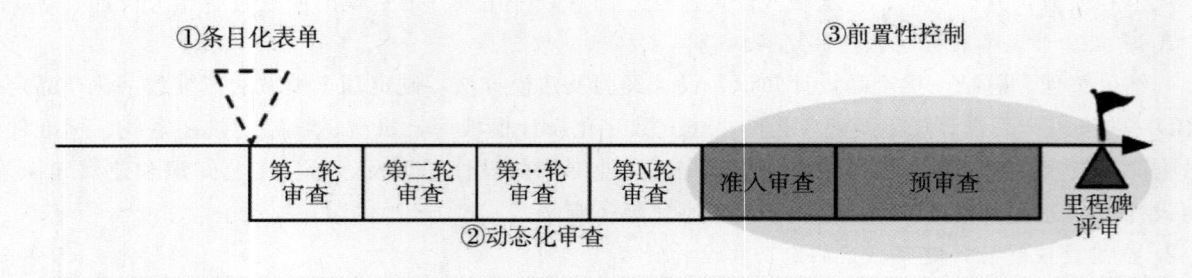

图 3 里程碑前技术质量审查模型

条目化表单指采用以工作项目、交付物和合格标准为主要内容的 Checklist 条目化审查表单明确评审项目和要求。动态化审查指依托多轮技术质量审查，深入过程监控质量指标项目随时间的动态变化，基于成熟度管理思路，提前发现、处置风险和问题。前置性控制指在里程碑评审前增设"准入审查"和"预审查"，严控评审准入并提前梳理问题，规范评审流程和内容等要求。在新一代战斗机研制过程中，制定了具体的里程碑前技术质量审查工作流程，并纳入实施。策划、部署了系统级和产品级里程碑前技术质量审查项目共 600 余项，按照型号研制进展，针对型号 20 多个子系统和全机 400 余项新成品，累计开展了 30 轮次审查活动。

2. 开展研发过程中的机上地面试验和试飞的精细化技术质量问题管理

构建了适应航空装备研制特点的试飞问题归零管理流程、控制环节和具体方法，如图 4 所示。

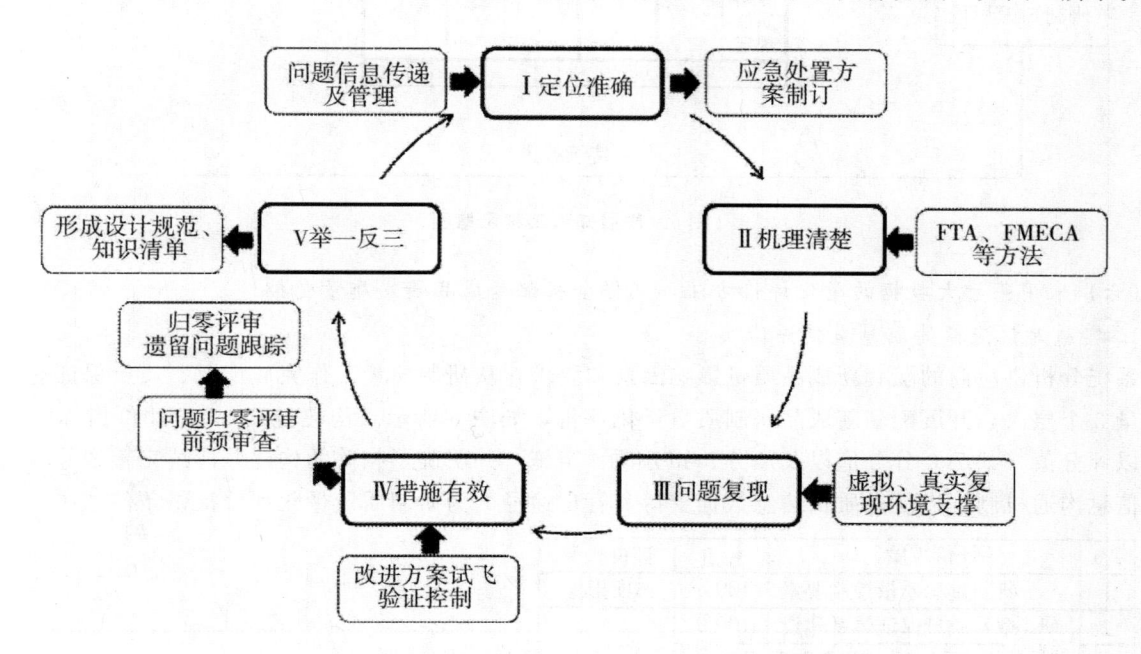

图 4 适应航空装备研制特点的试飞问题归零管理

实施试飞问题的分类、分级管理，明确管理归口职责分工和问题处置进展动态监控要求。创新问题应急处置措施装机控制、改进方案放飞控制和问题归零评审"预审查"等控制环节的要求、程序和手续。细化航空武器装备质量问题的"双五归零"具体要求，以及归零评审的组织、审查和遗留问题处置跟踪要求。结构化、模板化问题归零管理过程中各类文件、记录和表单要求。结合信息化手段，在型号及其配套产品试飞过程质量管理中实施。

3. 实施预防性的精细化质量知识工程管理

开展质量知识库建设，包括 6 个子库（见图 5）。质量要求（相关文件的集合，规范和约束设计活动的质量文件的集合）、质量过程（已定义并规范化的质量过程和控制点）、质量经验（技术质量问题、典型质量案例等）、质量工程方法（质量工具、技术和方法及优秀实践）、质量模板（结构化 Checklist 等）和质量 BOM 视图（以集成方式汇总提炼的质量信息），辅以知识推送机制，与工作包有效关联，发挥质量支持作用。同时，加强知识转化，预判型号质量状况发展趋势，推动预防性质量管理。

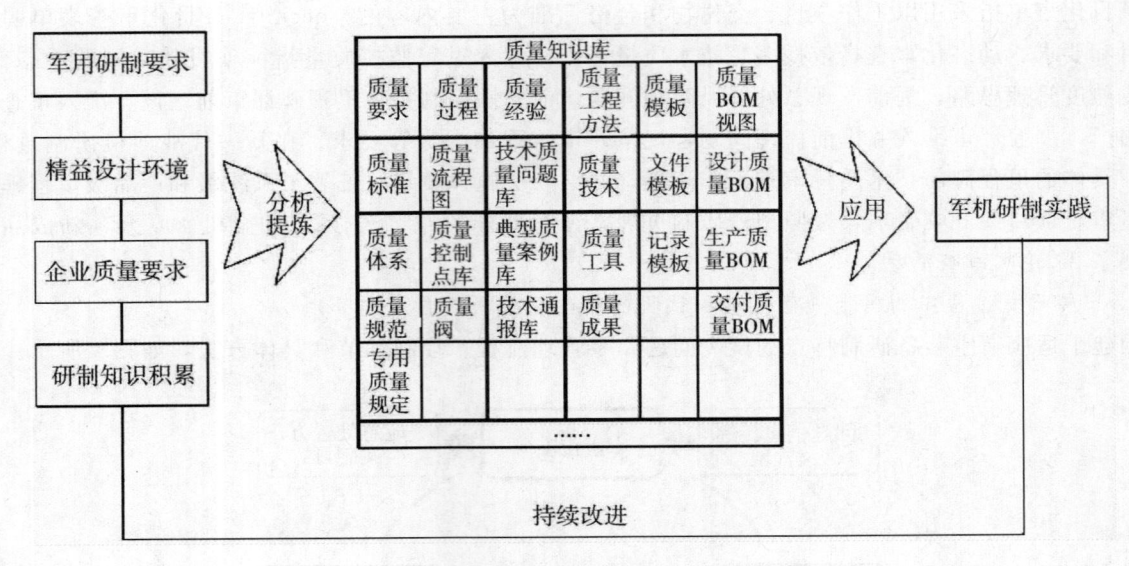

图 5 质量知识工程示意图

（六）采用基于大数据的量化评价方法，确保全机配套成品研发质量受控

1. 实施对供应商的质量量化评价

系统分析供应商的配套新成品质量影响因素和要求，从研制质量工作完成情况、质量保证能力和实物质量 3 个层次，开展配套新成品研制质量量化评价，如图 6 所示。构建包括 92 项评价指标的评价模型，以评分值（共 700 分分值以及加分、扣分项）实施，并明确了相关的构建并持续完善型号质量师系统及信息沟通机制，以获得质量信息数据支持和管理途径，为研制质量量化评价提供条件。

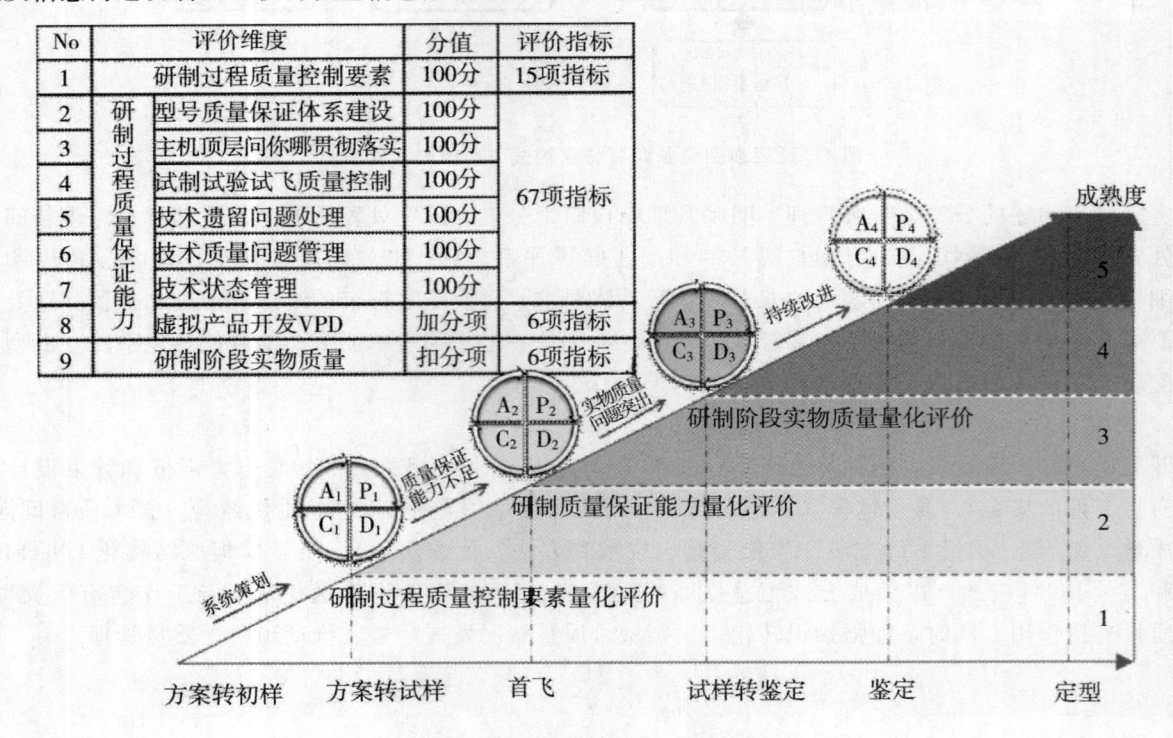

No	评价维度	分值	评价指标
1	研制过程质量控制要素	100分	15项指标
2	研制过程质量保证能力 — 型号质量保证体系建设	100分	67项指标
3	主机顶层问你哪贯彻落实	100分	
4	试制试验试飞质量控制	100分	
5	技术遗留问题处理	100分	
6	技术质量问题管理	100分	
7	技术状态管理	100分	
8	虚拟产品开发VPD	加分项	6项指标
9	研制阶段实物质量	扣分项	6项指标

图 6 配套新品研制质量量化评价模型示意图

在新一代战斗机研制中,首次取得对供应商研制质量量化评价结果,并且从评价中发现配套新成品质量管理的改进机会,针对性完善顶层策划;发现承制单位质量保证工作的薄弱环节,针对性促进提升;发现全机配套成品的质量趋势,针对性提早处置、规避风险。

2. 基于"大数据",开展供应商配套成品的研制质量成熟度管理

汇总、统计和分析对各参研单位的动态化里程碑技术质量审查结果的"大数据",建立各指标成熟度模型,形成质量核对指标随时间维度的成熟度增长图。同时,可以进一步分解检查某一项指标在各个单位的成熟度水平,及其各项产品的成熟度水平(见图7),为研制质量管理提供了量化的、精确的依据性输入。同时,通过基于审查"大数据"的全机研制质量成熟度监控发现问题,并针对性采取纠正措施,有效地不断提升质量成熟度和需求符合度,是推进质量量化管理的重要抓手。

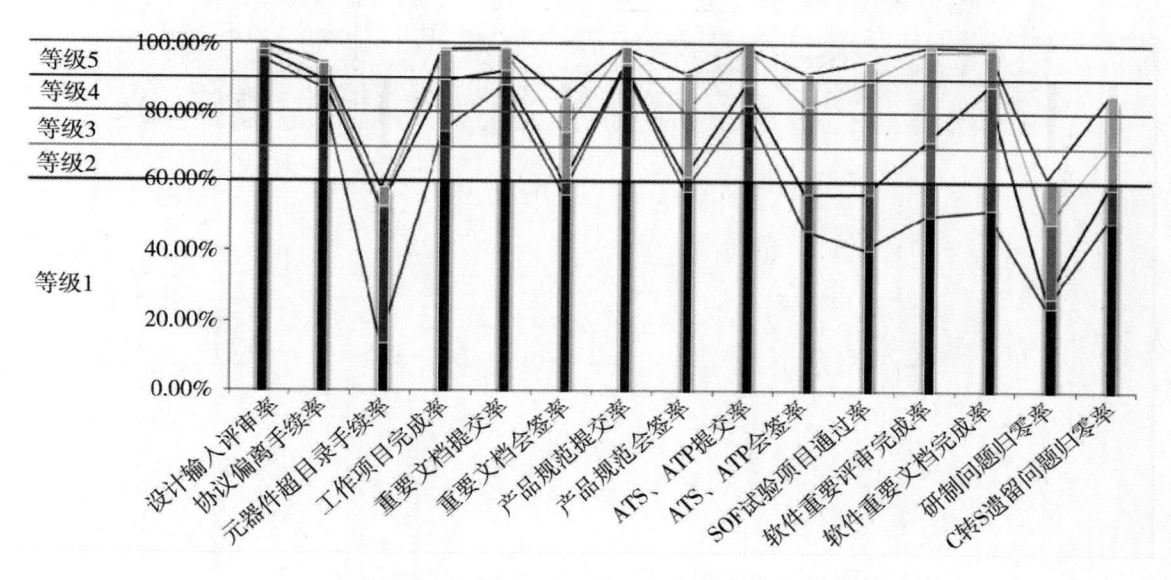

图7 基于审查"大数据"的全机研制质量成熟度管理示意图

(七)明晰组织结构和角色责任,打造人人参与质量的研发团队

1. 建立面向型号的质量管理组织架构

在研究所内各部门设立质量主管部领导、部质量员,各室/办设立室质量员,结合所科研生产WBS(工作分解结构)的逐级分解,构建"所—部—室"为横向、"型号—项目—单元"为纵向的矩阵式质量管理组织模式,实现网格化的质量管理,确保型号总体研制质量管理要求和质量信息得到快速、有序传递和落实。同时,作为总质量师单位,各系统设计部与对口的参研单位切实履行质量控制责任,比如规范、设计要求、接口控制、设计验证活动、设计数模文档审会签等质量过程控制,同时加强与型号质量师系统的业务结合和流程融合,提高对整各型号研制质量的管控效力和效率,如图8所示。

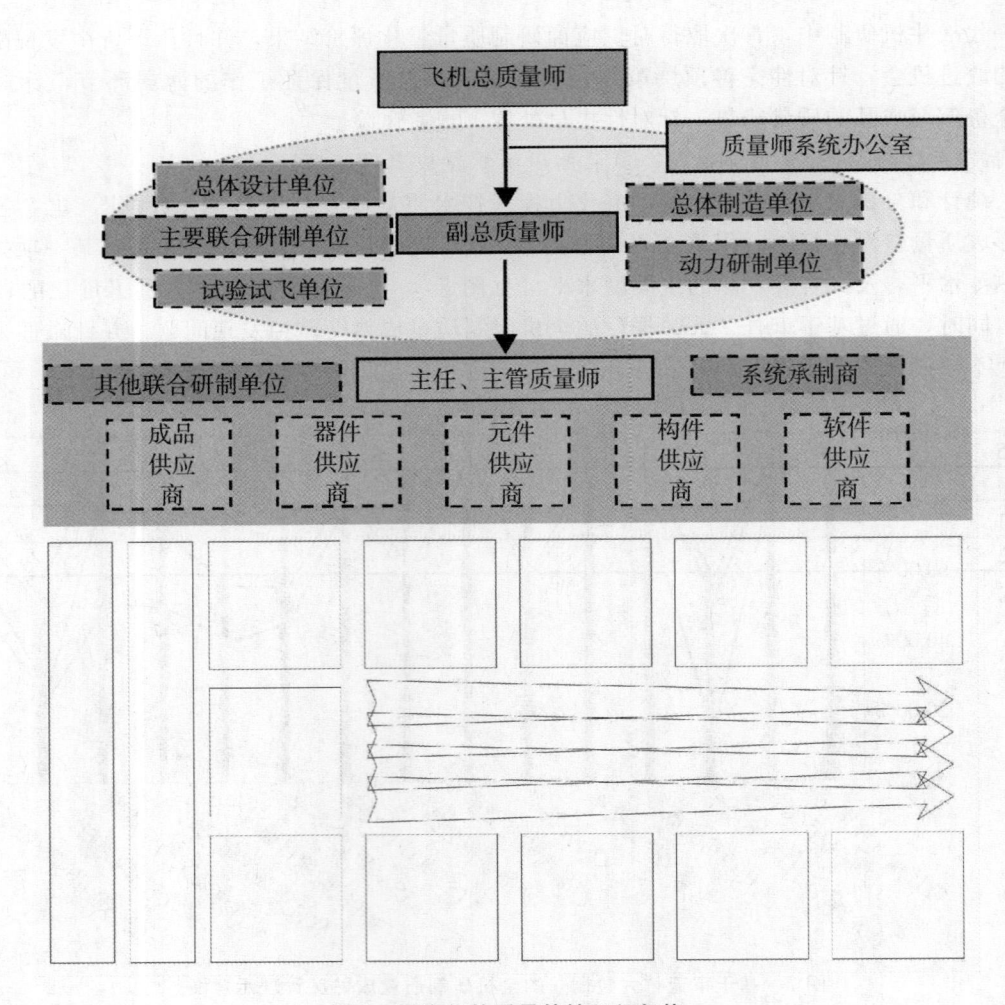

图 8 层次化的质量管控组织架构

2. 明确定义全员的质量责任

在研究所质量体系文件基础上编制《员工质量工作手册》,分解各部门质量职责;各部门围绕部门质量职责编制《部门技术质量工作制度》,细化各专业、岗位质量责任、通用质量要求和质量监督考核,形成"所—部门/室办—岗位"三级层次的质量角色责任定义。建立战略性的覆盖研制全过程的质量专家团队,配套完善的培养与管理体系,组织针对本专业研制过程质量管控问题,积极研究、创新和实践,提升总体研制质量保证能力,如图 9 所示。

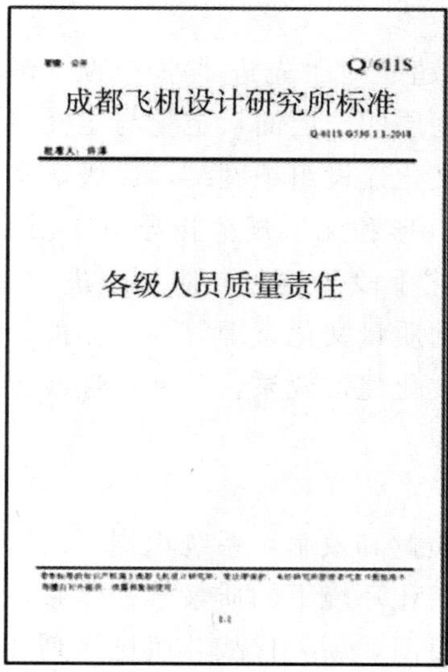
Q/611S

成都飞机设计研究所标准

各级人员质量责任

№	层级	角色
1	所领导层	所长（最高管理者）、主管质量副所长（管理者代表）、所总设计师、主管项目副所长
2	总师/副总师	专业副总师、总师助理、型号副总师
3	质量师系统	型号总质量师、型号副总质量师、质量师系统办公室
4	部门领导	部长、项目主管部领导、质量主管部领导
5	室主任	室（副）主任
6	质量主管	体系办质量主管、项目办质量主管
7	质量员	部门质量员、室/办质量员
8	员工	设计人员（含主任设计师、副主任设计师、主管设计师）、项目主管、职能机关主管、成品主管设计、试验人员、采购人员、生产人员、工艺人员、检验人员、计量人员、全体员工

图 9　层次化和全员的质量角色责任定义

（八）建立数字化研发的质量行为准则，培育“超越”的团队质量文化

1. 建立与数字化研发环境相适应的研发质量行为准则

在“质量就是生命，质量就是胜算，质量就是价值”的理念引领下，依托技术和管理创新，建立与先进战斗机数字化研发特色相适应的“三个务必、八个牢记”的研发质量行为准则，并以员工质量手册的形式发布给全员遵守。“三个务必”具体内容如下。

一是务必做到恪守科学规律，以顾客为关注焦点。

二是务必做到按照法律、法规、制度、流程、标准和规则做事。具备正直、诚信的职业品格，坚信质量和安全是靠流程和工具来保障的，并为研究所持续建立和完善研发体系和质量、安全控制体系贡献力量。

三是务必做到严格履行自己应承担的质量职责，决不提交、会签或审查自己都认为有问题的图样、数模和各类报告，任何时候，都决不做低于质量标准的事。

“八个牢记”具体内容如下。

一是牢记飞机设计是一个不断优化权衡的过程，追求的是综合最优。按照优化迭代的研发流程寻求高质量和优化。

二是牢记不可闭门造车，要努力学习型号研发的经验教训，不断提升技术能力，基于研究驱动工程设计。

三是牢记要基于系统工程的原理，做到设计缜密、试验充分，对工程问题的决策和判断绝不能凭空或想当然。

四是牢记最好的设计是最简单但能实现功能的设计。

五是牢记虚拟仿真技术是双刃剑，对设计输入的控制和建模技术的正确应用是关键。仿真输入是垃圾，仿真的结果也是垃圾。

六是牢记自己是一名设计工程师，决不可忽视工程技术问题的原理和规律。

七是牢记设计细节决定成败，可靠性、安全性应融入每一个设计细节中。

八是牢记我的工作事关飞行安全和部队战斗力。坚信我从事的研发工作，为用户提供高质量的产品和服务可以报效我们的国家，可以改变世界。

2. 培育"超越"质量文化

基于 PDCA 过程方法，建设"超越自我现状、超越用户期待和超越对手先进水平"的"超越"质量文化。针对质量文化结构化特征的物质层、行为层、制度层和道德层四个层面，定量与定性结合，分别设定质量文化建设总体目标。构建"所—部门—室"三级的质量文化建设组织网络，逐级落实网络中各角色职责。从领导重视，强力推动质量文化建设；建章立制，以有形和无形规范指导员工质量行为；教育培训，覆盖性、针对性提高员工质量素质；内部沟通，以信息化手段渗透、传播和改进质量文化；有效激励，提升员工参与质量改进的积极性；全员参与，形成良好的质量文化氛围等 6 个方面。结合质量目标管理和质量绩效量化评价，开展专项活动，测量和评估质量文化建设效果，并针对性改进。

三、数字化环境下的复杂航空武器装备研发质量管理效果

（一）高质量完成了新一代战斗机研制任务

数字化环境下的复杂航空武器装备研发质量管理，提升了研制质量和效率，系统识别了关键管理项目，建立了先进复杂航空装备系统研发质量管理模式。通过建立数字化环境下的质量管控体系，确保了新一代战斗机研制过程质量受控，实物质量和研制效率稳步提高。目前，新一代战斗机已经列装并得到了用户的高度评价，军事效益和经济效益显著。与典型第三代战斗机相比，从提交数模到飞机实现首飞，周期缩短 2/3；设计制造质量问题减少 90% 以上；工艺审查周期缩短 70%、生产准备周期缩短 50%；设计需求 100% 验证；设计更改有效性控制 100%；研发过程问题受控率 100%。

（二）形成了数字化研发质量管理的新模式

建立的数字化环境下的复杂航空武器装备研发质量管理模式，实现了飞机研制质量管理能力跨代提升，进一步构筑了复杂航空武器装备研发质量核心能力和核心竞争力。用户对 611 所创新的数字化质量管理模式给予了充分肯定。数字化研发和质量管理的创新实践，推动了航空装备研发模式的"三个转变"，由串行设计模式向并行设计模式转变、由经验主导模式向开放创新模式转变和由部门工作模式向协同工作模式转变。研发的项目获得用户和政府的高度肯定，形成了一系列可复制推广的方法、工具。例如，基于 PDCA 过程方法的航空装备研究所质量文化建设、全寿命周期条目化需求生成质量管理、质量功能展开（QFD）技术在方案论证阶段的运用、系统工程特色质量工具包开发、精益研发质量管理看板建设、全数字化研发技术状态管理、信息化支撑的用户沟通及服务保障、航空装备研制动态化里程碑技术质量审查、基于审查"大数据"的全机研制质量成熟度管理、配套新成品研制质量量化评价、适应航空装备研制特点的试飞问题归零管理、以质量知识工程推进预防性质量管理、基于模型的数字化设计质量控制、层次化的质量管控组织架构和质量角色责任定义等。

（三）在国防科技等领域推广示范效果显著

数字化环境下的复杂航空武器装备研发质量管理模式及其质量工具方法，已成功运用于 611 所研发的其他国家重点型号项目，如翼龙系列无人机、某高空长航时无人机等。大部分型号均已完成设计鉴定/定型，其研发质量、最终产品质量受到用户的好评。2018 年，国防科工局组织的专家组对 611 所质量工作进行了专项检查。专家组给出的报告指出，611 所具有完善的管理制度，从组织、职责、流程、工具、方法等方面开展了大量的研究与实践工作，形成了独特的"6+1+1"质量管理模式，该管理模式代表了国防科技工业的最新成果，科学适用，在国防科技领域具有很高的借鉴和推广价值。2018 年，611 所创造的"611"质量管理模式正式获得第三届中国质量奖，成为当年国防工业及武器装备行业唯一获得此殊荣的单位。

（成果创造人：赵　民、许　泽、凌　波、蒋　成、杨　超、张立新、陈裕兰、崔荣俊、李嘉俊、刘　义、杨云辉、蹇益平）

实现百亿方产能的国家级页岩气示范项目工程建设管理

中石化江汉石油工程有限公司

中石化江汉石油工程有限公司（下简称江汉工程公司）是中国石化石油工程技术服务有限公司的全资子公司，业务领域涵盖钻完井、测录井、井下作业、环保工程、特种运输、国际贸易及油气合作开发等领域，具备油气藏开发区域总包、单井承包能力，是井筒业务产业链完整、专业门类齐全的石油工程企业，是中国页岩气工程技术集成者和引领者，是国内唯一拥有自主完整页岩气工程技术系列和页岩气工程专业最全、国产化程度最高、服务领域最广、完成工作量最多的石油工程企业。累计获得国家专利100余项，荣获国家科技进步一等奖、湖北省科技进步一等奖、重庆市科技进步一等奖、中国石化集团公司科技进步一等奖等多项荣誉。截至2017年年底，江汉工程公司用工总量7696人，拥有各类施工队伍215支，资产总额达68.9亿元。2017年，实现营业收入34.5亿元。

一、实现百亿方产能的国家级页岩气示范项目工程建设管理背景

（一）保障国家能源战略安全的必然选择

"十二五"以来，我国能源消费快速增长，能源消费结构与世界平均水平相比，仍有较大差异。2017年，在我国能源消费结构中，煤炭占比60.4%，占主导地位，天然气仅占7.0%，比世界平均水平低近18个百分点。《"十三五"能源规划》提出优化能源结构，实现清洁能源低碳发展，加大天然气的开发生产力度，是我国经济社会转型发展的迫切需要。《规划》明确提出，"十三五"时期，天然气消费比重力争达到10%，煤炭消费比重降低到58%以下。"清洁低碳、安全高效"已成为能源发展新方向。与此同时，石油天然气供需缺口较大，对外依存度逐年提高。常规气已不足以弥补消费市场的供应缺口。页岩气作为非常规油气资源，开采市场前景广阔。我国页岩气储量十分丰富，据统计，中国页岩气资源约为 $26×10^{12}$ 立方米，占全球的5.7%，大力发展天然气尤其是快速发展页岩气，是满足我国天然气需求、缓解油气供需矛盾、维护国家能源安全的战略选择。

（二）破解页岩气项目施工技术难题的内在要求

页岩气是一种储量巨大，开采周期较长，但气藏储层结构复杂的非常规天然气。页岩气开发在我国是一个新领域，开发技术处于初级阶段，没有经验可借鉴。涪陵页岩气开发面临诸多复杂因素，一是地表复杂。国内优质页岩气分布地区大都集中在中西部山区，地表地形复杂、地势高差大，大多位于3000米左右甚至更深的地层段。涪陵页岩气田属于喀斯特地貌。地表沟壑纵横，地貌类型多样，地势以丘陵、低山、中山为主，横跨长江南北，纵贯乌江东西两岸，地面建设条件差，开采施工难度大。二是地质气藏结构复杂。我国页岩气藏具有埋藏深度深、渗透率低等特点。涪陵页岩气田气藏埋藏深度为2500~3000米，渗透率0.015~0.9813mD。页岩气钻井工程途经区域的地下岩溶大泉、暗河多，对施工技术要求高。三是页岩气项目存在诸多施工难点，有些是世界性难题。四是环保问题复杂。与常规天然气相比，页岩气开发区域具有钻井数量多、资源消耗量大、污染源点多面广、环境影响范围大及环境事故风险高等特点。五是技术问题复杂。与美国页岩气开采相比，面临一系列高难度施工技术问题。美国在平原地带施工，我国在山地施工。美国气藏多数在1000米以内，我国气藏多数在3000米左右甚至更深的底层段；美国多数气井是常规技术施工，而我国页岩气田施工面临低渗透、钻井液漏失严重、钻井工程水平井施工更为复杂等诸多难题；中国现有的钻井工艺、水平井分段多级压裂工艺技术、"井工厂"配套技术及牵引器技术处于研发和实验阶段，连续油管技术等在中国仍处于空白。在我国页岩气开

发技术水平有限、国外技术垄断、服务价格昂贵的情况下，如果单靠引进高额的国外技术与设备，就必然导致页岩气开发成本较高，难以实现规模化商业化开采目标。

(三) 落实中国石化天然气发展战略的有效途径

中国石化为保障国家能源安全，抑制油气对外依存度过快上涨，进一步加大页岩气勘探开发力度，持续推进页岩气高效勘探、效益开发、降本创效、技术创新，推动页岩气全面可持续高质量发展，为保障国家能源安全做出应有贡献。中国石化在页岩气资源利用方面具有显著优势，目前页岩气探明地质储量占全国的65%，已动用地质储量占50%。"十三五"期间，页岩气勘探开发的主要目标是到"十三五"末，年产量达到100亿方，比"十三五"初期翻一番。为实现以上目标，中国石化明确了页岩气勘探开发的方向和思路，在页岩气勘探方面，突出四川盆地等重点地区，开展盆地周缘常压页岩气技术攻关试验，力争实现新突破；在页岩气开发方面，全面推进涪陵页岩气田开发；有序推进涪陵主体上部气层开发和下部气层井网加密；加快二期产能工程配套建设，充分释放产能。江汉工程公司在页岩气施工的技术配套、装备配套、队伍配套等方面具有一系列优势，具备承接页岩气示范项目的技术实力和管理实力。建成国内首个大型页岩气田示范项目是落实中国石化天然气发展战略的有效途径。

二、实现百亿方产能的国家级页岩气示范项目工程建设管理内涵和主要做法

江汉工程公司围绕创建国家页岩气示范项目的中心目标，通过建立示范基层队、示范工程、示范项目、示范工区等四个示范组织管理体系，构建产学研用协同创新体系，推进特色技术产业化，实现涪陵页岩气项目核心技术全部国产化；创新性的采用井工厂作业模式，强化工程质量过程监督管控，推行重点环节质量负责制，并对施工现场全天候、全过程监督管理和安全量化考核，实现涪陵国家级页岩气示范区高标准高质量高安全目标。通过强化落实现场施工各项环保制度，实现页岩气绿色开发。主要做法如下。

(一) 强化组织领导，建立"四级示范"体系

涪陵页岩气田是我国第一个规模化、商业化开发的大型非常规气田项目。江汉工程公司为创建国家首个页岩气示范项目，强化组织领导，成立四个层级的页岩气示范项目组织架构。一是在公司层面成立页岩气项目施工领导小组，主要负责页岩气项目的决策管理和统筹协调工作，制定页岩气项目施工的目标并提出具体要求，重点研究解决页岩气项目施工过程中的技术难题，牵头组织成立特色技术攻关团队，协调推进政府、院校、内部研究机构和现场技术应用等一体化技术平台的搭建与实施；二是成立西南页岩气项目管理部，主要负责涪陵页岩气田现场管理，制定示范项目的施工标准，与投资方进行沟通协调，按照业主要求组织施工；三是成立4个示范项目办公室，从示范基层队、示范工程、示范项目、示范工区4个维度进行统筹协调，创建示范页岩气田；四是明确创建"四个示范"的范围，主要包含以各专业施工基层队（包括钻井队、固井队、压裂队、测井队、射孔队、连续油管队、运输队等12类基层队伍）为创建对象的示范基层队，以某一个具体的施工项目或者管理项目（包括在建工程项目、挖潜增效项目、管理项目等）为创建对象的示范项目，以石油工程（如钻井、测井、录井等）各专业为创建对象的示范工程，以江汉石油工程公司施工的国家级页岩气涪陵工区为创建对象的示范工区。实现了由小到大，由基层到管理层的项目分级组织管理。

为了使页岩气示范项目能够顺利实施，江汉工程公司制定示范标准，实现项目管理标准化、流程化、规范化、制度化。建立单井标准成本体系，推行单井完全成本承包考核，对施工工序进一步分解，细化考核内容，加强节点管控；制定适合各专业的数量化科学标准，依据各生产流程的操作规范，利用健全的生产、工程、技术等方法，结合不同成本项目对效益创造的影响度进行量化和标准化，作为成本预算、过程控制、分析评价和绩效衡量的基本标准。

(二) 构建以我为主、产学研用协同创新体系，推进特色核心技术国产化

为打破国外页岩气开发技术垄断，突破页岩气开发技术瓶颈，实现中国页岩气产业化规模化发展，江汉工程公司积极组织科研攻关，破解技术难题，使一系列特色核心技术国产化。

1. 构建产学研用协同创新体系

为攻克页岩气施工技术难题，江汉工程公司按照"开门办企业，开放搞科研"的思路，积极开展多层次、全方位的技术交流合作，促进产学研用深度合作，加快攻关步伐。

一是在页岩气技术合作过程中，坚持公司主导研发过程，发挥公司在科研目标提出、活动组织实施中的主导作用，促进从研究开发到产业化的有机衔接。公司专家团队主要承担重点科研项目攻关任务，对页岩气开发施工现场出现的重点、难点问题开展技术攻关和推广应用；专业公司专家团队则发扬"传帮带"精神，通过导师带徒，在技术、管理方面对年轻技术人员进行培养，提升技术人员素养；而项目部技术团队则直面生产一线技术难题，定期召开例会，对重点井、关键工序进行会商，制订施工方案，为基层提供技术支撑。

二是不断完善对外合作攻关平台。联合长江大学共同打造"石油工程研究中心"，与中船重工、中南装备组建了"工程装备制造中心"；与中国地质调查局共同建设"页岩气开发工程研究中心实验室"，实现了资源和信息共享，提升在页岩气开发产业的竞争水平；与自然资源部地质调查局油气中心和六大地区中心建立了合作关系，完成了以鄂宜页1HF井为代表的一批页岩油气钻完井一体化工程项目，为解决涪陵页岩气开发的技术难题奠定了基础。

三是注重科研成果现场转化。采用"科研贴近一线，成果快速转化"的发展模式，在涪陵生产一线设立"页岩气工程技术中心"现场技术支撑中心，第一时间掌握现场生产技术应用情况与生产难题，高效进行技术攻关，推进技术成果产业化应用。初步实现页岩气工程技术系列化、配套化、标准化和产业化，具备了从工程设计到技术服务、从工艺到工具的综合一体化保障能力，达到国际先进、国内领先水平。

2. 自主研发具有国际领先水平的连续油管关键技术

针对涪陵页岩气开发初期连续油管作业复杂事故率高、作业风险大、影响压裂试气进度等问题，江汉工程公司组织开展了页岩气水平井连续油管作业关键技术研究，组建连续管工程技术中心，重点开展连续油管穿电缆技术拓展和连续油管修井技术服务。围绕非常规油气开发、连续油管工程、高温高压完井测试3个重点，积极研发具有自主知识产权的工具，快速推进连续油管工具国产化进程；完成了连续油管在水平井作业中力学行为分析及软件编制，连续油管缺陷在线检测装置研制与评价技术研究，连续油管钻塞、传输射孔及井下复杂情况处理配套技术研究，长水平段连续油管坐桥塞与喷砂射孔联作配套技术研究等主要研究内容。

总结页岩气现有成熟区块连续油管优势技术的主要特性，实施"一区块一模式、一口井一方案、一环节一对策"的技术管理方案，使参与施工的每个区块都形成相对固定的工艺模式，每口井都有详细的施工方案，每个重点环节和特殊工艺都有周全的技术对策。通过地质分析对比、地层界限划分，对优化设计、优选参数、工具结构等方面进行反复论证，制定出适合区块地层特点的施工方案和与工程设计相符合的技术措施、目标要求及注意事项。公司研究应用的"页岩气水平井连续油管作业关键技术"现场累计应用385井次，解决了一批井下复杂问题，缩短了连续油管钻塞周期，有效降低了试气成本，整体达到了国际领先水平。

3. 自主研发应用三维可视化地质导向技术

地质导向技术就是在钻井施工作业中，通过对钻进过程进行实时监控，及时调整井深轨迹，指导钻头准确钻遇预定储层。为了解决涪陵页岩气钻井施工作业的技术难题，江汉工程公司根据涪陵页岩气的

地质特点，研究提出了储层识别、评价、精细描述、预测、工程改造等服务领域的一体化解决方案。以地质导向为突破口，组建页岩气地质研究中心，汇聚地质、物探、测井、录井等多学科技术人才，开展实时地质导向研究分析工作，自主研发了三维可视化地质导向技术，将随钻仪器采集到的数据通过三维地质建模，还原地下地质构造，控制钻头在最好的主力气层穿行，使导向轨迹更清晰。公司通过科学分析地质导向的工作原理，以随钻资料地质模型实时跟踪技术为基础，自主开发设计了页岩气地质导向分析软件系统，利用实时录井数据以及定向井数据，对比邻井资料，组织专家和技术骨干对出现过的或可能出现的复杂情况进行分析讨论，制订详细的施工方案和应急预案，在随钻过程中进行综合分析，不断优化待钻轨迹，提高正钻水平井的着陆精度和钻遇率，并通过远程监控，对数据进行实时分析。施工过程中，技术专家全程驻井督导，现场人员严格按标准精细施工，主力气层平均钻遇率达97.4%。地质导向技术将测量盲区从过去13~17米缩至1米以内，弥补了传统地质导向仪器测量点距离钻头远的缺陷，实现了地质导向的可视化、定量化、精准化，为提高钻头入靶精度和钻遇率提供了有力的技术支撑，有利于提高压裂试气效果和页岩气后期开发效益，打破了美国在页岩气开发方面的技术垄断。

4. 推广应用具有国际水准的泵送桥塞与多级射孔联作特色技术

页岩气施工过程中，面临超深、超高压的井下特点和仪器串进入防喷器难、工具串下井难、泵送施工难、桥塞坐封难等施工难点，传统桥塞由金属和橡胶材料制成，金属材料不易钻磨，耐腐蚀性差，特别是在斜井水平井作业中，钻磨桥塞易发生卡钻。为实现泵送桥塞与多级射孔联作技术突破，江汉工程公司借鉴国外经验，与国际实力雄厚的公司如斯伦贝谢、哈里伯顿等开展页岩气开发工程合作，深入研究国内外页岩气井资料。在此基础上，江汉工程公司成立多级射孔技术研究中心，组织专家加大科研力度，开展了《泵送桥塞与多级射孔在深层页岩气的应用与研究》项目攻关，潜心研究多级射孔与桥塞联作工艺和装备，自主研发出易钻复合桥塞，以及由分级点火控制、水平井电缆射孔与桥塞联作、大通径带压电缆密闭和水力泵送等由4项核心技术组成的非常规水平井多级射孔技术。

5. 自主研发应用填补国内空白的油基钻井液技术

钻井液作为钻井工程的"血液"，其技术在页岩气开发中起着极其重要的作用，其水平的高低直接决定着钻井能否顺利进行与勘探开发能否实现。涪陵页岩气气藏地层不稳定，承压能力差，要求钻井液具有较强的防塌、抑制和封堵能力；斜井段岩屑携带困难，岩屑多，容易使钻具的磨阻升高，对钻井液的清洗井眼能力提出了很高的要求；水平段长易发生粘卡，要求钻井液具有很高的润滑性。

江汉工程公司围绕国内外钻井液技术发展动态，紧密结合钻井生产实际，开展了大量的技术研究及推广应用工作。依托承担的国家科研项目，创新性地研发了油基钻井技术，主要用于解决长水平段页岩气水平井钻井的抑制垮塌、井眼清洁、润滑防卡等难点；开发了高效油基钻井液清洗液、弹韧性胶乳防气窜水泥浆体系、低密度防气窜水泥浆体系，满足了页岩气开发大规模压裂对井筒高强度的要求，完井时间大幅缩短，固井质量明显提高。为了提升钻井液现场应用效果，公司有针对性地开展了双膜承压钻井液技术研究，较好地解决了漏失与井壁稳定的问题。针对非常规油气勘探开发难度大、风险高，存在易喷、易漏、喷漏同存等施工难题，开展了钻井液快速加重混配技术攻关，填补了国内空白，达到了国际一流水平。

6. 自主研发应用国内领先的测井牵引器技术

涪陵页岩气的勘探开发，多为水平井和大斜度井，而对于套管水平井的监测技术还处于空白状态。江汉工程公司成立"专家工作站"，该工作站依托中国科学院等专家团队，研制出JHYQ－A型牵引器，其广泛应用于评价水平井固井质量，成为快捷、经济、安全的水平井测井手段。为进一步改进和完善牵引器，江汉工程公司联合武汉七一九研究所共同开发了第二代大功率牵引器，通过创新驱动方式、集成驱动电路，研制出具有性能更稳定、牵引力更强劲、能够应对井下复杂工况的JHYQ－B型电缆牵引器。江汉工程公司自主研发的第一代和第二代牵引器，打破国外技术垄断，驱动力和井眼适应能力优于国外同类产品，9次刷新国内牵引器测井施工纪录，解决了长水平段水平井固井质量检测的技术难题，达到国内领先水平，大幅降低了测井成本，单井费用比外国公司减少一半以上。

（三）实施"井工厂"钻井及压裂施工模式，提升生产施工效率

为达到井场集约化利用，减少对居民和环境的影响，实现降本增效的目的，江汉工程公司结合涪陵页岩气田开发实际，创造了复杂地质条件下的"井工厂"钻井及压裂施工模式。井工厂就是在一个平台上集中进行钻井、完井、压裂等作业，以密集的井位形成一个开发"工厂"，流水线式集中钻井和压裂，以提高钻井时效和压裂时效，同时实现开发的集中管理。

页岩气水平井井工厂开发采用"丛式布井，规模施工，整合资源，统一管理"的方式，把钻井中的钻前施工、材料供应、电力供给等环节，储层改造中的通井、洗井、试压、压裂、泵送桥塞－射孔联作、钻塞、测试求产等环节，以及工程作业后勤保障和后期操作维护管理等工序，按照工厂化的组织管理模式，形成一条相互衔接和管理集约的"一体化"组织纽带。

1. 井工厂钻井

井工厂钻井作业模式是在将一个平台几口水平井整体进行设备、时间、空间上的分解与重组，以流水线方式，对多口井进行批量化标准施工，通常同口井依次一开和固井，再依次二开和完井，直至全部完井。其主要优点为减少井场占地；缩短建井周期，与常规钻井模式相比，采用"工厂化"钻井作业可降低完井周期超过10%；循环利用钻井液，不仅节省成本，又能实现绿色环保施工。

2. 井工厂压裂

井工厂压裂就是通过优化生产组织模式，在一个固定场所，将一套压裂车组摆放完毕后，在不移动设备的情况下，连续不断地向地层泵注压裂液和支撑剂，从而加快施工速度、缩短投产周期、降低开采成本。该模式一方面，大幅提高了压裂设备的利用率，减少设备动迁和管线安拆时间，减少液罐拉运、清洗，降低工人劳动强度；另一方面，方便多口井集中供水，集中回收和处理压裂残余返排液，减少污水排放，重复利用水资源。

（四）强化项目重点环节监管，推进质量管理标准化

1. 细化标准，强化工艺质量管控

江汉石油工程公司出台了涪陵页岩气项目质量监督管理办法，以制度管理保质量。根据涪陵工区的技术特点，完善了钻井、测录井、井下作业及运输等专业各项技术服务质量指标。随着涪陵二期任务的展开，针对更加复杂的地质地表条件、更加艰巨的工程技术难题、更加严峻的安全环保风险，为实现质量管理从目标管控向过程管控转变，进一步提升施工质量，组织专家和技术人员专门制定符合二期特点的钻井、固井、测井、压裂等8个专业的工艺质量管控标准，实现了管理流程化、流程工序化、工序节点化、节点数据化。制定并下发《涪陵二期工艺质量管控标准》至工区各单位，各专业施工质量得到明显提升。

2. 确定重点，实行关键环节质量负责制

钻井井身质量、钻井液密度、定向施工、固井工程、压裂试气工程、泵送桥塞－射孔联作、连续油管施工等重点工序和环节的质量管控，由公司聘用的专家全面负责现场指导，确保重点工序环节质量的保障。同时，建立了管理、技术、操作为主体的三级质量保障团队。公司及各单位通过不断调整优化，充实各级质量管理团队力量，为各项技术标准、方案措施、科技攻关、技术支撑等工程技术质量管理提供了坚强的支撑作用。

3. 搭建效益和质量两个平台，实行末位淘汰制度

为全力服务保障涪陵国家级页岩气示范区建设，公司在涪陵工区搭建"效益指标排名"和"生产质

量指标排名""两个平台",强化月度经营分析、技术工艺分析"两项制度",构建精细管理体系,树行业标杆、创管理示范,营造浓厚的比学赶帮超氛围,实现管理水平和经济效益提档升级。为持续提升涪陵速度和涪陵效益,公司在涪陵工区实行生产指标、效益指标双考核,对施工作业周期、时效、直接成本、毛利额、毛利率、安全、环保、质量等经济技术指标完成情况,实行一月一考核、一排名、一分析、一通报,对综合业绩排名靠前的优先安排工作量,对排名靠后的实行末位淘汰。

(五)量化安全考核,保证项目施工安全

1. 明确安全责任,严格落实安全责任体系

一是严格落实逐级安全责任。公司各所属各单位层层签订安全责任书,层层分解考核指标;单位与每一位员工签订了安全承诺书,推进安全责任在领导层、管理层、操作层的全面落实。二是严格落实专业安全生产主体责任。公司下设市场开发运行、工程技术、装备管理、承(分)包商、组织人事与教育培训、井控管理、公共安全7个专业安全分委员会。各专业安全分委员会定期在HSSE委员会例会、安全环保月度例会上进行汇报,结合专业例会组织召开专业安全分委员会;组织制、修订专业安全制度、操作规程及技术标准;通过开工验收、专项检查、变更管理、风险挂牌管控等措施,进一步落实专业安全主体责任落实。三是严格落实岗位属地责任。编制《属地管理指导手册》,划分岗位安全责任区,落实责任人员,规范操作行为。以"五查三保"(查隐患、查违章、查操作、查监督、查问责、保安全生产、保绿色生产、保效益发展)为主要内容推进全员安全诊断工作,发动员工查找身边隐患。

2. 量化安全考核,实施安全考核"千分制"

在基层队实施安全"千分制"考核,量化考核岗位责任。按照1000分满分的积分制考核原则,对每个岗位建立针对违规违章、不履行安全职责等行为的考核评分细则,并将考核结果与员工的绩效奖金挂钩。将日常各类检查问题落实到岗位,落实到人头,采取"一日一确认、一周一讲评、一月一公示考核、一季一兑现、半年一清零"的考核兑现方式,每天将检查发现的员工违规违章或不履行安全职责的行为与责任员工进行确认,每周在周例会上对检查考核情况进行讲评,每月对考核情况张榜公示,每季考核兑现,促进岗位员工安全责任的落实。

根据"千分制"考核结果,推进示范基层队、示范班组和示范岗位创建工作。每季根据督查、检查情况,对所有基层队进行打分排名,评选示范基层队;各基层队根据岗位、千分制考核情况评选示范班组和示范岗位,公司每季度进行一次通报表彰。通过示范引领,促进基层安全管理水平的整体提升。

3. 强化现场监管,推行"三位一体"监管模式

江汉工程公司坚持安全管理重心下移、力量下沉,紧紧围绕施工现场,在日常检查的基础上,大力完善安全环保督查、HSSE异体监督、视频监控的"三位一体"监管模式。一是实行异体监督全过程。公司设立HSE异体监督站6个、分站7个,选聘异体监督专家62名。异体监督由二级单位主要领导委派,履行二级单位监督责任。按照监督、把关、检查、纠正、反馈、改进六项基本程序,以巡井、分包、驻井等形式对作业现场进行监管,实现了对施工现场全天候、全过程监督管理。二是保障视频监控全天候。江汉工程公司投入大量资金对在运行的基层队及工程车辆安装视频监控,实现在建工程的全覆盖。同时,将视频监控作为检查、验收的必查项目,要求在视频监控范围内开展班前班后会、作业许可票签发等关键管控环节。明确监控管理和回放视频的责任人员,严查施工过程中"低老坏"和"三违"行为,并进行严格考核,充分发挥视频监控的威慑作用和全天候监管优势。

(六)注重环保清洁生产,实现页岩气绿色开发

针对涪陵地区喀斯特地貌、生态环境脆弱的特点,江汉工程公司坚持"绿水青山就是金山银山"的环保理念,坚定"环保示范、绿色示范"的发展道路,狠抓环保各项制度的落实,为保护涪陵的绿水青山履行社会责任,打造江汉工程环保品牌。

1. 建立组织体系，完善环保制度

公司充实环保管理机构和队伍，自上而下设立了环保管理岗，形成了公司、工区项目管理部、专业公司（分公司、项目部）、基层队的四级环保监管体系。先后制定了《涪陵页岩气项目环保管理规定》《涪陵页岩气项目环保禁令》等10多项管理制度。整理"两高"司法解释、《中华人民共和国环境保护法》等4部环保法律法规汇编成《环保法律汇编》，利用生产例会、班前班后会、日常培训等机会组织员工宣传和学习，提高员工的环保法律意识。

2. 识别环保风险，管控环保现场

为了加强涪陵工区环保管理，落实环保责任，杜绝环境污染事件的发生，公司组织了全面的环保风险、隐患排查工作，排查出环保风险点58项，并按照分级管控、节点控制的原则，将风险、隐患按照公司（项目管理部），二级单位、分公司（项目部），基层队三级进行管控，落实了相应的责任单位和部门，有效控制现场生产的环保风险。

3. 加强"三废"管理，提高清洁生产水平

钻井施工依次按照清水钻井、水基泥浆钻井、油基泥浆钻井3种泥浆体系进行"井工厂"模式施工，配置一次泥浆后可同时应用于多口井，有效减少因清洗泥浆罐产生的废液和废渣；减少清水的使用量，积极回用污水。为了避免污染地表水，钻井队严格执行清水表层钻井的要求，并在完成表层钻井之后积极回用污水配泥浆，减少清水的消耗；注重常规钻屑的处理和油基钻屑等危废物的管理，工区对油基岩屑实行转运五联单制度，对油基钻屑的产生、转运、存储、处理、填埋等过程进行详细登记，工区配套油基岩屑撬装设备，有效解决平桥区块油基岩屑的处理难题。

4. 推进环保技术革新，实现节能减排

井下测试公司发明的放喷气直接进流程技术，防止了放喷噪声污染，大量减少了二氧化碳的排放，并取得了可观经济效益；钻井实行"网电"改造项目，泥浆泵实现了无级调速，减少了井队更换凡尔及缸套的劳动强度和材料的消耗，降低了钻井施工噪声和废气的污染。公司自主研发了热蒸馏含油钻屑处理、压裂返排液等装置。现场含油钻屑不落地收集、密闭真空转运、无害化集中处理，处理结果远超国家标准，油基钻井液回收重复利用、压裂返排液全部重复利用、浅表层清洁钻井等技术成熟应用，呵护了青山绿水。

三、实现百亿方产能的国家级页岩气示范项目工程建设管理效果

（一）建成了首个国家百亿方页岩气示范项目

江汉工程公司作为涪陵页岩气会战的主力军，如期建成了涪陵页岩气田100亿方/年产能，并成为页岩气首个规模化、商业化示范项目，创造了闻名业界的"涪陵速度"和"涪陵奇迹"。与建设初期相比，涪陵一期钻井施工周期缩短20%、压裂施工周期缩短42%，创39项工区第一和46项页岩气施工纪录，为全球页岩气项目工程提供了中国样本，标志着我国页岩气开发迈进大规模商业化发展阶段，对促进能源结构调整、缓解我国中东部地区天然气市场供应压力，加快节能减排和大气污染防治具有重要意义。

（二）实现了页岩气国家示范项目工程核心技术的全部国产化

在涪陵国家级页岩气示范区建设的同时，江汉工程公司也在不断加快核心技术国产化、自主化进程，成功实现页岩气工程技术"7个系列重大突破"（见表1），打破国外页岩气工程技术垄断，系列化、配套化、标准化、产业化取得重大进展，配套整合钻井、测录井、压裂试气、环保4大工程专业，形成83项特色技术，142项专利授权和111项标准规范，具备了从设计到施工、从工具到工艺、从解释到评价的全产业链服务能力，满足了涪陵页岩气产能建设需要，页岩气工程技术实现国内领跑。其中，牵引器套管测井、油基钻井液体系、泵送桥塞与多级射孔联作技术等国产化技术的成功应用，在满足页岩气

勘探开发的同时，倒逼国外油服公司产品和技术服务价格下浮40%以上。

表1 "7个系列重大突破"技术列表

	技术体系进步	突破内容
1	油基钻井液体系；复杂三维水平井轨道设计体系；胶乳韧性水泥浆体系	钻井过程增速提效突破
2	泵送桥塞技术体系；多级射孔联作技术体系	水平井分段压裂技术突破
3	"井工厂"钻井及压裂技术体系	施工模式以及施工效率突破
4	牵引器技术体系	长水平段水平井测井技术突破
5	连续油管技术体系	相关技术以及应用规模突破
6	清洁钻井技术体系、岩屑处理技术体系、放喷测试技术体系	页岩气环保开放突破
7	定录导一体化技术体系；页岩气储层评价技术体系	工程与地质一体化技术突破

除此之外，其他重点环节成本也有所下降，钻头单耗由最高的187.76元/米降到目前的80.91元/米，降幅56.9%；泥浆单耗由最高的298.42元/米降到目前的263.65元/米，降幅11.65%；运输费由高峰期的3.5亿元/年下降约2亿元/年；修理费由高峰期的1.3亿元/年下降约1亿元/年。江汉工程公司在涪陵国家级页岩气示范区建设中通过核心技术国产化，实现了涪陵页岩气项目的低成本运行。

（三）探索了页岩气国家示范项目工程建设的运营模式

江汉工程公司全面探索并应用了井工厂管理模式，以高效的组织运行、科学的管理方式，优化资源配置，降低了管理和施工运营成本，提高了施工效率，实现页岩气勘探开发重大突破和安全绿色开采。同时，探索了开放式科研模式。把政府、院校、企业科研机构与现场应用融为一体，发挥科研团队、技术团队和现场施工团队的联合优势，攻克了阻碍页岩气钻井、压裂和试气过程的核心瓶颈技术，获得了显著的效果，涪陵页岩气田成为国内同行学习的典范。探索了分级管理的组织模式，采取公司、项目部、示范办公室和示范基层单位的4个层级的一体化管理，统一标准、统一组织、统一评价、统一验收，实现了工程项目管理的标准化、流程化、规范化、制度化。

（成果创造人：杨国圣、吴洪奎、何开平、张国仿、魏大农、
张良万、张国强、游云武、廖　勇、崔云海、李　宏）

数字化条件下的航天产品跨企业工程协同研制应用

中国航天科工集团第四研究院

中国航天科工集团第四研究院（以下简称四院）隶属于中国航天科工集团有限公司，是固体运载火箭研制生产的主体与技术抓总单位，是我国国防科技工业的骨干力量。四院拥有总资产421亿元，在职员工1.8万人，成员单位32个。四院拥有1个国家级企业技术中心、12个省级企业技术中心、9个省部级重点实验室、3个院士工作站和3个博士后工作站，拥有专利2500余件，研制生产的多个装备先后参加国庆阅兵。近年来，四院本部及院属各单位先后获得过"全国文明单位""中央企业先进集体""全国五一劳动奖状"等荣誉称号。

一、数字化条件下的航天产品跨企业工程协同研制应用背景

（一）落实国家"互联网+先进制造业"战略举措的需要

制造业直接体现了一个国家的生产力水平，是区别发展中国家和发达国家的重要因素。中国要在新一轮技术革命和产业革命的大潮下找到新的经济增长点，塑造国际竞争新优势，重点在制造业，难点在制造业，出路也在制造业。国务院于2017年发布了《关于深化"互联网+先进制造业"发展工业互联网的指导意见》，要求以工业互联网为基石构建网络、平台、安全三大功能体系，推进制造强国和网络强国的建设。四院作为中国军工领域高端装备制造业的代表，需要不断深化和落实航天产品研发和制造能力的提升。

（二）落实集团"国际一流航天防务公司"目标，深化"三类制造"产业化发展的需要

航天产品的水平是衡量一个国家航天能力的核心标志，也是衡量国家高科技生产力水平高低的重要标志。中国航天科工集团公司作为中央直管的国有特大型高科技企业，肩负着"在推动自身制造业转型升级的同时促进推动我国制造业全面迈向中高端水平"的重要使命，要实现2020年前"初步建设国际一流航天防务公司"的阶段目标，必须围绕主营业务全面推进"智能制造、协同制造、云制造"的"三类制造"产业化发展。围绕科工集团公司战略发展总体思路和阶段目标，四院在"十三五"规划中明确了"成为国内一流航天研究院"的战略目标。航天防务作为四院重点产业，需要以"三创新"为抓手，充分利用数字化、网络化、智能化手段，创新传统研发生产模式，构建适应新时代具有航天科工特色的协作模型和流程，在管理创新方面大力推进智慧企业运行平台的建设与应用，打造覆盖各级单位的协同研发平台，推进高效协同设计、协同试验、协同制造、协同保障、协同管理的集成应用，推进各级单位的业务创新和信息资源的深度利用，增强企业适应能力，为"二次创业、转型升级"提供智慧支撑。

（三）落实重点领域新型配套体系构建，深化四院科研生产体系数字化转型的内在需要

四院的航天防务产品研发一直采用"国家队"的管理方式，形成一套完整的"小核心、大协作"研制体系，各研制配套单位遍布全国各地的各个行业，除总体和总装之外的所有配套单位均隶属不同行政建制。到"十二五"中期，四院各院属单位间已经实现了数字化条件下的协同研发和生产，统筹建设了联邦异构的全寿命周期技术状态管理平台和数据集成架构，实现了总体与分系统、分系统与单机、设计与设计、设计与制造间跨单位工程协同，内部协作效率取得了很大提升。随着国家和集团对航天产品研发能力、生产能力和产品质量要求的不断提升，如何通过集成架构将全寿命周期技术状态管理平台承载的工程和管理输出到院外承研承制单位，突破"院"的围墙，解决四院与主要配套单位间协同效率低、协同难度大等问题，进而打破"院"与"院"、"院"与单位间所形成的管理和技术"壁垒"，提高科研

生产管理水平和效率，构建新型高效的产品配套体系，已经成为四院在新时代下满足企业整体发展的迫切内在需求。

二、数字化条件下的航天产品跨企业工程协同研制应用内涵和主要做法

四院在推动国防科技工业高端装备制造业数字化转型的实践中，突破数字化技术状态管理和跨企业工程协同领域的诸多壁垒，打通跨企业联邦异构的企业集成架构技术通道，开创一条在不改变各承研承制单位原有研发制造平台的前提下，通过"管理＋IT"手段，牵引承研单位高效、集约数字化转型的新路子，通过协同研制管理思想在配套体系范围内的全面实施，带动科研生产体系实现数字化转型升级。在工作推进过程中，四院提出适用于航天产品"集团—院—厂所"三级组织架构下的数字化科研生产协同研制管理模型，确定数字化技术状态控制中关键价值活动、控制点与系统模型间的相互关联关系；建成航天三级组织架构下、基于原有研发制造平台的不同企业间全生命周期数字化协同研制技术状态管理的全级次、全过程在线透明、可控、精准支撑决策的机制；构建一套基于数据和流程驱动的企业、集团和行业三级数字化协同研制与技术状态管理标准；打造全生命周期技术状态管理数字化协同研制平台，通过数据、流程和模板实现多企业多平台的互融互通，推动数字化科研生产体系向协同化、集约化、智能化转型；自主研制具有自主知识产权的国产化工业软件（CPDM），固化跨企业全生命周期技术状态管理的流程、方法、工具，实现可快速复制、移植和可高效开发、定制。主要做法如下。

（一）构建航天产品三级组织架构下的数字化科研生产协同研制管理模型，明确数字化技术状态控制中的关键价值活动和控制点

1. 建立管理模型，重构航天产品数字化科研生产协同研制模式

航天产品参研单位多，分处在不同地域，在总体院的抓总下，各分系统院开展跨院协同研制。数字化条件下科研生产体系重构的重点是打造并行、协同的数字化研制模式。四院结合产品研制，构建以产品PBS＋BOM为核心的全生命周期跨企业协同管理模型，整体实现对产品生命周期中产品相关信息、过程和资源的一体化协同，形成打通全系统、全过程、企业间产品管理协同、信息协同和资源协同的管理模式，实现航天产品全生命周期的数字化协同管理。

2. 依托国家重点任务，细化数字化技术状态控制的关键活动和控制点

四院依托国家重点研制任务，将以工程数字样机为基础的数字化研制活动控制点落实到数字化研制过程之中。从工程研制过程的设计、生产、试验、综合保障等环节提出数字化工作要求、业务流程、工具及平台要求。明确数字化协同研制过程中各控制点中各方职责，破解机制问题；将数字化工作控制点纳入任务研制计划并实施项目监控，确保数字化研制工作进入研制流程；系统地明确各项数字化工作的任务和要求，统一数字化建模工具，统一系统间数据和流程接口要求，从而确保各项控制点工作按照要求落实。

（二）建立跨企业专项沟通、协调、决策机制和行动计划，支撑全生命周期数字化协同研制技术状态管理模式顺利落地

1. 建立跨企业专项沟通、协调、决策机制，突破企业间管理体制壁垒

为有效推进四院与各院数字化条件下的航天产品跨企业工程协同研制应用，建立跨企业专项沟通、协调、决策机制。四院作为国家重点任务抓总院，针对四院科研生产体系"两头在内，中间在外"的特点，专门成立跨院工程协同研制领导小组，明确一名院领导负责数字化跨院协同工作，领导小组包括科研生产、质量、标准化、保密和信息化等管理部门的领导，统筹协调跨企业工程研制工作整体推进。

在领导小组的统一领导下，根据配套协作关系，建立院与院之间的跨企业工程协同工作平台联合工作组。先后成立四院与六院跨院工程协同平台联合工作组、四院与二院跨院工程协同平台联合工作组、四院与一院跨院工程协同平台联合工作组，并发布红头文件。联合工作组组长由四院领导担任，副组长

由配套院领导担任，成员由两院的科研管理人员、信息化人员、设计师组成，联合工作组明确各成员在跨企业协同研制工作中的主要职责，呈扁平化的形态，负责处理跨企业工程协同工作推进过程中的管理、技术等问题，顺利突破企业间的自身管理体制壁垒，形成创新合力。

2. 制订专项推进计划，建立沟通协调机制

为确保跨企业工程协同研制应用的快速推进，针对各个跨企业工程协同平台，联合工作组制订详细的推进计划，计划明确到各单位各责任人，并纳入院级考核，同时给各厂所三级单位下发责任令，明确具体的工作项目、进度、交付和验收要求，确保整个项目过程中的进度可查、计划可控。跨企业工程协同平台联合工作组采用"周例会"制，每周面对面讨论计划完成情况、后续计划、目前存在的或需要协调的问题、前期问题解决情况，重点研究解决企业间科研体系、研发流程、工程管理要求、平台技术接口、标准规范协调统一等难点和瓶颈问题，联合工作组成员间直接沟通，确保及时传递信息、快速解决问题。

3. 明确国家重点任务工程应用要求，实现数字化技术状态管理的模式落地

为使基于数字化条件下的跨企业工程协同平台上线后在任务线全面应用，四院依托国家重点研制任务，制定《应用跨企业工程协同工作平台进行电子文件异地会签和收发工作管理办法》《关于应用跨院工程协同工作平台的通知》《关于应用跨院工程协同工作平台开展数据收发的通知》《关于扩展应用跨院工程协同工作平台的通知》等文件，明确应用的任务范围、协同的单位、业务事项、业务流程、相关人员职责及工程应用等要求，保证四院与其他院之间的跨企业工程协同应用顺利开展，有效支持不同企业间全生命周期数字化协同研制技术状态管理的全级次、全过程在线透明、可控，实现数字化技术状态管理模式在国家重点研制任务落地。

（三）建立统一标准规范，保障航天系统工程三级组织架构下"小核心，大协作"协同研制管理的精准落地和高效执行

1. 编制标准规范，形成标准体系

四院在推进跨企业工程协同研制应用过程中，高度重视数据模型和应用规范，牵头制定企业、集团和行业数字化协同研制与技术状态管理系列标准，先后编制并发布《航天产品数字化设计与制造》行业系列标准11项，发布《基于PLM的企业间产品协同研制集成通用模型规范》《基于PROE的航天产品三维设计》《航天产品数字化基础资源通用要求》等集团系列标准共21项，发布四院标准25项。从基础数据的定义、跨企业协同流程、系统集成接口等全方位对跨企业协同研制应用进行统一要求，规范跨企业工程协同研制业务过程，保证在国家重点研制任务过程中以统一的数据模型和应用规范开展数字化技术状态管理，形成跨企业工程协同研制标准体系。

2. 统一基础资源，实现资源共享

四院在推进跨企业工程协同研制应用过程中，以标准件、元器件和材料为代表的基础资源模型和数据为实现统一的数字化技术状态管理，在选用、采购、装机以及维修保障等研制环节中必须保证模型和数据的准确性和唯一性。研制任务抓总单位的基础资源数据与研制配套单位已有的基础资源数据矛盾与冲突的问题，是跨企业工程协同研制应用中遇到的难题。四院以满足工程抓总单位需求为原则，建立一套完整的工程协同基础资源库，建立满足工程要求的使用审批，在四院内实现基础资源库数据的统一。在此基础上，采用统一的数据标准接口建立跨企业数据转换机制，实现配套单位已有基础资源库数据的协同应用。

四院构建的集团级基础资源库，实现了全集团公司范围内的基础资源共享，目前涵盖标准件、元器件和材料模型数据8万余种，建立了集团公司基础资源库模型和数据的共享机制，实现了跨企业协同过程中基础资源模型和数据的准确和统一。

（四）打造协同研制平台，实现多企业多平台基于数据、流程和模板的互融互通

1. 建设跨企业协同研制技术状态管理平台，实现企业间联邦、异构系统集成应用

在四院承担的国家重点研制任务中，不同配套单位采用不同的系统架构、开发并使用相互独立的研发系统，如二院采用"院所"两级架构，一院和六院为一级架构，架构的差异使得跨企业协同研制环境的搭建变得异常艰难。四院搭建统一的跨企业协同平台，通过统一的企业服务总线（ESB）技术应用，形成以集团公司为核心的"集团－院－厂所"三级协同架构，既满足国家重点任务工程协同研制应用对数字化技术状态管控的要求，又满足国家对信息安全保密方面的要求，实现企业间联邦、异构的集成应用。

2. 统一集成接口，实现数据快速联通

从事四院研制任务的配套单位，在产品数据管理平台、设计工具方面采用的产品及版本各不相同，难以直接接入四院跨企业协同平台，需要点对点地开展大量的系统定制开发和集成工作，集成的周期、成本和技术风险难以控制。四院构建一套统一的数据交换和流程交换模型，开发统一集成接口，发布《基于PLM的企业间产品协同研制集成通用模型规范》等集团系列标准，使得各配套单位不同厂家、不同版本的产品数据管理平台与四院跨企业协同平台实现无缝集成，极大降低企业接入周期和难度，快速实现跨企业协同研制、协同应用。

3. 统一基于跨企业工程协同平台的协同研制业务流程

跨企业协同设计业务过程中，一般是总体通过下发研制技术要求给配套单位，各配套单位将设计成果交付给总体。总体和配套单位在开展协同设计时，在统一跨企业技术状态管理方法基础上，结合跨企业工程协同平台的数字化支撑，围绕航天产品的跨企业协同研制实际业务，构建五类适应跨企业工程协同平台的统一业务流程，并形成流程模板。

一是基于研制任务书的跨企业协同设计。总体与各配套单位基于跨企业工程协同平台在线开展研制任务书签审，总体设计师根据研制要求在PDM系统编写各类任务书，通过任务书明确分系统设计任务、设计成果、设计要求等，总体设计师完成相应的任务书编写后，直接在线提交给总体任务提出方、配套单位任务承制方进行会签，最后由总体院与配套单位进行签字。

二是基于技术文件的跨企业协同会签。产品研制过程中，任务总体与配套单位协同设计产生大量的技术文件。技术文件从编写到最终发布需要总体与分系统多次沟通确认，并通过会签业务流程进行有效的状态控制。基于跨企业工程协同平台，各类技术文件的会签直接在线开展，当流程到了会签环节，对方PDM系统自动收到会签任务，会签完成后，将意见直接返回给本单位PDM系统，这种会签模式具有规范化、标准化的特点，流程用时短、保密性好、成本低、信息可追溯。

三是基于技术文件的跨企业数据发放。在四院开展的国家重点研制任务中，总体单位将各类结构的任务书、技术要求、总装图及三维模型通过跨企业协同平台发放给各配套单位，各配套单位依据总体结构类设计输入，开展产品的详细设计、可制造性设计和装配制造。通过四院跨企业协同平台，使得电子数据直接呈现在设计师面前，并且能够对正式产品数据电子化发放与接收业务流程化、规范化，无须晒蓝，发放用时短、极大节省成本、提高效率。另外，数据重复利用率高，设计师方便查看。

四是基于骨架的跨企业协同设计。在总体和配套单位按照自顶向下的协同设计后，就可以基于跨企业工程协同平台开展跨企业全三维协同设计，其核心业务是总体用"骨架模型"替代"技术要求"下发配套单位。在确认三维骨架的过程中，总体与配套单位依托四院跨企业协同平台，基于同一套三维骨架模型开展工程协同设计，实现跨企业的MBD。

五是基于EBOM的跨企业协同设计与制造。总体在PDM系统构建EBOM，将三维产品制造信息与三维设计信息共同定义到产品EBOM及三维模型中，规范EBOM不同层次节点组成以及各产品节点

所包含的信息,包括产品基本属性、物料属性、三维模型、二维图样、技术文档等信息,并将这些信息通过 EBOM 有机组织起来,消除设计与制造之间的歧义,产品数据更具共享性。EBOM 构建完成并审批确认后,总体通过四院跨企业协同平台将 EBOM 直接下达给总装厂,开展工艺设计。基于 EBOM 的跨企业协同研制将基于二维表格的协同模式转变为基于可识别的 EBOM 结构化数据进行协同,改进协同方式,提高数据利用率,大幅缩短工艺准备时间,在结构产品总体与总装、电子产品设计与生产制造之间实现跨企业协同应用。

(五)研制具有自主知识产品的工业软件(CPDM),弥补产品全生命周期技术状态管理领域缺乏国产化软件的短板

1. 研制具有自主知识产品的工业软件(CPDM)

产品数据管理系统(PDM)承载了航天产品全生命周期数据管理的方法和成果,是工业软件的重器,也是世界各国关注的焦点。目前,高端产品和技术均由西方国家把握。国防科技工业绝大多数企业的数字化协同研制平台都是建立在这些进口 PDM 软件之上,一方面对国家安全不利,另一方面产品本身也面临水土不服的情况。四院按照系统工程全生命周期过程的独立自主研发模式,通过在复杂装备产品的工业软件领域进行广泛的实践,成功打造一套支撑云制造生态的具有自主可控的工业软件,即基于云架构的产品数据管理系统(CPDM),实现面向复杂产品研制、多层级的工程应用,弥补了行业内产品全生命周期技术状态管理领域缺乏国产化软件的短板。

2. 发挥四院全生命周期技术状态管理已有成果,通过平台化产品实现成果的快速复制和转移

CPDM 系统融合航天复杂产品管理方法和业务流程,将四院多年来任务全生命周期研制中总结的设计方法、技术状态管理方法、质量管控流程等做成最佳实践成果嵌入平台,通过平台化产品实现成果的快速复制和转移。系统具有企业级复杂产品的设计文件、三维模型和产品结构的关联可视化管理功能;支持符合国(军)标要求的文档管理、BOM 管理、流程管理、变更管理、基线管理等严格技术状态流程;能实现企业群的协同设计、基础资源共享、管理要求共享,形成复杂产品跨域、跨单位基于模型的协同研制管理平台。使企业和企业群能够站在高起点上实现快速高水平的应用,极大提高研发效率和质量管理水平。

三、数字化条件下的航天产品跨企业工程协同研制应用效果

(一)得到各配套院所的肯定,整体带动效果明显

四院与六院跨企业工程协同研制应用作为集团对六院的"点穴式"支持重要项目之一,通过项目带动,使得六院 41 所工程数字化单点应用上升到平台级协同应用,四院共提供给六院 7 套流程、20 余套技术文件模板、5 万余个标准件模型,协助 41 所梳理并调整组织架构和职责,解决了传统工程业务与数字化的不适应性,帮扶六院打通了 41 所与 359 厂设计与制造的数字化协同通道,实现基于三维的设计与制造协同。四院与六院工程协同研制应用效果得到了集团公司主要领导的充分肯定。二院工程数字化应用整体水平与四院相当,通过四院与二院跨企业工程协同研制应用项目的实施和相互交流,取长补短,促进了二院院内跨单位协同的工程应用、促进了元器件、标准件等基础资源库的建设、促进了二院 BOM 下厂、取消明细表等重大工程数字化变革。另外,通过四院与一院 8511 所跨企业工程协同研制应用项目实施,推动一院理顺了工程信息化架构,打通了 8511 所连入集团跨企业工程协同研制的通道,提供给 8511 所统一数据集成接口并进行培训,推动 8511 所 MBD 工程应用,减少了弯路。

(二)有效降低了协同研发成本,盈利水平持续增长

数字化条件下的航天产品跨企业工程协同研制应用成为集团首个跨企业协同成功案例,四院以抓总任务协同研制管理为背景开展实践,全面取消了跨企业纸质文件的流转,自 2015 年启动实施以来,实现了技术文件跨企业电子会签 30 万余次、三维模型跨企业电子会签 10 万余次,技术文件跨企业发放

20万余次、三维模型跨企业发放5万余次,跨企业技术资料发放时间由传统的几天缩短为几分钟,极大缩短任务研制周期,大幅提高任务研制效率,并提高了跨企业协同技术状态管理规范性,减少了设计差错,提高了设计制造质量,提高了四院工程抓总的管控能力,为四院创造了良好的管理效益,大幅降低了协同管理的成本,目前四院所有产品均纳入跨企业工程协同研发平台进行管理,四院销售收入保持20%的年均增长幅度,研发产品的数量年均增长20%,跨单位协同研发的差旅和人员成本年均降低30%,盈利水平持续增长,企业的竞争力不断增强。

(三)支撑集团跨企业工程协同应用,带动自主软件发展

四院将跨企业协同实施相关成果及经验"产品化",孵化出集团级协同研制支撑平台CPDM,CPDM作为集团公司CMSS(云制造支撑平台)中唯一、最关键的自主可控工业软件,形成集团跨企业工程协同应用的核心支撑,已实现行业内推广,目前已经在集团国密网、商密网分别推广应用,已覆盖一院、二院、三院、四院、六院、十院及航天汽车、航天精工等30余家单位,具备了有效支撑集团各军品、民品单位开展产品跨企业协同应用基础条件,对于引领和带动产品设计研发手段创新、推动航天产品整体研发效率提升、构建产品协同研制生态圈具有重要意义。CPDM完善丰富了跨企业工程协同技术架构和业务架构,并将架构和应用模式拓展复用到跨企业工程协同应用其他业务模块,集团级基础资源库的应用推动了以基础资源库为代表的集团公司集中管控战略的初始落地,促使集团公司坚定决心,将集团统一主数据真正落地应用。

(四)企业影响力进一步提升,行业地位持续引领

数字化条件下的航天产品跨企业工程协同研制应用已经在四院所有抓总任务全面应用,先后扩展到六院、二院、一院、十院等11家单位,产生了良好的社会效益,不断提升集团、四院在行业中的影响力。四院自2015年启动实施该项目以来,先后发布相关集团级以上标准30余项,包含PDM、协同设计、三维模型设计、基础资源等方面,已经成为航天行业MBD标准的主要起草单位。先后接待50余家单位来四院交流学习,有效带动了业界管理能力的提升,得到了上级领导和同行专家的一致认可和高度评价。

(成果创造人:刘 春、宗玮庚、杨 贺、史阿云、高 琦、李国栋、申得玉、彭海民、高 林、胡 博、赵英杰、张升波)

大型汽车集团军民融合研发体系的构建与实施

北京汽车研究总院有限公司

北京汽车研究总院有限公司（以下简称北汽研究总院）隶属于北汽集团（中国五大汽车集团之一），是北汽集团实现研发资源整合的关键抓手，是北京汽车自主研发事业的核心板块。北汽研究总院是国内研发实力最强、最专业的军车和越野车研发机构，其固定资产近4亿元。现有员工1300余名，主要负责商品企划、造型设计、试验验证、智能网联等业务板块和"北京"牌民用轻型越野车产品、军用轻型越野汽车研发工作，已成功研制军用、军选民用、警用、民用4大系列35款越野车产品，全面覆盖A级到C级、军品和民品、传统动力和混合动力的产品系列型谱。"北京"牌民用轻型越野汽车持续占据国内细分市场销量第一；北汽研制的军用轻型越野汽车是我军订购数量最大、应用范围最广的通用车辆装备。2017年，北汽越野汽车销售额达34亿元，同比增长72%，利润2.8亿元，同比增长87%。

一、大型汽车集团军民融合研发体系的构建与实施背景

（一）落实国家军民融合战略，同步高效研制军用和民用越野汽车的需要

党的十七大报告提出，建立和完善军民结合、寓军于民的武器装备科研生产体系，走出一条中国特色军民融合式发展路子。聚焦在汽车行业，创建军民融合研发体系是多渠道、深层次推进军民融合发展的具体落实，需要破除组织壁垒、打破体制坚冰，既要满足企业利益最大化的市场化运作要求，又要满足军队迫切需要的军用车辆机动性、生存性、可靠性等军事需求。如何将军用车辆研制融入民用汽车发展体系之中以同步高效研制军用和民用越野汽车，这对汽车企业研发体系提出新的课题与挑战。北汽研究总院担负着"越野世家、军工世家"的责任使命，以军用汽车研制任务为载体，带动一系列民用车型研发工作，构建适应当代军车研制新形势的军民融合研发体系，以实际行动践行国家军民融合伟大战略。

（二）破除双重研发流程困扰，提高研发效率的需要

在军车项目研制初期，北汽研究总院原有的民用车型研发流程《北汽整车开发流程》与军用车型研发流程《常规武器装备研制程序》并存，而两套体系的侧重点及适用范围不同，不能同时应用于同一个项目。民用车型研发流程强调工作效率，广泛应用同步工程，更注重时间和成本，适用于市场化的民车企业；军用车型研发流程强调时间节点的前后关系，强调各阶段任务按顺序完成的质量，用于指导纯军工企业军品研制。对于承担军车研制重任的民车企业而言，必须在遵循民用车型研发流程以满足时间和经济效益要求的同时，满足军用车型研制程序的质量要求，需要集两家之精要，创建军民融合的研发体系，以解决双重研发流程的困扰。

（三）推动军民高新技术双向转化，打造军民资源共享平台的需要

北汽集团有着近60年持续不断的军用车型历史，承担了我国第一和第二代轻型军用越野汽车研制工作，积累了丰富的经验、技术和资源。在民用汽车方面，进入21世纪以来，北汽集团通过收购瑞典萨博汽车知识产权、与国外奔驰和现代等先进汽车企业合作等措施，引进、消化、吸收国际先进技术与管理方法，形成了北汽自主品牌开发的创新能力和体系。但在过去的一段时间，军用车型研制和民用车型开发两套体系相对独立，甚至在人力、物力、财力方面形成了内部竞争关系，导致北汽内部研发资源得不到有效利用，甚至产生了浪费。建立军民资源共享平台，融合军用标准、民用标准和管理经验，大力发展军民通用技术，在人才、技术、资源等方面实现成果相互转化、管理深度融合，是实现企业内部

资源最大限度地有效利用的必然途径。

北汽研究总院自 2013 年起，以新一代军车研制任务为契机，创建民车企业参与军车研制的新型军民融合研发体系。

二、大型汽车集团军民融合研发体系的构建与实施内涵和主要做法

北汽研究总院以"军民融合"指导思想为引领，变革企业传统组织管理架构，搭建军企联合的强项目组织架构，构建新的军企联合工作机制，创建军民通用车族平台，实现高新技术和资源的互通共享，有机融合军民研发流程，重构各子流程时序，解决军民双重研发流程困扰，构建统一的知识管理系统，共享军民知识资产，保障研发体系高效运行，最终达到"以军促民、以民养军"的实施效果，实现军品研制任务和企业经济效益的统一。主要做法如下。

（一）明确军民融合研发体系构建的总体思路

北汽研究总院立足于多款军用和民用车型研发管理实践，从组织管理架构变革、军民通用车族平台创建、研发流程融合到知识管理系统构建四大方面顶层设计军民融合研发体系。在组织管理方面，突破军企之间、企业内部各单位之间的分工和组织框架，整合企业内部和军方人力、管理资源，建立军企联合管理架构，构建新的军企联合工作机制，从组织层面确保军民融合研发体系稳步推进。在技术与管理方面，北汽研究总院创建军民通用车族平台，大力发展军民通用技术，扎实推进军民融合研发体系的产品落地；融合军民研发流程，重新定义开发阶段和评审节点，重构子流程时序，创建科学有效的研发流程；构建统一的知识管理系统，全面总结、梳理、整合知识资产，共享军、民产品同平台智力资源，充分保证整车开发工作的高效执行。

（二）变革组织架构，构建新的军企联合工作机制

1. 搭建军车强项目组织架构，提升决策速度和质量

在北汽集团传统民用车型研发过程中，集团总部主要负责投资决策、财务审批和项目整体把控，基本不干预具体研发工作，也无法调动整个集团的优势资源推动项目进展。军车研制项目是北汽集团"军令状"项目，必须凝聚全集团之力确保按期高质量完成。在此情形下，北汽集团突破传统组织形式，打破原有的职能界限和任务划分，变革组织架构，在军方指导下，对军方及北汽集团各单位进行权利定位、职责划分，从根本上构建更强有力的管理组织架构——军车强项目组织架构。在新的组织架构中，北汽集团全价值链上的责任部门负责领导决策、管理控制及具体业务的执行，军方单位负责项目全过程的质量管理并参与项目的立项审查、阶段性评审和验收等工作。

军车强项目组织架构在集团层面成立以集团党委书记兼董事长为组长的领导组，与军方代表共同统筹决策军用、军选民用、警用等车型的规划和开发工作，共同商讨军民通用关键技术及民用车型项目的资源配置等重大问题。

军车强项目组织架构打破集团传统的组织架构，全面整合北汽内部各单位人力资源，在领导组下设立研发组和制造组，成立以总设计师、总工艺师、总经济师和总质量师为核心的"四总师"系统，形成研制攻关的合力。具体地，研发组工作由北汽研究总院承担，设立项目办公室，负责项目总体组织实施、项目内外协调、军方专业问题沟通对接。北汽研究总院第一负责人担任总设计师，全面负责研发总体方案的审批、推进指导产品规划、研发、采购等工作；总经济师负责项目研制预算的报批和执行控制，负责财务、成本控制等工作；总质量师负责项目质量工作的审批，负责质量、标准化等工作。制造组工作由越野车生产基地承担，任命总工艺师负责工艺总体方案审批，负责生产、工艺等工作。

经协商军方同意，设立与企业平行的军方机构，成立以驻北京地区军代室总军代表为组长的监督组，将军代表监督职能纳入研制管理架构中。军代表全过程监督、评审军用、军选民用等项目研制过程，参与军民通用关键技术的评审。

通过上述措施，构建军企联合的强项目管理架构，保证军车及军选民系列车型项目开发业务的完整闭环和落地实施。

2. 构建新的军企联合工作机制，扎实推进军民融合落地

在军车强项目管理架构下，明确军企各单位的工作职责，创建军企联合的工作决策机制。该工作机制以研制过程为核心，将军方总部机关、研制机关、试验基地、论证单位、二级定委和一级定委等军方单位纳入军用车型研制开发过程中。各军方单位的职责包括批准、审查、下达、参与、上报等活动。在军企协商下，建立每周一次的军企联席会制度，企业各级管理人员和军代表均参加，共同决策军车及相关车型研发、制造、销售及售后等问题。军用车型相关重要问题军方拥有一票否决权，军民融合一般性问题军企协商，单纯的民用问题由北汽集团内部控制，不纳入该机制管理。由此，以军用车型研制任务为中心，以军选民用、警用车型和军民通用技术开发为纽带，以民用车型研制为补充，军方各单位与北汽集团实现联动，工作时序明确，构建军企协同、职责清晰、执行顺畅、监督有力的军企联合工作机制，从研发体系管理结构上实现军民融合的落地。

军企联合强项目管理架构和决策机制立足项目管理的制高点，以全局视角把控所有车型研发项目动态，其单一目标垂直组织方式能够加快决策的速度，有利于工作重心落实到基层，同时保持通畅的信息上升渠道，确保整车研制项目的成功实施。该管理架构和决策机制已应用于企业内军用、军选民用等各车型，纵横调度集团内外所有优势资源，确保军民车型成功研制。

（三）创建军民通用车族平台，双向转化军民技术

1. 创建军民通用车族平台，共享技术与售后服务资源

北汽军车项目研发团队对标国际先进的大众汽车平台，全面地将平台化开发战略应用到军用车型，创建全新的军民通用车族平台。灵活运用军民通用关键技术（发动机、变速箱、车身及通信设备等关键零部件总成），研发团队设计开发出军用、军选民、警用及民用四大系列越野汽车车族，含五门硬顶、三门硬顶、软篷、检阅车、防弹车和防护车等35款细分车型以满足军方多样化改装需求和民用市场个性化需求。军民通用车族平台成功整合产品系列，横向拓展丰富北汽越野车产品车型型谱，加快新车型推出的速度，提高产品竞争力。

通过军民通用车族平台的平台化研发、模块化设计、同步投产，军民车型间零部件通用化率达80%以上，实现总成部件军民兼容、通用互换，共享售后服务及备件保障网络，为实现军用车辆的社会化保障提供坚实的基础。军民通用车族平台完美兼顾军民客户需求的同时，促使整车研制、生产及售后成本降低约30%，大大提升企业经济效益。

2. 双向转化研发技术，提升研发能力

大力发展军民通用技术是落实"军民融合"的重要抓手。作为型号研制单位，北汽研究总院通过对军用车型战术战略性能需求和军用标准的解读与分析，结合民用车型对高品质驾乘感受的要求和先进的整车开发技术，提出"军民技术双向转化"的工作思路，积极推进高新技术成果产业化。

在民用车型技术引入到军用车型研制方面，将民用车型研发中创新的"面向设计的计算机辅助工程协同优化驱动技术"应用于军用车型研制过程，对军用车型各个关键零部件展开碰撞、平顺性、结构耐久等性能的全工况、多维度验算，确认最终的详细工程设计方案，降低物理样机试验的可靠耐久性风险，节约研制成本，缩短开发周期。

在军用先进性能指标引入到民用车型方面，军用车辆需满足部队在中国全区域、全路况、全天候的使用要求，试验考核标准严格。在路况考核最严酷的试验场——陆军装备部汽车试验场开展可靠性试验考核，整车需满足-41℃的冷启动要求、青藏高原高海拔地区的动力加速性能要求等。在实现军用车型诸多严格性能要求的过程中，项目研发团队将相关零部件开发技术应用到民用车型中，使得民用车型达

到军用性能指标，以军工品质吸引消费者，客观上促成民用车型被部队选为军选民用型号。

在军民通用技术方面，针对车辆平顺性设计标准，由于民用车型仅在B、C级路面进行相关试验，军用标准着重于长期在越野路（D级或更坏路面）上行驶的情况，项目研发团队将民用车型加权加速度和军用车型平均吸收功率、垂向加速度峰值指标加权组合，创建越野汽车复杂路况综合平顺性评价方法，能够同时满足军用和民用越野汽车多路况平顺性优化评价和设计要求，实现整车设计开发技术的创新。

（四）融合军民研发流程，兼顾效率质量成本

对于军用车型研制过程，按照《常规武器装备研制程序》规定，包括5大阶段，即论证阶段、方案阶段、工程研制阶段、设计定型和生产定型阶段。整个研制过程设置7大评审节点。为保证军用车型的研制质量，节点评审施行阶段归零制管理方式，即每个阶段的工作严格按照规定程序要求完成后，方可转入下一阶段，即军用车型采用严格的串行控制管理程序。

对于北汽集团民用车型的开发过程，按照企业原有的《北汽整车开发流程》，划分为6大阶段，即产品立项、概念开发、设计开发、试制试验及认证、生产准备、量产与投产等。整个研制过程设置8个项目阀点，以Gn（Gateway Number）表示，n为从8到1倒序排列的自然数。民用车型开发过程在遵循造型开发、工程开发、试制、试验及生产等关键活动自然顺序的同时，兼顾项目工作效率，大量应用并行工程指导产品开发工作。通过合理交叉和并行作业，如造型与工程开发同步推进、试制及试验工作重叠、设计和制造过程一体化等，充分利用上、下游部门信息交流，运用产品数据管理系统集成产品信息和过程，借助计算机辅助分析及虚拟制造技术等实现产品提前验证，以实现加速新产品开发的战略目标。

为破除军民双重研发流程对军用车型研制带来的困扰，北汽研究总院将军用车型研制程序与民用车型开发流程有机结合，既遵循军用车型研制程序的串行控制方式、阶段归零制要求，又按照民用车型开发标准细化产品开发过程，重构设计开发子流程时序，创建多节点控制的军民融合整车开发管理流程，即《北汽越野汽车军用车辆开发流程》。主要工作如下。

1. 重新定义研制阶段和评审节点，推动整车快速产业化

针对整车研制阶段，研发团队依据军品开发控制程序要求，并考虑到军用车型研发阶段中生产定型阶段的主要任务为部队试用，而对企业而言更重视该阶段的制造能力、工艺能力和供应商的批量供货能力，因此调整生产定型阶段为试生产阶段。军民融合研发流程共设计5大阶段，即论证阶段、方案阶段、工程研制阶段、设计定型及试生产阶段。针对评审节点，采用军方节点评审与企业阀点评审兼顾的原则，共设置11个评审节点，并以G4阀点（设计定型及产品/工艺验证）为切分点，G4之前以军用车型的评审节点为主，G3/G2/G1为企业主导的试生产阶段。试生产工作由北汽越野汽车生产基地承担。

2. 分级管理评审节点，提高节点评审通过率

根据军用车型项目性质和军方管理人员参与程度，定义评审节点在研发阶段中的重要度，建立军民融合的评审方式，即在保证军方评审节点的前提下，科学地设置调研、论证、试生产等企业内部节点，军方评审和企业内部评审节点合理交叉。同时，对评审节点进行分级管理，提高重点评审节点的辨识度，一般节点以▲标识，重要节点以◆标识，特别重要节点以★标识。节点分级管理体系重视军方评审节点和评审活动，定义G9、G8、G7、G6、G5、G4、G2为重要评审点。详细定义评审活动，描述整车及系统方案、设计开发、项目计划、图样和技术文件、首件鉴定、试验大纲、首制车评审、首批军用车型交装等具体开发活动，保证一次性通过军用车型研制所有评审节点。

3. 践行"动态管理"理念,确保项目整体目标

在固化的整车研发流程阶段划分、节点设置的同时,项目研发团队系统地运用"动态管理"理念,根据项目进展,调整项目时间节点、工作内容,将整车研制目标化整为零、各个突破,最大极限地挖掘项目资源潜力,确保项目整体目标实现。尤其是在军用车型样车试制及试验阶段,军方监督的初样车、正样车的试制和试验过程串行开展,与此同时,企业内部运用"并行"工程指导思想,同步开展工程样车试制、试验,同步进行设计方案验证和改进方案验证,快速验证专项问题,在有限时间内快速、高质量解决质量问题,最终顺利通过初样车、正样车验证,保证项目如期取得重大阶段性成果。

军民融合整车开发管理流程实现控制质量的串行管理方式与缩短开发周期的并行管理方式的合理配合,创建军品投产阶段阀点控制程序,填补设计定型后制造管理流程的空白,解决军用车型开发流程聚焦产品开发本身而对项目需求、市场售后、生产制造等协同过程关注不多的问题。在该开发管理流程指导下,北汽集团承担的"勇士"军车改进型、BJ80阅兵车等项目"质效兼顾",均获得成功;在产品质量方面,"勇士"军车改进型基地试验平均故障间隔里程超出军方指标要求5倍之多,可靠性水平超过美军新一代军用车型;在研制周期方面,"勇士"军车改进型仅用两年时间就完成从研制任务下达到设计定型的研制全过程,而国内同类项目这一周期至少是5年。应国内其他民参军汽车企业及军方研制机关要求,北汽多次分享军民融合整车开发管理流程的经验,其示范意义重大。

(五)构建统一的知识管理系统,共享军民知识资产

1. 创建军民融合交付物管理体系,形成全业务链的知识系统

从设计研发、生产制造、销售到售后的整车全业务链交付物管理中,北汽研究院总院项目团队解析军用车型研制国军标,结合企业开发流程及项目需要,开展大规模军民车型评审文件梳理工作,集中统一管理研发及制造阶段交付物、售后质量问题整改、军方使用维修保障等文件,形成军民融合研制体系5大阶段11个评审节点的交付物文件349项,并定义交付物间的逻辑关系和交付顺序,制定交付物质量、时间、责任人标准,形成全生命周期、全业务链的闭环管理的交付物管理体系。

在交付物管理体系搭建过程中,北汽研究总院聚合军民车型交付物体系优势、互为借鉴;借鉴军用车型研制"双归零"、行业专家评审、首件鉴定等管理经验,补充完善企业内民用车型项目开发的交付物体系;军方评审交付物体系也借鉴民用车型开发体系的先进经验,如清晰的责任分工、详细的交付标准和完备的交付清单,基于全业务链的强项目组织机构,明确军用车型项目交付物的责任单位并落实到人。

通过创建各阶段交付文件签署、标识技术要求、交付标准和制作规范,形成以技术文件体系、图纸交付体系及实物交付体系为核心的军民融合交付物管理体系,遵循技术文件的自然形成规律,保持文件体系的有机联系。按照国军标装订要求对产品文件分类组卷装订,引导产品技术文件从文件管理向档案管理转变的新趋势,有力支撑项目研制、评审等过程管理,其完备性、规范性和标准性得到业界评审专家一致好评。

2. 搭建军民融合项目管理知识库,储备企业知识资产

通过对军用车型研制过程全面系统的总结分析,项目研发团队归纳提炼300余项典型管理案例,并以国际先进的专业项目管理知识为框架,分析归纳为项目整合管理、项目范围管理、项目时间管理、项目成本管理、项目质量管理、项目人力资源管理、项目沟通管理、项目风险管理和项目采购管理9大知识领域,搭建北汽集团独有的项目管理经验知识库,实现军民车型项目管理理论与开发实践的高度融合。

基于军用车型研制过程对实物质量尤为重视的特点,项目质量管理领域成为军民融合项目管理知识库的重点工作、特色工作。北汽研究总院总结整车开发质量改进过程,融合军方"双五归零""三不放

过"等要求和民品开发PDCA循环、团队导向问题解决方法等管理方法，建立质量改进"七步法"（问题提出、原因分析、制定措施、措施实施、效果验证、问题关闭、经验总结）管理模式，对质量问题实施闭环管控，保证质量风险可控，特别是经验总结环节，获得军方有关单位的认可，评价其为北汽集团"作风务实、工作扎实"的具体体现；整车试验施行"车长责任制"，专车专人、专人专职，促使整个试验团队高效、有序完成各项试验工作，是军用车型项目试验的新思路、新方法；在零部件质量管理方面，为加强首件鉴定工作，采取开发部门、质量部门、采购部门等"六方会签"的方式，确保首件鉴定记录的完整性和可追溯性，全面保证初样车、正样车零部件质量。

三、大型汽车集团军民融合研发体系的构建与实施效果

（一）形成了一套完整的军民融合研发体系，提升了企业自主研发实力

北汽研究总院深度贯彻落实国家"军民融合"发展战略，通过变革传统组织架构、搭建军民通用车族平台、融合军民研发流程、构建军民统一的知识管理系统等一系列做法，形成了一套完整的军民融合研发体系。5年来，该研发体系运作良好，提升了北汽研究总院乃至整个北汽集团的自主研发实力，增强了企业参与军品项目研制的竞争力。完整的军民融合研发管理体系促使军民车型技术创新成果相互转移渗透，形成了完整齐全的军民通用开发标准体系。截至2017年年底，北汽研究总院共修订完善军民融合开发标准1090项，积累国军标1370余份，国标、行标和先进国际标准共计3万余份，是国内汽车行业中数量最多、种类最齐全的军车开发标准体系；构建了北汽集团内首个军车知识储备体系，基于军车项目已授权专利1138项，其中发明专利44项，已发表论文65篇，核心期刊论文40篇。

（二）高质量保障了军队需求，国际声誉显著提升

北汽研制的军用车辆已广泛编配我军各级部队，在历次重大军事行动、抢险救援、反恐维稳等活动中起到了重要作用，是我军车辆装备的骨干型号。2017年，北汽研究总院光荣承担了检阅车项目研制任务，仅用6个月的时间就高质量完成从方案论证到最终交付的全过程。"阅兵车项目"是军民融合研发体系创新成果的最佳实践。北汽研制的军用车型已列装联合国维和部队，装备中国海军吉布提海外补给基地，担任赤道几内亚阅兵车，出口到中东、非洲、东南亚等地区的多个国家，成功迈出国门，走向世界，对我国军事实力提升和国际形象塑造做出了突出贡献。

（三）研发成果大量涌现，经济效益显著提高

在军民融合研发体系的指引下，北汽研究总院的管理水平和研发实力显著提升，车型项目科技成果获得行业内高度认可，民用和军用轻型越野汽车分别荣获"中国汽车工业科学技术进步奖"一等奖，实现了国内汽车行业历史上首次两连冠。5年来，北汽越野汽车销量大幅提升，经济效益日益凸显。2014—2017年，北汽集团越野汽车销售额由3亿元增至34亿元，年度利润由0.2亿元增至2.8亿元，为北汽集团"中国越野汽车第一品牌"建设奠定了坚实的基础。

（成果创造人：徐和谊、王　璋、张夕勇、张　健、张建勇、王　磊、李凌日、邴　建、丛培清、丁祖学、田志远、谷利军）

以核心技术为引领的大型液化天然气接收站工程自主建设管理

中海石油气电集团有限责任公司

中海石油气电集团有限责任公司（以下简称气电集团）是中国海洋石油集团有限公司（以下简称中国海油）下属全资子公司，是目前国内领先的液化天然气（LNG）供应商，统一经营和管理中国海油气、电相关业务，主要包括LNG接收站、天然气发电、天然气管道管网、天然气贸易、加注五大板块。国内业务分布在20个省、市、自治区，国际LNG资源来源遍及20多个国家和地区。截至2017年，气电集团资产总额1489亿元，营业收入739亿元，员工6530人。曾荣获2013年度世界LNG行业杰出贡献奖、2017年度世界LNG行业技术创新奖。

一、以核心技术为引领的大型液化天然气接收站工程自主建设管理背景

（一）保障国家天然气快速增长与稳定供应的迫切需求

近年来，我国天然气在一次能源中的比重持续提升，但还远不能满足天然气在我国能源消费结构中的占比要求，尤其在冬季采暖期全国用气量急剧攀升，多地天然气供应出现缺口。严重的"气荒"已然暴露出目前我国天然气储运设施建设的短板。大型LNG接收站具备储能库容大、调峰能力强的优势，能够大幅提高我国天然气的供气、调峰与应急能力。因此，积极建设LNG接收站，多元化进口海外天然气资源，维持大量稳定的LNG进口量，是保障我国天然气长期平稳供应的迫切需要。

（二）国内LNG行业创立工程总承包自主品牌的现实需要

我国液化天然气行业长期缺乏一支完全自主的工程总承包队伍，一直被迫选择国外工程公司实施工程总承包。国外公司利用已有成熟的商业模式与垄断技术，一方面从中国市场获取可观的经济利益，另一方面却对中国实施严格的技术限制，在实际工程设计、建设中对核心技术提供"黑箱"服务。为尽快适应势头强劲的市场需求，掌握LNG接收站建设的自主权，提升核心竞争力，气电集团必须抓住机遇，创立出一支国字号LNG工程总承包队伍，并确保这支队伍能满足我国自主建设LNG接收站的需求，全面发展气电集团"一站式"的LNG工程自主服务能力，从而打破国外技术垄断。

（三）完善自主建设LNG接收站所需资源与能力的必然要求

建设LNG接收站的完全自主性体现在"五个自主"，即自主设计、自主采办、自主建造、自主管理、自主运维。气电集团通过自主技术创新与研发，已形成多项全球领先的LNG接收站、大型LNG全容储罐专利技术；同时，气电集团通过管理已投产的9个LNG接收站，已在LNG接收站的管理和运维方面积累了丰富且宝贵的经验。整体来看，气电集团在设计、管理、运维三方面已初步具备提供工程服务的能力，但在工程采办和工程建造两方面尚未成熟，需寻找合适的国内潜在合作伙伴，建立拥有较高技术水平和运维管理能力的联合团队，实现优势互补、强强联合，完善自主建设LNG接收站所需的资源与能力，为实现LNG接收站的自主建设和管理提供坚强保障。

二、以核心技术为引领的大型液化天然气接收站工程自主建设管理内涵和主要做法

气电集团以"实现大型液化天然气接收站的自主建设"为目标，在自主研发并全面实现工程转化的"LNG接收站核心技术"的引领下，遵循中国海油整体发展战略，坚持平等共赢的原则，在中国海油下属公司中选择与在采办和工程建设管理上经验丰富的海洋石油工程股份有限公司（以下简称海油工程），在工程设计、开车服务上业绩丰富的中海石油炼化有限责任公司（以下简称炼化公司）进行合作，建成一支集核心技术、设计、工程总承包管理、开车、运营维护于一体的LNG工程建设综合团队，充分聚

合"海油工程体系化工程建设管理能力"及"炼化公司模式化设计采办能力",构建以自主核心技术为支撑的大型液化天然气接收站工程自主建设管理模式,创立了我国完全自主的 LNG 工程建设总承包队伍,最终实现 LNG 接收站的自主建设和管理。主要做法如下。

(一) 自主研发核心技术,突破接收站建设和管理的技术瓶颈

1. 明确自主技术的引领作用,以自主研发和科技创新为根本,创立品牌技术

2008 年,气电集团抽调骨干力量成立 LNG 接收站核心技术攻关团队,以"核心技术自主创新与工程转化提升"为指导思路,开展相关研究,致力于攻破 LNG 产业链关键技术并实现工程化应用。

气电集团通过构建"产—销—研—用"一体化攻关模式,立足市场,建立以专家委员会为决策层,以其技术研发中心为研发层,以职能部门为管理层,以下属 LNG 接收站一线为成果应用层,以与外部科研院所、高等院校相互支持为咨询层的五层科研研发模式。在"自主研发"与"学习引进—消化吸收—创新提升"两种创新研究模式下,以人员专业为基础,对团队进行分课题、分方向、分特长的差异化管理,通过各方向联合、采用专业的条与方向的块相结合的方式,围绕 LNG 行业各个发展方向展开攻关,对 LNG 接收站设计的重点、难点着重进行突破,逐步达到自主技术更优于国外技术、自主技术更适用于国内需求的目标。

2. 明确前沿技术的优越性,以技术升级为导向,不断保持自主技术的先进性和创新性

在全面掌握 LNG 接收站核心技术的基础上,气电集团一方面聚合全球 LNG 科技前沿技术,放眼未来,进一步调整技术发展方向。另一方面,利用行业先发与技术领先优势,主导 LNG 技术国家、行业、企业标准体系的制定与不断修订完善,实现先进 LNG 技术与设计理念的全行业普及、固化与提升。

3. 明确人才队伍的核心竞争力,以自主技术为驱动,带动工程技术和建设管理人才发展

气电集团逐级打造一支专业门类齐全、队伍梯队完整、攻坚能力突出的 LNG 接收站技术团队。以福建、天津、浙江、漳州等多个大型 LNG 接收站工程建设项目为孵化点,气电集团科研人员深入施工现场担任技术代表,并在项目建设过程中成长为各类人才,逐渐形成一套专业人才培养机制,建立起气电集团 LNG 工程技术和建设管理"人才队伍品牌",完全改变过去由国外技术垄断公司提供核心技术时,设计、施工和项目管理人员被动工作的状态。

通过工程设计审查和技术交流及与国际公司的同台竞标,气电集团不断与国际一流公司对标,人才队伍建设标准逐步与国际化接轨。通过聘请国际一流公司进行专业审查,开展深入的技术交流;进而在国际知名储罐承包商和工程公司同台竞标中互相学习。专业人才的技术能力和项目经验进一步丰富,并逐步形成国际视野。

(二) 工程建设和自主技术协同创新

1. 开展以自有技术为龙头的 LNG 接收站建设可行性研究

LNG 接收站核心技术在我国的工程化应用具有打破国际工程公司垄断、实现该技术领域自主化建设,并推动我国相关关键材料和设备国产化进程等多重意义。气电集团根据核心技术成果的自身特点,开展可行性研究。首先,对核心技术进行背靠背式的理论分析、试验测试和专家会审等,确保科研成果的正确与可靠。其次,根据 LNG 接收站技术条件和设计理念,以及工程化应用的前提条件,委派土建、结构、工艺、安全等相关专业技术人员对示范工程所在地——天津南疆港区进行实地踏勘,同时进行大量的地理条件、地质资料、水文特征等详细技术研究。最终,通过翔实研究和可行论证,获得 LNG 接收站自主建设可行性研究成果,确定中试工程目标。

2. 开展以独创技术为基石的中试工程研究

鉴于 LNG 接收站建设高技术和高投入的特点,气电集团采用基于核心设计技术和示范工程实际地

址条件的全模型数值模拟研究，对建设工况进行全过程模拟分析及地震条件分析，确定关键技术的中试效果。在分析研究中，开发使用以三维全模型和多点接触有限元计算技术、地震谱设计技术等多项行业内领先的全新技术成果。最终通过专家评审认证形式通过验证分析，确定最终测试结果。该环节为LNG接收站自主建设的工程化落地奠定了坚实基础。

3. 开展以核心技术为支撑的示范工程研究

基于可行性研究和中试工程研究成果，气电集团根据产业发展规划方案，开展LNG接收站建设的试点工程建设研究。气电集团为示范工程提供核心技术设计成果，在示范工程的施工图设计和工程建设实施过程中，与海油工程和炼化公司利用联合办公方式进行全程技术把关和信息反馈，同时派遣专业技术人员全程跟踪并指导各个环节的工程建设，提供全方位的技术支持。示范工程于2014年年底顺利完工，并成功完成了各方面指标的测试，经科研人员和运营维护人员的协调检测与分析，确定科研成果运营状态和各类参数指标等良好，最终完善提出示范工程接收站运行操作指南。

4. 开展以专有技术为动力的推广应用研究

气电集团LNG储罐及接收站核心技术成功开展示范工程建设，标志着彻底实现了该技术的国产化，打破了国际工程公司的技术垄断。在整个技术研发和提升历程中，极大地锻炼了气电集团技术研发队伍的专业技术水平和研发能力，同时对已掌握的核心技术进行了不断地深化和提升。在气电集团LNG产业发展中，全面实施LNG储罐及接收站核心技术的推广应用。

（三）建立优势资源共享的协调管理机制

1. 确立三方合作的总体原则

气电集团集结中国海油内部优势资源，开创以"气电集团LNG产业核心技术"为龙头，充分聚合"海油工程体系化的工程建设管理"及"炼化公司模式化的设计采办"LNG工程建设总承包协同管理模式。气电集团更专注于核心技术的开发和应用，海油工程和炼化公司更集中精力提升EPC工程总包能力。通过各自做专做精，博采众长，锻造一支设计、采办、施工队伍一体化的LNG接收站自主建设国字号兵团。

三方利益共享、风险共担。合作协议有效期初定为10年。在协议有效期内，三方须以一个整体共同承揽LNG接收站与储罐工程EPC项目。在协议有效期内承揽的项目，应按照协议约定开展工作直至项目竣工。

2. 构建分工协作的运作模式

气电集团、海油工程、炼化公司三方组成高层协调委员会，定期召开会议协调合作及项目重大事项。协调委员会由三方轮值主导，下设专项协调小组，主要负责项目执行过程中三方人员协调、界面协调等事务。

与业主签订项目合同时，以海油工程和炼化公司联合体作为合同主体，其中海油工程为牵头方。合作后第一个系统内试点工程以海油工程为管理主体，其他两方辅助；设计由气电集团研发中心和炼化公司石化工程联合负责；采办主要由海油工程LNG中心负责；施工由海油工程LNG中心主导，气电集团研发中心和炼化公司石化工程配合。对于系统外项目，遵循"谁牵头，谁主导，全体辅助"的原则。试点项目后的其他项目，其合作模式视试点工程的开展情况而定，可仍沿用试点工程模式，或三方重新商定。

3. 建立项目组织机构和运行机制

针对每个项目均设立相应项目组，以项目组为单元管理项目事宜。对于系统内项目，秉承"项目管理整体以海油工程为主，其他两方辅助；设计由气电集团和炼化公司联合负责；采办主要由海油工程负责；施工由海油工程负责，气电集团和炼化公司配合"原则。

项目实行项目经理负责制。由项目主导方（海油工程）指派一人担任项目经理。项目组织机构岗位由项目经理、项目副经理、技术总监、各部门岗位经理及专业工程师组成。项目组织机构中的每个职能部门设置1名正职经理和1~2名副职经理。项目经理及各部门负责人派出方要严格对照业主方及项目管理的人员资质要求，经过严选优选后推荐上岗。在项目前期筹备，项目主导方必须提前制订关键岗位人员的驻场计划，明确各岗位人员驻场时间。针对每个项目建立独立的项目预算控制及执行体系，遵循"谁主导，谁负责，全体共同监管"原则。

海油工程负责创建项目管理平台、项目采办平台和项目施工平台，气电集团和炼化公司创建项目设计平台，对三方透明、开放，并根据不同岗位层级设置和开放不同权限。三方对承揽项目的设计、采办、进度、费用、质量、安全、合同等信息均享有知情权，项目信息在内部公开、共享、互通。

由项目组各自负责相应项目的平台管理，将项目动态信息及时、准确、规范地在平台上进行传递，实现文件流转、上报、审批等操作的高效性与流程化。

4. 明确各方收益及风险

项目收益遵循"按分工进行比例分配，主导方获利比例最大"原则。项目风险遵循"按分工进行比例分配，主导方承担主要风险，其他方承担相应风险"原则。海油工程对项目质量、安全承担主体责任，气电集团、炼化公司承担相关责任。

（四）建立集成化共享"四平台"，实现管理体系的高速运转

1. 创建项目管理平台

由海油工程负责建设，实行各项目的线上管理。该平台以操作权限为依据，严格遵守项目组织机构与权限手册执行，既便于三方共享项目信息，同时也能加快工作效率，公开透明。项目建设过程中，发布项目管理权限手册，明确各项具体工作审批权限和责任人；通过建立重要程序及文件互审制度，保障项目文件的正确性和共享性；确立一套联络与协调程序，让项目组成员能明确各自的工作职责、保证项目组内部、项目组与外界能达到协调、统一的良好效果。

2. 搭建项目设计平台

依托气电集团和炼化公司现有设计管理平台，对项目设计文件进行线上管理。该平台为三方共享，可实现设计文件在线校审、实时存储、文件追踪、进度查询等功能。在整个项目实施过程中，项目成员可根据平台权限在项目设计平台中编制、上传、查阅和下载相关设计文件，文件的编制和使用由系统进行实时监控，使用人均可连续操作，并通过电子邮件等方式将新增文件或原文件变更等第一时间告知项目组其他成员。同时，该平台还可以直观反映设计进度及部分里程碑点完成情况，实现设计进度动态追踪，辅助项目决策。

3. 构建项目采办平台

由海油工程负责建设，实行各项目的线上管理。三方承揽项目可依托采办管理平台进行工程、物资、服务类招标采办。采办秉承公平、合理、合规的宗旨，有效控制招标采办质量，提升招标采办效率。该平台便于采办管理，项目组成员可依据权限划分，通过该平台了解采办相关信息和数据，有利于及时有效掌握项目招标采办进度，把控项目采办动态信息，实现采办数据有效共享。

4. 建设项目施工平台

由海油工程负责建设，实行各项目的线上管理。三方承揽项目可依托项目施工平台对施工进度、施工质量、施工费用和施工安全进行全面监控，实现施工方案审查、进驻人员管理和施工质量数据收集等。该平台便于施工管理，项目组成员可依据权限划分，通过该平台了解施工相关信息和数据，有利于有效掌握项目施工费用，把控施工动态信息，实现施工数据有效共享。同时，还可以直接反映施工进度及里程碑点完成情况，辅助项目决策。

通过构建共享平台协同管理，可实现LNG接收站建设在设计、采办、施工等方面的集成化管控，有利于实时监控项目各环节实施进度，提高工程项目全局建设的协调性和科学性；在公开透明的信息流转过程中，可集中释放中国海油内部优势资源和宝贵经验的价值，减少中间环节的信息缺失或重复，全方位提高工程建设总承包管理水平；同时，对项目"大数据"进行集中分析，结合施工工艺及操作流程严格把控，也可实现对安全隐患的提前预判，使项目建设更为智能化和流畅化，有利于项目的高效运转和实施。

（五）引入完整性管理，推进全过程标准化的技术保障体制

1. 引进完整性管理理念，实现闭环管理

该理念是对设备设施进行系统的、动态的、基于风险的全生命周期管理，通过管理优化和技术提升，确保设备设施经济可靠，实现管理目标和可持续发展。

2. 大力开展完整性管理建设，推进由核心技术引领的全过程管控

一是在施工图设计阶段，将批准的初设方案、原则固定下来，并进一步具体化，所有成品必须满足施工要求。尽量按照施工顺序出图，中间可视项目开展情况存在交叉，并着重关注土建专业桩基、钢结构、设备基础、土方开挖部分进度。在设备的技术要求和选型、材料及设备的验收、施工方案审查、施工质量控制、调试与验收、资料的汇编和移交方面，要尽量保持一致性和连贯性。二是在工程施工阶段，识别出LNG接收站设备设施在今后运行过程中可能发生的风险，并在工程建设阶段采取合适的风险消减措施，细化工程建设后续阶段及运营维护阶段的完整性要求及保障性措施。确保LNG接收站设备设施平面布置、设备布局等数据的准确性，对机械完工的设备设施进行准确性测量。三是在试运行阶段，重点关注设备设施防腐、地质灾害、运营等方面存在的问题，消除可能存在的安全隐患。四是建立工程建设阶段设备设施数据采集与分析的管理制度，明确相关部门、承包商的数据采集职责和要求，并设置专岗负责建立工程建设阶段设备设施数据的收集与更新、审核、管理和移交。五是及时向气电集团主管部门汇报进展和建设质量，在关键的方案审查和施工节点邀请气电集团主管部门介入，通过专家咨询和论证等方式提高工程建设质量。

3. 全面利用信息技术，搭建设计成果数字化交付系统

LNG工程建设项目具有设计单位多元、界面接口繁复、设计数据文档变更信息的移交复杂等特点，构建符合LNG工程项目特点的数字化交付体系，可实现将设计阶段的信息进行自动化收集和按规则过滤，并向业主端系统进行信息传递，最终将平台整体交付LNG业主使用，帮助业主实现数字化工厂基础平台的构建。

在工程设计阶段，利用数据发布及数据加载两种方式，将设计过程中的工程数据集成化。集成化设计平台对数据统一进行管理，实现工程信息跨专业、跨部门共享和传递，数据之间具备有效关联，既节省进行数据整理及验证的大量时间，又确保数据的准确性与完整性，达到实现数字化移交的基础。

数字化交付阶段，根据数字化移交规范、时间要求，完成数字化移交准备。结合数据集成优势，通过数字化移交平台新增的移交工作包功能，加载所有需要交付的三维模型、工程图纸文档、工程数据等信息，平台根据配置自动完成数据过滤及转换，数据以文件的形式导出，实现无缝、快捷、低成本的移交。

4. 大力推动中国LNG产业标准体系建设

一是对国际规范进行解读、吸收和提升。气电集团成立专项研究小组，先对国际已有的LNG储罐标准进行广泛调研和比选。对国际上通用的储罐设计规范进行充分理解与解读。选择适合我国国情的标准规范，建立我国LNG产业标准体系框架，进而直接采标或修改采标，编制适合我国国情的国家标准。

二是参与制定国内LNG行业标准。截至目前，气电集团已作为第一起草单位，制定《现场组装立

式圆筒平底钢质液化天然气储罐的设计与建造》等国家标准7项、《液化天然气接收站陆域形成和土建系统指南》等行业标准12项、《液化天然气工程验收规程》《液化天然气项目可行性研究报告编制要求》等企业标准18项，正在开展《液化天然气接收站接收能力核定方法》《LNG接收站标准体系研究》等相关标准制定，参与20余项国家标准、行业标准制修订项目。

此外，气电集团组织开展已发布标准宣贯、标准化基础知识培训，着力对以往经验进行总结和沉淀，重点开展设计、采办、施工标准化管理，进一步巩固和凝练LNG接收站技术核心理念，推动中国LNG产业快速成长。

三、以核心技术为引领的大型液化天然气接收站工程自主建设管理效果

（一）构建了LNG工程多项关键自主技术品牌体系，为自主建设LNG接收站提供技术支撑

气电集团自主研发成功了"CGDSim"等多项LNG工程关键技术自主品牌，成了国内全面掌握储罐设计及建造技术的拥有者，承担完成省部级和集团级科研项目40多项，填补了国内LNG领域内多项技术空白，打破国外技术垄断，全面实现关键技术的自主化发展和产业引领。

（二）大幅降低了LNG工程的建设成本，实现了中国LNG接收站工程建设水平持续提升，拉动了LNG产业增值能力

基于气电集团自主核心技术，中国海油LNG工程总承包队伍从无到有、做大做强，促进了国内LNG接收站工程的建设水平得以不断提高。通过自主建设LNG接收站或LNG储罐，降低了建设成本，在整体节省EPC费用的同时将EPC总包的利润留在了中国海油内部。同时，人工方面的降本增效也很明显。通过自主技术的工程化应用，气电集团培养和锻炼了一批科研素质强的LNG产业人才，实现了人才的自我培养、自我增值与自我服务。

（三）创建了大型液化天然气接收站工程自主建设管理的新模式

气电集团联合海油工程和炼化公司组成的LNG建设运营队伍，在我国LNG产业工程化探索与应用中不断锤炼并成熟，在国内外市场竞争中位居前列，不仅动态实现了自主核心技术、工程实践和生产运营过程中的交互性提升与创新发展，还强力带动了人才、技术、工程和产业的循环发展与相互促进，实现了自主核心技术价值、采办服务与施工服务"1+1+1＞3"的效益转化。该管理模式可在我国LNG产业或同类新兴朝阳产业相关技术领域内予以借鉴或推广应用。

（四）推动了中国LNG装备的国产化与制造业，培育了中国LNG产业群体，不断增加市场份额，取得显著经济效益

中国海油自行承揽LNG工程项目、彻底突破国外承包商的技术壁垒后，气电集团在国内寻求具有优秀制造能力的制造商，通过共同合作开展LNG工程采办国产化可行性研究，在中国海油内部实现了关键材料及设备的国产化。目前LNG储罐材料、设备国产化率高达90％。在此过程中，气电集团为国内制造商确定、规范材料性能指标，推进LNG材料的国产化建造技术水平，带动了一大批优秀国内制造商的发展，促进LNG延伸产业链上下游环节的有效整合与升级发展。目前，这支由三家联合的工程总承包队伍已经开始承揽中国海油的多个接收站项目。LNG工程建设资源的成功整合，有力地保障了中国海油在LNG板块快速布点、抢占市场和储备基础设施建设跟进速度，从技术上保障了中国海油在LNG产业的抗风险能力和健康发展，大幅增强了中国海油在LNG行业的核心竞争力。依照"自发生长－内部培育－国内成熟－国际领先"的4个阶段发展方针，这支队伍也已经在中国海油外部乃至国际上初步彰显出实力与活力。

（成果创造人：王中安、邱健勇、单彤文、韦宝成、李德强、毕晓星、张　超、扬　帆、陈锐莹、段品佳、黄　欢、姜夏雪）

大型电力变压器研发管理体系的建设与应用

保定天威保变电气股份有限公司

保定天威保变电气股份有限公司（以下简称保变电气）始建于1958年，是中国兵器装备集团有限公司控股企业，A股上市公司，注册资本15.35亿元。保变电气是中国知名的输变电设备专业制造企业，产品出口至美国、加拿大、法国等40多个国家和地区，在国内外变压器行业占有重要地位。2017年，保变电气实现营业收入43.6亿元，资产总额达到90.9亿元，拥有职工6682人，已成为中国变压器类产品品种齐全、企业规模较大的输变电产业基地。

一、大型电力变压器研发管理体系的建设与应用背景

（一）提升国家电力装备制造业创新能力的需要

目前，在特高压电力变压器研发设计领域，虽然经过引进技术的消化吸收再创新，已有部分企业掌握了特高压关键核心技术，但是受订单式产品研发模式的影响，产品设计研发整体水平仍然处于经验设计阶段，缺乏高效率、高质量的产品研发信息化平台支撑，对设计领域共性关键技术研发力度明显不足，在协同研发设计方面存在较大的差距。因此，在持续完善大型电力变压器研发管理体系建设的基础上，打造信息化、集成化、系统化的研发设计平台，加强特高压电力变压器产品关键共性技术攻关，推广应用以绿色、智能、协同为特征的先进设计技术，有助于提升特高压电力变压器整体性能水平，符合提升国家电力装备制造业创新能力的需求。

（二）贯彻和落实兵装集团领先发展战略的需要

为推进建成世界一流军民结合型企业集团，兵装集团提出实施领先发展战略。作为兵装集团输变电产业的主体企业，保变电气致力于特高压电力变压器产品研发设计，取得了一定的成绩，但是面对日益激烈的市场竞争形势，如何平衡设计研发进度、质量、成本三者之间的关系，已经成为未来一段时间保变电气需要重点攻关的课题。围绕兵装集团领先发展战略，保变电气只有持续加强产品设计制造周期管理，不断提升产品综合性能，稳步降低产品成本，才能产生更多的综合效益，满足企业高速发展需求。而推进产品研发管理体系建设，加强研发设计系统应用，已经成为保变电气实现长远、持续、有序发展，贯彻落实兵装集团领先发展战略的必然选择。

（三）打造世界知名品牌和国内一流企业的需要

作为中国最大的输变电设备专业制造企业之一，保变电气树立了"打造国内一流，国际知名输变电产业集团"的企业愿景。为此，保变电气必须持续加强品牌建设，大力实施品牌提升战略，打造具有较高知名度的自主创新品牌，这需要可靠的产品和尖端的技术作为有力支撑，要有质量稳定、性价比高的产品，要能够掌握和运用核心技术，这些都需要高效、完善的研发管理体系和集成化的技术信息化平台系统提供支持和保障。

二、大型电力变压器研发管理体系的建设与应用内涵和主要做法

保变电气为提升核心竞争力，打造自主创新品牌，提高产品技术水平，促进企业健康持续发展和产业转型升级，开展大型电力变压器研发管理体系建设与研发设计系统应用实践，面向市场信息、客户需求、合同要求及工程建设要求，以"安全可靠、节能环保、绿色智能"研发理念为指导思想，以"515"核心技术体系为研发方向，以电气设计、结构标准化设计、试验与模拟仿真、产品数据管理等技术信息化平台系统为手段支撑，持续推进流程优化、设计规范化、产品标准化的研发体系建设，打造高质量、

高性能、低损耗的特高压电力变压器产品。主要做法如下。

(一) 凝练研发理念，明确研发管理体系建设原则

1. 凝练"安全可靠、节能环保、绿色智能"研发理念

保变电气紧密围绕电力变压器市场发展方向和技术发展趋势，凝练出"安全可靠、节能环保、绿色智能"的研发理念，作为产品和技术研发的指导思想。其中，"安全可靠"主要体现在稳定的产品质量和技术性能水平方面，确保产品长期稳定运行，为电网安全提供保障，产品设计规范、制作精良、外形美观、性能先进，具备防泄漏、防燃防爆等特点；"节能环保"主要体现在高电压、大容量的产品技术参数方面，有效降低产品损耗及对环境的影响水平，提高能源利用效率，产品具备低损耗、低噪声等特点；"绿色智能"主要体现在新材料应用及产品智能化、小型化方面，加强绿色新型材料在产品中的应用，实现产品节材降耗，推进产品智能化水平和智能制造水平，产品具备小型化、高效率、智能化等特点。

2. 明确大型电力变压器研发管理体系建设原则

保变电气大型电力变压器研发管理体系建设坚持以下 3 个原则。一是导向性原则。研发管理体系应以市场为导向，在研发流程中始终关注客户需求，以市场信息、客户需求、合同要求及工程建设要求为输入，以提升客户满意度为目标，合理配置各类资源，建立面向价值创造的研发管理体系。二是适合性原则。研发管理体系的设计，要适合自己的业务模式、人员能力、资源规模和技术实力。三是协同性原则。研发管理体系建设涉及市场、技术、工艺、试验等各类要素，需要建立跨部门协作的组织结构，通过矩阵式的组织模式，实现跨部门协作的研发管理过程，因此，集成化的研发管理体系建设需要建立并行的研发流程，其核心就是系统和关联。

(二) 强化顶层设计，加强研发管理体系组织保障

1. 设立公司层级科技创新领导组织机构

保变电气成立以董事长为组长，以总经理、副总经理为副组长，以各公司总经理、总工程师为成员的科技创新工作领导小组，抓总保变电气科技创新工作的组织领导、统筹策划与协调、政策制度研究与制定、评价考核等工作。

2. 完善"一院三部""四横四纵"组织保障体系

保变电气建立行政单位、项目研发相结合的"一院三部""四横四纵"的产品技术研发组织架构。在项目研发过程中，充分贯彻团队协作的理念，以项目研发内容和类型为基准，组建以某一技术部门研发人员为主、其他技术部门研发人员为辅，以市场、质量、财务、法务等人员为协助的研发团队，充分发挥相关技术部门研发人员的优势，推进研发项目有序开展。

(三) 持续完善"515"核心技术体系

1. 梳理确定"515"核心技术体系

保变电气组织开展核心技术体系梳理工作，将输变电产业技术按照变压器结构、材料组部件、电磁热力声研究领域，构建"515"核心技术体系。"515"核心技术体系中，第一个"5"是指绕组、铁心、器身绝缘、油箱、变压器总成 5 大领域，"1"是指材料组部件技术领域，第二个"5"是指"电、磁、热、力、声"5 大技术领域。通过对变压器结构、材料组部件以及电磁热力声的详细划分，"515"核心技术体系涵盖关键技术 69 项、研究方向 143 项，涉及主要研究内容 345 项，涵盖变压器产品 95% 以上的关键核心技术，为保变电气集智攻关指明了方向，可以为企业加强技术攻关、持续提升技术水平提供重要参考。

为了解对核心技术的掌握程度，保变电气对 345 项主要研究内容按照 0~10 分进行技术成熟度划分，0 分代表完全没有掌握该项技术，10 分代表在现有条件下已完全掌握该项技术。通过技术成熟度划

分，保变电气进一步明确了自身掌握的核心技术水平，指明了未来的技术攻关方向。

2. 建立核心技术体系持续优化改进机制

一是将"515"核心技术体系与科研立项攻关紧密结合。将"515"核心技术体系中每一项主要研究内容进行统一编号，各相关部门在申报年度科研项目时，需要明确科研项目研究内容与核心技术体系中对应的主要研究内容编号，对于技术成熟度相对较低的科研项目给予重点关注和支持，对于技术成熟度较高的科研项目不予立项研究，避免浪费科研资源。

二是"515"核心技术体系定期更新完善机制。每年年底完成年度科研项目后，保变电气组织专家对科研项目完成情况进行评估验收，同时对"515"核心技术体系中相应的主要研究内容技术成熟度进行更新后，在公司范围内予以发布，作为下一年度科研项目立项的参考依据。

（四）持续完善"四位一体"的产品技术研发体系

保变电气提炼并形成"四位一体"的产品技术研发体系，包括设计开发体系、工艺制造体系、试验验证体系、基础研究体系，四体系相互支撑、相互促进，形成产品技术研发的内在动力。

1. 推进设计开发体系建设

设计开发体系主要解决大型电力变压器产品设计开发"做什么"和"怎么做"的问题，形成产品设计研发过程的步骤性指导，通过《设计开发控制程序》等制度进行规范化和程式化，确保产品设计开发高效率、高质量完成，满足客户需求和预期。为确保设计开发的产品满足订货合同和相关标准的要求，设计开发体系以技术准备计划、合同和技术协议、国家、行业、以及企业标准、以往设计开发信息为输入，通过策划、沟通、实施、评审、改进、验证、确认等一系列活动，输出电磁计算单、设计图样、技术说明、安装使用说明书、关键材料通知单、组件设计委托单、出厂技术文件等内容。

在策划阶段，分为公司级策划和部门级策划。对于重大新产品开发设计，需组织公司级策划；对于常规产品及导变产品设计，需组织部门级策划。在沟通阶段，包括进度、采购、制造、交付、安装、调试等环节的沟通活动，明确各环节的沟通管理职责部门，形成完整的活动记录。在实施阶段，包括电气设计、结构设计等内容。在评审阶段，目的在于评价设计和开发各阶段成果满足要求的能力，识别设计开发中的问题或不足并采取适当措施，分为公司级评审和部门级评审。在改进阶段，对设计开发评审中出现的问题进行改进，明确设计开发改进对产品组成部分和已交付产品的影响等内容。在验证阶段，确保设计开发输出满足设计开发输入要求，包括电气设计验证和结构设计验证。在确认阶段，分为常规产品确认和重大产品确认。

2. 推进工艺制造体系建设

工艺制造体系主要解决大型电力变压器产品工艺制造"做什么"和"怎么做"的问题，形成产品工艺制造过程的指导，通过《工艺控制程序》等制度进行规范化和程式化，确保产品制造精良、性能优异，满足客户需求和预期。工艺制造体系包括工艺技术研究、工艺审查、过程审核、工艺标准、辅料定额、工艺装备、工艺文件七大模块，对工艺制造体系形成有效支撑。

在工艺技术研究方面，指根据产品中关键零部件的要求、产品工艺方案中提出的工艺技术课题、引进的国内外先进工艺技术以及生产中存在的关键技术问题和重大质量问题，确立工艺技术研究项目并组织实施。在工艺审查管理方面，包括现有技术水平和设备条件能否满足设计要求；设计图纸是否有良好的加工工艺性和经济合理性；加工工序和工艺路线是否可行，是否存在优化空间等内容。及时调整工艺路线，以确保实现产品质量。在过程审核管理方面，包括对关键过程和特殊过程的工艺审核，是对工艺过程能力的鉴定、确认和再确认，最终形成 PDCA 闭环管理。在辅料定额管理方面，针对生产过程中产品上所需的辅助材料进行实行定额管理，降低材料消耗，在新工艺、新技术、新材料的应用或产品设计和工艺变更时，及时修订完善辅料定额，最大限度地提高材料利用率。在工艺装备管理方面，根据公司发展规划、工艺进步、设备使用及需求、生产任务量等情况，对工艺装备进行定期梳理和市场调研，并开展工艺装备验证、试运行与鉴定工作，确保工艺装备结构合理、经济适宜、安全可靠，满足各项工艺要求。在工艺文件管理方面，包括工艺方案、产品试制工艺总结、指导性工艺文件等。在工艺标准管理方面，主要是指加强对国家标准、行业标准及企业标准的知识管理，不断完善公司工艺标准化体系。

3. 推进试验验证体系建设

试验验证体系主要解决大型电力变压器产品试验验证"做什么"和"怎么做"的问题，对产品试验验证内容进行规范，通过《产品检验和试验程序》等制度予以明确，确保产品安全可靠。试验验证体系包括检测管理、试验管理及试验技术研究三大模块，涵盖首件检验、中间检验、完工检验、最终检验、半成品试验、成品试验、损耗试验技术研究、绝缘试验技术研究、温升试验技术研究以及其他试验技术研究等内容。

在检验管理中，大型电力变压器产品检验实行"首件检验""中间检验"（工序检）、"完工检验"（成品检验）及"最终检验"，执行"三检"制，即自检、互检、专检。在试验管理中，主要包括半成品试验和成品试验，其中半成品试验包括"铁心半成品试验""绝缘装配试验""引线装配试验"等，试验合格后，方可转入下道工序；成品试验是依据国家标准、行业标准及企业标准，进行的产品例行试验、型式试验、特殊试验。在试验技术研究中，主要包括损耗试验、绝缘试验、温升试验等技术研究，推进保变电气试验验证技术水平持续提升。

4. 推进基础研究体系建设

基础研究体系主要解决产品共性技术"做什么"和"怎么做"的问题，形成基础技术研发过程的步骤性指导，规范基础技术研究管理流程，通过《科研项目管理制度》《成果鉴定管理制度》等予以明确，确保基础技术研究对产品研发形成有效支撑。基础研究体系面向产品研发和生产一线遇到的基础共性问题、工程应用中的共性技术问题及外部基础科研合同和研发部门技术问题，通过一系列基础研究活动，产出基础研究成果，为产品研发解决共性技术问题。基础研究项目实施"项目负责人"制度，明确项目负责人，团队人员由设计、工艺、试验、研发、采购、质量、财务、审计等相关人员组成，确保各项工作有序、合规开展。项目负责人拥有技术路线、团队人员构成的决策权，在项目研发经费预算内拥有财务审批权，在获得项目奖励时拥有奖金分配权。

在项目申请阶段，根据公司技术发展方向和自身技术短板，对急需解决且自身无法独立承担完成的基础研究项目，由申请人员填报《课题提案表》，结合"515"核心技术体系中亟待解决的问题，由技术管理部门研究确定《立项指南》，向企业内部和外部科研院校发布并进行课题立项征集工作。在项目立项阶段，经专家评审，确定拟立项的基础研究项目，由项目负责人填报《立项报告》，并与公司签订《科研合同》，列入公司《科研计划》进行管理。在项目实施阶段，保变电气实施基础科研项目季度和年中监控管理机制，由项目负责人填报《季度进展报告》和《年中进展报告》，技术管理部门组织专家进行评审，确保基础研究项目中途"不偏向""不晚点"。在项目验收阶段，每年年初，组织开展上一年度基础研究项目结题验收工作，由项目负责人填报《结题报告》，技术管理部门组织专家进行评审，并形成《验收意见》。在成果鉴定阶段，对完成验收的基础研究项目，保变电气根据项目负责人申请，组织专家对项目技术成果进行鉴定，出具《鉴定证书》，确定项目成果水平，并在公司内部进行推广和交流。

5. 推进产品技术研发体系联动机制建设

推进设计开发、工艺制造、试验验证和基础研究各体系联动机制建设，形成产品研发管理内在动力。确保设计开发体系输入面向市场需求和客户要求，通过设计开发水平的提升，带动工艺水平、试验验证水平的提高，同时针对工艺制造、试验验证过程中出现的难点、重点问题，促进设计开发的持续优化。在基础研究过程中，由设计研发和生产一线提出技术需求和委托，推进基础研究与设计开发紧密结合，对基础研究形成反馈，同时基础研究成果促进设计开发的精细化，提升产品性能和质量。四体系各司其职又紧密结合，形成相互支撑、相互促进的联动机制。

（五）持续完善技术信息化平台系统

1. 推进电气设计子平台建设

与大型变压器优化设计、波过程计算、结构件热点计算、绕组温升计算、变压器耐受短路能力计算等电气计算及优化分析软件集成，实现不同电压等级、容量等级的分析、计算模式，并纳入 Windchill 技术资源管理系统进行统一归档和管理，对计算与分析结果完成审批审签过程以数据归档方式进行系统性保存，并将其计算后的结构数据及设计文件自动分发至结构标准化设计子平台，提供必要的数据分析功能，其归档的数据与结构设计及相关文件进行关联并统一管理，积累专家知识与经验并建立知识库，提高设计质量和效率，实现技术资源共享和流程化管理。目前，电气设计子平台已在 220kV 及以上电压等级的典型产品中进行了实际应用，设计精度有效提升，有力保障了产品性能和质量。

2. 推进结构标准化设计子平台建设

与电气设计子平台集成，同时集成快速结构设计软件、结构分析软件，接收电气设计相关信息，建立参数化驱动的智能引导界面，实现参数传递智能化，实现产品结构参数化设计和三维化快速设计，分类型建立产品的标准化驱动模型及典型产品结构模型数据库，实现结构分析数据共享，并对三维设计及结构分析结果数据完成审批过程，最终结果进行归档，提升产品设计效率和质量。依托结构标准化设计子平台，保变电气的设计效率和质量显著提升。

3. 推进试验与模拟仿真子平台建设

整合公司原有试验与模拟仿真技术资源，新增一维宽频段磁性能测量系统、磁滞伸缩测量系统等仪器设备和分析软件 21 台（套），并组建完成磁性材料实验室、环境可靠性实验室、电磁兼容及传感器校验实验室、模拟仿真实验室 4 个实验室，以及电磁试验区、热力试验区、电力电子试验区、高压设备故障模拟试验区 4 个试验区，面向工程实际和生产一线，深入开展应用基础性技术、共性技术、试验技术和仿真技术研究，为公司产业发展提供技术支撑。借助试验与模拟仿真子平台，保变电气针对研发和生产一线遇到的实际问题，组织开展电磁分析、温升计算、振动与噪声仿真研究等基础共性研究项目 30 余项，为产品优化设计和全价值链降本增效提供了技术支撑。

4. 推进产品数据管理子平台建设

与电气设计子平台、结构标准化设计子平台集成，同时引入工艺 BOM 概念，建立与结构标准化设计子平台相对独立的工艺会签管理系统，完成会签计划、工艺会签、工艺改版、辅材管理等工作；在底图管理中，完成图纸的管理及向生产管理部门的轻量化图纸自动分发工作，在此基础上实现组部件材料、工时成本等核算，实现产品技术数据全寿命周期的有效管理。

5. 推进"一中心四基地"协同创新研发模式

依托技术信息化平台系统建设，搭建异地协同的研发环境，通过保定研发中心的 Windchill 技术资源管理系统与研制基地的 TRS 技术资源管理系统集成，充分发挥技术资源管理系统的协同创新优势，实现图纸、明细、文档等设计研发结果数据在研发中心和各研制基地之间双向的自动同步传递和手工按需传递，根据数据类型构建传递规则，实现传递内容的合规控制，推进技术研发资源的多方共享。

不断完善以保定为研发中心，以保定本部、秦皇岛、合肥、印度阿特兰塔为研制基地的协同创新模式。研发中心和研制基地在设计研发活动中各有侧重。通过集成化的研发设计系统，将"一中心四基地"的设计研发紧密结合，形成以研发中心为主体、以研制基地为支撑的协同创新研发模式。

（六）持续完善产品研发流程规范化和标准化

保变电气以集成管理体系建设为契机，将大型电力变压器研发过程中的通用流程和工序，以规章制度、公司标准等形式进行固化，形成《设计开发控制程序》《工艺控制程序》《生产过程控制程序》《产品检验和试验程序》《科研项目管理制度》《成果鉴定管理制度》等 10 余项公司制度，以及《设计手册》《工艺守则》等 10 余项企业标准，并根据公司实际情况进行持续改进，形成规范化、标准化的研发流程。

三、大型电力变压器研发管理体系的建设与应用效果

（一）优化了变压器产品综合性能，提升了产品核心竞争实力

保变电气通过大型电力变压器研发管理体系建设与系统应用，围绕"515"核心技术体系，持续加强关键技术攻关，强化数字化、信息化对产品研发设计的推动和支撑作用，变压器产品性能水平得到了显著提升，在保障了产品安全可靠性的同时，实现了自主研发产品的快速、优化设计，大大缩短了设计研发周期，减少了人员成本费用，提升了保变电气产品核心竞争实力。以 220kV 典型变压器单台产品为例，产品设计周期由原来的 22 天缩减到 13 天，设计周期缩减 40.91%，研发人员由 22 人减少到 12 人，减少 45.45%，单台产品人员成本费用减少约 3.3 万元；通过产品优化设计，单台综合技术效益提升约 8%，同时减少了人为因素干扰，设计差错率显著降低，实现了产品质量性能和研发效率的同步提升。

（二）建立了流程化产品研发体系，提升了企业自主创新能力

通过产品研发管理体系建设，建立了一整套适合于大型电力变压器生产制造企业的产品研发制度体系，同时将研发过程中的通用流程和工序固化，形成了规范化、流程化的企业标准和规章制度，构建了可参考、可复制、具有知识传承特性的研发管理机制。通过在产品研发过程中全面应用研发管理体系及系统平台，提升了产品精细化设计水平，设计开发结果实现了最优化，推进保变电气系统地掌握了大型电力变压器的核心技术，促进了研发管理水平和研发能力持续提升。保变电气自主创新能力显著提升。

（三）提升了公司品牌形象，助力打造世界知名企业

产品研发管理体系及技术信息化平台系统的全面建设与应用，助力保变电气自主研制成功昌吉－古泉±1100kV 直流输电工程用特高压换流变压器、"双百万"特高压现场组装式电力变压器、超大容量 10GW 直流输电线路扎鲁特－青州、上海庙－临沂工程换流变压器等代表世界先进水平的大型电力变压器，为国家重大工程建设提供了装备和技术支撑，显著增强了保变电气核心竞争力，为实施自主品牌提升战略奠定了坚实基础。同时，保变电气不断拓展海外市场。在印度阿特兰卡建立了变压器研制基地，对外输出产品、技术与管理；参与印尼、越南等国家电源和电站项目、远距离直流输电项目的设计和建设；与英国国网签署框架协议，获得订单，进入英国市场；研制成功出口欧盟的"国际热核聚变实验堆计划"法国核变电站用 300MVA/400kV 三相三绕组有载调压电力变压器，被业内专家誉为"制造精良、达到国际领先水平的精品高端变压器"，该电站全部主变压器完全由保变电气独家提供。保变电气自主创新产品取得的显著业绩，有力地促进了公司技术与研发理念的传播与推广，为保变电气实现"立足产业报国，铸就世界品牌"的价值观，为提升中国自主创新品牌形象做出了积极贡献。

（成果创造人：彭广勇、索　超、赵志伟、马明元、王　函、王月英、王东杰、张　炼）

民用航空发动机复杂构件自主研制能力建设

中国航空制造技术研究院

中国航空制造技术研究院（以下简称航空工业制造院）是隶属于中国航空工业集团公司、专门从事航空与国防先进制造技术研究与高端装备开发的综合性研究机构，于2016年8月整合成立，以航空625所为院本部，下设2家科研院所和1家上市公司。主要承担航空材料、制造工艺、专用装备等基础、应用和工程转化研究工作，为我国新型飞机、发动机研制、航空工厂和航天、电子、兵器、船舶等国防工业其他领域提供了大量先进制造技术和工艺装备。航空工业制造院拥有1个国家级重点实验室、1个国家级创新中心、1个国家级国际联合研发中心、6个航空科技重点实验室、4个北京市重点实验室/中心、4个行业中心。现有员工5000余人，其中科研技术人员1800余名。2017年实现营业收入53.3亿元、利润1.65亿元。

一、民用航空发动机复杂构件自主研制能力建设背景

（一）民用大涵道比航空发动机重点型号研制的迫切需要

航空发动机被称为飞机的"心脏"、现代工业"皇冠上的明珠"，因其技术复杂性和战略重要性位列"十三五"国家重大科技专项之首。民用大涵道比涡扇航空发动机是大型客机的动力装置，其技术难度大、经济价值高（单台价格超过千万美元），是一个国家综合工业实力的象征。目前，世界上仅有英国、美国、俄罗斯三个国家掌握民用大涵道比涡扇航空发动机设计制造技术。CJ－1000A发动机是我国民用大型飞机C919的唯一国产配套发动机，也是我国首次研制民用大涵道比涡扇航空发动机，由中国航发上海商用航空发动机有限责任公司（以下简称中国航发商发）负责总体设计和装配试验。作为发动机中尺寸最大的转动件，风扇叶片是CJ－1000A发动机高气动效率、低耗油率和低噪声等先进指标的主要支撑。2011年发动机设计之初，中国航发商发就对钛合金空心结构风扇叶片提出了明确需求，并将其列为CJ－1000A发动机验证机研制的十大关键技术之首，委托航空工业制造院承担叶片制造技术研究和试制任务。

（二）落实专业发展规划、拓展新业务的需求

航空工业制造院是我国唯一专门从事航空先进制造技术研究的单位，几十年来，为我国各航空重点型号的研发和生产提供了重要的技术保障，同时形成了一大批具有航空特色、国内领先、国际先进的技术专业。进入21世纪以来，伴随着国家综合实力的增强和对航空工业的重视和投入，我国航空制造技术水平快速提高，支撑航空重点型号产品实现了从仿制、改型到自主创新研制的跨越发展。航空工业的快速发展也给制造院带来了前所未有的挑战，一方面激烈的市场竞争和不断提高的技术指标使得新型航空产品对更复杂、更高性能结构的制造技术需求愈加迫切；另一方面，随着型号产品的更新换代，传统技术专业发展和业务经营遇到了天花板。面对新挑战，航空工业制造院从未来航空产品的制造技术需求出发，研究制定了各专业中长期发展规划，确定了一批有潜力的重点项目，形成了"传统专业创新开拓、优势技术集成应用"的新发展思路。其中，作为国际上先进军、民用航空发动机的关键复杂构件，钛合金空心风扇叶片被列为制造院发展规划的重点项目。

（三）复杂构件自主研制面临诸多挑战

钛合金空心风扇叶片结构复杂、服役工况恶劣、技术指标要求高，其制造技术是金属成形、数控加工、表面处理、焊接、特种检测等的集成应用，质量特性涉及质量质心、内部结构完整性、壁厚、外形

精度、高周疲劳性能、抗外物冲击性能等数十项，因此，对制造工艺中每道工序的质量控制和设备能力均有严格要求。国际上只有英国和美国完全掌握其制造技术并严密封锁，国内无相关研制经验。航空工业制造院承担钛合金空心风扇叶片研制任务之初，在制造工艺、设备能力、人才队伍等方面基础条件薄弱，要求航空工业制造院必须突破传统研制管理模式，在有限的时间内建立形成钛合金空心风扇叶片的自主研制能力。

二、民用航空发动机复杂构件自主研制能力建设内涵和主要做法

为解决我国钛合金空心风扇叶片自主研制能力建设的问题，航空工业制造院运用成熟度、系统工程、项目管理、智能制造等理论与工具，从总体规划、技术攻关、条件建设、协同研发、质量管理、团队建设6个方面入手，解决项目组织及研制保障、研发支撑技术体系及关键软件、硬件条件、设计制造协同与组织、基于过程的全面质量精细控制、人才队伍选聘、培训与激励等一系列关键问题，实现了构件如期研制成功的目标。主要做法如下。

（一）完善组织体系，形成研制能力建设总思路

1. 成立专题项目组，明确人员责任分工

针对钛合金空心风扇叶片研制的复杂性，在明确研制任务后，航空工业制造院召开专题项目启动会，成立了以时任主管领导李志强副所长为项目负责人、主管副总师技术负责，包含结构力学、材料学、塑性成形、机械加工、表面加工、检测测试、项目管理、质量管理等多专业人员的矩阵式项目团队，明确了项目成员的职责分工，确立了周例会制度。项目组成员按照同一个计划（年度计划及日计划）、同一张结构（制造要素层次分解结构）开展工作，不断细化技术、建设条件、稳定质量；随着研制深入，队伍不断成长，保证了项目研制工作的持续推进和深入。

2. 确定项目研制总体规划，明确人、财、物优先保障原则

将技术成熟度（TRL）和制造成熟度（MRL）理论与新型复杂构件研制基础实际和目标要求相结合，评估得到空心风扇叶片研制初期与目标的成熟度水平及短板要素，建立了空心风扇叶片成熟度提升计划（含各成熟度要素的提升计划）；对应成熟度提升计划，制定了空心风扇叶片研制总体规划及分年度研制目标，成为研制工作实施的指南，并依据实际情况每年对正更新。

依据总体规划，在技术能力发展方面形成了"验证工艺可行性—打通工艺路线—攻关控性控形—形性全面达标"的提升方案；在研制条件建设方面，对标国际先进水平，与技术发展同步定义设备关键指标，确立了"优先解决关键—逐步辐射完善—全面能力提升"的建设方案。

为保障总体规划的有效推进实施，经讨论、细化，编制了钛合金空心风扇叶片研制保障需求论证报告，对各研制阶段的特点、任务量、配套条件及资源要求等进行了深入分析，从人、财、物3个方面提出了项目政策需求。论证报告经院务会审议通过，下发相关部门，为项目工作推进提供了有力保障。

3. 分解建立项目年度详细工作计划，并滚动更新

依据项目年度计划，面向多维度工作交叉的客观要求，从全制造要素出发，采用层次分解方法，制订了各年度的研发、制造、试验和资源保障详细计划，并建立起结构化、制度化的项目工作计划管理模式，贯穿在项目长期规划、年度策划、过程执行的全过程，保证了项目研制工作的全面性和高效协同要求。

每年由项目主管牵头，各专业技术负责人参与，以叶片实物研制为主线，依据年度计划和研发、制造流程，从设备、物资、技术、质量多角度进行项目推进所需条件的梳理，全面考虑关键原材料采购、急需设备条件论证建设、工艺设计与准备、技术攻关验证、质量要求实现等多维度工作，并与主线节点相协调，形成Project项目详细计划。年度详细计划经项目负责人批准后，下发各专业研究室和相关职能部门，作为项目年度工作执行和进一步分解的依据，并通过项目组周例会、月总结的方式监督计划落

实,确保年度目标实现;在年底总结会上就年度完成情况进行对正说明,并更新后续工作计划。

(二) 建立技术研发体系,快速提升研发能力

1. 以工艺流程为主线,形成制造要素层次分解结构

针对复杂构件工艺流程长、制造要素多、快速研发中多专业高效协同困难的问题,以工艺流程(横向)和要素类别(纵向)为主线,建立空心风扇叶片制造要素层次分解结构,实现了制造要素的有序组织。

2. 识别、建立复杂构件研发支撑技术体系,形成技术开发清单

依据空心风扇叶片的结构特点、设计要求、研制流程及其制造要素的关联关系,对比制造院原有的专业技术基础,项目组群策群力,识别并建立了空心风扇叶片研发支撑技术体系,包括工艺设计、工装设计、工艺加工、工艺验证共4个大项、46条支撑技术。采用风险分析的方法,从成熟度、开发难度和影响程度3个维度对全部支撑技术进行开发风险综合评估,获得技术开发风险排序,排序清单中的先后次序作为技术开发的优先顺序。实际执行中,随着构件研制的深入,设计要求和技术认识深度进一步细化、更新,项目组针对每一版设计构型都再次进行研发支撑技术体系的识别和建立,并重新评估各项技术开发优先级。

3. 应用先进计算机辅助技术手段,提高关键支撑技术开发效率

充分借助计算机辅助设计(CAD)、计算机辅助加工(CAM)、计算机辅助工程(CAE)等先进技术手段,构建复杂构件研制单一数据源、将结果控制细化为过程控制,降低试错次数,提高支撑技术的开发效率。工艺设计中,应用CAD技术定义叶片变形过程三维数字化工序模型,根据工序变形特点,自主开发建模软件工具,将毛坯求解周期由15天缩短到3天;直接应用成形后的工序模型型面信息作为模具型面的数据源,降低了原有工装设计方法中型面变形重构的出错率;应用CAM技术模拟加工路径的可行性,应用CAE技术分析成形与加工中的零件受力与变形,获得优化的工艺参数;应用CAT技术建立工序模型,快速、准确的评估成形结果是否达到了工艺加工的目标,并给出偏差云图,指导进一步工艺改进。

4. 创新典型单元验证、缩比件验证、交付前验证方法,提高构件研制效率

为解决支撑技术成熟度低、设备资源保障不足、工艺验证周期过长等问题与总体研制周期相对紧张之间的矛盾,基于并行工程的思想;项目组在1:1叶片研制迭代中创新应用了典型单元验证、缩比件验证、交付前验证三种方法,将PDCA循环方法应用在不同技术迭代层级,建立形成了多层次分阶段并行研发流程(见图1),实现了构件研制效率的显著提高。为解决单项技术开发与1:1叶片研制主线迭代之间的矛盾,实施以典型结构单元为载体的单项技术开发与验证流程,经验证后有效的工艺知识再用于1:1叶片研制迭代中;为解决1:1叶片研制专用设备未到位条件下技术集成开发与验证的问题,基于已有资源并行开展缩比叶片研制与试验,快速验证整体工艺技术集成效果,为1:1叶片的设备参数定义和工艺开发提供支撑;为解决1:1叶片工艺不成熟导致的试制叶片成批试验考核风险大、周期长的问题,自筹资金建立了高周试验振动测试平台及标准化测试流程,应用基于交付前自验证的快速工艺改进方法,达到了新构型下短期内提高工艺稳定性的目标,实现了成本和周期的双节约。

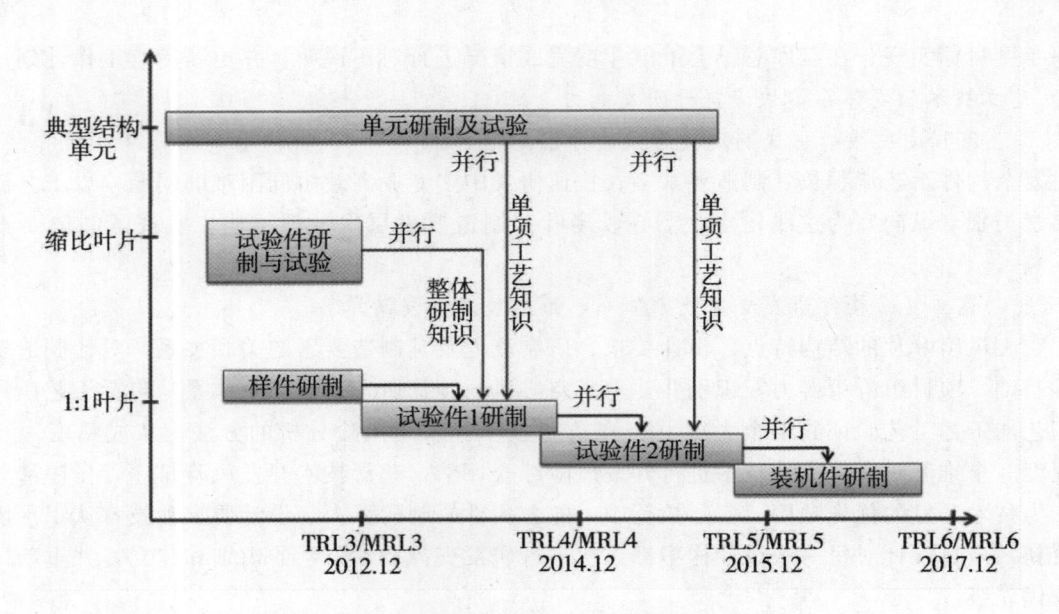

图1 多层次分阶段并行研发流程

（三）总体规划、分步实施，同步开展制造能力建设

1. 应用双生命周期协同管理理念，规划建设关键设备条件

空心风扇叶片制造条件建设与技术开发同步实施，存在设备参数定义不准确、设备规划无法满足后续发展要求等风险。一方面，应用制造成熟度管理方法评估设备要素的成熟度，结合叶片研制需求，形成分阶段实施的设备定义和验证计划（设备要素成熟度计划）；另一方面，从产品生产的角度定义生产线设备布局，作为设备分阶段建设的总体依据，两者相互协调，保障空心风扇叶片全套、共20余台/套设备的规范建设，如图2所示。

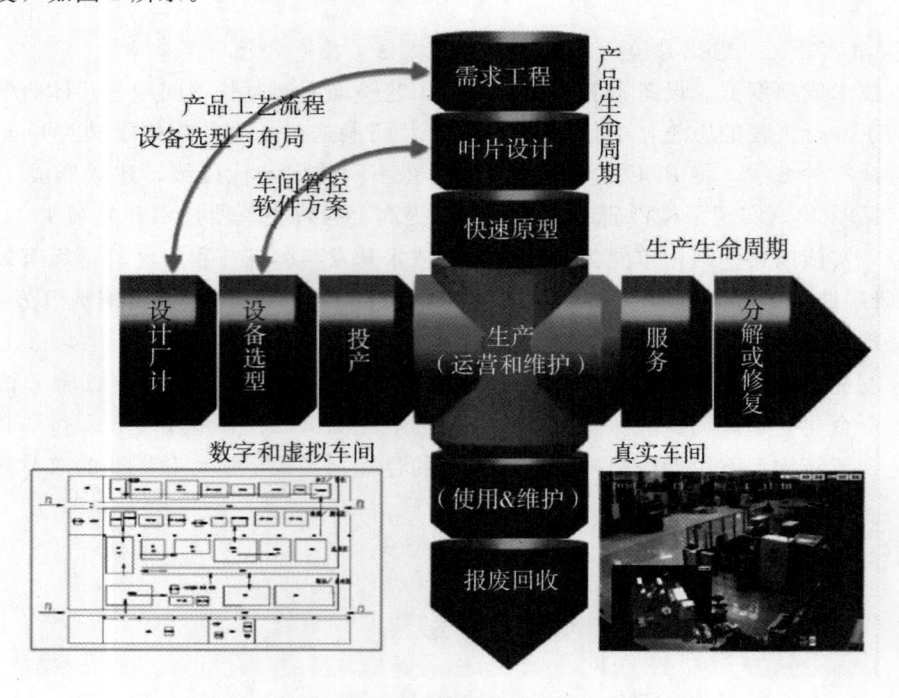

图2 产品、生产双生命周期协调管理实例

根据叶片研制工艺组成，将车间布局分为制坯/表处、（热）成形、检测/测试、（冷）加工强化4个专业区域，并依据主体工艺路线，设计总体物流走向，布置各专业区域对应的设备大致位置；以目标年产量为工序基准产能，配置设备数量、预留建设面积，形成了初步的车间设备布局图。随着工艺研究的深入，逐步明确设备关键参数，优化设备布局，并充分利用国际设备供应商的经验和条件，通过设备的预验收完成了批量叶片试验件的工艺试验，实现了对工艺和设备规格的双验证。

2. 配套软件系统，提升数据管控和计划执行能力

针对研发制造并行中的产品试制计划及工艺质量管控，以及后续民机适航对复杂构件设计制造符合性保证的要求，航空工业制造院自主开发了钛合金空心风扇叶片研制项目MES系统。基于生物特征识别、条码扫描、RFID、数字孪生等技术，实现了基于管理要素全面控制的工艺质量保证；基于工序派工、执行记录、数据分析等功能模块设计，实现了对叶片制造全工艺流程的组织控制，积累了制造能力基础数据。同时，配合产品研发过程，引进产品数据管理系统和试验数据管理系统，分别实现了对设计模型、图纸、标准、质量要求等外来文件，工序模型、工艺文件、工装模型等研发数据，以及研制过程中检验、测试数据的全面管理。

（四）强化研发与制造对接，推动设计制造并行协同

1. 明确各层级对接原则，为设计－制造协同建立组织基础

航空工业制造院与中国航发商发组建了由双方单位主管领导担任组长，叶片研制各相关部门/专业逐级对接的设计－制造联合工作团队，确立了团队组织架构、成员组成、工作流程、年度会议及分层级定期沟通的机制，为项目长期规划、年度计划、专项策划和具体执行中的联合设计、制造跟产、问题处理、信息管理等工作奠定了组织基础，有效保障了叶片的顺利研制。

2. 专业互通、知识共享、协同工作，深度参与构件联合设计

打破传统结构设计－工艺审查的串行工作模式，采用面向复杂构件设计－制造协同的并行工作模式。2011年3月－4月、2013年5月－7月，中国航发商发设计人员两次到航空工业制造院现场跟产，了解空心叶片结构特点及制造工艺流程的详细信息，保障了结构设计与工艺实现的一致性；2011年9月－10月、2014年1月－3月、2016年6月－7月，制造院工艺人员在每轮空心风扇叶片新构型设计之初，都赴中国航发商发开展结构模型联合定义工作，全面确保结构设计的工艺可行性。其中，工艺人员将典型结构单元成形试验获得的结构成形性要求（工艺准则）提供给设计人员，成为其设计准则；设计人员将设计准则内嵌入其自主开发的知识化建模工具中，并通过工具的自动建模功能提高设计效率，将完成建模的结构提供工艺人员进行现场工艺审查评估。通过采用设计－制造协同的联合设计方法，将工艺审查环节前移，实现了考虑工艺需求的全局最优结构设计效果，设计周期缩短约1/3；同时，将工艺准则知识化、内嵌入设计软件，提升了空心风扇叶片类构件的设计能力。

3. 建立数模成熟度准则，助力设计－制造工作并行实施

结构复杂性使得一型新叶片设计周期长，需经过强度、减重效率、工艺性等多约束条件下的多轮次综合优化；工艺准备周期长，涉及材料采购、20余套关键工装模具的设计制造。基于上述特点，项目组在联合设计工作模式的基础上，详细梳理设计、制造各阶段输入输出和衔接关系，对气动、结构、强度以及工艺设计各阶段进行定义分解，形成分阶段模块化研制流程；在此基础上，探索开展基于设计数模成熟度等级的工艺设计、工装准备、关键工艺快速验证、全面试制等分阶段并行研制工作模式，形成了一套新型复杂构件高效开发验证流程，研制周期相比传统设计－制造串行模式缩短20%以上。

（五）开展特性分解和质量管控精准执行，提升研制质量控制能力

1. 开展质量特性分解、定义与数字化检验，提高过程控制能力

空心风扇叶片的复杂结构形状和数百项质量特性要求，需要通过一系列冷、热加工工艺实现，最终

叶片的质量稳定性需要一套全工艺流程精细质量控制方法来保证。项目组基于质量功能展开（QFD）方法，将最终质量特性指标向中间变形过程分解，建立了质量特性-制造工艺关联矩阵，形成了各中间工序的过程指标，并落实到相应工序负责人及其工艺文件中。基于前述 CAT 技术与三维数字化工序模型的集成应用，检验中间工序指标的实现情况，并针对性改进，提高工艺过程控制能力。

2. 改进验证即固化，标准作业指导书（SOP）保障研制质量稳步提升

分阶段并行研制模式下，40 余项支撑技术逐步成熟并应用于 1∶1 叶片各轮研制迭代的工艺流程中，给叶片研制工艺状态管理和最终质量控制提出了挑战。项目组研究确立了以 SOP 为载体、基于评审和双记录的单项工艺改进实施办法。所有叶片制造工序的执行要求均以 SOP 文件细化表达，各 SOP 文件由相应工序负责人编制，专业组评审、定版，项目组资料员记录、存档；现场人员依据 SOP 文件操作，工序完成后在工艺流程卡中（项目实施前期）或由 MES 系统（项目实施后期）记录 SOP 文件版次信息；某项支撑技术改进并验证后，技术负责人依据改进工艺编制新版 SOP 文件，并确保其与现行 SOP 文件功能一致（可替换性）；新版 SOP 文件经专业组评审后，确定新版本号，项目组资料员记录、存档；新版 SOP 文件替换旧版 SOP 文件。改进实施办法实现了工艺迭代的有效控制，以及叶片研制状态的可追溯性；并以存档 SOP 文件的形式记录了支撑技术成熟的全过程，保障了研发能力的提升和快速应用。目前，项目已累计形成 130 余份 SOP 文件，涵盖了全部 63 个工序。

3. 应用先进智能制造技术，实现管理要素精准执行

通过对人、机、料、法、环、测等管理要素的精细控制，保证工序执行的质量。依托 MES 系统，通过应用先进智能制造技术手段，确保各工序作业中管理要素精准执行，包括通过生物识别技术验证人员资质满足岗位操作要求，应用数字孪生手段监控设备状态并实时应对，采用 RFID 技术自动识别物料，通过专用工装夹具降低工艺波动等，保证了构件研制质量的稳定性。以数字孪生手段监控设备状态为例，通过将设备联网，并以开发协议、数据通信、图像识别等方式获取设备运行数据，一方面判断设备运行状态的工艺满足性，另一方面记录详细执行信息，为后续质量波动分析和工艺精细化设计提供数据支撑。

（六）开展个性化培训和多方式激励，打造专业化人才队伍

1. 项目成员分级管理，依据岗位需求选聘人才

为便于项目工作的组织和开展，对项目组技术、管理岗位进行分级。其中，技术开发优先级高（前 20%）的岗位为核心技术岗位，其他技术岗位为一般技术岗位；副总师、科研主管、质量主管及后续加入的条件建设主管为核心管理岗位，其他为一般技术岗位。核心岗位人员的表现关系项目成败，设定为项目专职人员，直接对项目推进效果负责，除参加项目计划会议外，还实行月度工作汇报制度；一般岗位人员所承担的任务难度和工作量相对较小，设定为项目兼职人员，如负责喷涂、常规检测等专业的项目组成员，仅需参加项目计划会议和年度技术汇报。

核心岗位人员的选聘是项目人才队伍建设的关键环节，采用精准匹配、合作第一、优先院内、专项招聘的原则。首先，核心岗位人员的技术基础和能力必须满足岗位技术开发和管理职责的要求，人员的团队意识、工作态度和沟通能力必须满足能与项目组其他成员良好共事的要求；其次，优先从院内选择合适的人才承担核心岗位工作，促进团队稳定和良好沟通；最后，院内无合适人员，尤其是专业技术人员，则通过专项招聘吸纳核心人才，由项目组或同行业专家推荐优先，根据情况相对灵活的设计薪酬待遇。当前项目中数控加工技术负责人及专职编程人员均由社会人才招聘渠道加入。一般岗位人员的选聘立足院内既有人员或新入职员工，鼓励项目组内一般岗位人员兼职组内多个技术开发岗位（任务），有助于降低沟通的频率和难度。

2. 参照岗位责任开展个性化培训，多样激励保证团队战斗力

依据岗位需求，通过三类渠道开展项目组成员个性化培训，即集团公司专业技术/管理人才培训项目、航空工业制造院的人才交流访学项目、外部综合/专业技术培训项目。每年例行上报培训计划并实施，对临时急需的培训，通过填报临时计划经项目负责人批准后实施。参训人员培训归来后填报效果评估表，并在项目组内知识分享。6年来，累计2名核心成员作为访问学者赴国外进修，47人次参加集团公司专业技术/管理人才培训项目，13人次参加外部专业技术培训，有效提升了成员的工作能力。通过多渠道、全方位、长短效结合的方式激励项目组成员，实现了项目研制过程核心人员稳定、攻关士气高涨，有力保障了最终项目成功。

三、民用航空发动机复杂构件自主研制能力建设效果

（一）如期实现了项目目标，形成了民用航空发动机复杂构件自主研制能力

7年的项目实施中，项目组始终坚持以总体规划、分年度规划和详细计划为指南有序开展各项工作，以人为本、全面攻关，最终实现了空心风扇叶片如期研制成功的目标。2017年10月，首台钛合金空心风扇叶片装机件完成研制交付；2017年12月25日，我国大型客机发动机验证机首台整机在上海完成装配，标志着我国具备了民用大涵道比航空发动机钛合金空心风扇叶片的自主研制能力。

（二）突破了一系列关键技术，形成了复杂构件研制技术体系化成果

钛合金空心风扇叶片从典型结构单元、缩尺试验件、1∶1试验件到首台验证机整机完成装配，经历了从无到有、尺寸从小到大、结构性能从低到高的巨大提升，紧张的研制周期内突破了一系列设计、制造关键技术，先后通过了振动疲劳试验、鸟撞试验等多项严苛的考核测试，形成了航空复杂构件研制技术体系化成果，使航空工业制造院在技术能力、研制条件、质量管理水平、研制过程规范化方面都取得了质的飞跃。

（三）开拓了新的业务方向，成为制造院业务拓展的重要新生力量

钛合金空心风扇叶片项目的研制成功，为航空工业制造院后续发展开拓了新的业务方向。项目研制建立的关键支撑技术体系，以及航空复杂构件研制工作方法、软硬件条件、质量控制方法和人才队伍，将直接支撑CJ－1000A发动机及未来我国宽体客机CR929配套的、更大尺寸发动机空心风扇叶片的研制，为航空工业制造院空心风扇叶片类复杂构件的业务开拓和后续系列化发展奠定了扎实基础。同时，随着首台验证机用空心风扇叶片的研制交付，项目取得了初步经济效益；随着后续研制工作的深入和交付数量的增加，空心风扇叶片产品有望成为航空工业制造院新的经济增长点。

（成果创造人：李志强、韩晓宁、韩秀全、陈福龙、廖　峰、
　　　　　　　姬学庄、杜立华、刘冠懿、王军伟、李　震）

汽车企业"双并行"产品试制验证管理

东风汽车集团有限公司

东风汽车集团有限公司（以下简称东风公司）始建于1969年，是中央直管企业，资产总额2402亿元，从业人数17万余人。主营业务涵盖全系列商用车、乘用车、发动机、汽车零部件、汽车水平事业等。主要分布在十堰、襄阳、广州、武汉、郑州、盐城、柳州等地，形成了"立足湖北，辐射全国，面向世界"的"7+N"事业布局。2017年东风公司销售汽车412万辆，销售收入6305亿元，稳居行业第二位，位居世界500强第68位，中国企业500强第16位，中国制造业500强第3位。

一、汽车企业"双并行"产品试制验证管理背景

（一）支撑产品快速开发，应对日趋激烈市场竞争的需要

我国汽车自主品牌经过几十年的快速发展，现已从逆向设计向正向设计迈进。自主品牌市场份额虽上升迅速，但相比国外品牌，仍处于很大劣势，在技术实力和产品竞争力等方面依然处于劣势，2016年自主品牌乘用车占乘用车市场的43.2%，而且主要是价格在10万元左右低端市场。相比国内其他自主品牌，东风自主品牌起步较晚，上市车型少，研发水平与其他汽车企业尚有一定差距，同时随着市场越来越细化，东风自主品牌竞争压力越来越大，这就要求汽车研发单位尽可能快地推出新产品，以适应激烈的竞争环境，而且东风公司作为中央企业，有责任、有义务、有能力去做好自主品牌的研发工作，加快自主品牌高品质投放，为企业的生存，也是为了国家汽车工业水平整体跃升。

（二）增强东风自主品牌研发风险控制能力的需要

东风汽车公司在2012年发布"乾D300"计划，并提出了"大自主、大协同、大发展"的战略方向，确立了"做强做优"，建设"国内最强，国际一流汽车制造商"的发展目标。东风技术中心作为东风汽车公司自主开发的重要载体，承担了东风汽车公司自主品牌的产品开发任务，东风技术中心在总结PSA和NISSAN平台上的车型开发经验的基础上，逐步由继承型开发转向全正向自主开发，以打造明星车型为目标，逐步实现自主品牌"技术模块化、资源国际化、管控系统化"。近5年是东风自主品牌快速发展的5年，开发平台已由5个增至12个，各平台下的开发项目也急速增加。而且逆向开发逐步向正向开发转变，从单一车型的适应性开发到通用化和模块化地平台化开发，产品开发难度增大，试制验证的工作量也在大幅增加，要使产品高质量上市，对试制验证工作提出了更高的要求。

（三）提升核心竞争力，突破试制验证瓶颈的需要

样车试制验证是产品开发链（设计－试制－试验－生产准备－正式投产）中重要一环，占用的周期约为整个开发周期的15%～20%，费用占开发总费用的20%～30%。需要快速试制样车，节省产品研发周期，全面系统地发现产品研发过程中存在的问题，优化产品设计，使产品快速投放市场，并具有更高的性价比，在日趋激烈的汽车市场竞争中赢得先机。传统的试制模式是存在以下问题。一是产品试制周期长。采用"串行试制"模式，对零件试制和装配过程中出现的质量问题，需要反馈给设计部门，变更设计图纸后再进行试制，需增加样车试制轮次，导致新车试制周期约7个月。二是产品试制成本高。东风公司集团内协同不足，未形成生产资源共享，且工业化资源未有效介入试制阶段，试制工装投入大，全新车型的试制费用投入约为6000万元。三是产品试制验证不充分。试制工作没有有效地验证产品设计方案且未考虑量产工艺性、低成本方案等，设计问题和量产工艺性问题发掘率低，导致生产准备过程中设计变更多达600次。针对这些问题，需要由"仅关注试制结果"逐步向"关注试制验证过程"

转变，并优化管理方法，盘活现有资源，建立高效的运行机制，提升产品试制验证力，支撑产品开发的质量、费用、周期目标达成，已成为东风公司自主品牌试制验证管理的必然选择。

二、汽车企业"双并行"产品试制验证管理内涵和主要做法

汽东风公司以提升自主品牌快速、高效研发为目标，对标国内外汽车行业先进试制验证理念，并结合东风公司自主品牌研发的现状，提出试制验证与产品设计并行、试制验证与量产制造并行的"双并行"试制验证管理，统筹东风集团内试制资源，优化试制验证流程，创建协同试制机制和试制信息平台，并以样车代表性为核心，以"戴明环"为理论基础，对产品试制质量、成本、周期管控方法进行持续优化，不断提升产品试制验证力。主要做法如下。

（一）夯实两大基础，支撑试制验证管理高效运行

1. 优化资源配置，创建协同试制机制

一是统筹研发机构与生产单位资源。东风技术中心作为东风公司自主品牌研发主体，为满足整车试制质量、费用、周期的要求，需与主机厂相关部门协同验证产品的结构合理性，提升开发质量，降低产品开发风险，并与量产供应商及制造工程部门同步开展工艺性和成本验证，有效压缩试制周期，规避工业化中设计变更风险。东风技术中心统筹东风旗下乘用车生产单位、军用车辆生产单位等各板块采购、质量、工业化等优质资源。在统筹优质资源的基础上，梳理、形成协同试制工作方法，以采购协同实现产品集中采购及信息共享，以质量协同提升试制实物的质量，以工业化协同提前验证量产工艺，坚持自主品牌一盘棋、一家人、一条心、一股劲的"协同试制"理念，实现共赢局面。在采购方面，东风技术中心协同生产单位采购部门提前介入试制工作，组织质量、设计、制造、试制等相关部门考察、筛选优质供应商资源，在商品定义完成后确定量产供应商选择计划并加以落实。同时，统筹战略供应商及同步开发供应商资源，与东风技术中心协同开展虚拟试制验证。在设计方案定型后，东风技术中心利用量产供应商资源开展零部件实物试制验证工作，验证产品设计、量产工艺性、成本达成方案，规避工业化过程中设计变更风险，适时投入量产工装，利用量产工装的一序模样件或全序工装初始样件装配工程样车，尽量减少试制工装投入，降低开发成本。在质量方面，东风技术中心协同生产单位质量部、采购部、设计部门等共同制定整车、部品质量目标，并对目标分解、制订质量管控计划并加以落实。同时，利用质量部的质量管控资源，实施部品过程质量监察、实物质量检查、车身质量检查、整车质量评价，并牵头推进试制阶段工程样车辆改善，协同技术中心交付合格的样车。在工业化方面，东风技术中心协同总装、焊装、冲压、涂装四大工艺和生产单位制造管理部门，通过虚拟验证软件开展过程仿真，对工业化布局、人机工程、物料等进行验证；在实物试制验证过程中，充分利用生产单位通用件资源和已投入的工业化设施，开展车身焊接、检测、涂装等试制工作，节约试制工装费用，提前验证车身量产工艺；在样车装配阶段，生产单位总装工艺及技能人员全过程参与样车装配，提前熟悉总装工艺、验证装配工艺性。

二是岗位一体化，组建协同试制团队。试制协同的关键在于各专业岗位间的协同。由东风技术中心主导，按照项目开发流程，确定关键环节及资源需求，组建"各负其责、齐抓共管"协同试制团队。团队内部按照业务板块和试制特点，设置部品采购、质量保证、工业化准备、试制资源等专业组成的试制协同小组，并明确各协调小组职责及分工。团队将宏观的项目试制任务分解为小组任务及具体工作，小组之间明确各关键节点的输入、输出和绩效评价机制，确保试制工作的连续性、可执行性、可追溯性，使每个节点都能够高效地计划、组织、实施，达到最佳的管控效果。

三是自下而上支撑，建立多级流程体系。为满足新形势下对产品高质量、低成本、短周期、商品魅力化的需要，要求各研发板块对自身整车开发流程进行优化。通过采用工程样车取代功能样车，采用量产一序模或全序工装取代试制工装，降低开发成本。为实现试制验证流程与整车开发流程相融合，以"双并行"试制验证模式为基础，实现试制项目、试制业务、试制技术管控的精益化运行，梳理试制业

务全过程的路径、步骤和流程，分析职能管控和业务管控活动，优化、创新工作流程，建立三级试制流程，确保从上至下接口顺畅、执行到位。

一级流程作为项目决策层的业务决策和"端到端"跨二级板块、职能部门的业务管控。根据东风公司各板块的业务范围，结合产品试制工作，明确试制业务的主要责任部门和配合部门，并划清工作边界，减少板块间和部门间职责不清晰的现象。二级流程用于业务部门职能管控，确保职能部门的交付物能满足试制主流程的需要。各业务部门根据明确后的职责分工，围绕试制业务的计划、成本、采购、质量、工业化五大方面进行职能细化和工作环节梳理，并梳理出各自部门的输入和输出，并将试制相关工作事项细化、分解到各专业，以确保试制各事项得到落实。三级操作级流程用于指导基层试制验证活动。围绕试制验证业务的试制同步工作、工艺文件设计、零部件试制、装配验证、评价与总结5个阶段，建立各专业在执行试制业务时的操作规范，保证各项业务在开展相关工作时有据可依。

2. 实施智能化管控，构建试制信息平台

试制信息平台是以支撑产品试制验证管理为目标，坚持"数据共享、注重实效、深化应用、创新驱动"的原则，全面梳理与再造试制业务流程，并将其模块化、标准化。

一是实施以动态管理平台为核心的网络化管控。以项目计划管理为龙头，构建适应试制多变性的试制BOM管理和试制需求分析为基础，建立以动态管理平台为核心的信息网络。以动态管理平台为核心，从横向上，模块化地管理试制方案设计、议价管理、试制文件设计、质量管理、库存管理、生产管理、费用管理、样车管理；从纵向上，识别每个板块中的关键业务环节，通过再造研发试制信息化流程、文件电子签批等，将各板块上下游业务及数据流进行单线串联的连接和制约控制，全面实施无纸化的自动办公，整体提高多部门之间协同工作效率和对信息的可控性，降低办公成本，提高执行力。

二是基于试制数据库建立试制要素分析处理机制。试制数据库的建立是经过业务梳理及数据整理、沉淀的过程，通过对试制全业务的分析，从零部件试制资源、供应商试制能力评价、零部件试制方案及QCD、零部件试制工装、整车试制费用、整车试制周期、整车试制资源等方面建立试制数据库，实现从零部件试制到整车装配全过程的试制数据管理，服务于试制各领域，实现包括项目计划、项目预/结算、产品核价、试制工艺、试制能力、试制资源、试制质量等领域的全方位分析。

在项目管控方面，通过分析开发类型、制造/装配周期、各类资源、影响因素等大数据，形成项目试制周期模型、人力资源模型等。在项目管控中，将试制主计划分解为不同阶段子计划，针对各子计划结合试制模型分析制订项目计划，管控完成情况及试制计划风险预警。在验证产品数据及工艺设计方面，通过对试制物料清单、试制工艺方案、虚拟试制验证、装配验证等不同验证维度的数据分析，建立各自数据模型，辅助试制验证，实现对产品数据及试制数据同步高效的改进，并为量产工艺分析提供依据及建议。在财务管控方面，通过大数据分析对不同研发类型建立预算模型、核价模型，一方面做到预算有依据，核算有支撑；另一方面，通过分类完善不同研发类型的预/核模型，做到预算精细、动态化管控，核算管控及时、准确，同时，为公司存货管理提供数据、报表分析及支撑。在供应商管理及试制方面，数据库中的试制工艺库及工装使用寿命对试制工艺流程、试制周期、试制供应商能力等综合分析及评价提供支撑，可以精准应用于试制工艺方案选择、试制供应商选择、合同签订及供应商进度控制，还可有效重复利用试制工艺和工装，降低试制验证投入。在质量管控方面，对试制阶段的再发防止建立数据库，形成工艺类、制造类、部品类再发防止方案，降低后续的产品开发的质量风险。

（二）向前渗透，虚拟试制验证与产品设计并行

对标国内外汽车公司开发经验，在产品试制验证过程中，虚拟验证技术发挥着越来越重要的作用，国外各大汽车公司经过几十年的持续投入，已形成了比较完备整车虚拟验证能力。虽然自主品牌的虚拟验证方面正在快速提升，但在软件使用的成熟度、产品开发流程的规范化方面，仍与国际先进水平有一

定差距，需要加大虚拟验证软件使用的同时，让虚拟试制验证工作与产品开发有机结合起来。

1. 甄别范围，分层开展虚拟验证

将虚拟验证按照整车数据形成的时间轴，划分为三层，即零件层、过程层、整车层。零件层，解析整车技术方案及各系统产品设计方案，识别出"四新"，即新技术、新功能、新机构、新布置，围绕着"四新"，甄别出在试制阶段需要验证的零部件及制造方法，再根据零部件的制造方法进行工艺划分，交由相应工艺工程师进行仿真分析，深入分析零部件的可制造性、可装配性、制造成本，并将问题或缺陷反馈给设计部门，固化到产品图纸中。过程层，分为焊接过程和装配过程两大类，根据车型量产时使用的工具、工装、设备等生产资源情况，对可能存在制造风险的地方，制定详细验证点检表，依据点检表对焊接过程和装配过程进行逐项验证，并将问题点反馈给整车集成部门。整车层，主要是针对保安防灾和整车间隙，在数字样车状态，站在用户的角度，对车辆静态和动态干涉情况、整车间隙状态进行评价。同时，建立虚拟验证问题数据库，对发现的虚拟验证问题点进行整理归纳，根据问题复杂性、典型性、发生频次等指标设定重要度分级，明确虚拟验证问题的验证手段、解决方法，形成组织记忆，指导后续项目虚拟验证工作的开展，进一步提升虚拟验证效率和水平。

2. 嵌入产品研发，明确时机及内容

为实现虚拟试制验证与产品设计研发的深度融合，明确虚拟验证嵌入时机、责任分工、工作流程、输入/输出及问题处理流程，实现虚拟验证工作与产品设计并行开展，使虚拟验证从零星式、被动式变为系统的、主动式（工作前置），主要分成5个步骤，即通过设计部门提供的商品预概念、产品数据及项目主计划，制定验证工作计划；由设计部门提供初版方案数模及相关参数，完成初版方案仿真分析，提出优化改进方案，最终输出初版方案仿真分析报告，并召开技术评审会对设计指标达成情况进行评审讨论；由设计部门提供优化后的详细设计方案数模及相关参数，完成详细设计方案仿真分析，提出优化改进方案，输出详细设计方案仿真分析报告，并召开节点评审会设计目标的全面达成情况进行技术评审；进行虚拟验证分析情况与实物试制对标工作，并对实物试制过程中存在的问题检讨，对虚拟验证分析的方法进行优化改进；完成项目的总结，工作总结应包括项目工作总结和专业工作总结。

（三）向后拓展，实物试制验证与量产制造并行

实物试制验证由东风技术中心试制部门主导，验证新产品设计图纸、工艺等技术文件是否正确，能否达到预期的设计要求和质量目标。为消除新产品试制与量产的差异，由量产制造单位承担试制工作，在工艺方案的选择、工装设备的投入及工具的使用上尽可能做到等同量产，同时调动制造单位积极开展验证问题发掘，实现实物输出与验证输出并重。

1. 逐步缩小差异，实现量产工艺融入试制阶段

由东风技术中心试制部门牵头对试制验证工作中质量、成本、周期进行先期策划，开展各项目标的设定及分解，各相关单位共同评审决议。零件试制阶段的成型工艺基本与量产工艺保持一致，量产制造单位投入量产模具，将图纸按照作业指导文件转化为零部件实物，充分验证制造工艺性、总成装配工艺性等，记录并反馈工艺改进、工艺降成本优化、总成维修方便性等建议。但在夹具、检具等辅助工装方面，先期投入简易试制夹具或采取以模代检的迂回方案，这样既保证验证工作高质量，又能实现低成本、短周期。后期零件设计方案经几轮改善定型，具备线上小批量生产条件后，再投入量产夹具、检具等辅助工装。

2. 做好模块划分和柔性化设计，实现设备一次投入

车身焊接验证主要是从技术文件核查和焊接过程实施两个方面。技术文件核查是基于量产的工艺分组进行模块化划分，对图纸定义、尺寸工程的完整性、准确性、合理性进行验证。焊接过程中使用柔性化的焊接线，夹具一次投入，采用统一的定位、夹紧点及工艺参数设置，尽可能模拟量产制造过程，对

焊接工艺、焊装设备及通过性进行全方位验证和评价并在量产夹具供应商处完成。由东风技术中心负责白车身试制实施及过程管控，并记录验证过程中问题，每个问题点都能及时对策解决，实现"辆改善"。焊接验证过程中通过对冲压件、焊接夹具、焊接分总成、白车身焊接总成的层层质量控制后，达到策划质量目标后整体搬迁至量产制造单位，完成设备工装调试即可批量投产。

3. 加强工艺验证，做好上线生产孵化器

整车装配验证，通过参考现有量产共线车型的工艺布局，调用量产共线车型工序流程，维护装配线别属性，来布局试制柔性生产线，最大程度验证量产，包括车身定位方式、装配工艺流程、模块化装配工艺、工艺设备导入等。通过建立工艺资源（包括工具、工装、设备等）与工序/工位/线别节点之间的关联，即对设计方案的工艺可行性做出判断，又支撑了量产阶段生产节拍的验证及装配工艺文件准备。另外，提前识别新增专有技术、专用件，提供必要的工装、工具、设备建议，提前形成工艺降成本等技术课题。

（四）实施"三位一体"，推行以代表性为核心的QCD管控

样车代表性是一种以试验用途为目标导向，分析和管控样件性能指标和整车装配技术指标的质量管控方法。坚持以样车代表性为核心，以"短的周期，低的费用，制造出具有代表性的样车"为目标，以"PDCA"为理论基础，持续优化质量（Q）、费用（C）、周期（D）管控方法，从而做到QCD管控"三位一体"。

1. 以代表性为核心，驱动目标设定

通过质量优先的原则，综合考虑周期及费用，达到QCD的最佳平衡。第一，基于样车代表性的质量目标分解。针对样车试验用途，采用"剥洋葱"式解析方法，按照"整车→关键功能→关键系统→关键零部件→零部件"要素要求解析思路，将总目标分解至零部件尺寸、性能、材料等方面的质量目标，实现样车代表性质量目标设定。第二，以预算模型为支撑费用目标设定。归纳、整理试制信息系统中相关数据，按照不同的产品开发类型整理试制费用，并形成试制费用模型。根据试制样车代表性质量目标、开发计划及工作量，结合试制费用模型，确定费用目标。第三，建立"1+2"滚动预报计划机制。结合代表性试制方案，以项目开发计划为龙头将试制计划自上而下进行分解。根据项目主计划制订试制主计划，各专业部门在满足试制主计划前提下制订各专业领域的子计划。专业部门制订试制子计划时，采用"1+2"滚动预报机制，即确认当月计划内容的同时滚动更新后续两个月计划，使分解计划在满足试制主计划的同时具备可操作性，确保项目计划顺利推进。

2. 实施定制式方法，确保目标有效执行

第一，以评审为手段管控技术方案。加强技术评审和实物质量评审，评审重点为样车代表性过程管控、试制方案执行情况、试制计划阶段达成情况，以保证试制QCD过程管控到位。第二，门式管控，促进质量目标达成。针对零部件代表性、装配代表性、样车代表性设定门式管控，并设定相应的质量文件作为支撑，只有当前阶段判定通过后，才可进入下一阶段，确保质量目标判定结果的科学性，保证整车质量总目标达成。第三，以核算平台为工具管控费用。为确保费用核算有理有据，按不同工艺方案建立科学的核价数学模型，并按工序层层展开，利用试制价格库获取变量基准值。通过数学层次分析法和数理统计法计算出权重值，最终构建费用核算平台，利用费用核算平台，开展精准核算。第四，多层次计划管控降低进度风险。全方位对试制计划进行分解，采用进度可视表对计划执行过程中每天的试制进展时时跟踪、点检，对关重计划定期通报，对计划风险进行预警。

3. 强化试制验证评审，检查目标落地

第一，代表性评价及样车验证评审。样车试制验证完成后，按流程开展样车代表性评价及样车试制验证评审，由项目高层决策项目是否可以进入下一阶段。第二，预实分析，保证费用目标达成。按照月

度、季度、年度对试制费用的实际发生情况与预算进行对比分析，剖析差异点，查找原因，制定对策。第三，总结试制验证经验及教训。项目试制完成后，联合试制验证各个专业进行试制验证总结，反思经验及教训，形成试制验证报告等组织记忆，为后续项目试制验证工作提供支持。

4. 以可持续为目标，不断优化管控方法

第一，质量管控方法优化。建立《再发防止数据库》及再发防止工作流程，开展试制验证再发防止工作，实现质量管控经验积累，提前规避风险；建立《样车代表性基础数据库》，丰富样车代表性管控点，并在项目试制验证过程中不断完善。第二，费用、周期管控方法优化。通过预实分析不断完善试制费用模型、预算和核算的方法，并将方法运用于成本分析、整车收益、技术收益、技术降成本等专业。分析项目计划管控中存在的问题，总结项目试制中对项目进度有重大影响的节点，形成风险预警机制，不断优化和完善试制计划管控方法。第三，标准化建设。梳理样车代表性质量目标设定方法、门式化代表性评价方法、精准费用核算方法、多层次试制计划管控方法，制定相应的标准流程，使QCD管控方法标准化，指导后续试制项目顺利开展。

三、汽车企业"双并行"产品试制验证管理效果

（一）实现"双并行"试制验证，有效支撑新产品快速开发

"双并行"试制验证改变传统的"串行"试制验证，实现试制验证与产品设计并行、试制验证与量产工艺验证并行，提高了公司整体的试制验证能力，并合理缩短产品开发周期约4个月，并使产品设计和试制、制造的实际情况相结合，优化产品的设计方案，将新车型量产阶段的设计变更次数由原来的约600次降低为约100次，提高了产品开发质量和上市速度，为东风自主品牌赢得市场竞争，提供有力支持。

（二）降低了试制验证费用和风险，保障产品开发

自2013年至今，东风自主品牌利用汽车企业"双并行"产品试制验证管理完成多个项目的试制任务，累计减少研发投入约4500万元，节省人工工时9.25万人·时，如表1所示。

表1 经济效益汇总表

车型名称	减少试制工装投入	节省人工工时
A30	600万元	1.75万人·时
AX7	1600万元	1.75万人·时
AX3	800万元	1.5万人·时
AX5	800万元	1.75万人·时
AX4	700万元	1.5万人·时
合计	4500万元	9.25万人·时

（三）促进了汽车试制领域行业交流，得到行业肯定

由东风技术中心主持的国内首次以"试制验证"为主题的"汽车产品研发试制验证论坛"于2016年5月在上海举行，并在论坛上向与会开发单位试制业务领导分享东风公司产品试制验证管理经验，得到了各单位充分的肯定，促进了试制领域行业间交流，推动试制验证技术的共同发展。华晨汽车工程研究院、长安汽车工程研究院、广汽集团汽车工程研究院等单位的试制业务领导相继到东风技术中心调研，深入交流试制验证管理中的具体方法，为他们的产品试制验证管理革新做理论支撑。

（成果创造人：谈民强、宋景良、王伟振、孙凤梅、刘尚龙、高方勇、沈启明、黄海波、张轶斌、肖余芳、吉　宏、苏　涛）

以打造国际一流商用飞机设计研发中心为目标的协同研发管理

中国商用飞机有限责任公司上海飞机设计研究院

中国商用飞机有限责任公司上海飞机设计研究院（以下简称上飞院）是中国商用飞机有限责任公司（以下简称中国商飞公司）的设计研发中心，是国内大中型民用飞机设计研究机构，承担着我国拥有自主知识产权的ARJ21飞机，以及国家大型飞机重大专项中大型客机项目的设计、试验、预研及关键技术攻关等历史使命。上飞院创建于20世纪70年代，曾成功设计了中国第一架大型干线客机——运10飞机；与陕飞联合设计了运8气密型飞机；全程参加了美国麦道公司超高涵技术任务及国际合作项目，出色完成了中美合作生产的35架MD－82/83和2架MD－90干线客机联络工程和适航任务；自主设计研制的ARJ21－700飞机，于2014年12月30日取得中国民航局型号合格证，2016年6月28日正式投入航线运营；C919大型客机是我国按照国际民航规章自行研制、具有自主知识产权的大型喷气式民用客机，于2017年5月5日成功首飞，目前正在全力开展试验试飞工作。

一、以打造国际一流商用飞机设计研发中心为目标的协同研发管理背景

（一）适应科技革命带来的设计研发模式更新换代

随着全球科技活动进入创新2.0时代，科技创新活动日益活跃，创新模式发生了新的改变，主要体现在协同创新上，表现为创新过程域成果的网络化合作与共享。波音公司致力于开发面向全社会的开放协同创新模式，运用智能设计平台，加强供应商、开发商、使用者之间的合作，提升设计研发效率。空客在A350XWB项目上构建了全球统一的DMU环境，并将其所有重要的合作伙伴涵盖在内，确保所有参与开发的工程师基于单一DMU环境工作，在单一环境中沟通交流和协调优化。借助787、A350XWB的探索和实践，飞机研发的全球化趋势已然形成，无论波音、空客，在全球紧密协同研制中都以供应链协同为视角，强调了在统一数据环境下、基于模型的协同研制迭代，以及在研制过程中基于统一标准的管控，保证了研制的效率和质量。科技的迅猛发展和创新模式的改变，要求上飞院设计研发能力建设既要重视发展型号研制能力，更要关注支撑型号持续发展的协同创新。

（二）高效率、低成本地完成型号研制的要求

国务院印发的《"十三五"国家战略性新兴产业发展规划》（以下简称《规划》）将新一代民用飞机列入21项重大工程，并指出以重大专项和民用飞机科研为支撑，突破一批核心技术、系统、部件和材料，提高系统集成能力，重点发展系列化单通道窄体、双通道宽体大型飞机，系列化新型涡桨/涡扇支线飞机及先进通用航空器，着力开展新型民用飞机示范运营和市场推广，建立具有市场竞争力的产品保障和客户服务体系。C919、MA700完成适航取证并交付用户，ARJ21实现批量生产交付；一批重点通用航空器完成研制和市场应用。

商用飞机产业特点是多专业协同，涉及气动、结构、重量、控制、导航、安全、电子等；复杂装配与集成制造，大尺寸机体部件，百万级零部件，百公里级线缆；全球协同研制。目前基于网络技术的信息化软硬件技术为实现手段，使产品的三维设计、内部各专业设计协同、设计制造一体化、协同工作区管理、产品数据管理、设计工具的浮动管理、知识管理等环节实现优化，从而提高技术优势。目前，C919项目的一级供应商已达193家，遍布世界各地。如果没有全球协同研制，将导致大量增加供应商的驻场人数及沟通协调时间，从而大幅提升商用飞机的研制成本，降低研制效率。同时，推进协同研发将极大地促进以上飞院为龙头的民机产业体系的快速发展，在实现型号研制成功的同时带动民机产业体

系的快速形成和壮大。

（三）打造国际一流商用飞机研发中心战略目标的要求

中国商飞公司承担着国家大型飞机重大专项中大型客机的研制，涵盖C919项目的初步设计阶段、详细设计阶段及试制阶段的协同研制管理环境。由于民用客机的研制不仅仅立足于国内市场，同时需要直面世界市场的竞争，市场质量、研制成本和进度周期的高要求都对飞机研制带来极大的压力。但基于国家政策的大力支持、中国经济稳定发展和大型客机项目成功的坚定信心，全球民用飞机优质科技资源积极参与我国民用飞机研制生产，这些都为上飞院发展提供了良好的外部合作环境。越来越多的国际先进研发生产机构积极同上飞院开展各类合作，同时，国内高水平大学、科学院所、企事业单位也积极参与大型客机工程，为上飞院整合国际国内研发资源，实践民用飞机研发"主制造商－供应商"模式，建立和优化国际化民用飞机设计研发网络、提升我国民用飞机的研制生产水平提供了良好的机遇。

二、以打造国际一流商用飞机设计研发中心为目标的协同研发管理内涵和主要做法

上飞院紧扣"自主研制、国际合作、国际标准"的研制方针，以"主制造商－供应商"现代民机研制模式和产学研用相结合的技术创新体系为依托，以扁平高效、趋于规范的矩阵式科研管理模式，以满足型号研制和能力建设中心任务为导向，不断健全完善民机研发管理体系。通过对内实施组织机构变革，提升总体集成能力，加强设计质量管控，优化企业内部协同；对外不断提升与供应商的协同能力，紧扣研发中心定位和型号研制需要，对标国际一流，科学谋划、统筹推进，取得了显著成效。主要做法如下。

（一）明确协同研发管理的理念、思路和工作目标

上飞院通过充分分析和评估飞机研制各个阶段的商用飞机市场要求和现状，系统研究民用航空制造业市场现状及发展规律，确定协同研发管理的基本理念。一是更加安全。上飞院在大型客机研制过成采用先进技术标准设计，采用世界一流供应商提供的最先进的动力、航电、飞控等系统，严格按照适航标准进行设计生产，安全性有充分保障。二是更加经济。上飞院在大型客机研制种大力实施减重、减阻设计，以及采用先进的新一代发动机LEAP－X1C，使得巡航燃油消耗率（SFC）大大降低，直接使用成本（DOC）较现役同类客机降低10%，经济性竞争优势明显。三是更加环保。上飞院采用先进的新一代发动机LEAP－X1C，外场噪声满足国际民航组织（ICAO）第四阶段噪声要求并具有裕度，同时采用第二代双环预混旋流（TAPS II）燃烧室，氮氧化物排放比国际民航组织（ICAO）CAPE6要求降低50%，具有很高的环保性。

协同研发管理的工作思路为紧扣"自主研制、国际合作、国际标准"的研制方针，以差异化竞争策略为核心，在打造总体设计、系统集成、试验验证、应用转化等核心能力的创新实践中，坚持管理国际化、队伍专业化、技术体系化、设计规范化、工作流程化、流程数字化、保障社会化、环境人性化的"八化驱动"战略，大力推进民机技术规范体系建设，夯实技术储备，强化技术抓总，提升研究院核心竞争力。

建设一个国际一流的商用飞机协同研发管理体系，具体包括以下4个层次的协同。第一层次是构建企业内部管理协同和项目协同。第二层是实现主制造－供应商的产业链协同创新。第三层是围绕产品创新，建立与产业链内企业、政府、高校等机构的等相关方的协同研发管理。第四层是统筹利用全球民机科技优质资源，通过引进、集成国外先进技术和成熟产品，发挥现有技术人才作用进行消化吸收，推动形成全球资源协同，加快民机项目研制进程。

（二）提升民机综合集成能力，形成协同研发管理基础

上飞院作为飞机设计研发单位，必须提高自身的系统集成能力和技术牵头能力。提高集成能力，首当其冲的就是做好飞机级功能定义和分解工作，即从顶层设计飞机的全部功能，将功能分解到各系统，

此项工作要求需在各系统间进行大量的沟通协同。为加强飞机总体集成能力、专业耦合能力，上飞院专注于各型号的顶层架构设计，通过飞机整机架构设计与权衡、多系统耦合与集成等工作，提升飞机总体集成效率，为后续的系统详细设计、系统级/飞机级需求验证打下坚实的基础。

上飞院对标国际一流，勇创国内先河，在国内开创性地建立了民用飞机需求管理体系，建立了国内首个符合 ISO/IEC 15288《系统和软件工程—系统生命周期过程》标准的复杂高端产品需求管理流程和方法；建立了科学的矩阵式需求管理组织体系，支撑需求管理的实施工作；构建了包括需求管理总则、需求管理类文件、需求定义规范文件、需求确认和验证类规范文件、数据库管理和模板定义类规范文件等在内的适用于复杂高端产品的需求管理文件体系。首次构建了功能完备的能够对全部需求进行条目化可视化管理的需求管理平台。

（三）推进专业化、标准化和信息化，建立协同研制平台

1. 专业化建设

上飞院作为设计研发中心针对现有和未来型号发展需求以及技术瓶颈，从技术发展方向和型号研制需要两个方面，推进总体气动、结构、强度、航电系统、动力燃油系统等专业领域建设，优先发展复合材料结构一体化技术、先进多电综合技术、先进航电综合技术、气动声学与飞机低噪声设计技术、飞机—发动机一体化集成技术5项关键技术的研究开发能力，技术成熟度达到6级；重点培育概念方案设计与评估技术、先进气动设计技术、新材料与新工艺应用技术、气动弹性设计技术、先进民机健康管理技术5项技术的预研能力，技术成熟度达到5级，为发展特色先进技术奠定坚实基础。

以客户需求为牵引，遵循适航要求，制定具有竞争性的设计指标，快速形成创新性科学性的总体技术方案；强化飞机研制过程中各方面的综合权衡能力，按照系统工程的基本理论方法，遵循"双V"设计流程，综合、协调飞机技术指标，优化飞机集成；完善构型管理体系，规范构型管理流程，全面掌控全机技术状态变化；梳理关键技术，突破技术短板，优先发展"先进高效气动设计技术、复合材料结构设计与验证技术、先进系统集成、大涵道比发动机集成、多学科总体综合设计"五大技术领域的技术创新。

以公司"计划、经费、质量、适航、人员、技术"的"六维"管理要求为指南，构建 COMAC 设计研发管理模式，实现项目级、部门级、公司级多型号研制资源和科技创新资源的科学高效配置；以"主制造商—供应商"模式为引领，加快设计研发资源的全球协同，以型号研制为牵引，构建全球异地协同的设计研发能力网络。

2. 标准化

上飞院围绕民机设计研发标准规范体系建设，规范设计研发过程管理，积累和总结型号设计过程中产生的科学、技术、经验成果，加快设计研发经验积累和知识传承应用，促进43项设计研发过程规范管理，提升型号研制设计效率和质量。重点建设、完善与推进标准规范应用转化，完成公司级标准75份，参与编制行业标准40份，完成公司级规范1130份，持续完善民机设计研发标准规范体系表，实现设计研发各阶段工作有标可依；建立覆盖设计研发全过程的自动化、智能化、网络化、电子化的标准信息数据库，为标准化工作提供信息化基础；强化标准规范申报，大幅提高标准规范申报和报批数量，推进标准规范向行业标准、国家标准转换，不断提高行业话语权。

3. 业务流程与组织机构优化

为响应中国商飞公司加强设计研发项目管理，进一步强化产品集成和过程控制，上飞院全面推进 IPT 团队建设，项目研制中 IPT 管理与职能管理的关系做到相互促进、互相支持，使得沟通更加顺畅，从而工作效率更高。C919 项目上飞院牵头组建 5 个 1 级团队，下设 47 个 2 级团队、93 个 3 级团队共配置 1297 人，含 460 名专职人员。ARJ21 项目上飞院牵头组建 10 个 1 级团队，下设 69 个 2 级团队、94

个 3 级团队共配置 112 人，含 230 名专职人员。宽体项目上飞院牵头组建 16 个 1 级团队、62 个 2 级团队，骨干人员已到位。初步实现了由交叉混合、界面不清的职能管理模式向项目团队、核心能力、资源支持各司其职流程清晰项目管理转变。

同时，上飞院对飞机协同研制业务流程也随着型号研制推进不断优化调整。业务流程优化主要针对工程更改请求、设计协同流程及数据接收发放流程等方面展开。工程更改请求流程的优化实现了受影响的供应商评估机制，以及各角色的操作多元性使得在业务规范的基础上满足流程的变通性，提高了流程的效率及可靠度。设计协同流程优化包括基于多工作区的模块化及并行设计、基于互联网的在线设计协同流程、基于上下文设计环境的供应商协同方式等。优化后，所有流程都实现在线化。数据接受发放流程优化后，数据接收区与 C919 等机型主数据区完全隔离，数据接收单位只能访问其数据接收区。数据发放接收由流程进行控制，在流程结束后进行数据授权。在数据发放流程中，将新发与更改完全隔离，保障数据的正确性。数据访问安全性得到了全面控制。

4. 信息化建设

上飞院在打造新型能力过程中主要针对基于 C919 机型的 IDEAL 协同研发设计平台，基于 ARJ21 机型的 CPC 协同研发设计平台，以及基于 CR929 的 WBA 协同研发设计平台进行了功能完善和扩展。随着企业信息化的发展，目前上飞院使用的产品数据管理系统已覆盖产品设计、制造、试验、试飞、运维等整个生命周期，而贯穿各流程的流动数据是大量的半结构化、非结构化数据，如工装图纸、三维数模等。为满足 C919 项目设计研发的业务需求，产品数据管理和协同研制管理系统新增了研制数据管理、设计上下文管理、适航系统、机载软件与电子硬件管理、供应商主数据管理交互等 10 余项新功能开发。通过 IDEAL 协同研发设计平台的不断深入实施，上飞院面向全球异地协同的商用飞机研发设计能力已经基本实现。

上飞院首先通过对业务流程的优化，建立了数据的单一来源，并明确每个数据源中数据产生、更改、删除的责任相关方及职责权限，确保数据实时、可靠、有效，可追溯、可审计。其次，上飞院打通公司各系统的接口，打造了决策支持系统，该系统可以从 GS 浪潮系统、合同管理平台、IDEAL 协同研发设计平台、CPC 协同研发设计平台、WBA 协同研发设计平台、航线数据库、市场分析数据库、航空动态数据库等多个应用系统中抓取数据，并进行大数据整合分析，形成决策支持的依据。上飞院在 IDEAL 平台中还打造了 C919 协同工作区，为协同单位设置协同工作区，根据角色，定义权限策略、数据存储方式等，将确保数据的一致性和安全性。在数字样机管理过程中，上飞院引入构型管理思路，支持模块化设计和多方案设计，以及总体及各专业协调，形成了 C919 飞机的单一设计数据源，确保了数据的完整性和一致性。同时，实现了基于单一 DMU 的协同研制，支持完整、闭环的设计与协调业务过程，对于设计协调人员，将可以在系统中完整的保存协调历史记录。在构建全机 DMU 的基础上，设计上下文定义及发布模块。全球范围内各家供应商基于单一 DMU，在异地获取工作包。在各供应商统一平台协同研制的基础上，为实现 C919 设计制造一体化，上飞院将产品数据成熟度分为 7 个阶段，详细定义了每个阶段数据需要达到的设计状态及对应的制造工作内容；同时，制定了成熟度管理的电子化签审流程，规范设计制造并行工作过程。

（四）构建质量管控体系，推进民机产品质量协同

上飞院结合民用飞机设计特点，从事后纠错的质量管理模式向以预防为主，标准化、规范化、精细化的管理模式转变。上飞院在设计过程中结合设计技术要求及设计规范和准则，将质量管理与标准化管理、项目管理、供应商管理、构型管理、适航管理及风险管理等有机结合，融入研制工作中，为设计人员和管理人员提供有用的、可操作的、可检查的工具和方法，从根本上保证设计质量。

上飞院深入贯彻落实"理论依据正确，技术路径可行，环境分析全面，试验验证充分，研制风险可

控"的要求，对细节深入钻研、刨根问底、追本溯源、做到极致，从源头解决问题，在全院范围内开展"推进落实'两透一控、双五归零'工作方案"。"两透"就是吃透需求、吃透技术，吃透技术即做到理论依据正确、研制路径可行、环境分析全面、试验验证充分、研制风险可控；吃透需求即做到需求捕获完整、场景分析全面、功能定义准确、层层分配合理、确认验证到位。"一控"就是构型控制，是一切管控活动实施的基础，即掌握和运用统一、简单、有效的控制方式和方法，在产品全生命周期和全产业链环节控制构型，实现全方位的构型控制。上飞院在"双五归零"推进过程中，认真落实管理归零和技术归零的基础上，形成基于系统工程的"双五归零"，突出及时处置、风险可控、修订标准、系统改进、知识共享。

（五）开放创新，形成全球资源协同能力

上飞院围绕满足多型并行发展，满足与美国公司、北研中心异地协同研发的需要，重点拓展在先进民用飞机安全、航空技术咨询与服务两大领域的研究能力，构建全球异地协同的设计研发能力网络。

1. 重点拓展国际化创新性研究能力

上飞院在项目型号发展中，积极推进创新与应用。围绕美国公司的能力平台建设，借助国际优势研发资源，开展民用飞机鸟撞冲击环境与验证技术研究，"报信者"分离式应急记录跟踪系统的早期产品设计与开发，无人驾驶有人监管相关前沿技术的原理性研究，"可靠性基因库"智能生命健康管理系统研究。聚焦型号研制的技术与项目管理难点，应用大数据及云平台等前端科技，开展航空技术服务咨询云平台的"互联网＋"项目，探索航空技术咨询与服务的"互联网＋"模式。

2. 着力建设外部试验室认证能力

上飞院深入贯彻落实新发展理念，大力实施创新驱动发展战略，创新项目管理模式，打造国家级科技创新平台，建成了民用飞机模拟飞行国家实验室。围绕型号研制与未来技术发展，重点完善构建外部试验验证资源作为设计研发能力的补充。研究提出试验验证能力平台框架，通过建立试验资源信息管理系统，优化试验验证资源的利用效率。

三、以打造国际一流商用飞机设计研发中心为目标的协同研发管理效果

（一）有效支撑 C919 成功首飞

上飞院作为设计研发中心，通过 9 年的努力将 C919 飞机由设想变成三维数模、将三维数模和图纸变成实物、将实物通过无数次的试验到顺利完整飞行，民机协同研发管理体系起到了至关重要的作用。作为推动型号研制和提升决策及管理运行效率的核心引擎，协同研发管理体系覆盖了设计规范、质量控制、资源协同、综合集成及信息化平台建设等各方面，为快速实现型号设计研制，全面提升管理效率，降低设计研发风险，保障 C919 首飞这一重要型号研制里程碑实现，奠定了坚实的科学管理基础。2015年 11 月 2 日，C919 大型客机首架机总装下线。2017 年 5 月 5 日，C919 飞机成功首飞是飞机新型号由静止到运动的转折点，意味着大型客机项目取得了历史性的突破，意味着我国终于有了一款完全按照世界先进标准研制的、具有完全自主知识产权的大型喷气式民用飞机，意味着中国实现了民机技术集群式突破，形成了我国大型客机发展核心能力。

（二）推动形成了一系列科技成果，提升了设计研发能力

C919 飞机从 2008 年 7 月研制以来，走上了一条"中国设计、系统集成、全球招标，逐步提升国产化"发展道路，坚持"自主研制、国际合作、国际标准"技术路线，攻克了包括飞机发动机一体化设计、电传飞控系统控制律、主动控制技术、全机精细化有限元模型分析等在内的 100 多项核心技术、关键技术，形成了以中国商飞公司为平台，包括设计研发、总装制造、客户服务、适航取证、供应商管理、市场营销等在内的我国民用飞机研制核心能力，形成了以上海为龙头，陕西、四川、江西、辽宁、江苏等 22 个省市、200 多家企业、近 20 万人参与的民用飞机产业链，提升了我国航空产业配套能级。

上飞院设计人员工作效率2017年同比2016年增长9%。目前IDEAL平台上，共有供应商主体123家，供应商1321个有效账号，中国商飞内部共有8067个有效账号。2015年，IDEAL平台工程数模签审包发放7943份、快速更改单发放7884份、构型更改通知单发放566份、技术文件发放8270份、技术文件接收866份。2016年，IDEAL平台发放大客工程签审包16609份、发放快速更改单10298份、发放构型项通知单536份、发放OATP数据380份、发放技术文件8033份、接受技术文件1038份。2017年，IDEAL平台发放大客工程签审包8149份、发放快速更改单5435份、发放构型项通知单1232份、发放OATP数据320份、发放技术文件6412份、接受技术文件1221份。

（三）带动飞机后续型号研发，促进企业不断发展

C919飞机项目研制过程中，形成了一套主制造商—供应商模式下的协同制造技术、管理方法，为航空、航天、船舶等大型复杂产品的智能制造提供了有效借鉴。通过协同设计、敏捷生产与智能管理等先进技术手段，将飞机从设计到制造过程中涉及的设计商、制造商、供应商、集成商等成员有机紧密联合。因此，上飞院建设了覆盖全球的民机网络化协同研制平台，可支撑大飞机制造高度复杂的全球化协作，全面提升航空民机企业智能化设计、制造、服务水平，缩短民机产品研制周期，提高生产效率，降低运营成本和产品不良品率，提高能源利用率，有利于实现中国民机发展战略，支持未来宽体客机的研制，为大型客机系列的发展甚至未来20年实现中国民机的突破性发展、跻身世界民机三强之一打下坚实基础。

（成果创造人：刘文恭、蒋君仁、许成伟、王　晨、张小雯、王　侃）

咨询设计服务企业以提高核心竞争力为目标的技术创新管理

中通服咨询设计研究院有限公司

中通服咨询设计研究院有限公司（原江苏省邮电规划设计院，以下简称中通服设计院）始建于 1963 年，2001 年改制为股份制公司，2007 年随中国通信服务股份有限公司在香港联合交易所主板成功上市，现有员工约 1500 人，其中拥有博士和硕士学位员工占 60%、中高级职称员工占 65%。中通服设计院系致力于通信、建筑、信息化，以及节能环保咨询、设计、研究与实施的国家级重点高新技术企业、全国文明单位，综合实力持续位居全国同行业前列。2017 年业务收入 18.52 亿元，同比增长 19.25%，合同签订 34.04 亿元，同比增长 31.25%，位列中国通信服务咨询设计院类综合实力第一名，全国同类行业排名前三甲。

一、咨询设计服务企业以提高核心竞争力为目标的技术创新管理背景

（一）适应信息通信行业技术快速发展的需要

2014 年中国院士大会指出，我国科技发展的方向就是创新、创新、再创新，实施创新驱动发展战略，最根本的是要增强自主创新能力，建立以企业为主体、市场为导向、产学研深度融合的技术创新体系。以无线通信、移动互联网、云计算、大数据、智慧城市、人工智能等为代表的信息技术、通信技术在国内外发展迭代速度越来越快，作为以通信、信息化等为主营业务的企业，中通服设计院需要不断加大技术创新力度，形成企业核心竞争力才能不断做大做强。

（二）咨询设计行业转型升级的客观要求

目前，我国服务业增加值占国内生产总值比重仅为 51.6%，与发达国家 75% 的平均水平相距甚远，与中等收入国家 56% 的平均水平也有一定差距，且当前设计产业存在产能过剩现象、咨询设计人员人均产值出现"天花板效应"，需要开展供给侧改革，不断探索产业链延伸，向上延伸探索核心技术开发、信息化平台开发；向下延伸探索全过程咨询、工程总包、一体化服务等业务类型，通过这些转型升级措施提升服务增加值和单项产值。而这些探索需要以技术创新为驱动力，才能实现新业务高质量交付、快速交付。

（三）提升相关多元化经营核心竞争力的需要

中通服设计院属于设计服务产业，业务覆盖通信设计、信息化咨询与平台开发、建筑咨询设计、节能评估与优化、环评等咨询设计相关多元化业务，涵盖 60 余个二级业务单元、300 余个三级业务单元。中通服设计院将"核心技术、核心人才、核心业务"三大核心作为核心竞争力，致力于形成一套完整的技术创新管理方法体系，围绕核心业务带动全业务单元的技术创新，抓住数字经济新时期的发展机遇，实现企业快速发展目标。

二、咨询设计服务企业以提高核心竞争力为目标的技术创新管理内涵和主要做法

中通服设计院制定技术发展战略，以技术发展专项规划为引领，组建三层创新管理组织架构，构建涵盖研发管理、知识管理、技术品牌管理的技术创新管理体系，以技术体系为核心，实施以年度为周期的闭环创新管理，实现了企业营收快速增长，收获大量高等级奖项与企业荣誉，行业地位快速提升，形成较好的经济效益、社会效益。主要做法如下。

（一）制定技术战略与规划，搭建管理组织机构

1. 围绕企业战略，制定技术规划

中通服设计院的战略目标是"拓展高端咨询，带动总包业务，形成强大的人无我有、人有我优的差异化竞争能力"，每年编制企业三年滚动发展规划，确定近、中、远期战略目标，进而确定业务方向，如行业领域和投资布局；根据公司的发展规划、业务战略制定企业的三年技术发展规划，制定过程中根据上一年度的技术诊断情况、技术创新管理情况，在每年11月份之前编制确定来年的技术发展方向、重点、措施、预算安排申请，技术发展规划由公司技术负责人组织编制，由技术管理部门在充分调研各生产院需求的基础上编制完成，主要采取的规划方法是产业生命周期分析法、价值链分析法等。一经确定则坚持贯彻，科技发展规划是企业来年技术发展的蓝本。

2. 创新管理架构，确保战略落地

中通服设计院的技术创新管理组织分为经营层、执行层和操作层，三个组织层面逐步细化目标、开展任务实施。公司经营层设立总工程师岗位，在执行层设立总工程师办公室，由技术体系管理、研发管理、知识管理、技术品牌管理等职能模块组成；在操作层分为专业技术委员会和生产部门两条线，从横向和纵向两个方向开展技术创新。

（二）构建1T3M管理体系，技术创新工作协同化

1. 打造创新能力，构建"1T3M"技术创新管理体系

所谓"1T3M"是指核心的技术体系（Technology System Management，简称TSM）及3个管理实施子体系，即技术品牌管理（Technology Brand Management，简称TBM），知识管理（Knowledge Management，简称KM），研发管理（Research and Development Management，简称R&DM），是中通服设计院在多年技术创新管理摸索出一套实践方法。

其中，技术体系，以年度为周期的闭环创新管理；研发管理子体系，围绕业务需求、技术生命周期开展前瞻研究和应用研究；知识管理子体系，实施五层金字塔结构的知识管理方法，实现新业务隐性知识显性化分享；技术品牌管理子体系，聚焦智慧类业务，掌握核心技术，打造技术品牌，带动多元化业务。

2. 闭环管理，实现技术创新螺旋可持续发展

围绕1T3M技术创新管理体系，开展PDCA技术创新管理方法，在计划、实施、检查、处理各阶段实施相应的管理措施。促使"1T3M"技术管理体系有序运行，持续改善，不断完善。

3. 强化制度保障，规范端到端技术创新管理流程

中通服设计院重视技术创新制度建设，以制度为准绳不断完善创新机制，提升技术创新管理水平，累计制定技术管理制度18项左右。这些制度对技术创新管理组织机构的职能进行具体描述，对技术创新管理模块进行具体的规定，包括岗位描述、职能职责定义、奖惩措施办法等。这些制度经过严格认真的草拟，在公司内部广泛征求意见，重要制度经过公司职代会审核、总经理办公会审批，一经制定严格执行。

（三）制定研发管理子体系，实现研发工作科学管理

1. 把握研发机遇，实施分级研发面向多层次应用

软课题预研指对于前瞻型课题，根据技术成熟度曲线处于萌芽期阶段的特点，开展技术预研，分析行业发展成熟度、技术集成组件、未来市场重点和发展布局建议，并提前布局一批发明专利，占领行业先机。

产品研发指以项目为载体开展产品研发，不断迭代信息化产品平台，包括行业信息化平台、城市信息化平台、各类园区信息化平台等，以发挥中通服设计院咨询优势，以咨询带动平台开发，以平台开发

带动总包业务。

增效工具类研发指对于传统业务，为应对价格竞争，开发新型勘察工具、设计工具、云化管理平台，提高勘察设计人员一线作业效率。

2. 注重研发质量，多环节把关落实研发过程管控

对研发项目管理实行端到端全流程管理，涵盖"项目指引发布—立项申报—立项课题评审—项目立项—项目定期跟踪进度检查—结题申报—结题评审—课题验收—成果推广"的全过程，严格控制，实现研发过程的有效管控。

3. 效益导向激励，落实研发项目成果的效益评估

成果利用的市场化推广途径包括内部和外部效益两种，一般通过产值贡献比例法进行估计，Tn 年产值计算公式为 $Atn=An-B/t$，其中 An 是项目在第 n 年产生的效益，B 是由年度研发评价确认的研发成本，t 为投资回收年限。效益的评估采用市场人员评价法，即大部分研发项目通常是通过市场推广，成果认不认可、效果好不好以市场价值为评判标准。

A 产值直接奖励研发人员，奖励比例按照年度税前利润率比例计算，以最大化激励研发人员，提升研发成果；通常政府对研发活动成本可以计入税赋减免，减免额可以对照这一比例重复奖励。

4. 政产学研合作，充分借助全行业资源

响应科技政策引导，积极争取政府科研经费支持，包括国家发改委、工信部，省级发改委、经信委、科技厅等对大数据、物联网、智慧城市等重大科研项目支持。加强与高校战略合作，实施技术创新产学研创新一体化措施，重点开展基础性创新研发。加强与厂家战略合作，产品研发与技术应用取长补短，业务涉及建筑、通信、信息化、节能环保等多个领域，几乎涉及这些行业的所有厂家的产品，与行业内的厂家不定期进行行业发展趋势与技术发展趋势探讨，进行产品的详细分析。

（四）搭建知识管理子体系，实现技术资源高效利用

1. 开展五层知识管理，有效识别、保存显性知识

中通服设计院技术管理部门经过多年知识管理经验总结，找出一条适合本企业的知识管理五层金字塔平台架构，实现公司级、专业级、部门级、团队级、员工级知识五层知识体系，满足全公司各层面的知识管理运营需要。

公司级知识管理。研发管理的输出研发成果资料作为公司级知识管理内容，包括前瞻理论研究、软课题预研、软件产品定型版本知识、各类知识产权成果（如专利、软著、标准、论文等）等，进行统一分类。

部门级知识管理。每个部门通常负责一个业务片区或者专业研究，部门内部开展知识管理，包括咨询设计模板、地区客户资料等，改变过去部门内部资料分散的局面。

专委会知识管理。专业委员会往往代表该设计院的最高水平，通过梳理所有部门的文件资源，形成知识地图；每个专委会可下设多个热点知识的知识地图，每个知识地图涵盖该方向的大部分技术资源，方便员工查询。

团队知识管理。复杂项目、新型项目的开展过程中会产生大量的过程资料和参考资料，资源随着人才转岗、部门调动、跳槽等而流失，而其他员工再次开展类似项目时，可能面临从头开始的困境，为此团队牵头人负责，按照项目节点分阶段上传和分享资料，公司员工可以通过检索找到相关领域的团队资料。

员工个人知识管理。员工结合自己的职业生涯规划、项目需求整理自己的文件资源，并其他层次的知识来源，形成个人的知识地图，为成为该领域的专家型员工打下基础。

2. 实施CTE标准流程，促进隐性知识显性化

实施知识管理"隐性知识显性化"（The Conversion of Tacit Knowledge into Explicit Knowledge，简称CTE）工作流方法，重点关注新技术新业务实施经验的跨部门分享，新业务的快速迭代和跨部门团队经验复制，工作步骤为技术管理部门调研隐性知识显性化需求，建立该业务的跨部门知识团队，业务资料脱密形成模板，组织拥有隐性知识的专家进行交流与培训，业务开展过程中进行远程辅导，通过以上措施从知识管理层面支撑公司新业务的市场份额增长。

知识管理子体系还打通与培训管理、行政管理、研发管理、项目管理的流程渠道，形成支撑全公司运营的知识管理服务，将隐性知识快速转化为显性知识。

（五）实施技术品牌子体系，形成技术品牌带动效应

1. 核心技术绑定业务，树立技术品牌

与生产企业的产品品牌不同，作为咨询设计服务企业，中通服设计院实施技术品牌管理方案，围绕行业技术理念、具体领域的核心技术，提出与转型业务捆绑的技术品牌，比如与智慧城市业务结合形成"SCP"技术品牌，即资源共享（Sharing Resource）、协同管理（Collaborative Management）、应用聚合（Polymeric Application），其已申请15项发明专利和10多项软件著作权，着力扶持智慧城市建设中的技术薄弱环节，推动关键技术的国产化。诸如此技术品牌还包括"绿色基站""平安基站""SODC"（Sustainable Operation Data Center）、"驿云盾"快递业安全监管云平台、"通服众测"网络安全服务、"城市'慧客厅'""绿色智能建筑""高速营运通"等20余个技术品牌。围绕这些技术品牌均有相应的核心理念、核心技术和专利等知识产权。

2. 发布领先成果塑造行业影响力

成果领先发布，树立行业创新引领影响力。2012年我国数据中心开展大规模建设之初，数据中心节能问题提上日程，发布《下一代绿色数据中心》，系统提出节能方案；在国家IPv6提出之际，出版发布了《下一代互联网IPv6过渡技术与部署实例》；在2014年4G大规模建设之前，已于2012年出版《TD－LTE、无线网络规划与设计》；在5G到来之前，已于2016年出版《5G：2020后的移动通信》，受到市场好评。诸如此类的著作已出版23部。

立体式媒介渠道推广技术品牌。建立技术品牌宣传资源池，根据政策热点、行业热点，结合重点业务开拓方向，主动推送相关信息。丰富线上渠道，包括中通服设计院官方网站、企业微信订阅号推送、新华网等网络媒体；选择线下权威媒体，如在《人民邮电》报开设"中通国服设计院视角"定期宣传公司技术品牌，编制30余种技术品牌宣传画册。

3. 持续升级技术品牌促品牌领先

基于项目的实施和行业技术进步、研发成果的推动，不断升级迭代技术品牌，建立技术品牌预警机制，制定技术品牌预案机制等，不断升级技术要素、案例、知识产权，一旦技术品牌可能被竞争对手超越、受到侵权则发布市场预警，传递到技术研发工作团队、法务部门，根据提前布置好的预案机制推动品牌维护工作。

（六）建设科研基础设施，夯实技术创新硬件基础

1. 助力网络强国，建设技术研发中心孵化新业务

聚焦大数据、软件自定义网络、未来网络、融合内容分发网络、物联网、智慧城市、人工智能等信息通信领域的先进技术，先后成立江苏省面向智慧城市应用的"智慧城市大数据工程实验室""江苏省电信业务开发与测试工程技术研究中心""未来网络实验室""软件定义网络研发中心""智慧城市联合研发中心""人工智能研发中心""智勘智设研发中心"等工程技术研究中心。这些技术研发中心采用"孵化室"管理方式，先后孵化"网络优化中心""智慧城市工程院""数据中心工程院"等生产部门。

2. 集聚科研人才，建设国家级博士后科研工作站

中通服设计院2012年8月获批设立江苏省博士后创新实践基地，并在2013年10月正式获批设立国家博士后科研工作站。

中通服设计院严格按照国家人力资源和社会保障部对博士后工作站的要求，认真开展人员选聘、课题立项等各项工作，积极做好博士后流动站的组织领导和管理工作，并结合行业发展、各个生产院服务设计的需求及企业现有的科研实力等实际情况，开展博士后项目研究，全力支持各个生产院的工作，形成高层次人才引进培养与高科技研究项目创新的互动，促进企业品牌提升。2014—2017年，博士后科研工作站累计完成技术成果研究30多项，助力中通服设计院获得大量的高端咨询设计项目，带动总包业务。

（七）强化信息系统支撑完善技术创新软件保障

1. 建设1T3M技术创新信息管理系统

中通服设计院将总结出的流程经验固化为信息系统，率先开发技术创新管理平台，即1T3M技术创新管理平台，将技术创新按照1T3M体系分为4个管理子系统开发，4个管理模块之间硬件共享、A/I接口共享、技术创新协同。

2. 调整技术创新管理定位

技术创新工作聚焦六大角色转变，即从成本中心向效益中心转变；从零散的传统智能管理向现代协同体系化管理转变；从传统沟通模式向信息化转变，从依靠口口相传、纸质媒介的传统技术管理方式，向依靠现代信息化手段、平台、引领公司最优办公效率转变；从围绕技术管理部门绩效指标向围绕公司战略引领转变；从业务后台支撑向前后台互动转变；从通信技术管理向全公司产品线管理转变，从传统通信技术管理、产品线管理为主，向信息化、通信、建筑、节能环保四大事业协同引领、产品线协同设计转变，以应对现代咨询设计协同化、一体化、产品化的趋势。

3. 强化项目资源支持

针对项目不同阶段，由具体的需求人员发起需求，调用公司的技术资源，从立项开始到项目结束无缝对接。此外，对中通服设计院的资质升级、企业荣誉申报、市场维系、客户接洽、工程管理、人力资源评价等，也都能实现高效支撑。

（八）发挥人的主观能动，打造企业创新助推器

1. 实施TPI人才考核机制，培养创新型人才队伍

实施TPI（Technology Performance Indicator）考核反向激励员工，促进技术人员自我提升。由专委会、生产院分别下达年度指标，专委会创新指标侧重于人才队伍的带动作用，生产院创新指标侧重于具体部门级技术创新管理的水平提升，这些指标层层分解到个人，充分调动技术人员发展的积极性。

2. 秉承上善若水理念，打造水利万物的创新文化

坚持"以水利万物、水滴石穿"精神。中通服设计院作为中通服旗下公司，贯彻集团"上善若水的乙方文化"理念，延伸出技术创新"水利万物、水滴石穿"的精神。在技术创新方面，以普适性、创新性、可操作及可以带来社会价值及商业价值作为创新的评价标准；在技术服务上，坚持"水滴石穿"的精神，不断地推动技术创新的推广、采纳，通过本地化、定制化技术服务，以"水滴石穿"的精神打动客户，将"沟通促进创新，合作创造价值"写进企业价值观。

紧扣通信、建筑、信息化以及节能环保等领域发展趋势，聚焦新技术、新趋势、新挑战，邀请各行各业知名专家、学者、精英，围绕"创新、趋势、绿色、智慧"的主题开展一系列高层技术论坛。"大师讲堂"捕捉鲜活技术事件、探讨新潮趋势理念、畅想美好技术未来，推动技术与市场的协同。专家、学者在讲课现场与客户、员工围绕相关热点、难点、疑点进行互动交流。每年召开1次公司级科技大

会，总结上年科技工作并表彰先进科技工作者，研究科技发展趋势、发布行业白皮书，部署下一年科技工作，与政府、企业、运营商客户研讨热点技术；每月定期召开技术经验交流会，搭建公司技术经验分享平台，促进部门间优秀经验快速交流，畅通技术交流渠道。

三、咨询设计服务企业以提高核心竞争力为目标的技术创新管理效果

（一）技术创新成果显著，提升核心竞争力

通过实施技术创新管理，实现三大心竞争力持续增强。核心技术方面，截至2017年年底，主编及参编国标及行标80多项，获得核心技术专利270余件、软件著作权60多项，发表各类业务创新型论文每年200余篇、出版著作23部，各项成果以每年20%左右的速度增长，获得科技进步奖54项、国家级优质奖项26项、省部级获奖116项，获得荣誉和奖项的级别、数量居全国同行业前列。在核心人才方面，"博士后""全国勘察设计行业科技创新带头人""六大高峰人才""产业教授"等国家级及行业级专家、领军人物崭露头角，形成老、中、青三代技术人才梯队。在核心业务方面，依靠技术创新促转型，以咨询带动总包业务，成功中标"贵州黔北现代物流新城信息化建设EPC总包项目"，该项目占地9400亩（1亩≈666平方米），总投资为150亿元，为贵州省重大项目之一，建成后将成为贵州省乃至西南片区物流园区标志性项目及全国具有特色的代表性物流园区。

（二）创新驱动业务提升，助推企业发展提速

随着技术管理体系的实施和不断深化，中通服设计院业务收入持续保持年均15%以上增长速度，在中国通信服务体系内综合实力从2012年的第3名发展到2017年综合实力第1名。

（三）推动创新经验分享，形成创新示范效益

2011年，中通服设计院获得了"全国文明单位"，并于2017年继续保持此称号。2013年中通服设计院被评为"全国勘察设计行业创新型优秀企业"。2017年2月获得企业技术创新奖。2017年7月12日，入围"2016年度江苏省管理创新示范企业"名单。中通服设计院技术创新管理实践方法获得2015年江苏省企业管理创新成果一等奖、2018年清华大学技术创新研究中心企业创新成果一等奖。

（成果创造人：朱晨鸣、唐怀坤、殷　鹏、郁建生、朱　强、
王　健、袁　源、戴　源、芮晓玲、李　昀）

航空机电企业基于系统工程的产品集成开发管理

中国航空工业集团公司金城南京机电液压工程研究中心

中国航空工业集团公司金城南京机电液压工程研究中心（以下简称南京机电），隶属于中国航空工业集团公司，前身是中国航空附件研究所，是独立的市场主体。南京机电拥有空中加油装备、恒速传动装置、应急动力装置、空气涡轮起动机、燃气涡轮起动机、高压除水环境控制系统、三轮涡轮冷却器、高性能电液伺服阀、燃油泵、飞机地面操纵系统等核心技术和产品，集综合性多专业的技术优势和综合实力于一体，先后为我国60多个机型37大机电系统提供产品和配套附件。获得4项国家技术进步特等奖；获国家科技进步奖20项；获省部级科技奖300多项。现有从业人员约3000名，其中专业技术人员占50%，总资产约30亿元，2016年营业收入21亿元。

一、航空机电企业基于系统工程的产品集成开发管理背景

（一）全面满足主机研制的需要

"十二五"以来，南京机电承担的军品型号任务量以每年10%～15%的速度持续增长，产品品种成倍增加，产品技术结构越复来越杂；在型号任务订货数量增加的同时，交付周期缩短，对质量和成本的要求提高，客户需求的多样化给研发带来极大的挑战，产品的交付质量、进度、成本、技术能力及研发效率等离客户的期望还差距较大。在进度方面，在研产品型号多，并逐年递增，新品研发和批产交付的计划完成率较低，主机甚至派人长期到生产现场催产品，及时交付压力极大。在质量方面，外场故障产品数量庞大；产品故障引发后果日趋严重；故障引发经济质量损失惊人，一年内外部直接质量损失就达2900余万元，质量安全形势非常严峻。在成本方面，对比波音、空客等国际标杆企业，产品定价是对方的5倍，成本成为制约企业开展国际业务的主要因素，随着军品的市场化定价机制的推进，企业面临的产品成本方面的压力陡然增大。在技术方面，南京机电已有数十年的技术发展积累，已经具备初步正向设计能力，虽建立了规范的研发流程但并不显性化，且由于以往的产品研制较多依赖于测仿，在实际研发过程中，并不能持续稳定的做到从需求出发逐步进行正向分解，难以满足主机协同开展正向设计的需求。在效率方面，传统的"制造，试验，再制造，再试验"的产品研发形式，不仅成本大、周期长，且效率极低，无法满足主机的交付周期，更重要的已经不再适合目前的基于系统工程的系统研发模式，无法支撑南京机电由零部件级供应商向系统级供应商的升级转型。

（二）适应行业发展、构筑核心竞争力的需要

航空机电系统是飞机上结构布局最复杂、体积重量最大、保障费用最高的庞杂系统，是飞机成功执行任务的根本保障。目前国内航空机电总体技术与国外先进水平落后30～40年，航空机电技术发展严重滞后。南京机电从产业价值链分析认识到，只有掌握系统技术，拥有系统集成能力，才具备问鼎优秀的实力。要赢得竞争，就必须学习研究国外先进标杆企业，构建一套高效、成熟的产品研发管理体系，不断提升系统研发项目管理能力和系统工程正向设计能力，使研发管理体系成为南京机电的核心竞争力。

（三）适应企业自身转型的需要

从南京机电内部管理来看，人力、财力、物力等研发资源有限，多品种小批量的研发任务繁重，资源与任务之间的矛盾愈演愈烈。南京机电原有的研发模式已制约企业未来的发展，对标系统研制的要求自身能力还存在着诸多问题和短板。

一是研发管理体系不完善。没有按照系统工程方法建立起规范的、显性化的产品研发管理体系，产品开发过程缺乏系统的需求分析到实现、验证和确认的方法和规范，且各职能领域与产品研发之间的接口关系混乱。二是研发组织不健全。缺乏项目责任主体，职责不清晰，项目工作的整体管理和过程管控缺失；缺乏项目运作组织、项目决策机制及项目管理流程；职能型组织存在厚厚的部门墙，阻碍项目开展，运作效率低。三是研发流程不健全。系统工程能力及项目管理能力不足，缺乏一套完整的、对产品研发具有可指导性、可操作性的流程、工具和方法；各领域工作串行开展，影响效率和质量，且增大管理和协作难度。四是绩效管理不健全。绩效体系与公司价值导向、公司战略、产品和技术研发目标脱离，企业的经营目标与各部门乃至员工的绩效考核脱离，缺乏绩效目标牵引。

IBM 倡导的集成产品开发（Integrated Product Development，简称 IPD）是众多成功的产品开发项目的总结和提炼，包括流程、组织、绩效、工具等各个要素，是一种集成的最佳实践，IBM、华为等国内外知名企业的成功是最好的例证。因此，南京机电以问题为导向，对标国际，启动了基于集成开发产品的研发管理变革。

二、航空机电企业基于系统工程的产品集成开发管理内涵和主要做法

航空机电企业基于 IPD 的研发管理架构，借鉴国际企业的优秀实践，结合航空机电专业特色，将研发各阶段所需的、最优的流程、方法、工具进行综合集成。

基于系统工程的优秀实践，将航空产品的开发流程结构化，拉通端到端的需求，使开发过程可视化。将职能管理向项目管理转型，项目组织管理与现有实体组织相适应，通过 IRB（战略决策层）、IPMT（策略管理层）、PDT（执行层）三层架构团队的有效运作，把产品开发作为投资来管理，快速高效的将产品交付客户；通过企业目标的对齐和分解，将企业经营目标同部门目标、员工个人绩效目标紧密相连，保证组织目标的管理、实现和持续改进。主要做法如下。

（一）对标先进，确定变革方向

1. 集中培训，准确理解 IPD 内涵

项目正式启动之前进行松土培训，先后召开四次中高层（全体高层和相关业务部门中层干部）松土研讨，对 IPD（集成产品开发）的基本概念、发展历程、核心思想、流程、方法、工具进行全面的学习和理解，使南京机电中高层管理人员对南京机电现状的思考、对 IPD 体系的认识、对南京机电推进 IPD 的必要性和可行性的认识基本达成一致，让研发管理体系的变革能够普遍被理解和接受。开展多次高层访谈、职能部门和研究部交流，初步收集各方需求。通过面对面交流，收集中高层管理人员对现状及存在问题的认识，对自身业务领域及整个企业研发管理体系改进的需求，并向其介绍对 IPD（集成产品开发）体系中相应的做法和经验，使双方对问题和需求初步达成一致，对 IPD 体系有了正确理解，对研发管理体系变革的业务改善期望初步达成一致。

2. 现场调研，梳理问题

南京机电采用调研的方法进行问题梳理，引入外部咨询公司确定调研大纲和访谈对象，调研历时15天，访谈企业中高层干部和业务骨干共126人，包括高层干部、副总师、各职能部门部长、研发部部长和科研计划部的四大片业务区处长，并编制调研报告。根据调研结果，从产品战略与规划、研发组织及优化、研发需求管理、产品开发管理、研发技术管理、研发项目管理、研发质量管理、研发绩效管理、系统工程、研发人才管理 10 个维度对研发管理现状及问题进行分析和定位。

3. 对标先进，确定方向

对标国际通用的研发管理能力标准（共分为 5 级），认为南京机电的研发管理水平尚处在第 2 级（优秀的功能，即职能管理阶段），如图 1 所示。

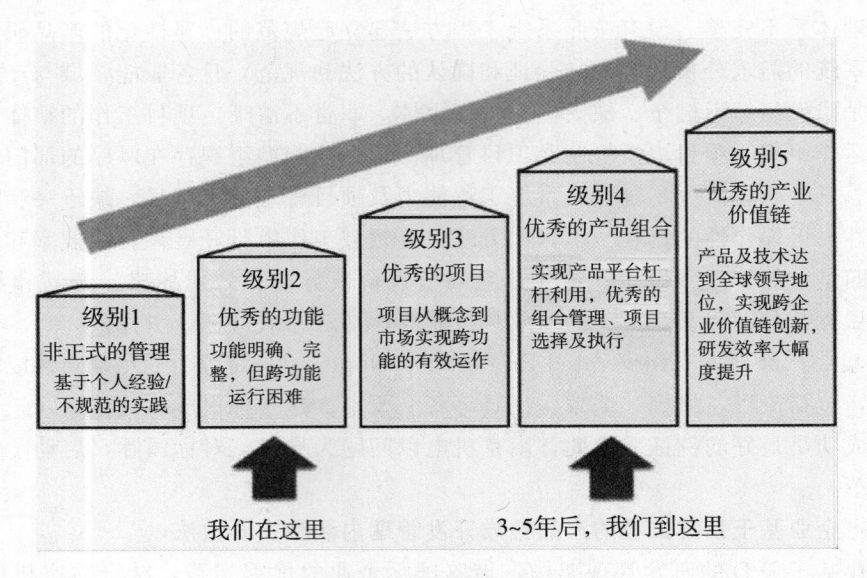

图 1 研发管理能力等级

南京机电组织召开了研发管理体系项目（IPD）实施方案高层听证会，南京机电总经理、副总经理及研发相关部门部长参会，对研发体系变革方案进行了充分的论证。审议一致认为，IPD（Integrated Product Development，集成产品开发）是一套基于最佳实践的、覆盖产品全生命周期的、可持续改进的产品开发模式、理念与方法。南京机电必须借鉴 IBM、华为、波音公司等先进企业的成功实践经验，综合权衡企业现有军品研制流程、适航要求、可靠性工作要求、GJB5000A（CMMI）等现有研发流程，基于系统工程的理论指导，结合企业当前的实际情况，从研发流程体系、研发组织体系、研发绩效体系3个方面来系统性地建设研发管理体系。通过项目实施，预期产生的业务改善为实现团队设计、并行开发，建立CBB库；建立融合系统工程、结构化的产品开发流程；形成产品研发项目管理运行机制，建立一批项目管理的人才队伍；实现项目的及时交付，缩短项目周期，提高产品质量，提高研发效率。

（二）推进流程落地，做好体系融合

1. 流程阶段融合

IPD流程体系的产品开发流程的整体架构是以系统工程流程为主干，划分为概念、计划、开发、验证和发布5个阶段，航空机电产品的产品开发流程形成了需求论证阶段（K）、方案设计阶段（F）、初样研制阶段（C）、正样研制阶段（S）、设计定型阶段（D）、生产定型阶段（P）6个研制阶段，两者的总体架构不同，需要进行融合以统一流程架构。阶段融合后，形成一套统一的流程阶段架构，如图2所示。

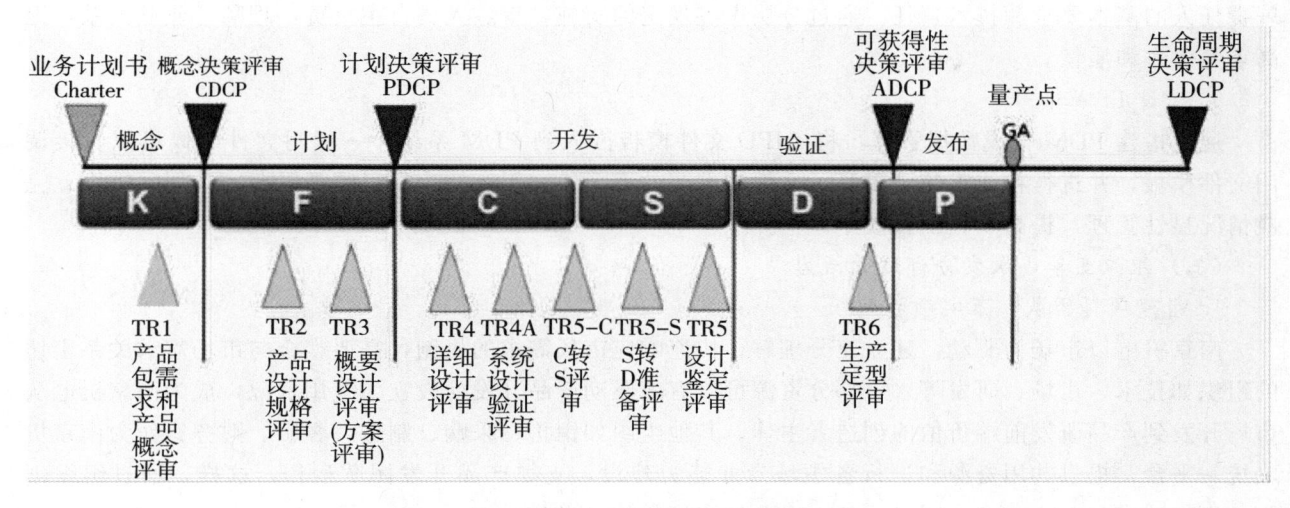

图 2　融合后的产品研发阶段划分

2. 技术评审融合

由于 AIPD 流程中设置了技术评审点，而南京机电企业标准中对于评审也有相应的规定，因此在流程建设中需要进行设计评审融合，既保证了评审有效性，又避免了重复性劳动。主要融合措施为将 AIPD 的技术评审点与军品研发技术评审点对齐，在原有军品流程中增加需求评审和初步方案评审两个技术评审点；将 AIPD 的技术评审作为正式设计评审的预审；预评审按 AIPD 的技术评审流程执行，正式评审按国军标设计评审流程执行；在 AIPD 的技术评审检查单中落实国军标设计评审检查要素。最终形成设计评审对照表以及相应的流程模板、检查单等，并修订企标《设计评审程序》予以落实。

3. 文件成套融合

由于 AIPD 有一套文件体系，而南京机电企业标准中也有一套文件体系的要求，因此在流程建设中需要进行文件融合，合二为一，避免两张皮。在融合过程中，主要采取措施为在融合过程中不以输出文件为导向，以解决业务问题为导向；南京机电、AIPD 中都有的文件，直接使用南京机电文件或融合为一份；AIPD 独有的文件，按其价值分为必选和可选，非关键文件设为可选，减轻项目工作量，灵活可推行。融合之后，形成 AIPD 成套性文件体系，输出《AIPD 文件与原有南京机电成套性文件对照表》供查阅，并修订企业标准《产品图样及技术文件 成套性》进行落实，形成企业法规。

4. 文件审签融合

在 AIPD 体系下，产品开发团队（PDT）对产品开发负责，原有职能式文件审签方式中，由职能领导签署所有文件（如部长签署审定、副总师签署批准），实际因业务量太大而无法实质履职，为了支持 PDT 团队履职，对南京机电原有文件和 AIPD 新增文件重新定义签署职责，进行签署体系的彻底重新定义。按照业务谁负责、文件谁签署的原则进行定义；对文件产生的结果负责的是项目线的角色，保障文件交付质量的是职能线的角色；按照项目管理类文件和系统工程文件进行大类划分；将项目管理文件分为项目经理编制和其他团队成员编制，分别制定签署规则，将系统工程文件分为系统工程师编制和其他团队成员编制，分别制定签署规则；由团队成员编制的文件由项目经理或系统工程师签署批准，由项目经理或系统工程师编制的文件由 IPMT 团队或副总师签署批准；对外的文件，对接主机需求的文件，主机上会评审的文件，需要跨部门协调资源的文件，由副总师签署批准；满足国军标对审签的相关规定。修订企标《产品图样及技术文件 签署及其责任制》，在该办法中对南京机电现行成套性文件和 AIPD 文件（以下简称设计文件）审签制度进行融合，规定了产品设计文件的签署要求，明确了各个签署责任人的基本要求和技术责任。通过分层审签规定的实施，审签人员自主负责，理顺了业务关系，提高审签效率和质量。

5. 建设 IT 平台

通过搭建 PDM 集成数据管理，将 AIPD 文件模板嵌入到 PDM 系统中，编写文件时候可以直接调用文件模板，并进行在线审签，提高了文件的编写效率。通过引入捷为项目管理平台，计划、进度、完成情况显性管理，提高项目执行效率。

（三）组织变革，激发分部运营活力

1. 组建项目团队，落实项目责任

南京机电以市场为驱动，建立充分理解、快速响应市场需求的机制，需要整合与市场需求关系密切的组织如技术、市场、研发等，这部分资源可以有效驱动产品开发而设立为专用资源，成为南京机电从市场开发到产品研发前端价值的创造者主体。其他组织如销售、采购、制造、客服、财务等作为南京机电统一平台，提供共用资源和进行各领域专业能力建设，支撑产品开发团队运作。这样，通过组织创新，更好地满足客户需求，同时让整个企业的资源价值最大化。

2. 确定组织架构，设置三层组织

南京机电对项目管理进行重构，其矩阵式跨部门组织体系架构采用三层结构，最上层是决策层，设立投资评审委员会（IRB），目前由总经理办公会替代；中间层是管理层，设立两个团队，一是设立跨产品线和职能部门的型号项目管理团队，由科研项目管理部门牵头组建，二是在产品线（分部）设立集成组合管理团队（IPMT），由产品研发部门组建；最下层是执行层，在产品线（分部）的内部设立产品开发团队（PDT）。集成组合管理团队基于南京机电各系统分部，在管理上拉通了市场、研发、采购、供应制造、技术服务、质量等职能领域，在流程上拉通从需求、到战略规划、到产品实现及生命周期管理的经营管理团队。IPMT 由 IPMT 主任、研发经理、制造经理、技服经理、质量经理、市场代表和执行秘书组成。产品开发团队负责对产品开发的整个过程，从立项到概念、计划、开发、到验证、发布、再到量产进行管理。核心成员由 PDT 经理、系统工程师、制造主管、技服主管和质量主管组成。

3. 厘清权限划分，理顺运作关系

南京机电采用的是"产品线＋资源线"并重的矩阵式组织结构，产品线承担全流程责任，确保绩效目标的达成，资源线负责组织能力建设，构建技术核心竞争力，为产品开发提供人才支持。要使产品线（项目团队）和资源线（职能部门）顺畅运作，南京机电主要做了两方面的工作，一是厘清项目和职能的权限，二是建立各级项目组织的运作机制。在原来职能式的管理模式下，项目事项的决策权限全部由职能部门负责，现在项目事项的决策权限由职能组织转移至项目组织

（四）绩效激励，支撑业务目标实现

1. 建立以业务目标为导向的绩效管理原则

南京机电以实现业务目标为导向，确定了以业务目标为导向的绩效管理原则，旨在建立一套能够支撑业务目标实现的绩效管理体系，驱动干部和员工紧紧围绕企业业务目标、满足客户需求开展业务工作。构建与企业客户导向和业务目标导向相匹配的绩效体系，将企业经营目标同部门干部绩效、员工个人绩效目标紧密相连，实现企业目标的上下、左右对齐；根据企业的年度经营目标，将企业的经营目标向下级层层分解，分解到各业务领域的各层级组织，并将业务目标具体的落实到干部和员工工作中。在此基础上，通过绩效考核加以调控，保证业务目标的管理、实现和持续改进；发布《南京机电中层及以上领导干部月度绩效考核办法》《南京机电型号项目考核办法》，将绩效考核结果与干部、员工月度薪酬挂钩，发挥绩效考核的导向和激励作用，驱动干部、员工以实现企业业务目标、满足客户需求为导向落实好各项业务工作。

2. 干部考核以企业业务目标为导向

为了支持AIPD体系变革和实现南京机电业务目标的达成，对于干部的绩效考核，改变以往职能任务式的绩效考核方式，解决部门业务目标（局部目标）与企业业务目标（整体）之间的不协调，建立以企业业务目标为导向的干部考核制度，充分发挥干部在业务开展过程中的领导和表率作用。

3. 员工考核以项目业务目标为导向

为了支持AIPD体系团队协同的变革和实现南京机电业务目标的达成，对于员工的绩效考核，改变以往职能任务式的绩效考核方式，倡导"失败的团队没有成功的个人"的绩效理念，解决个人业务目标（局部目标）与项目业务目标（整体）之间的不协调，建立以项目业务目标为导向的员工考核制度，充分发挥员工在项目团队中的积极性。推行以项目业务目标为导向的员工绩效考核制度后，员工能够积极参与到项目中来，使得跨部门的项目团队成员有了共同的共组目标从而成为项目责任主体，打破部门墙的职能式做事方式，真正做到团队协同，同时也促使职能部门将工作目标聚焦到项目的业务目标上来，聚焦到更好地满足客户需求上来，从而为项目提供充分的支撑。

三、航空机电企业基于系统工程的产品集成开发管理效果

（一）实现集成开发，降本增效成效明显

通过推行AIPD，实现了全员从不计成本到降本增效的理念的转变，职责清晰后，推诿扯皮减少了，员工工作积极主动性大大增强。在中层干部竞聘中，多名参加过流程变革的员工得以脱颖而出，由此更多人看到了变革的价值，为流程变革的持续推进营造了更好的氛围。研发的设计更改减少了20%，外场故障率下降16%，截至2018年6月，共入库CBB92个，调用CBB172次；KBE标准化设计79项；标准件优选库种类及规格数量减少了70%。已应用AIPD的型号的项目初步建立成本模型，进行成本和费用的精细管理。

表1 管理创新效果对比

序号	指标名称	计量单位	2016年	2017年	增减数额	增减%
1	质量：设计更改	件	2852	2281	-571	-20%
2	质量：外场故障率	件	1014	851	-163	-16%
3	设计复用：CBB开发	件	0	92	92	—
4	设计复用：KBE标准化模块	件	0	79	79	—
5	设计复用：标准件优选库种类	类	5020	1452	-3568	-70%

（二）有效聚焦客户需求，客户满意度不断提高

通过AIPD流程体系的建设，聚焦战略，简化管理，更加关注项目对于客户价值，从客户角度和需求出发来考虑产品设计，用系统工程的语言与客户进行对话，深层次挖掘客户需求，提升客户满意度。在客户需求挖掘方面，以前轮转弯系统为例，在第一轮进行产品包需求梳理时候，只挖掘了123条客户需求，并且未区分产品包需求、设计需求、设计规格，但是经过通过与客户访谈、团队头脑风暴、专家评审等几轮迭代后产品包需求增加到186条，设计需求320条，设计规格903条，在设计评审过程中，用系统工程的语言也客户进行对话与沟通，评审一次通过率达100%，双方达成一致起到了良好的促进作用。而且对于同类产品来讲，已有的需求条目可以在后续其他型号中进行复用，极大地提高了后续型号的研制进度和质量。

（三）变革了研发体系，起到了行业示范作用

首次建立了反映产品开发流程全貌的主流程，从客户需求为开端，到交付出满足客户需求的产品为终端，全流程的活动，让各级管理者、产品开发团队和各领域员工了解产品开发流程全貌。对于航空机电系统企业其他兄弟单位具有标杆性的借鉴意义，适合推广至从事复杂系统或者规模化发展后受到职能化壁垒的研发型企业。2017年7月，在机电公司科技月活动中在行业内进行推广交流，取得了良好的效果。目前陆续收到行业内相关单位邀请，进行成果经验分享。

（成果创造人：焦裕松、陈丽君、彭　妍、孟　东、贾菊英、成佳丽、陈　悦、刘晓东、赵鹏涛、彭建伟、许　勇、焦留芳）

自主品牌汽车模块化开发与管理体系的创建与实施

重庆长安汽车股份有限公司

重庆长安汽车股份有限公司（以下简称长安汽车）隶属于中国兵器装备集团有限公司，是中国汽车四大集团阵营企业之一，拥有156年历史底蕴、34年造车积累，在全球有16个生产基地、35个整车及发动机工厂和10个重点海外市场。2014年长安品牌汽车产销累计突破1000万辆，2016年长安汽车年销量突破300万辆，截至2018年3月长安品牌用户突破1600万人，两度入选中央电视台"国家品牌计划"，成为中国汽车品牌行业领跑者。

一、自主品牌汽车模块化开发与管理体系的创建与实施背景

（一）适应汽车行业激烈竞争的需要

目前，中国汽车市场已成为全球竞争最激烈的汽车市场，汽车售价逐步走低，但用户对汽车功能和性能要求却不断提升，传统的单个项目单个零件的开发模式已无法解决汽车新品开发中面临的进度、质量、成本的三重矛盾。国外主流汽车主机厂纷纷在新品开发中推行模块化开发的新模式。长安汽车要适应竞争日益激烈的汽车市场，快速满足市场多变的需求，提升自主品牌汽车核心竞争力，使企业能从批量生产中获得最大的经济效益，也必须尽早开展模块化研究，并将成果应用到产品的设计与制造过程中。

（二）支撑企业提升自主研发能力的需要

当前，我国经济下行压力较大，迫使企业（特别是制造业）必须提升内在的经营效益和质量，优化产品资源满足市场需求的模式。模块化作为一种提升系统/部件重用效率、降低产品成本、提升产品质量的有效手段，正越来越受到国内制造业的重视。模块化开发能减少重复设计，缩短设计周期，降低成本，丰富产品类型，快速响应客户个性化要求。长安汽车在新形势下，只有进一步优化资源配置和开发模式、提升管理水平，才能产生更多的综合效益，满足企业的高速发展需求。因此，推行模块化开发与管理体系的创建与实施，使长安汽车在研发管理及应用领域建立长远、持续、有序的发展机制，实现长安汽车市场目标，无疑是提升长安汽车研发管理水平、支撑长安汽车快速发展的当务之急。

（三）提升自主品牌影响力，迈向国际一流企业的需要

当前，我国自主品牌的培育和发展已进入关键时期，特别是自主品牌汽车正处于从低端向中、高端产品突围的重要阶段。长安汽车的愿景是打造世界一流汽车企业，只有持续、高速地发展，这样的愿景才可能实现。为实现这一目标，首先需要实施品牌提升战略，打造具有较高知名度的自主品牌。其次，产品和技术必须走出国门，在国际市场上与跨国公司进行同台竞争，并在国际市场上占有一席之地。竞争需要实力，在产品方面表现为产品的质量好、性价比高；在技术方面表现为对产品开发核心技术的掌握和对原创性方法的运用，这两者都离不开模块化开发与管理体系的创建与实施。

二、自主品牌汽车模块化开发与管理体系的创建与实施内涵和主要做法

长安汽车为提升企业竞争力，做大做强自主品牌，打造世界一流汽车企业，针对产品自主研发过程中面临的进度、质量、成本的三重矛盾，开展自主品牌汽车模块化开发与管理体系的创建与实施。以追求"快速+最优性价比"理念和提升市场客户价值导向为指导思想，通过搭建模块化开发管理体系，固化模块化开发流程，开展整车模块化开发体系的架构搭建、设计开发和推广应用，达到持续完善模块化开发体系、优化管理方法和应用技术、提升模块化开发水平的目标，提高开发效率，使产品性价比最大

化，对自主研发能力的提升起到积极的促进作用。主要做法如下。

（一）树立"快速＋最优性价比"开发理念，确立模块化开发的原则

1. 树立"快速＋最优性价比"的开发理念

长安汽车在产品开发过程中，将客户又快又好的需求放在第一位，遵循"开发的目标就是基于市场客户价值导向"的核心价值观，采用各种手段树立起"快速＋最优性价比"的开发理念。

长安汽车在2013年年底启动"模块化开发"研究，确定了模块化开发三步走战略。第一步构造基础级模块，第二步构造系统级模块，第三步开发两个模块化平台以及相应的4个产品平台。针对基础级、系统级模块化制定发展规划与目标工作计划，开展模块化开发流程建立、模块化设计开发以及推进机制建设等策划部署工作，提出实现"模块化"体系需要的措施、条件和手段，这些都为"快速＋最优性价比"的开发理念奠定了顶层设计基础。

同时，长安汽车对市场、研发、质量、采购、制造、供应商等内外各个部门、各个层面进行"快速＋最优性价比"开发理念的宣讲，制作宣传图片和展板，在企业内部开展以"快速＋最优性价比"为主题的劳动竞赛。这些措施使得"快速＋最优性价比"的开发理念在领导和员工中深深扎根，形成持续又快又好推出新品和模块化开发的文化氛围。

2. 确立模块化开发的原则

一是客户价值导向的原则。产品的最终归宿地是客户，因此必须坚持客户价值导向的原则。二是最优性价比原则。产品的性价比包括性能和价格两个方面，性能越高、价格越低越好。三是与供应商共赢原则。最优性价比必须落实到供应链上，需要与供应商形成协同共赢的战略联盟。四是规模最大化原则。模块化开发必须要实现采购规模的最大化，需要从模块的技术状态收缩、模块的平台通用性和供应商体系整合等维度来实现规模最大化。五是技术领先性原则。模块化方案必须保持适度的技术领先性，以确保未来不同平台产品应用的适应性。六是并行协同的工作原则。模块化开发涉及市场、研发、质量、采购、制造、供应商等多方面的人员参加，需要以模块为单位组成跨部门联合开发团队，采用并行协同的工作方式，共同对模块化方案进行把关。

（二）加强组织领导，构建模块化开发体系

1. 建立模块化开发推进组织机构

为确保模块化开发推进工作的顺利实施，长安汽车首先建立三级组织机构。组织机构充分体现了顶层设计管理思想。一是由推进领导小组负责模块化开发决策、模块化工作总体规划的批准，负责解决推进工作中存在的重大问题。二是由推进办公室负责配置资源、协调各部门之间关系，负责模块化工作总体规划的审核，并检查考核项目的质量和效果。项目总监由汽车工程研究总院领导担任，领导各专业推进组，负责具体模块化方案推进，并协调解决遇到的各种问题；同时，由技术、采购、成本等领域的公司级专家组成模块化专家组，协助项目总监开展工作。三是按专业推进组建立体化矩阵式团队，负责分析市场、质量数据，竞争标杆的数据分析，应用模块化"十步漏斗"法，通过技术状态收缩、开发进度加快、质量提升、成本降低等"6维"目标分析，制订出最优性价比的模块化方案。专家组指导各专业推进组开展工作。

2. 组建立体化矩阵式项目团队

长安汽车在组建项目团队时，充分贯彻团队工作的思想，以产品模块为主线，贯穿产品平台和质量、采购等专业团队，按产品模块组建立体化矩阵式专责团队。采用这种方式，有利于将各产品平台纳入整体规划，实现各平台车型之间零部件的通用化、系列化和标准化。

3. 建立模块化开发管理的制度体系

在实施模块化开发管理过程中，长安汽车在各个技术环节共建立18项管理制度，形成一套相对完

整的制度保障体系，覆盖模块对象选择规则、模块化特征码规则、模块化方案评审、模块的边界及接口审批、模块化供应商准入规则、模块目标价格分析计算、模块比价定点管理、模块入库数据管理、模块化应用管理、模块迭代及生态循环等内容。

4. 创建多层级的工作推进机制

长安汽车建立多层级、多方式、跨部门、内外联动的工作推进机制。一是在企业层面，以模块化项目组为核心，推动采购部、质量部、汽车工程研究总院、动力研究院、新能源研究院、工艺技术部、管理创新与IT中心、产品策划部、科技及项目管理部、商用车研究院等跨部门开展工作。二是在专业层面，不仅建立一级网络计划图及KTM（Key Task Monitor，关键任务监控表）周推动机制，确保各项工作按计划完成，还建立多种方式的会议沟通机制，保证技术的传递与问题的交流，实现工作的联动和高效推进。三是在企业外部，本着共赢开发和规模最大化开发的理念，通过项目总监与供应商中高层的一对一面谈，积极协调、调动供应商的积极性；通过统筹和集中车型平台规划量的规模化优势，增加供应商合作开发的信心；通过体系外供应商的广寻源和多轮QCDD交流，即质量（Quality）、成本（Cost）、交付（Delivery）、开发（Development），并引入体系外高性价比供应商参与开发，提升模块化开发比价的竞争性。

（三）搭建整车模块架构，确定点线面三阶段推进的顶层设计规划

1. 搭建整车架构及模块划分图

自主品牌的模块化开发管理是个循序渐进的系统化过程，它首先需要结合企业的设计能力、制造能力和采购供应链能力，科学合理地对整车架构、模块进行划分。长安汽车的整车架构划分为闭合件、底盘、车身、驾驶舱、电子系统、车身附件6个大模块，再逐步细分为42个中模块、336个基础模块，并从顶层至底层按照3个层级划分各具体模块，为推进设计模块化、采购模块化、装配模块化的开发管理奠定基础。

2. 确定点线面三阶段推进的顶层设计规划

根据自主品牌模块化开发管理的循序渐进的系统化特点，长安汽车在推进的顶层设计规划方面，确定点线面三阶段——三步走（试点、扩展、突破）的总体规划。第一阶段，即种子工程试点、寻找工作方法，总结出一套有较强操作性的模块化开发工作方法，并在模块的技术状态收缩、质量提升、成本降低等方面初见成效。第二阶段，即线上扩展、扩大效应。在这个阶段，建立了180余个模块化开发专责组，涉及390余名技术、工艺、质量、采购、市场等部门人员。第三阶段，即全面推广、体系提升、突破新领域。在种子工程探索和线上扩展的基础上，在车身、底盘、电器、内外饰四大板块全面推广，并突破动力领域和新能源新技术领域，取得明显的经济效益；形成一套成熟的、打通各个环节的、行之有效的模块化推进方法、流程，形成从分析、入库到应用的长效机制。

（四）固化模块化开发流程，持续完善模块化开发体系

1. 固化、沉淀工作方法与工作流程

长安汽车固化自主品牌模块化开发管理主干流程，该流程以模块化对象的选择为起点，以模块化成果的应用为终点，包括选定模块、确定模块先期策略、确定模块开发方案、模块成果在新品项目应用等4大环节，4个里程碑节点决策，共19个动作节点。在决策推进方面，包括4次公司高层领导决策，分别对模块对象选择、模块化方案、模块先期策略、模块定点定价进行决策。

2. 发布程序文件，持续推进体系建设

长安汽车通过实施模块化种子工程，细化、完善各环节的操作流程和程序文件。在搭建模块化开发管理的主干流程后，率先在整车安全约束系统上推进模块化种子工程开发，为全面推进模块化开发积累经验。在种子工程实战取得经验后，进行总结提炼，针对四大环节制定细化流程，编写并发布《模块化

通用化项目对象选定管理程序》《模块化开发定点管理程序》《模块化通用化项目应用管理程序》，明确模块化对象选择的原则、标准和方法，规范模块开发选点环节技术、质量、采购、供应商等部门的动作要点和交付物。在此基础上，继续分解和细化模块化开发各项工作的动作点，将各动作点分解细化为结构化工作表单，针对交付物及要求制定详细的工作模版。同时，针对已入库模块建立动态发布机制，并将模块化入库纳入长安汽车新知识发布体系。

3. 搭建IT系统，强化管理，提升效率

长安汽车在现有的采购一体化平台系统上，根据模块化开发业务流程，开发专门针对模块化选点的IT化子系统——模块化SRM（Supplier Relationship Management，供应商关系管理）系统。该系统从模块比价选点的先期策略申请与审批、供应商匹配与供应商评价、项目组综合评价、选点申请发布、询价申请发布，直至供应商报价、目标价格上传和价格解锁开标等均实现IT化。通过使用模块化SRM系统，规范了模块开发选点的工作内容，有效规避了主机厂和供应商人员的廉洁风险，取得主机厂和供应商的双赢效果，同时也使模块开发选点效率提升10%以上。

（五）优化管理方法和应用技术，提升模块化开发水平

1. 创建模块化特征码规则

为了更好实施模块化开发，统一开发过程的结构化、标准化的规范，加强技术状态的跟踪、控制与管理，长安汽车开展模块化特征码规则工作。模块化零件的件号结构分为主件号、模块特征码与状态编码、结构区分号三层。该模块化特征码规则能快速甄别模块化零件和非模块化零件，有利于降低零件状态管理工作难度，也为模块化零件的开发、采购、装配提供标准支撑。在此基础上，项目组协同标准化部门，将模块化特征码规则升级为企业标准，助推了模块化开发水平的提升。

2. 创建模块化边界约束分析技术

鉴于模块化零件具有相互组合和跨平台车型应用的特点，项目组在推进模块化开发时，需要根据市场需求，转化为各平台的性能需求目标，并根据空间尺寸、造型、性能、试验、接口界面，确定满足市场客户价值导向的模块化方案。一是建立平台性能需求转化边界约束技术，实现平台性能需求和边界约束技术的转化。二是构建模块化边界接口分析技术，包括物理接触、能量转移、信息交流、材料转换、多项关联和边界线等六大边界要素分析。同时，构建关联部门边界接口方案会签确认机制，从技术手段和管理机制上确保最终实现设计模块化，达到缩短开发周期、提高产品质量、降低产品成本的目的。

3. 创立"十步漏斗"分析方法

一个模块化开发方案是否先进？是否可行？需要通过市场、技术、质量、制造、采购等领域的特征和表现进行判断。为此，长安汽车建立独创的"十步漏斗"分析方法，从模块的层级、市场成熟度、质量表现、重量及成本、状态数及装配层次、技术规划、供应商评价、"6维"目标适应性、接口及周边约束分析、供应商体系分析等维度，通过10个步骤对模块化方案进行综合分析评价。"十步漏斗"分析评价技术，是项目组在推进完成长安汽车第一、第二阶段模块化开发后，经过反复总结提炼，独创出的模块化开发核心技术方法，该核心技术方法的创建，使长安汽车的模块化开发工作，从非结构化开发模式优化为结构化开发模式，大大提升了长安汽车的模块化开发能力。

4. 制订模块化全生命周期成本管控模型

在模块化的采购比价环节，长安汽车创建了SOP年（投产年）模块化目标价格分析模型，并引入NPV（净现值）计算方式评估供应商报价，实现对零部件全生命周期的成本管控，进而达成新品采购比价需求与量产后成本管控需求的深度融合，使长安汽车获得最大效益。

通过这一系列模块化开发及管理方法、技术的优化，在提升模块化开发水平的同时，也加快了长安汽车模块化开发战略的实施步伐，预计将提前半年基本实现长安汽车模块化开发的第一步战略——基础

级模块构建。在此基础上，长安汽车通过IT化手段，构建模块化同步应用及管控系统，强化对基础级模块的应用和验证，为启动长安汽车模块化开发的第二步战略——系统级模块构建，奠定基础。

（六）推广应用，构建模块化同步应用及管控IT化体系

1. 建立BOM平台通用件管理库和PDM通用件应用库

为提升模块化开发成果的应用效率，长安汽车开发了BOM平台通用件管理库和PDM通用件应用库。BOM平台通用件管理库用于存储件号、适用平台及适用项目信息，强制管理新品应用项目对应零件申请模块化件号；PDM通用件应用库用于存储技术开发要求、技术方案、2D/3D数据，在实现模块化成果沉淀的同时，也提升了产品工程师对模块化成果的应用效率。

2. 强化模块化开发成果同步应用管控

在搭建通用件库的基础上，为进一步管控新品车型按既定的规划应用模块化开发成果，长安汽车在BOM管理平台中开发了模块化件号和规划平台车型自动匹配功能，在产品工程师申请零件件号时，如该零件已模块化，系统就会自动匹配该模块化零件必须应用的平台及车型，实现了模块化零件从件号的自动编制，到实施平台、应用项目的IT化应用管控，确保了对模块化规划状态成果应用的自动落地。

（七）构建模块化迭代机制，推进入库模块的定期迭代和生态循环

针对已开发入库和应用的模块，随着时间迁移、技术革新、质量提升和造型等原因，部分模块已经无法适应客户和市场的更高需求，需要根据市场新需求对入库模块进行审视，不断优化，以推进入库模块的定期迭代和生态循环。针对这个不断审视过程，长安汽车构建了一套比较完备的模块化迭代机制。

1. 建立模块化迭代审视机制

长安汽车结合市场需求和模块变化周期，建立了固定模式+应变模式的双重审视制度。固定模式为所有模块拉通分析，结合各项目的应用情况、市场变化、对标竞争对手信息等，每年审视已入库模块方案或价格；应变模式为当入库模块出现新的资源或者新的成本挖掘机会时，随时推动模块迭代和在产品上的生态循环。同时制定了模块化迭代的触发条件，一是入库模块方案已经不能满足市场客户需求，需要对现有方案进行升级，以满足客户需求；二是入库模块方案出现功能或者其他要求冗余的情况，需要对现有方案进行优化，以提升模块化方案的性价比；三是入库模块方案已经不能满足油耗、排放、碰撞等国家法规要求，需要对现有方案进行技术革新，以满足国家法规要求；四是出现技术和质量水平相当、更具竞争力价格的供应商，同时现有模块化供应商无法达成更具竞争力价格时，也将启动新一轮的模块化迭代工作。

2. 制定模块化迭代工作流程

模块化迭代分方案迭代和价格迭代。其中方案迭代流程为方案制订、方案评审、发起RFI（Request For Information，信息征求书）和RFQ（Request For Quotation，报价请求）、定价入库。价格迭代为确保价格快速落地，快速运用到项目中，故简化流程，提升效率，只要专业委员会同意，即可迅速发起价格迭代相关商务流程。

3. 制定模块化迭代件号规则

为规范管理模块化件号，快速区分迭代状态和现有状态，长安汽车制订迭代件号管理规则。对于小的方案迭代，模块化迭代件号尾缀在现有件号中依次递增。对于大的方案迭代，件号顺序对应编写。

4. 制定模块化迭代商务环节比价规则

为确保模块化的价格最优，同时确保原供应商的利益，模块化迭代搭建了"先议后招"的规则，即优先与原模块化供应商议价，如果未达成成本目标，则启动多家供应商比价。

三、自主品牌汽车模块化开发与管理体系的创建与实施效果

（一）快速实现了产品性价比最大化，提升了企业的市场竞争力

长安汽车通过模块化开发与管理体系的创建与实施，在保障产品性能和质量的同时，快速实现了自主开发产品性价比的最大化，提升了长安汽车产品的市场竞争力。模块成果在零件品类、质量、轻量化、进度和成本5个方面均有显著成效，技术状态缩减73.03%，质量提升59.67%，重量减轻2.42%，开发进度加快49.47%，成本降低15.97%。机电类模块与原量产车相比，采用本成果后使成本降低约40%~50%不等；各在研车型运用模块化成果占比高达85%。2014—2017年，模块化成果在长安汽车十大主力车型中带来的采购成本降低金额达0.0411亿~5.6亿元，累计采购成本降低金额达19.5亿元，提升了整车成本优势与市场竞争力，大幅度提高了经济效益。

（二）建立了一套可复制、可传承的模块化开发体系，促进了自主研发能力的提升

长安汽车通过多层级的工作推进机制的创建、模块化特征码规则等制度制定，以及模块化主干流程固化等，形成了一整套可复制、可传承，并打通长安汽车研发、质量、采购、供应商等内外各部门的模块化开发流程和应用机制。通过在产品开发中全面应用模块化开发与管理体系，使产品设计过程实现了精细化，设计结果实现了最佳化，显著提高了企业的自主研发能力。同时，长安汽车通过推进模块的迭代开发，加深了对汽车产品自主研发模块化设计的理解，系统地掌握了汽车开发的核心技术，并持续优化开发管理理念和可复制的机制，促进了设计管理水平和自主研发能力的持续提升。

（三）促进了自主品牌的壮大，加快了迈向国际一流企业的步伐

自2014年以来，长安汽车相继推出多个自主品牌汽车并成功实现产业化，显著增强了企业的核心竞争力，为实施自主品牌提升战略奠定了坚实基础，促进了企业的高速发展。这不仅使长安汽车的自主品牌得到市场普遍认可，使民族品牌在国内汽车市场占有一席之地，市场份额不断扩大，更进一步增强了长安汽车高举"民族品牌"大旗的信心和能力。近年来，长安汽车的国际化步伐不断加快，除了向40多个国家批量出口自主品牌汽车外，还在俄罗斯、伊朗、印度等多个国家投资建厂，输出技术与管理，并将产品模块由矩阵式团队推向各研发基地，已经从整车扩展到英国动力开发中心、美国底特律底盘中心和美国硅谷智能化开发中心、日本内外饰开发中心，同各国基地共同合作开发生产汽车，促进了模块化的技术与管理理念及方法在整个长安汽车全球研发系统得到传播与推广，助力长安汽车向"打造世界一流汽车企业"这一愿景又迈出坚实的步伐，也为我国自主品牌汽车制造企业迈向国际化进程，探索出了一条可借鉴的途径。

（成果创造人：朱华荣、刘　波、莫方辉、吴　林、张晓娟、杜剑勇、程莉华、张　彬、王　瑶、何　俊、田　英、杨海波）

军工院所面向作战能力生成的装备研发管理

中国电子科技集团公司第二十九研究所

中国电子科技集团公司第二十九研究所（以下简称29所）1965年始建于四川省都江堰市，1993年科研和生产主体迁至成都市，是我国最早建立的专业从事电子对抗技术研究、装备型号研制和生产的系统工程研究所，承担了全军大部分电子对抗装备的研制生产，产品覆盖机载、星载、舰载、弹载等平台，主要应用于卫星导航、精确制导、高功率微波等国防及民用领域。占地面积2300余亩（1亩≈666平方米），构建了集研发创新、核心制造、测试评估、服务保障于一体的科研生产体系，拥有先进的电磁环境仿真中心、国家级质量检测中心和大型电子信息装备试验场。先后2次荣获"高技术武器装备发展建设工程重大贡献奖"，取得了1000多项科技成果。

一、军工院所面向作战能力生成的装备研发管理背景

（一）满足国防和军队发展需求，履行新时代使命和责任的需要

面对日益复杂的国际安全形势，党在新形势下的强军目标，其中"能打仗、打胜仗"是强军之要，是检验军队战斗力和武器装备能力水平的根本标准。党的十九大报告提出"提高基于网络信息体系的联合作战能力"要求。电子对抗装备作为基于网络信息体系的联合作战能力的重要组成部分，是现代信息化作战力量的核心要素之一。29所作为我国电子对抗领域排头兵，肩负着为部队提供管用好用电子战装备的使命和责任。为此，29所亟须从提升装备研发管理水平角度出发，主动寻求贴近用户，通过充分理解需求，深度挖掘需求，准确把握网络信息体系下武器装备发展新趋势，构建新型的面向作战能力生成的研发管理体系，保障和支撑军队实现"能打仗、打胜仗"的强军目标。

（二）适应军队实战化要求，引领电子对抗领域持续发展的需要

随着我军实战化训练日益增多，电子对抗装备在各类演习演练过程中暴露出复杂环境适应能力不足、体系贡献度不高等问题，直接影响作战效能的发挥。2016年，军委装备发展部明确要求加强装备试验鉴定工作，在装备发展全寿命周期形成性能试验、作战试验、在役考核层层递进、环环相扣的科学的鉴定和考核模式，确保在装备研制过程中充分解决影响战斗力生成的各类问题。为适应军队实战化要求，29所迫切需要改变以满足装备功能性能指标为目标的传统研发管理方式，构建全流程多要素面向作战能力生成的研发管理体系，使得装备在满足功能性能指标的同时符合用户预期的作战使用要求，持续引领电子对抗行业的发展。

（三）解决传统研发管理瓶颈问题，提升企业核心竞争力的需要

建所50余年来，29所逐步形成了电子对抗装备研发管理体系，支持了数千台套装备交付，但也暴露出用户需求理解不充分、作战能力验证不到位、效能保障不完善等研发管理问题，难以继续支撑企业的持续高速发展需求。新时期，29所承接电科集团"建成国内卓越、世界一流的创新型领军企业"的要求，在对传统研发管理问题充分认识的基础上，通过转变思维方式、组织方式、工作方式，构建面向作战能力生成的研发管理体系。以用户作战能力需求为中心打通需求管理、系统设计、验证试验到作战支持全流程，通过不断提高满足用户作战需求的能力，增强用户信心，提升企业核心竞争力。

二、军工院所面向作战能力生成的装备研发管理内涵和主要做法

29所以部队作战能力生成为目标，从提升武器装备作战能力的角度出发，将作战能力要求贯穿论证、方案、工程研制、设计定型、生产定型和生命周期等主要研发阶段的产品开发流程，建立以用户需

求为核心，依据流程和标准开展面向作战能力生成的需求分析、系统设计、实物验证和效能保障等业务活动，将装备作战能力从概念提出、方案设想、实物验证和使用保障逐步转化为现实产品。主要做法如下。

（一）构建面向作战能力生成的研发管理框架，完善组织机制

1. 建立装备研发管理框架

在深入分析理解内、外部环境要求的基础上，29所结合自身产品特点及实践经验，提出构建面向作战能力生成的装备研发管理框架（见图1）。一是建立面向用户需求，将作战能力要求贯穿产品开发全过程的研发流程，并建立相应的标准规范实现流程落地；二是开展保障作战能力生成的组织调整、人才培养、文化建设、监控运行机制建立等管理活动；三是建立支撑作战能力生成的信息系统及验证环境，并以此开展面向作战能力生成的需求论证、方案开发、测试验证和服务保障等业务活动。

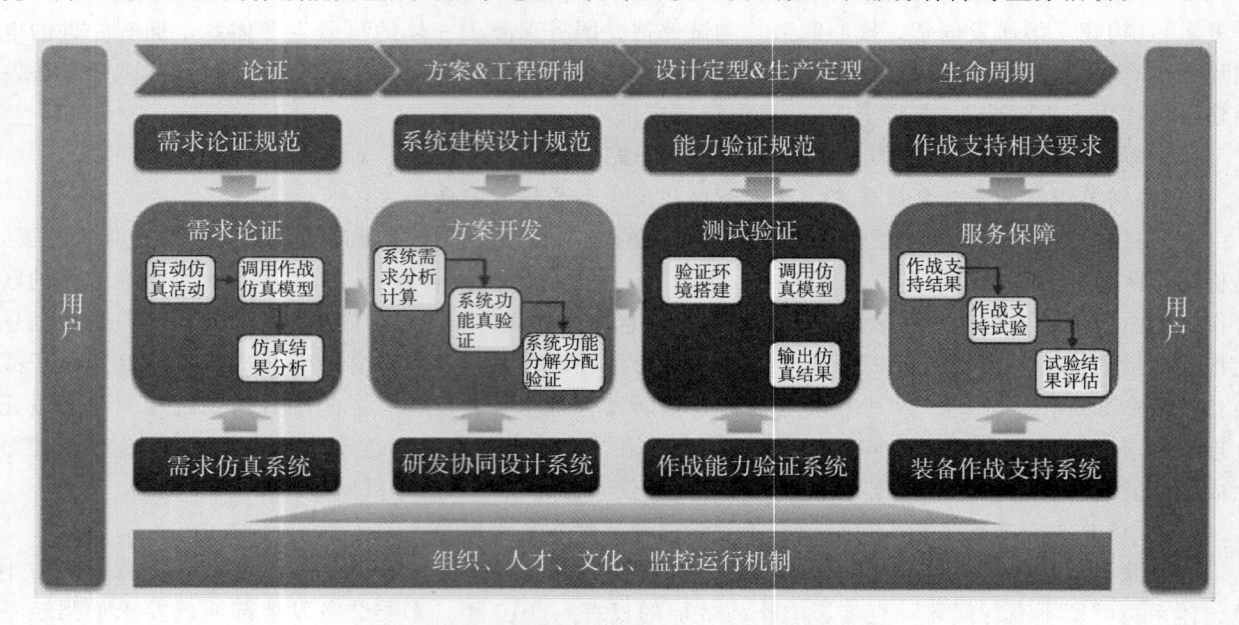

图1 面向用户作战能力生成的装备研发管理框架

2. 优化研发流程，承接转型要求

为突出装备研制以形成装备作战能力为目标，对标GJB 2993－97关武器装备研制阶段划分的要求，结合29所产品特点，对装备研发流程的七大主要业务活动（见图2）进行了流程改造和细化，以作为执行总纲牵引装备作战能力的生成。主要调整内容包括论证阶段"作战需求分析"业务活动，依据装备典型作战场景，分析装备作战能力，以此牵引后续产品开发，保证装备在设计之初就充分考虑作战使用要求；方案阶段"产品技术开发＆制造"业务活动，要求装备方案设计完成后必须通过作战仿真验证，才能确定最终方案实施细节；工程研制阶段"系统集成验证"业务活动，要求装备在指标测试验证完成后，进行模拟典型战场环境的半实物作战能力验证，包括桌面注入式能力验证，暗室能力验证等；工程研制阶段"外场验证"业务活动，要求装备在29所构建的外场试验环境完成验证，检验装备适应复杂电磁环境的能力；定型阶段（包括设计定型与生产定型）"初始作战测试与评估"及"后续作战测试与评估"业务活动，要求在用户组织的试验评估过程中，重点针对装备作战使用过程中发现的问题进行闭环，持续提升装备作战能力；生命周期管理阶段"作战与支持"业务活动，重点突出在装备应用过程中，29所利用自身有利的技术验证条件，不断向用户提供装备作战应用技术服务，保证装备能力持续、稳定、高效地发挥作战效能。

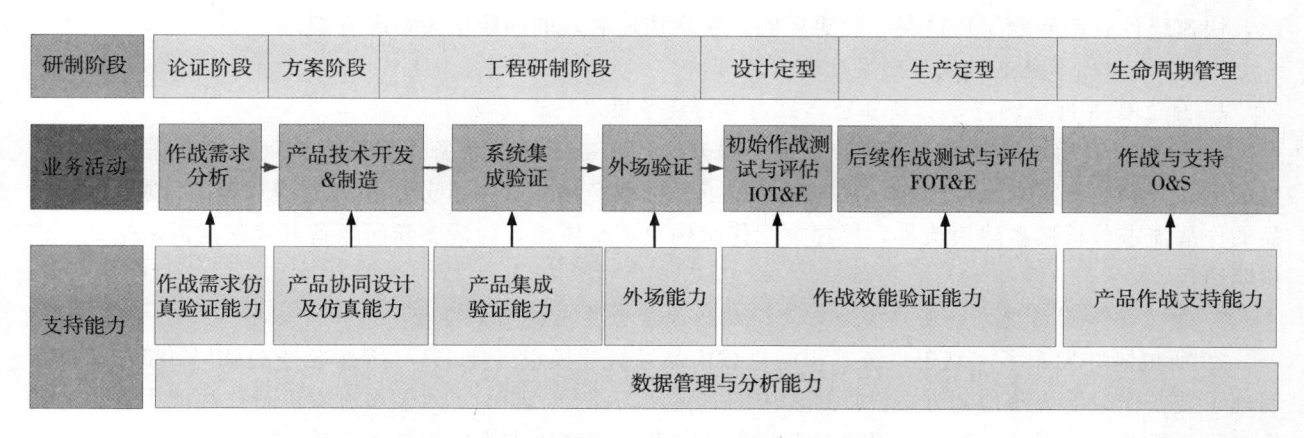

研制阶段	论证阶段	方案阶段	工程研制阶段	设计定型	生产定型	生命周期管理
业务活动	作战需求分析	产品技术开发&制造	系统集成验证	外场验证	初始作战测试与评估 IOT&E / 后续作战测试与评估 FOT&E	作战与支持 O&S
支持能力	作战需求仿真验证能力	产品协同设计及仿真能力	产品集成验证能力	外场能力	作战效能验证能力	产品作战支持能力
	数据管理与分析能力					

图 2 面向用户作战能力生成的装备研发总体流程

3. 制定推进策略，调整组织机构

按照"先试点，后推广"的基本原则，围绕优化后的装备作战能力生成业务流程，匹配调整组织机构。一是选取机载产品为试点，制定面向装备作战能力生成的研发管理的工作策划，将多项同期新研重点型号及现役装备改进对研发能力的建设需求一并纳入项目要求统筹考虑。明确基于作战能力生成的研发管理的组织架构、运作模式等，从组织文化、流程制度建设、信息系统支撑及测试环境建设等多个维度提出顶层要求，为后续推进工作明确了目标和实施路径。二是成立所级推进团队，发布实施方案及工作计划，制定项目管理办法，明确人员分工、进度及沟通管理等，规范项目产出评审、发布和变更流程，开展整体进展监控、月度评估和考核，确保各级业务部门具体实施与顶层战略目标一致；成立航空产品部数字仿真设计与效能评估团队，专业负责机载装备的数字作战效能仿真业务，实现装备需求论证与装备设计人员的相对独立，确保对于装备作战能力需求的充分理解；成立测试验证中心，专业负责装备的基于实物/半实物能力验证业务，实现装备设计人员与能力验证考核人员相对独立，保证装备能力验证的客观性；成立作战支持团队，专业负责装备的作战支持服务业务，实现装备交付后的作战能力持续升级和维护。

4. 培养人才队伍，开展文化宣传

29 所通过"专家大讲堂"、技术研讨、专题培训、技能竞赛等多个维度开展文化宣传和人才队伍建设，关注人才培养，促进行业交流，强化从"交装备"到"交能力"的思维转变。围绕装备研发模式和交付模式的转型，29 所举办"仓颉杯"电磁数据建模大赛、ANSYS 电磁建模仿真大赛、CATIA 数字协同设计大赛等一系列数字设计和仿真验证竞赛，广泛开展数字设计和建模仿真专业人才培养。2017年，依托 29 所军地联建的电磁空间作战与应用重点实验室，举办了行业内首届综合电子对抗建模与仿真研讨会，促进电磁空间作战运用仿真与效能评估领域的交流与合作。

5. 监控运行问题，建立改进机制

29 所面向作战能力生成的装备研发管理工作推进实施以来，累计发布标准规范、流程文件、技术要求等文件 10 余份。为确保各项文件要求在相关业务和职能部门得到充分理解和高效执行，发挥预期运行效果，项目推进团队详细策划了文件的运行跟踪和评估优化工作。一是组织对各项文件内容进行系统培训和宣贯，确保有关人员充分理解流程活动和标准要求，并持续开展用户和产品设计人员的意见收集。二是通过与装备用户的持续沟通交流，不断从应用角度评估与修正研发体系建设目标，在重点项目建设过程中邀请装备用户共同参与需求论证和方案建设评审，使研发体系建设始终围绕作战能力生成这一目标持续推进。三是借助先进的管理工具 DOORS 实施精细化管理，采用条目化方式进行闭环情况追踪，快速统计查询问题闭环情况、变更影响，实现快速有效的问题落实情况管理。

（二）建立标准规范，确保研发过程有法可依

1. 建立需求论证规范，明确基于作战能力的装备需求论证活动

29所按照国际先进的基于模型的系统工程方法，在电子对抗装备作战能力论证中首次采用建模仿真的形式开展装备需求论证工作，并拟制发布了《机载产品作战需求分析模型建模规范》，规范机载产品的作战需求分析模型建模流程，使建模工作结构化、整体化，为诸多新研装备开展作战需求论证工作指明路径。

2. 建立方案设计要求，明确装备方案承载作战能力要求的实施路径

29所拟制并发布了《基于系统工程的机载产品系统建模设计要求》（所标准号 Q/BM 485－2018），明确了装备作战能力落地到方案设计过程中的具体实施路径，明确了对装备方案进行作战能力仿真的具体工作步骤及产出形式，为广大设计师开展基于装备作战能力的方案设计工作奠定了方法基础。

3. 建立能力验证程序，保证装备测试验证满足作战能力要求

29所拟制并发布了《能力验证工作程序》，将作战数据与半实物作战仿真验证手段有机结合，明确装备实物作战能力验证的具体工作步骤及产出形式，并对所内相关部门所承担的作战能力验证职责进行了划分，有效保障了向用户交付满足作战能力要求的装备实物。

（三）开展面向作战能力生成的需求分析，提升研制项目识别用户需求的准确性

1. 与用户共建需求论证环境，提升作战需求论证效率

29所通过与军方共建"电磁空间作战与应用重点实验室"、搭建专用快速信息通信网络，共建统一作战仿真平台等措施，使得用户与装备研制人员可以在一个共享的平台上快速完成作战需求论证所需的信息交互，仿真验证等工作，从而极大地缩短了信息交流延迟，提高了装备论证效率。

2. 实施条目化需求管理，提升需求表达的准确性

29所以条目化需求管理方式，制定需求管理办法，并建立需求管理信息系统，要求需求管理人员首先对来自用户的各种需求文件进行条目化，并录入到需求管理信息系统中；其次，在需求合并过程中，需建立合并结果与原始用户需求间的关联关系，以保证需求的可回溯追查；最后，进行需求覆盖度的分析，随时监控对用户需求理解的充分性和准确性。通过以上措施，极大提升了用户需求表达的准确性，理解的充分性。

3. 对装备作战能力需求进行建模仿真，准确、完整理解用户需求

借鉴外军在装备论证方面的先进做法，29所采用了业界先进的基于模型的作战需求论证方法，首先对用户需求中各种关键要素进行建模，如建立典型作战场景模型，主要威胁对象模型，装备作战仿真模型，作战效果评估模型等，其中装备作战仿真模型加载了初始的装备功能、性能指标；其次，利用模型的可仿真性，将上述模型加载到作战仿真平台上，完成对整个作战仿真场景的推演模拟，并依据推演的最终作战效果不断修正迭代装备作战仿真模型，改进装备功能、性能指标，最终得到满足用户作战意图的装备系统需求。提高了用户需求转化为装备系统需求的准确性和完备性。

（四）实施面向作战能力生成的系统设计，确保装备设计准确高效

1. 以数字模型为方案设计载体，提升装备作战能力实现的准确性

29所采用了业界先进的 HarmonySE 方法，将传统以文字为载体改变为以数字模型为载体的方案描述方式，极大地提高了装备方案在描述作战能力实现内容时的准确性、清晰性。

2. 实施并行协同设计方式，提升装备作战能力实现效率

29所依托条件保障建设经费，自主开发了协同设计平台，让设计师在一个统一共享的设计空间开展工作，所有设计师的设计内容在权限允许的前提下可以实时分享给其他设计师，使得设计师能够并行

开展方案的协同设计,从而极大提升装备作战能力实现效率。

(五) 开展面向作战能力生成的递进式实物验证,实现装备测试验证贴近实战

1. 建立桌面注入式能力验证系统,解决装备自身的功能性能及能力生成问题

围绕作战能力生成,建设具备作战场景仿真能力的动态射频仿真系统,将战场搬进实验室。通过构建动态射频仿真系统,在动态的作战场景中对电子对抗装备作战能力进行仿真验证,评估装备是否满足作战效能和作战能力需求。动态射频仿真系统依据装备典型作战场景构建仿真场景,在考虑编队组成、载机机动、作战规则等多重约束的条件下,仿真模拟敌我双方战术行为在空间、时间、频率不同维度的信息交互和相互影响,通过模拟座舱等人在回路系统,模拟人为因素对装备作战能力需求的影响,并产生相应的射频激励信号,对电子对抗装备的能力进行验证。对已完成常规性能指标测试的装备,制定装备作战能力考核测试用例,测试未通过的装备需改进后进行反复迭代验证,使作战效能问题尽可能在交付前充分暴露并得到解决。

2. 建立暗室能力验证系统,提升装备与平台的适配性

为进一步增强纯数字作战仿真和桌面注入式能力验证系统仿真结果的真实性,提升装备与平台的适配性,依托某重点型号条保建设项目,29所建立了可容纳1∶1飞机模型的大暗室,构建自由度转台,配置诸多能够逼真模拟各种战场复杂电磁环境的背景辐射源及雷达模拟器,依托自身对复杂电磁环境的控制,测量出各种装机条件下的性能实际数据,以反向迭代回产品协同设计平台及桌面注入式能力验证系统,产品协同设计平台在获取这些数据后,可进一步优化仿真模型的真实性,以提升各种算法对于实际装机平台的适配性;桌面注入式能力验证系统在获取这些数据后,可进一步提升注入式信号的真实性。同时,通过依托暗室对信号的纯净性控制,可模拟屏蔽各种干扰因素的简单作战场景,以对装备作战效能进行有针对性的评估,以测量出在隔绝了不可控因素影响下的装备作战效能,从而对装备在装机条件下的作战效能问题进行准确定位,进一步完善设计提升装备作战能力。

3. 建立外场能力验证系统,提升平台及装备在复杂外场环境下的适应性

为进一步从空间和能量上真实模拟实际作战场景,增强装备对外场诸多可控和不可控电磁环境因素影响的适应能力,29所依托都江堰老所区构建了具备模拟外场真实环境能力的西南地区电子试验场。该试验场总体格局围绕"181"展开,即1个转台中心区、8个固定测试点及辅助测试点、1个中央测控中心。在转台区可安装1∶1飞机模型,用于模拟装备平台在作战场景中的各种姿态特征;8个固定测试点及辅助测试点可安装各种类型的辐射源及雷达模拟器,在空间上真实模拟外场条件下的各种对抗目标,同时模拟各种不可控电磁环境影响因素,如电磁多径效应等;中央测控中心可支持配置各种复杂作战场景,远程控制测试场中各种设备进行协调工作,以模拟真实的外场作战环境。

(六) 实施面向作战能力生成的效能保障,提升用户装备应用能力

1. 建立作战支持系统,推进服务保障向线上转变

29所建立了与用户间的快速信息通道,将自身拥有的装备作战数据处理技术优势与用户的装备作战数据收集优势进行了有机结合,研制了"某电子对抗武器装备作战支持系统",使得用户在使用装备的过程中可以快速获得来自29所技术人员的远程技术支持,实现了装备作战能力服务保障从"线下"向"线上"的转变,提升了电子战装备作战能力发挥效率。

2. 以用促研,实现装备作战能力的持续升级改进

29所一方面加强为一线部队提供作战使用支持的力量,另一方面在所内建立了装备作战能力问题数据库,并依据该数据库中的问题对现有在研装备的作战能力设计进行全面反查考核,从而使新研装备不再出现在役装备问题,保证实现装备作战能力的持续升级提升。

三、军工院所面向作战能力生成的装备研发管理效果

（一）交付多型重点装备，有力支撑了装备作战能力生成

在新型研发管理模式的支持下，设计师能够提前解决75％以上在用户进行装备使用过程中才能暴露的问题，极大地提升了产品设计质量；成功支持了多型现役装备的作战效能发挥，将装备作战能力问题改进闭环周期缩短了50％以上。在新型研发管理模式的支持下，29所已经形成了新的产品效能保障模式，从原来重点保障装备完好性，出勤率等因素转变为了重点保障装备的作战效能发挥，从而大大地提升用户对29所装备的满意度，成功支持了多型新研重点型号项目的研制，真正使电子对抗成了演习演练中克敌制胜的决定性因素，获得了用户的高度认可。

（二）构建了新型研制模式，提升了29所核心竞争力

新型研发管理模式支撑了多型项目在方案论证和竞标PK过程中脱颖而出。采用作战需求仿真并提供用户完整的作战能力模型，支撑29所争取数亿元的研制项目订单，显著提升经济效益；通过装备作战能力验证环境的建设，大大减少传统模式下外场保障资源的投入，实现了提质增效。29所目前共有8型新研项目和3型现役型号项目在装备作战能力验证环境的支持下进行科研试飞和外场试验，相较于传统技术条件下的装备外场保障，装备试飞架次平均减少50％，人员保障周期缩短40％，在减少外场保障成本的同时显著提高了保障效率，累计节约研制成本和试验成本5400余万元。通过研发作战支持系统，为29所带来直接经济效益约4700万元。

（三）获得了用户高度认可，引领了行业发展

2016年至今，接待来自陆、海、空等军方用户和各大军工集团兄弟单位的研发管理专项调研60余次，得到了用户、同行业单位的高度评价和认可，如某用户参观后，认为"29所条件建设开拓了新手段，为下一步发展奠定了新的基础；作战研究激发了新的重要理念，就是电子战不'交钥匙'，这些理念无疑是很正确的"。

（成果创造人：杨建桥、张成伟、王步冉、卜　伟、王　萌、唐　华、
王丽军、廖明亮、马　红、宋悦刚、陆江艳、柳　涛）

以提升航空发动机维修能力为目标的知识管理

中国人民解放军第五七一九工厂

中国人民解放军第五七一九工厂（以下简称5719厂），隶属空军装备部，建于1970年，主要承担空、海军主力战机发动机维修保障任务，在再制造、民航维修、核心零部件研制及建筑、阀门、电气等方面有建树；是国家独资、国家大型、军队一级企业，是国内唯一具备某型引进航空发动机和国产某新型航空发动机整机及所有控制装置、全部工序修理能力的企业。2017年实现总产值30.68亿元；企业总资产逾50亿元。

一、以提升航空发动机维修能力为目标的知识管理背景

（一）顺应知识经济时代的需要

以高科技、信息为主导的新型产业的崛起，将人类社会带入了知识经济时代。随着移动互联网、云计算、大数据、物联网等新型信息技术的兴起，知识日益成为企业重要的战略资源和竞争要素，谁最先最快拥有知识、获取知识、应用知识、创造知识，谁就能占据市场竞争的制高点，立于不败之地。因此，我国航空装备维修企业只有适之于势，求之于势，实施知识管理战略，才能坦然面对知识经济的挑战，才能朝着"打造数字化智能化研究型航空动力MRO企业集团"目标奋进，振兴我国航空事业。

（二）企业实现可持续发展的需要

航空装备是典型的高端复杂工业产品，特别是航空发动机被誉为"现代工业王冠上的明珠"，具有"五高"（高技术含量、高投入、高门槛、高可靠性、高价格）、"三长"（研制时间长、服役时间长、维修保障时间长）的特点。近年来，在国家大力发展航空装备的环境下，我国航空发动机发展迅速，一大批新型航空发动机陆续列装部队。由于原有的航空发动机型号尚未到寿，甚至有些型号发动机的使用寿命和翻修时限还在延长，造成多种新老型号、跨代发动机共同在使用和维修。因此，航空发动机维修面临着多型、跨代、多品种、小批量发动机并线维修的环境。新装备知识的储备，修理经验的积累，航空装备发展技术的传承、生产管理模式的创新应用等离不开知识管理。5719厂只有开展以提升航空发动机维修能力为目标的知识管理，才能不断适应新时期新阶段航空装备加速更新换代的任务需求，企业才得以永续发展。

（三）提升企业核心竞争力的需要

我军装备的航空发动机型号多、寿命周期不同、故障原因复杂，维修难度大。航空发动机维修知识和经验起初由研发和制造单位掌握着，尤其是国外研发和制造单位对其有所保留。如何打破封锁垄断、摆脱受制于人的局面，又好又快又省地修出让部队放心的发动机，是5719厂面临的课题。只有开展以提升航空发动机维修能力为目标的知识管理，深化知识创新应用，持续优化管理流程，科学压缩修理周期，扎实开展自主创新，提升维修技术研发能力，提升产品质量，才能解决引进军用航空发动机"高价买、天价修"，国产军用航空发动机"造得了、修不好"的问题，才能实现企业核心竞争力的可持续发展。

二、以提升航空发动机维修能力为目标的知识管理内涵和主要做法

5719厂实施贯穿航空发动机维修各领域、全流程的知识管理，广泛采用多种手段加速显性知识与隐性知识之间的转换，大力推动新型航空发动机维修知识共享和传承，从而打破技术垄断封锁，培养造就新型航空发动机技术保障人才，有效提高维修经济效益，尽快形成新型航空发动机维修保障能力，为

空军战斗力持续生成贡献智慧力量。主要做法包括。

（一）启动知识管理工程，构建知识管理框架

5719厂以提升航空发动机维修能力为目标，以企业发展过程中知识需求为牵引，不断梳理主营业务流程所涉及的数据和知识，持续优化流程设计，逐步完善知识管理制度，大力加强知识管理专兼职人才培养，持续完善知识管理系统和知识地图，有力畅通知识获取、挖掘、分享、反馈通道，基本建成了科研生产、经营管理全过程和全流程的知识管理体系。

1. 制定知识管理战略规划

2009年，5719厂成功导入卓越绩效管理模式，启动了知识管理建设工程，提出了"外部知识内部化，内部知识应用化，隐性知识显性化，共享知识创新化"的目标和路径，指定部门负责工厂知识管理工作，并将知识管理提升到企业战略的重要组成部分，定期制定、发布《知识管理战略》，并持续改进。战略制定过程中，5719厂通过各种手段和渠道将企业隐性知识显性化，并进行分类、编码、存储和共享应用。

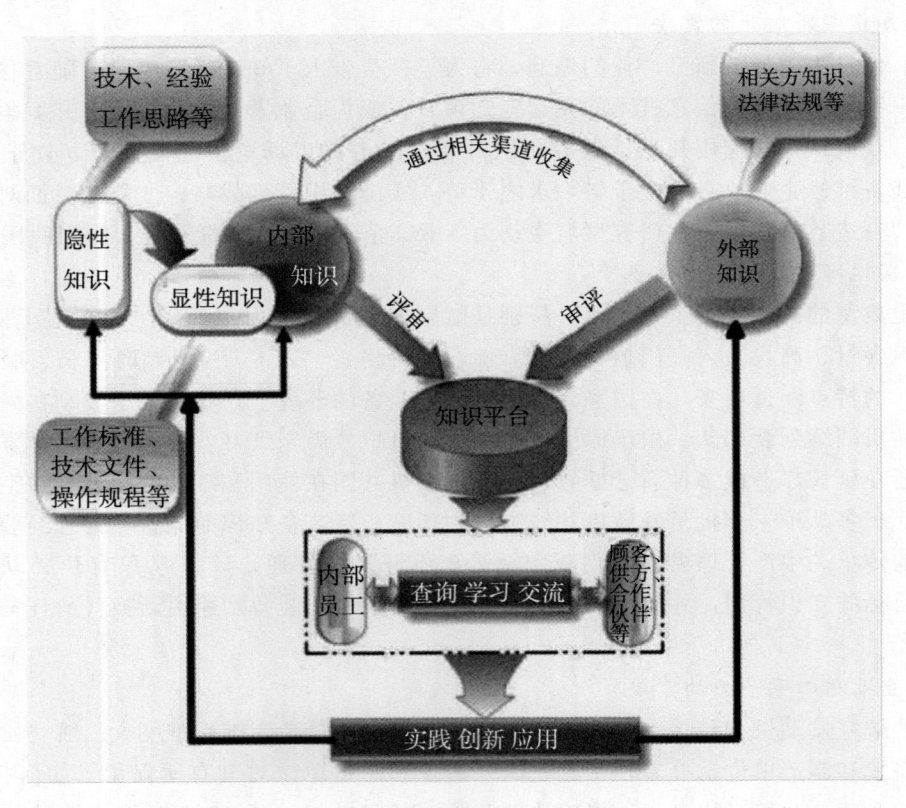

图1 知识管理逻辑图

表 1 知识清单

知识类别		知识内容	获取知识的途径	责任部门
外部知识	执行类	国际技术标准、国家政策方针、法律法规、行业标准	业务合作、网络、高层互访等	发展规划部、科研生产部、信息部
		顾客建议、意见和抱怨及提供资料	文件、行业会议、走访、报纸、期刊、电话等	发展规划部、质安部、航利科技公司
	参考类	金融方面的融资信息、商业合作信息	行业资料、网络等	发展规划部、财审部
		周边发展趋势信息、地方信息和知识	地方政府、公安机关	发展规划部、科研生产部、信息部
	传承类	标杆企业、竞争对手的管理思路、研发技术、产品质量、产品销量、用户评价	跟学跟研跟制、走访、报纸、期刊、网络、电话等	发展规划部、科研生产部、质安部
		供应商、合作伙伴的服务质量、信誉、资质、经验及提供的文件、图纸	走访、座谈会、报纸、期刊、网络等	发展规划部、科研生产部
		公共关系知识、风险控制措施	报纸、期刊、网络等	发展规划部、财审部、品质部、科研生产部、民航部、再制造部
	成果类	专业论文、成功案例、科研成果、前沿技术、专利	跟学跟研跟制、报纸、期刊、网络、产品发布会等	发展规划部、科研生产部、信息部、各研究所、民航部、再制造部
内部知识	执行类	战略规划、企业文化	局域网、企业文化宣贯、宣传栏等	发展规划部
		管理标准、技术标准、工作标准	局域网、资料、档案等	发展规划部、科研生产部、人力部
		技术文件、工艺规程、操作规程、图纸	局域网、资料、档案等	科研生产部、各研究所、民航部、再制造部
		培训教材、操作手册、档案资料	局域网、资料、档案等	培训部、信息部
	参考类	公文、工作总结、工作计划、出差报告、调研报告、项目管理、合同管理、验收报告、需求分析报告、经济效益信息、产量信息	局域网、资料、档案等	发展规划部、财审部、各单位
		工作日志、生产运行记录、联系方式	局域网、资料、档案等	各单位
		年鉴、大事记、厂史	资料、档案等	信息部
	传承类	工作经验、交流心得、合理化建议、技术诀窍、技能知识、关键技术（各机型维修技术、叶片深度修理技术、振动控制技术、温度场测试技术、同轴度检查判定及计算机应用技术等）	局域网、座谈会、资料、档案等	人力部、培训部、再制造部、各单位
		管理过程、业务过程及相关知识	流程优化、标杆学习等成果总结	各单位
	成果类	专业论文、成功案例、QC成果、专利	局域网、交流会、资料、档案、成果发布会等	科研生产部、质安部、各单位

2. 建立健全知识管理标准

建立并持续修订《知识管理程序》企业标准，明确知识管理的组织结构、范围、工作程序、方法和评价和考核标准，以及知识的分类和获取方法途径等，并形成了以《知识管理程序》为主，《数据管理程序》《知识管理系统使用管理规定》《信息情报管理程序》《员工自主管理工作程序》《员工知识贡献积分管理办法》及工厂其他相关制度规定为辅的知识管理体系。

3. 构建知识管理岗位体系

5719厂实施知识管理建设工程以来，组建了信息系统中心，设置了相关岗位，负责知识管理工作。2014年，5719厂组织实施基于产品责任制的第三次流程再造，国内首创了"产品牵引、业务支撑、职能保障"的三维魔方式组织管理模式，组建了信息化与知识管理部，知识管理业务维度形成了"主管厂领导—业务经理—业务主管（助理/专员）"为主体的岗位体系，明确了知识管理各级各类人员职责。

（二）强化知识共享应用，提高综合管理效能

5719厂通过多种方式和渠道强化知识共享应用，在大力开展培训、学习、交流，建立知识管理平台等共享应用的同时，聚焦提升发动机修理和服务保障能力，主要从以下方向推进知识共享应用，并收到了良好的应用效果。

1. 建立维修工卡共享知识库

航空发动机修理是知识密集性产业，修理流程特别复杂，主要包括分解、清洗、故障检查、修理、装配、部件试验、总装、试车、油封装箱等流程，修理工序多，如某型号发动机修理工序多达8000余道。同时，还因发动机使用强度、环境、寿命和技术状态等不同需要采用不同修理方案。这些都涉及力学、热学和工程学等多种学科知识，需要修理作业工程师根据产品故检结论编制修理作业工卡，从而指导修理人员进行修理作业，修理技术复杂、涉及知识面广和人员多等问题。为此，5719厂通过建立维修工卡共享知识库，将工卡从编制、评审、更改、下发执行到归档等全生命周期进行规范化管理，有效解决了工卡分散在作业工程师个人计算机中，知识不共享等问题，实现工卡资源的最大化应用，有效支撑了以"故检"为中心基于状态的维修模式变革需要。

2. 建立故障专家知识库

5719厂特别注重发动机在修和外场使用过程中出现的故障数据的收集与应用，建立了故障专家知识库，实现对发动机故障处理方案进行收集、存储和重用，提供典型故障处理程序和方案，从而将这些隐性知识显性化成果管理起来，形成专家知识库，并充分发挥其作用。一是在厂内修理作业工程师可以通过知识库快速找到故障的解决方案，大大提高了排故的针对性和工作效率；二是在外场有了这个专家知识库的支撑，大大减少了外场服务驻点人员，并提高了装备服务工作效率，同时也降低了服务成本；三是通过对这些故障问题的分析，掌握了产品质量的波动情况和故障规律，为发动机维修工程持续改进、开展技术攻关提供数据支持。同时，也掌握了近期存在的主要问题，适时组织针对性的质量整顿，并将问题的纠正措施进行跟踪验证，有效预防产品维修过程中可能出现的人为差错和其他原因造成的质量损失。

3. 建立与设计制造单位知识共享渠道

5719厂紧盯修理能力建设战略目标，针对新型航空发动机不断改型换代，新型修理适用技术不断成熟，建立了"应用一代、研制一代、预研一代、探索一代"的修理科研管理体系，加强发动机修理技术研发，大力开展到设计制造单位进行跟学、跟研和跟制工作，采取多种方式深化技术交流与互动，打通与设计制造单位知识共享的渠道。一是以课题研究、工艺文件编写为抓手，对重点型号设计理念、先进制造技术、顶层维修文件整体把握、消化吸收；二是邀请设计制造单位的设计员到工厂开展专题讲座，增进设计、制造、修理人员的理念融合、思想融合、技术融合；三是以长期驻学和短期见学相结合

的方式，系统深入的学习新装备组成、原理及应用的"四新"技术，研究解决现实关键、重要、疑难问题，推进技术人员对重点型号修理建线的认识和掌握；四是实行研制单位带教导师和工厂指导老师共同指导学员的"双导师"制等；五是参与故障攻关，以及新装备的研制和验证，其中向跟学单位提供的修理经验也极大地促进了型号研制工作等。通过知识共享，工厂与设计制造单位形成了双向互动、合作共赢的良好工作机制，促进了整个产业链的良性发展。

（三）深化知识创新应用，提升装备修理能力

5719厂将知识创新战略融入航空发动机修理领域，经过内化、外化、融合而成的新知识转化为企业标准、修理工艺、科研技术等，有效提升了航空发动机修理能力。

1. 推进发动机修理知识应用与创新

5719厂通过人和团队的创造性活动，大力推进知识创新应用，形成了"故检→检测→处方→修理→检验→交付→跟踪→反馈"的逆向作业体系，将员工修理经验进行挖掘、提炼、总结，形成系统化的维修知识，促进知识创新从社会化、外在化、组合化到内在化的转化，从而形成支撑装备维修所需的技术、工艺、标准等。例如，通过发动机试修，实施修理科研，开展修理技术和修理工艺方法研究，形成了整套发动机修理技术条件和修理工艺知识库；通过跟踪国外先进再制造技术，与国际先进企业合作，引进先进再制造技术，并进行消化、吸收再创新，研发掌握具有完全自主知识产权和国际领先水平的军用航空发动机关键零部件再制造技术；通过对馆藏技术资料的分析利用，挖掘技术人员掌握的隐性知识，探索发动机故障规律，并固化为理论成果，编撰出版了《三型涡扇发动机故障模式与机理分析及预防技术》等具有自主知识产权的技术专著。通过知识创新应用，有效提升发动机修理能力和核心竞争力。

2. 推进大数据向知识的转化

5719厂通过对标世界先进航空制造企业和中航工业、中国航发的做法，建立航利运营体系，即Holy Operation System（以下简称Holy OS），以绩效为导向、产品为牵引、流程为主线、业务为支撑，自顶向下"梳梳子"，从战略层、主价值链层、管理与服务层3个层次构建Holy OS管理框架，实施数据治理，将数据提取为有用的信息，再转化为知识，激活企业隐性知识价值作用，从而实现工厂高层管理人员"把方向、管大局、保落实"的总体要求，提高企业的决策分析能力。

一是以绩效为导向，聚集企业核心管理需求。以流程为切入点，由流程承接战略，战略目标分解为流程绩效指标，利用流程结果KPI，将上级的战略目标和下级的变革活动相互连接起来，通过流程梳理与分析，明确维修流程中各工序环节的数据，确定了产品的核心数据，弄清数据的载体、传递方式、涉及人员，以及数据之间的相互关系等，推进流程优化和数据治理，形成企业数据地图（某型发动机产品数据已达1000多项），把关键数据管控起来。

二是以专业化分工为原则，促进大数据治理高效推进。5719厂按照"专业化分工、系统化管理"的原则，将数据治理工作纳入业务部门职责和员工工作标准，将数据治理与员工岗位职责相融合，管理层作为数据治理的提出者和应用者，操作层作为基础数据的提供者，通过岗位职责明确责任、规范其操作，确保数据的及时性、准确性，从而促进大数据工作的高效推进，并发挥数据价值作用。

三是以信息技术为手段，加速数据价值挖掘利用。5719厂通过构建发动机维修数据档案，建立数据门户，为各层用户提供快速、高效的数据、信息和知识获取的服务，同时集成数据挖掘等技术，应用预测模型等工具，对数据进行及时有效的撷取、管理、处理并整理，使其成为企业经营决策所需的信息和知识，提升用数据说话的能力。

（四）加大知识传承力度，打造专业人才队伍

1. 营造知识传承文化氛围

5719厂历来倡导管好知识、用好知识，特别是近年来尤其重视知识的积累和传承，确立"学技术吃香，有本领风光"等文化理念，自上而下拉动与自下而上推行相结合，发挥员工在知识创造中的积极性和能动性，形成知识管理的驱动力，构建知识交流与共振的无边界"知识场"，营造出鼓励学习、鼓励交流与共享、崇尚创新的浓郁氛围。推广实践可视化操作、学习型班组建设、大师工作室、专家工作法、品牌员工、读书角、分享角、看板管理等方法，使员工、顾客、供方和合作伙伴等能及时分享获取到相关知识，促使知识管理落地生根。

2. 深化员工培训交流

一是开展针对性培训。开展全员岗位业务拓展和知识更新培训，以持续提升员工能力素质，拓宽知识视野；优选工程技术人员赴国内科研院所、装备承制厂进行跟研、跟学、跟制（"三跟"）学习。二是开展精准小微培训。依托厂内实训基地和工作现场资源，以突破员工能力形成与提升的瓶颈项、关键点为培训目的，以科研攻关、典型质量问题、管理活动创新为主题策划开展小微精准培训，在组织实施过程中注重各单位自身特色培训项目的形成。三是开展产校衔接、校企合作。与高等院校开展了以高技能人才培养为主线，推进产校衔接、校企合作，依托高技能人才培训基地，合办技术技能人才"精英班"等，提升员工知识，打造专业化人才队伍。5719厂被授予"国家技能人才培育突出贡献奖"，主要领导荣获"国家技能人才培育突出贡献个人"。

3. 打造"双师"型人才队伍

2014年以来，5719厂发展以提升工程应用能力为重点培养的操作技术员队伍（均为本科及以上学历），培育既具有高技术又拥有高技能，既是工程师又是技师的"双高型""双师"人才，以本科及以上学历人员逐步替代原来专科及以下学历层次操作技能人员，为青年员工扎根一线锤炼工程应用能力提供良好的平台。通过开展科研攻关、QC攻关和自主管理项目等，促进知识传承和转化。截至目前，操作技术员队伍从无到有发展至201人，成为生产转型升级的生力军，也为技术研发储备了人才队伍。

4. 提炼员工典型做法

一是重点开展隐性知识挖掘，提炼固化专家们多年甚至数十年的经验教训，锤炼打磨成独特认识、独特思路、独特诀窍、独特操作，形成《黄强工作法》《杨震型面修复法》《"卫国兵"修磨法》等10多个以员工姓名命名的"员工工作法"。二是成立大师工作室，传承专家知识。5719厂自2013年工厂启动工作室创建工作。目前已建成11个厂级工作室（4个技能大师工作室、1个技术大师工作室、6个员工工作室）。其中，3个技能大师工作室已获批为成都市技能大师工作室，1个已被批准为四川省技能大师工作室，被授牌四川省职工技能人才（劳模）创新工作室1个、成都市职工创新工作室3个、成都市劳模工作室1个。

三、以提升航空发动机维修能力为目标的知识管理效果

（一）一大批新知识得以推广应用

通过引进先进再制造技术，并进行消化、吸收再创新，在国内首创军用航空发动机维修工程管理体系，系统和科学解决了我军主战机种发动机零部件维修难题，研发了发动机及全套附件维修、外场抢修技术、热表处理和再制造技术4类共44项维修技术，其中30多项填补国内空白；研发的3个系列发动机500余份维修标准已成为行业标准；参与了13项国家标准、23项军用标准的制订，攻克11项某型系列发动机原始设计制造缺陷，并反馈给俄罗斯设计制造部门，5项被采纳。

（二）企业综合实力显著增强

企业在修三大系列发动机维修周期分别降低至用户规定标准的61％、61％、73％，为国内最优，

保证了军队飞行训练和战备保障。工厂修理的发动机已连续 23 年未发生责任飞行事故和飞行事故征候。维修成本控制能力不断增强,如某型发动机维修平均成本降低 150 万元;员工自发开展的自主管理、QC、科研攻关等活动每年为工厂节约成本数千万元。

(三)取得显著的经济效益、军事效益和社会效益

2009 年以来,年均实现总产值、销售收入、利润 23.12 亿元、20.62 亿元、1.08 亿元;比 2008 年分别增长 54.5%、42.7%、1.9%。再制造技术的研发及应用,节约装备和备件采购经费数十亿元。经 5719 厂维修的某新型航空发动机使用寿命大幅延长,使我军三代战机的发动机寿命从 900 小时延长到 1500 小时。

(成果创造人:张 铀、唐光辉、王 良、龙振华、陈 忠、唐民锋、李文兵、杜 宇、杨 刚、黄 浩、马华军、刘 飞)

轨道交通装备企业以技术引领为目标的科技创新体系优化与实施

中车戚墅堰机车车辆工艺研究所有限公司

中车戚墅堰机车车辆工艺研究所有限公司（以下简称中车戚墅堰所）创建于1959年，是中国中车股份有限公司下属的核心企业。中车戚墅堰所是我国轨道交通装备基础材料、基础工艺、基础零部件的专业研发机构，是我国轨道交通核心零部件研发及产业化单位，同时也是轨道交通行业基础材料与基础工艺的技术研发及推广单位；是国家技术创新示范企业、国家高新技术企业、江苏省创新型企业。制定国家及行业标准620项。拥有专利800余项，其中发明专利353项。2017年，中车戚墅堰所实现销售收入41亿元。

一、轨道交通装备企业以技术引领为目标的科技创新体系优化与实施背景

（一）我国轨道交通技术发展需要优化现有的科技创新体系

我国轨道交通装备经过近10年的快速发展，高铁装备已成为中国一张靓丽的金名片。然而，随着高速磁浮、时速1000千米真空管道列车、氢燃料和碳纤维等一批新概念的提出和发展，预示着轨道交通产品更新换代速度不断加快，产品的技术密集度也逐步增加。交通装备企业在面对这些新理念方面的准备明显不足，技术供给对于创新发展的支撑更加不足。对于我国的轨道交通装备而言，在日益剧烈的国际化竞争背景下，如何通过战略眼光去审视技术发展的方式和方向，掌握和支撑产品代际更替，是我国轨道交通装备企业树立优势，实现技术引领的重要手段，也是下一步国际化竞争的核心。可以预见，未来轨道交通装备企业之间的竞争，将不是单一的产品或企业的竞争，而是体系的博弈和能力的对抗。

（二）轨道交通"四基"创新发展需要健全科技创新体系

长期以来，我国轨道交通装备"四基"（核心基础零部件、先进基础工艺、关键基础材料、产业技术基础）存在基础较为薄弱，发展不协调等问题。面对轨道交通"四基"未来的创新发展需求，以中车戚墅堰所为代表的轨道交通核心零部件企业，必须依靠完备的科技创新体系，将自身打造成为轨道交通装备行业"单项冠军"和"专特精新"企业。主动探索颠覆性技术的发展趋势，将战略引领融入科技创新体系，引导研发方向；依靠先进的、具备特色的科技创新体系使产品更专业化；通过基础零部件、基础材料、基础工艺的深度融合使产品更具特色优势；实现"四基"与整机行业的协同创新，促进行业的可持续发展和技术引领。

（三）轨道交通装备企业的发展对创新体系优化的要求更加迫切

当前，企业的科技创新体系与实现引领目标存在重大的不匹配，主要表现为，一是针对一些大胆创新和新概念轨道交通装备，企业缺少理论准备和基础支撑，实现这些概念难度较大；二是随着我国技术水平实现"并跑领跑"，国外可再度引进的对象目标消失，而产品下一步往哪里走的战略方向缺失，提出来的目标也缺乏论证；三是轨道交通产品代际更替加速，行业技术自我供给有限，而当今全球新兴材料和颠覆性技术层出不穷，协同明显不足；四是轨道交通装备在技术与性能上形成一定优势，但在转化为产品过程中的研发成本、生产成本、质量成本偏高，最终形成企业利润与国际竞争对手存在较大差距。对中车戚墅堰所而言，作为轨道交通齿轮传动系统等关键核心零部件的行业优势企业，在产品市场份额上占据了一定优势，形成了较为完备的科技创新体系，但面对新时期发展形势，原有的以产品开发为主要目标的科技创新体系，过多依赖于支撑市场已有订单产品的开发，在基础关键共性技术、前沿引领技术创新的研究上动力不足；科技创新体系缺乏战略引领，产品策略与研发战略目标不清晰、研发无

序等情况凸显；缺乏国际化、跨行业的视野，对于跨行业的领域及社会研发资源的利用仍显不足。因此，如何在科技创新体系中凸显基础研究、科技战略、资源协同、精益管理等方面的价值，是中车戚墅堰所实现技术引领的关键。

二、轨道交通装备企业以技术引领为目标的科技创新体系优化与实施内涵和主要做法

中车戚墅堰所根据轨道交通装备行业内外部发展环境，详细分析科技创新发展面临的瓶颈与挑战，针对轨道交通装备行业、中国中车及中车戚墅堰所从技术跟随到技术引领，以致保持技术引领过程存在的问题和痛点，以中国中车科技体制改革为指引，以实现技术引领为目标，提出围绕"强基、战略、协同、精益"等关键要素，实施科技创新体系优化工程，在研发组织架构、业务开展机制、研发过程管控等方面采取一系列措施，促进了中车戚墅堰所现有产业与产品国际竞争力的提升。主要做法如下。

（一）搭建以强化基础技术的科技创新组织架构

随着轨道交通行业的快速发展，面对未来轨道交通行业技术发展趋势，中车戚墅堰所原有以产品开发为主的科技创新体系架构的不适应性逐步显现，产品开发技术人员往往疲于应对订单产品的开发，对于产品开发过程中相关的机理研究、仿真与可靠性分析、维修与保障、材料工艺等基础技术的研究不够深入和专业，难以成为支撑企业关键技术供给的源头，无法支撑轨道交通关键零部件持续进步，其中尤以材料工艺方面的短板更为突出，离实现引领的目标还有较大距离。例如，在轨道交通机械传动领域，虽然高速动车组齿轮传动系统产品已经能够实现时速350千米的稳定运行，实现引领，但在齿轮材料疲劳机理研究，齿轮箱体轻量化材料技术等方面的研究仍显不足，这些都催生了在科技创新体系中加强基础技术研究的内生动力。

1. 搭建"产品开发＋技术研究"双轮驱动的技术创新体系架构

为解决重视产品开发弱化技术研究的状况，中车戚墅堰所在科技创新体系的优化过程中，将产品开发和技术研究放在同等重要的地位，搭建产品开发＋技术研究双轮驱动的创新组织架构，建设以产品开发为主的技术研发中心和以基础技术研究为主的材料工艺研发中心。一方面，面向市场，不断推出满足符合市场需求的成熟产品和新产品，支撑公司轨道交通关键零部件产业的发展；另一方面，不断完善基础共性技术研究，突破制约公司产业的关键技术，形成公司的核心技术优势，切实提升公司产品的可靠性，源源不断地助推公司发展，保障前瞻性技术、基础性工艺、创新型产品研发活动逐层有效推进，最大程度地发挥科技创新的优势，逐步从并跑走向引领。

2. 做实以基础技术研究为主材料的工艺研发中心

中车戚墅堰所前身是铁道部部属科研院所，以金属材料和相关实现工艺为主要研究方向，在历次变更隶属关系过程中，中车戚墅堰所始终保持在该领域的深耕细作在新的行业发展形势下，各轨道交通企业纷纷向"集成技术"方向发展，将产品实现上游的一些部件和工序社会化，同时也将很多核心基础技术交给别人。面对行业竞争短板，以及在发展过程中对基础性技术研究的弱化，中车戚墅堰所不忘初心，始终坚持金属材料和传统"铸锻焊"工艺的研究，而且进一步强化材料工艺研发中心建设，打造核心能力。中心的功能定位涵盖3个方面，一是跟踪与研究材料工艺技术的世界发展前沿，开展基础性、共性、前瞻性材料工艺研究和开发；二是主导轨道交通行业新材料、新工艺、新装备的研发，主导行业材料工艺标准的制定，开展轨道交通行业材料工艺相关服务；三是戚墅堰所产品的新材料新工艺技术应用，生产经营单位惯性材料工艺问题攻关。

按照"统筹策划、统一管理、业务导向、专业化运作、资源协同、分类设置"的总体思路，结合专业领域进行分类设置材料工艺研发中心创新组织架构。在新材料领域，主要面向未来轨道交通材料的替代，开展前瞻性技术的研究；在摩擦制动材料领域，主要面向轨道交通现有材料的性能提升，开展基础性的研究；在传统铸造、锻压、焊接和热处理领域，作为铁路装备唯一的金属材料工艺的专业研究单

位，主要为轨道交通装备行业提供共性技术支撑和技术服务；在增材制造领域，主要开展配套的工艺和工艺装备的研究与开发工作。

3. 打造以引领为目标的中车专项技术研发中心

中车戚墅堰所技术研发中心以产品研发及产业化研究为主要目标，设立机械传动、基础制动、车钩缓冲装置、减振降噪等轨道交通装备关键零部件的研发部门。经过多年的培育，在中车戚墅堰所技术优势领域——机械传动领域，中车戚墅堰所搭建以引领为目标的中车机械传动专项技术研发中心，深入和全面研究机械传动系统集成技术和核心部件相关技术，以国际行业领先水平和拓展非轨道装备市场及国际市场为目标，打造中国中车机械传动产品的技术平台与技术支撑系统，围绕高端装备产品机械传动技术发展需要，特别是轨道交通装备机械传动系统重大技术问题，研发机械传动系统及其重要部件、重点产品，并为产品产业化生产提供技术支持；深入研究机械传动系统及部件试验检测技术，持续完善产品检验规范，提升试验检测能力，使中国中车机械传动系统试验检测达到国际先进水平；建立与具有技术优势的国内外高校院所、兄弟企业的战略合作关系；积极引进和培养高层次技术人才，形成机械传动技术人才优势，为中车在机械传动领域实现技术引领，打下坚实基础。

（二）构建以技术引领为目标的科技战略研究机制

长期以来，我国的高端装备技术模式是以"引进消化吸收再创新"为主要模式，在这种模式下，研发的重点是如何实现目标产品，使本地化制造的产品达到引进产品的性能要求。随着我国轨道交通装备近几年来技术水平的快速提升，国外整机与零部件可再度引进的对象目标几乎全面消失。轨道交通产品下一步性能往哪个方向提升、模式往哪个方向走都需要依靠自己探索，这些完全依托个体技术人员，是无法可靠保障的，必须以科技战略的高度加以管控。

1. 搭建战略团队，引领技术发展方向

为能够在新一轮的创新驱动发展浪潮中把握技术发展的方向，占据有利的地位，中车戚墅堰所搭建以战略分析、情报调研和知识产权业务领域的人员为主的战略团队，强化战略研究力量，为企业创新发展提供方向指引。从战略分析维度，紧密跟踪国际前沿发展趋势，研究国家与行业政策，开展新产品新技术的调研。近几年，中车戚墅堰所战略分析团队深入开展齿轮传动轻量化技术发展趋势调研，跟踪永磁直驱、复合材料等新技术对产品代际更替的影响分析，探索前瞻性、颠覆性技术的发展方向，针对技术变革提出适当的应对措施。从情报调研维度，围绕竞争对手技术发展，深挖技术发展的走势，掌握竞争对手技术节奏，为公司的技术发展提供建议和意见。从知识产权维度，通过全面梳理、统计和持续跟踪分析所涉行业前沿技术、主导产品关键技术及国内外竞争对手的专利和其他文献信息，在行业发展、企业技术开发方向、竞争战略选择、合作伙伴选择、竞争对手等方面提供分析报告，通过知识产权和竞争对手的分析，指导企业的研发战略，确立公司的研发方向。

2. 构建战略融合机制，提升战略层次

中国高铁的成功是集中力量办大事的成功典范，高铁的成功一定程度上是国家战略作用的成果。中车戚墅堰所一方面要将自身的发展方向纳入国家各级科技与产业发展规划，创造有利于行业发展的政策环境，另一方面要把承接国家战略作为企业的第一要务，让国家战略得到有效落地，使国家政策与企业战略实现高度契合，为中车戚墅堰所的技术引领提供保证。

一是开展国家科技产业政策布局分析，制定政策融入策略。根据国家科技部、工信部、发改委等各大部委阶段发展规划、各专业专项发展规划等科技产业政策，中车戚墅堰所结合自身产业领域和技术方向，将科技部重点研发计划、工信部强基工程与智能制造、发改委产业投资专项等四类政策作为主攻方向进行布局，将行业发展方向逐步纳入各类政策指南中，将行业重点任务纳入为国家战略，创造有利于行业发展的政策环境。

二是建立与行业主管单位、战略制定单位的长效沟通机制。根据政策融入策略，成立重点研发计划、强基工程、产业投资专项、智能制造4个专项政策研讨团队，分析政策方向发展策略与中车戚墅堰所产业技术发展方向的切合度。以具体项目和指南为着力点，分析各行业发展的现状和发展趋势、剖析机遇与挑战，提出相关发展思路、内容和目标，成为国家战略专业技术领域内的智囊团，为行业的发展提供智力支持。

三是主动承担国家战略任务在企业的落地实施。中车戚墅堰所主动承接国家发展规划任务，包括工业强基专项资金项目，国家重点研发计划项目，智能制造新模式应用项目等。在完成国家发展规划任务的同时，依靠知识管理、经验交流等方式，对承担的国家任务进行总结，提炼研发与管理经验，面向行业进行推广。

（三）建立多方位的资源协同共享机制

轨道交通是国家战略管控的重要领域，因此轨道交通装备行业具有上下游自给、专业全面覆盖的特点，这种方式在中国铁路发展初期和六次大提速期间发挥了重要作用。但是缺点是研发与产业化开放性较弱，当前，轨道交通装备行业掀起新一轮创新高潮，产品代际更替加速，依靠行业技术的自我供给方式难以支撑；当今全球技术发展加速，其他行业和领域的新兴材料和颠覆性技术层出不穷，轨道交通装备行业的跨行业技术协同明显不足。轨道交通装备行业要实现持续引领，多方位资源协同研发是必然的选择。

1. 搭建行业资源交流机制

中车戚墅堰所主营产品为关键机械零部件，由于行业特征和体制原因，长期缺乏与其他机械零部件研发单位的横向协同，无法吸引更多社会力量参与研发攻关，导致轨道交通机械零部件无法成为装备制造业的创新高地。为此，中车戚墅堰所结合自身技术定位及产品特点，聚焦基础研究汇集范围与方向，与行业协会等机构建立横向协同机制，定期召开行业高峰论坛、技术年会、产业论坛、委员会会议、专家大会，吸引社会研发力量参与轨道交通领域内的技术攻关，研讨行业最新技术动态，共同把握行业技术发展方向，诊断行业发展难题，共同设计行业发展战略。

以齿轮传动系统为例，通过机械行业资源交流与共享平台，充分借鉴船舶、航空航天、新能源汽车等高端装备制造领域内齿轮传动系统的低噪声、高传动效率、轻量化材料工艺等新技术研发与应用情况，研究新技术在轨道交通装备领域内的适用性，借鉴行业力量解决企业技术难题。

2. 搭建高校、科研院所的深度合作机制

优化产学研合作管理制度，开展产学研协同创新，发挥铁路行业内部高校与科研院所的研发力量，实现深度融合，是中国高铁走向成功的法宝。现阶段，中国轨道交通装备的定位是由"跟跑并跑"走向"并跑领跑"，这就需要更开放式的创新模式来支撑行业进步，需要扩大产学研合作范围，加大国际合作力度，吸引更多的研究机构参与协同研发。

一是优化产学研合作管理制度。在以往的产学研合作的基础上，优化与高校、科研院所的协同研发机制，设立专项科研经费，鼓励协同创新；将科研合作不仅停留在项目研发层面，更多的扩展到企业规划、战略咨询等多方面；共同创建开放性的创新平台，包括院士工作站与博士后科研工作站，加强高层次的人才交流。

二是建立前瞻性与基础性技术资源库。改变以往的离散化、无序化的产学研合作模式，在全球范围内调研分析各个高校、科研院所优势学科与技术能力，建立技术资源库，包括学科带头人、研发团队、科研成果、承担纵向项目情况等。中车戚墅堰所优先从技术资源库中选择资源进行项目技术合作；与合作单位等定期举行专项院士论坛，进行开放式课题研究，培养人才，提高创新实力。

三是遴选高价值、急需解决的研究课题。改变遴选研究课题的方式，由以往的从需求端发起改变为由诊断端发起，吸引研发机构共同参与解决中车戚墅堰所产品研发和基础研究过程中的技术难题。近年来，中车戚墅堰所在齿轮精密工艺、可靠性研究、齿轮深冷处理、健康管理、智能配对等学科领域，分别与大连理工大学、吉林大学、中科院理化技术研究所、西南交通大学、北京工业大学开展合作，对束缚轨道交通关键零部件发展的共性、基础性关键技术进行攻关，提升产品技术水平。面向全球产业技术发展方向，遴选了英国Romax公司、澳大利亚科工组织（CSRIO）、英国帝国理工学院等海外研究机构和大学，开展深入合作，吸引国际上最前瞻性的轨道交通关键零部件技术资源为中车戚墅堰所科技创新工作服务。

（四）搭建基于知识管理的精益研发设计平台

经过多年的发展，轨道交通装备在技术与性能上形成一定优势，在客户端，中车产品的"交期、价格、质量"三要素均能令人满意。然而深入分析后，这个"令人满意"是以中车企业严重偏高的研发人员成本、生产冗余成本、质量沉没成本保证的，最终导致企业盈利能力与国际竞争对手存在较大差距。在产品实现过程中，快速响应能力、价格竞争优势和产品一致可靠是相互排斥的矛盾体，为协调三者之间的制约关系，中车戚墅堰所面向快速设计，导入精益研发，搭建轨道交通关键零部件精益研发设计平台，从业务优化、平台建设和管理改进三方面着手，对研发活动实施全方位的梳理和管控，厘清在不同层面和角度上应该完成的不同类型的工作及它们之间的关联关系，强化产品平台规划和协同设计能力，实现产品技术调研、概念探索、方案论证、初步设计、详细设计、产品试制、产品定型、服役过程全生命周期的管理。

一是定制高效率的产品开发工具。搭建知识库、模型库、工具集等基础资源共享平台，为产品设计开发提供丰富高效的工具库，提高综合设计、综合仿真、综合试验能力；同时，建立数据协同共享平台和知识管理系统，对产品设计提供支撑与保护，转"依赖经验"为"依靠数据"，保障设计质量的稳定。

二是搭建配置化产品开发设计平台。开展模块化设计，提升产品重用率，将客户需求转化为产品功能结构，并通过成本分析，转化为产品模块，开展产品的快速设计，提升研发效率；建立产品设计与仿真试验验证对比分析相协同的开发模式，降低设计和生产制造成本，降低质量损失和质量风险，提升产品技术核心竞争力。

三是完善知识和质量管理双循环机制。实现研发设计过程中知识工程与质量管理的双重良性循环，有效促进用户质量管理模式从"事后控制为主"向"质量预防和保证为主"的进一步转化和完善，为整个精益设计模型提供质量过程保障。

以城轨齿轮传动系统为例，通过开展产品模块化设计工作，模块化组件占比由38%上升至60%，标准模块由0%上升到15%，大大提升了新产品设计效率，有效保证新产品设计质量的提升，为在其他齿轮传动系统产品推广应用打下坚实基础。

三、轨道交通装备企业以技术引领为目标的科技创新体系优化与实施效果

（一）持续提升当前在轨道交通关键零部件领域内的核心优势。

一是解决了我国高铁列车发展的重大技术难题。依托先进的科技创新体系，实现产品开发、材料工艺技术、试验验证技术、基础技术的协同支撑。在齿轮传动系统方面系统掌握了温升、轻量化、振动等核心技术，解决了国外进口产品轴承烧损、箱体破裂、润滑油泄露、寿命低等多种惯性质量问题，实现了高铁列车齿轮传动系统的全面自主研制，替代进口产品，占领了高铁核心技术制高点，大幅度提高了中车戚墅堰所在轨道交通齿轮传动系统领域话语权。二是涌现了大量的科技创新成果。三是承担了多项国家与省部级技术攻关课题，提升了中车戚墅堰所进一步解决行业技术难题的能力。四是提高了自主化产品的市场占有率与竞争力。通过科技创新体系的优化，完成了轨道交通齿轮传动、基础制动等产品的平台化、谱系化开发。其中，在齿轮传动系统领域，实现了高速动车组各技术平台齿轮传动系统的全覆盖，研发成果加快了产业化进程。目前，已经有超过 2.5 万套的高铁齿轮传动系统在中国高铁线路上运行，市场占有率由以前的全依赖进口变成了超过 70%。其中，时速 350 千米"复兴号"中国标准动车组齿轮传动系统主要采用中车戚墅堰所产品。

（二）培育了企业强劲的发展后劲

一是明确了研发与产业化发展方向。中车戚墅堰所通过在新的创新平台构架下，通过战略研究机制，避免了研发与产业化过于盲目，对市场和技术路线把握不清的弊端，制定了更具针对性的企业年度技术研发项目指南。目前，中车戚墅堰所研发项目立项除了受市场驱动和内部工艺技术改进驱动外，还进一步做到了依靠产品战略确定新产品研发方向、依靠技术战略确定基础研究方向。二是促进了设计、验证、产品平台的建立。依托优化后的科技创新体系，中车戚墅堰所树立了轨道交通齿轮传动系统等关键部件行业龙头的地位，搭建了成熟的轨道交通关键零部件精益设计平台，形成了一整套可推广和复制的精益设计解决方案；完善了企业的试验验证与产品认证能力，成为行业权威的齿轮传动、摩擦磨损、结构疲劳等学科的检测与认证中心；建立了产品谱系化平台。三是实现了核心业务多元化延伸。按照中国中车"相关多元、高端定位、资源支撑、行业领先"的新产业发展方针，在齿轮传动、基础制动等领域实现了多元化延伸。以轨道交通齿轮传动为例，通过进一步布局，将齿轮传动技术扩展至工业高端装备关键零部件领域，已经孵化出风力发电齿轮箱、矿山轮边减速器、机器人 RV 减速器等支撑中车戚墅堰所规模化发展的支柱业务，打造了公司新的增长极。

（三）推动了行业的技术进步，为用户创造了新的价值

通过以技术引领为目标的科技创新体系优化建设，增强了中车戚墅堰所解决轨道交通关键核心难题的能力，在轨道交通装备齿轮传动等领域成为技术难题的终结者与解决方，打破了高铁装备的行业瓶颈，为用户创造了新的价值，促进了我国高铁列车整体技术水平的提升。

（成果创造人：王洪年、王文虎、陈　笃、段战国、靳国忠、
张永升、吕梦熙、唐　娜、李娄明、陈　阳、张　萍）

财务管理与产融结合

船舶租赁企业促进产业发展的逆周期投资管理

中国船舶（香港）航运租赁有限公司

中国船舶（香港）航运租赁有限公司（以下简称中船租赁）是经国家发改委、商务部批准，2012年6月25日在香港注册成立，中国船舶工业集团有限公司（以下简称中船集团）第一家境外全资子公司。中船租赁以船舶海工装备租赁与投资为核心主业，以散货船、集装箱船、油轮、特种船等各种船舶海工装备为标的，接连承接了中国首制18000TEU超大型集装箱船、世界首型1400TEU双燃料冰区加强型集装箱船、中国首制17.4万方FSRU（浮式液化天然气存储及再气化装置）、全球首例LNG改造FLNG（浮式液化天然气生产储卸装置）等一系列具有战略意义的船舶海工装备项目，是中国船舶工业第一家厂商系租赁企业。截至2017年年末，注册资本46亿港元，资产规模270亿元，营业收入12.19亿元（2012—2017年复合增长率239.8%），利润总额4.95亿元（2012—2017年复合增长率138.7%），船队规模109艘，约1000万载重吨。

一、船舶租赁企业促进产业发展的逆周期投资管理背景

（一）应对船舶工业周期性风险，支持造船产业转型升级的迫切需要

船舶工业是国家经济发展的支柱产业之一，是国家装备制造业不可或缺的重要组成部分，全面参与国际竞争，且具有典型的周期性特征。船舶建造周期长，采取订单式生产模式，从订单签约到最后完工交付大约需要2~4年，而首付款比例仅有10%~20%，较长的建造周期和较低的首付款比例，增加了造船企业经营风险。我国船舶工业虽取得了重大进展，但仍处于价值低端，船企生产效率较低、国际竞争力较低，一旦进入产业低谷，将面临极大考验。

自2008年金融危机以来，船舶海工行业呈断崖式下滑并跌入历史性低谷区间，2011年我国新承接船舶订单3622万载重吨，同比下降51.9%，约1/3船厂没有接获新订单，而造船完工量连续12个月超过同期新签订单量，船东弃单弃船现象频出，行业内生产危机加剧，船企并购重组和停产倒闭速度加快。中船集团造船产能出现严重过剩，"订单难、交船难、盈利难"困境亟待破除，必须主动谋变、整合资源、创新突破，探索转型升级的新发展路径。

（二）贯彻中船集团产融结合新构想，落实创新驱动发展的战略要求

融资租赁具有融资和融物双重属性，具备金融投资功能，中船集团提出"产融结合"战略，在香港创建中国船舶工业首家厂商系租赁企业，利用境外资本，撬动造船资源，带动有效需求，服务于船舶海工装备业稳健发展和转型升级。

中船租赁以"产融结合、服务主业"为战略使命，同时，作为中船集团当时境外唯一的全资子公司，承担境外投融资平台的重要职责，致力产业升级，将中船集团民船制造从跟随战略上升到引领战略；着力解决船舶融资问题，协助船厂经营接单和顺利交付，提升金融资本对实体产业的带动力；以市场需求牵引科技创新，加快高技术高附加值船型研制进程和市场导入，打破全球船舶市场的竞争格局；大力开拓国际市场，创新商业模式，提升国际化竞争层次。

（三）发挥"懂船"核心能力，践行产业使命的必然选择

船舶租赁行业市场主体主要包括银行系金融租赁公司、厂商系租赁公司和其他第三方租赁公司。银行系金融租赁公司依靠母行的资本优势和客户优势，进入市场时间早，占据行业主导地位。厂商系船舶租赁企业依托母公司雄厚的产业资源，具有专业优势，正引领行业发展。

中船租赁创业团队全部来自中船集团内部，平均具有20年的从业经验，非常"懂船"，对行业周期、市场变化、客户需求具有非常专业的解读，能够站在船东的角度审视资产价值，把握发展先机，而非以简单的信贷方式度量价值演变。与银行系金融租赁公司在行业高峰时扩大船舶资产规模，在低谷时紧缩船舶投融资的"顺周期"运作不同的是，中船租赁以产业使命为首要，通过构建自身独有的"懂船"核心竞争力，在市场低谷时发力，开展"逆周期"投资，促进产业平稳发展与转型升级。

二、船舶租赁企业促进产业发展的逆周期投资管理内涵和主要做法

中船租赁从"产融结合、服务主业"的战略使命出发，树立"担起重任、随行就市、严控风险、质量第一、效益优先"的经营理念，应对造船企业"接单难、交船难、盈利难"三大难题和厂商系船舶租赁企业初创期破局发展的经营形势，发挥"懂船"的专业优势，在行业周期陷入低谷与缓慢复苏之际，主动抢抓资产价值空间、拓展战略性船型的市场导入，以融资租赁、经营性租赁、联合投资、自主投资等交易方式，链接中船"设计＋制造＋服务"，把握国际国内两个市场，打通融资端、资产端和客户端，做实做精船舶海工服务业，带动中船集团民船制造从跟随走向引领，达到船舶工业平稳发展、船舶企业转型升级的发展目标。主要做法如下。

（一）以集团发展战略为引领，明确逆周期投资的总体思路

1. 作为承接平台代为接船，消化库存

2012年，造船市场和航运市场进入历史性低迷长周期的谷底，船东普遍面临巨大的经营压力，中船集团内骨干船厂已经出现弃单弃船现象，存在潜在的巨大经济损失风险。中船租赁开展逆周期操作，首先就要对集团内船厂因船东无力或无意愿支付船舶款项违约放弃的船舶订单进行承接。通过对存量船舶资产的运营，以时间换取空间，等待市场复苏带来的船价上涨和租金上涨的机会。2012年11月，中船租赁接收的第一艘船舶——17.6万吨散货船"皖梅"轮，就是为外高桥船厂代持该资产，运营该船舶。

2. 主动调节市场有效需求，创造订单

航运市场低迷，船舶订单稀缺，竞争呈现白热化，船东需要以更小的代价获取船舶所有权或经营权。中船租赁可以利用母公司增资和担保，开展项目再融资，撬动数倍的资本带动造船产业转型升级。中船租赁进行逆周期投资，在大力争取直租、售后回租等融资租赁项目的同时，也作为实际船东，开展经营性租赁或合资，甚至完全的自主投资，主动创造订单，调节市场有效需求，投放在集团内船厂，保持船厂连续生产。中船租赁每年新增投放金额约10亿美元，为产业健康稳定发展注入新动力，起到"平衡器"的作用。

3. 致力民船多样化高端化，加速转型

船舶建造的人力成本和原材料成本不断上涨，盈利空间不断压缩。中船集团以散货船建造为主，难以与民营船企开展成本竞争，与国际主要船厂高技术高附加值船型生产相比，也很难保证盈利水平。行业低迷周期，同时也是企业转型的发力期。中船租赁开展逆周期投资，加快重大科技成果转化和战略性新船型的市场导入，协助中船集团调整产品结构，推动向海洋科技工业集团转变。例如，以经营性租赁方式接获中国首制18000TEU集装箱船，帮助中国船厂形成为客户所认可、成熟的超大型集装箱船的自主设计与建造能力等，并协同船厂争取到"自主知识产权LNG-FSRU示范工程建设项目""经济型中深水半潜式钻井平台示范工程建设项目"国家专项资金支持，共5.67亿元。

4. 深耕民船业务国际市场，做大做强

中船租赁深耕国际市场，着力建立一批优质的客户群体，在"国轮国造""国货国运"的基础上，赢得国际船东对中国造船品牌的认可和信赖。中船租赁主要发展海外业务，国际客户占90％以上，包括全球班轮巨头CMA CGM，美股上市的最大成品油运输商Scorpio Tankers、最大散货船船东Star

Bulk、油气产业运输巨头 Golar LNG 和 Dynagas，世界四大粮商之一 Cargill，新加坡最大的综合性集团万邦泛亚联盟集团等。

（二）以客户需求为导向，建立严格的项目选择标准

中船租赁逆周期投资管理以客户需求为导向，从"战略价值、经济效益、资产安全、风险可控"四个维度综合考量项目实施条件，灵活调整融资比例和租赁期限等关键因素，确定合作方式，设计交易结构。

1. 坚持项目选择"三优先"，确定基本投向

优先开发资产流动性强的船舶项目。船舶单体价值大，且市场价格波动大，不确定因素多，在船市低迷期，逆周期投资标的以通用型、流动性强的船舶为主。融资租赁的船舶最终所有权将在合同项下转至承租人，经营性租赁、联合投资、自主投资的船舶在租赁期满后将面临资产处置问题，更要以选择流动性强的船舶为佳。二手船市场价格波动要快于新造船市场价格波动，流动性强的船舶能够保证资产的安全边际。

优先将订单投放在集团内船厂建造。将订单投放在集团内船厂是根本使命的驱使，截至2018年6月末，中船租赁累计在集团内投放船舶项目114艘，超1000万载重吨。对于集团内船厂无法建造的船舶，投放海外船厂并加大技术引进，如全球首例LNG改造FLNG，为后续中国船厂自主设计建造FSRU、LNG改造FLNG系列产品奠定基础，这也是目前为止仅有的在集团外投放的船舶订单。

优先选择具有稳定还款来源的项目。船舶租赁不同于船舶经纪和船舶投机，一般具有很长的营运期，融资租赁项目期限一般8~10年，经营性租赁项目期限一般10~12年，自主投资项目最终也将以船舶租赁形式投入运营。较长的租赁期内，承租人是否具有稳定的还款来源是项目可否实施操作的重点。逆周期投资项目需要在承担一定风险的情况下，获得可匹配的收益。

2. 设置严格的项目筛选标准，保障资产价值

项目必须具有自偿性。例如，标的船舶已取得非关联第三方的租约，则租约租金为项目的预期营运收入，如未取得租约或者租约具有较大不确定性，则基于Clarksons、SSY或Marsoft等专业机构对标的船型或相似船型历史租金收入数据，取较长时期（10年左右）的平均租金，预测营运收入。同时，考察核实企业真实运营成本并结合行业平均水平，预测项目的运营成本。

标的资产所有权必须清洁。资产的清洁性是开展租赁与投资业务的必要条件。中船租赁绝大部分项目标的是新造船，不存在资产所有权瑕疵情况，但也适当开展售后回租、二手船投资及委托、抵押贷款项目，这类标的必须是"干净"的资产，不存在抵押、质押或所有权有争议的情况。严格禁止对标的资产所有权不清晰项目的投资，并采取必要的措施，如要求融资方增加担保等，保证项目具有可操作性。

客户必须具有较好的履约意愿。客户需要具有从事相关业务的专业资质，资信良好，信用、司法诉讼无重大不良记录且至少在5年内无数额较大欠息、逾期和重大未决诉讼，具有契约精神。禁止向有重大不良记录的客户提供贷款和租赁服务，并谨慎支持无实体公司的船舶租赁项目，建立黑名单制度。战略性项目和大批量船舶订单，争取与大型航运船东、承租人合作。对于与中小客户的业务往来，争取更高的市场溢价，获取可观的经济利益。

3. 创新项目开展方式，牵引市场选择

中船租赁实施逆周期投资的方式有融资租赁（包括直租、售后回租）、经营性租赁、联合投资、自主投资等。其一，作为名义船东，提供较高融资比例的融资租赁，融资比例大多在70%~80%，具有风险低、收益稳定的特点。其二，作为实际船东，争取长租约的经营性租赁，融资比例在95%以上，风险较大，收益较好，具有获得资产溢价的机会。其三，联合船舶实际使用方或航运公司共同投资，包括控股合资或者按照50%：50%的股权结构进行合资。其四，多种模式的组合方式，包括以完全自主

投资的船舶作为资产与合作方共同组成合资公司。

(三) 专业审视市场深层次变化，主动挖掘可行的投资项目

1. 准确把握行业周期趋势机会，使业务运作贴合产业本质

银行系金融租赁公司具有成熟的运营体系、广阔的客户渠道及低廉的融资成本，业务偏好以融资租赁形式赚取利差。厂商系租赁公司的先天使命，造就独特且安全的风控与盈利模式，是企业良性发展的重要因素。中船租赁从融资租赁、经营性租赁，再到创新地开展自主投资，以自身承担船舶资产价值波动风险，满足船东更新运力的需要，成为市场上有特色、有活力、有价值的金融船东。在市场转入复苏通道的2017—2018年，先后与Hafnia合资4＋2艘7.5万吨成品油轮、与新加坡万邦合资4＋4艘5.5万吨化学品船、自主投资4艘8.2万吨散货船、与嘉吉海运签订4＋2艘12万吨Mini Cape散货船经营性租赁项目，成为市场亮点。

2. 着力于民船产业链延伸机会，优化船舶资产质量

中船租赁逆周期投资，以高端船型为战略突破点，丰富产品谱系，强化市场引领。在LNG链条上，开创性地进行全球首例LNG改造FLNG、中国首制17.4万方FSRU、全球最大8.5万方VLGC的投资建造，提出国内领先的清洁能源海上运输、储存再气化的解决方案。集装箱船链条上，承接中国首制18000TEU超大型集装箱船、世界首例1400TEU双燃料冰区加强型集装箱船，使得超大型集装箱船与支线集装箱船的产业链条得以迅速建立和融合。油轮链条上，在MR、LRI、LRⅡ型船舶多有布局，直接拓展产品宽度。散货船链条上，6.4万吨、8.2万吨、18万吨、20.8万吨多系列散货船已形成较为完整的产品谱系，并延伸开展10艘20.8万吨散货船脱硫塔设备的融资服务。

3. 利用细分市场短期波动机会，开展多种业务模式组合

行业有周期性波动，就会有逆周期投资的运作空间，专业的船舶租赁企业能够把握短暂商机，灵活采取多种业务模式组合赢得发展机会，如4＋4＋4艘6.4万吨散货船项目。2013年6月，中船租赁与巴拉歌公司合资投放该批船舶订单，中船租赁控股75%；2014年二季度，中船租赁准确把握航运市场短期阶段性回暖机会，将交船期最早的两艘船予以出售，为合资公司录得毛利润约1000万美元；2017年5月，在巴拉歌公司无力继续为新造船投资的情况下，中船租赁本着为船厂带来新订单的出发点，结合对散货船未来市场预期的准确判断，完全自主投资最后4艘选择船，将船型更换为8.2万吨，并锁定租约；2018年4月利用干散货市场向好的机会，将该批首制船的日租金提升46%。中船租赁在该项目先后采取联合投资、二手船转卖、自主投资、经营性租赁等多种业务模式组合，均取得较好效益。

4. 嵌入项目全寿命周期，提供产融结合解决方案

船舶建造需要大约2~4年，船舶营运期限大约15~20年，在船舶订单商务洽谈到船舶退出航运之间，市场参与主体具有各种需求，中船租赁提供产融结合的系统性解决方案。一是在项目前期营销阶段介入，以船舶中介、融资方身份承接项目。例如，Redbox 2艘全球首制极地模块运输船，先是以船舶中介身份帮助广船国际船厂中标该项目，再以96.5%高融资比例的融资租赁方式保证项目顺利进行。二是在船舶建造阶段介入，为船厂提供流动性，为船东提供融资服务。例如，Navig8 LRII成品油轮直租项目，通过在船舶建造期提供直租服务，缓解船东资金状况，同时通过商务运作，调整交船期，以内保外贷为船厂提供流通性支持，确保船舶顺利交付。三是在船舶交付和运营阶段介入，开展售后回租或二手船投资，实现快速创收创利，如Hanwon Maritime 1700TEU集装箱船售后回租项目。

(四) 建立科学完善的决策机制，审慎开展逆周期投资运作

中船租赁从"船市行情、资本市场变化、产业发展方向、船厂需求"四个方面，考虑"投资对象、投资动机、投资时机、投资方式、投资风险、投资收益"六个因素，科学决策、审慎投资。

1. 完善项目决策流程，不断提升决策效率

项目决策流程如图1所示。

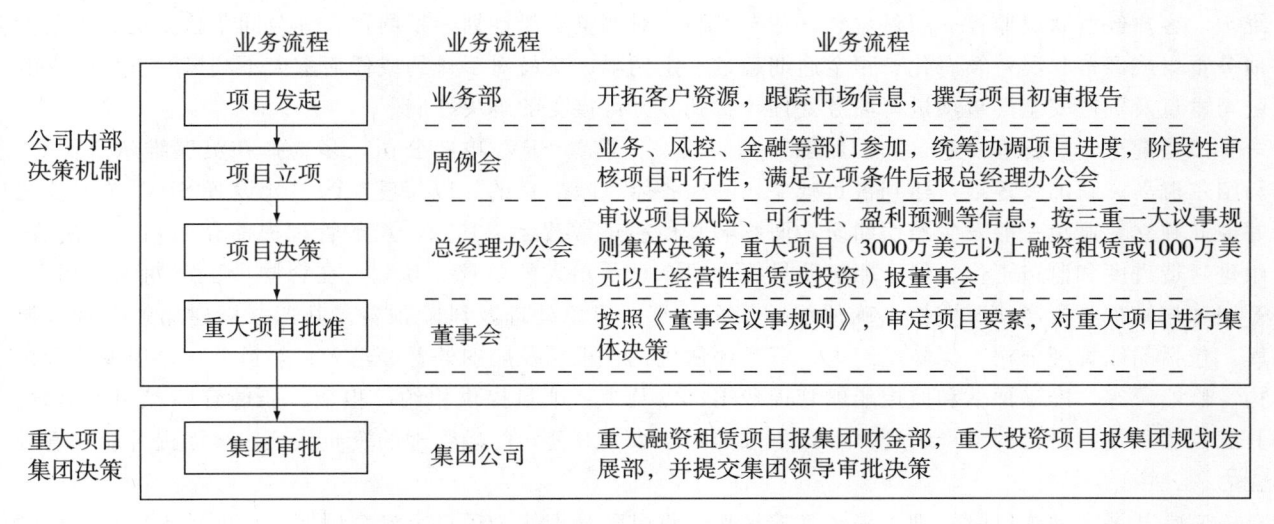

层级	环节	责任部门	业务流程
公司内部决策机制	项目发起	业务部	开拓客户资源，跟踪市场信息，撰写项目初审报告
	项目立项	周例会	业务、风控、金融等部门参加，统筹协调项目进度，阶段性审核项目可行性，满足立项条件后报总经理办公会
	项目决策	总经理办公会	审议项目风险、可行性、盈利预测等信息，按三重一大议事规则集体决策，重大项目（3000万美元以上融资租赁或1000万美元以上经营性租赁或投资）报董事会
	重大项目批准	董事会	按照《董事会议事规则》，审定项目要素，对重大项目进行集体决策
重大项目集团决策	集团审批	集团公司	重大融资租赁项目报集团财金部，重大投资项目报集团规划发展部，并提交集团领导审批决策

图1 项目决策流程示意图

中船租赁建立由业务专题会（项目发起与立项）、项目初审会（项目评审）、公司周例会（项目进程沟通与协调）、总经理办公会（权限范围内的项目决策）、董事会（权限范围内的项目审批）的管理程序，对项目发起、立项、评审、决策审批各环节进行职责明确和权限设置。制定《业务管理暂行办法》等相关制度及规范性文件，形成项目全流程的标准化管理。同时，协助集团主管部门认识和理解船舶租赁这一新业务形式，制定《融资租赁管理办法》和《经营性租赁管理办法》，明确公司层面与集团层面的权限界面，构建造船集团开展租赁与投资业务相对较为完整的决策机制，提高决策效率和科学性。

2. 把握项目决策时机，确保公司稳健发展

风险组合。中船租赁确定稳健的投资策略，采取"三七结构"，即高风险高收益的经营性租赁/合资/自主投资项目占30%，低风险低收益的融资租赁项目占70%，形成风险与收益的良性组合。逆周期投资管理对于风险收益配比的时机选择，依托"懂船"的核心能力，根据对行业周期趋势和微观市场变化的准确判断而灵活调整。比如，2018年上半年，投资结构整体保持框架水平，累计配比未产生根本变化，当期经营性租赁/合资/自主投资项目占比达到了86%。

客户组合。船舶租赁属于长期的业务活动，要抵御行业周期性风险，客户群体质量是核心因素，直接决定项目能否取得预期收益水平。大客户群体实力雄厚，履约意愿强烈，履约能力有保障，同时议价能力强，收益与风险匹配，建立一批优质的大客户群体是稳健发展的根本。中船租赁优先选择经营状况良好、具有一定市场地位、公开透明的客户，以及在集团内具有较好合作记录的客户，保证项目源和客户源，形成以大客户为主，中小客户良性补充的结构，着力优化客户组合。

资产组合。不同船型存在相对专业的细分市场领域，相对隔离风险，达到风险的内部消化效果。国际船舶融资公司一般专注于单一类别船型，缺乏船型资产的合理配比，持续发展的动力不足。银行系金融租赁公司在上一个顺周期大量投资海工装备造成资产质量下降，成为可持续发展的制约因素。中船租赁逆周期投资以多种类船型为标的，采取相对均衡的资产组合，截至2018年6月末，以合同金额计算，散货船、集装箱船、液货船、气体船、特种船分别占比20%、14%、19%、33%和12%。

（五）加强项目全寿命周期管控，全面推进项目实施

一是统筹项目全寿命周期，加强商务管理。明确项目全寿命周期管理的思路和归口管理的理念，以

服务业务主线为基础，确立业务部门统筹管理项目全寿命周期，各部门分阶段、分节点、分情形履行职责，实现项目管理的闭环。在漫长的租赁期内，商务管理是关键，采取项目经理负责制，持续开展客户维护、客户经营状况监控、项目盈利评估与控制，对调整交船计划、租约租金等合同条款变更、承租人债务重组或经营状况持续恶化、租金逾期超过一定期限、交易对手违约或任何重大不利风险事件、影响公司本息及资产安全的事项进行商务处理，找到多方可接受的解决办法。

二是健全资产管理体系，加强船舶管理。其一，设置 SPV/单船公司，多选择在英属维尔京群岛、马绍尔群岛、新加坡等地，达到税负减免、隔离各船风险的目的。以每艘船为单元设置 SPV/单船公司并彼此独立，避免一船发生赔偿纠纷，而影响其他船正常营运。其二，船舶管理提前介入到建造阶段，跟进建造进度和监造工作，保证船舶质量符合船东、承租人的要求。其三，在合同项下定期收取租金，开展客户维护与资产状况监控，确保船舶安全运营、应急处理及风险预警。其四，搭建船舶管理资源库，包括船舶管理公司、保险经纪人、资产评估机构、租船及船舶处置经纪人、船员公司、船舶检验机构、修船厂等，准确评估和监控船舶管理费用，以及为新项目提供租约、租金、船舶管理费用等信息。其五，着手建立自己的资产管理体系，争取国际船级社对公司船舶管理的资质认证，全面提升船舶管理能力。

三是开展主动式风险管理，提高管控水平。将风险管理作为项目全寿命周期管理的重点，提高风险管理意识，加强风险控制手段，开展主动式风险管理，嵌入到市场研究、业务拓展、交易结构设计、合同谈判、各项审批手续办理、租后监控等流程中。项目全寿命周期内，通过前台业务部门持续的客户经营状况监控，以及后台资产管理部门执行合同项下资产状况监控，综合评估风险，主动进行风险提示和提出风险防控建议。全面风险管理与内控建设深度融合，加强业务管理的制度化、标准化。项目前期营销阶段，充分识别风险，建立项目风险评估系统。合同签约到交付起租阶段，积累风险管理数据，进行客户评级、量化评估，实现对风险的组合管理。贷后监控阶段，定期评估租后运营情况和资产价值，提高资产减值准备计提的前瞻性和动态性，发挥准备金缓冲风险的调节作用。

（六）完善项目实施保障措施，确保逆周期投资顺利开展

一是健全经营管理体系。中船租赁采取扁平化组织结构，在激烈的市场竞争环境下，对市场变化做出快速反应，对问题处理做出快速响应，保障逆周期投资管理的实施和有力执行。组织结构扁平和职能职责清晰，内控体系全面优化，公司内部管理运营更加高效。2018 年 8 月，中船租赁成功进入国企改革"双百行动"试点名单，成为 404 家综合改革试点单位中唯一一家专业租赁企业。

二是加强人才队伍建设。中船租赁以效益为导向，打造一批专注于船舶海工装备租赁与投资领域的核心人才梯队，人员规模从 4 人发展到 54 人，专业人才不断补充，为实施逆周期投资管理提供坚强保障。中船租赁 2017 年人均创利 917 万元，根据专业机构的统计，处于市场上游（75 分位值以上），相对的人均成本低于市场平均水平，人均效能较高。同时，中船租赁牵头中船集团制订"业绩薪酬双对标"激励方案，探索中长期递延激励机制，引领薪酬与激励的市场化改革，巩固和提高人才竞争力。

三是提高项目融资能力。解决融资问题是开展逆周期投资的前提，中船租赁资本金全部用于代集团持有中船防务、天津银行等股权，主业基本依靠项目融资进行负债经营。2013 年和 2015 年，中船租赁作为载体平台，分别发行 3 年期 8 亿美元债和 5 亿欧元债，开启军工央企境外发债先河。2016 年突破融资瓶颈，取得多家金融机构的独立授信，初步建立独立的融资能力，并在 2018 年上半年新申请的项目贷款全部无集团担保，存量信贷逐步解除集团担保，资本市场对公司发展的信心持续增强。

四是调度集团产业资源。集团整体效益和战略目标的实现是中船租赁实施逆周期投资管理的重要考量因素。客户对船舶设计和建造质量有明确要求，集团内船厂在不同船型生产上具有比较优势，中船租赁协调各方，灵活调度产业资源，提供最优化的解决方案。将 6.4 万吨散货船、8.2 万吨散货船投放在

澄西船厂，将20.8万吨散货船、18000TEU超大型集装箱船、8.5万方VLGC投放在外高桥船厂，将1400TEU、1700TEU等支线集装箱船投放在黄埔文冲船厂，将LRI、LRⅡ油轮投放在广船国际船厂，将17.4万方FSRU投放在沪东中华船厂，充分激活集团内各骨干船厂的技术能力，实现产融结合的战略协同。

三、船舶租赁企业促进产业发展的逆周期投资管理效果

（一）专业化船舶租赁企业形成示范效应，促进了船舶工业平稳发展

中船租赁主动作为，逆周期投资管理，争取订单的同时，主动创造订单，累计签约61.8亿美元，每年新增投放约10亿美元，有力促进了中国船舶工业的平稳发展。船舶租赁企业逆周期投资管理的创新成果，促进了造船集团高质量发展，契合中国船舶工业转型升级要求，推动了国家战略的落地实施，具有较强的经济价值、产业价值、市场价值和社会价值。

（二）逆周期投资撬动造船业务价值创造，深化了中船集团产融互动

中船租赁在集团内船厂投放了114艘船舶，合同金额50亿美元，深度践行了中船集团产融结合的构想和"制造+服务"战略。中国首制18000TEU超大型集装箱船、世界首型1400TEU双燃料冰区加强型集装箱船、中国首制17.4万方FSRU、全球最大8.5万方VLGC等一系列具有战略性意义和行业代表性的项目投放在集团内船厂，优化了中船集团产品结构，突破了高端船舶市场瓶颈，树立了船舶工业以融促产的典范。

租赁企业需要在长期的船舶租赁期内，承受来自多方面不确定性因素的影响和市场参与主体层层传导的各类风险，逐步掘取项目利润。中船租赁实施逆周期投资管理，不断与国际船东交流合作与商务运作，具备了中船集团内独有的项目全寿命周期的商务管理和问题处理能力、客户服务能力。行业领先的船舶租赁企业已经成为中船集团建成世界领先的海洋科技工业集团的重要组成部分。

（三）建立自身厂商系独有的核心竞争力，实现了租赁企业快速发展

中船租赁在开展实际运营的五年里，以创业团队独具的战略眼光和商机捕捉能力，主动作为，建立了"懂船"的核心竞争力，开展逆周期投资，迎合了产业深层次的可持续发展需要，构建了完整高效的项目开发、经营决策和项目管控的运营体系和工作机制，实现了跨越式发展。

中船租赁已经在全球持有船舶资产的租赁公司中排名第四，也是其中最大的一家厂商系租赁公司。营业收入从215万元增长到12.19亿元，增长566倍，年复合增长率达239.8%；利润总额从329万元增长到4.95亿元，增长149倍，复合增长率达138.7%。2012—2017年，中船租赁经营收入和利润增长速度明显快于上市同业同期水平（经营收入和利润总额复合增长率分别为56.1%、25.9%）。中船租赁逆周期投资管理的创新实践，有力推动了船舶工业的平稳发展和中船集团战略构想的实现，为其他企业提供了可借鉴的经验。

（成果创造人：杨　力、钟　坚、胡　凯、程　康、马云翔、李朝坤、李　蠡、陈　慧、丁唯淞、袁　超、黄传红、王　磊）

境外上市国有控股企业以"产融社"为核心的市值管理

深国际控股（深圳）有限公司

深国际控股（深圳）有限公司（以下简称深国际）是一家于百慕大注册并在香港联合交易所主板上市（00152.HK）的红筹公司，是深圳市国资委（控股45.143%）直管企业中唯一一家整体境外上市公司，以现代物流、收费公路为主业。目前，深国际直接管理或委托管理附属企业共20家，包括物流发展、物流服务管理等8家全资附属企业，深高速、西坝码头等9家控股企业，以及深圳航空等3家参股企业，员工合计6900人。截至2017年12月31日，深国际总资产710亿港元（595亿元人民币），净资产373亿港元（313亿元人民币），全年实现收入97亿港元（84亿元人民币）、利润总额62亿港元（53亿元人民币）。

一、境外上市国有控股企业以"产融社"为核心的市值管理背景

（一）充分发挥境外资本市场功能，促进企业发展的需要

2012年年初，深国际总资产为399亿港元，上一年度核心业务收入（扣除收费公路业务的建造服务收入）49亿港元，同比增长18%，利润总额28亿港元，同比增长24%，净利润17亿港元，同比增长36%，已是一家具备相当资产规模、盈利能力优异的成长型企业。然而，与公司内在价值持续改善提升趋势不符的是，深国际的市值增长长期处于缓慢波动上涨的状态，年复合增长率仅9%，远低于上述重要财务数据的同期增速。

深国际认为，市值增长表现欠佳不利于深国际充分利用境外上市平台实现低成本融资。2012年，深国际提出的要在"十二五"期间推进全国战略布局的发展目标落地。这要求深国际必须实施市值管理，有效利用好上市公司平台，促进自身在高度市场化竞争中占据优势。

（二）对标行业先进企业，提升企业市场价值的需要

2012年年初，与资本市场上其他中资、民资的物流企业相比，深国际的市场市盈率处于相对较低的水平，即使剔除A股市场的企业市盈率普遍存在被高估的因素，深国际的估值相较于港股市场同业也处在中等偏下的水平。

深国际遵循香港资本市场估值逻辑进行自我剖析后认为，作为深圳市唯一一家以物流为主业的市属国企，物流业务收入在营收总额中不足20%，对公司利润总额贡献率不足10%。主业盈利能力不强的问题严重影响公司估值提升。同时，深国际在资本运作和投资者关系管理方面缺乏整体战略指引等不足，也亟待通过实施市值管理加以扭转。

（三）顺应国企改革，实现国资保值增值的需要

随着国企改革不断深化，中央和地方政府把国企改制上市作为一项重要举措大力推进，鼓励国企赴境外上市，通过引进国际战略投资者和产业投资者，在募集大量发展资金的同时，学习国际先进管理经验。在IPO大潮中，作为全球主要金融中心之一且与中国内地有着"近水楼台"之便的香港，持续成为中资企业境外上市的理想地。截至2012年年初，香港上市公司总数为1496家，来自中国内地的上市公司为640家，其中260家为国有企业。在港上市中资企业，尤其是国有企业的数量多年来保持着波浪式发展但绝对数量逐年增多的趋势。

针对这种趋势，政府部门也日益重视国有控股上市公司市值管理，先后出台《国务院关于进一步促进资本市场健康发展的若干要求》《国务院国资委以管资本为主推进职能转变方案的通知》等文件，强

调国有控股上市公司应通过有效开展市值管理，实现优化和调节国有资产配置，提高国有企业活力和竞争力，推动国有资本做大做优做强，确保国有资产保值增值。在此背景下，树立正确的市值管理理念，将市值管理上升到战略高度进行系统化设计，并依托成熟的境外资本市场实施市值管理，实现股东价值最大化，是像深国际这样的国有控股上市公司的必然选择和国企责任担当。

二、境外上市国有控股企业以"产融社"为核心的市值管理内涵和主要做法

自2012年以来，深国际以资本的角度审视企业自身的产业和资本经营现状，从产业经营、资本经营和影响力经营（即"产融社"）三个方面着手，对上市公司的经营内容、业绩考核、管理层激励、投资者关系、信息披露、品牌建设等开展全方位、系统化的提升再造，以产业经营为基础增强主业盈利能力，以资本经营助推企业快速发展，以影响力经营提升市场认可度，实现企业内在价值与资本市场价值的正向反应，着力探索国有控股上市公司在香港成熟资本市场条件下实行市值管理的有效方法，为股东创造更好的价值回报。主要做法如下。

（一）树立正确的市值管理理念，明确市值管理要点

1. 树立正确的市值管理理念，明确市值管理目标

深国际认识到，市值管理绝不是短期股票炒作行为，脱离内在价值的高市值或低市值均不可取。尤其国有控股上市公司肩负着国有资产保值增值的使命，其市值的提升更应以优秀的内在价值为支撑，并获得资本市场的同向认知。深国际董事会提出至"十二五"规划期末力争实现总资产459亿港元、规划期内累计利润总额120亿港元、净利润53亿港元，"十三五"规划期末力争实现总资产900亿港元、市值规模达到500亿港元、规划期内累计实现利润总额205亿港元、净利润122亿港元的目标，坚持走"内外兼修"，保持企业良性发展、保障国有资本长期增值的正道。

2. 分析香港资本市场，明确市值管理要点

香港资本市场对在港上市公司产生多方面的影响，其主要特点如下。

第一，国际化。全球资金均可在香港自由流通，市场上的机构投资者也来自全球各地，且在交易者总量中占比达七成，与A股市场上以散户为主的构成截然不同，使得整个市场呈现出机构投资者占比大、估值理性稳定及价值观念盛行等特点。对港股市场投资者来说，主业明晰性、主业的盈利能力、盈利的可持续性是最为关键的评价指标。

第二，规范化。香港资本市场在交易、监管、信息披露等制度和法规上更为健全。上市公司须遵守当地法律和信息披露标准，接受市场监督；同时，还须按照市场要求去完善和规范其经营管理，建立有效的激励约束机制，提高企业素质。

第三，重视回报股东。香港资本市场十分关注投资者利益，每年发放股利的上市企业数量在市场中占比较高。采用现金支付股利的方式被视为企业分享经营成果最为直接的体现。推行持续、稳定股利政策的公司往往更受投资者青睐。

依据香港资本市场特点和估值逻辑进行深入分析，深国际明确市值管理要点为在主业盈利能力、成长潜力，以及公司治理水平、资本运作水平、行业地位、品牌形象等方面均有很大的提升空间，要想获得合理估值并借助资本力量快速发展，深国际不仅要大力提升产业经营能力、优化公司治理，还要积极与资本市场互动，吸引资本和增进市场认同度，全面实施市值管理。

（二）制定市值管理策略，落实工作职责

1. 构建"产融社"模型，为市值管理提供指引

基于对资本市场价值创造和市值管理理论的研究，以及综合考虑港股市场估值逻辑、标杆企业经验，深国际构建"深国际市值管理'产融社'模型"，从产业经营、资本经营和影响力经营三个方面开展管理创新实践，不断提升经营管理水平，使其内在价值和外在表现趋于一致，最终实现市值管理的目

标，促进企业的良性发展。

在产业经营方面，深国际积极研究行业环境，制定与市值稳健增长需求相匹配的企业发展战略，并通过创新商业模式、优化公司治理结构和财务管理方式等举措提升主业持续发展能力。在资本经营方面，在把握政策、合规运作前提下，通过加强公司并购重组、拓宽融资渠道、优化股东结构和资本结构、实施股权激励等手段，充分利用市场实现快速发展。在影响力经营方面，通过高效灵活的投资者关系管理和价值传播，提高投资者对深国际的认同度和资本的集聚度。在"深国际市值管理产融社模型"中，市值管理涵盖的产业经营、资本经营、影响力经营三个方面相辅相成，形成一个有机整体。只有实现这三个环节的紧密结合和良性循环，深国际的市值管理才能发挥真正作用。

2. 落实工作职责，确保市值管理全面实施

深国际设立战略（市值管理）委员会、计划委员会、投资审核委员会等7个委员会，负责统筹推进产业经营、资本经营和影响力经营等方面的具体工作。其中，战略（市值管理）委员会成员包括管理层、战略部、财务部、投资者关系部等职能部门及重要业务板块负责人，共同参与制订年度投资者关系工作计划，依据市场变化不定期召开会议商讨下一阶段重点任务举措，将投资者关系管理上升为公司全局性职能活动。同时，围绕主业设立重资产业务平台公司、轻资产服务平台公司、港口事业部、金融事业部等专业化业务单元，充分整合原来分散于不同附属企业的各类资源，强化各业务板块、附属企业基于一致目标的业务协同，为打造主业突出、专业性强、具有核心竞争力的优势企业奠定基础。

为有效开展市值管理工作，深国际提出十项保障措施。一是加强战略管理，优化绩效管理体系，明确公司决策层、战略支持层与业务职能层的定位与职责，定期组织绩效考核并依据考核结果及时调整经营行动计划。二是锻造专业团队，制订人资体系建设计划，完善绩效考核，解决业务结构调整带来的人员规模增长需求、人力配置、人才培训、薪酬管理等方面的问题。三是优化运营机制，针对附属公司的不同功能定位，在战略管理、投融资管理、财务及预算管理等方面进一步明确权责范围，优化管控模式、推进管控落地。四是强化资本运作，通过融资创新、股权运作、资源整合等手段，有效提升资本回报率，降低成本。五是加强信息化建设，促进信息共享，提升办公效率。六是驱动创新，实现业务转型。七是加强风险管理。八是强化安全生产。九是树立品牌，制订整合推广计划，提升业内影响。十是履行社会责任，维持良好企业形象。

通过构建灵活且富有适应性的组织管控体系和制订明晰的保障实施方案，深国际将公司中长期战略转化为可执行的流程机制和可考核的绩效管理，全面推进市值管理的实施。

（三）加强产业经营，促进价值创造最大化

依据SWOT分析，深国际明确进一步聚焦资源于主业，打造核心能力，由传统基础设施提供者向综合物流服务平台运营商和集成服务商转型的产业经营发展方向。因而，实施市值管理的第一步就是准确把握物流、收费公路两大主营业务板块的产业发展趋势，以创新商业模式和推动传统业务转型升级为手段，做强做优做大主业。

1. 推动物流板块向综合物流服务供应商转型

2012年，深国际正式确立以"城市综合物流港"为核心战略业务，提出"十三五"规划期内物流港业务要做大与做强并举，一方面积极探索物流园商业模式创新，强化物流港的开发运营能力；另一方面要加大投资力度，形成一定规模，为物流节点的网络化打下基础。围绕以上目标，深国际对物流业务做出新的布局调整。

第一，打造城市综合物流港。2012年启动"城市综合物流港"建设，以珠三角、长三角和环渤海地区为战略区域，快速推进在中心城市和重要物流节点城市的全国战略布局。

城市综合物流港是一种以物流园区为基础平台，以信息技术为支撑，聚焦物流产业链的仓、配、运

三大环节叠加相关物流服务功能，以获取增值服务收入的商业模式的载体。截至2017年12月31日，深国际城市综合物流港已挺进全国21城，涉及规划用地总面积达608万平方米，全国物流枢纽网络基本形成，成功聚集以京东、申通、百世、圆通等为代表的一批市场优质客户，为物流业务板块资产规模和盈利能力的提升打牢基础。

在布局城市综合物流港的同时，深国际还在2015年与深圳冠懋房地产集团有限公司成立合资公司，由冠懋集团提供物流用地，深国际提供园区综合设计和招商、运营，共同经营康淮现代城市物流港。该项目标志着深国际开创了物流园区业务新的商业模式，从自建自营向输出品牌管理迈出探索性的一步。

第二，推动传统园区转型升级。深国际早期拥有的物流园区主要位于深圳，包括华南物流园、西部物流园及华通源物流中心等园区。近几年来，深国际紧抓国家"一带一路"倡议、"粤港澳大湾区"建设、智慧物流及电商快递业高速发展等历史机遇，结合传统物流园区各自的区域规划和业务特点，大力推进转型升级工作。

例如，公司旗下西部物流园区所在的深圳前海、蛇口片区在2014年被国务院批准纳入广东自贸区，深国际紧抓历史机遇，提出以物流园区为依托、以现代物流服务为支点，在前海蛇口自贸区和前海深港合作区打造"深国际前海智慧港"，积极为电子商务企业提供现代物流服务，为深国际的电商物流发展奠定基础，助推公司产业升级。

华南物流园则是依托龙华新区的产业规划拓展多元业态，园区一期引入龙华名车广场与八号仓奥特莱斯等项目入驻，同时充分挖掘园区成为深圳市跨境电商展示中心试点项目的政策机遇，着力开展保税物流综合服务、智能电商云仓等创新业务。园区日渐丰富的服务业态大幅提升了现有设施的回报和增值空间。

同样位于深圳的华通源物流园则是积极抓住深圳城市更新规划中的重大机遇，于2014年在园区原有地块上配合城市更新规划，开展"现代城市综合体"的改造项目，此举有助于深国际及时实现现有资源的商业价值，提升企业的整体效益。

第三，推动产融结合赋能主业。随着综合物流港在全国的扩张，深国际于2016—2017年先后成立基金、小额贷款、融资租赁公司，在为客户提供产业类产品和服务的同时，也开始为客户量身定做金融解决方案，诸如开展冷链仓储质押、平行进口车订单融资、运输交通工具融资租赁等物流金融增值业务，为旗下子公司与客户签订大宗合同铺平道路，构建以产业为基础支撑资本运营，以资本运营为杠杆撬动产业跨越式发展的模式。

2. 整固收费公路业务

第一，巩固市场份额。深高速在面临收费里程因政府回购而减少约100千米的不利情况下，加大主营业务投资和并购力度，先后收购水官高速、长沙环路、益常高速、沿江高速和外环等收费公路。截至2017年年底，总收费里程达到655千米，在深圳市持续保持70%的市场占有率，稳固收费公路业务的资产规模和市场份额，保证收费公路板块对公司收入和利润的贡献水平。

第二，提升服务能力。一方面，构建"36710"文明服务体系，制定《深圳交通12328信访系统处理流程》，完善高峰车流快速疏导与应急响应管理模块，建立可预见性突发状况预案，加强培训员工，持续提升服务质量和水平；另一方面，通过在全国率先使用车流预测、无感支付等新技术设施，提升各公路项目的通行效率和通行质量。此外，采用整合营销手段，针对原有收费公路项目，通过增加宣传、增设指示路牌等方法吸引车流。

3. 积极培育新业务

深高速积极寻求转型方向和培育新产业。2015年，鉴于基础设施及城市综合开发行业、环保产业的发展前景与巨大商机，与自身投融资能力、特许经营行业运营经验和工程建设管理经验等核心竞争力的匹配度，积极培育基础设施及城市综合开发、环保等新业务领域。

在基础设施开发领域，以代建、PPP模式拓展基础设施投资、建设管理，如湛江及深汕合作区城市道路、交通场站、河道治理项目等；在城市综合开发领域，先后开发龙里茵特拉根小镇、龙里王关综合安置区、深汕合作区鲘门安置区等项目；在环保产业领域，先后投资重庆德润环境和深圳水规院等优质环保企业，高起点切入水环境治理、固废处理为主要内容的大环保产业。

（四）加强资本运作，促进价值经营最大化

深国际充分考量香港资本市场的运作特点，积极开展投资并购，合理安排公司的投融资结构和步骤，利用资本市场中多样的融资工具和融资方式融集、扩张资本，制定有吸引力的股利政策和股权激励机制等资本经营手段，逐步形成以规模促业绩增长、以业绩促价值提升、以价值促股价涨升、以股价求低成本融资、以融资促发展的市值管理良性循环。

1. 积极开展投资并购，支持主业做强做大

深国际采取内生式增长潜力和外延式增长"两条腿"走路的策略，加强资源整合，提升主业竞争力。

在物流业务板块，深国际在昆山、石家庄、昆明、深圳等重要节点城市分别采用并购、与其他公司成立合资公司等方式进行资源整合，推进核心战略业务城市综合物流港的全国布局。其中，2016年并购的昆山物流港项目，标志着城市综合物流港项目进入"自建＋并购"的"两条腿"走路阶段；随后，深国际又先后收购石家庄物流港公司股权、贵阳和昆明物流港项目土地等，综合物流港业务呈现快速扩张趋势。

在收费公路及环保产业板块，深国际重点通过投资并购的方式推动收费公路业务的升级和向环保新兴产业转型。例如，以深高速为主体，收购水官高速、长沙环路、益常高速、深圳沿江高速等收费公路，以及以PPP模式和深圳市政府合建外环高速项目等，增加总资产规模，夯实主业基础。此外，对环保产业领域领军企业开展股权投资，快速获取水环境治理领域战略资源，为后续的转型升级奠定良好的基础。

2. 多元融资，筹集企业发展资金

由于综合物流港和收费公路业务均为资源稀缺及资金密集型的投资，深国际充分发挥境内外上市公司的融资优势筹集资金，以实现企业的发展战略。

第一，开展信贷评级，拓展债务融资渠道。2012年年初，深国际首度开展信贷评级工作，此后连年获得标准普尔及穆迪两家国际信贷评级机构BBB及Baa3的投资级别信贷评级，以及惠誉和鹏元的投资级别信贷评级，反映了国内外权威评级机构皆充分认可深国际拥有优质的资产、稳健的财务状况、充足的现金流及优良的信贷比率。良好的评级有助于深国际以较低成本获得债务融资。2012年4月，深国际成功在境外金融市场上发行3亿美元五年期债券，完成了8.5亿港元增资结汇工作等；2017年，50亿元熊猫债券获得证监会批准，成为唯一一家获熊猫债发行资格的深圳国企，也引起了资本市场的广泛关注和正面反应。

第二，实施股权融资，优化股东结构。2013年下半年，深国际启动合股工作。在此之前，深国际每股价长期低于1元，过低股价造成股票股东结构中散户股东的持股比例长期大于机构股东的持股比例，股票交易存在股价波动幅度大、换手率高的现象。2014年2月，深国际完成合股，巧妙借助当时备受资本追捧的"前海概念"与深国际在该区域拥有大面积物流园区的热点话题合理引导市场预期，向投资者释放合股的正面信号，以保持合股后的股价稳定。顺利完成合股，助推深国际吸引更多优秀机构投资者、进一步夯实股东基础，为后续资本运作提供更合理的市场估值。

2014年11月，深国际紧抓合股后的正面影响和前海概念推升股价的时间窗，成功增发配售1.76

亿股，融资逾19亿港元，引入汇丰、JP摩根等90多家国际、国内著名投资机构，既优化公司股本结构，又为公司大力推进综合物流港的战略布局提供坚实的资金保障。

3. 重视投资者利益，树立积极回报股东形象

香港资本市场素来重视保护和提升投资者利益，上市公司普遍积极履行与股东分享公司发展成果的职责。针对香港资本市场的特点，深国际董事会综合考虑公司当年现金水平、未来资本开支计划及红筹股公司的普遍做法，制定稳定的股利政策，即每年分红比例均稳定保持在股东应占盈利总额的30%以上，2012—2017年深国际平均股利分配率为40.87%。此外，在公司产生非经常性收益的年份，还会发放特别股利，如2017年因前海土地置换带来约28亿港元的一次性收益，深国际在每股分红0.44港元的基础上，又派发了每股0.56港元的特别股利，使得当年每股分红达到1港元，占每股盈利比例逾50%。在红利支付方式上，深国际充分尊重股东投资选择权，向股东提供现金股利和股票股利两种方式。

在近几年市场行情低迷、公司股票价格明显低于其内在价值及市场估值时，深国际董事会研究启动回购股份计划，向市场传递董事会对公司业务发展和前景抱持乐观态度，通过实施回购股份计划，促进公司资本结构更加完善，进一步提高每股盈利，提升整体股东回报及投资者信心。

4. 实施股权激励计划，激发人才活力

第一，实施股权激励计划。根据香港资本市场要求，深国际曾先后4次向集团管理层、附属公司的高级管理人员及集团的骨干员工授予购股权。在附属公司层面，深国际于2017年以旗下轻资产性物流公司深圳全程为试点，通过增资扩股方式引进战略投资者并实施核心员工持股计划，成为深圳市属国企最早实施混改的试点项目之一。

第二，逐步完善长效激励约束机制。2017年，深国际出台《深圳国际长效激励约束机制改革实施意见》，根据附属公司所处不同行业等具体情况，分层分类建立长效激励约束机制。例如，对业绩稳定重资产类公司实施超额利润分享、EVA分享的激励模式；对轻资产类、金融类公司探索实施管理层和核心骨干持股与项目跟投的风险共担机制；对参与混改但管理层和核心骨干持股比例偏低的企业开展对标企业标杆优化绩效考核等。

（五）加强影响力经营，促进价值实现最大化

影响力经营是上市公司与资本市场之间的互动过程，通过这个互动过程使市场充分体现公司价值、认识公司价值，从而认可公司价值。深国际的影响力经营主要从对社会公众增强社会责任感和对投资者强化投资者关系管理两个方面出发。其中，投资者关系管理渠道是影响力经营的主要途径。

1. 积极履行社会责任，提升品牌美誉度

第一，打造高品质公共服务平台。深国际的主要产品是建造和投资的物流园区、高等级公路、码头和航空服务，具有很强的基础性、公共性和服务性的特点，不仅能够满足社会对商品流通、快速出行的需求，还能有效促进区域经济和社会的发展。因此，通过提供高品质产品，服务深圳城市核心竞争力、服务城市运营和社会民生、服务多种所有制经济共同发展，是深国际基本的社会责任。

第二，扎实践行绿色发展。长期以来，深国际努力将可持续发展的社会责任理念融入公司日常经营和企业文化当中，努力建设"绿色园区、绿色港口、绿色高速"，打造绿色供应链，投资进入环保产业领域等。在重大项目的投资建设过程中，坚持贯彻绿色发展理念，打造西坝码头堆场环保示范项目、打造深国际前海智慧港项目为绿色建筑典范等，推动装配式建筑、实施建筑废弃物循环利用等，以绿色运营提升深国际的经营效益和质量，为社会和环境的可持续发展贡献力量。

第三，热心产业扶贫。深国际积极参与深圳对口帮扶工作，以产业帮扶为导向，与广东省东源县上莞镇新民村合作成立东源县深国际仙湖产业专业合作社，为经济发展与社会和谐贡献力所能及的力量。

2017年，深国际的精准扶贫项目被评为"广东省名优茶示范基地"和"广东省健康农业科技示范基地"，精准扶贫工作取得成效。

2. 做好企业信息披露，合理引导市场预期

作为香港联交所主板上市的老牌红筹公司，深国际十分注重信息披露工作，制定《深国际信息披露事务管理制度》，设立公司秘书部为信息披露事务的管理部门，其他各部门及附属公司是集团信息披露的协办单位，各自的职责和工作标准均有明确要求。

信息披露内容十分丰富，不仅严格遵循市场监管规定及时披露业绩公告、中期业绩报告、年度报告及深国际相关股本证券、债务证券和其他证券化工具变动的月报表，并针对企业重大项目的重要进展及潜在风险因素进行自愿性披露，包括发生重大债务或未清偿到期重大债务，签订、变更或终止借贷、委托经营、受托经营、委托理财等各类重大合同，预计出现资不抵债对公司股票价格产生较大影响的重大事件等，尽最大可能满足投资者及公众对企业发展的知情权和互动沟通诉求，加强预期管理，促进市场对企业的真实价值做出正确合理的评判。

3. 加强投资者关系管理，提高市场认可度

第一，设立IRM（投资者关系）圆桌会议机制。市值管理委员会通过IRM圆桌会议，制订年度投资者关系管理方案，依据市场变化开展动态管理，有效解决投资者关系管理工作中普遍存在的沟通涉及信息量大、协调事项多、难以形成富有整体性的信息披露和沟通方案的问题。

第二，加强与投资者沟通。应香港资本市场以机构投资者为主、投资风格理性务实的特点，广泛建立投资者关系管理渠道，如图1所示。每年积极组织及参加全球路演、反向路演、机构投资者简报会、投资者推介会议等，主动增加与市场沟通的深度和广度，形成上市公司战略规划—投资者预期引导—业务经营—投资者预期实现之间的联动，吸引和留住目标投资者，提升深国际的市场认可度。

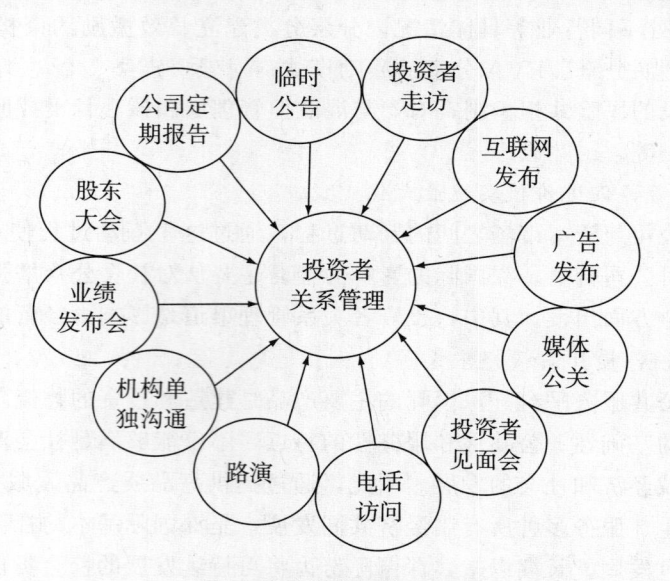

图1 投资者关系管理渠道

第三，制定投资者关系规划，强化主题管理。为更好地吸引投资者，深国际积极结合业务发展、经济和产业发展热点设计主题标签，开展主题管理，重点突出粤港澳大湾区、智慧物流、供应链金融、沪港通等相关主题概念以引起资本市场关注，此举可望给公司带来投融资便利，对业务发展有正向推动作用。

同时，深国际亦逐步加大针对国内资本市场的推介力度，根据南下资金、保险资金、物流产业投资

基金的投资偏好积极北上宣传，扩大推介活动的覆盖区域，以期吸引更多潜在投资者的注意。

三、境外上市国有控股企业以"产融社"为核心的市值管理效果

（一）企业效益和国有资本保值增值能力显著提升

自2012年实施市值管理战略以来，深国际总资产由399亿港元增至2017年年末的710亿港元；净资产由181亿港元增至373亿港元；年度核心业务收入（扣除收费公路业务的建造服务收入）由49亿港元增至88亿港元；利润总额由28亿港元增至62亿港元；股东应占盈利由17亿港元增至38亿港元。

现代物流和收费公路两大主业的营收也呈现强劲增长势头。其中，现代物流业的营收年均增长25%，利润总额年均增长22%，毛利率年均增长29.4%；收费公路业务的营收年均增长8.3%，利润总额年均增长10%，毛利率年均增长52.8%。

深国际的市值管理始终坚持以为股东创造财富为目标，2012—2017年，深国际创造的利润总额中归属股东的盈利由18.8亿港元增至38.4亿港元，其中国有股东应占盈利由9.1亿港元增至16.9亿港元，有效实现国有资本保值增值。2012—2017年，深国际的经济增加值（EVA）由9.2亿港元增至26.6亿港元，总体呈现出良好的增长势头。

（二）成为香港资本市场的优质红筹股

深国际通过实施市值管理，在打造优势主业、培育可持续盈利能力和规范公司治理等方面取得了显著成效，香港市场对此做出了正面回应。2012年年初至2017年年末，深国际的市值规模由84亿港元升至逾300亿港元，更在2018年上半年冲高至350亿港元的规模，市值年复合增长率由9%增至29%；期间，股价涨幅为125.45%，远高于同期恒生A+H股指数56.20%的涨幅，也远高于恒生综合中型企业指数11.28%的涨幅。

从股权结构看，深国际的筹码集中度已较实施市值管理之前有了极大的优化。截至2017年12月31日，TOP15股东累计持股超过70%，其中机构持仓中以主动配置的混合型成长型基金为主。依据资本市场经验，机构投资者的持股比例占公司已发行股本的主要部分，表明其对公司未来发展的关注度和信心不断提高，有助于降低股价的大幅波动风险。

随着经营规模和业绩不断提升，深国际日渐成长为香港资本市场里的优质红筹股，2016年9月入选恒生香港中资企业指数成分股，2018年6月入选恒生沪港通大湾区综合指数250只成分股之一，2018年5月被正式纳入MSCI中国指数。

（三）社会影响和行业地位显著提升

过去5年间，深国际凭借稳健的财务和盈利表现，相继获得国内联合及鹏元等著名机构给予的最高3A信贷评级，连年获得标准普尔、穆迪、惠誉三大国际顶级信贷评级机构BBB、Baa3及BBB投资级别信贷评级。其中，穆迪在2016年将深国际的信贷评级上调至Baa2级；深国际在信息披露、投资者关系管理等方面的规范运作受到相关方普遍认可，每年为其撰写研究报告的国内、国际知名券商数量持续增加，2012年共8家券商机构为深国际撰写研究报告，2017年该数据增加至33家。

同时，深国际在过去5年间收获诸多荣誉与奖项，2016年深国际入选全国首届"一带一路"百强企业贡献排行榜，以及获著名财经杂志《中国融资》颁发的"2016年中国融资上市公司大奖"之"最佳投资者关系奖"；2017年，深国际再度获得《中国融资》颁发的"2017深港通最具投资价值奖"及"2017沪港通最具投资价值奖"等。

（成果创造人：高　雷、李鲁宁、曾　翔、郑至伦、杜洁菡、岳　洋、王雅萱、戴　晶）

航空企业基于信息平台的国际直销业务支付风险管理

中国东方航空股份有限公司

中国东方航空股份有限公司（以下简称东航）总部位于上海，1997年分别在纽约证券交易所、香港证券交易所、上海证券交易所成功挂牌上市，是中国民航首家三地上市的航空公司。东航运营着近654架客货运飞机所组成的现代化机队，航线网络通达全球177个国家和地区、1074个目的地。2018年旅客运输量预计超过1.2亿人次。2018年上半年，公司总资产人民币2365.14亿元，全球雇员总数达8.3万人；东航营业收入折合人民币544.2亿元，净利润总额折合人民币31.7亿元。

东航荣获中国民航飞行安全最高奖——"飞行安全钻石奖"，连续5年被世界著名品牌评级机构（WPP）评为中国品牌前30强，还先后被多个权威机构评选为上市公司"金鼎奖""中国证券金紫荆奖""最佳上市公司""世界进步最快航空公司奖""亚洲最受欢迎航空公司"等。

一、航空企业基于信息平台的国际直销业务支付风险管理背景

（一）贯彻落实东航战略，积极发展国际直销业务的需要

近年来，国内市场国际化的竞争态势更加凸显，高铁对区域航线的冲击波加速形成，激烈的竞争倒逼东航必须要在国际化的道路上寻求突破。为此，东航2014年提出"太平洋计划"和"欧洲盈利计划"，作为提升国际远程航线经营品质和公司品牌建设的抓手；2016年把打造国际化东航上升为公司战略。

东航致力于建设世界一流航空企业，面对全球各大航企的竞争，要想在国际市场中生存、壮大，必须着力发展国际直销渠道。直销渠道的建设可以帮助东航在进驻国际市场时，通过低成本运营、网络销售的方式迅速覆盖全球。但是在大力建设直销渠道的同时，直销支付风险逐步显现。必须对国际直销业务中的风险进行全面、有效、科学的管理，确保实现东航国际化的目标。

（二）响应国资委"提直降代"要求，适应互联网销售模式的需要

传统机票销售包括航企直销和代理分销两种形式。代理在为航企提供分销服务的同时，航企也需向其支付各种代理费用。为了降低航企运营成本，规范机票市场，国资委对三大航企提出"提直降代"的要求，即"提升机票直销、降低代理分销"。东航积极响应，将互联网化定位为重点发展目标，即将销售渠道从原有依靠代理商销售为主，转变成以线上网络直销为主、线下代理销售为辅，并将逐步实现直销100%全覆盖。随着东航直销网站的投入使用，提高支付通过率、提升旅客购票体验、控制资金风险，在发展国际业务、推广互联网销售模式的进程中变得至关重要。

（三）完善支付风险管理，加强国际直销业务风险防范的需要

随着东航加大对国际直销渠道的宣传与推广力度，在交易量增加的同时，支付欺诈率显著升高。在2014年前，东航的国际直销业务并未自主建设支付风险管理平台，完全依赖第三方支付公司管控风险并承担损失。这种支付风险转移的模式，会引起支付风险控制措施过度严格，错误拦截正常订单。以上因素，均会导致支付通过率远低于正常水平，直销收入减少，旅客购票体验变差，投诉增加。为此，东航在2014年开始着手全面建设国际直销业务支付风险管理体系，从零开始的全新管理方法必然要面对诸多方面的挑战。

首先，由于东航直销支付风险管理职能和制度的缺失，无相关责任部门对风险事件做出应对，导致管理链条断裂。造成风险事件，形成坏账呆账；或造成事件误判，引起旅客投诉。其次，国际支付风险

管理在国内是随着互联网业务的发展才发展起来的综合性学科，国内航企没有自主支付风险管理的先例和现成的经验可以借鉴，缺乏管理经验；没有现成的专家和专业与此对口，缺乏专业人员。最后，东航的业务数据长久以来分布于十余个不同的信息系统中，无法满足支付风险管理对数据统一访问及综合分析的要求；同时，由于国际直销支付业务的特殊性，管理工具的缺失导致在旅客下单时无法实时识别及应对风险事件。

二、航空企业基于信息平台的国际直销业务支付风险管理内涵和主要做法

东航为贯彻落实积极发展国际直销业务的战略，响应国资委"提直降代"的要求，加强防范国际支付风险的需要，建立国际直销支付风险管理体系，制定规避风险的应对策略，搭建信息管理平台，协同线上线下全过程管控，持续优化协作流程；提升防范风险的能力，实现对国际直销支付风险的全面管控，支撑东航的战略转型，并逐步对外推广国际支付风险管理经验。主要做法如下。

（一）适应东航战略转型，建立国际直销支付风险管理体系

为实现对国际直销业务支付风险的有效管理，东航结合自身管理经验，搭建与整体公司战略、具体经营思路、航空业特点相适应的支付风险管理架构和组织体系。遵循自上而下的原则，在东航股份总经理领导下，由副总经理负责，财务会计部督导实施，组织商务委员会、销售委员会、客户委员会、地面服务部、海外营业部按照其管理职能分别承担风险管理协查职责。

在组织架构方面，由东航总经理与分管副总经理明确支付风险管理战略和总目标，委托财务会计部风险管理团队具体实施。财务会计部风险管理团队负责组织并督导业务部门、各级机构、各相关岗位，形成自上而下的支付风险管理组织架构。

东航各级营业机构承担首道防控职能，负责本区域内的风险管理与协查；商务委员会、销售委员会、客户委员会、地面服务部根据财务会计部风险管理团队发出的风控协查指令，承担第二道防控职能；财务会计部根据东航相关管理制度，负责风控协查指令的下达、并根据公司风险管理目标，优化管理流程、监督指令的具体落实情况，及时调整风险管理策略，承担最后一道防控职能，如图1所示。

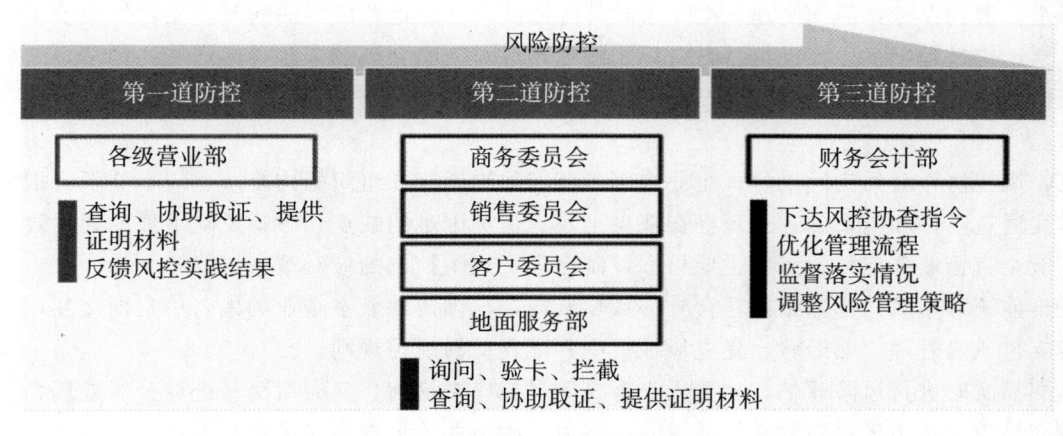

第一道防控	第二道防控	第三道防控
各级营业部	商务委员会	财务会计部
■ 查询、协助取证、提供证明材料 ■ 反馈风控实践结果	销售委员会 客户委员会 地面服务部 ■ 询问、验卡、拦截 ■ 查询、协助取证、提供证明材料	■ 下达风控协查指令 优化管理流程 监督落实情况 调整风险管理策略

图1 支付风险管理涉及各部门职责

在管理支付制度方面，东航在实践中结合自身管理经验，颁布《支付业务风险管理办法》，明确相关部门职责、确定风控流程、设定坏账管控指标等；同时，修订《应收款项管理办法》，增加领导审批权限、坏账核销上报流程、坏账核销期限等。

在团队建设方面，在体系内部吸收风险管理与支付业务人才资源，组建专职支付风险管理团队，并为团队制订培养计划，提升业务能力；邀请支付风险管理专家进行支付风险管理集中培训；每月同国内外支付风控专家针对东航支付风控状况和全球欺诈趋势进行分析学习；定期与国内外航旅企业、支付公

司、合作银行交流风险管理经验。另外，为提升风险管控流程的业务实践，风险管理团队先后为客户委员会、海外营业部、地面服务部等相关部门，举办风控培训班共5期，培训各部门骨干100余名。

（二）根据航空企业国际直销支付特点，制定规避风险的应对策略

航空企业国际直销支付与国内的电子商务有相似之处——均是通过线上支付方式购买商品或服务，交易都受到伪盗卡等欺诈手段的威胁，存在发生坏账损失的风险。此外，航空企业国际直销支付业务有其自身特点。一是海外银行卡在使用上只需卡号、信息安全码（卡背面3到4位数字，也称作CVV2/CVC2/CAV2/CVN2/CID）即可完成支付；二是航空服务产品在支付完成后至登机前并非立即交付，可进行风险控制。

风险管理团队针对国内外航空业和互联网支付风险管理平台进行调研后，结合东航历史交易数据的分析结果和支付风控专家的意见，将当前国际直销业务支付风险划分为以下几类。

第一，欺诈交易造成的拒付风险。欺诈团伙或个人使用伪盗卡在线完成交易，在实际持卡人发现后提出拒付；另外也存在少数旅客通过拒付达到快速退款的目的。近年来欺诈交易呈现技术含量高、手段多样化、欺诈特征变化快的特点。由于持卡人拒付有一定滞后性，此时调整风控策略往往已经有坏账损失。

当持卡人发现盗刷后向银行提出拒付，银行将从航空公司当期的结算款中扣除拒付金额，由航空公司承担坏账损失。尽管存在调单申诉等挽回流程，航空公司始终面临着坏账损失的风险，且调单申诉流程漫长复杂。

第二，支付控制措施引起的销售风险。东航在最初采用第三方支付机构作为外卡支付通道时，约定由支付机构承担坏账损失。因其风控策略非常严格，导致支付失败率居高不下，普通旅客屡次支付失败后，只能放弃支付甚至投诉。风险转移策略虽然让东航避免坏账损失，但代价是影响销售计划、影响购票体验。

传统银行业线下刷卡交易过程中，风控团队会在发现风险事件时外呼旅客进行身份确认，虽然交易和资金安全性得到保障，但须组建7×24小时外呼团队，增加运营成本的同时，支付体验较差。

在机票销售过程中发生大量拒付时，坏账的处理应对策略会影响东航整体网站的销量，东航海外销售渠道根据不同地区、语言设立15个国际直销网站，如直接关闭外卡支付渠道，将会影响所有地区的机票销售。

第三，风控协作时的沟通风险。企业内部各部门间沟通存在组织架构复杂、效率低下、指令失真等问题。以往通过邮件和电话的方式还存在缺少记录、追溯困难的缺点，影响风险事件的处置效率。

根据航企直销业务支付特点和主要目标，制定以下风险控制的应对策略。

一是事前统筹东航内部数据，整合外部数据资源，与国内外航空企业的黑名单定期交互，借鉴互联网的在线支付风险管理成熟经验，建立风控模型、配置交易风控规则。

二是交易实时进行风险评估，后置人工审核等风控应对措施。实时对交易进行分级处理，无风险或低风险的交易放行；中等风险的交易通过人工审单、收集并验证旅客身份信息等风险控制手段进行二次复核，降低风险；高风险的交易则直接拒绝。

三是通过风险管理的循环迭代，反馈调整计划，优化管理流程。

四是通过信息化数据化的科学手段，分析支付风险事件，调整风险评级标准。

五是通过财务评估对支付坏账的损失进行财务安排，按照销售渠道进行分级控制。按年度制订坏账计划，将坏账损失纳入生产经营成本。并在销售渠道出现大量坏账时调整风控应对措施，预防并规避风险。

（三）建设国际直销支付风险管理平台，采集整合各系统数据

筹建风险管理平台，整合来自各系统的销售数据和支付数据，进行转换、重组、关联、聚合。结合数据分析和用户评级，将规则库管理、风险管理（事前、事中、事后）、工单管理等功能，作为信息系统建设的主要目标。支付风控管理平台系统架构如图2所示。

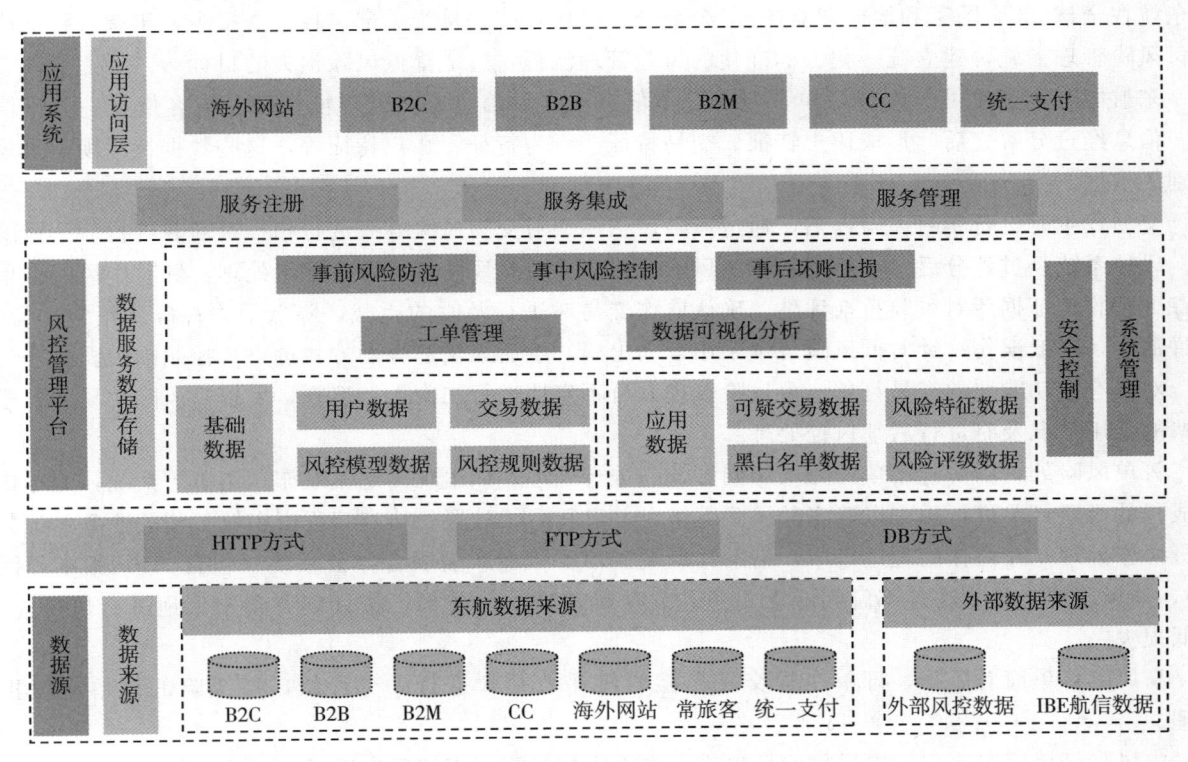

图2 支付风控管理平台系统架构

东航国际直销支付风险管理平台整合内部数据、接入外部数据。内部数据包括B2C（个人门户）系统、B2B（对公门户）系统、B2M（移动端门户）系统、CC（呼叫中心）系统、海外网站、常旅客系统、统一支付平台等系统的数据；外部数据包括外部服务商的风控数据、航信的IBE（Internet Booking Engine 互联网订票引擎）数据和外部航司的数据。

支付风险管理平台存储基础数据和应用数据，基础数据主要包括用户数据、交易数据、风控模型数据和风控规则数据等。应用数据包括可疑交易数据、风险特征数据、黑白名单数据及风险评级数据等。

支付风险管理平台具备事前风险防范、事中风险控制、事后坏账止损的功能，通过对用户的个人特征、客户价值、客户信用、飞行行为及风险特征的分析，完成用户画像勾勒和用户评级。用户交易经过风控规则引擎，实时或批量进行风险扫描产生评分，给出交易通过、交易拒绝或交易协查的结论。覆盖的业务范围包括快捷支付、境外支付、积分支付、移动支付、现场支付、虚拟账户支付等。系统对接东航联合办公系统进行协查工单管理，实现各部门风险监控、风险处置、案件调查、坏账管理的协同工作。

风险管理平台具备风险数据的统计分析功能。生成指导风控运营的规则触发率报表、通过率报表、欺诈率报表、坏账率报表等。生成统计渠道风险的销售渠道风险交易汇总报表、支付渠道风险交易汇总报表等。

支付风险管理平台的日交易处理能力超过30万笔。在运营过程中依据数据不断调整风险模型，验

证有效性,增强风险实时识别的能力;同时协查工单提高各部门协作的效率,进一步加强东航应对风险的能力。

(四)依据订单风险评级确定处置流程,线上线下协同全过程管控支付风险

东航借助支付风险管理平台发布协查指令,通过电脑终端及手机 APP 上的联合办公系统,实时联合东航在全球 33 个国家和地区建立的 57 余个分支机构,统一接受总部风控协查指令,步调一致地执行支付风险管理措施,建立统一化、标准化的风险管理流程,达成降低风险损失的目标。

东航国际直销支付的旅客订单,包含订单信息、支付信息、支付环境信息、乘客信息、航班信息等。信息经过分解之后,形成用户特征、交易特征、行为特征、账户特征等,这些数据特征项都是风控识别的依据。

交易发生时进行实时风险评估,通过风险评估模型对交易风险等级进行扫描判断并进行后续风险控制。风控系统经过评分后,会给出不同的风险评级。针对高风险订单进行拒绝处理;针对中风险订单在跟踪处理收集证据后对风险重新评估,确认欺诈交易时进行及时的拦截,降低损失;确认正常交易时,准许通过,降低误伤;针对低风险订单采用自动出票,事后人工巡查的方式进一步控制损失。

对所有成功购票的交易订单,由风险管理人员不定期进行二次人工巡查,发现高风险交易后,根据机票的使用情况及时进行后续风控处理。

订单风险处置以协查工单的方式协同各部门进行处理,如出现高危、欺诈、调单等情况,能尽快对未成行的机票订单进行排查以确定其风险等级,并进行后续处置;协查流程由东航各相关业务单位共同进行协作处理,在协作处理过程中,借助移动端通信手段和东航联合办公系统(包含 APP 版本和网页版),使风险协查指令在各部门间能上传下达、准确传递,使各部门按计划有条不紊地进行风险应对,降低损失。

高风险订单应对流程,订单在提交至风险管理平台后,进行评分评级,高风险的订单直接拒绝处理。

中风险订单应对流程,中风险的订单进入人工审核流程,审核后未通过的订单,邮件发送至机票联系人,要求在 24 小时之内,上传相关的验证信息,包括机票联系人的身份 ID 和银行卡正反面影印件等。若联系人未及时上传则退票退款;若按要求上传相关资料,系统将信息推送到出票营业部进行人工审核,审核通过后解挂机票,审核不通过的订单退票退款。

低风险订单应对流程,低风险的订单在发生持卡人拒付时,查询此机票是否已经乘机,若已乘机,则进入卡组织的争议处理流程;若未乘机,则退票退款。风险管理员将会定期巡查低风险订单。经人工巡查发现的可疑低风险订单在未发生持卡人拒付时,首先将机票挂起,并邮件通知机票联系人,同时系统自动创建协查工单,发送至海外营业部、地面服务部及客户委员会。营业部外呼机票联系人,要求联系人上传相关的验证信息,包括联系人身份 ID 和银行卡正反面影印件等。若联系人 24 小时之内上传资料,验证通过后,解挂机票;未上传或不通过则依据起飞时间做进一步判断:若超过 20 天退票退款;未超过 20 天,乘机人在办理登机手续时,地面服务部将进行现场验卡,通过则解挂机票,不通过则退票退款。

(五)事前事后配合,全面管控国际直销支付风险

东航国际直销业务支付风险管理通过事前防范和事后分析调整,配合订单风险管理处置流程,并结合财务计划对整体风险事件进行管控,形成覆盖国际直销业务支付风险各个阶段的全流程控制。

1. 事前建立风控模型,配置风险监控规则

风险管理团队在事前根据风控模型和历史交易数据进行分析统计,根据风险模型针对不同类型交易建立规则组,每个规则由多个子规则组合而成,针对同一类交易的规则作为一个规则组;为每个规则设

置风险评估指数，在实时交易风险监控时作为后续处理的依据，触发多个规则时综合考量各规则的风险评估指数，以其中最高的风险等级作为风险评估的结果。

2. 事后分析风险交易，人工巡查降低损失

风险管理团队通过分析坏账交易特征发现可疑交易，人工巡查后采取风控措施以降低损失。通过订单数据、可疑交易排查，根据已识别的欺诈交易的特点，如联系人邮箱、账单地址、联系人手机、购票网站、发卡行国家等关联信息发现可疑交易。

风险管理团队将可疑交易订单进行机票挂起，客户委员会收到工单后及时进行处理，海外营业部登录风险管理平台审核证据。若旅客未上传证据，且订单距起飞时间较近，由地面服务部在旅客值机前现场进行身份验证。

例如，风险管理团队收到Visa卡组织发来的持卡人拒付通知，拒付理由为交易无持卡人授权。随即查询到该笔巴黎飞上海机票的状态为Open For Use（机票尚未使用）。风险管理团队对该笔订单做Suspend（机票挂起）处理，同时系统触发协查工单至巴黎营业部外呼旅客，通知旅客在24小时内上传身份ID和银行卡正反面影印件。由于旅客无法提供相关证件信息，持卡人拒付成立，东航退票退款。

3. 通过财务计划对整体坏账进行控制

东航根据每年年末业务单位预计的下一年销售额的指定比例设定坏账上限额度，并在风险管理平台中将预计销售额分配至各直销渠道。

风险管理人员在风险管理平台中录入坏账记录，根据当年确定的坏账准备总额度在各直销渠道设定预警阈值，坏账达到阈值后由系统预警并自动采取相应风险管理策略。在达到阈值的40%时，发送邮件通知直销渠道相关负责人加强关注；当到达阈值的50%时，直销渠道从非3D验证转为3D验证（3D验证是外卡组织的一种加强验证方式）；当达到85%时系统则关停直销渠道。

直销渠道关停后，风险管理团队查明坏账原因，出具分析报告，然后根据实际业务需要，评估是否重新开放该渠道，并上报东航管理层审批后重新在风险管理平台上设置新的坏账额度。

（六）持续优化国际直销支付风险管理，提升东航规避支付风险的能力

为不断提升东航应对支付风险的能力，在持续的风险管理运营过程中，通过以下方式及时发现管理流程问题，调整风控规则，不断在运营过程中迭代循环，提升风险防范的能力。

1. 分析关联交易

针对可疑及高危事件，分析其关联交易，对潜在的风险隐患进行关注。分析关联的要素包括有卡号、证件号、姓名、联系电话、邮箱、设备指纹等。通过对交易数据的统计，以及系统计算，获取用户之间的人际关系信息。

东航支付风险管理团队每月对关联交易进行分析，以主动管理的方式判断风险来源、风险趋势和损失是否可控。定期编制支付风险月报，向总经理、分管副总汇报，从而提高东航应对财务风险、市场风险和运营风险的能力。

2. 调整优化风控规则

通过对交易历史数据、风险数据的分析，及时对规则进行调整和优化，适应不断变化发展的欺诈趋势。依托规则训练场实现对规则执行效率分析，定期对规则进行调整，确保准确率，降低误判率。

3. 规范协作流程

通过对工单协作处理记录进行分析，统计各部门处理工单的效率，强调各部门在协作过程中的职能，优化协作处理流程，形成绩效标准。在协作流程中引入绩效考核，将协作流程规范化。

在运营过程中，通过定期例会，广纳改进意见，基于历史数据和意见对流程不断优化、完善。

三、航空企业基于信息平台的国际直销业务支付风险管理效果

（一）实现支付风险管理的主要目标，提升风险防范能力

东航借助信息技术手段，结合线上线下全过程管控，达到支付通过率提升、坏账损失防控和支付体验优化的目标。

在支付通过率方面，2014年东航国际直销网站通过率约60.7%，2017年东航国际直销网站通过率为85.3%，较2014年提升24.6%，截至2018年6月，东航国际直销网站通过率为88.4%。在网站销售量方面，2014年东航国际直销网站销售量约人民币3.3亿元，2017年销售量约人民币6.06亿元，较2014年增加83.6%。截至2018年6月，半年销售量约人民币3.56亿元。在控制坏账损失和经营成本方面，从2016年1月至2018年6月，拦截欺诈交易9495笔，避免财务损失约人民币8232.3万元。支付通道成本较2014年每笔订单节约人民币8.3元，下降8%。

在优化支付体验方面，风险管理平台对可疑交易实时筛查，缩短旅客购票支付等待时间，大幅提升旅客在东航直销渠道的购票支付体验。在风险防范能力方面，风险管理平台对东航信息资源进行梳理整合，对直销渠道的运价波动趋势、旅客群体、航空淡旺季、热门航线分布等要素进行精准、细致分析，制定出100余个针对不同特征群体的风险策略组，并且通过不同的规则策略对可疑交易进行筛选、判断。不仅如此，东航还利用自有旅客、航班、交易历史等的海量数据积累，结合外部合作机构及其他航司的欺诈交易黑名单库，通过联合防控降低风险管理误判，实现欺诈交易比例和正常交易误伤比例的双低、双可控。

（二）实现支付风险全面管控，风险控制指标达到国际先进水平

东航逐步形成闭环、协作、共享、专业的国际支付风险管理模式。具有东航特色的国际直销业务支付风险管理已经成为东航集团发展国际直销业务、提升经济效益、平衡收益与风险的必备管理工具。

东航通过国际直销业务支付风险管理的实践，风控指标达到行业内先进水平，支撑东航积极发展国际直销业务的战略转型。根据2017年国际卡组织统计，行业平均人工审单率为18%，东航人工审单率为5%；行业欺诈损失率为1.2%，东航的欺诈损失率为0.25%；行业订单通过率为83%，东航订单通过率为85.3%。东航在保证较高支付通过率的同时，欺诈损失率和人工审单率远低于行业平均水平，减少了对正常交易的拦截误杀。

（三）支付风险管理模式获得肯定，相关经验获得推广

东航是国内唯一一家自主建设直销业务支付风险管理系统的航空企业。国际直销业务支付风险管理项目2017年荣获上海市企业管理现代化创新成果评选一等奖。东航在实现对15个国际直销网站的支付风险进行高效管理的同时，新的管理模式也正在向东航国内直销渠道逐步推广。同时，东航积极与行业内其他航空企业就支付风险管理经验进行交流，共同维护欺诈黑名单数据并定期更新，充分分享支付风险管理资源和经验。

（成果创造人：吴志伟、李晓宇、吕　婕、马　姚、汪一瑾、
沈　星、上官雪民、钱　劲、陈晓华、高　磊）

国际化企业基于集成信息系统的业财一体化管控

中国电子进出口有限公司

中国电子进出口有限公司（以下简称中电进出口）成立于1980年，隶属于中国电子信息产业集团有限公司，主要开展防务系统集成、公共安全集成、海外工程集成和贸易服务集成四大主业，具有国际贸易、国际工程总承包、对外劳务合作等多种业务的甲级经营资质。2008－2015年，中电进出口多次被国际工程领域权威杂志《工程新闻纪录》（ENR）评为全球250家最大的国际工程承包商之一。

目前，中电进出口拥有21家全资及控股企业，22家海外机构，与全世界160个国家地区建立了广泛的业务合作。2017年，中电进出口资产总额160.8亿元，营业收入48.5亿元，利润总额3.6亿元。国际业务签约额77.9亿元，同比增长28.1%，国际业务收汇额43.5亿元，同比增长86.6%。

一、国际化企业基于集成信息系统的业财一体化管控背景

（一）响应国家"走出去"战略，落实国际化经营战略的需要

党的十七大以来，中国积极投身全球经济浪潮，发展外向型经济，大力推行"走出去"战略，为国际化企业进行国际市场开拓、海外并购带来诸多战略机遇。"一带一路"倡议、对外援助政策等为企业"走出去"提供市场机遇，"对外投资""石油换贷款"等政策为企业"走出去"提供金融支持。

中电进出口响应国家政策，积极转型升级，发挥"勇于探索、敢为人先"的企业精神，深化三次创业，明确打造有品牌、有产品、有体系、有机制、有文化和有团队的"六有"国际一流的国防与社会安全系统服务商，2020年实现营业收入130亿元，利润总额8亿元，资产规模达230亿元，全球安防企业20强的战略目标。为此，中电进出口总部指挥境外分支机构进行业务开拓，总部建立战略管理中心、资本运营中心、资源配置中心、风险监控中心和能力培育中心相辅相成的五大功能中心，统筹整体发展，制定发展战略，要求企业能够协调资源配置、支持业务单元发展，通过"集团军"作战方式，提升集团业财一体化运营和管控能力，实现中电进出口可持续发展。

（二）适应企业业务转型升级，财务管理更好地服务于业务发展的需要

经过37年发展，中电进出口经历了贸易辉煌期，经历了多元发展期，进入到业主聚焦期。随着中电进出口国际化战略的实施，核心主业逐渐聚焦海外，原有财务管控体系不足以支撑业务的开展，管控范围局限，原体系只包含中电进出口本部业务，无法覆盖境外机构和境内核心子企业业务；管控工具和内容局限，原体系信息化程度有限，大量工作依赖手工处理，财务工作以基础核算为主，缺乏对业务开展的直接支撑；管控要求难落地，原体系下制度规章执行主要靠员工个人执行，容易产生偏差；财务专业支撑能力有限，原体系以事后管理居多，账务核算为主，缺乏决策支持。

（三）严格执行国资委监管要求，有效管理"两金"的需要

按照国资委监管要求，中电进出口审时度势，自纠自查发现增长动力不足，业务规模逐渐下滑，2016年出现负增长；运营效率下降，总资产周转率减缓，2016年仅为0.48次，较2015年减缓37.33%；"两金"占流动资产比高达10%以上，资本结构尚需完善；资产负债率居高不下，持续处于80%以上。中电进出口高度重视当前"两金"现状和管理问题，比如增量"两金"规模增大，境外"两金"压控难度大等，加强业财一体化管控模式，预防性、系统性地应对形势，防范风险、创造价值，高效地做好"两金"压控。

二、国际化企业基于集成信息系统的业财一体化管控内涵和主要做法

中电进出口借助网络、数据库、管理软件平台等信息技术，将国际化企业经营中跨时差、跨地域、跨会计主体的业务流程、财务会计流程和管理流程有机融合，形成业财一体化的信息处理流程，实现境内境外业财信息实时在总部集中管理，信息高度集成和实时共享，形成以预算为统领，资金为主线，管理会计为工具，财务会计为基础，内部控制为保障，信息系统为手段的价值创造型业财一体化管控体系。主要做法如下。

（一）调整财务管理组织，适应业财一体化管控需要

中电进出口明确国际业务发展战略，形成职能型和矩阵型相结合的项目管理组织架构，这要求财务管理组织及时做出调整以满足业务发展的需要，为此采用共享中心和专业小组相结合的财物管理模式。境内外项目付款、费用报销、账务核算、报表统计等标准化、重复性的财务职能，可借助财务共享中心提高财务管理效率；项目融资、税务管理和分析决策等专业性强的财务职能划分专业小组，提高财务管理的效果。

建立微型财务共享中心，明确共享中心内部架构和职责定位。结合财务管理规划，中电进出口财务共享中心划分为预算合同审批中心、收付款中心、资金管理中心和总账核算中心。预算合同审批中心职责定位是，国际项目的境内外预算编制审批和合同审批；收付款中心职责定位是，国际项目执行过程中境内外收款和付款审批；资金管理中心职责定位是，筹划境内外资金运作、资金集中、资金拨付、投资理财和融资等；总账核算中心职责定位是，集中处理境内外资产核算、应收应付、总账报表等。

管理模式的改变，必然引起岗位职责及分工的改变，财务人员的角色定位也由传统的出纳、会计和总账等角色予以转型，形成3种角色，即专业财务、共享财务和业务财务。专业财务主要负责建立各类财务管理模型和风险控制模型，通过梳理流程、确定标准来促进业务发展，并充分利用预算、资金和税务等财务专业知识创造价值，主要在中电进出口总部制定标准和流程，从事管理会计和风险控制工作。共享财务作为后端会计核算人员，通过集中管理实现规模效益，将采购业务、销售业务、资产管理、资金管理、费用报销和总账报表等核算流程从原财务组织中剥离出来，实现跨国别、跨组织、跨币种、跨语言和跨业务类型等多种业务集中化、统一化管控。业务财务深入业务一线支撑业务发展，推动业务开展和扩张，主要在境外一线支持项目的签约、执行等。业务财务实行现场支援和区域中心管理，共享财务实行纵向到底的管理模式，专业财务负责各专业链条整体统筹规范。

（二）开发集成多个信息系统，支撑业财一体化管控落地

成立"以财务为核心的国际业务流程再造及信息化"项目组，制定中电进出口信息化建设蓝图，打造新核心信息系统，解决全面预算管理、国际项目预算管理、绩效管理、专业分析决策、报表合并、总账管理、应收应付管理、资金管理、费用报销、资产管理、采购管理、库存管理和订单管理等业财一体化管控关键问题，实现业务管理、财务管理和决策支持管理三层相通的集成管理系统。

中电进出口建立以SAP为核心的ERP系统，集成预算系统、费控系统、应用商业智能系统（BI系统）、资金系统、MDM系统、招标系统、影像系统、金税系统和OA系统。SAP系统搭建全球化财务集中管理核心平台，包括支持多组织、多语言、多币种、多会计准则的核心总账系统、固定资产管理、合并报表、业务管理、应收业务、应付业务等功能模块，重点是针对公司大分包EPC项目的特点，实现对项目的预算、核算和考核的管理。预算系统以各类预算（财务预算、项目预算、资金计划等）指标体系为基础，以预算模型为核心，以分析控制为目标，对全面预算的编制、分解、执行、控制、预测、分析等进行闭环管理。费控系统搭建全球化的在线报销平台，管理项目预算、年度费用预算的编制和执行，对费用实现有效控制，并通过与专业资金管理系统的集成，实现银企直联下的网上支付。应用商业智能系统（BI系统）实现关键指标预算和实际发生的差异分析、收入分析、费用分析、利润分析、

财务报表分析等，以样式丰富的报表方式或图形方式展现分析结果，充分发挥预算管理的决策支持作用，为企业决策层和各级管理层提供适时、高效的辅助决策信息。资金管理系统实现账户管理、银企直连、资金拨付、资金计划、投资管理等，可支持境外业务的网银支付，建立业务虚拟账户支持业务资金内部计息考核，激励业务提前做好资金计划，合理规划资金情况。

（三）跨地域、跨时差、跨会计主体，开展国际项目预算管理

为了保证同一项目预算可以集中展示各国别、各会计主体和各组织的预计支出，对国际项目实现全周期、全范围、全地域的管理，中电进出口总部多次修订国际项目财务预算管理体系，打通国际项目境内外预算编制要求和审批流程，签约前编制项目推销预算、签约时编制项目概算、签约后编制项目预算，预算编制严格区分境内和境外支出金额、境内和境外支出币种，以实现项目按币种和国别进行预算执行管控。不同的预算目的各不同，推销预算是支撑项目推销的费用支出依据，项目概算是对外销售合同的签约依据，国际项目预算是测算项目执行毛利率测算、控制费用支出和对内分包合同的签约依据。

国际项目"三算"预算管控体系借助预算系统予以落地实施，实现线上固化预算审批上报流程和预算编制内容，同时预算系统实现与费控系统（付款审批）、OA系统（合同审批）和BI系统（大数据）集成，以预算信息作为付款审批和合同审批的依据，实时监督共享预算执行情况、分析其对企业开展和经营管理的影响。

（四）建立境内外资金双平台，保障资金安全，提高资金运作收益

中电进出口在境外设立子公司、分公司、代表处合计22个，在境内外开设账户近200个，在手执行项目100多个，资金管理工作面临着严峻的挑战。中电进出口借助资金管理系统在境内和境外分别建立资金平台，从营运资金管理、外汇风险管理、内部资金核算、资金增值、境外账务管理等方面入手，形成体系化、制度化的资金运作机制，保障资金安全，提高资金运作收益。

1. 境内资金平台管理

境内资金平台统筹中电进出口总体资金管理，着眼于营运资金管理、内部资金核算和资金增值等。

营运资金管理。以往资金计划的编制缺乏编制依据，收付款与合同的实际执行情况无法有效衔接。中电进出口借助新系统中不同子系统将项目的概预算、合同、成本费用支出进行钩稽，在合同预算签约阶段，对所有收付款节点进行汇总统计，匹配项目计划的执行进度，从而生成项目全周期的总体资金计划。在项目实际执行中，根据项目的实际进度对总体资金计划进行修正和调整，并生成阶段性的资金计划，从而使预算和进度通过资金计划与付款紧密结合，保障资金计划的准确性和合理性，提高公司资金运作的效率，降低流动性风险。

外汇风险管理。外汇风险是资金管理中面临的重要风险，除通过成本付汇转移的外汇风险外，中电进出口持有的外汇头寸形成的汇率风险敞口是外汇风险管理的重要对象。明确持有外汇头寸的标准，通过对收付汇预测动态调整外汇头寸，定期对主要币种的汇率进行评估，结合中电进出口实际情况形成不同汇率走势下的应对方案，形成制度化的外汇分析、预警及处置机制。

建立内部资金运作管理的核算评价体系。中电进出口项目众多，每个项目的资金收支及余额是项目管控的重点，通过在信息系统中设置虚拟账户，对每个项目的收支进行精细化管理，实时掌握项目的资金余额，并根据项目资金的盈余或短缺按日自动计算项目应享有的资金收益或应承担的资金成本，提升项目核算的精度，强化项目组的资金成本意识，降低项目的资金风险。

资金效率和增值。中电进出口境内包括本币和外币的活期账户、保证金账户等各类账户约140余个，以往依靠人工进行管理并通过线下单据办理付款，无法及时、准确掌握账户信息，付款效率低下。通过信息系统中的资金子系统及银企直连，除外币付款外，中电进出口所有境内付款均可通过线上支付，大大提高付款的效率和准确性，并可以动态掌握各银行账户的收支及余额情况。

2. 境外资金平台管理

借助迪拜融资成本较低和作为贸易自由港的优势，香港金融机构开展业务种类和范围更广泛便捷的优势，降低融资成本，规避外汇风险，提高境外营运资金的使用效率。

境外资金平台借助资金信息系统实现境外账户集中管理。中电进出口境外设立的子公司、分公司、代表处都在境外开立包括当地币及国际货币（美元、欧元等）的银行账户，以往由于信息不对称，境内无法准确了解境外账户的使用情况，并实施有效的管理。在资金系统建设中，通过与中资银行开展深入的合作，一方面通过境外资金池工具对部分境外平台的离岸账户进行归集管理，另一方面借助网上银行管理境外当地账户，及时准确反应境外账户的信息，并对关键账户实现控制，从而提高境外资金整体管理水平，降低境外资金风险。

（五）加强税务、付款和核算管理，降低跨国税务风险，提升财务效率

中电进出口面临多税制的纳税风险，既要满足国内税制要求又要满足多种国际税制要求。国内税务管控中，借助金税三期平台和业务系统的集成，打通税务数据与交易的关联，提升开票速度，保证销项发票信息和进项发票信息与账务的实时关联，实现出口退税率实时与海关信息保持一致，提升出口退税的申报效率，实现集团内税务业务的一体化申报、处理及税收筹划、税务风险的一体化管控。国际税务管控中，借助税务管理信息化系统解决业务、财务及税务信息流在生成、传递、输出过程中形成和积累的税务差错和风险。

制定付款基础操作标准并内嵌在各专业模块，形成规范的工作流，自动实现业务付款审核时的资金余额控制和资金计划控制，在费用报销时实现预算额度控制和费用标准控制，对于计划外和标准外的付款，显示黄色预警，保障支付的准确性。业务付款和费用报销审批实现线上无纸化流转，通过移动办公实时审批，提升审批速度和业务效率。境外的审批流程实现多语言审批，既满足国内管理需要，又满足境外当地银行、税务、准则等外部监管需要。

结合新会计准则要求，修订《会计核算规范》，明确各项业务类型的会计核算规则，规范平台间关联交易的核算规范，并借助 SAP 系统统一项目码、成本中心、利润中心等主数据，统一集团会计科目，实现业务凭证自动生成，单体报表和合并报表实时生成等。境内外凭证和报表的生成等实现跨地域、跨时差和跨会计主体的实时核算，中电进出口总部统一关账，编制报表和分析报告，实现主数据统一、会计语言统一、集中化的国际核算管理。

（六）提供决策支持，发挥财务对业务的指导、服务作用

预算管控、资金管控、税务管控、付款管控和核算管控均通过专门的单项信息系统实现，各业务流程中产生的财务信息、业务信息等数据通过专门的 BI 系统予以集中处理，进行数据挖掘预测，提高决策质量，帮助企业更加深入、整体、长远地分析问题，从而提升管理效力。BI 系统抓取各个系统的基础数据，建立强大的数据仓库，运用系统多维分析、智能报告、企业报表、综合展板等建模工具，分析管理层需求和业务管理需求，建立专项分析模型，实现预算异常监控和资金监控风险预警，公正考核。

1. 提供专业分析，提供决策支持

中电进出口面向高层管理者搭建一套完整的 KPI 体系，进行各项指标的结构、趋势、比较分析，及时看到各项财务指标和业务指标的完成情况，包括集团财务考核指标完成情况、重点任务完成情况、资金状况、国际业务收汇签约情况、费用支出情况和项目垫资情况等，以满足经营管理需求。

中电进出口面向中层管理者提供各业务板块的项目管理情况，包括国际项目档案信息、签约收汇情况、预算执行情况、合同情况和资金情况等，从项目开启到关闭进行全周期全方位的实时财务监管，各项指标完成情况采用下钻模式可以层层展示到最小的凭证维度，同时可以采集展示境内外所有的信息予以模型化展示，以强化对经营决策的支撑力度，提高财务分析的准确性和时效性。

2. 开展预算异常监控，开展资金监控实现风险预警

向预算管理单位展现其各项预算指标的完成情况，包括公司整体经营情况、国际业务签约收汇情况、部门费用预算执行情况等，并对完成比达到一定数值或异常情况予以红色预警。

对所有银行所有账户中的对账单进行导入分析，按日、币种、资金性质反映各资金账户余额，并对资金账户余额出现负数、大额异常情况予以红色预警。

3. 公正考核，推动持续改进

财务人员借助工具和系统将经营指标量化，及时反映各项经营指标的完成情况，包括公司本部考核指标基准值情况分析、各部门费用偏差率考核分析、国际项目绩效考核分析项目账面进度分析、项目整体预测情况分析、项目账面结转情况分析、项目建造合同库存预测分析、项目收汇预测分析等，以上业绩评价实现跨境内外、跨会计主体、跨时间、跨项目阶段的精细化公正考核，为境外业务规划、经营成果评价、企业管理和战略决策提供了客观详细的信息支撑。

三、国际化企业基于集成信息系统的业财一体化管控效果

（一）探索形成适应企业战略要求的业财一体化管控模式

中电进出口调整财务组织结构，明确各项职能的角色定位，形成目标明确、各司其职、高效协同的财务管理顶层设计。优化资源配置能力，改善成本竞争能力，增强风险控制能力，提升团队专业能力，实现财务管控体系由价值计量到价值创造改变，财务会计向管理会计转变，传统财务向数字化财务转变，核算型向决策支持型转变。财务管控体系建立业务财务、共享财务和专业财务的分级管理体系，对子企业进行标准督导、权责引导，集中督导，保证了中电进出口总体战略和业务战略落地实施。

（二）提高财务管理水平

以财务管理为核心将国际项目管理作为重点实现了对当前主业在预算、核算、资金、项目执行等方面的全方位支持，强化了对核心主业的支持力度，借助信息化工具，在管理精细化、控制自动化、流程无纸化、操作标准化、数据共享化、工作高效化六个方面有效提升了财务管理效率，全自动凭证数量比例从0%提升到45%，半自动凭证数量比例从74%下降到47%，手工凭证数量比例从26%下降到8%，银企直联线上支付比例从0%提升到76.6%，月度结账用时从7天缩短为2天，预实对比、项目收汇、项目核算统计用时从3天转变为实时。

建立了健全的全球化费用管理制度，完善了中电进出口全球化费用报销制度、全球化差旅制度和集中采购办公用品制度等，明确了全球各分支机构各项费用的标准和审批流程，严格把控费用，降本增效，促使中电进出口2017年管理费用和销售费用均有大幅下降。2015年中电进出口费用总额高达52324万元，成果实施后，2017年费用总额下降至47547万元，下降4777万元，降幅9.13%。其中，财务费用降幅139.29%，销售费用降幅3.81%。

（三）支持国际业务发展

通过成果的实施，中电进出口在境外业务开拓、项目管理、境内外资金管理、税务管理、境内外付款、账务集中管理、协同管理等多个方面的能力都得到了大幅度的提升，有力支撑中电进出口将中国的安防、防务、工程等国际业务的解决方案带给世界，以更强的能力践行"致力于世界人民的安全和幸福"的企业使命。2017年，中电进出口国际业务收汇高达62242万美元，比2015年增速两倍，达到历史最高。

（成果创造人：吴志锋、唐 路、张艳玲、冯 飞、苗 峰）

设计企业基于信息技术和"互联网＋"的转型业务成本管理

中国电建集团中南勘测设计研究院有限公司

中国电建集团中南勘测设计研究院有限公司（以下简称中南院）始建于1949年，总部位于湖南省长沙市，是世界500强企业中国电力建设集团有限公司（以下简称中国电建）的重要成员企业。中南院面向国内、国际两个市场，经营格局涵盖技术服务（含规划、勘测、设计、科研、咨询等）、工程承包（含EPC、设备成套、岩土施工等）、投资运营三大板块，业务领域涉足水电水利工程、新能源工程、水环境治理与生态保护工程、市政交通与建筑工程四大行业。中南院注册资本9亿元，具有工程设计综合甲级和工程勘察、工程咨询、工程监理、环境影响评价等16项甲级证书，同时拥有对外承包工程资格证书等多项其他资质。现有在职职工2480人。自1996年以来，中南院连续位居"中国勘测设计单位综合实力百强""中国工程设计企业60强""中国承包商及工程设计企业"前列，先后荣获国家科技进步奖21项，国家优秀工程设计和优秀工程勘察金奖7项、银奖3项，FIDIC（国际咨询工程师联合会）百年重大土木工程优秀奖1项，国家质量银奖1项。

一、设计企业基于信息技术和"互联网＋"的转型业务成本管理背景

（一）顺应时代创新潮流，推进企业转型升级

党的十九大报告中指出，要不断认识规律，不断推进理论创新、实践创新、制度创新、文化创新及其他各方面创新，并推动互联网、大数据、人工智能和实体经济深度融合。国家"十三五"规划强调，要强化企业创新主体地位和主导作用，鼓励企业开展基础性前沿性创新研究，深入实施创新企业百强工程；实施"互联网＋"行动计划，促进互联网深度广泛应用，带动生产模式和组织方式变革，形成网络化、智能化、服务化、协同化的产业发展新形态。在中国经济深刻转型的环境下，如何利用新兴技术手段进行管理创新，推进转型升级、弯道超车，已成为传统企业面临的重要问题。

（二）设计行业整体下行，管理创新迫在眉睫

传统工程设计日趋饱和，行业整体呈现下行趋势，近年并购案例日渐增多，一场大浪淘沙式的行业洗牌正在暗中酝酿，设计院的传统管理模式与转型业务的矛盾日益尖锐。随着国家供给侧结构性改革的深化和"一带一路"建设的推进，设计企业迎来了巨大的机遇，也面临着重大的挑战。中国电建参与到"一带一路"的建设之中，设计企业在转型途中进行管理创新已迫在眉睫。

（三）转型之路艰难坎坷，成本管理决胜之机

中南院在过去几年取得了较好的转型业绩，但也面临着诸多困难，一方面勘测设计业务比例逐年下滑，总承包业务分布不均衡且盈利能力普遍不强；另一方面，中南院经营模式创新不足、市场能力不强，员工思维理念转变不足、复合型人才匮缺。成本管理一直是以中南院为代表的设计企业转型过程中的痛点，一方面作为水电勘察设计起家的传统设计企业，在面对新业务、新市场时，由于缺乏经验和成本数据积累，难以进行有效的成本控制；另一方面，受限于传统设计企业的组织管理模式和思维方式，设计企业成本管理有着先天不足，精细化管控无法实现。利用信息技术和"互联网＋"进行成本管理能力构建已成为中南院转型过程中的决胜筹码。

二、设计企业基于信息技术和"互联网＋"的转型业务成本管理内涵和主要做法

中南院为应对企业转型的巨大挑战，适应转型业务成本管理需求，以信息技术和"互联网＋"为抓手，以构建转型业务成本管理能力为目标，以协同化造价信息管理系统为平台，通过技术手段解决管理

问题，逐个解决传统成本管理中的痛点，从成本信息智能获取、辅助决策、便捷询价、数据可视化、用户黏性培养、权限分配六大维度出发，构建成本管理能力，大幅度提高中南院的成本管理能力。主要做法如下。

（一）确定基于信息技术和"互联网＋"的转型业务成本管理思路

1. 开展转型业务领域的成本管理难点分析

中南院在转型业务领域的成本管理能力存在明显短板，首先是转型业务领域的专业人才不足，其次是对于一些市场需求无法完全满足。

一是转型业务存在短板。中南院转型业务涉及的专业领域广泛，对造价人员（包含成本管理人员）的专业广度、反馈速度及工作精度提出更高的要求。相比于传统水电，新兴业务的市场化程度较高，对成本控制的要求也较高。中南院在转型业务领域的成本管理能力存在明显短板，首先是转型业务领域的专业人才不足，其次是对于一些市场需求无法完全满足。例如，项目投标时常常需要进行快速报价，以把握市场先机，但由于同类数据信息储备不足，快速报价精度往往难以控制；新型业务涉及大量材料设备，而传统的询价模式不仅速度慢、无效沟通多，而且无法保证数据真实性；新型业务人才不足，缺乏类似工程数据参照，转型业务产出能力遇到瓶颈。转型业务短板凸显一个共同的问题，即如何建立数据信息获取和积累的有效途径。

二是成本控制缺乏大数据支撑。缺乏大数据支撑是制约中南院成本管理能力的主要因素之一。成本控制的重要前提是确定成本目标值，一个合理的成本目标值，一方面可以真实反映市场价格水平，为相关单位提供切实可行的管控标准，是一个重要标尺；另一方面，可以作为项目实施单位制订实施方案的重要参照。成本目标值的合理性需要大量成本数据支撑，而限于各方面条件，中南院成本数据库此前尚未建立，在很大程度上制约成本控制工作的开展。成本信息大数据的归集和整理是一项任重而道远的工作，其难点包括已有数据碎片零散化，系统整理工作量大；市场数据收集难度大，数据真实性难以保证；数据量极大，传统的人工收集方式耗费人力物力巨大；数据格式杂乱无章，分析工作难以开展。

2. 明确转型业务成本管理工作思路

一是科技创新为了更好地管理。面对瞬息万变的市场形势和公司经营生产需求，中南院深入研究发现单纯进行工作流程的优化、完善工作组织方式无法满足市场和公司的需求，必须双管齐下，通过中南院掌握的造价信息化技术和互联网技术，如爬虫技术、大数据技术等，才能实现工作流程的重构和工作组织方式的优化，从而满足市场快速准确的新形势和公司紧抓"适应转型"和"成本管控"的新要求。因此，中南院决定以技术为抓手实现管理的创新和优化。

二是贴近市场，服务转型。一流企业的竞争最后往往会成为意识、理念的比拼，市场意识是当下工程类企业最重要的核心竞争力之一，中南院历次年度工作会议中，也屡次强调市场意识的重要性，要求树立全员经营的理念。管理创新的最终目的是为中南院企业转型服务，创新方向需要切合中南院转型方向。管理创新要紧紧围绕中南院的转型政策和转型需求，为企业创造更多价值。

三是大数据结合信息技术。利润保卫战的基本前提是提高企业运营管理精细度和效率，信息化管理工具革新则是核心路径之一。造价咨询工作（含成本管理）的专业特点决定从业人员常常需要面对海量的数据信息，传统的工具和手段在面对大数据时往往捉襟见肘，因此，为切实有效的进行管理创新，必须借助现代计算机技术的帮助，利用计算机的数据归集、处理、分析优势，对数据信息进行快速而精准的收集和处理分析。

四是推进标准化、系统化管理。标准化是开展深层次造价咨询工作（含成本管理）的前提，本次管理创新需要在数据信息方面推进标准化，提高中南院的数据处理能力。由于造价专业自身的特殊性，造价领域的管理创新是一项复杂、庞杂、系统化的工作，必须利用系统化思维进行全局思考。

（二）构建造价信息管理平台，提升成本管理能力

在分析和梳理中南院转型业务成本管理能力难点和痛点的基础上，中南院组织研发人员和造价人员进行造价信息管理系统开发，从六大维度直击要害，全面构建和提升成本管理能力。

1. 智能汇编价格信息和政策文件

价格信息、政策文件具有数据量大、分布零散的特点，人工统计更新耗时耗力，工程造价信息管理系统的一大创新点，就是利用当下最前沿的爬虫技术，自动抓取各大网站数据信息，定时更新，实现价格信息、政策文件的智能汇编，极大地减少造价人员的数据统计工作，将造价人员从枯燥的统计工作中解放出来，把更多精力用在分析工作中。造价人员价格信息获取的速度大大提升，工作效率显著提高。系统数据可自由导出，与 Excel 及中南院自主研发的造价编制软件无缝对接。

对于无法用爬虫技术抓取的信息，开发人员根据工程价格的共有属性，对价格信息数据进行分类，重点突出对工程造价影响较大的主要材料、主要设备、人工及新材料、新设备的价格，制定价格信息的收集和录入的工作标准和分类规范，减少信息录入人员的无效劳动。数据录入由拥有系统数据录入权限的用户登录后台信息管理模块进行操作，录入数据后由拥有校核权限的用户对数据进行审核，审核通过后发布数据。

2. 实施辅助决策分析

系统具有强大的数据分析对比功能，能够做到同行业同类型不同阶段不同造价成果进行比较分析（方案比选），实现分层对造价成果进行数据挖掘功能。

3. 开展一站式询价服务

工程造价信息管理系统将之前零散的供应商信息进行整合，对以往的询价资料进行标签化梳理，并把与中南院有过合作关系的"合格供应商"纳入系统，形成一个可靠优质的供应商库，供应商简介、联系方式、主要经营范围、企业资质等级、银行资信证明等询价所需信息均已纳入库中，造价人员可以享受媲美淘宝的一站式服务，大大减少以往询价工作中的信息获取时间，减少无效沟通。

4. 实现数据的实时图表化

造价人员无须再面对枯燥无味的表格数字，可以从形象而宏观的角度进行数据分析。以材料价格查询为例，"工程造价信息管理系统"可以将近期价格数据进行归集，形成价格曲线图，便于造价人员判断价格走向，甚至可以预测未来价格的大致区间。这项功能不仅可以增强造价人员的宏观把控能力，对项目实施过程中材料设备最佳采购时点的判断也有很高的参考价值，未来的可挖掘空间和应用空间都很大。

5. 加强用户黏性培养

系统平台的最终落脚点在用户，工程造价信息管理系统升级迭代离不开与用户的互动，因此用户黏性的培养至关重要。如何让造价人员习惯使用系统，改变原有的工作方式，主动与系统产生互动，直接关系到本次创新的成败。

中南院采用"互联网+"思维，以移动客户端为突破口，打造互动版块，借鉴当前主流社交软件的设计，引入"奖励金""点赞""评论""打卡签到"等元素，增加系统平台的趣味性和互动性，拓展系统平台数据来源，增强数据的共享性和可靠性，培养用户黏性，整合造价人员碎片化时间，促使造价人员喜爱使用系统平台，让工程造价信息管理系统自然地成为造价人员工作的得力助手和移动办公的利器。

6. 加强权限分配，保护商业秘密

根据业务功能模块划分确定系统角色与权限，角色主要划分为系统管理员、全体员工、科室领导、处室领导、通用数据管理员、工程成果与数据管理员。其中，系统管理员权限指系统最高权限，能够维

护系统所有数据；全体员工权限指浏览查询由系统管理员指定的模块数据，工程造价信息模块数据需要单独审批授权后才能开放查看或下载；科室领导权限指用于初步审核工程成果与数据管理员提交的造价成果文件，确定授权查看和下载范围；处室领导权限指用于最终审核工程成果与数据管理员提交的造价成果文件；通用数据管理员权限指维护基础价格信息模块、工程项目信息、文件汇编模块、供应商黄页模块数据；工程成果与数据管理员权限指录入造价成果信息。

（三）推广实践项目应用

1. 雨花区物流园项目成本测算

长沙雨花区电子商务产业园道路基础设施建设项目（以下简称雨花区物流园项目）是中南院投资的PPP项目，估算金额约20亿元，项目意义重大，是中南院重点项目之一。

由于雨花区物流园项目投资大，中南院又是PPP投资人，项目成本至关重要。在项目前期开发过程中，院领导根据瞬息万变的商务情况，紧急要求中南院快速测算工程成本，通过利用工程造价信息管理系统积累的数据和辅助决策系统，中南院在不足一周的时间内迅速提出初步测算报告，以供院领导快速决策，并在两周内从3个不同维度提出全面成本分析报告，以供院领导进行精确判断。该测算结果与后续水电十三局透露的成本信息相互印证，非常精确，为雨花区物流园项目的合同谈判和项目争取提供了有力支持。

2. 东莞截污管网项目快速报价

东莞东城东部截污次支管网工程（以下简称东莞截污管网项目）在投标过程中需要进行快速报价，以便相关领导在短时间内进行投标决策。

由于此类项目相关资料不完整，不具备传统测算的条件，在"工程造价信息管理系统"投入使用以前，快速报价很难实现，需要投入大量精力收集相关信息，信息的时效性也难以保证，容易错失商机。在"工程造价信息管理系统"投入使用以后，情况得以大大改善，对于东莞截污管网项目，中南院人员借助"工程造价信息管理系统"，利用爬虫技术归集了东莞地区近两年所有类似项目的中标下浮率，实现原来利用大量人工加班加点也无法完成的工作，并通过辅助决策功能进行数据处理分析，为最终投标的下浮率提供坚实的数据支撑，真正做到"手中有数，心中不慌"。

3. 服务建造合同评审

建造合同评审是中南院成本控制的重要环节，而工程造价信息管理系统对建造合同评审发挥了重要作用。采用本系统后，评审人员对分包价格的合理性，能够快速进行精确判断。既强化合同谈判的力度，又严控工程成本。截至目前，工程造价信息管理系统已服务于100多个项目的建造合同评审，有效发挥成本管控的作用。

三、设计企业基于信息技术和"互联网＋"的转型业务成本管理效果

（一）提高了工作效率

根据对中南院造价中心员工的调查结果，对于传统概预算项目，价格信息获取花费的时间占总工作时长的9.65%；对于转型业务，价格信息获取花费的时间占比为21.28%；对于成本控制类业务，价格信息获取花费的时间占比为69.74%。随着中南院转型步伐的加快，转型业务、成本控制类业务逐年增加，造价人员工作强度已相当饱和。自工程造价信息管理系统投入使用以来，共为243个项目提供了服务，节约了16100个小时，大大提高了工作效率，打赢了一场漂亮的时间争夺战。

（二）节约了转型业务实施成本

根据中南院造价中心2016－2017年产值情况，人均产值约50万元/年，换算为2000元/工作天。工程造价信息管理系统自投入使用以来，运行了2.5年，累计节约了工作时间2012.56天，创造产值为2012.56×0.2＝402.51万元。工程造价信息管理系统自投入使用以来，共为100多个项目建造合同评

审提供服务，其中完成评审的项目共计 51 个。根据评审结果，51 个项目共审减金额 12417.48 万元。其中，造价信息管理系统占比按 7% 计，创造产值为 12417.48×7%＝869.22 万元。综上所述，工程造价信息管理系统自投入使用以来共创造产值 1271.73 万元。

（三）发挥综合性支撑作用

随着工程建设市场竞争的白热化，市场对于投资控制与计算的效率和精度都有了大幅度提高，通过将本成果应用于工程造价咨询和投标报价等工作极大地提高了中南院的市场竞争力。本成果为中南院获得梅蓄造价咨询、缅甸诺昌卡河古浪水电站工程保底投资咨询、缅甸诺昌卡河同心桥水电站工程保底投资咨询、托口调整概算、溧阳调整概算、江坪河缺陷处理工程概算等合计金额超过 2000 万元的造价咨询合同的签订提供了重要助力。对于中南院中标长沙市雨花现代电子商务产业园道路基础设施建设 PPP 项目、广东江门应急水源供水工程 PPP 项目等合计数十亿合同额的项目提供了重要支持。

（成果创造人：张　涵、龙泽宙、汪　皓、刘小卫、李胜文、李伟峰、彭晨芳）

大型建筑企业提高集团管控能力的财务共享中心建设

北京城建集团有限责任公司

北京城建集团有限责任公司（以下简称北京城建集团）是以城建工程、城建地产、城建设计、城建园林、城建置业、城建资本为六大产业的大型综合性建筑企业集团，现有总资产1730亿元，自有员工25195人。2017年实现新签合同额1506亿元，营业收入700亿元，开复工面积4530万平方米以上，自营房地产开发面积500万平方米以上。集团现有120余家法人企业、42家分公司，包括A股上市公司1家，H股上市公司一家，全资、控股子公司29家。北京城建集团从前期投资规划至后期服务经营，拥有上下游联动的完整产业链。集团作为"中国企业500强"之一，"ENR全球及国际工程大承包商"之一，荣获"中国最具影响力企业""北京最具影响力十大企业""全国优秀施工企业"等荣誉称号。

一、大型建筑企业提高集团管控能力的财务共享中心建设背景

（一）适应企业集团加强财务管理的新需求

伴随着新型工业化和城市化进程的逐步推进，北京城建集团迎来发展良机，集团规模不断扩大。为进一步推进企业转型升级，必须抓住"互联网＋"机遇，应用新的互联网技术，改进管控手段，实现管理效率的提升。北京城建集团选择土木工程板块建立财务共享中心，符合国家对大型集团财务管理的要求，是在国家指导意见下对企业资产进行的进一步管理，对完善企业资产管理制度有积极作用，有助于大型国有企业集团实现提质增效、增强管控能力。

（二）适应行业竞争、实现企业健康发展的需要

从行业总体看，建筑行业在迅猛发展的同时，精细化管理方面存在一定的不足。从财务管理角度，其问题表现在资金管理需求增加，成本管理难度加大，主业利润空间缩减，管理机构冗杂低效。在新常态下，建筑企业要想谋求长远发展，唯有积极应对、主动适应、创新发展，才能在激烈的市场竞争中站稳脚跟。从北京城建集团自身看，企业的内部管理尤其是财务管理面临转型升级的挑战。按照传统的财务管理模式，每个分子公司乃至项目部都有一套完整的财务体系和一个独立的财务部门，财务运营成本居高不下，财务人员长期陷于财务核算等低附加值的工作中，无法深入了解业务流程，提供数据分析与决策支持，限制了集团财务职能的提升。同时，集团总部对分子公司的经营和财务监督难度较大，控制风险的成本和代价较高。子公司出现经营或财务风险，容易牵涉到其他分支机构和集团总部，由此发生连锁反应，严重影响集团整体的健康发展。因此，北京城建集团从建筑行业财务管理存在的普遍问题及企业自身情况出发，创建财务共享中心。这既是企业"做大做强"的内在需求，也是提高财务管理水平、推动企业转型升级、实现企业健康持续发展的必由之路。

（三）企业推行财务共享中心已具备必要条件

北京城建集团注重信息系统建设，信息化管理逐步完善，为建立财务共享中心打下坚实的技术基础。集团统一规划、自主研发，建立业务财务一体化的信息系统，为财务共享中心建设奠定良好的系统基础。集团"十三五"发展规划中提出，要加强财务工作的信息化、标准化、规范化。财务业务人员定期学习培训，能熟练掌握相关财务软件技能。同时，对财务共享模式也进行了深入的学习和探讨。总之，集团在各方面都对财务共享模式的运行和管理都做好了充分的准备。

二、大型建筑企业提高集团管控能力的财务共享中心建设内涵和主要做法

北京城建集团土木工程财务共享中心定位于服务、管理与监督。财务共享中心建设遵从企业战略，

秉持服务理念。通过财务工作标准化、规范化，提高财务管理水平。同时，加强风险管控，发挥财务监督作用。北京城建集团建设财务共享中心，将财务组织体系调整为总部财务、共享财务和业务财务三个层级，通过对业务流程的梳理与再造，促进了财务工作专业化分工，提高了财务处理效率。集团财务共享服务的业务范围主要包括资金结算、费用报销、会计核算、操作税务、法定报表、档案管理等基础业务，以及决策信息支持与风险管理等管理支持业务。财务共享中心的建立，通过搭建财务共享平台，集成客户与员工数据、资金数据、成本数据、核算数据以及分析报表等，实现业务与财务数据的互通互联，并且能够挖掘会计信息的价值创造能力，促进企业财务管理水平提升，有效支持企业战略发展。主要做法如下。

（一）优化组织结构，实现管理扁平化

1. 优化组织结构，促进专业化分工

北京城建集团土木工程财务共享中心组织体系包括总部财务、共享财务和业务财务三个层级。总部财务负责策略的制定，共享财务负责共享业务处理，业务财务人员则成为业务伙伴，财务人员集中精力于决策支持与业务发展工作，实现业务持续改善。

财务共享中心的建立，取消了原有各工程项目部的财务部室，调整为公司层的结算票据组、费用审核组、核算税务组及报表组等专门职能组，形成新的管理单元。实现了财务人员的"两统一、一集中"，即管理关系统一、薪酬考核统一、办公地点集中，包括异地单位区域性集中。对财务组织结构优化整合之后，实现了管理扁平化，更加符合各项业务的实际需求，并且减少了层层传导带来的信息延误与失真，提高了政策执行效率。各专职组通过分工与协作，共同保证各项业务及时准确处理，推动财务共享中心顺利运行。

由于财务工作集中化管理往往会导致对基层单位的信息沟通不畅、服务跟不上、管理支撑不到位的情况，针对这一问题，北京城建集团提出财务经理负责制，为所属单位配备具有丰富财务知识与经验的业务财务经理，提供更专业化的财务支撑。在业务上，业务财务经理作为业务财务负责人，以基层单位为服务对象，参加基层单位生产经营分析会，保证各单位的业务信息及时沟通、业务资料及时传递、特殊事项迅速应对；在管理上，业务财务经理接受财务共享中心的统一管理，在做好对基层单位支撑工作的同时持续贯彻集团财务管理思路，加强对各个基层单位的财务管控与风险防范。

2. 降低运营成本，提升规范管理水平

北京城建集团财务共享中心的建立，将财务管理人员从繁杂的基础工作中解放出来，仅土木工程板块财务人员数量就从33名精简到22名，每年节省人力成本220余万元。通过设置财务共享中心各专职业务组，将财务操作型工作与财务管理型工作分离，根据岗位技能需求重新配置财务人员，强化了财务工作分工的专业化，有效发挥了财务人员潜能，为进一步做好财务会计和管理会计分离打好基础。此外，财务共享中心考虑到员工的能力提升与职业发展，结合岗位技能、轮岗周期、轮岗顺序，建立了整体队伍的稳定轮岗机制，使组织的管理更具弹性。

3. 塑造企业文化，引领企业核心竞争力

北京城建集团土木工程财务共享中心通过建立新型的组织结构和制定合理的激励制度，各种价值观在财务管理实践中不断碰撞与交融，土木工程的凝聚力和向心力逐渐凝练成独具特色的企业文化，成为员工自觉遵守和执行企业道德与规范的巨大自主驱动力。在适应共享服务中心的发展基础上逐渐形成了专属的开放文化，通过打破办公室常规的条框隔断，设立快享五分钟、头脑风暴等交流形式，营造出自由和谐的工作氛围，促进员工之间的沟通与协作。

(二)开展业务流程再造,构建共享服务平台

1. 开展业务流程再造,实现流程标准化

北京城建集团土木工程财务共享中心以重计划、严核算、简流程为指导思想,通过整合业务、减少层级、调整核算方法,合理设计业务流程,实现了业务处理的标准化与规范化。共享服务中心设立之初,首先按照类别梳理业务流程,对费用报销类、收入类、成本类、薪资类、税务类等各类业务详细分析,整合各类业务形成流程细分图,同时识别出每个流程中的风险管控重点,然后根据具体业务需求设计出共享服务工作标准流程,并根据流程设置岗位和职责,使财务共享中心的工作标准化、流程化。

根据再造后的业务流程,北京城建集团制定了规范的财务共享业务流程标准化手册,如资金系统操作手册、总账系统操作手册、费用报销系统操作手册、费用审核手册等。形成了政策索引、财务制度、操作手册、业务流程标准化等体系化文档,确定财务共享服务平台工作标准,明确职责划分,规范考核指标,提高工作效率。

2. 升级信息系统,搭建共享服务平台

北京城建集团通过对用友 NC 系统进行升级,实现了资金管理、总账核算、报表管理等业务集成统一,并且通过与项目管理系统、预算控制系统、费用报销系统等系统模块进行连接,极大地提高了财务业务处理的自动化、标准化、规范化。以费用报销为例,北京城建集团财务共享服务中心的信息系统实现了从信息采集—线上审批—资金支付—账务核算—信息归档的全流程线上覆盖,不但提高了处理业务的效率,而且使业务更透明、更规范。

在财务共享服务过程中存在信息流、实物流与资金流。信息流的传递主要结合信息系统的应用,各地分公司及项目人员通过系统平台中各项单据的填写与实物资料电子影像的上传,从全国各地将信息传递至集团总部各相关部门和财务共享中心,并通过统一的流程进行审批及后续处理;实物流中,业务单据通过从各业务单元归集、送达或邮寄,传递至财务共享中心,在中心通过接收、分发与归档,并结合信息系统中的信息流逐步传递,完成业务与实物流处理;信息流与实物流伴随着资金流的流转,通过统一支付体系完成资金收付。完成资金收付后,通过系统自动生成总账凭证,对各项业务及时记录,实现信息流的完整。在设计流程时,北京城建集团引入二维码技术,通过扫描二维码可以迅速定位相应单据,实现了线上线下数据和跨系统数据的互联互通,提升了财务人员的工作效率,保证了业务流程、财务会计流程、管理流程的有机融合和传递及时性。

在业务流程再造、信息化支撑等措施实施后,北京城建集团土木工程板块业务报账与会计处理的集中化标准化均已实现,所有工作可在位于北京的共享服务中心内进行处理,对于异地单位或下属集团和分公司,共享服务中心设置了统一的开票室与报账室,可以帮助业务单位人员享受标准化的报账服务。在共享服务中心处理报账的过程中,通过信息系统能实现对业务事项全流程进行实时的跟踪监控,业务人员也能在线查询报账事项的处理状态。简化、细化、标准化的业务流程,使土木工程财务共享中心在系统运作上严格把控时间期限,提高了业务处理效率,避免了不必要的时间成本。

(三)遵从企业战略,完善财务服务职能

北京城建集团财务共享中心的建立,是集团战略发展布局中的重要一环。财务共享服务中心突破了传统的地域与部门阻碍,将分散在各项目的一些烦琐、重复的财务事务集中到共享中心处理,通过标准化、规范化的业务流程与业务标准,提供高效的财务服务。

1. 秉持服务理念,夯实核心业务

一是打造资金集中收付平台。北京城建集团土木工程财务共享服务中心内部设置结算中心,实现资金集中收付。共享中心将各项目原有的银行账户上收到总部统一管理,各项目需按照规定的流程和标准,通过统一支付体系完成对外资金支付。通过集中收付,提高了结算效率,规避了各种资金流带来的

法律风险。

二是实现会计集中核算。土木工程财务共享中心设立后，将原来的下属单位会计业务进行同步集中，实现了会计核算一套账。通过总账系统升级，建立了统一的科目体系，实现整体一套账的同时，各分公司或项目部作为业务单元，可在同一套账簿中独立体现，便于对每个项目分别进行统计查询及形成各项报表。财务报表集中编制，由总部财务共享中心集中编制提交下属单位的会计报表，各单位通过总部分配的权限查询公司与项目的会计报表。

三是实现税务业务集中处理。共享中心建立流程化的审批平台，从开票申请、审批开票、发票打印到快递寄送，都可以在平台上协同完成。并通过对各单位销项发票的分类查询统计，加强对增值税销项的管理。进项管理则从增值税发票的查验、认证抵扣到账务处理，预缴与汇缴的计算都可以集中在财务共享中心完成。北京项目的预缴与汇缴工作由共享中心税务人员统一处理，外埠项目由业务财务经理在当地完成。

2. 配合多种措施，提高服务质量

为促进共享业务流程顺利推进，提高服务质量，北京城建集团土木工程财务共享中心还采取了一系列措施。一是窗口引导，通过设置工作月历，利用时间窗口把业务有序分流，同时根据工作月历对各类业务进行到期提醒，保证工作及时性。二是精准服务，对于新开立项目、业务负责项目及重点项目，设立共享中心专门对接人员，及时与业务财务进行沟通，促进业务顺利推进，提高工作效率。三是持续改进，即财务共享服务中心管理人员及相关职能小组负责人定期到基层的项目或分公司了解相关情况，加强对实际业务的沟通了解，指导使用信息系统，并根据业务的变化适时调整业务流程，实现业务的持续改进。

（四）促进财务转型，提升财务管理职能

北京城建集团财务共享服务中心的建立，将财务管理人员从繁杂的基础业务工作中解放出来，集中精力于财务分析和战略规划，实现财务人员从扩大财务业务的横向工作向管理服务的纵向发展转型，提升财务管理职能。

1. 通过资金集中管理，提高资金使用效率

通过对资金集中统一管理，共享中心能够全面、及时、准确地掌握各单位货币资金的动态收支状况，合理调度调剂闲散资金，加速资金循环周转，形成由"决策层→管理控制层→核算操作层"的自上而下的资金集中管理体系和监控信息网络，实现对货币资金的管理协调、整体监督控制、合理调度调剂。财务共享中心资金管理要求每月编制并汇总资金计划，根据各项目每月的收付款金额、内部存款余额、账面债务余额等信息，在每月末制订出次月的资金计划，经各项目修改、确认、汇签后形成正式的支出计划，计划内的资金支出将执行简易审批流程，对于计划外支出，采取相应的应急预案支出。通过资金计划的编制和使用，加强了资金管理的前瞻性和主动性。

2. 加强数据收集统计，提高财务分析水平

一是资金回收报表审查及汇总分析。将项目基本数据信息输入后，可以自动归类汇总，能快捷系统地掌握各项目的资金回收状况及公司整体资金回收情况。二是项目月度施工产值统计分析。通过项目月度数据查询，既能够宏观地反映各项目施工产值实际报量、向集团报量及暂时待报量情况，还能按工程项目属性进行分类查询和汇总，自动生成上报集团和需向财务系统传递的专用报表。三是机关及项目收支分析。可以选择任意时间段进行梳理统计分析机关各类费用发生情况及各部门分别发生情况，项目各类资金收支情况及各项目分别发生情况，并结合预算内容，分析各类费用的预算控制与执行情况。

3. 提供决策支持信息，促进企业提质增效

实行扁平化管理与财务共享交互机制及服务管理模式，节约人力成本，使有限的人员、精力去拓展

业务和市场,实现现场精细化管理,更好地发挥总部战略基点的作用。共享中心归集财务信息,每月根据项目的资金状况、成本费用、盈利情况,为每个项目形成财务分析报告及管理建议书,促进项目降低成本、提高效益;同时,站在全局角度为公司决策层提供财务信息,及时发现问题,并提出解决方案和风险防范措施。

（五）实现过程管控,强化财务监督职能

财务共享中心重构的组织模式通过对财务工作的集中管理,改善了原有财务工作的分散状态,从战略高度控制集团整体运营风险。伴随着财务共享平台的建立和财务管理制度体系的梳理、执行与逐步完善,加强了财务风险管理与财务监督职能。

1. 创新内控管理方法,实现事前控制

土木工程财务共享中心重新梳理和优化了审批等一系列流程,加强了土木工程财务工作流程的内部控制。实施共享以后,审批方式由以前的线下审核,转为线上的共享审核。所有项目的支出都需要经过财务共享中心审核,不合规款项和手续不完备事项的支付将无法通过共享中心审核。财务共享服务中心审核按照统一的标准,一定程度上减少了审批环节中的人为感情因素影响,保证了事项审核与审批的客观公正。同时,财务共享服务中心通过制定统一的交易规则和标准化业务流程,将控制点嵌入流程并固化在信息系统中,主动及时地控制了一些超标准、超预算和不合规的财务支出,规避潜在的风险。

2. 通过标准化操作,改善业绩考核效果

在绩效考核方面,原有财务体系由于人员专业素质参差不齐,容易造成财务处理不规范,无法有效按照会计准则进行核算的现象。除此之外,各项目为了取得良好的考核绩效,容易出现财务舞弊,故意虚增或虚减经营指标的错误。建立财务共享中心之后,由中心统一进行财务处理,通过标准化的业务流程与会计核算,有助于进行更科学的考核评价,降低部门公权私用的舞弊风险。

3. 关注业务关键节点,主动加强风险管理

财务人员不仅要执行传统的会计核算职能,业务财务人员还要从日常的交易处理延伸到业务链,关注业务链中的关键节点,关注每个影响财务结果的业务操作,随时把异常信息反馈给总部财务,为企业经营决策提供预警信息。

（六）整合业财数据,促进持续改进与价值增值

北京城建集团土木工程财务共享中心通过深入挖掘每笔报账的数据,积极使用日常会计工作所积累的财务数据,深入分析其所蕴含的商业价值。

第一,财务共享中心在日常处理过程中产生很多运营数据,借助信息化手段,共享服务中心可以跟踪每笔报账的处理过程,从而产生其日常运营大数据。通过深入挖掘这些数据,可以准确定位哪些流程节点是不合理的,哪些财务人员的处理存在问题,哪些单位的报账存在不规范情况,进而针对问题进行专项整改,不断提升共享服务中心的运营效率和服务质量。

第二,通过对财务人员实行专业化分工并借助信息化手段,财务专业处室及财务经理们能够基于日常工作所积累的财务数据,深入分析其所蕴含的商业价值,找到哪些环节的盈利性可进一步提升,哪些材料的采购价格可进一步降低,企业的资源应投向何处,企业现金流应该如何改善,为改善项目经济效益、提升集团经营管理水平出谋划策。

第三,土木工程财务共享中心将企业经营中的三大主要流程,即业务流程、财务会计流程、管理流程有机融合,建立了基于业务驱动的财务一体化信息处理流程,使财务数据和业务融为一体。通过实施财务业务一体化,强化了资金的动态管理与控制,解决了资金闲置和资金紧缺现象并存的问题,提高了资金的运作效率;明确业务人员、财务人员之间的责任权限,财务部门参与整个业务流程的单据流的审核,便于发现问题及时与业务部门沟通、协调。

三、大型建筑企业提高集团管控能力的财务共享中心建设效果

（一）提升了财务管理水平，有效防范了财务风险

北京城建集团创建土木工程财务共享中心，规范了下属成员单位的财务基础信息，形成了包含现场管理、质量管理、系统管理、运营优化、标准化管理、服务管理、培训管理和绩效管理的运营管理制度体系。通过信息系统的应用，实现了对财务信息的集中化、自动化、电子化、流程化管理及财务资源的共享。通过组织优化与流程重构，加强了内部控制，规避了财务违规操作行为，有效防范了财务风险。同时，有效落实了企业财务核算要求，提高了财务活动的执行效率，规范了财务工作标准，提高了财务工作质量。

（二）降低了财务运行成本，提高了财务服务效率

土木工程财务共享中心的建立，提高了北京城建集团财务活动的运行效率，优化了人力资源配置，减少了财务人员和相关财务业务成本。通过资源整合，土木工程财务共享中心对资源进行更有效的分配，避免了传统分散处理模式下资源闲置的现象。一方面，通过梳理优化流程，将传统的财务审批流程简化到线上操作，有效提高了工作效率；另一方面，通过打造共享中心集成信息系统，实现账务处理自动化、批量化，解放了财务人员的手工核算劳动，财务工作效率大幅提升，也实现了人工成本的降低。

（三）提供了价值增值服务，支持业务板块的发展

北京城建集团在市属国有企业中率先启动财务共享服务建设，完成了土木工程财务共享中心试点工作，并正在向各个板块及二级公司推广财务共享中心建设，集团发展呈现出稳中有进、稳中增效的良好态势。公司在新的地区建立子公司或收购其他公司，土木工程财务共享中心能马上为这些新建的子公司提供服务。同时，公司管理人员更集中精力在公司的核心业务，而将其他辅助功能通过财务共享中心完成，从而使更多财务人员从会计核算中解脱出来，能够为公司业务部门的经营管理和高层领导的战略决策提供高质量的财务决策支持，促进核心业务发展，在行业和国有大型企业中产生了良好的示范效应。

（成果创造人：王　晶、刘日梅、李　化、许　军、运　进、王　丽）

企业集团财务公司与业务深度融合的全流程风控管理体系构建

神华财务有限公司

神华财务有限公司（以下简称财务公司）成立于2001年，注册资金50亿元，现有员工50余名。2016-2018年6月底，财务公司累计实现营业收入52.94亿元，累计实现利润总额27.71亿元，上缴税金9.45亿元。截至2018年6月底，财务公司自营贷款余额306亿元，委托贷款余额792亿元，吸收存款余额745亿元，资产总额（不含委贷）837亿元，净资产总额85.51亿元。多项规模性指标位列行业前20名，在行业上具有较强影响力和示范效应。

一、企业集团财务公司与业务深度融合的全流程风控管理体系构建背景

（一）落实国家政策法规监管的要求

2017年中央经济工作会议、全国金融工作会议强调，防止发生系统性金融风险是金融工作的永恒主题，应结合"三去一降一补"供给侧改革决策部署，紧紧围绕服务实体经济、防控金融风险、深化金融改革三项任务，创新和完善金融调控，健全现代金融企业制度，加快转变金融发展方式，促进经济和金融良性循环、健康发展。党的十九大报告明确指出，要坚决打好防范化解重大风险、精准脱贫、污染防治的攻坚战；健全金融监管体系，守住不发生系统性金融风险底线。为全面贯彻落实党中央及国务院有关产业金融会议精神，近年来金融行业呈现出强监管、严监管的高压态势，特别是在有效治理市场乱象、重点控制突出风险、重点化解高风险领域三大方面，监管机构重拳出击、重点部署。打好防范化解金融风险攻坚战，成为金融机构今后一段时期经营管理和风险防控的首要任务。

（二）支撑集团发展战略的需要

财务公司所属企业集团在经历合并重组前就是国内大型"煤电路港航一体化"综合能源企业，煤炭产销量长期位于世界第一。为解决发展中资金短缺、高融资成本、资金安全、利率汇率变化等各种财务风险、市场风险，原企业集团成立财务公司，对全集团实施全面资金管理和资金风险管控。2016年以来，财务公司所属企业集团进行合并重组。一方面，重组后的新集团公司，对产业金融板块做出了"加强风控体系建设，确保不发生系统性金融风险"的新要求，成为财务公司做好防范系统性风险工作的总方针；另一方面，重组后的新集团公司在煤炭产销量、发电装机总容量、煤制油化工产量、风力发电等领域位居全球第一，其业务规模、种类、结构、重点都发生重大变化，对全集团的资金管理水平和风险管控水平都提出更高要求。

（三）保障企业安全平稳发展的需要

"十三五"期间，财务公司结合外部发展形势、企业集团金融需求、自身实际情况，确立了"国内一流司库型财务公司"的发展愿景，即建立涵盖现金、应收账款、应收票据、有价证券等金融资产形态，充分发挥资金集中、预算控制、计划管理、投融资管理、风险管理、资本运作等职能，实现集团化、集约化的资金管控模式。同时，财务公司的体量规模、业务结构、发展重点、管控要求等方面都面临重大变化，经营的复杂性和难度大幅提升，风险急剧聚集，亟须财务公司推行一套与发展目标相匹配的风险管控体系建设，彻底解决财务公司原来理念落后，风险管控碎片化管理的问题；治理架构不合理，风控部门单打独斗的问题；制度建设落后，执纪问责无章可依或制度相矛盾的问题；流程管控不明确，操作性不强的问题；信息技术不到位，支撑手段不足的问题；管控责任不实，执行流于形式的问

题,在风险管控的理念、组织、制度、流程、手段、技术、文化等方面系统推进、全面融合,大幅提升风险管控能力,促进实现发展愿景。

二、企业集团财务公司与业务深度融合的全流程风控管理体系构建内涵和主要做法

面对从严的政策环境、复杂的经营环境、更高的集团要求,财务公司创新提出的"两性一化"(战略性、融合性、信息化)理念,以风险管控的治理架构和制度建设为基础,以分别对应风险的管控流程、内控体系和审计稽核三项职能为重点,建立覆盖全业务、涵盖各类风险的全流程风控管理体系,并以绩效考核压实风险管控主体责任,以信息技术提供重要支撑,最终促进风险管控与业务发展深度融合,以及风险管控与公司其他管理体系深度融合,促进财务公司的全面发展。主要做法如下。

(一)调整风险治理架构,完善风控管理制度

1. 确立三道防线治理架构

财务公司从风险管控的角度对公司组织架构进行了重新划分,确立了三道防线的治理架构,为财务公司风险管控建设提供了组织保障。第一道防线由财务公司业务部门组成,在日常工作中实现对风险的识别与管控,是风险管理的前线;第二道防线由风险管控部接受董事会、风险管理委员会、信贷业务审查委员会等各专业委员会的指令,对风险管理情况进行指导、检查和监督;第三道防线由审计稽核部接受董事会、审计委员会的指令,对第一道防线、第二道防线风险管理情况进行再监督和评价。

2. 建立三层风险管控制度

财务公司建立了由公司风险治理层面、风险管理主体框架层面、风险管理执行层面的上、中、下三层的风险管理制度框架,实现管理和业务领域全覆盖。以制度建设为管理提升的切入点,建立制度制定、执行、修订、检查、审核、废止流程,并通过定期梳理和检查优化形成管理闭环。保持制度持续更新,以有效控制金融风险。

(二)完善风险管控流程,制定实操指南

1. 建立完整的风险管控流程

经过一年多的探索与实践,财务公司建立了识别、评估、监测、防范、应对、监督、改进、报告等各环节比较完整的风险管控流程,并在实践中持续改进。

以风险管理责任落实为核心。财务公司将风险的定期评估、日常监测、实施控制和报告等职责落实到了每个部门、岗位,使风险管理的流程和环节均能得到有效落实。特别是各部门均设置风险管理员,用以监测、收集、汇报所在部门的风险情况,定期、不定期出具所在部门风险情况报告。风险管理员制度的建立打破了公司原有的风险管理模式,由仅有风险管控部管理实施变为以风险管控部为中心,以风险管理员为各部门的风险管理具体实施人员,将风险管理的触角深入到每个部门的日常工作之中。在保障风险管理流程实施的同时,也极大地促进了风险管理文化的形成。

以重大风险监测为重要手段。按照财务公司面临的主要风险类别,设立了详细的风险管理指标体系,实现了近20项指标的监测,对较大或突然加剧的风险,及时预警;对于关键风险信息,以定期风险报告形式逐级上报。

建立风险事件报告及提示机制。财务公司在定期出具年度、季度风险报告的同时,建立了风险事件报告及风险提示机制。各部门对各自业务领域中出现的风险事件,及时向风险管控部提出风险事件报告,风险事件报告包含风险事件发生的原因、产生的影响、需采取的措施等内容;风险管控部在发现风险指标到达预警值或发现风险时,及时对业务部门进行风险提示,各部门对风险提示采取有效的防范和应对措施。风险报告、风险事件报告、风险提示等制度有力保证了公司风险管理信息的及时沟通,促进了风险管控流程的有效实施。

建立重大风险管控机制。针对识别出的重大风险,财务公司按照风险责任归属,确定了重大风险的

管理方案，集中公司的力量采取有效措施，确保不发生系统性风险。

建立突发事件应急机制。明确风险预警标准，对可能发生的重大风险或突发事件，制订应急预案、明确责任人员、规范处置程序，确保突发事件得到及时妥善处理。制定信息化及相关突发事件应急预案，加强业务与技术应急有效衔接，确保不发生系统性风险。

2. 编制信用风险管理实操

财务公司主要面临的风险包括信用风险、市场风险、操作风险、流动性风险、合规性风险、信息科技风险等。信用风险是金融机构面临的最主要风险。财务公司的信用风险管理主要通过对准入、运行、退出各环节，以及贷前、贷中、贷后控制，实现政策约束、指标监测、业务监督等措施有效控制风险。

年初制定财务公司《年度信贷政策和框架》。全面系统分析宏观经济、产业政策、金融发展、经营策略等方面，根据央行货币信贷政策及集团公司总体融资部署，对年度信贷业务规模、结构、期限、利率等做出规定，从总体上控制财务公司信贷风险。结合经营环境和自身情况，这两年财务公司经董事会审定的信贷投放政策，坚持狠抓两优（即优势行业和优质客户）、严守两线（即合规底线和风险底线）的基本原则。

制定客户信用等级评定体系，实施差别化利率定价机制。财务公司依据央行、国资委有关客户信用等级要求，建立了包括客户基本情况、集团管控、财企合作、信用记录、盈利能力、资产质量、债务风险、经营增长8大项26小项指标的客户信用等级评定体系，明确评定的范围、周期和程序，并作为差别化利率定价机制的基础。评级体系和差别化利率定价机制的建立，显著增强对客户风险的准确把握，为信贷业务个性化服务、风险防控差异化管理打下基础。

实施信贷业务审查委员会管理机制。财务公司的每笔授信均由信贷业务经理进行初审，在对企业调查分析基础上撰写调查报告，风险管控部结合政策、法律、市场因素及企业自身经营情况等方面进行分析，形成复审意见提交贷审会审议（由公司选出的委员组成）。会上实行实名表决，现场统计表决结果，明确批准条件供有关部门具体执行。程序化、规范化、透明化的工作机制，进一步提高了财务公司新增贷款审批效率和防范增量风险的能力。

按期开展贷后管理，定期监测五级分类情况。以2017年为例，财务公司共计对近40家客户、60笔合同、合计300余亿元的自营贷款业务开展贷后管理工作，及时、有效、深入地了解了贷款客户的经营情况，并根据贷款行业分布、到期情况及贷款企业实际的生产经营情况和资金状况，对不同贷款企业提出了针对性的风险防控措施，实现了对贷款客户还款能力的真实掌握和对公司信贷风险的合理管控。同时，财务公司严格执行《信贷资产风险五级分类管理办法》。每月根据企业情况，对贷款余额进行风险类别判定，按需计提不良资产坏账准备，显著增强公司抵御风险能力。

（三）以《内控手册》为抓手，推进风控与业务融合

财务公司将新形势下公司的管理需求和内控理念相融合，并针对自身特别关注操作风险的特点，以内控建设重点加固操作风险管理，从顶层设计、风险点设置、流程梳理、制度完善等环节全面把握各项工作规程，切实保障稳健合规经营、资金安全运行。

1. 着力完善体系建设

内控体系建设的核心成果是编制《内部控制管理手册》（简称《内控手册》），通过构建风险控制矩阵，对工作流程涉及的关键风险、管控措施、管控责任进行系统说明，实现从流程－控制活动－责任部门－责任岗位－制度索引的串联，实现制度流程化、流程控制化、控制责任到岗。同时，针对控制活动绘制了相应流程图，流程图主要内容包括末级流程编号与名称、职能带、判定/决策框、风险标识、控制标识和文件表单等内容，将更加清晰展示多部门间协作和沟通关系。最终形成的内控体系管理框架涵盖公司治理、业务运营、管理支持、信息化支撑等方面，共计379个风险点、277张流程图，其中27

个一级流程、99个二级流程、262个末级流程、399个控制点，实现业务、流程全覆盖，促进风险识别与控制有效结合，使财务公司风险控制有效落实。以自营贷款流程的操作风险为例，在内控体系建设过程中将内控、合规和制度要求，嵌入自营贷款的业务流程和管理流程中，按照贷款申请、审查并授信、合规审查、审议、合同签订、放款、贷后管理、还款的程序，开展多部门协同作业的贷前、贷中、贷后管理工作。使内部控制作为业务开展和管理流程的组成部分，强化了对风险的识别、控制、防范、管理，并进一步理顺和促进了部际间的沟通协作。

2. 持续开展管理提升

财务公司系统开展内控体系评价，综合评估体系设计的健全性、合理性和有效性，按评估结果修订《内控手册》，确保内控体系现行有效，形成内控建设、自评估、内控评价、缺陷整改、管理维护一系列闭环管理机制；统筹安排内控体系、流程管控、制度框架、系统建设等几个方面的工作，确保内控体系建设与其他管理体系建设目标统一、共同推进；组织全员参加手册使用和自评价工作的宣贯、培训活动，促进全员领会要求、掌握方法、更新理念。

（四）强化审计稽核工作，履行后台监督和服务职能

作为三项重点工作之一的审计稽核工作，近年来通过创新编制《审计稽核工作手册》，按需开展序时审计、专项审计、后续审计，对公司风险管控情况进行再监督和评价，切实提升全员合规意识，切实履行审计稽核作为中后台的监督和服务职能。

1. 创新编制工作手册

财务公司严格依据内外部有关法律法规、制度，以符合实际、重点突出、实用可行为原则，创新编制《审计稽核工作手册》。《手册》涵盖全部重点业务部门，以明确和细化内审的参照制度、业务流程、检查要点为重点，提炼查核要点435条，促进审计稽核工作进一步明确目标、规范行为、提升效能，为业务开展提供了保障，是财务公司管理规范化、标准化、精细化发展的重要表现。

2. 有序开展三类工作

开展序时稽核。财务公司按季度对重点业务开展情况、制度执行情况进行现场稽核，重点检查费用审批、印鉴保管、账户管理、信贷审批、贷后管理、结算支付、合作银行限额管理等方面内容，做到早发现、早预防、早完善，促进各项业务规范办理。

开展专项审计。先后对银行存款及账户管理、贷后管理、信息科技外包、反洗钱、合同管理等重点领域实施专项审计，及时提出意见建议并督促落实整改，推动风险管理精细化发展。

以迎接集团公司资金专项审计工作为例。财务公司全面梳理，整理出自查自纠控制点162个，内容涵盖资金管控、招标采购、"三重一大"、三公经费、投资管理、信贷管理等方面，要求各部门对照162个控制点，全面检查文件、合同、凭证、账表，形成自查自纠情况表、自查报告，提供工作底稿或其他支持性资料。针对性强、可实施落地的专项检查，为切实查摆问题、有效落实整改、严控各类风险奠定了重要基础。

推进后续审计。高度重视并切实加强对发现问题的整改落实工作，采取自查自纠、专题会议等方式，认真组织、逐个梳理、逐条核实，确保整改到位。

（五）以信息建设为契机，大幅提升风险管控技术水平

财务公司以提升业务能力与创造价值为目标，进行信息化顶层设计。通过制订风险管理的信息化解决方案，使风险管控从定性、被动的事后检查，逐步优化为量化、主动、事前、持续改进式，为风险管控提供强大技术支撑。

1. 构建行业领先的信息系统功能

采用EA企业信息化架构方法论，规划设计了新核心系统的业务架构、应用架构、数据架构和技术

架构。其中，业务架构设计分为三大层面，是目前财务公司行业功能最完善的业务架构。2017年12月，财务公司完成系统一期上线，实现新旧系统平稳交接，彻底解决了业务快速增长与系统处理能力不足的矛盾，快速提升了工作质量和效率，显著增强了财务公司风险管控水平。

2. 完善风险管控信息手段

完善风险监测工具。财务公司梳理业务流程，确认关键点风险阈值，建立风险模型和监测指标，通过汇总财务、业务和管理数据，对各项指标进行测量和监控，通过以量化指标识别、分析、控制风险，将可能的风险损失降到最低，实现主动管理风险的目标。

推动风险的信息化管理。目前财务公司正在着力推进风险管理信息系统建设，加快风险数据信息化管理进程。在业务前端，通过风险限额信息化控制，建立刚性风险管理手段，在业务后端，尽快完成风险指标、监管报表、风险报告的信息化填报和校验，推动业务流程更快捷，管理更流畅，创新有保障。

将内控程序嵌入信息系统。财务公司在结算、信贷、投资等业务信息系统建立时，根据风险管理与内部控制的程序和要求，将相关部门内部岗位设置、审批流程、权限划分、额度限制等控制要求嵌入到业务系统中，进一步促进了相关业务规范操作，有效提升了整个公司的风险防控水平。

3. 建成动态产融数据平台

为使财务公司更好融合集团发展，为集团公司多产业协同发展、加强风险管控提供途径，财务公司启动产融大数据分析平台建设，实现财务公司数据与产业板块数据的对接，实现对集团产业精准的经营现状分析、资金预测分析，为集团公司、各板块成员单位规划未来发展、预测资金需求、提升资金管理效率提供重要支撑。例如，信贷业务管理，是从集团整体战略、长远利益出发配置资金，回报率高的项目多配置资源，回报率低的项目少配置或不配置资源，某个成员单位贷款分配额度及贷款价格将综合反映它的现在、未来和风险。因此，产融大数据平台是以金融的视角和资金的流动，以可视、效率、易用的形式助力集团谋划布局和实施风险控制。

（六）以绩效落实主体责任，推进风控企业文化建立

为保证风险责任落实到位，构建良好的风险管控企业文化，财务公司积极开展了与风险管控的系统融合实践相匹配的绩效考核工作。

1. 目标明确，责任到人

以财务公司发展战略、集团下达经营业绩考评责任书、外部监管机构风险检测指标为依据，按前台业务运营、中台综合行政、后台监督保障的划分，将任务层层分解，确认各业务条线、管理条线的年度重点工作目标和举措，最终总经理就此与各部门负责人签订经营责任书，贯穿公司及各部门全年工作，确保目标清晰、责任明确。

2. 绩效检查，督促整改

创新引入稽核手段对绩效完成情况进行检查，严查重点领域，严控薄弱环节，发现问题、提出建议、督促整改，并将稽核结果纳入绩效考核，切实发挥了监督全年任务顺利开展、牢固树立全员风险合规意识、强化基础管理的积极作用。

3. 薪酬激励，促进风险管控企业文化建立

为确保绩效考核工作的严肃性和有效性，财务公司推进将部门绩效考核结果与员工个人年终薪酬直接挂钩（部门年度绩效考核结果在部门负责人考核中占比65%，员工个人考核中占比50%），促进风险管控企业文化的建立，推动形成公司业绩与个人价值创造、薪酬挂钩的良好企业氛围。

三、企业集团财务公司与业务深度融合的全流程风控管理体系构建效果

（一）有效履行了公司功能定位

财务公司构建与业务深度融合的全流程风控管理体系实践以来，公司经营稳健，资金运行安全，保

持无不良资产记录,未发现违法事件,各项风险监管指标均符合中国银行保险监督管理委员会要求;信贷投放符合中国人民银行调控要求;关联交易管理和额度符合金融服务协议和中国神华股份公司要求。

风险管控能力和技术的提升,为业务高效开展奠定重要基础。三年来资金集中度屡创历史最好水平,并通过提升资金运行分析水平,合理安排资金活动,提高资金效率和效益,连续三年同业收益率保持在2.0%以上。优化信贷资源配置,提高信贷资产质量,年均为集团公司和成员单位提供贷款300多亿元,投放的行业、期限结构及利率定价更为合理。优化结算平台,实现全流程信息化管理,推动业务流、资金流、账务流统一,年均服务结算量提升15%以上,效率、能力显著提升。

(二) 更好支撑了集团公司发展

近三年,通过内部贷款减少集团和成员单位外部贷款利息支出合计逾40亿元,通过存贷款利率优惠、手续费和服务费减免,为集团内部贡献价值合计近20亿元,充分发挥了降低集团存贷双高、节省交易费用、支持集团主业发展的显著功效。与此同时,新老系统平稳交接,有效地解决了业务快速增长与系统处理能力不足的矛盾,快速提升了工作质量和效率,促进财务公司信息化能力和风险管控能力,与集团公司的发展地位相匹配。服务实体能力提升也带来良好经济效益,财务公司连续蝉联中国财务公司协会评级A级、集团公司考核A级。荣获集团公司"2017年经营业绩考核先进单位"称号,并连续获得"北京市东城区百强企业""绿卡企业"称号。

(三) 得到监管部门和社会各界肯定,为集团财务公司的风险管控探索成功经验

财务公司构建的与业务深度融合的全流程风控管理体系极具创新性,多项成果获得监管部门和社会各界肯定。其中,内控体系建设从顶层设计、风险点设置、流程梳理、制度完善等全面探索,成为集团产业金融板块内控管理标杆;信息化建设成果荣获中国煤炭工业协会2017年度管理现代化创新成果一等奖,2016—2017年连续获得中国银保监会金融信息科技创新成果奖,获得集团公司"信息化优秀单位"称号;围绕风险管控开展的绩效考核实践研究,获得2016年中国煤炭经济研究会优秀论文一等奖第一名。

(成果创造人:陈新环、陈 晨、许 强、吴秀梅、王 颖、
张艳菊、韩 晶、徐广鑫、杨 玲、陈晓辉)

基于信息化平台的轨道交通资产精细化管理

北京市基础设施投资有限公司

北京市基础设施投资有限公司（以下简称京投公司）成立于 2003 年，是由北京市国有资产监督管理委员会出资成立的国有独资公司，承担以轨道交通为主的基础设施投融资与管理，以及轨道交通装备制造与信息技术服务、土地与物业开发经营等相关资源经营与服务职能。2017 年年底，公司资产总额达到 4830 亿元，净资产达到 1917 亿元，全资及控股企业增至 61 家，累计实现净利润 120.05 亿元，投资的轨道交通已运营线路 22 条，运营线路共计 608 千米，包括 370 个站点、56 个换乘站。国内信用评级为 AAA 级；国际信用评级 A+级，向"打造国内一流交通基础设施投融资公司"的战略目标持续迈进。

一、基于信息化平台的轨道交通资产精细化管理背景

（一）应对北京轨道交通资产管理日益复杂性挑战的需要

轨道交通是一项复杂、庞大的系统工程，设施设备种类众多，但长期以来北京轨道交通缺乏统一的资产编码标准，资产基础信息存在大量缺失与账实差异，数据采集和数据清理难度很大。同时，北京轨道交通目前处于投资、建设、运营"三分开"的管理体制，既涉及多家运营主体，又涉及不同建设主体，呈现主体多元化。轨道交通产权单位、建设管理单位和运营单位对资产管理的角度与侧重点各异，资产管理工作存在环节冗长，接口众多，协调工作量大等问题；随着轨道交通资产规模的迅速增加，资产管理工作日益繁重。为应对轨道交通资产管理日益复杂性的挑战，亟须通过建设资产管理信息化平台，全面提升北京轨道交通资产协同管理水平。

（二）履行轨道交通业主职责管好国有资产的需要

随着《北京市轨道交通授权经营协议》的正式签署，市政府对京投公司采取授权（Authorize）—建设（Build）—运营（Operate）的 ABO 模式，即由市政府授权京投公司履行北京市轨道交通业主职责；京投公司按照市政府授权整合各类市场主体资源，发挥各类市场要素的积极作用，提供北京市轨道交通项目的投资、建设、运营等整体服务，依法组织相关单位开展轨道交通前期规划、融资、投资、建设管理、运营管理、资产管理等工作。京投公司在现行"三分开"体制下只有通过不断深化资产信息化建设与管理创新，才能打破资产协同管理存在的瓶颈，提升资产管理效率与服务水平，满足业主单位履行资产全生命周期管理职责的要求。

（三）充分运用信息技术提升资产管理水平的需要

近年来，随着资产管理软件的逐步成熟，以及大数据、物联网、云计算、移动应用、BIM 等新兴信息技术的飞速发展，轨道交通行业进入以信息化驱动业务创新和管理升级的新时代。因此，推进轨道交通资产规划、设计、建设、移交、盘点、维修、变更、报废、处置的全寿命周期管理与信息技术的深入融合，就成为全面提升资产账实相符水平、规范固化业务流程与标准、优化统计分析体系、灵活展示统计指标结果，构建形成闭环资产全寿命管理体系，持续推动管理创新的客观需要。

针对上述原因，京投公司从 2014 年开始探索实施基于资产信息化平台的轨道交通资产精细化管理。

二、基于信息化平台的轨道交通资产精细化管理内涵和主要做法

京投公司以"管清、管住、管好"轨道交通国有资产为目标，以资产全生命周期管理理论和系统工程理论为指导思想，以"保障、聚焦、协同、提升、增效"为管理理念，以资产精细化管理与高质量发

展为主线，以"安全、效能、成本综合最优"为出发点，以"资源共享、优势互补、协调推进"为工作原则，以"一个平台、两个集中；三个体系、四个统一"为实施路径，搭建"统一管理、纵向贯通、横向协同"的资产信息化管理平台，建立高效运行、科学规范、三方协同的资产管理制度体系、编码体系和指标体系，实现资产信息共享、资源优化利用、管理高效协同，不断提升轨道交通资产管理效率、成本控制能力与安全服务水平。主要做法如下。

（一）明确轨道交通资产管理的理念和目标

牢固树立并贯彻"保障、聚焦、协同、提升、增效"的管理理念，通过搭建轨道交通资产管理信息化平台，完成资产价值链、业务链、信息链的融合贯通与资产信息共享，实现轨道交通资产的"管理集中"和"信息集中"；通过构建轨道交通资产全生命周期管理制度体系、资产信息化编码体系、资产管理统计指标体系"三大体系"，在行业内分别实现业务规则、技术标准、分类标准、统计标准的统一。通过以上总体思路，显著提升北京轨道交通资产全生命周期精细化管理水平，逐步实现"管清、管住、管好"轨道交通国有资产的目标。

（二）搭建三方协同的轨道交通资产信息化管理平台

1. 建立北京轨道交通资产管理信息系统

由京投公司牵头，建设管理单位与运营单位共同参与，采取"统一规划、分步实施"的方式开展北京轨道交通资产管理信息系统（Enterprise Asset Management，简称 EAM 系统）建设工作。按照管理制度化、制度流程化、流程信息化的要求，统一信息化规划、建设标准、软件平台、管理制度和系统实施。EAM 系统综合应用现代信息技术，集约整合数据资源，通过建立体系完整、层次丰富、结构清晰、关联紧密的轨道交通资产信息平台，获取全面、海量、多源、动态的资产数据，做到管清资产，解决数据"汇聚、融通、分享、应用"的难题；同时，为投资、建设、运营三方搭建协同工作平台，为各方提供科学、系统、高效的管理辅助手段和运用支撑体系，为管住、管好轨道交通资产，全面提升资产管理水平提供基础保障与技术支持。

EAM 系统以资产价值链、业务链、信息链的融合贯通、协同管理为导向，从统一资产管理标准及制度入手，逐渐完善、建立资产清册，运用"闭环"迭代的系统开发、实施的方法，建立资产管理、项目管理、物资管理、维修维护管理等核心应用，实现覆盖资产管理各关键业务环节。同时，通过与北京市轨道交通建设管理有限公司（以下简称轨道公司）、北京城市快轨建设管理有限公司（以下简称快轨公司）两家建设管理单位协同推进 EAM 系统与项目标准化平台的集成，实现以资产为主线、清册为载体，工程设计、采购合同、资产移交与核验、工程结算、竣工决算的工程全过程线上管理，从源头确保新开通线路资产信息的准确与规范；通过与北京市地铁运营有限公司（以下简称地铁公司）、北京京港地铁有限公司（以下简称京港地铁）、北京市轨道交通运营管理有限公司（以下简称轨道运营公司）三家运营单位共同协同推进 EAM 系统与自有维修维护系统的集成，实现资产移交、盘点、维修维护、更改、报废等业务的线上管理。

2. 实现七大资产管理业务功能

EAM 系统实现资产移交功能、资产盘点功能、更新改造/消隐项目功能、资产报废功能、不动产管理功能、设备/车辆维修维护功能、物资管理功能七大类资产管理的主要功能。

一是资产移交功能。系统固化设备设施登记、移交、资产注册与转资的工作流及统计报表，引入设备设施标识码及移动作业技术，实现京投公司、轨道公司、地铁公司三方现场实物清点、PDA 扫码、在线资产移交核验。组织完成 EAM 系统与项目标准化平台的接口集成，含资产清册移交、备件清册移交、不动产移交、工程档案目录移交、辅助决算信息等内容。

二是资产盘点功能。系统固化资产盘点计划、盘点结果反馈与差异分析的工作流与统计报表；完成资产盘点表的信息扩展;实现资产盘点APP应用,实现两层平台的在线盘点;实现盘点处置联动更新设备台账,实现设备台账、资产卡片的动态一致。

三是更新改造/消隐项目功能。规范更改项目的系统申报信息填报,自动提示资产改造履历,简化审核审批节点,夯实更改项目台账管理基础;固化消隐项目概算、资金拨付、结算、决算的关键信息,实现自动按项目单位、线路分拆单体工程,深化年度资金拨付、累计资金拨付的统计报表。

四是资产报废功能。梳理并固化线路资产报废申请、报废处置的工作流程,规范资产报废信息录入要求;建设资产报废、报废处置与财务系统的集成,确保财务账、实物账联动一致。

五是不动产管理功能。完成新线不动产清册移交、既有线不动产清册管理、土地征地管理、不动产登记管理、不动产台账信息变更管理、地籍卡管理、宗地编码示意图管理等功能,支撑不动产业务的系统管理。

六是设备/车辆维修维护功能。梳理并完善设备/车辆维修维护规程、故障代码、车辆重要组成、车辆高值互换件等基础数据;完成设备/车辆维修计划、工单执行、报表统计等42项功能点的优化。

七是物资管理功能。已实现全面覆盖地铁公司九家二级公司的运营物资采购、仓储业务,建设完成与电子商务平台接口,实现需求计划、采购招标、采购订单的有机衔接。

3. 开展系统升级维护,确保平台安全运行

平台基础设施方面,实现路网层与线路层两层平台硬件统一监管,以软硬件资产可用为目的,定期评价业务需求,根据实际情况升级网络系统、主机系统、安全系统、存储系统和机房专用设施和数据库等。平台应用功能方面,以平台整体可用和为资产管理业务提供可靠支撑为目的,对业务需求及功能变更进行统一分析、评估和设计审定,定期开展业务和应用的技术运维,以及信息内容服务优化等,确认业务功能的完整性和可靠性,推进平台的实用化工作。平台安全运行方面,实现数据异地备份,防范非授权使用等风险,严格控制并动态调整平台使用权限;完善信息安全架构,提高紧急事件处置能力,确保系统安全、稳定运行;定期开展系统安全风险评估与隐患排查工作,及时落实整改安全风险,消除系统安全隐患。

4. 开发手机APP移动终端软件

在EAM系统的基础上,为了使用户便捷开展资产管理工作,辅助管理决策,京投公司组织开发资产管理手机APP移动终端软件。APP移动终端主要分为资产总览、资产账实情况分析、资产全寿命管理和辅助工具四个模块。

(三)统一轨道交通资产编码体系,完善资产信息采集

1. 统一轨道交通资产编码体系,促进信息高效共享

为解决由于业务视角不同,专业管理差异带来的资产编码难以对应,信息难共享、难追溯的问题,京投公司以《城市轨道交通设施设备分类与代码》(DB11/T 717—2010)为基础,组织各建设管理和运营单位共同开展轨道交通资产编码标准体系建设工作。

一是完成北京市交通委委托的《北京市地方标准〈城市轨道交通设施设备分类与代码〉实施效果评估》项目,对地标实施的效果及不足进行了系统梳理,并提出具体改进建议,该成果得到政府主管部门的充分认可;组织建设管理单位和运营单位共同编制《北京轨道交通资产管理信息系统编码规范与管理办法》并发布实施,为资产信息化建设建立一套实用的设备设施分类标准。

二是组织建设管理单位和运营单位结合实际使用情况,对分类标准进行多轮研讨与修订,形成《北京轨道交通资产管理信息系统编码规范》,包括资产大类共计21项,小类共计232项,大组共计1143项,小组共计2391项,重要组成共计2320项。修订后的编码标准根据新设备、新技术的应用,扩充完善新增资产分类;明确设备分类涵盖范围、主要部件与配件信息;明晰资产分类层级,梳理各专业分类

层级结构，使同层内分类不存在上下层级关系；颁布设备设施清册信息采集模板与数据字典。

三是结合轨道交通资产管理实际工作对数据采集模板和数据字典进行完善，资产分类标准、数据采集模板和数据字典共同构成轨道交通资产信息采集的基础。其中，数据字典涵盖线路代码、车站及区间代码、车辆段及停车场代码等。

四是组织相关建设管理单位和运营单位拟订《北京轨道交通设备设施条码粘贴规则》并正式发布实施，该规则明确了设备设施条码的适用范围、制作依据、显示信息、材质类型、规格尺寸、技术要求与应用范围等，该规则对于实现快速识别资产，辅助设备设施维修维护业务，保证账实相符，推进资产信息化建设具有重要意义。

2. 完善轨道交通资产信息采集，保证数据的完整性与准确性

逐步建立并完善三方协同的资产数据采集机制，加大对建设管理和运营等相关方的标准培训宣贯力度。组织建设管理单位开展新线资产清册编制，并通过账实核对、清册审核、条码粘贴与三方核验等方式，从源头上保证新线资产信息的准确性。同时，组织建设管理单位和运营单位共同成立专项工作组，集中解决账实核查中存在的问题，统筹完善已运营线路资产台账；结合运营单位资产实物盘点等工作逐步消除账实差异，保证已运营线路资产信息的准确性。

目前，轨道交通路网已运营22条既有线路的主体线路资产清册已全部编制完成并接入到资产管理信息系统，规范与完善轨道交通资产基础信息。采集的线路资产信息涵盖每项资产的设备设施分类代码、分类名称、设备设施名称、品牌名称、生产厂商、供货厂商、规格型号、计量单位、设备设施单价、安装区域、设计年限、使用寿命、使用日期、质保期限等相关资产信息，为轨道交通资产统计分析与数据挖掘工作提供数据支持，为BIM等新型技术在北京轨道交通的推广应用与智能化轨道交通的发展奠定坚实的信息基础。

（四）建立轨道交通资产管理制度体系，明确各方权责

京投公司组织建立"面向流程、层次分明、形式规范、内容完备"的轨道交通资产管理制度保障体系，明确各方权责，规范业务流程，保障轨道交通资产管理工作的有序推进。

一是开展《北京市轨道交通资产管理制度体系系统设计》的课题研究，以资产全生命周期管理理论作为理论基础，对国有资产管理的相关国家法律法规进行系统梳理与归纳，对投资、建设、运营"三分开"体制下北京市轨道交通资产管理及相关制度的现状及问题进行深入分析，构建分层分级的北京轨道交通资产全生命周期管理制度体系。二是组织编制《北京城市轨道交通新线资产移交管理办法》，并与北京轨道交通行业内各家建设和运营单位联合发布实施，明确轨道交通设备设施清册、设备设施实物、交通接驳设施、市政配套设施、不动产、工程档案、财务档案移交、使用权及管理权等移交流程，对新线资产信息采集工作的顺利开展奠定坚实基础。三是由北京市交通委委托京投公司组织拟订的《北京市轨道交通设备设施管理办法》由北京市交通委正式发布实施，从政府层面明确轨道交通行业内各单位设备设施管理的权责关系。四是在市交通委《北京市轨道交通设备设施管理办法》的基础上，组织编制《轨道交通固定资产管理办法》并正式发布实施，同步发布五项配套细则，包括《轨道交通新线资产移交管理细则》《轨道交通固定资产盘点管理细则》《轨道交通拆改移项目管理细则》《轨道交通固定资产评估管理细则》《轨道交通固定资产报废处置管理细则》，从企业层面上建立健全轨道交通资产管理三级制度体系。

（五）构建轨道交通资产统计指标体系，强化大数据分析应用

1. 构建"全过程、全方位、全层次"的统计指标体系

京投公司通过进行理论研究、制度研究、行业调研与实践研究，同时有效地与COMET（国际地铁协会）关键指数、MOPES（城市轨道交通运营指标体系）等国内外轨道交通行业标准进行对标，并借

鉴 ISO9001 标准、PAS55（国际固定资产管理标准）、航空行业、电力行业等相关资产管理标准，完成关键资产管理关键指标的遴选，建立全过程、全方位、全层次的轨道交通资产全生命周期管理统计指标体系，做到关键节点定量化，统计结果可视化，过程监督科学化，总体把控系统化。

轨道交通指标体系主要涵盖制度指标体系、资产管理业务指标体系和信息化管理指标体系三大模块。其中，制度指标体系包括政府指导性文件、行业资产管理制度和企业级资产管理制度三个方面，共同为指标体系的构建提供制度保障。资产管理业务指标体系贯彻全生命周期资产管理的理念，将生命周期与实际业务相结合，包含规划设计体系、工程建设体系、移交管理体系、维护维修体系、盘点管理体系、更新改造体系、资产转固体系、处置管理体系八大指标子体系。信息化管理指标体系通过信息化建设体系和信息化应用体系，为指标体系提供信息化支撑。在每个子体系下，分别设计相应资产管理统计指标、计算公式、数据来源、统计周期，并对指标的含义进行详细说明。

整个指标体系所涵盖的具体指标共有 207 个，其中定量指标 161 个，定性指标 46 个，共同构成全生命周期资产管理体系。同时，统计指标体系滚动修订，具有友好的开放性；紧密围绕资产管理业务，不断优化统计指标体系，保持动态化多维度统计。与轨道交通资产管理情况密切结合，集成已有指标和统计工作开展情况，完善科学性、操作性、适用性兼容的统计指标体系。

2. 深度开展资产统计分析与大数据应用

京投公司积极探索数据资产管理模式，强化数据资源聚合效应，以"准确实用、实际便捷"为优化目标，遵循"政府需求、业务需求"导向，深入挖掘数据资产价值。

一是通过对资产移交、运行、盘点、维修、变更、报废等资产管理各环节关键指标的测度，并结合可视化手段进行结果展示，找出关键管控环节中存在的主要问题并分析其对策，推进各项资产管理协同工作的高效开展。

二是依托信息化平台对轨道交通资产的状态变化情况进行动态跟踪，及时发现设备设施运行中存在的问题，有效降低设备设施故障率，有效提升轨道交通资产运营安全服务水平。

三是构建物资采购、维修维护与更新改造成本测算与评价模型，对资产运行成本数据进行统计分析，总结各线路各关键设备的物资采购、维修维护与改造成本变化趋势及规律，有效降低北京轨道交通投资与运维成本。

四是构建科学合理的资产状态与寿命统计模型，实现对待报废资产的统计分析。对于到达使用年限的待报废资产，根据使用状态等相关信息合理判断资产的再利用价值；对于未到达使用年限的待报废资产，合理判断资产报废合理性，有效实现资产的保值增值。

五是规范轨道交通资产统计报告的编制及报送工作机制，每月开展月度统计分析，编制《资产管理信息系统统计分析月报》；同时，根据业务需要开展专题统计分析工作，逐步将智能辅助决策延伸至整个资产全生命周期实物与价值链。

六是系统研究轨道交通资产管理与公司各业务板块的内在联系，充分调研各板块对轨道交通资产的潜在业务需求，通过各业务板块的信息共享与大数据应用，逐步深度挖掘资产信息各板块的价值，有效促进各项相关业务的发展，推动资产管理由"经验驱动"逐步向"数据驱动"转变。

（六）构建轨道交通资产协同管理体系，实现高效运行

基于"统一管理、纵向贯通、横向协同"的轨道交通资产管理信息化平台，京投公司联合轨道公司、快轨公司等建设管理单位，以及地铁公司、京港地铁、轨道运营公司等运营单位，依托全面的资产编码标准和管理制度体系，共同构建高效运行的轨道交通资产协同管理体系，明确"统筹引领、协调推进"的指导思想，制订协同管理方案，实现三方组织协同、技术协同和保障协同。深入开展资产协同管理工作，通过量化评价资产建账、清册审核、资产登记、条码粘贴、三方核验、信息确认等指标，规范

资产移交协同工作；通过评价运营单位资产盘点完成时限、账实相符率、资产变动情况报告申请、盘点差异的解释说明与处理等指标，优化资产盘点协同工作；通过量化运营单位改造项目信息系统申报、方案拟订、项目验收、改造项目资产移交、拆旧设备临时保存等指标，推进资产变更协同工作；通过量化实物资产报废处置、处置报告提交、回缴变价资金、利旧情况记录等指标，深化资产报废处置协同工作。

三、基于信息化平台的轨道交通资产精细化管理效果

（一）显著提升了轨道交通资产安全运行服务水平

实现京投公司与各家建设管理单位和运营单位在同一个平台协同工作。各家单位已在平台上广泛开展业务，并取得良好效果。截至2017年年底，运营单位使用EAM系统开展车辆维修维护业务28460笔，设备维修维护44306笔，物资管理业务71084笔，项目管理业务3008笔；2017年，轨道交通影响行车的关键设备运行故障共1500次，同比下降10.34%，其中车辆设备故障率同比下降19.89%，信号设备故障率同比下降6.68%，有效降低设备设施故障率，显著提升轨道交通安全运营服务水平。

（二）实现了"管清、管住、管好国有资产"的目标

轨道交通资产管理效率显著提升，同时在成本控制、保值增效等方面取得显著的经济效益。截至2017年年底，新建线路资产移交完成率首次达到100%；已运营19线路线上盘点完成率达到100%；既有线建账完成率达到100%，既有线账实相符率同比提高约5%，接入系统的资产数量总计279751项，实现"管清"资产；待报废资产处置完成率达到76.27%，回缴变价资金997.264万元；申报更改项目审批通过率同比2016年降低33%，改造项目成本同比降低48876.91万元，逐步实现"管住、管好"资产。

（三）引领全行业资产信息化建设，示范推广效应显著

基于资产信息化平台的轨道交通资产精细化管理，无论是在协同工作平台搭建、信息化技术手段与实践路径上，还是在资产管理制度体系、编码体系、统计指标的构建与应用上，均处于国内轨道交通行业的领先水平，获得相关政府部门和各方企业的充分肯定。2016年，"北京市轨道交通资产管理信息系统一期升级项目"被北京市国资委评为"市属国有企业信息化示范项目"，项目团队被评为"2016年度企业优秀科技创新团队"。接待了多家单位针对资产管理的学习、调研，切实对行业内其他城市轨道交通资产管理水平的提升起到显著的示范效用。

（成果创造人：张燕友、郝伟亚、于 增、郑 毅、梁 平、王 平、姜 鸿、覃 云、张子轶、王 祎、么海亮、李峥伟）

资本运营公司助力地方发展的双轮驱动投融资管理

重庆渝富资产经营管理集团有限公司

重庆渝富资产经营管理集团有限公司（以下简称渝富集团）成立于2004年，是重庆市政府设立的国有独资企业。党的十八届三中全会召开以来，顺应"以管资本为主改革国有资本授权经营体制"的需要，渝富集团承担改组组建国有资本运营公司试点任务，积极探索建设以"股权投资、产融协同，价值管理、资本运作"为主要特征的国有资本运营公司，公司主营业务逐步向股权投资运营聚焦。截至2017年年底，渝富集团注册资本达100亿元，合并报表总资产达2026亿元，净资产达951亿元。共控参股企业63户，其中金融、类金融控参股企业30户，产业类控参股企业28户，其他控参股企业5户。

一、资本运营公司助力地方发展的双轮驱动投融资管理背景

（一）贯彻落实国企改革顶层设计、探索国有资本运营公司试点建设的需要

党的十八届三中全会通过的《中共中央关于全面深化改革若干重大问题的决定》确立了"以管资本为主"的国有资产管理体制，即以完善国有资产管理体制为目标，改革国有资本授权经营体制，组建若干国有资本运营公司，支持有条件的国有企业改组为国有资本投资公司。国企改革"1+N"系列文件也多次提出改组组建国有资本投资、运营公司，通过股权运作、价值管理、有序进退，促进国有资本合理流动和保值增值。国有资本运营公司承担着"探索有效的运营模式"任务，面临着在新的国有资产管理体制下，如何发挥国有资本运营功能，体现国有经济的活力、控制力和影响力，实现国有资本保值增值的目标。作为地方首批国有资本运营公司改组试点单位，渝富集团在资产管理、资本运作经验基础上，通过探索国有资本运营公司投融资模式、运营模式、管控模式，将对地方国有资本投资运营公司试点改革具有示范带动作用。

（二）履行国企责任、服务地方政府战略的需要

国有企业肩负着重大的政治责任、社会责任和经济责任。当前，重庆正贯彻落实"两点"定位、"两地""两高"目标要求，加快推进"三大攻坚战"和"八项行动计划"，全力打造旅游业发展升级版，加快实施城市品质提升和乡村振兴战略。渝富集团作为地方国有资本运营平台，需要发挥国有资本运营功能作用，不断深化投融资模式改革，积极探索在利用自有资本投资的同时，发挥基金集群整合资源、促进产融互动的助推器作用，积极服务重庆经济社会发展。

（三）放大国有资本功能、促进国有资产保值增值的需要

渝富集团在资产管理时代所形成的依靠土地、资产等融资，借新债还旧债保障资产管理和投资的投融资模式，已越来越难以适应渝富"服务经济社会发展、助推国企国资改革、推动国有资本优化配置"的新的功能要求。尤其是投资战略新兴产业，投资周期长、投资规模大、投资风险高，仅依靠国有资本运营公司自有资金投入远远不够。如何发挥国有资本运营公司作为国有资本的配置器和放大器功能，促进国有资本优化配置，提高资本配置效率，促进国有资产保值增值，不断增强国有资本的活力、控制力、影响力、抗风险能力，对渝富集团的投融资管理提出了新的更高要求。

二、资本运营公司助力地方发展的双轮驱动投融资管理内涵和主要做法

党的十八届三中全会以来，渝富集团顺应"以管资本为主改革国有资本授权经营体制"的需要，按照重庆市委、市政府及市国资委的统一部署，注重发挥国有资本的放大功能，充分运用市场化基金工具，以国有资本作为支点带动金融资本、产业资本等各类社会资本共同服务于地方发展战略，构建"自

有资本投资＋基金集合资本投资"的双轮驱动投融资模式,通过市场化的资本运作实现政府目标、助力地方经济社会发展。主要做法包括。

(一) 明确投资业务的基本思路、原则及领域

1. 投资基本思路

按照"以战略产业为重点的投资平台、以金融股权为主的持股平台、以国有资本运营为核心的市场化专业化平台"的国有资本运营公司新定位,逐步构建"自有资本投资＋基金集合资本投资"的双轮驱动投融资模式,围绕金融、类金融产业和战略性新兴产业投资领域,服务政府战略、遵循市场规律,实施战略性股权投资和财务性股权投资。

2. 明确投资基本原则

渝富集团针对直接投资与基金集合资本投资,分别确定了三大原则。一是确定直接投资三原则,即讲政治,坚决完成任务;讲规律,科学完成任务;讲程序,依法完成任务。二是确定基金集合资本投资。三是有退出通道,有对赌条件,能覆盖期间成本。

3. 明确投资领域

渝富集团聚焦金融领域、战略性新兴产业领域及其他有投资价值领域,进一步优化投资组合管理,加快构建符合战略、市场、行业变化趋势的资本运作图谱。

一是金融领域资本投资运营。围绕重庆市打造国内重要功能性金融中心目标,加快金融全牌照谋篇布局,出资组建银行、保险、担保、租赁、要素市场、汽车金融等金融机构,为重庆市属金融、类金融企业,海内外金融、类金融、互联网金融创新企业,提供问题解决方案等金融服务。目前,渝富集团在金融领域有7个重点投向和9个寻求机会投资方向。

表1 金融领域主要投向表

运营领域	投资策略		主要投向及细分行业
金融领域	主要投资	传统金融	①银行业②证券业③保险业
		类金融	①基金(公募/私募、子公司、销售、销售支付)②要素市场③金融租赁、融资租赁业 ④融资担保业
	寻求机会投资	类金融	①信托业 ②第三方支付业 ③个人征信、企业征信业④商业保理业
		新型金融	①互联网金融业态 ②消费金融业态 ③科技金融业态
		境外金融	①通过香港公司开展境外金融业务 ②其他综合性金融业务

二是战略性新兴产业领域资本投资运营。紧紧围绕市政府产业结构转型升级和战略性产业整体布局,重点投向战略性新兴制造业和战略性新兴服务业,投资发展新技术新产业新业态。目前,渝富集团在战略性新兴制造业和服务业领域有10个重点投向和12个寻求机会投资方向。

表2 战略性新兴产业领域主要投向表

运营领域	投资策略		主要投向及细分行业
战略性新兴产业领域	主要投资	战略性新兴制造业	①电子关键元器件产业 ②物联网产业 ③新材料产业 ④高端交通装备产业 ⑤生物医药产业 ⑥能源及环保装备产业
		战略性新兴服务业	①新兴金融服务业 ②医疗、卫生、体育、养老等大健康服务业 ③文化旅游服务业 ④互联网、云计算、大数据

续表

运营领域	投资策略		主要投向及细分行业
战略性新兴产业领域	寻求机会投资	战略性新兴制造业	①智能装备产业 ②新能源汽车及智能汽车产业 ③化工新材料产业 ④智能终端产业 ⑤其他战略性新兴制造业
		战略性新兴服务业	①离岸服务外包 ②研发、设计、咨询等专业服务业 ③国际物流及城乡配送 ④电子商务及跨境结算 ⑤保税商品展示及保税贸易 ⑥总部贸易和转口贸易 ⑦其他战略性新兴服务业

三是其他有投资价值领域的资本运营。结合渝富集团发展基础，渝富在土地板块、资产管理板块、文旅板块有8个重点投向和13个寻求机会投资方向。

表3 其他有投资价值领域主要投向表

运营领域	投资策略		主要投向及细分行业
战略性新兴产业领域	主要投资	土地资本运营	①土地一级开发 ②土地一级半开发
		资产管理服务	①开展债权资产收购管理经营处置业务 ②开展股权资产管理经营转让业务 ③开展实物资产收购管理经营处置业务 ④开展资本运营公司委托的资产管理业务
		文化旅游产业	①旅游养老产业 ②文化创意产业
	寻求机会投资	土地资本运营	①物业管理产业 ②农村土地开发产业 ③基础设施建设 ④土地资产证券化 ⑤其他土地资本运营业务
		资产管理服务	①开展金融机构委托的资产管理业务 ②开展政府机构委托的资产管理业务 ③开展社会机构和个人委托的资产管理业务 ④开展资产管理中介咨询服务 ⑤其他资产管理服务
		海外资本投资运营	①境外兼并收购业务 ②依托"一带一路"倡议开展海外产业和资本运作 ③推动境外投融资及资本市场服务

（二）开展自有资本直接投资

围绕提升国有资本运营效率，着力强化股权投资、价值管理、资本运作和投资组合管理，通过实施新增股权投资、存量股权投资，促进国有资本合理流动、优化配置、增创价值，更好地服务重庆经济发展。

1. 实施新增股权投资

渝富集团通过发起设立、实施并购重组等方式进行战略投资、财务投资。试点以来，先后实施三峡人寿、渝康公司、联交所、联付通、华龙网等23个增量股权投资项目。在增量股权投资项目中，较为典型的项目是参与发起设立、出资组建三峡人寿保险公司。三峡人寿保险股份有限公司是中国保监会批准设立的全国性金融保险机构，也是第一家总部位于重庆的中资人寿保险公司。首期注册资本金10亿元，股东包括重庆渝富集团、重庆高科集团、新华联控股公司、江苏华西同诚投资控股集团、重庆迪马工业公司、重庆中科建设（集团）6家大型国企。2017年1月，股东完成全部出资，其中渝富集团出资2亿元，占股20%。2017年12月15日，三峡人寿保险股份有限公司获准批复正式开业。

2. 实施存量股权投资

渝富集团积极推动所出资企业资本运作、资产证券化、收购兼并、战略合作，通过增资扩股、定向增发等方式实施存量股权追加投资。改革试点以来，先后开展药交所、农商行、兴农担保、三峡担保、长安汽车金融等21个存量股权投资项目。比如，渝富集团推动长安汽车金融公司引进战略投资完成战略重组。长安汽车金融有限公司成立于2012年8月，首期注册资本5亿元，为国有控股金融企业。2014年9月，渝富集团作为长安汽车金融股东，接受市政府关于长安汽车金融通过增资扩股引入战略投资者兵装集团及其成员公司的任务，并在市国资委指导下，组织专门工作小组与兵装集团工作小组对接。历经5个月的20余次谈判协商，双方签署汽车金融增资扩股协议。此次增资扩股后，汽车金融注册资本由5亿元增加至25亿元。通过本次股权重组，长安汽车金融形成央企、地方国企、上市公司共同参与的混合所有制结构，实现了产业优势和金融牌照资源的强强结合，公司业务规模在15个月内实现从19亿元增长到309亿元，为长安汽车金融持续健康发展奠定了良好的基础。2017年12月，为做强产业金融，提升核心能力，提高经营效益，长安汽车金融通过对老股东定向增发的方式补充资本金30亿元，注册资本由25亿元增至47.68亿元。同时，重庆农商行为满足银行监管要求，向渝富集团协议转让其持有的1亿股长安汽车金融股权。增资及收购完成后，渝富集团对长安汽车金融累计投资11.32亿元，持股比例20%。

（三）着力打造基金集群

渝富集团将基金作为资本运营的重要工具，注重运用基金引导投资方式，着力打造基金集群，逐步形成以战略产业基金、中新互联互通基金、产业引导基金、主导基金为龙头的4组共57支基金，完成基金集合资本投资项目213个，实现投资494亿元，带动项目总投资1734亿元。

1. 组建运营重庆战略性新兴产业股权投资基金

2015年5月，渝富运用京东方项目资本运营收益，推动"资本与产业相结合、投资与运营相结合、政府交办与市场运作相结合"运营模式，牵引吸收政府产业引导基金及国有企业，组建了重庆战略性新兴产业股权投资基金。

2. 组建运营中新（重庆）互联互通股权投资基金

2016年，渝富集团推动设立中新（重庆）互联互通股权投资基金。其中，渝富集团、平安集团、清华启迪、大华集团等作为基石投资者出资200亿元，并通过与银行、保险等金融机构的合作募集社会资本，共同培育发展"金融－航空－物流－信息"生态圈。

3. 参与运营重庆市产业引导股权投资基金

重庆市产业引导股权投资基金是2014年经重庆市政府批准设立，作为承接国家及重庆重点投资基金的平台。重庆产业引导基金参与设立了重庆战略性新兴产业股权投资基金、重庆现代物流产业发展基金等3支政策性基金，在推进重庆市经济结构调整和产业升级等方面发挥了积极作用。2017年，渝富集团对价受让重庆市财政局持有的产业引导基金49%股权。

4. 构建主导基金群

2009年起，渝富先后与中国华融、国开金融、四川航空等单位和机构合作发起了华融渝富股权投资基金、国开思远基金、富航产业投资基金等。2014年以来，通过市场化和专业化方式，渝富集团着力构建主导基金群，促进产业资本和金融资本融合，先后发起设立渝富建信基金、市值管理基金、定增基金、西南证券增持基金、京东方展期基金、富九基金、国寿基金、四联并购基金等13支专项基金。

（四）从事基金集合资本投资

围绕重庆发展战略，渝富集团强化基金运作与国有资本运营转型的战略配合，推动资本重点投向战略新兴制造业、战略新兴服务业和发展不充分不平衡领域。

1. 投向战略新兴制造业

推动资本向战略性新兴制造业集中,主要投向高端交通装备、生物医药、节能环保、物联网、新材料、新型显示等领域,先后投资AOS等芯片项目,京东方、惠科等液晶面板项目,石墨烯等新材料项目,航空发动机等高端装备项目,积极助推战略性新兴产业培育和发展。截至目前,战略产业基金完成投资项目共13个,母基金直接投资和发起专项基金完成项目投资120亿元,带动项目总投资1200亿元。比如,通过战略产业基金投资引入惠科液晶面板第8.5代生产线项目较为典型。惠科股份有限公司、渝富集团和重庆巴南经济园区建设实业有限公司(园区公司)签订《出资协议》,于2015年4月共同出资组建了重庆惠科金渝光电科技有限公司(以下简称惠科金渝),作为项目建设和生产主体。2015年12月,战略产业基金、平安银行等共同设立重庆战略性新兴产业惠科平安股权投资基金,基金规模20亿元,战略产业基金作为劣后级LP出资5.98亿元,深圳平安大华作为优先级LP出资14亿元。惠科金渝注册资本金60亿元,惠科电子、重庆战略性新兴产业惠科平安股权投资基金、巴南园区公司各出资30亿元、19.8亿元、10.2亿元,惠科平安基金占33%股权。2016年6月18日,惠科金渝第8.5代液晶面板项目正式开工。2017年2月,惠科金渝液晶面板第8.5代项目一期正式投产,2017年公司累计生产液晶面板约625万片,总销售额约为人民币31.5亿元。

2. 投向战略新兴服务业

推动资本向战略性新兴服务业集中,主要投向金融服务、航空旅游、交通物流、信息通信等领域。截至目前,中新基金累计投资招商公路、普洛斯、九次方等项目11个,完成投资总额73.5亿元。比如,中新基金投资普洛斯项目。为培育发展物流生态圈,中新基金公司发起设立"重庆中新贰号股权投资中心(有限合伙)",与全球领先、亚洲最大的物流基础设施服务商普洛斯物流进行战略合作,参与普洛斯在中国境内发起的"珠海隐山现代物流产业股权投资基金(有限合伙)",同时部分直接投资于普洛斯产业基金已投资项目(跟投)。普洛斯产业基金规模为100亿元,系普洛斯第一支投资于境内的人民币基金;基金主要出资人均为大型金融机构和产业资本(如中国邮政资本等);普洛斯产业基金已储备重资产项目9个,投资规模约52亿元,项目类型涵盖公路港、多式联运基地等,区域涵盖重庆、成都、武汉、昆明、贵阳等;储备轻资产项目27个,融资规模70亿元,项目类型涵盖冷链、食品分销、专线整合平台、运力管理、大件快递公司等。2018年5月,普洛斯产业基金正式成立,总规模10亿元,该项目将通过广泛的产业合作和跨界资源整合,加速物流行业科技化进程和物流生态体系融合。

3. 投向发展不充分不平衡领域

推动资本投向发展不充分、不平衡领域,投向旅游升级、美丽乡村建设领域。渝富发挥资本运营、资源整合优势,整合国企、高校、民企等资源,成立美丽乡村建设行动联盟,着力打造田园综合体等项目。积极助推旅游产业发展,推进完成与重庆旅游集团的战略重组,筹建旅游行业发展基金,发展旅游等产业,带动社会资本共同开发建设南川山王坪旅游综合体、重庆工业文化博览园等项目,共同服务乡村振兴,促进城乡融合发展。投向城市品质提升领域,与大渡口、沙坪坝、南岸、丰都、南川等区县开展政企合作,组建3个平台公司,累计投资116亿元,助推当地完善基础设施、丰富城市功能。

(五)有效防范投资风险

1. 加强投资计划管理

根据集团发展战略和规划、主业范围,编制年度投资计划,优化投资方向,严格投资管理。一是聚焦金融领域、战略性新兴产业领域及其他有投资价值领域,进一步优化投资组合。二是科学编制年度投资计划。依据集团资本布局导向和发展战略及规划,从投资方向、投资规模、投资结构、投资能力等方面编制年度投资计划。经董事会审批的年度投资计划纳入集团年度总预算,并据此做好集团融资计划安排。三是严格投资负面清单管理。根据集团发展战略和规划,在《重庆市市属国有企业投资负面清单》

基础上，制订集团的投资负面清单，集团投资负面清单的内容保持相对稳定和动态调整。

2. 规范投资全流程管理

结合渝富集团实际，制定《投资管理制度》《投资评审管理办法》《股权投资管理办法》等制度，强化投资项目立项、尽调可研、项目评审、项目决策和投后管理全流程管理。一是严格项目投前管理。明确项目前期策划、立项、尽职调查与可研分析的标准与规范，对重大投资项目以及涉及新兴领域、非国有主体及其他风险较高的投资项目，集团风险风控部门参与尽职调查、风险论证，进行风险提示。二是加强项目的评审和决策。设立投资评审委员会，为投资评审工作专门机构，为党委会、总经理办公会、战略与投资委员会、董事会提供技术支撑。按对内投资项目、对外投资项目、境外股权投资项目，集团实行分类投资决策管理。三是加强项目投后管理。加强投资项目的跟踪管理，建立完善项目中止、终止或退出机制。项目投资完成运营或退出的、已投资项目提前终止或退出的，严格开展投资项目后评价工作。

3. 搭建投资信息化平台

基于"智慧渝富"信息化建设平台，建立集团投资管理信息系统，着力实现投资管控全流程自动化、智能化。一是合理设计平台模块和功能。集团投资管理信息系统模块包括计划管理、项目管理、投资模型管理、投后管理等方面，具备决策分析、流程穿越、动态跟踪、监督预警、风险控制等功能。二是加强项目实施动态跟踪。利用投资管理信息系统，结合定期或不定期的现场调查、抽查等方式，对集团及子公司项目信息库建设情况、年度投资计划执行情况、投资项目实施情况等进行动态管理。三是加强项目风险合规监控。从项目立项审查环节开始，对投资项目发生重大事项、出现重大风险或其他情形，进行风险合规监控。

4. 夯实全面风险管控防线

搭建全面风险管理体系，夯实"全面覆盖、全程监督、全员参与"风险管控防线，切实防止国有资产流失。一是完成风控体系建设。针对集团投资管理突出问题，从投资管理风险、控制步骤、标准和指标等维度编制《投资风险管控手册》。为提高集团尽调可研质量，编制《投资决策模型》等决策辅助工具，有效防范化解投资风险。二是建立协同监督运行机制。整合纪检、监事、审计、法务、财务等监督资源，形成监督单位全面参与、监督内容全面覆盖、监督过程全面协同、监督成果全面共享、发现问题全面整改的协同监督运行机制，切实加强国有资产监督，有效维护国有资本安全。

三、资本运营公司助力地方发展的双轮驱动投融资管理效果

（一）促进了地方国有资本运营公司改革转型

经过近五年的探索，渝富集团围绕资本"运动增值"的本质特征，探索形成"自有资本投资＋基金集合资本投资"的双轮驱动投融资模式，有力推动渝富集团试点改革和转型发展取得初步成效，被国务院国资委收入"国企改革十二样本"典型案例，入选国企改革"双百企业"；渝富集团作为地方国有资本运营公司代表先后两次参加全国国有企业改革座谈会，央企及兄弟省市资本投资运营公司到集团学习考察120余批次。

（二）国有资本运营效率得到提升，企业获得较好经济效益

近5年，渝富集团主导完成自有资本直接投资项目48个，实现投资249亿元，实现资本运营利得152.5亿元。完成基金集合资本投资项目213个，实现投资494亿元，带动项目总投资1734亿元。试点以来，渝富集团本部完成投资726亿元，实现利润107亿元，上缴国有资本收益75.6亿元，上缴税收19亿元。截至2017年12月底，与改革试点前比较，集团合并报表资产总额2026亿元，增长66.9%，净资产951亿元，增长107.2%，资产负债率下降9.1个百分点。

（三）有效服务地方经济发展和国企国资改革，取得了较好社会效益

渝富集团积极发挥国有资本优化配置功能和国有资本放大功能，通过"自有资本直接投资＋基金集合资本投资"双轮驱动投融资模式。近5年，渝富投资先进制造业项目31个，投资额303亿元；投资现代服务业项目44个，投资额233亿元。发挥资金资源资信优势，通过财务支持、无偿划转资产等方式先后为市属国企提供资金640亿元，助力市属国企改革重组、提质增效，其中组织82.8亿元资金助推重钢股份完成司法重整并实现扭亏为盈。通过股权投资、股权授让等方式，累计向重庆农商行、药交所、三峡担保等金融类企业投资343亿元，为重庆汽车金融、金交所引入优质战略投资者，助推重庆农商行、重庆银行回归A股市场，支持要素市场企业差异化发展。推动资本投向旅游升级、美丽乡村建设领域，发展旅游等产业，共同服务乡村振兴，促进城乡融合发展。推动资本投向城市品质提升领域，助推15个区县在棚改、基础设施建设、产业提升等方面取得积极成效。

（成果创造人：李剑铭、崔树荃、邓　勇、乔昌志、
王万洪、杨雨松、周一波、张治民、朱　旌）

煤炭服务企业"模块化、动态化"全面预算管理

陕煤集团神南产业发展有限公司

陕煤集团神南产业发展有限公司（以下简称神南产业公司）注册资本金 13.78 亿元，下设 8 个专业化生产中心、2 个事业部、2 个平台，主营业务涵盖矿用大型设备安装回撤、维修、采供、租赁，矿井巷道维护，矿山救护及消防，工程质量监督检测，地质测量服务，职工教育培训等。神南产业公司成立于 2008 年，目前服务区域已覆盖周边山西、陕西、内蒙古地区 360 多家矿井，具备 2 亿吨矿井生产专业化保障能力。2017 年，神南产业公司实现收入 16.93 亿元，利润 0.37 亿元，上交税费 0.86 亿元。先后获得"全国煤炭工业文明单位""全国质量信誉有保障优秀服务单位""全国煤炭系统企业文化优秀单位""陕西省质量诚信示范单位""陕西省劳动关系和谐企业""榆林市'互联网＋工业产品'示范企业"等荣誉称号。

一、煤炭服务企业"模块化、动态化"全面预算管理背景

（一）应对环境变化所产生经营压力的需要

2013 年，受宏观经济影响，煤炭行业进入漫长"寒冬期"，全国绝大多数大中型煤炭企业陷入"亏损"状态。2016 年，国家针对煤炭与钢铁行业产能严重过剩，出台了一系列去产能政策，严格控制新增产能。国家经济新常态的变化和供给侧改革的实施，迫使传统煤炭行业急需调整产业结构，转变经济发展模式。与之相对应，煤炭生产专业化服务市场竞争变得空前激烈，神南产业公司是属于煤炭生产专业化细分下的生产性服务企业，初始设计主要为陕煤集团在榆林神府南区所辖原煤生产矿井提供专业化服务，受自身服务模式、服务半径及核心竞争力的影响，很长一段时期出现"业务不饱和，员工收入低，队伍不稳定"的经营困境，神南产业公司经营管理面临巨大压力。2014 年神南产业公司果断实施"走出去"战略，在满足陕煤集团内部矿井生产任务保障的同时，主动开拓周边市场，参与市场竞争，服务区域内矿井生产，寻找新的经济增长点。为尽快适应由内向外拓展业务的市场经营策略转变，增强持续为客户创造价值的能力，神南产业公司需要打破传统管理思路与方法，对全面预算进行"动态化"管理。

（二）适应企业发展，强化管理，增强活力的需要

2014 年，神南产业公司确立"外拓市场、内优业务"的工作指导思想后，就力求将企业打造成为"国内一流的煤炭生产综合服务商"。2014 年年底，神南产业公司外部市场拓展项目 30 个，专业化服务业务覆盖周边 106 个矿井，产值达到 7400 万元，市场化经营之路在煤炭形势日益严峻的情况下初步实现逆势增长。在市场服务范围不断扩大、内外部市场业务不断增加的同时，神南产业公司也逐渐发现自身经营管理的局限性。

一是部分业务的服务能力未能充分满足市场需求，生产任务饱和时，不能及时兼顾，如矿用大型设备安装回撤业务，极易受人员、装备短缺的限制，出现业务流失现象；二是业务板块发展不均衡，部分业务市场竞争力不强，各业务板块联动发展受到制约，神南产业公司综合服务的优势未能有效发挥，如巷道掘进业务受管理机制的制约出现亏损，设备维修业务受价格体系的制约没有竞争优势等；三是新增业务处于"摸索"阶段，短时间内很难在市场竞争中获取有效份额，实现盈利，如物资贸易业务、设备租赁业务、边角煤开采业务等在很长一段时间内处于"空白"。神南产业公司通过内部"解放思想、寻找短板"大讨论，认识到全面预算管理在承接实现企业战略目标过程中有脱节现象存在，诸多资源还没

有很好地开发利用，各种资源配置没有达到最优，企业经营活力没有很好地激发出来。如何进一步提高全面预算管理效力，促使神南产业公司核心竞争力提升，成为企业的有待提升的管理短板。

（三）改善企业原有管理弊端，迎接挑战的需要

神南产业公司从2014年开始以"预算管理及平衡计分卡"方法开展全面预算管理及考核工作，每年都有不同程度的优化，却依旧无法避免管理上的缺陷。具体表现为5个方面。一是预算指标内容较为简单，不能全面落实企业战略目标；二是预算管理没有差异化，管理重点不明，执行力差；三是预算执行权责不清，组织积极性未能充分激发；四是预算执行过程控制不到位，预算目标难以达成；五是预算考核标准不精准，不能动态化及时纠偏等。这些弊端既影响了神南产业公司整体管理效能提升，与神南产业公司确立的转型升级思路不相适应。因此，如何适应市场变化，将神南产业公司战略目标通过全面预算管理的手段有效落地，保持和提高竞争优势，是神南产业公司面临的重要挑战。

综上所述，神南产业公司根据企业内外部环境的变化从2017年推行实施"模块化、动态化"的全面预算管理。

二、煤炭服务企业"模块化、动态化"全面预算管理内涵和主要做法

神南产业公司以"计划书、任务书、成果书"为载体，递进构成"模块化"全面预算管理，在全过程管理下，实施动态化预算管理；考核"动静结合"（红绿灯＋二维点阵），利用信息化软件实时跟踪，对预算管理目标的完成进行动态监督与调整，实现全面预算管理工作的迭代优化，持续改进，保证神南产业公司战略目标的实现。主要做法如下。

（一）明确"模块化、动态化"的全面预算管理工作思路和方法

神南产业公司针对全面预算管理工作中存在的"预算目标不合理、预算监督不到位，预算分析不深入"等一系列问题，确立"无业务不预算、无预算不资金、无成本不可控"的指导思想，要求各组织在预算管理执行过程中，对生产、安全、经营、创新与成本管控等一系列业务进行详细安排，紧扣发展目标与组织特点，改变过去只注重资金预算的单一模式，既突出业务重点，又兼顾一般项目，体现全面预算的广度与深度。

明确"经营承包、独立核算"的工作思路，要求内部各组织预算管理工作依据"内部市场化"原则，围绕市场调研情况等，合理测算，细化至各项业务，形成模拟市场交易关系，保证预算对市场的有效应变。同时，通过年度预算与月度预算的实时分析比对，注重同实际业务层面的充分结合，实现资源合理配置的开放式动态管理机制，确保预算管理目标的有效推进，继而更快捷地实施全面预算的动态化管理。

确立以"计划书、任务书、成果书"为具体载体的"模块化"的全面预算管理方式，要求"事前编制有计划书、重点工作有任务书，事后评价有成果书"，改变过去只关注结果指标的预算管理局限性，充分实现全面预算"事前、事中、事后"的全过程管理。

内部IT团队设计开发"全面预算考核督办管理系统及红绿灯APP考核督办软件"，监督与调整内部各组织全面预算管理工作过程，改变以往"轻执行、弱控制、缺考核"的问题，保证全面预算管理工作动态化运行，进一步提升神南产业公司经营战略决策的管理质量与组织工作执行力。

（二）建立责任到人的组织保障体系，设计工作流程

成立专门的全面预算管理工作小组，由董事长挂帅，其他主要领导参与，下设全面预算管理办公室，抽调各专业骨干人员组成，负责全面预算管理工作具体推进，其中财务部负责年度固定成本预算的编制、审核；计划经济部负责年度基本建设投资、专项资金预算的编制、审核；人力资源部负责年度人工费用、福利费用、职工教育经费预算的编制，审核各生产中心单项目人工定额预算；安全生产环保部负责年度大修费用、科研项目、安全生产标准化、安全费用预算的编制与审核，负责生产性重点任务的

督办和成果认定，审核各生产中心生产计划、单项目材料定额预算及科研项目的备案；党群工作部负责年度宣传费、党建费、文化费用预算的编制、管控；市场营销部负责内、外部市场项目经营预算的制定、评估、分析；综合管理部负责年度非生产性重点任务的督办和成果认定；企业管理部负责构建整体预算管理考核机制；后勤服务公司负责年度会议费、行政车辆费、修理费等费用的预算编制；其他职能部门、各生产中心根据自身业务确定年度内部组织的业务规划，根据业务规划形成业务预算，通过业务预算做好成本预算，将业务预算与成本预算有机结合起来。

明确"模块化、动态化"全面预算管理实施流程。第一，各预算编制单位，根据全面预算管理办公室下达的各项固定费用指标、生产接续调研情况，编制初步预算。各单位初步预算编制完成后由分管领导审核后，上报全面预算管理办公室审核。第二，全面预算管理办公室根据神南产业公司管理层制定的经营指标，分解至各预算编制单位，各预算编制单位根据第一阶段会审提出的意见和制定的经营指标，修改完善后再行上报。第三，全面预算管理办公室根据各单位修改完善后的预算，统筹调整，最终形成神南产业公司年度整体的全面预算并下发执行。

通过采取"统一计划、上下结合、分级编制、逐级汇总"的预算编审方式，调动各级员工积极性、创造性，使全体员工参与到神南产业公司全面预算的确立执行工作中，做到预算"不重复、不漏项""横向到边，纵向到底"，使员工与企业形成责任共同体，保证全面预算管理工作的顺利实施。

（三）制定"长短结合"的全面预算管理指标体系

秉承持续发展的原则，神南产业公司各组织以市场调研、国家政策为基础，以企业"十三五"发展战略为目标，结合市场变化趋势，兼顾短期生产经营活动与长期生产经营规划，确立全面预算管理指标体系，涵盖生产经营预算、业务规划、业务预算、专项资金预算、其他预算与"两金"预算，通过合理配置内部资源、确定价值稳步增长的行动方案，力求长期目标与短期结果的有效衔接。

1. 生产经营预算

根据以往年度神南产业公司实际经营情况、未来发展目标要求、市场调研结果等，统筹安排神南产业公司全年度生产经营管理任务。职能部门管控指标按照业务内容、业务说明、预算费用、计算依据进行设计；生产中心（事业部）对集团内部市场、神南产业公司外部市场进行划分，其经营指标按照收入、成本与利润分解至月度进行执行。

2. 业务规划

按照实施项目、业务内容、完成标准等进行设计，其中生产中心（事业部）业务规划内容包括经营指标、安全环保管理、生产管理、机电管理、技术管理、经营管理、市场营销、创新管理、基础管理、党建工作、素质提升11个方面；职能部门业务规划内容包括落实上级工作任务、落实三会精神、素质提升、创新工作、制度建设、党建工作、部门业务7个方面。

3. 业务预算

按照项目名称、项目内容、保障措施、完成标准、时间节点、业务类别（分为重点任务与日常任务）、协作部门等方面对业务规划内容进行分解。

4. 专项资金预算

其包括设备更新、技术改造与安全费用预算，坚持"效益优先，量入为出"原则，优先保障安全生产投入。对专项资金实行"计划管理，专项核算"，提高资金使用效率。

5. 其他预算

包括质量标准化、设备大修与科研经费预算，重点用于生产运行、科研项目等方面，确保持续稳定生产，提高企业生产效率。

6. "两金"预算

"两金"即存货资金与应收账款资金，要求实行应收账款预算，针对往来款项年初、年末增减数据开展预算，重点是神南产业公司外部市场以往年度应收账款，要求存货资金占用比上年年末下降不低于10%。

（四）以"计划书、任务书、成果书"为具体载体，落实全面预算管理的责任体系

以可控性为原则，力求实现全面预算管理工作的具体化、标准化，将生产经营管理工作目标与整体战略决策落实到内部各个组织的发展运营中，并直接对应至各级责任单位、责任人与每一位员工，按照"谁主管、谁审核、谁负责"原则，以公司利益最大化为目标，充分发扬担当精神。

1. 制订计划书，夯实全面预算的事前管理

计划书是神南产业公司"模块化"全面预算管理工作的基础。计划书涵盖生产经营预算、业务规划、业务预算、专项资金预算、其他预算与"两金"预算等全部内容。在设置上，各层级指标设定一级比一级涵盖多，一级确保一级，各类预算表、编制说明格式翔实、全面、完整，做到预算各项内容"责任到人，时间到月"，体现设计的合理性、全面性及科学性。

2. 执行任务书，做实全面预算的事中管理

各组织计划书在审核通过后，对其中重点工作进行二次细化分解，形成最终的任务书，要求有翔实的任务节点、完成标准、完成措施、时间进度、相关责任人等。任务书的确立执行是对各组织重点工作顺利完成的直接保障，通过对各组织重点工作执行情况的探查比对，可及时调整后续执行范围及相关措施。

3. 形成成果书，夯实全面预算的事后管理

为了保证对任务书完成情况进行及时总结、评价、分析及整改，要求内部各组织重点工作完成后填报《成果申报书》。责任人填报成果书时要形成自评结果，总结工作亮点；相关督办部门组织专员进行成果验收，要对重点工作完成情况进行考评；未通过验收时，由责任人按照整改意见进行落实，填写整改意见落实书，报送至相关督办部门后继续执行，直至重点工作通过验收，顺利完成。

（五）实施"动静结合"的全面预算管理考核

重点关注"关键少数人与关键少数事"，构建精简、高效、科学的"动静结合"考核机制，即"红绿灯＋二维点阵"考核机制。

"红绿灯"考核机制是针对神南产业公司内部各组织全面预算管理过程中的重点工作（即任务书）进行的专项督办考核，目的是将生产组织与运作重心保留在各基层的关键少数事。

"二维点阵"考核机制是针对神南产业公司全面预算管理整体目标与执行者进行的差异化激励考核，目的是将全面预算管理目标的执行与创新上升到与预算价值结果同等重要的位置，兼顾短期利益与长远发展质量，将生产经营管理职能向少数关键人集中，按照各层级员工责、权、利对等关系，发挥各级员工价值创造积极性与潜能，继而形成有效的组织执行力。

1. "红绿灯"考核机制

首先，各组织任务书中确立的各阶段性工作，在未按照时间节点与标准完成时，第一次考核，给予一个黄灯警示，考核扣5分；第二次考核仍未完成，给予两个黄灯警示，考核扣10分；第三次考核还未完成，给予三个黄灯警示，考核扣15分，并对该项任务书亮红灯警示。

其次，凡任务书亮红灯警示后，由分管领导组织被考核单位共同研究，找出未完成原因，重新制定该任务书，并对新制定的任务书纳入"红绿灯"考核管理。在新任务书考核中，第一次未完成任务，给予一个黄灯警示，考核扣10分；第二次考核仍未完成，给予两个黄灯警示，考核扣20分；第三次考核还未完成，给予三个黄灯警示，考核扣30分，并再次对该项任务书亮红灯警示；警示后由分管领导针

对该项任务书未完成原因向企业管理层做出汇报，并判定该项任务书合理性，同时取消该单位年度评优评先资格。

再次，在任务书执行过程中，涉及多个协作部门时，承办部门要及时与协作部门沟通，如因协作部门原因导致该项任务未按时间节点和标准完成，第一次考核时扣除协作部门3分，第二次考核时扣除协作部门6分，第三次考核时扣除协作部门9分，并依此规则递进考核。

最后，任务书承办单位须及时在"全面预算考核督办管理系统"中录入任务书详细信息。每项任务书完成后主动向考核部门申请验收，验收通过后，认定该任务书完成；例如，承办单位未及时录入信息，或是验收未通过，认定该任务书未完成；验收标准由考核部门、业务相关部门与任务书承办单位共同制定，作为验收依据。

任务书一旦确定，无特殊原因不得申请延期或取消；确有特殊原因，需要延期或取消时，报总经理审批。任务书延期审批通过，按照延期后的时间节点进行考核。

2. "二维点阵"考核机制

"二维点阵"是由横轴与纵轴两个维度组成。横轴衡量结果性指标，关注预算价值创造结果；纵轴衡量组织执行力，聚焦预算价值创造过程及组织长期持续发展。

横轴设置八项量化指标，包括利润、产值、安全环保、技术机电、库存控制、客户满意度、核心业务、安全生产标准化；纵轴设置六项过程指标，包括生产类重要事项、非生产类重要事项、制度流程、挂账、回款、党群业务。职能考核部门根据各项指标所属范围，采用现场查验、统计报表、财务记账、沟通交流等方式，每月定期与不定期收集整理和验证。

横轴考核指标及标准由每年年初神南产业公司管理层集中会审确定下达，纵轴考核指标及标准依据各类会议，通知文件内容，各项管理制度及流程、标准考核。指标权重根据各组织业务特点具体分析，有差异设置。考核周期分月度、季度、年度考核，部分被考核组织考虑到其业务特点，对利润与产值指标实行半年度、年度考核。

横轴、纵轴考核得分为各项指标实际考核得分乘以各自指标权重后的累加结果，其中利润、产值指标考核得分上不封顶，其他指标满分值为100分。各组织横轴考核得分可以无上限，纵轴考核得分可以为零分。综合考核得分为横轴与纵轴考核得分的乘积。

考核结果差异化运用，横轴考核结果运用于被考核组织生产经营管理层以下人员当期薪酬总额结算，综合考核得分运用于被考核组织生产经营管理层人员当期薪酬总额结算，真正体现"责权利"对等原则。

（六）借助先进技术手段，实现"实时在线监控"

同步设计开发"全面预算考核督办管理系统"，主要由"创建、通知、我的、变更、进度、审核、监控"7大模块组成，以创建重点工作项目、创建子任务、成果书、审核重点工作项目、监控、显示重点工作项目状态为核心。

"创建"模块指显示已经创建的重点工作项目，并且可以进行新项目的创建，对于新创建未提交的项目可进行"查看""修改""删除"等操作，然后进行提交。

"通知"模块指展示推送待处理重点工作项目的基本情况，对于已办理的可以删除，未办理的进行后续办理操作。创建项目并且提交审核之后，相应负责人在"通知"模块即可进行处理。

"我的"模块指"通知"模块办理完的所有重点工作项目都会在该模块中显示，包括项目名称、子任务名称、任务时间、任务状态及进度展示。进度展示用灯的状态进行描述，灯的状态规则为白灯，项目正在进行；黄灯，项目超期；红灯，项目超期终止；黑灯，项目正常结束；绿灯，子任务正常结束。

"变更"模块指显示"通知"模块中已经办理过的重点工作项目列表。有权限的验收部门负责人可以在该模块对项目进行变更操作，包括变更项目及子任务的开始时间、结束时间，并且输入变更类型和变更原因。

"进度"模块指展示"通知"模块及办理过的重点工作项目和子任务的列表，包括项目名称、开始时间、结束时间、负责人、进度展示等。在"进度"页面中，点击项目或者子任务名称，进入项目详情或者子任务详情，如果有成果书则展示，没有则可以创建成果书。在"项目详情"页面中，成果书记录如果未提交，可以进行"查看""编辑""删除"操作，然后进行提交。

"审核"模块指相关监控审核部门对审核人进行变更操作。

"监控"模块指对所有重点工作项目进行监控查看，包括项目名称、开始时间、结束时间、所属部门、负责人、进度展示及状态等详情。

利用该系统，一方面，将神南产业公司各组织全年内重点工作运转情况进行实时反馈，及时按照实际情况对各组织内部资源进行调配，保证责任履行，降低管理成本及难度，使领导层将更多时间聚焦于企业关键性发展问题；另一方面，利用不同时段下风险预警提示功能，预判重点工作可能出现风险，向任务执行者、组织管理者第一时间反馈，及时开展相关重点工作或采取补救措施。

配套制作"红绿灯"APP考核督办软件，神南产业公司领导层、组织管理者、任务执行者、任务考核督办部门均可随时在手机上查看重点工作完成进度。

三、煤炭服务企业"模块化、动态化"全面预算管理效果

（一）企业执行力得到提高，有效保障了战略目标和全面预算中各项任务目标的实现

2016年，神南产业公司全面预算管理工作中各项业务指标整体完成率不到80%。2017年，通过推行实施"模块化、动态化"全面预算管理，内部各组织形成"任务书"83项，"子任务书"547项，年底最终考核验收时，共计有78项"任务书"、526项"子任务书"在时间节点内完成，完成率分别为93.98%、96.16%，各层级人员工作执行力有了极大转变，神南产业公司内部各组织各阶段任务目标得以顺利实现。

（二）企业管理水平整体提升，管理业绩突出

全面预算管理方式的调整优化，使得神南产业公司整体管理工作由过去粗放式管理转向精细化管理，由目标约束转向过程控制，转型升级、提质发展获得显著成效，实现了企业"战略目标落地化、经济活动目标化、管理方式精细化、经营活动受控化"，通过资金、技术、设备、人才等各种社会资源的有效整合，业务范围不断延伸，构建形成了以神南产业公司为中心辐射周边的行业经济圈。

（三）保障了企业发展，市场占有率显著提高

通过成果的实施，神南产业公取得巨大效益，外部市场产值由2016年全年1.4亿元增长至2017年全年2亿元。2018年上半年累计实现收入84725万元、利润5159万元，分别比上年同期增长27%、10%，其中内部市场收入实现72202万元，外部市场收入实现12523万元，分别比上年同期增长23.14%、59.45%。神南产业公司矿用大型设备安装回撤、维修、采供、租赁，矿井巷道维护，工程质量监督检测，地质测量服务，职工教育培训等各项业务在山西、陕西、内蒙古区域的市场占有率均有不同程度增幅，公司产品质量、服务水平及各项管理得到客户青睐与众多合作伙伴好评，仅2018年上半年参观学习的企事业单位多达95家共计580人次。

（成果创造人：乔少波、徐国强、刘旭东、李建东、
杨　林、潘长法、陈　峰、贺　华、刘　健）

城市商业银行以高质量发展为导向的要塞式资产负债表管理

广西北部湾银行股份有限公司

广西北部湾银行股份有限公司（以下简称北部湾银行）是广西唯一省级城市商业银行，共有一级分支机构19家、村镇银行3家、专营机构2家、营业网点102家，与世界30个国家和地区的212家银行建立代理行关系，初步形成面向东盟、覆盖北部湾经济区、西江经济带和左右江革命老区的服务网络。连年获得"广西地方税纳税百强""中国服务业企业500强"等荣誉称号，目前位列英国《银行家》杂志"全球银行1000强"第481位。

一、城市商业银行以高质量发展为导向的要塞式资产负债表管理背景

（一）实施战略纠偏、防范战略风险、强化战略引领的需要

北部湾银行自2008年成立至2012年期间高速发展，资产总额从100亿元快速扩张到1217亿元，受经济环境影响未能保持战略定力，留下行业性和集群风险隐患。隐藏积聚的风险在2013—2014年集中提前爆发，尤其总资产、存款、经营效益大幅下滑等，亟须实施战略纠偏，明晰战略定位，强化战略引领，避免再次发生重大战略风险。

（二）应对新金融业态竞争挑战和立足长远实现高质量发展的必然选择

2013年，时值中国经济面临增长速度换档期、结构调整阵痛期、前期刺激政策消化期的"三期叠加"局面，利率、汇率推进市场化改革，大资产管理时代到来，互联网金融爆发性增长，使城市商业银行的传统发展模式难以为继。而未来中国金融业发展具有更鲜明的时代特征，如治理危机与经济复苏并重期，财政货币政策的重大调整期，金融监管制度、规则的重大变革期，金融结构的重大变化期，金融发展模式的重大转型期，金融全球化的重大演变期，金融创新的重要完善期，金融风险复杂性与系统性进一步强化期。抗波动能力较低的城市商业银行受影响更大，必须主动突破制约可持续发展的各种矛盾和瓶颈，加快改革转型。

二、城市商业银行以高质量发展为导向的要塞式资产负债表管理内涵和主要做法

北部湾银行借鉴西方要塞式资产负债表原理，实施战略纠偏以着眼可持续发展、充实资本以提升竞争实力、增提拨备以强化风险防御能力、布局抗压性资产负债以巩固盈利能力、强化管理以提高影响力，实现困境突围和管理提升；并在此基础上通过不对称管理资产负债表内外事项以实现表内外业务良性互动发展、扩大资本内涵和采取不对称绩效考核以发挥战略智力人力等资本在增强银行发展实力中的协同效益、不对称安排资金来源与运用以应对新金融业态竞争对银行传统资产负债管理模式带来的挑战，转型升级，实现建成中国—东盟自由贸易区一流区域性银行的目标，走高质量发展道路。主要做法有以下几个方面。

（一）实施战略纠偏，着眼可持续发展

针对发展初期受经济环境诱惑未能保持战略定力的问题，北部湾银行痛定思痛，进行战略纠偏，明确短期战略愿景是"以服务和助推广西经济发展为宗旨，立足广西、立足中小、立足社区，深耕细作本地市场，培养本地核心客户，加大对广西区内重点产业项目、中小微企业、'三农'等领域支持力度，为富民强桂新跨越做出贡献"。中长期战略愿景是"顺应中国东盟自由贸易区发展趋势，把握中国—东盟合作进入新的'钻石十年'、中国建设21世纪'海上丝绸之路'、滇桂沿边综合金融改革试验区实施、珠江—西江经济带建设上升为国家战略等多重叠加机遇，致力打造成为中国—东盟自由贸易区内最具影

响力的一流区域性银行"。

根据战略愿景，制定了"三步走"战略实施路径，即"以南宁为核心、辐射北部湾经济区和西江黄金水道为重点作为第一服务圈；以北部湾经济区为中心，辐射沿边金融改革试验区、柳州、桂林、桂西北资源富集区及桂东北地区作为第二服务圈；以广西为重心，辐射以连接中南、西南省份与广东、香港、澳门、台湾和中国东盟开放合作作为第三服务圈"。

针对原先管理模式粗放、战略合规科技"三引领"乏力的问题，2014—2017年，北部湾银行通过设立董事会战略执行委员会作为董事会常设机构，在遵循公司治理制度前提下开展工作，平衡了有序治理和有效治理的问题，并在此基础上组建总行战略规划部，科学设定阶段发展目标与量化考核指标，强化战略分析、决策、执行，强调战略引领，解决对异地分支机构的管理难题，期间编制北部湾银行"十三五"、2013—2015年、2016—2018年、2017年、2018年战略规划及下辖21家分支机构（含小微、保全专营机构）和所控股3家村镇银行2017—2019年三年发展规划，持续进行战略后评估，健全内控体系，防范战略风险，采取中性偏审慎的风险偏好策略，重点开展公司治理改革、构建全面风险管理体系、优化收入业务客户行业区域结构、提升产品创新和服务能力、加快物理渠道和互联网金融建设、提升信息科技对业务的引领作用、优化员工队伍结构等工作。

针对过往盲目拓展钢贸行业客户和广西区外客户、片面追求做大规模的问题，实施对资产负债表内外事项的不对称管理，以实现表内外业务良性互动发展。一方面，通过在表外业务与表内业务之间，着力压降广西区外高风险业务，尤其是承担较大实际风险的银行承兑汇票、委托贷款等业务，大力发展服务本土实体经济的传统贷款业务；另一方面，通过调整优化表外业务结构，大力发展代理、理财咨询等低风险业务，近年成功取得非金融企业债务融资工具承销、信贷资产证券化等多项新业务资格，由商业银行传统业务范围的"存款、贷款、汇款"向"理财、资产管理、风险投资"拓展。

（二）充实资本，提升竞争实力

北部湾银行遵循要塞式资产负债表的基本原则，通过构建以资本约束为核心的城市商业银行资本管理体系，提高资本保有量和资本充足率，优化资本配置水平，首先解决利润大幅下滑、净资产严重缩水、监管指标恶化、业务发展受严重制约等系列问题，进而实现具备在竞争中主动出击、抓住业务发展机会的能力。按照"国企股东为主、兼顾民企股东，本地股东为主、兼顾区外股东，老股东增股为主、又吸收新股东"思路，2012年募集股本5亿元将注册资本增至25亿元，2013年以资本公积转增股本方式将注册资本增至27.5亿元，2014年增资扩股将注册资本增至32.5亿元，2015年向老股东配股将注册资本增至43.84142亿元，2017年第四次增资扩股计划将注册资本增至55亿元。2014—2017年，通过增资扩股和内生性留存收益累计补充资金资本44亿元。并从2014年起，通过试行建立以EVA、RAROC为核心的综合绩效考评体系，压缩和退出部分高资本消耗业务，意在提高资本充足率水平。2016年成为了广西首家净资产超过100亿元的法人金融机构；至2017年年末，净资产达到119亿元，监管资本126亿元，形成了国家股、国有法人股、其他法人股、内部职工股、外部自然人股相融合的混合所有制结构，增强了内外部的监督制衡能力。

（三）增提拨备，强化风险防御能力

北部湾银行每年要按照监管规定计提风险准备金（包括拨备和一般风险准备），用于弥补预期、非预期的损失。自2013年9月起，针对当时风险资产还原真实资产质量后资产减值准备严重不足的问题，北部湾银行通过将资产拨备计提政策从"已发生损失模型"逐步向"预期损失模型"调整，在国内城市商业银行中首家创新性地建立全面拨备体系，对金融资产、非金融资产、表外业务均计提拨备，大幅增提拨备，并在战略规划中明确制订每年拨备计提目标，强调当期利润与风险防控之间存在矛盾时优先考虑风险防控，即不对称管理两者，基于借款人风险更合理地进行风险定价，2013年9月至2017年12

月，在经营利润中累计计提各类资产拨备48.03亿元，在税后利润中累计计提一般风险准备10.51亿元，实现了有效缓释经济下行时存量风险集中爆发造成的巨额损失、声誉风险、流动性风险的目标，增强了风险防御能力，为资产负债的扩张保存了实力，也为国内其他城市商业银行重新设计损失模型、改变拨备覆盖体系做出了很好的示范。

(四) 布局抗压性资产负债，巩固盈利能力

针对过往总资产、存款、经营效益大幅下滑的问题，北部湾银行以中性偏审慎的风险偏好为导向，开展布局抗压性资产负债的业务治理。通过采取传统业务提升市场份额占比、新兴业务争夺发展先机的策略，以公司金融业务、个人金融业务、普惠金融业务、机构金融业务、国际金融业务、金融市场业务、投资银行业务、资产管理业务、互联网金融业务九大业务条线为主线拓展资产，根据广西各地市经济特点挖掘优质客户资源，提升贷款定价管理水平和客户综合贡献度。

针对风险资产高企的问题，从2013年10月起，北部湾银行通过持续开展全面风险排查，了解清楚存量资产的真实风险状况，参考金融同业的授信条件，对存量资产业务主要以增加抵押等担保措施为手段，强化了存量资产业务的风险控制措施，提高了存量资产业务的风险抗压能力；通过将存量信贷资产分为新增类、维持类、压缩和选择退出类、盘活重组类、联合行动类五种类型，建立存量信贷资产分类管理机制；通过明确将钢铁、有色、煤炭、水泥、建材、造纸、造船、航运等属于"两高一剩""淘汰落后产能"行业及国家明令取缔关停的"五小"企业作为逐步压缩行业，降低杠杆率，处置"僵尸企业"；通过综合运用现金清收、诉讼催收、重组盘活、以物抵债、呆账核销等方式，对高风险资产进行清收、盘活、处置，有效缓释和化解了存量资产风险。

针对资产质量不佳、风险集中度较高的问题，北部湾银行通过对增量业务从行业、区域、产品、客户、担保、集中度六个维度进行结构调整，把资金投放的1/4用于服务广西区内重大基础设施建设和实体经济，1/4用于服务小微企业、教育、医疗等民生领域，1/4用于盘活存量客户，1/4用于投行等创新业务；通过按年度制定《信贷结构优化指引》《信贷营销指引》及信贷风险和市场风险限额方案，明确了重点领域风险政策，实施风险限额管理；通过结合整体风险管理需要和分支机构风险管理水平，实施差异化授权动态管理机制，确定了以"适度收权、审慎用权、及时评价"为主的工作思路，严格防止新增的业务出现不良反应。

(五) 强化管理，提高影响力

针对公司治理不够完善的问题，北部湾银行深入开展各层级的公司治理改革。通过重申"立足广西、立足中小、立足社区"的战略定位，调整战略方向，强化董事会对经营管理层的战略引领作用；通过实施差别化授权，强化董事会对全面风险管理的作用；通过从2014年起建立董事会大额授信业务风险专家评议制度，规定超过3亿元的新增法人客户授信项目必须报送专家会议评议，加强对经营管理层重大信贷项目风险管理的监督；通过精心挑选董事会、监事会成员，解决过去董事会、监事会成员专业性独立性不够的问题；通过完善行长办公会、各专业委员会议事规则，强化高级管理层的契约化管理，对高级管理层的绩效合约考核指标90%采取以定量为主，搭建双重绩效评价体系；通过完善重要事项阅示制度和提请复议权机制，确保党委书记兼董事长、监事长、纪委书记对经营重要事项的知情权、监督权，并且避免隐形审批和对经营层正常管理的干预；通过实施小微企业业务、金融市场业务、投行和理财业务、资产保全的"四专营"，努力提高小微金融服务覆盖面，提升同业业务营业净收入在全部营业净收入中的占比，满足广西基础设施建设、产业转型升级、精准扶贫等重大民生工程的资金需求，以续贷业务帮助困难客户和涉险客户缓释风险、渡过经营难关，避免诱发系统性金融风险。

针对公司风险管理十分薄弱的问题，北部湾银行全面进行风险治理改革。通过层层压实风险防控主体责任，优化风控组织架构，构建风险管理防线，强化内部风险控制能力，确定中性偏审慎的风险偏

好；通过对经营部门、专营机构、分支机构派驻风险总监和推行独立审批人制度，实施垂直风险体制改革和授信审批体制改革；通过实行审批、放款、清收"三集中"管理，优化降低存量的业务风险，严格控制新增的业务风险；通过实行分类、分层次的同业名单制管理，建立包括合作方业界履约情况和舆情、双方合作历史在内的同业风险信息行内共享机制，以此进行业务开展前的风险识别；通过制定涵盖信用、流动性、市场、案件、操作、声誉等风险类型的管控措施，配套相适应的风险应急处置程序；通过"1＋N监督闭环"机制建设，深化党委专项巡察机制，建立纪检监察、风险管理、计划财务、审计"大监督"格局，加强对重点岗位、重点业务、关键环节领域的监督效能，增强前中后台部室的协同配合能力；通过每年组织风险防控警示日及专题反思周、专题警示教育会，每季度开展员工行为排查，对任职三年以上的中层管理人员进行全面交流，严格执行重点岗位强制休假和轮岗要求，加强对人员道德风险的防范。

三、城市商业银行以高质量发展为导向的要塞式资产负债表管理效果

（一）结构优化，效益提升，走出困境，转入做优发展

2017年较2012年，北部湾银行同业资产降幅、同业资产在总资产中的占比降幅分别为75%、77%；并在同业资产下降近450亿元的同时增加总资产360多亿元，完成用传统核心业务资产对部分杠杆较高的同业资产的替换。非生息资产有效压降，低息贴现资产大幅下降，新增信贷合理投放，大中小微及个人类信贷资产全面增长，支持实体经济成效明显；信贷业务抵质押担保占比提升至57.95%、信用担保占比降至18.13%；投放于广西壮族自治区直属企业、优质上市公司、行业龙头企业、医院学校等高质量客户的贷款在对公贷款中占比71.51%；低风险低资本消耗的个人按揭贷款余额较2014年增幅500.67%，目前在个人贷款中占比近九成；个人贷款、小微企业主贷款由2013年前以高风险批量小微企业主贷款为主调整为以优质个人按揭贷款和规范管理的小微企业主贷款为主。同业负债在总负债中占比优于监管要求的低于1/3的标准；对公存款、储蓄存款、机构存款余额分别较2014年增加341亿元、125亿元、86亿元；以银行承兑汇票带动的保证金存款、高成本的保险协议存款分别从最高时的165亿元、65亿元降至2017年的35亿元、28亿元，票据保证金存款占比为业内占比最低的12家银行之一，实现了存款结构调整。巩固扩大了基础客户群，形成具有竞争力的"富桂"金融品牌，使北部湾银行成为广西业务资格最多、影响最大的城市商业银行。2017年营业总收入、经营利润、税后净利润较2016年增幅分别达30.31%、36.93%、47.20%，在业内增幅较高。

（二）管理水平提高，风险改善，可持续发展能力增强

推动北部湾银行实现党领导下的公司所有权、重大事项决策权、日常经营管理权的有效分离。建立全面风险管理体系和内控体系，提高了风险和合规意识，形成行稳致远的风险文化，实现账面不良率、不良额连续三年下降，2014年以来新增业务风险较低，不良率有效下降，新增不良贷款率0.52%，处于同业领先水平；提升了资本实力、增强风险抵补能力，五年来共计提拨备56.56亿元，满足了核销呆账、化解消化历史包袱的拨备需要，集中消化了60%的风险资产本金，在广西城市商业银行中风险处置成效较佳，确保拨贷比等监管指标保持稳定并优于监管标准；优化了资产负债结构，使流动性比例等监管指标持续优于监管标准；实现资产利润率和资本利润率不断向好，还原核销呆账利润后均处于较高水平；实现资产和净利润的增速改进度连续四年进入全国城市商业银行前八名。

（三）为建设高质量发展的城市商业银行做出有益探索

面对极其严峻的挑战，北部湾银行在巨大危机中保持稳定、逐步转型、稳健经营。2014—2015年，实现客户与业务、股东、队伍基本稳定，战略与定位、风险底数、优劣势进一步明确，深化改革、业务发展、规范经营取得新进展；2015—2016年，在全国银行业经营业绩普遍下滑的情况下，实现各项经营、效益、监管指标逆势增长，服务实体经济力度有效提升，股东分红明显提升，员工收入水平和获得

感明显提升,风险隐患大幅下降。经过近五年探索,成为国内首家成功打造要塞式资产负债表的城市商业银行,规模、质量、效益、速度协调发展,品牌建设取得长足进步,股东信心度和客户信任度增强,综合实力迈上新台阶,为下阶段的战略扩张提供了坚实保障,也为建设高质量发展的中国城市商业银行做出了有益探索。

(成果创造人:罗 军、廖春晖、韦继强、李 慧、陈前总、徐展鹏、孔庆丽、何鸿雁)

轮胎企业以新型经营体为中心的利润目标管理

贵州轮胎股份有限公司

贵州轮胎股份有限公司（以下简称贵州轮胎）是国家大型一档企业，全国520户重点企业和十大轮胎公司之一，中国工程机械轮胎配套、出口基地。贵州轮胎主要生产"前进"牌汽车斜交轮胎、全钢载重子午线轮胎、工程机械轮胎、农业机械轮胎、工业车辆轮胎、实心轮胎和橡胶空气弹簧，年生产能力600万条，规格品种1000多个，是国内规格品种最为齐全的轮胎生产企业之一。产品除畅销国内市场外，还出口到韩国、英国、意大利、澳大利亚、南非、美国、加拿大、俄罗斯等70多个国家和地区，年出口量占总产量的35.42%以上。贵州轮胎曾先后荣获全国"五一劳动奖状"、全国职工教育先进单位等称号，被中国石油和化学工业协会、国家统计局工业交通统计司联合评定为"全国石油和化学工业百强企业"。

一、轮胎企业以新型经营体为中心的利润目标管理背景

（一）公司实现主营业务扭亏，应对企业严峻经济形势的需要

2015年以来，受国家环保政策的限产调控影响，炭黑等化工原材料价格上涨较大，天然橡胶等主要原材料价格也处高价位运行水平，企业生产成本不断增加；占贵州轮胎出口市场高达50%的美国市场受到前所未有的冲击，美国市场出口额急剧下降，贵州轮胎甚至被迫完全退出美国市场，市场销售变得异常艰难；贵州轮胎投巨资实施异地技改转型升级项目带来的产能无法发挥、质量波动较大、现场浪费严重、原有产能提升受限于组织模式瓶颈、产品由中低端向中高端转型升级缓慢以及搬迁损失、财务成本大幅增加等多方面因素的叠加导致贵州轮胎主营业务在2015年、2016年出现亏损。根据上市公司经营业绩规定，连续三年亏损，将对公司经营产生巨大影响，公司生产经营面临生死存亡的局面。为破解这一经营困局，贵州轮胎亟须改变内部经营模式，实施以新型经营体为中心的利润目标管理。

（二）适应企业组织规模发展的现实需要

随着企业的不断发展，贵州轮胎正逐步走向国际化发展的阶段，企业管控需向集团管控的模式进行变革，原有的分厂和处室建制已经越发无法满足企业发展的需要，公司相继撤销斜交系统的分厂建制，按照产品市场定位和功能属性组建特种胎分公司、动力供应公司和炼胶分公司。贵州轮胎现有4个成品轮胎生产单元（特种胎分公司、载重子午胎分公司、工程子午胎分公司及前进公司）、2个成品生产保障部门（炼胶分公司、动力供应公司），有人力资源部、生产装备部、技术改造部、信息技术部、财务部、企业管理部等大部室，公司以前推行的既关注过程又关注指标的经营管理模式无法满足现有组织架构的需要，经营灵活性较差，各分公司和大部室都是"被管理"，管理主动性不够，对企业发展信心不足。因此，贵州轮胎亟须推行以新型经营体为中心的利润目标管理，来充分调动各分公司和大部室经营管理的主动性和积极性。

（三）满足企业不断创新管理机制的需要

贵州轮胎保留和继承了国有企业固有的属性和体制，如收入分配机制比较僵化，"大锅饭"意识根深蒂固，责任心不强，危机感不够，主动参与创新和管理的热情和积极性不高，思想比较僵化等。贵州轮胎同时作为参与市场竞争的经营主体，必须主动迎接市场竞争和挑战，应对市场竞争的优胜劣汰法则。因此，贵州轮胎亟须进行内部运行管理和管控机制上的创新，摒弃当前国有企业存在的弊端，寻求先进的管控和经营模式，才能在激烈的市场竞争中立于不败之地。

基于以上背景，贵州轮胎于2016年开始实施以分公司和关键职能部室新型经营体为中心的利润目标管理。

二、轮胎企业以新型经营体为中心的利润目标管理内涵和主要做法

面对原材料价格上涨等宏观不利经济形势，以及企业转型升级、集团管控的需要，贵州轮胎为激发内生动力，围绕利润目标管理，实施激励机制变革。以分公司和关键职能部室为主体，建立新型经营体；以经营体为中心，优化组织结构，理顺核算关系；以上市公司财务报表为基础，建立生产、销售、物流等的利润核算和分解模型；运用价格盈亏、规模盈亏、标准化操作、绩效倒逼等管理手段和方式促进公司经营更好发展，让各经营体由原来的被动管理转变为主动管理，调动各经营体生产经营的积极性。主要做法如下。

（一）明确指导思想，树立以经营体为中心的价值理念

贵州轮胎党委书记在2016年经营工作会上明确提出："要将原来的分公司、部门等转化为以利润为核心的独立经营体进行考核，将原来内部上下工序供求关系转变为内部市场化的买卖关系，以市场倒逼内部管理，通过内部市场化运作充分传递市场质量竞争和成本竞争的压力"。2016年，贵州轮胎对经营体的价值理念进行了大量的研究，同时在载重子午胎分公司进行单一成本指标的考核模式试点探索，取得较好的成效，主要产品单位制造成本下降10％以上，市场退赔下降33.37％。试点实践证明经营体的经营管理模式是行之有效的，贵州轮胎在《前进报》、OA办公系统及各种会议上对经营体的经营理念进行宣讲和导入，全体干部职工深刻理解以经营体为中心的利润目标管理的目的和内涵，为经营体经营模式的推广奠定坚实的思想基础。

（二）实施组织优化，建立利润中心经营体组织架构

1. 顶层设计，构建独立核算的分公司和大部室的组织模式

从2016年起，贵州轮胎逐步撤销原斜交系统的分厂建制，相继成立特种胎分公司、动力供应公司和炼胶分公司，尤其是贵州轮胎异地技改项目实施后，实现产品结构和组织架构的转型升级。同时按照专业提升、高度协同的原则积极推进大部制改革，进一步优化组织架构，贵州轮胎建立集团管控的组织架构模式，有载重子午胎分公司等6个生产制造单元经营体、仓储物流系统经营体、国内外销售市场经营体、大成本运行经营体、市场服务经营体和关键职能部室经营体，为经营体经营模式的实施奠定坚实的组织基础。

2. 整合仓储、物流运输系统，构建"大物流"利润经营体中心

贵州轮胎针对仓储物流运输系统存在的不相容职责相分离、大量外租库房及中间流转环节较多等问题，不断进行资源整合和优化，实现成品和原材料仓储物流运输集中管理，明确仓储物流系统利润经营体。实施仓储物流系统整合后，实现原材料采购和日常管理相分离，规避内控管理风险。同时通过流程诊断和优化，减少原材料采购及产品出库发货销售的中间环节。比如，进口原材料直接进入贵州轮胎保税仓库，结合生产需要直接领取，无须在其他库房进行转移；出口轮胎直接从贵州轮胎成品库装柜运往港口上船，减少在广州大朗库倒转的环节，物流成本年均降幅约5％。

（三）以上市公司财务报表为基础，建立利润体核算和分解模型

贵州轮胎利润分析是通过分析企业如何组织收入、控制成本费用支出实现盈利来评价企业的经营成果。通过收支结构和业务结构分析，评价各专业业绩成长对公司总体效益的贡献，以及不同分公司经营成果对公司总体盈利水平的贡献。

贵州轮胎将报表利润结合一系列财务指标和非财务指标进行分解，按照"产、供、销"的思路将利润指标落实到对应分公司和各职能部门，无法分解的指标定义为公共利润科目并由公司所有部门共同负责。

1. 统筹考虑规模盈亏和价格盈亏，科学指导销售策略和市场布局

贵州轮胎每年年初根据经营总体规划，制定各类产品的标准单位制造成本、标准单位期间费用、标准单位质量成本以及销售部门测算产品盈亏的原则。每月销售部门根据实际完成销售情况以及销售费用发生情况测算部门利润贡献完成情况。国内销售部、进出口公司利润贡献包括增加销售量实现的规模性盈亏以及提高销售价格实现的价格盈亏。财务部和销售部门通过近两年的数据测算，确定出规模盈亏的基调，即将规模性盈亏界定为销售部门通过销售量摊薄固定成本和费用，超出年度标准固定成本和标准期间费用预算应承担的部分。同时明确价格盈亏核算方法，即销售部门根据销售市场调整销售价格，销售价格扣除原材料成本、标准制造成本、标准期间费用所产生的盈亏。

基于上述精细测算和分析，贵州轮胎采用规模盈亏和价格盈亏相结合的精细化销售管理策略，每月月初根据当月原材料成本、标准制造成本、标准期间费用预计本月销售利润完成情况，提前制定好当月的最低销售价格，结合库存和产能制定最低的销售完成量，平衡规模和销售价格的矛盾，从而保证及时、科学、系统地制定配套的销售政策，从根本上保证盈利能力的可持续性。每月月末要对实际完成情况与预算进行对比，分析差异产生的原因，提出下月解决方案。同时不断调整产品结构，增加产品附加值，提高产品品质，从而实现真正改善公司效益的目标。

2. 以标准化操作为核心，降低质量成本和制造成本

贵州轮胎目前有载重子午胎分公司、工程子午胎分公司、特种胎分公司等6个生产单元，定位为质量成本中心。分公司效益是通过降低单位制造成本、质量成本来体现的。

贵州轮胎建立一系列成本、质量指标，作为分公司绩效考核的基础。质量成本涵盖预防成本（质量改进费用、产品/工艺设计评审、验证、确认费用等）、鉴定成本（破坏性试验的工件成本、耗材及劳务费和检验费用等）、内部损失成本（废品损失、质量降级损失等）、外部损失成本（索赔费用、降价损失等）；生产成本涵盖直接材料（原材料、辅助材料、燃料及动力等）、直接人工（生产人员的工资、补贴等）、其他直接支出（如福利费）、制造费用（办公费、差旅费、劳保费等）。

贵州轮胎充分认识到质量成本和生产成本呈现高度正相关关系，标准化操作方法可以有效兼顾质量成本和生产成本。从2016年开始，贵州轮胎陆续推行覆盖所有工序和岗位的标准化操作，各分公司均建立标准化体系。自推行标准化作业以来，公司质量成本和生产成本出现明显下降。

3. 实施仓储物流系统损失分摊，指导改进薄弱环节

一是关注减值准备，提高资产收益。贵州轮胎依据固定资产减值准备原理对仓储物流环节进行系统诊断，找出资产可能发生减损的迹象，及时对可收回金额进行正式估计并当期计提。贵州轮胎从2016年起聚焦减值准备，每月进行专项经营分析，降低库存数量，调整库存结构从而减少成品库存减值，2018年较2016年成品库存减值准备下降66.67%。

二是建立健全库存处理追究办法，降低库存处理损失。近几年来，受市场销售、生产、质量等各方面的影响，贵州轮胎滞销库存数量急剧上升，每年处理库存的损失居高不下，处理库存的损失都由公司总体"买单"，无法落实责任和进行责任追究。贵州轮胎2017年起草制定《非正常库存轮胎处理成本分摊及责任划分办法》，该办法坚持"谁造成、谁负责"和"当月分析，当月落实责任、当月进行损失分摊"的原则，同时将超库存、超周转次数资金占用核算利息成本，将资金成本分摊到责任部门，挂钩进行考核。2018年上半年，处理滞销的轮胎损失不到同期的20%。

4. 实施期间费用预算执行管理，确保年度预算目标的实现

贵州轮胎每年年初根据公司总体经营目标，梳理各业务流程，采取自上而下与自下而上相结合的预算管理办法，制定各项费用的预算限额，下达费用限额卡，各业务按照限额控制费用的发生。每月由财务部门对费用的实际发生情况进行统计和分析，查找超预算原因，把相关责任落实到各业务部门，并提

请业务部门制定控制措施。同时制定调整预算的申请、审批和使用流程，确保年度预算目标的实现。

（四）建立以利润为中心的关键岗位薪酬绩效体系，各经营体围绕中心开展经营活动

贵州轮胎以利润为中心的内部市场化运作机制是以关键岗位薪酬绩效体系为支撑的。从2016年开始，贵州轮胎通过局部试点，逐步建立起以利润为中心的关键岗位薪酬绩效体系。通过将关键岗位人员和所负责的经营体利润挂钩，实现经营体业绩大幅改善和关键岗位人员收入按既定指标同步增加。激发二级单位管理人员的积极性、主动性和创造性，有效传递市场压力，快速应对市场变化，明确责任目标，突破以前的收入分配禁锢，突出激励效果。

1. 签订经营体目标责任书，奠定利润中心考核基础

根据公司年度经营工作报告的安排，为有效推行以分公司和关键部室为经营体的目标管理，推动各部门实现利润最大化、费用最小化；根据总公司年度预算，结合各经营体各项业务的完成情况测算出各部门的利润贡献额或者亏损额，设定具体利润目标，确定奖惩机制。促进各经营体改进效益，支撑公司利润目标实现。

贵州轮胎绩效考核领导小组组长每年年初与各经营体责任人签订经营体目标责任书。目标责任书突出指标导向性，奖惩刚性，目标科学性。比如，在制定销售模块经营体的目标责任书时，首先，突出国内外市场利润总额经营目标，与公司年度战略目标一致；其次，突出市场经营运行质量指标，特别强调应收账款的销售占比控制以及现金回笼比例等；再次，突出经营风险控制，强化应收账款计提坏账的红线指标以及客户信用管理等；最后，关注公司整体运行系统的费用成本指标，突出对成品库存资金占用指标的控制。

2. 明确考核对象、基数和办法，确保目标责任得以兑现落实

一是明确考核对象。确定经营体责任目标的考核对象为各经营体负责人及其管理团队。

二是确定考核基数。贵州轮胎对各经营体利润贡献额下达责任目标，增设专项绩效奖励基数。年度指标综合评价后，一次性兑现。

三是制定考核办法。首先，财务部按月度汇总指标完成情况数据，每月在规定时间节点前报送企业管理部。企业管理部及时向责任部门通报目标完成情况，责任部门要细化分析，查找存在的问题，制订并落实改进措施计划。其次，年度综合评价。未完成保底目标，利润贡献额专项奖励不予兑现；在保底目标和奋斗目标之间，按完成比例兑现利润贡献额专项奖励；达到奋斗目标以上，100%兑现利润贡献额专项奖励，并颁发"完成年度利润贡献额"荣誉证书，注明指标完成情况。最后，所发放的年度利润贡献奖励，由企业管理部造册，经规定程序报批后发放。个人所得税按全年一次性奖励核税后，由公司代扣代缴。

3. 以利润贡献目标为导向，提升核心业务及大成本项目管理水平

第一，内抓管理，外拓市场，促进销售效益根本好转。对于销售业务模块，贵州轮胎利润目标导向为价格盈亏和规模盈亏，同步关注市场经营质量和风险。在这种导向下，贵州轮胎国内外两个销售市场，一方面内抓管理，降低销售费用，规范市场管理，细化盈亏分析，促进价格盈亏的根本好转；另一方面加大市场开拓，国内实现配套、维修市场全覆盖，国外实现主要国家和地区全覆盖，提速上量，大幅改善规模盈亏水平。国内销售部通过鼓励客户减少资金占用，严控超周转金发货并加大资金回笼绩效考核权重等，加快资金周转，减少应收账款；同时通过CRM系统升级改造，成功实现应收账款账期自动化管理。

第二，关注浪费，着眼过程，释放制造单元潜力。在制造单元方面，贵州轮胎抓住6个分公司为"质量成本中心"的共同特征，在指标设计上导向质量成本和生产成本两大关注项，全过程关注浪费，实施物耗指标横向、纵向对标管理；同时在全公司范围全面推行精益生产，按季度发布精益生产成果，

配合轮胎制造成型、硫化工序的智能化改造和炼胶工序工艺优化，有效释放生产单元潜能，产品的订单满足率平均提高15%以上，个别生产单元的订单满足率甚至提高了30%以上。

第三，优化结构，提高效率，降低仓储物流成本。在贵州轮胎的成本结构中，仓储物流成本占期间费用的比例在50%以上，对于处在内陆省份的贵州轮胎来说，仓储物流环节的效率提升显得至关重要。贵州轮胎在仓储物流利润中心的目标导向是优化库存结构、缩短物流环节、提高服务水平，有效降低库存资金占用、产品折价损失和海内外运输费用。一是仓储物流经营体通过严格控制库存发货比指标（小品牌库存发货比≤3，大品牌库存发货比≤1），优化库存结构，减少呆滞库存产生的风险。二是在利润目标的导向下，贵州轮胎国内销售部、出口部和工业胎销售部，通过实现内销库存数据共享和渠道互通，发挥和借鉴各自的资源和渠道优势，形成销售合力，实现库存下降。

第四，积极开展，资金运作，降低财务费用。贵州轮胎作为上市公司，财务费用在成本中占有较大比重，直接影响产品市场竞争力和利润水平。2016年以来，贵州轮胎积极开展资金运作，通过盘活存量资金，改善负债结构，创新金融手段，开展银企合作，利用汇率波动，实施应付款账期管理等方式，有效降低财务费用，保持公司财务费用在银行基准利率以下水平运行，更好地支撑公司经营发展。

一是通过规范采购付款的账期管理，对供应商的提前付款和现金付款需求，按银行利率收取合理的资金成本，有效降低财务费用，确保企业收支平衡。二是继续与银行合作，以贵州轮胎的贵州前进轮胎销售有限公司为主体向股份公司开具期限为一年的电子银行承兑汇票，在贴现利率低于理财收益率的时候，由银行负责贴现并进行理财，获取0.5%~1%的无风险利息收益。2018年可实现利息收入300万元左右。三是通过对日常银行存量资金办理短期理财或协议存款，在保证资金链安全的同时又能获得较好收益，2018年全年预计利息收入500万元左右。

（五）开诚布公强化绩效沟通，不折不扣落实目标兑现

1. 表彰亮点，研究难点，实事求是开展绩效面谈

贵州轮胎高层高度重视绩效沟通工作，围绕"凝聚共识，上下同欲"的目标，分层开展绩效沟通。

一是强化沟通前的策划工作，对沟通环境、沟通程序、沟通预案、被考核部门的指标数据推演、货真价实的亮点、影响绩效的症结、改进方向和指导意见等，事先做出书面策划，形成对每个分公司、职能部室有针对性的《绩效面谈提纲》，经公司审定后逐一实施。

二是高层内部优先沟通，通过党政联席会，公司主领导碰头会，统一绩效考核的集体意志。为年度绩效水平定基调，形成统一标准，促进公司利润中心考核模式顺利推行。

三是肯定成绩，面对问题，开诚布公实施绩效面谈。事先准备好提纲和资料，对部门所取得的成绩充分予以表扬，对于利润总额达到或超过卓越目标的贡献突出者，颁发"完成年度利润贡献目标"荣誉证书；明确本年度绩效责任人及其团队可获得多少金额的奖励；针对绩效指标的薄弱环节，提出改进思路，确定改进方向和要求，同时要求绩效责任部门会后报送书面的改进方案。

2. 履行承诺，利他设计，关注绩效兑现细节

做好兑现工作是利润中心绩效考核成功的最后一环，贵州轮胎通过绩效兑现设计有效解决利润目标考核问题。

第一，用目标责任书的方式锁定兑现承诺，以预算预提资金安排的方式确保承诺兑现。第二，通过月度分析测算绩效完成程度，透明化兑现数额，分公司和部室可以通过公式清楚地计算出能拿到多少钱。第三，通过通用指标（比如利润贡献）绩效封顶，痛点指标（比如应收账款坏账计提）追奖追扣的方式，把有限的激励资源放在刃上。第四，按照利他设计的原则，对市场化风险，不可抗因素等，由公司绩效考核领导小组通过规范化的程序，对绩效责任团队的贡献进行综合绩效评价。第五，通过专人与银行对接、单项独立上账、全年一次性收入算税等措施，确保收入保密，规避分配矛盾，减少个人

税负。

（六）以跨部门项目经营体为基础，探索建立跨国和跨部门经营体管理模式

贵州轮胎一直以来鼓励各部门联合创新攻关，成立跨部门跨专业项目经营体，积极解决影响公司经营绩效的生产、质量、成本等方面存在的结构性和系统性问题，并建立较为完善的绩效奖励模式。贵州轮胎已与越南政府签署投资协议，拟在越南投资建成120万套全钢子午线轮胎项目，逐渐走上国际化的发展道路，日趋成熟的经营体利润目标管理模式将可以推广到跨国成立的新经营体。

三、轮胎企业以新型经营体为中心的利润目标管理效果

（一）经营体利润贡献上升，公司利润大幅改善

通过以新型经营体为中心的利润目标管理的实施，2018年上半年贵州轮胎各项经营指标较2017年均有明显改善，盈利能力显著增强，盈利水平大幅提高。其中，2018年上半年实现营业收入33.84亿元，比2017年上半年的31.60亿元上升7.08%；实现盈利3082万元，比2017年上半年的835万元上升269.04%。

（二）搬迁项目和原有项目实现转变提速，产品升级效果显现

一是迅速理顺搬迁项目，实现产能提升、产品质量提高和制造成本降低的项目目标，异地技改特种胎项目实施以来，产能从搬迁前的每月不足3000吨迅速提高到每月产能6000吨，较好满足国内国外两个市场的要货需求；一等品率由原来的25%提升到90%以上，制造成本降低了75.76%。二是贵州轮胎原有载重子午胎分公司产能实现显著提升，产能由以前的每月不足7000吨提高到每月突破12000吨，较好支撑国内外市场销售，为公司各项经营指标的全面改善奠定坚实的基础。三是产品升级效果显著。贵州轮胎成功实现产品由中低端向中高端发展的升级，中高端产品销售占比达30%以上，产品盈利能力显著提升。

（三）激发管理热情，经营体利润贡献大幅上升

通过实施以分公司和关键职能处室为经营体的利润目标管理，激发公司各层级管理人员的创新和工作热情，树立了信心，经营体利润贡献大幅上升。如特种胎分公司，2018年月度平均利润贡献额达158万元；载重子午胎分公司2018年月度平均利润贡献额达523万元。

（成果创造人：黄舸舸、熊朝阳、张艳君、王映红、王卫忠、蔡庸猛）

通信企业基于大数据分析的网格化精准投资管理

中国联合网络通信有限公司河南省分公司

中国联合网络通信有限公司河南省分公司（以下简称河南联通）主营固定通信业务、移动通信业务、数据通信业务、网络接入业务、电信增值业务、通信信息系统集成业务等，同时承担基础电信网络建设、网络信息安全、应急通信等普遍服务义务。截至 2017 年年末，共有在职合同制人员 22754 人、资产总额 363.04 亿元、各类用户 3974 万户（移网 2437 万户、宽带 939 万户、固定电话 598 万户）。移网基站总数超过 13.2 万个（含室分）。固网建成全光网络，FTTH 端口 1876 万个，互联网省际出口带宽 10560G，具备千兆引领、百兆普及的网络能力。2017 年，公司实现主营业务收入 177.65 亿元，同比增长 8.2%，实现利润总额 10.5 亿元，上缴税金 4.72 亿元。

一、通信企业基于大数据分析的网格化精准投资管理背景

（一）传统投资管理方式难以应对日趋激烈的市场竞争

传统上，通信行业内企业投资安排和管控按照行政区划进行，然而这样进行投资管理颗粒度大，容易导致行政区划之间互相抢投资额度，整个投资对市场的支撑精准性不足，造成投资效益比较低。另一个极端是部分企业容易走向投资颗粒度过小的极端，比如按照地理场景、基站或者小区进行管理，造成管理极其复杂，难以持续有效执行；同时由于颗粒度过小，投资管理过程无法做到对客户群体行为和消费习惯的关注，同样造成投资管理与企业经营本质偏离。随着通信行业的同质竞争日趋激烈，4G 和宽带等传统业务的发展趋缓，2I2C 业务随着人口红利释放增速下降，行业价值逐步下降，行业用户数量、业务量增幅和收入增幅的剪刀差不断加大，粗放型投资管理方式无法应对当前的竞争压力。在服务客户方面，传统投资管理工作中存在两个方面的难题。一方面是精准把握客户需求难，难以准确找到移动网用户所在地和用户使用的业务类型。另一方面是精准快速满足一线需求难。作为投资管理部门，收集一切需求是投资决策的基础，及时反馈资源安排计划及顺序是管理职责所在。由于缺乏有效信息技术手段的支撑和新的投资管理模式，使得这两个方面都成为企业有效投资的难题。

（二）打破"部门墙"，推进网络资源投资运维一体化协同的需要

通信运营商既有投资管理部门如网络发展部，负责整个通信网络的规划与建设工作，也有资产运营部门如网络运行维护部、网络优化中心等，负责存量网络运行维护、质量优化与管理工作。网络发展部负责网络的前期规划和建设，维护和优化部门负责网络建成后的精细调整和稳定运行，二者都是有效支撑市场不可或缺的关键一环，而且需要双方强力协同。但是，企业在实际运转过程中，会在一定程度上存在相互推诿的事实。投资管理与资产运营部门难以协同的主要原因往往不在于部门间职责划分的合理性，究其根源在于部门间的关注点不聚焦，决策数据不一致，从而造成一驾马车两个轮子不能同向共驱。那么如何实现企业投资管理部门与资产运营部门间共点、共语、共时、共计，同样需要在实践中结合企业特点不断探索与实践。

（三）新一代信息技术为精准投资管理提供了新技术手段

以"云、大、物、智"为代表的新一代信息通信技术被誉为第四次工业革命的典型代表，为深入、体系化地解决传统投资管理的问题提供了新的手段和可能性。大数据与云计算被公认为是第四次工业革命的生产资料和生产力，通信运营商拥有庞大的用户和网络大数据资源，同时也拥有其他企业不具备的云服务资源。如何利用这些宝贵资源，研究有效的数据挖掘模型和手段，实现对客户需求的精准画像和

客户感知的精准保障，进而实现精准投资是值得通信企业先行探索的重要工作。

二、通信企业基于大数据分析的网格化精准投资管理内涵和主要做法

河南联通准确把握投资管理中的诸多难题，开展了投资管理颗粒度划分、网格长组织体系建立、网格用户群画像、网格投资优先级排序、感知问题诊断、一格一策处方开具、规建维优共语共计协同体系建立、任务分拣及工单派发、智慧投资管理平台开发等方面的创新实践，并通过流程再造、信息系统固化实现了对市场一线的有效支撑，探索出了一套较为系统的移动网络资源精准投资管理体系。主要做法如下。

（一）转变网络资源投放思路，建立投资网格化管理模式

河南联通转变传统面向网络进行资源投放的方式为面向用户和市场价值进行资源投放；转变面向本地网进行方案编制和资源投放的方式为面向网格进行资源投放；转变依托传统道路测试、室内定点测试、网络指标、用户投诉等传统数据进行投资管理决策的方式为利用运营商自身及竞争对手大数据进行精准决策支持；转变传统规划、建设、维护、优化语言不通、计谋不共为规建维优一体化共语共计进行资源投放和感知提升；转变传统以项目进行投资建设管理的方式为以单个方案的工单进行管理；转变传统经过层层上报进行需求搜集和研判的方式为通过随身化平台进行大数据与网络问题的透传与互动。

1. 借鉴网格管理方法划分全省网络

从2013年开始，河南联通仿照政府河长、路长制管理模式，探索移动通信网投资网格化管理。遵循依群划格原则，不断完善划分方法。结合用户分布特征、地理环境特征、道路及建筑物边界特征，将河南全省16.7万平方千米，划分成13766个网格，并将网格与通信企业大数据方法论相结合，这一创新管理思路解决了无线网投资管理颗粒度过大与过小的难题，同时促进了网络资源投放向企业经营本质的回归。

2. 建立网格长管理体系

在网格划分基础上，河南联通探索网格长负责制，网格长统筹建、维、优各部门一体化联动，使用大数据分析问题、制定方案、方案实施、验收评估。网格长为网格内精准投资工作落地的第一责任人。对相关人力资源进行有效整合，网格长成员由网建、网优、网管、当地建维四个部门的员工组成虚拟团队。为网格长匹配"责、权、利"，建立基于不断提升网络质量和客户感知的考核机制，强化网格长与市场划小CEO面对面对接的倒三角支撑体系，提供"沃的e格"APP随身化工具辅助网格长工作和考核。

管理部门从网络质量、效能指标、投诉感知指标、划小CEO对网格长服务评价四个维度综合评定网格长工作效果，根据得分给予当月绩效激励。

（二）利用大数据技术开展网格画像，按照市场价值排序安排有限投资

1. 开展网格用户与价值画像

划好网格后，再利用大数据为网格画像，建立语言。通过业务特征数据（B域）为网格画像建立市场语言，实现目标用户价值定位、轨迹分析和用户群分，共计106项指标；利用网络运行数据（O域）为网格画像建立网络语言，实现感知问题系统查找、网络覆盖能力评估、竞争力评估等内容，涉及65项指标。将O域、B域大数据打通，从用户特征、业务特征、价值特征、地理特征、资源特征五方面为网格画像，通过画像让一线网格长和小CEO清晰掌握网格内用户、网络资源情况，对新的资源需求做到精准。另外，规建维优一体化基于网格以共同聚焦市场为目标，实现语言相通，即共语，为清除部门墙奠定基础。

2. 开展全省网格排序，实施投资动态迭代管理

通过B域11个维度和O域4个维度综合打分，将全省网格按用户价值和覆盖情况进行排序并配置

资源。其中，B域11个维度分别为：两聚焦（聚焦前80％常驻用户聚集网格，聚焦前80％两点一线用户聚集网格），六关联（常住用户的工作住宅、社会关系、城乡一体化关联网格；两点一线用户的工作住宅、社会关系、城乡一体化关联网格），三关注（关注2I2C用户聚焦的前80％网格，关注冰激凌用户聚焦的前80％网格，关注农村场景固移融合网格）；O域4个维度分别为：网格建设类差栅格面积占比、网格投诉密度、网格高倒流小区比例、竞对分析结果。然后对O域与B域15个维度进行加权打分与排序。按排序结果，顺序开展移网规建维优SLA差异化管理，将稀缺资源用到市场最需要的网格。

（三）开展关联分析，建立面向用户和市场的方法论体系

移网用户的感知是立体的，覆盖要广，投资就要大；而效能的保障又要求投资要适度。大数据网格画像利用"网格画像"找到目标用户群，通过抓"年轻人、重视频用户、固移一体化"优势打造，实现了效益聚焦；再通过抓"住宅地与工作地、城市与乡村、社会关系一体化"解决了立体感知的聚焦，三者共同构成了精准投资方法论的核心内容。

1. 聚焦年轻人集中的网格

通过对河南联通已有2I2C用户的大数据分析发现，30岁以下的年轻人是2I2C业务的主力军，占比达到85％，其中18岁以下用户占到已发展用户的34％；18至23岁用户占到已发展用户的31％；23至30岁用户占到已发展用户的20％。为了有针对性地支撑2I2C业务的发展，利用大数据对全省年轻人聚集区域进行分析，聚焦70％年轻用户聚焦网格开展精准建设。

2. 聚焦视频用户聚集的网格

面向视频业务用户，提取河南联通全省3天的Gn数据，分析出网格级的视频业务的用户及相应流量，进行分级合并，得到不同区域基于视频业务的网格分级，优先保障等级高的网格需求。

3. 聚焦固移融合的潜力网格

为推动融合业务发展，提高固移融合整体感知，满足联通用户对宽带和4G业务的使用需求，河南联通针对宽带业务发展较好的网格，进行4G网络诊断，实施精准建设提升用户感知。通过大数据分析，对全省网格进行4个维度的固移融合业务打分评价：网格宽带用户数和网格宽带用户密度分别占比30％，网格固移融合率和网格宽带收入分别占比20％。

4. 保障移网用户住宅与工作地一体化立体感知

河南联通使用大数据分析手段，将移网常驻用户的工作地网格与住宅地网格关联，实现用户两点一线保障，让用户在家里和工作地同时享受高质量的通信服务。第一步，确定网格是否有工作住宅强关联网格。第二步，确定工作住宅强关联网格。第三步，对前两步计算得出的工作住宅强关联网格进行综合网络保障，提升用户立体感知。

5. 保障移网用户社会关系一体化立体感知

河南联通使用大数据分析手段，将移网用户的常驻网格与其经常联系的亲戚、朋友等社会关系常驻网格关联，让用户和他关心的人同时享受高质量的通信服务。通过大数据分析，网格内常驻用户一月内有5天以上呼叫某联通用户，则被呼叫的这个用户常驻的网格为该网格的社会关系高关联网格。高关联网格内的用户人数可作为关联网格排序的依据。对上述分析得出的社会关系强关联网格进行综合网络保障，提升用户立体感知。

6. 保障移网用户城乡一体化立体感知

河南联通使用大数据分析手段，将移网常驻用户的常驻网格与其经常下乡的农村网格关联，城区与农村关联实现城乡一体化保障，让用户在农村和城市同时享受高质量的通信服务。通过大数据分析，确定网格内某常驻用户a去某农村网格，且发生业务的天数超过3天以上的农村网格为城区用户下乡高关联网格，该网格的所有常住用户在乡下网格出现的总人次为关联系数，根据关联系数确定关联强度。对

上述分析得出的城乡关联网格进行综合网络保障，提升用户立体感知。

（四）建立分析模型，开展网络资源规建维优一体化协同

建立移动网全量问题研判方法，建立规划、建设、维护、优化"共点、共语、共计"一体化协同体系，打破传统部门墙，形成了网络投资管理部门与资产运营管理部门联动的移网投资管理体系，在性能最优的前提下实现投资最省。一格一策就是面向每一个网格的客户体验问题开具解决处方。

1. 建立全量大数据的标准化采集与挖掘流程

覆盖问题评价力求全量，以保障客观、合理与系统性，点与面覆盖问题评价依靠MR、counter、投诉联合分析；线覆盖问题评价依靠DT路测；覆盖问题的研判涵盖弱区的同时，补充断点问题的评估。数据采集情况有以下6种。①终端测量报告（MR）数据。采集全省所有现网3G、4G小区的MR数据，形成室内、室外差栅格列表，包含栅格经纬度的MR数据、采样点数、电平值、业务量、用户数据等信息。同时对MR栅格数据进行处理，形成差栅格建维优问题筛。②计数器（counter）数据。包含4切3、3切2的回流比相关指标，小区不在服时长占比等关键指标，覆盖断点分析，可靠性覆盖问题分析等。③网优路测数据。网优中心日常网络测试积累的DT、CQT数据。④用户行为数据。终端、视频、年轻人等分析。⑤用户投诉数据。包含投诉点经纬度、地址、用户等级、投诉类型，用于建设需求分析参考。⑥市场需求数据。市场部门提供的发展热点区域和重点集团客户单位数据。通过以上各类网络问题及需求数据的全量收集整理分析，形成全量问题点的圈选归集，为后续方案编制的精准性打下基础。

2. 利用大数据进行全量问题捕捉和根因分析

以网格全量问题收集整理分析为基础，摸清网格内现网资源，找准资源短板，以便精准施策、精准投资。

一是构建方案决策数据数字化沙盘。基础数据包含2/3/4G工参信息、高倒流小区信息、微网格信息、铁塔站址信息、电信竞合信息、高铁专网信息、MR差栅格图层、投诉图层、路测图层、卫星和道路图层等，加载入地图软件中。

二是问题定位分析。找到目标网格，通过MR、倒流、断站、投诉等数据首先锁定网格内的网络问题区域。对于MR和DT差点聚集区域，主要是由于覆盖引起的，观察周边站点的参数配置，结合周边的地形地貌和建筑的特点综合判断。对于投诉聚集区域，关注投诉的网络类型（2/3/4G）和覆盖类型（室内深度、室外浅层）。对于高回流网格内的高倒流小区附近，要加强3/4G覆盖。

三是问题根因分析。对于长期退服或者零业务小区，要结合小区周边用户密度和业务闲忙考虑恢复断站或者搬迁重建；对于设备、天馈故障要首先考虑故障恢复；对于基站能力不足，首先考虑调整现有资源，其次考虑新增资源补充；对于周边环境影响和网络结构不合理，应该考虑选择合理位置增加站址资源，灵活组网。

3. 一格一策精细化编制网络建设和投资方案

一是一格一策方案立足存量资源盘活。本着"性能最优，投资最省"的原则，在一格一策方案编制中，重点加强调整类的工作。对超闲基站，以调为主，采用调挂高、变方位、压带宽、增功率等方式有效增加覆盖，提升容量；对零流量基站，以搬为主，纳入新建工程，减少新增投资。

二是一格一策方案中体现"两减一加"的协同。一格一策方案编制中，突出"两减一加"的导向作用，两减是2G退网、3G减频，一加是4G做深做厚。两减的目的在于实现一加，将2G退网和3G减频思路充分融入"一格一策"方案中，将2G、3G减法腾挪的天面、机房配套、频率资源及时用4G承接，实现效果倍增，投资最省。

三是一格一策方案体现室内外一体化管理模式。室内外一体化可以有效避免传统室分与宏站割裂管

理情况下，覆盖重叠、投资重复、效能低下的问题，提升方案经济性。在编制方案过程中，要考虑到室外基站不仅解决地面和道路覆盖，也要解决建筑物内部覆盖；室内分布不仅解决室内覆盖，积极引出外打天线，解决楼宇周边的室外覆盖。

四是一格一策方案中形成方案优先级。首先进行维护类，解决断站恢复问题；其次是优化类，利用现有资源调整各种参数设置；再次是调整类，对个别扇区进行调整，包括新增扇区天线、新增扇区RRU、新增功分器等；最后是建设类，新增宏站或者室分站址。运用4大类31种方法关联原因，匹配解决问题

4. 利用大数据开展网格级竞争力分析

看清对手既是适度投资，避免投资浪费的关键，也是精准提升网络竞争力，打造网络差异化优势，赢取客户口碑的关键。河南联通创新性地提出并实践用异频测量手段进行无线网覆盖竞争能力分析。首先收集目标运营商的频点配置信息，在本网网管侧配置无线虚拟异频邻区，网络开启并下发异频测量控制到手机，全网通手机进行异频测量并上报包含异运营商测量信息的MR到网管，其次提取MR进行数据清洗并分析，对分析结果进行有效性和准确性验证；最终通过建模分析出各个网格的竞对结果。

在一格一策方案编制中，通过竞争对手分析，编制网格精准建设方案。一是在室分规划中，如果竞对分析结果显示，联通宏小区竞争力不如某竞争对手，如运营商A，联通宏小区上报的MR条数多且用户感知差，同时该小区对应方向有运营商A的室分，则建议共享运营商A室分；二是在宏站规划中，如果竞对分析结果显示，联通宏小区竞争力不如运营商A，联通宏小区上报的MR条数多且用户感知差，该小区对应方向有运营商A的宏站，同时该运营商A宏站存在联通网络设备，则建议检查天面信息，或进行RF调整，如果该运营商A宏站不存在联通网络设备，则建议共享该运营商A宏站。

（五）完善组织流程，为移动网络资源精准投资提供保障

1. 完善制度和流程

河南联通选择部分地市开展大数据精准投资方法论试点，通过试点总结，将精准投资成果标准化、流程化，固化为七大步骤推动落地。一是建立网格用户感知和价值信息库，全量、系统查找网格感知问题；二是充分挖掘现网资源，利用O+B大数据分析结果，以网格为颗粒度开展问题的根因分析及分类；三是一格一策编制维、优、调、建方案，建维优科学分拣，四位一体实现4G覆盖提升、3G底网完善、2G减频退网；四是优化、维护方案优先实施，结合投资价值，分批启动调整和新建方案；五是建立网格问题、方案、动作档案；六是对应网格档案开展网格验收和质量提升评估；七是网格网络能力信息推送市场，助力市场发展。在建立流程和标准的同时，河南联通纵向打通组织管理体系，横向打通相关平台及数据，建立规建维优一体化工作保障体系。

2. 调整无线网迭代建设管理模式

河南联通积极探索无线网专业投资动态投放和迭代建设创新思路，年度投资实行省公司统筹与授权市公司相结合的管理模式。省公司依据各地市投资效果、效率，打破地市界限，短周期迭代匹配、动态管理；市公司落地迭代投资池管理，建立"责权利匹配"模式，及时启动实施，充分发挥投资效率与效益。

一是开展投资分类。全省无线网投资，根据当年规建维优方案，并结合各市分公司投资占收比确定各市投资边界。依据业务及网络需求，将全省无线网投资分为战略目标类、需求迭代类、管理严控类三类。对于战略目标类投资项目，由省公司统一安排，统一部署，统一打造网络口碑。对战略目标类规划名单内的项目，原则上早安排、早产、早见效。对于需求迭代类项目，由省公司制定启动条件，地市根据规划目标确定具体投资规模，省公司统一立项启动。根据业务需求，结合网络资源利用率和低效能占比情况，按季度或月分批滚动下达。对于管理严控类项目，一事一议，省公司利用三张表严格审核，

包括全省排名后 5000 个网格的网络建设、涉及 2G 网络的资源投入等。

二是实行投资迭代滚动安排。战略目标类项目由省公司统筹安排，总体上年度迭代周期不少于两批，结合精准建设要求滚动投放投资。需求迭代类项目结合全省大排序、地市分公司效益，按照前期进度、收入、利润完成度进行迭代。根据"先精准排序、再实施方案、后效果评价"的动态迭代管理要求，遵照管理从严、实施从简原则，按需滚动，快速满足业务发展需求。

三是验收投资执行效果。省公司按季度跟踪评价地市项目效能，视执行情况适时调整授权权限。网格验收按照维护、优化、调整和建设分别制定不同的验收评估方法。其中，维类效果评估根据工程实施前后基站在服时长评估网格的稳定性；优化类效果评估根据实施前后网格参数变化和 MR 前后数据对比评估优化动作执行是否到位；调整类和建设类效果评估根据施工规范、所建设基站业务量和网格内周边基站业务量对比、MR 前后数据对比来衡量。

3. 自主研发移动网络的智慧网建及网格长支撑平台

河南联通自主研发了"沃的 e 格"精准投资管理及互联网化支撑 APP 平台。实现从省分到地市最后到网格长的随身支撑系统，构建了移网投资管理的"五化"管理新模式，即流程化、制度化、标准化、信息化、随身化。

一是云大物移等新技术赋能，实现精准投资管理随身化。固化网格长体系，实现规建维优一体化工作模式高效落地；无线网投资管理由面向网络转为面向市场与用户；O＋B"大数据沙盘"支撑一格一策方案编制；维优调建各类动作以工单进行全过程跟踪；网络投资从项目制管理转变为工单制管理。

二是大数据赋能，提升网格长和小 CEO 业务发展能力。移网大数据分析成果实时透传一线；通过工具支撑网格长清晰掌握网格内用户分布、市场价值及覆盖情况；利用 APP 为网格长、小 CEO 提供日常问题透传通道；通过海量众筹测试工具，变应诉模式为主动解决问题模式；提升网格长对所辖区域用户、市场、网络问题及资源现状的把控能力。

三是实现后台投资管理对一线的贴身支撑。网络测试和网络问题的发现，不再是专业人员的专利，包括网格长和装维经理在内的所有人都能轻松做到，众筹测试结果将指导建设方案精准编制。同时为一线网格长提供问题上报透传通道，使一线需求直达投资管理部门，消除一线需求与资源管理部门的鸿沟，提升精准投资管理效率。

三、通信企业基于大数据分析的网格化精准投资管理效果

2016 年 8 月，基于大数据的网格化精准投资管理体系初步完善，成果已应用于全省移动网投资管理的规划与建设工作，对于提升移网投资效益发挥了重要作用。

（一）移网投资结构得到持续优化，投资精准度、聚焦度得到持续提升

通过不断探索和实践，投资结构逐年优化，聚焦效果已经显现。2017 年河南联通无线专业共投资 11 亿元，在网格占比 22％、网格面积占比 8.6％的聚焦区域内投入了 84.6％的无线网资源。2017 年投资在比前两年有较大幅度下降的情况下，通过聚焦区域的精准投资管理仍然很好地支撑了 4G 发展、流量经营和 NPS 提升，如图 1 所示。

2015-2017年移网分价值区域投资占比

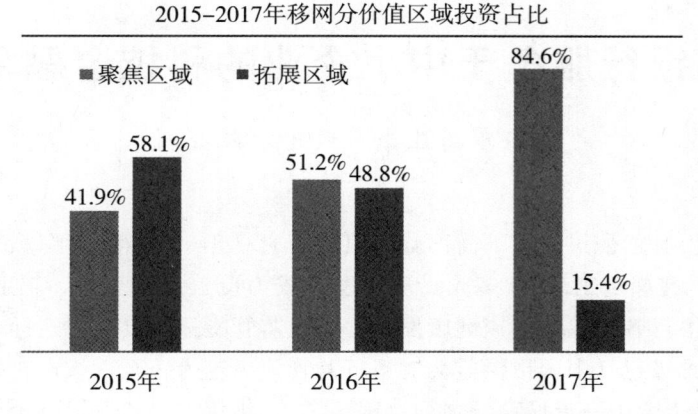

图1 2015—2017年移网分价值区域投资

另外，河南联通移网投资效果在2017年集团通报中被评为双优，实现了"准、精、好、省"的目标，名列集团前茅。"准"体现在聚焦区域覆盖满足度93%，名列全国第2，低效能基站占比降至7%；"精"体现在低效能基站少，干扰小，资源利用均衡，河南联通移网建设方案合理性评价为优的地市7个，良的9个，2个地市为中，无差地市；"好"体现在2I2C用户覆盖保障满足度超过92%，全国第2；"省"体现在2017—2019年网络规划通过建维优分拣工作，节省规划投资13.83亿元。2017年移网建设项目共新建3494个4G基站，其中383个通过调整现网设备解决；新增3G站址1668个，全部通过调整现网设备解决。尤其是通过优化和维护等盘活现网设备资源的2.17万个动作的实施，共减少新建3G基站约3100个、4G基站约6100个，节约投资约7.1亿元。

（二）移网出账用户规模、流量经营持续提升，移网效能与客户感知实现双提升

精准投资管理使市场得到精准支撑，经营发展得到持续保障。2017年全年移网出账用户累计净增273万户（全国第1），2I2C用户净增315万户（全国第2），移网用户DOU值由年初的0.8GB提升至年末的3.5GB，12月份当月流量收入占收比达到46.1%，较2016年同期提高14.9个百分点。移网网络NPS满意度第三方调查（N）网络评分持续改善，与本省竞争对手差距逐步缩小。2017年四季度移网综合及网络NPS相对值列联通北方十省第一。

（三）获得多项专利成果，在中国联通得到广泛应用

河南联通创建的面向网格的无线网规建维优一体化精准投资管理体系获得了多项专利和奖项。《一种小区覆盖有效性的评估方法和设备》等获得已授权的专利共计15项，《一种利用大数据进行移动网用户画像方法与系统》等已进行专利申请的共计14项。"面向网格的建维优一体化无线网精准建设模型"获得2017年度河南省通信学会科技进步一等奖，"面向网格的建维优一体化无线网精准建设体系研究"获得2018年度中国联通管理创新一等奖和2018年度通信行业管理创新一等奖。2017年12月，中国联通在郑州召开全国网络建设工作研讨会，精准投资管理模式获得了集团和各省分领导的高度评价及认可。集团公司将该成果作为2018年网络线的一项重点工作在全国推广应用。

（成果创造人：韦海波、王宜科、马红兵、孔　力、徐文洪、
黄志勇、夏学军、耿海粟、杨国颖、桑红梅、于　飞）

城市商业银行服务于中小企业的科技金融平台建设

威海市商业银行股份有限公司

威海市商业银行股份有限公司（以下简称威海银行）成立于1997年，下辖济南、天津、青岛等13家分行、100余家支行，在岗员工3000多人，现已发展成为覆盖山东全省、辐射环渤海的区域性商业银行。多年以来，威海银行各项业务快速健康发展，各项监管指标持续全面达标，连续多年被中国银保监会（原银监会）评为二级行（中国银保监会对银行监管评级定为一至六级，一级最好，但目前国内银行尚未有获得者），跻身于全国一流城商行之列。截至2017年年末，威海银行资产总额达到2046亿元，当年净利润16亿元，缴纳各项税金7.3亿元，全年累计信贷投放1450亿元，在山东省财政厅开展的山东省地方金融企业绩效评价中连续三年排名第一。

一、城市商业银行服务于中小企业的科技金融平台建设背景

（一）落实创新型国家战略及促进科技型中小企业发展政策的需要

在我国大力建设创新型国家、促进科技创新、支持中小企业发展的背景下，科技型中小企业的发展受到了高度重视。科技型中小企业以其富有活力的成长性，成为创新队伍中的生力军。而科技创新离不开金融的支持，应加强科技资源和金融资源的结合，进一步加大对科技型中小企业的信贷支持，缓解科技型中小企业融资困难，促进科技产业的全面可持续发展，建设创新型国家。随着科技型中小企业日渐活跃，金融对科技的支持作用更加突出。但是，传统的城市商业银行在服务于科技型中小企业的过程当中，不可避免地存在种种障碍，城市商业银行普遍需要一种具备科技类成长型中小企业划型及企业生命周期管理等精细化运营能力，实现兼具企业价值评估与优化配置授信策略的科技金融平台，满足国家对于促进科技创新、支持中小企业发展的需要。

（二）实现城市商业银行转型的需要

当前银行业竞争日益加剧，对差异定位、特色发展、模式转型等都提出了新的更高要求。科技金融空间广阔、潜力巨大，是相对的竞争"蓝海"。作为我国银行体系中最具活力和成长性的一个群体，城市商业银行牢牢扎根当地、深耕细作，与地方经济社会发展紧密相连，在发展科技金融方面具有天然优势和内在动力。城市商业银行有条件也有责任瞄准中小企业科技金融突破口，加速转型升级，提质增效，寻求契合自身特点和客户需求的模式和道路。围绕中小企业的困境与需求，发现城市商业银行需要一种适应科技型中小企业的特点、满足多层次融资需求、可以针对中小企业微观融资渠道，优化风险控制手段，切实降低中小企业融资难度的科技金融平台。这既符合科技型中小企业对于打通融资渠道、加快科技成果转化的发展需要，也更符合城市商业银行转型发展、提质增效、拓展发展空间的紧迫需要。

（三）突破科技型中小企业融资难的需要

科技型中小企业的融资难问题已经成为各界广泛研究的社科类问题。一是科技与金融对接的结构性矛盾。科技型中小企业具有"高技术、高风险、高收益"的特征，其核心竞争力来源于知识产权等无形资产，但是其潜在价值难以评估，未来的市场化结果也存在较大的不确定性。二是银行与企业信息不对称。商业银行与科技企业之间的信息不对称也是制约科技金融发展的主要因素。三是金融环境和服务体系不够完善。目前，银行与政府、风投机构、科研机构、高新技术产业园区、行业协会商会等相关利益者的合作不够深入，对处于不同生命周期的科技型中小企业提供全方位咨询服务与扶持的能力也亟须加强。城市商业银行普遍需要一种依托科学理论、能够通过技术手段平衡银行业风险与收益矛盾、破解企

业信用危机的科技金融平台，符合理论联系实践、突破科技金融融资难课题的社会科学发展需要。

基于以上背景，威海银行于2011年开始实施服务于中小企业的科技金融平台建设。

二、城市商业银行服务于中小企业的科技金融平台建设内涵和主要做法

威海银行以践行创新型国家战略、扶持中小企业发展、促进科技产融结合为战略定位，以服务地方经济、服务中小企业、聚焦科技创新为市场定位，通过应用中小企业划型、企业生命周期划型、无形资产价值评估、企业信用评级等经济学方法体系，统筹建设科技支行运营体系与信息化系统，实现精细化配置金融策略、优化风控管理、降低融资难度、突破信息不对称等目标。初步建立结构平衡、信息对称、渠道多元、风险可控的现代化城市商业银行科技金融平台（以下简称平台），践行国家创新驱动发展战略，产生一定的企业效益及社会效益。

（一）明确战略方向与市场定位，设立建设科技金融平台的目标

1. 确立平台战略方向

威海银行将平台战略定位为："践行创新型国家战略的排头兵、扶持中小企业发展的金融载体、促进科技产融结合的桥梁纽带。"

一是平台践行国家创新驱动发展战略，加快建设创新型国家战略需要政府部门、科技、教育、产业、金融等各界共同发力。二是平台战略性扶持中小企业发展，紧密围绕国家建设城市商业银行的初衷，为当地中小企业获得融资便利提供有效的制度安排。三是平台着力促进科技产融结合，在技术上、合作关系上打通政府、企业、担保等金融体系各环节，以高效的信息化服务手段，将金融资源、政府政策资源推送至科技型中小企业，促进科技产业快速发展。

2. 确立平台市场定位

威海银行将平台市场定位为："服务地方经济、服务中小企业、聚焦科技创新"。

在地理归类层面，平台准确定位城市商业银行的角色与使命，侧重区域经济发展与产融结合。在企业类型层面，平台以中小企业客户作为目标客户群体，着力解决中小企业融资困境、扶持中小企业可持续发展。在产业领域层面，平台以科技创新作为目标客户的产业范畴，定位科技金融，主要服务于促进科技开发、成果转化的高新技术产业发展。

（二）突破科技型中小企业融资难点，建立授信价值评估体系

平台侧重于应用经济管理的理论与方法，优化授信价值评估及风险控制流程。在科技类企业分类的基础上，通过结合成长型中小企业划型标准与企业生命周期划型标准，为企业做画像；创新以知识产权质押为代表的六大类无形资产评估方法；通过实践运用信用评级理论，形成一整套方法体系，即从企业画像、无形资产、信用评级等多个维度综合评估得出授信额度。一方面降低银行的融资风险，另一方面突破科技型中小企业的融资难点。

1. 建立科技类成长型中小企业划型标准

第一，定义科技类成长型中小企业。即在较长时期（如三年以上）内，具有持续挖掘未利用资源的能力，不同程度地表现出内生动力及整体扩张的态势。第二，威海银行以科技型企业实绩财务指标为依据，提出一套专门评估科技类成长型中小企业的方法，建立包括成长状况、盈利水平、经营效率、偿债能力、行业发展、知识产权在内的6大类定量指标，以及管理能力、技术创新能力和成长环境3大类定性指标的综合体系。第三，在时间维度上综合考察一段时期内企业连续发展的速度和质量，在空间维度上综合考察企业在本行业（或全产业）时点状态下所处的行业地位。第四，评价流程为首先确定企业所在行业的总体状况，然后测算评估期前3年企业的发展状况，最后用企业评估期的实际水平与前3年的发展状况再进行比较，最终从整体上反映评估期企业的变动状况。

通过综合测评，企业成长能力定量指标达到基本标准，定性指标达到本地区细分行业先进水平，则

企业可划型为科技类成长型中小企业。具备内生动力及可持续发展潜力。推荐降低融资门槛,长期扶持培育。

2. 建立科技类企业生命周期划型标准

威海银行根据我国科技类中小企业特征,考虑到各阶段资源的导入与企业发展变化,将科技类中小企业生命周期优化调整为初创、成长、成熟、衰退或转型、再创业五个阶段。

其中,在初创期,企业依托初始资源(如技术专利、科技人才等)艰苦支撑,当获得政府/大企业采购或初期融资后,才有可能突破至成长阶段。因此,初创阶段对融资的需求是最强的,然而由于风险最高,资本市场、风险投资、民间资本考虑风险控制,均很难满足此类大量初创阶段的企业的融资诉求。在成长期,企业着力于市场开拓,通过可持续的经营收益维系其自身发展,能否跨越至成熟阶段,比较的是企业的管理能力。在此阶段将划分出具备内生动力的科技类成长型中小企业,即最有投资潜力的企业。成长型中小企业,将最快进入成熟阶段。在成熟期,企业通过标准化管理,提升运营效率,加快周转能力,此阶段企业着力于技术创新与人力资源培养。当市场变化尤其是科技进步引发时代变革时,企业将面临衰落,同时也可转型迎来再创业阶段。而转型需要资源重组、引入创新能力尤其是资本注入。此时企业对资本的需求达到初创期的迫切程度,但此时企业的发展已相对明朗,资本市场、民间资本将注入,更优惠的政策使得再创业的高获利阶段往往与银行无缘。

因此,如何鉴别企业的发展阶段、如何选择成长期的优质企业、如何维系再创业阶段的优质企业,是科技类企业生命周期划型的诉求。

威海银行通过综合评价法及现金流组合法评价企业的生命阶段。

综合评价法:选取收入增长率、市场占有增长率、科研成果转化增长率、成本降低率、规模扩张率、现金收益比增长率六个要素,并分别赋予不同的权重,通过建立线性方程以确定划分生命周期的综合指标,并根据综合指标的大小判定企业所处生命周期的具体阶段。

现金流组合法:Dickinson(2006)对现金流(包括经营现金流、投资现金流和融资现金流)与企业生命周期之间的关系做出详尽的解释,威海银行结合生命周期五阶段(初创、成长、成熟、衰退或转型、再创业),以不同现金流量特征组合评判企业所属生命周期阶段。

通过综合评价法、现金流组合法等手段,综合评判企业所处阶段。之后结合科技类成长型中小企业划型标准筛选出科技类成长型中小企业,推荐重点提供金融扶持。并长期跟踪培育,为再创业时期的贷款融资做好铺垫。

3. 建立以知识产权质押为代表的融资授信价值评估方法体系

威海银行建立以知识产权质押融资为代表的六大类授信价值评估方法体系包括知识产权质押、股权质押、国内订单、国内法人机械设备按揭贷款、银租通、合同能源管理等。

其中,关于知识产权质押的融资授信价值评估方法,考虑到专利持有单位所处行业的技术壁垒特征及所提供服务的技术附着属性均较为显著,专利技术对其主营业务的价值贡献水平较高,相关业务收入在财务中独立核算,且这些无形资产的价值贡献能够保持一定的延续性,故采用收益法对专利持有单位的专利技术进行评估。评估过程涉及分行业的收入分成率计算、基于资本资产定价模型(CAPM)的折现率计算。评估人员通过对无形资产特有风险进行测评,同时考虑行业的市场竞争程度及其他因素,经综合评价,评估得出专利价值。

4. 建立科技类中小企业的信用评级方法

威海银行应用行业惯用的信用评级5C要素法。对于企业的综合素质、经营能力、管理能力、偿付能力、社会信用记录,做诚信经营评估。

客户信用评级采取定量分析与定性分析相结合的方法,对不同行业、不同类型的客户分别设置具体的评级模型。等级符号及特征描述：客户信用等级分四等十级，即：AAA、AA、A、BBB、BB、B、CCC、CC、C、D，风险逐级递增。

（三）融合客户关系管理及其信贷管理系统，实现有效的风控管理

1. 客户关系管理平台

威海银行 CRM 系统，涵盖客户管理、客户经理管理、营销管理、工作平台、产品管理、报表管理、系统管理等基本功能模块，以及客户多维分析、财富管理模块等高级功能。为科技类成长型中小企业划型、科技类企业生命周期划型等方法体系提供技术支撑。

系统上线后，企业用户使用率逐步提高。系统也不断迭代升级，结合全行各分支机构各层级人员上报的需求，从实用性、便捷性、精准性出发，对需求进行流程化的论证、开发、测试和上线工作；并对发现的问题进行原因排查、问题解决和测试上线工作。

为加大对客户的分层分类管理，开发客户多维分析高级模块，支持对单一客户价值分析和九宫格客户价值细分、支持客户关联价值分析、支持客户行为分析；为辅助客户实现资产管理，开发财富管理高级模块，提供财务诊断、动态资产管理、理财规划工具、客户报告书等高级管理功能。

2. 信贷管理系统

威海银行基于信用评级 5C 要素方法体系、以知识产权为代表的无形资产评估方法，搭建信贷管理系统平台，流程化、工单化开展信用评级、授信价值评估等工序。

为保证信息的准确与完整，威海银行积极与政府、大数据公司及征信平台对接，多维度获取数据，并与企业上报数据核对，分析判断。

客户信用评级管理实行"统一标准、动态调整、分级审定、准入限制"的原则。统一标准是指全行对信贷客户采用统一的信用评级方法、评级指标体系和参数标准；动态调整是指客户经理根据客户信用风险变化等对评级结果进行更新调整；分级审定是指各级信贷管理岗位根据等级权限对客户信用风险进行再评价，对评级结果进行审定，同时，评级认定岗位应满足独立性要求，评级认定人员不能从贷款发放中直接获益，不应受相关利益部门影响，不能由评级发起人员兼任；准入限制是指对评级结果不符合威海银行准入要求的客户，经营机构严格限制准入。

在尽职调查方面，系统支持客户经理收集、整理客户基础资料，并分析判断，信息录入信贷管理系统。客户经理可独立对客户进行定性指标的评价，由系统计算得出初始评级。客户经理可在平台的辅助下，独立对客户是否存在影响生产经营和偿债能力的重大事项做判断。信贷审批部门根据业务权限对信贷经营部门提报的客户评级进行审查。当客户经营和财务情况发生重大变化，如兼并、收购、分立、破产、股份制改革、资产重组等重大体制改革等；或信用评级有效期内，客户的行业属性调整；或客户违约状态发生不利变化时，则应对客户评级做重检。

（四）适应当地环境，完善配套机制

1. 在山东省商业银行中首家建立科技金融支行

威海银行于 2011 年 11 月 16 日成立山东省首家科技支行。在借鉴"硅谷银行"的基础上，按照"政府＋银行＋担保＋创投"的模式，严格按照试点要求，不断创新体制机制，积极开展业务创新，支持科技型中小企业成长。

2. 制定一系列侧重于扶持科技类成长型中小企业的金融服务对策

威海银行对科技支行采取单独的客户准入标准、单独的信贷审批权限、单独的信贷风险容忍度和单独的业务考核政策的"四个单独"的科技型中小企业金融服务专营机构管理体制及专门的"科技绿色通道"，对一些不符合银行常用信贷准入标准的企业，经单独认定，仍可能得到科技支行的贷款支持。

3. 根据企业生命周期阶段制定专项对策

在企业的生命周期五个阶段中，科技型中小企业对商业银行需求最强烈的是初创期、成长期和成熟期前三个阶段。在初创期，侧重咨询服务、担保合作及信贷支持。在成长期，提供知识产权质押、股权质押、合同能源管理、应收账款质押和订单融资等新型担保融资方式。在成熟期，联合风投公司、风险基金和信托公司，提供一揽子综合金融服务方案。重视客户长期维系，使企业在转型期或再创业期延续合作。

4. 运用好山东省及各市政府的金融扶持政策

例如，在威海市，当地财政部门根据属地原则，对科技支行办理的试点企业信贷业务，按照当年贷款余额的1‰予以风险补偿；对获得科技支行贷款的试点企业，按照其当年在科技支行贷款余额的1‰予以贷款贴息，并纳入"临时还贷扶持资金"扶持范围。威海银行充分运用政府的金融扶持政策，扩大科技型中小企业的扶持力度。

5. 丰富产品形式，对接各类金融机构

根据企业实际，推出知识产权质押融资、股权质押融资、国内订单融资、国内法人机械设备按揭贷款、银租通、合同能源管理等丰富的金融产品。基于平台，接口对接风投公司、风险基金和信托公司，共同为企业提供财务和管理顾问咨询等一揽子综合金融服务方案。

6. 制度化组织实地调研中小企业，一户一策服务

科技型中小企业每家的情况都不同，每家的困难和需求都不一样，必须要结合实际情况，制定有针对性的解决方案。为了提供更加优质高效的金融服务，威海市商业银行制度化地安排专人深入科技型中小企业实地调研，一户一策帮助企业实现更快更好的发展。

（五）由点到面，逐步在全省建立标准化的科技金融平台

针对科技型中小微企业融资"短、小、频、快"的特点，威海银行根据"快速、简洁、高效"原则，为科技金融平台设计标准化的组织架构和审批流程，可以实现由点到面，在全省范围推广。

1. 标准化组织架构助力平台推广

一是改革组织架构，设立市场部。将商业银行传统的"业务科—营业室"的二元架构模式，调整为"市场部—综合部—营业室"的三元架构模式，审贷分离、细化职能。并且在市场部配备专业的管理人员和客户经理，负责全行科技型中小微企业的贷款业务，为其提供"一站式"综合金融服务。支行市场部设立以来，全行科技企业贷款快速健康增长，年均增速在30％以上。

二是项目小组管理，打造特色支行。根据客户资源禀赋情况及试点科技企业的区域特性，将市场部7名客户经理划分为3个项目小组，针对威海市4个行政区的试点科技企业进行点对点的专项营销，同时，在资源配置、人员配备等方面给予适度倾斜，在指标设定、业绩考核等方面实行差异化政策，充分挖潜市场部的营销和服务辐射功能，形成"以点带面、多点联动、共同推进"的良好局面。

2. 标准化的信贷审批流程助力平台推广

威海银行在有效控制风险的前提下，为平台减少审批环节，提升审批效率，提高服务水平。除了采取"四个单独"的科技型中小微企业金融服务专营机构管理体制和专门的"科技绿色通道"创新信贷流程，还实行分级审批制度，给予平台更高的授权额度。即科技型中小微企业在一定额度内的授信申请，由科技支行独立审批，超过额度才需要上报总行审批，同时建立基于"团队＋产品＋市场＋财务数据"的价值发现模式，进一步缩短信贷审批时间，提升服务质量和效率。

3. 在全省逐步建立标准化的科技金融平台

威海银行依托平台能力，在枣庄市、烟台市、潍坊市、威海市、青岛市、临沂市、莱芜市、济宁市、济南市、东营市、德州市等山东省范围内城市，围绕国家科技创新重点扶持的细分行业类目（如电

工机械专用设备制造、技术玻璃制品制造、通用设备制造、医疗设备制造、电子元件制造等），推广科技金融服务平台。推广过程中特别注重标准化与市场化。一是在各地优先推广知识产权质押融资、股权质押融资等新型担保融资产品。二是深入各地市政府部门、高新企业孵化中心、行业协会、担保机构和核心企业，推广集群信贷模式，创新营销渠道。三是以"点"辐射"面"进行客户开发，以"面"覆盖"点"进行风险控制。四是建立"科技金融联系人制度"，实行"上门服务"和"提前服务"。

三、城市商业银行服务于中小企业的科技金融平台建设效果

（一）建立了服务于中小企业的科技金融平台，实现中小企业融资难的突破

威海银行实现了科技型中小企业的融资渠道拓展，并为营造融合、协同、共享的"双创"生态环境，实现持续健康发展，增强创业创新实效做出贡献。对于深入实施创新型国家战略，把"双创"推向更大范围、更高层次、更深程度，对保障和扩大就业、优化经济结构、加快新旧动能转换、提升国民经济竞争力，具有重要意义。同时，平台通过应用经济学方法体系突破了科技型实体经济在初创期的融资困境，为科技型中小企业保驾护航，促进科技进步和技术创新，为实体经济提质增效注入了正能量和新动力。

（二）拓展企业的市场，提高了企业竞争力

威海银行服务于中小企业的科技金融平台建设对银行及企业均成效显著。一是中小企业贷款快速增长。山东全省范围仅2016年和2017年就累计发放60亿元。以科技支行为例，自2011年成立以来，累计为308家科技型中小企业提供了信贷服务，对试点科技企业服务覆盖率达到80%以上。二是中小企业信贷风险明显降低。在获得信贷支持的中小企业中，销售收入年均增长10%以上，缴纳税收年均增长30%以上，财政资金投入收益杠杆率高达6倍，未有一家产生不良贷款。三是银行业务降本增效。通过构建基于核心技术的企业成长性评估模型以及组建长期合作的专家评估团队，分支机构根据业务量对专家费用进行分摊，有效降低了评估咨询费率，单笔业务评估咨询费用较正常标准节省20%。四是节约成本惠及广大客户。科技型中小企业按传统方式获得贷款的平均利率为基准利率上浮40%，从科技支行获得贷款的平均利率为基准利率上浮20%，最低利率可达基准利率，仅此一项即为客户节约资金成本7000万元，平台模式具备全国推广的可行性。

（三）促进了当地中小企业的发展，服务于地方经济建设

威海银行通过紧密协同政、银、企等各界资源，共同构建有序的金融环境与服务体系，促进化解信息不对称、商业银行风险与收益不对等，激发银行与企业的活力，推动当地中小企业的进一步发展。

至今，山东全省范围已有6家科技型中小企业在威海银行的扶持之下成功在新三板挂牌上市，三百余家科技型中小企业获得贷款。以山东海富光子科技有限公司为例，作为国家"千人计划"团队领衔创办的高科技企业，在公司成立初期，科研资金投入巨大，公司长期处于资金匮乏期，且由于缺少抵质押物，其银行融资困难，发展较为缓慢。威海银行打破传统抵质押物的信贷模式，将企业近20余项专利权进行知识产权质押融资，快速解决企业资金困扰。在威海银行6000万元信贷支持下，山东海富光子科技股份有限公司完成了厂区建设、生产线搭建、产品推广等项目，将科学技术真正转化成生产力。目前，该公司研发出的高端光纤激光器，填补国内空白，打破了国外技术垄断。借鉴山东海富光子科技有限公司的信贷模式经验，威海银行还成功为山东科润信息技术有限公司办理了威海首例软件著作权质押融资业务，质押金额1000万元。

（成果创造人：谭先国、孟东晓、刘　河、毕秋波、张晓东、陶遵建、朱礼迎、刘　超、张家恩）

核电运营企业面向大修的精益化作业成本管理

大亚湾核电运营管理有限责任公司

大亚湾核电运营管理有限责任公司（以下简称DNMC）成立于2003年3月，广东核电投资有限公司和中电核电运营管理（中国）有限公司分别拥有DNMC 87.50%和12.50%股权，注册资本2.5亿元，经营范围为核电厂运营和管理其他电力设施、环保及与电力相关业务，经营进出口业务。截至2018年6月30日，公司在岗员工共计1697人，负责大亚湾核电基地6台百万千瓦级压水堆机组的一体化运营管理。2017年，DNMC负责营运的6台机组全年实现上网电量超过456亿千瓦时，机组能力因子超过92%，WANO指标有61项进入先进水平，53项进入世界卓越水平。全年发电量占广东电网的8%，相当于深圳全年用电量的55%，其中，供香港电量相当于香港全年用电量的23%，为保证粤港澳大湾区经济的高速稳定发展提供了源源不断的绿色动力。

一、核电运营企业面向大修的精益化作业成本管理背景

（一）积极应对核电站发电成本持续升高的需要

2015年，中发［2015］9号文提出了"关于进一步深化电力体制改革的若干意见"，近几年，针对该文件的一系列改革措施已经迫使电力企业摆脱"皇帝女儿不愁嫁"的依赖思想，发电企业的竞争格局已经初步形成，竞价上网开始实施并逐步深化，发电企业必须全面走向市场，面临各方的压力也越来越大，形式十分严峻。近年来，DNMC托管的6台机组发电成本持续升高，而其中尤以大修成本上涨最为明显。大修成本是核电站成本的重要组成部分，约占运维总成本的1/3，一台百万千瓦级机组一次大修执行的工作票数量在6500~11000张之间，计划控制的活动上万项，参与项目的人员（包括业主及承包商）超过2000人，工期平均约30天，支出成本约1亿~1.5亿元人民币，大修成本的上涨直接导致企业市场竞争力下降。

核电站大修成本主要包括服务费和材料费两个部分，其中，服务费主要包括检修服务费、辅助支持费、通用服务费、在役检查费以及其他大修专项合同费用。核电站大修成本中的检修服务费、辅助支持费以及通用服务费的核算存在工时与工期的变量。同时，材料费中的B类备件更换费用核算也与检修过程中设备本身的状态变量相关，属于核电站大修成本中的变动成本（占总成本的60%）。而在役检查费用、其他专项检修费用以及材料费用中的A类备件费用在大修开始前相对确定，几乎不存在导致其成本变动的变量，属于核电站大修成本中的固定成本（占总成本的40%）。由于变动成本在核电站大修成本核算中大量存在，这就需要大修作业过程中及时统计与成本相关的变量数据，为大修结束后成本的核算提供足够支撑。为确保大修成本的可知可控，实现对大修作业成本的日清日结，需要建立面向大修的精益作业成本管理体系。

（二）改变传统大修成本管理模式，提升大修管控水平的需要

近年来，DNMC托管的6台机组的发电成本持续升高，而大修成本涨幅又最为明显，传统大修管理模式难以应对。主要表现如下：一是大修信息化管理水平低。主要通过电子表格统计维修工单工日数据，工作效率低下，电子表格数据容易导致版本错乱的人因失误，容易发生工单重复结算、未执行的工单错误结算、维修作业违规外包、虚报用工等偏差行为；同时，由于电子表格记录的是最终核算结果，无法反映结算工单分歧数据等过程信息，也不便于在事后的结算过程中追踪审计。二是大修结算效率低。由于工作过程不透明，甲乙双方对合同金额分歧巨大，难以达成一致意见，结算效率低，周期达

400~600天。三是大修成本控制责任不明确。对大修的管控没有深入到作业层，对成本发生的责任难以准确界定，产生责权利不对等的状况。四是标准工时使用率低。由于检修工作主要依靠承包商的力量实施，与承包商的合同模式导致承包商在工日核定上有利可趋，大修检修工日形成大量非标工日，检修作业工日的核算偏离技术属性。五是大修工单与成本数据难以分析，对于维修策略及维修大纲的优化没有改进参考价值，无法用于管理改进、提升维修质量。

（三）企业信息化建设为大修成本管理创新提供了条件

从2011年开始，DNMC逐步建立起基于SAP的信息系统，并将电站所有的现场生产活动通过通知单与工单的形式派发工作。经过多年的运作和数据累积，电站实际上已经将生产活动信息化，这就为大修成本管理改进创造了基础条件。同时，企业面临的电改压力和大修成本上涨压力，客观上要求DNMC将提质降本增效作为经营理念，这也为作业成本管理和企业管理会计在核电站的实施创造了内部和外部条件，因此，DNMC从2016年开始筹划ABC/ABM（Activity-based Management）的设计与应用。

二、核电运营企业面向大修的精益化作业成本管理内涵和主要做法

DNMC的ABC/ABM依托精益化管理理念，建立了包括工单工时系统（DTMS）、标准工日数据库、大修工日成本管理平台、ABC作业成本管理系统以及基于ABM作业成本管理理念优化的维修管理制度流程等一套综合管理体系，在提高核电站维修作业的安全质量的同时，极大提高了维修作业的结算效率和成本管控能力，实现了核电站大修费用的日清日结，每年大修节约成本近亿元，具备在核电行业推广和复制的能力。

（一）设计大修工单工时系统，为推行大修作业成本管理奠定基础

通过对大修成本上涨及传统大修管理模式存在的问题的分析，一个非常核心的问题是电站检修工作的成本结算没有客观可参考的工日消耗统计数据，传统的管理模式仅仅依靠标准工日规范合同结算。因此，解决大修成本管理的技术核心问题是建立大修工单工时系统用于统计现场工作实际工日消耗，并以此为基础修订标准工日数据库，结合标准工日数据库再解决大修结算的信息系统化问题，从而实现对大修成本的精益化管理。

1. 建立大修工单工时系统，解决大修检修工作实际工日消耗记录问题

工单工时系统（DTMS）是为统计现场工作实际耗时而搭建的一套管理系统。在中国核电行业，大修检修服务结算时都因缺乏承包商实际工作时间统计数据，无法有效核实工作实际，给合同谈判、工作管理等带来巨大困难。DNMC在国内核电行业首创工单工时系统（DTMS），为统计现场单项工作的实际耗时提供了一种管理工具。DTMS能够实现以"扫描工单、通知单条形码和员工二维码"的方式，智能化统计现场开工人员的实际工时数据，为ABC/ABM在核电站大修活动的应用提供技术支撑。主要功能包括：一是简化现场工时记录流程，同时减少人为干预因素，提高工时数据准确性。完整性体现在可记录所有现场工作组成员工日数据，包含人力支持人员、QC/QA、工业安全、辐射防护、管理巡视人员等；精确性体现在工日记录内容更加详细（开始/结束时间、开工地点等）；准确性体现在单一准入原则（同一时间只能记录一张工单）确保准确。二是对收集到的工时数据进行有效分析和利用，为管理提供数据基础和决策依据。包括分析公司内部人力资源投入情况，为管理改进提供决策支持；为维修标准工日数据库升级提供重要依据；支撑合同结算，为维修工日核实谈判提供重要的数据支撑；三是预估工单工日电子化，精确支撑维修活动预算制定。在工单准备界面查询调用标准工日条目，自动带出工日数值、厂房分类、活动分级等信息，提高工作效率，保障数据准确性，为制定预算提供重要依据。预防性维修项目在计划发票阶段自动导入标准工日数据，无须人工操作，进一步提升了工作效率和准确性。

2. 建立 SAP 标准工日数据库，解决标准工日数据的调用和升级问题

核电站大修活动庞大且复杂，为此核电站建立了一套完整的工作程序，依靠这些程序规定顺利完成换料大修的工作并确保电站的安全稳定运行。经过多年的运行经验与数据积累，公司为大修活动中的检修工作成本核算建立了一套标准工时数据库，规范核电厂大修检修工作的工日管理、工日标准，以提高工作效率、合理控制成本。基于 DTMS 对工单核心工作实际的大量统计数据，并结合现场各专业工程师的经验判断，考虑各类调整系数，DNMC 建立了标准工日数据库，用于作为工单人工成本结算的核心关键数据。

大修项目标准工日分为检修工日和管理及配合工种工日两部分。检修工日分为执行工日和辅助工日两部分。执行工日包括基本工日和因特殊环境条件所需的工日；辅助工日包括工作准备和维修报告两部分。

目前，DNMC 已经建立了约 3500 项检修活动的标准工日，覆盖约 50000 个检修工日。原则上现场实际产生工单作业时，通过调用大修项目标准工日数据库对应维修项目所规定的标准工日，乘以合同约定的人工单价，即可以算出此工单应结算的合同价格。

3. 建立大修工日核算管理平台，解决大修成本预算和结算信息化的问题

为对大修前、中、后的成本管控形成计划、监控、分析和优化的闭环管理，实现通过规范流程、整合系统积累数据并应用于报表分析，DNMC 借助于前述 DTMS 系统与大修标准工日数据库，在 SAP 系统的基础上设计并开发了大修工日成本管理平台。主要包括：①工单工日预估管理平台。在维修工作开展之前，维修准备工程师即可以对已产生的工单，调用标准工日条目，预估所需实际工日。平台提供在线单独维护及批量工单预估工日导入功能；对于预防性工单，系统自动根据其维护计划和维护项目建议预估工日；对纠正性工单手动维护标准工日与备件预留信息。②工单工日核实管理（谈判）平台。在现场工单开工前或者执行完毕后，合同双方都可以通过谈判平台开展工日谈判。平台能记录工单最终结算前的谈判过程，系统汇集了工单主数据、工单工时数据、工单预估记录等信息供双方参考。通过权限管控机制，将不同工作中心、用户角色对工单的访问权限分离。③工单工日统计分析平台。为对某次大修开展的大量数据开展统计分析，DNMC 开发了工单工日统计分析平台，主要包括工日预估统计报表、大修日清报表、预计成本变动表等。通过大修工日成本管理平台的设计与应用，DNMC 实现了大修工单的预估、谈判的电子化，能记录详细的过程信息，显著提高了数据的透明性、规范性、可控性、可追溯性，有效降低了成本。

（二）开发基于大修工单的 ABC 作业成本管理系统，开展作业成本归集和分配

1. ABC 作业成本管理系统设计目的

一是以工单为基础追踪大修资源流转过程，通过多维度的分摊分配实现对大修成本的精确核算，为生产制造费用控制提供全口径、多维度的更加准确的信息，将成本责任落实到班组，细化考核责任；二是通过对维修作业的认定、成本动因分析、作业效率以及工时的统计，更真实地揭示资源、作业和成本之间的联动关系，为大修资源的优化配置以及作业、流程和作业链（价值链）的持续优化提供依据，实现提质降本增效的目标；三是优化资源管理与使用，消除无效作业；四是通过作业成本分析，改变作业的执行方式，对维修大纲实现精益化管理。

2. ABC 作业成本管理系统总体设计思路

通过 SAP 物料及工时管理系统对大修资源的锁定，以工单为基础发起对资源的调用，并以工单所消耗的资源进行分配，以作业分配系数（包括作业技术复杂度、作业环境、人员资质等）对作业进行分摊分配形成第一层级的成本库。作业中心通过指定的分配规则实现对成本库数据的二次分配。根据管理需求侧重点的不同建立不同的作业中心，实现对作业成本的分配和归集功能。目前，核电站根据成本责任设计了责任成本中心,根据合同费用结算关系设计了合同结算中心,根据电站系统设备的维修记录情况设计了设备健康管理中心。最后作业中心根据成本对象的消耗进行归集,解决了大修作业中资源的流转、归集和分配问题。

3. 确立作业成本核算大修制造费用的实施步骤

步骤一:资源识别及资源费用的确认与计量。

总体来讲,核电站实施大修的核心资源就是人工和物料两个部分的资源。对于大修作业消耗人工的过程,主要通过工单调用标准工日数据库、工单工时系统(DTMS)数据库模块实现。对于大修作业消耗物料的过程,主要通过工单作业管理系统挂接,管理上通过禁止非工单的领料发生来确保所有的大修物料通过工单进行消耗;同时,为了便于后续成本对象消耗作业的分配和统计,工单对物料的消耗还通过增强功能实现与WBS的挂接,确保了物料消耗在作业中心的二次分配阶段具备条件。

步骤二:成本对象的确定。

DNMC改进的主要对象是大修的作业成本法核算,因此将大修服务指定为作业成本法核算的成本对象。一方面大修是一项系统工程,将大修服务作为成本对象,有利于其总体的预算管控、成本控制以及业绩评价与电厂对大修整体管控的需求一致;另一方面大修服务也能够归集电厂投入的所有资源费用。核电站将大修作为一个专项工作核算,将大修服务指定为作业成本法的成本对象,符合作业成本法核算的相关要求。

步骤三:作业的认定。

核电站大修作业的来源一般包括维修大纲要求的预防性维修项目、大修期间产生的纠正性维修项目、系统设备在役检查及定期试验项目、重大缺陷维修活动、需要利用大修换料窗口的改造活动,以及遗留项目等。这些作业活动通过SAP建立了标准工作包数据库,需要开展相关的维修活动时调用相关的工作包指令。同时大修工作建立了标准工时程序,形成标准工时数据库,为大修成本控制持续提供输入。

步骤四:作业中心设计。

核电站大修的作业中心设计主要从大修作业预算管理、成本控制以及绩效评估等方面设立了责任成本中心归集大修成本;然后根据大修合同管理、费用结算、现场作业管理以及承包商绩效评估管理方面设立合同费用结算中心,以便于对大修承包商管理;另外根据现场作业对于设备的划分,在大修作业标准工时数据库中建立电站设备维修工时统计功能,用于记录电站设备维修信息,用于电站设备健康管理及维修大纲优化大数据管理平台。

步骤五:成本动因设计。

核电站大修的作业动因主要是根据成本库及作业中心的设计,根据大修预算管理、成本控制、合同费用管理、承包商管理以及系统设备健康数据库建立的需求,根据这些管理需求设计相应的作业分配字段及依据,实现作业动因的设计以及作业消耗的计算。

步骤六:作业成本归集与分配。

核电站大修作业成本通过作业工单对资源的消耗统计之后,需要根据成本管理的相关需要进行成本的归集分配。将大修工单作业成本分配到作业成本库的过程是第一次分摊分配。由于大修检修作业执行过程中,执行作业的工作复杂度、辐射控制等级、工业安全等级、技术人员资质等难度不一,为了实现对这些维度差异作业的核算和统计,将以上四个维度的每个差异情况按照ABCD分为四个等级,不同的等级对应不同的调整系数。对于工作复杂程度而言,将所有检修设备划分为A、B、C三个类别,并在各专业的大修项目标准工日中逐项记录清楚,划分原则以检修设备的技术、工艺要求及设备复杂程度为主,兼顾设备的重要性。对于每个维度对应的等级按照一定的标准进行赋值之后,工单作业成本即可按此规则实现向作业库的分摊分配。

完成工单成本向作业库的分配之后，需要进一步按照管理要求对作业库成本进行二次分摊分配，主要是根据作业成本库挂接的关键信息字段进行归集。

步骤七：大修作业成本报告。

通过规范流程、整合大修作业成本核算系统，并积累数据应用于报表分析，对大修前、中、后的成本管控形成计划、监控、分析和优化的闭环管理。大修工日预估报表实现工单预计工日成本、备件预留成本统计，支持大修预算编制；大修工单预计成本变动报表实现对大修每日成本核算及预算监控，统计预估工日与预留备件的预计成本增量，削减不必要的投入；大修日清报表实现对大修作业成本的快速核算，督促责任成本中心及承包商提升大修成本管控能力，及时准确地统计已发生的人工和备件成本，实际与预算金额的差异，支撑分析决策；工单工日作业分类管理报表能够积累电站系统设备的维修记录大数据，通过数据积累为电厂提升设备可靠性提供数据支撑，为维修大纲的优化提供支持。

（三）优化大修管理流程，提升大修效率和效益

DNMC 主要借鉴了卡特彼勒 ABM 作业成本管理五步法实现对大修成本管理流程的优化。

第一步，价值流程探查及时间任务分配。大修管理部门、维修部门、财务及商务职能部门均需要对整个流程了如指掌，价值流程探查耗费了大量时间来记录流程中所有的工作作业情况，通过程序检查、谈话及实际检查等工作摸清每个环节工作的主要内容，最终形成"大修结算价值流程图"。

第二步，流程分步成本核算（ABC 流程成本分析）。一旦"大修结算价值流程图"完成，即可以核算每个流程中每个作业的实际支出成本。最终各个作业成本累计在一起就得到该流程的全部成本，ABM 仿照大修检修工作中采用的 ABC 成本分析方法制定作业成本分配率，用于核算在办公室完成的支持服务核算。

第三步，建立模型及程序，这是大修结算管理流程改造中最核心的一步。公司就大修结算管理流程建立了专门的程序管理办法，用于规范结算流程中各作业单位的规范操作，同时就各流程及作业设计关键业绩指标（KPI）（如结算程序中明确要求标准工时的应用比例不得低于 90%）。DNMC 已经建立了《服务外包项目工日核算管理办法》和《大亚湾电厂专业参与大修管理导则》等程序，从程序制度上规范整个大修管理工作过程。

第四步，模型及程序模拟运作。模拟运作涉及新的改变，各部门全力配合。模拟运作期间做好每项作业的时间、成本、重要性等级和相对价值的记录工作，为最终的运作扫清障碍。模拟运作通过利用全体员工和管理人员的集体智慧，为作业流程优化可能带来的成本节约进行预测，能够确保这些改进措施的顺利推进。为了能够顺利完成整个业务流程改进的推进，公司建立了完备的应急方案以及新旧流程过渡的双轨运作机制，确保新旧机制交替期间的业务顺利过渡。

第五步，大修成本价值优化模型。在工单工时系统（DTMS）的帮助之下，为流程的运作分配合理资源，并对成本节约进行跟踪，以确保达到预期改进的目标。在最近完成的多次大修实践过程中已证明其效果，但就大修准备工程师的工作量每次大修减少 60 人日，大修承包商管理工程师工作量节省 10 人日。最后在完成系统的优化之后，卡特彼勒模型仍然要求对每个大修改进的流程进行评估以确保进一步的优化得到保障，实现持续改进的目标。

（四）完善公司管理信息系统，提升大修作业成本管理精益化水平

公司管理信息系统的完善主要依据公司既定程序及流程开展，按照程序流程化、流程表单化、表单信息化的原则组织完善公司大修管理信息系统。主要解决包括《服务外包项目工日核算管理办法》《大亚湾电厂专业参与大修管理导则》等程序的流程、表单、信息化问题，从流程管控上确保公司的程序、制度落地。其中，主要涉及大修指挥部组织架构调整后的流程改进、大修结算管理流程改进、新增大修

计划外项目决策流程三个核心流程，按照公司标准的流程变更和新增程序方案处理，纳入公司SAP内部管理信息系统。

三、核电运营企业面向大修的精益化作业成本管理效果

（一）提升了核电站大修成本的精益管控能力，显著降低大修成本

实施大修ABC作业成本法以来，大修预算执行率显著降低，较实施前超预算的情况得到控制，2018年三次大修的预算执行率均控制在90%以内，每年大修节约成本近亿元，显著降低大修成本。2018年实施大修ABC作业成本法信息系统之后，2018年3次大修的标准工时应用率达到86%，大修平均单票工时较2017年下降约20%。

通过ABC/ABM的应用，DNMC极大地提高了大修成本中固定成本的比例。大修成本中的检修服务费、辅助支持费由于调用大修标准工日数据库，原成本核算中的工日变量转化为定量，大修成本的固定成本由实施ABC之前的40%提升到70%，剩余的变动成本主要是大修B类备件的费用，需要视大修设备检修的具体情况而决定是否消耗，因此，ABC的实施极大提高了大修成本的可知可控，有效提升了大修成本的管控能力。大修的成本核算在大修结束后2周内完成签字确认，极大地提高了大修结算工作的信息化水平和结算效率。

（二）首创了核电站大修作业成本管理体系，为行业提供了有效经验

经过3年的摸索和建设，形成了具有核电特色的大修作业成本管理体系。一是在中国核电行业首创工单工时系统（DTMS），实现了工单工作的工时记录功能，减少了人为干预因素，提高工时数据准确性。二是建立了标准工日数据库，将核电行业的标准工日程序结构化和电子化，实现了维修项目标准数据库的结构化和电子信息化，建立了约3500项检修活动的标准工日，覆盖约50000个检修工日，实现了80%以上维修项目的标准化成本管理。三是建立了大修工日成本管理平台。四是建立了基于工单作业的ABC作业成本管理系统。五是建立了ABM作业成本管理系统，实现大修管理流程优化。

（三）提升了核电站大修安全质量，保障了核电站平稳运行

通过大修ABC/ABM作业成本管理的实施，通过作业动因的作业分配机制，将大修成本中对于检修工日的统计回归技术属性，让承包商更多地关注技术提升带来的工作质量、工作效率的提高所获得的收益。工单工时具备实现电厂员工与合作伙伴之间的维修工时消耗统计功能，通过对数据的不断积累和分析，帮助电站实现维修资源的精益化管理。与此同时，对于承包商对合同费用的预期辅以合同管理，通过提高正负激励金的方式鼓励承包商加大技术投入，全身心投入电站大修安全生产工作之中，通过对电站安全生产业绩的提升，与电站共同分享业绩提升带来的效益，实现了安全生产与成本管控的统一。

（成果创造人：谢秋发、刘　斌、王本富、张纯强、余太平、左裕轩、
　　　　　　　陈　军、郑玉申、王　翔、林　伟、黄艳英、袁小林）

煤炭生产企业实现业财深度融合的体系化成本管控

陕煤集团神木张家峁矿业有限公司

陕煤集团神木张家峁矿业有限公司（简称张家峁矿业公司）是由陕煤集团煤业股份有限公司和神木市国有资产运营公司共同出资组建的股份合作公司，注册资本6.07亿元人民币，矿井于2006年12月正式开工建设，2009年5月试生产，2012年矿井通过1000万吨/年生产能力核定并跨入了千万吨级矿井行列。矿井井田面积51.98平方千米，地质储量8.65亿吨，可采储量5.43亿吨，煤层赋存开采条件优越。截至2017年12月底，累计原煤产量8466.24万吨，累计营业收入220.02亿元，上缴各项税费63.49亿元，累计利润99.09亿元，年均利润11.01亿元。

一、煤炭生产企业实现业财深度融合的体系化成本管控背景

（一）外部复杂多变的环境下企业持续发展的需要

煤炭企业作为资源型企业，其发展受多方因素影响。比如，2011—2016年，中国原煤产量震荡下滑，2016年煤炭消费量约为28.4亿吨，同比下降15.98%，而同时国际进口煤的低价优势也对国内煤企形成了冲击。这对煤炭企业自身盈利能力和素质提出了新的要求。从2016年开始，煤炭企业开始出现行业周期性的繁荣，去产能也给企业带来了效益改善，煤炭企业经济效益开始上涨。无论是外部有利的因素，还是外部的多因素威胁，都要求煤炭企业强化自身素养，强化经营管理，降低生产成本，提升利润空间。与此同时，我国煤炭生产的机械化开采程度正在逐步提高，这也决定了煤炭的生产成本出现大幅下降的可能性不大，对煤炭企业成本管控的研究与实践提出了新要求。

（二）市场激烈竞争下企业提升核心竞争力的需要

"十一五"以来，我国煤炭生产结构不断优化，大型现代化煤矿已经成为全国煤炭生产主力，成为市场供应的主体。国家大型现代化矿井的建设得到了政府的有力支持，我国大型煤炭企业、大型现代化煤矿建设稳步推进，煤矿数量由2005年的2.48万处减至目前的9000处左右，平均单井规模由不足10万吨/年提高到50万吨/年以上。截至2016年年底，全国建成年产120万吨及以上的大型现代化煤矿数量比2005年增加700处左右，产量占全国的75%以上。其中，建成年产值千万吨级的特大型现代化煤矿59处，总产能达8亿吨。在未来的一段时期内，国家会加大资源整合与兼并重组的力度，进一步关停淘汰落后产能，加快步伐建设一批千万吨级现代化大型矿井。面对释放先进产能上的优势，大型现代化煤矿在大力建设生产的同时，亦要"居安思危"，通过系统化管控成本，建立自身核心优势，以应对市场的周期性震荡。

（三）转型升级背景下企业提质增效的重要手段

近年来，煤矿企业转型升级发展步伐加快，由主要依靠外延式扩张向内涵式增长转变，由注重产量规模向注重质量效益转变，内部管理也必然要由粗放式管理向规范化管理过渡。千万吨矿井都是实施集约生产，采用"一井一面"的生产方式和"采煤－运输－提升"生产系统连续化、自动化作业工艺。由于机械化程度高，成本投入的重点集中在"新技术、新装备、新工艺、新材料"方面，再加上生产工艺的连续性强，千万吨矿井成本核算则需要考虑生产系统的集成化问题。张家峁矿业公司于2014—2017年积极探索了新常态下千万吨矿井群体系化成本管理模式，创建了具有张家峁特色的"56811"架构下的"43－85"体系化成本管控模式，全面实现了对成本的精细化、实效化控制。

二、煤炭生产企业实现业财深度融合的体系化成本管控内涵和主要做法

张家峁矿业公司以持续改进千万吨矿井的规模效益为目标，遵循生产工艺的价值增长过程，通过划分责任中心、优化成本核算、重组控制流程，制定全面预算、全过程控制、全局优化的成本管理方案，构建"六大"成本管控责任中心、"八大"成本系统及"十一个"成本控制关键点，并建立以指标体系为基础、以计算模型为核心的信息化系统，实现了以成本管控体系建设全面促进公司成本管理走向信息化、标准化、精细化、流程化、规范化、高效化良性发展轨道的目标。

（一）深入调研，做好顶层设计

张家峁矿业公司在陕煤集团的支持下成立了董事长亲自挂帅，总经理亲自指挥，中高层领导入驻，并外聘多名能源行业、高校知名学者组成的项目小组。从2014年至2017年，历时三年创新实践，并经过多次专家论证，最终形成了体系化成本管控的管理成果。

张家峁矿业公司把发挥资源禀赋优、全要素生产率优作为体系化成本管理的主要途径和抓手，以创新为驱动，明确成本管控的范围、对象、原则和框架。体系化成本范围是以千万吨矿井的资源赋存和开采技术条件为基础，纵向贯穿矿井勘察、设计、施工、生产、运营、复垦等全生命周期，横向覆盖人、财、物、产、供、销等全要素成本组合。管控对象是企业的责任管理成本、流程作业成本、环节优化成本、创新管理成本以及"互联网＋"成本管理信息平台。管控原则包括事前总额控制、全生命周期管理、分时分类发生以及托管包责运行等。体系化成本管控框架由"六大"成本管控责任中心、"八大"成本系统及"十一个"成本控制关键点串接组成，纵向通过千万吨矿井及地面作业的85个生产过程分解，横向按照43个成本要素分解各生产过程，是实现千万吨矿井的全面预算、全过程控制的成本管理体系。

（二）建立基于分级目标的成本责任体系

千万吨矿井作为原煤生产和洗选的成本中心，应该对成本按照生产工序进行责任界定。根据不同职能部门与成本的关联程度，按责任会计的原则，将其选定为不同的责任中心，并根据各责任中心对成本的控制能力，确定控制范围。职能部门要明确具体责任目标，并制定必要的制度办法和措施，确保各项责任目标的实现。

1. 六大成本责任中心

六大成本责任中心分为生产技术部责任中心、机电技术部责任中心、人力资源部责任中心、物资管理部责任中心、规划部责任中心以及财务资产部责任中心。生产技术部责任中心负责前期勘探、生产巷道及采面设计实施。对由于生产安排不当、计划错误、调度失误等造成的损失负责。主要管控管理成本中的工艺设计、勘探掘进、边角煤等技术开发类成本。机电技术部责任中心负责设备选型布置、配件电费消耗以及设备搬家倒面、维护修理。对由于设备使用不当及毁损、折旧计提不合理、设备陈旧落后等引起的成本上升负责。主要管控直接成本中的配件费、电费，以及管理成本中的安装拆除费、修理费等管理类和直接生产类成本。人力资源部责任中心负责生产环节岗位优化以及薪酬管理。对由于劳动组织不当、人员配置不合理而造成的损失负责。主要管控直接成本中的薪酬、劳务费等。物资管理部责任中心负责材料大宗物资的采供销，负责采购计划、改进材料采购、降低库存及库管费用等工作。主要管控直接成本中的材料费等直接生产成本。规划部责任中心负责专项工程以及专项资金使用，包括安全、维简、折旧资金等工程资金项目实施及投入效益分析。主要管控工程类成本的折旧、安全、维简费用等工程类成本。财务资产部责任中心负责日常公司经营管理、资金筹集管理及税费筹划管理。主要管控政策性成本中的各类税费以及管理类成本中的贷款利息、可控费用等政策类成本。

2. 费用单位责任成本

六大费用中心根据接续安排和历史经验核定公司每个费用单位年度成本指标，并据此将管控的指标

分配给基层费用单位，包括部门交互、区队、（厂）车间单位。

3. 岗位价值责任成本

费用单位严格按照下达指标执行，在执行过程中最终将各项费用指标落实到各基层单位的班组及作业岗位上，做到人人头上有指标。岗位价值核算把成本管理的重点向生产现场转移，把成本管理向基层末梢延伸。加强班组核算，有利于细化管理载体、划小成本核算细胞，把班组收入与成本费用严格挂钩，有利于提高职工成本管理的自觉性和积极性，有利于成本过程管控。实现考核工作成果与个人绩效评价、个人薪酬收入的联动耦合机制，实现互利双赢。

（三）构建基于标准成本的全面预算体系

张家峁矿业公司把全面预算管理体系建设作为夯实经营基础和升级管理的最佳途径和有力支撑，持续深入地探索了全面预算管理。张家峁矿业公司目前处于市场成熟期，处于低成本扩张、提高市场占有率的战略期，公司在保证安全生产、科研投入、产品质量等的前提下，为了提高盈利能力，建立以成本管理为核心的全面预算管理体系和运营模式。预算结果是成本管理的基础，预算结果形成标准成本，再通过反复修订、工艺技术优化后，最终形成成本指标。主要分为以下几个步骤。

第一，分析趋势。公司根据历年预算情况结合数据模块，对各项预算数据进行趋势分析，为制定、修订、调整各环节单位作业标准（即量化定额）打好基础。

第二，明确定额。依据趋势分析，由各个责任中心修订完善以八个生产体系、85个生产作业环节为载体（主体）的预算定额，主要包括：一是物料消耗与储备定额。按照年度作业量制定各个环节物资消耗定额量，按照总的物资消耗量确定物资的采购量、按照存货周转率次数确定库存仓储量、确定进货计划、采购周期，使物资库存保持在合理的水平，减少因库存占用的流动资金。二是劳动薪酬定额。按照优化资源配置原则，结合生产责任中心年度作业计划量，采用统计分析、实地测定的方法计算人工消耗定额，确定公司整体薪酬水平。再按照八个作业环节倾向井下职工和技术人才等分配原则编制薪酬预算定额。三是工程预算定额。主要包括基建项目、工程设备维护投入、安全、折旧、维简等工程项目，确定与年度计划作业量相匹配的投入标准或定额。四是费用管控定额（包括固定费用定额和变动费用定额）。固定成本以年度总额控制为原则，变动成本以单位或吨煤消耗控制为原则。张家峁矿业公司设计的费用定额几乎包含所有生产经营环节费用项目，是预算考核的度量衡。

第三，标准模式。依据公司年度采掘接续实际生产计划，六个责任主体结合环节定额标准，制定标准状态的预算模式。

第四，按岗控制。各个责任中心依据八个预算体系分项，分别统计各个环节预算执行情况，在实施安全作业的前提下，按照岗位作业流程进行控制。

第五，评估效果。采集发生模式收集生产成本实绩，分析生产经营预算，进行预算考核，分析预算指标的合理性，评估成本体系控制效果，提出改进建议和措施。

第六，闭环管理。结合公司三年生产计划及十三五规划，根据评估预算体系控制效果，进行系统优化，包括生产设计优化、生产工艺优化、市场配置优化、生产管理优化、生产组织优化。预测生产和决策支持，重复回到第一步进行模式闭环管理。

（四）创建基于工艺优化的成本控制体系

1. 工艺优化

一是以"体系化成本"管控为导向，强化成本源头控制。依托数字化矿山建设，利用现代化检测手段和分析手段，科学合理分析矿压观测数据，掌握矿压活动规律，不断优化设计和施工工艺，缩减煤柱留设尺寸和巷道断面尺寸，优化支护参数。二是以"体系化成本"管控为导向，改进大采高连采高效开采技术工艺，不断提升连采面资源回收率和工作效率，回收率、工效同比提高5%以上；合理优化矿井边角煤连采工艺，在5－2煤连采面把原来连采机割煤工艺优化为大采高5.0米连采机与履带式液压支架联合开采，回收率由原来的55％左右提高到75％以上。三是以"体系化成本"管控为导向，做好"五压缩""五提升"常态化管理工作。积极研讨综采面"110工法"和"N00工法"，在满足正常生产接续情况下，减少回采巷道掘进工程量和提高资源回收率。四是以"体系化成本"管控为导向，通过技术工艺改造和系统技术升级提高工作效率和系统运行质量。五是以"体系化成本"管控为导向，加强机环双检和5E全生命周期管理。提高设备完好率。六是以"体系化成本"管控为导向，加快信息智能化技术升级改造，提高自动化、智能化生产管理水平，大幅提升工作效率和工作质量。

2. 八大成本体系

张家峁矿业公司按照原煤生产过程性质将成本系统划分为盘区工作面成本系统、运输成本系统、通风（压风）成本系统、配电供排水成本系统、煤炭洗选成本系统、销售成本系统、地面管理成本系统、资金税费成本系统。纵向具体到85个生产环节，公司将各环节费用横向按会计成本"43项费用要素"进行细化，加大对大额成本项目的管控力度，从生产工艺、科技运用、机械设备选型、岗位设置与责任等方面进行全面剖析，能取舍的环节取舍，能实施科技应用而降低物耗的进行科技改革，能通过岗位优化和职责完善提高管理能力的进行岗位优化。通过对每个生产环节的大额成本的有效管控和创新，从而达到节支降耗，提高公司的经济效益。

盘区工作面成本系统。张家峁盘区工作面成本系统主要有5－2煤、4－2煤、3－1煤、2－2煤工作面四大系统。各采面成本指标参考因素包括采出量、生产周期、采高、切眼长度、可采长度、联巷间隔、吨煤成本等。采面成本项目包括5大作业环节27小作业环节：采面巷道费用（包括每个盘区工作面胶运顺槽费用、回风巷或辅运顺槽费用、回撤通道费用、切眼费用、联巷费用、防火墙费用以及零星工程费用等）、采面安装及拆除费用（综采设备及三机费用、供排水管路费用、压风注氮费用、供电安装费用、皮带机费用）、采面设备大修理费用、采面开采费用（薪酬费用、材料配件、电力、折旧、其他费用）。

运输成本系统。张家峁运输成本系统分两大类：胶运胶带运输成本、辅运胶轮车运输成本（物料人员运输成本）。

通风（压风）成本系统。按照矿井目前通风配套设施项目成本分为7个环节：矿井主扇运转成本、局部通风成本、通风监测费用、六大安全避灾应急系统费用、工作面防尘费用、隔爆费用、防火费用。

配电供排水成本系统。分为6个项目：总水仓系统费用、4－2煤机头变电所费用、4－2盘区变电所费用、中央变电所费用、35kv变电所费用、110kv变电所费用。

煤炭洗选成本系统。分为分筛车间费用和主洗选系统费用环节。

销售成本系统。主要分为地销环节成本（4－2煤、5－2煤、洗块煤销售成本）和铁运成本（5－2煤销售环节成本）两大环节。

地面管理成本系统。管理环节和地面辅助环节费用包括成本要素十三项费用。

资金税费成本系统。主要包括公司筹集资金成本和上缴国家税费要素。

（五）优化基于三级量化的成本考评流程

1. "333"绩效考核体系

张家峁矿业公司结合实际情况，构建了一个以四个内控流程为支撑的"333"考核管理体系，四个流程分别为内控考核体系、定额考核体系、绩效考核体系、岗位作业流程考核体系，与公司所属各单位绩效相结合，形成一个完整的体系化成本考评模式，使成本管理名副其实地承担起目标监控的任务。

成本考核标准是以预算定额为标准，以内控考核体系为抓手，以绩效考核为落脚点，以岗位作业考核流程为基础，实现考核工作成果与个人绩效评价、个人薪酬收入的联动耦合机制。在此仅详述成本考核的十一个关键控制点。

2. 成本考核关键控制点

张家峁矿业公司结合千万吨矿井成本考核的特点，根据对近年来经营运行情况的分析，找出了影响经营的主导因素、重要环节和关键控制点，包括盘区工作面巷道掘进费用、井下胶轮运输费、采面安装拆除费用等 11 项。成本管理核算内容包括 10 个大项目、43 个小项目。由于核算内容比较多，根据对近年来经营运行情况的研讨分析，通过以往数据统计，基本掌握了影响成本指标的"十一"个关键控制点。通过对关键控制点的分析研判，制定切实可行的措施并加以重点控制，主导成本管控的主流方向，达到最佳成本管控效果。

（六）打造基于智能决策的成本管控平台

张家峁矿业公司通过现有网络基础设施和数据库建设形成集成应用、数据共享、标准统一的体系化成本管控系统。系统通过历年成本数据和定额标准，结合千万吨矿井生产工艺和设计优化情况，自动计算比对成本差异，并依据历史趋势变化进行成本预警预测和管控策略推送。功能模块设计结合张家峁矿业公司信息化建设需要，根据流程再造原理，规划和设计了基于"互联网＋"体系化成本平台的整体框架。

1. 成本核算系统

张家峁矿业公司利用触摸屏进行友好界面显示，利用刷卡机进行简捷式操作，按"谁使用，谁控制，谁负责"的成本管理原则，对公司下达的预算指标进行层层分解，落实到班组和个人，并明确班组和个人的职责及承担费用范围、内容。主要包括定额管理、成本项目维护、成本分析与控制、统计分析四个模块。

定额管理模块。包括定额维护、定额录入、定额审核、定额调整、综合查询五个功能模块。根据定额与实际发生情况进行对比，可为调整定额标准提供依据。

成本项目维护模块。成本项目维护旨在确定每一项工作所耗费的成本项目及其明细，以便于分项分析、考核和控制成本的发生，为成本核算、计划和控制奠定基础。

成本分析与控制模块。成本分析与控制模块旨在对各成本中心的材料费用、工资、电费、修理费、租赁费等可控成本，进行按月控制和考核；对原煤成本的构成及实际成本与计划成本之间的差异进行分析，为实施成本控制及内部管理提供决策依据和信息。

统计分析模块。实现核算单位的收入、支出汇总分析。主要包括原煤主体工资分析，产量/进尺分析，收入/服务产品分析，支付/服务产品分析。

为规范成本费用数据，张家峁矿业公司制定了统一的成本核算制度，以保证成本数据的全面性和正确性。通过成本核算系统对归集来的成本数据进行自动计算和分配，提高了成本计算效率。

2. 预算管理系统

张家峁矿业公司体系化成本管控系统的预算管理系统可以合理确定原煤、洗选、焦化、电力等产品的工序消耗定额，建立生产任务、成本项目、消耗定额、预算指标等因素之间的数学关系模型。在编制预算时，系统能够实现录入相关生产任务计划，便由系统自动生成各单位预算指标。主要包括智能预算编制、预算动态监控和预算分析与考核三个主要模块。

3. 固定资产管理系统

固定资产管理系统主要用于固定资产明细核算及管理，包括建立固定资产卡片，建立固定资产账簿，录入固定资产变动情况，计提固定资产折旧，汇总计算，查询及打印输出，编制转账凭证。通过引入条码自动识别并把资产全管理由被动管理转为主动管理，通过资产生命周期理念的引入，极大地提高了资产管理部门的工作效率。

4. 财务分析与决策系统

张家峁矿业公司在财务业务信息化的基础之上，建立了基于数据仓库和数据挖掘技术的财务分析系统，围绕成本、利润、资本三个中心，分析过去、控制现在、规划未来，为各层管理者提供经营决策支持信息。财务与决策系统主要包括财务预测决策、财务计划与控制、财务分析三大模块。一是财务预测决策模块。二是财务计划与控制模块。财务计划模块所包括的主要功能有固定资产需要量计划、流动资产需要量计划、资金来源计划、营业收入计划、利润计划、产品成本和期间费用计划等。三是财务分析模块。包括企业财务状况发展趋势分析、企业盈利能力分析、企业偿债能力分析、企业经营能力分析、企业资金来源及其运用情况分析，成本费用分析，销售收入和利润分析等。

三、煤炭生产企业实现业财深度融合的体系化成本管控效果

（一）成本管控成效显著

随着公司体系化成本建设的稳步推进，成本管控成效显著，原煤生产成本持续下降，自2012年的145元/吨下降至2017年的112元/吨，年均下降5元/吨。通过体系化成本的良好运行，成本管理成效显著，原煤生产成本逐渐逼近"百元"控制目标，成本管理指标处于国内行业先进水平，成本项目材料费、薪酬、电力、修理费四项费用节减额度连续三年在陕煤股份公司排名第一。

煤炭行业2017年平均资产负债率为69%，债务资本比率为67%，张家峁矿业公司资产负债率为26%，低于行业平均水平43个百分点；与同期煤炭行业收入和利润的情况相比，公司的经营能力保持在较好水平，且资产负债率一直保持在40%以下，没有长期偿债风险；净资产收益率主要受价格影响虽然呈下降趋势，但是较之4.9%的银行长期贷款利率，资产盈利能力仍保持在较好的水平。因此，从各项指标来看，张家峁矿业公司虽然过去在整体不景气的行业中下行压力较大，但是较之行业平均水平还是有很大的优势，也取得了显著成绩。

（二）成本管控水平提升

通过体系化成本管控的运行，大大提升了张家峁矿业公司生产成本的精细化管理水平。具体体现在：第一，夯实了成本基础管理，细化了成本管理单元细胞，健全了成本管理数据库，完善了各项管理制度和管控措施；第二，形成了成本管控全员、全方位、全要素、全过程"四全"管理，构建了公司全时空立体式成本管控网络；第三，公司成本管理日益走向信息化、标准化、精细化、流程化、规范化、高效化"六化"良性发展轨道，以精细化、高效化、标准化、流程化、规范化、信息化管理促进了公司成本管理水平的跨越式发展；第四，夯实了公司"五和六控七体系"管理根基，为全面提升公司管理水平奠定了坚实的经济基础；第五，通过体系化成本模式的运行，以经济效益最大化为目标，全面带动了公司"九强矿区"重点工作的顺利实施；第六，通过体系化成本管理最佳实践，为公司全面转型升级工作起到了示范和引领作用，使得以成本管理为核心的转型升级工作取得了实质性进展；第七，进一步落实了成本管理责任，增强了广大干部职工参与成本管理的热情和责任心，更加坚定了"人人都是利润源，人人都是管理者"的全员成本管理理念，为成本管理提供了坚实的人本支撑。

（三）形成了良好的示范作用

近年来，通过体系化成本管控的良好运行，确保了张家峁矿业公司各项生产经营工作目标的实现。在公司应对低迷煤炭生产形势和突破发展瓶颈中发挥了关键性作用，为公司精细化、实效化成本管理探索出了一条新思路和新途径，有力促进了公司生产经营工作稳健高效发展，打造了公司成本卓越化管理升级版，各项工作走到了陕煤集团乃至同行业各矿井前列，树立了良好企业形象和社会形象。

（成果创造人：吴群英、郭佐宁、迪 明、韩华东、薛卫宁、

张建安、王碧清、李文俊、王济民、严洪涛、田 力）

电网企业基于质量提升的外委审计评价管理

国网安徽省电力有限公司

国网安徽省电力有限公司（以下简称国网安徽电力）是国家电网有限公司全资子公司，承担着优化全省能源资源配置、满足经济社会发展电力需求供应的重要职责。主要从事电网建设、生产、经营、科研、设计和培训等业务，公司下设16个市级供电公司、72个县级供电公司和9家直属单位，管理各类员工7万多人，服务电力客户2660多万户。多年来，国网安徽电力两次荣获全国"五一劳动奖状"，先后荣获"全国国有企业创建'四好'领导班子先进集体""全国厂务公开民主管理先进单位""中央企业思想政治工作先进集体"和"全国工会系统'五五'普法先进单位"等荣誉称号。

一、电网企业基于质量提升的外委审计评价管理背景

（一）满足国家要求审计工作进一步发挥作用的需要

党的十八届四中全会从全面推进依法治国的高度，将审计作为党和国家监督体系的组成部分，对新形势下加强审计监督提出了明确要求。《中共中央关于全面推进依法治国若干重大问题的决定》要求对公共资金、国有资产、国有资源和领导干部履行经济责任情况实行审计全覆盖。国网安徽电力审计工作距离国家要求存在差距，一是内部人力资源不足，国网安徽电力下辖97个所属单位，仅有专职审计人员79人，远不能满足审计全覆盖的工作要求。二是审计工作专业技术人才支撑不够，具有财务审计知识外其他领域专业技能的复合型审计人员较少。国网安徽电力进行审计方式创新，实施外部社会审计中介机构工作评价管理，充分利用外部专业中介机构的业务能力，形成公司审计工作的有力补充和支撑，是有效发挥审计效能，实现审计全覆盖的重要途径和手段。

（二）培育承接审计服务市场主体促进合作良性循环需要

伴随着企业购买外部审计中介机构服务的不断增多，电网企业需求高质量、高服务水平的中介机构的愿望日益迫切。但是外部审计中介机构鱼龙混杂、良莠不齐，国有资产效益得不到保障。而国网安徽电力系统对外委审计项目评价管理工作开展不足，急切需要构建一套行之有效的外委审计业务评价管理体系，为购买审计服务提供绩效考核，也为承接审计业务的服务主体中介机构提供质量标准，同时也有利于现有中介机构提升服务电网企业能力，赢得更大的市场和机会，实现市场双方良性循环。

（三）提升外委审计业务项目质量的内在要求

购买外部审计中介机构服务，将内部审计业务委托给中介机构实施已成为企业加强审计监督、发挥审计职能、提升审计效果的重要方式。通过调查研究，国网安徽电力系统各级单位间对外委审计项目占总体业务量的60%左右，其中工程结算审计及工程决算审计等经常性计划占比90%以上，相关税务咨询、专项审计、资产评估等项目占比30%左右。以工程审计为例，2014年以来，公司系统每年有超过200个35千伏以上工程建设项目委托外部中介机构开展，工程投资额达150亿元以上。如何构建科学完善的中介机构评价管理体系，是国网安徽电力创新管理方式、更好发挥审计监督效能的当务之急和内在要求。

二、电网企业基于质量提升的外委审计评价管理内涵和主要做法

国网安徽电力外委审计评价管理以"质量就是审计工作生命线"为指导思想，以风险和问题为导向，以外委项目质量提升为中心，以过程控制及结果运用为抓手，构建了"集约高效、覆盖全面、立体协同、精准纠偏"的外委审计项目全流程评价管理体系，建立集约化的组织机构保障工作运行。设置适

用于省市县三级供电企业的评价指标和计分标准,实现评价结果的可量化。横向协同各专业部门进行综合评价,纵向贯通各级单位进行过程质量纠偏,确保风险及时消除。实行评价结果分级管理,实现优胜劣汰。搭建信息化支撑平台,实现项目过程的可追溯。进行制度化建设,固化管理成果。通过创新评价管理工作,实现了业务主体双方良性循环,不断提高外委审计项目质量,提升审计监督效能,促进公司提质增效和强化风险防控,有力保障了国有资产保值增值和公司健康持续发展。

(一)广泛调研,明确评价管理工作思路

1. 开展调研全面了解评价现状

一是内部调研掌握第一手资料。为全面了解国网安徽电力系统16个市级供电公司、9家业务支撑单位、72家县级供电公司使用外部中介机构实施审计业务情况,通过实地调查、召开座谈会、发放调查问卷等形式进行调查研究,掌握公司系统中介机构聘用数量、中介机构类型、外委审计业务类型、工作亮点、取得的成效、存在的困难等,摸清了家底。

二是向中介机构调研,博采众长。召集部分有代表性的中介机构召开座谈会,了解中介机构资质、参与审计的中介机构人员职业资格、电网行业审计方法、中介机构质量内控管理制度制定及执行情况、政府及行业协会对中介机构的管理情况。同时,部分中介机构将其他行业优秀的评价管理做法进行经验介绍,供公司参考借鉴。

三是走出去学习先进经验。组织到江苏、浙江、上海等管理先进兄弟单位进行交流学习,探索本公司评价管理体系建立路径,明确中介机构评价管理变革方向。

2. 确立质量提升为核心的评价目标

国网安徽电力系确立以质量提升为核心的评价管理目标,以"质量就是审计工作生命线"为指导思想,加强组织领导,统一归口管理,建立标准化评价指标,开展外委中介机构全过程评价管理,进行过程纠偏,加强结果运用,引导和约束中介机构执业行为,不断提升外委中介机构项目质量,充分发挥中介机构专业、高效等优势。

明确将评价管理从以往注重结果转变为过程与结果并重,从事后质量控制转变为事前、事中、事后全过程控制,将单个外委审计项目风险转变为从公司整体风险出发,对影响第三方中介机构实施项目质量的组织、人员、环境等各个因素进行全面评价管理,从源头、过程、结果全过程把控中介机构实施业务项目质量,出具高质量结论报告,为公司审计工作提供有力补充。

3. 确定"先试点后推广"实施模式

为保障评价管理对外委中介机构的实施效果,采取先试点后推广的实施策略,有步骤地稳步推进。按照试点方案,选取3家市级供电公司、2家直属业务支撑单位、3家县级供电公司进行试点评价。通过试点对评价体系设定的标准、程序进行测试,同时收集评价过程中存在的问题和缺陷。

进行评价管理指标体系修正。针对试点过程中出现的问题和难点,组织法律部、物资部、审计部、财务部专家进行研究、探讨,结合中介机构参考意见,对评价标准和程序进行修订完善。修改指标设置不合理的3项一级指标,细化7项操作性不强的二级指标,取消1项与实际工作不符的指标,对13处指标评价标准进行补充完善。

(二)建立集约化组织构架强化运行保障

组建评价机构实行统一领导。国网安徽电力成立外委审计评价管理领导小组,由公司领导任组长,成员由法律部、物资部(招投标部)、财务部、审计部、国家监察委员会等部门负责人组成。负责评价管理工作决策部署,研究解决评价管理中的重大问题。下设评价工作办公室,由审计部牵头,各部门参加,负责制定评价管理办法、考核指标、考核目标值、考核结果,指导开展评价工作。各所属单位分别构建以分管领导负责,审计部统一牵头,相关部门为成员的评价组织工作机构,进行日常考核评价及落实公司的考核评价管理工作。

压缩评价工作机构层级。针对县级供电公司没有设置专门审计部门现状，难以有效开展评价管理工作，将县级供电公司外委业务评价管理工作收缩由市公司审计部统一牵头开展。

组建专门的评价队伍，提升评价能力。各级单位明确评价人员岗位及工作职责，组织对评价指标、标准、程序、流程等内容进行统一培训，做到评价标准明确、程序规范、流程统一。评价人员由企业内部的业务使用部门、经济法律部门、财务部门、监察部门、审计部门等组成。

（三）建立覆盖全面、贯穿业务全流程的评价指标体系

1. 确立评价指标设计原则

一是系统全面评价，评价指标应能全面准确地反映中介机构各方面能力和水平，从经营资质、人员配备、质量管控、审计程序、职业道德等多方面考量，通过不断地考评能够将本企业的经营发展战略目标、质量和经营理念向中介机构内部延伸。二是贯穿业务全流程，将项目准备阶段、实施阶段、终结阶段均纳入评价管理体系，实现事前、事中、事后全流程质量评价。三是定量与定性相结合，以定量为主，定性为辅，评价指标按照实现目标的影响程度细分为可量化的若干要素，确定具体分值和计分标准。结合具体项目特点，辅以定性评价并进行修正。四是评价与方向指引相结合，评价指标既能科学地对中介机构实施业务进行管理、考核，又能指引中介机构不断调整人员配置、技术方法、质量控制措施，不断提高电网企业审计项目的执业能力，增强对电网行业服务的专业性。

依据总体原则，实行单个项目考核指标及年度考核指标相结合的评价体系。单个项目按照工作流程，对项目实施的审前准备、审计实施、审计终结3个关键阶段进行质量控制及考评，实行业务全流程评价管理。年度考核结合单个项目考核情况，同时根据总体工作任务完成情况、工作贡献值、积极配合等情况，确定综合评价指标。确定"一票否决"指标，严格廉政纪律和保密纪律，树立风清气正的工作氛围。

2. 确定覆盖全面的可量化评价指标

确立全流程指标体系，实行百分制考核，完成目标值得100分，超额完成（未完成）按照考核评价标准进行加（减）分，最高120分。共设立11项一级指标，37项二级指标，18项红线指标。

一是设立项目审前准备质量保障指标（30分），主要评价项目审前准备是否充分，是否能够有效指导后续工作并提供质量保障。包括审前调查报告、审计方案、审计人员配备3个一级指标，下设11个二级指标。

二是实施过程质量控制指标（30分）对过程管理方面进行评价，主要对审计实施过程的规范性和深入性、问题核查深度、质量控制程序执行等进行过程质量评价。包括三级质量复核、审计周报制、审计方案执行、重大事项报告、审计底稿编制规范性5个一级指标，下设14个二级指标。

三是审后审计成果质量复核指标（40分）对成果质量方面进行评价，主要对审计组出具的成果文件进行考核评价。重点评价审计报告的完整性、准确性、适当性、规范性、有效性。包括风险揭示程度、审计目标完成、审计报告质量3个一级指标，12个二级指标。

3. 设立综合评价指标评估整体贡献值

综合评价指标（±20分）是根据年度中介机构响应程度、工作贡献值、服务态度等进行综合评价，具体设立8个评价指标。依据年度重点工作任务，综合考虑各中介机构在价值创造、管理建议书的出具、风险揭示、积极响应度、总体质量较高等方面的突出贡献，予以加分；对因组织不到位、人员配备不合理等造成的委托项目质量不过关、重大问题和风险未揭示、造成经济损失等质量事故情况，予以减分。同时，鼓励各中介机构在实施业务中强化管理，创新发展，对实施过程中有创新举措、在日常工作中形成亮点特色、取得重大成效的，适当加分。

对未完整履行审计程序造成重大问题漏项的、审计期间审计人员违反职业道德和履职不到位造成较大影响或严重后果的、因主观原因导致审计报告不真实具有重大风险隐患的、审计发现问题隐瞒不报或者不如实反映的、审计报告反映问题严重失实的，在年度综合评价中加重扣分，出现2个及以上此类问题项目年度评价为不合格。

4. 划定红线实行"一票否决"

设立红线指标，明确雷区。针对廉政纪律、保密纪律、执业道德等明令禁止事项，实行"一票否决"。具有18项否决指标，若有违反，立即终止合同，追究违约责任，列入公司"黑名单"，不得参与公司系统项目采购活动，同时将相关违规情况向行业协会进行上报。

5. 实行指标动态调整增强适应性

评价范围和内容选择以质量控制为导向，结合国家、国资委、审计署、内审协会及上级单位的有关工作要求，不断完善评价机制和指标体系，及时调整、优化评价指标。评价过程中及时关注会计师事务所和造价咨询公司实施审计项目与预期的管理偏差，定期结合管理实践和最新外部监管要求，及时针对新变化进行动态修订或补充，每年度终了组织评价专家队伍进行指标适度修正。

(四) 立足"三公"原则，立体协同各级单位及部门进行评分

确立公平、公正、公开的"三公"评价打分原则。横向协同国家监察委员会、业务专业部室、项目所在部门进行评价，纵向对外及时了解更新政府、行业协会监管信息，贯通省市县三级供电企业评价归口管理，立体协同进行评价考核。

1. 完善评价前置程序

将完善评价管理相关法律手续作为前置程序，作为承揽本企业相关业务的市场主体，受《合同法》及《招投标法》约束，对其开展评价管理工作须在合同中及招投标文件中进行约定。在招投标及合同中专门条款明确评价管理要求及相关内容，明确双方有关权利和责任。根据招投标文件及合同规定，明确服务事项内容及具体要求、费用金额及支付方式、双方权利义务和违约责任等。另外，为了提高审计工作严肃性及纪律性，严明工作纪律和廉政纪律，签订合同、保密协议及廉政协议。

2. 立体协同进行公平综合评价

评价工作采用日常评价和年度评价相结合的方式进行。日常评价分值按照单个项目评价汇总综合平均得出。单个项目完成任务出具成果后，中介机构按照评价指标及打分标准，报送自评材料和说明材料，报送考评工作办公室，考核办公室组织进行考评复核，进行打分。每季度对所有单个项目进行加权平均，计算平均分，得出具体某个中介机构实施所有项目的平均得分。年度评价在单个项目评价结果汇总的基础上，结合综合评价指标计算出得分。

横向协同国家监察委员会对违反廉政纪律的中介机构和人员按照"一票否决"红线指标进行评价，协同科技信息部、安全保卫部对项目涉密信息计算机存储、传递、报送等保密指标及遵守保密协议情况进行评价，协同项目所在部门对项目实施成效进行评价。

纵向向上密切关注中介机构遵守法律规范、行业自律、政府监管方面的信息，充分利用国家企业信用信息公示系统、行业协会通报等政府及行业平台查询相关信用及违法情况，向下集约省市县三级供电企业评价信息，由公司评价管理办公室归口汇总、发布评价信息平台，统一运用考核结果。

3. 公正进行复核

一是进行项目抽查复核，对公司系统各层级单位报送的中介机构实施的项目评价结果按不低于10%的比例进行抽查复核，进一步检验各单位评价打分结果的客观公正性及加强对中介机构的质量验证。复核结果纳入各单位工作考核及中介机构年度评价。例如，对于工程造价审计复核误差率超过正负3%的，进行相应扣分。

二是评价办公室对得分畸高畸低的评价项目进行复核,防止恶意打低分或者拉高分数,影响评价工作的公正性。开展复核时,要求评价单位提供相关打分说明及依据,对于客观公正坚持原则的予以肯定或者表扬;对于恶意评分影响评价效果的,予以批评及进行工作考核扣分。

4. 定期公开评价结果

形成阳光、透明的工作氛围。一是建立反馈机制,对评价结论出现较大争议时,中介机构可向评价办公室提出异议,由审计部门组织评审专家队伍进行复核,或者通过召开专门会议等方式,本着客观公正的原则进行复核解决。二是建立常态沟通机制,审计部门每季度召开一次业务对接会,进行工作交流沟通,通报季度考核结果,宣扬优秀经验及做法,提出改进意见,听取相关中介机构工作意见,对工作中存在的困难进行协同解决,提出下一步工作指导意见和审计要求,不断改进和完善评价工作。三是年度召开评价专题工作会议,相关单位外委审计工作评价领导小组负责人及中介机构负责人参加,总结年度评价管理工作,布置年度评价工作任务,明确工作要求。

5. 多项措施保证评价工作的公正性

将评价人员工作纳入职工绩效管理。评价工作的质量、公正性纳入员工工作绩效合约中,对于完成度高、评价质量突出、有力推进外委中介机构工作提高的员工予以奖励,与年度绩效考核挂钩。反之,予以考核扣分。

实行责任追溯。对于以往评价期发生故意瞒报、漏报、错评等事故,以及其他未发现的严重评价事件,一经发现,公司评价领导小组将追溯原评价期单位及评价人员责任,维护评价管理工作严肃性。

(五)开展评价结果运用,实现精准纠偏和正向引导

按照"三单"制度要求及时纠正单个项目的质量偏差、偏离、事故问题,按照"分级管理、综合运用"原则进行年度评价结果运用,实现优胜劣汰,发挥积极的评价导向作用。

1. 运用"三单"制度及时进行过程精准纠偏

下达"整改通知单"。评价发现存在的问题,及时制作"整改通知单",列明外委审计过程或者审计结果存在的问题内容、整改期限、整改意见,送达中介机构。

上报"整改落实单"。中介机构接到整改通知单后,对相关问题进行消缺,通过补充检查、调整审计程序、完善文书材料等方式,进行问题整改落实,并将整改工作及整改结果上报评价组。

复核形成"整改验收单"。评价组进行整改情况验收复核,认为达到要求的,形成归档闭环。对不按整改要求整改或整改不到位的单位,责令限期执行,要求再次进行整改,直至问题整改完毕。并以适当方式在一定范围内通报,在相关评价指标中予以扣分。

2015—2017年,国网安徽电力共对13家中介机构负责人、项目组长、副组长87人次进行约谈,指出审计质量方面存在的问题,提出明确的工作要求并限期整改;对109个存在审计质量的项目进行扣减审计收费。

2. 实行评价分级管理实现优胜劣汰

对年度评价结果划分为优秀、良好、合格、不合格四类。采用百分制计算得分,根据得分评定结果等级,90~100分为优秀、80~89分为良好、70~79分为合格、69分及以下为不合格。原则上各关键业绩指标考核得分呈正态分布,考核优秀、良好的单位不超过被考核单位数量的40%,合格的不高于单位数量的50%,不合格的不低于10%,评价结果作为下一年安排业务的重要参考,并对年度考核不及格的中介机构予以淘汰。

2015—2017年,公司系统共淘汰14家中介机构,吸收引进12家中介机构,8家项目评价质量较高、评价优秀的中介机构在公司系统业务量逐年稳步提升。

3. 突出廉政违规一票否决

对照明令禁止的18项红线指标要求，对部分中介机构违反廉政纪律、保密纪律等内容进行一票否决。2015－2017年，有2家中介机构违反保密协议被淘汰，1家中介机构违反廉政纪律被淘汰，列入公司"黑名单"。对公司系统涉及的违规人员由国家监察委员会按照规定进行处理。

（六）建设信息平台及固化制度支撑业务评价体系运行

1. 建立中介机构企业信息及关键人员信息库

建立完备的中介机构企业信息库，包括营业执照（副本）、税务登记证、执业资质、等级证书、组织机构代码证、主要部门设置、人员构成、主要内部质量管理机制、审计风险控制机制等基本信息。包括近三年的业务收入及业绩证明、行业排名、重要荣誉、中介机构受托审计业务评估结果等业绩及资质信息。

建立中介机构关键人员信息库，包括受托业务项目组长、副组长、主审人员、审计骨干等关键审计人员姓名、执业资格、专业特长、所在审计项目质量考核结果等信息，并及时动态更新，实现人才保障。

2. 实现项目在线跟踪评价

运用审计综合管理系统，每个项目落实一个联络人，将项目启动、过程管理、结果报告相关程序在系统中执行，实现对各项目执行情况的跟踪监控。项目启动时，将审计通知书、合同约定书、项目方案、审前调查报告、审计人员信息录入系统，线上通知中介机构开始启动项目，同时设置时间安排和节点任务；项目事中跟踪时，审计组上传审计记录、工作底稿、阶段性报告等内容，评价人员实时查看开展过程文书材料，跟踪了解项目进展情况、审计成果，并开展在线复核；项目收尾阶段，及时进行综合评价平衡，了解既定任务和目标完成情况，对未完成既定目标的项目，与审计组长进行沟通，限时进行补充完善，确保任务完成。对已完成项目，及时提供成果报告。

3. 进行制度化建设，固化管理成果

制定下发《国网安徽电力中介机构管理办法》《国网安徽电力审计业务委托中介机构实施指导意见》《国网安徽电力审计项目质量控制办法》《国网安徽电力审计项目质量审理办法》等制度，将评价管理工作形成常态化，建立长效机制，将评价管理工作融入日常工作，不断巩固和深化外委审计业务评价工作。

三、电网企业基于质量提升的外委审计评价管理效果

（一）提升了企业抵御风险的防范能力

通过评价管理工作，促进外部审计中介机构服务电网企业的项目监督效能大幅提升，公司审计工作预防、揭示、防范风险能力得到有效显现，审计工作"免疫系统"功能得到彰显。一是有效化解了风险和隐患，促进企业不断完善内控体系，不断提高风险抵御水平，2015年开始开展评价管理工作以来，每年揭示问题数量平均高于上年评价管理工作的30%，共揭示问题个数14897个，揭示高风险问题307个，促进国网安徽电力系统完善内控制度209项。二是干部队伍廉洁意识不断提高，腐败违纪问题持续下降。三是公司发展质量稳步提升，2015年以来，公司没有发生一起社会上大范围不良影响事件，每年的政府及民众行风评议均排名前列，社会责任有效履行。

（二）取得良好的经济效益

通过评价管理工作，审计业务委托中介机构实施质量明显提升，促进增收节支，核减工程款，为企业挽回了大量的经济损失，取得了明显的经济效益。2015－2017年，通过造价咨询公司开展结算审计核减工程款12.8亿元，通过开展专项审计、经济责任审计等项目促进增收节支9.6亿元，有力保障了国有资产的保值增值。

（三）促进了市场主体双方合作升级

通过评价管理工作，规范了中介机构业务行为，提供了一套工作标准和质量依据，积极引导、培育了一批服务能力强、诚信度高的造价咨询公司、会计师事务所、税务师事务所等专业机构，实现了市场主体双方业务关系合作升级，促进和提高了中介机构服务电网企业的业务能力，同时淘汰了一批业务不精、资质不良、信誉不佳的中介机构，净化了中介机构合作队伍，实现市场双方良性循环。国网安徽电力审计工作管理水平提升明显、人才队伍建设不断加强，2017年获审计署颁发的"2015—2017年全国内部审计先进单位"荣誉称号。

（成果创造人：陈水军、蔡华林、吴　斌、朱少如、韦祖彬、杨　德、刘社兵、汪子林、刘　菲、赵承康、鲍　卿、张　清）

基于服务主业的产融结合战略实施管理

中铝资本控股有限公司

中铝资本控股有限公司（以下简称中铝资本）成立于2015年，是中国铝业集团有限公司（以下简称中铝集团）的全资子公司。中铝资本统一规划制订并实施推进集团产融结合战略，统一协调配置产融结合资源。中铝资本致力于成为服务集团主业的特色产业金融服务集团，业务领域涵盖保险经纪、融资租赁、基金、期货、商业保理等，截至2017年年末管理资产总额达到935亿元，员工200余人，综合创效21.96亿元，利税13.16亿元。

一、基于服务主业的产融结合战略实施管理背景

（一）实施产融结合是集团企业优化资源配置的有效途径

产融结合，即产业资本和金融资本的结合，指的是实业和金融业为了共同的发展目标和整体效益，通过参股、持股、控股和人事参与等方式，进行的内在结合或融合。长期以来，中铝集团资金集中度低、使用效率不高，资金集中度长期低于10%，由于资金分散，没有形成规模效应，不能对资金和债务进行集中统一管理，无法实现资源高效配置和风险管控，导致整体资源配置效率低，难以满足集团抗风险和资金链安全的需求。因此，要实现集团企业优化资源配置，必须要做好产融结合战略的实施。

（二）实施产融结合是中央企业全面深化国企改革的迫切要求

借力金融资本、实现产融结合、助推改革发展，是国际大企业采取的普遍做法，也是国有企业改革的有效途径。产融结合是经实践证明的最佳选择。处在国企改革新的历史阶段，以产融结合方式，通过组建专业化平台，可以发挥其他金融机构难以起到的独特作用，不但能够为中铝集团改革提供充足的资金支持，有效利用金融工具促进产业结构调整和转型升级，而且在专业化整合、资产经营、产业并购、资本运营等方面，通过深化产融结合战略实施，能够获得产业与金融的协同效应，实现产业资本与金融资本的完美有机融合，以产带融，以融促产，有效突破制约改革发展的关键环节，有效增强产业的竞争优势。

（三）实施产融结合是顺应中铝集团转型升级的现实需求

中铝集团在扭亏脱困转型升级的过程中，面临着去产能、去库存、去杠杆、降成本、补短板等多方面的压力和挑战。一是集团主业是周期性行业，宏观经济形势发生重大变化时，主营产品价格波动剧烈，经营状况随之大幅波动，整体经营抗风险能力不强，难以有效缓释经济周期的影响。二是集团负债规模大，财务杠杆高，由于主业多年连续亏损，集团负债规模和资产负债率连续攀升，债务规模快速上升，面临较大的债务压力，财务和经营风险不断攀升。三是集团负债结构不合理，融资渠道单一，而且新投资项目的融资渠道主要依靠银行，项目投资多数没有通过股权等多元化融资方式，面临较大的筹融资和债务压力。四是中铝集团实体企业也面临着不同程度的融资难题。五是集团新兴产业培育慢，面临着发展不平衡不充分的问题。要解决这些问题，迫切需要通过深化产融结合，快速筹集转型发展资金、降低资金成本、提高抗风险能力和综合竞争力，培育新兴产业和增长点，实现转型升级。

二、基于服务主业的产融结合战略实施管理内涵和主要做法

中铝资本围绕深化产融结合、发展特色产业金融的思路，全面深入贯彻落实党中央、国务院和金融监管机构要求，本着立足集团主业、服务实体企业的理念，充分发挥中央企业的品牌和业务资源优势，坚持战略引领，打造产融结合开放共享平台，坚守产融结合航道，创新管控治理模式，严守风险合规底

线，探索出立足中铝、面向行业，以产带融、以融促产的新的管理模式，构建起产融结合开放共享平台，打造了产融结合价值共同体，致力于为主业服务，提供产业金融整体解决方案。

（一）明确实施产融结合战略的工作思路

中铝资本沿着集团产业链，通过划转、协议转让、托管等方式集中现有金融股权资产，加强对集团现有金融企业的管理，初步构建了以中铝财务公司为基础，以中铝资本为投资载体，参控9个实体企业，搭建完成了集团产融结合运营平台，实现了产业金融集群式发展，具备了为集团主业提供金融集成解决方案和综合服务的能力。在实施产融结合战略管理上，主要遵循以下思路。

第一，践行"三个坚持"。一是坚持专业化管理、市场化运作、特色化服务、协同化发展的方针，围绕集团主业的全产业链构建金融服务体系，拓展产融结合实施的广度。二是坚持立足集团、服务主业、提升价值的理念，全力推进产品、渠道、客户、服务等资源共享，提升实施产融结合战略的深度。三是坚持以需求为导向，创新金融服务和金融产品体系，推进产融结合、融融协同，融入集团生产经营、技术研发、管理提升和商业模式当中，提高产融结合战略实施的精度。

第二，遵循三个导向。以国家监管政策为导向，严格遵循国家有关部门的监管要求，确保产融结合运作依法合规。以集团发展战略为导向，紧密围绕集团总体部署，为结构调整和升级发展提供金融功能支撑。以市场化运作为导向，密切关注经济形势和金融市场，按照市场化的机制配置资源，有序稳健发展。

第三，处理四个关系。处理好金融资源供需的关系，处理好直接融资和间接融资之间的关系，处理好金融创新和风险控制的关系，处理好金融服务与辅助财务管理职能的关系。

（二）强化产融结合战略的顶层设计

1. 科学制定产融结合战略目标

中铝资本产融结合的战略目标是打造服务集团战略的国际产业金融服务集团，着力建设风险控制一流、金融创新一流、专业能力一流、经营业绩一流、品牌形象一流的产业金融优秀企业，提供产业金融整体解决方案，为集团扭亏脱困转型升级提供金融支撑、服务保障和效益贡献，努力成为实现集团"世界一流企业"战略目标的新元素、新动能，成为有色行业金融专家，做行业客户发展的新纽带、新伙伴，发挥好集团公司作为行业龙头的影响力、带动力和控制力。

2. 完善产融结合战略构图

中铝资本产融结合的战略构图是通过以开放、创新、科技、共享为发展理念，依托五大业务方向（财资管理、产业链金融、风险管理、资本运作、国际化），高效发挥"金融+"功能，服务集团优化产业布局，培育新增长点，形成哑铃型的产业结构，助力集团向产业链前端和铝铜精深加工等价值链高端转型，形成产融结合价值共同体，提升产融协同力、价值提升力、核心竞争力。

3. 明晰产融结合发展路径

中铝资本明确"1+3+5"的产融结合路径。"1"是指打造中铝产融结合开放共享平台；"3"是指依靠综合金融（经营性金融）、资本金融、国际化金融三个增长阶梯；"5"是指按照财资管理（大司库）、产业链金融（租赁、保理）、风险管理（保险经纪、期货）、投资投行（金融牌照、产业基金、资本市场）、国际化（境外财资管理、资产及风险管理、产业链转型升级管理）五条线进行业务布局。

4. 细化产融结合实施步骤

一是综合金融增长阶梯。这是产融结合初期的核心基础，就是提供服务型金融，为集团主业提供传统金融服务，为集团打通资金通道、提供流动性支持，是产融结合的起步业务。

二是资本金融增长阶梯。这是当前产融结合着力发展和重点布局的领域，就是提供创新型金融服务，为实体产业提供创新金融解决方案，优化资产结构，打造孵化功能，助力集团产业升级，是实施产融结合战略的增长潜力。

三是国际金融增长阶梯。这是产融结合未来要发展、目前正在培育的种子业务,就是提供包含国际综合金融服务及国际资本运作在内的国际业务。服务集团"走出去",成为集团跨境投融资的通道和海外资产管理运营中心,全方位为集团国际业务提供金融服务。

(三)以特色服务为核心,纵深实施推进产融结合战略

1. 做大财资管理业务

依托中铝财务公司打造集团司库体系,综合运用大数据、"互联网＋"等现代信息技术,构建以预算管理为主导、以统一结算通道为基础、以现金流量管控为支撑的资金管控体系,全面提升以"融资、投资、结算、风控"为一体的司库服务能力。与集团财务系统开展实时交互和信息共享,提升公司的资金管控能力,实现全面预算、集中结算、动态核算"三算合一",促进集团整体风险防控和效益提升。持续扩大金融同业"朋友圈",获得外部机构授信,多渠道融入资金,为集团整体提供流动性支持。建立跨境资金池,打通境内外人民币资金流通渠道,充分发挥外币资金集中效用,提升集团内资金跨境配置及运营效率。

2. 做深产业链金融

依托中铝租赁的自贸区优势,为中铝集团成员企业提供新购设备直租型融资租赁、新购设备直租型经营租赁、售后回租型融资租赁、联合租赁、转租赁、其他资产管理等创新的产品和服务,为中铝集团冶炼、加工、勘探、工程等主业业务领域发展注入强劲的金融动力。同时,凭借过硬的专业能力挖掘企业内在价值及优质资产,主动设计金融解决方案,培育扶植有前景企业,助力集团及板块企业高质量发展。

依托中铝商业保理这样的供应链金融专业服务机构,通过优化报表、优化资源配置、盘活资产,助力集团提高供应链管理水平。依托集团营销、贸易、物流和工程的核心企业,积极拓展供应链上下游业务,提供供方融资、买方融资、存货质押融资、票据融资、票据托管等服务。通过开展保理业务帮助成员企业提前实现资金回笼,提高应收账款周转率,调整财务结构。提高供应商管理能力和产业链竞争力,切实加强供应链的管理水平。

3. 做专风险管理业务

依托中铝保险经纪立足集团、服务集团、面向市场,致力于打造有色行业的风险管理专家、保险采购行家和专业索赔代理。中铝保险经纪服务于中铝集团及其成员企业的保险业务,并进行整合、统保,以帮助中铝集团提升资产风险管理水平。对集团内300多家企业保险资源进行整合,统保招标商业保险,有效扩展各板块保险方案条件,各板块各险种保险费率均大幅下降。根据集团降本增效需求,突破传统保险排分模式,在央企保险行业内,创新"国际共保"模式,大大调动国内保险公司积极性。中铝保险经纪积极开展海外项目,为集团海外资产提供避险服务,助力"走出去"战略,同时,不断培育创新业务能力,开拓产权经纪业务,并积极开展集团内集中服务,累计提供产权经纪服务近百亿,助力集团瘦身健体和资本运作。

依托云晨期货,建设与集团行业地位相适应的大宗商品金融服务平台,充分发挥规避风险、价格发现、资产配置的功能。加快网点布局,在有色金属产品生产集聚地区设立营业部,提高行业重点客户覆盖面;提升风险管理业务服务能力,扩大服务范围,大力拓展合作套保、仓单业务、基差交易等创新业务;关注监管政策动态,探索设立资管子公司;加大关键品种投研力度,储备专业人才和团队,设立金属期货研究院。

4. 做优资本运作业务

依托中铝建信基金创新股权投资基金管理平台,提供专业化资产管理服务,助推主业发展,提供包

括产业基金、混改基金、市场化债转股基金、境内外并购基金、大宗商品基金等业务，从企业咨询、资产管理、国企改革、企业发展战略、价值管理等方面全方位为客户提供全套金融解决方案，服务集团不同阶段的投融资需求，助力集团向产业链前端、价值链高端布局和跨越式发展。

5. 做开国际化业务

中铝集团一直是有色行业内"走出去"战略的坚定执行者。中铝资本围绕集团境外资源获取开发和"一带一路"业务，择机在香港、上海自贸区及深圳前海等地区，设立境外金融服务机构，助力集团国际化战略实施。中铝资本在国际化发展方面通过财务公司跨境外汇管理业务进行试水，如通过跨境资金池的建立与运用，打通境内外人民币资金流通渠道，提升集团内资金跨境配置及运营效率。经过几年的努力，中铝资本的外汇业务平台已发展成为行业内的标杆，形成了丰富的跨境资金管理经验和稳定高效的业务团队，为集团和成员企业安全放心地开展国际化业务提供了坚强后盾，并凭借良好的外汇创新服务水平及风险管控能力，多次代表财务公司行业参与国家外汇政策的制订，为跨国公司外汇业务的发展献计献策。

（四）坚持创新驱动发展，提升产融结合服务能力

中铝资本着力提升商业模式创新能力、产品服务创新能力，主动融入主业的生产经营、技术研发、管理提升和商业模式，加强与主业的协同融合，通过综合创新运用基金、期货公司、保险经纪等牌照，为集团提供资本运作、结构调整、价格管理、风险管理服务，创新组合运用多种工具，全面拓展"金融+"功能，开展"财务公司+租赁+基金""承兑+再贴现""租赁+票据"等创新业务模式，在保险经纪、期货经纪、财务顾问、基金业务等服务领域高效发挥作用，充分满足实体企业金融需求。

创新做好产融结合"加减乘除"运算，助力集团降本增效。做加法，增加内部金融供给能力；做减法，降低集团整体资产负债率和债务规模、降低集团整体财务费用支出；做乘法，发挥资本乘数效应，多市场多渠道融入低成本超资金；做除法，提高整体资金使用效率，提高人均劳动生产率。

创新公司治理模式，释放发展活力。中铝资本积极探索建设符合实际的法人治理机制、市场化用人和激励约束机制、融融协同运行机制、风险防控监督机制。

创新公司管控模式。中铝资本快速参股控制多个金融公司，形成金融混业经营的格局。面对新设子公司多、人员结构多元、业务门类丰富等特点，形成分业经营、协同发展、集中管控、资源共享的矩阵型组织体系。集中后台资源，建设行政、财务、信息和风控四个共享职能中心，创建精简高效、管控服务到位的两级职能管控模式，形成中后台服务前台、前台服务客户的服务链，建立有效地覆盖母子公司两级的柔性管控运营架构。

（五）打造特色风险体系，筑牢产融结合安全屏障

中铝资本实施"全员、全额、全程、全域、全新、全覆盖"的全面风险管理体系，加强两级风险统理能力建设，筑牢三道风险防线，率先在业内建设集风险管理、法务合规、审计稽核和纪检监察等职能为一体的风险管理中心，形成融合式的集中风险管理格局。

强化风险防控和内控体系。一是构建全面风险管理体系。严格控制风险，坚持"审贷分离、审投分离"原则，强化风险责任制，做实职能部门的单一风险管理职责和风险管理部门的统筹风险管理职责。加强对风险的动态、持续、跟踪管理，建立新业务、新产品的风险评价机制，坚持把所有产品、所有业务纳入风控体系。高度关注授信客户资产质量状况，探索建立统一授信管理制度，深入落实风险提示和稽核机制，提高整体资产质量。二是完善内控合规体系建设。建立健全公司管理制度体系建设，对公司治理、综合管理、资产管理、人力资源、财务管理、投资管理、风险管理、法务合规、稽核管理9方面的制度进行梳理，形成具有中铝金融行业特色的制度集。按照管理制度化、制度流程化、流程信息化的要求，梳理内部矩阵和工作流程图，识别内部控制要素和关键控制点，健全规范内控管理。

构建全面风险管控架构，成立业务审查委员会，加大风险管理对信贷、租赁、保理等业务条线重点环节的介入力度，做到工作、业务、产品坚决不触及法律、法规、监管规定的红线。根据金融行业需要，中铝金融创造性地将风险管理、审计稽核、法律合规、纪检监察等工作有机衔接，风险法务等防控工作与纪检、审计等监督工作同安排、同部署、同检查、同考核、同促进，构建大融合、大监督的体系格局，做到成果相互共享、成效相互巩固。坚持合规刚性要求，严格执行"三重一大"决策事项，推动健全完善法人治理结构，强化"三会"管理，使集团战略意图有效贯彻到各单位重要决策和经营活动中。

建立健全长效反腐倡廉制度体系和权力运行的监督体制，充分发挥党委的主体责任和纪委的监督责任，通过针对领导岗位和高风险领域《权力清单和责任清单》的试点工作，有效促进党风廉政建设和反腐败工作各项任务的分解落实，建设一支忠诚、干净、担当的纪检监察队伍，为产融结合战略实施提供坚强有力的政治和纪律保障。

（六）加强企业软实力建设，完善产融结合组织保障

1. 坚持党建，强根塑魂

中铝资本将党的政治领导、思想领导、组织领导三个维度有机统一，实现党的领导与公司管控治理"三个融入"，即融入公司治理、融入公司架构、融入企业决策。发挥党组织对选人用人的领导和把关作用，以"四个从严"，即选拔标准从严、选用程序从严、培养教育从严、考核管理从严，保证党对干部人事工作的领导权和对重要干部的管理权。围绕"业务链"和"职能线"建支部，一个支部一面旗，找准基层组织建设与金融业务发展的融合创新路径。着力建设学习型、创新型、实干型、廉洁型领导班子，全面提升党委班子抓党建、带队伍的能力，切实保证党委班子发挥总揽全局、协调各方的领导核心作用，更好地肩负起对经营发展全面领导的责任和对党的建设全面负责的责任。

2. 坚持人才强企

中铝资本高度重视人才队伍建设，建立"一个人才库"、开展"两个试点"、突出"三个特色"，构建"四个体系"，打造一支政治过硬、忠诚担当、业务精通、勇于创新、充满活力、具有职业精神、懂产业通金融、善学善思、善作善成的人才队伍，为产融结合储备坚实的人才要素。创新实施宽带岗级、薪酬激励约束机制，出台50余项制度和方案，初步建成人力资源管控机制，建立岗位、薪酬、绩效和职业发展体系。有序推进"市场化、契约化"改革。在投资投行业务领域进行激励改革试点；组建完成中铝租赁职业经理人团队，形成有中铝金融特色的职业经理人管理培育体系。

3. 以企业文化凝聚人心

中铝资本以集团"励精图治、创新求强"理念作为立心方向，以忠诚干净、守正担当作为铸魂之本，以善学善思、善作善成作为笃行准则，以锐意进取、追求卓越引领行稳致远。用特色企业文化激发正能量，激发广大干部员工干事创业的激情。

4. 积极培育产融智库

中铝资本成立中铝金融创新委员会，提高科学决策治理水平；刊印《中铝金融资讯》，创立《产业金融研究》，科学研判金融市场动态；服务集团金融需求，完成多项资本运作咨询和专项研究。

三、基于服务主业的产融结合战略实施管理效果

（一）为集团转型升级提供了有力的金融保障

中铝资本创新了产融结合实施路径，立足集团，服务主业，构建了良好的产融结合机制，以产带融、以融促产，形成了具有中铝特色、门类齐全、层次分明的产融结合经营格局、业务模式和产品服务体系，塑造了特色产业金融品牌，取得了丰硕的产融结合战略实施成果。优化配置了集团金融资源。通过大力推进产融结合战略管理实践，将集中的金融资源进行了科学错配，调剂余缺，强化集团财务风险

管控，高效助力了集团降本增效和扭亏脱困。打通了金融服务实体血脉。2018年第一季度全口径资金集中度达到48%；积极利用表内外信贷产品提供表内外信贷支持1550亿元，助力集团降低债务规模；提供租赁、保理等产业链金融服务，帮助优化企业财务结构，为总部及板块减费让利节约财务费用、保费开支、节免税收7.2亿元；积极发挥持牌机构优势，融入外部同业资金，为集团整体提供流动性支持，获得外部机构授信333亿元，多渠道累计融入资金5217亿元；运用六大流动性管理工具，提升短期资金运营效率，累计开展资金运营2595亿元，高效发挥了功能支撑和风险防控作用。

（二）为集团主业提供了优质丰富的金融产品

中铝资本搭建了行业产业金融平台。依托财务司库、租赁、保理、基金、期货、保险经纪等金融牌照，构建了具有有色金属行业特色的金融服务体系和产品服务线，拥有4大领域15大类62项金融产品，能够高效满足集团主业和板块企业等不同阶段、时点的金融产品需求，能够为集团主业及有色行业提供一站式的产业金融服务解决方案。同时，打造了特色产业金融工具箱。围绕产业需求，打造了涵盖"采－选－冶－加"的产业链金融工具包，开发出围绕主业"产－供－销－运"的供应链金融产品体系，构建了涵盖集团各业务板块的"结算－存款－贷款－投资－保险"全流程的金融服务，国际业务涵盖外部存款、跨境结算、跨境外币资金池等，成为连接境内外资金的桥梁和纽带，双向结算量突破2万亿元。构建了"四优"金融服务体系，"业务品种、产品价格、办理效率、服务理念"显著优于社会金融机构，开通"融资绿色通道""7×24"服务响应机制、缩短办理时间、紧急指令一跟到底等举措，为主业提供全方位、更有获得感的金融服务。

（三）创造了优异的产融结合经营业绩

中铝资本通过全面深化产融结合战略管理，圆满完成了中铝集团下达的各项创新发展任务，金融牌照协同化效应进一步显现，优化了金融资源配置效率，形成了良好的产融结合机制，锻造了良好的产融结合运营能力，形成了科学完备的风控管控能力，拥有了素质优异的产融人才队伍。经过三年发展，管理资产总额近千亿元，综合创效22亿元，利润总额12亿元；通过资本运作实现金融股权增值2.8亿元，人均利润是行业平均水平的4倍，管理资产总额、营业收入、利润等主要经营指标的复合增长率超过40%。

（成果创造人：蔡安辉、葛小雷、于红卫、黄　薇、杜纪福、
杨　静、张翔宇、廉志伟、崔　啸、刘宇鹏、周　阳）

乘用车企业面向零部件的成本精细化动态管控

东风汽车有限公司东风日产乘用车公司

东风汽车有限公司东风日产乘用车公司（以下简称东风日产）成立于2003年6月16日，是东风汽车有限公司（以下简称东风汽车公司）与日本日产汽车（以下简称日产）各出资50%成立的中外合资汽车企业，现有职工18000人，从事NISSAN品牌乘用车的研发、采购、制造、销售、服务业务。经过15年的努力，东风日产年销量规模从6.5万辆增长到112万辆，连续三年年销量突破百万，稳居行业前五。截至2017年，东风日产销量约占东风汽车公司乘用车销量的1/3；东风日产已成为日产汽车全球增长潜力巨大、经营能力突出的企业之一。

一、乘用车企业面向零部件的成本精细化动态管控背景

（一）应对行业竞争压力、提升企业产品竞争力的需要

近些年来，在市场容量限制和"马太效应"的双重影响下，传统车市进入了多层次、强竞争的新常态。此外，国家法律法规趋严、原材料价格上涨，劳动力成本快速上升，加之自主品牌汽车制造商如吉利、长城、长安等企业的迅速崛起。这些导致汽车行业的竞争日趋激烈，制造商之间价格大战也随之愈演愈烈。东风日产作为众多汽车合资品牌中的一员，保持收益平稳增长，降低成本成为东风日产经营层的明确要求。零部件成本在整车总成本中占比最大，约50%~60%，因此加强对汽车零部件成本管控是降低经营成本、提高收益的必然选择。

（二）提升企业精细化管理的需要

传统的成本管理工作主要是对比供应商提供的数据，且所提供的信息较为粗略，对零件成本结构进行简单划分（如材料、加工费的简单占比），再进行对比选择最优的结果，其弊端是没有深层次地解析成本结构，不清楚零部件的真实成本水平。这种情况会导致在进行采购目标成本设定时给出的成本目标难以有效地指导采购部门购买工作，应对供应商的报价分析也无法合理地提示报价的降价空间。随着市场变化和科技的进步，不断有新零件、新技术、新工艺的诞生，现存零件的生产技术和工艺也随之不断优化和进步，如钣金材料的利用率持续提升改善，作业人员的柔性化、精简化编程改善等，成本竞争力水平也必然随之发生提升。成本数据、模型的时效性必须及时应对市场条件、技术革新工艺变化做出迅速反应，实时扩充、更新以及优化，才能保证其在成本管控活动中的指导意义。因此，成本的动态管控也尤为重要。

（三）促进国内汽车产业链健康发展的需要

传统合资公司核心技术、成本管控主导权在外方，东风日产也不例外。前期合资车型成本管控工作由日本管理方主导，其对中国区成本管理方面经验不足，再者东风日产总部成本管理人员较少直接接触中国市场，对中国成本水平了解不够，导致设置的目标成本经常不具备竞争力，难以正确地指导东风日产的零部件采购工作。另外，由于不了解中国供应商的真实成本水平，日产总部在决策中国区车型零部件是进口还是国产时存在误判，导致大量可国产化的零部件从国外进口，造成零件采购成本偏高。因此，基础成本数据信息、成本测算算法，以及如何有效地将成本管控应用于整车全生命周期的各个环节中，如何为合资公司打造适用于中国本土市场行情的成本管控体系是迫切需要解决的课题。另外，整车制造商与供应商之间逐步由普通的买卖关系转变为战略合作关系，以达成双赢为共同目标，与此同时，为了防止供应商之间恶意竞争，防止恶意竞争力对整车制造商带来潜在的风险，对其产品成本形成精细

化管控也显得尤为重要。

二、乘用车企业面向零部件的成本精细化动态管控内涵和主要做法

东风日产坚持成本工作的精细化动态管控的原则，基于专业的成本管理理论知识和丰富的成本管控经验打造了乘用车全生命周期的零部件成本精细化动态管控体系，包含数以百万计的技术、成本信息文件及237种成本测算模型，覆盖98.5%的乘用车零件，开发了集数据中心、计算中心、开发中心、应用中心和管理中心于一体的零部件成本管理中心，并有序地持续性进行更新、维护和优化，并以此为基础，形成了全生命周期的零部件成本的科学合理管控流程，并应用于启辰、日产、英菲尼迪品牌的多个项目上。

（一）制定整体规划与思路

东风日产以成本数据收集、整理、提炼与更新为基础，建立成本测算基础模型和专业模型，并主导开发了零部件成本管理中心，同时持续性进行更新、维护与优化，并应用于整车全生命周期的各个环节的成本管控活动。整体规划框架如图1所示。

```
┌─────────────────────────────────────────────────────────────┐
│         乘用车全生命周期的零部件成本精细化管控                │
└─────────────────────────────────────────────────────────────┘
  实施成本数据收集管理 → 建立成本测算模型 → 开发零部件成本管理中心 → 形成全生命周期成本管控

  [分类梳理成本数据] [调研收集成本数据] [高效管理成本数据] [提炼更新成本数据]
  [梳理成本前提] [建立基础模型] [建立专家模式] [优化成本模型]
  [建立成本数据中心] [建立计算开发中心] [建立应用服务中心] [建立服务共享模块]
  [实施成本规划] [设定成本目标] [支持采购活动] [管理成本变动] [支持量产降本]
```

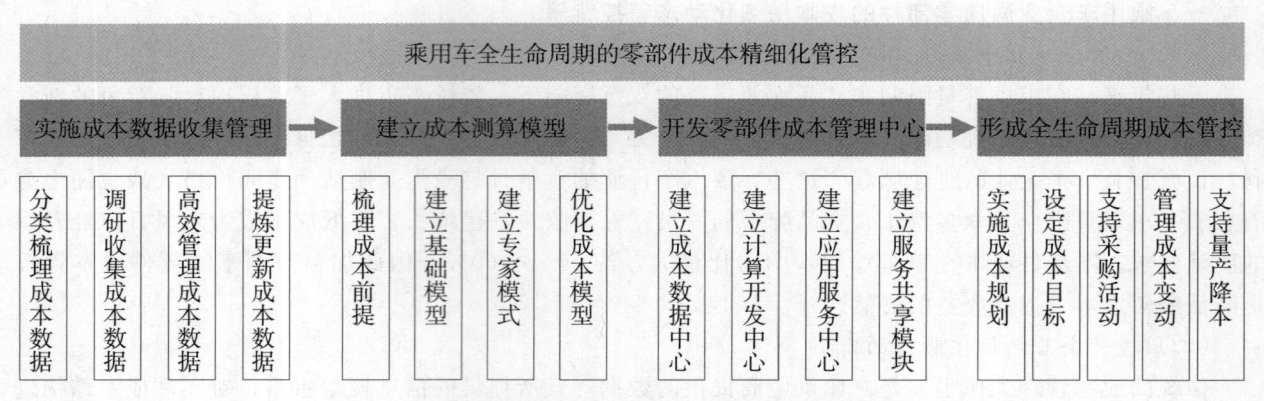

图1　全生命周期零部件成本精细化管控体系整体规划框架

第一步，实施成本数据收集管理。立足于成本数据的分类、收集、管理与更新及提炼，通过数万份报价的分析，近千个零件的解析，数百场供应商的调研，多渠道的经济调查，积累了上百万份数据文件，构建了高效、安全的数据文件管理系统，形成了标准化的成本数据库。依据不同的数据要求，每季度半年对数据进行扩充、更新，保持动态跟进。

第二步，建立成本测算模型。基于成本数据库和成本管理理论知识，并通过固化50多位专业人士多年的技术、工艺等成本相关经验，建立了成本测算基础模型和共计237种成本测算专用模型（成本测算专用模型简称专家模式，含23种工艺专家和214种零件专家模式），成功覆盖了98.5%乘用车零部件。并以每1～2年的频次对成本模型进行更新、维护、优化，保证成本模型时效性，计算结果可保持准确度和竞争力。

第三步，开发零部件成本管理中心。为了确保在整车全生命周期的各个环节中实现精细化、智能化、高效化的成本动态管控，联合公司信息部门与软件开发商，主导并成功开发了拥有自主知识产权的零部件成本管理中心，同时持续性地对数据源进行更新维护，进一步补充和优化数据算法与逻辑，并基于整车全生命周期的各个环节的成本管控活动，匹配开发了且持续更新完善的功能应用模块。

第四步，形成全生命周期成本管控。以基础数据、成本模型及成本管理中心为基础，形成了对产品全生命周期的各个阶段全方位的成本管控，如基于市场和客户需求设定合理的整车材料成本目标，同时分解目标至各个业务模块并对达成目标进行验证，如对设计方案成本判断、采购成本目标设定及成本达成监控、购买活动中报价分析支持，以及量产降本活动等进行管控，大幅提升东风日产成本管理能力，使其具备了在整车全生命周期的零部件成本管控能力。

此外，该体系建立了服务共享模块，进一步实现公司内各部门之间以及集团内各业务板块之间的应用对接共享，使得公司内研发、采购等部门，以及集团内的其他业务板块都可以共享应用该体系展开成本管理工作，进而提升组织的成本管控能力。

（二）收集管理成本数据

基础成本数据是成本评价的基础。汽车整车1800多类零部件涵盖的材料材质不一、生产工艺众多，导致影响零部件成本的数据种类繁杂、数据量庞大；面对如此海量数据的收集整理工作，需要进行标准化的分类、系统性的调研和收集和模块化标准化的整理。

1. 分类梳理成本数据

东风日产成本工程师对整车各类零部件进行了专业化、系统化的梳理，并结合成本管理理论知识，梳理了成本底层数据结构，并针对每块归纳整理了相应的数据收集和调研方法。并基于对成本结构进行细化，成功制作了东风日产特有的标准报价表，包括报价汇总表、材料费报表（含原材料、构成件、外委加工）、制造费报表、模具费报表、开发费报表等。该标准报价模板不仅保证了后续数据调研和收集工作的高效性和完整性，也为后续展开大规模的底层数据调研和收集工作奠定了坚实的基础。

2. 调研收集成本数据

通过对影响成本的底层数据单位，如设备信息（包含设备价值、开动率、能源消耗等）、操作人员（人员数量、人员工时单价等）、生产加工时间、生产工序、良品率、返修率、辅料消耗、社会经济信息等的深入分析，为了保证数据收集工作能够高效有序地展开，在制订详细数据调研计划和收集整理之前，明确了具体的数据收集方法、步骤、注意事项，以及输出物等内容。目前，通过数百场的供应商调研，数千类零件的解析，数万份供应商报价的分析，以及多渠道的经济调研，东风日产已经成功地积累了四大类，共计百万份的数据文件。

3. 高效管理成本数据

为实现对数据的高效管理，在保证数据安全性的同时，使其在后续的成本管控活动过程中发挥出更大的作用，东风日产成本工程师自主构建了专业的数据文件管理系统。该系统通过梳理适合零件数据管理的检索框架，对不同数据文件的分类检索管理，实现了快速（<6s）、准确（1/1000000）的数据存放和调取、查询和更新；同时，该文件管理系统还具备RAID 0级别的数据存储性能，以及与研发部门同级别的防泄密能力，充分保证了数据本身的安全性。

4. 提炼更新成本数据

东风日产成本工程师对所调研收集的数据进行了归纳整理，并制作了各类标准数据模板，包括原材料数据库（包含材料类别、牌号、特性、材料时点单价、生产商等信息）、构成件数据库（包含构成件名称、构成件单价、特性、生产商等信息）、工艺设备数据库（包含设备购入价值、操作人员、加工时间、辅助时间、年度辅材消耗费用等信息）等成本数据原单位数据库模板。东风日产成本工程师对数以百万计的数据进行了归纳、整理、比较、分析，形成了标准化的数据库，为后续制作成本测算模型奠定了坚实的基础。另外，在数据不断积累的过程中，东风日产成本工程师依据不同的数据要求，根据不同频次如每季度半年等对数据进行更新维护，进行动态管理，持续性地保障数据有效性和合理性。

（三）建立成本测算模型

通过对基础数据的调研、收集与管理，东风日产积累了大量的成本基础数据，同时对数据进行了提炼并制作了相关的数据库模板和数据库，并进行更新维护。东风日产成本工程师结合其对成本管理工作的专业理解和多年的经验积累，以彻底解决自身成本管理的痛点为目标，建立了覆盖范围广、具备竞争力、可同步传承的零部件成本测算模型，包含基础模型和专家模式。

1. 梳理成本前提因素

东风日产成本工程师总结了成本测算模型的主要前提因素，如零件生产时点，材料市况时点，零件生产地点，零件行业类别，零件规划产量。同时，也把零部件成本拆分成原材料成本、构成件成本、制造成本和利管费用四大主要部分。

2. 建立基础模型

东风日产成本工程师通过大量的关联数据的模拟分析，得出影响各项成本的参数。通过对参数的整理，形成了测算零部件成本的参数数据库，进一步建立了基础测算模块。当对新零件进行成本测算时，确定相应的成本前提条件之后，再输入相关的成本信息（原材料信息、构成件信息、加工工程信息），通过对数据库的调用和基础计算模块的运算，即可输出计算结果。

3. 建立专家模式

为提高成本测算基础模型的使用效率，降低基础模型的使用门槛，东风日产成本工程师基于成本测算基础模型的计算逻辑，针对每种工艺和每类零件，通过大量的供应商调研，找到由于每道工序生产加工时间导致当前零件加工的瓶颈工序，经过大量的成本试算和分析模拟，寻求最优加工工艺，找到合理的标杆成本。东风日产工程师结合自身在成本、技术、工艺等方面的专业知识，经过大量的模拟试算，不同维度的对比分析，总结出了不同类别工艺和零件的成本驱动参数，并建立相应的计算模块。以保险杠注塑工艺为例（不带涂装），A列为保险杠的技术参数（材质、尺寸、重量、厚度），即是成本驱动，B列为通过基础模型计算需要手动输入的成本信息，通过找寻A列与B列对应的逻辑关系，如尺寸信息、材料特性通过乘积关系可以计算得出保险杠成形力，计算注塑设备吨位，进而选择注塑设备型号等，通过此建立了相应的计算模块，形成了该专家模式的核心，如图2所示。

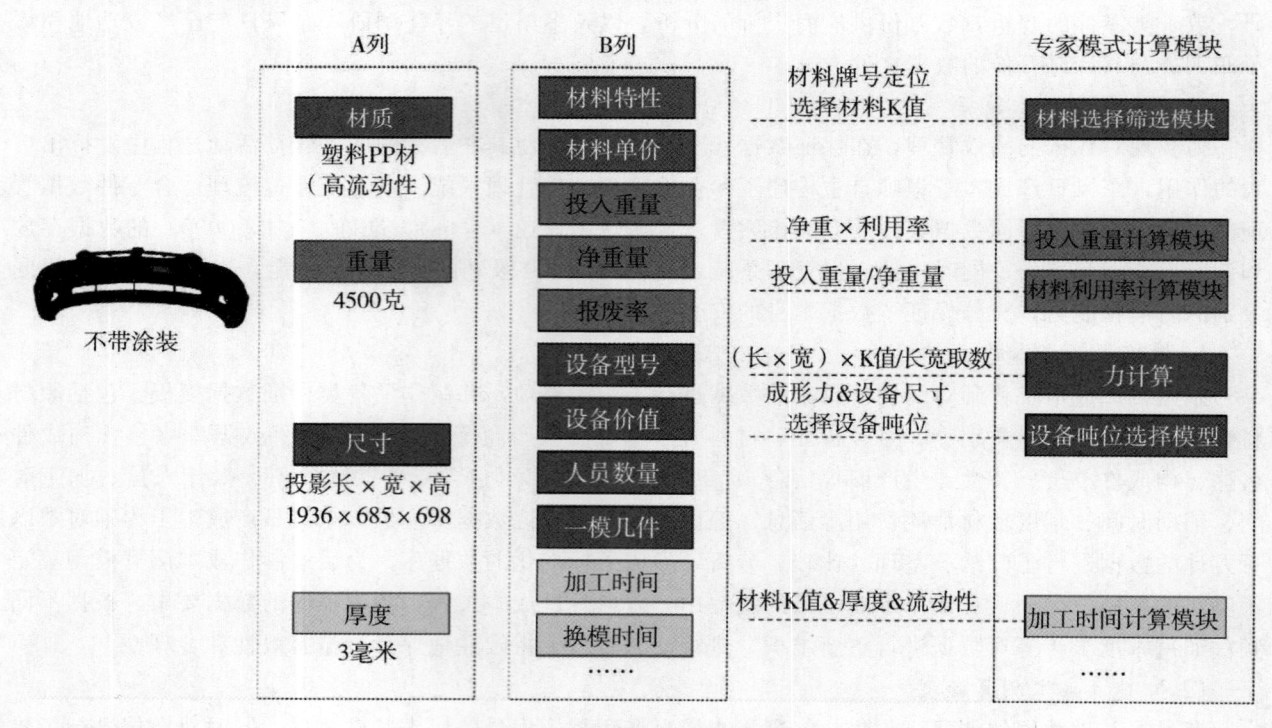

图2 保险杠成本驱动示例

基于此建立了不同工艺和零件的专家模式。通过该专家模式的搭建，输入成本驱动参数，通过调用已整合的材料计算模块（如材料选择、材料利用率等计算），工艺计算模块（如设备吨位计算、加工时间计算、设备型号选择等），可快速计算结果。因此，可将专业的成本工程师多年的经验进行积累沉淀，固化为组织的成本管理能力予以传承，从而保证非专业人员甚至是成本管理的新人也能够在短时间内输出高质量的成本测算结果。

截至2018年，东风日产已经建立了包含冲压、注塑等复杂工艺，座椅、车灯等复杂零部件的专家模式共237个（包含23个工艺专家模式和214个零件专家模式），覆盖了98.5%的乘用车零件。这些专业平台全部由各领域的成本专业人员搭建，经过了大量的零部件拆解分析、供应商调研、报价分析、标杆数据分析，具有缜密的成本评价逻辑、能够输出准确的、有竞争力成本评价结果。

4. 优化成本模型

随着零件的生产技术和工艺的不断优化和进步，以及新零件、新工艺、新技术的诞生，成本模型也必须随着工艺、技术变革同步进行更新、优化，才能确保所制作的成本模型不被技术工艺的进步所淘汰掉。另外，不同的零件、不同的技术、工艺的更新换代时间也不尽一致，如钣金、底盘类零件更新换代稍微平缓，电子类零件技术发展日新月异。东风日产成本工程师在保持对数据库持续更新的基础下，在调研供应商的同时，不断地寻求零件的最优生产工艺，选择以每1～2年的频次对成本模型进行更新、维护、优化，这样得以保证成本模型时效性，计算结果可维持准确度和同步富有较高的竞争力。

（四）开发零部件成本管理中心

为了实现模块化搭建专家模式，扩展丰富便捷实用的功能，以及对实现权限的控制管理，东风日产成本工程师联合公司信息部门和软件开发供应商，主导开发了零部件成本管理中心。该成本管理中心包含数据中心、计算中心、开发中心、应用中心和系统管理中心五大部分，且完全拥有自主知识产权。该系统成功整合了成本数据管理系统、成本测算基础模型、成本测算专业模型、成本评价应用分析、系统功能共享及权限管理等多项功能。

1. 建立成本数据中心

数据中心拥有强大的数据库体系，包含原材料数据库，构成件数据库，工艺设备数据库，以及行业信息数据库、工艺信息数据库和社会经济信息数据库等内容，可实现对数据的快速检索和同步更新等功能，同时保证了文件数据的安全性。此外，还包含成本测算结果数据，标准报价表数据库等内容。

2. 建立计算开发中心

计算应用中心主要包含计算中心和开发中心两大模块，计算中心主要包含计算文档的管理，基础模型的计算和专家模式的计算，同时也具备结果输出的功能；开发中心是进行成本驱动的制作，专家模板的开发、更新以及管理。东风日产成本工程师为了在该系统上实现可随时对专家成本驱动以及专家模板的制作、开发、更新以及管理等，不需要IT人员的协助导入，联合了软件开发商将IT语言转化成了成本工程师可进行自我编辑的模块，通过该模块，成本工程师可将现有的和新增的成本模型进行系统化。

3. 建立应用管理中心

应用中心主要是通过标准化、模板化的开发及对大数据的应用，实现了成本测算、报价导入分析等工作的批量化、自动化，以及行业竞争力的智能化分析功能；为解决同类工艺、零件的大量重复计算问题，通过模拟、总结、标准化成本驱动参数，开发了自动、批量测算工具。自动导入成驱动参数后，调用主测算工具可快速完成批量测算，更改某个前提条件可快速完成批量再计算，并可根据需要创建不同计算结果明细。

4. 建立服务共享模块

通过专家模式的构建，实现了个人的经验固化为组织的能力，通过成本驱动参数及分析模板的构建，实现了非成本专业人士具备与专业人士同等的评价能力，通过共享中心的构建，进一步实现了组织之间的成本管控能力提升。

(五) 形成全生命周期成本管控体系

以基础数据、成本模型以及成本管理中心为基础，形成了对产品全生命周期的各个阶段全方位的成本管控，使我们具备了在整车开发过程全生命周期的零部件成本管控能力，大幅提升了东风日产成本管理能力，如图3所示。

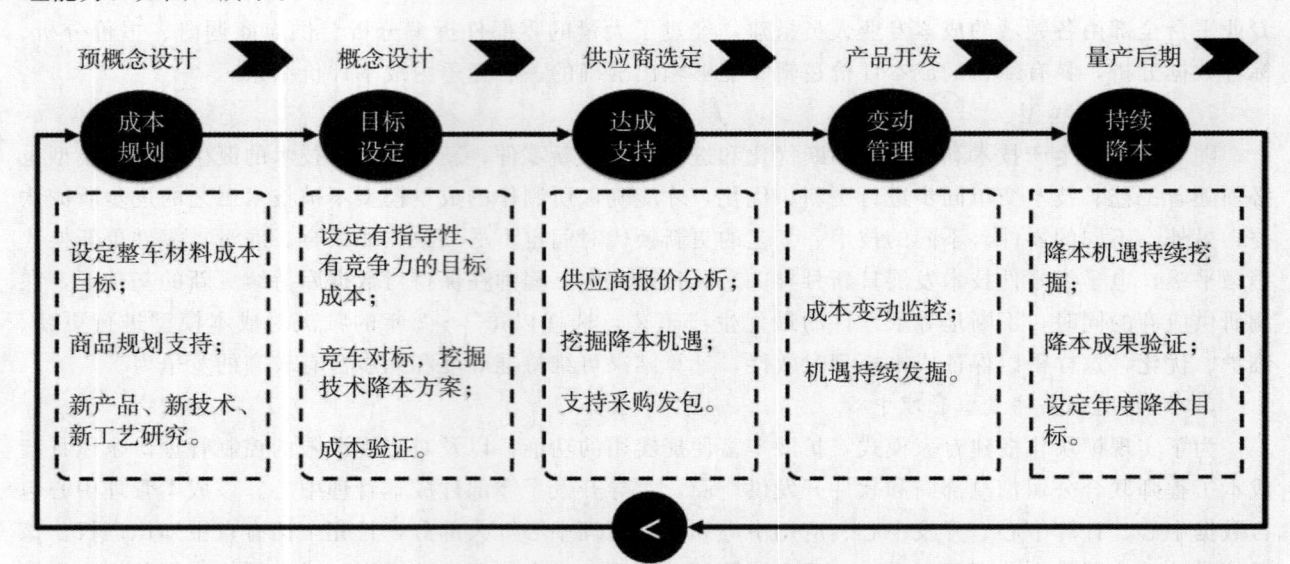

```
预概念设计 → 概念设计 → 供应商选定 → 产品开发 → 量产后期

 成本规划      目标设定     达成支持     变动管理     持续降本

设定整车材料成本   设定有指导性、  供应商报价分析；  成本变动监控；   降本机遇持续挖
目标；           有竞争力的目标   挖掘降本机遇；    机遇持续发掘。    掘；
商品规划支持；    成本；          支持采购发包。                     降本成果验证；
新产品、新技术、  竞车对标，挖掘                                     设定年度降本目
新工艺研究。     技术降本方案；                                      标。
                 成本验证。
```

应用于下一代车型的成本管控活动

图 3 全生命周期的零部件成本管控

1. 制定成本规划

整车开发预概念阶段（产品早期规划阶段），成本管控部门需设定整车材料成本目标，各部门如研发、采购、商企、造型等需按照此目标进行产品设计、商品规划等活动。为了能有效说明整车材料成本目标的合理性和竞争力，一方面针对市场要求，结合公司收益指针，再考虑制造费用，销售费用，物流运输费用等因素，再反向倒推出整车材料成本目标。另一方面，通过车型开发的主要前提如车型长宽高尺寸、发动机功率扭矩、变速箱型号、车型售价及定位人群等因素与零部件成本之间的关系，建立了相应的数据模型。通过此模型正向验证整车材料成本高度目标，同时且可完成成本目标分解至各个相关部门。此模型包含整车32个大总成共计215个子总成的数据模型，并且通过过往车型数据的检验，此模型的计算精度控制在±2%以内，能对整车材料成本目标能进行有效的验证，为经营层提供了良好的决策依据。若反向倒推与正向验证的结果存在差异，再联合各部门进行检讨，确保整车目标的合理性。

成本管控体系建成后，东风日产成本工程师建立了装备配置成本评价模型，全方位地对整车装备配置进行成本评价，确保成本目标达成的前提下，最大化地对装备配置进行最优化组合，给产品规划提供良好的决策基础，最大化提升产品竞争力。

2. 设定成本目标

在新车概念阶段，根据研发人员提出的技术方案，应用零部件成本管理中心，进行精确的成本计算，验证其技术方案是否可以达成整车成本目标，并支持目标达成；通过调研目标零件在行业内不同车型上的技术信息，分析其对应的成本状况，明确目标零件在行业内的价格和技术方案竞争力，即保证了商品魅力，也保证了其价格竞争力。为研发人员提供技术降本视点，同时也为零部件发包提供合理的成本目标。

现在，研发人员在系统上按照模板录入零件技术信息，系统的自动批量估算功能就可以对零件技术信息进行自动批量识别、导入和成本估算，并输出估算逻辑和预算值的多维度合理性分析模型。不仅保证了数据的保密性和安全性，还大幅提高了零部件成本目标设定的工作效率。

3. 支持采购活动

在新车定义阶段，通过成本管理系统的应用，进行高效智能的报价分析，挖掘供应商报价中存在的机遇，支持采购和供应商的谈判，保证发包顺利进行。通过对外服务共享，研发人员可自行输入驱动参数计算结果，采购人员可应用该体系的报价自动分析功能，实现供应商报价明细的批量导入，系统即可自动比对报价明细和系统估算的各项数据，从而对供应商的报价进行智能高效地合理性分析，并自动生成标准模板格式的报价分析报告并共享相关人员，可实现基础计算零工时，分析对比零等待。

4. 管理成本变动

在车型发包之后到正式量产之前，要经过2年左右的监控阶段，在此过程中，零部件有可能会进行产品方案调整，车型估算前提有可能会发生变更，比如规划产量变化，量产时间提前等。系统可自动根据车型前提条件的变更，批量计算最新前提条件下的零部件成本，并自动生成市况等前提条件变动分析报告。对于设计式样变更，研发人员在系统上录入设计变更信息，系统可自动计算最新式样对应的零部件成本，并生成变动分析报告，可对车型进行持续、高效、快速的成本监控，防止在车型监控阶段出现零部不合理的价格变动。

5. 支持量产降本

在车型量产后，应用零部件成本管理中心，对当前在售车型批量进行标杆成本计算，并自动生成品牌、整车、供应商等多维度的成本分析报告，提供降成本方向，支持车型成本持续改善。通过与供应商进行的 C.O.S.T、Thanks 活动（东风日产与供应商联合进行的降本活动的简称），东风日产成本工程师通过对供应商的现场调研，进一步了解零件生产工艺，挖掘降本视点。一方面，通过挖掘的降本视点，如材料、工艺等方面的机会，对其进行成本水平评价，了解供应商最真实的成本水平；另一方面，也向供应商反馈其有待降本改善的空间，如现场工艺最优布局，缩减人员动作浪费等，协助供应商降低其生产成本，提高成本竞争力，使得供应商和整车制造商形成良好协作，达成双赢。

三、乘用车企业面向零部件的成本精细化动态管控效果

（一）实现了全生命周期零部件成本的精细化管控

该成本管控体系形成之后，管理方式也实现了重大变革，实现了全生命周期的零部件成本精细化动态管控，解决了东风日产在成本管控工作中的难题。目前已广泛应用于启辰、日产、英菲尼迪等品牌全价值链成本管控活动中，取得显著的降成本效果，提升了东风日产盈利能力。例如，以某畅销轿车的改款为例，东风日产成本管理部门依据市场定位需求，通过该体系设定目标成本，发现存在巨大的降成本空间，车型可以继续改善进行销售，给经营层提供了良好的决策支持，推动了该车型改款项目的顺利展开。

（二）企业获得明显经济效益

该成本管控体系获得了雷诺—日产联盟的高度认可，并主动邀请东风日产成本管理部门介入日产全新车型早期的目标成本设定工作。目前已完成多个日产品牌全新车型目标成本设定，相对于雷诺—日产对口部门，在降成本方面取得显著效果。例如，某畅销SUV下一代车型，国产件相对于日产设定目标低15%，降低6092元/台，并已推动落实。启辰品牌方面，主导了全生命周期的成本管控工作，设定具有挑战性的目标，并支持达成，实现了启辰成本水平低于日产品牌-25%以上，并以每一代新车以年均-3.38%的速度提升竞争力。目前已成功地为合资公司打造了适用于中国本土市场行情的零部件成本管控体系，提高了企业成本管控的能力，通过与其他整车厂对比单车收益率，目前日产品牌车型平均单

车收益率在中国本土合资品牌排名第一，仅低于北京奔驰单车收益率。另外，通过提出技术降本方案，实现技术降本，进一步提升产品竞争力。以东风启辰某车型概念设计阶段结果为例，在概念设计阶段，通过发掘技术降成本案件，提案实现生命周期内降本 5.7 亿元/台。

（三）促进了国内汽车零部件产业链的健康发展

通过向雷诺—日产联盟展示中国区零部件成本竞争力，促进了东风日产进口件国产化，同时，也促进了中国零部件向外出口，如某畅销 SUV 下一代车型，通过东风日产成本管理人员与日产对口部门共同设定目标并进行对比，促使 21 个进口件转为国产状态，成本效果额为 1885 元/台。东风日产成本工程师也协助供应商培养其成本管理理念，提升其成本管控能力，有效地推动了东风日产与供应商之间由过去的买卖关系转向战略合作关系，在保证双方产品竞争力的同时，也保证了双方收益最大化，形成双赢的局面。同时，在某畅销轿车项目上，也成功促使了 8 家本土供应商进入雷诺日产联盟体系，获得了同行的高度评价与认可。

（成果创造人：刘晓安、但宏春、贾德迪、谌仕涛、金冬平、林茵茵、郭志新、王　喜、贺振兴、贾勇利）

基于业审融合的大数据内部审计管理

国网冀北电力有限公司

国网冀北电力有限公司（以下简称冀北公司）是隶属国家电网有限公司的省级电力公司，于2012年2月9日正式独立运作。本部设23个部室（中心），所属供电、施工、培训等二级单位17家，职工总数25008人。冀北电网供电范围覆盖5市43县（区），供电面积10.41万平方千米，供电人口约2277万人，是连接东北和华北电网的重要节点。运维35千伏及以上变电站1063座，容量16054万千伏安，线路4.36万千米。截至目前，冀北电网统调装机容量2561.02万千瓦，其中新能源并网容量1326.61万千瓦，统调装机占比51.8%，是首家新能源装机容量超过常规电源的省级电网。

一、基于业审融合的大数据内部审计管理背景

（一）我国审计工作新要求带来的改革挑战

党的十八大以来，为切实加强审计工作，推动国家重大决策部署和有关政策措施的贯彻落实，国务院、中办、国办、国资委、审计署分别下发一系列文件，要求探索在审计实践中运用大数据技术的途径，加大数据综合利用力度，提供运用信息化技术查核问题、评价判断、宏观分析的能力，要创新审计技术方法，构建大数据审计工作模式，扩大审计监督的广度和深度。2018年国家成立中央审计委员会，在第一次会议中指出要深化审计制度改革，解放思想、与时俱进，创新审计理念，及时揭示和反映经济社会各领域的新情况、新问题、新趋势，要坚持科技强审，加强审计信息化建设。同时，中华人民共和国审计署提出要加大数据综合分析力度，即加大各领域之间数据关联分析，财务与业务数据间的关联分析，部门纵向各级间的数据关联分析。推进以大数据为核心的审计信息化建设是应对未来挑战的重要法宝，也是实现审计全覆盖的必由之路。

（二）大数据环境下急需建立有效的审计分析挖掘体系

国家电网有限公司"十三五"信息化规划中，明确提出要广泛应用"大云物移"技术，全面提升信息平台承载能力和业务应用水平。同时，为解决原有信息系统数据多头输入、反复抽取、质量不高等问题，建设了一套"数据干净透明、模型规范统一、分析灵活智能"的全业务数据统一中心，实现面向全业务范围、全数据类型、全时间维度数据的统一存储、管理与服务。面对信息化新格局，需要将审计工作融入公司发展大局，提升审计监督效能，亟须运用大数据分析挖掘，为公司健康发展做出新贡献。亟须采用大数据分析挖掘技术，提高审计数据利用价值，实现审计监督防范职能的高效发挥。

（三）审计管理推进精细化管理需要大数据充分应用

基于业审融合的大数据内部审计管理，是管理系统化和细化，运用程序化、标准化的大数据分析，结合各业务部门精准匹配和高效运行，最终完成组织的发展目标。内部审计是风险控制的最后一道防线，其精益化管理程度直接影响企业风险控制的成效。在大数据环境下，精益化管理是企业强基固本、提质创效的根本途径，也是企业生存与发展的必由之路。随着企业信息化的深入发展，业务模式向复杂化和多样化发展。为应对经营多元化、数据复杂多样化的要求，内部审计需要细化手段，向精益求精、精益化管理转变。内部审计作为值链中的一个重要环节，为企业深化改革和健康持续发展起到保驾护航的作用，内部审计精益化管理成为必然。

基于上述情况，从2016年开始，冀北公司实施基于业审融合的大数据内部审计管理。

二、基于业审融合的大数据内部审计管理内涵和主要做法

冀北公司客观分析审计面临的机遇和挑战，努力实现业审融合与信息化技术的有机结合，组建由审计骨干、专业骨干以及技术骨干组成的数字化审计专家团队，实现各专业优势互补、补齐短板，前期收集整理大量国内外大数据技术、业审融合、电力企业管理等相关资料文献，形成统一的电网企业信息化基础资料库，依托国内当前主流计算机技术平台，建立理念明确、功能实用、结构清晰、资源共享、数据标准的顶层设计，大数据分析挖掘体系实现关注点筛选、系统测试、数据分析、核心数据确定和构建标准化数据分析挖掘模型等成果，并成功融合到审计业务管理中，在审计项目中得到广泛应用。

（一）统筹规划，集中优势资源强化顶层设计

1. 找准发展定位，明确建设目标

以提高审计工作效能、创新审计技术手段、促进审计精益化管理水平为目标，以建设可视化审计模型、提高审计信息化水平、创新审计关注点、发挥业审融合增值作用为着力点，构建运行高效的大数据审计平台。立足全面风险管理，以分析面向审计业务的集中数据集市和运行管理机制为定位，拓展审计的深度和广度，增强审计的独立性、权威性和及时性，为企业持续健康发展保驾护航。

实现业审融合与信息化技术的有机结合，通过国内领先的大数据分析挖掘技术的成功运用，引领央企内部审计创新发展方向。项目紧紧抓住技术创新和管理创新两条主线，以提升审计监督效能为中心、以改革和创新为动力，建设电网企业基于业审融合的大数据内部审计管理体系。

2. 健全组织架构，加强队伍建设

为切实做好大数据环境下审计信息化建设实践，冀北公司成立统一领导、优势互补的专业课题组，在选取审计骨干的同时，根据企业经营管理特征协调抽调财务、工程、营销、人资等专业人员，实现审计与各专业业务上的深度融合。协调信息系统关键用户提供业务需求支撑、软件公司技术人员提供技术支撑，落实工作责任，实现专业思维与技术思维的良好结合，在省公司层面形成跨管理专业、多用户支撑、一体化管理的工作组织架构，为大数据内部审计管理工作的有效开展提供强力的技术支持。

3. 创新工作机制，提高工作实效

为了确保各阶段各环节工作精准落地，专家团队创新标准化工作机制，针对四大架构体系研发设计各阶段关键环节的标准化工作流程。编标准化工作机制规范流程环节18项，设计规划成果表单7份，涉及数据字段72个。通过标准化管理，对工作全过程进行质量把控，实现关键环节的管控，团队工作质量和效率得到全面提升，通过从流程启动到成果表单填写的闭环管理，实现关键环节管控，团队工作质量得到有效提升。

（二）业审融合，聚焦业务流程夯实建设基础

业审融合，是内部审计与企业各业务部门协同运作，实现业务活动与内部审计有机融合的全新审计模式。为提升业审融合点的质量，工作团队从审计监督角度、业务管理角度、运营管理角度三个维度，深度梳理业审流程及重点关注事项。分析财务、营销、工程等相关专业的信息化管理水平及核心数据质量现状，运用深度神经网络（DNN）及自然语言处理（NLP）等技术对国家法律法规及国家电网有限公司相关制度进行智能检索，挖掘文本信息变化点，形成审计关注点，编制"大数据"分析挖掘工作标准流程，为实现业审融合大数据内部管理体系建设奠定坚实基础。

1. 强化业审融合理念，优化协同工作机制

与业务部门协同运作，实现内部审计融入业务部门。收集业务部门管理制度和流程，分析审计重点和业务活动薄弱环节，形成审计规章库、审计经验库、审计风险库，"三库"协同监督问题多发区域，有效防范业务活动风险。梳理业务信息系统数据，运用大数据分析挖掘技术对业务活动实施完整、闭合、严格、有效的全过程监督，深入挖掘业务活动的风险点。

与业务部门联动，形成关键业务环节的监督合力，促进问题整改闭环管理。内部审计部门与业务部门，共同梳理政策文件，分析业务流程的风险点，形成审计风险库；对业务部门活动进行数据分析、专家会诊，形成审计疑点库、审计问题库；业务部门运用审计成果、审计经验，规范业务工作流程，提高业务管理水平；将业务运行风险点融入持续审计监督，业务部门参考持续审计成果，共同防范风险、提高效益。

与运监、纪检监察部门联合，通过实时监测风险点，实现支持性活动相互融合的长效机制。与运营监测部门形成"线上+线下"的平行监督联动工作机制，对业务大数据进行系统监测、集体分析、专家诊断等手段排查业务疑点，联合挖掘线索，促进监督支撑部门相互融合。对发现违规违纪问题和线索及时移交纪检监察部门，纪检监察部门督促业务部门提高审计整改的力度，形成审计发现问题、移交问题、整改问题的闭环管理机制，促进风险防范。

2. 梳理业审融合流程，深入分析业审融合关注点

冀北公司获取财务管理系统、营销G186系统、基建管理系统、管控审计业务系统、智能持续审计系统、ERP业务审计系统及运营监测管理系统等15个系统数据字典，从国家电网有限公司和冀北公司两个层面将数据字典中的表单进行拆解，结合需求形成所需的字段，并对上述业务系统数据情况进行全面梳理，从专业和审计角度上全面掌握财务、营销、工程等相关专业业务流程及数据内容情况。审计角度上全面掌握现阶段审计重点关注事项及审计覆盖面，监管角度上全面掌握企业管理重点关注指标及风险点。共计梳理形成国家电网有限公司审计关注点379个，冀北公司审计关注点204个，审计信息系统的544个功能点及相关功能说明。制定覆盖业务信息系统的查询权限及数据表单17项，审计实务指南33项，"资产增资管理不完善"等111项审计内容的非现场数据分析指引。通过业务与审计流程的梳理，精准发掘业审融合关注点455个，为业审融合大数据内部审计管理体系建设提供保障。

国家法律法规及企业规章制度是开展审计工作的依据，是审计人员查找疑点、确定问题、提出建议的重要依据。为助力业审融大数据内部管理体系建设，研发团队人员将相关法律法规及公司现行有效及废止制度全口径导入大数据分析系统中，运用深度神经网络（DNN）技术及自然语言处理（NLP）技术对国家法律法规及国家电网有限公司相关制度进行智能检索，通过词语向量化来计算两个词之间的相似度及变化点，智能检索形成新的审计关注点。

（三）数据分析，精准定位业审融合关注点

经过细致梳理和深入分析，共梳理业审融合关注点455个，其中，财务管理141个、工程管理222个、营销管理92个。审计系统已有功能点147个，其中财务管理61个，工程管理22个，营销管理64个。最终确定可以运用数据分析挖掘实现的新增业审融合注点57个，其中财务管理19个、工程管理21个，营销管理17个。

1. 从原有业务中挖掘新增关注点

分析国家电网有限公司原有问题库与冀北公司审计记录底稿模板，建立财务、工程、营销三个专业的关注点目录。分析关注点信息化现状，将关注点目录内容逐条与管控业务审计系统、智能持续审计系统、ERP业务审计系统中的功能点进行对比，找出业务系统中未实现信息化审计方法的功能点。对业审融合程度不深的关注点和未实现信息化的关注点，进行信息化程度判断，对于信息化程度较低的分析具体原因，对于信息化程度较高的作为下一步研究重点。

2. 从政策变更中挖掘新增关注点

运用大数据技术，梳理出近年的政策变更及制度完善、修订条款，依据新的要求挖掘新增关注点。例如，2016年国家发改委印发《国家发展改革委办公厅关于完善两部制电价用户基本电价执行方式的通知》，完善两部制电价用户基本电价执行方式，应挖掘找出新政策的变化，需要新增关注点。

3. 从系统数据中挖掘新关注点

根据业务数据在不同信息系统中的钩稽关系，判断是否时审计专业关注事项，对满足业审融合的关注点，增设为业审融合新增关注点。例如，营销系统与财务系统中均有营业收费的数据，两者的数据应一致，可以增加营销与财务营业收费数据一致性关注点，重点对营业收费总额及高可靠性供电费、临时接电费等单项费用进行一致性对比。

（四）全面测试，开展大数据校核采集

以"数据"为主线，以已建立的 57 条审计关注点中的关键数据为线索，串联各业务系统关键数据，统一规范数据的收集、存储、整理和采集。组织团队、专业部门、业务系统运维和技术支撑，从审计、业务、技术等角度，从省公司、地市公司、县公司等层面，从可行性、实用性、问题严重性等方面，多层面多维度论证关注点，逐条将审计关注点与业务管理系统内相关功能点相比对，开展系统功能测试，甄别和数据追踪。确认采集、校核业务管理系统内实际数据的可行性、可使用性（真实、完整、及时、规范）和核心数据来源，实践测试已建立的审计关注点实际效果。分析完善功能点，理顺功能点应用方式，补充政策依据，形成财务、营销、工程等专业审计信息化后续研发关注点 31 个。

通过细化审计关注点，梳理其具体业务审计步骤和方法，形成审计模型的检查规则，分析其数据来源，进行在线审计可行性分析，建立面向数据的审计模型，挖掘审计线索，实现自动分析、持续监督等功能。通过以各业务系统的底层数据为基础，对底层数据的采集、转换、清理，然后运用利用统计、分类、聚类、关联、序列分析、多维分析等方法对海量数据进行深层次分析和研究，揭示其本来的特征和内在的联系，使审计人员能从海量的数据中分辨、析取、挖掘出对审计有用的信息，获得审计线索，实现审计目标。

经过反复测试寻找大数据技术和业审融合管理要求的完美契合点，力求探索分析模型建立的标准化道路。经梳理，基于业审融合的大数据分析挖掘模型的建立主要包括 3 个步骤。一是数据采集，分析业务系统数据字典，根据关注点需求，获得数据字段存储位置，通过建立系统固定传输接口、访问后台数据库、业务系统前台数据导出等方式多渠道对各业务系统数据进行采集。二是数据预处理，采集的原始数据存在很多无效、冗余、重复信息，对内部审计工作用处不大，采用数据清洗、数据转换等方法进行数据预处理，进一步提高审计数据的质量，提升审计效率。三是数据挖掘分析，对预处理的数据，利用数据分析挖掘技术对数据进行挖掘和分析，获取数据集中隐藏的内在关系，可以发现在海量数据中与审计模型的检查规则不相符的数据内容，挖掘异常的审计结果，提供审计决策。

（五）总结提炼，搭建业审融合大数据分析挖掘模型库

1. 总结提炼，固化"七统一"模型构建模式

实施项目积极提炼经验，结合循环测试结果，建立"七统一"工作模式，即统一工作流程、方式、资料、方向、模板、成果和培训。通过分组分专业开展应用研究，精准定位、细化梳理，围绕财务、营销、工程等专业信息化程度较高的 31 个业审融合关注点，逐条梳理编写审计步骤，列示核心数据及功能点，明确信息化实现规则及钩稽关系。结合数据测试情况预判输出成果，前台展示数据，构建 31 项大数据分析挖掘模型。

2. 业审融合，构建"六持续"大数据分析挖掘模型库

冀北公司立足当前、着眼长远，梳理依据、输入字段、核心字段、规则规则、输出信息等构建模型关键信息，固化模型建立流程。同时，结合实际审计项目开展，建立模型库模型建立、模型运行，模型变更等模型全寿命周期管理方式，形成持续建立、持续补充、持续完善、持续更新、持续迭代、持续优化的"六持续"的业审融合大数据分析挖掘模型库。

（六）推广应用，实现业审融合大数据内部审计管理全覆盖

2017年，冀北公司分两个批次集中开展任期经济责任审计、500千伏工程审计、特高压工程审计、营销及往来款项专项审计等审计项目，过程中审计人员创新应用业审融合大数据内部审计管理成果，有效拓展了财务、营销、工程专业审计广度和深度，助力审计监督实践，成效显著。

1. 财务专业模型应用

财务审计模型在任期审计及往来款专项审计中，成效显著。业审融合大数据内部审计管理体系的建设，实现审计业务从手工查账方式向信息化方式审计的迈进，大大提高审计工作覆盖面，提高审计人员的工作效率。加强对重点领域和重点环节的审计监督，信息化审计应用水平得到广泛运用和不断提高。这里以农维费使用超范围功能点为例。现在审计过程中，只需按时段导入关注的业务数据，农维费使用超范围功能点模型会根据已经变好的审计规则自动检索不满足规则的疑点数据，该模型具备自动预警功能，审计人员在查询数据的过程中，可穿透疑点数据，进行深入核实，点击异常样本数，按照凭证摘要、会计科目等相关信息，对异常样本数进行逐项分析。进一步筛选可能超范围列支农维费的情况，剔除正常农网费列支的情况，发现农维费列支不规范的疑点数据，在所属单位领导任期审计项目中，共发现不规范资金398万元，较全面的暴露了专业管理的不足和风险点。

2. 营销专业模型应用

营销专业信息化起步较早，但是业务系统的开发以业务流程主线，侧重于在线的应用，统计功能尚未得以有效开发，审计人员在审计过程中尚只能通过点对点的方式去发掘审计问题。业审融合大数据内部审计管理体系的建设，实现海量数据的检索和挖掘。例如，虚拟用户检查模型，该模型锁定疑点数据的标准有两点。一是没有电量电费发行，可能根本就没有在抄表计划内；二是电费余额有变动。审计过程中审计人员需将审计期间数据导入审计模型数据库，模型根据内部规则对所有用户数据进行检索，智能筛选预警审计疑点数据。该模型在经济责任审计项目中得以很好的应用，2017年开展的2个经济责任审计项目中，共发掘虚拟账户2个，涉及调节电费2.3亿元。业审融合大数据内部审计管理体系的建设，实现了业审业务的深度融合，审计问题深度和审计方式方法都得以较大变化和提升。

3. 工程专业模块应用

以前年度工程专业信息系统相对较少，传统审计基本是依托于纸质资料进行审计，随着企业信息化水平的整体提升，工程管理也逐渐向信息化管理转变，近几年，工程项目管理系统也在日渐成熟，信息系统覆盖从项目前期到项目全流程管理，工程模块的应用对规范项目全流程管理有一定作用。例如，工程进度与实际不符模型，该模型的疑点数据需满三个步骤。一是从基建管理信息系统内抽取指定时间段内投运的输变电项目，梳理基建系统内项目基本节点时间；二是梳理生产PMS系统内设备投运时间、铭牌时间等时间点信息；三是将上述时间流进行对比（将估算、立项、概算、开工、设备出厂、竣工、投运时间进行比对，其中结算和投运时间不需要比较），不是按前后顺序显示的记录则筛出。该模型在工程审计项目中应用较多，共发现不合格工程项目235个，侧面反映了企业工程项目管理的薄弱点。

三、基于业审融合的大数据内部审计管理效果

（一）开拓创新了电网企业内部审计管理模式

运用大数据分析挖掘技术，贯彻大数据分析理念，搭建审计数据分析模型，实践集中分析、分散核查的数字化审计方式，创新内部审计管理，形成基于业审融合的大数据内部审计管理模式。发挥大数据分析、非现场审计、现场核实的"兵团化"整合式审计机制，对审计问题查深查透，实现审计管理效果最优化，为内部审计的工作理念、作业模式、管理模式带来深远影响。此管理模式通过构建数据分析模型，践行大数据分析挖掘技术，拓展了内部审计监督覆盖领域，充分体现了先进性和科学性，具有较高的应用推广价值与重大实践意义。

（二）显著提升了电网企业内部审计工作效能

大数据分析挖掘立足于服务企业经营管理宏观思维，注重发挥科学、快速、全面的分析优势，结合企业重要决策部署，抓准企业经营管理过程中的阶段化需求，通过项目源头控制，促进了审计职能的有效发挥。自2017年基于业审融合的大数据内部审计管理实施以来，审计项目人力资源投入减少8%，但审计发现问题数量增加15%，增收节支资金金额提高17%，并且实现了"三公经费"、招投标管理、物资管理、工程项目管理、营销管理与财务管控等重点领域的全面覆盖。审计发现问题涉及省直属单位、地市公司、县公司、集体企业等多家各层级、各类型单位，审计工作的深度、广度和质量得到了显著提升，内部审计的独立性和权威性不断提高。

（三）充分发挥了电网企业业审融合增值作用

将企业战略目标分解到各个业务环节，以业审融合的方式保障了战略目标的实现。内部审计作为支持性活动，通过与各业务部门协同运作，实现了事前、事中、事后的闭环监督，促进内部审计融入业务活动。业务部门通过运用审计成果，提升了经营活动的风险防范能力，促进业务活动融入内部审计。审计成果引导专业部门优化投资，严格控制低效、无效项目投资，提高投入产出效率，降低投资风险。业审融合的开展，有力推进了内部审计目标从"查错纠弊"向"咨询和建议"转变；内部审计监督维度从"事后监督"向"全过程监督"转变；内部审计职能从"损失发现"向"防范风险、提高效益"转变，充分发挥了防范风险、提高效益的重大作用。

（成果创造人：鞠冠章、张大鹏、王　良、鲍　喜、张海超、张　宇、田　雨、姜才海、王　粤、贾冬雪、张　洁、刘晓玮）

国际化经营与品牌建设

装备制造企业面向高端的世界一流品牌建设

徐州工程机械集团有限公司

徐州工程机械集团有限公司（以下简称徐工）的前身是于1943年创建的八路军鲁南第八兵工厂，1989年组建集团，主要指标连续29年保持中国工程机械行业第一，目前居全球行业第六，产品远销182个国家和地区，是全球领域具有高度竞争力和影响力的跨国企业集团。徐工目前拥有职工23000多名，外籍职工3000多名，下属企业54家，业务类型涵盖工程机械、重型卡车、矿业机械、环保装备、核心零部件、装配式建筑、金融服务、信息技术八大领域，拥有徐工（XCMG）、Schwing、CHIM-ACH三大主机品牌和FT、AMCA、Hirschmann等零部件品牌。先后荣获"中国工业大奖"及联合国全球契约网络"可持续发展中国企业最佳实践奖"。

一、装备制造企业面向高端的世界一流品牌建设背景

（一）推进制造强国战略，引领中国品牌走向世界的时代要求

制造业是国民经济的主体，而装备制造业又是制造业的脊梁。改革开放以来，我国制造业快速发展，综合实力和国际竞争力显著增强，但在经济发展由高速增长转向高质量发展阶段，要实现由制造大国向制造强国的转变，既需要众多为国家基础建设提供高端装备的制造企业，更需要一大批走向世界、美誉响彻全球的中国品牌。工程机械是制造强国战略的优势行业，是服务于"一带一路"建设的重要力量，为全球基础设施建设、重大工程施工发挥了积极作用。徐工是中国工程机械的奠基者、引领者，见证并参与了中国装备从无到有、中国力量由弱变强的演变历史。在新时代制造强国战略指引下，徐工必须肩负迈向全球价值链中高端的引领示范责任，打造成为世界一流的中国品牌。

（二）做强做优国有企业，引领中国工程机械行业发展的迫切需要

国有企业是中国特色社会主义的重要物质基础和政治基础，是中国特色社会主义经济的"顶梁柱"。近年来，我国实体经济稳中向好，但增速换挡、结构性调整和新旧动能转换任重道远。与世界先进水平相比，中国工程机械行业在自主创新能力、资源利用效率、产业结构水平、信息化程度、质量效益等方面差距明显，转型升级和跨越发展的任务紧迫而艰巨。中国装备正从中低端向中高端迅速迈进，从国内市场向全球市场快速挺进，要想在激烈的竞争中脱颖而出，国有企业必须率先走自主创新、高质量发展道路。面对国家经济建设与工程机械行业发展的迫切需求，徐工更要扛起国有企业自主创新责任，树立世界一流品牌标杆，引领工程机械行业可持续发展。

（三）提升企业核心竞争力，攀登全球产业高峰的内在需求

品牌是企业核心竞争力的重要组成部分。在经济全球化日益深化、市场竞争日趋激烈的形势下，更要以加强世界一流品牌建设为抓手，着力提升品牌的生命力、渗透力、凝聚力和影响力，提升管理水平，提高竞争实力，增强发展后劲，促动企业真正意义的脱胎换骨、自我变革和创新发展，进而提升世界级品牌的影响力和内涵魅力。已经具备长期的品牌培育和产业积淀的徐工，必须紧扣"探索工程科技，为全球工程建设和可持续发展提供解决方案"的品牌使命，通过品牌重塑和全球推广，激发品牌发展内生动力，努力攀登全球产业高峰，打造成为一个全球信赖、具有独特价值创造力的世界一流企业和世界一流品牌。

二、装备制造企业面向高端的世界一流品牌建设内涵和主要做法

为打造面向高端的世界一流品牌，实现中国制造的国际领先地位，徐工明确以塑造"世界一流"强

势品牌为核心的企业战略，通过品牌战略的清晰定位、核心竞争优势的持续塑造、全球媒体的整合推广、国际营销的持续推进、组织体系和资源平台的高效协同管理，提升全球品牌的认知度、美誉度和忠诚度，实现从高知名品牌、高价值品牌到高情感品牌的渐进式发展，持续突破高端产品、高端市场，进入世界一流品牌。主要做法如下。

（一）依据企业发展战略，清晰品牌定位

1. 战略先导，以清晰的品牌定位指引品牌建设

徐工的战略目标是分别在2020年和2025年实现世界工程机械前五、前三。基于此，徐工以塑造"世界一流"品牌为目标，充分对标产业板块、业务板块、核心产品的全球一流标杆，深度调研分析竞品动态、环境趋势和品牌发展优劣势，确立以单一企业品牌（中文为"徐工"，英文为"XCMG"）为主导的混合品牌架构模式，以及重点打造企业品牌，适度打造各专业板块业务品牌和独立品牌（包含产品品牌、技术品牌、服务品牌、解决方案品牌等）的品牌塑造策略；搭建品牌屋，以"探索工程科技，为全球工程建设和可持续发展提供解决方案"为品牌使命，以"成为全球信赖、具有独特价值创造力的世界级企业"为品牌愿景，以"全球信赖的工程装备解决方案服务商"为品牌定位，以"品质、创新、价值、责任"为品牌核心价值；系统规划品牌组合模式、品牌塑造方向、传播推广策略，清晰分解从高知名品牌到高价值品牌再到高情感品牌的阶段塑造策略路径，形成徐工"十三五"品牌发展战略规划，为世界一流品牌建设指明方向。

2. 分层分策，精准塑造世界一流品牌

在企业品牌下，众多业务品牌市场地位的不一致是装备制造企业品牌塑造普遍存在的"难题症结"。要服务于企业品牌综合竞争力的提升，"量体裁衣"制定不同的业务品牌策略必不可少。基于不同产业板块市场竞争形势与品牌建设现状，徐工着力打造起重机械、矿山机械、基础工程机械版块高端、领导者品牌形象，凸显市场领先优势和竞争实力优势；打造铲运机械、道路机械、消防机械、重卡、环境产业、零部件等板块专业化品牌形象，持续加强专业产品、专业服务、专业解决方案等特质优势品牌打造；加强徐工巴西、进出口公司国际化品牌形象塑造；加强徐工信息、徐工智联、徐工金融、徐工财务等服务型品牌优势塑造。以最佳策略组合，不断强化各业务品牌特质优势，推动不同板块业务品牌建设，逐步实现全球行业领先，提升徐工"世界一流"品牌的综合实力与竞争力。

3. 领域细分，以鲜明的独立品牌彰显竞争优势

基于不同业务领域的不同业务属性，徐工注重分类打造产品品牌、技术品牌、服务品牌、解决方案品牌等独立品牌，凸显领先性、差异性竞争优势。经过3年持续挖掘塑造不同业务板块产品与技术、市场与服务、智能制造与精益生产、施工工法与解决方案等细分领域的高端、国际化竞争优势与品牌内涵，持续培育起重机械"G一代"产品品牌、道路机械"2+1"服务品牌，以及挖掘机械的矿山施工解决方案品牌等61个独立品牌。例如，"G一代"产品品牌突出科技智能、绿色节能、品质效能、超高性能的品牌形象，新产品上市第一年，销量占比就超过50%，2018年更是突破60%，品牌调研认知度已达88.2%，美誉度72%，忠诚度85.6%，各项指标比上一年显著提升。

（二）丰富品牌核心价值，塑造品牌核心竞争力

徐工通过强化"品质、创新、价值、责任"四大品牌核心价值内涵，不断塑造品牌高端、一流形象。

1. 坚守工匠精神，提供卓越"品质"的产品与服务

品质是品牌的牢固基石，成就世界一流品牌，必须以铸就世界一流品质作保障。徐工将工匠精神融入品质提升，连续开展两季"质量生命"行动，主要分三个阶段。

首先，开展精神洗礼。面向全价值链合作伙伴发布《我们的质量信条》，包括"我们持续满足客户

需求、我们努力成为世界级质量冠军、让追求卓越成为我们的习惯、让零缺陷成为我们的质量目标、我们重视标准的力量、我们必须发挥自我质量领导力"等核心内容。采取论坛、研讨、培训、分享等多种形式宣传推广，将追求卓越的质量管理要求渗透进全员、全价值链的意识行为中，并转化为成就"世界一流企业、世界一流品牌"的坚定信仰。

其次，进行透视辨析。引导全员对照质量信条，找准质量管理中标准缺失、执行不力、工具方法应用欠缺等影响管理改善的关键问题，明确持续改善的方向和行动。

最后，进行改善提升。推行"质量问责、积分激励、绩效考评"等管理方法，推动全员纠正思维、行为偏差，培养追求卓越的素养和习惯，并通过推行卓越绩效管理模式，总结推广六西格玛、精益管理等项目中好的方法，培育以卓越为核心的质量文化，形成徐工特质的质量管理模式和"视质量为生命、视品质为尊严"的工匠品牌。例如，徐工起重机械事业部构建预防性质量管控体系，近3年，起重机械产品质量水平在操控性、安全性和经济性等关键维度达到世界行业先进水平，位居全球起重机制造商十强榜单第二位。

2. 坚持源头驱动，激发品牌"创新"的内生动力

徐工视创新为品牌管理的核心在"世界一流"品牌建设过程中，徐工以创新性解决源头问题和瓶颈问题、实现可持续发展为原则，面向全球员工、合作伙伴，发布"技术领先、用不毁"创新标准，开展"绿色创想"品牌工程，搭建起难题攻坚、知识共享、模式推广、人才历练的创新平台，逐步将工程机械关键技术与核心零部件、成套化解决方案与服务模式、商业模式与管理模式等方向的比较优势，转化成核心竞争优势。近三年，针对行业共性难题，设立472个项目，通过公司上下及跨界资源的群策群力、协同攻关，诞生产品与技术、智能制造与精益生产、营销体系变革与后市场建设、国际化拓展、风险管控与模式化管理等领域96个标杆项目和118个模式方法，转化为公司技术与管理创新的重要成果，促进徐工品牌"创新"内涵和核心竞争力提升。例如，徐工基础《基于"互联网+"的众创众筹管理平台建设》项目，建立一种新型的团队创新模式，实现双轮铣槽机、地下连续墙液压抓斗世界技术难题重大突破，关键性能指标达到国际先进水平，铣轮传动技术处于国际领先水平。

同时，徐工立足工程机械行业两化融合实践经验与徐工"互联网+"融合行动方案，联合阿里巴巴打造行业内首个工业云平台"XCMG-CLOUD"，平台将任务需求、创新、社区相融合，搭建知识汇聚、技术创聚、人才集聚的众创空间，打造"互联网+云技术+制造"的全新工业经济发展模式。搭载"XCMG-CLOUD"，徐工开展"绿动世界、领创未来"创新设计大赛，邀请全球设计精英参与到"大国重器"的设计中，将产品全价值链各个环节与外部社会化资源、供应商、经销商、客户等开放共享。通过徐工云平台，"小型化低噪声高效风机"这一行业技术难题已成功解决并应用于道路保洁产品。

3. 遵循客户导向，提供"价值"领先的解决方案

以客户为导向，为客户创造最大化价值，是徐工"价值"品牌理念的最高追求。徐工紧扣服务型制造业转型升级主线，持续推动各二级分子公司深化成套化、专业化、服务化解决方案品牌塑造，成立徐工财务公司、信息公司、金融服务事业部、工润建筑科技有限公司等服务型公司，形成并持续塑造"用不毁"成套化产品解决方案、专业化施工工法解决方案、全生命周期金融及服务解决方案等13大解决方案。通过进一步深化变革，企业从单一产品、施工方案、售后服务的提供者，转变成为成套化解决方案的提供者。徐工品牌为客户提供的高端、可靠、专业、智能、便捷的产品与服务价值，进一步深化"全球信赖的工程装备解决方案服务商"的品牌定位。

4. 践行可持续发展，彰显担当"责任"的大爱情怀

将可持续发展融入品牌建设，推动构建人类命运共同体的企业，才是真正面向未来的企业。按照国家"精准扶贫、精准脱贫"战略指导要求和"创新、协调、绿色、开放、共享"发展理念，徐工主动担

当社会责任,积极实践"让世界更美好"的公益价值观,在抗震救灾、教育助学、扶贫济困、行业发展、绿色环保五大公益领域,精准实施非洲水窖、海外蓝梦计划、全球好机手、行业技能大赛、蓝梦童行、美丽乡村、希望小学"微心愿"、绿色创新大赛、绿色再制造等14个特色公益品牌项目。以"非洲水窖"项目为例,从2016年至今,徐工为埃塞俄比亚干旱缺水地区的7个村建造了81口水窖,为当地6700多名居民解决了洁净用水问题,有力提升了徐工在非洲的品牌美誉度和责任标签形象。2018年,徐工在非洲市场占有率同比增长16%,远超国内外竞争品牌。

(三)多维平台整合推广,彰显世界一流品牌形象

徐工注重媒体传播集群化、专业媒体渠道化、公关活动市场化、品牌感知互动化,以大众化的品牌传播影响关键决策者、行业专家、客户、潜在客户和社会大众,打破关键受众对"中国制造"的刻板印象,带动销售及效益提升,树立高端、国际化形象,提升企业全球品牌竞争力。

1. 整合"融媒体"平台,放大集群传播效应

徐工以融合的思维创新传播策略,着力搭建国际与国内媒体、大众与专业媒体、传统与新兴媒体多维结构有机排布的"融媒体"传播矩阵,通过多种媒介不断传播企业优秀的品牌核心价值内涵。

一是海外媒体,包括NY Times(纽约时报)、Reuters(路透社)、Bloomberg(彭博商业周刊)、China Daily(中国日报)、Financial Times(财经时报)等海外通讯社及全球综合媒体渠道资源。

二是大众媒体,包括央视、央广、《人民日报》、新华网、中新网、江苏卫视、《新华日报》《徐州日报》等大众化网络、广播电视及纸媒资源。

三是专业媒体,包括《中国工业报》、中国机电工业、中国工业与信息化杂志等行业专业媒体及和讯网等专业财经媒体资源。

四是新媒体,包括新华社客户端、今日头条、澎湃新闻、凤凰新闻、工业头条、腾讯新闻等新媒体渠道。

五是自媒体,包括报刊、官网、微信、微博等自媒体和海外Facebook(脸书)、Twitter(推特)、LinkedIn(领英)、YouTube、Instagram五大社交媒体官方平台。

通过优化资源配置,完善品牌传播网络,打造信息一次采集、多种生成、多元传播的"徐工融媒体"平台,面向全球传播。据人民网舆情监测室统计,徐工品牌全球传播声量保持50%以上增幅不断提升,持续位居国内行业之首、全球行业前列。

2. 整合专业渠道资源,提升行业领导者形象

徐工绕整合利用专业媒体、专业机构、专家团队资源,提供各类专业方案、业务培训、专题报道、深度调研、经典案例等品牌传播服务支持,有效发挥专业资源的协同增值效用。三年来,共输出960场品牌营销活动策划、231项重大事件传播方案和1954篇专题深度报道、192次专业业务培训及1690个经典案例故事。

整合国家级媒体资源渠道,借势"实体经济、中国制造、中国品牌、改革开放、国企改革、技术创新、智能制造"等国际趋势及国家热点,主动参与"世界智能制造大会""中国品牌日""中国品牌论坛"、G20等全球高端论坛峰会,聚焦展示徐工深耕主业、匠心坚守、引领行业可持续发展的领导者形象。例如,2017年央视"为中国实业代言""挑战不可能""经济半小时"等栏目及《人民日报》、新华社、《纽约时报》等专题报道共计649次,有效提升企业全球影响力和知名度。

3. 整合公关活动平台,凸显价值共赢本质追求

徐工围绕国家"创新驱动""高质量发展""一带一路""精准扶贫"等重要战略布局,基于市场发展需求,面向公众、媒体、政府和客户,积极开展高价值性的产品推介会、新闻发布会、专业论坛及客户体验等公关活动,以"与用户共赢、与社会共赢"的价值营销模式,引领行业竞争从低端的"价格

战"到中高端的"价值战"转变,推动行业高质量发展,并通过多媒体渠道放大传播推广效应,以赢得受众"创新引领时代、价值共赢未来"的品牌认可。例如,2015年全球工程机械Top50峰会"三大引擎驱动"新闻发布会,2016年上海宝马展"技术领先、用不毁"、工业云平台发布会,2017年道路机械高新产品体验会,2018年700吨"神州第一挖"下线仪式等48场大型公关活动,展示徐工致力为客户提供高端、高附加值和高可靠性产品和服务的世界一流品牌形象。

4. 整合互动体验平台,诠释中国制造魅力

针对市场用户、关键媒体、互联网公众三类群体,徐工形成"线上感知"和"线下体验"两种互动模式。线上互动以"锁定忠诚用户、触动关键媒体、影响社会受众"为行动路径,聚焦"改革开放""一带一路"等,让忠诚用户和铁杆粉丝发声,整合内外媒体平台资源进行转化推广,影响全球更广泛受众。线下互动结合企业重大项目发布等重要活动,邀请目标用户、媒体记者、互联网公众等资源走进徐工,打造标志性体验活动品牌。2016年起,徐工面向海外社交媒体平台粉丝,连续三年开展"徐工实习生"创意体验活动,以工厂体验、精英对话、互动交流等多种体验形式,让投票海选的网络粉丝大咖感受中国制造、感知徐工制造文化,并通过粉丝群体效应,让全球受众和忠诚粉丝发声,提升徐工与中国制造在受众心中的内涵魅力。

5. 整合信息管理平台,提升品牌全球影响力

长期以来,徐工高度重视信息管理平台在品牌建设中的作用,构建企业内部信息管理平台、专题传播项目管理平台及海内外社交媒体传播平台。持续遵循"整体策划、项目管理,高位发声、话题引爆,整合传播、持续升温,平台协同、集群联动"管理方法,通过内部信息管理平台联动各二级分子公司,深入研发一线、生产一线、营销一线、管理一线挖掘优秀品牌案例故事,展现徐工身后的人文底蕴和改革发展的最新成果;通过专题传播项目管理平台整合技术管理、营销管理、信息化管理、生产管理、质量管理、组织与人力资源管理等方面的管理改善成果;利用海内外社交媒体传播平台及时发声、持续发声,充分发挥集群传播效应,让徐工内外部的粉丝第一时间了解并自主传播徐工品牌发展成果案例。经过3年运维,徐工海内外粉丝总量已超过100万人,全球传播声量保持连年50%以上高速增长态势。据人民网舆情监测室监测,徐工相对于国内主要行业竞品,已连续五年保持声量绝对领先,优势不断加大。

(四)持续推进国际营销,提升品牌全球声誉

徐工经历从战略视野国际化,到营销服务国际化,到研发生产国际化,再到品牌及管理体系国际化4个跨越发展阶段,实现从国际高知名品牌、高价值品牌到高情感品牌的渐进式发展。

1. 拓展海外市场渠道,提升品牌全球知名度

徐工坚持以国际化为导向的品牌发展战略,拓展全球市场渠道,在海外建立30个分子公司、40个办事处、40个大型备件中心、300多家经销商,构建涵盖2000余个服务终端、5000余名营销服务人员,辐射182个国家和地区的高效网络,形成"海外经销商—业务部—服务与备件部—主机厂"的服务备件体系,不断为全球客户提供售前、售中、售后及融资租赁等便捷服务。徐工以市场需求为导向强化品牌建设,在满足中低端市场拓展基础上,积极走进发达国家和高端市场,满足高端客户特殊需求。坚持以国际标准提升产品品质,取得CE、GOST、海湾七国GCC等多种产品认证,多款产品实现欧洲、北美等高端市场销售突破,改变了德美日少数国际巨头垄断的全球产业竞争格局。

2. 促进全球资源整合,增强品牌高价值认知度

徐工以多种渠道进行海外投资,通过跨国并购、资本融入,打造以徐工为核心的全球工程机械产业价值链。徐工持续加大研发投入,建立中国、美国、德国、巴西、印度5大研发中心,增强全球高、精、尖工程机械设备的科技研发实力和全球协同创新能力。先后完成对高端核心零部件企业——荷兰

AMCA、德国 FT 的收购和整合，并收购并全资控股全球混凝土机械第一品牌——德国施维英公司，加速徐工国际化进程。以高端市场需求为导向，加强产品适应性研发，为全球客户提供更优质的成套化产品和个性化服务，提升徐工品牌在全球市场的高价值认知度。

3. 加强品牌本土建设，提高品牌融合美誉度

徐工在巴西、德国、印度、美国、乌兹别克斯坦、波兰、哈萨克斯坦等国家，建立 15 个海外制造基地、KD 工厂或合资企业。巴西生产基地是徐工第一个海外绿地工厂，总投资 3.5 亿美元，每年可生产各类工程机械整机 5000 台，是中巴经济合作的标杆性项目。在巴西，徐工以"诚信、共赢"作为与当地政府、经销商、用户及社会大众共同合作的原则，为中国制造的国际化发展做出示范。一方面，通过当地化技术转化、产品适应性改进和当地化研发"三步走"，形成技术创新模式，并积极运用当地政策，促进产品销售。目前，获得巴西 FINAME 资质的产品已达 17 款，XCMG 成为巴西工程机械主流品牌。另一方面，积极投身当地社会公益事业，通过参与水灾救援、流浪者救助、福利院慰问、爱心大巴等扶贫济困善举，赢得当地社会广泛关注和认可，提升品牌美誉度。

（五）构建系统完善的管理体系，规范品牌运维

1. 构建三级品牌管理组织，保障全业务链品牌管理

基于企业发展特点，徐工构建三级品牌管理体系。决策层，即由集团领导班子组成的品牌管理委员会；管理层，由总部各部门、品牌与文化发展部、各二级分子公司品牌主管领导构成；执行层，即各二级分子公司以品牌主管领导为核心、以市场部为主体的品牌管理及执行机构。

其中，企业总裁办公会是品牌工作的最高决策机构，下设领导小组和统筹办公室，形成以企业一把手为组长，各二级分子公司一把手协同支持的最高决策机构，负责开展以客户为中心的规划、传播、评估和规范等一系列战略决策、指导管控等顶层设计工作，培育品牌资产。同时，为了促进各项工作有序推进，落实主体责任，组建以各业务分管副总为负责人的管理单元，协同本部各职能部门、二级分子公司，整合资源、顶层设计，在品牌的战略管理、计划管理、形象管理、传播管理、品牌供应商管理、评估管理、团队管理等方向，做实品牌管理的统筹策划、执行实施、过程管控、验证评估等全业务链工作。

2. 强化品牌职能体系，打造专业化一流人才队伍

徐工品牌主管部门不仅统一规划和指导各二级分子公司品牌管理队伍开展和执行本企业的品牌建设工作，还要督导各二级分子公司健全品牌管理组织架构，配备专职品牌管理、传播岗位，并帮助其优化岗位说明书。同时，徐工不断强化品牌队伍建设，以应对新常态和复杂新环境需要的专业能力和复合发展力，不断塑造提升品牌队伍的"三敏""三深""三能"能力新优势，培养全员对环境变化的敏感反应力、洞察关键因素的敏锐捕捉力、快速行动响应的敏捷执行力，培养全员深入学习、深度调研、深谙管理的职业习惯，进而联动内外资源，不断积蓄徐工品牌战略引领势能，释放创新驱动发展动能，持续转化成为促进徐工品牌美誉提升的强大效能。每年上百次分层开展专项业务、品牌项目、跨业务沙龙及业务技能实战训练，培育一批复合型、专业化的一流品牌管理人才队伍。

3. 健全制度管理体系，提升品牌管理运维质量

徐工界定战略管理、塑造管理、形象管理、传播管理、评估管理、公关管理、危机管理、供应商管理等 10 个品牌管理职能，制定《品牌战略管理制度》《品牌形象管理制度》《品牌传播管理制度》《品牌资产评估制度》《品牌管理绩效评价制度》《品牌供应商管理制度》等 10 项品牌运营关键制度，建立 19 个关键执行管控流程，明确主要职能分工、分类标准、行为标准要求。例如，《品牌战略管理制度》是品牌战略管理的总纲，明确品牌战略规划的组织体系、运行体系、保障体系构成及分工；《品牌管理绩效评价制度》是品牌绩效输出的保障，通过月度关注、季度验证反馈、年度评估改进的管理模式，持续

监测品牌管理、品牌传播、资源管理、视觉应用等关键绩效指标，提升品牌管理持续改进效能，不断激发徐工的组织活力，持续促进内部品牌运营质量和效率提升。

4. 规范视觉管理体系，塑造全球统一的品牌形象

徐工作为国际化企业，不断加强国际化品牌形象的规范化、一致性、创新性管理，通过建立全球统一的视觉管理规范，精准呈现品牌战略定位和核心内涵，有效地推广品牌形象，提升品牌辨识度。一方面，制定《全球VI视觉形象手册》，对徐工企业标识、标准色、标准字体、司旗、工作服等进行规范设计，同时推广到全球子公司、供应商、经销商一致应用，形成全球一致的品牌识别，并通过开展VI应用自主排查、监督检查，持续评估改进，强化视觉应用规范管理。另一方面，联动国内外分子公司及合作资源，持续提高产品工业设计特质化建设和标准化管理，并以多形式、多渠道发布更人文化、创意化、国际化的主题创意平面广告、专题微电影微视频，持续彰显"品质、创新、价值、责任"核心价值内涵和"世界一流"品牌形象。

5. 建立资产评估体系，实现品牌价值持续提升

徐工通过构建品牌价值模型、企业品牌和产品品牌评估价值调查、数据分析与品牌价值评估、品牌价值评估结果运用实践4个阶段，持续开展品牌资产评估工作。通过开展全球品牌现状调研诊断，评估企业品牌、产品品牌资产，清晰掌握品牌建设现状，形成以企业品牌价值成长为目标，以品牌漏斗和品牌溢价为关联构成要素，以品牌传播评估、品牌形象评估、品牌结构互动关系评估为基础方法，以品牌溢价能力、品牌形象检核及MI评估、品牌VI运用评估、品牌价值成长、品牌链动关系、品牌价值贡献、传播效果为指标的徐工全系品牌评估模型，涵盖品牌结构中的企业品牌、业务品牌、产品品牌、海外品牌等，系统、全面、客观分析徐工的品牌忠诚度、知名度、感知质量、品牌领导力、品牌个性、品牌联想等，持续改善品牌运营质量。对接国内外品牌管理权威机构，把握最新品牌管理趋势及标杆做法，持续加强品牌管理关键策略方法、成果成效的不断优化提炼、总结回顾，输出徐工特有的品牌管理模式，协助权威机构进行客观评价，实现徐工品牌价值稳步提升。

6. 搭建声誉风险管理体系，有效防范品牌突发风险

针对互联网传播特点，预防舆情风险事件由释放到变异的转化，将声誉风险管理纳入全面风险管理体系，锁定经营、财务、战略等九类重大风险，通过"知识共建、风险排查、敏感岗位筛选、系统回路探查"等方式方法，对声誉风险管理的组织功能、岗位职责、运营机制进行系统性建设，形成《声誉风险评估报告》《职能体系和运营机制建设方案》《声誉风险应对情境集和口径集》等9个解决方案。同时，建立常态化风险监测机制，借助外部专业机构，建立"监测、预警、研判、处置、修复"闭环式风险管控模式，实施7×24小时风险预警管理，确保风险得到有效防控和管理。2018年，徐工负面舆情占全面传播声量的0.01%，敏感信息率远低于同行，整体舆论环境正面积极。

三、装备制造企业面向高端的世界一流品牌建设效果

（一）建成世界一流品牌，全面提升企业形象

面向高端的世界一流品牌建设，使徐工主动适应经济新常态，始终保持稳定快速发展。三年来，徐工人均劳动生产率同比提升63%，生产存货周转效率提升50%、应收账款周转率提升142%，摆脱了国内行业低端、低档次、同质化、粗放式发展的竞争格局，进入了有质量、有效益、有规模、可持续高质量发展的健康轨道。2018年，通过持续实施新业务企业混改，信息技术产业成为国家工业互联网领域前三强并在新三板挂牌上市。徐工成功入选国企改革"双百行动"，被纳入江苏省第一批混改试点企业名单，为企业管理效益提升注入了新的活力。2018年6月，世界品牌实验室（World Brand Lab）发布中国500最具价值品牌，徐工以602.18亿元排名第66位，这是徐工进入榜单以来连续第五年蝉联中国工程机械行业榜首。

（二）企业经济效益快速增长，全球市场竞争力增强

品牌作为企业最宝贵的无形资产，为经营业绩持续提升带来不竭动力。通过面向高端的世界一流品牌建设，徐工连续三年主营、自主营收入和利润都保持50%以上的增幅；产品品牌、自营出口增幅均为国内主要竞品近7倍，双双稳居行业出口第一。2018年1~9月，徐工主机产品销量保持高速增长，实现营业收入875亿元，其中主营收入同比增长44%，品牌出口总额同比增长55%，利润、利税分别同比增长42%和44%，各项主要指标再创历史新高，继续处于领跑位置。目前，徐工保持中国工程机械行业第一，全球行业排名从2015年第8位上升到第6位。

（三）企业社会效益日益突出，奠定可持续发展基石

徐工以"一带一路"倡议为引领，携手80多家中资企业抱团出海，65%的工程机械选择了徐工品牌。在"一带一路"沿线国家实际投资超过30亿元，覆盖沿线97%的国家和地区，徐工成为全球工程机械最具美誉度的"中国名片"。徐工积极投身于各类社会公益事业、慈善捐助和投入设备资源总价值超过2亿元，积极参与全球重大灾情救援20余次，被中共中央、国务院、中央军委联合授予"全国抗震救灾英雄集体"，多次荣获"中华慈善突出贡献企业奖""中国企业公益突出贡献奖""责任品牌奖"等荣誉，徐工被联合国全球契约中国网络授予行业唯一的"实现可持续发展目标2017中国企业最佳实践"大奖，在回馈社会的同时，彰显了世界一流品牌的企业公民形象。

（成果创造人：王　民、韩　冰、徐筱慧、张丽娜、张　涵、刘　彬、张　冉、王　琳、张　丹）

跨多国油气运输管道基于联防联治的社会安全管理

中油国际管道公司

中油国际管道公司,由原中国石油集团中亚管道有限公司与原中国石油集团东南亚管道有限公司重组整合成立。重组整合后的中油国际管道公司,下辖11家合资或独资公司,负责建设运营我国西北、西南方向的中亚油气管道和中缅油气管道,这是目前我国仅有的两条由中方参与建设和运营的境外陆上跨国能源进口通道。我国西北和西南两大能源战略通道,包括6条天然气管道、3条原油管道和1座30万吨原油码头,管道里程达1.1万千米以上,累计完成投资超过260亿美元,年油气输送能力超过9000万吨油当量。

一、跨多国油气运输管道基于联防联治的社会安全管理背景

(一)应对"一带一路"沿线国家社会安全风险的需要

有关项目的建设、投资和运营始终面临着所在国社会不稳定等社会安全风险。中油国际管道公司所辖管道项目主要分布于中亚与东南亚,根据集团公司对海外各国社会安全风险等级分类均处于高风险及以上等级。中油国际管道公司在这些地区下辖管道线路长、难度大、环境复杂,有些地段甚至面临历史遗留雷区威胁,这些外部和内部的不安定因素都给管道的建设和运营带来极大的威胁。

(二)适应跨国天然气管道建设运营特点、推动公司战略目标实现的需要

中油国际管道公司以"保障能源供应,创造和谐共赢"为使命,以"构筑能源丝路,打造高效能油气战略通道"为愿景,大力实施"规模化、专业化、国际化"发展战略。跨国天然气管道运输是现代天然气工业中的重大基础设施和错综复杂的现代化运输系统,上连气田开发,下接市场消费,所经国家和地区各运输环节的重大变化都有可能对跨国天然气管道的连续、稳定和安全运营造成重大冲击,使现代管道安全运输具有"牵一发而动全身"的特点,必然要求双边或多边合作,建立安全合作机制,确保整个运输系统安全运营。为此,中油国际管道公司必须积极寻求管道沿线利益相关方的广泛合作,在社会安全管理方面建立跨国一体化协调体系,积极应对海外安全风险,开展联防联治,从而保证管道安全、持续、稳定运营,进而推动公司战略目标的实现。

(三)提升企业海外社会安全管理能力与水平的需要

中油国际管道公司运营的中亚油气管道项目、中缅油气管道项目是保障我国能源安全的战略能源通道。跨国管道项目的建设运营涉及多种因素,同时,能源管道的安全问题至关重要,其不仅影响居民生活和企业生产,也威胁线路国境地区民众的生命安全和生活环境,更是关乎国家能源安全的重大问题。同时,中亚及东南亚地区整体社会安全环境处于一种不断动荡和变化的状态。在项目启动之初,公司对如何在这种全新且复杂的环境下建设和运营跨多国管道的认识有限。因此,保障管道安全平稳地建设和运营,必须根据自身业务、体制实际情况并结合各项目所在国具体情况,因地制宜地建立适合、有效用的社会安全管理体系,探索实施适应当地环境的社会安全管理模式。

二、跨多国油气运输管道基于联防联治的社会安全管理内涵和主要做法

中油国际管道公司本着"生命至上、预防为主、依法合规、沟通协商"等原则,结合自身项目特点与管理优势,分析识别运营所在地的主要社会安全风险,明确社会安全管理职责,寻求项目所在地区相关方的协作,建立社会安全风险评估机制,健全社会安全风险预警机制,落实人防、物防、技防、信息防"四防"资源,完善社会安全投入机制,提高防范预警和过程控制能力,常规化开展应急演练,运用

联动机制,加强海外社会安全培训,对社会安全工作进行系统化管理,有效降低并控制业务活动以及管道项目的社会安全风险,确保管道安全运行。主要做法如下。

(一) 明确境外社会安全管理的总体思路,落实管理职责

为有效规避下属各类涉外单位在高风险及以上区域的社会安全风险,尽可能降低中油国际管道公司海外业务所面临的社会安全风险,努力杜绝因社会安全管理原因造成员工人身安全事件,中油国际管道公司在尊重和遵守各主权国法律法规的前提下,突出跨国天然气管道的统一性、独立性和连续性,争取在多国合作的前提下,通过跨政府间协议,与各企业合作伙伴和所在国政府形成联合安保机制,同时在内部明确社会安全机制,组建专业管理机构,实现内、外安保相互协调,形成稳定的安全合作制度和应急机制,确保长期安全运营。

1. 明确境外社会安全管理原则

一是生命至上、预防为主原则。中油国际管道公司始终遵循"员工生命高于一切"的原则,在社会安全管理上坚持以人为本,力求对各类社会安全风险始治于未现,防患于未然。二是依法合规原则。严格遵守所在国和地区的法律法规及中国政府加入的国际公约,相关的国际标准和惯例。在社会安全管理上做到规重矩叠,从根源上杜绝因合规性而产生的管理漏洞。三是协商与沟通原则。内部要做好与国家相关部委及驻外机构、中资企业的沟通协调工作,同时整合中国石油集团公司资源,共同完善社会安全管理工作;外部尊重当地宗教、文化和习俗,与当地政府机构、伙伴石油公司和社区等保持良好的沟通。

2. 制定社会安全管理政策

遵守所在国和地区的法律法规、中国政府加入的国际公约及相关的国际标准和惯例;尊重当地宗教、文化和习俗;将社会安全管理作为企业管理的重要组成部分;提供足够的资源以确保社会安全管理的有效性;对所有员工与承(分)包商进行培训,明确社会安全管理责任,提高社会安全管理能力和意识;定期评估社会安全风险,落实各项风险处置方案;定期开展社会安全审核和专项检查活动,落实纠正措施;制订应急预案并开展演练,将事故损失降至最低;对所有社会安全事件,均应进行报告、调查和记录。

3. 组建社会安全管理机构,明确管理职责

按照中国石油集团的社会安全管理工作要求,中油国际管道公司将社会安全条款列入与各海外项目签订的安全环保责任书中,明确海外项目的社会安全责任和义务,并开展相应的奖惩考核。由公司领导、总部职能部门负责人、各海外项目负责人和安全总监等共同组成公司 HSE(与生产)安全管委会,下设各个专业分委会,其中行政与社会安全专业分委会具体负责社会安全直线管理,安保中心负责社会安全管理体系的建设与咨询,管道管理部负责对各项目管道线路安保公司的管理,共同组成公司总部的社会安全管理架构。各海外项目均设立 HES(与生产)安全管委会负责安全管理,设立专职安全总监,项目 HSE 部负责社会安全咨询、管理,合资公司设立安保部和民防委员会(Civil Defense Committee),共同负责实际社会安全管理工作。

4. 建立高效、实用的社会安全管理标准文件

按照中国石油集团提出的"社会安全体系建设必须和国际标准接轨,保证高起点;必须贴近海外项目实际,突出实用性"的工作要求,中油国际管道公司建立符合行业、所在国区法规和规范的体系制度和管理要求。建立并运行 QHSSE 一体化管理体系,梳理、制定社会安全管理有关制度,形成社会安全管理手册、程序、作业文件、标准规定等,实施全过程管理。这些程序文件的编写和定制均结合公司与海外项目的实际情况,力求对各海外项目安保细节的完善提供有力指导。

（二）评估社会安全环境风险，明确防控重点

中油国际管道公司开展调研、信息筛选和分析工作，发布各个国别社会安全风险评估报告、项目风险评估报告和项目安防措施评价报告，全面客观评估风险，同时根据社会安全风险评估结果提出风险应对措施和建议。基于海外各项目所在国不断变化的社会安全形势，每年组织开展一次社会安全风险评估。评估过程邀请专业第三方咨询机构参与，并从专业角度给出具有实用性的分析、研判；同时，在集团内部邀请有关单位共同参与社会安全风险评估成果评审，力求精准把控各类社会安全风险情况。

一是注重实地调研，确保风险评估结果的有效性。以哈萨克斯坦社会安全风险评估为例，调研团队纵横5000余千米对32个现场作业、生活、办公场所开展实地调研，访谈哈方人员94人次、中方人员27人次，收集了该国有关法律法规，查阅了大量现场资料，验证了现场的安保应急通信、人防物防技防设施有效性。通过建立社会安全风险评估机制，健全社会安全风险预警机制，落实人防、物防、技防、信息防"四防"资源，完善社会安全投入机制，提高防范预警和过程控制能力，运用联动机制，加强海外社会安全培训，对社会安全工作进行系统化管理，降低业务活动中的社会安全风险。

二是根据评估结果制定社会安全风险防控措施。第一，配合公司总部开展项目人员防恐培训取证工作。第二，针对驻地采取人防、物防、技防、信息防"四防"措施进行安全保卫。第三，严格审查安保公司资质，并会同安保公司从严审查安保人员资质。第四，严格控制日常经营管理用资规模及知悉范围，严格管理日常用资的提出、调拨、储存各环节，严格管理易变现资产使用与存放，确保资金、财产及相关人员安全。第五，编制并执行《旅程管理程序》，对外出人员制订详细、可操作的旅程计划，确保外出人员安全。

（三）建立有效的沟通协调机制，联防联治保安全

中油国际管道作为在中国能源安全战略布局中处于重要地位的跨多国长输管道，其长期保持安全运行意义重大。为此，中油国际管道公司经过探索与实践，构建涵盖政府、股东、合资公司、场站、员工的多维度的社会安全风险防范机制。

1. 构建多方协调、联防联治的社会安全管理机制

中油国际管道公司通过将相关政府组织、各上级单位、国家部委、所在国相关政府部门、管道沿线社区、各外部相关单位等各利益相关方联通，积极建立各项目所在国家之间针对社会安防风险防控的多边政府间安防机制、针对突发事件应急响应的双边跨国协调机制及联合安委会机制。牢固树立与利益相关方共赢的发展目标，通过建立稳定、顺畅、高效的合作机制，形成多个利益相关方的共享价值，有效保障管道安全可持续运营。

中油国际管道各项目启动之初，中国政府与管道过境国政府分别签署《政府间协议》，中方股东与外方股东分别签署《企业间协议》，合资公司建立《合资公司章程》，这些法律框架内的协议文件，明确政府、股东、企业在安全管理方面的责任、权利和义务，奠定多方协作的社会安全防范和管理体系的基础。在国家层面与各相关政府部门做好沟通协调工作，为海外项目的顺利运营打好基础；在海外项目所在地与当地政府及军警部门做好协调工作，维护海外项目合法与合规性；积极联系项目当地部落群众与项目沿线社区，积极收集相关社会安全信息；与外部合约公司等做好沟通协调工作，保障安保工作的顺利进行。

2. 建立多边的政府间安防机制

中油国际管道公司，分别在上合组织、连云港论坛框架下，设置能源等重要战略基础设施安全保卫工作委员会；在中国国内，整合国内业务相关部委资源优势，支持中国石油跨国管道管理，并做好在生产运行突发事件情况下，国务院统筹领导的应急联动机制建设；在中国驻中亚各国使（领）馆增设能源联络官，负责中国、驻在国、当地政府等与中国石油间的沟通协调，以及能源业务工作指导。

3. 建立利益相关方跨国运营协调机制

中油国际管道公司在中亚、缅甸等地区的项目公司均建立运营协调机制。其中，中亚地区建立以"四国运行协调会"为平台的内外部协调机制，由上、中、下游共12家单位共同组成，中油国际管道公司总经理任委员会主席。目前，协调委员会已召开十六次会议，协同保障输油气任务，确保中油国际管道安全平稳运行；设立安全管理条线，中油国际管道公司组织、推动召开总部、项目（合资公司）安委会，从总部到项目管理层面保障社会安全标准的推进；积极组织各项目安全总监、服务商召开社会安全管理专题研讨会，安全管理思路、目标、对策等听取项目同事及专家的意见和建议。在股东层面，在四国多方框架内，持续推进各股东的日常沟通和重大事项沟通。

4. 建立跨国一体化调控体系

中油国际管道公司海外项目积极推动相关国家之间建立管道运行安全双边联合保障机制和突发事件双边应急工作机制，明确管道运行及突发事件应急处置抢修抢险资源快速通关的流程、形式和范围。建立以中亚公司总部协调中心为主导，合资公司调控中心为支撑的跨多国调控一体化运行体系，保证中油国际管道运行调控工作的安全平稳、和谐高效。

5. 建立联合安委会协调机制

各国项目公司均建立社会安全联合安委会机制，统一协调组织社会安全管理。以中哈原油管道项目为例，为全面彻底发现并消除中哈原油管道沿线社会安全隐患，防范可能由社会安全事件引发的各种事故及损失，2014年3月，中哈管道有限责任公司KCP和哈方股东哈萨克斯坦国家输油公司KTO建立联合安全委员会机制。每季度在哈萨克斯坦首都阿斯塔纳召开一次联合安委会会议，同时邀请哈萨克斯坦国家石油公司KMG主管安全领导出席，共同商讨并解决管道重大安全问题。

6. 建立社区联防联治机制

通过集团公司、当地主管部门和中国大使馆等的沟通联动，完善信息沟通，中油国际管道公司与当地社区组织建立全面合作关系，与当地部落建立利益共享关系，与当地政府和石油警察建立适度友好关系，与甲方建立密切跟随关系，与当地雇员之间建立和谐劳动关系。从企业层面，在力所能及的情况下，积极参与当地经济社会建设，履行"企业公民"责任。针对各个地区主要的社会安全风险，与当地关键社区人员建立联系，及时获取各个项目驻地安全及防恐信息，利用多渠道加强信息收集、分析工作。同时，充分利用当地各类资源，根据项目所在地的不同情况，对各地社会安全管理方案进行差异化定制。持续通过社区联防群治的方式开展人防、物防、技防、信息防等安防管理，为及时预警及后续社会安全管理工作提供有力支持。

（四）实施四防措施，严格管控社会安全风险

中油国际管道公司根据各项目所在地实际情况，对其中各类人防、物防、技防、信息防等"四防"措施细节进行合理且详尽的规划。主要包含出入口控制、安保系统监控、巡逻规则、护卫规则、安全检查、应急反应、公共关系、培训教育、信息收集等。同时，为有效发挥安保队伍作用，项目管理层制定监督管理制度，并指定专人定期或不定期对保安人员工作标准和职责履行情况进行监督考评。

1. 人防措施

中油国际管道公司海外项目均安排安保人员24小时值守或巡视；安排安保人员对场站主入口、周界、重要的设备设施进行定期巡视，保证场站人防措施；项目安保公司制定巡线计划，严格按计划巡线，对第三方施工或环境异常状况保持警惕，对巡线时发现的问题及时处理或上报；海外项目与所在国警察、安保公司、社区治安管理部门建立联系，与当地员工建立和谐、友好的工作关系，及时获取有用的社会安全信息，及时预警，必要时采取紧急应对措施并启动应急预案。

2. 物防措施

物防系统的布设综合考虑安全达标性、经济节约性和工程技术性，按照ALARP原则（As Low As Reasonably Practicable 最低合理可行原则，即残余风险需要降到合理可行范围之内的最低程度原则）选择物防设施，符合安防要求，达到最佳效果。物防系统的布设考虑各项目所在国的具体要求，同时根据地质、环境特点，参考周边其他政府机构、企事业单位、中资企业等的设防状况，既达到安全防范要求，又融入当地环境氛围。

对于生产场所、生活基地和临时营地设计了配置刺网、辅以外围隔离沟的物理围墙，出入口设置防撞墩或防撞闸板。社会安全高风险地区的生产场所专门设计"混凝土＋刺网"的双层物理围栏，出入口中间缓冲地带专设检车区，实现对车辆的全方位检查。针对线路关键穿跨越点段，专门设计防冲撞、防接近控制措施，避免社会因素对于敏感点段的非正常接触。

3. 技防措施

设立光纤通信、卫星通信互为备用的通信保障网络；针对工程生产场所、生活基地、临时营地等，设计了系统、完备的工业电视监控系统和防侵入报警系统；生产设施基于各类检测和自控装置设计数据采集和监视控制系统（SCADA），具备突发事件紧急关断（ESD）功能和有效的消防功能。设立CCTV和周界入侵探测系统（IDS），保证站场技防措施有效落地。系统的安装、布线、联网符合规范，安全性、可靠性、电磁兼容性得到综合考虑。设备、设施的防雷、防静电、防爆、防冻、防风等根据当地环境的具体特征设置，保证系统运行稳定。技防系统由专人负责，及时维护，确保系统有效。

4. 信息防措施

为提高风险预警能力，合资公司安保部按期召开安保配合会议。安保部与安保公司巡逻组，通过电视、喇叭、传单、面对面等形式，对沿线市县、村镇进行沟通、宣传。同时综合分析区块周边的安全形势，针对近期的社会安全管理进行统筹协调。当地安全管理人员与当地警察、士兵保持沟通，通过报纸、新闻网站等多途径了解收集当地的安全事件，及时跟踪事件发展动态。

应用智能视频分析系统开展指定区域各种威胁的动态探测、分析，此系统可以自定义防渗透区的"时间、空间限制规则"，包括周界外防渗透区，建筑外防渗透区，隔离区外防渗透区，建筑内防渗透区等，可以设置防渗透敏感时间，在敏感时间内监视、探测建筑内指定区域。

（五）完善应急管理，提升应急响应能力

1. 建立完善的应急组织体系

中油国际管道公司建立应急管理机构，内设立应急管理领导小组和应急指挥部。突发事件应急预案中明确管道沿线当地各州的安全生产监督局（应急办公室）、紧急情况部是公司与当地政府的对接窗口。紧急状态下，当地紧急情况部负责对当地各级地方政府的应急行动进行组织、协调。预案中附有与地方政府机构应急联系的电话（包括消防、医疗急救、紧急情况部、监察局、工矿企业安全检查部门和中国大使馆联络电话）。配备内、外部应急资源，建立专职、兼职应急队伍，与当地政府进行结合，收集汇总管道沿线可调动的社会资源，定期组织员工进行培训和演练，以期预防突发事件的发生。

2. 制定多层级的应急预案体系，开展预案培训、宣贯

中油国际管道公司根据涉外突发事件的发生过程、性质和机理，将涉外突发事件分为自然灾害、事故灾难、公共卫生事件、社会安全事件，并分为Ⅰ、Ⅱ、Ⅲ、Ⅳ四个级别，分别开展应急响应。按照"统一指挥，分级负责，充分授权"的原则，Ⅰ级涉外突发事件由集团公司统一组织协调，调度各方面资源和力量进行应急处置；Ⅱ级涉外突发事件由中油国际管道公司总部调度多个部门、当地社会力量和相关单位力量、资源进行联合处置；Ⅲ级涉外突发事件由各海外项目公司调度本单位有关部门、当地社会力量和资源进行处置；Ⅳ级涉外突发事件由海外项目公司管理处或基层站队人员开展应急处置。

中油国际管道公司总部据此建立相应的"1+10"应急预案体系，即1个总体应急预案，4个专项应急预案，包括公司"社会安全专项预案"，各海外项目公司分别制订各项目层级的应急预案。以确保油气管道运营安全和突发事件情况下72小时恢复运行为目标，针对中亚油气管道安全及应急处置，并根据危害因素识别的风险，制订从公司级突发事件总体应急预案、各类突发事件专项应急预案，到各运营中心应急预案、各站队的三级预案。各类预案齐全，并得到批准。另外，针对管道边境口岸区域的应急处置，建立跨国境的区域协调机制。

3. 收集、分析、研判情报信息，及时预警

与专业机构签署合同定期开展社会安全信息收集，专业化分析及研判，成果分别以日报、周报、月报形势体现，如遇突发情况或事件，推送热点事件专报。各基层站队配备DCS系统、SCADA系统、电视监视系统、探测系统等监测系统，通过所在国地方政府、集团公司和媒体等渠道收集社会安全信息，进行实时预警，以期降低或及时消除突发事件的影响。

4. 组织实战型应急演练并开展评估

定期组织开展应急预案培训、情景模拟演练。每年开展一次全公司上下联动应急演练，海外项目公司层级的演练每半年组织一次。

以突发事件实战模拟演练为例。2017年7月，开展了以党政军民学——"五位一体"的政企联动实战模拟应急演练。中方人员紧急撤离回国。境外部分采取桌面推演，境内部分进行实战演练，具体内容是以冲锋舟将已撤离到界河一侧的中方人员接到中国境内。演练地点按"边情内设"原则，在境内择适宜河段进行。包括国家防恐主管部门、相关省份及地市等多个项目所在国国家部门领导均参加演练。此次实战演练由云南省主管厅局主持，德宏州局承办，中油国际管道公司协办，当地军分区、武警、公安、消防、交通、医院、海关、检验检疫等有关部门均全程参加演练。

5. 明确应急响应程序，提升处置能力

建立应急响应和处置机制。突发事件发生后，立即采取应急处置措施，根据事故的不同等级，明确突发事件级别并启动相应的应急响应，积极开展应急救援等处置措施，组织应急救援队伍和工作人员营救受害人员，疏散、撤离、安置受到威胁的人员。同时，按应急报告程序上报有关部门和上级公司。

各级调控中心的日常工作是协调公司生产运行业务，当突发事件发生时，作为应急指挥集中办公地点，进行接警、报告，传递信息等工作。在应急行动结束后，各级应急领导小组组织事故应急处理的总结工作，对事故善后处置的具体内容进行要求，对恢复重建提供必要的物资支持、资金支持和技术支持。

三、跨多国油气运输管道基于联防联治的社会安全管理效果

（一）有效应对了境外社会安全风险，为保障国家能源安全做出重要贡献

中油国际管道公司通过不断提升安保管理水平，每年有效管控百余项中高风险事件，实现了平稳安全生产。自投入输送运行以来，截至2017年年底，中亚天然气管道已累计安全运行2953天，中哈原油管道已累计安全运行5354天，中缅天然气管道已累计安全运行1635天，未发生较大及以上社会安全事件，LTIF、TRIR、VIR等国际通行关键HSE绩效指标参照OGP均保持了国际同行业先进水平。创造了"零伤害、零事故、零污染"的良好安全业绩，连续九年获得集团公司"HSE与社会安全先进单位"称号。另外，截至2017年年底，中亚油气管道和中缅油气管道实现累计向国内输油1.14亿吨，累计向国内供气2196亿立方米，成为"一带一路"倡议的先行者和践行者；同时，为优化能源消费结构，推动国内天然气市场发展做出重要贡献，在拓展海外油气合作、落实国家战略规划、保障国家能源安全供应中具有不可替代的战略地位和重要作用。

（二）提升了企业价值，保障了企业海外运营的经济效益，带动了沿线国家的发展

中亚油气管道和中缅油气管道是我国进口油气资源四大战略通道的重要组成部分。西北、西南两大油气战略通道在保障国家能源供应、改善能源消费结构和建设美丽中国进程中发挥着重要作用，深化了我国与中亚和东南亚地区国家的能源合作。中油国际管道公司坚持以保障管道长期安全平稳高效运营为目标，持续夯实社会安全管理发展根基，全面贯彻落实公司社会安全管理部署，保障了管道安全平稳运行，实现了预期经济效益。2010年至今，公司实现管输收入近200亿美元，净利润超过60亿美元，境内外历年税收贡献总计近30亿美元。在实现企业运营效益的同时，中油国际管道坚持互利共赢理念，不忘惠国惠民。截至2017年年底，累计节约国内市场用油用气成本约25亿美元，在实现企业利润收入的同时大大降低了国内用油用气成本。同时，在管道沿线国家和地区实施公益项目178项，提供长期就业近3000个，建设高峰期创造临时就业岗位3万余个；组织外方员工在中国高校进行学历或技术管理培训累计超过350人次，全面带动了管道沿线地区的社会和经济发展。

（三）初步探索出企业外海运营的社会安全管理体系

中油国际管道公司明确设立社会安全管理组织，落实社会安全管理职责，准确分析识别了社会安全风险，合理设计了社会安全管理机制，制定发布了有关制度标准。基于相关方的协作，通过一体化调控体系、利益相关方跨多国运营协调机制、联合安委会协调机制（KCP）、四防举措实现联防联治，有效控制了管道项目的社会安全风险，确保了管道的安全运行。同时，社会安全管理的实施，保证了公司海外项目的安全、持续、稳定运营，保护了企业人员与财产安全，支持了海外业务的稳定开展，形成了高安保风险地区的竞争优势。这一套社会安全管理体系在正在建设中的中亚天然气管道D线得到有效验证和推广应用。中油国际管道公司的社会安全管理经验也在中国石油天然气集团公司内部作为典型经验和案例被分享和交流。

（成果创造人：孟繁春、金庆国、张　鹏、张　强、钟　凡、李　琳、刘　涛、王立军、关新来、韩相军、赵　罡、李　健）

海外工程企业基于区域化管理的国际化经营

中国港湾工程有限责任公司

中国港湾工程有限责任公司（以下简称中国港湾）成立于1980年，是中国交通建设集团（以下简称中国交建）有限公司的全资子公司。中国港湾目前在世界各地设有90多个驻外机构，业务涵盖90多个国家和地区，在建项目合同额约为290亿美元，全球从业人员超过15000人。目前，中国港湾在海事工程、疏浚吹填、道路桥梁、航空枢纽、轨道交通、工民房建、市政环保等相关建筑领域拥有雄厚实力。2017年年底，中国港湾新签合同额120.2亿美元，完成营业收入354.2亿元人民币，实现利润总额23.5亿元人民币，中国港湾资产总额456亿元人民币，在商务部中国对外承包工程合同额和营业额双双排名第5。曾获"对外承包工程优秀企业""对外承包工程最佳企业社会责任金奖"、4项中国建设工程鲁班奖（境外工程）等奖项。

一、海外工程企业基于区域化管理的国际化经营背景

（一）贯彻落实中国交建发展战略的需要

在2008年国际金融危机冲击下，面对外部需求急剧萎缩、国际贸易保护主义抬头的严峻形势，我国提出加大实施"走出去"战略的力度，支持各类有条件的企业对外投资和开展跨国并购，发挥大型企业在"走出去"中的主力军作用。而国际工程承包是我国最早、最成熟的"走出去"形式，在国家"走出去"战略的实施中具有开路先锋和坚强后盾的作用。

在此背景下，中国交建提出要全面、有序进军海外，大幅度提高跨国指数，实现海外业务领域、经营地域、管理机制上的突破，要打造"一体两翼"的海外发展和管理支持平台，实现对海外全业务链的一体化组织运营管控，有效组织、引导、支撑海外发展战略实施。"一体两翼"中的"一体"指中国交建，"两翼"指中国港湾和中国路桥；"一体两翼"是一个有机的整体，统筹和带领中国交建各子企业开拓海外市场，实现中国交建海外业务大发展。

中国港湾作为中国交建"一体两翼"的重要组成部分，肩负着促进国家"走出去"战略实施、拓展中国交建海外业务、推动中国交建快速发展的重要使命。在践行国家战略和中国交建发展战略海外落地的过程中，中国港湾依托自身平台优势，利用自身资源禀赋，充分发挥中国港湾在网络、市场、商务方面的比较优势，为中国交建各子企业"出海"提供产业增值服务。因此，中国港湾需要不断创新发展模式、经营理念，进行产业结构调整。

（二）企业自身可持续发展的需要

国际经济形势复杂多变，国际承包工程市场增速放缓，竞争越发激烈，项目大型化、综合化、高端化的趋势越来越明显，国际工程技术标准要求越来越高，建设技术、规范等更加细化、多样，合作团队组成日趋多元化，涉及利益相关方不断增多，管理难度加大。中国港湾在部分地区和业务领域可选择的合作方资源相对单一，尤其在轨道交通、机场、资源能源等领域专业化程度不够，对国际资源的整合能力存在不足，给中国港湾的生产经营和国际化发展带来影响。

此外，国际建筑领域的竞争已经主要体现在投融资能力的竞争方面，传统的以施工总承包及EPC总承包为主的业务模式，已经不能满足业主的需要和承包商企业快速发展的需要。所以，参与项目投资，"投建营一体化"成为建筑行业的一大发展趋势，并成为建筑企业必要的经营手段。

因此，中国港湾要适应市场变化，实现持续、健康、稳定的发展，就需要不断提升对关键资源管理

和配置的能力和水平，塑造一体化优势，积极拓宽发展思路，在理念层面从产品思维向产业思维转变，在实践层面从提供产品向培育产业转变，在保持"设计—采购—建造"原有业务优势的基础上，积极向投资、运营高附加值两端拓展，全力打造覆盖全产业链的投建营一体化能力。

（三）提升海外项目管理质量和效率的需要

中国港湾 2005 年重组新设以来，业务呈跨越式增长，驻外机构数量和在建项目数量迅猛增加，业务遍布亚太、中东、非洲、美洲和欧洲，中国港湾总部的管理范围广，使得驻外机构的管理成本逐年增加，管理阵线长使得决策速度和管理效率呈现下降趋势，中国港湾的发展出现瓶颈，驻外机构"单打独斗"不利于区域市场的开发和全球布局，不利于中国港湾国际化和属地化的发展。因此，中国港湾需要在更大范围内整合有限的资源，降低管理成本，实施管理前移，梳理决策流程，加快属地化、国际化进程，从而提升管理质量和管理效率。

自 2009 年起，中国港湾开始探索通过加强区域化管理落实国际化经营战略的实践。

二、海外工程企业基于区域化管理的国际化经营内涵和主要做法

在复杂多变的国际政治经济形势下，随着国家"走出去"战略和中国交建集团改革的深入推进，基于发展需要，中国港湾立足区域化发展，实施差异化管理，在全球范围内整合优势资源，以四大产业为引擎，以品牌建设为后盾，以信息化管理为支撑，多点发力、多措并举、多层推进，形成强大发展合力，从传统国际工程承包商向国际基础设施领域一体化服务的组织者和领导者的企业目标快速前进。主要做法如下。

（一）重构组织架构，落实区域化管理权责

1. 成立区域机构，明确国际化经营管理体系

2009 年，中国港湾开始试点成立区域公司，根据主要驻外机构在历年效益规模、经营稳定性、持续增长性和综合管理四个方面的集合效益评价指标得分，率先在中国香港、中国澳门、中东地区和斯里兰卡 4 个区域成立区域公司。通过部分经营管理权的下放，给予区域公司更大的自主权，由单一国别经营变为区域经营，更好的统筹协调区域内的资源。

区域机构成立前，各国别办事处负责本国别的行政管理、市场营销、项目管理等所有管理职能；区域机构成立后，选定某一国别为区域机构本部，负责管辖周边国别办事处，其行政管理、项目管理等职能合并到区域机构本部进行统一管理，下辖的办事处只负责各国别的市场开发，不仅减少管理人员的配备，还更好的统筹协调区域内的资源。

基于前期区域机构设立的成效和经验，中国港湾全面推进区域化管理，陆续增设南部非洲、东部非洲、中部非洲、西部非洲、南太平洋、美洲 6 个区域机构。截至目前，中国港湾设立基本覆盖全球范围的十大区域机构，下辖 80 余家国别机构，近 200 个项目部，形成"公司总部＋10 个区域机构＋N 个国别机构和项目部"的"1＋10＋N"的组织与管控体系。区域机构的设立发挥资源整合的优势，促进区域机构的管理提升和可持续发展，使中国港湾整体业务出现井喷式发展。同时，完善十大区域机构二级部门设置，提高属地化人员比例，保障整体业务的正常开展。为规范区域机构的管理，中国港湾配套制定《区域机构管控指引》《国别经理工作指引》《区域机构管理办法》《绩效考核办法》等规章制度。

2. 成立事业部，加强国际化经营管理

基于扩大国际化经营深度与广度、实现升级发展的需要，中国港湾相继成立机电装备分公司、产业投资运营事业部、轨道事业部，丰富业务单元，与区域机构间形成良好的联动和补充。通过对组织体系与专业能力的进一步升级，打造中国港湾国际化经营全产业链运营和支撑管理体系。事业部（分公司）模式下的专业化管理，整合专业领域内优质资源，吸纳培养专业化人才，最大程度激发中国港湾国际化经营的活力。为了推动事业部模式与中港湾原有组织体系的高效融合，实现协调有序发展，中国港湾出

台产业投资运营"十三五"发展规划、机电装备"十三五"发展规划、轨道业务"十三五"发展规划等专项子规划,着眼公司发展全局,进一步明确各事业部权限职责与发展方向,强化各单位组织与专业能力,优化管理体系,发展能力得到进一步提升,同时,明确各事业部(分公司)与区域机构的责权利划分,实现各事业部(分公司)与区域机构良好的协同效应,公司总部、事业部、区域机构协同发展体系基本成型,一体化服务能力得到跨越式提升。

3. 梳理核心权限,优化国际化经营管理制度

随着中国港湾国际化经营的深入推进,发展趋势与格局对现有的制度和流程体系提出更高要求,为了推动组织体系与制度流程的有序运转,实现内部管理的高效畅通与各单元的协调统一,中国港湾组织开展制度流程梳理专项工作,针对现有制度和流程体系进行梳理,对存在问题进行系统评估并修订完善。修订工作历时两年,共对17个部门、事业部、子公司的管控权限进行系统梳理与修订完善,彻底打通与各区域机构的管理链条,对中国港湾自身制度与流程进行全方位、系统性的更新升级,为中国港湾国际化经营提供有力的制度保障。

(二)因地制宜,对区域机构开展差异化管理

1. 根据区域特点,合理确定区域机构战略定位

区域机构是经营、生产、利润目标的责任主体。随着中国港湾内外部发展环境的变化,为了对区域化管理进行符合发展需要的全面升级,中国港湾基于各区域机构发展能力和特点的侧重,全面推动区域差异化管理工作。

一是针对各区域公司特点形成清晰明确的发展指导意见,为区域机构发展提供指引与政策支持及对应的管理措施。二是根据各区域机构呈现出的业务发展多样性、自身管理差异性、市场环境复杂性等不均衡特点,改变中国港湾以往统一化的管控模式,而根据区域机构发展特点合理选择不同的管控模式。三是进一步梳理总部与区域机构的权责划分,在满足公司总体风险管控的要求下,对区域机构进行合理的授权,提高区域机构市场开拓及各项业务的工作效率。

中国港湾对十个区域机构的差异化管理围绕盈利中心、发展中心、经营中心这三个中心展开(具体含义见表1),出台《中国港湾十区域机构差异化战略定位报告》,对各区域机构差异化定位、发展重点、开发策略、配套措施等进行详细论述。所有区域机构均承担三个中心职能,但根据不同的区域市场环境和经营特点,对三个中心的贡献度和侧重点不同,将十个区域机构分为"三个中心均衡发展""盈利中心为主,发展中心和经营中心为辅""发展中心为主,经营中心和盈利中心为辅""经营中心为主,发展中心和盈利中心为辅"四类不同的战略定位,并明确各区域机构的发展方向,形成相应的差异化、可持续的发展策略。

表1 区域机构差异化定位

定位	具体含义
盈利中心(短期)	作为中国港湾主要利润来源的区域,目前有较强的盈利能力,为中国港湾提供现金流,为发展提供基础
发展中心(中长期)	作为中国港湾充分发挥平台公司定位的区域,为中国港湾提供市场规模,创新商业模式,培养国际化人才,提升国际竞争力,开拓新业务领域,整合国内外资源,为发展提供动力源泉
经营中心(长期)	作为中国港湾长期经营的区域,开展项目及股权投资以及资产运营,形成经营性资产,为发展提供支撑

2. 开展差异化考核,推动国际化经营目标落地

基于十大区域机构差异化的定位,中国港湾研究制定差异化的绩效考核办法,实现对各区域机构差异化发展的牵引和指挥作用。绩效考核主要遵循重点突出、差异引导、简洁清晰、短中期结合和强调贡

献原则，考核周期由年度考核和周期考核相结合，考核指标主要由基本指标、分类指标、调节指标和否决指标四类组成。

基本指标主要由合同额、营业额和利润额三大指标组成，面向所有区域机构，体现中国港湾对各区域机构最根本的要求，但根据各区域机构定位差异匹配以不同的考核权重以体现其差异管理要求。分类指标由成本费用占营收比重、盈余现金保障倍数、EVA、存货和应收账款占营收比重，以及综合管理指标五大类组成。分类指标综合考量区域机构的差异定位以及区域机构历史表现薄弱环节进行选择，以促进区域机构的差异发展和管理薄弱环节的提升。调节指标分为正、负调节及综合贡献度调节，正调节主要针对公司鼓励的新国别市场开发、新兴业务、机电业务开拓以及区域机构管理薄弱环节的提升。负调节主要针对差异定位要求区域机构突出贡献部分设定考核红线。综合贡献度重点突出各区域机构对总部整体目标贡献，通过调节指标强化公司的战略意图。否决指标体现管理刚性，当年出现亏损，基本指标部分得分为"0"，发生重大安全事故、重大工程质量事故、重大违法违规事件对总分上进行扣分。

（三）积极寻求广泛合作，提升国际化经营能力

在推进国际化经营、加强国际化合作的过程中，中国港湾以"命运共同体"为指引，讲义利、行大道、谋共赢，重视与全球合作伙伴的合作共赢，致力实现取长补短、优势互补和共同发展。

1. 建立合作方管理机制，全面整合国际资源

随着中国港湾整体规模不断扩大、业务类型不断丰富、区域市场不断拓新，中国港湾进行资源聚合的效应愈加突出，为了进一步提升国际化经营能力，中国港湾建立合作方管理机制，编制《施工类合作方管理实施细则》《勘察设计类合作方管理实施细则》。合作方管理机制是以合作方为管理对象，坚持择优扶强、合作共赢、公平公正原则，高标准地引入包括中国交建下属企业、国内及国外优质的合作方资源，全面提升中国港湾全球资源整合能力，满足全球化竞争的需要。合作方管理机制主要包括三部分，一是合作方的准入，即明确合作方选择标准和流程；二是合作方的选择，即根据标准针对具体项目选择最适合的合作方；三是合作方的管理，即科学有效的评价和管理合作方，加强对合作方的评价和分级，实施动态管理。

2. 创建合作方管理平台，开展合作方评价分级

合作方管理涵盖项目营销、设计、咨询、施工等多个阶段，依据管控要求进行审核与审批。中国港湾建立合作方管理平台系统，贯穿合作方管理的全流程。为了提升合作质量，中国港湾对合作方进行评价分级，具体分为项目前期服务能力评价、项目后期服务能力评价和综合能力评定三部分。

一是合作方前期/后期服务能力评价。在合作方根据协议提供服务的过程中，以及服务结束后，中国港湾组织相关部门和机构（包括区域机构、项目部等）对合作方的服务内容、质量、能力和配合度等进行评价打分。二是合作方前期/后期服务能力分级。每年12月中，将全年所有合作方前期/后期服务情况评价结果进行汇总后，分别对合作方前期和后期服务情况按分数高低进行排序，并按规则进行分级。分级结果分为A、B、C和D级。三是合作方综合能力评定。中国港湾将分级结果进行赋值；结合赋值，分别对每一个合作方当年所有参与的前期/后期服务能力分级的赋值取加权平均值，得出前期/后期服务能力得分；对前期/后期取一定的权重（施工类30%/70%，勘察设计类40%/60%），计算得出各合作方当年综合能力得分，并进行排序。根据排序结果将合作方评定为优秀、合格与不合格三类。被评为年度优秀合作方的，在次年参加项目招标评标中，同等条件下优先选择。

3. 汇集优质资源、加强区域交流，实现资源共享

中国港湾遵循"择优扶强、公平公正"的原则，加强与国际、国内专业公司及国外当地公司的对接与合作，积极引入全球范围内的优质资源，重点加强在电力、房建、市政、环保、机场、铁路等领域的合作，建立战略合作机制。通过分析项目的位置、工作内容、业主背景及资金流情况、潜在竞争对手情

况，实现资源高效配置。中国港湾的业务领域在巩固和发展水工、道桥项目优势领域的同时，向高端市场和大土木领域进军，突破机场、铁路、房建、环保、市政等新兴领域，在大型、特大型项目营销、资源开发和境外投资项目上也取得突破，从传统意义上的工程承包商向价值链前端的工程管理公司和后端的运营商方向延伸发展。

中国港湾各区域机构均已积累一批合作时间长、专业优势强的合作方资源。在推进合作方管理过程中，各区域机构之间加强经验交流和资源共享，总部与区域机构之间增加协调与沟通，在中国港湾内部实现优质资源信息的有效分享和高效利用。

通过不断加强市场营销网络和品牌的影响力，中国港湾全面整合国内外相关资源，秉承"舍得"理念，实现一体化服务价值链各方的价值提升和效益最大化。

（四）明确国际化经营方向，重点发展四大投资运营产业

充分发挥投资运营对中国港湾国际化经营转型升级的引领作用，积极培育投资运营能力，优化投资运营管控体系，关注产业布局和产业链条，持续推进中国港湾国际化经营稳步发展。

1. 以产业引领为导向，重点发展四大投资运营产业

中国港湾针对港口、房地产、电力、基础设施四大产业相应制定产业投资运营"十三五"发展规划，明确各产业重点领域、重点地区、项目类型、资源配置、运营模式等。根据自身优势和特点，中国港湾认为港口投资运营是与中国港湾最为契合的发展方向。发展的重点领域以集装箱码头为主，干散货、液态散货、件杂货码头等为辅。项目类型以绿地项目与并购项目并重。重点地区初期以东南亚、非洲为主，拉美、中东、欧洲为辅，成熟期全球统筹考虑。资产配置包括重资产投资建设运营（BOT/BOO等）、轻资产租赁运营（CA等）、轻重资产结合（SOT等）。通过收购棕地项目及成熟营运资产，包括码头运行项目、中小型水电项目、火电项目，完善产业链，推动产业快速规模化。

2. 完善投资组织体系，设立专业投资平台

着力打造以海外港口业务、水资源、公路、电力、房地产、垃圾处理为代表的专业投资发展平台公司，主动对接国际资本市场，充分发挥专业领域管理资源、人才资源、项目资源的共享优势和集聚效应，发挥集中投资、运营的规模效应。

（五）加强品牌建设，不断提高全球美誉度

作为中国最早从事对外工程业务的外经企业之一，中国港湾建设了一大批备受瞩目的精品项目，高度重视工程质量与安全，积极履行社会责任，CHEC品牌（China Harbour Engineering Company Ltd.）的全球美誉度不断提高。

1. 打造全球精品工程，提升国际影响力

响应"一带一路"倡议，大力弘扬丝路精神，积极对接倡议内容，践行"共商、共建、共享"理念，以境外港口建设为支点，以境外城市和园区建设为支撑，向大土木领域和产业链高端发展，致力于打造一批连心桥、致富路、发展港、幸福城。中国港湾在"一带一路"沿线策划实施斯里兰卡科伦坡港口城、斯里兰卡汉班托塔港、巴基斯坦瓜达尔港、卡塔尔多哈新港、以色列阿什杜德港、科特迪瓦阿比让港等一大批具有国际影响的标志性工程，展现海外央企"一带一路"建设排头兵的良好形象。中国港湾深度参与"一带一路"国际合作高峰论坛、APEC峰会、中非合作论坛等重要会议，并取得丰硕成果。

在项目实施方面，中国港湾重点加强EPC（设计—采购—施工）项目策划管理能力、工程咨询能力、技术标准的推广转化能力、综合类高端项目策划运作能力、跨领域价值链集成整合能力的建设。中国港湾持续加强项目实施支撑系统建设，不断创新和增强项目组织管理能力，切实提高管理效益和项目效益水平；在项目管理中充分使用信息化管理手段；重视职业健康安全管理，强化"安全生产、绿色工程"理

念，加强宣贯培训；完善危险源和环境因素数据库，有效掌控职业危害情况；加大安全生产和节能减排投入，加强安全生产和环保节能科技成果的应用推广工作，切实提升安全生产和环保节能管理水平。

2. 积极履行社会责任，做区域经济发展的深度参与者

在国际化发展过程中，中国港湾坚持发展与责任并重，按照"战略引导、量力而行、合法合规、推动发展"的原则，积极促进就业，繁荣属地经济，在全球各地开展环境保护、灾害救援、扶贫救困、捐资助学等社会责任活动，按照三个层次实践企业社会责任。核心层是为客户提供安全优质的产品和服务，这是履行企业社会责任最直接、最基础的方式；中间层是要依法经营、创造利润、照章纳税、绿色施工、创造就业、尊重当地宗教文化等，这是向利益相关方履行社会责任的主要方式；最外层是积极参与扶贫济困、抢险救灾、捐资助学、医疗救助、环境保护、文化交流等，这是对业务所在国家和地区履行企业社会责任的补充方式。

在核心层，中国港湾全面推行ISO9001：2000、ISO14000、OHSAS18000企业管理标准，建立完善的安全管理体系和质量控制体系，对工程安全、质量及进度严格把控，满足社会要求、顾客要求和员工要求，体现央企的责任与担当，多个项目荣获国内国际优质工程金奖。在中间层，中国港湾始终坚持"创新、协调、绿色、开放、共享"的发展理念，充分创造就业，繁荣属地经济。例如，在斯里兰卡，中国港湾投资建设的科伦坡港口城将为当地创造8万个以上的就业岗位。在巴拿马，中国港湾与当地大学积极开展"校企合作"，为当地培养大量优秀专业人才。在最外层，中国港湾在全球各地积极投身环境保护、扶危救困、捐资助学等公益事业，受到属地政府和民众的一致好评。例如，在几内亚，中国港湾发起"守护蔚蓝"环保志愿活动，与当地人民共同守护"黄金海岸"。

（六）构建覆盖全球的信息化管理系统，支撑国际化经营

借助信息化技术和手段提高对全球业务的管控能力，支撑国际化发展。中国港湾制定信息化发展规划，以中国港湾五年发展战略和品牌建设为中心，以管控体系和项目全生命周期经营为主线，规划六大类信息化项目，即基础设施和基础管理系统、生产运行支撑系统、经营管理系统、综合办公系统、决策支持管理系统、组织与保障项目。通过信息化手段对中国港湾国际化经营实现"纵向到底、横向到边"的支撑。

1. 强化全球网络硬件建设

根据业务全球分布、存在时差的特点，中国港湾建设中国香港、巴黎、北京三个数据中心及全球广域网，开通北京－中国香港、中国香港－巴黎20M国际互联网专线，以中国香港数据中心为主，支撑全球化的信息系统运营服务。

2. 建设全球视频会议系统

为了提高全球沟通效率，中国港湾建设全球视频会议系统，以硬视频建设为主，软视频会议相结合，满足区域机构召开内部视频会、出差办公等各项需求。目前，每月平均召开10多次视频会议，每年节约全球差旅成本约1000多万元，提高了国际化经营效率。

3. 建设海外物资采购系统及其他业务支撑信息系统

海外采购系统实现面向全球供应商的集中统一采购，目前已注册700多家国内外供应商，其中包括200多家海外供应商，按国别实现采购物品和设备的自动匹配，具备自动推荐全球供应商功能。

此外，中国港湾还完成OA协同办公系统、市场开发系统、网上报账系统、商法合同管理系统、项目管理系统、人力资源系统、档案管理系统、投标报价系统、信息报送系统、业绩库系统、审计系统、财务管理系统、报表管理系统、移动APP系统等专业系统的开发和应用，引入ACONEX国际项目协同系统和P6系统等，对中国港湾国际经营形成全方位、立体化的信息化支撑。

三、海外工程企业基于区域化管理的国际化经营效果

（一）国际化经营效率和质量提升，经济效益不断提高

通过各项管理创新措施的推进，2017年中国港湾经营业绩再创新高，实现新签合同额120.2亿美元，是2008年33亿美元的3.64倍，年均增长率达15%；完成营业收入354.2亿元人民币（约合53.3亿美元），是2008年12.8亿美元的4.16倍，年均增长率达17%；实现利润总额23.5亿元人民币（约合3.54亿美元），是2008年0.41亿美元的8.63倍，年均增长率达27%；中国港湾资产总额达456亿元人民币，是2008年93亿元人民币的4.9倍。中国港湾境外常设机构82个，比2008年的30个增加52个。凭借优秀的经营业绩和运营质量，中国港湾行业地位和影响力稳步提升，获评中国交建2017年度经济效益最优奖、2017年度优秀企业奖；在商务部统计的"2017年我国对外承包工程业务新签合同额100家企业"和"2017年我国对外承包工程业务完成营业额前100家企业"名单中，中国港湾排名均位列行业第五。

（二）积极践行"一带一路"倡议，国际化经营行稳致远

中国港湾精准对接"一带一路"倡议，积极参与周边互联互通建设，依托完备的产业链优势和强大的资源整合能力，不断创新商业模式，持续推进市场结构、业务结构和资本结构调整，逐步实现从工程承包商向综合发展商的转型升级，积极参与策划和实施了一批影响力大的大型、超大型基础设施工程，包括港珠澳大桥香港口岸填海工程、澳门口岸管理区项目、马来西亚槟城二桥项目、马来西亚东部海岸项目、斯里兰卡科伦坡港口城、斯里兰卡汉港二期投资运营、以色列阿什杜德港项目、安哥拉洛比托港口扩建项目、牙买加南北高速公路项目等，充分发挥中国港湾自身优势，促进国家"走出去"战略实施，拓展中国交建海外业务，落实中国交建海外发展战略。

（三）积累经营网络和发展经验，为进一步开拓奠定良好基础

区域差异化战略卓有成效，充分调动区域公司的积极性和主动性，最大程度释放区域机构发展潜能，催生内生发展动力，带动中国交建及中国港湾整体价值最大化。

整合优质资源向产业链两端延伸，由基础设施工程承包商向以投资、产业运营引领的发展商、投资商、承包商、运营商、服务商逐步转变；由设计、建造向提供策划咨询、投资、设计、建造、运营管理等一揽子方案、一体化服务转变。在港珠澳大桥澳门口岸管理区项目（合同额11.88亿美元），针对项目工期紧、任务重、施工强度高、协调难度大等特点，先后组织13家单位进行报价，择优选出合作方，1年内完成60万平方米建筑物建设，仅用同等规模工程1/3的时间，被当地媒体誉为"一年建筑奇迹"，该项目荣获《美国工程新闻纪录》（ENR）年度全球优秀项目。

四大产业初步搭建。明确境外投资业务发展四个板块，产业投资运营稳步推进。科伦坡临港公寓首期销售火爆，雅加达地产项目进入开发、销售滚动发展，牙买加南北高速全面运营，港口城建设及金融中心政策推进顺利，克里比深水港即将开港营运，尼泊尔水电站项目股权协议签署。2017年内推动印度混合年金高速公路、马尔代夫度假酒店等7个产业投资运营项目落地。

公共形象与品牌知名度、美誉度不断提升。先后被对外承包工程商会授予"中国对外工程承包企业社会责任金奖"，数次被中国对外承包工程商会评为"AAA级信用企业"和"社会责任绩效评价领先型企业"，被中央组织部授予"全国创先争优先进基层党组织"荣誉称号等，获得香港"商界展关怀"认证，获得"中国科特迪瓦合作奖""利比里亚国家杰出贡献奖"等一系列重要奖项。

（成果创造人：林懿翀、唐桥梁、负　亮、马　俊、张世锋、翟晓峰、张　珊、徐　悦）

促进中非合作的蒙内铁路建设管理

中国路桥工程有限责任公司

中国路桥工程有限责任公司(以下简称中国路桥)是中国交通建设股份有限公司(以下简称中国交建)的控股子公司。中国路桥前身是交通部援外办公室,1958年走出国门承担政府对外援助的项目建设,1979年正式组建公司,是中国最早进入国际工程市场的大型企业之一,目前在全球60多个国家和地区设立了驻外机构。近年来,中国路桥积极践行"一带一路"倡议,围绕"政策沟通、设施联通、贸易畅通、资金融通、民心相通",承建了巴基斯坦喀喇昆仑公路改扩建项目、毛里塔尼亚友谊港扩建工程、塞尔维亚泽蒙大桥等大量具有深远影响力的国际工程。2017年,中国路桥新签合同额586.03亿元人民币,完成营业额299.90亿元人民币,经济效益连续9年稳居中国交建所属企业首位。在商务部对外承包工程新签合同额和完成营业额双100强企业排名中,均位列第7。

中国路桥承建的蒙内铁路标轨项目(简称蒙内铁路),位于肯尼亚境内,是东非铁路网的第一段,连接港口城市蒙巴萨和首都内罗毕,全长471.65千米,采用中国标准、中国技术、中国装备制造和中国管理经验,是肯尼亚近百年来修建的首条铁路,被誉为友谊之路、合作共赢之路、繁荣发展之路、生态环保之路。

一、促进中非合作的蒙内铁路建设管理背景

(一)积极响应"一带一路"倡议,促进中非合作的需要

2013年,国家提出了"一带一路"倡议,海外特大型项目是落实倡议的重要载体。蒙内铁路影响力广、价值链长、专业覆盖面广,是"一带一路"建设早期落地实施的项目,具有重大的国际政治和经济意义,是中非"十大合作计划"的开山之作,也是"一带一路"建设在东非门户区域落地的典范之作,是中肯合作的旗舰项目,是中非"三网一化"和产能合作的标志性工程。作为中肯全面合作伙伴关系建立后的第一个标志性项目,蒙内铁路对于推动促进肯尼亚港铁运工贸一体化、中肯产能合作、中肯两国文化深入交流有着积极作用,是中非合作、互利共赢的典范项目。中国路桥在蒙内铁路的规划建设中,责无旁贷地肩负着特殊的历史使命,将企业的发展和项目的实施服务于"一带一路"倡议,提升企业国际化经营水平,助力国家"一带一路"倡议在东非率先落地。项目从2008年开始前期筹备,2013年签署了融资备忘录,2014年签署了融资协议。

(二)推动产能合作,带动中国铁路产业走出去的需要

近年来,我国铁路市场增速放缓,市场逐步呈现饱和趋势,铁路行业经过前些年的飞速发展,内部积聚了大量先进产能。与此同时,肯尼亚作为东非新兴的经济体,落后的交通运输水平严重制约了经济增速,政府和民众急需一条高效率的绿色铁路改善交通出行方式,同时也渴望基础设施建设带动经济发展,刺激低迷的就业市场。借助"一带一路"契机,在海外大型铁路项目建设和运营中,有效整合国内铁路产业链资源,将国内优势产能与肯尼亚需求相结合,实现共赢,是中肯两国的共同目标。中国路桥是我国最早走出去的对外承包企业之一,作为EPC项目总承包商,积累了丰富的产业链整合优势。蒙内铁路完全采用中国标准,集融资、设计、采购、施工、运营铁路全产业链建设于一体,具有工程专业接口多、施工管理复杂、属地化要求高、海外经营风险大等特点。项目的复杂性和综合性,决定了必须有效整合国内优势铁路资源,带动中国铁路标准、施工、设备、劳务等走出去,在非洲打造出完整的铁路产业链,这既契合非洲发展需要,又能够有效改善国内产能过剩的现状。

(三)进一步打造企业国际知名品牌的需要

中国路桥制定了公司"十三五"发展规划,而以蒙内铁路为代表的海外特大型项目建设正是中国路桥落地战略、树立国际品牌的最佳支点。蒙内铁路受国际社会关注度极高,与所在国民生关系密切,通过项目的实施,实现合作共赢,在完成一项世纪工程的同时,谱写一段国际合作佳话,树立一个百年不朽品牌,实现企业行稳致远的长期目标。

二、促进中非合作的蒙内铁路建设管理内涵和主要做法

中国路桥积极践行国家"一带一路"倡议,以"共商、共建、共享"为原则,以开放包容为特征,以互利共赢为追求,围绕"政策沟通、设施联通、贸易畅通、资金融通、民心相通",坚守"做政府与经济社会发展的责任分担者、区域经济发展的深度参与者、政府购买公共服务的优质提供者",从共商方案、规范管理、创新手段、公共安全、属地化、可持续发展六个方面着手推进蒙内铁路建设管理,高质量地完成了建设施工任务,实现了与所在国的合作共赢、共同发展。主要做法如下。

(一)坚持合作共赢原则,共商蒙内铁路建设方案

1. 立足当地,与肯尼亚方面共商规划方案

蒙内铁路建设践行"共商、共建、共享"的原则,与肯尼亚方面密切沟通共商铁路建设方案。中国路桥充分考虑肯尼亚整体发展规划布局,广泛听取肯尼亚方面建议,收集铁路建设的各方诉求和意见,组建专家团队,对肯尼亚政治经济、基础设施建设环境、配套保障等进行了全面系统的分析,对蒙内铁路建设方案反复推敲。中国路桥在线路设计和站房选址中充分考虑肯尼亚国家整体规划和铁路沿线的经济发展规划,同时将环境保护纳入重点考量,与肯尼亚方面共商方案。为发挥铁路在肯尼亚经济中的港铁联运重要功能,向肯尼亚方面创新性地提出了内陆港概念,通过在内罗毕建设铁路配套的集装箱中心站,延伸港口服务范围,实现港铁联运,真正发挥出铁路在港铁工贸中的带动作用,使铁路更好地服务于肯尼亚经济发展。这一想法也得到了肯尼亚方面的极力赞赏和支持。同时,在方案设计阶段,中国路桥着眼于以蒙内铁路为龙头,拉动整体经济发展,进行了沿线工业园区、自贸区等后续建设的规划,为肯尼亚2030远景规划绘制了蓝图。中国路桥对蒙内铁路的科学策划和对肯尼亚经济发展的长远思考,以及全程与肯尼亚方面的密切沟通,赢得了肯尼亚方面的高度认可,体现了"共商、共建、共享"的原则,实现了战略对接,也为项目实施奠定了坚实的基础。

2. 科学筹划,推动中国标准输出

标准的确立是蒙内铁路前期策划的核心问题。中国路桥就铁路建设与标准的采用进行了多轮论证,与肯尼亚方面的业主进行了大量前期沟通。经过多次修改,中国路桥拟定了国铁一级标准的铁路建设方案并与其商议。基于当前肯尼亚国内经济水平和发展需求,中国标准完全符合非洲铁路的建设需求,安全且质量可靠。并且与西方标准相比,具有材料设备选择范围广、工期可控等多项西方标准所不具备的优势。为加深肯尼亚方面对中国标准的了解,中国路桥邀请肯尼亚方面来国内参观中国基础设施建设的成就,乘坐国内铁路,了解和感受中国铁路近年来的迅猛发展。通过前期大量真诚的沟通和协商,中国路桥与肯尼亚方面在采用中国标准问题上达成了高度一致。肯尼亚方面最终确定了采用国铁一级标准,客运时速120千米,货运时速80千米,并预留了电气化设施接口的合理设计方案。中国标准的采用意味着中国规范、中国技术、中国装备制造和中国铁路建设运营管理模式等一系列标准和产品的海外输出。同时,作为东非铁路网的首段,蒙内铁路采用中国标准,对于东非乃至非洲区域后续铁路项目标准的采用意义重大。

3. 因地制宜,搭建适应性组织

蒙内铁路参建合作单位多,专业接口多,面临着"管理链条长,协同难度大"的管控难点,科学的组织架构是大型项目管控中的关键一环。为实现公司和集团内各参建单位间的有效协同,蒙内铁路搭建

了"中交蒙内项目指挥部－总经理部（下设四个分指挥部）－各项目经理部"的三级管理组织架构。蒙内项目指挥部作为项目的最高决策层，对项目进行整体统筹协调；总经理部作为项目的实施管理层，负责指挥、组织、协调项目的总体实施，分指挥部作为总经理部派驻前场的管理机构，协助实现面向现场、靠前指挥的管理目标，具体指导管段内现场的质量、安全、进度管控；项目经理部作为项目具体实施单位，由各合作单位构成，负责开展管段内生产经营任务。此外，各合作单位在国内均成立蒙内铁路后方保障小组，对项目人员、设备、材料、技术等提供全方位的支持。

4. 集中优势，联合龙头企业抱团出海

蒙内铁路涉及融资、勘察设计、施工建设、三电工程、机车车辆采购、运营维护等铁路产业链的各个环节。蒙内铁路提前筹划，在项目实施前期，引进和聘请铁路建设运营各专业的优秀人才，花费一年多的时间进行项目操盘演练，对预见的问题逐项制定解决方案。针对铁路产业链专业众多，涉及单位众多的特点，为在每个价值链环节，取得最佳的经济、质量和综合效益，蒙内铁路根据铁路建设专业分布需要，联合了多家国内行业龙头企业，如中国通号、中车、中兴、华为、铁三院等多家企业，集结国内众多铁路局、合资铁路公司优秀人才，携手蒙内铁路共同"走出去"，发挥各自的产业技术优势的同时，形成整体竞争优势。

（二）创新技术应用手段，确保项目安全和质量

蒙内铁路将国内铁路行业优秀的管理经验与海外特大型项目管控特点相结合，通过技术手段的创新应用，从技术引领、科技创新、质量安全体系入手，突破施工难题，保障项目安全生产和质量。

1. 专家治理，发挥技术引领作用

技术管理是蒙内铁路顺利实施的基本保障之一。项目组建了技术专家团队，发挥技术引领作用。充分发挥"专家治理"的引领、支撑作用，引入专家治理模式，邀请国内专家团队发挥设计龙头引领作用，借助国内强大的专业技术力量，组建了多个技术专家团队，对施工组织、重大技术方案评审提供专业指导，及时动态调整和优化设计方案。项目建设以来，先后邀请在国内铁路行业有重要影响力的铁路专家组成方案评审团队，对项目实施性施工组织设计进行评审；邀请行业内专家，组织召开铺架基地建设方案、房建工程设计与实施等多个评审会；多次组织召开机车、车辆选型专家研讨会。项目对技术专家团队的有效管理，从源头上保障了总体方案的科学性、合理性和可实施性。

2. 持续推进科技创新，攻破施工难题

蒙内铁路积极开展铁路建设的集成创新和原始创新，建立了海外施工科技创新管理体系，广泛使用新材料、新工艺和新技术。从生产需求出发，兼顾创新和实用，以"天然火山灰质材料在高性能混凝土中的应用技术及耐久性研究"为例，由于肯尼亚工业落后，缺乏粉煤灰等传统矿物掺合料，而项目沿线天然火山灰储量巨大，通过科研技术手段可得到性能稳定的掺合料。该课题在通过国内专家评审、现场验证后，成功应用于混凝土施工，不仅解决了掺合料的供应和混凝土技术问题，也节省了大量的建设成本，减少二氧化碳排放5000吨，减少运输柴油消耗720吨，该研究成果还可应用到后续和其他国家地区的工程建设中，具有广阔的推广价值。蒙内铁路在技术创新方面成果斐然，申请各类专利30项，申报立项课题24项，形成工法4项，完成科技成果鉴定2项。

3. 固本强基，确保质量和安全

蒙内铁路在建设中全面落实质量安全，以建设百年不朽工程为己任，秉承"精心建设、严格考核、技术支撑、过程控制"的质量管理理念，以"机械化、工厂化、专业化、信息化、属地化"等手段为支撑，建立各项目经理部自检自律、总经理部监督考核、监理单位重点盯防的三级质量控制体系；推行"样本引路、示范先行"的做法，统一全线工艺标准；在标段和工区试验室的基础上，成立了中心试验室，对工程原材料、施工过程、工程成品检验全过程进行控制。在安全管理上，蒙内铁路坚持"安全第

一、预防为主、综合治理"的安全方针,建立健全安全管理体系,完善各级安全责任制,落实岗位职责。强化安全培训,提供充足安全防护设施和保障,加强监督检查,建立完善的应急救援体系,确保项目安全生产平稳可控。

(三) 创新项目管理,提升项目建设管理水平

蒙内铁路引入新思路、新方法,在设备管理、财务共享、考评体系、信息化管理方面不断突破,释放项目管理的核心竞争优势。

1. 创新集采模式,提高设备管理效率

为提高设备采购、使用效率,蒙内铁路对1450台套关键土方施工设备采取"四统一分"的集中采购模式,即统一招标、统一支付、统一运输、统一清关、分签合同。设备集采实现设备的相对统一,提高采购、运输和清关效率,节省国际运费及辅助费用,方便现场管理。相比传统的采购方式,蒙内铁路通过设备集采,节省采购成本、各类服务费用共计约3000万美元。同时,蒙内铁路通过售后前移,有效提高售后服务质量。项目组织13家设备供应商,向现场派驻售后服务工程师50名,提供专业技术指导。并首次采取厂家代建配件库的模式,项目前场建立16家寄售备件库,实现了集采设备的零库存,减少了资金占用,解决了错订错到等配件管理难题。项目设立备用周转设备。厂家提供周转设备,在项目设备发生重大故障或配件短缺的情况下,进行启用。通过以上措施,大大提高了管理效率。

2. 实行财务共享,确保海外合规经营

蒙内铁路成立集团首个海外财务共享中心,以"利于项目施工生产、利于项目财务管理、利于集团集中管控"为基本原则,坚持"四个统一",即统一会计基础核算、统一资金集中管控、统一成本总体控制、统一税收外账实施,达到基础工作扎实细致、资金管理平稳高效、内部控制健全有序、会计核算准确规范、成本管理有效可控、外账税务合规合理的目标,实现财务共享效应、有效提升财务管理价值。规范外账核算和纳税管理,建立健全海外项目全面风险管控和合规管理体系,规范全线法律事务管理,明确处理流程,有效规避海外经营风险管理,及时消除风险隐患。

3. 开展制度创新,建立科学考评体系

为激发蒙内铁路各项目经理部管理人员的工作积极性和主动性,强化项目对全线的管控,中国路桥将项目经理部的内部管理融入项目整体管控,形成项目的竞争优势,是内部考核的关键。为此,蒙内铁路建立一套行之有效的综合考评体系,设立奖金池,突破传统的绩效考核模式,奖罚有据,对各项目经理部实行重奖重罚。蒙内铁路综合考评体系,集日常、季度、年度、最终项目考核及专项考核于一体,由项目考评小组秉承"优中选优"和"公平公正"的原则,从进度管理、质量、安全、文明施工环水保等十一个方面对各项目经理部进行考评打分,每季度评出前三名进行奖励,并配合日常发放的"红、黄、灰、绿"牌,对单项工作进行表扬、警示或奖罚,且项目的考核奖罚与各参建单位班子成员收入挂钩。通过建立以责任、风险、效果为依据的差异化绩效体系,蒙内铁路将项目管理者收入与经营业绩直接关联,明确考核标准和重点,极大促进生产经营任务的落实,实现合作单位有效协同,提高了项目管控水平。

4. 实现全线信息化,提升项目管理效率

蒙内铁路线路长,33个营地分布不均匀,作业面广,传统管理手段难以高效覆盖。为实现全线集中化、标准化管理,发挥信息化在价值链中的高效整合作用,根据项目实际情况,结合管理需要,构建了以工期进度、质量安全、资金管控为主线的信息化集中管理平台,为全线提供规范作业、资源共享和统计决策支持。蒙内铁路在全线搭建覆盖500千米的大临网络,用于建设期各单位信息传输与交互,大临网络稳定运行近900天。安装拌和站信息系统和80余部安全施工监控探头,监控现场施工安全;搭建全线视频会议系统,建立11处视频会场,大大节约了会议成本;引进了OA即时通信、项目综合管

理平台等6大类软件系统,实现各部门日常业务的电子化、便捷化、效率化、功能化。全线使用信息化系统的各级管理人员多达900余人,占中方管理人员的85%左右,各类信息系统应用达到30余款,使用日志累计达到十八万次。

(四)强化公共安全管理,多方联合防控风险

蒙内铁路为应对复杂多变的项目外部环境,秉承"生命重于一切、多方共保安全"的安全理念,首创了海外公共安全管理模式,为项目施工的顺利开展,提供坚强有力的安全保障。

1. 首创"三级四层"管理架构

肯尼亚内外部环境复杂多变:党派之争激烈,中央政府和地方郡县分权矛盾突出;紧邻长期战乱的索马里;居高不下的失业率使得社会治安不断恶化,盗窃、抢劫等暴力犯罪事件频发;医疗卫生条件较差,公共卫生压力大。鉴于此,为保障项目实施,蒙内铁路秉承"生命重于一切、多方共保安全"的管理理念,建立"三级四层"公共安全管理模式(三级:总经理部、分指挥部和各项目部;四层:公共安全领导小组、公共安全部、德威安保人员、当地安保力量),开创我国境外项目公共安全管理方面的先河。蒙内铁路本着国内外联合、共保安全的思路,与国内专业安保公司建立战略合作伙伴关系,聘用肯尼亚国家武装力量(行政警察AP、铁路警察RP、野生动物保护警察KWS、森林警察KFS等)及当地保安,共同创建蒙内铁路专属的公共安全管理架构。

2. 建立完备的公共安全管理体系

蒙内铁路在"三级四层"的公共安全基本管理架构的基础上,从人员组织、规章制度、应急反应和实施运行三个方面,建立完备的公共安全管理体系。其中,人员组织是整套体系的核心,也是"三级四层"的具体体现;规章制度是体系运行的保障,是项目公共安全管理循环链的程序文件,包含以"公共安全责任制"为核心的整体性安全制度和各种单项安全制度;应急反应则包括预警、预防和预案系统三大板块,目的是建立各种应急反应机制,完善安防应急设施的配备和使用;运行实施是整套体系落地的关键,包括安全检查、安全考核、教育培训等各项技术措施。

3. 建立情报共享机制

蒙内铁路建立了公共安全情报搜集和发布机制,每周发布《肯尼亚及周边国家公共安全快讯》(中英版)。此外与驻肯尼亚大使馆、肯尼亚警察部门、肯华联会等多个渠道建立信息沟通机制和情报共享机制,同时积极开展公共安全应急演练,不断完善和维护安防设施建设,排查各类隐患,有效规避各种风险,全面提升项目的安全防范和应急处置能力。项目实施全过程中,蒙内铁路全线未发生重大公共安全事件,生产、生活秩序持续稳定。

(五)推进属地化管理,加快培养本地人才

蒙内铁路在落实当地元素、人员雇佣、技能培训方面加大力度,加快培养本地人才,打造属地管理竞争优势,增强当地发展活力,赢得所在国政府和人民的支持。

1. 落实当地元素,促进本地经济发展

蒙内铁路致力于通过铁路建设,推动肯尼亚与铁路建设相关的产业的兴起和发展,培养和促进当地经济。由于肯尼亚工业产业相对落后,蒙内铁路在建设中,除却肯尼亚本地无法加工,必须要依赖进口的材料设备外,所有可以从当地获得的材料设备都从当地获得。为此,蒙内铁路搭建了当地采购平台,公开招标,水泥、砂石料、木材、柴油等原材料本地采购达100%,推动肯尼亚GDP增长1.5%。

2. 多方招聘人才,提升属地化比例

肯尼亚失业率高达40%以上,为缓解这一长期困扰肯尼亚政府和人民的压力,蒙内铁路积极拓展招聘渠道方法,吸收优秀的本地技术管理人才来项目部工作。一是与当地主流媒体合作发布蒙内铁路项目招聘广告,在全国范围内招聘项目所需的各类当地雇员;二是在项目沿线发布招聘信息并举办招聘

会，利用项目经理部的地缘优势吸引附近居民参与建设；三是与各地郡政府建立定期沟通协调机制，郡政府根据项目需求推荐合适人员，项目择优录用；四是主动与大学及职业技术学院建立合作关系。通过多种招聘渠道，蒙内铁路吸纳大量优秀的本地人才，项目属地化程度进一步提高，中肯员工比例达到1：10，累计直接和间接为肯尼亚创造了46000个就业岗位，直接雇佣人员约34800人，间接雇佣人员（当地分包商、运输商等）约11900人，极大地改善了当地的就业环境。

3. 开展雇员培训，加快技术转移

蒙内铁路致力于技术转移，对当地雇员开展三个层面的培训。一是在项目实施过程中采取"师傅带徒弟"的授业模式及与当地专业培训机构合作的模式，并选拔多名优秀当地雇员到中国进行培训学习。二是对铁路运营期间所需的技术人员进行培训，与西南交大及肯尼亚铁路培训学院（RTI）联合开展铁路运营技术人员培训工作，目前中国教师已将781名当地学员分为运输、机车、通信三个专业进行教学培训，此次培训是公司首次在海外联合中国高校与当地学校共同开展的培训，也是项目为运营培训当地技术人员所做的积极尝试。三是积极推动肯尼亚高校创建铁路工程专业，充分利用中国高校完备的铁路教育体系、丰富的师资力量协助肯尼亚高校开设铁路工程专业。

（六）促进项目可持续发展，实现与所在国的合作共赢、共同发展

蒙内铁路从利益相关方沟通、文化建设、绿色环保、社会责任履行方面提升可持续发展能力，实现与所在国的合作共赢、共同发展。

1. 拓宽多方渠道，构建与利益相关方的良好关系

蒙内铁路与各利益相关方积极构建沟通渠道，创设良好内外部环境。与肯尼亚高层建立季度会晤制度，每三个月进行一次固定会晤，推动重大问题的解决；与肯尼亚铁路局、监理联合体、肯尼亚国土局、野生动物保护局等建立联络员沟通机制；与国内外知名媒体和各界代表建立沟通联络，定期与肯尼亚各大主流媒体交流，策划实地采访报道，积极做好舆情监控和形象维护。

2. 立足属地化，增强员工归属感

项目建立"责任、奉献、诚信、创新"的核心文化理念，组织丰富多彩的中肯文化娱乐活动，采取多种渠道促进当地雇员对中国文化的了解，增强当地雇员的认同感和归属感。同时，项目设立蒙内铁路爱心救助基金，总经理部为各项目经理部每年提供100万肯尼亚先令的资金，专门用于对当地困难雇员的爱心救治。蒙内铁路与当地工会组织签署工会协议，定期缴纳各项社保，并为当地雇员购买意外工伤保险，配发劳动防护用品，在全线配备足够数量且安全可靠的客用车辆作为当地雇员的通勤车辆。

3. 促进绿色发展，践行环保施工

蒙内铁路线路长、环境跨度大，多次穿越野生动物保护区，在建设中环保压力巨大。项目坚持"热爱、尊重、顺应、保护"的环境理念，以"优质、节能、绿色、高效"为宗旨，严格遵守当地环保法规，建立健全一套环水保管理体系和制度。将"绿色环保"作为定桥开道、筑路建基的前提，充分考虑工程对环境敏感区的影响，合理利用既有交通走廊，减少对保护区整体生态系统的二次分割。根据沿线动物迁徙种类和路线以及生存水需要，结合河流、沟渠设置动物通道及引导设施，引导动物安全穿过线路，道路两侧设置了隔离栅栏，避免动物与列车相撞。在全线多处设置桥梁式动物通道，在河流处适当延长跨河桥梁长度，加高桥梁高度，方便动物通行，并在低洼处设置涵洞式通道，以便动物饮水。蒙内铁路与专业的环评咨询机构进行深入合作，开展环境保护和环境影响评价等工作，积极采纳肯尼亚方面关于环保的建议，确保铁路沿线景观、河流水质、植被及动物得到有效保护。项目严格进行绿色施工，所有采石场、取弃土场均按照肯尼亚的环保要求，获得环评许可证书，并做好安全防护、回填和植被恢复工作，为肯尼亚建设资源节约型、环境友好型铁路做出积极贡献。

4. 发挥专业优势，积极履行社会责任

蒙内铁路契合海外项目特点，关注利益相关方诉求，倡导和奉行"为国争光、为企业增效、为当地谋福"的责任理念，统筹计划安排，从机构设置、制度建设、行动规划、激励约束机制等方面建章立制，用社会责任理念重塑项目管理，将行动落到实处，充分发挥项目专业优势，将社会责任要求全面融入项目建设、运营中，系统组织策划权限社会责任专项活动，并通过打井、捐助学校、道路救援、修建道路、参与环保等，为当地居民送福利、解危难，真正为业主、员工、社区、当地政府等项目利益相关方谋福利，共建命运共同体，树立良好的企业形象。同时，增强项目管理透明度，编制和发布项目社会责任报告，这是中国企业在海外首次以项目为载体的社会责任报告，通过报告机制，与利益相关方沟通，增进了解，进一步谋求发展，取得了良好社会反响。在海外展示了央企"大国重器"的责任和担当。

三、促进中非合作的蒙内铁路建设管理效果

（一）高水平圆满交付铁路

蒙内铁路于 2014 年 12 月 12 日正式开工建设，于 2017 年 5 月 30 日全线通车试运营，比合同工期足足提前两年半。目前铁路全线运营正常有序，截至 2018 年 8 月 30 日，蒙内铁路实现安全运营 457 天，每天开行旅客列车 4 列，货物列车 18 列，累计已发送旅客 176.7 万人，旅客平均上座率达 97.2%，周末及节假日上座率 100%；共开行货物列车 1834 列，计 13.36 万标准集装箱，发送货物 155.52 万吨。蒙内铁路高效优质的建设水平和优质可靠的运营服务，充分展示了中国铁路"技术先进、安全可靠、兼容性强、性价比高"的竞争优势，顺利推动了匈塞铁路的落地，并促进了内马铁路的顺利实施和公司其他铁路项目的市场开拓。项目的技术标准、建设模式和工程质量已经成为非洲各国建设铁路的重要参考，非洲多国领导政要来项目考察学习。蒙内铁路的实施对周边国家也起到了良好的示范作用，为乌干达铁路及其他非洲地区铁路建设产生了积极的推动作用，奠定了中国标准、中国管理、中国装备制造在东非乃至整个非洲铁路建设中的地位，加快了中国铁路走出去进程。

（二）为中非合作提供了样本

中国路桥蒙内铁路践行"真、实、亲、诚"的对非态度，是我国"共同发展、合作共赢"的中非合作发展理念的成功体现，为中非合作提供了样本。肯尼亚总统在多个场合高度评价蒙内铁路，感谢中国长期为肯尼亚国家建设所做的贡献，希望以蒙内铁路通车为契机，不断深化两国全面战略合作伙伴关系。肯尼亚铁路局局长表示，蒙内铁路比预期提前两年多完工，这条铁路的建设，无论是质量、速度还是施工水平都是出色的，令人满意的。中国路桥通过蒙内铁路建设，践行了中非合作，为中国特色大国外交奠定了基石，实现了"一带一路"所倡导的政策沟通、设施联通、贸易畅通、资金融通、民心相通，彰显了大国重器的企业形象，点亮了中国品牌。

（三）积累了中国铁路全产业链"走出去"的经验

中国路桥通过蒙内铁路全价值链竞争优势管理，把铁路产业链上融资、设计、施工、运营、属地化、风险控制等基本活动和支持性活动进行有机融合，将国内一流的设计、机械装备、铁路运营企业和金融机构聚合到了同一平台，充分发挥了其各自的专业优势，体现出中国铁路丰富成熟的铁路工程建设和运营管理经验及在技术经济方面的竞争优势，成功实现了铁路全产业链的价值输出，引领和带动包括中国通号、铁三院、中国中车等在内的一批有影响力的企业抱团出海，开启了更多企业的国际化之旅，促进了海外产业的布局。

（四）促进了肯尼亚当地发展

蒙内铁路在建设期间，累计为肯尼亚创造了超过 46000 个就业岗位，培训当地雇员 45000 余人次。组织社会公益活动超过 220 次，超过 13000 名肯尼亚人从中获益。与肯尼亚 934 家物资、设备材料供应商签署了合作协议，与近 300 家当地分包商开展了工程分包合作，落实当地元素超 880 亿肯尼亚先令。铁路开通运营后，安全高效环保快捷的铁路运营进一步促进当地民生，激发活力，为肯尼亚带来了可持续的社会和经济效益，确立和稳固了肯尼亚在东非的地位。同时以铁路为依托的沿线房地产开发、自贸区及工业园建设和物流贸易，将全方位加快肯尼亚乃至非洲地区各领域的开发建设，助力非洲经济发展，造福非洲人民。

（成果创造人：卢　山、杜　飞、任　文、彭丹岩、杜　姗、夏　洁、李　菲、王　珂、黄万嘉）

大型建筑企业集团以"世界一流"为目标的国际业务集团化管控

中国电力建设集团有限公司

中国电力建设集团有限公司（以下简称中国电建）是经国务院批准，于 2011 年 9 月 29 日在中国水利水电建设集团公司、中国水电工程顾问集团公司和国家电网公司、中国南方电网有限责任公司所属的 14 个省（市、区）电力勘测设计、工程、装备制造企业基础上组建的国有独资公司。中国电建是全球能源电力、水资源与环境、基础设施及房地产领域提供全产业链集成、整体解决方案服务的综合性特大型建筑集团，电力建设（规划、设计、施工等）能力和业绩位居全球行业第一，拥有全球 50% 的水利水电建设市场份额。中国电建注册资本金 300 亿元，拥有员工 18.6 万人。2017 年，实现营业收入 3550 亿元、利润总额 130 亿元，年末资产总额 7098 亿元，连续六年进入中央企业经营业绩考核 A 级行列。

一、大型建筑企业集团以"世界一流"为目标的国际业务集团化管控背景

（一）深度融入国家战略部署

党的十九大报告中明确指出：要深化国有企业改革，发展混合所有制经济，培育具有全球竞争力的世界一流企业。中国对外承包商会、澳门贸易投资促进局以及大公国际信用评级集团发布的"一带一路"国家基础设施发展指数显示：2018 年"一带一路"国家基础设施发展总指数跃升至 124，较上年提升 11 个点，创出新高，交通与电力继续领跑"一带一路"国家基础设施建设行业排名，"一带一路"国家基础设施合作前景看好。因此，大力发展国际业务是中国电建深度融入国家战略部署、主动承担央企政治和经济使命、实现可持续发展、建设世界一流企业的必由之路。

（二）适应国际工程承包市场新趋势

国际工程承包项目呈现出项目大型化、综合化、复杂化、多样化等特点，带资承包、特许经营和公私合营等业务模式已经从欧美高端市场向拉美、亚非市场延伸推广，成为国际工程承包市场发展的趋势。这就要求承包商不仅仅要具备项目设计、施工能力，还需要具备投融资能力、运营管理能力。对于中国企业而言，绝不仅仅是商业模式的转变，也是产业结构的深刻变革。中国电建在重组设立时有超过 100 家成员企业，其中 67 家有国际业务，分别分布在不同专业领域的不同产业链环节。为此，中国电建需积极响应市场商业模式变化，大力推动国际业务集团化，聚指成拳形成整体市场竞争力，不断巩固增强比较优势和领先地位，努力实现更高水平的国际化经营。

（三）推动公司转型升级创新发展

"国际业务优先发展"是中国电建长期坚持的核心战略，超前、持续的国际业务资源投入，形成了海外经营先发优势，为可持续发展奠定了基础。但随着中央建筑企业以及更多中资企业将战略方向转向国际市场，国际化经营初期适用的、以国内资源优先配置海外市场和国内管控辐射全球为主要特征的发展模式已不能保证中国电建在新环境下能够获取持续的竞争优势。同时，由于国际经营缺乏组织性和统一性，直接造成了国际经营的散和乱，"多支枪打一只鸟""以指头对拳头"问题突出，中国电建急需对国际业务管控模式进行改革创新，赢得新的领先优势，建设成为"具有全球竞争力的质量效益型世界一流综合性建设投资集团"。

二、大型建筑企业集团以"世界一流"为目标的国际业务集团化管控内涵和主要做法

中国电建以海外事业部/电建国际公司为平台，统筹集团整合国际经营资源，按照"统一战略规划，

统一品牌管理，统一市场布局和营销，统一履约监管，统一风险防范""五个统一"原则实现对集团和成员企业国际业务的引领和管控；以海外区域总部为抓手，按照"市场统筹和营销中心、风险防范和履约监管中心、资源协调和信息中心、能力建设和社会责任中心、海外党建工作中心""五个中心"职责对区域内国际业务进行集团化管控、开展集团化经营；以集团化立体营销体系为手段，充分发挥和调动不同层面的优势和积极性；以集团化项目履约监管为机制，切实保证项目履约质量，实现高质量发展；以"拉动为主、持有为辅"为理念，率先布局集团化境外投资体系向投资建设集团转型；以大合规体系建设为切入点，构建全周期风险防控体系，有效防控风险；以一体化海外党建工作体系为手段，全面加强海外党建助力国际业务健康发展；以立体化志愿者协会为载体，全面履行社会责任，提升企业形象。主要做法如下。

（一）坚定实施"三步三大"战略，以统一的战略规划引领全集团重新塑造全球竞争力

1. "全球发展三步走"战略指引发展方向目标

中国电建在"十三五"发展规划中明确公司战略定位为：服务"一带一路"倡议的龙头企业，全球清洁低碳能源、水资源与环境建设领域的引领者，全球基础设施互联互通的骨干力量。实施全球发展三步走战略，计划利用10年左右的时间，按照"国际业务集团化、国际经营属地化、中国电建全球化"三个渐进阶段，将集团升级成全球总部，将中国电建打造成世界一流的全球化企业。国际业务集团化是"三步走"战略的基础，是近期目标；国际经营属地化是路径，是中期目标；将中国电建全球化是目的，是远期目标。集团化和属地化相互促进、相互支撑，全球化是集团化和属地化从量变到质变的结果。

2. "大转型、大融入、大品牌"战略明确发展路径

中国电建在"全球发展三步走"战略的基础上深入挖掘战略内涵、思考战略路径，提出"大转型、大融入、大品牌""三大"战略，以"三大"战略为指引，全面开展改革创新、转型升级，打造世界一流的全球化企业。"大转型"战略是指中国电建从传统承包商转型升级为综合性建设投资集团。"大融入"战略是指融入国家战略、融入当地社会发展。"大品牌"战略是指实施母子品牌战略。

（二）整合集团国际业务资源，构建集团化管控体系

1. 重组整合成立海外事业部/电建国际公司，引领集团国际业务发展

中国电建将海外事业部、中国水电建设集团国际工程有限公司、中国水电顾问集团国际工程有限公司三家单位进行重组整合，成立电建国际公司，与海外事业部"一套人马、两块牌子、合署办公、两种职责"，既履行集团国际业务总部管控职能，又履行引领集团国际业务发展的经营职责。从管控模式上实现国际业务的集团化，明确集团国际业务遵循"统一战略规划、统一品牌管理、统一市场布局和营销、统一履约监管、统一风险防范""五个统一"原则，深度整合集团内部各层面国际业务资源并充分调动其积极性。

2. 设立六大海外区域总部，实现经营和管控职能前移

中国电建按照地理、文化的相似性和市场规模的均衡性等因素，将全球市场划分为东南非、中西非、中东北非、欧亚、亚太、美洲6大海外区域总部，并将总部设立在海外。区域总部按照集团成员企业正职级别配置，每个区域由电建国际公司（海外事业部）的2名副职分别任总经理和党工委书记，提升海外人员整体能力和层级。海外事业部/电建国际公司对区域总部实行事业部制管理，实施"战略＋关键经营要素"管控，独立核算、充分授权、贴近市场、快速反应，全口径考核集团公司及各成员企业在区域内的国际业务，同时接受各成员企业的监督评价。海外区域总部代表集团公司在所属区域内履行管控职责并开展经营活动。

3. 构建集团化管控组织体系，充分调动各层级积极性

中国电建为国际业务的开展搭建包含集团公司总部、海外事业部/电建国际公司、海外区域总部、

平台公司和子企业四个层面组成的立体型组织结构。

一是集团公司总部，分为28个职能管理部门和5个事业部（含海外事业部）。二是海外事业部/电建国际公司，定位为引领、服务、管控国际业务的实施主体，责任是引领集团国际业务发展，服务成员企业。三是海外区域总部，是集团公司在海外设立并授权海外事业部/电建国际公司管理的派出机构，是海外事业部/电建国际公司在海外的延伸和前移。四是平台公司和子企业。平台公司分为专业市场类平台公司、投资融资平台公司和金融服务类平台公司，共计12家；子企业分为水电施工企业、水电设计企业、火电设计企业、火电施工企业，共计44家。

4. 优化完善国际业务制度体系，与集团化管控模式相匹配

中国电建围绕国际业务集团化管控模式，健全与之相适应的制度体系。先后编制印发39项管理制度，涵盖战略与目标、市场营销、项目管理、人力资源、风险防范、专项资金、外事管理7个方面，建立与国际业务管控模式和管理架构配套的标准化、流程化管理制度体系，有力支撑国际业务合规运营、组织高效协同。基于市场营销、项目履约、安全管理和风险防范四条业务主线，对原有国际业务管理办法进行重新梳理，系统修编并发布国际业务市场营销、项目履约、社会公共安全和应急预案四个方面1+N制度体系，规范业务流程，加强业务管理。建立以QHSE为核心的国际项目履约管理标准体系，制定EPC项目履约标准99个，大力推动公司项目履约标准化和国际化。

（三）统筹区域内经营资源，构建集团化立体营销体系

1. 理顺品牌体系，最大限度避免内部竞争

中国电建坚持"国际业务品牌市场覆盖最大化和品牌市场交叉最小化"的原则，构建国际业务相对集中的多品牌架构，基于各品牌的发展历史及现实影响力，形成以中国电建（POWERCHINA）为母品牌，中国水电（SINOHYDRO）、中国水电顾问（HYDROCHINA）为全球性子品牌，山东电建（SEPCO）、山东电建三公司（SEPCOIII）、上海电建（SEPC）、湖北工程（HYPEC）、水电十三局（STECOL）为在特定行业领域或特定地理区域具有一定国际影响力的子品牌的母子品牌体系。

一是对公司所属国际业务母子品牌的所有权、管理权和使用权做出规定，明确国际业务母子品牌的所有权归集团公司所有，授权海外事业部统一管理，海外区域总部在市场营销中统筹使用。二是对国际业务对外签约品牌及签约主体的数量和使用范围做出明确界定。母品牌是着力培育和打造的全球综合性品牌，子品牌在特定专业领域和特定地理区域合理使用，避免出现同一市场不同品牌之间的内部恶性竞争。三是母子品牌共同构成统一管理、相互依存、良性互动、相互支撑、协调发展、共同壮大的国际业务品牌体系，品牌影响力和知名度持续提升。

2. 细分国别市场，集中力量办大事

深入研究全球国别市场，按照市场容量、发展潜力、介入深度和重要程度等细分标准，将各区域所属国别市场划分为核心国别市场、潜力国别市场和机会国别市场。核心国别市场是国际业务的战略聚焦点，是国际业务持续健康发展的基石；潜力国别市场是国际业务规模的增长点，是业务模式转型的突破点，是跨越式发展的主战场；机会国别市场是国际业务的切入点和波动平衡点。经过梳理将全部201个国别市场划分为48个核心市场、45个潜力市场和108个机会市场，根据市场分级配置优质资源，集中力量办大事。

3. 统筹市场布局，优化配置各类市场的资源投入

对子企业在全球各国别市场开展营销活动进行系统梳理，根据国别分级和市场特点、各子企业的业务板块、专业能力、优势特点、历史和现状，确定具体国别市场的准入企业名单，形成系统的子企业国别市场布局方案。对不同类别的国别市场分专业板块设置子企业配置上限，通过市场准入，从集团层面优化配置国际经营资源，指导子企业集中力量有的放矢，做深做透特定的国别市场。

4. 开展立体营销，充分调动不同层面的积极性

以国别分级和市场布局为基础，在区域内构建立体式营销体系，采取联合营销、分层营销和授权营销的方式，进行分类和授权，发挥各自优势，减少资源重复配置和经营成本浪费。

所谓联合营销，就是整合集团驻外组织机构和营销力量，建立集团驻外代表处统一管理和共享体系，将子企业主要营销力量纳入电建国际公司营销体系和区域总部管理，建立子企业营销人员双重管理和统一评先、统一中标奖励体系，形成合力，联合营销。

所谓分层营销，就是由电建国际公司牵头模式创新，牵头投资和融资项目，牵头特大型、技术复杂、风险大的重点项目；鼓励、支持和统筹区域内子企业积极参与竞标项目；鼓励、支持和帮助子企业采取有效措施，做深做实中小型项目，深耕细作国别市场，扩大集团在本区域的市场占有率。

所谓授权营销，就是根据市场分布现状和子企业国际业务能力评价结果，授权能力强的子企业负责特定国别的竞标项目营销，深度开发和精耕细作该国别市场；鼓励专业公司拓展专业市场，在本专业做大做强，打造授权营销体系。

5. 实行动态调整，保持国际经营活力

动态调整，及时响应内外部环境变化，持续保持市场竞争活力。一方面，将区域内国别市场分级与国际市场发展趋势、国家战略方向、区域政治、经济、资源及国别市场开拓现状与趋势等密切联动，动态调整核心市场、潜力市场、机会市场的划分，正确识别市场机会，及时调整相应的资源投入；另一方面，将国际业务履约能力评价结果与子企业国际市场资源配置充分挂钩，对市场布局进行动态管理，建立进入、退出机制，持续保持子企业国际经营活力，不断提高市场竞争力。

（四）构建项目履约集团化监管体系，精益项目履约，提升经营质量

1. 完善项目履约集团化管理体系，夯实基础

中国电建建立以海外事业部负责职能归口管理、海外区域总部负责履约监管、项目履约单位负责实施并承担履约主体责任的项目履约集团化管理体系，明确项目履约监管责任，落实项目实施单位的项目履约主体责任，明晰各海外区域总部、国别代表处、项目履约主体子企业及其项目经理部的管理职责，制定并印发境外资产、境外产权、对外投资等一系列风险管控制度，发布21项境外资产风险管理和22项境外生产经营风险管控制度及一系列具体举措。

海外事业部负责对境外在建工程项目的履约进行宏观管控，负责制定相关管理制度，对重大项目的履约过程进行监督、指导、协调和服务，及时组织处置有关重大风险，建立、完善项目管理体系和信息管理系统，牵头组织对子企业国际工程履约能力进行考核和评价。

海外区域总部对境外在建工程项目履约承担监管责任，负责区域所属国别的内外部资源协调，负责对项目履约情况进行检查和指导，牵头组织重大风险的评估和防范，牵头组织并指导重大事件、重大风险、重大合同和法律问题的处置，对项目履约单位选派人员的任免提出意见和建议。

项目履约单位对境外项目履约承担主体责任，负责组织项目全生命周期管理，行使、履行工程承包合同项下的权利和义务，采取有效措施防范各类风险并承担相应的项目履约结果。

2. 规范在建项目履约监管，加强全过程管理

一是投（议）标项目标前评审机制，将项目投（议）标评审主体分成三级：子企业评审、集团（股份）公司区域总部评审和集团（股份）公司海外事业部评审。各级评审结合自身实际情况成立投（议）标方案评审机构，组建专家团队，通过召开评审会的方式，对项目投（议）标方案的合同条件、设计方案、施工方案、商务报价方案、主要潜在风险等各个方面进行全面、系统的评审，最大限度地规避各类风险，特别是加强对投标报价的集团管控，规避低价中标的风险。

二是建立项目前期策划启动工作机制，依据项目规模大小、专业特性、合同类型、市场环境、经营

模式等实行分层分类管理，同时按项目前期启动所需工作的轻重缓急分阶段管理。确保国际工程承包项目中标、签约后，能在较短时间内完成项目前期准备工作，规避项目前期策划不力造成的各类风险。

三是建立工程月报机制，定期收集、汇总海外在建项目工程月报，真实记录项目执行过程，综合反应境外在建项目履约进展情况，及时发现在建项目存在的问题和风险，促进项目履约能力提升。

四是建立"双重"（重大风险、重点关注）项目管控机制，根据项目类型、合同金额、所在国别/市场、风险情况等内容将国际项目划分为不同的管理层级，集中集团优势资源处理好重点关注（合同额较大、新国别市场、新的行业）和重大风险（存在非传统安全、重大风险源、重大潜亏、进度严重滞后、业主终止合同等严重影响项目履约的事件）项目。同时，成立专项工作组，开展重大经营风险项目现场督导和具体风险处置工作，及时化解防范经营风险。

五是构建完善以QHSE为核心的国际项目履约管理标准体系，制定EPC项目履约标准99个，梳理84项通用工作流程和202项专业工作流程，大力推动EPC项目履约的标准化；建立QHSE分层级、立体式检查监管机制，建立"领导检查－派组综合检查－区域总部检查－国别代表处检查"四级检查机制，实现对国际工程项目检查的全覆盖。

3. 建立履约能力评价体系，提升子企业履约能力

一是中国电建以国际项目为基础评价单位，以子企业的实际履约表现为主要评价内容，通过定性与定量评价相结合、内部评价与外部评价相结合、项目履约表现与项目履约难度相匹配的原则，对子企业所实施的国际项目进行评价。评价结果是集团对子企业考核的重要指标之一，与子企业国际市场资源分配、班子考核及项目经理奖励等挂钩。

二是创新建立国际工程项目顾客满意度调查机制，以顾客的满意程度倒逼履约能力提升。同时，通过开展顾客满意度调查工作，与客户（项目业主）建立畅通的沟通渠道，增进对中国电建的信任与支持，进一步展示中国电建有能力、负责任、可信赖的良好形象。

（五）集团化管理境外投资业务，助力企业转型升级

1. 统一认识，贯彻境外投资原则

中国电建坚持"拉动为主、持有为辅"的理念，坚持控制力、带动力、影响力"三力原则"，以带动工程承包业务持续快速发展为目的，积极开展小比例参股投资；以相对控股实现资产并表为原则，稳步推进控股投资；以"强核心、补短板、拓市场和获技术"为诉求，推动海外战略并购。原则上不参与纯财务投资，主动规避建筑企业固有的资金瓶颈，发挥市场网络广阔、项目资源丰富、EPC风险承担能力较强、融资渠道广等优势，积极引入外部资金，围绕主业布局提高产业链竞争力，向产业链中高端环节、高附加值产品和服务升级，推动公司转型升级。

2. 统筹管理，搭建境外投资管控体系

中国电建的海外投资业务严格开展集团化管控，建立集团化分工与合作体制机制，形成"投资管理部战略管控，海外事业部业务管理，以电建国际公司为旗舰、以电建海投公司为先锋，其他平台公司全面参与，有实力的子企业积极配合"的海外投资管控体系。一是投资管理部管战略、管制度、管风险；二是海外事业部履行国际业务"引领、服务、管控"职能，强化海外投融资的"五个统一"建设，积极协助平台公司建设成为国内外一体化投资平台和技术支持平台；三是将电建国际公司打造成为集团海外投资业务的旗舰；四是相关投资和建设专业平台公司要充分发挥各自优势，形成密切协同，更好地实现公司海外投资的战略意图，切实发挥境外投资拉动作用；五是电建海投公司积极融入集团化建设，切实发挥海外投资的先锋作用；六是逐步放开有实力的子企业参与海外投资。

3. 分类突破，明晰境外投资策略

一是资产回报型投资。主要定位于甲方业务，经营期以获取稳健和合乎预期的投资收益为经营目标

的投资类别，主要评价资产质量和投资收益，重点考核资本金内部收益率等指标。这类业务的策略是主业聚焦，紧紧围绕大型水电、火电和新能源等电源投资的核心业务，配套发展下游电网、上游燃料供应等重要协同业务，充分挖掘项目上下游产业潜力。

二是融资推动型投资。主要定位于乙方业务，在确保覆盖投入资金的前提下确保对工程承包业务的拉动作用兼具获取合理投资回报目的的投资类别，主要评价获取优质工程项目、实现全产业链发展的带动能力，重点关注融资推动作用、资金周转能力和风险控制水平。这类业务的策略是：融资推动型投资重点在商业模式和融资方式上进行创新，根据实际情况采取少量参股、技术入股、股权置换等灵活多样的商业模式。同时，积极探索债权融资、股权融资等多种融资工具组合使用，合理安排退出机制。

三是战略性投资与并购。这类业务定位是：在全球范围内完善市场布局、生产布局、科研布局、资源布局，寻求最优组合，实现最大效益，以并购为主要手段，进一步补充集团公司在生产经营中存在的短板，大幅提升集团公司国际化经营能力和跨国经营水平。这类业务的策略是聚焦主业补缺口，补足产业链关键环节，做大做强主营业务；优势多元补短板，做强做精专业类公司；获取新的技术，引领科技前沿发展，获得国际市场竞争先发优势；进入新市场，通过并购进入高端市场，完善市场布局，抢占市场份额。重点考量并购的协同效应，交易过程中以价值为驱动因素，审慎、充分地做好评估，并购后整合、成长和协同尤为重要，能够全面重视和推进系统的整合管理。

（六）加强统一管理，推进依法合规，严控海外业务风险

1. 建立覆盖项目全生命周期的国际业务风险管控制度体系

针对国际业务的特点，中国电建积极推动建立健全总部、主体企业和境外项目部三级风险管理架构，建立国际项目前期跟踪、项目决策和项目履约三阶段风险管理流程，明确各业务流程的风险控制重点，建立风险管理解决方案。根据国际业务发展需要，形成投（议）标项目备案制度、投（议）标方案评审制度、合同评审会签制度等一系列覆盖项目全生命周期制度组成的国际业务风险管控制度体系。在境外在建项目风险管控方面，建立集团公司总部、区域总部和项目经理部三个层次的项目监管体系，并按照海外项目所面临的风险种类和严重程度实施分级管控。

2. 健全合规管理组织体系，完善合规管理制度体系建设

中国电建高度重视合规建设，在中央建筑企业中率先开展"大合规"体系建设，整合法务、审计、监察和纪检的力量，成立合规建设委员会，设立合规办公室和区域总部合规职能部门，任命公司首席合规官、区域合规官、合规经理并配置合规专员。中国电建以《合规政策》为核心，配套咨询顾问、投标、采购、礼品招待、捐赠和现金使用等海外合规经营高风险业务合规管理实施制度，形成合规工作的有效监管和风险管控闭环。

（七）重视海外党建工作，认真履行社会责任，为国际化经营保驾护航

1. 组织建设，建立覆盖全球的海外党建工作体系

中国电建坚持"四同步、四对接"的海外党建工作原则，在海外区域总部设立党工委，行使公司党委对所属区域内所有子企业海外党组织的统筹管理职能。建立以公司党委为中心、以区域总部党组织为平台、以各海外机构党组织为终端的一体化海外党建工作体系。目前，中国电建在重点国别成立29个国别联合党工委，依托境外机构共设立党组织567个，其中，党委23个、党总支63个、党支部451个。

2. 履行社会责任，建立良好企业形象

中国电建积极履行全球优秀企业公民责任，在"走出去"企业中统一组织，首创成立"中国电建海外志愿者协会"，与联合国志愿人员组织（UNV）等国际组织形成伙伴关系，成为"一带一路"志愿服务联盟的创始成员，积极对接联合国17个可持续发展目标，与所在地区的NGO组织开展合作。中国

电建设立区域海外志愿者协会，以志愿服务为抓手，主动联系、协调所在区域的孔子学院、援非医疗队、NGO组织等国内各界"走出去"的伙伴，广泛开展志愿公益活动。

三、大型建筑企业集团以"世界一流"为目标的国际业务集团化管控效果

（一）集团化建设成效显著，有效避免内部恶性竞争，提高资源配置效率

中国电建探索出适用于大型中央建筑企业集团发展的国际业务集团化管控模式。一是国际业务集团化的管控模式获得子企业广泛认可。二是区域总部建设取得阶段性进展，"五个中心"职责使命落实到位，58个重点国别实现了联合办公，集中优势资源深耕细作，国际业务散乱弱小局面得到根本扭转。三是国际业务立体营销体系初步建成，通过联合营销、分层营销和授权营销等措施优化市场营销资源配置，充分调动各层面积极性，大中小项目齐头并进，多点开花。四是履约能力逐步增强，2017年境外工程顾客满意度调查表回收率81.01%，平均得分89.52分，表明项目业主对在建项目的满意度整体上处于优良水平；得分在60分以下的项目占比为0%，表明没有处于不可接受水平的项目。

（二）公司经营业绩不断提升，品牌知名度美誉度提高

2017年，中国电建国际业务的实际新签合同额、营业收入、利润分别为2331.68亿元、877.09亿元、41.61亿元，同比增长15.24%、13.27%、18.6%。实际新签合同额和营业收入分别为同期中国对外承包工程行业增速的1.75倍、2.29倍，远高于行业平均水平。中国电建在2017年美国工程新闻纪录（ENR）综合排名中，ENR全球工程设计企业150强位列第2位，ENR国际工程设计公司225强位列第17位，ENR全球工程承包商250强位列第5位，ENR国际工程承包商250强位列第10位，成为第二家进入国际工程承包商前10强的中资企业，受到行业普遍关注。

（三）"一带一路"建设取得丰硕成果，树立良好社会形象

中国电建积极践行国家"走出去"战略和"一带一路"倡议。截至2017年年底，中国电建在"一带一路"沿线65个重点国家中的42个国家设有145个境外机构，执行1449份工程项目合同，合同总额约5090亿元。2017年，在"一带一路"沿线国家完成新签合同1174.58亿元，同比增长39.94%，是同期行业增速的2.75倍；完成营业收入570.37亿元，同比增长18.52%，是同期行业增速的1.45倍。中国电建先后获得"人民企业社会责任年度海外贡献奖""海外履责典范企业""最佳海外形象企业""2017中国社会责任海外履责奖"等多项荣誉，并受到了联合国志愿者组织的关注。

（成果创造人：晏志勇、孙洪水、王　斌、李燕明、丁拯国、
宋东升、赵家旺、欧阳小伟、唐玉华、任超锋）

建筑施工企业国际项目的立体化风险管控

中国葛洲坝集团第一工程有限公司

中国葛洲坝集团第一工程有限公司（以下简称葛洲坝一公司）成立于1970年，是中国葛洲坝集团股份有限公司的核心骨干企业，是涉及水利水电、水务、环保、市政和公路等多领域经营的综合性大型施工企业，拥有水利水电施工总承包特级资质在内的资质（资格）18项，具备国家高新技术企业和省级技术中心资格，取得了包括国家科技进步奖、国家级工法在内的众多科研成果243项。葛洲坝一公司先后承建世界最大水电工程——长江三峡水利枢纽工程；世界最大水利工程——南水北调工程；世界最高碾压混凝土大坝——广西龙滩水电站等一系列标志性工程，承建了国内乃至世界范围内最大的单体地下空间工程——南京江北新区地下空间一期项目，承建的工程遍布国内20多个省市和7个国家。

一、建筑施工企业国际项目的立体化风险管控背景

（一）应对复杂国际环境的客观要求

当前，我国建筑企业产能过剩、国内竞争日益激烈，在"一带一路"倡议指引下，加快"走出去"，积极响应"一带一路"和"产能合作"倡议，大力参与国外相关地区的基础设施建设，逐步成为国内建筑企业新形势下战略选择的新方向。葛洲坝一公司大力实施国际优先战略，但在开展国际业务过程中，面临着国外政局动荡和社会环境恶化带来的安全风险、经验不足导致的投资回报和经营风险、文化差异导致的跨文化沟通交流风险、与所在国融合过程中导致的社会风险等诸多风险。与欧美顶尖的大型国际承包企业相比，葛洲坝一公司国际业务市场主要集中于非洲、拉丁美洲和亚洲等发展中地区，EPC工程总承包管理经验和能力相对较弱。面对复杂多变的国际环境、日益激烈的市场竞争和众多不可预测的不利因素，葛洲坝一公司在国际业务中面临的风险日益加大，亟需加强风险管控。

（二）确保项目顺利履约的必然选择

对于葛洲坝一公司来说，其承建的国际项目由于合同金额大、建设周期长、建设内容复杂广泛，国际项目所在国的政治、经济、社会、文化和自然等在一定程度上存在不稳定因素，会对项目顺利实施带来不确定性。此外，各种不稳定因素间又相互作用，并产生更为错综复杂的影响，国际项目面临的风险复杂程度不断提升。此外，葛洲坝一公司进入国际市场的时间相对较短，在风险管控方面相关经验相对缺乏，在具体实施国际项目的过程中，融资、政治、设计、汇率、税务和劳务分包等风险因素均直接影响国际项目的顺利履约，若不妥善处理这些风险，可能会造成工期滞后、不当停工、项目亏损等不良后果。因此，在国际项目实施过程中进行提前谋划，将风险管控作为项目实施的重要关注点，成为葛洲坝一公司促进国际项目优质高效推进，确保合同顺利履约的必然选择。

（三）企业持续健康发展的现实需要

当前建筑企业的竞争日益激烈，已由传统的价格竞争向综合实力竞争转变，由国内竞争向国内国际同时竞争转变。葛洲坝一公司持续加快"走出去"步伐，承建了柬埔寨最大水电工程——达岱河水电站，在埃塞俄比亚承建了FAN项目以及东非最大的EPC项目——GD-3水电站；在阿根廷承建了中国企业在海外签订的最大水电工程——基塞水电站，在刚果（布）承建了利韦索水电站，在刚果（金）承建了因加引水渠项目，并在尼泊尔、泰国、老挝、伊拉克、科威特等先后承建了一系列项目，国际业务已成为葛洲坝一公司健康可持续发展的重要支撑和新的经济增长点。但相比国内项目，国际项目实施难度更大，风险也更大，能否有效管控好国际项目风险，已成为影响葛洲坝一公司高质量发展的重要因

素。此外，务实有效做好国际项目风险管控，也是落实党中央、国务院关于加强国有资产监管、强化风险防控的重要举措，更是确保国际项目生产经营安全，提升国际经营能力和国际竞争力的有效保障。

二、建筑施工企业国际项目的立体化风险管控内涵和主要做法

葛洲坝一公司按照"识别——预警——管控"的风险管理思路，通过强化认知、分类梳理、优化管理、排查预警、突出重点、注重过程和做好支撑，构建涵盖总部、海外分支机构和国际项目部的立体化风险管控体系，形成国际项目风险闭环管理，对国际项目进行全面风险管控，风险管控能力持续增强，促进项目顺利履约，推动公司优质高效发展。主要做法如下。

（一）提高风控认识，明确风控目标

1. 强化风险认知，增强风控意识

葛洲坝一公司自 2006 年开展国际业务以来，大力推行"资源配置优先、薪酬待遇优先、人才培养优先、选拔任用优先"的"四个优先"政策，国际业务取得较大进展，先后在柬埔寨、埃塞俄比亚、阿根廷、尼泊尔、伊拉克、刚果（布）、刚果（金）等十余个国家承建了数十个项目，国际项目营业收入占比近 1/3。但在国际项目实施过程中，葛洲坝一公司先后遇到过政治动荡、工期延误、汇率波动等多种风险，风险意识不强、风控能力薄弱等问题较为突出，给企业生产经营和项目实施带来了巨大挑战。葛洲坝一公司充分认识到，风险管控作为国际项目管理的关键环节，必须将其作为生产经营的重点工作来抓，要首先从转变思想意识和观念入手。为此，葛洲坝一公司每月组织开展一次公司范围的法律讲堂，发放法律知识宣传册，提升全员法律意识。开展国际项目现场风险管理讲座，送培训上门，真正做到"普法下基层，人人有体会"，通过多种形式的教育培训，提高国际项目基层管理人员风险管理意识和能力，在公司上下形成全员重视风控、工作必提风控的良好氛围。

2. 整合目标，促进目标协同

葛洲坝一公司立足发展战略，将战略目标、经营目标和风控目标三类目标有机整合，从发展战略、经营管理和风险管控三方面明确各自不同的子目标，将风险管控融入企业发展和生产经营。在战略目标方面，大力实施国际优先战略，支撑国际化发展；在经营目标方面，提高项目经营效益；在风控目标方面，确保项目顺利高效履约。葛洲坝一公司将国际项目风险管控上升到发展战略的高度，注重国际业务风险管控顶层设计，实现与企业经营目标和项目顺利实施协同发展，成为推动企业持续健康发展的重要支撑。在公司中长期发展战略、三年滚动发展规划和每年的《董事长工作报告》中，葛洲坝一公司都将风险管控作为重点工作进行部署和安排，在葛洲坝一公司《2017－2019 年滚动发展规划》明确提出，要持续完善从上到下、贯穿经营管理所有环节的内控与风险管理体系，防范经营管理风险，杜绝重大法律风险，全面提升风险防控水平。通过一系列重要文件，明确风控目标和主要举措，实现风险管控与生产经营的深度融合。

（二）全面识别风险，分析梳理风险

1. 全面分析风险，形成风险清单

葛洲坝一公司将风险管控作为一项系统工作深入开展，结合国际项目实际，对国际项目可能存在的共性风险进行全面识别和梳理，形成了金融类、安全类、工程类和管理类四大类、共 18 个风险点，主要包括融资风险、汇率风险、税务风险、政治风险、职业健康风险、设计风险、供应保障风险、工期与技术风险等 18 个风险点。

葛洲坝一公司对梳理出的风险点进行风险成因分析，并提出有针对性的风险应对措施，形成《国际项目共性风险信息清单》。但对具体项目来说，即使是同一种风险，也会存在差异，如对政治风险，有些国家的项目面临的是多党政治导致政策缺乏连续性风险，有些国家的项目面临的是外交关系风险，有些国家的项目面临的是政府违约风险等，在国际项目风险管控中，葛洲坝一公司始终坚持"一国一策，一点一策"的管控原则,一事一策划,凡事必策划。将公司总部管理的普适性与国际项目的特殊性相结合,针对难点制定解决方案,针对重点配足资源,针对风险制定应对措施。

2. 风险分级管理,明确管控要点

葛洲坝一公司从风险概率和危害程度两个维度,对梳理出的主要风险点进行分级管理。围绕梳理出的国际项目关键风险点,按照风险分析、制定方案、过程控制和评价监督的思路,开展国际项目风险管控。针对安全质量环保事故、舆情危机、群体性事件、自然灾害等可能造成重大损失或者不良影响的风险事件制定应急预案,并积极开展突发事件应急演练活动,一旦发生相关风险事件,立即启动应急预案,以降低突发风险事件带来的不利影响。同时,根据国际项目进展情况动态调整风险管控重点,确保项目的顺利进行。如合同总金额 61.62 亿美元(约合人民币 387.5 亿元)的阿根廷圣克鲁斯 CC/LB 水电站项目由于政府换届,要求对过去已签署的项目合同进行重新审查,并多次释放终止该项目的信号,使得该国际项目面临终止的风险,葛洲坝一公司立即启动风险管控机制,及时调整风控重点,将化解政治风险作为该项目风控管控的核心。葛洲坝一公司主动作为,通过上级集团公司协调,借助中国相关部委、融资银团、中信保、中国驻阿根廷大使馆等外部力量,经过长达 6 个月的变更谈判,签署了主合同补遗文件,顺利完成主合同变更,成功规避了政治风险。

(三) 夯实基础管理,构建风险管理体系

1. 创新工作机制,完善组织机构

葛洲坝一公司构建风险管控"三道防线",建立科学的风险管理机制。一是构建总部机关国际业务部门和海外分支机构为风险管理的第一道防线。积极履行风险管理职能,进行风险排查,直接有效化解各类风险,是事前控制风险的关键。二是构建总部风险控制部门、纪检监察部门、审计部门为风险管理的第二道防线。对第一道防线的各项工作进行实时监控,及时纠偏,保证风险管理机制有效运行,是事中控制风险的关键。三是构建总部决策机构为风险管理的第三道防线。形成了以董事长挂帅,以董事会和董事长办公会为决策机构,以总法律顾问为核心,以风险控制部牵头,其他各单位分工负责的风险管理机制。

国际项目部层面则搭建风险控制"两道关口",在项目实施初始就会发文成立风险防控工作领导小组,由项目经理担任组长,项目部班子成员担任副组长,由各职能部门负责人担任组员,项目部全员参与,风险防控工作领导小组办公室设在商务部,由商务部负责人担任办公室主任,内设专职风险管理员负责具体的风险防控工作,建立贯穿葛洲坝一公司总部、国际项目部多层级的风险管控组织管理体系。

2. 加强制度建设,健全制度体系

葛洲坝一公司目前共出台制度 185 项,涵盖 14 个业务模块,其中风险管理模块出台制度近 10 项,包括风险评估、法律事务、内部控制监督检查等多个专项办法,并针对国际业务,制定了合同风险管理等专项流程,形成较为完备的国际项目风险管理制度体系。

葛洲坝一公司加强对国际项目的风险监管,建立风险控制考评制度,对总部机关部门、海外分支机构、国际项目部的风险管理工作进行考核评价。通过签订工作责任书以及制定相应的约束性指标等方法,将未按要求完成年度风险评估、日常风险评估和专项风险评估的相关工作,或内部控制存在的重要或重大缺陷等内容纳入约束性指标的专用条款,作为对国际项目部考核评价的依据,每月对各国际项目部进行考评,以敦促国际项目部切实、有效开展风险管理工作。

葛洲坝一公司依据国际项目的特点、项目实施模式等指导国际项目部工作,组织制定切实可行的项目管理制度、程序和流程,将总部管控落实到位。国际项目部根据实际,制定《项目部风险管理办法》,实行周生产会、月度履约分析会等例会制度,定期对项目履约、财务税务汇率、设备物资采购等各个方面的风险信息进行全面提示、通报、会诊,制定处置方案,确保各项风险提前预防,早发现、早处置。

3. 坚持策划到位，奠定风险管理基础

葛洲坝一公司按照"一国一策，一点一策"的管理理念，高度重视项目策划工作，国际项目管理实行"三级策划"制度，公司总部层面编制项目管理策划，项目管理层面编制项目实施策划，项目执行层面编制详细策划，真正做到事事有策划，时时有策划，大事大策划，小事小策划，切实做好风险事前管控，较好地延伸了策划管理的深度、广度和维度。葛洲坝一公司对国际项目开展风险管理策划，提出有针对性的风险控制建议，以有效防控项目实施过程中的潜在风险，该风险策划作为《项目管理策划书》的专章，印发后督促国际项目部严格落实管理策划。在众多项目策划管理要素中，葛洲坝一公司将风险管控作为项目策划的关注重点，着重强调"履约"和"盈利"这两个关键要素。深入研究制订国际项目实施总进度计划，找准关键线路，明确关键节点目标，以此作为进度控制的指南和方向，把握好履约关键。以成本管理为核心，务实开展商务策划工作，做好开源节流，疏通盈利来源，这不仅牢固地树立国际项目全员的成本意识，保证各项工作有章可循，而且使国际项目的成本管理始终处于可控状态，为实现项目经营预期目标奠定了基础。

（四）全面风险排查，科学预测预警

1. 全面风险排查，提前风险预警

葛洲坝一公司持续组织开展国际项目风险排查工作，每年会制订年度风险排查计划和清单，对将进入开发或已在实施阶段的所有国际项目，进行全覆盖风险排查，并及时出具风险排查报告及风险提示函，提前进行风险预警。同时，葛洲坝一公司推行国际项目法律顾问机制，聘请当地资深律师作为国际项目法律顾问，将风险管理工作扎根国际项目基层，逐步实现国际项目属地化法律资源的常态化应用，借助第三方对国际项目风险进行排查和预警。以法律为基础，葛洲坝一公司逐步建立起内部和外部相结合的国际项目风险"大排查"体系。

2. 构建预警平台，动态掌握信息

在葛洲坝集团统筹管理下，葛洲坝一公司利用信息化手段，采用国际项目信息管理系统。该系统平台具备数据管理、总部管理、项目管理、预警管理、报表管理和评价管理六大管理功能，并以国际项目多维度大数据库为基础，可以实现对问题项目自动预警。同时，该系统平台兼具广度和深度的特点，在广度上可查阅所有项目全生命周期相关履约信息，在深度上可实现对各国际项目履约的各项要素动态信息息实时掌控。

（五）强化组织管理，突出管控重点

1. 加强合同研究，厘清管理思路

在国际项目实施前期，葛洲坝一公司总部即组织商务专家、技术专家和项目管理专家等组成的专班深入研究合同，进行项目的商务策划工作。对主合同、分包合同进行反复分析探讨，确保吃透合同条款。指导国际项目部制定专门的《合同管理手册》，以此为项目合同管理的核心。根据合同总体分析情况，充分挖掘计量与支付、变更索赔、竣工结算、保险等潜在风险点，制定相应的应对措施，同时对合同执行情况提前设定履约警戒点，确保合同执行情况处于受控状态，一旦触碰警戒线，将采取相应的措施及时有效地进行纠偏。项目经理组织对《合同管理手册》进行内部解读，并打印成册，发至包括承（分）包商在内的每一位员工，组织宣贯培训，定期检查考核，提高国际项目部全体员工的管理理念及制度意识，促进制度执行到位。比如，刚果（金）因加引水渠项目部把合同管理作为"创效益"的根本手段，项目经理亲自抓合同研究，针对合同条件及风险逐一制定应对措施，一是以合同管理来保障技术方案优化的效益，将部分"水下开挖"调整为干地施工，仍按"水下开挖"结算，增加效益1600余万元，渣场变更减少运距，监理没有扣减运距减少的费用约1000万元；二是对影响项目效益最重要的调差，深入分析影响因素，策略办理调差结算，调差达到结算产值的19%。

2. 关注设计管控，明确管控要点

设计管理一直以来都是国际项目管理的龙头和首要环节。为有效防控设计风险，葛洲坝一公司派驻专家从体制机制、优化立项等多个角度进行系统设计。一方面，国际项目的项目经理作为牵头人，亲自参与、督促抓好设计工作，以确保设计成果的及时提交和设计优化效益的及时转化；项目相关负责人员必须加强与对口专业设计人员的业务联络，及时与现场设计代表沟通和协调。另一方面，重点化解设计标准瓶颈，设计标准是国际EPC项目经常遇到的难点问题，中国标准没有外语版本（目前部分标准有英语版本，尚无其他语种版本），欧美工程师对中国标准不了解、不信任。为解决以上问题，葛洲坝一公司委派专家与业主和工程师协商，积极争取在确保设计标准不低于国际通用标准的基础上，按中国标准进行设计，工程师按欧美标准进行审查的管理思路，做好交流沟通，有效化解设计标准的瓶颈，较好把握了项目履约主动权。同时，葛洲坝一公司聘请设计咨询人员，参与设计联络会和项目设计优化，并抓好对设计成果的审查与控制，实行设计咨询收入与设计优化成果的有效挂钩。比如，刚果（布）利韦索水电站项目大力实行设计优化，节约工程直接成本约3000万元，与业主取得了双赢的效果。

3. 抓好汇率管理，防范汇率风险

国际工程项目一般采用人民币以外的货币来确认和结算，主要涉及当地货币和国际流通货币，且国际工程合同期限一般达数年之久。因此国际项目不仅存在人民币、当地货币和国际流通货币之间兑换所产生的双重汇率风险，而且还可能因投标时所使用汇率与实际收款时和实际支出时汇率的波动而产生相应的汇率风险，因此防范汇率风险在国际项目运作中十分重要。葛洲坝一公司在投标阶段就高度重视汇率风险管控，争取支付币种为美元或其他汇率较稳定的国际币种，并抓好汇率日常管理。比如，刚果（布）利韦索水电站项目合同约定业主支付给承包商的货币为65%的美元，35%的中非法郎，通过努力争取，全部按合同约定的固定汇率支付美元，避免了当地货币贬值导致的汇率风险。2015年美元升值后，美元兑人民币、中非法郎均产生汇增收益。

（六）强化过程管理，确保管控实效

1. 做细计划管理，提升管理效益

葛洲坝一公司以计划管理为主线，提前做好进度计划、物资采购计划和设备配置计划，以强化现场进度控制、物资高效供应和确保设备高利用率。比如，合同金额为7.60亿元的刚果（布）利韦索水电站项目由于前期计划管理到位，在5年工期里紧急空运件费仅不到10万元，在竣工时剩余材料很少，取得了较好的效益。

2. 加强过程管控，动态调整应对

在国际项目实施过程中，加强内控管理，加大对风险因素的事中管理，根据外部环境适时调整应对策略，努力将风险因素转化为项目收益。比如，刚果（金）因加项目通过与监理法国总部多轮谈判，采用"螺纹钢价格指数"替代"钢材价格指数"，规避了负调差风险；采用"月末价格指数"替代"月平均价格指数"，实现了价格调差收益最大化。

3. 加强沟通协调，推动有效落实

国际项目因语言、文化、风俗习惯等存在差异，沟通协调成为确保风险防控工作落到实处的关键。葛洲坝一公司积极与监理、业主、当地政府、金融机构、新闻媒体等外部单位建立持续、友好、畅通的沟通交流渠道，向业主及当地政府展示了葛洲坝的实力，努力提高葛洲坝在当地的知名度和良好信誉，建立良好的合作关系。此外，葛洲坝一公司还注重当地公益性事业，合理履行社会责任，努力营造良好的外围施工环境和社会舆论，并极力拓宽与当地中资公司的沟通渠道，在生产经营领域互帮互助，共同发展。

（七）创新管理思路，做好支撑保障

1. 注重应急管理，应对突发风险

为有效应对意外突发事件，葛洲坝一公司采用葛洲坝集团搭建的应急救援指挥管理信息系统，实现统一指挥、统一调配、统一信息，包括应急数据库、安全单元管理、应急基础管理、信息发布和应急指挥五大功能，能够实现总部对全球在建项目的实时监控、信息共享、风险预警以及总部与海外员工即时联通、双向互动和应急救援，使国际项目应急救援管理工作更加规范化、制度化，也为国际应急救援管理工作建立一个高效的一体化信息平台，可有效应对国际项目突发风险。

2. 加强配套保障，提升管控效果

葛洲坝一公司按照"一点一策、一国一策"的原则，深入落实项目管理国际化、劳务属地化、资源配置全球化、国际在建项目动态巡查等举措，通过一系列支持保障措施，提升国际项目风险管控效果。在劳务属地化方面，制定可行的师带徒措施，培养出一批综合素质较高的当地劳务，真正实现劳务属地化的要求，有效降低人工成本。其中刚果（布）利韦索水电站项目在当地劳务稀少的情况下，达到了项目部中方管理人员与当地劳务1:2的比例，超过其他中国企业1:1的比例，真正实现了劳务属地化的要求，有效降低人工成本。在资源配置全球化方面，葛洲坝一公司在全球范围内配置优秀资源，进行采购全球化，聘用世界知名的会计师事务所开展税务策划，商务人员和法务人员实现高端国际化。在国际在建动态巡查方面，对在建国际项目开展持续性风险巡查，定期形成风险巡查及应对研究报告。

3. 加强激励约束，激发工作热情

葛洲坝一公司将人才作为做好国际项目风险管控的核心要素，通过加大激励约束力度，采取"生活上关心""经济上刺激""精神上鼓励"等措施激发广大员工的工作热情，确保风险管控取得实效。

4. 做好监督检查，构建闭环管理

葛洲坝一公司提前制定监督检查工作底稿，固定检查流程，由风险控制部、审计部、纪检监察部、国际业务部和财务部等相关部门组成联合检查组，采取"面对面、一对一"的访谈和基础资料抽查的方式，对在建国际项目进行风险管控检查。单独访谈可以从多个不同角度分析风险的发生原因，并制定操作性强、针对性强的风险控制措施，基础资料抽查则可以检验各项风险控制措施的落实情况，形成风险管控的闭环管理。

三、建筑施工企业国际项目的立体化风险管控效果

（一）有效控制了国际项目的风险，项目履约取得新成效

葛洲坝一公司在国际项目实施过程中，多次妥善应对和有效管控了政治、汇率、进度、设计、税务等诸多风险，实现了国际项目高水平履约。刚果（布）利韦索水电站竣工移交，刚果（金）因加引水渠按期完工，树立了葛洲坝良好的国际承包商品牌形象，获得项目所在地政府的大力赞扬。葛洲坝一公司2017年国际项目实现营收近20亿元，国际业务已成为葛洲坝一公司持续发展的重要支撑。

（二）项目效益明显，促进当地社会经济新发展

葛洲坝一公司有效抓好国际项目风险管理各个环节，多个国际项目在经营效益上取得较大成功，实现了良好的经济效益。其中，刚果（布）利韦索水电站项目实现利润18%、刚果（金）因加引水渠项目利润超过30%。同时，国际项目的顺利实施带动了所在国的经济增长、解决了当地部分就业问题、培养了一批当地技术人才，取得了良好的社会效益。刚果（布）利韦索水电站项目辐射近3省17市，为近300万居民带来了光明，从根本上解决了刚果（布）北部地区用电荒的问题。刚果（金）因加引水渠项目为当地防洪减灾、蓄水灌溉和20万居民出行，提供了极大便利。刚果（布）利韦索水电站项目和刚果（金）因加引水渠项目累计招聘当地劳务达4790人次，项目最高峰时期在职当地劳务达到1510余人，为所在国培养出来了一批综合素质较高的当地劳务。

（三）有效积累了风险管理经验，国际发展奠定新基础

葛洲坝一公司借助在建和已完工国际项目，国际化经营能力和境外风险防控水平不断提升，打响了葛洲坝品牌，为进一步打开当地市场奠定了良好的基础。在刚果（布）、刚果（金）连续承接了多个后续工程项目，发挥了刚果（布）利韦索水电站项目、刚果（金）因加引水渠项目的战略支点作用，实现了葛洲坝一公司在项目所在国的深度发展、滚动发展，开创出国际发展新局面。

（成果创造人：陈　刚、曾红荦、胡智军、才永发、冯　骏、杨　瑾、钱军辅、涂　磊、郝治国、曹娟婷）

促进"一带一路"沿线合作共赢的国际班列供应链管理

中国铁路呼和浩特局集团有限公司

呼和浩特铁路局成立于1958年11月1日，路网辐射内蒙古通辽以西10个盟市，是连接我国西北、华北、东北和我国通往蒙古国、俄罗斯以及东欧的重要陆路通道。2017年11月19日，按照铁路总公司公司制改革的统一部署，更名为"中国铁路呼和浩特局集团有限公司（以下简称呼和浩特局集团公司）"。管内现有京包、包兰、集二3条国铁干线，乌吉、包环2条国铁支线，以及临哈、唐呼等25条合资铁路，联络线22条，疏解线1条，总营业里程7092千米。截至2017年年末，集团公司固定资产原值1917亿元，职工68621人；全局货物发送量1.83亿吨，同比增加2305万吨，增长14.4%；运输总收入262.6亿元，同比增加47.1亿元，增长21.8%。

一、促进"一带一路"沿线合作共赢的国际班列供应链管理背景

（一）践行国家"一带一路"倡议的战略要求

随着"一带一路"倡议在国际国内影响力不断深入，中国与亚欧各国经贸往来持续增强，从俄罗斯、蒙古国进口的矿石、木材、纸浆、小麦等大宗资源性产品源源不断地涌入中国，沿线国家对中国的手机电脑、服装鞋帽、汽车及配件等消费品需求也在迅猛增长，2017年中国与沿线国家贸易总额高达7.4万亿元人民币，同比增长17.8%。铁路作为国家实施"交通强国、铁路先行"战略的桥头堡，在对外开放和国际经贸往来中承担着极其重要的角色。中欧、中亚等国际班列作为"一带一路"倡议的重要项目之一，以其经济便捷的特点，成为连接中国与欧洲和中亚各国的重要纽带，中亚、中欧等国际班列增多，零散、批快货物、工业产成品上量，对中欧班列的经营模式提出新的要求。在这样的背景下，呼和浩特局集团公司必须践行国家开放战略，深入边境口岸，延伸国际班列服务链条，为提升内蒙古自治区城市综合竞争力开辟新途径。

（二）助推区域经济协同发展的迫切需求

内蒙古地处祖国北部北疆，与俄罗斯、蒙古国接壤，在国家"一带一路"倡议全局中具有十分重要的地位。近年来，内蒙古自治区党委、政府与中国铁路呼和浩特局集团公司，围绕"一带一路"建设，强化中蒙俄经济走廊建设上已构建了以二连口岸为支点，通过天津港连接韩国、日本及东南亚国家，通过乌兰巴托连接俄罗斯及欧洲国家，形成"中蒙俄"陆路通道的"V形出海口"。同时建设以乌兰察布为节点的"V形物流经济带"，通过京包、包兰、临哈线经阿拉山口转关直达中欧中亚地区，通过集二线经二连口岸出境辐射扩展至蒙古国、俄罗斯及远东地区。为此，需要呼和浩特铁路局集团公司深入研究国际班列相关业务，以此打通中蒙俄国际物流通道，加密中欧班列开行，构建内蒙古自治区外向型经济产业。

二、促进"一带一路"沿线合作共赢的国际班列供应链管理内涵和主要做法

为最大限度地调动国际班列供应链成员的积极性与创造性，呼和浩特局集团公司与政府、海关、检验检疫、上下游物流企业等供应链各方成员共同谋划，以管内的沙良、九原、七苏木物流园作为国际班列物流枢纽，构筑两条V形国际物流通道，在中蒙俄经济走廊沿线枢纽节点城市乌兰巴托、俄罗斯等地复制呼和浩特局物流园区发展枢纽经济的有益经验，培育建设面向国际国内双向辐射、境内外联动的商贸物流和区域分拨中心，打通国际运输服务通道及物流节点，实现了"通道＋园区＋产业"运营创新管理。同时，积极参与上下游生产加工企业的营销与贸易管理，深入国际国内两个市场挖掘开发终端客

户，与政府、海关、上下游企业共同形成了一条完整的产、供、销管理链条，推动与中欧班列物流服务企业深度合作和融合。主要做法如下。

（一）构建合作共赢机制，打造国际班列供应链

一是深化路地互动交流，发挥政府海关资源配置作用。由呼和浩特局集团公司牵头，与政府、铁路、海关、检验检疫机构共同成立了"中欧班列运营管理领导办公室"，定期了解掌握班列开行情况，查找班列开行中存在的问题并及时协调解决。针对国内部分生产制造企业物流成本高的问题，呼和浩特局集团公司积极与政府深入研究探索，采取申请政府补贴、铁路运价下调等方式，压缩运输成本。与海关、检验检疫部门紧密联动，减少过境班列开箱验箱比率，加快周转速度，缩短等待时间，有效降低了企业的物流成本。

二是推进国内外企业战略联盟，利用境外资源开发国际市场。利用现有中蒙俄边境铁路三国联运协调机制，设立日常工作沟通机制，吸引三国海关、检疫等部门加入，形成三国认可并执行的运输规则、贸易规则和信息交换规则。积极与蒙古国、俄罗斯的物流企业开展全方位的深度合作，参与中欧班列全流程管理，与蒙古国图兴公司及俄罗斯时代陆通公司等物流企业建立了长期合作关系，共同出资建设物流基地，打通枢纽节点，解决班列出境后境外运输协调组织和目的地货物分拨问题，实现了中蒙俄经济走廊中欧班列的互联互通。

三是加强机构协作，优化资源管理。明确局属一级非运输企业呼铁外经集团公司，作为中欧班列的运营主体，全权负责班列的客户及货源维护、市场拓展、招商、集箱拼箱、报关报检、现场作业组织等业务；局集团公司对外合作处、经营开发处、货运营销中心、调度所在总体协调、运输组织及车辆调度等方面给予支持帮助；二连车站、集宁货运中心全力配合呼铁外经集团公司开展现场车辆的调运、货物装载加固、制票结算等工作；中铁多式联运有限公司提供空箱、国际代理服务，中铁快运负责国内的接取送达业务；境外物流合作企业负责通关代理、境外运输、分拨配送。通过明晰各单位各部门的工作职责，联劳配合，确保中欧班列各环节节点的运输效率。

（二）融入企业产销供应链，保证班列货源稳定

积极组织集团公司各货运中心不断拓展区内外中欧班列营销工作，形成网络式营销组织体系，集聚班列有效货源，最大限度地提升供应链服务运营价值。

一是面向内蒙古，开发本地货源产品。利用呼和浩特、包头、乌兰察布、巴彦淖尔四地工业园区招商优惠政策，推介中欧班列的优势项目。通过调查走访了解汽车配件、农副产品、赖氨酸、家用电器、整体卫浴等外向型出口制造企业的物流运输仓储需求，扩大中欧班列的市场影响力。在沙良物流园、七苏木物流园、九原物流园成立中欧班列市场招商部，设立中欧班列服务专线电话，向社会公布中欧、中亚班列的运行线路，区段运输成本价格，运到时限，政府补贴等方面的政策信息，便于客户企业参考选择。组织对外合作处召开中蒙俄国际博览会，吸引境内外商贸、生产加工制造企业。通过发运中欧班列，依托物流通道资源，拓展公司国际贸易业务，全面带动对外经济技术合作。

二是辐射全国，延伸货源触角。充分利用乌兰察布市七苏木物流园区国际枢纽集疏运体系辐射京津冀、长三角和东北地区的区位优势，通过国际货物中转集结，开发联通华中、华东地区"中欧班列"的共享货源。在广州、义乌、北京、天津建立揽货网点，通过招商货代公司，寻找蒙古国、俄罗斯、哈萨克斯坦、中亚地区方向的货源需求。通过开发珠三角地区开行三水西至沙良物流园、七苏木物流园的特需班列，长三角地区开行桥西至中鼎转内蒙古地区的快速班列等物流产品，将中欧班列市场覆盖扩展至珠三角、长三角和京津冀地区。

三是联通境外，扩大国际货源辐射范围。深入调研蒙古国、俄罗斯、哈萨克斯坦等沿途国家的货源结构，掌握国际国内客户需求信息，组织返程货源，降低物流成本，实现中欧班列重去重回。在莫斯

科、蒙古国等中欧班列沿途国家和地区的物流园建立国外集货点,与各国矿产、建材、生活消费品等领域的生产企业展开深度合作,提供落地配送服务,形成点对点运输。召开中欧班列推介会,积极参加欧洲国际物流展、中蒙商品博览会、中俄博览会等国际型物流会议活动,努力搭建国际物流服务网络,吸引俄罗斯粮食、木材回程货源。

(三) 建立综合物流园区,释放物流节点织网结盟效应

一是规划建设国内中欧班列节点。将局管内其他物流园区及货场作为沙良、九原、七苏木物流园区的物流配送节点,与三大物流园区共同形成了"物流园区—物流中心—配送中心"三级联动的国际物流配送体系。根据呼和浩特市首府消费型物流市场的特点,重新定位沙良物流园区的国际物流功能。在沙良物流园建设了跨境电商分拣仓库,成为内蒙古地区的"国际跨境电商物流分拨中心"。为满足包头地方外向型企业的国际物流需求,符合包头市的地方产业经济发展的特点,九原物流园修建了"专用站台、专用股道、专用车辆、专用货位、专用库房"的国际联运内陆港,将物流园区定位为钢铁、有色金属、装备制造产业的"国际物流中心"。利用乌兰察布市地处中蒙俄经济走廊与京津冀协同发展的交接点,市内有六条干线铁路、八条高速公路汇集,形成"东通西达、南联北开"的区位优势,以及"多地辐射,双边带动"的集散能力,将七苏木物流园打造成"国际集装箱多式联运中心及中欧班列枢纽"。

二是拓展物流口岸服务功能。依托二连口岸铁路装卸、换装基地优势,探索规划二连口岸"一体化"经营管理模式。积极拓展蒙俄液体化工、木材、矿产、纸浆等资源物流以及粮食、服装等生活物流项目,按照口岸规划定位,整合既有土地及物流设施,将口岸规划为"三区两中心","三区"即木材储运区、散装货物集散(A、B)区和原油换装区,"两中心"为矿石洗选加工中心和粮油集散加工中心。

三是完善海关特殊监管区域。呼和浩特局集团公司与政府共同合作开发扩大场站规模,增加功能分区,在园区建立仓储保税、流通加工、海关监管区域,使物流园形成一个集仓储、配送、通关、代理、流通、加工、生活配套和多种运输方式有序衔接的现代化综合物流园,实现多种功能的一站式服务;与天津港、曹妃甸港合作,建立"无水港",实现出区达海多种运输方式的有序衔接,打通了"中蒙俄"陆路通道的出海口;对呼和浩特、包头、乌兰察布的物流园区货源集散地进行专业分工,通过海关、物流、保税功能的增加,硬件设施设备的改善,引流入园,形成了集装箱多式联运中心和集装箱铁路口岸。

四是开发国际物流枢纽节点。与蒙古国、俄罗斯等物流企业合作在境外"中蒙俄经济走廊"与"中欧班列"枢纽节点布局了蒙古国乌兰巴托、俄罗斯莫斯科、波兰什切青物流产业园区,建设具有海关和口岸功能的海关监管区、保税区及口岸服务区。其中在莫斯科西北方向通往圣彼得堡60千米处的索尔尼诺,租赁既有线路和场地,扩能改造占地200亩的中欧班列园区。通过标准化物流体系建设,境内境外园区互动互通,实现了供应链节点内的基础设施快速发展。

(四) 优化班列运输作业组织,提升供应链中端管控效能。

积极探索班列开行新模式,发挥公铁海多式联运及铁路调度、行车、装卸等多部门协调联动的优势,合理安排运输路径,压缩物流运输各环节的等待时间,促进供应链各环节管理水平的共同提升。

一是合理安排运行路径。深入研究货源吸引区的地理位置及产业资源,结合铁路总公司规划的西、中、东三条中国至欧洲的铁路通道,以国内七苏木、临河及俄罗斯向日葵物流园为支点,研究制定两条运行线路。一条是从阿拉山口转关的西部通道,运行线路由包头(临河)始发,经京包线、临策线运输,由新疆阿拉山口(霍尔果斯)口岸出境,经哈萨克斯坦出境到达伊朗或欧洲境内。另一条是中部通道,主要是将在呼和浩特、乌兰察布及长三角、珠三角集结的货物发送至俄罗斯境内,由乌兰察布市七苏木集货中转,经集二线由内蒙古二连浩特口岸出境,途经蒙古国与俄罗斯西伯利亚铁路相连,通达欧洲各国。

二是组织便捷化物流产品。针对班列开行初期均要靠东南沿海发达地区集聚货源的情况，积极协调铁路总公司给予接续国内快速班列扶持政策，以稳定的产品吸引货源，组织开行重去重回循环班列，通过钟摆运输降低成本。积极组织协调铁路总公司将"中欧班列"按照定点（装车地点）、定线（固定运行线）、定车次、定时（固定到发时间）、定价（运输价格）的运营模式组织开行，在运力保证、运到时效、运输组织、口岸服务等方面压缩中欧班列开行时间，在班列系统运营和市场中形成品牌效应。

三是打通过境通关梗阻。针对中蒙两国过境车站线路条件不匹配、国内线路有效长不足、作业线取送时间较长、国内物流园区场地不足等情况，加大口岸运输站场以及作业场的改造扩建力度，改造二连宽轨接发和调车场，在到发线和调车线各增设2条，延长到发场和调车场线路至1250米，有效解决实际能力不能满足贸易进出口需求的矛盾；筹集专项资金，对现有作业场地进行硬化改造，将闲置货车换轮库进行改进升级，满足国际集装箱及粮食进出口的物流仓储需求；配备正面吊车、叉车、搬运汽车、拖车等设施设备及装卸作业人员，解决站场装卸能力不足的问题，确保中欧班列的运输顺畅；开展第三方企业金融托盘服务、进口货物仓单质押服务，以及大宗商品期货交割库管理服务等口岸物流综合服务产品，为落地货物提供品种多样的物流服务。

四是实施运输全过程监管。全程盯控国际班列途中运行情况，及时解决运输过程中存在的问题，减少了作业等待时间。首先，加强运到时限的管理。在班列集结运输过程中以客户需求为导向，加强接取送达、装卸车作业、通关代理等服务，大力推进准时制运输。其次，严格落实首问追踪联系落实制度。对所有运输货物，从接货开始，到货物到场仓储装卸，再到挂车发运通关代理及境外运输，呼和浩特局集团公司采取一对一全过程跟踪服务模式，确保运输全过程有效监管。最后，建立全过程跟踪回访制度。指定专人负责境内外客户的维护，上门为客户设计国际联运物流方案，满足客户的国际物流需求，班列到达境外后，派专人对客户进行回访，对反映的意见建议及时进行反馈，并逐级研究解决，实现了全过程的物流跟踪管理。

五是推行以车代库作业模式。发挥铁路调度集中统一指挥的优势，班列运行途中，调度、车站严格掌握现在车及达到车车流信息，优化站场分工、分类线、调车机使用方案，做好阶段计划，压缩中转时间，大大减少了因等流、等线、等机的中转超时问题。提高列车编组质量，确保班列快速输送。加强相关工种调度联系，提前安排取送运力，及时取送车，减少车辆在始发、终到站的待挂、待卸时间。通过精准测算铁路运到时限，使产需两端匹配时间更加紧密，大大缩短了物流企业库存时间，减少了生产成本。

（五）完善内部运营管理机制，实现供应链全程有效监管。

一是流程升级再造。组织调度所、对外合作处、经营开发处、货运营销中心、呼铁外经集团公司、二连站、中铁集装箱公司、中铁快运等单位重新梳理制定了从揽货到装车再到境外组织的21项作业流程。客户从签订合同后，呼铁外经集团公司立刻确定箱型，向海关、检验检疫、中铁集装箱等部门提报需求，通知中铁快运派车将货物拉运到指定场地装箱。组织重箱进站后，按规定进行安检、拍照、称重等作业，再拉运至国际物流园区指定的海关监管区进行落地仓储。国际物流园区在运抵报告上签字确认。呼铁外经集团公司持运抵报告及纸质单证到海关现场递单，海关进行查验、施封，货运中心根据施封号制作国际运单，呼铁外经集团公司持国际联运运单到海关领取关封，货运中心进行制票、装车，货物到达境外后及时对接合作物流企业，确保按时交付客户。在运行过程中，调度部门实时了解境内外班列运行路径及运行时间，确保转关及出关交接流畅顺利。通过理顺作业流程，减少无效作业，提高作业效率。

二是建立灵活定价机制。借鉴国际公路运输价格灵活多变、反应迅速的特点，按照紧贴市场、覆盖成本的原则，实行市场化的定价策略，完善与市场紧密对接的计价收费模式，实行完全市场化一口价的国际联运模式；在国内货物集结时，完全按实重计费，对零散货物和高附加值白货，不区分种类，一律按货物实际重量承运和计费报价；按照国际联运中铁路与其他运输方式保持合理比价原则，实施国际运输统一运价动态调整机制，最大限度地争取国际公路运输货源回归；建立议价机制，下放定价权到货运中心，由货运中心根据稳定货源和临时货源以及运输资源的情况，在充分考虑运输成本的基础上，适当执行议价，努力实现双赢。在境外运输时，积极与蒙铁、俄铁协商沟通，根据国际运输需求适时下浮集装箱运费，通过政府的财政补贴政策，降低了国际联运成本。

三是加快信息化体系建设。与中远海、中外运合作，在开行中欧班列的基础上，推出多式联运产品，通过物流信息平台整合服务，实现车货线上匹配交易，线下实操运营。并且推动公路、铁路、海运、海关、境外运输物流信息系统互联互通，实现信息共享、资源共享。加快实现口岸生产经营信息数据共享工作，实现生产流程自动化管理。建设中蒙边境电子口岸，形成数据的集聚与共享。通过数据对比分析，实现了异地24小时通关，大大提高了物流通关效率，提升了服务质量。以既有铁路电子支付平台为基础，完善电子支付功能，拓展电子支付业务，打造铁路电子支付品牌，为国际物流企业经营提供电子支付与结算服务。

（六）整合上下游物流企业，提升供应链整体管控水平

一是加快中蒙俄通道建设。针对中蒙俄国际通道宽轨段运力不足问题，呼和浩特局集团公司在运力上先期租赁部分车辆和集装箱，实现班列安全稳定周转。后期与俄铁相关企业合作，购置或制造铁路专用车和集装箱，输出我国铁路车辆先进制造技术。根据境外物流资源整合需求，与境外合作伙伴共同组建合资公司，投资建设铁路、公路及口岸基础设施，投资沿线物流设施设备，改造粮食、油料、木材铁路运输车体及境内外铁路货运站，提高效率、降低成本。通过资本紧密合作，打通中欧班列物流通道，适应战略物资大宗商品运输需求。

二是加强国际联通交流。建立国际发展基金，对接丝路基金和亚投行，通过"物流＋园区＋产业＋供应链金融"，全方位推动自治区外向型经济发展。建立包括口岸、铁路、海关、检疫在内的协调机制，促进沿线国家间的产业合作，推动跨境电商、旅游、文化、环保、教育、医疗等产业的沟通，提升沿线国家民众对"一带一路"倡议红利的客户体验，促使民心相通。

三是带动物流与地方产业的深度融合。随着"通道＋园区＋产业"运营管理新模式的构建，形成了以中欧班列为品牌的城市产业经济新增长点，主动对接地方外向型经济上游企业，引导国内企业在工业园区加工制造出口零配件，通过中欧班列运输至俄罗斯莫斯科物流园区，简单加工成成品后销售至俄罗斯和欧洲各地。并且与政府合作组织到俄罗斯产地进行集中批量采购，通过回程中班班列运输至境内物流园区进行深加工后，分拨配送至京津冀及长三角地区，通过重去重回的中欧班列运输，推动内蒙古自治区木材加工产业快速发展。

三、促进"一带一路"沿线合作共赢的国际班列供应链管理效果

（一）企业经营成效显著

2017年，呼和浩特局集团公司累计组织开行中欧班列71列，其中，回程班列15列，形成了七苏木—二连—莫斯科，七苏木—霍尔果斯—塔什干、丘库尔赛等地及伊尔库—二连—七苏木的国际回程班列四条运输线路，到达欧洲国家增加至8个，出口至中亚五国、蒙古国、俄罗斯、白罗斯、伊朗等"一带一路"沿线国家，经营网络地跨欧洲、俄罗斯、蒙古国及中国的内蒙古、京津地区。出口品类包括赖氨酸、饲料添加剂、抽油杆、汽车、机械设备、生产线、轮毂、家电、蔬果、整体卫浴等；进口产品主要为有色金属矿粉、粮食、钾肥、板材、纸浆、平行进口汽车等。运行时间由18天压缩至14天，平均每列带来运输收入40万元，全年运输收入4000万元，取得物流服务、装卸服务、代理报关报检等增值服务收入600万元。

（二）助力地区经济增长

随着全国开行中欧班列的迅速增长，内蒙古自治区政府也发挥了优势，积极推动班列开行，拉动内蒙古经济发展。目前，在呼和浩特市注册的大型物流企业达20家，仓储物流业和跨境电商业在呼和浩特市蓬勃发展。乌兰察布市作为"铁路枢纽节点"城市，"中欧班列"已成为其对外招商引资的城市名片，长三角和京津冀地区多家外向型企业纷纷转移落户，木材、物流、出口加工制造企业等外向型经济得到长足发展。通过中欧班列的拉动，乌兰察布市察右前旗木材加工园区已聚集了嘉泽、森诺等15家企业。同时，木材园区、洁具园区、灯具园区、建材园区落户内蒙古自治区，外向型产业经济逐步形成。2017年，乌兰察布对外贸易额同比增长150%，成为内蒙古自治区向北开放的新高地。包头、鄂尔多斯地区通过中欧班列的开行，钢铁、有色金属、重载汽车、小型轿车等产品与国际市场对接，带动区内北重集团、奇瑞汽车等企业产品出口，2017年包头、鄂尔多斯的出口总额合计达到56亿元，较2016年增长24.1%。

（三）促进了"一带一路"沿线国家的贸易往来和发展

呼和浩特铁路局集团作为边境口岸局，通过中欧班列的开行，拥有了自身开发的国际物流产品，使得品牌效益及竞争力得到明显提升，为铁路总公司打通国际物流通道填色。同时，班列在安全、正点、稳定、快速的基础上，通过流程改进、服务品质提升，赢得了广大客户的一致好评。中欧班列是集国际物流、运贸联动、产业延伸于一体的全新运行模式，使亚、欧、非等沿线国家成为互联互通的经营共同体，有效促进了"一带一路"沿线国家的贸易往来和外向型经济发展。

（成果创造人：张骥翼、柴随周、张中平、王恒利、骈文波、张瑞平、
冯建勋、石三黑、刘　洁、吴立宏、刘　迪、张鹏春）

大型有色企业跨国资源项目管控体系建设

金川集团股份有限公司

金川集团股份有限公司（以下简称金川集团）以矿业和金属为主业，采、选、冶、化、深加工联合配套，相关产业共同发展，工贸并举，产融结合的跨国集团。主要生产镍、铜、钴、铂族贵金属及有色金属压延加工产品、化工产品、有色金属化学品等，是中国镍钴生产基地、铂族金属提炼中心和北方地区最大的铜生产企业，被誉为中国的"镍都"，在全球同行业中具有较强的影响力，境内外员工32000余人，已形成"金川—境内—海外"跨国经营格局。2017年位列中国企业500强第88位，中国100大跨国公司第41位，跨国经营指数18.26%。

一、大型有色企业跨国资源项目管控体系建设背景

（一）践行"一带一路"倡议，服务国家经济发展和战略资源的需要

我国油气资源、矿产资源进口的依存度高，"一带一路"沿线国家大多数是新兴市场国家和欠发达国家，油气资源和矿产资源丰富，与我国具有较强的资源互补性，对中国缓解能源紧张和矿产资源压力具有重要的现实意义。近年来，"一带一路"倡议在能源资源合作方面成果丰硕，既有早期中国对外合作成果的延续与深化，也有在新领域、新方向的开拓与创新。作为国有大型有色企业，金川集团有责任也有能力践行"一带一路"倡议，充分发挥矿产资源和能源在"一带一路"中的重要作用，服务我国经济发展和扩大开放，提升国家战略资源保障，为我国实现"两个一百年"目标做出应有贡献。

（二）实施跨国经营战略，提高国际竞争力的客观要求

开展跨国经营活动，能够更为灵活、有效地利用国外资源、参与国际竞争，是我国大型企业在发展壮大中的必由之路。2008年国际金融危机以来，我国有色金属企业充分利用国外一些矿业公司资金困难和市场价格低迷等有利因素，纷纷"走出去"参与国际竞争。特别是近年来，我国有色金属工业进入了由国内生产向全球化、国际产能合作、开放型产业发展的新时代。金川集团在国内作为行业翘楚，必须坚决贯彻新发展理念，责无旁贷地担负起推动有色金属工业转变发展方式的重任，大力实施跨国经营战略，切实提高国际竞争力。

（三）企业跨国资源配置和经验积累深厚，奠定跨国资源项目管控体系建设的基础

面对复杂多变的市场环境和异常严峻的经营形势，金川集团积极把握矿业长周期、强周期的行业规律，大力实施跨国经营战略。金川集团根据自身发展需求，借力国家政策机遇，充分利用矿业资本市场，通过跨国并购和股权投资获取优质资源，在金川以外获得11座有色金属矿山，涉及境内外矿产资源项目的投资约21亿美元，已经形成以本部采选冶和精深加工基地，兰州金川科技园有色金属新材料研发和生产基地，广西防城港外部原料加工基地，南部非洲、东南亚等资源保障基地为支撑点，资源全球配置，资产与业务全球分布的"金川—境内—海外"跨国经营格局。

二、大型有色企业跨国资源项目管控体系建设内涵和主要做法

金川集团在实施跨国经营过程中，为高效实施资源和业务全球配置，确保资源战略和投资收益，在中西方两种不同管理体制、运作机制互动中寻求契合点，紧盯市场化、国际化、集团化方向，持续优化"金川主导、中西融合、系统配套、综合发展"的海外项目管控原则，以资源项目经济评价模型对标管理为抓手，落实"模型指导经营、经营验证模型"的全生命周期项目运营模式，一揽子推进海外资源项目经营理念、治理体系、集团管控、组织形态、管理模式等的创新改造，建立具有金川特色且行之有效

的跨国资源项目管控体系，有效提升金川集团跨国经营能力，进一步增强国际竞争力，实现资源优势向经济优势的转化，做实跨国镍铜钴资源保障和开发利用，切实构筑资源优势，提高我国镍铜钴战略资源安全保障能力。主要做法如下。

（一）明确目标思路，制定跨国经营发展战略

1. 找准跨国经营市场定位，识别公司国际竞争优势

金川集团作为我国有色金属行业的龙头企业，经过50多年的发展，已经拥有一批在本行业战略性、前瞻性领域的关键技术，形成核心竞争力。在绿色、低碳、循环发展上具有引领技术，在资源综合利用和主要技术经济指标上具备世界领先水平。金川集团积极"走出去"，定位"一带一路"沿线国家和地区能源资源合作与开发，进一步扩大海外投资，提高海外市场份额，形成国际竞争新优势，力争在全球资源配置中占有重要位置。

2. 明确跨国经营思路，制定跨国经营战略目标

2000年，金川集团开始利用国际、国内两个市场，开发国际、国内两种资源，从全球获得镍铜钴原料。近年来，随着国家"一带一路"倡议的提出，金川集团确立"构筑资源优势，优化产业结构，深化科技创新，加强资本运作，实施跨国经营"为总体战略，明确"转型升级、提质增效，推进市场化、集团化、国际化，抓住阶段性的机遇实现跨越式发展，解决结构性的矛盾提升发展质量"为总体思路，明确"矿业权益资产全球布局，冶炼产能资产在'一带一路'布局"为结构性调整重点，在全球实施资源配置和业务布局，以绿色高质量发展战略引领促进金川集团聚焦资源、资本、国际化取向，致力于创建主业突出、治理规范、技术领先、管理先进、绩效卓越，全球资源配置能力强的世界一流跨国经营集团，实现由"中国的镍都"向"世界的金川"的转变。

（二）完善组织架构，搭建跨国战略实施平台

坚持生产经营和资本运营并举，采用国际化资本运作为资源协同利用给予保障促进。一是充分发挥境外投融资平台和管理团队的作用，将已收购的境外资源项目管理好、运营好作为首要任务和重中之重。二是进一步夯实南部非洲基地和东南亚基地，并聚焦于金川集团主产品镍、铜、钴等资源进一步开展项目收并购与产能合作。

1. 借助"一带一路"倡议，建设生产加工和原料保障基地

金川集团充分利用国内、国外"两种资源"和"两个市场"，发挥既位于"丝绸之路经济带"黄金段、又位于"海上丝绸之路"起点的叠加机遇，综合区位优势、市场辐射范围、竞争对手布局、政策支撑能力、环境容量、利益基本保障等条件，以国际视野实施资源和业务全球配置，在全球30多个国家和地区开展资源协同开发利用，加强资源的绿色开发和协同管理，着力打造广西防城港、南部非洲、东南亚3个生产加工基地，构建"金川—境内—海外"跨国经营格局。

金川集团在广西防城港建成铜镍生产冶炼加工基地，作为利用境外资源的登陆口岸和"飞地经济区"的重要组成部分。"广西金川"被确定为甘肃省"海上丝绸之路"出口基地，成为金川打通借船出海通道、走向世界的桥头堡。依托南非梅特瑞斯公司构建金川集团非洲铜钴资源开发基地，印尼WP&RKA红土镍项目被国家发展改革委列入中国—印尼"一带一路"政府间国际产能合作重点项目。红土镍资源开发、高镍铁冶炼项目正加快建设，总体上构建形成金川集团资源协同利用的产业基地。

2. 构筑资源资本协同共享旗舰平台，实现资源资本协同提升

"金川香港"2009年9月设立。2016年度营业收入达到335亿元，资产总额达330亿元，累计为金川集团和广西金川低成本融资超过62亿美元。作为主体先后完成6家境外矿业公司收购。2010年在香港主板市场控股改组设立"金川国际"，建立起金川集团与国际资本市场的联系，采用多种方式募集收并购及项目开发资金。

金川香港、金川国际两级平台，构成金川集团实施资源项目并购开发、资产整合、资本运作、投融资旗舰平台。以金融资本助力产业资本，实现跨越式发展。利用香港资本市场融资、投资、再融资、再投资，不断滚动发展，实现良性循环。金川集团坚持"利益共享、风险共担、优势互补，合作共赢"理念。探索采用独资、合资、控股、参股、租赁等多种方式和模式合作开发资源类项目，以并购控股为主导、参股合作为辅助，探索多种可行的资金融通渠道，尤其注重寻求股权投资等权益性资金。

（三）加强制度建设，促进跨国经营管理提升

1. 以国际化管控为目标，建立健全境外投资管理制度

金川集团从企业"根本大法"的高度完善了法人治理制度体系，修订了《公司章程》《股东大会议事规则》《董事会议事规则》《集团管控基本制度》等根本制度，以更好地适应金川集团跨国经营的需要。从"行政法规"的角度，健全完善了以总部各部门市场化、集团化、国际化、现代化为特色的规章制度，为金川集团的跨国经营保驾护航，出台了《境外投资管理制度》《全面风险管理制度》《内部控制制度》《对外矿产资源合作项目风险管理规定》《风险预警管理暂行规定》《风险投资业务工作实施细则》《境外机构和人员安全管理暂行规定》等一批基础性规章制度。

2. 创新海外管理制度，保障跨国资源项目良好运行

海外矿业投资面临政治、法律、社区、治安、宗教、国别、历史、文化等多种非矿业技术因素的影响，投资环境复杂多变。完善的制度体系、健全的工作机制、创新的工作模式、有效的风险管控，是海外资源项目运行良好的"硬翅膀"和"好法宝"。金川集团进一步完善在法人治理结构下的规章制度，立足金川元素，融入金川文化，固化金川模式，借鉴吸收国际成熟有效经验和制度成果，创新形成具有金川特色且符合项目所在国法律法规的管理制度和工作模式。

3. 建立海外工作机制，使跨国资源项目管理更具针对性

金川集团建立了境外项目每月月报、季度回头看、半年总结、境外项目负责人定期回国述职汇报等工作机制，使集团总部和境外项目管理沟通实现了有效衔接和联动，对境外项目的管理更加具有针对性、系统性和全面性。

（四）创新工作模式，建立跨国资源项目管控

1. 持续优化"金川主导、中西融合、系统配套、综合发展"的海外项目管控原则

金川集团在国际化运营管理上已经走过了一段逐步积累经验、探索管理模式的道路。墨西哥巴霍拉齐铜矿主要采用金川集团人员管理的模式运营，有利于贯彻落实公司管理理念，但也存在对集团公司过于依赖的弊端。南非思威铂矿主要按照上市公司的模式，与其他股东方共同运营管理，有利于满足南非的法律法规和上市公司的合规要求，但也存在大股东承担的义务过重、矿山建设技术优势和管理经验不能充分发挥的弊端。南非梅特瑞斯公司收购之初采用保留原外方管理团队的运营模式，顺利实现了平稳过渡。但随着全球金属价格的下滑，职业经理人在矿山生产组织、降本增效方面的不足开始凸显，无法很好地应对形势的变化。因此，金川集团针对每个项目的具体情况，及时调整了项目运营管理模式，派遣最优秀、最富有经验的中层管理人员担任境外子公司的CEO、CFO，聘请熟悉当地、熟悉国际化运营的人才参与境外矿山运营管理，引进具有矿山施工经验和先进技术的矿建公司承担境外矿山建设任务，从而使各方优势得到充分发挥和互补。加强属地管理，境外矿山一线岗位基本全部为当地员工，技术岗位和一般管理岗位大部分采用当地员工，高级管理人员聘用少数职业经理人，重点培训、培养当地员工成为境外矿山管理和技术骨干，严格遵守当地法律、法规开展经营管理活动。这些措施，有效降低了矿山运营成本和运营风险。比如，金川集团调研论证后，推行全方位变革创新。委任金川团队主导梅特瑞斯公司高层管理，同时保持外方中层管理和核心技术团队不变，实施"下移管理重心、精简机构、大幅裁员、优化技术工艺流程、强化降本增效"等改革措施。发挥金川集团五十多年矿山生产管理的经

验和优势，也发挥当地外方人员熟悉情况和西方管理模式的优势，形成合力，成功渡过难关。通过南非梅特瑞斯公司的实践，以此为试点和示范，在金川主导下，融入西方因素，通过文化延伸、理念融合、体系完善，在不断探索实践、总结归纳的基础上，逐渐确立并持续优化"金川主导、中西融合、系统配套、综合发展"的境内外资源协同管理新模式，促进与东道国、地区的和谐共同发展，作为行之有效的管理模式全面推广。

2. 以资源项目经济评价模型对标管理为抓手创新工作模式

金川集团围绕海外资源项目管理中的重点、难点问题，深入开展调研，广泛征求意见，坚持问题导向、目标导向和结果导向有机统一，找准关键节点，明确目标任务，建立海外资源项目经济模型评价体系。通过实施南非梅特瑞斯铜钴矿、南非思威铂矿、西藏谢通门雄村铜矿、墨西哥巴霍拉齐铜矿、印尼WP&RKA红土镍矿等金川集团重点资源项目的经济评价模型对标管理实践，确定了金川集团海外资源项目经济评价模型评价体系。资源项目严格按照"经济模型"对标管理，严控风险、坚决止损、保证回报。实行预算目标与绩效管理联动，对照模型指标，结合项目实际，实施动态对标管理。管理中不断细化措施、严控风险、分解目标、靠实责任，将提高收益回报作为落脚点，着力提高投资收益率、投资回报率，实现提质增效。

金川集团根据市场情况、项目开发阶段、资金情况，合理安排金川及境内外矿山开发建设进度，突出开发效益，优先运营已建成投产的矿山，做好资源项目的运营。2015年以来，金川集团全面落实子公司的经营主体责任，强化管理部门的服务和监管职能，健全完善一系列资源工作管理制度，建立境内外资源项目经济评价模型，在充分放权激发子公司"五自"经营活力的基础上，逐步形成海外资源项目运营管控新体系，以更加科学、管用、有效的管控手段和管理工具加强成本控制、提升技术指标、促进产量提高、优化资源开发，从而实现风险管控强化、经济效益增长的目标。

3. 巩固深化以财务资金为重点的精细化管理

金川集团海外资源项目投资面临着较大的资金压力，大部分项目处于建设、可研等需要大量投入资金的开发阶段，子公司自身融资能力不足，主要依靠集团公司开展融资工作，融资渠道较窄，集团公司财务管理负担较重。金川集团积极构建市场化核算体系，靠实经营主体"五自"经营责任。梳理完善现有全面预算管理体系、资金管理体系、成本管理体系、财务监督体系，加快构建管理会计体系、全面税收管理筹划体系等财务管理体系，全面提升财务管理水平。进一步厘清集团与各经营主体之间在财务管理中的职责，充分发挥集团层面管理决策、制度保障、监督服务作用，各经营主体财务部门发挥本单位财务管理、决策支撑、风险防控作用。

4. 强化海外风险防控，确保跨国经营安全有效

金川集团完善海外资源项目全面风控体系，明确风险管理组织架构、管理职责、流程和方法，落实风险管理三道防线作用。强化各经营主体在风险防控工作中的主体责任和一线责任，建立健全各经营主体单位风险管理制度和运行机制。加强和改进内部审计工作。拓展重点业务领域和事项的审计，开展对外投资、固定资产投资、科研项目、废旧物资专项审计；加强境外企业主要负责人经济责任审计以及境外资产专项审计和监督检查，强化境外资产监管，确保集团公司境外资产安全有效运行。

（五）实施经济模型对标管理

1. 指标先进、参数合理，真实反映项目实际情况

为准确反映和有效评价资源项目生产经营及管理能力水平，对标行业先进，金川集团根据资源项目特点及管理提升需求，设定相应的专业指标。例如，针对铜矿生产成本和技术指标，对标国际先进水平，考虑不同地区的资源项目经济评价模型中的成本和技术指标，依据价格预测合理编制项目生命周期内的生产计划、排产计划、规划。

以金川集团南部非洲资源项目经济评价模型为例，2014年在建立模型之初，就与具体项目公司广泛结合沟通，尽可能全面地收集相关数据。生产运营项目数据主要依据项目实际生产的数据、未来三年的生产计划以及中长期规划，建设项目数据则来源于项目可研报告和开发计划等。并通过与项目公司或设计单位进行深入交流和沟通，进行现场实地调研等方式修正核实数据，使经济评价模型真正实现适时调整，动态评估。

2. 开展经济评价模型对标管理，进行投入产出动态评估

金川集团结合资源项目财务预算管理、技术指标管理以及绩效考核，按照经济评价模型确定的未来三年提质增效目标和措施，通过月度、季度、半年以及年度对标管理落实各项具体措施的实施情况，适时进行模型更新优化，定期或不定期进行项目现场调研，及时调整相应的提质增效具体措施，结合项目实际，实施动态管理。在产项目根据市场变化适时调整业务组合，并通过精简人员机构、强化现场管理、实施技术改造、优化指标、压缩成本、严格绩效考核等措施，保持生产运行正常，实现正现金流；在建、待建项目根据全球经济和金属价格发展趋势以及项目自身特点，并结合融资安排，按照模型对标评估和降本增效目标，合理有序安排工程建设。建立动态经济储量模型，根据市场价格变化及时更新矿山储量和开采计划；建立资源项目运营财务模型，采用市场化核算，确定最佳运营模式。在实现现有"经济评价模型"目标的基础上，进一步优化、调整和做好资源项目全周期"经济评价模型"，实行对标管理，进行投入产出动态评估。

3. 明确提质增效目标，制定提质增效具体措施

金川集团通过模型敏感性测试，根据未来市场预测和判断，结合项目公司各自的建设开发年度计划、中长期规划等，集团总部与项目公司共同查摆影响项目经济性和价值体现的关键因素与主要指标。为确保投资收益，针对这些因素提出控投资、降成本、提指标、按期建成、按期达产达标的目标。根据在产、在建等不同阶段分别研究制定各个项目未来三年的提质增效目标和具体改进措施，其中重点针对下一年的目标制定较为详细具体的落实措施，形成该项目下一年度的提质增效任务分解落实表，以此作为年度绩效考核目标，进行表单化管理。金川集团坚持"先算后干、边干边算、干了再算"的精细化管理理念，以市场化运行为主导，以生产经营效益最大化为根本，全力推进全面预算管理，严格按照各项目子公司的管理制度和审批架构进行成本管理。境外生产项目公司按照集团公司下达的"止滑、减亏、增盈"绩效目标制定其在机构改革重组、技术改进、人员优化等方面的降本增效措施；建设项目公司通过优化建设方案、优化管理结构、引入中国队伍等措施降成本。

（六）持续优化改进跨国资源项目管控体系

一是坚持以解放思想、转变观念为引领，强化市场化思维和国际化视野，坚决克服思想僵化、行动固化、斗志退化的危险，从根本上改变长期以来形成的工厂制思维和运转模式，保证企业跨国经营改革涉险滩、闯难关、啃硬骨头。二是坚持以贯彻新发展理念为引领，在质量变革、效率变革、动力变革的基础上形成海外资源项目创新驱动型发展模式。三是坚持以创新文化为核心的企业文化为引领，用新的经营管理理念、新的制度体系和组织形式、新的领导方式和领导作风引导企业跨国经营转型升级。四是紧扣改革统揽、创新驱动、提质增效方针，在跨国经营活动中更加注重对稳增长、转方式、调结构、控风险关系的主动协调，更加注重对集约经营、稳健发展的持续追求。五是紧盯市场化、国际化、集团化方向，促进公司体制由集权型分级控制向战略型分权控制转变，助推公司发展由规模速度型向质量效益型转变。六是充分利用资金管理信息系统，统筹利用股权处置资金、资本金收益、子公司分红，发挥资金管控既"造血"又"止血"的多重功能。七是通过健全指标、核算、价格、考评体系，完善海外资源项目生产经营运行机制；通过健全指标、统计、考核体系，完善绿色高质量发展机制；通过健全全面从严治党、意识形态、安全、环保主责体系，完善激励容错问责机制。

三、大型有色企业跨国资源项目管控体系建设效果

（一）建成有效的金川跨国资源项目管控体系

金川集团初步构建起适应跨国经营的海外资源项目管控体系，实现互联互通、深度融合，提升了跨国经营新高度，为创建主业突出、治理规范、技术领先、管理先进、绩效卓越，全球资源配置能力强的世界一流企业奠定了基础。金川集团确立了"资源可靠、技术可行、风险可控、效益可观"为投资资源项目的基本原则和标准。2014年以来，通过南非梅特瑞斯公司管理改革的实践，在金川主导下，融入西方因素，通过文化延伸、理念融合、体系完善，形成了以"金川主导、中西融合、系统配套、综合发展"为海外资源项目管控原则并行之有效的金川跨国资源项目管控体系，在金川集团全面推行，实现资源资本优质高效运作。

（二）增强了企业国际竞争力

经多年积累发展，金川集团现已与全球五大洲30多个国家和地区建立了合作关系，开展资源项目开发和业务布局。通过跨国资源项目管控体系的建设和应用，金川集团的综合实力、国际影响力、抗风险能力不断增强，跨国经营能力不断提高，在国际市场上的竞争力得到切实提升，主要产品市场占有率和主导产业行业集中度大幅提高，树立了我国企业在国际矿业领域的模范带头作用，塑造了负责任的矿业开发形象。就南非梅特瑞斯公司而言，金川集团收购后，2017年营业收入达到4.58亿美元，税后净利润5046万美元，彻底实现了扭亏为盈。

（三）提高了资源保障能力

金川集团作为我国镍钴行业的龙头企业，牢记"聚金汇川、利民兴邦"的使命，坚持"走出去"跨国经营不动摇，坚决响应国家"一带一路"倡议，增强利用境外资源的主动性，实现由"走出去"向"走进去"的重要转变，围绕建基地、控资源、相配套，形成自我良性循环和发展壮大，做到扎好根、发好芽、结好果。在构筑跨国资源优势方面寻求积极突破，增强资源储备，提高我国镍铜钴等有色战略资源的保障能力，保障了国家经济发展需求和战略安全。

（成果创造人：马建青、郜天鹏、孙平安、庞大强、王永才、
孟江涛、潘寿红、王永业、高云峰、姜　燕、侯艳丽）

海外电力项目全产业链价值创造的"四位一体"组织管控模式构建

中国电建集团海外投资有限公司

中国电建集团海外投资有限公司（以下简称电建海投公司）成立于2012年7月，是中国电力建设集团（以下简称中国电建或集团）旗下专业从事海外投资业务市场开发、建设、运营的法人主体，在集团内发挥"四大平台"作用，即海外投资平台、海外融资平台、海外资产运营管理平台和全产业链升级引领平台。电建海投公司作为海外电力能源开发与资产运营为主的专业化投资公司，截至2018年6月30日，在老挝、柬埔寨、尼泊尔等10多个国家开展投资业务，共有8个投产项目、4个在建项目、10多个前期项目，在建及运营电力项目总装机365万千瓦，资产总额350亿元，共有中外员工1238人。

一、海外电力项目全产业链价值创造的"四位一体"组织管控模式构建背景

（一）积极响应国家"走出去"战略和"一带一路"倡议，推动集团战略落地的需要

中国电建积极响应国家"走出去"战略和"一带一路"倡议，围绕"国际业务集团化、国际经营属地化、集团公司全球化"三步走发展战略，致力成为能源电力、水资源与环境、基础设施领域具有国际竞争力的质量效益型世界一流综合性建设投资集团，截至2018年6月底，在全球113个国家设有346个驻外机构，在121个国家执行勘测设计咨询、工程承包、装备与贸易供货等合同2535项。电建海投公司作为中国电建的海外投资法人主体，不仅开展投资开发业务，而且肩负着中国电建产业结构调整和转型升级的重任。

（二）主动应对复杂国际形势和防范海外投资风险，推动集团全产业链风险管控能力整体提升的需要

为应对复杂国际形势和防范海外投资风险，电建海投公司提出"风险管控永远是第一位的"风险管控理念和打造"六种能力"建设，包括投资开发能力、海外融资能力、建设管理能力、运营管理能力、资源整合能力和风险管控能力，不仅提升投资人在投资项目全生命周期风险防范能力，而且引领推动集团成员企业提升国际工程承包管理能力、运营管理能力、资源整合能力和风险防范能力，实现投资项目带动集团全产业链风险管控能力整体提升。

（三）打造集团生命共同体和集团品牌国际竞争力，推动集团全产业链价值创造的需要

电建海投公司提出集团利益最大化和全产业链共同发展的"项目生命共同体"发展理念，在投资项目全生命周期里，电建海投公司发挥核心主导作用，负责统筹和协调集团成员企业做好"六个统一"。对项目内部管理，做好"统一领导，统一目标，统一行动"，形成合力，提升项目管控力，引领集团全产业链优势向价值链创造转化；对项目外部协调，做好"统一品牌，统一宣传，统一对外事务"，宣传和提升中国电建品牌形象，着力打造精品工程，推动项目所在国经济、社会、环境和谐发展。通过海外投资项目，获取投资收益，为集团形成可持续经营的优良资产、创造持续稳定的利润来源和现金流，实现集团全产业链价值创造，推动集团向综合性建设投资集团发展。

二、海外电力项目全产业链价值创造的"四位一体"组织管控模式构建内涵和主要做法

电建海投公司为实现中国电建集团全产业链价值创造，在海外电力项目投资建设管理实践中，构建业主方、设计方、监理方、施工方"四位一体"组织管控模式。业主方发挥核心主导和引领作用，集成集团全产业链资源优势，以合同管理为主线，以行政统筹为纽带，明晰合同边界条件，明确合同履约各方责任，紧紧围绕合同工期目标，通过多维度、多形式的管理引领，通过"五大坚持"（包括坚持战略

引领、坚持问题导向、坚持底线思维、坚持复盘理念、坚持管理创新）管理方法，聚焦"五大要素"（包括进度、质量、安全、成本、环保）管控，通过进度计划管控、质量安全体系管控、合同风险管控、环保监督管控、方案科学优化、考核激励机制、党建企业文化等举措，提升风险管控和资源整合能力，有效控制经营成本和防范投资建设风险。主要做法如下。

（一）建立"四位一体"组织管控的理念目标、总体思路、定位责任

"四位一体"组织管控模式是电建海投公司基于电建海投公司柬埔寨甘再水电站、老挝南俄5水电站、尼泊尔上马相迪水电站、南欧江一期项目（二、五、六级水电站）等投资项目建设管理基础之上提出的，并在巴基斯坦卡西姆火电站项目推广应用的组织管控模式。

1. 建立"四位一体"组织管控的理念目标

建立集团利益最大化和全产业链共同发展的"项目生命共同体"发展理念，实现海外投资项目全生命周期市场竞争力的目标。

2. 建立"四位一体"组织管控的总体思路

以"项目生命共同体"发展理念为指引，围绕做好"六个统一"，对项目内部管理，做好"统一领导，统一目标，统一行动"，对项目外部协调，做好"统一品牌，统一宣传，统一对外事务"，全方位全过程建立"四位一体"组织管控体系，实现集团利益最大化和集团全产业链共赢发展。

3. 建立"四位一体"组织管控的定位责任

一是业主方发挥核心主导和统筹协调作。以践行电建集团、电建海投公司发展战略为指引，以投资建成"高可靠性、高保证率、低建设成本、具有强大市场竞争力"的节能环保电厂为管控方针，最大限度整合和发挥集团成员企业的优势资源和核心专长，带领集团成员企业按期建成高质量的优质工程，为运营期"长期、安全、稳定、连续"运行奠定坚实基础。

二是设计方发挥规划设计和龙头牵引作用。以对中国电建品牌负责和投资项目全生命周期质量第一的使命感和责任感，以设计"高可靠性、高保证率、低建设成本、具有强大市场竞争力"的节能环保电厂为规划设计管控方针，为项目总造价、工艺方案、工期计划管理提供可靠支撑。

三是监理方发挥监督管控和服务指导作用。以对中国电建品牌负责和投资项目全生命周期质量第一的使命感和责任感，抓好设计审查关，抓好设备采购、监造、发运和到场验收关、抓好现场施工管控关。在抓好工程建设管控的前提下，为施工方提供及时的服务、指导和支持，及早发现问题和缺陷，为业主方提供增值服务。

四是施工方发挥工程建设主体责任和主力军作用。以建成"高可靠性、高保证率、低建设成本、具有强大市场竞争力"的节能环保电厂为建设管控方针，超前谋划，统筹资源，强化体系，加强管控，狠抓落实，确保各项工作在规定时间内按期保质完成，各节点目标按期完成。

（二）建立"四位一体"组织管控的管理原则、管理举措、管理方法

1. 建立合同管理为主线、行政统筹为纽带的管理原则

以合同管理为主线，以行政统筹为纽带，明晰合同边界条件，明确合同履约各方责任，紧紧围绕合同工期目标，按照进度计划网络图，合理配置人、财、物资源，组织项目实施和风险管控。

2. 建立多维度、多种类、多形式的管理举措

以业主方为主导，参建各方参与，通过成立设计采购中心、质量管理委员会、安全生产委员会、安保管理委员会、联合党工委、联合纪工委、联合团工委等多维度管控机构，通过定期或不定期采取会议、检查、考核、评比等多种类管理方式，增强集团成员企业的融合度和凝聚力，发挥了业主管理引领作用。

3. 提出"五大坚持"管理方法,形成项目管理方法论

一是坚持战略引领,打造标杆示范性工程和发电企业。业主方带领集团成员企业,在设计施工阶段,以创国优金奖为目标,致力打造标杆示范性工程;在建设期生产准备阶段,以"机组设备高可靠性、高保证率、高利用率"为运维理念,致力打造标杆示范性发电企业。

二是坚持问题导向,超前谋划解决重大瓶颈问题。业主方带领集团成员企业,坚持问题导向,积极应对工程建设遇到的内外部各种困难和问题,超前谋划,主动担当,攻坚克难,化解重大的问题和风险,并梳理完善制度和流程。

三是坚持底线思维,强化投资项目全生命周期全方位全过程风险管控。业主方带领集团成员企业,始终坚持底线思维,高度重视和防范投资项目全生命周期全方位全过程的风险管控,在建设期对"五大要素"管控,对质量、安全、环保问题坚持零容忍态度。

四是坚持复盘理念,积极对标先进,勇于自我剖析和自我革新。业主方引领集团成员企业,坚持复盘管理,在建设过程中倾力打造一支主动学习、善于总结和持续提升的优秀管理团队,使企业在复盘中成长,员工能力在复盘中提升。

五是坚持管理创新,党建纪检工作模式创新,信息化建设取得显著成效。业主方带领集团成员企业,成立项目联合党工委、联合纪工委、联合团工委,探索实践集团海外项目党建纪检团建工作新模式。积极实施"基建工地集装箱信息平台",通过信息化管理助力海外投资项目建设管理提质增效。

(三) 建立"五大要素"管控体系,提升风险管控能力和竞争力

1. 建立"三级"进度计划管控机制,以进度督管理

进度是"五大要素"的核心要素。在进度管控方面,建立"三级"进度计划管控机制,坚持"以进度计划为抓手,以考核激励为促进,动态管控,及时纠偏,全面全员全过程全方位抓落实"的进度管控原则。业主方负责督促施工方编制"三级"进度计划,对总进度进行把控,设计方负责"三级"进度计划的编制复核,监理方负责"三级"进度计划的编制审核和执行监督,施工方负责业主方审核通过后的"三级"进度计划的执行。业主方坚持超前谋划,要求监理方严格按照"三级"进度计划,进行施工全过程动态监督和管控,从施工图设计、设备的采购监造发运、施工资源配置、人力资源组织、技术质量安全措施、现场施工管理等方面对施工方提出具体要求,对关键线路和重要工程节点要求施工方制订切实可行的施工组织措施,对存在进度风险的工程节点要求施工方倒排工期,并充分发挥监理方对现场的监督管理职责。业主方定期组织参建各方对"三级"进度计划执行情况进行检查分析,要求施工方及时纠偏,确保工程进度计划按期实现。

2. 建立全员全过程质量管控体系,以质量强管理

质量是"五大要素"的关键要素。在质量管控方面,建立以"全员参与为基础、过程控制为关键、质量控制为核心"的全过程质量管控体系,落实质量管控责任制,坚持"样板领路"和"一次成优"的质量管控原则。一是重视质量管理体系建设,建立健全《工程质量管理制度》《工程质量考核办法》《工程竣工文件管理规定》《工程完工验收管理办法》等管理办法,严格执行,加强监督。二是坚持"样板领路"管理思路,提前策划制作各重点部位施工标准样板。三是坚持质量管理"五到位"(即体系到位、责任到位、标准到位、监督到位、管理到位),充分发挥业主方和监理方的引领和指导作用,变被动检查为主动支持。四是检查督促落实质量责任。监理方组织召开周例会、月例会及质量专题会议,针对施工各环节、工序等存在的问题逐一剖析。督促施工方及时编制相应施工技术方案,严格执行"四级验收"制度,按已审批的施工方案组织施工,定期检查其技术交底情况、施工记录、沉降位移监测记录等。五是加强事前、事中、事后的质量管理控制。六是坚持问题导向,建立相关"问题库"。业主方和监理方在现场施工过程中发现不能立即完成整改的设计、设备等质量缺陷,将其录入"问题库",每周

进行盘点，随时跟踪问题的处理进程，直到完全消除闭合。

3. 建立"九化"安全管理体系，以安全抓管理

安全是"五大要素"的保障要素。在安全管控方面，建立"九化"安全管理体系，坚持"全面落实安全生产责任"和"预防为主"的安全管控原则。

一是建立并大力推行"九化"安全管理。即安全管理法制化、管控体系一体化、责任落实全盘化、风险管控动态化、班组建设规范化、教育培训实操化、文明施工秩序化、过程控制标准化、应急管理常态化。

二是全面落实安全生产责任。业主方铁腕治安，认真落实中国电建和电建海投公司安全工作部署，强化安全生产主体责任落实，建立健全项目安全生产四个责任体系，明确各责任体系的职责，细化考核标准，界定履职内容，加强考核评价。

三是提升全员安全意识和操作技能。开展各类专项安全教育培训活动，开展"安全生产心中有数"等宣传教育；将特种作业人员纳入项目主管专业，每周进行有针对性和专业性的统一培训；对违章违规人员进行下岗再教育培训，培训考核合格方可上岗；加强全员安全生产知识学习，增强全员安全生产意识，提高一线作业人员安全操作技能，营造人人关注安全、人人重视安全的良好氛围，提高项目工程建设的安全保障能力。

四是以"铁腕"加强对现场"不可接受风险"和习惯性违章的排查和治理力度，按照"五到位"安全管理（即整改的措施到位、责任到位、资金到位、时限到位和预案到位）严格整改。编制重大风险动态管控责任清单，明确管控与监督责任人。

五是加强安全文明施工管控。以安全作保证、以安全促施工，划分安全生产责任区，实行安全文明施工区域化、定置化管理，根据工程施工进度，督促施工方及时进行安全文明施工二次策划，持续推进平面管理定置化和安全设施标准化建设，提升项目安全文明施工形象。

六是加强安全事故教育培训及分析。传达落实中国电建集团、电建海投公司相关安全专题会要求，召开学习吸取其他项目事故教训讨论会，举一反三，做好本项目"不可接受风险"动态管控、防止群死群伤事故发生的自查自纠活动。

七是与国内知名第三方安全服务机构建立长期合作，组织专家定期对海外电力项目安全生产检查和事故隐患排查，常态化开展海外电力项目建设、运营安全生产巡视检查，实现"专业的人做专业的事"。

4. 建立全面预算全过程成本管控体系，以成本促管理

成本是"五大要素"的根本要素。在成本管控方面，建立"执行概算为基础、合同管理为关键、过程监督为保障"的全面预算全过程成本管控体系，坚持"以合同为依据，以进度、质量、安全管理为支撑，以考核激励为抓手，严格变更、索赔管理，严控执行概算"的成本管控原则。一是建立健全财务、会计、资金、报销、资产、合同结算、合同支付和考核激励等方面的管理制度，规范管理。二是依据投资执行概算和工程建造合同，按年度分解出月度投资计划，加强对工程建设成本、投融资成本及开发管理成本的控制。三是在外汇、税务、银行选择、外账核算、审计所选择等方面，业主方牵头参建各方，统筹规划，控制成本。四是长期聘请当地税务事务所协助完成外账核算、报表编制、审计应对、税务计算缴纳、税收合理筹划等工作，防范税收风险。五是保持高度敏锐度，制定有效措施保证资金链安全。

5. 建立"预防为主"环保管理体系，以环保推管理

环保是"五大要素"的基础要素。在环保管控方面，坚持"绿色发展，科学开发"和"项目属地经济社会的责任分担者"的环保管理理念，坚持"设计科学环保、施工措施到位、监督违章严罚"的环保管控原则。一是业主方坚持"绿色发展，科学开发"和"项目属地经济社会的责任分担者"的环保建设理念。二是高度重视环保各项工作措施，与当地环保局沟通合作，加强联系协调。在施工阶段，严格遵

守当地环保的法律法规，妥善处置废水废气废弃物和生活垃圾，自觉接受第三方监管，最大限度地减少人为影响，保护当地环境。施工方每月进行环境监测，生活污水处理后达标排放，控制厂界噪声在当地环保标准以内。

（四）建立考核激励机制，激发项目建设活力

建立覆盖全项目体系的考评机制，在实现工程进度节点、重大设计优化和审查、合理化建议、施工组织设计和技术革新、科学进步课题研究、年度履约分包综合考评等各环节设置科学、合理的激励机制，激发参建各方积极性。电建海投公司总部平衡计分卡绩效评价工具适度移植到项目参建各方考核中，建立起以效率和效益为核心的评价方法，形成了全面覆盖、可量化的项目生产经营活动综合考评手段。项目围绕工期节点、质量目标、安全生产先进以及文明施工等内容，细化评比奖励办法，设立质量先进单位、安全文明生产单位、先进生产工作者、岗位能手等多项评比标准，形成多维度、立体式的评比体系，充分激发参建各方投身项目生产经营活动的积极性。

（五）建立全面风险管控体系，有效防范海外项目风险

坚持落实电建海投公司提出的"风险管控永远是第一位的"管控理念，强化项目投资建设全过程风险管控，注重事前规范、事中监控、事后问责的全过程监管，建立风险防范体系和应急机制；长期聘请国际权威律师事务所在当地设立的机构，提供投资项目所在国的法律政策和国际通行的贸易规则咨询服务，参与法律事务处理；建立项目"三重一大"决策机制、合规性审查、重大决策审查、合同评审等内部风险防范机制，确保所有经营决策在项目所在国和中国均依法合规；为海外项目配备法律风险专员，严格遵守所在国的法律法规，严格审核合同履约、劳务用工等方面的风险，提高全员的守法经营和风险防范意识。善于运用商业保险、法律仲裁等手段有效遏制和化解项目风险。

（六）创新非传统安全管控，为海外投资项目保驾护航

加强组织领导，在中国电建集团、电建海投公司的领导下，业主方坚持党的领导，带领集团成员企业始终高度重视安保工作；加强责任落实，坚持"生命至上、以人为本、预防为主、全员参与、持续改进"的管理方针，坚持"谁派驻谁负责、谁主管谁负责、谁主管工作谁主管安保"的工作原则，在当地军警大安保体系的保护、协调下，中方在项目联合党工委领导下，积极开展中方建设团队小安保系统各项工作，加强体系建设，建立"人防、物防、技防"三防联合防范体系，强化智能中控室值守和值班、多渠道获取情报预警信息并坚决执行、分层级安保培训、最大限度地减少中国人外出频次，加强中国人外出风险预防和应急处置。

（七）创新党建和企业文化，为项目建设提供强劲动力

建立联合党工委，发挥政治核心作用推动项目发展；建立联合纪工委，构筑廉洁从业防线为项目发展保驾护航；建立联合团工委，激发电建海外青年活力和才智；积极贯彻落实电建海投公司的"海文化"理念，宣贯电建海投语录，积极开展"月月有主题"活动，丰富员工业余生活，形成浓厚的"海文化"氛围。在四个方面取得突出成效，统一组织活动，推进模式创新，在强化党性锻炼和生命共同体中创造价值；统一资源配置，加强组织协调，在推动生产经营中创造价值；统一品牌形象，坚持扎根当地，在中外文化融合中创造价值；统一载体标准，加强人文关怀，在凝聚智慧力量中创造价值。

三、海外电力项目全产业链价值创造的"四位一体"组织管控模式构建效果

（一）强化"生命共同体"意识，增强集团海外电力项目全产业链的凝聚力和战斗力

电建海投公司作为集团全产业链升级引领平台，通过"四位一体"组织管控模式构建和实施，避免了合同管理模式下因合同利益诉求不同导致的信息不对称和合作不顺畅的问题。在"四位一体"组织管控中，集团成员企业不仅要服从合同约束，而且要接受行政统筹管理，电建海投公司从简单的投资主体上升到集团战略引领者，推动集团成员企业从整体利益、全局利益出发，互相理解和支持，合力解决项

目中遇到的难题，强化"生命共同体"意识，实现信息共享、资源共享，有效降低经营成本，实现集团成员企业效益利益最大化。

在凝聚力和战斗力方面取得四个突出成效，统一组织活动，推进党建纪检模式创新，在强化党性锻炼和生命共同体中创造价值；统一资源配置，加强组织协调，在推动生产经营和服务大局中创造价值；统一品牌形象，坚持扎根当地，在中外文化融合和履行社会责任中创造价值；统一载体标准，加强人文关怀，在凝聚智慧力量和属地化经营服务中创造价值，形成《中国电建卡西姆项目联合党工委以价值创造推动项目建设》课题成果，在国资委党委内部刊物作为典型案例进行交流。

（二）强化"五大要素"管控，增强集团海外电力项目投资建设的管控力和竞争力

巴基斯坦卡西姆港燃煤电站（以下简称卡西姆项目）由电建海外公司和卡塔尔王室基金 Al Mirqab Capital 公司共同出资建设，总投资 20.85 亿美元，工期 36 个月。卡西姆项目是"中巴经济走廊"首个落地能源项目、巴基斯坦一号工程。"四位一体"组织管控模式成功运用于卡西姆项目投资建设管理过程中，取得了较好的成效。电站于 2015 年 5 月 7 日开工，经过卡西姆项目参建各方不懈努力，1 号机组于 2017 年 11 月 10 日提前 50 天实现并网发电，2 号机组于 2018 年 1 月 15 日提前 74 天实现并网发电，于 2018 年 4 月 25 日零时提前 67 天进入商业运行。建设进度比与巴基斯坦政府签订《购电协议》的合同工期大幅提前，工程质量经受了巴基斯坦国家电网异常脆弱带来的严重和频繁冲击，建设过程中未发生任何安全事故，项目造价严格控制在投资预算之内，高标准通过了严格的环保验收。此外，按照 1∶5 补偿种植比例新栽种红树林面积 125 英亩（1 英亩≈4047 平方米），为当地生态保护积极做出贡献，项目的开发建设取得圆满成功，运营期净上网电量占巴基斯坦全国上网电量的 10% 以上，高标准兑现了中国电建给巴基斯坦政府的承诺，开启了中国电建海外火电业务投资运营新篇章。

（三）推动集团转型升级，提升中国企业影响力

在卡西姆项目，电建海投公司引领集团全产业链编队出海，实现集团成员企业共赢发展，推动集团转型升级；通过与卡塔尔王室基金公司合作，实现央企采取混合所有制模式开展海外大型投资项目；通过项目投资融资，获得中国进出口银行 15 亿美元贷款；完全采用中国 600MW 以上超临界机组的中国技术和中国标准开展规划设计和建设施工，带动中国设备出口超 70 亿元人民币，带动中国劳务输出近 4000 人；传播"绿水青山就是金山银山"的中国环保理念，利用海水二次循环冷却和海水淡化补水，采用石灰石－石膏湿法脱硫，虽然一定程度增加了项目投资成本，但是环保标准完全满足巴基斯坦和世界银行的标准，保护了当地生态和自然环境。

（成果创造人：盛玉明、杜春国、蔡　斌、袁　洋、武夏宁、奚　鹏、
　　　　　　　郭广领、冯克锋、刘新峰、戴吉仙、刘　蕾、袁　莉）

施工企业基于"四位一体"全产业链的海外工程项目管理

中铁隧道集团一处有限公司

中铁隧道集团一处有限公司（以下简称中隧一处）成立于2008年3月，前身为铁道部隧道工程局第一工程处，是中铁隧道局集团有限公司（以下简称中铁隧道）下属专业从事工程项目建设施工的法人主体，主要从事铁路、公路、市政公用、水利水电、矿业、大型土石方、地下储气洞库等施工业务，注册资本金3亿元，员工1800余人，拥有资产30多亿元，年完成施工产值50多亿元，近年来完成新签施工合同额超100亿元。先后参加了宝成、成昆、渝怀、大丽、太中银等20余条铁路干线和温福、合武、龙厦、南广、渝利等高速铁路、客运专线的建设，同时还参加了国内70余条高速公路建设。中隧一处曾多次获得国家工程鲁班奖、詹天佑大奖、国家优质工程金奖、全国市政金杯奖，已连续15年荣获国家级优质工程奖，获科技进步特等奖及省优、部优工程奖多项。

一、施工企业基于"四位一体"全产业链的海外工程项目管理背景

（一）响应国家"一带一路"倡议、促进企业持续增长的需要

随着经济全球化和国家"一带一路"倡议的全面实施，越来越多的中国企业走向国际市场。基础设施建设作为国家"一带一路"倡议实现互联互通的重要组成部分，为中国基建企业带来了新的发展机遇。随着国内建筑市场竞争的日趋激烈，海外项目的实施正逐步成为企业经济效益的重要来源之一，"走向海外"已成为很多大型建筑施工企业发展战略和发展模式的重要组成部分。中隧一处积极贯彻国家"一带一路"倡议，融合集团设计、施工、科研、修造"四位一体"全产业链优势走出国门，打造企业国际竞争力。如何提升海外项目经营管理能力，逐步实现"走出去""站住脚""扎住根"，持续巩固和开拓海外市场业务板块，促进企业利润增长，对公司长远发展具有十分重要的战略意义。

（二）突破海外项目建设施工难题，塑造企业国际形象的需要

中隧一处建设的"中亚第一长隧"卡姆奇克隧道全长19.3公里，是全长129千米的"安格连－帕普"铁路的全线控制性工程。"安格连－帕普"铁路是乌兹别克斯坦独立25周年政府献礼项目、国家一号工程，是"新丝绸之路经济带"铁路网的重要组成部分，对促进乌兹别克斯坦政治经济社会的发展，以及国家"一带一路"倡议的实施都具有重大意义，受到社会各界的广泛关注和高度重视。根据欧美企业判定，卡姆奇克隧道需要5年才能完成开挖任务，但合同工期仅3年，工期非常紧张。如何通过管理创新建立高效组织，充分发挥隧道及地下工程领域的设计、施工、科研、修造"四位一体"专业优势，牢牢掌握施工话语权，用"中国速度"打破欧美企业对工期的判定，实现如期履约和取得预期经济效益，已不仅仅是合同违约的问题，更事关中国企业在中亚地区的国际声誉。

二、施工企业基于"四位一体"全产业链的海外工程项目管理内涵和主要做法

中隧一处以"集约资源，协同推进"为基本理念，依托集团"设计、施工、科研、装备修造""四位一体"全产业链优势，以"责、权、利"为核心，组建科学高效的海外工程前后台管理机构，建立各参建方经济核算和利益分配机制，以自主勘测设计输出"中国标准"为工程建设服务，强化企业内部协同管理，大力培养海外工程专业人才，强化工程建设属地管理，积极推动本土化建设，建立海外劳务用工基地，实现"走出去""站住脚""扎住根"。主要做法如下。

（一）树立"集约资源、协调推进"的基本理念，构建"四位一体"产业链协同管理体系

中铁隧道作为国有大型施工企业，除拥有中隧一处等施工型全资子公司外，还拥有勘测设计研

院、地下工程国家重点实验室、装备中心等工程建设相关单位，具有较强的工程设计、施工、科研和装备修造能力。为此，中铁隧道的海外项目通常采用 EPC（设计、采购、施工总承包）工程总包模式，提出"四位一体"产业链协同理念，集中所属设计、施工、科研和装备修造等资源于海外工程项目，充分发挥设计单位的勘测设计能力，施工单位的专业化施工能力，科研单位的工程难题科研攻关能力，装备修造单位的施工配套装备设计制造能力，通过"四位一体"协同管理，使各单位形成合力，提升管理效能。

（二）将"四位一体"资源融入海外项目，统筹形成合力

1. 明确国内外前后台职责分工

针对海外工程项目管理特点，明确国内总部和国外项目部"两级总部"功能定位，进一步明晰责权利和管理边界，把两级总部建设成价值创造中心、人才培养中心和风险控制中心，为实现海外战略目标提供组织支撑。国内总部职责则立足风险总控、资源保障和绩效评价管理，以最大限度保障项目顺利履约。国外项目部职责则立足于施工现场，给予项目充分的自主管理权和资源调配权，现场问题由项目商讨解决，及时准确应对施工过程中出现的安全、质量、进度管控问题和有别于国内的自然、人文、政治环境等因素，保证项目的管理效率和决策科学。

2. 将"四位一体"优势资源融入海外项目

为实现如期顺利履约，中铁隧道将设计、施工、科研、修造相关所属单位资源集结于项目、服务于项目。为统筹协调"四位一体"各项资源、发挥最大效能，以集团公司名义组建项目经理部，履行工程合同，承担项目整体实施过程中的进度、质量、成本、职业健康安全和环境管理，统筹各项资源组织调配；国内总部各系统全力跟进，设备、物资、试验、技术安质、宣传等从经营到施工，从国内到国外全过程帮扶，为海外项目管理保驾护航。各参建单位为项目部提供资源保障和后台服务，不直接管理自身派往项目的资源，而是由项目部统筹管理，缩减管理层级。

为有效发挥隧道及地下工程领域"四位一体"整体优势，由集团设计分公司和隧道勘测设计院组成联合体承担勘测设计，发挥工程项目设计源头把控和过程设计优化职能；由中隧一处承担主体工程施工，用专业化施工队伍铸造精品工程；利用集团国家重点实验室开展技术攻关；通过集团设备制造中心针对项目特点，设计制造适应性强的配套装备。

3. 完善制度和管控流程

完善海外项目制度体系，全面梳理 200 余项管理制度和主要业务流程。制定海外工程项目管理、海外项目员工、设备、物资、安全、信息、出口退税、党建思想等管理办法和工作流程，系统规范海外项目管理行为。构建快速高效的信息沟通渠道，信息传递除沿用 QQ 平台交流以外，为保障信息传递有效，创建业务沟通邮箱，方便资料有序传递。在信息传递工作方面，根据国内外时差的特殊性，制定轮班制度，确保 24 小时值守，消除时差影响，保证信息沟通的及时性。并要求对反馈的信息进行跟踪，保证每一条管理信息都能闭合成环。

（三）完善利益分配机制，激发"四位一体"整体活力

1. 构建共同体，做大"利益"蛋糕

"四位一体"来自不同参建单位的各项资源，都有不同的管理目标和利益诉求。为统筹管理聚集于项目的各项资源，项目部从共同目标树立、经济利益分配和职责分工等方面着手构建共同体。确立"一荣俱荣、一损俱损"的协作观，从管理目标、思想认识上进行统一；构建以项目整体盈利、参建个体才能得利的分配机制，促使各方开源节流做大"利益"蛋糕；科学合理划分各参建单位责权利，破除"藩篱"形成利益共同体。

2. 创新分配机制，采用"A+B"经济核算模式

"A+B"经济核算模式是将各参建单位之间的费用分为 A 和 B 两部分，A 是正常状态下固定成本费用，在项目施工过程中由项目经理部采用阶段支付的方式向各参建单位支付；B 是指预期的收益，包括各参加单位在施工过程中的浮动费用和项目结束后的盈利分配。项目部与各参建单位签订以 A 部分费用为基础的内部经济承包责任书，A 部分费用的结余归各参建单位所有。各参建单位在实施过程中遇到突发事件、重大风险事件等异常情况，由项目部从 B 部分费用中列支。项目结束后，实际 B 部分剩余的费用即为项目的收益，按照各参建单位的履责情况和实际贡献的大小进行二次分配。此种模式既激发参建单位的积极性，又降低参建单位的成本风险，最大限度地解决参建各方因利益分配而产生的纠纷，有利于项目部的整体把控，使项目部的总控地位得到加强，从而形成整个项目一盘棋的格局，充分发挥"四位一体"优势，为各项目标的实现奠定基础。

（四）各方高效联动，突破海外项目施工难题

1. 建立设计施工联动机制

由勘测设计联合体按照设计服务施工、施工优化设计的原则开展设计施工互动活动。为达到设计服务施工的目的，采用中国标准进行设计工作，方便工程建设施工，同时要求勘测设计联合体在完成具有普遍性、特殊性等重要的图纸设计后，先发送项目经理部及参建各方，然后召开专题会就具体设计细节进行研讨，确保设计与施工高效联动，设计方案与施工现场高度契合，确定最终的设计方案，最后再按程序上报监理、业主等各方审核。

施工过程中采用动态设计，设计单位代表常驻现场，以便快速、直观地掌握工程地质变化情况，能够及时联合施工单位、监理、业主研究确定设计变更方案，对设计变更由施工单位提出，再经监理、设计、业主层层审批的传统工作流程进行优化，节省设计变更时间，同时最大程度地保证设计方案符合现场工程地质实际情况，保障工程安全质量和快速施工。

2. 建立专业化施工管理体系

第一，实行目标计划管理。项目实施的本质就是实现合同目标，因此管理的一切活动都围绕合同目标进行设定和实施。针对卡姆奇克隧道项目受关注度高、工期紧、内外部条件复杂的情况，项目经理部从一开始就按照 I-PDCA 模式建立和实施有效的项目管理体系，确定"锁定目标抓关键，把好在建促经营"的管理目标，提出"一切有利于安全质量更好、一切有利于时间进度更快、一切有利于成本费用更省、一切有利于工作效率更高"的管理方针和"第一时间计划发现问题、第一时间调查分析问题、第一时间控制解决问题"的管理作风，以及"管理正规化、作业规范化、往来书面化、形象标准化"的四化标准，"全面超前计划、全面过程控制、全面程序文件、全面有效沟通"的四全管控和"出快速进度、出计价资料、出经济效益、出标准形象"的四出目标为管理原则，用先进的管理理念引领项目建设。

针对项目工期紧，资源组织周期长的问题，项目经理部推行"PLANNING THE WORKS AND WORKING THE PLAN"全时、超前计划工作理念，以项目总体进度计划为纲，按年、季、月、周计划不同周期动态及超前梳理、修正、补充、完善项目计划。每期计划突出生产进度及产值安排前提，分解配套的人员计划、设备计划、物资供应计划、资金使用计划等。制定全面完成计划的具体措施，对计划指标进行层层分解，并落实责任人。各参建单位建立健全计划执行情况的检查分析制度，对计划执行过程中出现的新情况、新问题，及时采取措施解决，保证计划的顺利完成。

第二，科学制定施工方案。施工方案作为项目的纲领性文件，对资源组织、生产管理、成本管控等起到决定性的作用。因此在合同签订前，就根据项目所在地的自然、政治、经济和文化环境，对照具有类似条件的国内项目，深入研讨并确定项目的施工组织方案。针对项目工期，按照向关键线路要工期，向非关键线路要效益，均衡组织施工的原则，项目经理部确定施组优化超前分析预判，动态管理的指导

思想，在合同履行中不断讨论研究施工组织方案，有针对性地进行调整及优化。

第三，建立工序考核机制。考核是确保计划实现的重要手段，项目针对不同素质、不同层级的项目人员制定不同的考核方式。针对项目管理人员，采取以目标考核为主、过程考核为辅的考核方式，不设置过多的限制，以目标实现为基础，充分发挥项目管理层的管理创新能力，提高项目管理水平；针对一般作业人员，采取以过程考核为主的考核方式，详细明确各工序控制要求，按照"过程决定结果"的观念管理施工工序，开展工序考核，确定考核指标体系，重点确保关键环节。坚持开放、动态、改善的原则，不断总结考核得失、优化考核方式、提高考核指标。

乌兹别克斯坦当地雇员受文化、宗教、法律等国情限制，当地不允许违反员工意愿的加班、也不允许对员工有任何形式的罚款。为调动当地雇员施工积极性和避免法律、薪酬纠纷，将当地雇员的薪酬分为基本薪酬和绩效薪酬两部分，基本薪酬为固定工资，绩效薪酬根据完成的数量和质量，及劳动纪律的遵守、安全生产的贯彻等，制定一个百分制的考核标准，不同的得分对应不同的绩效薪金。使当地雇员愿意通过多干活，获得额外报酬，并自觉遵守各项管理制度，减少扣分。

第四，建立全过程安全质量管控体系。一是加大全过程安全质量控制和监督力度。通过将项目安全工程师、质检工程师及参建单位各级安全质量管理人员的日常巡查与定期检查相结合，实现全员安全质量管理，确保施工安全质量。二是强抓安全质量管理体系运行绩效，明确管控标准，紧盯安全质量监督、隐蔽工程验收、施工旁站及关键工序实名制等关键业务，充分发挥安全、质检岗位对工程安全、质量的自控作用，提高现场安全质量管控能力，对检查中发现的问题进行挂牌整改、销号验收，实现闭环管理。三是坚持"安全红线"零容忍，明确18条现场施工安全红线，对违反者给予重处，编制安全学习手册，开展全员安全教育，提升安全意识，确保安全管理持续受控。四是坚持"样板引路"，加强质量通病管理，编制质量通病控制措施，通过狠抓防治质量通病、样本工程引路及质量检查，提升现场质量管控水平，确保工程质量可控。五是树立典型、刚性问责，推进安全质量现场及会议交流机制，典型引路，带动现场安全质量水平提升，增强现场岗位履责能力。

3. 组建科研团队，解决施工难题

为解决卡姆奇克隧道中普遍存在的岩爆地质灾害和长大隧道通风等问题，组建以国家重点实验室、勘测设计联合体、集团公司专家、参建各方及高等院校方面的高智能人才为主的科研攻关小组，充分调动集团工程科研能力，从卡姆奇克隧道所处区域地质、揭露的岩性和发生的岩爆现象等宏观、微观两方面分析岩爆发生的机理，进而掌握预防、降低岩爆发生的施工措施；为提高长大隧道通风效率，科研攻关小组运用大断面风门技术控制新风、污风流向，实现渠化循环，有效提高通风效果，确保施工安全，为隧道快速安全施工提供强有力的技术支持。

4. 发挥工程装备修造优势，以专业工艺铸造工程品质

在项目建设初期明确各工序必须采用的施工工艺，依托集团工程装备修造优势，选定对应的设备配置标准，根据工程施工特点和施工过程中遇到的实际问题设计制造适用性强的配套机具，研发制造配合凿岩台车施工的作业平台车、用于仰拱开挖的移动栈桥和用于二衬混凝土浇筑的无骨架台车等一系列施工配套机具，不断提升设备工作效率，从工艺源头确保工程质量和施工进度。面对施工进度压力，采用机械化程度高、施工速度快、职业健康安全防护标准高的凿岩台车参与隧道出口正洞施工，经过长期摸索和实践，总结出凿岩台车在不同围岩下的钻眼深度、步眼间距等技术参数标准，保证爆破的最佳效果，通过提炼总结形成《特长隧道机械化配套快速施工工法》，获评工程建设省级工法；针对近10千米长的小断面安全隧道施工，为保证在工期内完成小断面特长安全隧道的施工，在工程建设中使用发明《小断面特长隧道运输系统》，获得国家实用新型专利。

面对卡姆奇克隧道3520米长大斜井和600米破碎大断面，以及近10千米长距离持续岩爆，整合设

计、施工、科研、修造四大优势资源，从设计源头把控、专业化设备使用和小改小革、现场围岩分析和工艺改进等方面入手，形成令海外相关方信服的"中国标准"，用"中国技术"破解岩爆这一世界级难题，仅用 900 天就完成主隧道、安全洞、斜井及联络通道总长 47.3 千米的开挖任务，创造全新纪录。

（五）多措并举，建立海外工程项目综合保障体系

1. 重视海外人才储备

为做好持续发力海外市场的人才储备工作，中隧一处把海外项目作为海外人才培养基地，通过各类专业培训、项目实践，加速海外人才团队建设。一是在全公司通过公开招聘，选拔大量优秀青年人才参与卡姆奇克隧道建设。二是聘请翻译或地方服务机构定期对中方员工进行培训。三是建立以内部培训为基础，以领导力培训、职（执）业资格培训、专项业务培训为重点的员工培训体系。四是通过"师带徒、老带新"等培育方式，快速提高中方管理人员，尤其是年青技术人员的海外项目管理能力。

2. 建立海外用工基地

针对中方员工出国手续办理周期长，工资远高于乌方员工的特点，项目经理部在成立之初就确定推行属地化管理的目标，出台多项政策鼓励参建各方尽可能多地使用乌方员工，定期组织各参建方交流乌方员工管理经验，持续提高乌方员工比例。在工作上，将乌方员工全部编入项目管理和作业队伍，与中方员工混合编组、共同管理；在生活上，尊重乌方员工风俗习惯，对乌方员工实行集中居住，每个工区均设立乌方员工食堂，为其提供所需的食材等方式；在法律上，认真研究当地员工的招聘解聘、薪酬福利以及税收等问题，避免管理制度与当地法律法规有所抵触。同时，对优秀乌方员工建立信息档案，不断丰富乌方优秀劳务资源库。通过上述管理措施，实现自开工以来中乌员工没有发生一起纠纷，达到互利共赢、风险可控的目标。截至工程结束，项目经理部累计录用乌方员工共计 1300 多人次，高峰达 800 多人，最大比例近 1∶1。

3. 增进各层级交流互信

为确保与乌方各层级实现良好沟通、建立深厚感情，以在建项目为支点，按照高层互信、中层互动、基层互助的原则建立全方位、立体式的沟通渠道。定期邀请集团领导到访卡姆奇克隧道项目，与业主、监理和地方政府等高层进行交流，多次邀请乌兹别克斯坦总理等政府高层领导到项目视察指导，建立互信机制、增进双方友谊；项目经理部领导则随时与业主、监理和地方政府中层领导进行隧道施工方面的交流以及习俗、文化、宗教等方面的互动活动，强化双方合作关系、加强相互了解；各参建方在项目经理部的统一领导下，本着目标一致、互助合作的原则与乌兹别克斯坦相关方进行沟通和合作，快速解决问题、树立良好口碑。通过建立双方各层级沟通互信，使项目的施工管理理念和企业的品牌形象得到充分体现，为项目施工管理和企业下一步经营布局打下坚实基础，使得各项工作开展越来越顺利，各项优化方案、合理建议能够得到乌方重视并快速通过，确保项目掌握工程建设的话语权，形成良性循环。

（六）加大品牌宣传，以点带面开拓海外市场

针对海外项目受关注度高的特点，成立专门的宣传报道工作小组，创新宣传方式、拓展宣传渠道、借力宣传平台和以关键点为契机，扩大宣传效应的管理方式，达到扩大品牌效应的目的。在宣传方式方面，创刊《中隧人在海外》并定期发布，创建并及时更新项目微信公众平台，制作中俄文宣传册和宣传片。在拓展宣传渠道方面，与中乌媒体建立紧密联系，广泛宣传项目建设成果。在借力宣传平台方面，借助国内主要媒体平台扩展宣传范围，如央视新闻联播、《人民日报》及中乌各大媒体进行报道，在央视《开讲啦》进行访谈，"中国技术打通中亚第一长隧""一带一路收获早期成果"享誉全国、名满中亚。以关键点为契机，扩大宣传效应方面，利用隧道正式通车，引起中乌社会强烈反响的契机，聚焦设计施工总承包商中铁隧道采用"中国技术"，按照"中国标准"，创造"中国速度"，极好地展示企业的

品牌形象和中国力量,为企业逐步实现"走出去""站住脚""扎住根",持续巩固和开拓海外市场业务板块,打造一张"烫金"名片。

三、施工企业基于"四位一体"全产业链的海外工程项目管理效果

(一)树立了海外项目良好品牌形象,为"一带一路"倡议落地实施奠定了坚实基础

通过卡姆奇克隧道项目建设,充分展示了中国隧道和地下工程领军企业的实力,展现了隧道工程设计、施工、科技和管理的专业能力和丰富经验,体现了安全优质高效的建造水平,全面实现了工程优质、效益可控、品牌宣传和人才培育的预定目标,并荣获2017年度工程建筑行业最高奖项——鲁班奖(境外工程)。通过项目的强大影响力,集团和乌兹别克斯坦国有铁路股份公司签订战略合作备忘录,双方约定在新建公路、改扩建公路、新建铁路、电气化铁路改造、人员培训、技术交流等方面加强进一步合作,并与乌兹别克斯坦高层就乌兹别克斯坦公路隧道、沙尔贡煤矿升级改造、水利水电等项目与乌方进行了实质性商谈,开创了中国企业与一个国家商定战略合作协议的范例。同时,吉尔吉斯、俄罗斯、格鲁吉亚、阿联酋等国家的相关公司也通过各种途径与集团联系,提供本国公路、铁路等基础设施领域及能源领域的项目信息,寻求在其他国家的广泛合作,为落实国家"一带一路"倡议奠定了坚实基础。

(二)有效推动了海外市场开拓,促进了企业持续成长

通过优秀的工程项目管理和赢得的良好国际声誉,实现了海外市场"走出去""站住脚""扎下根"的发展目标,成功开辟海外"蓝海"市场,企业在中亚地区站稳了脚跟,后续承接了乌兹别克斯坦沙尔贡煤矿升级改造等工程项目,同时经营辐射俄罗斯、西亚、东南亚等周边国家和地区,成功中标以色列特拉维夫轻轨红线系统及轨道设计施工维护项目、新加坡地铁环线C885项目等一批海外工程项目,海外工程合同额逐年稳步增长,给企业带来了可观的经济收益,实现了利润显著增长,2017年同比增长了36.38%。

(三)打破欧美对项目工期判定,创造了海外隧道施工"中国速度"

2016年2月25日,卡姆奇克隧道全隧贯通,在没有发生一起安全事故的情况下仅用900天时间完成了主隧道、安全隧道、斜井及联络通道总计47.3千米的开挖(日均进尺53m)任务,创造了单洞开挖进尺连续5个月突破300米、最高进尺343米的海外隧道施工全新纪录,实现了隧道贯通日期比原计划提前了近100天,打破了欧美公司5年工期的判定。中国驻乌兹别克斯坦大使先后多次到施工现场进行考察,盛赞卡姆奇克隧道项目已经成为中国企业在乌名片、中乌合作的标杆、中国企业"走出去"的一面旗帜。乌兹别克斯坦总理在隧道建设期间曾4次到场视察,称赞有专业、能担当,期待中乌双方长期深入合作。

(成果创造人:易国良、周校光、刘昌彬、彭登勇、刘洛汉、陈海锋、党红章、翟飞飞、胡红卫、陈文羲、谭 奇、邓 伟)

大型能源企业集团基于全流程的贸易风险管理

兖矿集团有限公司

兖矿集团有限公司（以下简称兖矿集团）成立于1996年3月，是以煤炭、化工、装备制造、金融投资为主导产业的国有特大型能源企业，是山东省属国有重点煤炭企业，是拥有境内外四地上市平台的煤炭公司。2017年完成煤炭产量1.35亿吨，进入中国行业前五、世界前七；营业收入1992亿元，利税总额157亿元，资产总额2877.7亿元，在册职工9.4万人。在2017年全球50大矿业公司市值排名中，位列市值增长最佳10家矿业公司第6位。位列2018年《财富》世界500强第399位。

一、大型能源企业集团基于全流程的贸易风险管理背景

（一）应对国际国内贸易竞争严峻挑战的需要

近年来，全球经济不稳定和不确定因素增多，主要经济体和新兴市场经济体普遍表现不佳。全球大宗商品价格至2015年跌至最低水平，国际贸易负增长放缓，全球经济复苏步伐增大了贸易保护和货币竞争的风险。国内方面，目前我国已进入"增速放缓、结构调整"发展态势，国内贸易市场面临激烈竞争。煤炭作为兖矿集团的主要贸易品种，市场需求持续低迷，产能结构性严重过剩，电子商务的高速发展，使得传统贸易行业的规模和收益日渐萎缩。在国际国内贸易风险加剧的情况下，兖矿集团原有的风险防控体系已不能满足实际需要。

（二）规避贸易风险，实现企业可持续发展的必然选择

兖矿集团作为省属特大型能源企业，近年来，公司积极响应国家及地区发展战略，逐步转变业务重心，将贸易业务打造成为兖矿集团发展的新增长点。但由于缺乏贸易发展战略规划，企业内部管控机制不健全、业务流程不通畅、责任落实不严格、人员专业素质欠缺，过去的粗放发展引致了较多信用风险、市场风险、操作风险、法律风险，贸易风险管控形同虚设，业务各环节执行不规范，逾期应收款项数额增加，诈骗案件、法律诉讼频发，对兖矿集团资金安全造成严重威胁，企业形象受到一定程度的负面影响。为防范和化解物流贸易风险，形成全过程风险"防火墙"，构建基于全流程的贸易风险管理尤为重要。

（三）实现集团发展战略，促进企业高质量发展的客观需要

兖矿集团致力建设"治理科学、产业协同、动力强劲、优势突出"的国际化新型综合能源集团和产融财团，物流贸易作为物流、商流、资金流、信息流高效链接的现代新型产业，具有重要的溢出效应、协同效应，是提升企业规模当量、实现优质高效发展的重要保障，是兖矿集团实体产业的重要补充。近年来，公司明确提出"实体产业作支撑、物流贸易增规模、资本运营多创效"的工作思路，努力构建大物流、大贸易产业格局，加快培育现代物流贸易主导产业，优化供应链，提升价值链，提高竞争力，形成新动能。因此，构建全面完善的贸易业务风险防控体系，是推动兖矿集团物流贸易产业优质、高效发展的迫切需要。公司于2016年开始着手实施基于全流程的贸易风险管理。

二、大型能源企业集团基于全流程的贸易风险管理内涵和主要做法

兖矿集团以建设"大物流、大营销、大贸易"为发展目标，着力构建流程化、标准化、科学化的贸易风险防控体系。坚持顶层设计，强化制度保障，通过对贸易产业现状开展风险评估和管理诊断，明确"体系保障、程序优先；决胜现场，重在事前"的基本思路，通过对贸易业务全流程交易场景的分解，提出覆盖全组织、全流程、包含四大子体系、八大控制模块和一个信息化管控平台的全面风险应对与管

控实施方案，系统梳理贸易核心业务流程，明确部门和岗位职责，落实关键风险控制点，对交易执行动态管理，实现"操作自动化、运营高效化、风控集成化和管控系统化"，确保每个流程环节控制到位、科学完善，防范贸易风险事件可能带来的各种损害，促使贸易业务风险控制在集团总体目标承受范围内。兖矿集团基于全流程的贸易风险管理构建与实施，既能增强全员风险防控意识，改善贸易风险防控水平，又能为其他行业风险管理体系的构建提供参考与指导，对夯实兖矿集团全面风险管理体系具有重大意义。主要做法如下。

（一）围绕目标开展贸易风险管理设计

兖矿集团围绕《物流贸易中长期发展规划》，统筹国内、国际两大市场，强化产业链整合、供应链管理、价值链提升"三链带动"，发挥"四大平台优势"，努力打造"上控资源、中联物流、下拓市场"一体化运作的高端集成服务商。通过明晰贸易业务的战略定位层、战略执行层、管理支撑层的定位和目标，打造贸易业务的战略管理体系，在内部能力评估、管控和资源配置方面细化处理，确保战略目标的实现。

兖矿集团基于对《企业内部控制基本规范》和《企业内部控制应用指引》的深入研究和理解，制定《关于贸易业务风险防控体系建设的实施方案》，成立组织领导和工作机构，按照"整体规划，分步实施"的原则，统筹做好项目推进、实施，以科学规范为引领，聚焦组织、业务、流程、预警联动关系，以业务流程为平台，以控制措施为基础，搭建"全业务、全流程、全资源"的贸易风险管理体系。

（二）建立健全全流程贸易风险管理体系

兖矿集团以"体系保障、程序优先；决胜现场，重在事前"为基本思路，提出面向交易场景的覆盖全组织、全流程、包含四大子体系和支撑体系、八大控制模块、一大信息化管控平台的全面风险应对与管控实施方案，集团内部简称为"FCSO1481"（FCSO：Fully Covered，Scenario-Oriented，面向交易场景的全流程、全组织覆盖）。其中，四大子体系包括风险控制目标体系、风险管理组织体系、风险管控流程体系、风险监督考核体系。支撑体系为优化组织结构、健全规章制度、全面风险评估、全面梳理流程。八大控制模块包括贸易业务和客户的准入模块、贸易客户风险评级模块、贸易客户授信模块、交易风险预警模块、交易执行监控模块、贸易担保管理模块、贸易纠纷管理模块、风险防控报告模块。一个信息化管控平台是在贸易信息共享平台中搭建全面风险管理平台，实现"操作自动化、运营高效化、风控集成化和管控系统化"，从而对贸易业务实施全面风险管控。

1. 落实三级风险管控

集团公司对贸易风险管理进行决策与指导，确定风险管理目标与风险限额，指导风险控制体系的建设；二级公司是贸易风险管理主要管理主体，负责贸易模式统筹、业务管理与风险管理，在三大准入上有所作为（品类准入、模式准入、客户准入），并对重大风险事项以及应对策略进行决策；贸易单位是贸易风险管理责任主体，负责把控具体贸易业务风险。在三级管控下搭建前台、中台、后台相分离的管理体系，明确风控部门、财务部门、业务部门在风险管理中的定位。

根据集权和分权、责权对等岗位优化原则，基于目前岗位现状，优化岗位设置，明确岗位职责。严格遵循授权批准与业务经办、业务经办与稽核检查、业务经办与会计记录、财产保管与会计记录、业务经办与财产保管等岗位分离原则。

二级公司和贸易单位分别设立贸易工作领导小组（风险管理委员会），负责贸易业务重大事项决策。二级公司风控部门设置授信审查岗、风险管理岗、法务岗和内部审计岗，具体负责公司贸易风险管理工作；贸易单位业务部门是风险控制的主责部门，在交易的关键环节通过岗位分离强化审查力度。

2. 健全配套规章制度

兖矿集团相继制定《贸易风险防控管理办法》《贸易风险防控应用指南》及《关于进一步规范物流

贸易工作的意见》等一系列制度标准，构建贯穿工作任务制定、绩效考核、风险防控和监督检查等全流程闭环运营机制，对贸易风险控制的目标、适用范围、管理架构、职责权限等进行明确、系统规定，做到制度管人，流程管事，为实现全面管控打下坚实的制度保障。

（三）开展贸易业务全面风险评估

兖矿集团基于COSO企业全面风险管理框架，结合内部环境、风险评估、控制活动、持续监督等七大要素，对兖矿集团贸易各业务环节进行全面诊断，通过收集贸易板块发展规划、管理制度、业务流程、组织结构等内部资料，进行深入分析与研究，与识别主要风险源。对识别出的风险和事件进行细化、综合分析、评估识别出的风险点。

1. 辨识主要业务风险源

《企业内部控制基本规范》和COSO企业全面风险管理框架中，主要列示五大类风险：经营决策风险、财务报表失真风险、合规风险、资产安全风险、道德风险，但对于兖矿集团贸易风险业务来说针对性不足。兖矿集团在贸易风险识别过程中，结合前期调研和诊断，通过历史风险事件分析与总结、业务流程分析等方法，识别贸易板块存在的主要风险，将兖矿集团贸易业务风险体系划分为八个风险大类，即外部环境风险、战略风险、管理系统风险、财务风险、市场风险、信用风险、操作风险和法律合规风险，并编制风险数据库。

2. 验证风险评估有效性

在风险评估阶段，除定性分析外，按照风险评估方案，详细设计风险评估问卷，力求风险评估定量化。通过定性评估、定量评估和交叉验证，分析问卷样本的代表性和数据有效性，确保样本数据分析能反映真实结果。其中，定性评估保证全面、客观性，定量评估确定可靠性和有效性，交叉验证确定问卷有效性。

3. 明晰主要风险点

兖矿集团通过运用风险分析矩阵，绘制风险图谱，逐项分析每个风险点发生的可能性、影响程度，将风险点绘制到风险重要性矩阵中，明确各类风险的重要性级别。根据风险重要性得分和控制效果得分将风险点绘制到重要性—控制效果矩阵中，明确各类风险的处理类型。引入风险控制红绿灯概念，根据评估结果绘制贸易业务风险图谱，以红色代表高风险，黄色代表中等风险，绿色代表低风险或无风险。经过评估验证，目前兖矿集团贸易板块35个二级风险中，高风险占比26%，中风险占比37%，低风险占比37%。

（四）制定针对性贸易风险应对策略

兖矿集团根据风险评估结果，结合企业风险容忍度、风险偏好情况，选择风险应对策略，进一步确定针对每一类不同风险的关键控制区、关键控制点、关键控制措施。兖矿集团贸易业务风险应对策略充分考虑承担、转移、补偿、控制和规避策略，并相应制定具体的控制措施。同时，对风险控制进行实时跟踪，定期对风险控制措施的有效性进行评估；根据内外环境变化不断调整、改进风险管理措施。

兖矿集团按照风险等级和出险频次，信用风险的控制在兖矿集团贸易业务的风险控制体系中居于核心地位，在整个风控体系的设计中是重中之重。以下为对各类主要风险的应对策略和控制手段：

信用风险采用"补偿+控制+适度"承担策略。主要措施包括风险补偿定价、担保措施、保证金措施和内部交易对手信用控制，核心控制流程为交易对手准入流程、客户评级管理流程、授信调整/续作审批流程、担保管理流程、风险预警流程。

管理系统风险采用控制策略。通过搭建完善的风险管理保障体系，建立风险管理制度、流程，制定科学的绩效考核与绩效沟通机制，为风险管理体系提供落地保障。

操作风险采用"控制+转移"策略。主要措施包括内部管理控制、投保。通过加强关键环节审批程序、不相容职务分离、授权审批控制，积极投保包括出口信用保险、货物运输保险、企业财产保险在内的多项保险产品。

战略风险采用"控制＋转移"策略。主要措施包括修正总体战略方针、明确执行责任和奖惩措施、业务组合优化、对非优势领域考虑外包策略，与行业内的优质企业、专业性团队/机构进行战略合作。

财务风险采用"控制＋转移＋补偿"策略。主要措施包括资源集中调配、建立健全流动性风险预警机制、融资渠道多样化、优化资金占用结构和计提资产减值准备。

市场风险采用"转移＋补偿＋适度"承担策略。主要措施包括风险对冲、业务多样化、收取保证金、设定容忍度、监控风险指标和制定应急与退出机制。

外部环境风险采用控制策略。主要措施包括进行实时监控、密切关注国家宏观经济政策与大宗商品产业走向，调整业务方向和建立风险预警机制。

法律合规风险采用控制策略。主要措施包括业务模式和合同/协议文本标准化、法律风险意识培训、注重证据收集、法律团队建设，优化制度流程和建立依法决策机制。

（五）全面实施贸易全业务流程管控

1. 全面梳理业务流程

兖矿集团按照价值链对贸易业务流程进行充分梳理，确定业务板块的流程体系，并针对具体流程进行优化，落实109个关键风险点，梳理21个关键流程，其中，贸易现货业务风险管理总流程涉及9个关键环节，分别为事前的信息收集与管理、信用评级与授信、信用审批与报备和合同签订，事中的交易管理、交易监控与预警和异常处理、事后的应收款项与存货管理、业务后评价。管理的客户类型涉及增量客户、存量客户和退出客户。期货业务风险管理涉及7个关键环节，分别是事前的业务准入、授权管理、敞口限额，事中的交易执行、交易监控与预警、异常处理和事后的交易结算与总结。

在风险控制流程设计中，强调风险控制是涵盖目标设定、组织岗位优化、流程制度设计和监督考核保障的体系性工作，程序控制优先；同时，在具体风险防控措施上，重事前控制，从而实现事半功倍的风险控制效果；在风险控制责任上，交易发生现场的当事人被定义为第一风险控制责任者，并配套相应的考核奖惩措施，实现组织不同岗位在实现风险目标上行为的一致性，以较低管理成本获得较好控制效果。

2. 搭建八大控制模块

兖矿集团针对信用风险搭建业务和客户准入控制模块、客户评级控制模块、授信和预警模块，交易执行监控模块，除进行必要的岗位分离外，分别梳理交易执行的关键环节，明确各环节的管理要求，控制操作风险；设计担保管理模块、贸易纠纷管理模块和风险防控报告模块。

一是准入模块。针对不同客户建立信息搜集体系，分别搭建业务与客户准入体系，明确准入要求和准入流程：业务准入，制定贸易单位准入和业务准入的基本要求，并明确配套流程；客户准入，确定交易对手、担保方、仓储监管企业和运输企业的基本准入要求、准入条件和限制条件，明确尽职调查基本方式及信息获取途径。

二是评级模块。客户评级认定分为首次认定、年度认定和风险检查调整认定。评级对象主要针对业务敞口方客户、担保方和仓储监管方，评级工具统一使用《贸易授信客户信用评级打分表》，从基本情况、综合能力和履约情况进行评级认定，制定评级结果应用原则，实现对客户的分级分类管理。

三是授信模块。主要针对敞口型贸易业务，即将资金通过贸易渠道，以预付账款、应收账款、质押货物出款等方式支付给贸易客户的业务，敞口客户必须进行授信审批。原则上不允许对信用评级在A级以下的客户进行信用授信，如确需进行合作的，须按有关规定要求对方提供有效担保措施。授信方式分为循环授信和单次授信，授信额度实行总额度与敞口额度双重维度控制。

四是交易执行监控模块。在期现货交易中,通过权限的设定,保障风控岗位和业务上级能够随时在交易过程中实现无缝介入,对交易过程进行监控,对期货交易金融市场实现盯市监控,最大限度地杜绝操作风险和市场风险。

五是预警模块。梳理总结各类风险预警信号,明确风险预警信息来源,出现风险预警信号时,及时分析风险成因、影响程度及发展趋势,根据预警监测情况进行贸易项目评级,实现贸易业务的动态风险管理。建立贸易项目风险分级认定标准,根据不同风险等级划分制定应对措施。

六是担保管理模块。明确担保管理的基本要求,贸易业务采取的担保措施必须是有效担保,应当在风险发生时足以挽回损失。担保物选择要按变现顺序进行选择,尽可能获取优先顺序的担保物,列出不同担保方式的注意要点,明确担保业务办理的关键环节和职责。

七是交易纠纷处理模块:明确交易纠纷处理的触发条件,规定相关岗位的职责与处理权限以及相应的管理动作,最大限度地保障交易纠纷得到妥善处理,防止由贸易纠纷衍生的风险的扩大。

八是内部报告模块:内部报告根据贸易业务风险管理的需要编制,主要包括事前、事中、事后报告,内容涉及尽职调查、合同排查、风险检测、实地调查、风险预警和后评价等方面,明确了8类报告提交的频率与层级,对贸易业务的决策、预警、跟踪、控制和评价具有重要的应用价值,可满足企业的决策和控制需要。

(六)组织持续贸易风险监测评价

兖矿集团定期对全流程贸易风险管理体系进行评估,并针对评估结果进行持续改进,实现全员风险管理,有针对性选择部分单位进行试点,通过反馈不断调整完善,最终全面推广。

1. 加强定期考核

通过建立以关键风险指标(Key Risk Indicators,KRI)为核心的风险考核指标体系,量化风险考核指标,有针对性地进行风险考核。针对梳理出的贸易业务的各类风险,制定关键风险指标对各类风险进行监测,要求各单位定期上报关键风险指标数据,并对关键风险指标产生波动的原因进行分析,制定应对措施与方案。以关键风险指标的变动幅度和各单位的控制响应速度作为各单位风险考核的主要依据,风险考核也作为各单位绩效考核的组成部分,从而提高各单位风险控制的主观能动性。

2. 反馈调整完善

按照动态管理要求,为确保实施效果的有效性,在全面推行的基础上,兖矿集团选取2家专业公司、3家贸易单位开展风险考核的试点工作,明确时间、节点及实施步骤。建立风险防控体系反馈机制,对于实施过程中遇到的问题,及时进行系统性分析;对于存在的遗漏或不足之处,立即进行研究完善;对于理解不足或实施经验不足,不断加强培训引导,确保贸易风险防控体系顺利落地实施。

(七)搭建集约一体化的贸易管理信息平台

兖矿集团充分利用贸易风险管理体系系列成果,用信息化手段固化风险管理体系,围绕"平台共享、数据共享、资源共享",将贸易业务风险点、控制点及预警指标进行系统配置,进行自动化持续监控,有效开展贸易业务风险辨识、风险评估、风险应对,推进贸易业务的流程化、标准化、规范化、信息化运作,提高风险管理的准确性、响应速度与管理效率,实现对贸易业务全流程、全过程的有效管控。

1. 建立内控合规控制系统

对采购、销售、财务、共享等业务流程实施再造,将内部控制所涉及的所有业务流程、子流程、风险点、控制点、相关的政策及法律法规、控制点测试步骤及方法等信息导入全面风险防控平台,实现对关键流程控制点进行有效的自动化持续监控,促进内部控制体系的建设和全面落地运行。

2. 建立风险管理系统

从风险信息的收集,到风险库的建立、风险点的调查与评估、风险点的应对和控制以及风险管理报告生成等,实现"操作自动化、运营高效化、风控集成化、管控系统化"的一体化平台在线操作,将风控管理体系架构、管控内容进行落地和实现,并与内控流程管理有效结合,促进风险和内控相互融合、高效协同,使风险管控工作效率大幅提升。

3. 建立业务管控系统

依托 ERP、OA、MDM、FSSC 四大系统进行开发,将贸易风险防控内嵌在各系统业务流程中,实现流程、标准、数据统一。通过 OA 系统实现业务流程审批,包括业务模式准入、客户准入及合同审批;通过 MDM 系统实现客商主数据管理;通过 ERP 系统实现业务流程管理、标准合同管理、报表统计分析等;通过 FSSC 系统实现资金结算管理。系统之间相互开放接口,实现数据的实时传输与业务共享。

三、大型能源企业集团基于全流程的贸易风险管理效果

(一)有效防范化解了重大风险,保证了运营安全有效

兖矿集团通过建立贸易业务各环节相关的操作标准和规范,严格控制交易相关方准入,对交易执行实施动态管理,实现了对各节点的精细化管控。通过实行贸易业务清单管理,界定了贸易业务正面清单和负面清单,明确提出了"六个严禁",有效堵塞了业务漏洞。通过建立"黑名单"制度,冻结、清除失信客户 245 户。风险防控能力迅速提升,贸易风险大大减少,信用风险、经营风险、操作风险等关键风险点减少 80%,有效化解了 10 余起风险事件,集团公司贸易业务逾期款项、风险损失同比降低 70%以上,追回以前年度欠款约 10 亿元,法律诉讼案件同比降低 70%,杜绝了新增外部逾期应收款项,实现了对滚动结算业务资金的实时监控,有效提升了贸易业务科学化、规范化、精细化水平,建立了良好的风险控制与业务发展互动关系,实现了对贸易风险的有效管控。

(二)切实提高了运行质量效益,实现了健康持续发展

兖矿集团通过贸易风险管理体系的实施与应用,物流贸易工作呈现出规模提升、运作规范、运营稳健的良好局面,为集团公司赶超跨越发展、进入世界 500 强奠定了坚实基础。通过重点发展与清理规范,稳步推进了物流贸易资源重组整合,产业布局实现了优化完善。积极与国际国内一流铁矿石、钢铁、电力、贸易企业开展合资合作,取得了明显成效。持续推进贸易模式创新,逐步改变原有的传统贸易模式,打造集供应、贸易、金融、电商、投资于一体的新型发展模式。2017 年,贸易规模当量大幅提升,实现物流贸易收入 1493 亿元,同比增长 47%;完成贸易利润 2.48 亿元,人均创效效果明显提升,贸易产业规模和创效能力创出历史最好水平。

(三)全面提升了业务管理水平,形成了精益管理体系

兖矿集团通过贸易风险管理体系的实施与应用,重点解决了制约公司发展的管理短板、瓶颈和突出问题,健全了一套覆盖市场开发、货物流转、合同管理、资金结算等全过程风险的"防火墙",实现了贸易业务全流程闭环管理,延伸了管理链条,弥补了管理空白,构建了规范化、现代化、长效化的风险管理创新机制,有效提升了《企业全面风险管理指引》及《企业内部控制基本规范》在大型企业集团贸易业务风险管理中的应用水平,对贸易业务加强内部控制、提高企业抗风险能力提出了一系列系统化、流程化、标准化、常态化的解决方案,在我国大型贸易企业风险防控领域应用前景十分广阔,对其他业务领域风险防控体系和大型企业集团全面风险防控体系的构建也有重大指导意义。

(成果创造人:茹 刚、张 宁、张春雷、岳 兵、付 明、周 楠、黄春风、张华立、李宪锋、孙兆鹏、栾海鹏、李 岩)

人力资源与绩效管理

大型电网企业战略导向的先进重大典型培育与推广管理

国家电网有限公司

国家电网有限公司（以下简称国网公司）作为事关国民经济命脉和国家能源安全的特大型国有重点骨干企业，以投资建设运营电网为核心业务，经营区域覆盖我国 26 个省（自治区、直辖市），覆盖国土面积的 88% 以上，供电服务人口超过 11 亿人。国网公司连续 14 年获评中央企业业绩考核 A 级企业，连续三年位居《财富》世界 500 强第二位，蝉联中国企业 500 强榜首、中国 500 最具价值品牌第一名。

一、大型电网企业战略导向的先进重大典型培育与推广管理背景

（一）发挥国有企业优良传统的必然要求

国网公司体量巨大，社会责任重大，既要广泛吸收一切现代企业管理创新的优秀成果，又要坚定传承前我国企业的传统优势。实施重大典型带动，就是这一传统优势的重要组成部分。新中国成立后，在以"铁人"王进喜为代表的一大批先进典型的带动引领下，广大劳动者的工作热情和创造活力被极大激发，彰显了社会主义制度的优越性。改革开放以来，各个发展阶段的重大典型，带动伟大事业不断取得新成就。国家电网在推进新时代中国特色社会主义伟大事业新征程中承担着重要的政治责任、经济责任和社会责任，要坚定不移传承国有企业优良传统，把重大典型培育作为创新发展的重要推手，将先进典型作为企业的精神财富和宝贵资源、核心价值观的人格化体现、软实力的重要组成部分，代言企业形象，承载文化使命，输出品牌价值，构筑集体人格，更好贯彻落实企业新时代发展战略，加快构建具有卓越竞争力的世界一流能源互联网企业。

（二）加强国有企业员工队伍建设的重要途径

国网公司服务范围覆盖广泛，工作触角遍及千万电力用户，关系各行各业电力供应和用电安全，形成了一支数量庞大、地域分散、责任重大的员工队伍。在很多情况下，特别是面对"急难险重"任务时，既需要科学的人力资源管理制度和合理规范的分配激励，更需要创造性地坚持和传承传统优势，其中也包括"重大典型带动"这样被实践反复证明行之有效的做法。这是现代国有企业人力资源和队伍建设的特色和制胜法宝。

（三）提升国有企业价值创造能力的实践探索

经济价值要靠优秀人才创造，精神财富要靠先进典型弘扬。无论是创新和服务都离不开人的主观能动性，都离不开先进典型的带动和引领。通过先进典型的培养选树，及时将先进典型转化为带动引领汇聚广大员工迎难而上、攻坚克难的磅礴力量，把员工队伍优势转化为企业竞争优势，是新时代中国特色现代国有企业管理的新探索。

二、大型电网企业战略导向的先进重大典型培育与推广管理内涵和主要做法

国网公司弘扬努力超越、追求卓越的企业精神和以客户为中心、专业专注、持续改善的企业核心价值观，以"一六八"新时代发展战略为引领，建立重大典型培育、选树、锤炼、应用"四大机制"，确保重大典型"育得实、选得准、立得牢、用得好"，夯实创新创效、队伍建设、文化建设"三大支柱"，搭建重大典型培育与推动"多维平台"，构建重大典型培育与推动"1431"管理体系，积聚正能量、激发新活力、形成强合力，打造具有时代鲜明特征的电网铁军，为构建具有卓越竞争力的世界一流能源互联网企业提供坚强人力资源支撑和职工队伍保障。主要做法如下。

(一) 注重系统谋划，统筹推进重大典型培育

1. 确立价值导向

"符合时代特征"。任何先进典型都是时代的产物，是时代精神人格化的体现。国网公司选树的重大典型，必须要有鲜明的时代感，体现时代特征，展现时代风貌，心有大我、至诚报国，不负时代、不负年华，在大局下思考、大局下行动，成为知识型、技能型、创新型劳动者大军代表，成为国网公司顺应时代发展潮流、追求发展进步的高辨识度代表。

"推动企业发展"。先进典型之所以在企业有独特价值，是因为其对企业的发展有着不可替代的推进作用。从自己做起，从本职岗位做起，从本职工作做起，自觉把个人的理想追求融入企业发展之中，实干苦干、奋力拼搏，超越自我、勇攀高峰，敢为人先、矢志创新，发挥"领头羊"精神，传承工匠精神，用实际行动实现自身价值、创造非凡业绩。

"深受群众爱戴"。具备干净做事的价值观，以"咬定青山不放松"的定力、"板凳要坐十年冷"的坚守、"不到长城非好汉"的执着，爱岗敬业，坚守正道，勇于担责，甘于奉献，眼睛向下看，身子向下沉，完美诠释"劳动最光荣、劳动最崇高、劳动最伟大、劳动最美丽"，成为广大员工学习的榜样、追求的目标、对标的尺度。

2. 建设工作机制

坚持"央企姓党"根本属性，牢牢把握重大典型培育推动的正确方向，梳理重大典型培育推动核心流程与关键环节，建设培育、选树、锤炼、应用"四大机制"，确保重大典型"育得实、选得准、立得牢、用得好"。

3. 筑牢保障支撑

一是以创新创效为支柱，激发新活力。以创新为要，精益求精，提质聚能，弘扬首创精神，积极推进基层创新、全员创新；弘扬工匠精神，牢记宗旨，建立重大典型脱颖而出的载体，奉献更高水平的服务质量。

二是以文化建设为支柱，传播正能量。以文化建设，增进认同，积极探索统一的企业文化建设与典型选树之间的联动与互促机制，把抽象的标准转化为具象的样本，加速重大典型的传播落地。

三是以队伍建设为支柱，形成强合力。坚持全心全意依靠职工办企业，将组织建设、班组建设作为抓基础、抓基层、抓基本功的重要手段，打造高素质电网员工队伍，厚植重大典型培育的沃土。

4. 搭建多维平台

搭建重大典型培育与推动"多维平台"，搭建服务阵地，充分发挥"劳模资源"优势，做到用典型人物"带"，用典型事例"引"，用典型效应"促"，使劳模效应不断辐射，形成遍及企业、相互关联、共同进步的平台群落，打造重大典型发挥作用的生态系统。

(二) 建立工作机制，打通重大典型推选和挖掘通道

把选树宣传先进典型作为锻造党员队伍、弘扬企业精神、创造一流业绩的重要抓手，确立培养范围有广度、重点选树有高度、持续培养有深度的思路，总部抓统筹、二级单位保落实、基层一线重执行，推进前期选苗、中期培育、后期结果的递进式培育管理，各级各类先进典型群星璀璨。体现代表性，准确定位挖掘典型；体现先进性，精挑细选选好典型；体现真实性，实事求是筛选典型；体现可学性，面向基层培育典型；体现持续性，深度挖掘、广泛宣传典型；体现带动性，结合实际运用典型。

1. 重大典型培养

坚持把政治建设摆在首位。把学习贯彻习近平新时代中国特色社会主义思想作为重大典型培育的首要政治任务，紧扣"十个深刻领会""六个聚焦"，着力在学懂弄通做实上下功夫，确保重大典型政治过硬。确保党的组织和工作覆盖到全域和生产一线，将加强党的建设作为重大典型培育的"根"和"魂"，

创新实施"旗帜领航·三年登高"计划，着力构建大党建工作格局和"六大工作体系"。

建立健全组织领导。以党组一号文件形式，明确全面推进党建工作高质量发展85项重点任务。将重大典型培育与党建工作相结合，构建工作组织领导、运行管理、制度保障、监督保证、责任落实、绩效考核"六大工作体系"。实行党建工作和重大典型培育同步考核，进行全覆盖、全方位现场考核。建立工作联系点制度，全面开展基层党委书记抓重大典型工作述职评议考核，推动责任向基层延伸，主要领导亲自抓，专业部门各负其责，各级单位确保落实的责任机制。

建立基层组织建设标准。以基层组织标准化推动重大典型培养，围绕班子建设、组织建设、党员管理、党内生活、工作体系、基础保障"六个标准化"开展基层党委标准化建设，围绕组织建设、组织生活、党员管理、信息台账、活动阵地"五个标准化"推进支部标准化建设。推进标准化建设对标，以问题为导向，找差距、补短板、建清单，明确改进方向，采取自查、互查、督查、共建等方式，逐级开展达标自评和评估验收，积极选树综合标杆和专业标杆，建立典型经验库，固化成果，形成持续改善良性循环。

2. 重大典型选树

制定《先进典型选树宣传管理办法》，从总部到各单位，再到地（市）单位，不断拓宽渠道，创新发现路径和方式。一是常态倡导。推动各层面先进模范群体涵盖全部专业、覆盖所有层级。二是实践发掘。凡有重大实践活动，必有发现培育选树先进典型的工作部署。经常性开展"践行核心价值观、争做最美国网人""星级员工""岗位榜样"等各级各类实践活动，寻找具有卓越追求和企业感召力的重大典型。三是重点培养。深化精神积淀和实践积累，通过承担抗冰抢险救灾、重要活动保电、重大项目服务等急难险重任务，对优秀员工的境界和担当做出判定。

国网公司把握重大典型的成长规律，建立《表彰奖励工作管理办法》《劳动模范评选表彰管理办法》《巾帼建功标兵评选办法》等制度，对员工中选树出的杰出代表开展层级型系统培育管理。一是科学判定选树对象。汇总先进典型，形成人才资源库，进行分类梳理，建立典型培育梯次队伍，提炼典型特质，将个人特质与特征元素匹配度高的人员，列为重大先进典型优先选树对象。二是优化提升选树对象。结合选树对象的特点特征开展综合评判，确定最优培育路径及发展方向并提供平台支撑，促进选树对象进一步提升。

实行工作量化计划管理。统筹各项工作，突出基础管理和常态化工作，有目标、有计划、有步骤地组织实施。差异化开展量化计划管理，综合考虑各单位企业规模、员工人数、地域分布，将66家省级单位和直属单位分成五类，分类实施，增强针对性和实效性。

3. 重大典型锤炼

先进模范群体尤其是重大典型，其共同特点是都具有强烈的事业心和责任意识。把优秀人才放到事业发展的"风口浪尖"激励和锻炼，是重大典型产生的必要途径。建立《专业领军人才管理办法》《优秀专家人才管理办法》《科技领军人才管理办法》等制度，形成一套完整的制度体系。一是参与重大工程。安排先进典型参与重大工程建设、重大项目实施和急难险重任务，磨炼意志，经受考验，促进素质得到全面提升。二是主动创新攻坚。将敢于创新、乐于创新、精于创新，作为新时代先进典型的必备条件。侧重向知识化、现代化和创新化方向引领，着重在学习新知识、钻研新技术、挑战新技能和刻苦攻关、技术革新、创新创效等方面主动锤炼，积累条件。三是注重服务实践。将全力提升服务广度与深度作为锤炼先进典型的重要平台，在反复历练中"做好电力先行官、架起党联系群众的连心桥"。四是提升基层组织领导力覆盖面。按照"四同步""四对接"原则，着力抓好新建重组单位、混合所有制企业等组织建设，在重大保电现场、电网工程、科技项目中因地制宜设置临时党支部、联合党支部，发挥一线作用，确保业务延伸到哪里，组织建到哪里，战斗堡垒作用发挥到哪里。

4. 重大典型应用

开展学习活动,增强对重大典型的认同。组织学习重大典型及先进模范群体大讨论、竞赛、征文、演讲、事迹报告会等活动,引导、广大员工比做典型,并通过企业内外网站、宣传橱窗、营业窗口等,全方位传播先进模范事迹。

创建学习载体,拓宽各方面学习途径。对重大典型所形成的先进的工作方法进行系统研究,并提炼升华为常规经验,推动其工作方法制度化、规范化传承。对先进模范群体所取得管理、技术等方面的创新成果进行系统转化,使局部创新形成的效益持续扩大。

丰富学习实践,帮助员工改进和提升。运用"互联网+"思维,在企业新媒体平台展播先进模范群体实践成果,组织各单位员工对照学习交流,校正工作方向,改进工作实践,提升能力水平。

开展动态对标,用好对标成果。结合先进模范的具体实践,划分为政治、岗位、创新、服务等对标类别,分解为基础指标及其相关子项。结合具体指标,对标个体进行自我评价;同时,对标个体所在管理部门给予组织评价,并在年底对各层级人员整体表现进行反馈,促进对标个人主动改进。结合个体层面及组织层面对标结论,运用数据化方式,挖掘数据价值,动态反映各层级人员现状,准确了解发展趋势,促进组织加强各层级人员管理。

(三)推进创新创效,为重大典型脱颖而出提供载体

把握"双创"建设契机,推进基层创新、全员创新,提升技术技能水平,使劳动光荣、技能宝贵、创造伟大的时代风尚更加深入人心。弘扬重大典型工匠精神,引领广大职工尊重劳动、崇尚技能、创新创效。

1. 着力提升劳模素质

坚持培养、选树和宣传并重,大力弘扬重大典型劳模精神和工匠精神,加强各级各类人才队伍建设,进一步鼓励辛勤劳动、诚实劳动、创造性劳动,提升专业素质和专业能力。创新人才选拔培养机制,拓宽职业发展通道,努力为职工成长成才搭建平台,建设素质过硬、纪律严明的专业化人才队伍,打造特别能吃苦、特别能战斗、特别能奉献的电网铁军。

2. 改进劳动和技能竞赛

开展各类劳动竞赛,让重大典型脱颖而出。巩固以劳动竞赛、技能比武、职工技术创新、质量管理(QC)小组活动、青创赛等为核心的高技能人才选拔体系,为重大典型培育成长提供土壤。完善劳动和技能竞赛组织、效能评估、激励和表彰奖励机制,建立以岗位练兵和技术比武为基础,以国家、行业、国网公司专业技能竞赛为主体,国内竞赛与国际竞赛相衔接的劳动和技能竞赛体系,推动经常性竞赛与阶段任务相结合,突出竞赛的实效性。

3. 加大创新创效扶持力度

搭建科技攻关阵地,让重大典型层出不穷。健全"双创"工作体制机制,突破政策障碍和制度束缚。出台双创工作政策文件,加快建立资源协同、体系完善、产出高效的创新生态,健全资金投入、人才激励、创新容错、成果转化、收益分享等配套制度,为重大典型创造鼓励创新、勇于创新的良好环境。建立双创专项基金,鼓励支持创新创效,尊重首创精神,激发全员创新创效活力。

4. 培育更多高技能人才

拓宽申报国家、行业优秀成果渠道,组织高技能人才积极参加国家、行业成果发布会,宣传发布最新活动成果,推动优秀成果"走出去"。发挥各级专家学者、领军人才、劳模工匠等的传帮带作用,促进核心知识和技能的传承。落实国家重大人才工程计划,突出"高精尖缺"导向,大力提高高技能领军人才待遇水平,搭建高技能人才培育成长平台,加大高层次国家级人才选拔推荐力度。

5. 营造创新良好氛围

尊重首创精神，发挥创新主体作用，通过实践锻炼、技术交流、联合攻关等方式，开展创新活动，优化创新人才发展环境，健全员工岗位创新奖励机制及成果孵化、成果推广等机制。组织各类公益活动，让道德典型不断涌现。深度挖掘重大典型在生产劳动中的突出贡献、卓越技能和创新业绩，定期组织集中宣传，显现重大典型的贡献与价值感知。

（四）注重文化建设，探索文化与典型培育互促互进

积极探索统一的企业文化建设与典型选树之间的联动互促机制，在各专业领域发掘和提炼重大典型，以典型事迹深刻诠释企业理念，筑就企业文化支撑力。以"五融入"为路径推动重大典型落地落实，把抽象的标准转化为具象的样本，把工作目标和要求人格化、形象化、具体化，加速统一企业文化的传播和落地。

1. 推动重大典型融入专业管理

构建重大典型专项文化管理体系，部署推进安全、质量、服务等专项文化建设，更好地促进重大典型在专业领域落地深植。落实各级岗位责任，细化各项工作责任。厘清重大典型培育责任、职能、任务与企业文化建设KPA、KPI关系，实施量化计划管理，纳入综合绩效考核体系，采取定性与定量相结合、动态评估与年终考核相结合的办法开展年度考核评价。

2. 推动重大典型融入基层工作

利用组织实施"百千万"工程契机，充分发挥各级示范点的辐射带动作用，促进专业成线、地域成面，推动形成重大典型文化基层覆盖的新局面。以项目化的方式推动重大典型与企业文化建设融合，加大重大典型在"示范项目、重点项目、储备项目"中的比重。

针对班组长、新员工及企业文化工作人员等不同群体，研究制定不同的传播策略、培训模式和培训内容。创新开展文化帮扶，增强少数民族员工的认知认同。总部举办示范培训班，将培训对象拓展到地市企业文化骨干，两年实现全覆盖。编制通用讲稿，确保逐级宣贯不走形、不变样，直达基层。

3. 推动重大典型融入员工行为

牢记"根"和"魂"，传承红色基因，发挥红船、西柏坡、井冈山、延安等革命教育基地作用，弘扬重大典型劳模精神、工匠精神，将重大典型融入制度建设，构建专业和岗位行为规范，引导员工自我管理，把重大典型转化为员工的情感认同和行为习惯，争做党内先进文化的传播者、优秀企业文化的倡导者、积极推进企业文化建设的实践者。

充分利用各类媒体和办公场所、宣传栏板等载体，加强阵地、环境和氛围建设，开展可视化传播，与政治学习、业务培训、专业会议、技能培训相结合，广泛开展集训轮训、宣讲辅导、竞赛调考，利用身边人讲述身边事，加强重大典型人格化承载、故事化诠释。

引入"互联网＋"传播，实现线上线下全领域覆盖。运用大云物移新技术和微博、微信、客户端等新媒体自媒体，制作H5、VR，开设网络论坛，举办知识竞赛、主题征文，结合重大典型开展"文化＋"系列活动，不断提升传播覆盖面和吸引力。

4. 推动重大典型融入文化建设

将重大典型融入企业文化示范区和示范岗建设，影响和带动广大员工自觉践行企业文化。落实"旗帜领航·文化登高"18项重点任务，发挥重大典型促进作用，进一步强化全员导向，健全完善党建部门抓文化传播，专业部门抓文化承载，各单位抓文化实践，全员共建企业文化的工作体系。

引导创作更多展现重大典型风采的文艺作品。组织劳模、工匠进基层、进班组，奏响"工人伟大、劳动光荣"的时代主旋律。加大文化工作室创建力度，发挥书屋示范点的引领作用，在"书香国网"职工数字阅读平台综合服务体系中广泛宣传重大典型先进事迹。

5. 推动重大典型融入国际化发展

在运营的 7 个国家和地区的骨干能源网中，突出重大典型核心价值，加强分类施策。在全资公司推行"移植＋创新"模式，在非全资公司推行"并存＋融合"模式，以重大典型为抓手，持续深化文化整合与融合。

构建重大典型国际传播渠道。在内部形成重大典型定期信息发布机制，对海外员工宣讲张黎明等先进事迹，发挥海外媒体作用，在海外目标国或地区开展重大典型传播，讲好"国网故事"、传递"国网声音"。

（五）强化队伍建设，厚植重大典型培育沃土

不断发展壮大人才队伍，营造诚实劳动、勤勉工作的浓厚氛围，实施班组建设再提升工程，打造"生命体"班组建设，建设一支适应时代要求、有理想守信念、敢担当讲奉献的员工队伍，厚植重大典型培育沃土。

1. 构建员工素质提升体系

完善素质提升机制。优化教育培训管理体制、工作机制、运行模式，发挥用人单位主体和用人部门主导作用，发挥劳模创新工作室①、专家工作室②、实验室的育人平台作用，构建以用为本的人才评价体系、共建共享的学习资源体系，逐步建立起资源集成、形式多样、务实有效的素质提升模式。

优化整合培训资源。整合优化培训资源，发挥企业级培训机构的引领示范作用，增强能动性和创造性，推动职业院校改革转型，统筹开发培训规范和课程体系，分类设置政治、专业、法治、道德、文化课程，建立分级分类的培训项目管理体系，实现优质资源共享，构建层次分明、定位清晰的培训资源体系。

改进人才评价方式。依据国家《关于分类推进人才评价机制改革的指导意见》，合理划分职种类别，科学构建评价标准，建立评价（认定）体系。突出能力、水平、业绩、成果，有序下放评审权，改革专业技术资格、职称评审制度。

2. 畅通员工发展通道

拓宽职业发展空间。贯通职业发展路径，以岗位层级和等级为基准，系统梳理管理和业务两个岗位序列，与职务、职员职级、职称、技能等级序列有机结合，形成纵向发展、横向贯通、多通道并行的重大典型网络化职业发展路径。

建立技能导向激励机制。建立培养、考核、使用、待遇相统一的激励机制，创新能力付薪机制，完善积分升薪规则，突出业绩和能力的分配导向。优化岗位绩效工资结构，扩展技能人才薪级成长区间，合理体现重大典型的技能提升和经验积累。探索建立高技能人才中长期激励机制，针对科研专家、技术工匠、业务骨干，采用岗位分红、项目分红等多种方式，激发创造活力。

积极培育国际化领军人才。拓展国际化领军人才来源渠道，合理制订国际业务岗位任职条件和需求计划，完善国际化领军人才后备梯队建设规划。建立国际化领军人才培训体系，加大外语培训资源投入及小语种人才培训储备。完善国际化领军人才职业发展通道和激励机制，注重国际化领军人才职业生涯管理，协同开展好境内外职工双向挂职、培养锻炼工作，增强内外交流，提升重大典型国际化业务参与度。

---

① 劳模创新工作室针对生产实践中的安全生产、技术攻关、设备改进等难点、热点问题和薄弱环节，带领创新团队积极提出合理化建议，开展难题集体会诊、课题分析、难题攻关、项目研发等经济技术创新活动。

② 创建专家工作室整合现有专家人才资源，建立章程制度，搭建交流平台，合理调配专家资源，发挥"智囊团"作用，定期开展业务交流，实践大项目，创造大成果。

3. 扎实推进"生命体"班组建设

推进班组由末端业务执行单元向前端价值创造单元转变。组织开展以"班组建设再提升、建功建家创一流"为主题的班组建设再提升工程，优化班组动态管理和考评机制，加强班组长素质建设，培养"价值创造""自我驱动""智慧分析""资源响应"特质，为重大典型培育提供有效支撑。

以重大典型驱动班组由劳动密集型向科技驱动、知识驱动型转变。深化重大领军人才创新成果应用，积极营造终身学习氛围，推广"重大典型班组微讲堂、大讲堂、微信群"，与专家讲坛、导师带徒等相融合，依托职工技术创新精品工程，初步搭建起企业级创新成果共享系统，激励一线职工成为创新型职工，加强"互联网＋"、人工智能、大数据等新技术创新成果在基层作业中的推广普及。

以重大典型驱动专业精细化分工向一专多能、高效协同化队伍转变。发挥重大典型示范作用，落实"全能型"乡镇供电所建设要求，努力培养复合型"多面手"，通过实现一专多能，提升班组与班组之间的高效协同。

4. 发挥重大典型在民主管理中作用

增加重大典型在企业各级代表大会中的比例。加强国网公司、省（直属单位）、市、县四级职代会上下联动，协同高效，保障重大典型的参与权、表达权和监督权，实行总经理联络员重大典型推优制度，提升重大典型参与民主管理能力，更好发挥重大典型在民主管理中作用。

（六）搭建多维平台，发挥重大典型资源优势和辐射效应

围绕中心工作和阶段性重点任务，建立以党员服务队为载体，电网建设、安全生产、优质服务、依法治企等为阵地，岗位争优秀、企业争上游、行业站排头、国家创一流为递进层级的立体坐标系，建立促进重大典型成长和发挥作用的平台，形成遍及全电网企业、相互关联、共同进步的平台群落，打造重大典型发挥作用的生态系统。

1. 由点到面，建设作用突出的典型团队

以各级各类先进模范为核心，形成能力更强、作用更大、影响更广的规范化、体系化先进典型团队，建设共产党员服务队4284支，队员达到10.7万人，建成1026个国网公司级"电网先锋党支部"，贯穿电网建设、安全生产、优质服务等各个领域。

严格设立标准。服务队依托固定建制的基层班组、部门、抢修队组建，把综合素质优、业务能力强、管理水平高、群众评价好的人才充实到服务队工作中。落实《供电服务"十项承诺"》《员工服务"十个不准"》等服务制度，采取电话回访等多种方式监督检查。

规范服务内容。服务队围绕政治服务、重大活动、重要时段、重点单位、重点项目的供电保障、重大工程建设、重大科技攻关开展工作。抢修服务，提供24小时不间断故障抢修服务，做好重大自然灾害、突发性重大事件抢修恢复、抢险应急等工作。营销服务，立足营销窗口，提供"一站式"优质服务和用能整体解决方案。志愿服务，深入基层，推行便民利民举措，提供隐患排查、用电指导等服务。增值服务，满足客户多样化、差异化需求，持续改进客户体验，提高客户的获得感和满意度。

加强管理考核。服务队建设工作由国网公司统一领导，健全行为规范及相关制度，统一命名、统一服务承诺、统一誓词、统一队旗队服、统一名片。建立年度统计报告制度，结合实际制定年度和日常考核指标，加强经常性抽查和定期检查，严格落实工作要求。

2. 深化带动，形成全面引领的企业品牌

打造软硬件平台。建设国网公司管理学院、高级培训中心、技术学院及高技能人才、带电作业、特高压和新能源等专项基地，在内网平台、企业移动门户和微信等公共社交平台上建立多样化的网络学习、知识管理、健身娱乐平台，服务职工岗位能力提升和综合素质提升。

构建"一级部署、两种平台、七大功能"的网络大学，建成14个专业学院和60个省直分院，满足

职工网络在线学习和自主学习需求，提升职工自主学习的趣味性和体验感，打造符合发展需求和职工"乐学好用"的网络平台。

致力创新引领。建设劳模创新工作室，发挥劳模创新工作室的聚集效应、辐射效应、品牌效应，打造成为提升员工队伍整体素质的重要基地，发挥创新协同效应，形成以传统的"点状"创新与新型的"树状""网状"创新相结合的、可持续创新机制，将员工技术创新从任务型向素质型转变、从粗放型管理向精细化管理转变，10余万职工直接参与创新工作。

聚焦营商环境。着力打造更优的电力营商环境，将重大典型培育工作与服务营商环境建设相结合，以时代楷模张黎明、"中国工匠"周红亮、全国劳动模范张文新、中国电力楷模徐爱蓉为榜样，实施"环节少、时间短、造价低、服务优"精准办电新模式，以组织、制度标准、监督、风险防控四个维度为核心，搭建OSSR服务管理体系架构，提供最佳的供用电解决方案，增强电力获得感。

以重大典型社会传播提升品牌价值。充分利用社会媒体与行业媒体、传统媒体与新媒体，开展内外联动宣传，实现社会公众和关键群体对重大典型时代形象的情感共鸣和理念认同，在输出价值的同时以更加感性的方式赢得广泛的信任，实现品牌传播由单向、平面、发布型向双向、立体、互动型转变，助力内质外形建设，不断优化品牌形象。

三、大型电网企业战略导向的先进重大典型培育与推广管理效果

（一）重大典型转化为强大合力，支撑了企业发展实践

重大典型为战略导向做出生动而具体的诠释，树立起鲜明并充满人文个性的示范标杆，转化为发展的强大合力，员工自觉将战略目标、业绩结果与驱动因素连接起来，有力推动了企业发展。国家电网实现跨越发展，跨区跨省输电能力接近2亿千瓦，国家电网新能源并网容量达到2.8亿千瓦，成为世界上输电能力最强、新能源并网规模最大、安全运行记录最长的特大型电网。国网公司资产、收入、利润大幅度提升，连续14年获评中央企业业绩考核A级企业，连续三年位居《财富》世界500强第二位，蝉联中国企业500强榜首、中国500最具价值品牌第一名，为国家创造了巨大经济和社会价值。

（二）重大典型转化为内生动力，推进了技术创新驱动

重大典型的精神品质成为员工奉献社会和忠诚企业，与企业共成长的"内驱力"，从而进一步增强了信心，理顺了情绪，凝聚了人心，自我改进、自我完善，员工的创新主动性持续高涨。全面掌握特高压核心技术，累计建成"八交十直"18项特高压工程，抢占了世界输电技术制高点，成为体现我国技术和经济实力的"金色名片"。大电网运行控制、电网仿真、柔性输电、新能源并网等技术均达到国际领先水平。累计获得国家科学技术奖69项，其中特高压交、直流技术先后获特等奖。制定国际标准56项。拥有专利超过7万项，获得中国专利奖77项，连续7年位居央企首位。

（三）重大典型转化为坚强意志，保障了攻坚任务完成

重大典型内化于心、外化于行、渗透于制、显化于物，在基层组织树立了精神标杆，在员工中产生示范效应和巨大的激励作用，基层组织凝聚力战斗力不断提升，保障了急难险重任务顺利完成。国网公司4284支共产党员服务队，在特高压、青藏电力联网、川藏电力联网、农网改造升级"两年攻坚战"等重大工程建设中，发挥突击队作用，为工程顺利推进做出突出贡献。在党的十九大、G20峰会、金砖峰会、上合峰会等重大保电工作中，全力以赴、精益求精，圆满完成保电任务。在抗击特大暴雨、台风、冰灾、地震、泥石流等严重自然灾害中，挺身而出、连续奋战。各级服务队累计参与重大保电15.7万次，抢修抢险710万次，志愿帮扶347万人次，直接服务客户6200余万人次，涌现出55个全国和中央企业先进基层党组织，荣获"中央企业志愿服务品牌"。国网公司在首次中央企业党建工作责任制考核评价检查工作中，名列中央企业、中管企业双"第一"。

（四）重大典型转化为精神向导，造就了卓越员工队伍

通过选树重大典型，激励员工立足岗位、建功立业，队伍素质大幅提升，有力促进"上下同欲"，成为推动发展的宝贵精神财富。国网公司全员劳动生产率从49.4万元/人·年提升至77万元/人·年，年均增长8.8%；人才当量密度由0.799提升至0.999，增长20%。形成职工创新成果6万余个，累计建成劳模创新工作室1500余个，35个被命名为全国示范性工作室，占全国总数的17.8%。蓝领工匠、工人专家、爱心大使、百姓电工等成为闪亮名片，时代楷模张黎明、全国道德模范刘源、全国劳动模范许启金、"中国工匠"周红亮、"电力雄鹰"吕清森、"不倒的铁塔"江小金等一大批重大典型的感人事迹在全社会广泛传播。

（成果创造人：寇　伟、辛保安、全生明、王彦亮、王海啸、王　锋、
　　　　　　　王　健、赵　亮、施学谦、郭向军、及　明、唐志津）

通信企业基于"四位一体四级穿透"的战略绩效管理

中国电信股份有限公司新疆分公司

中国电信股份有限公司新疆分公司（以下简称新疆电信公司）下辖16个地州市分公司、2个事业部、13个直属单位、2个专业分公司、90个县分公司，2万多个服务网点遍及新疆城乡、团场连队。与数千个产业合作伙伴共同服务于近1400万用户，直接和间接为全社会提供近40万个就业岗位。2017年，新疆电信公司实现营业收入70.82亿元，增长率达到7.32%；收入市场份额达到32.61%，较2016年年末提升1.63个百分点；通过近年来不断的内部挖潜、降本增效，企业实现扭亏为盈，净利润达到4295万元。

一、通信企业基于"四位一体四级穿透"的战略绩效管理背景

（一）适应企业转型升级、提升管控能力的必然选择

"十三五"期间，新疆电信公司提出"按照业务生态化、网络智能化、运营智慧化三大转型升级方向，强化市场驱动、技术驱动、创新驱动，以资源要素升级、业务产品升级、运营能力升级为着力点，引领客户信息消费潮流，不断提升企业价值"的转型升级实施意见。随着企业转型不断推进，面对日益复杂多变的市场竞争环境，需要着力提升企业精细化和体系化管理水平，进一步完善管控体系、提升管控能力刻不容缓。

（二）提升企业经营单元管理效率效益的必然要求

新疆电信公司有近1000个经营单元，分布在166万平方千米土地上，点多面广，资源使用效率相对较低。为实现对资源多维度、可穿透的管理与评价，全面提升管理水平，提高资源使用效率与效益，新疆电信公司建立集规划、预算、资源配置、考核为一体的"四位一体四级穿透"管控体系，该管控体系既承载公司战略管理职能，又是区公司－地州市分公司－县分公司－支局四个层级管理人员的日常操作系统。

（三）服务业务发展、实现运营管理智能化的现实需要

多年来，本地网、县分公司本应把主要精力放到营销、服务和获取客户上，但由于管理效率低，大量精力用在了战略管理上，为压缩管理层级，实现组织扁平化，让更多的人、更多的精力放到一线上去，需要通过建立智能化的管理体系提高管理效率，进而实现运营管理智能化，全力支撑和保障服务一线业务发展。基于此，新疆电信公司从2017年年初开始全面推广实施基于"四位一体四级穿透"的战略绩效管理。

二、通信企业基于"四位一体四级穿透"的战略绩效管理内涵和主要做法

新疆电信公司将战略规划、预算管理、资源配置和绩效考核四个方面系统化、一体化同步管理，通过智慧化运营管理从"省公司－分公司－县分公司－支局"四个层级输出资源使用效益和效率结果，形成以战略规划为指引、市场发展为导向、责权利高度统一、资源高效配置的管理体系，进一步提升企业价值管理和价值创造能力，推动企业转型升级，实现企业基于价值创造的精确管理。通过战略规划目标牵引，预算目标的合理设定、资源配置的效益导向、绩效考核的兑现激励，实现经营目标高设定、任务高完成、资源高配置、考核高得分，牵引四个层级经营单元完成战略目标闭环管理。主要做法如下。

（一）以战略规划为牵引，确立企业战略目标

1. 制定企业价值增长战略目标

新疆电信公司以战略规划为牵引，明确2015-2016年年均利润增长超过收入增幅的企业EVA逐年改善的战略目标。一是通过不断优化资产形态，做好低效资产无效资产退出、盘活、处置工作。二是优化业务结构，提升高增长、高利润业务（物联网、流量、宽带、云和大数据等）的收入占比，提高天翼高清和互联网应用等战略新兴业务的效益。三是明确以EVA为核心，准确定位影响企业价值增长的关键因素。

2. 实行长短期相结合的任期激励机制

为确保企业发展战略和经营策略有效协同，稳步提升企业价值创造能力，新疆电信公司实行责权利相统一、经营业绩与奖惩相结合的地州市分公司负责人任期考核机制，明确三年为一个任期，同步采用"EVA"和"总资产报酬率"作为主要衡量指标，根据任期经营业绩结果兑现所属单位负责人任期绩效，并将任期结果作为所属单位负责人任用及考核奖惩的重要依据，激励所属单位稳步提高价值创造能力和市场竞争能力。

（二）以战略规划为指引、市场发展为导向，精准设定、调控预算目标

1. 精确设定预算目标

一是根据企业实际情况和行业发展规律，选取收入、市场份额、用户规模等具体指标，准确反映预算目标设定结果。二是引入市场化竞争机制，合理设定收入目标。采用分段设定方式设定基本目标和挑战目标等，基本目标是保证基本任务的完成，其获得的资源也处于较低水平，根据目标完成情况，业绩薪酬只能获得上一年同期水平（或略有提升）；挑战目标具有一定的挑战性，获得资源更多的来自增量，若目标完成，业绩薪酬会较大幅度增长。

2. 建立预算调整过程管控机制

一是按照可控变动成本，利用收入驱动的动态弹性管控模式，对各分公司实行在年初预算配置的基础上，推行超收增支，欠收减支。成本费用支出增加，以收入份额提升和收入增长为前提，强化成本费用预算与收入预算的动态关联。

二是按照各分公司年初目标认领沟通结果，下达年度预算目标。同时，在预算实际执行过程中，对收入超预算的经营单元，认购值低于挑战目标的按照70%增加可控成本，认购值等于或大于挑战目标的分公司按照85%增加可控成本；针对未完成收入预算的分公司统一按照85%的比重扣减可控成本预算。

三是实行动态弹性预算调控机制。按照"市场份额提升、预算未完成、调减预算；市场份额下降、预算超额、需调增预算"方式，推进实施"年初高认购、高完成、高配置；低认购、低完成、低配置"的动态弹性预算管控激励机制。

（三）科学合理配置资源，确保实现预算目标

1. 资源配置与分段式预算目标挂钩

实施分段式资源配置，以增量收入认购和收入市场份额提升目标认购为引领，实施存量收入定额配置，增量收入分段激励增配制度，突出"高认领高配置、低认领少配置"的资源配置思路。具体分段为认领基础目标，付现成本配置＝存量收入×基本定额；认领挑战目标部分，增配成本＝增量收入×85%×增量份额配置系数；大于挑战目标部分，增配成本＝增量收入×100%×增量份额配置系数。通过设置增量收入管控资源配置激励系数，优化"基于份额提升导向"配置资源模型。充分体现净增收入市场份额越高，提升越快，收入增量认购目标越多，资源配置比例越高的市场化资源配置思路。

2. 推行市场化"信贷"机制

针对经营发展有潜力、资源困难的分公司，新疆电信公司推行资源增收超配的市场化"信贷"机制。一是在年初认购收入目标及相应统一资源配置的基础上，叠加按年度单独核定增收增量目标和超配信贷资源，通过实施信贷项目管理，使增配资源与效益、效率相匹配。二是针对超配信贷资源的分公司，实施与增收增量目标挂钩考核的优惠减免清算偿还机制，充分激发超配资源市场化内生动力。

3. 实施资源配置倾斜策略

新疆电信公司加大向移动、宽带等重点业务、产品、项目等资源配置的倾斜力度。一是安排"号百信息服务""找我""天翼库看""翼支付"等产品专项成本费用预算同比增长65.69%；二是加大移动网络维护投入，大幅提高移动修理费定额水平，全省移动修理费同比增长87.05%；三是加大对移动网络日常网优和专项网优投入力度，配置移动网优专项成本预算同比增长28.96%。

4. 建立新兴业务资源配置模式

为促进市场进一步扩张，资源分配体现预期达到的市场目标。建立以新兴业务增长为驱动的资源配置模式，新兴业务总体资源配置与业务发展紧密挂钩，以市场发展、横向纵向对标为导向，市场化、差异化配置新兴业务资源，推动新兴业务发展。

5. 深化资源配置改革

第一，强化资源配置对战略的支撑。通过"四位一体四级穿透"闭环管理，实施四个层级资源配置大数据分析，评价资源使用效果，并进行动态调整。一是开展多维度产品毛利模型分析，实现财务全面嵌入业务流程。二是开展ICT项目闭环管理，支撑ICT项目决策和资源配置。三是开展资产价值分析，实现资产价值、市值最大化，支撑精准投资。四是推进低效资产盘活，实现低效资产统计、处置、运营闭环管理。通过加强内外部开放合作，评价与考核相结合推动表外资源管理，拓展经营发展的资源空间。以EVA为核心准确定位影响企业长期价值增长的关键因素，推进企业价值持续提升，全力支撑企业实现"信息化引领、能力提升、变革创新"三大战略目标。

第二，强化资源配置对经营发展的支撑。针对企业战略定位、战略规划和业务发展情况，合理确定规模发展和价值提升目标，优化分类预算管理。眼睛向外紧盯份额，动态调整收入预算。份额提升达标，收入预算不变，份额提升未达标，上调收入预算，其他资源配置按占收入比例同步调整。一是按照收入、业务量、资产量、人员数量等驱动因素，对地州市分公司实施资源配置；二是针对直属单位及专业分公司按照发展阶段和资源需求特点，实施零基预算和清单级专项预算管理；三是针对重点产品、重点业务实施专项配置，支撑收入增长和新兴业务发展；四是针对重点营销活动统筹资源安排，资源配置匹配业务策略，按渠道、客户群和细分市场等维度配置资源，支撑重点产品快速规模发展。

第三，强化资源配置对划小承包的支撑。新疆电信公司近年来持续推进以"责任田、责任制、责任人"为核心的划小承包机制，向最末梢经营单元下沉成本资源和投资资源，建立市场化激励机制和自主经营模式，调动一线员工的积极性，实现客户满意、企业增效、员工增收。通过"四位一体四级穿透"运营管理机制，把经营自主权交给市场一线。一是建立以基层经营单元负责人（以下简称小CEO）为中心的资源穿透和业绩评价体系。统一资源配置模型，加大资源穿透力度，推进全区划小承包单元的资源配置模型的统一；二是建立基层经营单元资源动态适配机制，设定资源下沉红线并保障实施，保障基层经营单元负责人的资源自主使用权；三是完善基层经营单元业绩评价和薪酬激励机制，合理设定规模和效益指标权重，逐步加大超收超利提成、资源节约奖励等效益指标在评价和激励中的作用；四是完善平台集约支撑和属地个性服务相结合的财务支撑体系，通过加强快速报账、"开前门＋风险防范"、建立知识库等举措提升SSC集约支撑服务能力。

（四）建立公正考核机制，依据绩效分析推动管理改进

1. 建立考核校正机制

建立用户净增量与用户份额联动考核的自动校正机制，针对收入市场份额提升、移动用户净增量、宽带用户净增量等要素，设立基本目标和挑战目标。一是在鼓励高认领的同时，坚持眼睛向外的原则，把用户净增量与用户份额联动考核，坚持"认领高、份额高，超目标的则加分高""认领低、完成低，份额下降的则扣分最多"的考核路径。在收入份额提升的同时，充分体现鼓励高认领、高完成、高激励的考核机制。二是针对"高认领未完成高目标"的分公司，设置扣分缓冲台阶，基本保证在份额提升幅度相同的情况下，高认领比低认领扣分少或扣分相同。

2. 设定考核指标

一是以企业战略为核心设定规模发展、信息化引领、能力提升、变革创新及加扣分指标。突出"收入与份额并重，强化收入管控""移动用户规模与发展质量并重，加大宽带净增和份额保有量""加大新兴业务发展激励，加快渠道发展""强化资源使用效益约束，加大效益改善和贡献激励"四个导向。二是在规模发展方面，设定"收入、用户净增量与用户份额"指标。三是在信息化引领方面，以打造精品网络为依托，促进流量经营，优化收入结构。四是在能力提升方面，关注网络能力、服务能力、价值创造能力等指标。五是在变革创新方面，新增"划小承包2.0""民营资本引入、资源四级穿透"等考核指标，促进规模发展与资源配置相匹配。

3. 推行差异化业绩考核机制

新疆电信坚持预算目标差异化和考核计分差异性原则。一是实施"月度考核+年度考核"相结合的业绩考核机制，年度重结果、月度重过程，精简指标，兼顾月度与年度的一致性，缩小计分差异；二是明确"加分和扣分标准与认领目标"挂钩，针对业务收入考核，加大超收加分、欠收扣分力度，鼓励高认领高加分、高贡献高加分；三是强化"收入预算完成与业绩考核得分加权"挂钩，建立以核定工资总额为核心的人工成本预算管控机制，对各分公司增量收入与增量利润配置，实施专项人工成本激励，体现"得分高绩效高"的激励机制。

4. 开展绩效考核分析，改善管理短板

为保障企业战略的执行落地，帮助分公司改善经营管理短板，新疆电信公司每月定期对分公司进行业绩考核短板分析，年中定期对分公司提出一对一的管理建议。各分公司结合自身实际，制订改善提升举措，调整优化营销模式，加快移动用户、宽带用户、行业应用的规模发展，同步改善网络质量、提升客户感知，不断提升转型创新发展能力。通过强化业绩考核的激励约束及导向作用，进一步强化预算制订、资源配置、业绩考核闭环管理。

（五）构建大数据平台，提升分析决策能力

为有效消除各层级经营单元点多、地域限制等不利因素，新疆电信公司通过搭建统一的"四位一体四级穿透"大数据管控系统平台，实施多维度、可穿透的管理与评价，跨域关联整合数据，逐步实现核心数据穿透到一线。

1. 搭建"四位一体四级穿透"管控系统平台

为确保多维度、可穿透的管理与评价实施，新疆电信公司通过搭建集规划、预算、资源配置、考核为一体的"四位一体四级穿透"的管控系统平台，提升各层级管理驱动力。通过建立智慧化管控系统平台，全面提升管理效率与效益，为四位一体闭环管理向四级纵深穿透提升提供支撑保障。一是系统平台汇聚反映各层级运营能力与效率的核心数据，通过充分利用大数据分析，查找企业运营和管理流程中存在的问题，制订针对性改进举措，不断优化内部管理规则与决策流程。二是围绕营销、服务、管理和网运，开展重点大数据模型开发和应用建设，形成数据驱动企业智慧运营的数据应用能力。三是针对系统

输出的问题推行派单功能，打通"派单－执行－反馈"闭环流程，由区公司向分公司派单，通过OA待办、短信提醒等多种方式派单到责任人，采取资源牵引、报账控制、通报考核等手段，确保责任落实到位。

系统平台经过指标筛选梳理、报表表样设计、底层数据汇聚、中层数据建模等建设阶段。四个层级共涉及指标650个，系统平台按月自动向各层级经营单元推送近1000份管控报告、7000张报表、35000个图形展示，每月推送汇聚基础数据达400多万条。通过整合15个系统数据，涉及新疆电信公司10个管控部门、覆盖16个分公司、90个县公司、781个支局，基本覆盖新疆电信公司所有经营责任单元。

2. 跨域关联整合数据，实现核心数据穿透到一线

"四位一体四级穿透"系统通过将企业网络、产品、渠道三大运营体系中的核心数据穿透到支局并进行效益效率评价，汇聚了企业运营的核心基础数据，通过对数据跨域关联整合并进行运用，有效支撑业财融合分析、产品效益评估、资源使用效率评价等环节的决策分析及数据运用，奠定丰富的大数据基础。智能化数据平台实现大数据汇聚、分析与预警功能，让四个层级更多管理者把精力集中到一线生产经营上。基层各类报送报表、数据分析工作量明显减少，取数看数快捷方便，各层级管理效率逐步提高，有效支撑一线业务开展，全面提升支撑服务水平，实现主要信息横向贯通、关键运营数据直达一线。

3. 提供多维度数据分析

一是系统推送四个层级数据，为同层级组织之间的横向对标提供数据基础。二是由系统自动出具各经营层级管控报告并进行短板分析，自动形成各层级经营管理基本面分析。三是引入企业健康度评价体系、价值效益效率指标评价体系，引导各层级不断提升价值管理和价值创造能力。四是嵌入毛利模型，形成标准的4G、FTTH、物联网、渠道、天翼高清、政企、翼支付等维度的毛利模型，便于各层级在日常管理中调用数据。五是加载公司"比学赶帮超"对标结果，支局作为"比学赶帮超"的最小单元，把每一个支局与标杆的对标结果和整改方案，在系统中以格式化的数据结构进行加载，系统每个月输出的结果和标杆目标进行比对，并自动输出整改执行结果，逐步实现支局动态"结对子"功能。

三、通信企业基于"四位一体四级穿透"的战略绩效管理效果

（一）企业整体经营业绩和市场竞争力稳步提高

新疆电信公司通过实施"四位一体四级穿透"战略绩效管理，整体经营业绩逐步攀升，市场竞争力稳步提高。2014－2016年任期考核结果在同类省中排名第一；2017年收入市场份额达32.61%，较2016年提升1.63个百分点，收入增长率达7.15%，行业增长率排名第二。过网用户较上年增长65万人，过网用户份额增长2.13%，份额提升行业排名第一。净利润完成值连年优于集团公司目标，EVA持续改善。2017年，人均增加值28万元/人，较2010年提升75%；全口径劳动生产率48万元，较2010年提升近80%。利用四级穿透的基础数据助力企业智慧运营，2017年成本资源下沉一线自由支配类成本超过支局总成本的30%。实现四个层级近1000个经营单元量收口径、资源配置、预算管控政策、考核评价、经营分析、承包薪酬激励、投资动态调整、效能评价"八统一"，促进各层级经营管理按业务发展趋势动态调整，精确化管理水平全面提升。

（二）企业管理效率和资源配置管控能力明显提升

新疆电信公司实施"四位一体四级穿透"战略绩效管理以来，管理效率大幅提升，资源配置管控能力明显提高。通过智能化管控平台实现大数据汇聚、分析与预警功能，每月生成并汇聚近400万条关键核心数据直达一线，基层各类手工纸质报表减少70%；承包范围进一步扩大，承包单元数由914个扩展至四级、五级近2500个，75%的支局已开展四五级外包；承包队伍素质不断提高，管理人员下沉担

任小 CEO137 人，占小 CEO 总数的 15%；小 CEO 专项培训、实战 1118 人次，培训覆盖率 100%，小 CEO 岗位认证通过率达 80%；竞争性淘汰 181 名排名靠后的小 CEO 退出承包，占比 19%。

（三）企业智能化运营管理效果凸显

新疆电信公司基于"四位一体四级穿透"运营管理体系的成功实践，投资配置模型不断优化，逐步实现四个层级扁平化管理。同时，以企业基础管理运营体系为牵引，全面构建一体化智慧运营体系。基层经营单元负责人非生产性工作时间已控制在 30% 以内；系统推送数据至承包助手看数、逆向派单等功能应用不断丰富；基层经营单元负责人满意度由最初的不足 80% 提升至 95% 以上。形成一线围着客户转、部门围着一线转的工作氛围，区地两级职能部门逐步从管理考核者向服务支撑者转变，广大员工普遍从"要我干"转变为"我要干"，基层员工获得感、凝聚力和向心力不断增强。

（成果创造人：邵新华、岳彩民、付雪莲、贺　勤、蒋合法、吴嘉琳、马秀玲、李　峻、马海涛、赵晓红、王纪伟、马晓平）

大型油气田以激发企业活力为目标的绩效管理

中国石油天然气股份有限公司新疆油田分公司

中国石油天然气股份有限公司新疆油田分公司（以下简称新疆油田公司）是中国石油天然气股份有限公司所属的地区分公司，主要从事勘探开发、工程技术服务、生产服务、辅助业务和矿区服务五大业务板块共21项业务，下设机关部门17个，直附属单位12个，基层单位36个，共有员工3.9万余人。新疆油田公司主要勘探开发领域位于准噶尔盆地，油气总资源量107亿吨，其中石油86.8亿吨、天然气2.5万亿立方米。截至2017年年底，已开发油气田30个，共有油井3.3万口；累计生产原油3.7亿余吨、天然气800余亿方，连续16年稳产千万吨以上；资产总额为1200余亿元，负债总额为570余亿元，累计实现利润2200余亿元、缴纳税费2000余亿元。

一、大型油气田以激发企业活力为目标的绩效管理背景

（一）应对严峻生产经营形势的需要

由于世界宏观经济形势复杂多变，国际油价断崖式下跌，以及石油行业发展存在的多种不确定性因素，新疆油田公司生产经营面临诸多困难和挑战。一是受世界经济复苏乏力、全球石油供给过剩、油气需求增速放缓等影响，国际油价较长时间低位震荡，对企业创效盈利带来严重冲击。二是作为已经开发60余年的老油气田，自身资源品质下降，寻找规模优质储量难，优质稀油接替资源不足，老区进入"双高"开发阶段，油气稳产上产难度加大。三是受关联交易、原材料价格等多种因素影响，勘探开发成本逐年上升，储量、产量、工作量与投资、成本不匹配的矛盾愈加突出。四是因为历史遗留的老问题和国家的新要求，企业承担的社会包袱重，安全环保隐患治理投入大，在新疆"三期叠加"的特殊形势下，保障生产设施安全、维护和谐稳定的任务十分艰巨。

为有效应对严峻的生产经营形势，需要通过加强绩效管理，充分发挥绩效考核导向作用，引导全员深挖潜力，改革破局，把低油价等不利因素对企业的影响降到最低程度，在坚决完成中国石油集团公司生产要求的同时，不断开创质量效益可持续发展的新局面。

（二）提升企业经营管理水平的需要

新形势下，随着深化改革、管理创新不断深入推进，新疆油田公司经营管理问题变得更加显性化和尖锐化。机关部门、生产单位、基层站队责权利不尽匹配，部分制度执行不力，管理存在薄弱环节；生产经营管理还不够集约、精细，跑冒滴漏现象时有发生，效益"出血点"仍未完全止住；未上市业务社会化市场化改革涉及多方利益，关系员工队伍稳定，部分工作推进缓慢。同时，由于绩效管理本身的系统性和复杂性，在绩效管理方面仍然存在不完善、不健全、不配套的问题，如绩效管理侧重于结果评估和奖惩兑现，战略管理的工具作为发挥不充分；绩效面谈、绩效改进等方面做得还不够；奖金分配一定程度存在"大锅饭"的情况，员工对绩效管理的参与度和认同感不足，创新创效的积极性未得到充分调动，企业内部活力动力未有效充分激发。为有效克服这些管理上的重难点问题和薄弱环节，需要强化绩效管理，向全体单位和员工清晰传递企业发展目标和管理要求，凝聚集体智慧和全员力量。

（三）保障全体员工切身利益的需要

2014年以来，中国石油集团公司不断调整完善工效挂钩工资总额决定机制，在保持"基本工资＋津补贴"模式不变的前提下，将工资总额与主要指标（利润）和辅助指标（产量）挂钩，依据考核指标完成情况确定挂钩增量工资，并不断加大利润指标挂钩权重，同时设定盈利和亏损企业差异化最高增长

线。国际油价断崖式下跌后，国资委压减集团公司5%的工资总额，集团公司又提取5%的工资总额进行工效挂钩奖励，直接导致新疆油田公司可用于绩效考核兑现的奖金总额减少。

"十二五"以来，新疆城乡居民收入持续快速增长，城镇居民人均可支配收入年增幅10%以上，同期食品类物价上涨40%以上，而员工收入不升反降，骨干人员获得感不强，造成青年骨干人才流失，员工离职率由2015年的0.4%上升到2016年的2.71%，远高于勘探开发板块平均水平。为努力从集团公司挣取封顶工资总额，保障员工切身利益，需要强化绩效管理，充分激发企业内部活力和全体员工创新创效动力，努力实现企业、基层单位员工绩效的有机统一和综合绩效最大化，提高员工收入和获得感，稳定骨干队伍，为新疆油田公司可持续发展提供人才保障。

基于上述原因，新疆油田公司自2016年开始实施大型油气田以激发企业活力为目标的绩效管理。

二、大型油气田以激发企业活力为目标的绩效管理内涵和主要做法

新疆油田公司围绕建设现代化大油气田的发展目标，坚持以质量效益为中心，深入实施"资源、科技、低成本"三大战略，全面加强绩效管理，大力实施以绩效合同为载体，以关键绩效指标为主要内容，以骨干人员为主要对象的业绩、效益"双考核"，形成经营管理上下衔接、绩效考核覆盖全员、工效挂钩严格兑现、激励与约束并重的绩效管理体系。主要做法如下。

（一）完善组织保障，改进绩效管理机制

1. 强化组织保障，建立完善绩效管理组织领导

新疆油田公司将绩效管理工作置于引导和促进质量效益发展的战略高度。一是成立绩效考核委员会，负责研究决定绩效考核重大问题，审定绩效考核政策及办法，审议绩效合同并监控执行，审批考核结果及奖惩方案。二是由领导班子正职亲自挂帅，业务分管副职牵头负责，相关机关部门分头落实，绩效考核委员会办公室（设在人事处）具体组织落实。三是各单位部门逐级成立绩效考核领导小组，负责领导班子副职、所属单位和员工的绩效考核和奖励兑现。通过建立完善绩效管理机构，形成管理层统一领导，各部门各单位共同参与、协调联动的组织管理构架，完善一级抓一级、层层抓落实的工作机制，实现管理全覆盖，为绩效管理各项工作落到实处提供组织保障和机制保证。

2. 突出全员覆盖，改进绩效考核制度办法

一是按照"工作有标准、管理全覆盖、考核无盲区、奖惩有依据"的要求，制定印发《新疆油田公司全员绩效考核办法》，明确管理职责、绩效合同、考核评价方法、程序及结果应用等事项。二是按照分层分级绩效管理要求，各单位在规定的原则、框架范围内，结合自身实际，分别制定考核实施细则并严格落实。三是按照"谁管理，谁考核"的原则，从领导班子成员到基层员工，均由上级领导逐层负责下一级人员绩效合同的制定、签订、考核、兑现、绩效改进和绩效面谈等环节，建立起责任层层落实，压力层层传递，激励层层链接的管理机制，形成人人肩上有指标、千斤重担众人挑的良好局面。

3. 坚持与时俱进，搭建完善的绩效管理机制

紧跟集团考核导向，以关键业绩指标（KPI）考核为重点，利用目标管理理论（MBO），聚焦提高经济效益和资产经营效率，紧密结合财务预算管理，完善对各单位的绩效考核。

一是利用平衡计分卡（BSC）等工具，将战略目标融入关键绩效指标体系，强化责任落实、绩效跟踪和奖惩兑现，用战略牵引考核驱动战略。二是以经济增加值（EVA）为导向，在突出效益、规模指标考核的同时，充实完善发展质量、经营效率和竞争能力指标的考核，引领企业质量效益可持续发展，同步提升核心竞争力与综合实力。三是分解企业发展战略和年度生产经营计划，制定并签订《业绩合同》，加强绩效跟踪监控，及时有效激励，PDCA循环改进，形成包含计划、实施、反馈、改进等环节的绩效闭环管理。坚持把绩效考核结果与员工切身利益紧密挂钩，严格考核、奖惩兑现，实现责、权、利和能、绩、酬的统一。

（二）科学设定考核指标与目标，明确考核制度

科学设定业绩指标，合理设置指标权重，严格设定目标值，分层确定考核周期，确保全年各项中心任务圆满完成。

1. 科学设定业绩指标

利用多种绩效工具，形成关键业绩指标（KPI）库。一是根据目标管理理论（MBO），将集团公司年度业绩合同和中期业绩合同指标向下传递、分解细化，确定主要业绩指标。按照管理学"二八原理"，抓住价值创造的核心和重点，将提质增效、三项制度改革等年度重点工作转化为关键业绩指标，同时设定重点工作计划完成率等综合指标，用业绩考核推动重点工作全面完成。二是针对企业管理短板、薄弱环节和难点，将绩效考核与风险管理结合，设置内控管理、依法合规经营等业绩指标，进一步加强企业全面风险管理，促进管理水平整体提升。三是利用平衡计分卡（BSC），将企业战略目标和业务发展规划逐层分解转化，并随着企业战略侧重点的转变而变化，同步设置新建产能、绝对油量综合递减率等考核指标。

总体上依据业绩合同框架和关键业绩指标考核目的，将业绩指标归并划分为效益类、营运类、约束类和奖惩类四种类别，便于后期业绩指标分解提取。

按照差异化分类考核原则，结合工作职责分析法，纵向逐层级分解承接指标，横向结合单位管理定位、业务特点和个人岗位职责，通过"十字"提取法，确定关键业绩指标，形成各层级业绩合同大体框架。例如，针对高层级岗位，效益类指标相对多一些；针对低层级岗位，营运类指标相对多一些。

2. 合理设置指标权重

根据责权利相统一、差异化考核的原则，按照受约人对指标的影响力、控制力和所担负的责任，综合考虑指标在合同整体指标中的相对重要程度，合理确定关键业绩指标权重。在各项指标权重之和为100%，单项指标的权重一般不低于5%的前提下，受约人对考核指标的直接影响和控制力强，担负的责任大，权重就相对大一些；反之，权重就相对小一些。例如，岗位层级高，其效益类指标权重、战略分解指标权重就相对大一些；岗位层级低，其营运类和人员类指标权重相对大一些。

3. 严格设定目标值

坚持综合绩效最大化，在不影响企业安全稳定生产和不损害可持续发展能力的前提下，围绕薪酬总额封顶和公司年度、中期业绩考核评定为A级的目标，按照目标设定"总量相等原则"（企业总体目标值和各单位目标值之和相等）、"期望原则"（目标设定通过努力可能达到）、"参与原则"（上下沟通、全员参与）和"SMART原则"（具体、可衡量、被认同、务实、有时间期限），由各业绩指标主管部门分解下达各单位利润、产量等关键业绩指标，再由各单位按照全员绩效考核要求，逐级分解指标任务，层层传导绩效压力。

4. 分层确定考核周期

在新疆油田公司层面，采取按季度预考核、年底考核清算的方式。在基层，各单位结合生产经营实际和员工队伍管理需要，各自确定合适的考核周期，实现考核激励约束及时到位、作用效应最大化。

5. 分类确定考核方法

依据公开公平公正的考核原则，坚持定量考核与定性评价相结合，由各业绩指标主管部门与被考核单位双向沟通，据实提供所负责指标完成情况，绩效办汇总收集考核数据后，按照考核办法和考核细则规定的原则、内容、计分规则，测算综合绩效分值，并报绩效考核委员会审定考核结果。单项和综合指标绩效分值均按120分封顶，超过120分的按120分计算。其中，定量考核采用客观数据计算绩效分值，定性评价采取360度测评等方式获取结果。

6. 实施油气超产特别加分奖励

根据集团关于油气上产的新要求，为提高新疆油田公司油气商品量，更好调动油气生产单位生产积极主动性，确保年度油气产量任务和未来几年油气上产计划顺利完成，在按业绩合同正常考核计算业绩分的基础上，实行原油交油量、天然气交气量特别加分奖励。

7. 加强绩效跟踪分析

一是建立完善固定的跟踪监控、分析汇报制度机制。每月在生产经营工作例会上专项汇报整体业绩指标累计完成情况和月度绩效考核重点工作，及时提醒提示薄弱环节和下步重点工作。

二是每季度对各单位各部门开展预考核，并向上级部门专项汇报各单位业绩完成情况，针对存在的主要问题，及时向各单位反馈考核结果，督促改进提升。

三是在中石油集团考核政策调整、业绩合同征求意见和指标下达、考核结果反馈后等重点阶段，及时召集考核委员会研究分析，并以会议纪要的形式向全公司传达考核委员会工作要求，推动绩效管理工作整体上台阶。

（三）突出效益效率导向，差异化效益考核

创新实施效益考核，与现有业绩考核并行，突出对影响整体效益提升的业务关联一体化指标、超额利润等考核，促进企业整体效益效率的提升。

1. 基层单位效益考核

参照集团公司工效挂钩工资总额决定机制，将基层单位的效益考核主要与单位超额利润或费用节约挂钩，按照"三七分成"原则兑现，激发创效主体的积极主动性，确保企业整体效益最大化。此外，为引导基层单位主动盘活用好现有人力、薪酬资源，积极创新创效，针对性设置对外创收、挖潜节约工资等效益考核奖励项目。

2. 机关部门效益考核

针对机关部门功能定位和实际情况，按业务链捆绑指标、重点工作、服务协调保障、效益类四大类别，为机关部门设置差异化、针对性效益挂钩指标，不与年度业绩合同指标重复。新疆油田公司机关部门每年签订《年度业绩合同》和《效益考核合同》，两份合同虽然考核目的、指标设计、结果兑现不同，但在运行操作环节保持基本一致。

业务链捆绑指标主要依据机关部门在勘探开发等主体业务链中所处关键环节或发挥作用分别制定，激励约束各部门积极主动开展工作，确保主体业务协调顺畅、有序推进。针对部分非生产处室，则将各基层单位业绩合同中与其业务相关的指标完成情况作为捆绑指标，促进各部门在分管业务范围内，主动帮助二级单位解决困难，更好完成业绩指标。重点工作指标主要考核深化改革方案、提质增效和重点督办事项中明确的各项重点工作，推进重点工作及时有效落实。服务协调保障指标通过"领导评价、基层测评、相关部门评价"360度测评，考核机关服务协调保障作用发挥情况，推动机关部门提高服务协调水平。效益类指标主要考核机关部门管理专项费用，控制压缩专项费用，促进机关部门带头开源节流、降本增效。

3. 部分直属和科研单位效益考核

新疆油田公司勘探事业部、开发公司（公建公司）2家参照直属机构管理的单位，负责勘探、油藏评价、产能建设等业务的实施管理，处于勘探开发主营业务的龙头地位；勘探开发研究院、工程技术研究院、实验检测研究院、数据公司（上市）4家单位承担科研职能，关乎油田质量效益可持续发展，但其作为费用单位，直接创效能力微弱，间接效益大却又难以评估，为保障对这些骨干单位和人员的有效激励，结合其业务特点，分别制定不同的效益挂钩指标，其中勘探事业部、开发公司（公建公司）还与业务相关机关部门进行双向捆绑考核，使业务密切相关、上下衔接的管理链条更加协调、顺畅。

(四) 突出关键少数，不断加强骨干考核

1. 加强领导人员和技术专家考核

新疆油田公司将党建工作、党风廉政建设等一般员工无实际影响力的指标，仅纳入对领导人员的考核，促进领导人员积极履职尽责，加强单位全面管理。将绩效考核结果纳入领导人员年度综合考核并占总分70%的权重，促使领导人员更加重视绩效管理，引领企业高效发展。通过"双序列"改革后，根据技术专家聘任岗位职责，按照一人一策分别设计其业绩合同，主要考核其负责领域的方案、按期完成审批及实施符合率等指标，促进专家充分发挥在学术领军、科研领衔、技术把关、决策参谋等方面的作用。

2. 加强机关部门正职挂钩考核

为确保业绩超额完成，新疆油田公司把年度业绩指标考核情况与指标责任部门挂钩考核，集团反馈年度考核结果后一并清算兑现，促使指标主管部门全力冲刺最好目标。一是效益类和营运类指标依据得分在勘探开发板块的排名情况，排名居中的不奖不扣，每上升一名奖励综合分值1分，每下降一名扣减综合分值1分，奖扣最多不超过6分。二是约束类指标被集团扣分的，双倍扣减责任部门综合分值，未被扣分的奖励1分。三是奖励类指标按集团公司加分同等分值奖励责任部门，未获加分的扣减1分。四是因指标主管部门工作失误，对公司业绩考核结果定级、所负责业绩指标得分产生影响的，视情况扣减1~5分。五是多个部门共同负责同一指标的按同等分值奖扣，一个部门负责多项指标的取平均分作为最后奖扣分值，同时每超额完成一项业绩指标的额外奖励0.5~1分。此外，针对超额完成指标任务可能不利于企业安全稳定生产，损害可持续发展能力或影响员工整体利益的情况，原则上不列入挂钩考核或酌情扣减相应分值。

(五) 工效挂钩，强化激励约束

1. 业绩为上、适度倾斜，持续优化业绩奖金兑现

第一，按照"业绩上薪酬上，业绩下薪酬下"的原则，把全年用于考核兑现奖金的60%作为业绩奖，依据业绩合同考核结果严格兑现。业绩合同考核得分超过100分的，每超1分，加发1%的业绩奖，最多可加发20%。根据全年工资总额预测兼顾合理税负，确定人均月度奖金预兑现标准，按月发放、年底清算。

第二，根据单位技术复杂程度（50%权重）、工作强度（30%权重）、安全环保风险（20%权重）、发展定位等因素加权测算、分类确定经营管理难度系数，作为各单位业绩奖金系数，体现奖金向科研、油田生产一线、管理难度大的单位倾斜。企业上市单位奖金系数为1.6~2.5，未上市单位奖金系数1~2.1。

第三，各单位根据生产经营实际和员工队伍情况，研究确定内部考核分配政策，在保证各层级员工的创新创效积极性的前提下，采取不同层级不同类别不同奖金系数的方式，适度拉开奖金分配差距，向骨干和贡献大的人员倾斜，激活内部分配制度，实现精准奖励。

2. 效益优先、兼顾公平，持续优化效益奖金兑现

第一，实行奖金与效益联动机制，将全年用于考核兑现奖金的40%作为效益奖，机关部门依据签订的效益挂钩指标考核情况兑现；基层单位原则上按各单位超额利润的30%分成奖励，同时引入创效能力系数适度平衡调控；如可分配超额利润奖额度不足，则按超额利润额占比，结合效益奖总额调整兑现。

第二，为合理平衡各单位因业务性质、资源禀赋、桶油成本、人数多寡等先天因素不同造成的创造效益能力差异，更好体现单位自身努力程度，依据采油气生产单位的产量指标（单井产量、油藏品质、新井产量完成）、效益指标（桶油利润）、综合指标（项目投资、员工人数）三大类因素，按照30%、

40%、30%的权重确定创效能力系数,确保效益奖分配更加合理。例如,采油气单位创效能力系数取值区间为1.0~2.0,科研单位、工程技术单位取值区间为0.9~1.0,生产服务单位、社会服务单位、矿区服务单位取值区间为0.7~0.8。

3. 抓住关键,精准激励,持续优化骨干奖金兑现

优化领导人员和技术专家奖励兑现。一是实施分层分类差异化考核兑现机制,参照《企业分类管理办法》,将单位油气当量、内部利润、井口数、员工人数四项指标从高到低分别赋予不同的分值。二是根据综合分值高低,将所属单位划分为五类,对应单位正职奖金标准划分为五档,最高最低档差20%,把奖金和规模大小、管理难易程度紧密挂钩,体现"干多干少不一样、好干难干不一样"。副职奖金标准按单位正职的85%确定,技术专家按相应层级的90%确定。三是年发放频次由原来的2次调整为13次,增强激励的及时性、有效性。奖金标准的80%在当年发放,剩余20%在次年考核时清算,确保与考核定级挂钩。其中把当年奖金标准的60%作为业绩奖,根据业绩合同考核结果按月考核发放,增强日常激励效果;其余40%作为效益奖,按单位一般员工效益、业绩奖之比同比例测算,在当年末考核后一次性兑现,实现领导人员效益奖与单位整体效益直接挂钩,与一般员工奖励紧密联动。

针对性设定专单项奖。为进一步调动全员创新创效的积极性、主动创造性,设置油气发现奖、油气开发奖、安全环保奖、管理创效奖、维护稳定奖五大类专项奖和总经理嘉奖等单项奖,作为绩效奖的补充。同时,以重点项目、重点工作为载体,按照项目难易程度和实施效果合理拉开奖励档次,根据贡献大小将奖金分配方案具体到个人,精准激励掌控资源、配套技术、控制成本、维护稳定四项核心任务中取得的重大成果、重点项目和突出贡献人员,助推企业高质量发展。

实施对外创收奖励。为引导各单位积极开拓外部市场、增收创效,设置对外创收奖励,分为外部市场超额利润奖励和外部市场现金收入增量奖励两个部分,明确超额利润奖励按"三七分成"原则兑现,现金收入增量奖励按当年现金收入增量额的3%~5%兑现。对外创收奖励的15%可用于奖励单位领导班子,促进领导主动谋划,带领团队积极创收。

工资挖潜奖励。为鼓励人员富余单位积极向外输出人员,依法合规挖潜可用工资总额,设置工资挖潜奖励。在考核兑现时,区分企业推动和单位自主推动两种情况,按挖潜节约工资总额的20%~50%奖励。单位内部再次分配时,领导班子成员的奖励最高可达到单位人均水平的7倍。

其他奖励。结合机关"五定"改革工作,将机关部门奖金与定员挂钩,针对部门缺员(超编)人数按照机关人均奖金的20%增发(扣罚)奖金,进一步鼓励各部门用好现有人员,控制和减少用人,确保队伍精干高效。此外,根据维稳安保形势和工作量大幅增加的实际需要,设定员工维稳奖,统一按发奖人数每人每月500元拨付,由各单位结合各自维稳工作情况考核发放,激励全员共同做好维稳工作。

三、大型油气田以激发企业活力为目标的绩效管理效果

(一)绩效管理体系逐步健全,绩效理念深入人心

成果实施以来,绩效考核组织机构不断健全,制度不断完善,考核方式日趋科学,评价方法更加有效,初步形成一套行之有效、具有新疆油田特色的绩效管理体系。通过强化绩效管理宣贯和执行,打造绩效管理文化,"平均主义""大锅饭"等固有观念壁垒逐渐被打破,"单位奖金凭绩效,个人收入凭贡献"等理念逐渐深入人心,形成各级管理人员高度重视、广大员工理解认同、上下协同推动绩效管理工作的合力,营造协力推动改革、齐心共渡难关的浓厚氛围。新疆油田公司工效挂钩绩效管理相关做法被集团人事部作为经验进行发布,引起中石油系统各区域分公司广泛关注。

(二)激励约束作用逐步凸显,管理水平稳步提升

通过将公司绩效、单位绩效、员工绩效链接协同,逐步实现"责权利"和"能绩酬"有机统一,有力引导机关基层、干部员工与企业在质量效益可持续发展上同向而行。通过多级联动、上下捆绑考核,

加大对发展战略目标、重点工作任务分解落实，强化机关服务基层的能力和基层战略执行意识，有效促进提质增效、双"6+1"等重点工作的稳步推进。通过将绩效考核与预算管理结合，实现预算指标与考核指标的相互衔接，有效发挥大预算管理的基础作用，提升企业精细化管理水平。通过抓住内部管理薄弱环节，加大对管理短板的考核力度，强化企业风险管控能力，有效克服内外部多种矛盾和困难，提升企业执行力和可持续发展能力。

（三）改革创新动力有效激发，发展形势持续向好

成果的实施调动了全体员工特别是骨干人员的创效积极性、主动性，逐步实现经营效率和经济效益最大化的目标。截至2017年年末，各单位完成超额利润合计5亿元左右，较2016年增长38%；外部市场创收7亿元左右，较2016年增长10%。顺利从集团公司挣回封顶工资总额，员工收入特别是奖金收入大幅增加，实现员工收入与企业效益同步增长，改革发展成果惠及全体员工，为进一步深化改革、高质高效发展积蓄新活力、新动力。2017年，一举扭亏为盈，实现重组整合以来上市、未上市首次考核利润"双盈利"和业绩利润、工资总额"双封顶"，全年缴纳税费55.39亿元，同比增加24.5亿元，基本完成可持续发展所需要的资源、技术和管理准备。

（成果创造人：陈新发、杨学文、邹　瑛、邵　雨、梁玉斌、王正才、
张智勇、刘北国、王新喜、文　翔、支宝珠、林子栋）

大型军工集团协同型绩效管理体系的构建

中国核工业集团有限公司

中国核工业集团有限公司(以下简称中核集团)是经国务院批准组建、中央直接管理的大型军工集团。截至2017年年底,中核集团总资产约为5181亿元,全部企事业单位418户,在职人员近10万人,两院院士16人。中核集团作为国家核科技工业的主体,拥有完整的核工业体系,是国家战略核力量的核心和国家核能发展和核电建设的主力军,肩负着国防建设和国民经济与社会发展的双重使命。

一、大型军工集团协同型绩效管理体系的构建背景

(一)建设核工业强国,保障能源安全的需要

中核集团始终肩负着富国强军的双重使命,承担着核工业创新发展的重任,是国家安全的脊梁、经济社会发展的骨干和国家核能发展的主力。核工业在第一次创业时期,成功地研制出了原子弹、氢弹与核潜艇,建立了只有少数国家才拥有的完整核科技工业体系,奠定了核大国地位,为提高民族地位、保卫国家安全做出了辉煌的业绩和历史性贡献。

党的十八大提出,要建设与我国国际地位相称、与国家安全和发展利益相适应的巩固国防和强大军队,提高国防科技工作自主创新能力;把生态文明建设放在突出地位;支持节能低碳产业和新能源、可再生能源发展,确保国家能源安全。中核集团要继续发扬核工业的光荣传统和"四个一切"精神,为确保国家安全和能源安全做出更大贡献。与国家要求相比,中核集团在技术积累、人才储备、基础能力等方面存在较大差距,针对关键技术、重要装备及工程设计的攻关,需进一步加强组织统筹和条件保障,需要构建一套新的绩效管理体系来科学配置资源、助力发展。

(二)拓展核技术应用市场,做强做优做大的需要

党中央、国资委对中央企业明确提出要求,必须理直气壮做强做优做大国有企业,并以绩效考核为抓手,引导国有企业提质增效升级,在发展方式、布局结构、创新能力、国际化经营等方面着力,全面深化国资国企改革,提升国有企业控制力、影响力和竞争力。

在市场拓展的过程中,中核集团面临前所未有的压力,日本福岛核事故后国内核电审批流程放缓,需要按照"以核为主,同心多元"的思路,加快核技术应用的步伐,快速形成新的经济增长点。世界核科技创新不断开辟新的前沿和新的方向,小堆、微堆、燃料、聚变等多个领域已呈现出重大突破的先兆,全球核技术应用的市场格局、产业格局都在发生深刻变化,中核集团的核技术应用发展提速升级的任务更为紧迫。如何进行战略引导,如何进行有效的考核激励,如何进行资源协同,这些问题都需要通过构建新的绩效管理体系来解决。

(三)开拓国际市场,加快"走出去"的需要

2010年年底,国资委面向国有企业大力实施国际化经营战略,要求国有企业加快"走出去"步伐,积极开展海外业务,提升国际市场份额,优化产业链和价值链;培养全球化的战略思维和开放视野,立足全球配置资本、人才、技术、市场等各类资源,逐步实现战略、运营、管理、文化全球化;深化国际经济技术的交流与合作,掌握国际竞争规则,融入世界经济主流。

中核集团需要按照国资委的要求,充分利用国际和国内两种资源、两个市场,建立起"内外支撑、全面协同"的海外开发激励新机制,加快抢占市场,推动我国铀矿勘查、采冶、核燃料、核电、核环保全产业链"走出去"。

（四）优化管控模式，提升管控效能的需要

在过去几十年时间里，中核集团发展主要来源于国家投资，依据的是国家生产、建设计划，并且具有多项"专营权"优势，因此采用的是总部集权的运营型管控模式。中核集团从工业部门、行业性总公司转变而来，管理模式上行政化色彩未完全消失，企业化、经营性转变不够彻底，仍然存在着思想观念转变不到位、体制机制不够灵活等问题。财务、计划、科研等部门条线存在条块分割，系统内部各自为政，难以集约经营，发展平台、发展水平和经济效益都不高。中核集团内部各成员单位独立经营，力量分散，资源不集中，利用水平不高，系统内没有形成集团式运作，产业发展距离规模化、集约化发展程度低，缺乏集约管理能力，集中调配资源的能力不足，整体的竞争力有待提升。

中核集团自身是一个完整的产业链，是典型的链式结构，各单位之间存在较多的上下游关系，因此各产业环节之间的协同能力决定了整个产业链的发展能力；同时，集团公司是三级管控模式，总部、板块和成员单位之间的协同配合决定了整个集团的运营水平。从集团与外部的关系来看，也需要与供应商、合作伙伴，甚至是与中央主管部门、地方政府加强协作，才能较好地完成任务，实现发展目标。大力推动管理模式创新，构建起协同型绩效管理体系，是中核集团战略上的一次重大选择，也是中核集团又好又快安全发展的必由之路。

二、大型军工集团协同型绩效管理体系的构建内涵和主要做法

2013年开始，中核集团吸收现代绩效考核体系的先进成果，借鉴国内外大型军工集团的绩效管理经验，开始构建协同型绩效管理体系。按照体系整体构建方案，通过组织体系、制度体系、执行体系的统筹构建，依托信息化系统的建立，形成以计划－预算－考核一体化体系（简称JYK体系）为核心，覆盖总部、板块和所属单位及所有经营单元的协同型绩效管理体系，在责任体系、资源配置、产业链、国内外市场开拓方面实现全面高效协同，助力中核集团在军工科研生产任务、国内外市场开拓上取得了突出成绩。主要做法如下。

（一）统筹发展规划，明确绩效管理目标与实施方案

1. 修订发展目标，确立绩效管理新任务

2013年，中核集团根据国资委、科工局的统一布置，以党的十八大精神为指导，对"十二五"发展规划进行综合评估，修订中核集团"十二五"及中长期的发展目标。中核集团"十二五"改革发展的总体明确为，以打造强大核心竞争力为中心任务，努力把集团公司建设成为军工核心能力强，自主创新能力强，资源掌控能力强，安全发展能力强，效益提升能力强的一流企业集团，使集团公司发展实现质的飞跃，为2020年实现"做强做优，世界一流"打下坚实基础。

规划评估结果中，将构建一套协同性绩效管理体系确定为一项战略性的重点任务，以全面保障集团公司中长期战略目标的实现。构建全新的绩效管理体系是一项重大变革，会遇到思想层面、执行层面及文化层面的阻力。中核集团结合规划评估工作，在深入分析内外形势的基础上，将构建JYK体系作为一项全员参与的战略任务进行强力推进。

2. 突出协同理念，明确绩效管理新思路

在筹划构建考核体系之初，确立"以计划落实规划、以预算保障计划、以考核督促计划、以奖惩兑现绩效"的总体思路。坚持战略导向协同原则，保障国家战略任务，实现资产保值增值、资本收益最大化和可持续发展要求。坚持资源配置协同，年度计划编制、预算编制、绩效考核方案制订三项工作同步启动、同步申报、同步审批。坚持军民融合协同，军工任务和核技术应用协同配置资源，协同进行考核。坚持国内国外的协同，建立"内外支撑、全面协同"的海外开发激励保障机制，着力加快国际化步伐。

3. 注重持续改进，编制绩效体系构建方案

中核集团总部制订JYK体系建设工作方案。工作方案明确JYK一体化体系构建的目标思路、责任分工、建设步骤、制度体系的构成，以及持续改进等。通过领导动员、部门研修交流、专家辅导等形式进行集中宣贯。同时，部署各板块及专业化公司同步启动，制订覆盖所有成员单位的JYK体系建设方案。

（二）加强纵横层级协同，构建一体化组织体系

在总部层面构建紧密协同型的规划、考核、经济运行"三合一"协调小组，在业务部门配合下，实现组织体系的横向协同。构建上下协同的总部、板块、三级单位分层承接体系，实现组织体系的纵向贯通。为不断加强组织体系的协同效应，通过智库咨询，持续开展系列优化。分层分类开展系统性业务培训，实现组织体系的有力统筹和高效运转。

1. 明确责任分工，构建紧密协同型总部工作小组

在总部层面分别成立协调组、工作组和专家组，牵头负责整个集团绩效体系的组织实施。协调组由相关部门、板块的领导组成，按季度定期召开会议，负责对市场规划修订建议稿、三年滚动发展规划、年度及月度JYK方案及考核办法、经济运行分析报告、市场分析报告等进行审查；工作组由总部及板块核心工作人员组成，负责收集整理集团公司规划、JYK、经济运行分析"三合一"工作中有关问题，研究提出有关工作建议；专家组由规划、考核、经济、财务方面的专家组成，根据需要参加协调组或工作组会议，负责对协调组布置的专项课题开展研究，并对"三合一"具体工作提出咨询指导意见。

建立起协调一致的规划、JYK、经济运行分析"三合一"工作机制。三项工作一体化统筹运作，在规划编制或者评估修订、年度计划制定和年度重点任务确定、考核体系修订、季度执行监控等重大节点召开"三合一"工作会议，确保规划目标在年度计划和重点任务中得以准确体现，风险得以密切监控，执行过程中的偏差及时地反映到年度任务策划和规划中。

2. 优化授权，激活经营单元的价值创造活力

为强化各层级单位组织体系的执行力，中核集团根据公司法和集团公司章程，在对经营活动进行大数据分析的基础上，优化授权体系，分别对核军工委员会、董事长、总经理等给予一定授权，并根据各层级单位的特点进行授权。一是授权分类，对经营活动相关的授权实施分类管控，分为权益性投资、固定资产投资、投资担保、资产处置、资本运作等类别。二是针对各个类别分别明确授权额度，此外总经理可将董事会授予的经理层决策权限（不含核军工）再向经理层其他成员、总部部门、专业公司、事业部和支持服务机构转授。

3. 按照分类原则，进行系统性业务培训

一是针对各层级单位领导的培训。旨在使单位领导与集团党组凝聚共识，充分发挥单位领导的主导作用，高度重视、有力推进，进而实现各层级单位间在集团统一部署下的有力统筹和高效协同，提升集团整体竞争力。二是针对各单位绩效管理人员的培训。旨在使相关管理人员吃透弄懂集团最新的管理理念和具体操作方法，不断提升专业素养。三是针对全体管理对象的宣讲培训。通过全员培训，提高员工对绩效管理体系的理解和执行能力，增强员工的认同感，顺利推进各项绩效管理措施。

4. 坚持协同理念，系统重构制度体系

一是融合计划、预算、考核一体化的思想。体系设计中贯穿计划、预算、考核一体化的思想，力求实现年度计划编制、预算编制、绩效考核方案制订三项工作同步启动、同步申报、同步审批，有效规避计划、预算、考核分立之前"有预算没计划，有计划没预算，有计划没考核"等不匹配等现象，有效提升集团公司资源的整体配置效率。

二是重构"1+N"制度体系。其中，"1"指的是《中国核工业集团有限公司计划-预算-考核一

体化管理办法》，其中明确规定全集团JYK管理的组织体系与职责分工，规范年度JYK方案制订、JYK方案执行、考核及结果应用的管理流程和工作要求，是全集团JYK管理工作的纲领文件；"N"为一系列具体实施办法，包括《中国核工业集团有限公司年度计划管理办法》《中国核工业集团有限公司JYK考核评分办法》《中国核工业集团有限公司年度重点任务制定办法》《中国核工业集团有限公司摸高奖励办法》等，确保绩效管理相关流程全覆盖，各项制度之间一体化策划、一体化实施和一体化修订，彼此之间密切协同。

（三）逐级分解工作任务，实现纵向横向共担共享

一是纵向贯穿，建立考核责任传递机制。JYK一体化工作从年度目标和任务的制定分解开始，就强调各级成员单位、总部各部门及全体员工的参与度，在制订薪酬挂钩方案和兑现奖惩时，也自始至终强调对成员单位和员工的开放透明，年初的工资总额预算根据目标和任务量拟定，季度和年底兑现严格按照执行情况挂钩落实。

为保障重点任务层层有效分解、承接、责任有效落实，中核集团坚持使用逐级承接分解法（DOAM）和SMART原则。一是通过DOAM方法，明确任务的战略意图（Direction）、年度目标（Objective）、实现目标的行动分解（Action）、衡量标准（Measure），规范任务的具体分解、承接规则。二是通过SMART原则，进一步明确任务关键路径、重要节点、职责分工，保障任务承接分解过程中任务不偏移、责任不偏转。

二是纵向联动，实现考核打分上下联动。同一项考核任务绑定总部部门、专业公司和成员单位三级单位及三级单位的相关参与人员，大家虽然岗位不同，但是总体目标一致，是责任共同体，也是利益共同体。年后算账，考核任务完成好，大家考核都有加分，对应的薪酬（单位的工资总额和个人的绩效工资）能够兑现，考核目标完成不好，考核扣分，薪酬也会同时降低。

三是横向关联，建立起单位间的共担机制。针对一些需要在产业链内部协同的重大考核任务，尤其是重要对外合作和投资项目，中核集团将相关专业化公司绑定在同一考核任务上，以各专业单位业务定位为基础，以业务流程为抓手，梳理各环节主要工作内容及接口要求，明确各专业单位考核责任，以及"共同进退，奖惩联动"计分规则，避免协作单位内部之间的扯皮。

（四）优化指标权重设置，引导各级单位主动登高

1. 鼓励快速增长，实施分档计分

在集团公司一个绩效考核体系、一把考核尺度的情况下，为衡量不同体量成员单位的经济发展贡献，中核集团在经济指标计分方面，区分一般单位、大体量单位、小基数单位，并设置分档的计分规则，发展速度越快，基础分越高，加分量更大。通过分档加分的规则，引导各单位不遗余力，为得到高分主动加压，主动向更高分靠拢，向更高速发展看齐。

2. 开展系统对标，引导各单位追求卓越

中核集团瞄准国际一流企业，在军工保障能力、品牌影响力、科研投入强度、主营收入、人均劳动生产率、海外业务比重等方面全面评估，系统对标。将对标结果作为中核集团绩效考核改进的重要方向之一，并加大科技研发、市场开发、调整改革等领域支持保障和考核引导力度。另外，在核电、燃料专业等领域实施对标考核，选取有代表性的通用指标，与国际同行比成本、拼管理、比拼国际竞争力。

3. 设立发展系数，鼓励各单位不断做大做强

在各业务板块经济指标得分基础上，引入经济发展系数，鼓励业务板块与中核集团整体增速挂钩，与各单位对集团公司发展贡献挂钩，鼓励各单位不断做大做强。

表1 经济系数相关指标

项目	内容
经济发展系数	经济发展系数＝1＋（营业收入发展系数×0.5＋利润发展系数×0.5）
营业收入发展系数	营业收入发展系数＝（营业收入平均增速－基数）/基数×增量占比 ——营业收入平均增速，本板块"十三五"规划的营业收入平均增速 ——基数，中核集团"十三五"末营业收入应达到目标的年平均增速 ——增量占比，本板块"十三五"营业收入增量占集团公司"十三五"营业收入增量的比
利润发展系数	营业收入发展系数＝（利润平均增速－基数）/基数×增量占比 ——利润收入平均增速，本板块"十三五"规划的利润平均增速 ——基数，集团公司"十三五"末利润总额应达到目标的年平均增速 ——增量占比，本板块"十三五"利润增量占集团公司"十三五"利润增量的比

4. 强化军民融合，推进军民共进

核工业是典型的军民融合产业，在JYK体系与运行上做了针对性的设计。

一是落实强军首责，加大军工任务权重设置。中核集团按照"不折不扣地落实强军首责"的要求，精心组织、积极协调，全力推进核军工科研生产各项任务。将各大军工任务纳入集团年度JYK重点任务，确保目标完成。

二是加大激励力度，单列军工项目工资总额。设立军工专项工资总额奖励，从全集团工资总额中单列，作为军工专项科研管理人员的奖励，激发军工战线员工的积极性。

三是鼓励军转民，设置成果转化指标和专项工资。在全集团工资总额中预留一部分激励工资，作为院所科技人员成果转化的薪酬奖励，院所实施科技成果转化对科技人员的奖励不占院所工资总额，由集团公司给予担负。JYK考核指标中对符合条件的院所增加专利转化率等考核指标，并在重点任务中增加科技成果转化实现首台套销售等任务目标，给予加分奖励。

5. 注重内外协同，加快国际开发

一是通过重点任务设置发挥体系优势，组团出海。在重点任务设置中，逐年加大海外开发类重点任务比重，通过加强顶层设计和整体谋划，以重点项目为突破和先行，推进整装开发和关联带动。整合国内铀矿勘查、工程建设、设备制造、金融服务等优势企业组建市场开发联合体形成舰队联合出海，带动核工业全产业链及优势产业和服务一起"走出去"。通过重点任务考核联动形成合力，发挥体系优势，"以点带面、以民带核、以核带电"。

二是加强对海外项目计划的弹性管理。海外市场开拓不同于国内市场开发，面临着众多的不确定性，"长期努力、中途多变、抢抓机遇"的特点非常明显。随着"走出去"频率的提高，合作协议落地的节奏加快，计划和预算外的经营活动增多。中核集团坚持"让听得到炮火的人呼唤炮火"，从决策流程、资源流转、支撑服务、考核评价等方面进行优化，为海外市场开发提供强有力的后方保障。在股权投资计划、资金需求计划、人才招聘计划、外事出国计划等方面实施弹性管理，实施定期调整机制，设立不可预见费调整保障海外项目资金需求。

三是加强海外市场开发人员薪酬的保障力度。针对海外开发设置专项的工资总额保障和激励政策。全集团海外薪酬从2012年的1800万元增长至2016年的14000万元，增长幅度高达680%。

（五）区别板块行业特征，实施差异化考核

根据不同的业务定位，设计差异化的考核指标体系。一方面，找准各产业板块的战略定位，考核时设置引导性指标；另一方面，把握不同产业板块的主业属性，选取具有行业特征的指标，进行分类考核,目的是让各产业板块明确发展方向和在产业链中的功能定位,鼓励其在各自的发展轨道上励精图治、创造价值、发挥作用。

针对不同的经济体量,设计差异化的经济计分规则。中核集团业务呈现明显的链式结构,集团公司各成员单位构成一个相对完成的产业链条,各单位因为业务链条不同而存在经济规模、发展体量上的不同。

绩效考核得分作为各层级薪酬兑现的主要依据,直接决定各单位的工资总额和各级班子成员年薪和员工薪酬的高低,实现"业绩上薪酬上,业绩下薪酬降"。JYK考核结果作为产业板块、支持服务机构领导班子及领导人员年度综合考核评价的重要组成部分直接应用,权重占到50%以上。

中核集团在集团公司、板块和所属单位层面上拓展JYK结果的应用范围,从薪酬分配拓展到各类型生产要素的调配上,作为资金使用、人力调整及生产单元和经营单位重组的重要依据,为业绩持续改进提供动力。例如,天山铀业有限责任公司在年度绩效考核的基础上,依据JYK考核结果实施岗位评估,不仅实现了薪酬能升能降,也做到了岗位能上能下。

(六)开发JYK管理系统,及时提供决策支持

1. 建立全新的JYK管理系统,集成相关信息

中核集团在部署建立JYK体系的同时,同步启动覆盖总部和板块层面的JYK管理信息系统建设,实现数据的网上申报,重点任务和生产经营计划的网上监控。在外部接口上实现与财务用友软件的对接,并设计单机版数据导入功能。通过信息化平台的建设,实现信息集成、数据同步,减少手工、重复性工作,提高工作效率。各板块也在中核集团总体JYK系统的平台下,结合本板块的业务特点开展信息化建设。

2. 紧密跟踪主要经济指标走势,助力集团公司科学决策

对内高度关注企业经营状况,紧密跟踪主要经济指标走势。年初时分单位绘制收入、利润、EVA、发电量、投融资五项指标的计划曲线、预测曲线、实际完成曲线;年中根据实时掌握的各单位动态,联动分析并预测相关事项对"五条曲线"的走势影响,对相关指标进行周、月滚动分析预测,对周、月度实际执行与计划曲线、预测曲线存在的偏差或趋势"拐点"及时进行定量分析、预警。

利用"光字牌"对中核集团重点战略任务进行状态警示。对中核集团年初下达的重点战略任务进展情况进行跟踪预警,各项任务状态进行直观化的分析预警,对于存在"重大问题,需要协调"的任务亮红灯,对存在"有风险,需要关注"的任务亮黄灯,对"进展顺利"的任务亮绿灯,"完成,可关闭"的任务不亮灯;相关任务状态直接关联责任部门、责任单位,督促相关人员及早采取应对措施。

在核电业务领域,在N1-ERP项目建设的BI基础上,基于BO技术,构建核电业务经营管理信息平台,整合核电板块内部N1-ERP系统、合并报表、核电在线、设备可靠性系统、数据填报模块等信息渠道,按照经营管理、安全质量、经济指标、运行生产、重点任务、TOP专项、风险内控、投资指标、工程建设、市场开发十大场景进行集中化展示,在各场景内部搭建"管理驾驶舱",使得集团及中国核电各级管理层能够及时、准确、全面地了解核电板块生产经营状况,更好地辅助各级管理人员科学合理决策。

(七)全员考核、过程管控,推进绩效体系落地

1. 全员落实责任,人人签订责任书

在集团层面、专业公司层面、所属成员单位层面层层分解考核责任。中核集团总部(集团领导、总部部门、全体员工)、各专业化公司本部(公司领导、本部部门、全体员工)、所属成员单位以及近10万名员工均签订责任书,实现"千斤重担众人挑,人人肩上有指标"。

2. 强化协同推进，实施精准有效的运行监控

实施年度任务分解和季度月度监控协调机制。对于承担中核集团重点任务的成员单位，集团产业板块、支持服务机构充分考虑其重要性，在资金需求、人力资源、工资总额等生产和激励要素方面给予充分匹配。各所属板块围绕中核集团下达的年度考核重点任务，确定年度工作的目标，工作思路和主线，延伸拓展出板块层面的重点工作。所有重点任务均进行月度分解，将监控节点细化到月、责任落实到人。每月组织召开重点任务协调会，每季度召开经济运行分析会，协调推进。

3. 提升管控水平，建立年中调节机制

各项重点任务在执行过程中如遇中核集团战略目标调整、集团资源整体协调的需要，或外部环境发生不可抗拒的变化、原有绩效计划制订的假设前提发生变化等情况，可在年中提出调整申请，经JYK工作组及"三合一"工作组研究同意后，提交集团决策性会议审议，审议通过后正式下达调整通知。

（八）开展JYK工作年度评价，内外比学赶超持续改进

每年对各板块（专业化公司）及所属单位JYK工作进行系统性的评估和监督检查。按照组织体系、责任体系、制度体系、执行体系四个方面进行评估打分，并设置宣传交流等加分项，评估结果随考核成绩发布。通过开展监督检查，督导所属单位直接相互取长补短，积极创新。注重以管理创新成果为载体，有针对性策划、加强专项辅导，通过培训、辅导、评审、交流来加强各个管理专项从重点提升走向全面提升。

三、大型军工集团协同型绩效管理体系的构建效果

（一）管理水平有效提升，管控模式成功转型

通过搭建富有军工集团特色的多维度协同的绩效管理体系，中核集团加快集团化绩效考核方式的变革，推动了各项基础管理工作按照清晰的路径协同提升，明显增强各价值链的价值创造能力，实现管理方式由粗放分散向精益化协同型的转型。协同型绩效考核体系与企业使命、战略目标和行业特征高度契合，在促进绩效持续改进的同时，也助推了绩效管理专业水平的科学提升。

（二）强军首责进一步强化，保军能力大幅提升

在绩效管理的支持保障下，中核集团突出强军首责，时刻不忘强国强军的历史重任，全面完成核军工科研生产任务，军工核心能力建设有序推进。在战略核力量建设和军民融合的先进核科技工业体系建设中加快提速升级，在打造具有国际竞争力的世界一流核工业企业、支撑我国建设成为世界核工业强国的进程上实现了大幅跨越。

（三）经济效益稳步增长，市场开拓快速突破

通过成果实施，真正做到有的放矢，有效完成了战略聚焦，实现了"举全集团之力，办关乎集团发展大局之事"的总体目标，大幅提升中核集团战略管控、市场化运作和国际化经营能力。2013—2017年，中核集团经济实力快速提升，各项经营指标稳中有进，主营收入、利润总额和EVA分别增长63%、75%和67%，成本费用率下降1.8%。核工业全产业链"走出去"步伐加快。"华龙一号"已经成为中国"一带一路"的新名片，铀矿勘查"走出去"实现重大突破，中核集团已经与阿根廷、英国、埃及、巴西、加拿大、马来西亚等20多个国家达成了合作意向。

（成果创造人：黄敏刚、毋　涛、闵　苹、余富祥、王　梦、罗清平、田胜军、曹　欣、孟中华、周　觅）

大型化工企业以激发组织内生动力为核心的班组建设

新疆华泰重化工有限责任公司

新疆华泰重化工有限责任公司（以下简称华泰公司）成立于 2004 年 1 月，是新疆中泰集团有限责任公司（以下称中泰集团）下属全资子公司，总资产 121 亿元。目前共有员工 1640 人，平均年龄 34 岁。华泰公司园区占地 3000 余亩（一亩≈666 平方米），分三期已建成年产 70 万吨聚氯乙烯树脂、54 万吨离子膜烧碱，配套 30 万千瓦发电机组的生产规模。先后荣获"自治区工业能效领跑企业""安全生产先进单位""工业清洁生产先进单位""自治区先进基层党组织"等多项荣誉称号。截至 2017 年年底，生产聚氯乙烯树脂 84.19 万吨、烧碱 55.71 万吨，自备电厂发电 19.23 亿度；实现营业收入 54.46 亿元、利润总额 9.67 亿元，上交税费 4.57 亿元。

一、大型化工企业以激发组织内生动力为核心的班组建设背景

（一）夯实企业基础管理，提升竞争力的现实要求

近年来，我国经济进入新常态，为企业发展带来机遇和挑战，也为企业转型升级、创新发展、提质增效提出更高要求。在新形势下，中泰集团确立"打造世界级具有传世地位的能源化工企业集团"的战略目标和发展愿景。华泰公司作为中泰集团重要骨干企业，需要凝心聚力抓好基层班组建设，夯实企业永续发展的基础，持续提升核心竞争实力，才能承载和担当集团赋予的新使命新重任。

（二）提升管理短板，保障企业高质量发展的需要

华泰公司作为中泰集团重要的生产基地之一，一直保持了平稳发展的安全生产态势。但反思各项管理工作，依然存在诸多矛盾和问题，安全生产和系统管理基础较为薄弱、基础体系尚未健全；员工素质参差不齐、人才队伍成长速度滞后于集团快速发展的现实需求；部分干部思想懈怠、工作热情减退；班组管理缺乏活力、团队学习和创新意识较差，现代管理工具和方法应用不足，文化建设特色不明显不突出等现状，阻碍着企业高质量发展的步伐。

（三）激活一线动能，增强企业发展内驱力的有效途径

2001 年起，中泰集团实施"先做大、再做强"的发展战略，经过多年高速发展，生产能力已跃居全国氯碱行业第一位。规模的快速发展要求企业必须激发全体员工的活力，群策群力，共同推动、服务于企业的高速发展。为此，华泰公司决定以"激活一线员工动能、增强企业发展内驱力"作为落脚点和突破点，全面构建"组织驱动与管理创新同步、业绩提升与安全发展同步、文化生成与素养炼化同步"的华泰特色班组模式，着力打造成中泰集团"模式输出、人才培养、文化示范"基地，为企业高质量发展凝聚新动能。

基于上述原因，华泰公司自 2013 年开始推进以激发组织内生动力为核心的班组建设。

二、大型化工企业以激发组织内生动力为核心的班组建设内涵和主要做法

华泰公司紧紧围绕中泰集团"打造世界级具有传世地位的能源化工企业集团"的发展战略目标，紧扣"转型升级、创新发展、提质增效"时代主题，以不断提升班组管理水平和员工队伍素质为重点，开展班组建设顶层设计，建立自上而下推进和自下而上实践相结合的运作体系，牢固树立"重心下移抓基础、管理下沉抓班组、文化下潜抓基层"理念，以"强基础、练内功、抓基层"为核心推进内容，强化三级组织保障，梳理和优化班组标准，搭建激活组织动能平台，构建"班、校、家、企"班组建设模

型,创建"舞台你我他"管理品牌,不断激发组织活力、提升班组规范化管理水平,最大限度释放员工潜能,全力打造具有特色的班组建设示范基地,为实现集团战略目标、推动企业高质量发展凝聚新动能。主要做法如下。

(一)明确班组建设新路径,开展班组建设顶层设计

1. 确立班组建设目标

一是铸就华泰卓越之基,作为班组建设首要目标,打牢"战略落地载体在基层,管理工作重心在基层,组织活力源泉在基层"柱石。二是建成华泰特色体系,紧扣"转型升级、创新发展、提质增效"主旋律,紧密契合企业发展需求和瓶颈,立足服务安全生产实践,打造具有自身特色的班组管理体系。三是塑造华泰自信文化,坚持"以文化人、以文育人"的核心理念,注重文化传承与创新,赋予班组文化新时代内涵,实现文化在班组建设中的落地生根,彰显文化软实力。

2. 明确班组建设思路

坚持"以问题为师,以实践为师,以标杆为师"导向,以"强基础、练内功、抓基层"为核心内容,把"重心下移、管理下沉、文化下潜"作为主线贯穿于班组建设,充分调动和激发员工主动参与班组建设热情,切实发挥员工在安全生产中的主体和关键作用,构建班组建设实践长效机制,展示企业良好形象,推动企业高质量发展。

3. 完善班组建设核心内容

一是强基础。以提升班组管理水平和员工队伍素质为重点,全面夯实企业基础管理,规范生产运行,推动班组建设逐步向"规范化、标准化、精细化"转变,促进"质量、安全、健康、环保、效率、效益"统筹兼顾协同发展。二是练内功。着力提升员工职业素养和业务技能水平,打造"四个一流"员工队伍,实现员工与企业和谐发展共同成长。三是抓基层。全面提升基层班组组织制度、文化活力、创新实践等方面的建设能力,充分释放一线潜能,筑牢企业核心竞争力基础。

(二)加强组织领导,强化三级保障机制

建立自上而下推进和自下而上实践相结合的运作体系,健全保障机制,完善机构设置,厘清分工和职责,形成党政统一领导,各部门各司其职、通力协作的工作格局,为班组建设提供坚强组织保障。

1. 高层谋局、引领方向

华泰公司一直以来高度重视班组建设,并将其列为"一把手"工程,全面引领班组建设管理。一是成立由总经理任组长,分管副总经理和工会主席任副组长,各职能部门和基层车间负责人为成员的班组建设体系领导小组。确定和调整班组建设重大事项,批准实施班建方案和规划,审核班组管理制度、绩效考核标准,为班组建设指明正确方向、提供坚强组织保障。二是领导小组下设办公室(设在党建人力处),制定和完善班组建设相关制度标准,开展班组运行管理和评价改进,指导基层车间开展各项活动,定期通报班组建设管理信息。三是高层领导定期深入一线言传身教,全面参与班组建设标准讨论制定和培训辅导,给予基层员工最大的激励和肯定。

2. 中层搭台、稳步推进

华泰公司中层管理者作为执行层,对班组建设过程进行督导、提供资源支持,全方位搭建以员工为导向的推进平台,营造有利于班组建设和员工共同成长的环境。通过"关系再造、情景重塑、环境育人"等方式,凝聚和谐团队文化。同时,明确赋予中层管理者"教练者、推动者、搭台者、激励者、评价者"五大角色定位,定期组织基层班组开展形式多样活动,梳理总结和固化典型经验做法,稳步推进班组管理水平迈上新台阶。

3. 基层唱戏、全员参与

成立基层车间负责人为主,班组长、值班长协同配合的班组建设推进工作组。健全完善班组岗位责

任制和相关管理制度，明确分工和日常管理职责。结合各基层车间实际，导入适用班组的全员参与机制，细化班组评价激励标准，推进班组建设扎根基层实践。各基层班组在推进工作组的指导下，积极探索适合班组建设发展的方式、工具、模式等有效举措，发动全员积极参加活动，展现班组亮点和活力、传播经验做法。

（三）"班—校—家—企"，多维开展班组建设

1. 强化"班"建，打造卓越团队

一是在原有班组建设和管理制度基础上，新增规章 10 个，完善通用制度 15 个，修订完善方案 8 个，改变以往班组管理"重经验，轻规范"的状况，从根本上解决班组管理体系"做一套，丢一套"的实际问题，进而保障班组建设的一致性和长效性。

二是推行"1+2+8+8"班组建设运行机制。遵循"1"个原则，发动全员参与班组建设；运用"2"个管理平台（目视化看板、活力化例会），集中展示效果和改善过程，增强班组成员成就感和自豪感；植入"8"项内容，把"人人担当一责任、人人都讲一堂课、人人练就一绝活、人人都抓一改善、人人都有一案例、人人都有一故事、人人争当一颗星、人人都有里程碑"植入班组建设，增强员工荣誉感和责任感，培育员工创新动能；导入"8"项人本激励机制，将"轮值机制、活力机制、分享机制、评议机制、荣誉机制、赛场机制、链锁机制、积分机制"导入班组，凝聚和激发班组持久活力和动力。通过推行"1+2+8+8"班组建设运行机制，全面稳固班组"本质安全、卓越绩效"的管理基础，推进班组日常管理高效规范。

2. 深化"校"建，搭建互动学习平台

第一，举办"兑标课"。每月定期组织开展一次"兑标课"活动，由基层车间推举优秀班组分享，各层级管理者和基层班组骨干参与，集中展示班组集体智慧，分享交流班组管理理念，复制推广最佳工作方法、实践模式和成功经验。

第二，分享优秀案例。结合"人员、设备、环境、管理、文化"五大要素，每季度定期征集班组建设优秀案例。同时，召开优秀案例评审分享会，邀请企业外部专家和集团层面高级管理人员 15 人组成评审团，通过现场点评、打分等方式，现场评定、发布、分享优秀案例，让员工成为分享会的主角，推广标杆班组管理经验，带动改善班组管理现状。

第三，班组"上小课"。以"小课"为载体，各班组成员围绕工作中的问题点、改善点、经验点等内容进行分享和学习，充分挖掘员工经验技能、强化工作责任和安全意识，增强学习的针对性和实用性。

3. 推进"家"建，凝聚班组和谐文化

在传承中泰集团文化的基础上，把班组文化和安全生产管理紧密结合，将"家"文化理念导入工作现场，构建和谐"家"文化，把班组打造成为坦诚包容、团结互助、和谐友爱的温馨港湾和成就梦想的精神家园。

第一，设立班组大讲堂。一是举办"班组故事会"。每月设定一个主题，让优秀员工讲述自己及身边人的成长故事。二是开展道德讲堂"进车间、进班组"主题活动，把全国民族团结进步模范、四届最美华泰人等 100 余位员工的感人故事，编印《道德讲堂·故事集》《员工故事汇》下发基层班组学习，引导全体员工积极践行社会主义核心价值观。三是全员共议参与《班组公约》制定、班歌创作、班组愿景完善、班组 LOGO 设计、班组语录征集等，汇编完成《班组文化手册》，汇聚集体智慧，形成共同价值观。

第二，打造宣传阵地，释放班组活力。一是宣传阵地在原来的简报、华泰风采、OA、文化长廊基础上，新增视频平台、广告机、班车广播、华泰班组微信公众号，拓展班前班后会"班组管理做法"

"如何做好班组长"等内容,打造班组风采分享平台。二是组建"日新视频工作室",将安全环保、生产行为、查隐患反违章等内容,制作成班组故事微视频 220 个,并以"安全侠""新闻姐""漫画哥"等动漫形式展现。三是员工自发组成虚拟小组,把对安全生产、环境保护等工作内容的理解,以图文并茂的形式,手绘班组文化墙,成为园区一道亮丽的风景线。四是开展"我爱班组、我爱家"主题系列活动,营造团结和谐的"家园"文化氛围,逐步提升员工满意度和归属感。

第三,丰富文化载体,构筑精神家园。一是深入开展班组例会、案例、绝活、小家建设等一系列班组活动。110 个班组共分享、交流和兑标 1644 次。挖掘班组小课、案例、绝活及班组故事等,汇集形成《案例库》《小课库》《问题库》《绝活库》《员工故事会》"四库一会"成果,每年充实印发,交流共享经验、传播班组文化。二是细化完善"领导干部基层班组联系点""基层工会主席联系卡"《心连心·员工意见簿》等措施,及时了解员工思想动态、倾听员工心声诉求,解决员工实际困难。三是为员工送生日祝福、开展心理疏导、设立关爱基金、组织班组"家庭"聚会、评选"道德模范"等常态化活动,强化亲情关爱文化,凝聚"班组一家亲"的良好氛围。

4. 服务"企"建,引导激励班组、员工创先争优

第一,推行积分制管理。华泰公司在不改变组织结构、业务流程和薪资体系的基础上,制定《积分管理办法》,明确加分扣分的标准、兑换标的等要素,分层级推行积分制管理。一是中层管理层面实行"周六集中学习积分",基层车间实行"检查评比积分""专项学习积分",班组层面实行"班组管理积分""培训积分""分享案例积分"。利用目视化看板等方式,每月末定期集中公布积分动态和排名结果。二是积分排名直接与外培学习、评先评优、晋职晋级等挂钩,年末按员工所需兑换奖励标的。三是员工违规违章等行为作为扣分项,增强制度执行力,充分调动各层级员工的积极性和主观能动性。

第二,创建"舞台你我他"班组品牌。一是搭建形式多样的舞台,让班组员工成为舞台主角,尽展员工才华,培养和造就更多基层优秀班组长、技术能手和优秀员工,形成企业发展后备人才梯队。二是采取多渠道全方位的激励手段,促动员工和企业同成长共进步。三是扎实推进"全方位改善、全过程控制,教练引导、人人参与"班组建设管理实践。

第三,开展创标建模活动。2017 年,华泰公司重点聚焦"微课、案例、5S、绝活"等为主要内容的十大模块创标活动。明确每个阶段的重点工作,全面客观评价各部门十大模块转化落地情况。同时,组织 3 次大赛,评选出最佳实践模块及创标部门,各基层班组涌现出一批分享之星、小课能手、分享达人、技术带头人、金牌员工等。

(四)搭建"平台、讲台、赛台",充分展示、激活班组和员工潜能

1. 搭建人才成长发展平台,畅通员工发展通道

第一,技能人员成长平台。一是实施《技能人员成长规划》,畅通"员工—初级工、中级工、高级工—技师—高级技师—首席技师"五层晋级晋升渠道,为员工指明前进方向。二是制定《全员职业技能鉴定管理办法》《考评员管理办法》,依托企业职业技能鉴定站,开展员工岗位职业技能鉴定,并将评定结果和相应职级津贴直接挂钩,实施动态管理。同时,每年对 35 个职业、62 个工种实施技能鉴定,按照所取得职业资格发放对应津贴,年末开展考评和复证工作。三是按照"干什么练什么、缺什么补什么"的原则,开展员工培训、岗位练兵、技能比武和操作兑标等活动,持续提升员工理论水平和实操技能,形成员工技能培训、岗位练兵、技能比武、技能晋级、技术带头人"五位一体"的工作格局。2017 年,1249 人参加职业技能鉴定通过 1229 人,通过率 98.4%。

第二,专业技术人员晋升平台。一是制定《专业技术管理人员晋升规划》,设立专业技术人员待遇晋升等级和 1~8 级薪资晋升标准,每年实行聘任与考评分离的任用机制,并同职称、课题攻关、装置改善、获得专利等要素挂钩,改变以往传统单一的晋升模式,激励专业技术人员立足岗位成长成才。二是依托"汇智堂"学习品牌载体,每周定期组织技术人员分专业脱产培训半天,以技术管理问题为课题,植入工艺技术、行为安全等22个要素,组织研讨,寻求解决问题的途径和方向,拓宽技术人员工作思路。三是在装置现场将"工作坊"与现场管理"安全观察与沟通"相结合,通过现场、现事、现课的培训模式,解决现场装置瓶颈问题,创造技术人员与现场操作人员良好的互动环境。

第三,管理人员晋级平台。一是制订《管理人员晋升规划》,对班组长、值班长等管理人员系统培养,打通职级晋升通道。每年设定结对带徒,创新、安全等各项指标,畅通管理人员1~8级薪资晋升渠道,并采取公开竞聘、每年综合考评等方式,激励各级管理人员成长成才。二是制定《班组"两长、六大员"管理标准》("两长"即班组长、班组工会小组长;"六大员"指班组安全员、质量员、设备员、核算员、5S管理员、考勤员),按照岗位需要,定期公开考评、选聘管理人员。三是实行《管理人员业绩积分办法》,明确积分构成、管理要素等内容,每月定期汇总通报,持续提升管理人员执行力。

2. 建立组织学习的讲台,促进员工相互展示、借鉴

一是搭建中高层管理人员讲台。每周六定期组织中高层管理人员集中学习集团公司新形势新要求,同步把安全环保、班组建设、杜邦管理等内容植入学习环节,鼓励管理人员、班组长走上讲台分享好经验好做法。同时,制定《党委中心组集中学习积分制管理办法》,采取每周通报、每月兑现、领导点评等形式,逐步改善学习效果。

二是搭建专业技术人员讲台。通过定期召开专业例会的方式,让专业技术人员轮值分享讲课。为保证学习效果和质量,分享人需要提前准备课题,并由各专业技术专家审核,同步采取总结测试的形式评定效果,并鼓励技术人员深入生产现场讲课,增进与一线作业人员的互动交流,推动技术创新与改善。

三是搭建班组长讲台。为提升班组长综合胜任力,设定"班组长学习日",以班组长轮值、分享经验做法为主要形式,并邀请企外老师、本企业中高层领导和技术人员传授理论与技能知识。另外,积极组织班组长"走出去",在借鉴其他企业先进理念和经验的同时,传播自身班组建设优秀做法。

四是搭建一线员工讲台。鼓励各班组开展"人人一小课"活动,由班组成员在例会上轮值讲课,内容以聚焦实际工作、共同学习和讨论案例、专业知识或技能、问题改善、创新经验为重点,提升员工自主学习、沟通表达和解决问题的能力,营造"人人学习、人人分享、人人提升"的班组学习氛围。在此基础上,各班组孕育凝练出"快乐问答""你讲我评""每日一题""金牌师傅"等一大批典型学习方法和精品活动。

3. 搭建技术、技艺的赛台,深层激活员工内在潜能

第一,赛安全。一是推行链锁机制。针对班组安全生产事故事件,按照"一人违章或有事故,身边工作人员共同承担责任,整个班组都要蒙受损失"的链锁原理,借此降低安全生产隐患、增强团队意识,建设本质型安全班组,增强上下游工序协同作战能力。二是实行安全累积奖励机制。设立"无事故大横班安全递进奖",将班组人员"三违"行为、责任事故与班组递进奖挂钩,对未发生"三违"和微小事故的班组进行累积奖励,有效遏制安全隐患,实现长周期安全生产。

第二,赛创新。一是实行员工首创"命名制"。为弘扬员工首创精神,采用以员工姓名命名创新成果的形式,提高员工技能素质,成为激发班组活力的助推器。二是设立合理化建议奖。通过每周一汇、每月一评的方式,对有价值的合理化建议给予一定额度奖励。三是设立课题改善奖和装置改善效益奖。针对装置改善每年产生经济效益的项目,参与人员给予1%~5%的奖励;针对装置改善产生安全、环保效益的项目,给予1000~10000元的奖励;每年定期召开科技总结大会,对获得技术攻关成果的班组和个人给予表彰奖励。

第三,赛技能。一是开展"一岗一标"竞赛。积极开展"写我所做、做我所写"活动,鼓励全员参与并立足岗位操作实践,梳理岗位流程和标准,展现每个岗位作业项目的工作步骤、质量标准、安全要

求等全环节全流程，形成具有借鉴和指导价值的《岗位工作标准》，形成"一岗一标"。通过逐级评比的形式，选拔可复制借鉴的标准进行推广。每月定期组织各级专业技术人员开展"工作循环检查对标验证"活动，检验岗位作业人员对工作标准的熟练程度和实用性。二是组织岗位练兵竞赛。基层班组依据企业每年制定的《岗位练兵计划》，细化编排《班组月度练兵实施计划》，采取技术讲课、模拟实操、抽签问答、理论考试等方式，通过岗位操作技能比武和岗位实操竞赛，全方位多渠道检验员工技能知识和实操水平。三是实施"岗位双述"活动。实施"手指口述"，针对重大操作和涉及安全的岗位操作，通过员工心想、眼看、口述、手指的集中联动，强化提醒和确认安全操作方法，确保操作程序无差错、安全无隐患、质量无瑕疵。实施"岗位描述"，描述岗位工作理论，提升员工岗位技能和熟练程度，涵盖岗位名称、功能、范围、设施、安全、记录、事项等重要内容。通过定期抽查和突击督查等方式，促进员工快速提升岗位技能和熟悉岗位知识。

（五）开展专项提升，促进员工素质改善

1. 引入杜邦理念，提升员工安全素养

一是安全系统分析与评估相结合。把各生产装置风险分析方法及安全隐患排查技巧植入班组，有效提升员工分析排查风险能力和专业技术诊断能力。二是规范现场标准化和安全行为相结合。采用逢会必分享、危险作业票证控制、安全技术交底、可视化管理等工作方法，全方位多渠道规范现场标准化，有效控制员工不安全行为，为安全生产管理提供有力保障。三是专项检查和日常巡查相结合。在落实"日检查、周通报、月考核"兑现机制的基础上，推行杜邦安全管理方法，逐步形成"标准精确制导""管理责任到人""过程严格管控"的本质化安全管理模式，员工本质安全化意识和能力得到极大提升。

2. 培育"三支教练"人才队伍

为快速发展积蓄人才优势，华泰公司在班组建设中积极培育三支教练队伍。一是高层教练队伍，明确高层管理人员教练角色的职能定位，稳步提升教练领导力。二是职能主管和车间管理人员队伍。为引导中层管理人员在具体工作实践中扮演好"教练"等五个角色，开设中层管理人员教练培训班，从"习学、提炼、分享、辅导、促动"五个方面检验和评价教练实践能力，提升班组建设组织推进能力，推进职能管理与基层管理互动交融。三是基层班组长队伍。通过举办班组长能力提升培训班、开展班组长教练大赛、评定班组长金牌讲师、班组长最佳管理法兑标等系列活动，有效提升班组长管理技能和综合素质，涌现出一批"懂技术、会管理、善分享"标杆班组长。

3. 评比"示范岗位、示范班组、示范车间"

华泰公司按照中泰集团"示范岗位、示范班组、示范车间"评选标准和条件，常态化组织开展评选活动，利用全体干部员工大会之机，从精神和物质方面给予表彰奖励。一是每月评选示范岗位，以评价岗位安全、标准操作、改善、文明生产等环节为重点，按照标准打分，以此鼓励员工进行技能评比，促进同进步共提高。二是每季度评选示范班组，按照《五星级班组达标升级验收规范指引》要求，对达到"普通、合格、达标、优秀、模范"标准的班组，分别授予相应级别的奖杯和锦旗，进一步激发班组一线作业人员的自豪感和主观能动性，持续增强团队协作意识，充分展现班组优秀业绩，发挥典型示范引领作用。三是每年评选示范车间，以目标指标完成率为计分依据，采取综合评审、交叉评比的方式评选，以此激励全员参与持续改善，员工向心力和凝聚力不断增强。

此外，华泰公司搭建"安康杯""百日安全环保竞赛""安全生产月"等大型活动平台，组织班组开展应急演练、反事故大会、漫画大赛、安全征文等竞赛活动，极大地增强员工安全行为和意识，夯实企业本质安全发展根基。

三、大型化工企业以激发组织内生动力为核心的班组建设效果

（一）员工队伍整体素质明显增强

成果实施以来，员工队伍面貌焕然一新，员工意识发生深刻变化，综合素质显著提高，形成华泰班组《创新改善库》《金点子库》，10个班组创新课题获得自治区QC成果一、二等奖，获得专利技术68项。2017年，112个班组完成节能降耗、创新改善等技术创新108项。7个班组获得中国石油和化工联合会"质量信得过班"，2个班组获得"安全标准化示范班组"，17名员工荣获自治区级和国家级"技术能手"称号。1个技能大师工作室荣获"国家级技能大师工作室"，3个技能大师工作室荣获"自治区级技能大师工作室"荣誉称号。

（二）促进企业综合竞争实力大幅提升

华泰公司综合绩效大幅攀升，截至2017年年末，实现销售收入54.46亿元，同比增加18%；利润总额为9.67亿元，同比增加33%；聚氯乙烯产品由2012年71.29万吨上升到2017年84万吨，烧碱由53万吨上升到57万吨；聚氯乙烯成本由2012年5233元/吨下降到2017年4347元/吨，烧碱成本由2012年1166元/吨下降到2017年981元/吨。设备故障停车时间由2013年232小时下降至89小时，下降62%；维修费用由2013年9956.89万元下降至6608.49万元，下降34%；非计划检修数量由2013年189项下降至73项，下降61%。各类违章违纪逐年下降，近五年来重大事故为零。

（三）获得社会广泛认可

形成一系列班组建设最佳实践管理法和学习知识库，企业管理水平不断迈上新台阶。华泰公司先后荣获"班组长职务能力提升培训科研实践基地""中国化工企业500强"称号；工业和信息化部"资源节约型、环境友好型试点企业"和"清洁生产示范企业"；国家安全生产协会"安全标准化示范班组最佳推进组织奖"，新疆维吾尔自治区"安全生产示范单位""安全标准化二级达标企业""循环经济先进示范单位"等多项荣誉称号。华泰公司《安全风险管控体系建设案例》被国家安监局评为"全国安全标杆案例"，并在全国推广。

（成果创造人：冯　斌、张晓莉、马中宇、朱　政、张志升、
刘　磊、杨　欢、毛莉莉、魏永梅、高　伟）

以激发员工活力为导向的"智力众筹"班组创新管理

国网山东省电力公司济南供电公司

国网山东省电力公司济南供电公司（以下简称济南供电）是国家电网大型重点供电企业，担负着全市 11 个区、县（市）的供电任务，供电区域 8177 平方千米，供电客户数 199.9 万户。拥有 35 千伏及以上变电站 310 座，变电容量 2402 万千伏安；35 千伏及以上输电线路 373 条，总长度 3966 千米；10 千伏配网线路 1260 条，总长度 1.25 万千米。济南供电连续多年荣获"全国文明单位""全国电力行业优秀企业""国网公司大型供电企业综合管理标杆单位"，人力资源管理被评为"国网大型供电企业和省公司专业管理标杆单位"。

一、以激发员工活力为导向的"智力众筹"班组创新管理背景

（一）落实国家"双创"战略、推动基层创新的需要

"大众创业、万众创新"是国家面对新形势、新常态确立的重大战略，不仅成为促进经济增长的新引擎，也成为支撑企业提质增效和创新发展的核心动力。随着售电侧市场的全面放开，电力体制改革步入"深水区"，供电企业正面临日益严峻的外部竞争环境，以"双创"战略为引导，着力创新体制机制改革，实施创新驱动发展战略，是企业增强活力、影响力、抗风险能力与竞争力的必然选择。

（二）提升企业班组创新统筹管理能力的需要

济南供电以班组为基本单位的创新实践工作已初步开展，但零散化、独立化、碎片化的管理瓶颈仍未突破。特别是在整合性协作创新体系建设方面缺乏科学合理的顶层设计，与班组创新特征相适应的开放创新平台、激励保障体系存在缺失，难以实现以班组为支点的跨领域、跨层级和跨区域有效联动，直接影响了员工活力发挥的主观能动性，降低了创新汇聚和集成的可能性，造成企业无法最大限度地汇聚员工智力，推进资源共享，提升创新效能。

（三）激发班组员工创新活力的需要

进入知识经济时代后，智力资本成为提高企业创新能力的关键要素。济南供电现有员工队伍整体素质较高，本科及以上学历占比 53.18%，35 岁以下员工占比 26.9%，高技能人才比例 89.8%，优秀人才占比 13.4%。从员工队伍的构成来看，基层班组员工占到总人数的 80%，是企业人力资本的"智力储备池"，具有较为强大的智力资本，蕴含着不可忽视的创新能源，但受机制和平台的限制，基层班组员工创新动力不足、资源不足、价值转化乏力的问题也日益显现，造成了智力资本的严重浪费，限制了员工的个体成长，阻碍了企业的创新战略落地。全面实施创新发展驱动战略是济南供电应对内外竞争压力、实现转型发展的必然选择与现实出路，如何激发基层班组活力，将"智力储备池"丰厚的资源转化为创新优势与发展优势，是企业面临的一项新课题。

二、以激发员工活力为导向的"智力众筹"班组创新管理内涵和主要做法

济南供电厚植智力资本理论，聚焦一线班组阵地，坚持大众参与、问题导向、开放创新、有效激励、成果转化、协同共赢的实施原则，通过建立"线上+线下"多维众筹平台，充分整合员工队伍的多元背景和异质性经验，实现跨领域、开放式协作创新；通过有机融合"自上而下"与"自下而上"两种创新模式，强化刚性管理与柔性管理的优势互补，实现战略性、参与式高效创新；通过强化成果评估转化、资金支持、人才培植机制建设，推动知识产权与创新成果向现实生产力转化，实现实用型、可持续增值创新，实现了基层班组智力资本的有效集聚与价值转化，为全面建设"一强三优"现代公司提供了

强有力的支撑。主要做法如下。

(一) 确立"智力众筹"班组创新顶层架构

1. 制定总体规划

为充分实现企业员工队伍中蕴含的智力资本价值,济南供电以行政1号文印发《关于全面加强创新创效工作的意见》,明确以班组为核心的创新战略规划,借鉴商业众筹的激励理念与运作模式,按照"价值发现→价值匹配→价值获取"的核心逻辑,从创新主体、创新平台、运行机制、成果转化、激励保障五个维度实施创新立体式、全链条管理,制定"智力众筹"班组创新总体规划。

创新主体维度,以班组员工为基本单元,构建QC小组、创新工作室、网络虚拟团队三大创新主体,最大程度集聚创新资源。创新平台维度,打造以微信企业号、创意大赛为载体的创新项目众筹平台,将众筹项目发现最大化;打造以专家智库、孵化师团队为核心的项目孵化平台,将众筹项目筛选精准化;打造以班组建设一体化、创新创效一体化系统为载体的信息共享平台,将众筹项目资源共享常态化。运行机制维度,优化整合自上而下与自下而上两种运行机制,以刚性管理推动企业重大创新课题落地,以柔性管理激活基层员工高质量参与,为"智力众筹"班组创新营建有机共生的良好生态。成果转化维度,优化成果评估与试点应用机制,提升创新成果转化效率与质量。激励保障维度,综合运用资金支持、容错机制、人才培植、利润分享等多种激励方式,构建贡献导向的激励机制,为"智力众筹"班组创新"保驾护航"。

2. 优化组织管理

一是搭建"一体化四层级"实体组织架构。从企业现有实体组织架构入手,分别建立涵盖公司、部室、基层单位、班组的"一体化四层级"组织体系。其中,公司层面行使"顶层设计和统筹规划"职责,负责统一领导、指导、协调公司创新驱动战略推进实施,决策和审批企业创新发展战略规划、重大攻关课题;部室层面承担"过程管控和组织协调"职责,制订公司创新战略落地实施方案;基层单位履行"执行操作和效果反馈"职责,组建基层创新团队,提供创新资源支持;班组是创新战略落地的基本阵营,负责"组织和激发内部员工立足岗位积极创新",在一线岗位上发现问题、解决问题。

二是搭建"互联网+专业"虚拟组织架构。从企业专业管理界定入手,以职能部室、营销、运检、运监为骨干力量,建立互联网+专业的虚拟组织架构,以专业为龙头,以众筹项目为主线,采用按需组合、柔性管理的模式,明确专业管理的组织架构,支持跨领域、跨区域、跨层级的虚拟创新团队组建,推动创新管理体系向多元、扁平、灵活方向转型,不断适应未来战略发展环境的组织需求。

(二) 激活"智力众筹"班组创新多元主体

济南供电在充分鼓励激发班组内部创新活力的基础上,打破班组壁垒,推动班组联动,构建QC小组、创新工作室与网络虚拟创新团队三大创新主体,形成专业纵向与横向贯通的协同创新高地,通过创新主体间的优势互补、高效合作,实现智力资本效用最大化与创新成果的充分共享。

1. 班组QC小组

QC小组是班组层面以班组成员为依托,致力于解决班组内部的技术与管理难题的班组层面创新主体,是济南供电发展最早、历史最久、参与度最高的创新力量。截至目前,济南供电注册的QC小组已达70多个,从事QC活动的一线员工超过基层员工总数的40%。

2. 创新工作室

创新工作室是车间层面,以技术能手为依托,立足于解决遇到的实际问题和管理提升中的瓶颈难题的车间层面创新主体。经过近几年发展,济南供电现有26个创新工作室,以专业领军人才为核心,以高学历、高技能人才为骨干,从方式方法、流程优化、效率提升等各方面开展创新创效。

3. 网络虚拟创新团队

网络虚拟创新团队是公司层面彻底打破专业、部门之间界限，以实现公司级重大课题攻关和技术创新为主要目标，充分体现"互联网＋"优势的创新主体。济南供电目前在公司层面组建了生产、营销、产业三支虚拟创新团队，173名基层班组员工根据专业和兴趣爱好自愿申请加入；在基层部门层面，462名员工跨部门、跨单位、跨专业自建了53支虚拟团队，参与通过创意众筹平台收集的项目研发工作。

(三) 建立"智力众筹"班组创新多维平台

1. 项目众筹平台

以微信企业号"济南电力山泉平台"与年度创意大赛为主要载体，构建"线上＋线下"创新项目众筹平台，实现众筹项目发现最大化。

线上平台。微信企业号"济南电力山泉平台"设立创新社区应用，具备创新成果展示、创新专家介绍、创意项目发布、创新团队招募、社员交流互动等功能，为基层员工提供解决问题、资源共享、兴趣激发的有效路径。自2016年6月上线以来，迅速吸引了大量基层班组员工的参与，关注率达99%，累计发布60余个创意项目，成功招募12个创新团队，成员互动信息超过400条。

线下平台。在线上众筹平台日渐火爆的同时，济南供电抓准时机举办年度创意大赛，以线下竞赛模式进一步激发员工参与热情，增加创意项目的曝光度与关注度。2016年创意大赛中，基层班组员工坚持"从工作中来到工作中去"的问题导向，共计申请提报42项创意项目，最终《地下配电室定位器和APP软件的开发》《基于"互联网＋"的多功能智能电表箱管控系统》等6项创意项目获得奖项，并进入后期项目孵化阶段。

2. 项目孵化平台

专注"电源发展、系统调峰、电网发展、电力消费、科技创新、体制改革"六大领域，邀请公司领导、创新需求部门主任、劳模、领军人才等组建孵化师团队，建立"发展部归口管理，专业部门牵头主导，系统内外专家研究支撑"的卓越智库体系，成立国网青年双创孵化中心山东分中心，为一线班组员工创新提供生产经营场地和基本办公条件，提供思想引领、决策支持和风险预警，从知识与物质等方面为创意项目的孵化提供全方位支持支撑。

济南供电各单位也立足自身实际，积极搭建基层孵化平台，如公司调度中心通过制订青年孵化师养成计划，将创新孵化纳入年度考核目标，设立青年孵化师人才库等方式培育青年孵化师人才，实施"创新孵化"工程，促进了调度中心创新工作的蓬勃开展。

3. 信息共享平台

推广应用班组建设一体化系统与创新创效一体化系统，通过快速的资源搜索与信息共享功能，集约整合数据资源，实现班组间各类创新资料的传递与共享，为服务协同创新体系提供支撑。此外，创新创效一体化系统还具备对进入孵化阶段的创新项目实施进度管控与在线评估的功能，进一步提升了孵化过程的可控性与科学性。

(四) 构建双向互动的"智力众筹"班组创新运行机制

1. 基于刚性管理的自上而下创新

济南供电立足未来发展，依托战略环境分析、客户大数据分析，集聚高层管理者、外部咨询专家、内部专家智库力量，制定济南供电长期、中期与短期创新战略规划，确立公司1～5年内重大攻关课题，实施自上而下的刚性管理创新模式，按照"顶层设计规划创新项目分包团队协同探索成果评估转化"的基本流程，引导智力资本最短时间、最快速度、最优组合聚合。

该机制以创新工作室、网络虚拟创新团队为参与主体，鼓励跨领域、跨专业、跨单位联合申报，采用"答辩竞争"方式,由孵化评审专家库评审确立研究团队,以专项科研基金的方式提供资金支持,严格进度管控,激励提前结题转化。2015年,济南供电全面发布"十三五"企业创新规划,发布5年期、3年期、1年期技术攻关与管理创新课题共计30项,其中12支跨专业网络虚拟创新团队、18个创新工作室竞标成功,形成配网主动抢修前景监控平台、HMB液压弹簧机构真空注油装置、多功能检修机器人等一系列转化为实际生产力的创新成果,产生了显著的经济效益和管理效益。

2. 基于柔性管理的自下而上创新

以员工高度参与为主要特征的自下而上创新运行机制,坚持"大处着眼,小处着手"的管理方式,紧随国家"双创"战略号召,以解决实际工作问题为第一要务,采取柔性管理思维进行模式设计,按照"创意项目形成孵化项目筛选团队协同探索成果评估转化"的基本流程,依托微信企业号、QC小组、管理创新课题等平台载体,开展微型课题、应用型创新等微创新活动,充分发掘基层班组员工群体的内在潜力和创造精神。

该机制以班组员工个体或QC小组为参与主体,根据理论与经验、知识与技能的异质性,以互动与吸纳的方式,自发形成智力众筹创意项目。其中,发起者通过种子资金开展初始研究,并且可以通过"济南电力山泉平台"与创意大赛展示创新项目,取得其他创新团队种子资金及智力支持,研究进入一定阶段后可通过参与公司"十大管理创新课题"或"美丽彩虹·卓越实践"创新课题遴选争取进一步的专项资金支持。目前,QC小组是自下而上创新模式的主要参与者,通过该模式研发的"全自动玻璃器皿清洗机""半离线式防盗井盖"等专利技术产品,党员先锋指数管理、全天候监察体系建设等管理创新课题已经在实际工作中产生积极效益。

3. 基于刚柔并济的互动组合创新

在实践中,自上而下与自下而上两种创新机制并非完全孤立和割裂,而是优势互补、有机融合的共生共赢关系。创新工作室、网络虚拟创新团队在承接研发公司发布的重大创新课题过程中,可以通过创意众筹平台获取支持,吸纳其他形式的创新主体自发提出的创意进行优化完善;公司也会定期筛选班组员工个体或QC小组通过创意众筹平台发布的"金点子"进行张榜公示,由创新工作室、网络虚拟创新团队进行"揭榜认领"。在济南供电"互联网+电力营销"众筹项目的推进中,两种模式的应用得到了高效的结合,该项目属于济南供电三年期重大创新项目,发布后由营销专业虚拟创新团队竞标成功,在研发过程中,通过创意众筹平台吸纳融入多项相关子课题,在严循创新战略导向的前提下,集众智成大事,实现了智能互动服务方式的不断突破,有力推动了客户导向型大服务体系的建设。

(五)建立"智力众筹"班组创新成果应用推广机制

1. 成果评估

济南供电以技术先进性和工程实用性为导向,按照"成熟度、价值时效性、可替代性"三大成果评估标准,建立和完善了成果初审、专家评审、综合审定和组织申报四级评审机制,确保具备前瞻性与实用性的众筹项目进入研发阶段,高质量、核心型的项目成果尽快转入应用推广阶段,尤其针对在电网关键技术领域、营销服务创新领域形成基础专利和通用标准的项目进行优先扶持和转化推动,力争培育高质量的知识产权成果

为提升专业度和公信力,济南供电还建立起了集领军人才、技术专家、管理人才、优秀"金种子"班组长于一体的专家库,在立项审查、成果评审、转化推广等环节发挥科学评价作用。高层次评审专家库的建设,充分发挥专家在项目成果评估方面的重要作用,同时有力带动了整体管理创新水平的持续提升。

2. 试点应用

济南供电按照因地制宜、因人而异的成果应用原则,以专业推动为主,由各级专业部门组织落实本

专业范围内的技术创新与管理创新成果应用工作，选择合适的单位与载体进行试点应用，开展专项示范行动计划，积极探索，积累经验，在实践中检验创新成果的实际效果，及时总结发现成果实施过程中的局限性。引入成果创新团队、成果使用人、外部智囊团等多重力量，对原有成果进行提炼、优化完善。

（六）完善"智力众筹"班组创新激励保障体系

1. 强化创新资金管理

为更好地推动创新人才培养与创新项目研发，济南供电创新资金支持政策，设立种子资金与专项资金包管理制度。妥善管理项目开发及落地过程中吸纳、创收的资金，确保优秀创新项目持续发酵、持续创利、持续贡献。种子资金由公司创新领导小组依据各专业部门、研究机构的创新团队数量、研究能力拨付，由各创新团队自由配置，接受创新工作小组监督；专项资金由公司创新领导小组根据创新战略规划确立预算计划，吸纳政府财政资助项目专项资金、上级拨付资金及企业自筹资金建立资金池，主要为公司发布的重大课题、各创新团队通过孵化平台获得孵化资格的创新项目提供更充足的资金支持。

2. 构建创新容错机制

深入基层、深入班组，推动创新成果在各层级的知识共享和开放合作，培养全员自觉运用创新方法和创新技术的思维意识，探索建立鼓励创新、宽容失败、允许试错、责任豁免的"容错"机制，针对未按计划完成或未通过成果转化评审的创新项目，开通申诉渠道、制订纠错计划。但对因管理不力导致创新效益不佳的团队纳入"黑名单"，每年滚动更新并反馈至创新项目孵化的前置环节，提升对创新主体的约束和管控效果，形成正面激励和负面惩罚双管齐下的合力。

3. 培育创新人才队伍

一是注重选育创新型干部人才。济南供电将是否具备创新思维、创新能力作为干部选拔任用的一项关键胜任力标准，推动传统行政干部向创新型领导者转变，切实提升干部队伍的创新引领责任与担当。二是聚力提升基层员工创新素质。在基层班组进行工作轮换、工作丰富化等工作设计，广泛开展师带徒、班组大讲堂、技能竞赛等活动，促进理论与经验、异质性知识与技能间的互动与吸纳，邀请不同领域创新专家开展创新能力培训，着力提升基层班组员工的创新意识、创新方法与创新技术，建立智力资本持续增长机制。

4. 健全创新激励机制

济南供电按照创新项目的目标达成情况，已实现的经济效益及产业化前景，将创新能力与创新效果效益直接与基层班组、员工个人的绩效考核与奖金挂钩，根据第三方评估的创新成果价值，对创新团队或员工进行一次性的奖励，并探索专利成果使用收益长期分配制度，将创新者的个人利益和创新利益紧密联结，最大化激发基层班组员工的内生动力。公司三年期重点创新项目"多功能检修机器人研发"于2015年由跨部门虚拟团队"新有引力"竞标获得，于2017年提前完成项目计划并投入使用，经评估，该项目可每年为公司节省人工成本50万元，提升检修效率质量产生经济效益100万元，该团队一次性获得奖励5万元，并按照每年1%的项目收益获取10年期长期奖励，极大激发了员工的创新热情。

三、以激发员工活力为导向的"智力众筹"班组创新管理效果

（一）有效激发了基层班组创新活力

"智力众筹"班组创新为全体员工提供了展示自我的舞台，有效激发了他们主动思考、自发学习、交流互动的积极性，充分调动了全员参与创新的主动性，自身素质得到不断提升。2016年以来，济南供电新增国网公司级人才9名，增幅达48%；省公司级人才19名，增幅达83%；地市公司级人才63名，增幅达71%，初步建成一支素质较高、结构优化、布局合理、梯队明显的创新人才队伍。

（二）初步形成长效的班组创新管理机制

"智力众筹"班组创新主张发挥全员智慧，实现协同创新，转变了以实验室和研发中心为主导的创

新模式,促进了创新系统的开放性,企业创新成果转化速度加快、转化质量提升,创新能源有效转化为实际生产力。2017年,济南供电获得国家电网公司科技进步奖二等奖1项、中国电力科学技术奖三等奖1项、全国电力职工技术成果奖2项、山东电力科学技术奖15项授权发明专利28项;获省公司及以上创新奖项43项,1项成果获国家级管理创新一等奖,1项成果获国家电网公司管理创新一等奖。各类创新成果累计创造直接、间接经济效益达4500万元以上。在全员创新的有力推动下,2017年济南供电完成售电量242.6亿千瓦时,同比增长3%;全员劳动生产率133万元/人,同比提升5.5%,实现营业收入和利润的大幅增长。

(三)有力提升了社会服务理念和能力

服务社会是电力企业的战略使命与重要责任,秉承对社会公共利益高度负责的态度,济南供电通过"智力众筹"创新模式不断优化提升社会服务理念和能力。2017年,"互联网+"通信运维检修全过程管理及综合指挥平台创新项目的落地让供电服务速度更快、质量更优,电子化服务方式覆盖户数超过80万户,服务社会的效率和质量日益提升,连续八年获"济南市行风民主评议公共服务类第一名"。

(成果创造人:钱庆林、任志刚、崔晓青、王 璐、王 帆、于洪伟)

科研院所提升运营质量的组织绩效管理

中国航空工业集团公司雷华电子技术研究所

中国航空工业集团公司雷华电子技术研究所（以下简称雷达所）成立于1970年，是我国唯一的机/弹载雷达专业研究所；总部在无锡，设有研发中心、生产试验基地和北京创新中心，是集机载雷达与航空电子设备技术研究、产品研制、生产、试验和服务为一体的科技先导型研究所。现有职工1800余人，技术人员占比60%以上，享受政府特殊津贴专家36人，入选"百千万人才工程"与"511人才工程"学术带头人3人，国家及省部级有突出贡献专家20人，集团首席、特级和一级技术专家13人，集团特级技能专家4人。拥有科研生产设备13672台（套），2017年销售收入达到20.24亿元。

一、科研院所提升运营质量的组织绩效管理背景

（一）实现发展战略的需要

雷达所作为机/弹载雷达专业研究所，其产品以机载火控雷达、气象雷达为主，占主营业务收入88%以上，产品构成较为单一。而未来机载雷达将占军用雷达市场规模的1/3，同时，军民融合的大趋势促进军用技术转化带来市场份额的增长。军转民、民参军的市场格局使得各家单位间竞争日趋激烈。雷达所科研项目管理、生产管理过程没有清晰的工作流程，过程的管控主要靠人员经验及个人能力。同时，科研试制与批产共存的现状也导致科研系统与生产系统的计划冲突及变更。过程与计划管理的失控导致进度把控能力不足，交付周期与质量难以达到客户预期。为实现雷达所市场引领、创新驱动、运营敏捷、相关多元的发展战略，需要实施组织绩效管理创新，从而提升雷达所运营质量。

（二）提升组织能力和员工绩效的需要

雷达所是科研生产一体化的专业研究所，拥有科研、生产、管理部门32个，班组200余个，部门、班组之间职能错综复杂，组织的繁多导致职能壁垒、信息孤岛存在，组织之间协同效率低下，任务的传递和执行难以贯彻雷达所发展战略。在面对激烈的外部环境时，需要组织能力的提升实现快速的内部反应，需要构建严谨的组织绩效管理模式促进组织能力的提升。同时，科研、生产人员的管理较为松散，人才培养流程不完善，员工晋升通道不规范，激励机制缺失，导致年龄层次分布不均、人才结构不合理、领军型人才缺乏、管理型人才匮乏。员工对自身发展没有清晰定位，对岗位工作没有明确目标，工作动力不足，成长缓慢。科研人员与生产人员低效的协同，在面对市场机遇时难以在短期内组织起强战斗力的团队，员工素质急需提升。

二、科研院所提升运营质量的组织绩效管理内涵和主要做法

雷达所以发展战略为牵引，以矩阵式绩效管理为基本逻辑，从目标、过程、评价、改善各方面入手，融入OKR（Objectives and Key Results，目标与关键成果）、CMMI（Capability Maturity Model Integration，能力成熟度模型集成）、JIT（Just In Time，准时制）等理念，构建分层分级的指标管控体系，在数字化运营管控大数据平台支撑下，不断优化业务流程，促进企业不断改进提升的闭环管控，全过程全要素提升科研生产管理，促进经济指标、市场响应、科研生产和人员效率等运营质量指标的持续提升，实现相关方共赢，提升运营质量。主要做法如下。

（一）以战略为牵引，落实企业管控目标

雷达所以战略为牵引，围绕年度所级经营目标，构建所级目标管控指标，聚焦影响目标实现的"急难险重"工作，引入自我驱动管理机制，建立对目标"过程＋结果"系统性管控的机制。

1. 明确战略方向，制定发展思路

雷达所在2014年启动组织变革，以战略为牵引，以目标绩效评价为依托，基于CMMI、TOGAF、BPM等思想对科研生产过程架构进行业务流梳理，重构科研、生产体系。为实现战略目标与发展思路的紧密衔接，构建自上而下和自下而上目标充分沟通机制；引入"片区"目标管理者，对业务模块目标统筹管理；由"片区"目标管理者与各部门充分讨论梳理"急难险重"目标，将目标责任落实到"最后一层"下达；通过关键结果KR明确衡量目标O实现标准，通过关键KRA（Key Result Action，关键行为）明确实现目标O和关键结果KR（Key Result，关键结果）的重点行动；并引入侧重点各有所异的实时评价和定时评价，确保对目标实现过程与结果的实时评价和反馈。

2. 分解战略目标，划分目标考核维度

以聚焦"所级经营目标"实现为核心诉求，根据所级经营目标要求与部门履职定位，划分目标维度。目标维度从履职要求中提炼，要求目标成果反映并凸显履职成效，但不将目标成果完全等同于履职成效，从而避免对目标"斤斤计较"，非目标以外工作不重视等情况。2018年目标制订中，共清理出"群项目管理与客户响应""技术管理/突破""主业务支撑""技术提升/创新""履职成效""部门履职提升""员工履职与提升"七大类目标维度，覆盖所有部门、员工职能，并将所有目标管控指标纳入月度、季度、年度考核。

3. 发挥员工主观能动性，逐级分解目标

目标分为战略目标、所级目标、员工级目标三个层级。目标不等同于目标维度，是体现目标维度成效的一个工作点。OKR不是其工作记录或分解平台，是由目标管理部门组织开展对所辖业务的系统梳理，与分管领导沟通协商定位的"急难险重工作"目标，需聚焦所内力量，由领导关注解决的目标承接平台。2018年，目标管理部门及各部门充分发挥主观能动性，定位并提报所辖业务"急难险重"工作，已完成7大片区关键业务的331条目标审核下达。

4. 跟踪目标执行过程，确保目标实现

为了实现目标过程绩效管理，提出目标管理部门/目标管理人概念。目标管理部门的定位是研究所根据部门履职定位，从所级经营目标出发，需对所辖业务模块进行系统性管控的部门，在雷达所由战略运营部、科研管理部、项目管理部、民品管理部、质量安全部、售后服务部、生产部、所办公室组成。这几大部门从其履职角度出发，需就其所辖业务模板的最终成效向所级负责。目标管理不以结果论英雄，以过程评价英雄，为人员管理提供了刚柔并济的工具。

（二）以过程为核心，实现目标的控制和实施

以过程为核心，对本年度的科研、预研项目、生产过程进行管理，将过程管控指标融入业务流程，帮助团队高效协同利用资源，规划管理工作，保证质量快速完成研制生产任务，提升项目性能。其中，授权工作组是雷达所项目管理的亮点。充分利用最佳实践构建项目的敏捷性，以性能为导向的评估方法，提高标杆对比的可靠性和一致性，缩短准备时间降低成本。

1. 规范科研过程管理，实现多项目协同研发

为规范科研过程管理，首先对科研过程进行全面梳理，制定科研作业流程及规范。构建雷达所科研工作分解结构（Work Breakdown Structure，简称WBS），从内容构架到管理职责全部重新定义。在实践的基础上，逐步形成了雷达所项目管理工作及研发流程的最佳实践。并基于军工科研阶段划分，借鉴GE等先进公司最佳实践，将项目阶段进一步细分，根据阶段实行不同管理，规范和指导项目工作有序高效的实施。目前WBS包括元素、工作包、典型活动、规范、交付物、质量规范等内容，覆盖价值链主要环节，有预研、科研、技改、市场、质量、售后、生产、信息系统开发、保障9个大类，其中科研类别数目庞大，按照科研阶段又分为论证阶段、设计阶段、试验阶段、试飞阶段、鉴定验收及保障阶段

5个小类别。目前 WBS 中元素、工作包、活动等词条数为 80087 个。以 WBS 为基础，对 WBS 中工作包赋分，所级层面对项目策划组织评审，以此给予各项目年度预算总分值，项目负责人在预算范围内，对项目管理全过程中用到的资源分配分值。在分值的驱使下，人力资源在各个项目间博弈流动，不再受部门职能管辖的限制，而是在内部市场"无形的手"作用下，实现了跨职能团队的自由组建。

在建立规范科研流程的同时，明确层级责权。决策层是所领导，其职责为明确方向、组织市场，对项目的年度目标和里程碑进行把控；管理层是项目群总师、职能机关、部门领导，其职责为对项目市场开拓、内部资源保证提供支撑；执行层是项目负责人、核心团队成员、设计师，其职责为在项目内调动资源完成项目工作，满足客户要求。建立内外协同的问题/风险预警机制，通过项目管理上下游相关部门和人员的共同监管，将项目进展中暴露的问题/风险进行有效归零。项目管理的最终目标就是项目成功，通过信息平台的支撑，从项目内外视角提供了项目监控和管理的有力保障，如此确保了项目线和职能线共同参与项目管理，从而推进项目成功。

2. 重构生产体系，实现无纸化准时生产

为适应新的生产管理模式，雷达所对生产组织机构进行了针对性调整。2015 年 11 月，以山水城园区调迁为契机，进行组织机构调整，对原有的生产管理组织机构进行了较大变动。将生产管理与生产执行部门合并，将装配工艺、库存与物流配送、所有产品装配集中，减少了生产计划的层级，为实现"计划扁平化"提供了组织保障。对其他业务部门职责调整，使得相关业务需求尽量在本部门闭环，以确保生产计划体系的快速响应和敏捷运营，各部门责任和权力更加匹配清晰。雷达所通过生产制造流程的清晰、生产计划的扁平化、生产工艺的数字化、生产布局的调整、生产职能的明确实现无纸化准时生产。

一是重构生产制造体系。一方面，将原有的多层生产计划，改为集中管控的需求计划和作业计划两层计划模式。新计划管理模式以科研试制需求、批生产需求和备品备件需求为总需求，以需求计划、作业计划为主体，以计调人员、生产人员为执行者，纵向形成两层递进的计划体系，结构明确，信息清晰，有效减少了计划信息的流转环节，减少了信息误差，提升了计划的准确性和有效性；另一方面，计划主体横向覆盖了工艺、采购、装配、机械加工、特种加工、外包/外协等生产所涉及的各类业务板块，确保各业务板块以计划为纽带、相互联系、相互促进、共同协作，形成一个以实现目标为宗旨的、共进发展的有机整体。新的计划管理模式引入 MRP 运算方法，通过对需求、库存、在制、构型等相关结构数据与期量数据进行平衡与计算，形成科学合理的物料需求计划。强化了需求与能力的科学平衡，保障了物料的有序流动，促进了企业资源的合理利用，为最终实现 JIT 生产奠定坚实基础。

二是调整工艺设备布局。生产管理模式的转型升级，生产车间工艺设备布局的改变也是至关重要。单纯的按照设备功能划分单元的模式显然已经不能满足对生产车间准时高效的要求。新的工艺设备布局时，运用 GT（Group Technology，工艺成组化技术）对加工件进行聚类分组，按照加工件组设立生产单元。这种工艺设备布局减少了物料无序流动，既能提高加工效率，又能够保证车间生产的柔性度。

三是规范车间现场工艺。相对于传统生产车间工艺，对现场工艺进行结构化和数据化，用图文结合的方式表达工序作业的内容，及相关工艺参数。工艺文件注明工序作业需要的原材料、配套件、工装工具、辅助材料等，这些是实现物料自动配送所必须的基础数据；列出工序作业需要记录的过程参数、检验数据等。对数控设备还应该包括数控程序。工艺文件内容中包括工艺能力评估表，用于分析工艺过程能力，作为成熟度评估的依据。对于定型批产的工艺，还包括风险分析及对策表，用于提前识别风险，预先控制。随着车间数字化程度的提高，工艺文件的载体也由纸质转变为电子文档。这些电子文档化的工艺文件，适合操作者在工位电脑上进行阅读和查询，真正实现按图生产。

四是建立物流全配送。以提高工序作业效率为目标，尽可能地缩短工序内作业时间，让工人少跑路、少等待。在工序作业派工时，车间物流配送室根据工艺文件规定内容，将加工件、工装模具、刃量具、工艺辅料等进行分拣配套，由车间配送员将齐套物料配送至作业工位。

3. 突破产研壁垒，实现产研协同

科研院所科研的特性就是创新、变更频繁，而生产的特性是稳定、有节奏，特性的差异导致科研与生产存在很大的摩擦。科研与生产的衔接主要存在技术状态不稳定、信息传递不及时、科研试制冲击批产计划等问题。为改变这些现状，基于精细化的科研管理及规范的生产过程管理，在科研与生产信息化平台间建立接口，科研人员在科研信息化系统（任务系统）完成设计工作后上传归档文件至技术文件管理平台（PDM），同时传递任务之生产管理系统（MES），生产管理系统开展计划平衡并下达作业计划、工艺计划（CAPP）、物料需求计划等子计划。同时，后端系统可以实时将产生的问题传递至前端，寻求项目各层级人员相互支持。多系统的实时交互实现了科研到生产的信息传递一致性、时效性，减小科研试制对批产的冲击，打破了职能壁垒，实现了产研协同。

（三）以改善组织绩效为导向，强化人才培养

目标管理为过程辅导提供依据，过程辅导的数据可以验证目标的实现效果；目标管理、过程辅导都为评价提供数据，评价为目标管理、过程辅导提供激励。过程资产开发为组织提高宝贵的数据，让雷达所更有效地进行过程改进。

1. 制定人才晋升机制，实现人尽其才

构建员工成长的职业发展平台，打开员工纵向晋升空间和横向转序空间。通过对各层级任职资格体系的建立，明确员工在一定成长周期过程中必须具备的基本经历、关键活动与成果、一定阶段绩效综合要求、知识成果等方面的具体要求，明确员工成长方向，逐步引导与培养员工注重能力的提升与业绩的成长，实现员工成长通道短期调整与绩效评价挂钩，长期调整与持续性业绩积累沟通。

构建综合体现个人价值的薪酬体系。对员工实现长期激励，员工成长通道价值与薪酬体系设计全面结合，薪酬体系全面考虑保健因素和激励因素，实现"评价易薪、易岗易薪"。建立"岗位专项工资＋岗位能力工资＋绩效工资＋年终奖＋福利包"的全方位薪酬管理体系，按价值分配，真实体现不同层级员工在不同工作岗位实现的工作价值。

2. 打造"三支队伍"，实现运营人才保障

与晋升通道相对应，打造雷达所"三支队伍"：高水平的管理队伍、高水平的设计队伍、高水平的技能队伍。通过晋升通道的开放，促进员工自主学习、自主进步；通过工作的合理分配，达到人员利用最优化；通过人才多方式培养，提升员工业务能力。在晋升通道中，引入充分的竞争机制，搭建任职资格体系，扩展成长空间，打开"天花板"，只要能力足够，评价优秀，就能在合适的岗位充分发挥自身才能。在人才培养上，组织提供充分的资源，在业务工作过程中提供全面辅导，在自主学习中提供正向引导，激励员工不断成长。通过"三支队伍"的构建为运营能力可持续发展提供人才保障。

（四）以评价为支撑，建立全面绩效评价机制

以评价为支撑，通过员工成长通道、绩效评价体系、薪酬体系等核心内容构建，建立激励性管理机制。OKR、项目管理、生产管理等业务平台为员工成长、绩效评价、薪酬分配提供了基于业务的客观数据和价值贡献评价基础。

1. 收集多平台数据，多维全面分析

体系在运行过程中会产生大量的数据，如每个月各部门、员工为实现目标进行的关键活动，项目中各项任务的进度和交付物，项目执行时发生的问题，生产过程中元器件的储备和采购，生产的完成情况等。多个信息化平台的建设为过程数据积累、提取提供了工具。通过对多平台数据的收集，开展多维数据分析，提取有效信息。所领导、主管部门和职能部门领导通过这些数据可以对目前的目标达成比例、项目运行状态和生产完成情况有直观的了解，分析出近期的演化态势及未来的发展趋势，以采取相应的

措施来调整。项目负责人能实时掌握项目最新动态，包括预算执行、项目进度、过程质量、资源使用等情况，以便第一时间发现问题并处理解决。

2. "主观＋客观"的综合评价

通过"主观＋客观"的综合考量，实现对部门、员工的综合评价。不以结果论英雄，又以成败评价英雄。主观方面，组建专家评价委员会，包括各专业专家、部门领导等，对目标策划、交付物、目标年度绩效等进行质量、进度、有效性、人才培养等多维度评价，通过"背靠背"的线上投票方式，得出主观评价结果。客观方面，收集多平台数据作为评价依据，通过加权计算得出客观评价结果。通过对主观及客观评价结果进行综合，真实地反映出部门、员工的绩效水平

3. 绩效评价结果多方面应用

绩效评价体系的构建，使得评价与业务实现深度交融，实现"所级评价团队，团队评价员工"两级管理体系。所级年度绩效目标在团队高效履职过程中逐步实现。绩效评价牵引团队的履职方向，在履职过程中做出更高成效；牵引部门明确员工履职目标，在履职过程中做出更高成效。绩效评价的最终目的是促进全员成长，是企业发展的根本所在。OKR目标管理系统、项目管理系统、生产管理系统作为业务载体，承载各类业务工作数据信息，是数据集成的核心基础；绩效评价体系是以牵引实现研究所战略目标为核心，对部门及员工的履职情况的综合系统的机制；绩效评价信息系统是建立在业务信息平台上，集成各信息平台的核心数据，支撑对部门及员工的综合评价。

4. 积累过程数据，持续改进组织绩效

通过对数据的深度挖掘，为组织能力改善，运营质量提升提供决策依据。自2015年到2017年的三年间，根据运行过程中的各种反馈和问题，及时总结经验教训，雷达所对各信息化系统进行了反复的迭代升级，如更精细化的OKR系统2.0、更强调结果导向的任务系统2.0、更多维度考核的评价系统2.0、更合理调度的MES系统2.0等，持续实现业务系统优化改进。

三、科研院所提升运营质量的组织绩效管理效果

（一）提高了组织效率，促进了战略实施

打造了"市场引领"的价值导向，项目团队主动获取市场信息，针对市场变化不断自我调整策略并落实到产品竞争。近年来市场开拓力度逐步加大，突破了传统的市场领域，由某些气象雷达、火控雷达的单一市场突破到无人机、地面监视、民机等多个领域并取得竞标成功。"十三五"项目争取数是"十二五"的三倍。气象/防撞、毫米波、SAR等专业飞速发展并取得市场成功。主业收入从2013年年底的8.7亿元，增长到2017年16.9亿元，增长93.81%，年均增长17.99%；利润从4523万元增长至6449万元，增长42.58%，年均增长9.27%。

（二）提升了发展质量，各项指标获得改进

各组织之间实现高效协同，目标的层级传递、业务过程的精细管控得以实现，突破了传统管理模式的组织壁垒。2016年某军贸项目从获取市场信息到产品研制成功仅仅5个月，周期缩短50%以上。科研任务完成率提升至97%以上，批生产周期缩短27%，产品可靠性由50%提升至78%，产品全制造成本降低25%，批生产计划完成率达到100%，实现了均衡生产，满足"2－2－2－4"交付计划。项目人员年龄层次、人才结构进一步优化，项目群总师、副总师、负责人的年轻化。40岁以下项目副总师占比达到48%，主业人均产值从69.25万元达到95.61万元。

（成果创造人：邹伟锋、怀靓亮、毛锦海、李　瑞、吴鹏程、仲　瑶、张象羽、许　峰、胡　翔、万伟稼、刘　薇、刘　焰）

电瓷企业以"三升一降"为重点的绩效管理

苏州电瓷厂股份有限公司

苏州电瓷厂股份有限公司（以下简称苏瓷公司），始创于1936年，是我国发展最早的一批电瓷专业生产厂家之一。公司于2015年12月16日在全国中小企业股份转让系统挂牌。长期以来，苏瓷公司积极为电力工程、电气化铁路和城市轨道交通及电气设备开发、制造各类优质瓷材料绝缘子，并出口40多个国家和地区，拥有丰富的安全运行经验。2015年9月，自主研发的760kN、840kN等级钟罩伞和三伞型8种规格交、直流盘形悬式瓷绝缘子通过了中国电力企业联合会组织的新产品技术鉴定，使公司成为我国率先完成840kN等级盘形悬式瓷绝缘子的企业。现为我国国家电网和南方电网特高压瓷绝缘子为数不多的供应商之一，同时也是我国最大的高速铁路接触网用瓷绝缘子供应商。苏瓷公司建有两处制造瓷绝缘子的大型现代化厂区，共占地24.5万平方米，分别位于苏州工业园区和宿迁—苏宿工业园区，产品自1979年10月注册并惯用"闪电牌"商标，连续多年被认定为江苏省著名商标和江苏省名牌。

一、电瓷企业以"三升一降"为重点的绩效管理背景

（一）应对激烈市场竞争的需要

当前应对国际和国内错综复杂经济形势、加快转型升级步伐和落实公司"十三五"战略规划总体目标的情况下，全面开展管理提升活动具有更加重要的意义。苏瓷公司通过深化改革，转换机制，创新发展，管理水平有了较大提高，品牌知名度得到了较大提升，有力地促进了企业经济效益和竞争能力的大幅提升。但是，与集团公司的要求及行业和自身的普遍期望相比，与应对复杂市场和外部环境变化的要求相比，与参与国际竞争、增强自身整体实力的要求相比，公司在管理上还存在很大差距，品牌的知名度还没有完全打开。尤其是一些公司管理基础薄弱、管理方面长期存在的一些突出问题得不到有效解决，已经成为严重制约企业做优做精做强、科学健康发展的瓶颈。

（二）实现企业发展目标的需要

开展绩效管理提升活动，全面提高管理水平，是苏瓷公司更好地履行社会责任的必然选择；是苏瓷公司应对内外部复杂环境变化，保增长、保稳定，提升市场竞争力和抗风险能力的重要抓手；是促进苏瓷公司科学发展、加快转变经济发展方式，深入实施转型升级，不断提升发展质量和效益，走精益发展之路的重要举措；是苏瓷公司加快实现"做优做精做强、培育具有国际竞争力和品牌影响力的一流企业"核心目标的重要步骤。

二、电瓷企业以"三升一降"为重点的绩效管理内涵和主要做法

苏瓷公司以提升管理水平、强化品牌意识为根本宗旨，促进企业转变发展方式，通过开展"三升一降"管理提升，把公司绩效管理和管理文化之间的联系视为企业发展的生命线，给公司带来生机和活力。通过强化绩效管理在经营管理中的地位，把绩效管理理念渗透到企业经营管理的各个方面，将企业管理从技术、质量、经济上升到文化层面，从而促进品牌的培育，提升苏瓷品牌的影响力。为切实加大管理力度，提高运行质量，降低综合成本，提升品牌知名度，苏瓷公司聘请瑞肯锡企业管理顾问（集团）有限公司（以下简称瑞肯锡）为管理提升活动进行咨询，以实施"三升一降"为抓手，切实提高管理运行质量，不断推动公司经营发展和科学管理的提升。主要做法如下。

(一) 以"三升一降"目标为指导，深入挖掘项目实施影响因素

1. 明确指导思想

高举中国特色社会主义伟大旗帜，紧紧围绕改革发展总体思路，坚持以科学发展为主题，以加快转变经济发展方式为主线，以解决苏瓷公司在管理中存在的突出问题和薄弱环节为重点，通过自主优化、引进吸收、创新发展，持续加强企业管理，积极推进管理创新，促进苏瓷公司持续、稳定、健康发展。

2. 把握工作原则

一是立足自我与学习借鉴相结合。坚持以我为主、博采众长，广泛学习借鉴国内外先进经验，结合瑞肯锡企业管理顾问的融合提炼，形成适合苏瓷公司自身特点的管理提升方法。

二是重点突破与全面提升相结合。在以解决突出问题和薄弱环节为重点扎实开展短板消缺和瓶颈突破的同时，将管理提升活动覆盖到苏瓷公司管理的各个领域，带动公司管理水平的全面提升。

三是从严治企与管理创新相结合。继承和发扬优良作风，严格管理，严格执行，并通过优化资源配置、工作秩序和氛围，积极开展管理创新，不断扩大管理提升活动的实效。

四是加强管理与深化改革相结合。通过深化改革，创新机制，为进一步加强和改进管理提供动力保障和制度基础，促进苏瓷公司持续改进管理方式，提高管理效益，深入开展管理提升活动。

五是提升绩效与文化引领相结合。切实转变思想观念，创新发展模式，以文化引领、文化管理来加强绩效管理，从成本中要效益，以质量提升为中心、以技术创新和文化管理为动力，提高苏瓷公司管理水平，保障公司的高效、和谐发展。

3. 剖析主要困境

苏瓷公司成立至今，在集团公司及公司领导班子和全体员工的努力下，取得了巨大的进步，得到了快速的发展，成了当地和同行业的知名企业。但与企业的知名度相比，苏瓷公司内部管理方面始终滞后于企业的发展，特别是随着宿迁分公司一期项目的投产和二期项目的筹建，公司内部管理暴露出不少问题。根据公司发展规划的需要，从人力资源、生产运营和企业文化建设等三方面进行了详尽剖析。

一是人力资源管理方面。第一，苏瓷公司现行的组织架构健全、运行良好，可以满足现状需求。但就发展而言，组织架构必须要有前瞻性的设计来支撑未来3～5年的发展。第二，苏瓷公司优点在于立足于内部选拔干部，但缺乏对于新进员工的职业规划宣导，所以新进员工生存活率低。同时，对老员工的技能评估方法有待改善。第三，苏瓷公司现有的薪酬体系明显滞后于企业的发展，特别是对于班组长以上管理人员的激励不够，固定收入部分权重过大。相对应的绩效考核效果也不明显。例如，对于生产现场管理，有考核细则，但流于形式；现有绩效考核表现在奖惩的力度不够，特别是惩罚；考核覆盖不全面，部分部门没有实施考核。

二是生产运营管理方面。第一，生产管理上计划控制流程、物料控制流程等生产运营中一些重要环节运行不畅，基层管理人员还停留在凭经验管理生产阶段，缺乏常见的先进管理手段。第二，现场管理上由于实际产能大大超出设计产能，加上订单管理及物流管控不力，造成车间现场及厂区规划比较杂乱。第三，近些年通过设备改进、过程质量控制等措施，产品合格率有较大提升，但整体上合格率仍偏低，质量损失成本较大。第四，作为稳定成长的苏瓷公司，信息化有一定的基础，ERP在财务、仓库等有所运用，但绩效考核和质量控制、仓库管理等诸多方面的数据采集需要持续改善。

三是企业文化管理方面。第一，苏瓷公司在企业形象的规范化管理，日常例会的按期召开及员工培训的计划执行等方面已经打下一定的基础，但在整体企业文化宣传、员工业余文化活动、日常沟通等方面的文化建设还需要加强。第二，苏瓷公司的制度体系比较健全，但有许多制度还需要逐步修正和完善，如薪酬体系制度、培训体系制度、晋升考核制度等。苏瓷公司近年来加大对员工的培训力度，但培训体系制度、培训考核及效果评估等方面还需进一步完善。第三，随着公司的发展，苏瓷公司的企业文

化建设需要进入更高的层面，品牌也将面对更广阔的国外市场。探讨怎样确立适应苏瓷公司持续发展的企业文化，需要反复论证、形成共识，并广为宣导，持续传播，以达到持久稳固的效果，从而形成苏瓷公司的核心竞争力。

（二）充分利用组织措施，建立高效系统的组织管理模式

1. 建立高效系统的组织模式

为形成高效系统的组织模式，根据工作目标与要求，以"三升一降"管理提升工作为重点，成立开展管理提升活动领导小组，负责指导公司开展管理提升活动。领导小组下设顾问组和执行工作小组。顾问组由瑞肯锡企业顾问组成，主要负责管理提升相关工作咨询指导，执行工作小组由苏瓷公司管理提升相关部门负责人组成，主要负责管理提升工作落实与推进。领导小组下设办公室，主要负责针对管理提升活动的开展进行联络、协调等日常工作。

2. 主要目标与重点任务

一是制定工作目标。通过全面开展管理提升活动，加快推进苏瓷公司管理方式由粗放型向集约化、精细化转变，全面提升管理水平，为"做优做精做强、培育具有国际竞争力和品牌影响力的一流企业"工作奠定坚实基础，加强基础管理、提升管理现代化水平、完善管理创新机制、改善综合绩效、提升品牌影响力。

二是落实重点任务。为全面落实管理提升活动的工作目标，苏瓷公司重点做好四项工作。

第一，找准管理短板和瓶颈问题，实现重点突破。按照工作目标的要求，结合自身实际，全面开展自查自纠和管理诊断工作，找出当前存在的突出问题和薄弱环节，找准管理短板和瓶颈问题，在深入调查、充分论证的基础上，优选提升措施，制定重点整改工作方案，狠抓落实，确保短板消缺和瓶颈突破。

第二，强化向管理要效益理念，切实加强基础管理。牢固树立"基础不牢，地动山摇"观念，培养"严谨求实"的工作作风，在全面自查和诊断的基础上，全面梳理优化工作流程，有效运用精细化管理方法，建立系统、科学、实用的标准和制度体系，严格执行，夯实管理基础。

第三，统筹推进专项提升，全面落实整改措施。根据转型升级、降本增效的需要，以人力资源管理、生产运行管理、质量提升管理和文化建设管理，以及需要加强和改进的其他管理工作为重点，通过广泛开展与国内外先进企业及管理典型对标，明确差距和提升方向，细化专项提升措施，以点带面，推动管理提升活动深入开展。

第四，总结固化成果，构建长效机制。科学评价管理提升活动的效果，及时总结提炼管理提升工作经验，以标准和制度体系加以固化，转化为全体员工的自觉行动，并根据条件的变化和发展的需要，持续丰富、发展和完善管理提升工作机制，不断促成新的管理提升。

3. 制定阶段安排及考核指标

为实现项目预期目标，管理提升活动分为3个阶段6个环节。第一阶段为全面启动、自我诊断阶段。本阶段分为2个环节，即动员启动、学习提高环节和自我诊断、找准问题环节。第二阶段为专项提升、协同推进阶段。本阶段分为2个环节，即制订方案、细化措施环节和专项提升、全面整改环节。第三阶段为持续改进、总结评价阶段。本阶段分为2个环节，即检查评价、持续改进环节和总结经验、表彰先进环节。

考核主要量化指标为生产管理提升量化指标为订单完成率100%，质量管理提升量化指标为人为因素损失下降1%、各种因素开裂下降2%，绩效管理提升量化指标为绩效有效性98到100%，成本管理下降量化指标为机物料消耗降低15%、工资性费用降低5%。另外，依据二八法则，细化产品质量目标，即修裂损失率小于等于3%，头裂损失率小于等于0.75%，缺釉损失率小于等于3%，擦釉损失率

小于等于 0.6%。

(三) 全面保障落实措施,科学推进项目实施进程

1. 明确工作要求

第一,加强组织领导。进一步增强对开展管理提升活动重要意义的认识,将活动纳入苏瓷公司整体战略,统筹规划,稳妥推进。成立领导小组,组建精干高效工作机构,明确分工、落实责任,形成领导有力、层次清晰、齐抓共管的工作局面。

第二,做好整体设计。进一步结合自身实际,整体规划,做好开展管理提升活动的总设计。在全面诊断和系统对标的基础上,找准问题,确定重点,制订开展管理提升活动的工作方案、阶段任务及专项提升工作计划。

第三,健全工作机制。进一步丰富开展管理提升活动的载体,畅通信息沟通渠道,加大资源整合配置力度,及时总结经验、发现不足,提高解决问题的时效。同时,明确考核标准,健全考评制度,鼓励先进,确保将活动引向深入。

第四,确保取得实效。进一步细化落实责任,严格考核,狠抓落实。对诊断发现的短板和瓶颈问题,加强经验总结,落实全面整改。通过广泛宣传和推广,不断落实管理提升措施的执行,从严管理,不走过场,务求实效。

2. 制定保障措施

主要通过以下四个方面重点措施,为管理提升活动提供支持、保障和服务。

第一,宣传动员。召开管理提升活动动员大会,进行全面部署。在活动过程中,利用公司简报等媒体平台,加强对管理提升活动的宣传报道,努力营造良好的活动开展氛围。

第二,工作指导。在总结经验的基础上,指导开展好各阶段管理提升工作。及时了解管理提升活动的进展情况,建立报告制度,编发工作简报,做好跟踪分析,并在每两月一次的中层干部会议上通报情况、总结部署工作。

第三,协调服务。及时研究活动中遇到的主要困难和突出问题,围绕活动重点领域,适时召开现场会、专题经验交流会。通过顾问小组,开展管理诊断工作,找准问题、优化方案,并在实施过程中提供咨询支持。

第四,评价表彰。活动期间,对管理提升工作情况进行评价,并纳入综合考评工作;活动结束时,召开总结表彰大会,认真总结管理提升活动的成效,表彰先进部门和个人,交流活动经验,推动公司持续开展管理提升工作。

3. 加强现场管理

现场管理是苏瓷公司企业管理的重要组成部分,通过提高现场管理的有序性,有利于增强竞争力,改善生产现场,形成良好的工作氛围。在生产现场管理中,通过导入"6s"管理活动(整理、整顿、清扫、清洁、素养、安全),形成以班组管理为活动平台,以人的素养为核心因素,以整理、整顿、清扫和清洁为环境因素,以安全、环保为目标因素的生产现场动态管理系统,从而为员工创造一个安全卫生舒适的工作环境。定期召开班组会,要求班组成员都要积极提出一些合理化建议,充分发挥民主监督作用。同时,还安排对班组进行技能、安全生产、岗位职责和工作标准等方面的教育培训,并将培训成绩记入个人档案,与个人的工资、奖金、晋级、提拔挂钩。另外,苏瓷公司建立一套现场管理制度和检查考评制度,对班组生产现场进行规范化管理,使班组工作进入有序管理的状态,并要求落到实处。

4. 改善生产管理

按照苏瓷公司的目标要求,通过生产的组织、计划和控制工作,设置技术上可行、经济上合算、技术条件允许的生产操作系统,制订生产系统优化运行的方案,及时有效地调节生产过程中与原料采购、

生产安排、设备安全、工艺要求、质量管理和订单交货等各流程的关系，实现预期生产的品种、质量、产量、交货期和生产成本的目标。各生产线明确全过程统计责任人，制定考核细则；成型生产线、上烧生产线、装配生产线的共11个工序纳入统计范围，并增加工序流转卡等统计方式，优化原始记录表，增加复核确认手段，提升原始记录的正确性；生产线配合统计员做好各工序盘点工作，并由专人编制月度全过程统计表，分析错误原因制定防范措施。生产部门每天坚持召开生产碰头会，围绕客户需求，每日梳理量的控制及协调各生产线的衔接，做到精准生产并有效控制库存量。

5. 提高质量管理

推行PDCA循环的工作方法，按照计划、执行、检查、处理这样四个阶段的顺序来进行质量管理工作，把各项工作按照计划，经过实践，再检验其结果，将成功的方案纳入标准，将不成功的方案留待下一个循环去解决。在质量管理提升中，以强化事前控制、过程控制为重点，成立两个QC质量攻关小组，进一步健全质量管理网络，完善质量管理体系；实施了质量管理考核；严格执行工艺纪律，通过不间断的工艺巡查、质量分析，掌握质量动态，及时进行纠偏；组织包括原材料进厂检验、工序间和产品出厂检验的质量检验工作；通过人、机、法、料、环、测的全面质量管理分析方法分析问题解决问题。同时，质量管理人员的个人素质也是影响质量管理体系的重要因素，公司根据实际需求制定了技术、质量等知识的相关人才培训，并于弘扬企业文化相结合推行品质教育，推进苏瓷品牌培育。

6. 强化成本管理

主要是两项内容，一是机物料消耗，二是加班工资费用。关于机物料消耗，苏瓷公司一开始就确定在上一年同期的基础上费用再下降15%左右。在使用上，严格把关机物料支领程序，施行"能用不更换，够用不增新"和"以旧换新"制度，对物资严格把关，做好登记，并及时跟踪使用情况，严禁铺张浪费。在水、电、气等能源的使用上也加强控制。工资费用主要是通过合理调配生产安排，控制各类加班。人事部根据公司要求制订各生产线负责人的工资按照制定的办法（按照指标工资超出或结余部分的2.5%）进行奖励和处罚。对于绩效有效性，主要是立足绩效相关各流程的完善，重点在原绩效考核基础上增加绩效面谈这一环节并强化这一环节的要求，如增加各部门月度计划要求、绩效面谈记录表、绩效反馈表等。同时，要求人事部要检查各部门月度计划内容量化，不可量化的具体再细化，跟踪面谈准备的完整性。

7. 推进企业文化管理

通过管理提升活动的深入开展，培养员工爱岗敬业氛围；制定员工手册，规定作息、会议等活动秩序；定期开展提升员工职业技能等的培训，同时建立相应机制，鼓励员工利用业余时间自学，岗位成才，营造良好的学习氛围；完善晋升制度，建立有效激励机制；建立"党员职工活动中心"、开展"安康杯"等系列文体比赛活动，发放"生日福利"、定期组织"员工旅游"等系列活动；组织更新企业宣传栏、宣传册和定期出版公司简报，弘扬企业精神，贯彻企业宗旨，奠定苏瓷公司企业文化基调，打造公司文化氛围和品牌知名度。

三、电瓷企业以"三升一降"为重点的绩效管理效果

（一）生产现场井然有序，产品质量稳步提升

作业通道顺畅，责任区域清晰，作业看板及时反馈工作进度及物料需求；员工着装整洁，严格按工艺流程和作业指导书操作；首检/巡检记录/产品流转卡等表单健全完备，数据准确无误；安全隐患基本消除，现场浪费明显减少。仓库管理的"账卡物"完全一致，限额领料将物料浪费基本消除。设备管理照章进行，"三保""四定""五好"纳入绩效考核。

瓷件检验的各种人为因素缺陷损失率由2017年下半年7～12月5.91%降至2018上半年1～6月底4.62%；瓷件检验的各种开裂缺陷损失率由2017年下半年7～12月10.07%降至2018上半年1～6月底

7.39%；2017年下半年7~12月综合瓷件检验合格率82.68%，2018上半年1~6月底综合瓷件检验合格率86.10%，提升了3.42%。均达到了考核指标。

（二）成本消耗明显下降，人力资源成本得到有效控制

通过半年的考核，各条生产线的机物料消耗明显得到控制，制泥生产线、成型生产线、设备维护线、中试基地、质量部的机物料消耗都有不同程度的下降，如成型生产线每月考核费用是51.73元（合格坯件），半年的平均消耗是43.08元（合格坯件）。根据初步计算，2018年上半年的机物料消耗在2017年的基础上共节约了25.6万元。

人力资源成本得到有效控制，生产线员工在生产瓷绝缘子产量不减少的情况下各条生产线员工的加班大幅度减少。2017年下半年6~11月份统计情况：生产线员工加班天数从6月1795天到11月1046天，平均每月减少加班300多天，加班同比减少8.3%，每月节约加班费5万多元。另外，随着管理提升工作的深入，绩效面谈记录表从2017年6月开始推进提交率90%到2018年5月98%，结果不断完善，达到了预期的效果。

（三）企业良好氛围越发浓厚

通过管理提升活动的深入开展，员工爱岗敬业的氛围基本形成；打卡、就餐、培训、开会井然有序；"技能评级"和"多能工评定"使员工努力钻研技术；定期的培训和考试及绩效考评奖惩使员工队伍不断进步，素质不断提升，学习氛围逐渐浓厚，一支"作风好、素质高、能力强、技能精"的专业化、职业化的队伍逐渐形成。

（成果创造人：张　斌、陆忠伟、沈云峰、杨斌忠、郭　蓉、李志伟）

高寒高海拔地区电力企业以员工为中心的后勤协同保障体系建设

国网青海省电力公司

国网青海省电力公司（以下简称国网青海电力）地处青藏高原，是国家电网公司的全资子公司，主要负责省内电网规划、建设、运营和电力供应，承担着为青海经济发展提供安全、可靠、优质电力供应的任务，下辖8个市、州供电公司，10个专业化公司，现有长期职工8080人。青海电网东西横跨1300千米，南北纵越800千米，覆盖面积62.2万平方千米，占青海省总面积的94.4%；供电区域内人口586万人，约占全省总人口的95%，网内用电量占全社会用电量的99%以上。青海电网现有110千伏及以上变电容量4166万千伏安，110千伏及以上输电线路2.2万千米，其中位于高寒、高海拔地区变电站共计118座，占比72%；线路共计1.7万千米，占比77%。

一、高寒高海拔地区电力企业以员工为中心的后勤协同保障体系建设背景

（一）适应企业快速发展的迫切需要

近年来，国网青海电力网架结构、配置能力、科技装备、整体功能得到全面跨越提升，特高压等大容量、高效率、远距离先进输电技术的运用和光能、风能的大量开发，多端联系紧密的枢纽电网和新能源输送的智能新型电网逐步建成，这些项目区域跨幅大、现场作业复杂、工作环境恶劣，部分线路横跨高寒、高海拔或无人地区。要确保电力企业日常运维及重点工程建设有序推进，就必须按照"保障有力"的原则，结合高寒、高海拔地域特性，针对日常运维和重点工程建设中后勤保障的特殊需求，加快建设后勤协同保障体系，力求后勤保障与电网发展要求相匹配，从而以优质高效的后勤保障确保电网跨越发展稳步推进，充分体现后勤业务支撑价值和自身创造价值。

（二）推进后勤协同发展的迫切需要

当前，受自然环境恶劣、社会环境复杂、经济发展滞后等多重因素的影响和制约，高寒、高海拔地区电力企业及重点工程后勤保障是后勤综合保障体系建设中的薄弱一环，保障标准缺位、经费来源不明、重视程度不够等问题还在一定程度上存在。要有效破解这一难题，必须针对高寒、高海拔地区后勤协同保障的差异性和特殊性，补齐后勤综合保障体系建设的短板，推进高寒、高海拔地区电力企业及重点工程后勤协同保障体系建设。

（三）体现企业以人为本的迫切需要

高寒、高海拔地区，一是工作环境"险"，高海拔造成的低气压、缺氧、严寒、强辐射等，给电力员工的生理、心理造成损害，加之地质构造复杂、地灾分布广、地震多发，道路状况极差、冰冻雨雪、泥石流和塌方频发，交通安全压力大，后勤、医疗保障、防灾减灾等工作面临严峻挑战和极大风险。二是保障实施"难"。当地经济落后、物资短缺，部分路段不通铁路和公路，所需后勤及医疗物资从内地超长距离运抵现场，通过人背马驮等方式送抵驻地，保障实施极其艰难；特别是电网工程需要穿过多个无人区，医疗条件差，建设沿线又多为鼠疫自然疫源地，传染概率高、防控难度大；电力供应不足、交通不便、物资匮乏等严重影响后勤及医疗保障工作的及时性和有效性。三是保障任务重。高原地广人稀，电力企业生产服务和工程建设散布地域广，人数多、点多面广、驻地分散，后勤及医疗保障要全覆盖，保障每一位电力员工衣、食、住、行、医等各个方面，保障任务十分繁重；在完成普遍优质高效保障的基础上，提升高寒、高海拔地区电力企业及重点工程后勤保障服务水平极为迫切。

二、高寒高海拔地区电力企业以员工为中心的后勤协同保障体系建设内涵和主要做法

国网青海电力以加快建设"理念先进、战略引领、体系完善、专业高效、品质优秀"的现代后勤为目标，坚持"集团化、集约化、标准化、精益化、数字化、国际化"的"六化"方针，坚持"以员工为中心"的服务定位，牢固树立"精益理家、滋养企业、温馨服务、温润职工"的服务理念和"一切为了一线、一切服务一线、一切保障一线"的保障理念，始终坚持"五个保障"原则（超前谋划、先行保障；着眼全局、重点保障；需求主导、协同保障；科学规范、精确保障；以人为本、智慧保障），以体系完善为基础、以机制健全为纽带，以制度规范为保障，以资源配置为着力点，以评价体系建设为闭环，重点通过"四个建设"（保障体系建设、保障资源建设、保障协同机制建设、保障效能评价机制建设），实现"六个能力"提升（独立保障、持续保障、应急保障、机动保障、特需保障和智慧保障），全面完成高寒、高海拔地区后勤协同保障体系构建，奠定了高寒、高海拔地区后勤协同保障的管理基础和实践指导。主要做法如下。

（一）调查并总结后勤保障基本现状

1. 全面调查基本现状，深入分析突出问题

后勤协同保障存在的问题主要表现为"四差四难四不足"，其中"四差四难"主要表现为4点。一是自然环境差，保障实施难。高寒、高海拔地区后勤协同保障面临着低温与缺氧双重挑战，恶劣的自然环境对后勤保障在办公环境、住宿条件、物资装备、健康饮食、医疗卫生等各方面保障需求多，实施受资金、环境、道路、装备等各方面制约难度大。二是经济基础差，就地筹措难。高寒、高海拔地区受自然环境、地域分布、人口密度、可开发利用资源等各方面条件制约，多为经济社会发展相对滞后的少数民族聚居区，其自身"造血"功能严重不足，当地后勤物资和生活必需品相当匮乏，工程沿线缺乏基本的生活和物资后勤保障；当地可依靠卫生资源有限，基本无可利用的社会化物业服务机构，后勤保障服务管理成本和人员成本较高。三是道路条件差，前运后送难。高寒、高海拔地区道路窄、路况差，季节性自然灾害频繁，道路通行条件较差，给日常运维与重点工程建设期间的前运后送工作带来了极大地挑战。四是医疗条件差，三全覆盖难。多种疾病高发、并发，在海拔4000米以上地区作业，87.5%的生命体征有明显变化，在海拔4500米以上地区作业，人的体力只有在平原时的60%甚至更少，而长期驻守在高原，易发生慢性高原病。传染病、地方病较多，自然疫源性疾病种类较多、分布广泛，对生命健康安全构成严重威胁。由于路途远、路况差，容易延误最佳治疗时机，难以确保"全员、全过程、全覆盖"的医疗保障，难以实现"零高原死亡、零高原伤残、零鼠疫传播"的"三零"目标。

"四不足"主要表现为4点。一是组织建设不足。高寒、高海拔地区重点工程及日常运维期间的后勤及医疗保障常被忽略，极为薄弱，且无专项的后勤保障费用，无规范的标准制度体系，物资装备配置简陋，甚至承担了巨大的生命威胁。二是资源配置不足。在高寒、高海拔地区，未进行差异化管理，未对后勤保障资源配置、医疗保障配置制定相关的配置标准，保障内容、装备配置、物资配置、医疗设备配置条件等各不相同，且没有形成统一的规范。三是设备出力不足。随着海拔高度的增加，气压逐渐降低，空气密度逐渐减小，导致发动机充气量下降，动力性下降，低温导致蓄电池工作能力下降。四是风险意识不足。高寒、高海拔地区存在医疗保障及救治风险，职工队伍流动性风险，医疗和物资规范配置无章可循，凭借经验决定配置标准，存在保障不到位风险，岗前教育培训机制不完善，易造成患病风险，资金结构不合理，存在资金短缺风险。

2. 深入研究相关理论，充分指导后勤协同保障体系构建。

一是依据马斯洛需求层次理论，指导后勤协同保障资源建设与配置。高寒、高海拔地区后勤协同保障应充分考虑人员生存、安全、精神等的需求。二是引用协同理论，指引后勤协同保障组织与管理体系构建。三是借鉴系统理论，提升后勤协同保障统筹能力。高寒、高海拔地区后勤保障应充分考虑组织结

构、管理机制、资源配置规范和运行机制等重点之间的密切关系。四是立足风险理论,加强后勤协同保障风险防范,可有效识别后勤保障风险因素,将风险降到最低。

3. 全面总结领先特点,借鉴指导后勤协同保障实践。

一是学习铁路建设后勤保障领先实践。中铁二十局集团公司承建的青藏铁路第 7 标段地处青藏高原腹地可可西里,被称为"生命禁区"。在实施后勤保障工作中,驻地实施"两分法"设置,饮食强调个性搭配,医疗卫生保障措施完备,很有针对性。二是借鉴电网建设后勤保障领先实践。2000 年以来,国家电网公司相继开展了大型联网重点工程建设,相继完成了青藏交直流联网、川藏交流联网等重点工程建设,建设期间积累了大量的、丰富的实践经验,不仅为高寒、高海拔地区重点工程建设提供了坚强的后勤保障,也为电力企业日常运维后勤协同保障的有效展开奠定了扎实的实践基础。

(二)确定并优化协同保障基本路径和目标要求

1. 高寒、高海拔地区后勤协同保障体系的基本路径

一是超前谋划、先行保障。按照"兵马未动,粮草先行"的后勤保障理念,快速摸查现场情况,准确预测保障需求,科学制订保障方案和应急预案,统筹完成人员及物资的储备、筹措和调配,经费申报及支出满足财务及审计管理各项规定。

二是着眼全局、重点保障。立足实现覆盖全过程、坚持全天候、面向全员额,特别是在人员、物资、经费的分配使用上,通盘考虑、统筹兼顾,同时权衡利弊得失,区分轻重缓急,坚持突出重点的原则,对主要方向、关键时节实施重点保障。

三是需求主导、协同保障。着眼于最复杂、最困难的情况,科学预测后勤保障需求,充分做好各项准备工作,按照"专用物资多储、通用物资少储、特种物资适量储备"的原则,有针对性地预置急需、易储、难运的物资装备,确保后勤拉得出、开得动、供得上、救得下。

四是科学规范、精确保障。着力优化组织管理模式,建立健全责任清晰、分工明确、流程顺畅的协同运作机制,优化完善通用制度和标准体系,加强全过程管理、监督和考核,形成自上而下、统一规范的科学管控体系,实现后勤及医疗保障的标准化操作。

五是以人为本、智慧保障。应用信息技术,形成集高寒、高海拔地区与后勤保障相关的基础信息,与保障需求相关的需求信息,与保障管理相关的保障组织、人员、保障方案及措施、保障评价等信息为一体的信息化平台,推动智慧后勤建设应用。

2. 高寒、高海拔地区后勤协同保障体系的目标要求

一是地理环境特殊,应具备独立保障能力;二是时间周期较长,应具备持续保障能力;三是突发状况易发,应具备应急保障能力;四是工作点多面广,应具备机动保障能力;五是特殊需求较多,应具备特需保障能力;六是管理要素多元,应具备智慧保障能力。

(三)构建并实施后勤协同保障体系

1. 优化组织机构

重点工程建设期间后勤保障组织机构,在工程总指挥部下设立后勤保障部,对后勤保障工作进行归口管理、统一协调;在受托实施保障服务的物业公司设立主体负责机构,即特需保障部,针对高寒、高海拔地区重点工程建设后勤工作实施统一管理;在各级项目部和施工队设立后勤保障联系机构或岗位,在保障需求沟通、物资配送、应急管理等方面发挥作用;与就近较大市场建立采购渠道。

重点工程建设期间医疗保障组织机构,按照"一级医疗站是基础,二级医疗站是桥梁,三级医疗站是后盾"的原则设置"三级医疗保障体系",一级医疗站设置在施工队,向周围辐射范围一般不超过 50 千米;二级医疗站设置在工程项目部,向周围辐射范围一般不超过 100 千米;三级医疗站由当地县级及以上医院承担,海拔高度最好在 3000 米以下。

日常运维期间后勤保障组织机构,针对高寒、高海拔后勤保障特殊情况,在省、地市、县公司建立上下一致的高寒、高海拔地区后勤特殊保障岗位并建立后勤保障协调机制,最大限度整合内部资源实施后勤保障。

日常运维期间医疗保障组织机构,在运维站点建立医疗点,承担常见病诊治、紧急转诊和防疫、人员培训等工作,与当地县市级医院建立合作关系,与省级三甲医院建立转诊联系机制。

2. 完善职能职责

重点工程建设期间后勤保障组织职责,明确后勤保障部归口管理工作职责;明确物业公司及所属特需保障部、综合服务部、物资采购配送中心、中转服务部、物资运输与车辆管理部的保障内容、边界及职责;明确参建单位项目部、施工队在后勤保障工作中需协调配合的内容、边界及职责。

重点工程建设期间医疗保障组织职责,医疗保障工作在工程建设指挥部的统一领导下,由三级医疗保障机构和各建设单位共同完成,按照"谁主管、谁负责"的原则,承担全工程的预防、医疗、保健、卫生防疫、劳动保护和职业健康监护等工作。一、二级医疗站重点负责就近紧急救治和日常防疫培训,负责协调、转诊、督促等职能;三级医疗站负责危重病人诊治、业务培训和技术指导等,施工队、项目部负责配合医疗机构做好协调组织工作。

日常运维期间后勤保障组织职责,重点明确省、地市、县公司三级"特需保障专责"职责,即分级制订后勤保障方案并组织实施,负责后勤保障工作监督检查和应急预案的制订并组织实施。

日常运维期间医疗保障组织职责,常驻医疗站负责该站维护区域内日常运维人员及集中检修人员的医疗保障;在当地建立合作医院,达到社会二级甲等医院配置水平,在省级建立合作医院,达到社会三级甲等医院配置水平,或充分利用电力医院资源,主要承担当地社会医院无法治疗的重症伤病员的救治工作。

3. 健全管理制度

完整的高寒、高海拔地区日常运维和重点工程建设后勤保障管理制度贯穿于从物资采购到配送的各个流程。医疗保障管理制度包括药品库房管理制度、合理应用抗菌药物管理制度、诊疗服务告知制度、医患沟通制度、各站点处方管理制度、各站值班交接班制度和各站治疗室工作制度等。

4. 强化资源配置

一是明确后勤保障资源配置影响因素和应对措施。例如,高寒环境、高海拔环境、强辐射环境、高寒高海拔对人员心理影响、生活用水对人体影响、高寒高海拔地区营养需求量六方面后勤保障资源配置影响因素和应对措施,即高寒环境易发生冻伤和交通瘫痪事件,应调增人员定额标准,优化越野车型配置,规范个人防寒、防风雪装备配置。高海拔环境易发生急慢性高原性疾病,应提高基础设施建设定额标准,统筹考虑房屋保温性能、有氧环境建设、房屋弥漫供氧基础设置、管网抗腐蚀抗损功能,在海拔3000米以上地区增设弥散式供氧设施,提高后勤保障装备、物资配置标准。强辐射环境会对人体皮肤和眼睛造成损害,应加强个人防护装备及物品配置标准。高寒、高海拔环境影响人员心理,易产生心理问题,应加强文体娱乐设施配置。生活用水重金属含量增高,应覆盖净水设施配置。高寒、高海拔地区营养需求量,比温带同等劳动强度者高,应提高餐饮标准,提供足够的钠、钙、钾、镁等无机盐,食盐摄入较温带地区增加两倍。

二是在后勤保障资源建设方面。基地房屋设保暖、防冻装置,实现弥漫式供氧,使房间内含氧量达到海拔2800米标准;办公场所设置达到领导干部办公用房使用面积标准,实现通信网络畅通;三级医疗站配置医护人员、救护车和相关医疗器械装备,房屋面积及使用功能满足需求,供水管到达各个诊断治疗室,安装洗手池,供电保证足够的电源容量及插座数量,实现24小时供电,配置取暖设施,保证室内温度在16℃以上;建设娱乐设施,设置可接收电视及网络信号的装置,设小型文体娱乐活动区域,配置文体设施，丰富运维人员业余文化生活。

三是在后勤保障资源配置方面。完成食宿保障，合理安排人员食宿，配置生活类保障物资；按照国家食品卫生防疫标准，配置餐厨设施设备及用品；自来水管网未覆盖站点需配置储水间，满足生活用水需求。完成交通保障，优化车辆配置，满足高寒、高海拔地区在排量、车型结构等方面的特殊用车需求，配置越野车、高原型野战炊事车、冷藏保鲜车、送水车、垃圾车、厢式货车和野外宿营车等；按需配置专业驾驶人员，完成交通安全保障任务。完成物业管理保障，委托物业管理与服务企业实施日常安保、清洁、餐厨工作，受托实施的物业管理服务单位应按照职责要求配齐相关服务人员，做到各岗位专人专岗，对冬季采暖及其他设备增加年维护费用50%，报废年限在正常基础上缩短50%。完成防护用品配置，做好人员劳动防护用品配发，包括防风防雨防寒和防紫外线用品。实施后勤保障装备典型配置，根据不同海拔及环境区域，建立后勤保障基地建设规范，对弥散供氧房、阳光房、保鲜冷库、活动场地、医疗场地等明确建设标准；依据高寒、高海拔地区日常运维检修、重点工程建设两个特殊工种工作人员的工作性质、工作环境，对日常保障的个性化、差异化需求，制定并实施日常运维检修工种、野外施工工种的单人保障装备典型配置。

5. 优化运行机制

第一，价值主张。价值主张作为高寒、高海拔地区的后勤保障协同机制重要的序参量，在协同保障的过程中居于主导和引领地位，在高寒、高海拔地区后勤协同保障运行机制中进行价值整合，构建价值共识，如可持续发展、以人为本、绿色生态等，有效协调各个协同主体的价值冲突与利益分化，有利于解决高寒、高海拔地区后勤保障的源头性、基础性和关键性问题。

第二，价值共享。一是构建后勤部门纵向主体协同运行机制，如组织机构建设，设立省、地市、县公司三级特需保障协调机制；畅通内部机构协同，相邻市县供电公司和沿线变电站、检修站等系统内单位建立内部协同机制；在医疗保障方面建立"医疗点－当地合作医院－省级合作医院"三级组织协调机制。二是构建不同职能部门横向主体协同运行机制，如实行定点保障与伴随保障相结合，实行财务专项保障，在高寒、高海拔地区重点工程建设中，测算保障资金并列入工程建设费用，在日常运维中，属资本性投资的列入固定资产采购计划或设施设备技改项目；属成本性投资的列入生产运行维护标准成本。三是构建后勤部门与社会化力量协同运作机制，积极利用社会资源，提高后勤保障实效。

第三，评价约束，通过建立科学有效的激励和约束机制，构建合理的高寒、高海拔地区的后勤保障协同机制绩效评估指标体系，对其运行的状态和结果给予评价，对协同的效果进行系统检验。应用层次分析法（AHP），从三类人员24条信息对工作成效进行数据模型测算评价。

三、高寒高海拔地区电力企业以员工为中心的后勤协同保障体系建设效果

（一）建立了后勤协同保障体系

网青海电力构建了高寒、高海拔地区后勤协同保障体系的理论基础，以组织结构健全、权责划分清晰和制度体系完善为目标，分别对重点工程建设及日常运维后勤、医疗保障组织架构进行了调整完善，对各个组织的职责进行重新调整划分，完善了后勤保障和医疗保障中的制度体系，提高了高寒、高海拔地区后勤保障组织与管理水平。按照价值主张→价值共享→价值分配的思路，优化了后勤协同保障体系的运行机制，有效整合利用了各自的资源和优势，为公司员工提供了无缝隙、全方位的后勤保障服务，并通过建立后勤协同保障一体化平台，保障了协同机制有效运转。按照闭环管理原则，建立了后勤协同保障体系的评价机制，建立了完整的高寒、高海拔地区后勤协同保障效果评价的基本路径方法，对高寒、高海拔地区后勤协同保障工作做出客观的评价，使后勤保障工作得到不断提高和完善。

（二）解决了多年堆积的后勤保障难题

国网青海电力对高寒、高海拔地区重点工程建设实施了高效有序的后勤及医疗保障，指挥部、项目

部、施工队各级办公及生活保障到位，沿线生态环境保护和垃圾分类处置到位，医疗保障实现了即全员、全过程、全覆盖和零死亡、零伤残、零鼠疫传播的目标。对高寒、高海拔地区电力企业日常运维持续优化了后勤及医疗保障，实现了职能管理从无到有，基础建设从统一执行标准到专项规划建设，各类保障资源从普遍配置到优化差异配置。医疗保障通过建立医疗站点、开辟绿色通道、实施全过程健康跟踪管理，从缓解员工后顾之忧、保障员工健康作业等方面实现了跨越进步和有效保障。进一步完善了后勤协同保障体系的资源配置，针对高寒、高海拔地区后勤协同保障资源建设与配置的实际，分日常运维和重点工程两个类别，以后勤保障和医疗保障两个维度，建立了相对科学完善实用的《电力企业日常运维后勤保障（物资、装备）配置规范》《电力企业日常运维医疗保障规范》《电力企业重点工程后勤保障（物资、装备）配置规范》和《电力企业重点工程医疗保障规范》，并以此为指导细化建立了线路运维检修工种个人保障装备典型配置和野外施工工种个人保障装备典型配置，为高寒、高海拔地区后勤协同保障资源建设与配置提供了完整的依据。

（三）员工满意度得到快速提升，员工队伍保持稳定

国网青海电力通过开展高寒、高海拔地区电力企业后勤协同保障体系建设，强化了艰苦环境及特殊要求下后勤保障的整体联动、先期到位和优质保障能力，同时通过加强有氧环境建设，优化后勤保障资源配置，通过多学科、多部门、多种手段的综合性干预，确保了基层一线艰苦地区员工生产生活条件得到持续改善，员工病患概率和因病脱岗率较创建前下降近 0.75 个百分点，营造了健康的企业环境、和谐的工作氛围，既符合公司发展要求，更符合员工实际需求，深受广大员工的理解和支持，员工满意度持续提升，保持了员工满意率 95% 的工作目标。同时，在实施高寒、高海拔地区电力企业后勤协同保障体系建设过程中，积累了大量的科研理论成果，形成并出版了相关研究论文和理论专著，编制了《高原电网建设医疗卫生保障技术标准》《高原电网运维人员劳动强度调查研究报告》《中药在高原反应中的预防与治疗》《高原电网工程后勤及医疗保障探索与实践》等成果报告；形成了各类重点工程建设后勤、医疗保障实施方案和配置规范；出版了《青藏电力联网工程专业卷柴达木－拉萨±400kV直流输电工程环境保护、医疗保障、物资供应》《高寒、高海拔地区后勤及医疗卫生保障知识手册》等专刊。

（成果创造人：巩正俊、李增业、王兴顺、韩廷海、石英慧、张永进、
王凤鸣、赵国英、周军远、汪生丁、叶瑞凤、郑小娇）

向智能型企业转型的工人技能提升体系建设

帝业技凯（辽宁）精密工业有限公司

帝业技凯（辽宁）精密工业有限公司（以下简称 THK 辽宁）位于大连市金普新区，注册资本 11500 万美元，投资总额 22000 万美元。THK 辽宁采用尖端先进的设备和独有的生产技术，制造以直线导轨副为主的各种相关产品，以及交叉滚柱轴环和智能引动器。现有员工 800 余人，2017 年营业收入 4.46 亿元。THK 辽宁生产的产品在机械设备实现高速化、高精度化以及节能等领域发挥着重要的作用，其产品被广泛应用到精密机床、数控加工中心、工业机器人、半导体和液晶芯片制造装置等生产设备上，是实现智能制造不可或缺的高精度核心机械零部件。

一、向智能型企业转型的工人技能提升体系建设背景

（一）向智能型企业转型升级的需要

为适应全球市场的变化，在"中国制造 2025"的发展需求推动下，THK 集团在 2016 年提出了"充分应用人工智能、机器人技术、向智能型企业转型，实现开发力、提案力 2 倍的管理提升"的经营战略发展方针，使 THK 集团包括 THK 辽宁在内全面进入到向智能型企业的转型当中。

THK 辽宁为实施这一战略发展的需求，在产品机构、设备自动化方面均做出了重大调整。2016 年制订了大规模的人工智能制造自动化设备引进及改造计划，同时也将产品类型从传统的直线导轨系列，扩大并升级到交叉滚珠轴环及智能引动器的生产。这些重大调整不仅要求产品、设备跟上时代发展需求，也要求企业的人才培养能够满足向智能型企业转型升级的需要。

（二）新型工人队伍建设的需要

THK 辽宁自 2005 年建厂至今，从开始月产不足 1500 万元，到 2015 年月产 2500 万元，再到 2016 年月产 3500 万元，企业经营一直处于平缓发展时期，对于工人技能的要求并不像智能型企业那么高，造成工人的知识水平及技术水平提升受限，创新意识不足；相应的福利待遇处于机械制造行业整体薪资水平的中下等，工人发展空间有限，个人价值得不到全面体现，企业留不住人才。

为了改变现状，使工人队伍的发展与 THK 辽宁的发展相适应，保证工人队伍建设的稳定性和持续性，在企业发展的同时，让工人充分感受到工作带来的获得感、自豪感、荣誉感，建立一支知识型、技术型、创新型的新型工人队伍成为 THK 辽宁面临的一个重要课题。

（三）企业未来发展的需要

THK 辽宁属于典型的"小批量、多品种"生产形态，其产品是实现智能制造不可或缺的零部件之一，具有"独特性、专利性、不可替代性"等特性，但由于自动化生产能力的制约，造成其产品在市场上一直处于供不应求的局面。因此，THK 集团适时的提出向智能型企业转型升级的发展战略，明确指出要将人工智能、机器人技术广泛应用到日常生产当中，将能够实现机器化、智能化的作业全面取代人工作业，实现开发力和提案力 2 倍提升的管理目标。在此背景下要求 THK 辽宁的工人在掌握更多技能的基础上，在实际工作中充分发挥创新精神，在提高自身价值的同时满足企业未来发展的需求。

基于以上背景，THK 辽宁于 2017 年年初开始实施建设向智能型企业转型中的工人技能提升体系。

二、向智能型企业转型的工人技能提升体系建设内涵和主要做法

为满足向智能型企业转型升级的需求，全面提升工人技能水平及企业综合管理水平，THK 辽宁制定工人技能提升的体系和目标；承接智能化转型战略，重新梳理确定工人岗位技能标准；实施系统化技

能考评机制，对工人技能现状进行差异分析；对技能提升体系进行有效实施和管控；同时，利用创新改善机制，激发工人技能提升热情；通过提高制度保障，稳固工人队伍的建设，最终达到全面提升工人技能水平及企业综合管理水平，完成企业向智能型转型升级的目的。主要做法如下。

（一）确定向智能型企业转型中的工人技能提升体系和目标

THK辽宁在确立向智能型企业转型后，在制订相应的人工智能、机器人设备引进及改造计划的基础上，详细分析现有工人的技能、素质情况、并对现有工人的技能水平重新进行调查及测评。根据人工智能、机器人设备引进及改造计划对工人岗位技能提出新的要求，最终确定建立以"满足智能型企业发展需求的工人技能培养体系"为目标的总体工作思路，以满足THK辽宁向智能型企业转型升级的需要。

（二）承接智能化转型战略，重新梳理确定工人岗位技能标准

要顺利实现企业向智能型企业转型，工人技能提升是关键。THK辽宁的人事部门和制造技术工人技能提升推进小组组成责任部门，根据引进的人工智能、机器人设备特点及生产操作技术要求，制定岗位技能标准。

一是"一人一岗"到"一人多岗"的转变。将技术含量较低的岗位进行合并，将原来掌握单一岗位技能标准提升为掌握多岗位技能标准。例如，粗加工切断岗位，原有工作重点是需要工人自行计算如何切割材料，才能实现原材料利用率的最大化，减少浪费，降低成本。在引进自动切断倒角机后，计算下料的技能工作被智能化的设备取代，工人的作业效率提高，钻孔、矫直等作业技能成为新的岗位技能标准。同时，随着设备自动化程度的提升，"一人多机、一人多岗"成为可能，掌握多种机床操作方法成为工人新的岗位技能标准。

二是"基础技能"向"高级技能"转变。为提高工人技能，制订计划分批次将原本从事基础操作的工人，通过技能提升使其能够从事具有更高技术含量的工作。例如，磨削加工岗位，原来要求工人需要掌握生产系统查询、图纸确认、机器设备开机、装夹作业、扭矩确认、产品规格确认等技能。引进及改造人工智能、机器人设备后，对技能要求较高的装夹作业、扭矩确认等操作被智能化设备取代。为保证智能化新机器能够正常运行，磨削岗位工人必须掌握换产、换砂轮、更改加工程序、设定加工尺寸等技术含量更高的操作技能，同时要求具有对加工过程中所发现的基础技术问题能够自行分析判断及实际解决的能力。

（三）实施系统化技能考评机制，对工人技能现状进行差异分析

1. 建立系统化技能考评机制

第一，基础技能培养。为提高现场各部门工人技能培养的速度，及实现工人技能提升体系统一化、标准化，将原来的基础培训时间从2个工作日延长到5个工作日，将原本由各个部门自行完成的基础培训内容进行提炼和总结，如现场5S、安全、产品认知、品质要求等内容，统一放在公司级别的工人基础技能培训中进行。

同时，为培养工人的基础操作技能，使其达到能满足生产需要的水平。结合现场各岗位的工作内容，THK辽宁制定《现场作业人员基本操作指导书》，其内容涉及产品规格、型号、品质要求、图纸、工序票、作业报告、机器设备的使用、产品加工流程、特殊品加工注意事项、现场操作系统、部品、消耗品出入库及一些共通作业说明、加工用夹具、治具、刀具、砂轮等的分类及相关使用方法说明等诸多方面，各部门根据指导书的统一要求，自行制订培训资料和推进计划，经笔试和实操双重考核通过后，培训结束。

第二，技术能力提升。由各部门按照重新设定的岗位技能要求，在把握以往技能水平的基础上，将工人需要提升的技能重新进行梳理，系统的编制《现场作业人员技术能力指导书》。通过指导书让工人

进一步掌握机械运转的原理及产品加工流程，标准化的学习并掌握换产、编程、加工尺寸调整等技术。通过部门对于以往出现的不良、机械故障等异常问题的编辑总结，将原来需要多年经验积累才能掌握的部分技能统一化、标准化，使工人能够在最短的时间内达到掌握这些软技能的目的，将原来被动接受经验教训的技能提升方式，转变为现有的主动总结、快速学习的方式，由此来实现工人队伍整体技术能力提升的目标。

第三，技能检定认证。技能检定认证是旨在提高员工品质意识和技能水平的一项技能认证工作，在向智能型转型前，技能检定考核内容所涉及的部门或岗位是个别的，所以在组织形式上一直采用自愿报名参加的方式，但随着智能型企业转型升级的深入开展，为加强对产品品质的确认，THK辽宁将技能检定认证工作纳入工人技能提升体系当中，成为全体工人都必须掌握的基本技能。

根据品质部门制定的《社内技能检定指导书》，技能检定认证主要是提高工人对千分尺、游标卡尺、高度规、内径千分表等检定器械实际运用能力，从而进一步提升其对产品检测的精度。技能检定认证等级的设置参考的是日本国家技师考试体系，分为A、B、C三个等级。其中，A级考试的设定难度相当于日本国家2级技师水平，包括计测器的实际测量、现场作业注意事项判定、工件尺寸计算三个科目的考核认证，B级则是在A级的基础上降低难度，只进行计测器的实际测量、现场作业注意事项判定两个科目的考核；C级则只对各种计测器的实际测量进行考核。

为鼓励工人的学习积极性，考试合格后，根据取得的技术等级支付相应的技能补贴，A级支付200元/月，B级支付50元/月，并由主管部门向取得相应资格的工人颁发相应级别的徽章。同时，将合格人员照片按等级张贴于THK辽宁社内技能检定《机械检查》合格者一览表看板上。此外，为保持工人的技能水平，对于取得技能检定A级和B级的员工还需每三年进行一次复审，以持续巩固技能水平。

第四，特殊岗位技能认定。根据重新设定的岗位技能标准，识别出热处理岗位、检查岗位、测量仪操作岗位、计量器具检定和管理岗位、标准品检定和管理岗位均为特殊岗位。针对上述岗位的特殊作业要求，制定《社内资格认定管理指导书》，具体内容包括资格种类认定、岗位资格认定等。对于从事特殊岗位的工人，均需参加统一的培训，经笔试和实操考试合格后，持证上岗。

第五，社内技能提升培训。在整体的技能提升体系中，由于个体的差异，每个工人技能提升的程度也存在差异。对于不能达到技能提升标准的部分，将根据其实际情况制订有针对性的社内技能提升培训计划，进行阶段性循环培训，帮助其达到标准。

综上所述，依据重新设定的岗位技能标准，按照技能评价体系的要求，人事部门和制造技术工人技能提升推进小组以部门为单位，做成"技能评价表"，给每一名工人制定年度技能提升目标，全面、准确的展现每一位员工基础技能水平，技术能力水平，技能检定水平、特殊岗位技能水平及上述四方面技能的现状和目标值，明确可发挥程度及可期待程度，有效验证技能提升实施效果。

2. 对工人技能现状进行差异分析

经过对企业工人技能现状进行差异分析，THK辽宁在向智能型企业转型前，工人队伍的构成比例为7∶3，根据企业生产设备的操作要求大约有70%的工人只要求能够掌握机器设备的基础操作，如了解开机系统的操作方式，能够完成夹具的安装、零件基准的找正、对刀、设置零点偏置、设置刀具长度补偿、半径补偿，刀具与刀柄的装和卸等操作步骤。另外，30%的工人则作为一线部门的技术骨干，掌握着更深一个层次的技术，如换产、换砂轮、更改程序、设定加工尺寸等，同时还具备丰富的加工技术实际工作经验，在部分生产加工领域，工人可以根据经验对所发生的问题进行快速、准确的判断和及时有效的处理。

虽然在智能化设备生产领域，可以通过复杂程序的设定让智能系统能够完成一系列手工作业，取代原本需要人工进行的作业，但要想充分利用好智能化的机器设备，则需要工人能够更深入地了解智能化机器设备的操作原理、掌握更多换产、编程、加工尺寸设定方面的计算机操作和技能，能对加工过程中出现的问题进行相应的判断及解决，甚至需要在机器设备发生问题时，能够独立解决。随着智能化生产的推进实施，企业技能培养的重点将放在70%只掌握基本技能从事基本操作的工人身上，其中的50%的工人需要通过技能提升达到技术骨干的水准，工人技能培养的重心也将脱离原有的基础技能培训向着更深层次的技能培养转变。

（四）工人技能提升体系的实施管控

为保证技能提升工作能够有效、持续、稳定开展，THK辽宁首先从现有工人技能掌握情况出发，针对岗位技能在生产中的需要，建立社内培训师制度，由各部门根据各岗位工人对技能掌握情况及熟练程度，依照技能提升体系要求内容进行考核评价后向人事部门推荐至少有3年以上相关丰富工作经验、岗位技能操作熟练的工人，参照《社内培训师判定标准》，围绕"素质、影响力、专业度、态度、培训技能"等多个方面，由制造部门、技术部门、人事部门负责人共同组成评定委员会对提名工人进行考核，经考核合格后，认定其技能等级达到四级及以上水平，正式授予"社内培训师"称号，负责进行本部门各岗位的技能提升工作。社内培训师根据各部门培训计划和培训大纲对工人进行统一培训和指导，保证技能提升培训内容传授的标准化、统一化。

其次，在各部门生产现场所属区域，设立专门的"技能提升训练场"，主要针对以往发生的不良、索赔及其他异常情况下出现的特殊品进行案例展示，将以往生产过程中遇到的问题进行总结、陈列，实现生产过程中经验共享，加速提升工人对生产过程中遇到问题的处理能力。

最后，经过上述形式的培训，依照技能评价体系要求，采用理论和实践相结合的方式，THK辽宁对工人培训结果进行跟踪考评，基础技能考评全部合格，入社满3个月的工人技能检定水平均已达到C级，热处理、检查等特殊岗位的工人均已取得特殊岗位技能认定证书，在技术能力提升方面，已有3/4的工人达到岗位技能要求，其余1/4的工人个别项目仍达不到岗位技能要求。依据岗位技能标准，考评合格的工人认定其技能水平达到三级或四级，对于未合格工人其技能水平则认定为一级或二级，再根据社内技能提升培训制度对其进行有针对性的循环培训。

在向智能型企业转型中的个人技能提升体系实施后，工人技能提升的情况及差异显著，企业人才需求呈现出细分化的新趋势，"单纯作业"和"复杂作业"暨"单纯工"和"高技术多能工"区分明显。在新的工人技能提升体系实施中，公司根据每名工人的自身素质、技能水平、工作表现重新进行岗位定位，对于只能从事简单作业的工人，技能提升的重点放在机种的增加和效率的提高方面；对于能够胜任复杂作业的工人，技能提升的重点放在深入了解智能化机器设备的操作原理、掌握更多换产、编程、加工尺寸设定及分析判断，独立解决问题方面，因为岗位定位不同，针对各自的技能水平进行有针对性的差异化培养。

（五）创新改善，激发工人技能提升热情

1. 以工人为主体，建立创新改善提案制度

"创新改善提案管理制度"是以工人为中心开展的创新改善活动，通过引导工人立足岗位，主动地从工作效率、生产品质、交货期等与生产相关的各个方面、各个角度打破传统、发现问题、发现新方法，从而提出有利于THK辽宁发展的创新改善建议，并加以实施及推广。

为使工人在参与提案活动时能够更有针对性、更有目的性、更符合企业转型需要，以围绕年度经营战略发展方针为主题实施"创新改善提案管理制度"。同时，为能充分调动工人主动参与，激励工人最大限度的发挥潜能，保持持续创新的意识，专门成立独立于组织机构以外的"创新改善提案委员会"，该委员会下设"事务局""评价委员会"和"推进委员会"。由各部门推举出善于发现问题，勇于创新的优秀工人加入创新改善提案委员会，定期对各个部门提出的创新改善提案进行评审、推广及效果确认。

同时，设置相应的激励机制，持续调动工人主动参与的积极性。

2. 以奖励机制为途径，鼓励工人持续创新

创新提案奖励制度采用单件奖励、累计奖励和阶段性奖励相结合的方式。在主题提案评分结束后，将根据该提案所得最终分数，达到佳作及以上等级时，奖励不低于30元的奖励金，同时计算相应的积分点数，以达到持续鼓励工人的目的。

例如，一件评分在10～19.9之间的佳作主题提案，除当次奖励30元外，累积1点积分。当积分累积到一定点数时，根据规定将会给予相应的现金奖励。另外，会向年度内累计分数最高的工人颁发阶段性的鼓励奖。

工人创新提案绝大多数都是关于加工方法、测量方法的改进及提高治具利用率等方面的改善，对提高生产效率、降低生产成本、改善产品品质等有明显改善效果。例如，2017年5月，一名现场工人提出的"关于改善端材切断方法"的提案，该提案将原来由各制造部门自行管理及使用的端材，重新进行统一管理，将原来粗略计算后切割使用的情况，变为由管理部门精准计算切割并在全公司范围内进行调配使用，该提案一经采用实施效果显著，根据2017年下半年的跟踪统计，仅此一件改善就为THK辽宁节省12.86万元的材料费，该提案被认定为8级创新提案，当次奖励100元，并记作2点。

截至2017年年底，在创新提案中工人通过不断的累计点数现已有8人累计点数达到50点，获得银奖，每人奖励3000元；19人累计点数达到30点，获得铜奖，每人奖励2000元；60人累计点数达到15点，获得锌奖，每人奖励1000元。通过单次和累计相结合的表彰方式激励工人的创新热情，根据2017年全年的创新提案汇总分析，效率类和成本节约类的提案最多，效率类占比为44%，全年节省的工时达2543小时，成本节约类占比24%，全年节省成本达175510元。

创新改善提案制度的实施，不仅工人提升技能的热情得到激发，而且让工人在工作中不断成长，在创新改善的过程中，能够得到企业的大力支持，使自身的价值得到提升和认可。

（六）制度保障，稳固工人队伍建设

1. 拓宽工人发展空间，提高工人福利待遇

基于工人岗位技能标准及评价考核机制，以"能者多劳，多劳多得"为原则，THK辽宁首先打破工人职业发展通道狭窄、上升空间受限的传统体制，将具有一定管理水平的高技能工人选定为干部后补生、经过管理培训、考核测评合格后，安排到适合的管理岗位；以善于钻研技术，乐于创新改善的高技能工人为对象，新增"技工"到"专任技术课长"5个职务等级，根据技能评价结果、创新改善成果，给予相应的技术职务，最大限度发挥工人的专长，实现工人发展渠道的多元化。

其次，制定以工人队伍为主要对象的薪资调整体制，年度奖金和绩效奖金的发放额度及比例均高于其他岗位员工。重新修订《工资管理规定》，将"技术资格工资"标准整体提高30%；增加"技能补贴"，向具有特殊技能并取得相应资格认定的工人支付标准为50～200元不等"社内技能补贴"，鼓励工人考取国家或国际上承认的专业技术资格证，向取得相应等级资格证书的工人发放300～500元不等的"社外技能补贴"。

最后，拓宽工人职业发展空间，以健全的福利待遇为保障，追求付出与回报的对等，增强工人工作的获得感和满足感，从而不断提高工人在职稳定性。

2. 保障工人的主人翁地位

THK辽宁在向智能型企业转型的步伐不断加快，工人在企业中的地位和作用正发生着巨大变化，企业日常管理的方向也随之转向工人自主管理的模式。组建以工人为主体的"职工代表大会"，广泛听取工人意见，有效保护工人的合法权益，为企业健康和谐发展保驾护航。设立"投诉与援助窗口""总经理信箱"，广纳民声，积极为工人排忧解难。成立专门的"安全检查小组""食堂监督委员会""宿舍

自治会""微信公众平台"让工人参与到THK辽宁的日常管理中。激发工人的主人翁意识,让工人参与到企业的日常管理中,获得更多的自豪感和荣誉感。

3. 拥有工匠精神的、创新型、成长型企业文化的形成

通过提高工人队伍的主人翁地位,让工人在工作中得到认可和提升,在工作中体会到自身的价值和职业荣誉感,由被动接受到主动追求,工人的价值观也在良好的企业文化氛围中发生转变。在THK辽宁以追求高品质产品为宗旨的核心价值观的引领下,凭借追求精益求精的工匠精神和丰富的工作经验,不断把THK辽宁的品质推向更高的台阶,同时随着智能化设备的不断引进,技能提升体系的实施、创新改善提案制度开展,拥有工匠精神的、创新型、成长型企业文化形成。

三、向智能型企业转型的工人技能提升体系建设效果

（一）工人技能提升体系建立

THK辽宁根据企业转型的需要,将原有技能相关内容进行整合梳理,通过增加系统的考核标准,形成了一套完整的、适合于向智能型企业转型中的工人技能提升的体系。通过技能提升体系能够保证对工人的技能提升进行标准化、统一化的培养。掌握每名工人的技能水平,合理分配,企业整体人才管理水平得到显著提升,为助力THK辽宁向智能型企业转型起到关键性作用。

（二）知识型、技能型、创新型的工人队伍建立

通过技能提升体系的建立,THK辽宁工人整体技能水平得到提高,由原来只能达到一二级的技能水平,整体提升到了三四级的水平,在技能提升的过程中,工人通过不断学习、钻研,掌握了更多的知识和技能,激发了工人队伍的创新意识和能力。从而形成了一支知识型、技能型、创新型的工人队伍。通过系统化的技能提升体系和创新改善提案制度的实施,2017年THK辽宁经员工自主创新,改进机械加工方法40余项；研发了包括间隙测量机、自动上料机、自动测量治具、部品切断机、自动装球机等辅助设备,创新提案件数共计135件。真正展现了工人卓越的技能水平和不断超越自我的创造力。同时降低了离职率,与2016年相比,工人离职率下降了3个百分点,提高了关键技术岗位员工稳定性,生产效率提升了8.8%,产品不良降低了50%；在有效降低用工培训成本的同时,确保企业生产、品质的稳定。THK辽宁基本形成了一支知识型、技能型、创新型的工人队伍。

（三）企业效益增加、集团地位稳固上升

2015年THK辽宁实现销售收入3亿元,2016年3.39亿元,2017年4.46亿元,员工人数也从2015年的644人增加到了2017年的856人,人均年产值从2015年的47.73万元提高到2017年的50.78万元,以每年10%以上的速度快速提高。2015—2017年,销售收入连续三年增长,特别是2017年增长比率高达30%以上,THK辽宁的发展得到THK集团的认可,在2018年企业发展规划中,新增机器设备投入2.25亿元,年度销售目标由2017年的4.46亿元提高到6.2亿元,并计划在2020年开始建设三期工厂。THK辽宁在向智能型企业转型过程中,就工人技能提升方面进行了成功的探索,使企业走上了稳定、有序、高速的发展道路。

（成果创造人：孙　悦、方巧媛、刘晨明）

煤炭企业基于组织分析法的机关
和技术岗位精准定员管理

开滦（集团）有限责任公司

开滦（集团）有限责任公司（以下简称开滦集团）是中国特大型煤炭企业，始建于1878年，已有140年的历史，在2017年中国500强企业排名第98位，中国煤炭50强企业排名第7位，是河北省煤炭、煤化工、现代物流领军企业。目前，开滦集团已建成集煤炭生产、洗选加工、煤化工、现代物流、矿业工程服务、金融服务、文化旅游、装备制造、热电、建筑施工等多产业并举的大型企业集团，形成五大区域、九大战略基地的发展格局，分布在河北唐山、河北张家口蔚州、河北承德兴隆、河北石家庄、河北大城、内蒙古鄂尔多斯、新疆准东、山西介休，以及加拿大盖森地区。集团下辖104个分公司和141个子公司，拥有1个能源化工上市公司。到2017年年末，总资产799亿元，职工7万多人。2017年，在全面落实去产能政策的基础上，原煤产量完成3048万吨，营业收入完成862亿元，利润总额4.54亿元。先后荣获"中国煤炭企业100强""影响世界的中国力量品牌500强""煤炭行业AAA级信用企业""河北省诚信企业"等荣誉称号。

一、煤炭企业基于组织分析法的机关和技术岗位精准定员管理背景

（一）持续推进企业转型发展和机关机构精干高效的实际需要

近年来，面对煤炭企业扭亏脱困的艰巨任务和转型发展严峻挑战，开滦集团以全面提升效率、效益为抓手，持续强化劳动定员定额管理、深入推进减人提效工作，并取得了显著成效，为企业渡过煤炭市场持续低迷难关和转型发展做出了积极的贡献。但随着操作员工减人提效工作的深入开展，也出现了一系列新的问题：由于劳动用工总量与操作员工的大幅下降，管理和技术人员占员工总量的比例不断增高，机关管理和技术人员占员工总量的比例和占全体管理和技术人员总量比例显得越来越高，这种失衡进一步放大了机关机构臃肿、管理效能偏低等老国有煤炭企业传统问题，并且还呈现出逐年加剧趋势。为此，开滦集团在2017年年初"两会"和人力资源工作会议上，明确提出以机关管理和技术岗位精准定员管理为抓手，积极推进机关机构改革，实现机关管理和技术队伍精干高效的新要求。

（二）完善机关机构职能和提升机关管理与服务水平的内在需求

开滦集团作为创造过辉煌成就的百年国企，一直走在企业改革创新的前列，在机关机构设置和管理方面曾堪称样板，但随着知识经济和互联网时代的到来，国有企业尤其是国有煤炭企业共有的机关机构庞大、分工过细、部门协调烦琐、反应决策效率偏低等一系列问题也随之暴露出来，原来所谓的部门上下对应、人员配备齐全、管理流程规范等优点，已经优势不再，乃至严重影响企业的持续、快速和健康发展。进一步深化机关机构改革，完善、理顺机关机构职能和全面提升各级机关管理与服务水平已经成为不容回避的问题和必然要求。

（三）进一步深化国企"三项制度"改革、增强企业活力的客观要求

三项制度改革（劳动制度、人事制度、分配制度）是国有企业充分调动职工积极性、增强企业市场竞争力的一个关键因素，也是国家和企业高度重视和持续深化此项工作的重要原因。而无论是人事制度改革，还是劳动制度、分配制度改革，都必须做好一项基础的基础工作，那就是调整企业机构、优化劳动组织、科学设置工作岗位。如果不能较好做到企业组织体系与管理流程优化、岗位设置科学合理、岗位与薪酬相匹配，那么机关各部门就不可能实现责权明确、信息通畅、监控有力、运转高效；也就不可

能做到以岗定薪，岗变薪变、奖勤罚懒，改革工作就很难取得实质性进展。这正是开滦集团实施"机关管理和技术岗位精准定员管理"的最重要动因，也是下一步建立适应未来市场竞争需要管理体系的客观要求和前瞻性基础工作。

二、煤炭企业基于组织分析法的机关和技术岗位精准定员管理内涵和主要做法

开滦集团坚持以"精简机关机构、优化再造业务流程、精干管理和技术岗位、全面提升机关机构管理效率和服务水平"为指导，从管理实际和未来适应市场竞争需要出发，运用组织分析法、流程分析法和关键使命法等组织和岗位设计工具，对企业组织体系、管理流程、岗位设置和人员配备等影响组织管理效能的关键要素进行系统分析和科学设计，形成"机关管理和技术岗位精准定员标准"，并加以强力推进和全面落实，实现机构精简、设岗精准、人员精干，最终达到机关机构职能完备、责权分明、运行顺畅、监控有力、运转高效的组织管理目标。主要做法如下。

（一）确立指导思想，制定工作原则，明确工作目标

为确保"基于组织分析法的机关管理和技术岗位精准定员管理"工作得以不折不扣的实施，开滦集团在总结以往机关机构改革经验教训的基础上，对影响此项工作推进的组织环境尤其是可能遇到阻力和困难因素进行全面分析和系统评估，并确定总的工作思路和工作原则，即精简机构、精准定岗、精减人员，求实创新、科学严谨、务求实效。客观对待实施机关管理和技术岗位精准定员管理工作所面临实际和问题，以科学的工作方法、严谨的工作态度，脚踏实地推进，并将是否取得实效和达到预期目标作为检验工作成败的标准。明确量化工作目标，即生产规模较大的矿井，机关人数控制在100~120人以内；生产规模较小的矿井，控制在60~80人以内；后勤服务系统单位机关控制在30~50人以内，煤化工、电力、机械制造以及其他行业领域单位和企业的机关，按照定员定额标准实现有效精简。

（二）建立组织领导体系，组建专业团队，制订工作方案

1. 构建三级组织领导管理体系

为保证机关管理和技术岗位精准定员管理工作顺利推进，开滦集团专门成立由总经理任组长的"机关管理和技术岗位精准定员管理"工作领导小组，并由开滦集团人力资源部牵头设立管理办公室，负责机关管理和技术岗位精准定员管理总体工作的领导决策、方案谋划、工作部署、标准制定、实施指导和考核评价等。所属各二、三级单位成立相应的由行政正职任组长的"机关管理和技术岗位精准定员管理"工作推进领导小组，并由相应人力资源部门牵头负责贯彻落实集团公司总体工作部署，推进"机关管理和技术岗位精准定员管理"工作在本级、本单位的实施，配合集团公司做好机关管理和技术岗位精准定员标准编制的资料收集、试运行和信息反馈等工作。

2. 组建专业团队

为保证机关管理和技术岗位精准定员标准编制的高质量、高水平，开滦集团牢牢抓住定员标准编制人员队伍这一关键因素，在全集团公司范围精挑细选、严格把关，抽调各专业、各层次专业人员和定岗定编专家组成包括煤炭生产、后勤服务、煤化工、电力、机械制造等在内的若干专业定员标准编制小组，做到让专业的人做专业的事。为使定员标准更具有代表性和可实施性，在选调人员时专门考虑到各专业行业单位的层次和水平，确保二、三级和高、中、低各个管理水平都有专业人员参与，使编制的定员标准科学先进，具有实用性和可操作性。

3. 制订推进计划，明确工作标准

为科学指导机关管理和技术岗位精准定员标准编制工作规范、有序推进，开滦集团在谋划此项工作之时就根据自身实际制订宏观的推进进度计划，在各专业定员标准编制专业成员团队到位后，召开专门会议听取各专业定员标准编制专业人员的意见，对各专业定员标准编的工作量、难易程度等具体情况进行综合分析评估，根据不同专业、不同情况确定具体的推进时间节点，统筹考虑形成《机关管理和技术

岗位精准定员标准编制计划》，为各专业机关管理和技术岗位定员标准编制按照既定目标有序推进提供指引。开滦集团"机关管理和技术岗位精准定员管理"工作推进办公室还根据工作目标与任务，组织专家和各级专业管理人员制定《机关管理和技术岗位精准定员标准编制办法》，明确编制的组织、原则、程序和方法，为机关管理和技术岗位精准定员标准编制工作的高标准、高质量、科学化、规范化推进提供依据。

（三）搭建机关组织框架模型，编制岗位精准定员标准

1. 运用组织分析法设计机关机构组织框架模型

首先，从开滦集团转型升级和构建"三柱一新"产业格局实际需要出发，以《煤类生产单位管理和技术岗位定岗定编方案（试行）》和《非煤类单位管理和技术岗位定岗定编方案（试行）》中机关管理和技术岗位定员标准为基本参照，结合各单位收集上报的机关机构职能、岗位职责、岗位职数、实有人数、业务流程等相关组织机构设置和人员配备资料数据，对开滦集团所属各二、三级单位机关的部门、职能、岗位、业务流程、工作量等要素和影响因素进行逐个部门、逐个岗位、逐项业务进行研讨剖析，厘清机关机构设置诸要素间关系和影响程度。其次，按照"控制总量、提高效率、精干人员"指导思想，坚持因事设岗、能兼则兼、岗位最少原则，对非机关管理职能的机构予以合理剥离；对于协助性、关联性较强的机构部门予以适度整合；对于职能归属不适宜管理需要的予以划转调整；对于工作量不够饱和的岗位坚决予以整合、兼并。最后，形成"六部一室"的机关机构基本组织框架模型（即综合办公室、人力资源部、党群工作部、纪委监察部、生产技术部、安全管理部和经营财务部）。新的机关机构设置中，将社会保险、培训和计划生育管理等原来机关偏事务型职能从机关划出，组建成立综合服务中心。原来的职能重叠、重复设岗、因人设岗、工作量不饱和岗位自然消减，"小机关、大服务"、机构精简、人员精干的机关机构格局基本形成。

2. 编制机关管理和技术岗位精准定员标准

综合选用和参考先进岗位设计工具，对"六部一室"组织框架模型中保留岗位，再次进行多维度考量，力求精干精准。为使机关管理和技术岗位精准定员标准在保证科学性、先进性和高效性的同时，更加具有实用性和可操作性，开滦集团又组织专业团队、相关基层单位管理人员分业务系统、分岗位类别进行二次分组专题研讨。根据不同岗位情况，综合运用流程分析法、关键使命法、劳动效率法、业务数据分析法等多种科学先进的岗位设计方法、工具和手段，对各岗位的业务流程、工作内容、工作量、职数及其关联岗位之间业务沟通等要素进行深度研讨，并形成书面的各自负责专业系统的设岗标准（草案），报集团公司"机关管理和技术岗位精准定员管理"工作办公室。办公室对各专业系统的设岗标准（草案）进行严格审核提出审核意见，并与相应专业团队就相关问题进行沟通研究，进行相应修改调整，汇总形成《开滦集团机关管理和技术岗位精准定员标准（试行）》（简称《标准（试行）》）征求意见稿。

3. 对《标准（试行）》征求意见

开滦集团将《标准（试行）》征求意见稿下发各二、三级单位，广泛听取其意见和建议，并对反馈信息进行分类汇总，再次组织标准编制专业团队和相关定员管理专家对各类建议和意见进行研讨，对《标准（试行）》征求意见稿做出进一步的修改和完善。并按照工作流程，将修改完善后的《标准（试行）》征求意见稿报送"机关管理和技术岗位精准定员管理"工作领导小组进行征求意见和审批，最终形成《标准（试行）》正式稿。

（四）核定形成定员总量控制指标和科级控制比例指标

1. 核定形成机关定员总量控制指标

按照新的《开滦集团机关管理和技术岗位精准定员标准（试行）》，将"六部一室"中的机关管理和技术岗位分为固定设置岗位、职数可调岗位、可专可兼岗位三类，将固定设置岗位的职数之和作为各单

位机关管理和技术岗位总定员的基础定员数,然后对各单位的生产能力、经营规模、管理幅度、行业类型、人员数量及相应岗位的业务量等影响定员因素进行综合考虑,本着"满足需要,精干高效,能减则减,能兼则兼"的原则,确定职数可调岗位、可专可兼岗位定员职数,两者之和即为相应单位机关管理和技术岗位定员控制总量。

2. 确定科级管理人员控制比例指标

将按照《开滦集团机关管理和技术岗位精准定员标准(试行)》确定的机关管理和技术岗位定员总量和依据原有《煤类生产单位管理和技术岗位定岗定编方案(试行)》《非煤类单位管理和技术岗位定岗定编方案(试行)》核定的三级单位基层区科管理和技术岗位定员人数之和作为各单位的管理和技术岗位总定员;将相应单位新核定的机关科级管理定员和原有基层区科科级管理定员之和作为各单位科级管理人员总定员;后者与前者之比即为各单位科级管理定员占管理和技术岗位总定员的控制比例(以百分比表示)。制定各单位科级管理定员控制比例,主要是为有效管控和规范所属各单位科级管理人员任免行为,有效管控和遏制变相提高待遇提职、管理效率低下的根源。

3. 测量实施难度,为制订实施方案提供量化依据

机关部室由原来的"九部一室"精简为"六部一室",减少机关部室3个,基本岗位职数减少52个,剔除社会保险、培训和计划生育管理等职能划出因素,纯减少机关管理和技术岗位职数40个左右,具体到各单位的定员数,减少量达50~80人左右,约占原来机关管理和技术岗位人员的1/3,机关管理和技术岗位定员总量缩减幅度较大。通过整体比较,开滦集团所属各二、三级单位机关管理和技术岗位定员总量由原来的3764人压减到2343人,共减少定员1421人,占到原机关管理和技术岗位定员总量的38%。

同时,立足开滦集团经济运行情况和减人提效工作需要,取消2014年管理和技术岗位定岗定编方案中各类备员设置方案,不再按比例配备备员(当时考虑到一些单位消化冗员难度较大、管理和技术人员接续紧张等因素,视情况在单位定员总量基础上给予3%~5%的上浮定员其他称之为备员,以实现管理和技术人员的平稳过渡和保障安全生产)。

(五)推进机关管理和技术岗位定员管理实施

1. 制订推进方案,出台政策指引

开滦集团对"机关管理和技术岗位精准定员管理"工作落地和定员管控指标兑现,在制订实施方案、政策、方法和路径时,充分考虑此项目实施难度和开滦集团自身实际情况,并进行系统思考和精心谋划:一是开滦集团对所属单位下达的减员指标为刚性指标,必须不折不扣地完成,在没有生产条件发生较大变化、生产任务大幅调整或大规模机构划转等极特殊情况下,减员指标不予调整;在各单位组织实施上不搞一刀切,在不突破新《标准(试行)》"六部一室"机关机构框架和考核指标的前提下,给予其自主发挥空间,充分调动其积极性和主动性,各单位可根据自身实际情况,制订具体工作方案。二是各单位在制订工作方案时,必须从重点、难点寻求突破,首先考虑把机关的管理和技术岗位人员减少到集团公司下达的机关管理和技术岗位定员指标之内,真正把机关超定员指标的管理和技术人员减下来;各单位对于机关精简下来的管理和技术人员要根据各自的实际情况,制订出具体的分流退出和安置消化方案,分步推进,阶段考核,以各单位分解指标的兑现保证开滦集团总体目标实现。三是考核指标以年度定员目标责任形式下达,各单位行政正职须与集团公司总经理签订定员目标责任书,并且实施管理和技术岗位定员总量指标、机关管理和技术岗位定员指标和科级职数占定员总量控制比例三项指标考核,任何一项指标完不成,将按照定集团公司定员目标责任管理相关规定进行考核和处罚;同时,开滦集团出台相应配套的管理和技术人员引进、退出激励政策,引导、支持工作推进;开滦集团继续实施停薪留职、离岗协保、病退等六项退出政策,各单位可根据本单位情况,本着员工个人自愿申请,单位审批同

意（在不影响工作的前提下）的原则进行操作，但因退出造成缺员，开滦集团不予补充。对于超科级管控比例配备人员的，不得进行新提科级管理人员。

2. 下达目标任务，分步推进实施

一是以不突破开滦集团下达的机关管理和技术岗位定员指标、管理和技术岗位定员总量指标和科级职数占定员总量比例控制指标为前提，根据自身管理实际需要，参照开滦集团新的《标准（试行）》，编制本单位具体的机关管理和技术岗位定员方案，制定相应实施方法和推进措施，并报请开滦集团审批同意、组织实施。二是按照新《标准（试行）》"六部一室"的基本框架进行理顺职能、整合机构，将非机关管理职能性质的机构和职能予以剥离，按规定合理划出；对关联性较强的机构部门和职能进行适度整合；对交叉职能进行理顺调整，基本形成符合开滦集团"小机构、大服务"要求的机关机构设置。三是按照本单位编制的具体的机关管理和技术岗位定员方案，进行精简岗位人员，将机关部门实有配备人员数量控制到开滦集团下达的机关管理和技术岗位定员指标之内。在精简机关岗位人员过程中，各单位结合自身特点，充分发挥能动性，采取组织调动、竞聘上岗、岗位兼并等多种人员配备方法和手段，保证机关职能正常运行。

3. 安置消化机关精简出的富余人员

在下达机关管理和技术岗位精准定员管理工作任务之时，开滦集团就针对企业的内外环境情况，原则性的为所属各单位提出机关精简出的管理和技术人员的安置与消化建议。一是直接退出。机关精简下来的人员，可本着"自愿选择、单位批准"的原则，选择停薪留职、离岗协保、离岗等退、病退等六项退出政策，直接退出岗位。二是替代退出。非机关管理和技术管理岗位人员选择退出政策空出岗位由机关精简下来的人员补充。三是岗位转移。将机关精简下来的人员转移充实到生产一线区科缺员岗位，增强基层现场管理和技术力量。四是岗位转换。对于管理和技术人员总量超定员较多、不能安排富余人员上管理和技术岗位的单位，要疏通管理技术岗位与操作岗位的转换通道，制定相关政策措施，重新规划此类人员职业生涯，稳妥实现劳动用工的转换和转移。

（六）对机关管理和技术岗位精准定员管理工作实施情况进行考核评估

为确保机关管理和技术岗位精准定员管理工作实施效果，开滦集团按照《定员目标责任制》和《关于应对困难经济形势大力推进管理和技术岗位减人提效工作的通知》要求和标准，采取听汇报、查资料和现场实地调研相结合的方式对其进行全面考核和效果评估。从集团公司层面来看，年初下达的各项宏观指标全部完成；所属二、三级单位机关实有在岗人员总量控制到按照新《标准（试行）》确定的2343人以下。从微观层面来看，各单位全部按照集团公司新《标准（试行）》"六部一室"机关组织构架要求调整机构、理顺职能，机关管理和技术岗位的设岗和人员配备均达到集团公司要求；无效岗位、低效岗位、重叠岗位明显减少，管理和技术人员的危机意识和敬业意识有所增强。从考核发现的问题来看，对个别科级管理人员配备超集团公司控制指标的三级单位，按照《定员目标责任制》管理规定和《关于应对困难经济形势大力推进管理和技术岗位减人提效工作的通知》要求进行相应的经济处罚，并对该单位"一把手"进行追责；对一些因机构划转和组织调动造成人员总量超指标的单位，据实剔除后按考核合格处理；另外，在考核中还发现一些影响"机关管理和技术岗位精准定员管理"工作推进效果问题，针对发现的问题，开滦集团采取口头建议、现场指导和书面通报等形式及时提出改进意见，并对其整改情况进行跟进和二次考核评估。

（七）持续改进和完善机关管理和技术岗位精准定员管理

一是开滦集团组织由各二三级单位主管领导、人力资源部长、劳动定员定额主管部门负责人及业务管理人员参加的集团公司劳动定员定额管理业务培训，专门对集团公司实施机关管理和技术岗位精准定员管理工作的重要意义、新《标准（试行）》的编制依据以配套文件和政策等内容进行系统的培训和讲解，并对各单位提出的问题进行讨论和解答，同时，要求各单位对培训相关内容进行传达和宣传，收到非常好的效果。二是加强交流与学习。为增强各单位创新意识，拓宽思路、开阔视野，组织召开开滦集团推进机关管理和技术岗位精准定员管理工作座谈交流会，选取先进单位进行典型发言和书面交流，并组参会单位人员就典型经验结合本单位情况进行座谈交流和深度讨论，不仅给那些工作滞后和认为工作难度大、安置消化空间有限的单位以"震撼"，而且让他们工作思路豁然开朗，看到差距并找出原因，为今后的工作改进起到积极的促进作用。三是综合实施过程中遇到的问题和各单位动态反馈的情况，对新《标准（试行）》个别岗位设岗标准进行微调和完善，并在核定2018年各单位机关管理和技术岗位定员中得到体现。四是对实施机关管理和技术岗位精准定员管理相关政策进行调整和完善，尤其是定员目标责任制管理和考核政策，进一步严细量化考核标准，加大奖罚力度，促进各单位脚踏实地、积极主动地做好后续工作。

三、煤炭企业基于组织分析法的机关和技术岗位精准定员管理效果

（一）形成了"精干高效"的机关机构管理格局

开滦集团通过组织实施"基于组织分析法的机关管理和技术岗位精准定员管理"，所属二、三级机关机构由原来的"九部一室"压缩精简到了"六部一室"，机构精简、人员精干，"小机关，大服务"的机关机构设置和管理格局基本形成，消除机关机构臃肿的改革目标初步实现；不仅实现了机关管理和技术人员总量的大幅下降（比实施前机关人员总量下降30%多），而且有效遏制了机关管理和技术人员占比逐年增高的势头，并有了不同程度的下降；机关管理和技术岗位定员和实有配备人员数量得到了实质性精简，大大降低了用工成本，仅工资性费用一项就减少支出7837万元。

（二）机关管理职能明显增强，工作效率和服务水平大幅提升

开滦集团突破原来机关机构改革与机关管理和技术岗位定岗定编思维方式和传统模式桎梏，创新性的运用科学的组织设计和岗位设置工具，精简了机关机构、理顺了部门职能，而且精干了人员、优化了业务流程，较好地解决了国有煤炭企业机关机构庞大、分工过细、部门协调烦琐、反应决策效率偏低等多年想解决而未能较好解决的"顽疾"。体现最明显的就是非管理性职能实现了实质性剥离，管理职能得到了突出和提升；各部门及其岗位人员责任感明显增强，部门间推诿扯皮问题基本解决；机关部门和人员逐步实现了由原来的重管理向管理和服务并重转变；机关整体管理职能发挥、决策效率和服务水都有了较大提升。

（三）探索出了一条国有煤炭企业实施机关机构精干高效的有效途径

开滦集团组织实施"基于组织分析法的机关管理和技术岗位精准定员管理"，最直接的成果就是运用组织分析法、系统分析法等组织和岗位设计工具编制了具有开滦特色的机关管理和技术岗位精准定员《标准（试行）》，此《标准（试行）》的编制出台和实践运用证明，开滦集团通过实施"基于组织分析法的机关管理和技术岗位精准定员管理"推进机关机构精干高效工作，探索出了一条国有煤炭企业推进机关机构精干高效的有效途径，对老国有煤炭企业实施机关岗位精准定员工作具有较大的借鉴和指导意义。另外，此项工作还为开滦集团下一步深化企业"三项制度"改革奠定了坚实基础。

（成果创造人：张建公、庞学东、赵景华、周玉君、梁　刚、石海涛、
田福民、孙军保、张洪春、李峰松、胡雪松、李秀霞）

大型建筑企业关键岗位胜任力模型的构建与应用

中铁四局集团有限公司

中铁四局集团有限公司（以下简称中铁四局）是具有综合施工能力的国有大型建筑企业，是世界500强企业——中国中铁股份有限公司的骨干成员企业。中铁四局拥有铁路工程、建筑工程、市政公用、公路工程四项施工总承包特级资质及铁道行业、建筑行业、市政行业、公路行业四项甲级设计资质，主要业务包含国内建筑业、投资业、境外业务、建筑业相关产业和物流商贸服务业五大板块。中铁四局现有员工23000余人，截至2017年年底，企业资产总额587.88亿元，拥有现代化大型建筑机械9800余台（套），总功率109万千瓦。2017年新签合同额1218亿元，营业额808亿元。

一、大型建筑企业关键岗位胜任力模型的构建与应用背景

（一）人才数量、质量、结构与企业发展要求不匹配

中铁四局作为国有建筑企业，对员工总量有严格的控制要求，近十年，企业营业额增长了243.8%，但员工总量仅增长4.5%，人才数量紧缺的现象较为突出。从人才质量上看，员工队伍的整体素质还不能满足企业快速发展的要求，给企业提出了巨大的挑战。从人才结构上看，人力资源冗余与短缺并存。很多关键岗位、特殊人才、一线重要岗位人才不足，但传统岗位，机关管理人员，二、三线后勤辅助人员超员。因此，改善员工队伍的素质和结构，在谋求规模发展的同时控制好员工总量，是中铁四局现阶段人力资源管理工作面临的必然选择。

（二）企业传统人力资源管理方式的弊端日益凸显

我国国有大型建筑企业由于管理理念、制度机制等因素的制约，尚未完全实现由传统人事管理向现代人力资源管理的转变，企业人力资源管理方式的弊端日益凸显。主要表现在四个方面，一是人力资源管理没有很好地承接企业战略，各管理环节的统筹性、协调性差；二是注重使用人才而轻视人才培养开发，对人才的培训缺乏针对性，效果差；三是人才管理方式较为粗放，人才的主观能动性得不到充分发挥；四是人才评价缺乏科学依据，选用人才有时凭经验、靠感觉。作为传统国有大型建筑企业，中铁四局也不同程度地存在上述问题。因此，如何增强企业人力资源开发与管理的有效性，使人力资源管理更好地承接企业战略，提高人力资源管理的科学化水平，是中铁四局现阶段人力资源管理工作面临的重大挑战。

（三）工程项目部关键岗位人才短板问题尤为突出

中铁四局作为一家以建筑施工为主营业务的建筑企业，一线工程技术与管理人员是主力军，占全员数量的80%以上。随着规模的快速扩张，中铁四局工程项目部数量不断增多，一线工程项目人才短板问题日益突出，其中关键岗位人才短板问题尤为突出。主要表现在三个方面，一是关键岗位人才的选拔任用缺乏科学依据，有时存在"选不准、配不好"的现象；二是缺乏科学的人才培养机制，部分关键岗位人才得不到有效的培养，能力素质尚不能满足岗位要求；三是关键岗位人才梯队尚未形成，存在"青黄不接"现象。因此，如何科学选人、用人、育人，建立一支能够支撑企业发展的一线工程项目人才队伍，补齐人才短板，是中铁四局现阶段人力资源管理亟待解决的问题。

二、大型建筑企业关键岗位胜任力模型的构建与应用内涵和主要做法

中铁四局以基于胜任力的现代人力资源管理理念为指导，以细化关键岗位人才能力素质要求，创新人才测评手段，提升企业人力资源管理的科学化水平为目的，自2015年起，以工程项目部关键岗位为对象，构建岗位胜任力模型，建立岗位胜任力模型的量化指标体系，开发岗位胜任力模型的测量工具，

并使用测量工具对关键岗位人才胜任力实施测评，从而为企业人才盘点与规划、选拔与任用、绩效考核与提升等人力资源管理工作提供科学依据，增强企业人才选、用、育、留各个环节工作的系统性、科学性，增强企业人力资源管理对战略、组织、流程的整体适应性。通过不断应用、总结和改进提升，逐步将成熟的经验复制到企业其他岗位，使岗位胜任力模型成为组织的统一语言和神经纽带，从而全面构建起基于胜任力的企业现代人力资源管理体系，为企业发展提供有力的人力资源保障。主要做法如下。

（一）明确关键岗位，确定构建与应用的目标原则

1. 明确关键岗位

工程项目部是建筑企业为完成工程施工任务，按照项目法施工要求而设立的临时性组织机构，是企业最基层的管理单元。工程项目部管理水平的高低，不仅关系到工程的工期、安全和质量，更关系到企业的信誉形象和成本效益，是企业成败的关键。在中铁四局工程项目部的管理团队中，项目经理、项目书记及"五部两室"（工程技术部、工程经济部、安全质量部、物资机械部、财务部、试验室、综合办公室）负责人等九大岗位，扮演着极为重要的角色。为此，中铁四局明确以上述九大岗位为关键岗位，开展胜任力模型构建与应用的研究。

2. 确定构建与应用的目标原则

为保障关键岗位胜任力模型构建与应用工作的顺利开展，中铁四局于2015年3月成立了由集团党政主要领导任组长的领导小组。同时，成立了专门的工作组，并邀请北京大学光华管理学院、中国科学院心理研究所等机构的专家学者担任顾问，具体负责开展关键岗位胜任力模型构建与应用的研究，并确定了"三个具体目标"和"四个基本原则"。"三个具体目标"，即构建九大关键岗位的胜任力模型，开发胜任力模型的测量工具，推进胜任力模型在工程项目部的全面落地应用。"四个基本原则"，即针对性原则，针对企业战略要求和关键岗位的特点设计模型；科学性原则，遵循管理学、组织行为学、心理学等基础学科的理论倡导，运用科学的方法构建模型；绩效导向原则，模型重点体现能够显著区分绩效表现优异者与一般者的岗位胜任力；实用性原则，避免教条地理解和运用胜任力模型，注重实践落地应用。

（二）构建关键岗位胜任力模型，细化岗位能力素质要求

1. 明确关键岗位胜任力模型的设计思路

中铁四局以国内外已有的胜任力理论及研究成果为指导，结合企业的实际需求，运用岗位分析与实证研究相结合、定性与定量相结合的方式构建关键岗位的胜任力模型。关键岗位胜任力模型以美国心理学家戴维·麦克利兰的"冰山模型"为原型，由3个部分内容构成。一是岗位所应具备的基础任职资格；二是岗位所应掌握的业务知识与技能；三是胜任岗位所应具备的核心能力素质（以下简称胜任素质）。其中，岗位基础任职资格、业务知识与技能属于冰山模型"水面以上的部分"，胜任素质属于冰山模型"水面以下的部分"。在构建关键岗位胜任力模型的同时，同步开发出岗位胜任力词典，建立关键岗位胜任力模型的量化指标体系，为岗位胜任力模型的落地应用奠定基础。

2. 构建关键岗位胜任力模型

中铁四局关键岗位胜任力模型的构建分三个阶段进行。一是梳理关键岗位的基础任职资格；二是梳理关键岗位的业务知识与技能；三是梳理关键岗位的胜任素质。上述三个阶段的工作完成后，中铁四局关键岗位的胜任力模型构建工作全部完成，胜任力模型成为中铁四局关键岗位人力资源管理的统一语言和基础依据。其中，基础任职资格是关键岗位人才选拔任用的门槛性条件；业务知识与技能是关键岗位人员任职的入门级要求；胜任素质是关键岗位人才能力素质的核心要求，是胜任力模型的核心组成部分。

3. 开发关键岗位胜任力词典

岗位胜任力词典分为两大类型，第一类针对岗位基础任职资格、业务知识与技能编制开发，包含胜任力名称、内涵描述、达标要求三部分内容，是对达标要求的分级描述；第二类是针对岗位胜任素质编

制开发，包含胜任力名称、内涵描述、主要特征、行为描述四部分内容，是对行为表现的分级描述。

4. 建立关键岗位胜任力模型的量化指标体系

该量化指标体系由三部分构成，一是胜任力等级，以胜任力词典为依据，包含A、B、C、D四个等级，是量化指标体系的一级指标。二是量化等级，包含－2（远低于标准要求，只适用于A级）、－1（低于标准要求）、0（符合标准要求）、＋1（高于标准要求）四个等级，是量化指标体系的二级指标。三是量化标准，根据一、二级量化指标，衍生出A－2、A－1、A－0、A＋1（B－1）、B－0、B＋1（C－1）、C－0、C＋1（D－1）、D－0、D＋1共10个量化标准，并分别赋予1～10分。

根据胜任力量化指标体系，结合各关键岗位的特点，研究确定每项胜任力要素的达标等级、所占权重，经过加权计算的量化标准分，为该岗位胜任力达标的基准参照值。

（三）开发关键岗位胜任力测量工具，提高人才评价科学性

中铁四局开发一系列胜任力测量工具，建立中铁四局关键岗位胜任力模型的测量工具箱，以提高人才评价工作的科学性。该测量工具箱包含3大方向共6类测量工具。

1. 关键岗位基础任职资格测量工具

履历分析表是岗位基础任职资格的主要测量工具。中铁四局根据关键岗位的实际需求，针对不同岗位设计了加权履历分析表，主要包含4个方面的分析内容。一是个人基本情况；二是教育和培训经历；三是工作经历；四是过去的工作表现。根据上述分析项目，制定相应的评价规则与标准，通过对被测量者的现实情况进行分析，从而判断其是否符合目标岗位的基础任职资格要求。

2. 关键岗位业务知识与技能测量工具

笔试与实操测试是业务知识与技能的主要测量工具。中铁四局根据各关键岗位对业务知识与技能的不同要求，分通用知识与技能、专业知识与技能、相关知识与技能3个类别，分别建立了知识和技能测试题库。同时，配套建立了试题的参考答案库和相应的评分规则。根据关键岗位的业务知识与技能要求，抽取相应的试题对被测量者进行测试。其中，业务知识以笔试为主，业务技能以实操测试为主。通过对被测量者的测试结果进行分析，从而判断其业务知识与技能的达标等级。

3. 关键岗位胜任素质测量工具

胜任素质测量量表、心理测验量表、结构化面谈、评价中心4类工具是岗位胜任素质的主要测量工具。其中，结构化面谈和评价中心属于综合性测量工具，以测量岗位胜任素质为主，同时可作为其他胜任力要素的辅助测量工具。

工具1是胜任素质测量量表。中铁四局采用国际通用的量表设计方法，结合行为事件访谈中收集的材料和专家小组反复讨论的意见，针对每项胜任素质设计了5个测量题项，视具体应用，采取自评、他评或360度评价的方式，以测量各关键岗位的胜任素质水平。

工具2是心理测验量表。中铁四局建立了4套心理测验量表，分别用于个性测验、工作价值观测验、职业兴趣测验、团队角色测验。根据关键岗位人力资源管理应用的不同需求，采用线上问卷调查的形式，对关键岗位人员开展相应的测评。通过对测评结果进行分析，辅助企业对关键岗位人员的胜任素质进行科学评价，从而为企业选人用人提供参考依据。

工具3是结构化面谈。中铁四局制定了结构化面谈试题的命题规则、面谈方法和流程，根据关键岗位的不同特点，组织人力资源管理部门和关键岗位的上级业务主管部门，共同开发试题，建立结构化面谈题库、参考答案库，并制定相应的评价规则、评价标准，开发结构化面谈评分表。通过对结构化面谈的结果进行分析，从而判断被评价者是否符合关键岗位的胜任力要求。

工具4是评价中心。评价中心是一种包含多种测评方法和技术的综合测评系统，核心为情景模拟技术。针对岗位胜任力模型中重要且不易测量的素质，中铁四局通过评价中心技术进行测量和评价。评价

中心主要包含文件筐测试、角色扮演、无领导小组讨论、案例分析 4 项情景模拟技术。中铁四局组织专门力量进行评价中心题本的开发，并同步制定评价规则，通过对被测量者在模拟情境中解决问题的思路、方法等进行观察，从而测量其当前具备的胜任素质水平。

（四）盘点关键岗位人才现状，科学制定人才发展规划

1. 实施关键岗位全面人才评价

中铁四局关键岗位全面人才评价的因素主要包含两个方面的内容，一是工作业绩评价；二是岗位胜任力评价。其中，岗位胜任力评价以关键岗位胜任力模型为依据，包含岗位基础任职资格评价、业务知识与技能评价、胜任素质评价 3 个方面的内容；工作业绩评价以关键岗位员工月度、年度绩效考核及岗位贡献度、工作表现等为依据。

根据评价内容，确定人才评价的方法和工具。针对工作业绩评价，中铁四局主要采用调查法和 360 度评价法，以定量与定性相结合的方法对关键岗位员工的工作业绩做出客观评价。针对岗位基础任职资格、业务知识与技能，分别采用履历分析表、笔试和实操测试进行评价。针对岗位胜任素质，综合采用胜任素质测量量表、心理测验量表、评价中心技术等工具和方法进行评价。因人员涉及面广，全面人才评价均以线上测评方式为主。

2. 全面盘点关键岗位人才现状

根据关键岗位全面人才评价结果，中铁四局建立人才"九宫格"，对关键岗位的人才现状进行深入盘点，形成"五大人才池"。其中，第一人才池包含 1 类人员，即工作业绩和胜任素质均为优秀的人员；第二人才池包含 2 类人员，即工作业绩达标但胜任素质优秀，或胜任素质达标但工作业绩优秀的人员；第三人才池包含 3 类人员，即工作业绩优秀但胜任素质不达标，或工作业绩和胜任素质均达标，或工作业绩不达标但胜任素质优秀的人员；第四人才池包含 2 类人员，即工作业绩达标但胜任素质不达标，或胜任素质达标但工作业绩不达标的人员；第五人才池包含 1 类人员，即工作业绩和胜任素质均不达标的人员。

同时，中铁四局以关键岗位胜任力模型为依据，根据关键岗位人员基础任职资格、业务知识与技能、胜任素质评估结果，建立"三大基础数据库"，按照优秀、达标、不达标三类，对全部关键岗位人员的评价结果进行分类登记，作为关键岗位人才开发与管理的基础依据。

3. 科学制定关键岗位人才发展规划

中铁四局制定人才发展"四项计划"。一是人才晋升计划。根据关键岗位人才需求，针对第一人才池制订人才晋升计划。二是人才引进计划。根据业务发展对关键岗位人才总量的需求，建立人才引进计算公式，即拟引进人才数量＝目标人数－在岗人数－拟晋升到本岗位人数＋本岗位晋升人数＋预估离职人数＋退休人数。三是人才轮岗计划。针对胜任素质达标但工作业绩不达标的人员，根据人才的兴趣爱好、优势和短板、性格特征等合理制定轮岗计划。四是人才培训计划。针对工作业绩达标但胜任素质不达标的人员，根据业务知识与技能差距、胜任素质短板，制订有针对性的培训计划。针对拟晋升职位的人才，制订个性化的培训和实践锻炼计划，以帮助人才尽快成长。

为加强关键岗位的后备人才队伍建设，中铁四局还将人才培养开发的视线拓展至关键岗位的下一级岗位，并依据岗位胜任力模型开发出关键岗位的学习路线图，为员工自我学习提升、实现岗位进阶提供学习路径。

（五）创新关键岗位人才选拔任用机制，提高人岗匹配度

1. 关键岗位人才招聘与选拔

中铁四局关键岗位人才招聘选拔以岗位胜任力模型为基础，在确定岗位及人才数量需求后，采用"四步法"实施招聘选拔。一是根据关键岗位的基础任职资格要求，对报名者进行筛选，符合条件者被

列为候选人。二是由人力资源管理部门与用人单位结合岗位实际需求，选择岗位胜任力模型中部分或全部胜任力要素作为评估因素，并研究确定各胜任力要素的权重分配、评估方法，建立评估模型。三是从题库抽取或新开发测评题目。四是实施测评，分析测评结果并出具测评报告。

在人才招聘选拔过程中，中铁四局坚持"三个侧重"原则，侧重考察冰山模型"水面以下部分"的隐性素质特征，侧重考察较难通过培养得到提高的素质特征，侧重考察成就动机、学习力、思考力、创新力等潜在能力素质。通过选择与目标岗位匹配度高、有发展潜力的员工，提高企业的人才投资回报率。

2. 关键岗位人才任用与配置

中铁四局在关键岗位人才的任用与配置上坚持"人岗匹配、岗岗匹配"的原则，通过考察人才的特长和素质，按照企业人才选拔任用的要求，把各类人才选拔到最能发挥其才能的岗位上，实现人与岗位之间、岗位与岗位之间的最佳匹配。

在人与岗位的匹配上，中铁四局主要通过以下4个步骤来实现。第一，对拟任职岗位进行分析，结合岗位胜任力模型，科学确定评估候选人的主要因素。第二，确定评估方法，运用胜任力测量工具，对全部候选人实施测评。第三，计算出全部候选人的岗位匹配度，作为企业用人决策的参考依据。第四，在考察岗位匹配度的基础上，对候选人的测评结果进行细致深入的分析，必要时对重要指标进行单独考察，从而帮助组织量才而用，区别对待。

在岗位与岗位的匹配上，中铁四局重点把握2个环节。一是注重对人才的性格特征、工作价值观、职业兴趣、知识与能力素质结构等进行分析，作为岗位搭配的参考依据。二是对团队中需要密切配合的岗位候选人进行对比分析，从而采取有针对性的匹配策略，提高岗位之间的匹配度。

（六）推动绩效管理变革，提升关键岗位员工工作绩效

1. 绩效目标设定与考核评价

中铁四局在关键岗位绩效目标的设定上，一般采用关键业绩指标（KPI）与胜任力发展指标（KCI）相结合的方式，也有一些单位采用目标与关键成果（OKR）与胜任力发展指标（KCI）相结合的方式，既强调工作业绩指标、工作目标与关键成果，也强调胜任力发展指标。其中，胜任力发展指标以关键岗位的胜任力模型为基础，根据胜任力模型构建过程中各胜任力要素与绩效关联的显著性程度分析结果，选择与绩效关联程度较高的那一部分胜任力要素作为重点发展指标。在绩效考核评价上，针对不同岗位采取不同的策略，在权重分配上予以体现。例如，针对专业技术、技能操作类岗位，侧重于考核工作业绩指标，以胜任力发展指标考核为辅；针对综合管理、服务保障类岗位，侧重于考核胜任力发展指标，以工作业绩指标考核为辅。针对胜任力发展指标，一般采用个人绩效汇报＋360度评价的方式。360度评价以胜任素质测量量表为工具，由上级主管领导、工作中需要密切配合的平行岗位负责人和下属进行评价。

2. 绩效沟通与绩效改进

中铁四局将绩效反馈与沟通作为关键岗位绩效管理的重中之重，在绩效考核评价工作完成后，均对考核评价结果进行认真分析，并形成专题报告。依据绩效考核报告，制定绩效反馈与沟通策略，由单位主管领导组织开展绩效面谈。在绩效面谈过程中，重点反馈关键岗位员工在胜任力方面存在的不足，帮助员工深入剖析原因、找准症结，并给予员工相应的辅导和支持，帮助员工弥补自身胜任力的不足。同时，将关键岗位胜任力模型构建过程中，对8900余人次开展胜任素质测评的统计结果平均数作为"常模"，将胜任素质测量量表作为员工开展自我评价的工具，引导员工定期开展自评，对照"常模"标准检视自身胜任力的不足，帮助员工有针对性地进行自我改进提升。

三、大型建筑企业关键岗位胜任力模型的构建与应用效果

（一）提高了企业人力资源管理的水平

一是摸清了现有关键岗位人才的数量、质量和结构状况，建立了"三大基础数据库"和"五大关键岗位人才池"，增强了企业对关键岗位人才需求预测的准确度。二是明确了关键岗位人才选拔、培养、任用的标准。在岗位胜任力模型的指导下，企业选人用人实现了由单纯注重人的显性素质特征向显性与隐性素质特征并重转变，人才评价实现了由依靠定性的主观经验判断向定性与定量结合的科学评价体系转变，人力资源管理的科学化水平显著提高。三是营造了良好的人才成长环境。企业选人用人机制更加完善，人才成长的环境更加公平公正，企业人才培养开发的针对性不断提高，关键岗位人才的流失率连续两年下降超过1个百分点。

（二）提升了关键岗位的人岗匹配度

中铁四局在关键岗位人才的使用上，坚持"人岗匹配"原则，将岗位胜任力模型作为标准，通过实施胜任力测评，计算出候选人与目标岗位的匹配度，为企业选人用人提供了量化依据。此外，中铁四局基于胜任力模型设计了工程项目部关键岗位的课程体系和胜任力认证体系，形成了"学习＋认证"的系统性解决方案，体现了关键岗位对任职者的胜任力要求，并且关注到了关键岗位人员胜任力普遍存在的弱项，使得培训工作更有针对性，提升了关键岗位的人岗匹配度。截至2017年年末，中铁四局累计举办工程项目部关键岗位培训认证班70余期，认证关键岗位人员3211人。通过将培训认证与关键岗位人才的职业生涯发展、选拔任用结合起来，消除了"选用育留脱节"和"培训孤岛"现象，建立了企业内部的人才竞争机制，客观上减少了人岗不匹配现象的发生，提高了企业整体的工作绩效。

（三）积累了关键岗位人才开发与管理的经验

中铁四局通过构建与应用关键岗位胜任力模型，运用胜任力测量工具对关键岗位人力资源进行了有效的开发和管理，形成了成熟的经验和管理模式，目前已在企业内部广泛应用，产生了良好的经济和社会效益。近两年来，中铁四局的资产质量、盈利能力、现金流等主要财务经济指标，始终在中国中铁系统保持先进水平。先后有12家中国中铁系统内企业、8家行业内企业、3家行业外企业到中铁四局进行专题调研和交流，拟在本单位推广应用岗位胜任力模型。2017年年初以来，中铁四局先后将基于胜任力模型的关键岗位人才开发与管理经验复制到项目总工程师、项目副经理、二级公司财务部部长等岗位，并在管理研究院、企业大学、投资运营公司等近年来新组建的单位全面推行。

（成果创造人：耿树标、朱　智、耿天宝、刘　光、季文斌、张荣耀、仇明清、丁克东、周　尚）

供电企业以实现客户、企业、员工多赢为目标的数字化绩效管理

国网辽宁省电力有限公司沈阳供电公司

国网辽宁省电力有限公司沈阳供电公司（以下简称国网沈阳供电公司）承担着沈阳地区10区1市2县和2个国家级开发区1.3万平方千米范围内的供电保障任务，服务客户463.7万户。国网沈阳供电公司设立11个职能部门、2个具有智能管理与实施主体双重职责的机构（营销、运检）、6个业务实施机构、8个县公司。截至2017年年底，共有全民职工5242人，农电用工1615人，集体职工2307人。

一、供电企业以实现客户、企业、员工多赢为目标的数字化绩效管理背景

（一）适应新一轮电力改革新形势，提升客户服务水平的需要

当前，我国经济发展进入速度变化、结构优化、动力转换的新常态，宏观经济下行压力增大，对用电需求产生较大影响，给供电企业发展带来严峻挑战。与此同时，全面深化改革正在向纵深推进，随着增量配电与售电侧放开，以市场化为方向的新一轮电力改革进入攻坚阶段。面对改革发展新形势，供电企业客户服务响应速度慢、服务流程不顺畅，精准服务能力不强等短板逐渐显现，改革意识和市场意识有待强化。因此，如何适应市场化改革新形势，强化客户需求导向，提高供电服务能力和市场响应速度，通过实施以实现客户企业员工多赢为目标的数字化绩效管理，加快推动管理手段由落后粗放向先进精益转变，以更加贴近市场、贴近客户的优质服务，不断满足用户日益增长的多元化用电需要，提高客户满意度具有很强的紧迫性。

（二）实施数字化岗位绩效管理，科学转变人力资源管理方式的需要

在构建实施以实现客户企业员工多赢为目标的数字化绩效管理之前，国网沈阳供电公司对绩效管理现状进行了全面梳理，有待完善之处主要体现在绩效管理侧重内部考核，突出强调严格管控，但对企业与员工成长性关注较少；部门之间协调沟通不够，公司管理的整体统筹性有待提升；绩效考核机制有待完善，量化考核精准程度有待提升；重结果、轻过程，不能及时发现目标实现过程中存在的短板和问题，并及时干预、引导。树立精益管理理念，构建实施基于数字量化的岗位全面绩效管理体系，加强量化考核激励，实现员工岗位、薪酬动态调整，并从制度层面进行落地保障，是转变企业人力资源管理方式、提高管理效率的必要途径。建立健全与公司核心价值体系要求相一致的绩效评价和激励机制，优化人力资源配置，实现员工岗位绩效评估与薪酬动态调整的有效激励，提高员工积极性，具有很强的紧迫性。

（三）树立互动共赢理念，促进客户企业员工多方共赢的必要途径

当前，国网沈阳供电公司已逐步进入稳步发展阶段，对技术和管理标准越来越严格，对人员适应电力改革新形势、掌握新兴技术应用与精益管理的素质要求日益提高。综合公司发展现状、外部环境变化，在人力资源管理方面亟须以人的转型推动公司高速发展，结合企业战略目标、岗位责任目标引导员工成长，提升人员素质，以积极适应岗位需求的动态变化，为企业可持续发展提供坚强保障。同时，在这一过程中，通过不断增强供电服务能力，提高客户满意度，实现企业、客户与员工多方共赢，具有十分重要的意义。

国网沈阳供电公司经过深入论证、精心组织，自2015年起构建实施以实现客户企业员工多赢为目标的数字化绩效管理。

二、供电企业以实现客户、企业、员工多赢为目标的数字化绩效管理内涵和主要做法

国网沈阳供电公司实施以实现客户企业员工多赢的全面绩效管理，坚持以客户为中心，以规范化、精益化为主线，以持续提高服务效率为着眼点，创新利用先进信息技术手段，遵循"科学制定分解绩效目标、全过程实时在线管控、公开透明考核评价、优化完善激励机制、动态优化提升"的指导思想，明确创新实施全面绩效管理的整体方向，建立界面清晰的绩效管理组织体系，科学制定绩效目标并层层分解落实；构建数字化管控平台，为岗位绩效评估提供科学依据；建立公开透明的绩效考核评价机制，科学评估员工绩效；优化完善激励机制，促进企业与员工活力提升；建立动态优化机制，促进循环改进不断提升。从组织体系、管理制度、考核评价、激励引导等方面形成了一整套完善的全面绩效管理体系，员工执行力和积极性显著增强，市场前端服务能力不断提升，企业管理效率效益和客户满意度大幅提高。主要做法如下。

（一）明确绩效管理总体思路，强化组织领导

1. 明确总体思路和整体框架设计

国网沈阳供电公司从以下4个方向着手创新绩效管理。一是深入调研客户用电需求，以提升服务质量、提高服务效率为导向，实施全面绩效管理；二是提高绩效管理体系设计的科学性，引导各部门围绕公司整体目标开展工作；三是运用大数据等先进信息技术手段，为实时、精准管控提供信息化支撑；四是完善考核体系发挥激励引导，确保绩效要求精准落地。

形成全面绩效管理整体框架设计。在明确整体方向和坚持目标导向等基本原则的基础上，国网沈阳供电公司充分吸收借鉴精益绩效管理全过程管控理念，综合运用大数据等新兴技术工具和信息化手段强化精准实时管控，结合自我发展实际，按照"科学制定并分解绩效目标、基于大数据实时在线管控、公开透明考核评价、优化完善激励机制、动态优化循环提升"的思路，建立组织保障体系，科学制定并层层分解目标、构建数字化管控平台开展全过程实时在线监控，强化考核发挥激励引导作用，并进一步推动持续动态优化，有效激发企业发展活力，促进企业管理升级。

2. 建立界面清晰的绩效管理组织保障体系

在公司领导的大力推动下，形成全面绩效管理领导小组抓总体，各专业部门各负其责，一级抓一级，层层抓落实的组织管理体系。全面绩效管理领导小组从目标分解、指标量化到制定考核标准和奖惩措施逐一认真研究，各专业部门按照工作职能具体指导和督促目标管理的执行。通过召开专题会议，研究目标执行中发现的问题、督促各专业查找原因、制定切实可行的解决措施，及时纠正偏差、拾漏补缺，确保各项管理工作按照计划顺利实施。

试点推动组织结构"扁平化"，人员流转"轮值化"，为新型绩效管理提供有力支撑。一是建立新型"扁平化"组织结构。国网沈阳供电公司决定建设全新的末端融合管理体系，在浑南客户服务分中心的自贸区供电所为试点，首先采用新型"扁平化"组织结构，减少层级关系，减少工作传递时间。工作人员取消专业、职能分类，使人员应用更加灵活，尤其在突发状态时尤为明显。在新型组织结构中，管理组负责工作任务等级制定与调整，工单的制订与派发，员工的日常行为评定，为员工提供工作任务技术指导，工作统一协调，与上级部门沟通等相关事情；实施室负责协助管理组开展工作，现场0.4千伏故障处理，10千伏故障现场初步判断，电力用户相关问题处理与解决，配合电力用户完成工作流转等相关工作。

二是创新人力资源使用方式。提出"化零为整，归整为零"的工作理念，即以个人为工作单元，多个工作单元可以随机组成工作组，能够几何倍提升工作效率，并为员工定制"轮值盘"，即员工工作休息轮值盘，确保每一位员工均会进行内勤、外勤、派单、休息的轮换周期，从而达到人员全面化培养的目的。

(二) 科学制定绩效目标并层层分解，推动绩效计划的"两化""两性"落地实施

1. 对职能部门绩效目标进行分级、分类，实现绩效目标"阶段化""实时化"管理

将常规任务分为33类，根据难易程度分为5个等级，形成工作任务分级、分类要求。各级各类绩效目标均是明确具体、可数量化衡量，并且有完成时限的。一级任务是室内较为简单的重复性工作，二级任务开始有一些没有安全风险的现场工作，三级任务则需要有独立解决问题的能力，四级任务是一些相对复杂的任务，五级任务是需要他人协作共同完成的任务。通过制定工作任务分级、分类，确保工作过程和工作结果达到实时监督、检查的目标，使员工思路更清晰、更明确，公司管理更直接、更有效，工作完成更有序、更高效，工作流程更顺畅、更快捷。

2. 对员工进行分级编制，确保绩效目标"可完成性""可拓展性"的实现

国网沈阳供电公司根据绩效目标的难易程度将员工也相应划分为5个等级，并制定一级客户经理只能接受一级任务，五级客户经理可以接受一到五级全部任务的工作方式，并要求各等级员工需获得相应工作的工作资质。通过这一方式避免员工超能力范围工作，保证安全生产工作稳固实施，便于公司工作顺利进行。

3. 利用岗位目标驱动绩效管理，实现三级管控层层落实

根据公司实际管理特点，在组织体系上实现三级管控，即公司管控部门绩效，部门管控班组绩效，班组管控个人绩效，部门、班组分别制定绩效考核实施细则；公司层面负责基础数据规范、相关支撑制度建设和绩效框架指导，各部门根据自身业务特点执行不同的绩效模式和指标建立。通过岗位目标驱动的战略绩效管理，帮助企业战略目标层层分解，能够加强全员的目标协调一致性，提高管理的透明度，有利于岗位目标进展监控。此外，将岗位绩效管理与日常工作有机结合，纵向上，按照组织机构模式进行分级管控；横向上，对工作事项在时间上又以周计划、月计划为节点进行管理，实现纵横两个方向的过程管理。

(三) 构建数字化管控平台，为岗位绩效评估提供科学依据

国网沈阳供电公司充分运用先进信息技术手段，坚持"用数据说话、用数据决策、用数据管理、用数据创新"理念，围绕目标任务有序推进，充分发挥数据价值，研发新型抢派单智慧服务系统，搭建起具有全数据管理、全信息应用、全过程管控特征的数字化分析综合管控平台。

新型抢派单智慧服务系统在形式上类似于目前流行的滴滴打车平台，由后台编制、派发任务的工作任务平台和客户经理手机客户端组成。管理组将公司各部门下派的任务、客户申请办理的任务、低压可视化系统反馈的任务、自愈性电网系统上报的任务等工作按照《工作任务分级分类明细表》转化为具体工单，在系统中进行发布。在任务发布后由外勤人员根据自身情况使用手机客户端进行抢单，若无人进行抢单，则将此工单进行指派发布，由接到工单人员第一时间进行处理。

在新型抢派单智慧服务系统中加入远程视频通话功能，让业务人员可以向管理组更加清晰、直观地反馈工作中所遇到的问题，能够拉近管理组与业务人员之间距离，缩短工作处理时长，保证工作完成质量。此系统可通过网络实时反馈工作流程进度、工作完成情况评定，并能完成日常考勤等相关工作。通过抢派单智慧服务系统，在更好地为客户提供便捷高效的优质服务同时，实现绩效实时采集、实时监控每个人员的工作状态，从而做到工作过程、结果完全掌控，并将其量化为数据，为绩效考核评价提供有力支撑。

(四) 建立公开透明的绩效考核评价机制，科学评估员工绩效

1. 引入绩效积分，建立绩效积分计算模型

绩效积分＝工单分值×抢派单奖励系数×服务奖励系数，用于新型绩效考核评价。其中，工单分值为国网沈阳供电公司批准的绩效目标分级、分类转化而成，一级工单至五级工单对应分数为3～7分。

抢派单奖励系数是鼓励工作人员积极工作的一种手段，抢单奖励系数为1.2，指派单系数为1.0。服务奖励系数由工作结束后内部或外部人员评星打分得出，内部评星主要由国网沈阳供电公司管理创新人员根据下发任务完成情况进行给定；外部评星由用户针对相应客户经理的综合服务评定给出。评星打分共分为五星制，五星对应非常满意，奖励系数为1.2；四星为比较满意，奖励系数为1.1；三星为一般，不奖励系数为1.0；二星为比较不满意，惩罚系数为0.9；一星为非常不满意，惩罚系数为0.8。

2. 统筹考虑工单难度，设置差异化奖励绩效积分

绩效积分＝工单分值×工作难度奖励系数＋奖惩积分。其中，工单分值与普通工单中工单分值相同。工作难度奖励系数为管理组根据工单的完成时限、工作难度等因素进行综合评定。该奖励系数应合情合理，并至少通过半数管理组认可方可进行奖励。在奖惩方面为国网沈阳供电公司根据试点单位上报工单完成具体情况，如发生投诉情况或是盲目抢单情况进行相应的扣分惩罚，当获得各级表彰或媒体正面宣传等情况进行相应加分。

3. 建立团队工单的概念，利用"师带徒"等方式开展工作

绩效积分＝工单分数×所需人数（当前人员级别/人员总级别）。其中，工单分值与普通工单中工单分值相同，所需人数由管理组根据工作实际情况定制，计算出总分值后，根据人员等级比例分配个人绩效积分，很大程度上促进团结协作、互学互进。这三种计算模型的建立与应用，能够满足公司多种工作模式，实现绩效考核评价机制全覆盖，进一步为薪酬分配、人员晋升提供有效数据支撑。

（五）优化完善激励机制，促进企业与员工活力提升

1. 多措并举，强化员工绩效激励应用

为使员工培养和发展效果得到最大程度的体现，综合采取四种激励方式。一是目标激励。国网沈阳供电公司通过分析员工工作思想，通过绩效手段，设置多种阶段型目标，充分调动员工的工作积极性，加强员工工作执行力，激发员工的斗志，促使员工更出色地完成任务。二是参与激励。国网沈阳供电公司进一步加强各层级员工的工作参与感，通过共同制定绩效目标、完善绩效考核评价机制等工作，进一步打造民主、公开的工作环境，提升员工"主人翁"意识。三是理想激励。国网沈阳供电公司通过汇总各类员工的想法，明确员工的理想与抱负，对其进行正确的引领，使其自身的理想和抱负与公司的发展紧密地结合在一起，提升员工企业归属感、认同感，进一步提升员工的工作创造力。四是奖励激励。国网沈阳供电公司通过提取、总结员工的意愿，广泛调研员工喜好，开发更多样化的奖励方式，如用100积分兑换1天假期、50积分兑换参加竞赛的资格等，使其达到工作压力的消除、员工自身满足的目的，从而提升员工的工作热情。

2. 着力优化职位晋升通道，促进岗位动态调整

即根据员工绩效评价结果、综合绩效排名靠前的员工在其岗位序列内出现空岗，则直接升岗，若没有空岗在下一个评价期内提薪，具体制定《中层岗位动态管理办法》《一般管理岗位动态管理办法》《运行岗位动态管理办法》《检修岗位动态管理办法》等进行制度保障。切实执行末位优化，即根据员工绩效评价结果排名，对在群体排名靠后的人员，实施一系列优化手段，若无法满足岗位要求，可按照方案进行降岗、淘汰。此外，将培训与考核紧密联系在一起，在为优秀员工提供岗位晋升的同时，进一步提供相关培训模块。例如，提供培训发展机会，根据员工能力与职位能力对比分析，对能力和核心价值评估得出的不足部分和员工发展要求选择相关培训模块或发展机会。

3. 建立"逐步渐进式"培训方式，将补充培训与日常工作有机结合

通过分析、总结以往培训工作，国网沈阳供电公司发现"大水漫灌式"培训在效果远逊于"专题专案式"培训。在实际操作中，通过将"专题专案式"培训和日常工作有机融合，形成"逐步渐进式"培训，从而将培训工作的"实战"作用发挥出来。为不同等级人员晋升提供相应培训考核套餐，共A至

E套餐。

培训考核A套餐即企业新入职员工需经过套餐的学习培训，通过考核方可上岗。本套餐包含欠费复电登记、表计封印装拆、居民客户应急送电、电力短信变更、整理班组资料、修改系统图、修改相关系统基础数据、协同三级以上人员进行线路巡视、安全规程学习。培训考核B套餐即一级人员经过套餐的学习培训，通过考核方可晋级成二级人员。本套餐包含抄表数据异常、预约抄表、校验电表、低压业扩报装预受理、较简单故障处理、简单隐患消缺工作、撰写班组文件。培训考核C套餐即二级人员经过套餐的学习培训，通过考核方可晋级成三级人员。本套餐包含线路巡视，电能表异常，客户侧用电需求侧配合、供电企业供电设施消缺、电气损坏核损、整理设备资料、较复杂故障处理、工程资料整理。培训考核D套餐即三级人员经过套餐的学习培训，通过考核方可晋级成四级人员。本套餐包含定量定比调整、电力施工后废弃物清理及路面恢复、担任工作票许可人、大型故障查找。培训考核E套餐即四级人员经过套餐的学习培训，通过考核方可晋级成五级人员。本套餐包含路灯报修登记，工程验收、检查，担任工作票签发人能力，担任工作负责人能力，电网规划、设计。与此同时，创新利用自主开发的"互联网+"新设备，用于辅助、指导现场人员工作，更好地提升培训成效，从单纯关注绩效目标实现对员工成长和绩效目标的双重关注。

（六）强化绩效目标与人员的全过程管控，提供岗位绩效动态管理有力支撑

1. 推动绩效管理目标持续优化

常态化进行目标进展"回头看"，通过"回头看"评价实现目标的各种资源使用情况；评价目标实现是否还存在弹性空间；评价所实现的目标在推动和促进企业可持续发展中作用发挥情况。通过对绩效与目标的差别进行评审，查找绩效差距，定期总结思考，制定提升对策，实现从目标评价到目标更新的过程，并将已完成的目标成果，作为新的目标管理的开始。

2. 形成一体化闭环管控机制

针对重要指标进度情况进行动态跟踪，及时筛查、分析指标异动，对于监测发现的指标异动，及时开展跨部门协同工作，核查并闭环整改，形成"监测分析－指标预警－异动筛查－协同督办－结果反馈"一体化运作的闭环管控机制。满足公司决策层对公司核心资源与重要指标的实时掌控，以及对公司各业务流程的过程监督、专业高效协同等要求，切实做到"过程监控、动态分析、在线协同、实时纠偏"，有力推进各项指标的有序完成，实现由结果管理向过程管理的转变。

3. 动态开展风险管控

分析潜在风险对企业绩效目标实现和整体效益的影响，及时梳理发现企业经营过程中存在的风险点和异常点，以异动和问题为导向，加强风险管控，切实做到"过程监控、动态分析、在线协同、实时纠偏"，进一步推动流程再造。

4. 积极开展频繁和实时的沟通反馈

能够深入了解员工工作状态，提供更为精准有效的评价及改进指导方案。例如，以新型抢派单智慧服务系统中的归档工单为依托，利用其生成的云端大数据库，制定员工个人工作履历，使每一位员工对于自身工作情况一目了然。国网沈阳供电公司从每一位员工完成各工单类型的数量，工单的完成时长，工单完成质量及团队对其工作情况的认可程度等几个方面出发，对员工进行深度剖析。利用短期数据分析员工当前身心状态情况，对于出现问题的员工进行谈话、开导，解决员工自身产生的问题，确保人才利用率；利用中、长期数据，了解员工自身的长处与短处，挖掘员工自身的闪光点，判断其发展方向，确保"全能型""专家型"人才的养成，不断完善公司的人员构成和人才储备，为公司可持续发展和决策提供助力。

三、供电企业以实现客户、企业、员工多赢为目标的数字化绩效管理效果

（一）激励作用有效发挥，员工执行力和积极性显著增强

随着以满足客户需求为导向的全面绩效管理不断向纵深推进，实现了企业与员工上下同心、责任共担、成果共享，企业氛围更加和谐。严格进行绩效考核，将考核结果运用到薪酬分配、岗位调整、培训发展等方面，促进员工关注自身业绩水平，激励员工自觉提高业务素质和工作能力，帮助员工查找差距、制订措施、持续改进、提高绩效，有效提升了员工队伍整体素质，员工执行力、工作主动性得到大幅提高，营造员工自觉提升素质的良好氛围，企业发展活力得到充分激发。试点单位在应用了新型管理模式后，荣获国家电网公司"电网先锋党支部"称号和沈阳市共青团授予的"沈阳市青年文明号集体""沈阳市青年突击队"等称号。

（二）管控穿透力显著提升，管理效率效益大幅提高

通过实施全面绩效管理，打破了"以会议传达代替沟通协调、以下发文件代替贯彻落实、以考核代替监督管理"的局面，国网沈阳供电公司业务流程管控显著加强、专业沟通协调更加顺畅、管理责权利更加强化，考核激励更加科学有效，管理手段精益化得到提高，管理机制和组织机构得到健全优化，管理理念和价值认同进一步落地生根。一是部门协同合作更加顺畅高效。有效加强了公司部门之间的协同性和工作指令的穿透力，部门协同能力得到显著增强。例如，加强部门协作大幅缩短配网抢修时间，实现配网调控、配抢指挥、电力保障一班各班组业务间的协同配合，故障发生后，5分钟内即可实现将详细的停电信息推送给用户。二是实现提质增效，有力降低人工成本。浑南客户服务分中心人员数量由2015年的86人逐年精简，截至2017年在职员工72人（其中包括2017年新入职4人），在不考虑新入职人员的情况下，显著精简了20.9%；自贸区供电服务部由最初定编38人精简至22人，人员数量下降42.1%。实现了公司业务集约化的目标，国网沈阳供电公司应用"整理、分析、合并、分解"四步操作法，减少反复核定、多次转场、重复录入等低效、无效、重复的工作内容，用规范化、信息化手段来传递工作，用表格、文本等规范资料的留存、流转，从根本上减少内耗，提升了管理运作效率。通过更加扁平化的组织结构，更加灵活全能型的人员管理方式，实现了工作无断点，人员更高效，节省更多的工作时间，让员工有更多的时间精力去完成更多的工作。三是管理过程监督更加高效。实现月度定期工作、季度定期工作、年度定期工作的执行状况实时抽取与实时跟踪、反馈。利用信息化实现员工岗位任务全过程管理效果显著，有力提升了企业资源配置过程中的主动性、科学性，在其他企业也具有较高的推广价值。

（三）客户满意度显著提高，实现企业与客户多方共赢

试点单位在应用新型绩效管理模式后，人员管控力度与服务能力得到提升，截至2017年年底人员故障发现时长平均缩短2小时，与2015年相比，缩减了50%；到达现场时长平均缩短20分钟，与2015年相比，缩减了50%；客户投诉事件由2015年的29件减少至2017年的12件，减低了58.6%；客户满意度大幅度提升，较原来提升了30%。同时，有力推进了大数据等新兴技术在公司的深化应用。通过广泛推广应用"互联网+"新技术，强化了设备管控力度。进一步通过线上和线下两个渠道，应用信息化、平台化、智能化系统，实现"线下主宣传，线上主办理"的工作管理方式，有效缩短了电力用户与供电企业之间的距离，做好"电管家"，取得了良好的社会效益，彰显了供电企业良好的社会形象。

（成果创造人：辛国良、王向臣、黄　旭、傅炜虹、潘泳超、赵　英、张　越、杨　旭、何　琛、谭　澈、孙佳琪、耿　正）

应用型科研院所基于量化评价的员工绩效管理

中国石油化工股份有限公司西北油田分公司石油工程技术研究院

中国石油化工股份有限公司西北油田分公司石油工程技术研究院（以下简称西北石油工程院）成立于2005年，是中国石化下属的油田分公司直属科研单位，目前包括钻井、完井测试等8个研究所，2个检测站、6个管理科室。西北石油工程院地处新疆沙漠之中，截至2017年员工人数仅为228人，其中"80后"占比60%，硕士研究生及以上占比54%，业务涵盖石油工程专业全链条的方案设计、技术研发、工艺推广、质量检测等工作，是西北油田工程技术的研发中心和支持中心，是国家海相碳酸盐岩油气藏开发示范基地。先后承担国家、中石化等各级各类科研项目180余项。

一、应用型科研院所基于量化评价的员工绩效管理背景

（一）企业转型发展有多层次严峻挑战

2014年7月国际油价断崖式下跌，2015年国际油价持续维持在50美元左右，油田经营的盈亏平衡点急剧下降，高油价时期所建立起来的高产能发展模式被完全颠覆，油田发展普遍进入"寒冬期"。新疆地处偏远，自然环境恶劣，社会环境复杂，对技术人员心理影响较大，成熟人才难以挽留，辞职、调动情况时有发生。油田资源接替困难，高产稳产难度急剧加大，很多常规工程技术因实施成本高渐渐失去优势，大量急难险重工作亟待开展深入技术攻关。工程院优秀人才流失严重，5年内技术人员因各种原因外流31人，同时由于培养错位、激励不公，员工积极性严重丧失，创新性工作推进缓慢，2015年工程技术降本增效收入贡献率由82%首次下降到56%，挫伤了技术人员干事创业的热情和激情。

（二）实施绩效量化评价面临良好政策环境和技术条件

继国家出台深化国企改革的意见之后，石化系统陆续开展了一系列改革，在选人用人方面推行"员工能进能出、干部能上能下、收入能增能减"三项制度改革，为企业改革建立了明确的绩效导向。同时，随着信息互联技术的飞速发展，信息产业已成为国家的重要支柱产业，"两化"融合赋予企业新的发展内涵，软件、系统、网络等信息载体极大提高了科研单位的研发效率和管理水平，为建立系统的智能化数据平台提供了工具和手段。另外，作为科研单位的人员主体，知识型员工善于接受新生事物，尊重科学知识，愿意接受高效管理，内心强烈期望工作被关注、价值被认可，有实施绩效改革的主观愿望。

（三）突出价值引领具有诸多有利条件

首先，石油系统有着敬业奉献的光荣传统和优良作风成为石油企业改革发展的思想和文化基础；其次，西北油田立足于塔里木盆地，以最少的人员（4000人）支撑了最大的油气体量（累计油气当量破亿吨），主要得益于其扁平化的组织结构，以及年轻化、高素质的各级干部队伍，显著的组织优势形成了强大的执行力；最后，西北石油工程院有一支年纪轻、学历高、专业性强的队伍。特别是新一届领导班子具有强烈的改革愿和转型发展的坚定决心，自成立之初即开始了统筹规划、建章立制、树立标杆等一系列基础工作，为实施创新驱动和价值引领的绩效管理形成了有利的文化氛围。

二、应用型科研院所基于量化评价的员工绩效管理内涵和主要做法

西北石油工程院以"同担攻坚责任、同创企业价值、同享创新成果"为理念，充分发挥每位员工的价值，让每位员工都成长。以"工作量、效率、质量、效益"为核心，构建了以能力和效率为导向的量化评价框架，建立了科学研究与科研管理两个绩效评价系统，设计了以差异化为重点的科研与管理量化

指标体系和以优化人力资源配置为目标的数据应用平台，同时建立以申报、审核、监督、申诉管理核心的绩效管理保障机制和以价值积分为依据的绩效激励政策，取得了显著成效。主要做法如下。

（一）构建基于量化评价的员工绩效管理组织体系和工作思路

2016年年初，西北石油工程院为解决内部人才流失、科研人员分配吃大锅饭等绩效管理问题，开始构建和实施基于量化评价的员工绩效管理体系，为西北石油工程院的发展筑牢坚实的基础。

1. 强化组织领导，听取员工意见

西北石油工程院根据员工量化评价体系的业务需求，健全组织体系，建立6个工作小组，分别是院级领导小组、院级管理小组、院级监督小组、系统运维小组、基层单位管理小组和监督小组。院级领导小组和管理小组主要负责组织起草修订员工量化评价工作方案、管理办法和实施细则；院级监督小组主要负责对工作方案、管理办法的制定和实施进行民主监督；系统运维小组主要负责信息系统技术支持和后台数据管理；基层单位管理小组和监督小组主要负责基层单位积分管理，对员工量化评价过程和结果应用进行民主监督。员工量化评价组织体系总体分为院和基层单位两级，管理、监督、运维三大模块，共同推进量化评价体系平稳有序运行。同时，西北石油工程院成立了以分管副院长为组长的工作小组，分层级分群体多批次召开专题座谈会，研判问题，商讨对策，倾听员工意见，了解员工思想动态，收集员工的建议。对收集的意见分类评价，找出关键问题，和员工共同研究解决问题的对策。

2. 理念为先，确定工作原则

为稳妥推进量化评价体系的有效运行，倡导"三同"的理念，即"同担攻坚责任、同创企业价值、同享创新成果"，让每一位员工都能在新的绩效评价体系中体现自身的价值。绩效评价体系体现为三全，即评价维度全、评价周期全、评价对象全；遵循的工作原则为自下而上全员参与的原则，以实现员工最大限度的认可；动态调整持续迭代的原则，以实现指标的合理；公开公正透明的原则，以实现操作程序的规范；应用信息化技术的原则，使量化评价体系高效运作；层层分解、分类实施的原则，使量化评价工作稳步推进；单位绩效体系同时构建的原则，使员工和单位的绩效考核实现无缝衔接。

3. 分类评价，突出科研特色

西北石油工程院按业务特点分为科研和管理两大类工作，并在分类的基础上进行业务细分。西北石油工程院的工作具有复合型、攻坚型、艰苦型三大特点。复合型工作主要表现为科研任务复杂，包括成果、生产、设计、应用、管理五种类型型；攻坚型工作主要是西北油田属国内仅有国际少有的超深超高温复杂难开发油田，工程技术攻关艰难；艰苦型工作主要体现在科研人员工作场所在南疆沙漠腹地，渺无人烟，工作环境和条件极其艰苦。这些特点对绩效评价影响因素多、量化难度大。西北石油工程院依据业务特点和组织框架建立科研和管理两类评价系统。科研类工作以项目和科研成果为主要产品，而科研管理类工作则以岗位履职和沟通协调为主，按此将院内的员工分为科研技术人员和科研管理人员。分别对科研类和科研管理类人员按成果和岗位履职因素建立了绩效量化评价体系。

（二）构建科研人员科研成果量化指标体系

科研人员的绩效大部分是可以以实物形式呈现的，如设计方案、研究报告、论证材料、实验数据、成型产品等。对员工的工作进行细化分解和梳理，对绩效进行价值评定，并进行赋分，来衡量员工的绩效价值。西北石油工程院将8个专业研究所科研人员主要承担各项科研和生产项目的所有工作在8个维度（大类），即态度、能力、生产、科研、技术、支撑、审查、管理，进行业务盘点。并进一步在8个指标维度指导下，将指标划分为三级，即大类—中类—小类。共梳理细分为1258项具体工作（这个数字是动态的，新的工作加入会使数字增大），并对每一项工作在公开评议的基础上进行赋分，每完成一项具体任务均可获得相应分数（见表1），在任务标准分数的基础上还采用评价系数来突出质量、效率、效益（见表2）。

表1　8个方面指标简表

大类（8方面）	中类（50类）	指标示例（1658项）
态度	限制行为、引导行为、警示行为	迟到：扣能力分数50% 前线值班：1分/天 工作时间玩电脑游戏：扣50分/次 ……
能力	岗级、学历、职称、技能、工龄	正高职称：1分/天 副高职称：0.8分/天 本科学历：0.8分/天 ……
生产	报告小结、方案编制、工程设计、会议交流、可研编制、例行报表、两个现场（实验室＋生产一线）、申请建议、生产辅助、质量监督、质量检测	风险探井钻井设计：100分/份 新区探评井钻井设计：60分/份 常规完井设计：40分/份 ……
科研	重大专项/863/973项目、集团公司先导/局控科研项目、集团公司科研/重大先导项目、示范工程项目、局控生产/自研项目、成本类外协项目	局控科研项目：400分/项 成本类外协项目：100分/项 ……
技术	标准规范、成果申报、发展规划、会议纪要、技术查新、技术规划书、技术论证、技术评价、论文专著、内部刊物、技术咨询材料、自主研发成果	采气井口规格书：60分/份 省部级汇报材料：2分/页 新技术引进并成功应用：150分/项 ……
支撑	成果奖励、荣誉称号、团队建设、系统运维、信息系统建设、宣传报道、专业软件管理、资质认定管理、综合管理	安全管理：20分/月 内控管理：20分/月 发明专利：100分/项 党支部建设：100分/月 ……
审查	班组级审查、基层单位审查	审查任务分数的10%～20%
管理	任务指导、工作协调	分管人员生产、科研、技术、支撑四类分数平均值的20%

表2　效率、质量、效益系数赋值简表

效率（系数）	质量（系数）	效益（系数）
		外协率超过90%：0.2
	质量缺陷导致事故：0.4	外协率不超过75%：0.5
平均工期完成：1.0	内部评审多次不通过：0.6	外协率不超过50%：1.0
小于平均工期20%：1.2	格式、文字错误多：0.7	外协率不超过25%：1.5
小于平均工期40%：1.5	内部评审正常通过：1.0	创新成果正常应用：1.0
	内部评审一次通过：1.2	创新成果应用效果较好：2.0
		创新成果广泛应用：3.0

（三）构建科研管理人员岗位履职量化评价体系

机关科室的科研管理人员主要以沟通协调、岗位履职等无形业务工作为主，具有不实物化的特点。西北石油工程院对6个机关科室和2个前线站点的工作开展以企业职责为中心，向下逐层分解为部门职责、工作模块和任务单元，最终转化为岗位职责。初步梳理出管理职责指标1272项，创建了以"管理类工作因素分析法"为核心的管理人员绩效价值评价方法。

表3 管理类工作因素分析法

评价维度及权重（一级）	评价维度释义	评价指标及权重（二级）	评价指标释义
技能水平30%	工作绩效达到可接受的水平所必需的专门知识及相应的实际运作技能的总和	专业理论知识（30%）	对该职位所处行业领域的理论、实际方法与专门知识的理解
		管理诀窍（50%）	达到所要求的绩效水平而具备的计划、组织、执行、控制、评价的能力与技巧
		人际技能（20%）	该职位所需要的沟通、协调、激励、培训、关系处理等方面主动活动技巧
解决问题的能力40%	在工作中发现问题，分析诊断问题，提出、权衡与评价对策，做出决策等的能力	思维环境（45%）	环境对职位承担者的思维的限制程度，及是否可从他人处或从过去的案例中获得指导
		思维难度（55%）	解决不同复杂程度的问题时对当事者创造性思维的要求
承担的职位责任30%	职位行使者的行动对工作最终结果可能造成的影响及承担责任的大小	行动的自由度（10%）	职位能在多大程度上对其工作进行个人性指导与控制
		职位责任（60%）	可能造成的后果
		职位对后果的作用（30%）	该职位对形成后果的贡献和影响程度

"管理类工作因素分析法"主要考虑知识技能水平、解决问题的能力以及承担的职位责任三大因素，从三个维度设置评价权重。一是设置技能水平评价维度，标定其30%的权重。设置专业理论知识，衡量对该职位所处行业领域的理论、实际方法与专门知识的理解，占比30%；设置管理诀窍指标，衡量员工所具备的计划、组织、执行、控制、评价的能力与技巧，占比50%；人际技能指标，衡量该职位所需要的沟通、协调、激励、培训、关系处理等方面的主动活动技巧，占比20%。这三项二级指标突出了实现管理职能目标所必备知识技能的考评维度。

二是设置解决问题的能力评价维度，标定权重为40%。设置了两项二级指标，其中思维环境评价指标，占比45%，来评判其是否可从他人处或从过去案例中获得指导的能力。另外，思维难度占比55%，此指标是体现对解决不同复杂程度的问题时对当事者创造性思维的要求。它们突出了主动承担解决复杂问题的导向。

三是设置承担职位责任的评价维度，标定为30%的权重，其用于衡量职位行使者的行动队工作最终结果可能造成的影响及承担责任的大小。设置了行动的自由度，占比10%；职位责任，占比60%以及职位对后果的作用，占比30%三个评价指标，突出了主动履行岗位职责的导向。科研管理人员通过主动担责、提升管理质量水平、主动承担工作任务，就可获得相应分数。

（四）搭建数字化管理平台，实现量化评价体系的高效运行

1. 开发集成智能的数字化管理平台

西北石油工程院立足"管理需求和数据集成"等用户思维，将量化评价指标的名称、分类、分值录入系统，建立专业室、部门的分层级管理流程，设计管理类、查询类、分析类等多个功能模块，集成移动办公 APP。通过运行与完善，构建了以"天"为基本时间单元的绩效数字化管理平台，提高了基于量化评价的员工绩效管理体系的操作性、实用性。

2. 集成八大功能模块

数字化管理平台集成进度管理、行为管理、任务管理、成果管理、奖惩管理、信息查询、综合分析、系统维护八大功能模块，涵盖信息及时更新、结果及时反馈、自动汇总排名、自定义查询、自动生成评价报告等功能。平台具有操作简单、规范、高效的特点，可实现日度、月度、季度、年度的动态考核。平台的双向选择、公开竞争等任务配置方式提高了员工自主性，移动手机 APP 解决多地办公、无法实时审批的问题，切实推动了员工绩效量化评价体系的高效运行。

3. 简单快捷的申报流程

按照行为、任务、成果、奖惩四个方面，个体任务由员工自主进行绩效申报，集体任务由任务负责人按照团队成员所完成工作量的比例进行申报，周期跨度长（如三个月）的任务按照批分至每月的绩效进行申报。申报操作均以勾选指标菜单为主，操作过程简单、快捷，人均每天不超过三分钟。系统根据指标体系自动直接赋值或计算赋值，杜绝了"人情分"。

4. 构建多级审核模式

系统根据后台设计的不同业务流程和层级管理结构，将个体和集体申报的行为绩效结果推送到考勤管理员予以审核，申报的任务、成果、奖惩的绩效结果分别推送到室主任、分管副职、部门正职予以审核，最终由部门正职领导审定，结果在平台供全员查询、监督，避免虚假申报、审核不严的行为发生，确保绩效结果的准确。

5. 建立实时动态查询界面

平台设置"三项查询"，即任务查询、分值查询、指标查询，可获知任务数量和进度状态、个人分值、分值明细、分值排名、指标类型、指标名称和标准分值等内容。通过查询了解部门、专业室、项目组、员工四个层面绩效表现，实现实时获知动态、实时激励竞争的效果。

6. 拓展绩效数据的分析功能

借助数字化管理平台积累的绩效数据，对科研单位及员工个人的工作进行动态追踪分析，主要分析员工的工作重心、工作饱和度、能力结构、工作状态，部门的人岗匹配状况，科研单位的工作重心、工作饱和度等多方面内容，精确剖析工作运行状况、查找管理问题、明确提升方向，挖掘绩效数据的分析功能

（五）建立绩效量化评价管理体系的保障机制

西北石油工程院坚持问题导向、尊重员工意见、保障员工权益，为突出绩效管理流程机制的简单化、规范化、合理化，建立了以申报、审核、监督、申诉为核心流程的保障机制。

1. 规范了申报、审核流程，突出过程控制的规范性

根据业务绩效特点，划分为行为、任务、奖惩、成果等四种绩效申报类型，形成不同类型的绩效的审核模式，确保申报、审核的规范性和合理性。一是行为绩效，主要包含员工的出勤、培训等绩效，由考勤员核实签发，突出自我约束力；二是任务绩效，主要包含工程设计、开发方案、咨询材料等绩效，由主管领导下发任务并明确提出任务要求与时间节点，员工接收任务并上传成果，形成闭环管理模式，

并由绩效分数审核人（管理员）根据过程、结果核定绩效分数；三是成果绩效，主要包含论文、专利、荣誉、奖励等绩效，由员工自主举证，核实后给予绩效分数核定；四是奖惩绩效，主要包含生产和实验现场、全勤等绩效，直接由管理员统一签发。

2. 建立了监督、申诉流程，突出意见反馈的合理性

建立两级监督机制。建立院、基层两级监督，成员由工会、专职纪检委员、党支部、职工代表和一般职工等构成。两级监督机构主要职责为对指标标准制定项目、合理性等予以监督；对积分申报、审核过程予以监督；收集反馈积分全过程出现的问题；对于解决问题的过程、结果予以反馈。

建立两级申诉机制，保障职工知情权，发挥民主监督作用。受理范围包括业务类别、工作质量、时效不属实或明显不合理的业务；考勤、两个限产、自主学习等不属实的行为积分。设置四个申诉渠道，广开言路，倾听基层真实声音。员工对评价结果有异议，可以向党委、工会反映；向所领导、职工代表反映；通过办公楼意见箱，电子邮箱申诉。申诉方式可以通过本人或提出异议的他人进行申诉。工程院规范了申诉处理流程，首先由基层单位管理小组出具意见，经基层的单位监督小组评议通过后，单位正职对相关积分数据进行修改操作。

（六）挖掘绩效数据的分析功能，优化人力资源配置

西北石油工程院通过对数据化管理平台上积累的大量管理数据进行分析，剖析工作运行状况、及时解决问题，优化人力资源配置。

1. 综合评价人才，降低选人用人风险

根据态度能力积分与成果业绩积分的相关性，可评价人员的德、才、绩、能，为干部选拔、评先推优提供指导。四个象限不同的员工类型，可根据特点进行不同方法的使用，以求能力和业绩的最佳匹配度。当员工态度能力积分、成果业绩积分均很低时，采取待岗培训的措施；若员工态度能力积分较低，而成果业绩积分较高，说明其业务水平突出，但态度不端正，需了解深层次原因，若该员工与组织价值观不符，则需谨慎使用；对于态度能力积分较高，而成果业绩积分较低的员工，应予以培养使用；若员工态度能力积分和成果业绩积分均很高时，说明其德才兼备，应予以提拔重用。西北石油工程院始终认为"态度大于业绩"，成果业绩积分高而态度不好的员工往往影响力较大，极有可能带坏团队氛围。而对于态度好，业务水平较低的员工，可以予以培养或判断挖掘其优势所在，适当调整岗位。

2. 工作量饱和度分析，支持人员调配决策

用大数据可识别各单位的工作量饱和度、工作安排均衡合理度，对部门定编、定岗、定员有更精确评价，根据员工与工作量匹配程度，可精准调配人员。根据数据平台，可以直观地得到各个单位工作量分配情况图以及各分数段人数分布图。

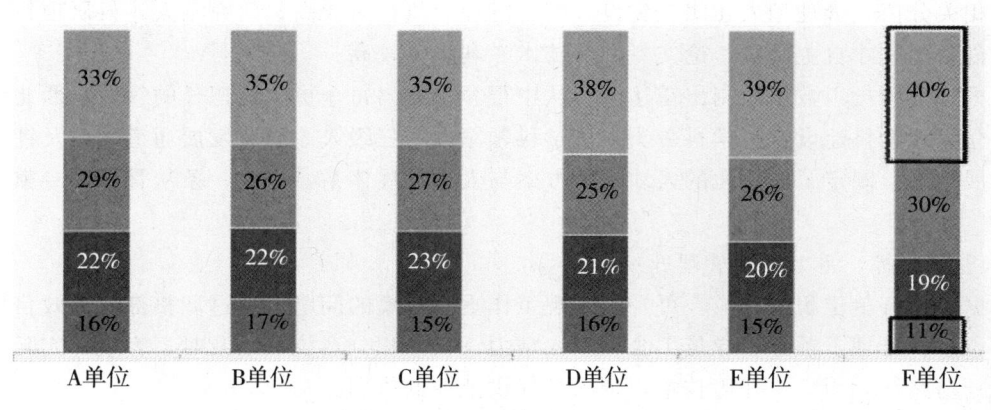

单位				
A单位	33%	29%	22%	16%
B单位	35%	26%	22%	17%
C单位	35%	27%	23%	15%
D单位	38%	25%	21%	16%
E单位	39%	26%	20%	15%
F单位	40%	30%	19%	11%

图1 工作量分配情况示意图

图 1 为各单位完成每 1/4 的工作量所需人员比例。可看出，各单位均有工作量不均的情况，而以 F 单位最为突出。F 单位 11% 人员和 40% 人员完成同样的工作量，这凸显出工作量分配不均、人员能力参差不齐的问题。

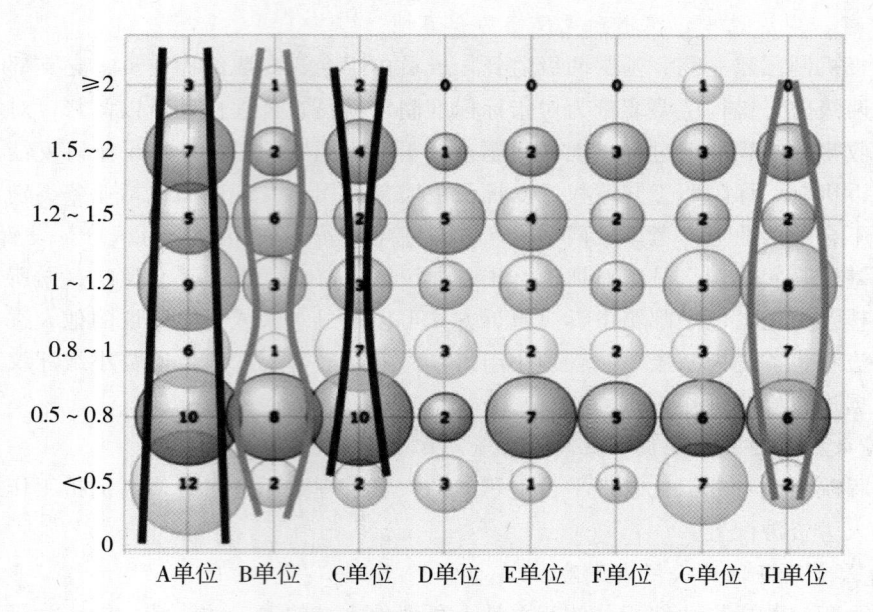

	A单位	B单位	C单位	D单位	E单位	F单位	G单位	H单位
≥2	3	1	2	0	0	0	1	0
1.5～2	7	2	4	1	2	3	2	3
1.2～1.5	5	2	3	5	3	3	3	5
1～1.2	3	2	3	4	5	4	5	8
0.8～1	6	1	7	3	6	5	4	7
0.5～0.8	10	8	10	2	7	5	4	6
<0.5	12	2	2	6	1	1	7	2

图 2　各单位各个分数段人数分布图

从图 2 可以看出，A 单位人数分布呈金字塔型，分数低的人员较多，分数高人员较少，说明底部工作量不饱和，工作量分配不均，造成人力资源闲置，人才潜能未能充分发挥；B 单位人数分布呈葫芦形，中部人数分布较少，工作量严重不饱满；C 单位人数分布呈沙漏型，两极分化严重，分数较高、较低人数均较多，少数人完成大量工作，工作分配不尽合理；H 单位形成了两头小、中间大的"橄榄型"，符合正态分布，大部分员工绩效积分趋向平均水平，个别优秀与个别落后的情况也反映出来，工作量与人员的匹配更优化，是较合理的分布。基于工作饱和度与工作均衡度的判断，为定岗、定编、定员提供了有效依据，合理支持人员调配决策。

3. 分析员工特长，识别与培养人才

通过在数据平台中抽提关键指标，对员工积分分类求和，可识别实践型、管理型、研究型、创新型四类人才能力结构，为分公司人才盘点提供重要的数据支撑。实践型人才更注重两个现场、工程设计和方案科研的相关分值；管理型人才团队建设、综合管理分值相对较高；研究型人才科研项目、成果奖励积分较高；创新型人才自主研发、论文专题及技术专利积分较高。

基于数据，分析员工数据绘制出雷达图，从中很容易看出每个员工所擅长的领域。西北石油工程院依据积分建立了"学科建设者、学科带头人和学科领军人"三级人才职业发展通道，以及针对现场经验少的员工开展培训，制定了体系化的人才培养方案与人才发展体系，形成一条从骨干到专家、大师的人才发展链。

4. 工作重心分析，主力科研管理升级

根据数据分析各单位积分构成，可及时发现工作重心偏离的问题，通过调整部门绩效目标、提高重点工作积分，进行合理干预，引导员工合理投入精力。根据积分系统可以及时、客观、实际地反映出专业的发展规划与路线，为室主任等技术管理人员提供把控的依据。

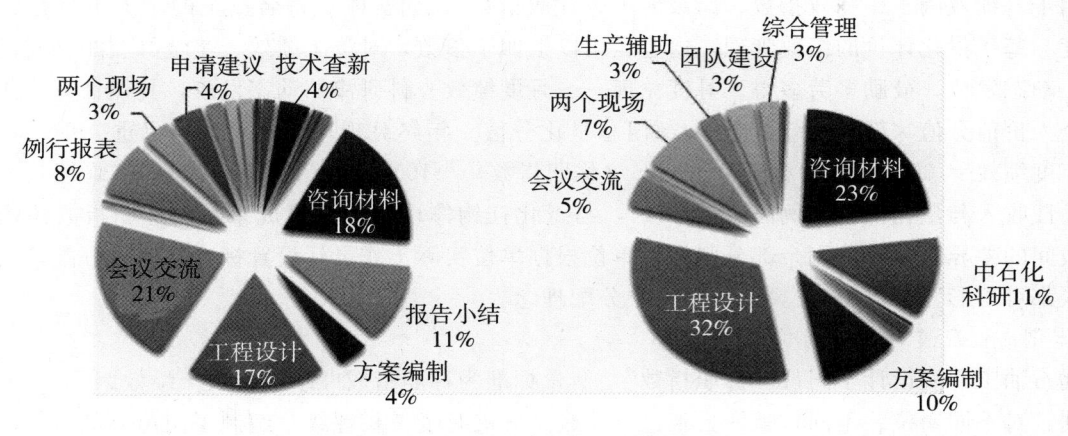

图3 某研究所第一、二季度绩效构成

从图3中可以看出，某研究所一季度（见图3左）会议交流积分占比21%占比过大，而作为核心业务的积分占比过小，如工程设计（17%）、科研项目（<3%）、技术咨询材料（18%）。明显可看出工作部署的不合理，通过及时提醒并提高重点工作的绩效值。二季度（见图3右）会议交流积分就压缩至5%，核心业务积分占比大幅提高，如工程设计从17%提高至32%，科研项目从不足3%提高至11%，技术咨询材料从18%提高至23%。科研单位的重点工作得到突出和加强。

5．洞察员工状态，强化人文关怀

数据平台将传统人力资源分析系统难以量化的情绪、心理、思想动态通过员工绩效积分波动反映出来，实现了定性到定量的转变。通过大数据的动态分析，可即时跟踪员工积分、排名的变化，及时发现问题趋势，积极介入并查找原因，"防患于未然"，实现绩效管理的关键一环——绩效辅导与改善，同时为基层组织帮扶工作找准目标群体。西北石油工程院规定，各所站需对低积分员工开展定期反馈面谈，对员工进行绩效辅导，帮助他们分析绩效不理想的具体原因，明确改进措施。

（七）实施以量化积分为依据的绩效激励政策

西北石油工程院实施以量化积分为依据的绩效激励政策，推进全员绩效考核，以业绩为导向，科学评价不同岗位员工的贡献，合理拉开收入分配差距，完善内部管理人员能上能下、员工能进能出、收入能增能减的市场化机制。

1．精准对标，细化员工量化积分方法

员工量化积分主要分为三步，第一步选标杆，进行比较。各所站依据各自的工作特点选择标杆任务，确定这一岗位的积分分值（成为标准分值），再综合任务难度、耗时、紧急程度、重要性四大要素，将其他工作与这一标杆任务进行比较，计算其他工作积分。第二步细化标准，计算分值。在标杆比较确定任务大致分值后，再次细化类别标准进行精准定价，清晰定义每一个任务在不同情景和完成情况的积分，在粗略比较和细致标准的平衡中力求实现定价的客观性、科学性和合理性。第三步设置系数，灵活调整。为了更精准、灵活地反映工作价值、突出工作重点、鼓励员工创新，设计出三个调节系数，所站可以根据员工完成任务的难度、贡献和质量，在标准积分分值基础上乘以调节系数计算员工得分。员工积分＝工作标准积分分值×难度系数×贡献系数×质量系数（系数默认值为1.0，若有改动则按改后的系数数值代入计算）。

2．动态管理薪酬，实现收入能增能减

为合理、定量评价薪酬与贡献之间的关系，规避不同岗级、人数的影响，西北石油工程院设计了4

个参数因子（绩效因子、绩效指数、岗级因子、称职指数），如实体现每名员工的个人贡献程度和人岗匹配程度。基于量化评价的绩效管理，通过运用以上四个参数，对员工绩效、奖金等薪酬分配进行创新性设计，动态发放，鼓励多劳多得。月度兑现——月度绩效、科研津贴动态发放，具体计算公式为月度绩效＝个人价值分值×部门绩效总金额/部门总量化分值。年终兑现——既重结果也重公平，具体计算公式为年度绩效＝60%（年度积分）＋30%（称职指数）＋10%（部门自主分配）；年终绩效、奖励绩效等激励性收入与量化挂钩比例需超过50%，与量化挂钩体现绩效价值成果，与称职指数挂钩则体现不同岗级间的差异；年终奖剩余部分则由各单位根据单位实际工作灵活设置标准、完成分配，共同凸显了"人人都可出彩""基层自主灵活"的绩效分配理念。

3. 优化岗位配置，强化岗位能上能下

西北石油工程院设计了岗位"称职指数"，衡量标准为称职指数＝绩效指数－绩效因子＋100%。以此为依据，对不同岗位、不同贡献的员工进行比较，开展月度考核评级。编制了岗位调整标准，对连续考核不合格者进行降职处理，对连续位列前茅的员工进行重点关注和优先晋升。在自然年度内，月度称职程度达到一定的连续累计低分条件则进行岗位调整和公开竞聘。

西北石油工程院将员工称职指数划分为四个等级，并制定了评级调整制度，即年度警告4次（每提醒3次折算为1次警告），职位下调1级；年度警告6次，职位下调2级；无下调职位则待岗培训，按最低工资标准计发基本生活费。空缺职位通过公开竞聘，让表现突出的员工得到晋升。

西北石油工程院把量化评价结果不仅应用到薪酬分配，还通过"称职指数"评价，与岗位优化配置相结合，实现了"从分值再到价值"的转变。由此形成基于量化评价由价值到分值、由分值再次回归价值的完整闭环。

三、应用型科研院所基于量化评价的员工绩效管理效果

（一）促进了科研和经营指标大幅提升

2016年年初，西北油田工程院开始全面实施基于量化评价的绩效管理，相应落实人才精准培养和资源合理匹配，充分调动了员工积极性。员工从"派活干"向"抢活干"、从"愿干日常工作"向"愿干重点工作"转变，员工绩效由"靠资历"向"靠能力"转变，真正实现了多劳多得、优质优酬，企业科研和经营指标得到了大幅提升。同2015年相比，工程院2017年完成局级以上科研项目54项，增加28项；获得国家专利21项，增加11项，其中发明专利9项，增加5项；获得省部级以上奖励13项，增加8项；科研成果转化实现增油69.7万吨，比2015年增加24.2万吨；降本增效9775万元，比2015年增加5668万元。科研及成果转化有效促进了西北油田经营业绩的大幅提升。

（二）有利支持了西北油田的快速发展

2017年年初，西北油田开始全面推广运用绩效量化评价机制，在更大范围内调动员工工作积极性，大幅提升了经济效益。同2016年相比，2017年油田生产原油630万吨，增加36万吨；生产天然气16亿方，增加2亿方；营业收入133亿元，增加42亿元；实现利润11.6亿元，一举成为中国石化集团唯一盈利的油田，被树立为石油行业"寒冬期"扭亏为盈标杆企业，年度绩效考核首次跨入石化集团A档企业。

（三）得到了社会各界的广泛关注和高度认可

通过系统梳理工程院全业务链的科研及管理工作内容，运用多因素分析法对每项工作进行"价值标定"，构建了一套覆盖完整、科学量化的绩效评价指标体系；创新开发了高效便捷的"基于量化评价的员工绩效数字化管理平台"，兼具量化评价及分析诊断功能；配套建立了包括运行维护、申诉处理、绩效分配、结果运用在内的一系列保障制度，实现了绩效评价从定性到定量、从烦琐到高效、从周期静态到实时动态的转变，为企业开展薪酬能增能减、岗位能上能下等绩效管理提供了科学依据，荣获2017

年中国石化集团公司"现代化管理创新成果"一等奖。截至目前,该量化评价方法已推广应用于西北油田所辖全部 16 家二级单位、4000 余职工,受到了 300 余家油田服务企业的关注和认可,基于量化评价的专著《绩效破局——基于价值量化的绩效管理求索之路》已出版发行、"基于量化评价的员工绩效数字化管理平台"已获得国家软件著作权认定。先后有来自中央和地方、从事科研或施工的 36 家企业前来西北油田交流学习;已有 6 家企业与西北油田达成引进意向,其中中国石化江苏油田已完成引进合同签订。

(成果创造人:赵海洋、陈　元、李建杰、吴臣德、张建军、秦　飞、黄振琼、任　波、包　锐、张　翼、于晓静、段浩文)

航空制造企业提升组织效能的员工全面绩效管理

成都飞机工业（集团）有限责任公司

成都飞机工业（集团）有限责任公司（以下简称成飞）是航空工业的全资子公司，创建于1958年，1998年组建为集团公司，是我国航空武器装备研制生产主要基地，航空武器装备出口主要基地，民机零部件重要制造商，国家和省市的重点优势企业。成飞拥有雄厚的技术实力和与国际接轨的质量保证体系，曾获得国家、省部级科技进步奖400余项；获得管理创新奖332项，其中省部级累计264项，国家级累计16项。一批具有世界先进水平的新技术、新设备、新工艺、新材料被广泛应用于产品的设计制造过程中，是国家"CIMS应用领先奖"的航空企业，初步实现"数字化成飞"。目前，成飞资产总额达262.59亿元，已连续30多年保持盈利，累计向国家上缴利税数亿元，为国家防务建设和国民经济建设做出重要贡献。

一、航空制造企业提升组织效能的员工全面绩效管理背景

（一）实施企业发展战略及转型升级的需要

成飞要建设成为技术领先、管理卓越的世界一流航空制造企业，正处于技术创新和管理升级的关键发展时期，公司面临科研与生产任务高度交叉、任务特别繁重、高强度劳动任务下组织运转效率如何持续提升、面向未来的创新意识与创新能力如何持续培育、复杂任务环境下工作模式如何持续升级等问题。其实质都是要求企业要向技术革新、向人力资源投入产出要效能，必须挖掘员工价值创造潜力，提高企业核心竞争力。成飞各下属单位在高强度生产任务状态下，员工绩效管理存在与战略、文化脱节；组织绩效目标与个人绩效目标脱节；只关注结果、忽视过程与行为；考核指标的制定忽视管理意义；管理者定位不清、能力短缺，与员工缺乏沟通等诸多问题，对绩效考核过分关注，让"年终排序"及"分配拉开差距"等成为管理者的"大难题"，造成内部管理压力和管理成本变相增加，管理成效层层打折，员工绩效管理无法推动目标落地，变相成为负担。这些问题已严重影响员工绩效管理作用的发挥，不能有效承接成飞战略目标及组织绩效。因此，员工绩效管理体系优化是实施企业发展战略、促进转型升级和解决现实管理需求的关键举措。

（二）员工职业发展及全员能力提升的需要

要实现技术领先、管理卓越的世界一流航空制造企业目标，就需要培养造就一支能力素质强、价值创造水平高的职业化人才队伍；目前人才队伍的能力、素质、结构和层次有待于实现整体性的提升。随着公司"80后""90后"已接近员工总量的40%，员工队伍结构发生较大变化，各年龄阶段的员工呈现不同特点。新生代员工独立自我、勇于发声、沟通直接、注重个性化体验，"50后""60后""70后"员工的需求也随着社会经济的发展而改变，更加注重工作与生活的平衡。管理对象的变化要求公司在制定人力资源政策时，须考虑到不同年龄段员工的特点和需求，激励各年龄阶段的员工提升价值创造能力并做好职业生涯规划。

二、航空制造企业提升组织效能的员工全面绩效管理内涵和主要做法

成飞以"全面绩效管理理念"为出发点，将组织绩效目标层层分解到员工，通过提升员工素质、引导员工行为、改进员工绩效，确保员工产生高绩效，一方面促进价值观落地、组织目标有效达成，另一方面促进组织核心能力形成和组织效能的提升。通过构建"全要素的指标体系""全过程、全主体、全周期的运行体系""全周期、多维度的激励体系"及"全支撑的保障体系"，实现对员工绩效的全面管

理，从而实现对价值、目标与人的管理，达到提升组织效能、企业转型升级的目标。主要做法如下。

（一）统筹策划，明确员工全面绩效管理的导向与目标

1. 系统诊断，找准改进方向

针对成飞现有绩效管理中存在的问题，深挖问题本质，成飞通过"访谈＋座谈＋问卷调研"的方式开展系统内部诊断，同时放眼外部找差距，通过对标世界500强企业先进实践，分析关键影响因素，进一步明确员工绩效管理改进重点。

表 1 员工绩效管理现状诊断

一级维度	权重	二级维度	权重	成飞现状评估 一般（★）	良好（★★）	优秀（★★★）
管理体系	25%	考核结果运用是否充分和到位	7.66%		★★	
		HR部门的专业和推动能力	7.46%		★★	
		沟通辅导与绩效改进	6.37%	★		
		绩效指标设计的系统性和合理性	5.15%	★		
		绩效管理制度的合理性	4.16%	★		
		绩效IT系统及工具的运用	1.65%	★		
管理者与员工	50%	管理者的认识、能力与执行	11.53%	★		
		员工在认可与执行	9.74%	★		
		决策层的重视与参与	21.27%		★★	
管理基础与环境	25%	企业文化与组织氛围	12.50%	★		
		战略、预算、组织、流程等管理基础	12.50%		★★	

2. 明确管理目标与导向

通过找到员工绩效管理与组织效能提升的强相关关系，建立与公司发展阶段相适应的员工绩效管理体系，明确管什么，怎么管，引导员工行为，提升员工绩效产出，塑造高绩效文化，从而达到提升组织效能、企业转型升级的目标。

同时，树立"三个"管理导向。一是树立目标实现导向，强调战略落地、实现组织目标的逐层分解与有效达成；强调持续牵引，明确长期目标与短期目标的关联与衔接；强调上下互动，实现组织目标与个人目标的有机结合。二是树立价值创造导向，突出业绩、牵引能力、规范行为，促进员工价值的全面评价；强化价值投入、创造、产出的全过程管理，持续提升价值创造水平；强调价值贡献，牵引价值分配的有效实现，持续激发价值创造潜力。三是树立角色归位导向，强化直线管理者职责履行，牵引直线管理者角色意识与管理能力提升；强调专家作用发挥，牵引专业能力建设，推进重点任务；提高员工自主意识，提倡自我管理、自我开发、自我约束、主动参与。

3. 明确"立体式"的管理角色与职责

打破"员工绩效管理就是人力资源部的事"的错误认识及习惯，赋予公司高层、用人主体、业务部门在员工绩效管理中的不同角色与职责，从员工绩效管理的决策者、组织者、推动者、实施主体等角度明确相应的职责及作用发挥，从而全方位、立体式推动员工绩效管理在成飞的持续深入推广，发挥最大效用，促进组织绩效的提升。

表2 "立体式"管理角色及职责

部门/科室/员工	角色定位	主要职责
公司高层	公司绩效管理工作的决策者	决策并宣传公司员工绩效管理方向
人力资源部	公司员工绩效管理的主管部门、组织者与推进者	制定公司员工绩效管理政策,指导基层单位开展绩效管理工作
基层单位绩效领导小组	本单位员工绩效管理工作的发动者和决策者	制定本单位员工绩效管理办法并组织实施
基层单位绩效主管科室	本单位员工绩效管理工作的组织者和推动者	落实本单位员工绩效管理政策,并组织执行
基层单位直线管理者	是本单位员工绩效管理的实施主体	重点是员工绩效管理的过程辅导与沟通、反馈,帮助员工制订绩效提升计划,并辅导落实
员工	是本人绩效管理的责任主体	重点是按计划执行各项工作并定期复盘,寻求工作资源支持、制订个人绩效改进计划,并不断提升

(二)构建"全要素"的员工绩效管理指标体系

针对员工绩效指标内涵混淆、导向不明的问题,以有效衡量、实现成飞战略目标和绩效为牵引,从组织和员工共同发展的角度,围绕"员工优秀绩效＝员工素质(能做什么)＋员工行为(如何做)＋员工绩效结果(做到什么)",开发设计"能力素质、工作业绩、行为规范"三大一级指标;基于不同的导向,设计五大二级指标,形成分类分层的"全要素"员工绩效管理指标体系,实现了不同类型人才价值创造的牵引和差异化的价值管理。

1. 设计工作业绩指标,牵引员工能力和绩效的持续提升

为保障成飞正常运转与长远发展的需要,将工作业绩指标设计为保障类和发展类;为突出各职类(级)因职能、绩效重点不同的特点,设计了保障类和发展类权重;为让管理者和专家角色归位,设计管理者和专家的履职类指标。发展类指标权重如下图所示。

表3 发展类任务"三性"赋分标准

评定档次和分数 评定维度和说明	突出	优秀	良好	一般
影响性 (对业务价值链的影响,内外部示范性)	50分 该任务的完成对公司核心业务和核心能力具有重大提升作用,且在同行业具有引领效应	30分 该任务的完成对公司核心业务和核心能力具有明显提升作用,且在公司范围内具有示范效应	20分 该任务的完成对公司相关业务领域具有直接影响,且在公司范围内具有示范效应	10分 该任务的完成对公司某一业务领域具有一定影响,且在公司或部门范围内具有示范效应
复杂性 (面临环境、工作方法、内外部协作)	30分 该任务的完成需要面对较多的不确定因素涉及较高技术/多种专业方法和工具的综合运用,需要公司范围内多部门的深度参与和全程协作	20分 该任务的完成需要面对一定的不确实因素涉及较高技术/多种专业方法和工具,过程中需要公司范围内多部门的深度参与	10分 该任务的完成需要一定技术/少数专业方法和工具,过程中需要公司范围内相关部门或部门范围内相关科室参与	5分 该任务的完成需要遵循常规技术/个别专业方法和工具,过程中以部门范围内的资源协作为主

续表

评定档次和分数 评定维度和说明	突出	优秀	良好	一般
	30分	20分	10分	5分
创新性 （工作突破、理论及方法创新、后续经验提供）	该任务的完成需要打破常规，创新或尝试新的理念或方法工具，成果具有开拓性，能为公司后续工作的开展提供标杆经验	该任务的完成对已有成熟理念和方法进行一定的创新尝试，成果的适用性较高，能为公司后续工作的完善提供可借鉴经验	该任务的完成沿用已有成熟的理念和方法，在过程中能对已有的方法工具进行适当的完善和优化，能为公司或部门后续的完善提供可借鉴经验	该任务的完成沿用已有成熟的理念和方法，在过程中能对已有的方法工具进行个别或微小的完善和优化，积累的经验仅能保证当期任务顺利完成

保障类指标是基于业务框架、岗位职责梳理形成的，以保障部门日常业务正常运转的指标，采用"双目标"（基础目标、卓越目标）+"三线原则"（达到、超过、低于基础目标，分别与薪酬激励挂钩）进行管理，牵引员工不断改进绩效。发展类指标是基于促进管理改进、技术进步、企业长远发展考虑，通过"创新性、影响性、复杂性"三个判定维度（即"三性"原则）筛选形成的，以事为主体，牵引员工创新意识能力持续提升。

2. 设计能力素质指标，牵引人力资源投入质量的提升

为牵引员工能力提升、落实价值观、规范工作行为，基于岗位不同特质设计了员工通用和专有能力素质指标，明确不同层级的等级及标准。

一是建立《能力素质指标库》。围绕"职业态度、人际发展、工作执行"三个维度，参考冰山模型、经典能力素质词典、世界500强企业经验等，开发设计《能力素质指标库》。

表4 能力素质指标库

分类	要项	定义	等级及对方应描述		
			一级	二级	三级
职业态度	严谨细致	指为了使工作于目标相适应、避免错误发生，面对自己和他人的工作进行细致管理的态度	工作认真，能够对工作进行检查和确认	工作有条理，有耐心，不因事情烦琐而忽略细节，按部就班地完成每一个步骤	对所负责的事情事前做谨慎的筹备和组织，每一个环节做缜密的思考和检查
	坚持原则	指严格按照要求和标准开展工作，强调工作中立场坚定，处事不带有主观情感，不偏私	遵守各项法律法规，制度章程和工作标准开展工作	在处理工作上的问题时严格坚持工作立场与标准，不偏私，不擅自改变	对业务领域和团队内违反原则的事情零容忍，不回避矛盾，处事公正，为了组织利益不怕得罪人。一贯保持严谨和认真的做法对待工作标准和要求
	……				

续表

分类	要项	定义	等级及对方应描述		
^^^	^^^	^^^	一级	二级	三级
人际发展	人际理解	指一种想要理解他人的意愿,强调对他人的想法、感觉、关注点能够准确认识与理解的能力	理解显性的思想和情感。能够理解他人的展现出来的思想和情感	理解潜在原因。能够理解当前为表达的思想、感觉和关切点,理解某人产生行为的原因	预见行为。准确把握别人的感觉和所表达的意思,运用这一理解解释过去的行为并预见未来的行为
^^^	沟通协调	指日常工作中与人交流,发表自己的看法,与他人进行互动及讨论的能力	能够系统阐述个人观点,并在交流过程中能够根据他人的风格个特点,及时调整/变通自己沟通的方式方法	能够在系统阐述个人观点的同时,在沟通中仔细倾听他人的想法和忧虑,而非只站在个人角度选择性地接受对方发出的信息,有效感染和影响受众	表达言简意赅,具有较强的逻辑性,观点清晰明确,能根据受众转换表达方式;在于他人交流时能准确理解他人观点,积极地给予反馈,有效感染和影响受众
^^^	……				
工作执行	全局意识	从组织整体、内外部环境和长远发展的视角看待自己在组织中从事的工作,并能应用到实际工作中	从事具体工作的同时,能够理解领导和同事的意图,明白下一步的行动方向	理解宏观政策和容推对公司发展的意义和影响,理解公司的战略方向,清楚自己的行动对公司的价值	对于长远有利的事,现在多难也愿意推动,不搞短期行为。对于整体有利的事,局部多难也能够去配合
^^^	战略思维	对企业整体的、长近的课布局,思考如何利用资源有效地持续满足客户需求,实现组织价值创造	能够从全业整体发展的角度思考问题,能够理解企业战略和自身业务之间的关系	能够正确理解组识战略,把握企业的整体状况和未来发展方向,并就所负责业务将战略目标承接转化为具体的业务计划	能够理解组织的战略,对未来发展趋势有所判断,通过分析机会与风险,形成有效的工作思路与举措,在工作安排和资源分配方面,结合战略发展的重点方向体现轻重缓急与优先次序,并适时地对战略计划进行反馈和修正
^^^	……				

二是制定员工能力素质指标。通用能力素质指标由公司从《能力素质指标库》中确定;专有能力素质指标由各单位通过访谈、问卷调研等多种方式在《能力素质指标库》中选取或二次开发确定。

表 5 员工能力素质指标示例

通用能力素质指标					专有能力素质指标			
职级	指标	要项	等级	岗位	指标	要项	等级
主管师级	通用能力素质	敬业精神	2	薪酬管理主管业务经理	专有能力素质	创新能力	2
		团队融入	2			分析能力	2
		解决问题	2			应变能力	3
专业师级		责任意识	2	薪酬管理业务经理		政策敏感性	2
		积极进取	2			执行能力	2
		沟通协调	2			持续改进	3
员级		责任意识	1	薪酬管理员		政策敏感性	2
		积极进取	1			执行能力	2
		沟通协调	1			信息收集	2

3. 设计行为规范指标，牵引员工行为转变

为体现价值观和航空制造企业的"红线"管理要求，设计了员工行为规范指标，如员工考勤、6S执行、保密、安全等指标。通过对这些指标设置相应的要求及标准，并对其一事一议的考核，进行监控和引导，牵引员工行为逐步转变，从而符合成飞运行管理及发展的需求。

（三）构建"全流程、全主体、全周期"的员工绩效管理运行体系

1. 聚合众力制定目标与计划，实现组织目标落地

为将目标层层分解到科室和员工，设计了"发展主题沟通、任务研讨与申报、任务平衡与确认、任务计划分解制订、绩效责任承诺"五大标准动作。

一是发展主题沟通。单位领导班子组织科室主任级及以上人员召开主题任务沟通会，参会人员聚焦公司下达的部门级KPI指标进行讨论，明确单位年度重点工作方向及思路，并达成共识、确定责任科室，从而实现战略目标通过部门传递到科室。

二是任务研讨与申报。科室主任组织员工对本科室承接的部门级KPI指标和部门明确的工作方向进行充分讨论，对部门级KPI采用物理分解法及化学分解法进行分解，形成科室级业务KPI和重点任务，针对重点任务提出"具体工作、关键环节、目标要求"初步意见，将公司战略及部门目标传递给员工，同时将任务进行申报。

三是任务平衡与确认。单位领导班子确认并形成《科室业务KPI汇总表》和《年度重点任务汇总表》，确定每项任务的团队成员，明确责任，同时结合"三性"原则将重点任务区分为保障类重点任务和发展类指标。为适应流程与组织变革、创新和人力资本价值增值驱动的需要，以发展类为载体，通过"任务孵化""价值赋分""申领摘牌"三个主要方式搭建了员工赋能与授权平台。任务孵化是指对任务分层分级管理，区分为"厂部级"与"科室级"任务，鼓励任务预研，促进从"思路—小尝试—大项目"的孕育与形成。价值赋分是通过三性原则与标准进行赋分，实现内部模拟市场化及内部价值可衡量，体现价值导向。申领摘牌是通过"任务小组"团队申领的方式开展，任务小组可跨科室及层级根据任务需要自由组建，以"申领摘牌"方式最终确认，独立、完整承担任务，打破了岗位边界与组织边界，有效实现管理授权，促使了管理者角色归位、员工和团队自主管理，激发了员工主动创造价值的积极性。

四是任务计划分解制订。科室主任组织员工将《重点任务汇总表》分解形成《月度工作计划推进

表》，并与单位领导班子达成共识，保障了目标的有效传递。

五是绩效责任承诺。科室和员工通过签订绩效责任书（涵盖业务KPI、履职类KPI、发展类指标、保障类重点任务），实现组织目标有效及显性化地转化为个人目标，增强员工整体目标感，打造承诺文化。

2. 做实过程管控与辅导，保障组织目标有效达成

为解决过程管控中沟通渠道、过程辅导的缺乏、因会议目的不明确、时间冗长等造成的工作效率低下等问题，建立了"两级例会制"，制定会议管理规则、流程，并搭建了管理者过程辅导和员工寻求资源支持的平台。

一是建立两级例会制。两级例会制是解决组织目标有效达成的主要载体。结合成飞组织结构，建立厂部和科室的两级例会，两级例会分别设置"目标计划会"和"过程跟踪会"并制定相应的规则与流程。目标计划会主要为管理年度任务、明确月度目标、监控阶段性目标实现情况、沟通协调各周期重要信息等；"过程跟踪会"主要对任务实施中的进度、质量、资源、推进思路等情况跟踪辅导。

二是搭建过程管控平台。管理者运用"红绿灯、看板、甘特图、走动式管理、专题研讨、关键事件法"等检视工具对当前工作计划的实施情况进行跟踪、辅导，就进度、质量、推进思路、瓶颈问题、资源协调等关键事项与员工进行沟通讨论，提供指导与帮助。员工运用"工作记录、不定期个人汇报、邮件、短信、月清月结"等检视工具并结合工作计划完成情况及存在问题寻求资源支持，做实"结果＋过程"的周期性反馈、辅导、改进。

3. 搭建分层分类评价体系，公平合理衡量员工绩效产出

为解决考评工具缺乏、考核标准不合理、主体评价尺度不一致、结果不能真实反映工作业绩等问题，构建了分层分类的员工绩效评价体系；引入校准机制，有效消除偏差，提升了评价的公平性及有效性。

一是建立分层分类的绩效评价体系。分层分类的评价体系包括评价流程、主体、周期、维度及标准、方式、表格等。以"评价会"为载体，设计"厂部＋科室"两级评价、"自评＋初评＋终评"三步走的流程，设计"时间节点、成果质量、资源使用"为主的评价维度，明确评价分档标准、评价主体及适宜的评价周期，提高评价的有效性同时降低考核工作难度。

二是引入校准机制。采用"背靠背打分＋集中评议"评价规则、引入校准机制，将不同人员的认知差异通过集中评议达成共识，降低主观判断带来的偏差，保证了结果公平。

4. 制订改进计划，促进个人能力持续提升

为解决沟通反馈方法缺乏、面谈目的不清楚、管理者不敢进行绩效面谈、面谈无改进计划等问题，开展人才盘点工作，为管理者提供多种绩效面谈方法，帮助员工制订职业发展计划；为解决公司整体运行管控不足的问题，定期开展运行实施复盘工作，多维度评估体系有效性。

一是开展人才盘点。根据员工工作业绩和能力素质的九宫格分析，将员工区分为"明星员工、优秀员工、业务骨干"等七类，抽取明星员工的"DNA"进行研究、复制，对于优秀员工和中坚力量，要牵引其成为明星员工。

二是制订绩效反馈与改进计划。基于人才盘点情况，借鉴"三明治法"等成熟工具，通过"书面沟通""面谈沟通""会议沟通""非正式沟通"等方式，针对员工的绩效结果反馈与提升计划分两步开展，第一步管理者就员工年度绩效情况、成功与不足的原因分析等情况与员工充分沟通，达成共识，第二步帮助员工正视绩效偏差，与员工共同制定改进措施，实现绩效的持续改进，为制订新一年度绩效计划奠定基础。通过绩效面谈工具方法的传递使用，大大提高了管理者的面谈主动性及水平。2017年，成飞实现了年度绩效结果干部专家面谈全覆盖，员工覆盖率超过85％。

三是定期运行实施复盘。为引导各单位在过程中定期自我检视、改善，针对PDCA各环节，设计了标准化的自查表单。为推动员工全面绩效管理体系不断迭代升级，建立"公司＋各单位""季度＋年度"的整体评估方式，从"员工绩效管理体系运行情况、绩效数据分析、绩效结果运用情况、组织氛围"等方面评估分析体系运行的有效性及不足。

（四）构建"全周期、多维度"的员工绩效管理激励体系

"全要素"的指标体系解决了员工绩效"管什么"的问题，"全流程、全主体、全周期"的运行体系解决了员工绩效"怎么管"的问题，这两个体系确保了员工绩效结果的科学性、合理性，是员工价值产出的客观衡量。为了体现员工的贡献及价值，围绕其绩效结果，构建了以"月/季度＋年度"相结合，以促进员工职业发展、能力提升及薪酬待遇水平等多维度的激励应用体系，从而解决员工绩效"怎么激励"的问题。年度绩效评价结果根据员工月/季度工作业绩绩效结果及年度能力素质结果综合得出，分优秀、良好、普通、合格、不及格五档。为任职资格、培训、评优评先等提供决策与依据。

1. 薪酬激励

月/季度绩效评价结果包含工作业绩与行为规范两部分，工作业绩结果与薪酬分配的对接，按不同人群的绩效工资包进行切分，并分别对应工作业绩中和绩效挂钩的相关因素开展计算，分层分类，合理分包，实现即时激励，调动员工积极性。同时，对行为规范指标进行加扣款，实现即时激励或惩罚。

2. 任职资格激励

在任职资格的激励上，岗位晋升前三年的年度绩效考评至少有1个"良好"及以上绩效，且上一年绩效考评不得为"需改进"。

3. 培训激励

在培训发展的激励上，公派学习人员，符合业务骨干和业绩考核要求，原则上近三年绩效考核至少有一个"良好"及以上且无"绩效需改进""不合格"。

（五）构建"全支撑"的员工绩效管理保障体系

1. 打造职业化的绩效管理师及基层管理者两支队伍

一是构建能力模型，找准培养方向。以人力资源三支柱模型、人力资源管理者六角色为设计出发点，结合绩效管理典型情景，明确了绩效管理师的角色定位，并开发了绩效管理师的能力模型。以领导梯队六阶段、管理者十六项基本功等为设计出发点，基于"管事"与"管人"两大维度，围绕"管理现在""管理未来""管理团队""管理个人"四个方面，明确了基层管理者的角色定位，并开发了基层管理者的能力模型。

二是创新"拉力赛式"的人才培养新模式，提升培养有效性。为弥补传统人才培养方式集中短期培养、不持续；填鸭式宣贯吸收度差、效果有限；培训内容与现实工作关联度低的不足，为提升培养的有效性，围绕培养主题，运用"理论学习＋情景式演练＋发展性辅导＋效果检视"方法，开展"拉力赛"式培养，为人才队伍培养探索了新模式。与此同时开发了具有成飞特色的绩效管理师和基层管理者培养课程体系。

三是探索专业认证方式，牵引人力资源及基层管理者队伍的持续建设。为了培养一批具备专业能力和水平的人力资源队伍，本成果针对绩效管理师群体创新尝试了"分级认证模式"，通过初筛和定级的"双阀门"方式，从理论知识、专业能力、综合素质三个核心维度，结合理论考试、主题任务评估、发展性辅导评估等方式，对绩效管理师认证对象在全年培养过程中所展现出的对理论知识的掌握，以及专业能力和综合素质水平进行评估、认证。同时对于基层管理者，也根据相应的要求进行管理者能力提升的认证工作，尤其是强化以"体系落地、理念传导"为牵引的持续发展机制，以此作为支撑全面绩效管理体系落地的重要一环。

2. 构建基于"四个面向"的信息化平台

为促进员工绩效管理的科学化水平，提高工作效率，提升绩效管理数据的显性化、数字化生存能力，搭建了"面向人力资源业务、面向各信息系统、面向管理者、面向员工"的信息化运行平台。面向人力资源业务，建设业务全覆盖、角色全参与，流程清晰高效的员工绩效管理信息平台，实现绩效管理业务全流程的信息化，规范管理、积累数据。面向公司各信息系统，建设各系统人力资源信息的唯一数据源，实现了系统的无缝对接，消除信息孤岛。例如，打通ERP任务管理系统与HR系统的对接，员工绩效指标及过程管理在重点任务系统中直接承接及落实，打通组织绩效目标落地的最后一公里。面向公司各级管理者，建设成人力资源数据共享中心和决策支撑平台，合理授权、扩大共享，增强大数据分析、预测功能。面向全体员工，建设员工自助服务平台，提供全面、便捷的信息查询，增强自主管理功能，通过员工"自检"，帮助员工发现不足，不断改进与提升。

三、航空制造企业提升组织效能的员工全面绩效管理效果

经过三年多的实践，成飞员工逐步树立了全面绩效管理理念，价值创造能力不断增强，价值创造水平持续提高，有效地支撑了公司战略目标落地，促进组织效能提升的成效已逐步显现。

（一）经营指标完成良好，人效指标逐年改善

在推进一系列创新方法改进员工绩效管理，加强绩效管理专业能力及基层管理者能力提升培养后，成飞员工队伍价值创造水平不断提升，经营指标大幅提升的情况下，用工总量不增反降，降低2%。2017年与2014年相比，公司销售收入增长66%，利润增长63%。三项人效指标（劳动生产率、人工成本利润率、人事费用率）呈现逐年向好态势，2017年与2014年相比，劳动生产率增长30%，人工成本利润率增长28%，人事费用率则下降22%。

（二）提升了基础管理水平及人力资源管理效率，促进企业转型升级

通过三年多的实践，公司层面形成了包括员工绩效管理制度、5万字的实操手册、专业厂分层分类分级的通用绩效指标库（涵盖9个一级指标、35个二级指标及若干三级指标）及"运行体系＋制度＋信息化"共6类检视清单的知识体系，形成了包括10大标准动作，8类管理载体的标准化管理工具，通过深度贴身服务，帮助各单位理顺业务及流程，梳理产生99个科室的业务框架，形成495项着眼于基础管理改进的指标。

（三）提升了全员能力素质，促进员工职业发展及组织长远发展

三年多来，各单位着眼于管理创新、技术进步及企业未来发展，确定439项重点任务，并通过"任务小组""内部市场化赋分"的方式进行管理，任务申报达成情况不断提升，持续的牵引了员工创新意识不断增强，创新能力持续提升，从而进一步增强组织能力及发展潜力。员工适岗率普遍提升，年度绩效结果为良好以上的人员，2017年和2014年相比当年度获得晋升的人员比例提升了30%，能力素质与工作业绩双高的明星员工比例提升了22%，近三年入厂的新员工被提名为后备干部的比率提升了20%。

（成果创造人：潘　杰、刘可为、查玲娜、曾令芳、陈丽晶、李玉平、
程　忠、刘海涛、刘大炜、宋子强、易晓彬、艾生辉）

建筑施工企业工程项目关键岗位后备人才培养与任用管理

中铁上海工程局集团有限公司

中铁上海工程局集团有限公司（以下简称中铁上海局）于2010年12月重组成立，主营业务涵盖众多专业领域，品牌优势主要集中在城轨交通、市政水务环保、高速铁路等拳头产品，是中国中铁股份有限公司旗下"高质量发展"的标杆单位。拥有铁路、建筑、公路3项施工总承包特级资质，下属12个全资子公司和1个分公司。2017年完成新签合同额502亿元，完成营业额272亿元。自成立以来，连续七年实现"安全年"；营业额和净利润年复合增长率分别为17%和30%，接近中铁系统成员单位平均水平3倍；在资产购置积累75亿元的基础上，近三年连续保持"零有息负债"。

一、建筑施工企业工程项目关键岗位后备人才培养与任用管理背景

（一）推动企业人才战略升级的需要

新的经济形势下，随着国内建筑市场的逐步开放，国内非传统施工企业和外资建筑企业逐步进入建筑市场，有规模、有技术、有实力的竞争对手逐渐增多，传统建筑施工企业面临的竞争愈加激烈。企业要想在激烈的市场竞争环境下生存和实现新的发展，转型升级是必由之路，只有进一步深化改革，创新驱动，提升核心竞争力，才能推动企业提质增效、稳健持续发展。而推动企业转型升级，首要任务是为企业打造一支数量足、素质高、业务精、稳定性好的工程项目关键岗位人才队伍。

（二）解决企业项目关键岗位人才紧缺问题的需要

中铁上海局成立以来，营销额从2011年的63亿元增长至2016年的350亿元，营业额从2011年的80亿元增长至2016年的240亿元。随着企业规模不断扩大，发展速度不断提升，中铁上海局逐步进入成长期，对工程项目关键岗位成熟人才的需求逐渐提高。2016年年初，中铁上海局通过对在建工程项目的摸底排查，发现项目经理、项目书记、项目总工、项目副经理4个项目班子成员数量缺口达到112人，工程部部长、安质环保部部长、工程经济部部长、财务部部长、物资设备部部长、试验室主任6个部门负责人数量缺口达到471人。与此同时，要实现中铁上海局第三个5年发展战略目标，按照当前人均劳动生产率计算，尚缺上述关键岗位人数约2500人。此外，中铁上海局人员结构年轻化趋势明显，35岁及以下的青年达到员工总量的47%，由于职业通道不明朗、选人用人机制不完善，在建筑行业特殊的工作环境影响下，年轻员工的流失率一直居高不下。2011—2016年，中铁上海局离职员工1748人，流失率为22%，其中青年员工流失1350人，占离职员工总数的77%。人才队伍的不稳定及严重缺员，制约了企业的高质量发展。

（三）提高项目关键岗位员工业务能力的需要

随着新业态、新领域的创新，中铁上海局逐步向城市综合管廊、海绵城市、水利水电等新兴业务领域拓展，专业性要求高，对工程项目关键岗位员工的素质、业务能力和实践经验要求更高，现有工程项目关键岗位员工的素质和业务水平已经远远跟不上企业发展的步伐。传统模式下，员工的培训学习成果没有与本人职务晋升和相关利益挂钩，绝大部分员工在被动中接受培训；学习内容缺乏系统性、针对性和实效性，无法真正达到提升企业工程项目关键岗位员工素质和业务水平的目标，教育培训流于形式。因此，中铁上海局教育模式的改革与创新迫在眉睫。

二、建筑施工企业工程项目关键岗位后备人才培养与任用管理内涵和主要做法

为满足企业规模扩张对工程项目关键岗位人才的需求，中铁上海局以企业人才战略为引领，以企业

内部培养为主，挖掘企业内部人才潜能，立足一线工程项目的关键岗位，明确岗位任职标准，以建立更具针对性、实效性的企业教育培训为基础，将"企业教育培训"与"企业基层人事选拔"相结合，变相马为赛马，实行全过程的考核评价，强化集团公司层面的监管和纠偏，建立一项系统性、可持续改进的"选、用、育、留"人才管理机制，通过五年的努力，为企业打造一支数量足、素质高、业务精、稳定性好的项目关键岗位人才队伍，推动企业高质量发展。主要做法如下。

（一）明确关键岗位后备人才培养与任用管理总体思路

1. 明确工作目标

工程项目部是施工企业项目管理的基本单元，是企业经济效益的来源，项目关键岗位人员是项目管理的主要执行者，中铁上海局根据建筑业企业项目管理的特点，确定项目经理、项目书记、项目总工、项目副经理、工程部部长、安质环保部部长、工程经济部部长、财务部部长、物资设备部部长、试验室主任10个岗位为项目关键岗位，计划在5年的时间内，为企业培养和储备共计2500人左右的关键岗位后备人才，满足150个新开工项目的用人需求，为企业生产规模提升到500亿元至600亿元产值目标提供人才支持。

2. 设计工作基本原则

战略性原则。人才培养与任用管理必须服务于企业整体发展战略，缩短人才培养周期，提高人才培养质量，满足企业转型升级高质量发展战略的需要。

系统性原则。人才培养与任用管理不单纯是企业教育培训，而是一个"选、用、育、留"的系统性工程，包括确定培养目标、设定培养标准、选定培养对象、圈定培养资源、评定培养效果、完善培养体系等。

科学性原则。人才培养与任用管理的每一个环节都必须注重科学性、可操作性。只有通过公平的遴选、实用的教材、科学的教学方案、全面的评价和公正的任用管理，才能又好又快地培养企业紧缺的人才。

3. 落实管理职责

成立工程项目关键岗位后备人才培养与任用管理领导小组，由公司主要领导兼任组长，由分管教育培训工作的副总经理、公司党委副书记、纪委书记兼任副组长，公司机关各部门负责人、子分公司主要领导及分管领导兼任小组成员。领导小组下设办公室，工作人员由人力资源部（党委干部部）相关人员组成。

为保证工作顺利推进，明确各层级分工。领导小组主要职能是对重大问题进行研究、部署；办公室负责日常管理工作，具有统筹规划、沟通协调、督促检查、考核评价等职能；中铁上海局机关部门负责牵头编制和审核内部培训教材及教学方案；子分公司和项目部负责组织学员遴选，落实学员现场跟班见习培养方案。

4. 建立胜任力模型

为了确保工程项目关键岗位后备人才培养与任用管理的科学性和严谨性，中铁上海局通过多次调研和探讨，建立岗位胜任力模型，从工程项目一般员工、部门负责人到项目班子副职、正职，每个岗位明确任职标准，人才的培养和任用均以岗位能力标准为依据，每晋升一级职务，员工必须达到相应岗位的能力标准。

中铁上海局根据岗位特点，确定胜任力主要包含以下10个方面。第一，是否具备主动做好工作，爱岗敬业，任劳任怨，勇于承担工作责任的工作态度；第二，是否能严格遵守工作流程、工作标准、工作规范、考勤管理和劳动纪律制度等工作纪律；第三，是否有科学的工作计划，工作安排考虑周到、细致，时间观念强，对所遇困难、问题经常富有预见性并能迅速解决；第四，是否具备独立解决岗位难题、技术或管理问题的能力，并能将工作经验传授给他人；第五，是否有较高的工作效率，产品质量差错率低，成本节约意识强；第六，是否具备较高的业务水平，掌握岗位工作应知应会知识、技能，理解、观察、判断、推理能力强，了解相关岗位的其他知识、技能；第七，是否具有良好的安全生产意识，严格按照安全生产规程作业，从无安全事故责任，并能指导他人遵守安全规程；第八，是否具有开拓创新的能力，勤于思考，时常有新点子、改革设想产生，并被采纳，给所在单位、部门带来良好效益；第九，是否能主动学习，自觉根据岗位工作需要不断学习钻研新技术、新工艺、新方法，并在实践中得以应用，由此不断总结提高；第十，是否具有良好的沟通能力，虚心听取他人的各种合理化建议和意见，工作中富有协作精神，在所在项目部、班组富有良好的感召力、影响力。

5. 明确工作内容

以闭环管理、持续改进为宗旨，确定培训学习、评价考核、人才任用、人才跟踪反馈四个工作模块，包含教材开发、学员遴选、短期培训、跟班见习、考核评价、人才任用、跟踪反馈7项主要工作内容。

（二）根据业务需求，组织具有针对性、实效性的培训学习

1. 贴近实战，三审三校，编制内部教材

中铁上海局充分分析工程项目关键岗位的职责、工作清单与责任矩阵，厘清业务系统、岗位之间的交叉与关联等关系，拟定岗位能力标准，制定应知应会清单。以岗位能力标准为章，以应知应会清单为节，编制内部培训教材、考试题库及网络电子书。为保证教材质量，坚持"三审三校"工作流程，即责编初审、执行主编复审、主编终审及初校由编委互校完成、二校由执行主编完成、三校由主编完成。10套内部培训教材，以及配套题库总计19册657万余字。

编写过程中，以专业为主，兼顾法律法规及其他相关知识等内容，形成与岗位相匹配的多学科、多维度、复合型内容。在制定岗位能力标准过程中，遵循"三性三确保"原则，即突出实用性、确保贴近实际，突出规范性、确保严谨准确，突出权威性、确保质量过硬。结合企业主营业务宽领域的特点，对项目总工、工程部长2个岗位的能力标准进行细化，把岗位涉及的路基、桥梁、隧道、轨道、地铁、钢结构、站改、房建技术管理等一系列专业的工艺流程、施工规范和管理知识汇编成册，学员在学习过程中，可以根据自身的专长去选择。针对施工项目点多线长、地域分散的特点，为便于员工自学，中铁上海局与网络公司合作，将19册教材和配套题库制成电子书，使学员可以通过网络或手机客户端实现在线自主学习。

2. 理论结合实际，组织短期脱产培训

短期脱产培训以专业课教学为主，占比90%。短期脱产培训包含专业教育、通识教育、案例教育、答疑解惑四个教学内容。中铁上海局每年初制定全年教培计划，分期举办，每期30~45天，学员50人左右。考虑培训教育与施工生产的矛盾（以下简称工学矛盾）及场地、设备限制等客观因素，中铁上海局多次组织培训教材的责任主编及主要负责人商讨具体的教学方案，采用内外部"双脑"教学模式。其中，内部师资主要是由教材编委、各岗位中的专家及业务骨干担任，外部师资主要聘请华东交通大学、武汉铁路桥梁职业学院等专家老师担任。专业教育方面，以内部教材为基础，以学员选择的专业为基础，对其应会知识进行针对性教学。通识教育方面，以学员选择的岗位为基础，对相关的应知知识进行辅导。案例教育方面，通过不定期开设讲座，邀请企业退休技术专家、在职优秀业务骨干、同行业先进单位代表人物及学校的学者、教授进行现身说法，借鉴他们的成功案例，与学员们分享项目管理的经验，起到示范引领作用。答疑解惑方面，则通过微信等现代化沟通工具，将学员与专家、教授联系在一起，建立一个长效的沟通平台。同时，每个培训班配备班主任，负责培训期间的管理协调工作。制定学员守则及考核细则，明确培训的纪律和要求及考核评价的具体开展方式和时间。

3. 突出培养履职能力，组织跟班见习

跟班见习是学员再次从理论走向实践，成长成才的必经过程。在短期脱产培训结束后，统一组织学员到项目进行为期2个月的跟班见习，同时，为每位学员指定岗位履职能力指导老师，确保工程项目关键岗位人才培养的整体质量。考虑工学矛盾，学员跟班见习原则上回到原单位，若有学员需要跨单位跟班见习，可由所在单位提出申请，办公室负责统一协调。同时，指导老师应具备承担辅导学员的责任心和扎实的业务水平，根据实际情况和应知应会清单制定《学员跟班见习培养方案》，培养方案中除涉及本项目工程管理和技术管理的应知应会内容外，还应包含岗位能力标准中规定的其他内容。《跟班见习培养方案》报送中铁上海局备案，由中铁上海局和子分公司人力资源部门负责督办。指导老师除了教会学员专业知识、处理岗位上遇到的各种问题，还要交会学员如何与业主、设计院、监理以及外协队伍等打交道。在跟班见习过程中，指导老师每个月对学员进行一次考核。

（三）密切结合人才培养，全过程、全方位评价人才

1. 兼顾"德与才"遴选学员

学员遴选工作由各子分公司完成，遴选程序包括公开报名、资格审查、统一测试（专业考试＋综合能力考试＋加分）、考核评价、确定人选等。各子分公司人力资源部门进行资格审查后，组织统一测试并按照文件规定进行考核评价，根据各子分公司生产经营的需要，确定学员入选的评分标准，从而确定入选的人数。

在学员遴选阶段，考核评价兼顾学员的"德与才"，除注重专业知识考试外，还注重能力考核，根据申报的岗位不同，由不同层级的人员对申报者进行考核评价，确保遴选合格的学员业务水平和工作表现同样优秀，避免出现会干不会管、会管不会算的情况发生。由于10个关键岗位同属于基层，难以凭业绩考核，所以，中铁上海局以"才"的考核为主，通过专业考试＋综合能力考试进行评定，占遴选成绩的60%～70%；以"工作表现"的评价为辅，通过考核评价进行认定，占遴选成绩的40%～30%。为了鼓励学员参加国家执业资格证书考试的热情，对遴选成绩采取加分项，对取得一级建造师、注册安全工程师等执业资格证书的，加1～2分。为了调节项目部门负责人及项目班子成员等关键岗位之间的标准及难度差异，对两类关键岗位的遴选考核评价进行区分和细化。

申报项目部部门负责人的考核评价人员组成为，项目正职、其他副职、项目部门负责人、普通员工，权重分别占30%、30%、20%、20%。其中，普通员工评分，需项目部选派员工代表3人参加，取平均分。计分规则为申报项目部部门负责人遴选成绩＝统一测试得分（包括专业考试及综合能力考试）×70%＋考核评价得分×30%＋加分项得分

申报项目班子成员的考核评价人员组成为子分公司领导、分管领导、所在项目部主要领导，权重分别占30%、30%、40%。计分规则为申报项目班子成员遴选成绩＝统一测试得分×60%（包括专业考试及综合能力考试）＋考核评价得分×40%＋加分项得分

2. 测试短期脱产培训成绩

为检验短期脱产培训效果，培训期间考核以测试为主，分期中及期末两次考核，考核成绩均计入最终考核成绩当中，考试内容即为学员阶段学习内容。其中，期中考试成绩占30%，期末考试成绩占70%。

3. 客观公正记录跟班见习表现

跟班见习的指导老师对培养效果负责，见习期为2个月，学员根据见习内容填写《学员跟班见习期业绩记录表》，1月1次，共2次，指导老师根据学员表现，客观公正地填写《学员跟班见习期（期间）考核表》，考核指标包含工作态度、工作纪律、工作计划、工作经验、工作效能、业务水平、安全生产、开拓创新、自我学习及沟通合作10个方面，考核评价得分计入学员总成绩。见习结束后，学员撰写一

篇关于参加工程项目关键岗位后备人才培养与任用管理遴选考试、短期脱产培训及跟班见习培养情况的报告，便于工作的优化和持续改进。

4. 综合评价结业成绩

最终考核评价工作由中铁上海局组织，为确保公平，避免人情分，邀请与学员见习单位无关的第三方考评人员对学员总结（论文）进行综合评价并组织答辩。从总结（论文）内容完整表述是否清晰、观点逻辑性是否严密，以及解决生产技术或管理问题的能力是否满足要求等方面进行答辩评分。结业成绩包含短期培训、跟班见习及结业答辩三个阶段的成绩，计分规则为学员结业综合素质评定成绩＝短期脱产培训考试成绩×30％＋跟班指导老师考核评价得分×30％＋第三方考核评价得分×40％

（四）明确制度，公平、公正任用人才

1. 签订培养协议，维护员工和企业合法利益

为了更好约束学员行为，减少"成才"学员的流失，在进入短期脱产培训前，中铁上海局与学员签订《培养协议》，规定学习期间的薪酬参照培训前一个月的工资标准发放，按照正常出勤计算，约定通过培养的学员在本单位服务期不得少于5年，对于违反协议或提前解除劳动合同，以及培训后为企业继续服务的年限未达到约定标准时限的，学员需按照一定比例赔偿企业相关违约金，以此减少企业人才培养的损失，维护员工和企业合法利益。

2. 建立后备人才库，确定人才认定标准

参加培训的学员通过结业考核评价后，中铁上海局对学员成绩进行汇总统计，按照岗位进行分类，在每个岗位类别下，对学员结业综合素质评定成绩由高到低进行排序，以该类别中结业综合素质评定成绩排名前60％为人才认定和准入标准，对其颁发《内部任职资格证书》，并纳入中铁上海局及所在子分公司后备人才库，统一管理和任用。

3. 明确任用规则，按照标准用人

坚持岗位与能力匹配，建立公平、公正的人才任用环境，任人唯贤，杜绝腐败，把选人用人"关在制度的笼子里"。为了平稳过渡，设置两年过渡期。过渡期间，优先安排后备人员到相应岗位任职，2年后所有缺员，规定必须从人才库中选用。同时，中铁上海局对擅自不遵循规定的用人单位进行必要干预。

4. 加强任用过程监管，确保制度有效实施

中铁上海局对入库人员任用情况实行动态跟踪。一方面是跟踪人才任用是否合理，是否与岗位匹配，减少过程中人才"错用"的可能性；另一方面是跟踪超过两年不被任用的人才，进行过程干预，人为原因的通报批评、责令整改，企业岗位数量不足的在中铁上海局其他单位进行内部分配，从而确保用人制度得到有效实施，防止"漏用"的现象。

（五）建立学员培养档案，开展人才跟踪反馈

1. 建立培养档案，进行个性化跟踪

中铁上海局为每个学员建立培养档案，实行动态跟踪，完善、优化培养机制。对于被任用的、入库没有被用的及没有入库的人员，中铁上海局有针对性地跟踪培养效果。在人才跟踪反馈的过程中，不断挖掘新的人才培养需求，及时找准失误的地方、存在的问题，制订解决问题的措施和方案，总结培养过程的亮点，继续发扬并保持，使整个人才培养与任用管理持续改进，不断优化。

2. 对于入库被任用的人员，跟踪的吻合度和满意度

对于入库被任用的人员，任用满足两年，中铁上海局在考察岗位履职能力基础上，从个人和子分公司两个角度，跟踪人才培养与任用对整个企业的吻合度和满意度。对于个人而言，侧重调查了解现任职岗位是否满足其能力的发挥，是否满足其对个人职业发展的需求；对于子分公司而言，侧重调查了解被

任用人员能力是否达到岗位需求，是否满足企业发展需求。对于与企业吻合度高、个人满意度低的，为员工提供再提升的培训，鼓励人才向更高层次发展；对于企业吻合度低的，进一步分析原因，为人才提供换岗或再培训的机会，实现企业符合、个人满意的高度契合。

3. 对于入库暂时没有被任用的人员，开展工作能力短板分析

对于入库暂时没有被任用的人员，中铁上海局侧重跟踪子分公司经营发展的情况、学员个人能力提升情况及人才任用过程的合理性，调查子分公司没有任用的具体原因，以此帮助学员找准短板。因所在单位发展限制导致未被任用的人员，中铁上海局及时了解后备人才的意向需求，做好过程协调，为人才提供自荐的平台。

4. 对于经过培养而没有入库的人员，引导"回炉再造"

经过培养而没有入库的人员，即是综合素质排名在后40%的学员，中铁上海局不定期查看他们的学习笔记，要求子分公司做好学员的思想政治工作，维护人才队伍稳定，同时，为其提供"回炉再造"的机会，通过"传帮带""结对子"等形式，帮助员工提高自身的理论水平和实践能力。

三、建筑施工企业工程项目关键岗位后备人才培养与任用管理效果

（一）提高项目关键岗位人才素质，提升企业整体竞争力

中铁上海局以人力资源发展的胜任能力为基础，以提高员工岗位履职能力为导向，形成融合专业知识和实践经验的具有针对性、时效性的培训项目、课程和教材，稳步推进、动态更新，有效地满足企业成长发展过程中员工成才的知识、技能需求。学员参加培训都有着很强的目的性，培训的效果也得到了较大的提高，人员的素质得到实质性的提升。成果实施以来，5567名一线员工中，购买纸质版内部教材或通过网络在线自主学习人数达到5567人，短期脱产培训受训学员达到413人，有效带动企业人才队伍整体素质水平的提升，为企业打造一支高质量的工程项目关键岗位后备人才队伍，提升企业竞争力奠定基础。

（二）加大项目关键岗位人才队伍储备，满足企业发展的需要

成果实施以来，有248人进入工程项目关键岗位后备人才库，一线骨干人才得到有效补充，126人得到重用，其中48人被任命为项目部班子成员，78人被任命为项目部关键岗位部门负责人。被选拔到相应岗位的干部，在履职期间业务能力表现突出，综合素质全面，得到项目领导认可，普通员工"服气"，施工生产稳步推进，安全质量管理有明显进步。

（三）实现企业与员工共同发展，确保项目一线人才队伍稳定

员工素质和业务能力得到提升，企业发展步伐进一步加快，实现了"双赢"的良好趋势。工程项目关键岗位人才任用有标准可遵循，员工晋升渠道变得通畅，职务晋升了，收入就会提高，项目员工干事创业的热情高涨，对企业归属感增强，工程项目关键岗位人员队伍趋于稳定。据统计，成果实施后，工程项目关键岗位人员流失率从22%降低到8%，人才流失得到有效控制。同时，因为体制机制的改善，中铁上海局流失员工多次返流，共计达到60余人。制度的公开透明，明确的任职标准，确保了基层工程项目关键岗位人才队伍的稳定，保障了企业战略目标的顺利推进。

（成果创造人：孔　道、张庆远、张　超、邓保忠、俞运言、
　　　　　　李　琦、夏伦梅、尤恩奎、周宝平、刘　毅）

以创建世界一流产业工人队伍为目标的员工发展管理

广州供电局有限公司

广州供电局有限公司（以下简称广州供电局）是中国南方电网有限公司的全资子公司，主要从事广州电网投资、建设与运营，负责广州市 11 个区的电力供应与服务。供电面积 7434 平方千米，供电客户 577 万户。全局内设职能部门 16 个，二级机构 9 个和输变电及供电分局 16 个，现有在册职工 10379 人。广州供电局培训与评价中心，前身为广州供电局工人技术学校，成立于 1988 年 10 月，现为广州供电局教育培训工作的执行机构和实施主体。

一、以创建世界一流产业工人队伍为目标的员工发展管理背景

（一）适应国家培育世界一流企业的需要

党的十九大报告提出要深化国有企业改革，培育具有全球竞争力的世界一流企业。世界一流企业需要依托一支世界一流的产业工人队伍作为支撑。当前，国内实体经济转向高质量发展，产业结构调整深入推进，科技革命和产业革命蓬勃发展，给产业工人队伍建设带来机遇和挑战。探索、总结一流产业工人队伍建设经验，有助于企业扫清产业工人队伍建设在技术技能、素质结构、体制机制等方面的障碍，全面提高产业工人素质，加速世界一流企业发展。

（二）满足电力行业转型发展、迈向世界一流的需要

电力行业作为技术密集型行业，世界一流的发展之路很大程度上受到产业工人队伍能力水平的制约。唯有培养出一批世界一流的产业工人，方能推动中国电力企业提升内生动力，助力中国电力行业迈向世界一流。在能源革命的大潮中，探索并持续提升一线电力产业工人的能力，广泛培养新时期的电力工匠、电力创匠，激发人才活力，积极培育新动能，以世界一流的电力产业工人队伍助力中国电力行业转型升级发展，走向世界一流是中国电力企业实施管理创新的应有之义。

（三）实现广州供电局建设世界一流的电网企业的需要

广州供电局践行南方电网公司"创新、协调、绿色、开放、共享"五大发展理念，履行央企社会责任，全力打造"七个一流"，争取在 2018 年率先实现世界一流，2020 年全面实现世界一流。一流的人才队伍能够为推动企业改革发展提供强大引擎。广州供电局员工基数大，新入企员工数量也大，技术技能人才占大多数。在此之前，与管理人员发展通道相比，广州供电局技术技能人员发展通道显得较为独立和薄弱，影响员工主动提升的积极性。如何激发技术技能人员持续提升岗位技能从而获得岗位晋升、保持干事创业的积极性，成为打造一流人才队伍迫切需要解决的难题。广州供电局需要适应新形势，搭平台、建机制、重培训、激活力、促发展，全力打造一支高素质、强技能、能创新、愿奉献的一流产业工人队伍，为建设世界一流的电网企业提供强大的动力支撑。

二、以创建世界一流产业工人队伍为目标的员工发展管理内涵和主要做法

广州供电局以创建世界一流产业工人队伍为目标，以能力提升为核心，以评价考核为推手，以发展通道为保障，从培训、评价和通道三个维度深化员工发展管理改革，从思想上激发主观能动，从技能上强化实战融合，从评价上促进持续改进，从通道上保障职业生涯。通过建立基于实战、发展导向的员工发展管理模式，广州供电局不断促进员工自我学习、自我完善、自我发展和自我超越，以创建世界一流的产业工人队伍，助力创建世界一流的电网企业。主要做法如下。

(一) 明确"创建世界一流产业工人队伍"的员工发展目标

广州供电局基于电网企业技术密集型特点，以"创建世界一流产业工人队伍"为员工发展目标，创新性提出"基于实战，发展导向"的员工发展闭环管理理念。广州供电局的员工发展基于培训、评价、发展通道建设三大模块，全方位促进员工能力提升、职业生涯发展。其中，培训以"三用（管用、实用、易用）三式（场景式、任务式、流程式）"的培训模式提升员工核心发展能力；评价结合"互联网＋"从实战出发，推动员工不断自我改进提升；发展通道打破产业工人发展"天花板"，释放员工活力。培训、评价、发展通道管理三管齐下，助力广州供电局培养出一批具有解决实际问题能力的高素质产业工人队伍。

(二) 强化培训管理，聚焦实战能力

1. 开创"三用三式"培训模式

广州供电局以管用、实用、易用为宗旨，破解传统培训方式过于注重理论和知识，忽略实践和技能的问题，探索出一套工匠型技术技能人才体系化培养方法，有力解决从"学"到"用"的路径问题，为打造一支有理想、有技术、有创新、有担当的"四有"产业工人队伍。"管用"是能力建设的核心，通过强化实操为突破口，以练促学，学员很快进入学习状态；通过专家点评、学员自评将操作技巧和理论知识融入场景实操中，枯燥的理论知识学起来更加直观和贴切；"以问题为导向"的教学模式使培训更加生动和有针对性；参与工程的实战使培训更具挑战性和真实感。"实用"是能力建设的方向和基础。培训采取全封闭的培训管理模式，魔鬼式的实操基本功训练，严格的考核评价。"易用"是能力建设效果的保证。以图文并茂的方式编制教学看板，将厚厚的规范标准简化成易看、易懂、易记的图片教学资料，学习变得容易和直观；用表单形式规范培训标准和步骤，量化考评标准，使培训更加规范和高效。通过此种培训模式的培养后，可真正实现"培训为生产服务"的目标。

广州供电局大胆创新，探索出场景式、任务式、流程式培训模式，将真实的工作现场浓缩其中，充分反映各种突发问题与变化，实现"学以致用"。场景式采用1∶1还原生产现场，全景立体呈现各类工况，让学员真实体验实际工作环境的复杂多变，有效提高学员的应对能力。任务式基于一线班组的工作任务开展培训，从发现问题、思考问题到解决问题，将零散、单一的技能集合起来，训练学员的综合技能。流程式按照实际工作任务和场景情况，现场组成一个团队，按流程去完成一项工作，实现多工种，多岗位，多角色情景培训。此外，流程式思路还应用于应急演练中，让电网应急演练更贴近实际。

2. 打造还原生产实训场景

广州供电局将生产现场"复制"到常态化的技能培训中，搭建清河培训基地、南沙培训基地等技术技能实训场所，打造出覆盖典型生产场景的实训体验平台，为直击生产问题的技能培训提供夯实的硬件支撑，为培养世界一流人才培养提供有力的培训保障。

清河基地是综合性电缆核心技术培训基地，围绕建设"实景教评、实战演练"的培训目标，逐步打造涵盖全电压等级、全业务流程、全实景模拟的电缆综合实训区。高压电缆敷设验收区设有常见的高压电缆敷设场景和施工验收类型，打破电缆敷设培训成本高、维护困难、敷设环境要求高、技术难度大的桎梏，建成涵盖电缆直埋、穿管、大坡度、隧道等12种全景敷设模块，真实模拟18种敷设工况，预设108处验收缺陷，有效填补国内电缆敷设培训的空白。电缆故障测寻区还原真实故障场景、设置多种复合型故障点，使电缆故障测寻区成为满足任何故障测寻设备、任何故障定位方法的培训场地。生产管控实践区是一个满足各种厂家全电压等级的电缆附件安装质量管控区，用以培养学员电缆试组装，对电缆及其附件进行符合性检测的能力，从源头严把电缆系统入网检测关。生产故障分析实践区，模拟电缆在设计、施工、运维过程中出现的常见故障缺陷，将其制作成标准样品。通过对故障样品分类归纳、让故障上墙，累积实践成果，制定管控措施；并借助"走学式"教学的方式，对电缆行业人员开展针性培训，全面管控设备入网水平。多个还原生产实际现场的教学区，帮助学员在身临其境的环境下更好掌握实操技能和要领。

南沙培训基地以变电培训为主，创新探索体验式培训模式，逐步建立起涵盖"发、输、变、配、营、调"等主流专业的大型实操技能实训区、电力科普展示区、危险体验中心、教学及后勤服务区等综合性培训场地。危险体验中心基于自主研发的体验式培训模式，率先成为全国供电行业的职业安全体验场所，通过让受训者亲身体验、切身感受不按规程工作可能面临的危险环境，从感性认知的角度培养员工正确的安全行为，提高体验者在面临突如其来的危险时避免人身伤害的能力。变电专业实训区通过还原调度—运行协同、主网—配网联动等真实场景，在培训中提升运行人员的事故处理演练和运行操作经验，减少实际工作操作风险。南沙基地通过对现有设施进行全面的升级改造，更真实还原实际场景，全面满足运行培训需求。

3. 鼓励专家为首带队伍

在师资队伍建设方面，广州供电局形成强大的、解决实际问题的师资队伍，拥有一批各层级政治素质过硬、技术技能精湛、育人水平高超、具有多年现场工作经验的内训师，其中导师7名、高级培训师82名和培训师192名。通过师带徒机制，由导师传授多年实战经验，事故案例、处理方式、现场判断和处理方法提炼，以及行业和生产前沿动态等，帮助学员成长为行家里手。以首席专家、劳模为带头人创立多个专家工作室，秉持"一位专家带出一支队伍"为思路，根据不同培训和人才发展需要，建立多个专家团队，师带徒1858人次，将专家们无形的知识、经验以及精益求精的工匠精神，融入培训的每一环节中，为高质量培训和人才培养保驾护航。

4. 兼顾思想和技能提升

清河培训基地开展三期"产业工人七一红色讲习班"。培训以党小组为单位，通过"塑匠心之形""练匠技能之专""悟匠德之美""融匠人之道"四个模块的学习，用体验式、任务式的教学方式，通过互动交流、实操演练、劳模面对面等，培养党员先进性，将"思想＋技能"培训模式成功应用于党员和产业工人培训中，提升员工思想境界和党性修养。

广州供电局从生产实践出发，针对不同的生产实际问题构建不用的课程体系和专业内容，覆盖安全监管、输电、变电、配电、营销等五大专业，开展电缆运检培训班、配网试验培训班、变电培训班、营配联动等特色培训班，让培训成为广州供电局创建一流产业工人队伍的坚实支撑。在教学实践过程中，为了让学员更好掌握知识、技能要点，广州供电局以图文并茂的方式编制了活页教材，口诀记忆，工艺要求，通过APP平台开展实时微课，案例速递等，将厚厚的规范标准、案例教材简化成易看、易懂、易记的图片教学资料，学习变得容易和直观，让学员的技能经验得到快速积累；采用表单形式规范培训标准和步骤，量化考评标准，使培训更加规范和高效。结合最新的互联网技术、VR/AR等手段，通过对授课形式、互动方式等不断创新，以更符合成年人学习规律的方式帮助学员更好实现技能提升。

5. 搭建创新交流分享平台

为营造更为良好的创新交流氛围，广州供电局鼓励技术研发和科技创新，基于生产实践构筑一系列具有较高专业水准创新交流平台，为广大员工提供发挥自我潜能、大胆创新的创造机会，促进人才更好成长。创新研究实验室内试验设备齐全，能够对电缆施工、电缆附件质量以及电缆敷设新技术进行试验，试验内容包括电缆热膨胀、载流量等，能够通过完整的试验数据验证创新研发的效果，巩固新技术的实际应用水平，推动电缆生产技术水平的提升。创客空间是电缆爱好者在生产技术研发等方面进行讨论、研究的场所，空间内设置资料查询平台，供创客进行资料查询收集，实时开展沟通和探究，同时创客空间还用于理论、识图、制图等内容的授课，定期组织"头脑风暴"。输电联盟是同专业跨省区的工作室群体，是深化职工创新工作的新平台，是以共建、共享、共发展为目的的创新生态圈，资源共享，优势互补，探索发展新模式，推广成果转化新路径。多个创新平台成为员工释放创新活力的土壤，促进员工展现才华和发挥价值。

为大力实施员工能力提升工程，进一步提升职工队伍的技能水平和综合素质，广州供电局通过广泛开展岗位技能比武活动，帮助学员在比赛交流中更好掌握各项专业技能，更好用于实践生产。

（三）强化考评管理，聚焦智慧闭环

1. 应用"互联网＋"信息化考评系统

在信息化高度发展的时代，广州供电局与时俱进，将"互联网＋"思维融入评价考核中，优化评价考核系统，让评价过程更直观、评价监督更规范、评价结果更科学。

广州供电局建立起"互联网＋"云考评系统，实现考评全天候和考务定制化。建设基于"互联网＋"的云考评系统，将传统的考试平台与互联网紧密结合，利用信息化手段从多个维度进行远程智能控制，做到随来随考、智能组卷、智能统计和精确分析，促进评价精细化。引入移动考评督导系统"一站式"解决考评实施痛点。系统通过远程监控，实时在线考评，实现考评员不在现场，考核全程录像备查；考评通过iPad进行无纸化考评，实现考评过程可观、可测、可记录、可追溯；对传统表单进行可视化、图形化、直观化、模块化改进，便于考官更加直观地进行考评，提高考评效率；考评结果可自动进行多维度统计分析，详细考评报告可发送至考生，促进员工成长。对评价结果进行多维度大数据分析，精确直观，助力评价延展。所有记录的素材都可以滚动更新，不断丰富教学案例库。获取的大数据，可用于开展定制化培训、考生个人乃至单位的技能水平评估、常见关键缺陷点预警等用途，电子考评表单可转化为生产验收表单，可收集生产验收大数据，助力打造一流的电网产业工人队伍。

2. 建立人才培养闭环管理机制

广州供电局将评价标准细化到每个岗位的岗级，完善培训评价体系，量化培训和评价成果，客观合理地反映员工的能力提升，让员工岗位晋升与能力提升实现有机结合。基于培训—评价—岗位（岗级）闭环管理机制，通过培训、评价、工作授权、综合认证、应用（兑现）定期复核，准确衡量员工能力和业绩，紧密关联考的水平、干的业绩、岗级升降。

培训—评价—岗位（岗级）闭环管理机制实施以来，广州供电局的评价体系改变了以往简单"一考了之"、仅考理论没考实操的方式，通过严格规范、公平透明的评价，最大限度地减少人为影响，准确评价员工真实能力。员工岗位授权也依据评价结果，决定是否授予员工从事某项工作的资格，做到"先授权、后工作"。这个机制有两个特点，一是不仅要有考的成绩，还要有干的业绩，才能获得授权认证，进而获得岗位晋升；二是实行动态管理，认证有效期为3年，如果下一轮岗位认证不通过，会进行降岗处理，实现能升能降、能上能下。培训—评价—岗位（岗级）闭环管理机制常态化运转以来，全部班组人员均实现持证上岗，已实现全局超过3500多人获得更高岗级晋升。

（四）强化通道管理，聚焦空间拓展

1. 完善职业发展通道

为实现全员更好发展，广州供电局明确管理、技术和技能三条发展通道的岗位晋升标准，实现岗位层级清晰、晋升条件明确、发展速度均衡。特别是打破三条通道之间的壁垒，明确跨通道申报条件，形成纵向畅通、横向贯通的三条通道。如果一个员工非常优秀，一步不落，15年能到一级技术专家，相当于正处级，最快19年能干到正局级，无论员工走哪条通道，其年限和待遇均基本相当。

2. 拓宽产业工人发展空间

为让员工更好施展才华，广州供电局完善班组岗位岗级设置，将一线班组的正副班长、中高级作业员等岗位的岗级上限延伸一级，达到上一岗位的岗级下限。在岗位不变的情况下，使低岗位的优秀人才能够享受高岗位的薪酬待遇。同时，进一步优化技术技能专家的申报资格和等级设置，向下延伸助理技术、技能专家岗级，使更多的一线工人符合申报条件，拓宽产业工人发展空间，激发员工自我提升的积极性。

3. 搭建四级人才梯队

广州供电局通过搭建四级人才梯队，帮助广大员工更好明确自身发展路径，确保广州供电局人才梯队合理稳定。四级人才梯队主要包括班组重要岗位人才、技术技能专才、技术节能专家和领军人才，不同层级人才梯队对应不同的人员数量，每一个人才梯队针对不同的能力要求和考核标准，保证广州供电局人员队伍的活力和稳定性。

4. 开展"1358"成才计划

为将新员工培养为更具实战能力的人才和强化员工对企业的忠诚度，广州供电局针对新员工开展"1358"成才计划。新员工在第一年集中培训跟班学习，加强对业务、设备的了解；第三年开展"回炉"培训，成为高级工和助理工程师，强化技能实操训练；第五年，继续开展"回炉"培训，成为技师和工程师，打造成能成熟应对现场工作的技工；在第八年，再次开展"回炉"培训，成为共计及时和高级工程师，提高缺陷分析、事件处理和协调能力。

三、以创建世界一流产业工人队伍为目标的员工发展管理效果

（一）提升了职工队伍综合素质

通过开展世界一流产业工人队伍建设，营造良好学习、创新氛围，促进员工观念、行为改变。广大员工对于学习更加重视和主动，自主强化技能实操练习和提升职业素养，主动学习，创新学习。同时，基于产业工人队伍建设和实操技能培训，员工对于工匠精神理解更深，自觉将所学所悟运用到实际工作岗位，固有观念得到改变，行为得到改善。2016年，广州供电局依托培评中心开展培训评价项目29项，54期次，培训总计3.3万人天，评价总计2.6万人次，开展培训评价项目30项，48期次，培训总计3.4万人天，评价总计2.8万人次。

这种革新的培训方式与生产一线紧密结合，以"高精尖"为导向的工匠型人才的培养，让学员在培训期间最大限度发挥生产自主性和创新力，相关理论知识和实操技能得到大大提升，打造出了一批综合能力突出的工匠型技术研发人才，培养了大量具有解决实际问题能力的优秀学员。2017年，广州供电局选拔了106名班站长接班人和105名高级作业员人才，印发了技术技能专家评价标准371份，明确和细化专家选聘的能力和业绩要求，选聘了59名技术专家、45名技能专家，并在21个核心专业中选拔了76名领军人才。

（二）促进了经营效率和用户满意度提升

通过场景化培训基地建设和人才培养模式创新，广州供电局人力成本、人工培训、电能损失等费用大大减少，节省运营成本。根据计算，节约费用包括人工和材料费、培训费和电能损失三个方面，综合考虑人工和材料费、培训费和电能损失三方面，其中人工和材料费节约1096.704万元，培训方面节约5435.08万元，减少电能损失44596.9382万元，最终实现经济效益共计51128.7222万元。

广州供电局研发大量新技术和培育人才投入到生产应用，提高了电缆线路故障抢修的效率和质量，提高电网安全水平，降低用户停电时间，用户满意度提升。2017年广州供电局实施带电作业10708次，减少客户年平均停电时间3.60小时/户。停电时间不断减少，供电可靠性逐年提升，客户满意度大大提升，广州供电局已经连续17年获得广州社情满意度市民评价第一名。

（三）获得了同行和社会各界良好口碑

广州供电局开创的基于场景式、任务式、流程式的人才培养模式和产业工人队伍建设方法论，得到南方电网公司、电力同行乃至全国总工会的关注好评。"实战型"人才培养模式作为中央企业职工创新的典型进行宣传报道。同时，中国能源化学地质工会全委机关、电力同行曾多次来广州供电局参观学习新时期产业工人队伍建设成果和方法，对广州供电局创建世界一流产业工人队伍的人才培养模式给予高度好评。

（成果创造人：吴　倩、李　玲、邝东海、杨　祺、洒聪敏、吴　迪、张　轶、蔡澄辉、赵　贤、马世禄、朱　帅、李　超）

发电企业实现安全生产的多层次分类别员工培训管理

华能沁北发电有限责任公司

华能沁北发电有限责任公司（以下简称沁北电厂）是河南省"两点一线"能源布局的重要电源支撑点，对华中电网进行水火调剂，西电东送，改善电网结构，实现区内资源优化配置起到了重要作用。沁北电厂是华中地区第一座单机容量600MW的大容量、高参数骨干电厂，也是我国600MW超临界机组国产化依托电厂，电厂规划装机总容量6400MW，分四期建设，现运行容量4420MW（含20MW光伏电站），是华能集团公司、华中区域容量最大的燃煤火电厂，现有职工702人。沁北电厂曾获得中国建筑工程最高奖—鲁班奖、中国电力优质工程奖、中国电机工程学会科技进步一等奖、中国安装工程优质奖、中国国际工业博览会银奖、国家优质工程银奖；全国五一劳动奖章，"电力安全生产标准化一级企业""中国能源绿色企业50佳""中国美丽电厂"等荣誉称号。

一、发电企业实现安全生产的多层次分类别员工培训管理背景

（一）提高企业安全生产水平的必由之路

安全生产是企业的生产命线，是企业的生存之基、发展之本，是电力企业多年来一直最为强调的重中之重。如何找到安全管理提升的突破口，多年来一直是生产企业苦苦求索的重点。十几年来，伴随发电行业快速发展，新投产的发电企业的员工呈现出数量少、业务要求全面、年轻化、高流动性等一些新特点。集控运行全能值班员代替了原来机、炉、电专业分散模式，检修往往是点检或"点检+自维"新模式，随之而来出现一些新问题，以检修人员为例，没有亲自动手干过检修就去指导外包作业的检修工，其监检质量明显不足。原来企业员工培养主要途径是通过传、帮、带来实现人员接替，已不能适应今天的企业快速发展与转型期的人才需要。为此，创新培训管理模式，提高各级生产人员安全管理素质与能力，成为企业提高安全管理水平的必由之路。

（二）落实华能集团人才强企战略的重要举措

华能集团提出"建设实力雄厚、管理一流，服务国家，走向世界，具有国际竞争力的大集团企业"的战略目标。为实现这一目标，华能集团把"人才强企"摆在前所未有的战略高度。沁北电厂在华能集团占有特殊的地位，肩负着更多的历史使命和更大的企业责任，更应当坚定不移贯彻"人才强企"战略，并在人才队伍建设摸索形成新的管理机制，为其他火电企业提供可资借鉴管理经验的同时，努力打造华能人才培训基地。因此，研究探索如何培养并向华能系统输送更多、更优秀的人才，是沁北电厂的重要责任，也是实现华能战略愿景的重要举措。

（三）推动企业持续健康发展的内在要求

经过十余年的建设，沁北电厂成长为华能第一大燃煤火电厂。然而，随着供给侧结构性改革和电力体制改革的深入推进，电力行业形势发生深刻变化，显示出经营好一家电厂远比兴建一座电厂更难的现实，更要应对行业间激烈竞争与企业自身发展的新挑战。新形势下，沁北电厂唯有从人才培养和队伍建设入手，不断提升企业软实力，以内生动力驱动企业发展，实现"由大到强"的转型升级，才能在激烈的市场竞争中立于不败之地。随着形势变化，产业结构调整迫在眉睫，我们正逐步压减劳动用工人数，由电厂承担更多的检修任务，努力降低用工成本。因此，着手构建一套完备的人才培训体系，深入挖掘电厂人员潜力，为保障企业安全生产管理水平提升，推动企业持续健康发展已成为必然选择。

二、发电企业实现安全生产的多层次分类别员工培训管理内涵和主要做法

应对国企改革、供给侧结构改革和电力体制改革新挑战，适应新时代高质量发展新要求，坚定不移地贯彻人才强企战略，以人才支撑实现企业安全生产管理水平再提升。通过创新建立员工培训管理体系和保障机制，分级分类培训对象，搭建"互联网+"、线上线下相结合多元立体培训新平台，有针对性实施目标培训，形成分级分类、量身定做、全员参与以及全方位、多层次、立体交叉、全面覆盖的培训新模式，培养一支高素质的员工队伍，提高企业核心竞争力，为企业安全生产打下坚实的基础，为企业健康可持续发展提供保障。主要做法如下。

（一）建立多层次分类别的员工培训管理体系

1. 建立培训组织管理机构

人才成长通道建设。优化人力资源配置，打造合理的梯队结构。实施《人力资源发展三年规划》，以满足企业发展与外部输送双向需求。2014年，电厂在《技术能手管理细则》基础上，编制《专业技术技能职务管理细则》，推进配套岗位成才制度化。

培训组织体系建设。按照"统一规划、分层管理、分级负责"的原则，沁北电厂建立厂级、部门、班组三级培训管理网络。第一级（厂部）成立由厂领导担任主任、部门负责人为成员的教育培训委员会，全面组织领导培训工作。委员会下设培训中心，归口管理全厂培训工作。第二级（部门）由部门负责人亲自抓，并设置兼（专）职培训专责一名，全面落实厂部安排部署，同时督促和指导各班组日常培训工作的开展。第三级（班组）由班组长亲自负责，并设置班组培训员一名，协助班长认真完成部门布置的各项培训任务，反馈培训效果，为培训计划的调整提供依据。三级培训管理组织体系的建设，有效保障了培训体系的高效运转，形成了层层有人抓、事事有人管的良好局面。

2. 健全培训管理保障制度

完善培训管理制度，推进培训工作规范化标准化。修订完善《职工教育培训管理细则》《师带徒管理规定》等一批培训相关管理制度，进一步优化教育培训的分类与要求、组织与实施、培训经费管理、师徒合同签订、监督与检查等工作流程，并结合三级培训管理体系，对培训工作进行细化分工，促进培训工作规范化、标准化和常态化。

（二）基于橄榄形人才特点划分培训对象

所谓橄榄形人才，即两端小中间大员工素质结构的三类人，是为了提高培训的针对性而划分的，基于此种认识在培训实施设计上就本着抓两头促中间以带动方式实现员工正向转化。

通过分析员工特点发现，从职业综合素质层面按员工入职时间长短及岗位高低可以划分为三个层次，即青年员工、老员工、业务骨干。青年员工定义为入职5年内员工，其特点是接受新鲜事物能力与可塑强，是一个人世界观、人生观、价值观形成和职业规划定位的关键期，也是培训塑型的重要时期，是培养的重点群体；老员工是入职5年以上，已经能够熟练掌握本职岗位工作，基本形成了职业规划路径和发展方向的群体，这部分人是员工的占比最高的群体，培训时要区别对待，优选出部分人重点培养；业务骨干是企业的中坚力量，其技术素质、管理能力都比较强，一些人走上中层管理岗位，他们既承担培养前两类员工的职责，同时有着向高技能才人成长及中层以上管理人员发展的自身需求。从统计数据反映出三类人分别占全厂职工总数比例是青年员工占23%，老员占62%，骨干占15%。当然，这三类人相邻的两类人会有交叉，在培训过程不会进行严格区分。明确了培训对象类别，便于系统性培训工作的全面展开，确定针对课程内容人员的参与度。

（三）针对三类培训对象搭建线上线下培训平台

1. 建立互联网+培训平台，实现线上培训

上线在线培训学习系统，实现培训管理电子化。该系统通过内部局域网组建，主要设有培训简报、

媒体视窗、电子书屋、电子课件、网上考试、网络课程、在线自测及培训信息管理等模块。配套建立员工个人培训档案，统计员工在线培训时间，提供便捷的在线学习、在线考试、交流平台，实现培训资源共享和网络考试常态化。

开发手机APP客户端，实现员工学习时间的碎片化。该手机APP通过互联网技术，实现了同步在线学习和模拟考试，实现网络平台和手机客户端功能互补，解决员工分散、集中培训难的问题，有效缓解工学矛盾。此外，利用网络平台软件，建立听课学员签到打卡、教师授课质量评估等机制，简单便捷，可操作性强。

建立微信学习平台。厂级、部门、专业班组建立三级培训微信平台和微信群。三个平台各有侧重，互相补充。厂级侧重培训计划、总结、点评、通知等培训管理；专业班组侧重技术难题、现场拷问、疑难解析等具体问题。由专人负责通过"微信培训群"每周推送四条专业知识文章，同时推广上线170套电子图书供员工阅读，提高电子化学习途径。此外，为方便资料查询，与中国电力出版社合作建设科技职工书屋，生产部门班组设立"员工书架"，累计配备各项专业图书3000余册。

2. 以运行仿真系统为依托，提高运行人员实战能力

随着电厂三期工程建设同步搭建运行仿真培训中心，具备机组从冷态、温态、热态、极热态启动至满负荷操作及启停机全程操作的高逼真度的追踪仿真。按照运行学习班制度集控运行值班员每天开展以仿真操作为主的模拟训练。组建运行热力试验室，发挥骨干人员技术优势，开展结合现场技术问题、常规检测跟踪等一系列热力试验，随时掌握机组运行状态，及时调整运行参数，力求机组运行效率最大化。

3. 以继电保护实训室等为依托，提高检修人员动手能力

本着同步现场、适度超前的原则，在沁北电厂建设华能集团级继电保护实训室（华能集团仅有两家），在发电行业处于领先地位。数字物理仿真系统可以模拟现场实际运行工况，采用暂态仿真模拟各种故障类型，首次实现发电机内部故障功能，同时也是发电企业的首次全面运用，能够有效提升继电保护专业人员面对故障情况的分析与判断能力，进一步丰富了电厂培训手段。建有500kV和220kV继电保护实训教室，2个多媒体教室和3个交流研讨室，配置各类调试、实操工位共计14个。利用继电保护实训室，有计划开展技术培训、技能竞赛及内训师培养工作，满足发展需要。目前，举办集团级培训班7期，集团竞赛1次，并多次开展电厂及二级公司培训及竞赛。成立状态检修试验室，以解决生产实际问题为出发点，按计划开展设备温度、振动的定期检测，掌握设备运行状态及运行工况趋势，研究探索设备检修、维护规律。利用已有场地和废旧物资，组建成立检修实训基地。基地设有水循环系统、各类阀门、水泵、低压电机、低压配盘等多个专业设备平台，可供检修员工设备解体检修与实操演练。

4. 以竞赛为抓手推动应用型人才成长

借助运行仿真培训中心、继电保护实训室、检修培训基地等实训平台优势，开展各类培训与竞赛，着力打造华能培训基地。运行集控值员定期开展背画系统图、填写操作票、迎峰度夏电气操作等技能竞赛。电厂将技术比武、技能竞赛作为常态化，其中集控运行仿真机与检修电气竞赛已经固化为电厂的重要大型竞赛，把竞赛作为推动人才成长的重要途径，达到以赛促学目的。

（四）针对青年员工，加强以师带徒和大讲堂为主要内容的培训

1. 设计新员工培训成长三部曲

第一阶段（集中培训），入职后，按照《新入职员工培训方案》，通过军训、拓展、授课、考试、座谈、总结等步骤，开展为期50天的集中培训。培训完成后，按计划统一考试。依据考核成绩、考勤记录、培训参与度、培训总结、培训期间表现等对新员工进行综合评价，综合评价成绩是新员工如期转正

的依据之一并转入第二阶段。

第二阶段（见习培训），集中培训后，新员工分配到运行部进行现场培训。一是集中培训一个月，系统讲解发电厂系统设备，采取理论结合实践（半天讲理论、半天现场学习）的方式进行；二是分配到运行各值按所学专业与值内对应师傅签订师徒合同；三是每月由人资部与运行部联合组织综合考评、个人总结。一年见习期满将依据每月综合考评成绩确定转正日期、落实奖罚措施和专业分配去向。

第三阶段（专业培训），进入专业班组后，制订有针对性培训计划，按照"高岗带低岗"的原则，重新签订一对一"师带徒"合同，建立行为有规范、考核有依据、奖惩有标准的培训责任体系，通过"以老带新""师徒协议"等方式，传承技术。

2. 组织开展师带徒和大讲堂

管理人员师带徒是电厂2015年实行的新举措。徒弟是入职3～5年部分优秀员工通过双向选择，与生产管理人员（专工、主管、主任或技术专家）签订师徒合同，重在培养青年员岗位技能之外，包括技术管理、生产管理、安全意识、写作等能力。现共有40位师傅、71位徒弟签订了师徒合同，师徒互相选择、互相负责，弥补了传统师带徒存在的不足，有力推动师带徒培训模式的深入开展，既加快了"低岗位"徒弟的成长成才，也促进"高岗位"师傅对技术知识与管理能力的再提升。通过培训学习积分制强制青年员工参与"员工大讲堂"修得培训学分，特别要求参加基础类课程学习，参加对口专业培训后要求撰写培训体会。个别优秀员工也可能成为部门或专业内讲师。

（五）针对老员工，加强以人人上讲台和线下实操相结合为主要内容的培训

1. 人人上讲台的普及与提高

2015年创办"员工大讲堂"，坚持每周至少一讲，从厂级、部门、班组三级层面选拔内训师，培育人人上讲台，达到教、学相长的目的。从讲堂内容上可分为基础课和提高课，技术课和管理课，技巧课与技能课，座谈讨论课与实践课，类种多样、迎合不同人需求。拓宽培训覆盖面，实现培训的普及与提高。"大讲堂"旨在通过轮流授课，解决员工遇到的难题，同时培养现场会干活、讲台能授课多能型人才。"大讲堂"按照年初有计划审批、课件有审核、授课有评估、参与培训有积分、年终有评比闭环管理模式高效运转。每季度初再次落实详细的讲课内容，确定每个课题和对应的授课人。"大讲堂"的举办不仅加快了广大员工的培养，更促进了授课人的不断进步，达到了双向培养的良好效果。

2. 依托线下平台开展实操训练

运行仿真系统上机训练主要是针对运行副值、主值人员。按运行学习班制度，每月排出仿真机上机计划及学习内容，充分利用仿真机进行专业操作和事故预演，副值及以上人员每年仿真机上机训练时间不低于40小时，运行人员仿真机培训制度化、常态化，营造了员工努力钻研技术的氛围。90%以上的运行值班员达到"千项操作无差错"，其中一人实现连续11463次无差错。通过运行热力试验室，一方面，针对机组运行中出现的飞灰和大渣含碳量高等一系列问题，开展专项分析，解决生产实际问题的同时，提高员工技术水平；另一方面，在小指标治理、燃烧调整、配煤掺烧等方面开展了一系列试验研究，全面掌握不同机组、不同负荷下的机组运行状况，并通过运行优化调整，持续优化能耗指标。同时收集各种工况下机组运行数据、环保指标等，便于数据分析和性能评估，为后续运行精细操作调整提供依据。

依托检修继电保护实训室，编制继电保护发变组保护、线路保护和母线保护标准化作业指导书，满足现场实训和竞赛的要求，锻炼技能人才成长。借助检修状态检修试验室，解决生产实际问题。一是不断开发振动治理技术。二是全面应用红外成像技术，针对电气设备、保温薄弱等区域，定期开展红外测温工作。三是大力开发无损检测技术，借助现代化仪器，对管道、管件等设备的表面结

构以及裂纹进行全面检测，严控风险隐患，提高检修质量。同时，充分发挥技术优势，针对化水、制粉及炉后等系统开展针对性的设备寿命评估，制订科学的维护滚动计划，逐步提升了设备可靠性水平。利用检修实训基地大力开展检修技能训练、比武及竞赛等，为提高检修员工实际动手能力搭建了新平台。成立以来，实训基地已完成了阀门、水泵、电机检修、对轮找中心等多专业实战培训和竞赛，参与人数超过100人次。

（六）针对业务骨干，加强以注安师和专家引领为主要内容的培训

1. 以注安师取证为引领，提高高技能人才占比

为使安全管理走专业化道路，需要企业管理者的顶层设计，更需要企业骨干带动。从2013年开始，全厂推行全国注册安全工程师取证工作，并以此促进其他注册师取证工作。大力推进国家及行业相关取证工作，旨在通过取证引导员工建立科学、完备的知识体系。借鉴"PCDA"管理循环，电厂建立了取证工作的闭环运转体系。年初有目标、日常有帮助、考前有辅导、考后有奖励、实践中有提升、任用有机制。2016年，共425人取得各类外部资格证书；2017年，共362人取得各类外部资格证书。

2. 以项目驱动和专家引领，促进高技术人才成长

首先，通过科研项目合作，在实践中培养技术革新能力，提升员工技能水平。电厂与西安热工院、东北电科院及浙江大学等建立长期合作关系，结合生产实际和技术改进需要，联合开展各类科研攻关项目，在此促进之下，厂内涌现一批科研团队。与高校或科研单位合作的《含盐废水回用于湿式脱硫装置对系统指标和粉尘排放的影响研究》等诸多项目荣获电厂行业或华能集团各类科技创新奖项。其次，通过专家授课，促进人员技术水平的提升。特邀多名科研机构专家、系统内外技术专家以及设备厂家人员，到厂开展专项培训，并与员工进行交流研讨，解决问题的同时，员工处理问题的能力得到提升。同时实施"走出去"。选拔一批有潜力的员工到上海电力检修公司或厂家学习，注重动手能力培养，提升检修技能水平，培养一批优秀的检修技术骨干。分批次组织员工前往国内先进单位学习调研，借鉴吸收先进经验，成功解决了一期燃烧器调整、三期磨煤机振动等难点问题，人员技术水平得到了较大提高。

推动科技创新，培养技术革新能力。建立组织机构。成立了科技协会，下设锅炉、汽机、电气、热工、化学、环保和金属共7各科技小组，全面加强对科技创新的组织领导。制订年度计划。根据生产经营、技术改造和中长期发展的需要，每年制订科技投入、研发投入、知识产权等计划。全面过程管控。按照计划组织申报科技项目、创新创意等项目，针对批复的项目，安排专人进行全过程闭环管理，确保项目持续快速推进。同时，广泛开展"五小"创新活动（小革新、小发明、小改造、小建议、小设计），把着力点和投入重点放在生产一线上，针对生产过程中面临的难点、热点及节能减排等方面问题，开展技术革新和技术攻关，以职工的全员创新推动企业创新发展。健全激励机制。每年对职工获得的知识产权、技术创新优秀成果、合理化建议进行奖励，并作为个人年度先进评选、绩效评价的重要参考；对创新活动中涌现出的先进事迹进行宣传和表扬，提高创新积极性。推动科技成果转化。科技项目实施后，形成自有专利技术和相关科技成果。加强新技术的推广和应用，提高企业核心竞争力。发挥领头羊作用，引导全员比学赶超。大力弘扬劳模精神和工匠精神，引导各级人员立足岗位、比学赶超。各级人员通过创新工作室、读书室等，交流经验、学习先进，营造良好学习氛围。

（七）落实考评激励与任用机制，激发员工活力

1. 双通道晋升机制，打开人才上升空间

沁北电厂依据《专业技术技能职务管理细则》建立"岗位职务序列为主，专业技术技能职务序列为辅"的双通道晋升机制，为技术技能人才晋升空间打开通道。专业技术技能职务主要从对应专业下一级岗位产生，序列设5级，包括主任师（主任技师）、副主任师（副主任技师）、一级专业师

（一级技师）、二级专业师（二级技师）、三级专业师（三级技师），享受对应的岗位职务待遇。这些岗位实行聘任制，聘期为三年，职数不超过同级岗位定员的20%～30%不等。对于聘任专业技术技能职务的员工，实行一岗双责，所聘岗位职务不变，既要履行岗位职责，又要按专业技术技能职务岗位职责承担相应专业技术（技能）工作任务。政策出台后，全面推行高级专业技术、技能人才选拔工作，共评定出7名专业技术带头人和8名专业技能带头人，引导职工走上合适的岗位，发挥自身最大优势和能力。

2. 择优任用与奖励机制并重，激活员工上进积极性

依据电厂《职工教育培训管理细则》，优先配备使用技术专家人才。对取得国家级注册类考试资格证书、职业资格技师及以上、专业技术资格高级工及以上的技术人才，以及在上级公司举办的竞赛中取得优异成绩的，岗位竞聘时优先考虑。

落实师带徒考评机制。按照《师带徒管理规定》师、徒具有连带责任，以徒弟成绩为考评内容，通过月度考核、学徒期满考核，落实奖罚措施。考核成绩排在前30%给予奖励，考核不合格者给予考核。每年兑现考核人数20～30人。

一次性奖励机制。每年召开年终培训专题会，对全年培训工作进行总结，并根据师带徒效果、内训师授课情况、学员参培率等项目，进行评优评先和表彰奖励。对在省级及以上竞赛中获奖、考取注安师、高级工程师、技师等外部资格证书，以及在省部级刊物上刊登论文的进行一次性奖励。

三、发电企业实现安全生产的多层次分类别员工培训管理效果

（一）企业安全生产水平大幅度提升

通过激发员工积极性、主动性和创造性。电厂职工共提出各类优化方案百余篇，实现技术改造60余项，解决了汽机热耗偏高、省煤器管屏频繁漏泄等难题。其中，电厂科研团队通过启动新型滚齿板制造技术及应用的研究，使耐热高耐磨板寿命提高3倍。基于厂级AGC的锅炉侧节能减排项目，进一步优化了配煤掺烧、进行燃烧调整及机组间负荷优化分配，实现全厂机组发电标煤耗平均降低2克/千瓦时。电厂主要经济技术指标大幅提升，在集团公司内部，实现了安全绩效排名从"倒数"到"正数"的大跨步式飞跃，近三年杜绝了人身伤害事故和设备损坏事故，设备可靠利用率提高1.5个百分点，2017年实现建厂以来首次全厂6台机组无非停。

（二）企业员工整体素质明显改善

依托人才培养体系，科学开发内部人力资源，人才量质齐升、专家咸集涌现、创新活力迸发。全厂管理及专业技术员工实现技术资格全覆盖，工程师及以上221人，占比31.5%；高级工及以上294人，占比41.9%，其中，高级工程师37人、高级技师7人。特种作业人员持证上岗率、复审率100%。注册安全工程师人数逐年增加，目前已达到63人，实现领导、中层、班组三级覆盖。

专家梯队的技术技能优势得到发挥。科技创新取得突破。《新型滚齿板制造技术及应用》《基于厂级AGC的锅炉侧节能减排优化试验研究》等6个项目获得集团公司科技进步奖或创新成果优秀奖；《沁北电厂厂级AGC控制功能及应用》获电力行业金桥奖项目奖二等奖；电厂"生产系统作业安全智能管控平台"获得国家专利局实用新型专利；分公司系统内首个"众创"科技项目"压缩空气压力露点检测装置研制"正在申报国家发明专利。鼓励全员参与技术论文评比，累计在国家级各类刊物上发表论文49篇。创办并发行了《沁电技术》期刊，调动员工撰写论文的积极性，共刊登技术论文60余篇。

（三）保障企业健康发展，推动集团战略实施

随着企业人力资源效率的不断优化，人才储备的不断增加，促进了企业安全生产水平的提高和健康发展。近几年，电厂实际用工总人数压减30%以上；2017年6月13日成功建设20MW光伏电站并投

产运营，实现总装机容量的扩容；2017年9月成功实现4台机组供热改造，2018年2月实现向济源工业区供汽；2018年实现三期配套铁路专用线圆满开通；2017年，一年内安全高效实现6台机组的超净排放改造，获得集团"环保先进单位"称号；适应电力改革需要，成立济源售电公司。企业有了人才支撑，为电厂健康发展提供了保障。

（成果创造人：韩吉亮、钱　辉、潘树成、李建高、彭宗贵、陈美端、王贵文、周　伟、吕炳燕、张国立）

宇航企业以增强核心竞争力为目标的创新人才培养体系建设

中国空间技术研究院

中国空间技术研究院（以下简称研究院）隶属中国航天科技集团有限公司，主要从事空间技术开发、航天器研制，空间领域对外技术交流与合作，航天技术应用等业务。多年来，研究院成功研制并发射了东方红一号、神舟系列载人飞船、嫦娥系列月球卫星等举世瞩目的航天器，形成了以通信广播卫星、返回式卫星、地球资源卫星、气象卫星、科学探测与技术试验卫星、导航定位卫星和载人飞船等七大航天器系列为主的航天器研制业务。所研制的各类航天器在国民经济、国防建设、文化教育和科学研究等领域得到了广泛应用。研究院现有员工 26000 余人，其中具有硕士及以上学历的 10000 余人，具有副高及以上技术职称 5000 余人。拥有中国科学院院士和中国工程院院士 8 人，国家级有突出贡献专家 16 人，享受国务院政府特殊津贴专家 102 人。

一、宇航企业以增强核心竞争力为目标的创新人才培养体系建设背景

（一）落实人才强国战略，推动国家航天事业发展的需要

中国航天的发展史就是航天人科技创新的发展史，创新始终是中国航天事业发展的源动力。老一辈航天人从无到有、自力更生、艰苦奋斗、勇于登攀，为我国的航天事业奠定了坚实的基础。新一代航天人秉承航天精神，奋发图强、攻坚克难、只争朝夕，在若干重要航天技术领域已跻身世界先进行列，使我国航天事业实现了跨越式的发展。研究院作为国家航天事业的主力军，担负着培养航天科技领域创新人才的重要历史使命。只有不断创新人才培养体制机制，拓展创新人才发展通道，坚持创新事业与创新人才协调发展，才能快速破解制约发展的难题，实现创新驱动发展目标，为航天强国建设贡献力量。

（二）提升研究院竞争力，应对复杂市场竞争形势的需要

航天企业的竞争实力不仅包括航天基础设施的先进性、航天企业能否进入世界 500 强、航天企业的国际市场份额等硬性指标，更包括一些非常重要但往往相对隐性、难以量化、难以物化、难以确定标准从而容易被忽视的软实力建设指标。随着国家深化国防科技工业体制改革，逐步实现国防科技与民用科技、国防科技工业与民用工业的互通、互动、互补，民营企业凭借灵活的人才激励机制，不断加大与传统航天企业间的同行从业员工收入差距，研究院正面临着严峻的国内人才市场竞争。同时，世界多极化、经济全球化背景下全球人才竞争形势日趋复杂，人才的战略重要性日益突出、人才的短缺常态化趋势明显、人才的流动国际化进程加快、人才竞争白热化程度加剧等新的特点。新的竞争环境要求研究院必须同时拥有一批一专多能，能够创造性地解决重大型号工程技术问题，实现航天技术里程碑式跨越的工程科技人才和一批专业技术造诣高深，能够创造性地解决专业领域重大技术难题，引领专业技术发展方向的专业技术人才。如何通过建立多通道、多层次、系统覆盖的人才岗位体系，并以此为基础培养、引进、使用、评价、激励人才，已经成为提升研究院人才竞争力的必然选择。

（三）破解发展难题，保障研究院生存发展的需要

"八五"以来，随着国家对空间技术和空间应用需求的不断增长，研究院工程型号研制任务高速增长，出现了领域发展牵引力亟须加强、科研生产能力亟须加强、航天器预先研究对型号研制的牵引和指导能力亟须加强等问题。这些问题的出现，暴露出研究院在创新人才队伍建设中存在与事业快速发展不

相适应的矛盾。进入"十一五"后，国家建设和国防工业建设对航天器研制的技术、质量、数量提出了新的更高的需求，研究院面临主营业务产品市场需求"量质齐升"的更大挑战。"十二五"期间，研究院共成功发射了近80颗航天器，发射数量相比"十一五"发射总量增长一倍以上，航天事业得到了蓬勃发展。然而，随着航天技术飞速跨越和领域的不断拓展，研究院出现了技术创新能力不能有效满足快速增长的航天器研制生产任务的需要，高层次创新人才缺乏、引领带动国家空间技术发展的顶尖领军人才难以为继等突出问题。以创新人才培养为切入点，破解研究院人才困局和发展难题已迫在眉睫，刻不容缓。

二、宇航企业以增强核心竞争力为目标的创新人才培养体系建设内涵和主要做法

研究院紧密结合发展实际，将创新人才培养工作贯穿企业创新发展全过程，建立健全创新人才培养工作体制机制，加强创新人才培养体系整体设计，不断完善创新人才培养平台，不断丰富创新人才培养方式，优化创新人才成长环境，构建多元化创新人才激励机制，逐步形成了多层次、多专业、全覆盖的创新人才培养体系，有效带动院发展核心竞争力和创新突破潜在竞争力的提升。主要做法如下。

（一）将创新人才培养与企业战略目标融合

1. 明确目标，制定创新人才培养战略规划

研究院将创新驱动战略和人才强企战略作为支撑航天强国建设的重要战略，提出"尚贤崇德、人才为先"的发展理念，明确人才引领发展的战略地位，实施打造高素质专业化人才队伍战略部署。全面推进科技领军人才造就工程和青年拔尖人才支持工程，有针对性的培养具有国际水平的科技领军人才、青年科技人才和高水平创新团队，培育掌握空间技术相关领域核心技术的"领域泰斗"和"专业权威"。

研究院将创新人才培养作为提升发展核心竞争力和提升创新突破潜在竞争力的具体措施，编制并发布《人才队伍发展规划》，明确创新人才培养的具体措施。同时，要求所属各部门、各单位依据规划，结合本单位人才工作实际，详细制订本单位的创新人才培养具体计划并积极推进，从而有效保证研究院规划目标的落地和全面实现。

2. 调整机构，实施创新人才培养专项管理

研究院坚持党管人才原则，将创新人才培养相关工作纳入院党委重大管理事项。成立创新人才培养工作领导小组，院长为组长，党委书记、主管创新工作的副院长为副组长，院士专家为顾问团队，人力资源部为第一责任部门，相关业务部门、下属各部门、各单位各司其职、协同配合，统筹关键资源以满足院战略转型和创新发展对核心人才的需求。

研究院每年度召开"科技领军人才培养专题工作会"，明确年度创新人才培养工作的总体思路和具体目标，要求下属各单位、各部门及各级领导干部都要高度重视人才培养工作，制订切实可行的人才培养计划，找准人才培养突破口，采取行之有效的培养措施，在人力、物力、财力、政策等多方面给予全面支持，为创新人才培养工作提供有力的组织保障。研究院成立专家工作处具体负责创新人才培养的相关业务。

（二）设计实施创新人才培养体系总体架构

研究院以航天系统工程理论体系为指导，结合50年航天科技创新人才管理经验，提出并构建具有"时空二维"特性的创新人才培养总体架构（其中，"时间特性"表现为航天科技创新人才的成熟度结构，"空间特性"表现为航天科技创新人才的专业领域分布结构），设计出一套多层次、多专业、全覆盖的人才培养体系。"多层次"是指在"时间特性"上的多层次，具体分为"尖、高、中、青"四个层次。"尖"是指通过培养能够成为牵引国家航天科技领域发展方向的最高层次科技创新领军人才；"高"是指在高层次创新岗位上履职尽责，为提升国家航天科技领域自主创新能力发挥重要作用的高端科技创新领军人才；"中"是指具有突出学术造诣和技术水平有能力引领本专业发展的中坚骨干学术技术带头人；

"青"是指具有较大发展潜力的优秀青年人才。"多专业"是指在"空间特性"上的多专业,具体包括系统创新、专业研究、产品开发等多个专业领域分布。"全覆盖"是指该培养体系覆盖全院创新人才。

牢固树立"以人为本"的内动力挖掘理念,坚持事业发展与人才成长协调同步,将不同层次、不同专业创新人才的培养活动与航天科技创新的实践活动有机结合,形成动态差异化人才培养策略。面向尖端人才,将人才培养与事业发展紧密结合,聚焦事业发展方向和人才成长目标,坚持分类指导、制定"一人一策"实施差异化培养策略;面向高端人才,将人才培养与岗位要求紧密结合,实施人岗双提升策略;面向中坚骨干人才,将人才培养与牵引技术方向发展挂钩;面向青年人才,以营造创新环境为重点,鼓励其在创新探索活动中成长。

(三)建设创新人才培养平台

1. 为创新人才提供事业平台,使创新人才自觉把自己的梦融入航天梦

研究院总结历史,不断培育和践行社会主义核心价值观,凝练出中国空间事业发展的"四个自信"。第一,进一步坚定道路自信,全面总结空间事业发展取得的辉煌成就和丰富经验成果,讲好研究院故事,引导广大党员保持干事创业的耐心和韧劲。第二,进一步坚定理论自信,坚持解放思想、实事求是、与时俱进、求真务实的思想路线,结合研究院实际,持续强化实践积累,不断创新发展指导工程实践的理论体系,增强理论自觉和理论自信。第三,进一步坚定制度自信,深刻认识制度体系形成的背景、依据及其指导保障作用,准确理解体系中各项制度、流程的内容和具体要求,善于总结规律,坚持问题导向,不断完善制度体系。第四,进一步坚定文化自信,深刻认识航天精神的核心内涵,理解航天文化的本质要义,培育共同的价值观,培养高度文化自信的深厚底气;深刻认识航天文化的重要作用,主动践行三大精神,建立和完善研究院特色文化。倡导创新人才以空间事业发展的"四个自信"为科学指导和动力源泉,激发人才团结分心、攻坚克难的巨大力量。

研究院大力弘扬航天精神、"两弹一星"精神、载人航天精神,不断挖掘精神内涵,组织专题系列讲座,邀请参与东方红一号研制工作的老一辈航天科技工作者讲述创业历史传承航天精神,鼓励创新人才将个人成长与国家航天事业发展融为一体,激发创新人才崇尚科学、积极探索、勇攀高峰的创新热情。

研究院发挥航天事业的凝聚力和向心力,以载人航天、深空探测、北斗导航等国家重大工程建设为契机,不断激励创新人才成长,鼓励创新人才不断适应航天事业发展的要求,不断开拓创新思维,不断提升创新能力,更好地开展创新实践活动。

2. 为创新人才提供岗位平台,使创新人才立足岗位发挥聪明才智

研究院结合创新人才成长需求,构建多层次、全覆盖的专业化岗位体系,完善人才成长通道。建立助理级、主管级、副主任级、主任级专业岗位为代表的基础层专业岗位体系和以"主任研究员""首席研究员""资深首席研究员""终身研究员"等为代表的高层次创新岗位体系。其中,高层次创新岗位体系主要用于培养科技创新领军人才,根据创新人才的创新能力,将其所从事创新活动的特点和预期达到的创新成果具象化为岗位定位和岗位职责。创新人才依托高层次创新岗位开展创新活动,研究院依托高层次岗位凝聚创新要素。以岗位发展通道为媒介,研究院构建人才能力提升与创新项目深化发展的双提升岗位通道。

研究院构建面向学术技术带头人等中层骨干力量创新人才的定制化培养协议机制。创造性地提出通过签署《三方协议》的方式,赋予中层骨干创新人才培养成长权责,促进其参与重大科研项目的决策和技术方向把关、深度参与技术发展规划制定等工作,切实其牵引相关领域发展的作用。同时,针对队伍人才队伍高学历、年轻化特点,设立专项基金用于支持青年创新人才成长,基金面向35岁以下、35~40岁、40~45岁三个年龄层次青年创新人才,主要基金用于青年人才开展早期创新研究活动,实现青

年创新人才创新思想的孵化和创新精神的固化。基金遴选重在发现人才，创新探索活动的不确定性。

3. 为创新人才提供团队平台，带动创新人才队伍整体实力提升

为加快优秀创新人才的成长步伐，研究院依托航天工程创新实践活动，组建一批高水平的创新团队，形成长期稳定的跨部门、跨单位、跨专业合作研究平台。团队研究方向既包括载人航天，深空探测，北斗导航，通信卫星等以国家航天重大工程和重要型号研制为背景的系统创新方向，也包括空间智能控制技术、航天器真空计量技术等面向前沿基础研究工作的专业创新方向。院根据事业发展的需要，有计划的围绕院士专家组建创新团队，发挥院士专家的领域牵引作用，时刻为团队发展指引方向，安排一批理论基础扎实、工程经验丰富的中青年创新骨干人才进入团队，快速提升自身学术造诣和实践能力。研究院根据事业发展的需要，有计划的安排创新领军人才培养重点人选担任创新团队带头人，促进其学术造诣水平、技术创新能力、协同攻关能力得到不断提升。

（四）丰富创新人才培养方式

1. 借力外部专家资源实施创新人才培养

研究院设计更加开放的创新人才培养模式，打破门户壁垒、博采众家之长、综合集成创新。提出"不求所有、不求所在、但求所用"的用人观，积极谋求与国内各相关技术领域院士专家开展合作，成立多个"院士专家工作站"。在工作站建设与运行过程中，院士专家积极参与，开展学术交流、技术研讨、报告讲学、国际会议等一系列活动，引领和带动研究院相关专业领域技术方向的确立与发展，技术创新能力不断增强，技术体系进一步丰富完善，创新研究成果得到进一步积累。在院士专家工作站专家资源的有效带动与支持下，院属相关单位与多家国际宇航机构开展了联合研究工作，促进了人才国际视野的培育和科学精神的大幅提升。

2. 发挥企业大学在人才培养方面的资源优势

研究院以下属神舟学院为依托，发挥企业大学创新人才培养的资源优势，着力构建"学习＋实践"一体化培训平台，筑牢创新人才培养的前沿阵地，实现创新人才培训与院科技创新实践活动和工程项目研制活动无缝对接，促进优秀人才早日脱颖而出。面向工程经验尚浅的青年创新人才群体，自主开发了"虚拟卫星集同设计软件平台""卫星在轨操作虚拟平台""卫星 AIT 操作实践平台"用以模拟卫星从方案设计、系统研制、总装测试到在轨管理的全过程，通过三个平台辅助青年创新人才快速实现理论知识向科研实践的转化和综合创新能力的提升。面向经验相对丰富的骨干创新人才群体，构建了以"型号两总上讲台""学术技术带头人上讲台"等为代表的一系列"专家上讲台活动"，鼓励骨干创新人才走上讲台，传授知识、分享经验，发挥其促进后备人才队伍持续发展的作用。

经过多年的积累，神舟学院已经形成了较为齐备的知识库，包括多套教学案例和相应的多学科模型库、国际标准体系库。这些案例和模型库为创新人才培训系统起到了基础支撑作用。为了化解工学矛盾，鼓励创新人才利用碎片时间自学相关知识，神舟学院开发在线学习系统，具有学习管理、教学管理、资源管理、岗能管理等功能。神舟学院结合教育培训的实际需要，在多方调研、积极探索的基础上，与时俱进、推陈出新，形成一套"互联网＋培训"的新型教学方法。例如，用微信群促进培训班学员的课堂讨论和信息交流，用问卷星快速收集和分析培训反馈，用易企秀及时发布培训最新动态等。

3. 编制适应不同层级创新人才学习需求专题丛书

为了助力人才成长，研究院总结 50 年来取得的重大成就，系统梳理凝练了空间技术主要领域、专业理论和实践成果，形成了由 23 个分册构成的《空间技术与科学研究丛书》。丛书围绕中国空间事业的科学技术、工业基础和工程实践三条主线，贯穿了空间科学、空间技术和空间应用的所有方面。丛书既阐述了基本的科学技术概念，又涵盖了当前工程中的实际应用，并兼顾了今后的技术发展。丛书坚持理论与实践相结合，从航天工程实践中总结出来，经过升华和精炼，具有较高的理论价值和较好的普适

性，为不同层级创新人才提供了学科和技术的专业参考。

（五）培育创新人才成长文化

研究院积极构建适宜创新人才成长的制度文化，尊重创新人才成长规律，有效整合创新人才成长所需的各种资源，形成开展创新活动的文化氛围，为创新人才成长提供良好的组织环境。构建纵向"统一领导、分级负责"，横向"归口管理、协同配合"的创新人才培养多元职责机制。创新人才培养工作由研究院党委统一领导，按照创新人才管理权限，院属各单位具体负责开展创新人才培养活动。人力资源部作为归口管理部门负责制定相关管理规章制度，组织实施院层面创新人才培养工作，指导院属各单位开展创新人才培养工作的日常管理活动。院各相关业务部门协同配合，为创新人才培养活动提出建议意见、提供保障支持。

研究院坚持实践是识别优秀人才最重要的标准，注重以实践和业绩为导向识别人才，关注人才从事创新工作的实际能力，通过采取院士专家推荐、院领导推荐、科技组织推荐、所在单位推荐等多种渠道发现从事创新活动中表现突出的优秀人才。坚持"自下而上"的评价路径，构建统一的遴选标准，通过"赛马"识别和发现优秀人才，形成"推荐多元化，遴选统一化"的创新人才识别遴选机制。

研究院尊重科学研究灵感瞬间性、方向随意性、路径不确定性等特点，在全院范围内营造宽松的创新环境和宽容创新的氛围，允许创新人才自由畅想，大胆假设，认真求证。宽容优秀人才个人的创新失败，但通过制度设计、工作流程设计和创新活动推演等手段确保整个团队不犯错误。根据创新活动的特点采取"周期弹性、聚焦目标、重在使用"的原则实施差异化考核评价。

（六）构建多元化创新人才激励机制

研究院构建多元化的激励机制。将创新人才成长需求与院事业发展有机结合，让想干事业的人有机会、能干事业的人有舞台、干成事业的人有前途。有效满足创新人才自我实现的需求，为创新人才提供自我挑战和能力展现的机会，激发创新人才的自我价值实现动力。同时，在薪酬分配时向一线创新骨干人才倾斜，对于长期扎根一线钻研技术、攻克重大技术难题、解决关键技术问题的创新骨干人才，其薪酬水平高于所在单位的行政领导。

研究院通过与学术技术带头人等中层骨干力量创新人才签署《三方协议》，明确培养责任、实施学术交流转项经费管理机制，对于协议期内能够较好地完成协议目标的创新人才给予高额考核奖金激励。

研究院不断优化薪酬结构，探索建立薪酬总额调节机制，在下属部分单位试点构建薪酬与人才价值提升相结合的薪酬总额分配机制，对于当年成功推荐人才或团队进入国家级人才培养计划的单位给予一定程度的薪酬总额倾斜。

研究院面向进入高层次创新岗位的人才实施年薪制管理。下属部分单位结合用人实际情况，还在年薪之外设置了开拓创新专项奖励，用于奖励在重大技术突破、重大课题研究、重大产品开发中做出突出贡献的个人和团队。

三、宇航企业以增强核心竞争力为目标的创新人才培养体系建设效果

（一）创新人才成长环境得到有效改善

初步形成党管人才的工作新格局，研究院已将创新人才培养工作摆到更加突出的战略地位。全院各单位努力搭建协作、创新的工作环境，切实加强以确保成功、创新发展、和谐一流等为主导的文化建设，大力营造尊重人才、人尽其才、鼓励创新的良好环境。创新人才成长通道持续完善，高层次创新岗位的构建，丰富和延伸了研究院原有的专业化岗位体系，形成了与行政领导管理体系、型号领导管理体系岗位并行，同步推进研究院发展的创新人才管理体系。研究院创新能力得到系统提升，创新活动形成了学术技术成果有效拉动了工程项目的前沿技术需求。

(二) 创新人才队伍实力持续增强

一是为国家航天事业输送了一批年富力强的创新人才和创新团队。"十二五"以来，研究院共新增中国科学院院士1人、中国工程院院士1人；9人入选国家"万人计划"科技创新领军人才和青年拔尖人才；6人入选国家"百千万人才工程"并被授予"国家级突出贡献中青年专家"荣誉称号；4人入选"创新人才推进计划"中青年科技创新领军人才；2人获得国家自然科学基金委"杰出青年科学基金"项目支持；1人获国防科技工业杰出人才奖；1人获"全国创新争先奖状"；3人获中国青年科技奖；4人获全国优秀科技工作者；1人获陈嘉庚青年科学奖；2人获光华工程科技奖；3人获何梁何利基金奖；49人获国务院政府特殊津贴；82人获"中国航天科技集团公司级学术技术带头人"荣誉称号。"十二五"以来，研究院共有1个团队获国家科技进步奖创新团队奖；2个团队获国防科技创新团队奖，2个团队入选科技部重点领域创新团队；1个团队获"全国创新争先奖牌"。二是创新人才国际影响力明显提升。"十二五"以来，研究院共有9人荣获"国际宇航科学院院士（含通讯院士）"荣誉称号，10人荣获"俄罗斯宇航科学院院士"荣誉称号；1人获国际宇航联合会"名人堂"奖，1人获国际宇航联合会杰出贡献奖，1人获国际宇航联合会青年科技领袖奖。

(三) 发展的核心竞争力和创新突破的潜在竞争力稳步提升

研究院通过不断加强创新人才培养，提升了自身发展的核心竞争力和创新突破的潜在竞争力。顺利实施了包括"载人航天""探月工程""北斗导航"在内的多项国家重大航天工程建设项目，成功突破了空间交会对接技术、地外天体软着陆和巡视勘查技术、等多项关键技术，实现了我国航天事业发展的重大跨越，为国家国防现代化建设和国民经济建设各个领域发挥了重要作用。创造了一批高水平的科研技术成果，"十二五"以来10余项科研成果获国家科技进步奖、国家技术发明奖。

（成果创造人：杨保华、赵小津、李　杰、陈国宇、杨　宏、焦泽兵、
邵慧英、黄　昕、秦小康、高　珊、于　江、张　蕾）

以提升安全风险防控能力为目标的心理健康服务管理

中国石化集团胜利石油管理局有限公司电力分公司

中国石化集团胜利石油管理局有限公司电力分公司（以下简称胜利电力）主要担负着胜利油田的供电保障任务，现有员工 5757 人，固定资产原值 44.83 亿元、净值 22.53 亿元。近 10 年来，公司累计完成转供电量 700 多亿千瓦时，实现利润 40 多亿元。2010 年以来，公司深入践行安全发展理念，针对高危企业特点积极探索员工心理健康服务的有效途径，构建形成了以提升安全风险防控能力为目标的心理健康服务管理，创出了连续 8 年工业事故零死亡的新纪录，实现了油田电网长周期安全稳定运行。

一、以提升安全风险防控能力为目标的心理健康服务管理背景

（一）应对企业自身安全挑战的客观需要

有关资料统计显示，2005－2014 年 10 年间，我国每年因各类建筑事故、化工事故、煤矿事故、电力事故等死亡的人数都在 10 万人左右，造成的直接经济损失初步测算在 1000 亿元以上，加上间接损失，每年高达 1500 多亿元，约占 GDP 的 2%。以油田供电行业为例，电力一线员工长期在高压电气设备上带电作业、登高施工、执行操作，极易发生触电伤害、登高滑落、失误操作等事故，使员工生命和企业财产遭受重大损失，假如引发大面积停电事故，不仅直接影响油田原油生产，严重的还会造成社会不安定因素。公司对历史上曾经发生的 17 起伤害事故进行了综合分析。从分析结果看，由"三违"（违章指挥、违章操作、违章作业）等引发的事故 15 起，占比高达 88.2%；由物的不安全状态引发的事故 1 起，占比为 5.9%；由环境的不安全因素引发的事故 1 起，占比为 5.9%。由此可以得出结论，电力事故主要是由于人的不安全行为造成的。对 15 起人为事故的当事人进行心理分析可以看出，由麻痹心理引发的事故为 4 起，占比最高，为 26.6%；由侥幸心理引发的事故次之，为 3 起，占比 20%；由急躁心理引发的事故为 3 起，占比 20%；其他如莽撞心理、粗心心理、依赖心理、逞能心理等因素引发的事故各占不同比例。因此，着眼于高危企业特点，积极构建员工心理健康服务管理体系，对于消除不安全心理、避免不安全行为，实现安全风险的源头控制，具有十分重要的现实意义。

（二）全面落实以人为本的时代要求

长期以来，企业往往重视安全生产的环境因素和技术因素，却忽视了人的因素。以电力行业为例，大多数变电站远离城区、交通不便，员工工作空间狭小封闭，工作要求高，人际交往范围小，容易产生偏执、自闭，造成情绪不稳定、职业倦怠、注意力减退等，极易演化为违章作业甚至是事故的"导火索"。大部分员工从入职开始，就每天与高危设备打交道，一干就是几十年，容易发生习惯性违章。当前员工对美好生活的新期待，要求企业必须深入贯彻以人为本方针，更新管理理念，建立企业和员工合作共赢的新型关系，更加重视员工生命安全和心理健康，只有纾解员工的情绪、解决他们的心理问题，才能从根本上提高安全生产管理效能。

（三）实现企业高质量发展的必然选择

推进企业高质量发展，必须以安全生产为前提，优化经营指标、提升发展动能。胜利电力电网因油而生，经过 50 余年的滚动开发，建成 35~220 千伏变电站 186 座，6~220 千伏电力线路 15442.6 千米，分布在 6 个地市的 22 个县区，供电区域总面积达 3.28 万平方千米，与海南省的面积大体相当，也形成了供电区域不集中、管理幅度大、点多线长面广的状况；由于多年来电网建设改造资金投入不足，油田 40% 以上的变电站、输电线路超寿命运行，普遍存在设计标准低、抗灾害能力弱、设备隐患多等

问题，成为影响设备本质安全的不利因素。供电区域分散、设备老化严重、运行环境恶劣的现实，与原油生产对供电质量的可靠性要求形成了明显反差，并给安全生产带来极大的压力。

此外，公司队伍结构整体老化问题给安全生产带来了严峻挑战，目前公司员工平均年龄46.5岁，其中46～50岁员工2151人，占员工总数的37.36%；41～45岁员工1930人，占员工总数的33.52%，两项合计占用工总数的70.88%，许多超过45岁的员工仍然坚守在电力施工、线路维护检修等岗位上，与高劳动强度、高技术要求的电力行业工作特点有明显的匹配差异。要实现电网安全生产，为油气生产提供可靠保障，必须以心理健康服务为切入点，及时掌握员工心理变化，化解不良情绪，解决职业倦怠等心理问题，进一步调动员工主观能动性。

二、以提升安全风险防控能力为目标的心理健康服务管理内涵和主要做法

针对高危企业安全管理的重要性和特殊性，胜利电力大力倡导"要安全，先安心"理念，健全员工心理健康服务管理的组织管理体系，创建"彩虹心理健康服务中心"服务平台；在一线危险作业岗位开展安全心理量化评价，科学评估员工岗位安全胜任能力，将员工心理健康服务融入安全风险管理，优化安全生产管理流程，实施"体验式培训"和心理危机预警，建立员工心理健康服务管理提升机制，有效避免了人身伤害事故的发生，全体员工幸福感显著提高。主要做法如下。

（一）树立"要安全，先安心"理念，健全组织体系和实施平台

1. 提炼形成"要安全，先安心"理念

"要安全，先安心"理念既是对以往员工心理健康服务管理工作的经验总结，也是长期安全管理实践对于企业刻骨铭心的启示，是用生命和鲜血换得的教训。践行"要安全，先安心"理念，必须通过实施安全心理量化评价、日常心理健康调适、心理健康服务融入安全生产等一系列举措，使员工对自己心理状态发生了由过去的无意识觉知到现在有意识注意的转变，实现对情绪压力由无力应对到主动调整管控的转变，对安全规章制度由被动遵守到主动约束行为的转变，保证员工岗位操作行为的安全性，促进安全生产管理更加人性化、科学化和规范化。

2. 建立"知心辅导员""幸福教练员"队伍

胜利电力采取校企合作、外送培训等形式，培养造就了一支专兼职EAP工作骨干队伍，承担心理咨询项目策划、特殊员工个案辅导等任务。针对基层队伍庞大、工作区域分散、员工心理需求广泛的实际，注重从基层培养EAP工作骨干，用身边人帮助身边人，及时解决员工中出现的大量心理问题。制订实施《员工心理健康服务管理人才培养计划》，提出将基层党组织书记、工会主席培养成"知心辅导员"，将班组长培养成"幸福教练员"的目标，对30个区域供电公司的班子成员、320个生产班站的工作负责人组织轮训，并在干部能力提升、安全生产管理等培训中嵌入EAP专业课程，实现了每个班站至少有1名EAP骨干的目标，使心理健康服务横向上覆盖了12个主要工种的关键岗位，纵向上贯穿了80余项生产作业流程。目前，全公司的EAP专家型人才已多达120多人，在各单位挑起了安全生产监督和心理问题疏导化解的重担。闫晓华、陈萍等4人还分别入选山东省、中国石化EAP专家人才库。2018年公司与山东师范大学合作，系统研究员工在安全生产过程中的心理要素变化，探索如何推进电力系统安全EAP的岗位应用，强化生产过程中的"心理过程控制"，提升了员工心理健康服务工作水平。

3. 打造"彩虹心理健康服务中心"

2010年，胜利电力成立胜利彩虹心理健康服务中心，成为胜利油田成立最早的心理服务平台之一。近几年，适应公司经营发展和安全生产的需要，及时对中心的设备设施进行完善更新，目前已建成团体辅导、心理咨询、情绪管理、压力释放等多功能为一体，能够为员工提供"一站式"心理健康服务的综合性平台。在各基层单位，"安全知行学堂""情绪管理沙龙""安心工作室"等特色EAP组织蓬勃发展，成为员工业余时间心灵成长、科学减压、乐享生活的理想去处。同时，以信息化手段提升心理健康

服务水平，充分发挥心理健康服务中心人才集聚的优势，开通24小时心理咨询热线电话，建设"胜利彩虹心理服务"网站，在公司官方微信、微博开设"彩虹心理E站"，邀请心理健康专家录制心理访谈节目，宣传普及心理学知识，为全体员工"快乐工作、幸福生活"保驾护航。

公司按照"分层管理、全员覆盖和重点突出"的原则实施多层次管理，明确各层级责任。公司层面成立管理工作领导小组，分管领导担任领导小组组长，由工会组织牵头，安全环保、人力资源、生产技术、经营管理、企业文化等部门参与，统筹规划员工心理健康服务管理，研究制定工作规划、年度计划和阶段性重点任务，形成各部门齐抓共管、协调推进的工作格局。在各基层单位成立的"安心工作室"等特色EAP组织，确保员工心理健康服务落实到基层、覆盖到全员，在公司自上而下形成了横向分类、纵向分级的EAP工作组织体系框架，建立起了自上而下、覆盖全员的责任矩阵关系。

（二）开展员工心理测量，量化评估岗位安全胜任能力

1. 实施危险作业分级管理

针对不同专业特点，将直接作业环节的各项危险作业，划分为高度、中度、低度三个危险等级，配套制定相应的EAP组织措施。以电网生产为例，可对电力作业进行如下安全风险分级（见表1）。

表1 电力作业安全风险分级表

级别	类别	作业内容	EAP组织措施
高度危险	变电站	220kV及以上变电站电气设备部分改造引起系统方式变化较大的、导致220kV及以上变电站出现单线（单电源）、单变、单母线运行或已在N-1方式下运行的作业	由彩虹心理健康服务中心配套制订EAP工作方案，由心理健康专家骨干带队组成专门工作小组，进驻基层单位和生产现场组织实施
		新建或改建110kV及以上变电站投运作业	
		邻近带电设备作业的，且多班组（含多单位协同作业的）、多工种参与、使用两台以上大型施工机械的大型电气施工作业	
	线路	220kV联络线作业，造成油田四角环网运行不满足N-1原则的作业	
		220kV重要线路更换铁塔、导线（含架空光缆）施工达10基杆塔及以上的，同时跨越铁路、高速公路或35kV及以下带电线路达到5处及以上的作业	
		邻近带电设备作业，大型施工机械、临时拉线、牵引绳等可能触碰带电设备的，多班组（含外单位作业或协同作业的）参与的大型电气施工作业	
中度危险	变电站	220kV变电站某一电压等级全停，引起系统方式变化的作业	由各单位在心理健康专家指导下拟定EAP工作措施，安排本单位EAP骨干现场监督作业
		220kV变电站母线或主变更换改造，同时多处开关更换或大修作业	
		110kV变电站操作项目量大、复杂的作业	
		新建或改建35kV变电站投运作业	
	线路	35kV及以上线路作业邻近带电线路组立（拆除）铁塔、架设（拆除）导线（架空光缆）作业	
		35kV及以上线路更换铁塔或导线（架空光缆）跨越铁路、高速公路或35kV及以下带电线路作业	
		35kV及以上线路多回路杆塔上部分线路停电作业的，或35kV及以上线路不停电更换光缆作业	
		6kV、10kV线路作业，地理环境困难的、供电方式复杂需多次停送电操作才能完成的、工作量大的、各种跨越较多的作业	

续表

级别	类别	作业内容	EAP组织措施
低度危险	变电	220kV变电站一个电气连接设备停电检修作业	由各班站安排兼职EAP工作人员参与现场监护工作
		220kV变电站主变停电、母线停电或旁路代送操作的作业	
		110kV变电站操作项目量较大的作业	
		110kV变电站停电检修作业具有一定规律性的常规作业	
	线路	35kV及以上线路全部停电组立（拆除）铁塔、架设（拆除）导线（电缆线路）及架空光缆架设（拆除）作业	
		6kV、10kV线路（电缆线路）施工改造达10基杆塔及以上的。配电箱变、变台、环网柜施工达两个及以上的作业	
		由三个及以上班组或由外单位协同作业的涉及运行设备的作业	

2."动静结合"量化评估员工安全胜任能力

采取静态测量与动态测量相结合的方式，全面地、适时地评估员工的安全心理状态。开发设计了《危险岗位员工心理量化评估静态表》和《危险岗位心理量化评估动态表》。《危险岗位员工心理量化评估静态表》以测量员工长期稳定的心理品质为重点，判断是否具备胜任危险作业的心理素质；《危险岗位心理量化评估动态表》以测量近期有无引发员工心理波动的重要生活事件为重点，判断员工在危险作业前的临战状态。其中，静态测量采取自评与他评相结合的方式，对所列标准逐项考核，单项测评分＝自评分值×40％＋他评分值×60％；动态测量以自评为主。

3.明确从事危险作业员工心理适配标准

通过对员工定期进行静态测量，对高度、中度、低度危险作业安全胜任能力做出初步判断。在危险作业前对员工进行动态测量，最终判定员工是否适宜从事危险作业。以电力危险作业为例，员工总评分数在45分以上的，适于该项高度风险作业；总评分数35分以上的，适于从事中度危险作业，总评分数在25分以上的适于从事低风险作业。2017年5月，东安变电站在检修期间，有一名女工因新购置房屋而异常兴奋，在动态测量中分值不达标，不适宜从事危险作业，及时停止其检修操作，避免了因心理波动而引发的安全风险。

（三）构建员工心理健康服务管理融入机制，优化安全生产流程

1."三色预警管理"提升安全心理水平

首先，深入开展安全事故案例分析，对高危行业生产过程中发生的"违章指挥、违规作业和违反劳动纪律"行为，进行行为指标登记，建立员工"三违"档案。建档指标主要为发生"三违"行为的多发性岗位、工种、操作场所，操作人员当时的行为特征、情绪表现、心理状态。其次，在对"三违"档案数据进行分析的同时，结合员工心理量化评估结果，实施"三色预警管理"，建立黄色、橙色、红色预警群。"黄色预警群"人员虽然未发生"三违"行为，但工作强度大、作业时间长，存在较大心理压力。需要通过压力放松训练，恢复心理健康。"橙色预警群"人员身边发生过"三违"行为但未引发事故伤害，且情绪易受外界影响，需要一对一热线跟踪辅导，帮助员工确立正确的认知态度。"红色预警群"人员曾经发生过"三违"行为，需要长期跟踪进行重点教育帮扶。2017年，共组织团体咨询42场次3600余人次；个体咨询54人累计234次，有效避免和降低了不良心理因素的负面影响，提升了员工整体的心理水平。

2."员工角色管理"优化配置作业人员

高危行业很多工作的生产基本上是多工种、多专业协作下完成的，其组织实施过程都是多工种"协

同作战"。为保证重大生产任务组织运行顺畅、安全有序，胜利电力在生产准备阶段抓好劳动力配置关键环节，不仅针对每名员工的技术专长"量才适用"，而且针对每名员工的个性差异实行"角色管理"，在重点项目施工、危险抢修作业等任务中组成"精英战队"，实现了劳动力资源的优化配置和生产作业管理的安全高效。

在"员工角色管理"中，胜利电力将心理学"大五模型"应用于电网安全生产，从外倾性、宜人性、责任心、经验的开放性、神经情绪稳定性质5个方面，对全员进行普适性测量评估，做到扬长避短用人才，知人善用赋重任。在此基础上，制订危险作业岗位安全心理标准，建立员工危险作业心理适应能力档案，作为危险岗位工作任务分配的重要依据，以性格互补、气质调和为主要原则，科学搭配作业人员。对于不能适应危险岗位要求的员工，量身定制心理健康服务工作方案，实施"一对一"的心理健康辅导，提升员工适应危险工作的安全心理水平。对于经专家评估，确实不适合危险岗位工作的员工，安排从事低危险等级岗位工作。

3."安全行为导航"规范安全生产流程

针对风险作业的关键环节，编制成简洁明了的标准化流程图及操作手册，明确危险点控制措施，形成危险作业安全行为导航系统，在电网生产中可以通过唱票复诵、手指口述、多重监护等措施，规范员工安全行为，确保操作执行"零失误"。胜利电力着眼员工心理特点和规律，在变电运行工种推行"交接班重叠制度"，通过"接岗提前准备、离岗接续辅助"减少交接班差错率。在线路管理工种推行"危险预知"，每次作业召开班前、班后会议，进行危险点分析、预演，有效控制作业风险。在电力检修工种推行"挂牌警示制"，要求全体参检人员遵守安全行为导航，避免操作失误。

（四）构建员工心理健康服务管理提升机制，保障安全生产平稳运行

1."体验式培训"赋能主动安全

加强感官体验，建设安全体验教育中心，采取VR体感培训与生产现场实景再现相结合的方式，让员工身临其境感受触电、高空滑落、重物撞击等事故的危害，强化员工的畏惧意识和保护意识。加强知觉体验，利用知觉对强度敏感的特征，将安全标志制做成醒目的卡通图案，把安全警示语设计成亲切的淘宝体语言，在现场悬挂员工亲手绘制的安全漫画，增强知觉感受效应。加强经验体验，通过事故推演和模拟还原事故场景，引导员工自主分析发生事故的心理诱因，检讨过失事故行为，激发员工严防事故的内在驱动力。加强行为体验，根据生产操作特征对员工行为层次的要求，梳理安全教育培训课程，在知识层次培训中强化安全工作原理、隐患排查依据、操作依据等课程的学习，强化员工主动安全意识。

2."目视化管理"打造安全环境

坚持"公开化、标准化、视觉化"的基本原则，在高危行业固定的工作场所、值班区域、员工食堂宿舍等生活区域内，利用形象直观的各种视觉感知信息进行"目视化管理"，将安全生产的要求和意图让员工们都看得见，推动自主管理氛围的形成。在检修工作中，针对变电站检修现场交叉作业多、危险点多、参检人员多的实际，绘制"检修流程图示化看板"和"检修现场安全示意图"，规范划分变电操作区、物资摆放区、紧急疏散出口、车辆停放区等，实现了检修现场管理的规范化、标准化。东区供电公司将"目视化管理"与亲情管理相结合，在员工的宿舍悬挂亲情寄语，在生产场所悬挂"藐视一千天，重视一伸手"等警示语，以真情呼唤安全意识、以亲情诠释安全责任，以"目视化管理"带动安全亲情文化的形成，使安全文化"内化于心、外化于行"。

3."三级干预网络"强化危机应对

建立心理危机干预系统，旨在通过程序化操作，实现快速干预、有效控制，及时帮助处于危机状态的员工尽快摆脱困境、重建心理平衡，有效降低心理危机影响，快速恢复正常生产生活秩序。

一是建立三级预警网络。在班站层面建立员工心理健康分析汇报制度，发现员工有明显心理异常要及时上报，紧急情况下要立即启动心理危机干预程序。在基层单位层面建立心理危机评估制度，以公司29个分公司为网格，在每个网格分别设立2~3名心理辅导员，及时了解网格内员工心理变化，及时对心理异常员工进行心理危机风险评估。在公司层面建立心理危机干预制度，彩虹心理健康服务中心负责健全完善应急状态下的支持、监护、组控、辅导方案，全面指导危机预防，负责心理危机干预的组织实施；结合公司实际总结梳理了《十项心理危机干预技术操作流程》《员工行为辅导操作指南》，指导心理辅导员对存在心理危机倾向和正处于心理危机状态的员工进行干预；编发《心理急救手册》，帮助员工自我调节，自我疗愈。

二是规范快速干预流程。根据心理危机事件可能导致后果的严重程度将员工心理危机分为重大危机、较大危机和一般危机，并有针对性启动不同应对流程。一般心理危机干预由心理辅导员组织实施，基层班站提供支持。心理辅导员按照《员工行为辅导操作指南》，通过运用"精神分析法""认知疗法""暴露疗法"等专业疗法，帮助员工克服失落心理、纠正偏执心理、改善回避行为等问题；基层班站配合心理辅导员实施危机干预，围绕员工心理问题做好矛盾化解、情绪疏解、观念引导，帮助员工调整心理状态。较大心理危机的干预由彩虹心理健康服务中心组织实施，基层单位提供支持。按照《十项心理危机干预技术操作流程》，运用快速干预ABC法、眼动脱敏技术（EMDR）、稳定技术、放松技术等方法，有针对性提供个体与团体辅导；工会等部门及时为有需要的员工提供相关援助，帮助员工解决工作生活上的困难。重大心理危机的干预由彩虹心理健康服务中心组织实施，分公司提供支持。成立应急干预小组，按照《心理危机干预预案》实施全面干预，对于表现程度较重者，协调专业机构进行治疗；对社会功能受损和缺乏自制力的危机个体，组织实施24小时全程监护；对可能引发心理危机的刺激源协调有关部门及时阻断，消除对危机个体的持续不良刺激。

三、以提升安全风险防控能力为目标的心理健康服务管理效果

（一）员工不安全行为显著减少

实施员工心理健康服务管理8年来，员工主动安全意识显著增强，不安全行为发生率逐年下降，企业自身安全风险防控能力逐年提高，实现了工业事故零伤亡的目标。举办各类心理辅导报告会逾千场次，配合各类危险作开展安全生产心理量化评价22000余人次，排查出有安全心理风险员工560多人次，有效避免了员工带情绪上岗、习惯性违章等大量安全隐患。2017年与2010年相比，胜利电力员工违章行为减少了37.1%，在同行业、同规模企业中领先。

（二）员工幸福感显著提升

2018年3月，经专业机构抽样评估，胜利电力员工心理健康水平较2015年测评平均值高出12.5%。员工"幸福感""工作环境""团队氛围""工作热情"等方面的数据均有不同程度的提升，职业倦怠、自闭、易怒等负面指标明显降低。通过实施心理健康服务管理，不仅提升了企业的安全风险防控能力，也有效化解了员工在工作生活中面临的大量负面情绪，提升了员工的安全感、幸福感和获得感。员工思想行为积极向上，劳动关系日趋和谐，近两年公司先后获得"全国和谐劳动关系模范企业""全国模范职工之家"殊荣。近年来，围绕提升安全操作水平，员工自主创新并取得国家实用新型专利42项，有效增加了线路高空作业、电网检修交叉作业等情况下的安全系数；胜利电力技能人才人数逐年递增，截至2018年6月，经职业技能鉴定，达到高级工及以上技术等级的人数已经占到了技能操作岗位员工总数的78%。

（三）发挥了标杆示范作用

胜利电力以提高安全风险防控能力为目标的员工心理健康服务管理经验，成为中国石化EAP本土化应用、模块化推广的标杆示范企业，《工人日报》《科技日报》等多家媒体先后做了报道，近年来有20余家企业先后到胜利电力实地参观交流。2015年12月，国资委在胜利油田召开中央企业EAP工作交流会，胜利电力创作的心理情景剧作为大会内容进行展演，80余家中央企业的260多名代表到胜利电力现场观摩，充分肯定胜利电力将员工心理健康服务融入安全管理的特色做法，认为胜利电力探索了一条符合高危企业特点和新时代要求的管理创新之路。

（成果创造人：尚长泉、马玉岭、陈　萍、马菁媛、尚盟起、刘　琦、闫晓华、刘金萍、战宝丽、王维国、屈冬青、孙　申）

大型高科技集团以推动创新发展为目标的中长期激励管理

中国电子科技集团有限公司

中国电子科技集团有限公司（简称中国电科）是经国务院批准、由研究院所和高新企业组建而成的重要骨干军工集团。主要从事国家重要军民用大型电子信息系统、重大装备、通信与电子装备、软件和关键元器件的研发、制造和生产。现有47家事业单位、16家高新企业、8家上市公司、职工16万余人，科研人员占比超过60%。在网络安全、公共安全、智慧城市、智能交通、新能源等新型电子产品和民用信息系统等方面取得重要突破，经营业绩实现持续高质量和快速度发展，连续13年获得中央企业业绩考核A级和4个任期业绩考核A级，2016年成功进入世界500强，2017年位列世界500强400位。

一、大型高科技集团以推动创新发展为目标的中长期激励管理背景

（一）加速国家电子信息产业转型升级新动能打造的需要

电子信息产业正处于新一轮高速发展期，成为当今创新最活跃、渗透性最广、影响面最大的科技领域，其核心技术体系加速重构、技术迭代周期大幅缩短，新业态、新模式不断涌现。中国电科是覆盖电子信息技术主要专业门类的大型央企，主要承担军事电子信息系统与装备、武器平台、军用基础元器件、功能材料等产品的研制、生产及保障服务、国防电子信息基础设施与保障条件的建设。作为我国军民用电子信息领域的国家队和主力军、电子信息领域科技创新的骨干和中坚，中国电科承载着提升我国军事电子技术和装备水平的使命，必须突破制约创新的动力机制问题，构建多层次多要素的激励体系，系统提升全集团的人才激励水平，凝聚吸引大批高素质创新人才，瞄准关键共性技术、前沿引领技术、颠覆性技术等，加速技术迭代，打造发展新动能，彻底解决电子信息产业中的关键瓶颈，系统提升我国电子信息产业核心竞争力。

（二）贯彻中央深化人才发展体制机制改革战略的需要

党中央印发《关于深化人才发展体制机制改革的意见》，明确了深化人才发展体制机制改革的指导思想、基本原则和主要目标，提出要强化人才创新创业激励机制，完善市场评价要素贡献并按贡献分配的机制，加大对创新人才激励力度，鼓励和支持人才创新创业。作为中央企业，中国电科有责任深入贯彻中央深化人才发展体制机制改革部署，破除束缚人才发展的思想观念和体制机制障碍，为国有企业深化人才发展体制机制改革探索实施路径。

（三）激发军民融合型高科技企业创新创业动力的需要

根据国内外相关研究，企业创新机制的运行系统至少可分为决策、保障、激励三大要素。三大要素之间存在瓶颈制约关系，当某一要素成为整个系统的薄弱环节，并影响和制约其他要素发挥作用时，其瓶颈作用尤为突出。中国电科具有"中间事业、两头企业"的企业性质特征[①]和典型的军民融合特征，受制于国家对国有企业、事业单位、军工业务等的政策要求，长期以来激励方式总体上以传统的工资、绩效奖金和特殊奖励为主，激励方式相对单一，激励效果不太明显，无法有效支撑建设世界一流创新型领军企业的战略目标。一是不能完全体现创新成果价值：创新强调的是对现有技术、商业模式的边际贡献，具有原创性、颠覆性和"破坏性创造"的特征，传统的即时激励方式难以产生有效的激励力度；二

---

① 中国电科集团层面为国有独资企业，下属二级研究所为事业单位体制，二级研究所分别控股或投资企业。

是无法有效匹配创新周期：创新活动周期长、成果产出不连续，即时激励的兑现周期方式与创新周期不匹配，激励效果不突出。建立中长期激励机制，尤其是完善技术、知识等创新要素参与分配的方式，是建设创新型领军企业的必由之路。

二、大型高科技集团以推动创新发展为目标的中长期激励管理内涵和主要做法

中国电科以建设世界一流创新型领军企业为目标，在深入分析研究创新型企业的内在特征和发展规律的基础上，基于业务形态、组织结构和政策空间，构建激励目标、激励对象、激励机制的综合匹配评估体系，打造股权与分红权相结合的中长期激励组合，构建企业级、业务级、项目级立体式激励体系，以系统的方法推动管理全集团中长期激励管理，为新技术突破、新业务开拓、新动能打造提供动力引擎，推进"大众创业、万众创新"在国有高科技集团落地生根。主要做法如下。

（一）对标一流高科技企业管理实践，构建中长期激励管理体系框架

中国电科构建以建设世界一流创新型领军企业为目标的中长期激励管理框架，其核心内容包含三个层次。

一是构建"三维立体评估"规则体系。基于技术/商业生命周期、创新主体单元和政策空间三个维度综合分析评估各成员单位开展中长期激励的成熟度，结合国家战略、企业战略和创新策略，确定全集团中长期激励管理的优先级，明确激励目标、激励对象、激励方式、激励额度和退出方式，制定全集团激励管理作战地图，分类分步推动实施中长期激励管理。

二是建立基于"3D"模型的集团化中长期激励管理组织体系。秉持"管控、赋能、共享"的理念，发挥集团公司总部顶层设计、规划引领和协同共享的作用，激发成员单位主动发现需求、主动设计激励方案的能动性和创造力，协同专家支持团队，构建中长期激励从需求发现、方案设计、组织实施、过程管控到持续改进的全流程管理体系，系统性地提升全集团激励管理水平。

三是构筑中长期激励保障体系。构建以重大工程、重大项目、重要任务为载体的创新平台，优化创新组织环境、营造创新文化氛围，夯实中长期激励有效发挥动力作用的基础，搭建从激励到创新的桥梁。

（二）创新"三维立体评价"方法，谋划全集团激励管理作战地图

1. 基于企业生命周期的中长期激励匹配评价

中国电科业务范围广、是覆盖电子信息全领域的大型科技集团，涉及系统、装备/设备、信息平台、集成电路、基础等领域近50个专业门类；下属二级成员单位48家，既有深耕军工电子领域几十年的老牌研究所，也有新成立不满三年的下属企业，集团内业务形态和发展阶段差异性很大，企业创新模式和发展特征迥异，须针对性设计差异化的中长期激励方案。

为此，中国电科综合考虑企业成立时间、市场、技术和经营业绩等因素，将下属成员单位按照技术/产业生命周期进行分类管理，按照孵化期、成长期和成熟期的分类，在深入分析不同发展阶段创新特征基础上，针对性设计激励方式。

孵化期企业通常指成立不满3年，市场结构、技术形态尚不稳定，营业收入保持高速增长的新创企业。考虑到孵化期企业处于发展初级阶段，短期盈余相对有限，集团公司在工资总额管控上给予战略性支持以外，着重鼓励、引导其结合自身盈余状况和发展预期，针对性设计中长期激励方案。具体来说，支持孵化期企业重点针对具有深刻技术洞察能力和开发能力的领军人才和灵魂人物，采用期权为主的激励方式，与认同企业发展愿景的创新创业型人才共同开拓新的技术创新和业务发展领域，实现企业内生式发展。

成长期企业通常指进入市场3—10年，营业收入和市场规模呈现高速扩张态势、市场竞争力持续提高、未来发展预期良好的企业。对于成长期企业，最为关键的是保持在技术和市场等方面的持续投入。

考虑到成长期企业的投资支出大，须平衡投资支出和短期盈余，集团公司引导其识别选择认同企业发展战略的核心技术和管理骨干，探索股权类中长期激励方式，构建核心人才与企业的利益共享机制。

成熟期企业产品技术状态相对稳定、市场结构相对固化、短期盈余资产充足。集团公司引导其基于经营业绩，开展利益分享类中长期激励方式（如岗位分红权），让企业的重要技术和管理人才均能够享受到创新效益和发展成果，维护人才队伍稳定，延长企业生命周期，保持企业可持续增长。

2. 基于三级创新主体的中长期激励匹配评价

中国电科基于创新主体的不同层次，按照"企业级、业务级、项目级"三级创新主体开展中长期激励方案的设计、评估和管理，引导各成员单位及其下属企业逐级建立业务和项目评估体系，系统分析研究业务领域的发展阶段、技术和市场前景、竞争态势和发展趋势等，通过针对性设计业务和项目级的中长期激励，推动企业创造一个又一个新的产业发展S曲线，跨越单一技术/产业生命周期。

企业级的中长期激励，是以企业经营效益（盈余）、股权或期权为分配标的实施的中长期激励，代表性的激励方式包括岗位分红、员工持股、限制性股票及期权等。

业务级的中长期激励，是以某一业务板块经营效益或以基于业务的股权或期权为分配标的实施的中长期激励。

项目级的中长期激励，是指以科研项目收益或科研项目转化收益作为标的实施的中长期激励。中国电科鼓励企业自主研发、具有支撑企业发展的核心技术，能够填补国内外空白或在国际国内同行业中处于领先水平的核心项目以项目分红的方式激励核心技术团队，推动重大项目、重要工程的高质量完成。

3. 基于国家政策导向的中长期激励匹配评价

中长期激励是一种"利益相关者制度"，是经营效益在企业、股东、员工等利益相关者之间的重新分配。为确保中长期激励的公平公正，国家出台了一系列管理制度，中国电科根据国家管理制度，结合本单位实际，印发了一系列的管理制度。对于不同类型企业实施中长期激励的资格条件、激励方案等进行了明确规定。政策要求是实施中长期激励的刚性约束，也是开展中长期激励的基本遵循。

中国电科系统研究中长期激励文件精神，对标政策要求，结合管理实际，明确中长期激励管理的通用条件和针对不同激励手段的个性化条件，并结合薪酬体系达标工作等，对全系统成员单位进行诊断评估，督促提升财务管理、绩效评价等基础管理制度，牵引企业建立产权明晰、发展战略明确、管理规范、内部治理结构健全并有效运转的现代企业治理制度，为建立多元中长期激励机制筑就坚实基础。

4. 制定全集团激励管理作战地图

构建"成熟度＋优先级"的综合评估系统，形成全集团激励作战地图。

第一，制定《中国电科中长期激励成熟度评估工作规范》，从技术/产业生命周期、创新主体、政策空间三个方面分析各成员单位开展中长期激励管理的可能性激励组合，并按照成熟度水平分层管理，对于与业务发展阶段匹配度高，同时与政策要求接近的企业列入近期实施计划，对于匹配度较低的企业列入中期或远期实施计划。

第二，在综合分析全集团中长期激励成熟度水平差异的基础上，结合国家战略、企业战略和创新策略，建立中长期激励的优先级评价规则，明确重点单位、重点业务和重要项目等，确定全集团中长期激励管理的优先级，形成全集团激励管理作战地图。

第三，针对"优先级高、成熟度高"的企业，研究确定中长期激励实施方案，并按照"先试点后实施""成熟一个实施一个"的理念，优化全集团激励组合。在确定具体的激励方案和兑现规则时，抓住激励目标、激励对象、激励方法、激励额度和退出机制等核心要素，综合考虑企业性质、产业生命周期、单位发展情况等影响因素，科学设计激励兑现规则。

首先，推进分红激励分类试点。中国电科在工资总额内，探索两类适应不同业务形态和管理基础的中国电科岗位分红新方式，设计激励额度计提模型，聚焦激励创造价值的核心技术人员。

第一，基于IPD（集成产品开发）模式下项目角色的岗位分红激励。以项目管理为中心，围绕IPD跨职能团队的运行模式，建立"业务领域－项目团队－关键岗位"的三层架构，以业务领域利润完成情况为初次分配依据，以项目利润、技术创新、项目规模等因素为二次分配依据，以项目角色、项目评价结果（PA）和个人绩效承诺（PBC）为三次分配依据，形成纵向到底的量化分配机制，将创新贡献显性化，突出项目角色价值贡献。第二，基于岗位价值评估和任职资格体系的分红激励。建立以岗位价值系数、战略放大系数和业绩考核系数为依据的多要素分配模型，实现组织价值创造与个人利益分配的有机统一。实施"当期＋延期"相结合的支付方式，牵引共同关注中长期发展，促进企业的可持续发展。第三，设计激励额度计提模型。建立以企业全局性价值创造为核心的总额计提模式，将年度税后利润增量和存量分别作为计提基数，持续提高增量利润计提比例，逐年降低存量利润计提比例，引导企业做大利润增量。对于不同类型企业，设定不同的激励总额上限，既保障激励力度，同时避免对整体薪酬体系的冲击。第四，聚焦激励创造价值的核心技术人员。加大向知识、技术要素分配倾斜，以促进科研和技术发展为导向，不断加强自主创新和科技成果转化，重点向创造价值的核心技术人才倾斜。要求技术研发类和高级技能类关键岗位数占激励岗位总数的比重不低于80％；参与分红的技术研发和高级技能人才占总体分红人数比重不低于80％。

其次，开展创新业务跟投。按照选业务、筑平台、建机制的"三步走"策略，建立"绑定跟投＋自主跟投"模式，形成组织与个人协同发展的命运共同体。

第一，优选独立新星业务。基于对产业链的研判和企业发展战略布局，针对切入窗口期短、初始投资大、回报周期长、经营风险高的新星业务特质，按照"非关联、高潜质、初创期"的标准进行遴选，开展创新业务跟投试点。第二，构筑合伙事业平台。以业务发展为牵引，建立"一平台多业务"定向跟投模式。按照"小核心、大外围"的设计思路，对合伙人进行分类分级，将公司高级管理人员和核心技术人员界定为"核心合伙人"，将岗位层级、任职资格、绩效表现达到一定标准的骨干员工界定为"一般合伙人"，并逐级设定跟投限额。以资本认缴的形式，对两类合伙人进行差异化绑定：对核心合伙人实行强制跟投，确保其审慎决策，有效降低投资风险；对一般合伙人实行自愿跟投，构建骨干员工共创共享机制。第三，建立动态跟投调整机制。例行调整与专项调整相结合，根据公司整体经营效益持续调整跟投份额。结合年度人员增减和晋升情况，跟投平台可按一定比例增加跟投份额，用于符合跟投条件且自愿增资员工的分配。规范合伙人退出机制，合伙人不能主动减持；因离职等原因，跟投股份实行差异化价格回购。从而构建起一批批核心员工事业成长与企业创新业务发展融为一体的格局，打破核心员工创新创业激情消退的困局。

最后，推动科技成果作价入股。以科技成果涉及的核心专利等"有证技术成果"评估值为基础折算，将股权的一定比例授予对科技成果有重大原创性贡献的核心团队。同时，明确要求所有被授予股权激励的人员全部进入业务公司，建立形成稳固持久的利益共享机制。

第一，建立成果转化优先级排序机制。对科技成果转化的优先级进行排序，将技术成熟度高、市场适应力强、科技成果权属界限清晰的民用科技成果列为优先转化成果，开展科技成果作价入股试点。第二，实现科技成果作价入股。对科技成果涉及的核心专利等"有证技术成果"开展第三方评估，确定科技成果评估值并折算股权份额，将股权的一定比例授予对科技成果有重大原创性贡献的核心团队作为股权奖励。所有被授予股权奖励的人员全部进入业务公司，建立形成稳固持久的利益共享机制。第三，构建差异化的成果转化行权转让机制。对接集团战略投资基金、地方产投基金等，建立形成"国家战投＋市场基金＋科技成果核心贡献者"的混合所有股权结构，构建差异化的成果转化行权转让机制。

(三) 建立"3D"架构的组织模式，提升中长期激励管理实践效能

按照"顶层设计与基层创造相结合""管控与赋能相结合""引导与协同相结合"的原则，中国电科经过多年实践，建立了基于"3D"模型的集团化中长期激励管理体系，以集团总部人力资源管理团队、成员单位人力资源管理团队和中长期激励专家团队为主体，建立从需求发现、方案设计到执行改进的流程体系，实现全集团中长期激励的系统性提升转变。

集团总部层面，以中长期激励的"服务交付"为核心，明确"管控＋赋能＋共享"的角色定位，一是注重流程管控，建立从受理申请、综合评估、迭代完善到批复执行的中长期激励管理工作程序，着力从资质条件、激励方案和决策程序等对中长期激励方案系统评估、严格把关。二是注重赋能提升，建立"1＋M＋N"体系，为全集团开展中长期激励提供理论指引和实践指导。其中，"1"为《中国电科中长期激励管理办法》，明确中国电科中长期激励的总体框架、方案设计原则和管控方法；"M"为针对分红权、股权、科技成果转化等不同形式的激励方式，分别出台《中国电科分红激励办法》《中国电科科技成果作价入股成立新公司指引》《中国电科促进科技成果转化办法》等指引性文件，引导各成员单位基于"三维立体评估"模型设计研究本单位中长期激励实施方案，指导各成员单位规范组织管理中长期激励；"N"为《中国电科中长期激励案例辞典》，汇集全集团开展中长期激励的经典案例和主要经验，尤其是系统总结了先行先试单位的实施背景、主要内容和流程，为其他单位建立中长期激励机制提供了重要参考。三是注重共享协同，建立集团级中长期激励共享服务平台，定期和不定期组织中长期激励论坛，研究中长期激励热点、难点问题，交流经验、反思教训，促进共享协同。

人力资源专业知识中心，汇聚企业内外的专家力量，以中长期激励的"技术管理"为核心，跟踪研究中长期激励政策和最新应用实践，在集团总部的领导下，针对各单位的中长期激励方案审核把关、提出专业意见，必要时直接参与激励方案设计等工作，确保中长期激励方案的科学性和规范性。

成员单位层面，以"需求管理"为核心，充分发挥成员单位的信息优势、能动性和创造力，由成员单位在深入研究本单位业务发展阶段、组织架构等的基础上，根据创新活动特征，针对性提出中长期激励的目标、方式、激励对象、激励额度以及配套的考核和退出方案。同时，跟踪掌握中长期激励实施过程中的问题和意见，及时反馈给专业知识中心和集团总部，作为及时干预和持续改进中长期激励工作的基本依据。

(四) 构筑创新平台和创新环境保障，夯实激励驱动创新的管理基础

著名心理学家和行为科学家维克多·弗罗姆提出的期望理论认为，人们之所以采取某种行为，是因为他认为结果对他有足够的价值，同时行为可以有把握地达到结果。这个理论可以用公式表示为：激励力量＝效价×期望值。根据期望理论，人才在创新行为上的主观努力并不一定能够产生显性化的创新绩效。要实现主观努力与创新绩效的一致性，必须依赖合适的创新平台和优良的创新环境。没有平台和环境做支撑的激励就像"空中楼阁"和"虚幻的泡沫"，不可能发挥激励效果。

在创新平台方面，近年来，中国电科坚持以创新为第一发展理念，出台科技创新"20条意见"，系统布局推动全系统科技创新工作，推进技术、军工、产业"三业互动"和系统、设备、元器件以及软件的"三级协同"，以重大项目、重大任务和重大工程为载体建立了一大批创新平台，为科技创新提供了优良的平台基础。

在创新环境方面，中国电科从组织环境和文化氛围两方面入手，为科技创新营造良好环境。一是健全科技创新的组织环境。中国电科建立了知识产权全过程管理机制，从知识产权策划、知识产权创造到知识产权归集，将知识产权管理贯穿项目全过程，维护知识产权价值，保护知识产权利益。中国电科创建了科技创新支撑服务平台，由集团公司统一规划，按照专业布局，运用网络和信息化手段进行整合，建立了概念研究平台、技术验证平台、应用体验平台和联合设计开发平台，为全集团科技创新提供支撑

服务。二是营造科技创新的文化氛围。在强化宣传、树立典型的基础上，组织青年科技创新论坛等，加强创新理念、创新意识在企业内的交流共享，积极营造"想创新、能创新、敢创新"和"认可创新、容忍失误"的创新氛围，构建"拥抱创新"的共同价值共享系统，为科技创新创造了良好的文化土壤。

三、大型高科技集团以推动创新发展为目标的中长期激励管理效果

（一）汇聚了一大批高端创新人才，全面激发人才创新活力

中国电科构建与创新活动深度融合、与技术和产业生命周期高度匹配的中长期激励管理模式，吸引聚集了包括国家"千人计划""青年千人计划"、海外博士等在内的一大批高层次创新人才，包括千人计划（含"青年千人"）21人，省部级专家人数708人，博士学历3300余人，有效激励了核心技术和管理骨干，点燃了创新人才的创新激情，激发了创新活力。近年来，中国电科主导的一系列重大科技项目取得重大突破，主导策划的"天地一体化信息网络"列入国家面向2030年重大科技工程，自主投入的"天地一体化先导示范"项目取得重大进展；面向世界科技前沿，在FAST、SKA等方面取得重要创新突破。智能无人机集群两次打破世界纪录，奠定了我国在该领域的世界领先地位。大数据、人工智能、云计算、机器人、物联网等新技术取得新突破。连续两届任期荣获"科技创新优秀企业"。

（二）加速军民融合新动能打造，实现企业高质量发展

中国电科坚持创新为第一发展理念，通过下好中长期激励"先手棋"，孵化、催生了一批新业务和新产业，打造形成产业发展新动能，确保企业实现可持续的高质量发展。比如，在10所、14所、29所、38所、40/41所、54所开展分红激励试点，实施分红激励期间，关键人才离职率低于0.7%/年，其中10所、14所无一关键人才离职；营业收入年化增长率达18%；利润年化增长率达19%。在安防业务板块，中国电科针对"智能仓储机器人"等5个创新业务实施业务跟投激励，合计3000余名核心技术和管理人才参与跟投。2017年，实施跟投机制的创新业务收入分别超过20亿元，使新兴创新业务蓬勃发展，提高了业务培育成功率，推动组织跨越单一产业生命周期。针对太赫兹产品技术领域，中国电科对13名青年海归团队实施科技成果作价入股奖励和员工持股激励。中国电科在国资委经营业绩考核中连续13年获得A级，2016年财务绩效评价首次跃居中央企业并列第一，入围世界500强，2017年位列世界500强第400位。

（三）树立起央企高端雇主品牌，产生了良好社会效益

中国电科的中长期激励管理紧紧围绕"国有""高科技"和"集团化"三个企业核心属性，针对不同性质的业务和不同类别的人才，系统设计了中长期激励的内容体系、流程体系和支撑体系，突破了传统观念，创新了方式方法，形成了中长期激励的新实践。中国电科的中长期激励管理深刻地把握了国有企业中长期激励的特殊性，注重对政策空间的研究和把控，为国有企业实施中长期激励提供借鉴；以推动创新发展为目标，把握企业不同发展阶段创新活动的特征，为科技型企业建立"激励创新、鼓励创造"的中长期激励体系提供参考；融合管控、赋能、共享、协同理念，提供了集团化企业如何搭建中长期激励管理组织体系的案例，破解了集团化企业组织中长期激励管理的难题。中国电科的中长期激励管理受到了广泛关注和认可，2017年在国资委收入分配大会上做了经验介绍，树立了国有高科技企业集团中长期激励的品牌，产生了良好的社会效益。

（成果创造人：胡爱民、王晓敏、冯拓宇、范文新、李少卿、
杜江明、马明德、张魏林、张　栋、罗　旭）

供电企业激发基层活力的班组长协会运行与管理

国网福建省电力有限公司福州供电公司

国网福建省电力有限公司福州供电公司（以下简称福州供电公司）是国家电网公司31家大型供电企业之一，以电网建设和运行为核心业务，担负着福州市五区七县（市）及平潭综合实验区的供电任务，下辖8个县级供电企业，供电面积1.21万平方公里，供电人口727万人，供电户数326万户，资产总额114.45亿元。拥有220千伏变电站36座，110千伏变电站132座，35千伏变电站35座，10千伏线路长度1.9万公里。

一、供电企业激发基层活力的班组长协会运行与管理背景

（一）加强基层组织建设，推动企业高质量发展的需要

当前，如何适应经济发展新特征和深化改革新要求，坚持质量第一、效益优先，实现更高质量、更有效率的发展成为福州供电公司面临的突出任务。基层组织在推动企业改革发展、提质降本增效中发挥着重要作用；班组是企业最基础的组织和各项经营决策的执行单元，直接关系到企业生产经营任务的完成和各项业绩指标的实现；班组长是班组的"龙头"，作为基层一线的管理者，其能力素质在很大程度上决定了班组功能作用的发挥，与企业安全生产、经营管理和优质服务等紧密相关。面对改革发展新形势，供电企业市场意识不强、客户服务响应速度慢、服务流程不顺畅等短板逐渐显现。聚焦班组长这一关键主体，围绕促进班组管理提升、增强基层班组活力、提高班组凝聚力的目标，组建班组长协会，发挥协会沟通协调纽带作用，促进班组这一基层组织建设，不断提升基层班组快速反应、创新创效和价值创造能力，对福州供电公司科学应对复杂环境、提升经营管理水平、实现高质量发展具有十分重要的意义。

（二）弘扬工匠精神，打造高素质专业化班组长队伍的需要

工匠精神体现了对产品质量精益求精、精雕细琢的态度，也是一种立足岗位锲而不舍、专心致志的优秀品质。电力班组作为企业基层单元，是企业最具活力的细胞。着眼长远，以质取胜的关键是要有一支坚持高标准、追求高品质的高素质专业化人才队伍，这其中作为"兵头将尾"的班组长起着重要的承上启下作用。以加强基层建设为导向，创新班组长协会管理模式，强化班组自主管理，畅通班组人才发展通道，培养一批政治强、业务精、懂技术、会管理的班组长队伍，带动班组员工整体素质提升，推动工匠精神在基层班组落地生根，深入人心，形成"人人争做工匠、事事精益求精"的企业文化，确保公司各项工作顺利进行、各项指令有效落实，提供坚强队伍保障具有很强的紧迫性。

（三）建设一流现代电力班组，提升班组管理水平的需要

福州供电公司当前班组管理存在着以下问题：上下信息传递流程长、基层需求难以高效落实解决；不同专业班组长因工作地域分散、专业跨度大、横向交流少、沟通协作有待加强；部分班组长一直从事本班组本岗位工作，少有机会了解熟悉其他班组其他专业工作；对公司生产经营全局和改革发展政策了解较少，缺乏有效途径接收新知识新技能。为解决班组管理模式存在的弊端和问题，破除其对提升现代企业班组建设管理水平的束缚，福州供电公司自2015年开始着手探索建立班组长协会，推动解决基层班组存在的沟通渠道不畅、专业协作不够、内生动力不足等问题，提升班组管理水平。

二、供电企业激发基层活力的班组长协会运行与管理内涵和主要做法

福州供电公司以激发基层活力为导向，以促进班组管理提升、增强基层班组活力、提高班组凝聚力

为着眼点，聚焦班组长这一关键主体，坚持强化自主管理、政策支持与文化塑造，通过制定班组长协会自主管理公约，建立"包保帮促"保障机制与市县班组联动一体化机制，推动班组长协会高效运行。充分发挥班组长协会纽带作用，搭建沟通交流平台；发挥班组长传帮带作用，促进班组创新创效；强化实践应用与技能提升，建立典型选树激励机制，有效激发班组长队伍活力，不断夯实企业基层建设，班组管理水平和企业经营绩效不断提升，塑造了良好的企业品牌形象。主要做法如下。

（一）明确班组长协会的性质与定位

2015 年，福州供电公司班组长协会通过民主讨论，通过了自主管理公约章程，规定了班组长协会是在公司党委及工会统一领导下，由公司具有班组管理经验的班组长组成，是学习、研讨班组管理、总结交流班组长工作经验的群众性团体。进一步围绕企业发展目标，提出了"沟通交流搭桥梁，集智聚力克难关，创新创效激活力，成长成才强队伍，展现风采亮精神"的班组长协会建设宗旨，即聚焦公司安全生产、可持续发展的目标，以安全生产、质量管理、班组和谐、文化构建、减负增效、创新挖潜等为核心内容，充分发挥班组长聪明才智，开展各类主题活动，增进交流、开阔思路，努力实现班组"自立、互助、温暖"的"家·365"文化建设，着力塑造高素质、专业化、爱岗敬业的班组长队伍。在建设过程中，通过突出"三个强化"，筑牢协会根基。

第一，强化政策支持，促进协会快速发展。公司领导一直关心协会的建设和发展，协会成立后，在各种场合宣贯成立班组长协会的目的和意义，要求职能部门支持班组长协会健康发展。公司各职能部门积极支持班组长协会健康发展，在人、财、物等方面对班组长协会给予政策倾斜。工会牵头做好协会后勤保障工作，制定相关制度，确保班组长协会开展活动得到各部门大力支持。

第二，强化文化塑造，激发班组内生动力。协会注重对自身文化理念的塑造，围绕共同目标，凝练协会的宗旨、愿景，提出了"争先进位、自觉自信"的文化理念。在协会理念和精神的感召下，积极促进班组长思想观念的转变，从"要我做"转变为"我要做"，从而激发班组长队伍的内生活力，转化为干事创业的工作热情。协会注重对自身品牌形象的塑造。在开展活动的过程中，通过新闻、简刊、宣传片等形式，依托公司内部各种媒体，宣传协会开展的活动及取得的成效，扩大了协会组织的知名度和影响力，吸引越来越多的班组长及班组骨干加入班组长协会。

第三，在协会负责人选择方面，协会注重选拔班组长队伍中最优秀、最典型的先进模范担任会长、副会长，选拔基层一线先进代表，全国劳模、国家电网公司劳模担任协会会长、副会长，作为协会领军人物，带领协会发展。通过先进人物精神感染和带动，对班组长队伍产生潜移默化的感染力和影响力，塑造能吃苦、能战斗、能奉献的电力"铁军"精神品质。

（二）建立班组长协会运行机制

第一，建立"包保帮促"保障机制。工会、职能部门、基层业务部门在班组长协会建设过程中，各司其职，共同发挥"包保帮促"保障作用。工会负责牵头协调职能部门在后勤和服务方面给予充足保障。职能部门负责在业务指导方面服务基层班组，向班组长协会派出部门联络员，作为与班组长协会沟通的桥梁。班组长所在的业务部门负责班组长队伍的日常管理工作，合理安排班组长时间，鼓励并推荐班组长参加协会工作，并就派出的班组长代表在协会中的履职情况接受协会的监督评价。

第二，建立市县班组联动一体化机制。为实现公司班组建设水平整体提升，构建"扁平化、网格化、同步化、互动化"的班组建设格局，班组长协会组织建立了市县班组联动一体化机制。各县公司参照本部班组长协会的设置，结合自身特点，成立县公司班组长协会分会。本部协会工作组骨干分别挂点县公司分会，以"互联网＋班组"信息化技术为支持，通过点对点帮扶方式，将本部协会与分会紧密联系起来，指导县公司开展工作。县公司分会采用"轮值当家"的模式开展活动，邀请公司本部专业班组专家人才到县公司开展帮扶交流活动。

(三) 健全班组长协会内部组织架构

在公司班组长协会成立之初，确立了班组自主管理总体原则与组织架构。协会的工作和管理机构，包括会长、副会长、工作组成员等，均由班组长民主选举产生，由班组长自愿参加。协会坚持班组自主管理，坚持以人为本的原则，坚持依靠班组长的力量建设协会，协会的日常管理、运作、活动等，均由班组根据自身的需要，自主组织策划开展；协会坚持自主创新的原则，尊重职工的首创精神，用协会共同愿景统一班组长队伍思想。在协会组织内部，每个成员都是协会的主人。

班组长协会根据工作需要，分为新闻组、策划组、后勤组、监督组四个职能小组，涵盖了协会工作组的主要职责：对外树立品牌形象，对内做好活动组织，对上做好沟通对接，对下做好闭环管理。各职能小组的组长由会长指定，组员由组长根据个人特长、工作性质、所在地点等因素综合考虑指定。

(四) 以班组长协会为纽带，搭建沟通交流平台

第一，加强协会内部自主管理，发挥班组长建言献策的主观能动性。协会通过建立微信群等沟通交流渠道，为各专业班组长工作中互相沟通协调提供便利，同时促进了专业间团结协作的默契程度。协会积极鼓励班组长结合工作实际，集智聚力分享最佳实践和经验，共同推动工作思路和方法的优化，依靠团队的力量共同解决工作中存在的问题。

第二，促进班组长之间的经验交流和沟通协作。组织召开不同专业班组长沟通交流活动46场，参加人员1826人次。以抗台风抢修为例，协会内部搭建配电、输电、营业窗口、物资、抢修多专业联动平台，不同专业班组长通过信息平台共同讨论如何应对突发灾情、营销专业与抢修专业共同配合向用户解释停电事由等，有效减少信息传递环节，提升对接配合工作效率，发挥事半功倍的良好效果。通过班组长协会这一平台，不同专业班组长彼此之间增进了认识和友谊，同时也方便了不同专业班组的沟通协作，实现与公司基层班组"互联网+"建设和专业管理的深度融合。与此同时，班组长协会通过建立企业文化落地班组"诸葛亮会"，组织外出考察学习，内部集中讨论，就如何围绕班组专业特色设计优秀班组文化进行专项攻关；开展"协会来帮忙"心灵热线，开辟答疑解惑课堂，组织优秀班组长担任答疑顾问，解答基层对班组管理、业务技能、政策解读等方面的问题，充分汇聚基层班组长集体智慧。

第三，搭建基层班组向上沟通交流、反馈意见建议的桥梁。协会成立以来，公司领导与班组长协会召开座谈会12场，听取办理班组长意见建议168条。协会每月定期召开专业工作例会，向职能部门反映基层班组问题和建议566条，办结532条，一次办结率94%。在公司内部形成"基层诉求马上办、基层困难立刻办、基层信息即时通、基层专业协作好"的良好工作氛围。

(五) 助推班组长发挥传帮带作用，促进班组创新创效

协会以劳模工作室为核心，创新团队联创为纽带，创新成果转化基地为支持，将公司创新力量和资源有效汇集，发挥班组长带动作用，打造开放、积极、协调的创新"微生态"系统。通过筹措专项经费，每年开展"智慧众筹"活动，制定年度创新创效计划，统筹规划协会班组科技创新、群众性创新、管理创新等不同类别创新项目申报。

第一，打造班组创新前沿阵地。尊重班组员工首创精神，完善职工技术创新激励机制，发挥班组长带动作用，加强新老员工帮带，激发职工创造热情，组织职工投身创新活动。立足班组实际，深入开展职工创新工作室、合理化建议、"五小"成果等活动，引导班组员工为公司发展献计献策。促进班组长带动广大职工围绕工作中的问题，主动积极开展技术革新、技术攻关、发明创造活动，深入开展沟通交流，分享创新创效心得体会。组建协会"劳模带青工"攻关合作社，并围绕申报数量、获奖情况开展协会内部对标竞赛；举办年度创新成果展示会，邀请公司兄弟单位观摩交流；举办创新知识讲座，邀请上级创新主管部门领导莅临指导。组织班组减负研讨组，开展科技减负探索实践。

第二，建立创新成果孵化机制。班组长协会将自主管理与质量管理要求相结合，建立协会成果孵化

机制，形成有规划、有实施、有成果、有评估的闭环管理体系。组织协会优秀骨干力量组成孵化师培育团队，赋予项目申报、过程管控、成果评估、经验提炼四大职责，采取建立创新成果项目库、设置创新孵化时间表、开展创新成果质量诊断、部署成果验收推广等方式，为班组长队伍在协会自主管理、创新创效、品牌文化等各个方面的智慧结晶顺利落地保驾护航。

第三，积极推动创新成果共享。班组长协会通过召开创新成果发布会，设立典型经验网站专栏，促进管理经验、技术应用创新成果在更广范围发挥作用，组织专业管理部门定期深入班组，发掘工作亮点，认真整理提炼，积极推广应用，缩短了创新和成果转化之间的距离，将班组创意、样品、样机等概念化产品转化为生产检修现场应用工具，切实将创新成果转化为生产力。同时，推动优秀创新成果在不同市县班组之间深化应用，将"谁创新、谁使用"转变为"共创新、大家用"，有力促进创新成果落地见效。

（六）助推提升班组长素质，强化技能提升与实践应用

第一，深入开展班组大讲堂。协会围绕安全生产、营销服务等核心业务，坚持目标导向，以着力解决班组实际工作中遇到的突出问题和提升班组能力素质为目标，倡导"工作是上课、处处是课堂"的学习理念，搭建员工互学互进的平台，发挥班组长先锋模范作用，带动提升整体班组人员解决实际问题的能力。班组大讲堂推行"不同班组不同特点"的实用做法，不断丰富和完善培训内容，以提高班组基础管理、员工岗位技能和业务素质为重点，不限于内容、不流于形式、不困于手段，为全体员工搭建"学业务、学技能、学管理、保安全"的良好平台。通过将"一人讲、大家听"的传统模式转化为"人人学、人人讲"的全员参与方式，真正做到"人人上讲台，个个当专家"，在班组内部培养打造一批具有鲜明特色的专家人才。

第二，深化技术交流竞赛。协会广泛开展劳动竞赛、技术比武、岗位练兵、知识竞赛、技术交流等活动，通过以赛促学、以赛促训，促进不同专业班组长之间加强交流，相互借鉴，取长补短，促进班组管理水平共同提升。一是建立技能竞赛届期制度，根据各工种从业人员多少，每三年举办一届技能竞赛。二是组织开展"大云物移"新兴技术应用竞赛，着力提升班组员工信息化新兴技术应用水平，推动员工更好地掌握先进工具操作方法，不断提高劳动生产效率。三是加强调查研究，密切跟踪、学习借鉴国内一流企业班组建设的先进经验、管理方法和手段，结合自身实际借鉴应用，不断提高班组素质、能力和活力。

第三，组织"挖潜提质"提升活动。班组长协会按照突出技能，注重实效的原则，以"挖掘潜力、提升素质"为目的，开展技术讲课、反事故演习、计算机仿真、模拟培训、导师带徒等为主要形式的协会培训练兵。一是搭建协会岗位技能实训实操平台，依托4个标准化基层班组技能实训基地，协助组织部制定班组员工安全技能实训实操培训大纲和实施方案，有计划地组织班组长分专业、分批次进行实操培训，班组员工实训率100%。深入开展协会岗位技能竞赛活动，为班组培养技能过硬的实用人才。二是搭建协会师徒结对帮带的技术交流平台。协助组织部组建"五星班组导师团"，大力开展"师带徒"活动，促进班组技能人才的快速成长。三是搭建技术培训的传道授业平台。协会组织优秀班组长积极参加公司兼职师资队伍，采取"集中办班培训"和"送技术下基层"两种方式，协助组织部做好公司系统各类专业的技术培训工作。适时总结导师带徒、学习型班组工作成效，组织现场会，推广应用经验。同时特别注重农电员工、社会化用工等员工技能提升工作，组织"特聘专家"开展"市县技术帮扶"活动，为基层班组农电员工送去针对性强、实用性强的培训项目。

（七）引导班组长培养工匠精神，建立典型选树激励机制

第一，深入开展选树典型活动，引导班组长增强工匠、匠师、匠人意识。班组长协会以选树"榕电工匠"系列先进人物为抓手，制定了协会内部典型选树激励机制，提出侧重传承技艺、带徒育人方面的

"匠师"先进、技术精湛、业务精通的"巧匠"先进,以及扎根一线、敬岗爱业的"匠人"先进三个概念。每季度由基层班组长民主票选推出候选人,由协会评选小组审核通过后,在公司各种媒体渠道进行宣传展示,评选结果与公司年度评先评优、个人绩效评价挂钩。协会专门建设"榕电工匠"长廊,对当选的工匠先进典型进行集中宣传展示。

第二,开辟人才流动晋升新通道,吸引优秀精英班组长加入协会。协会把班组长队伍建设作为事关公司可持续发展的大事,纳入人才队伍建设总体规划中,加强班组长培养、选拔、使用和管理,打通班组长流动渠道,让学历高、有水平、会管理的班组长走向管理岗位,切实把班组长培养成为政治强、业务精、会管理的基层骨干。协会积极争取公司政策支持,由人资部专门发文,赋予班组长协会每年推荐后备干部的权利。采用活跃度、贡献度等维度对班组长表现进行评分,作为培育骨干、推荐后备的依据。与此同时,鼓励班组长积极参与协会日常管理工作,有效锻炼了班组长的综合素质和能力,促进班组长在协会中发展成长。根据班组长在协会工作表现,发掘评选优秀工匠人才,为其建设"金牌工匠坊";组织协会优秀劳模,成立"劳模突击队",开展集中训练,集中培训,奔赴急难险重工作现场。越来越多基层班组年轻骨干主动加入班组长协会,形成了协会成员年轻化、知识化、专业化的良好局面,实现与公司基层班组长队伍建设的无缝对接。

第三,开展各类素质提升活动,促进班组长展现风采亮精神。协会组织开展"班组长随手拍""绿色骑行迎青运"、朗读者活动、技能交流活动等特色活动122场,累计参加人员3648人次。协会创建文化艺苑,展示基层员工才艺作品,开办各类文化讲座陶冶情操;成立协会解说员团队,邀请专业教师传授解说技巧,助力协会品牌的传播与推广;建立书法、摄影、棋牌、音乐等兴趣小组12个,吸引有各类兴趣爱好的班组长加入兴趣小组。

三、供电企业激发基层活力的班组长协会运行与管理效果

(一)激发了班组长队伍活力,专业化基层队伍素质显著提升

自班组长协会成立运行以来,涌现出一批优秀创新团队和个人。成立创新创效攻关小组,吸纳各级劳模、专家人才138人加入创新队伍,完成创新突破任务22项。划拨专项资金300多万元支持37个创新项目攻关研究,已完成33个项目并通过验收,23项已形成实物成果,并在公司得到推广应用、产生效益。QC项目获全国级荣誉9个,省级荣誉43个,省公司级荣誉75个。冯振波劳模工作室、李思韬创客空间创新成果在国家电网公司职代会、职工交流展示平台上展示,带电青年创新工作室获评省公司"十佳"称号。一大批年轻的班组长在协会中崭露头角,5名班组长走上中层干部岗位,35名班组长成为优秀专家人才。通过劳动竞赛、技术比武、经验交流等活动,促进了班组之间沟通交流,相互借鉴,取长补短。不断提高班组素质、能力和活力。近年来,公司班组长荣获国家电网公司优秀班组长5人,省公司优秀班组长37人;荣获中央企业红旗班组1个、国家电网公司一流班组1个、国家电网公司先进班组4个、专业红旗示范班组8个、省公司标杆班组37个;全国工人先锋号2个、省部级工人先锋号22个、市级工人先锋号53个。

(二)班组管理水平得到提升,塑造了良好的企业品牌形象

在班组长协会的有力推动下,不同专业班组管理效率和安全保障水平显著提高。在班组长的带领下,班组工作负担有效减轻,班组成员有更多的精力注重安全生产、聚焦核心业务,实现班组管理水平持续提升。协会参与建言献策人数逐年递增23%,累计达786人次,代表基层班组反映意见建议369条,促进公司各类管理问题数量平均每年下降35%。同时,班组长协会影响力不断扩大,班组长协会运行模式得到公司内外的广泛认可,受到上级领导高度认可。另外,基于自主管理的协会运行模式具有良好的示范推广价值,吸引兄弟单位260余人次学习,协会建设的班组长之家、家园小家、劳模工作室、班组文化示范点等得到推广应用,塑造了良好的品牌形象。

（三）有力助推公司跨越式发展

在班组长协会带动下，广大干部员工业务能力、思想觉悟、精神面貌显著提升，凝聚力持续增强，转化为"干事创业"的工作热情，助推福州供电公司跨越式发展。一是业绩指标显著提升。福州供电公司售电量同比增长5.84%，投产35千伏及以上线路、变电容量分别同比增长75.1%、167%。在不同专业班组大力配合下，通过资产全寿命周期管理"领先型"体系验收，卓越绩效体系综合评价成熟度达到"卓越水平＋"。在国家电网公司大型供电企业同业对标排名第八位，省公司同业对标排名第二位。二是有力彰显社会责任担当。自觉践行央企职责，在抗击"尼伯特""鲇鱼"等台风抢修复电中，配电、运检等班组勇挑重担、迎难而上，用最短时间恢复电力供应，保障居民正常生活用电。高标准完成"三合一"会议、厦门金砖会议等重要活动保电任务。三是营造了和谐的发展氛围。班组员工获得福建省总工会"最美劳动者"荣誉称号6人。开展向困难员工"送温暖"活动，开展台风救灾专项捐款活动，资助357名台风受灾员工，"金秋助学"活动资助47名困难员工子女上大学。关爱员工心理健康，开展"心灵绿洲"主题活动，以为员工提供心理辅导、身心健康、压力释放等帮助。畅通职工诉求表达渠道，办理落实职工诉求19件，维护职工队伍稳定。

（成果创造人：郑佩祥、徐福聪、吴邵亮、郑　勇、傅晓菲、
吴　蓓、汪　洋、吴　量、冯振波、黄　颂、叶　理）

施工企业专业技术人员"积分制"管理

中交路桥华东工程有限公司

中交路桥华东工程有限公司（以下简称华东工程公司）于2003年注册成立，注册资本3.01亿元，是中国交建的三级子公司。坐落于上海市浦东新区，总资产51亿元、固定资产3.44亿元，拥有桥梁及铁路运架梁施工设备50余台套，混凝土生产及运输配套设备近100台套，海上施工船舶8艘。目前已经形成以海上桥梁、特大型桥梁施工为主，涵盖公路、铁路、市政工程及机械设备租赁于一体的多元业务结构。承建工程先后荣获"中国建筑工程鲁班奖""中国土木工程詹天佑奖""国家优质工程金奖""国家科学技术进步奖""上海市建设工程'白玉兰'奖""上海市市政工程金奖""上海市科学技术进步一等奖"等诸多荣誉。

一、施工企业专业技术人员"积分制"管理背景

（一）落实企业发展战略的需要

经过多年发展，华东工程公司规模逐年扩大，经营范围不断扩张，对发展质量和发展目标有了新的要求。在"五商中交"战略引领下，积极落实"轻资产"要求，立足主业、开辟新业，逐步向"具有一流竞争力的基础设施建设价值链集成商"的目标迈进。"稳增长、调结构、提质效"的发展策略要求在专业技术人才的建设上，必须坚持"规模适度、结构优化、素质优良"的目标，建立起以公路工程、桥梁建设施工为核心，带动隧道、市政、铁路、轨道交通等业务逐步发展的业务格局。结构的调整需要培育适应性专业技术队伍。如何最大限度地激发现有专业技术人才队伍的学习能力、创造能力，以推动和适应公司的业务格局，是公司必须要解决的问题。

（二）提高企业科技研发能力的需要

华东工程公司追求的是规模发展和结构调整同步、效益和质量兼顾的高质量发展。在规模增长速度加快、产品结构日益丰富的形势下，安全、质量、效益需要先行发展技术来保障，品牌、信用、能力需要夯实技术来保障。大力开展科技研发工作，提高技术攻关和创新能力，既可以提升施工工艺水平、降低安全风险和成本，又可以形成技术优势，提高产品质量，满足交通基础设施的公益性要求，进一步提高整体竞争能力。华东工程公司以桥起家、以桥立足，在攻克高新特难项目的征程上，技术管理发挥了极为关键的作用。施工过程中的技术创新、工艺改进和科研成果的总结提炼，又有力推动了公司承接和拓展更高技术含量、更具品牌价值的业务。面对更高发展要求，必须进一步提升科技研发能力，不断培育出新的竞争优势和发展动能，逐步形成差异化竞争力。

（三）稳定技术人才队伍的需要

近三年，华东工程公司年新签合同额增长近六倍、年营业额增长两倍有余、在建项目数量增长达三倍。规模的迅速扩展使生产经营、质量安全风险骤增，在此形势下，必须抓好技术这个关键环节，必须维持好一个结构相对稳定、技术实力雄厚、富有创新精神的专业技术团队，使技术为各项经营目标保驾护航。但现行薪酬制度和职业发展对稳定技术人才队伍均有不同程度的影响。原有职级的设置重管理轻技术，专业技术人才的上升通道少而窄，促使诸多优秀的专业技术人员离开技术岗位，向市场、行政转岗。薪酬体系重职级轻价值贡献，专业技术人才为公司品牌、质量贡献最大，承担的责任、风险最大，但所获得的报酬与其他人无异，致使能够安心从事技术工作的人员数量相对不足，有能力和意愿开展科研攻关、工艺研究的技术人员更少。据统计，公司2010年离职率均值为6.3%，2014年为12.56%；

而技术人员2010年的离职率为8.45%，2014年增长为19.71%。在人才供不应求的形势下，公司技术人员跳槽、转岗等现象突出，技术队伍出现了"高离职率"和"梯队断层"。

二、施工企业专业技术人员"积分制"管理内涵和主要做法

华东工程公司充分认识到专业技术人员管理改革的迫切性和重要性，致力于建立以能力、业绩为评价依据的可量化考核体系，鼓励技术人员向专业能力型方向发展；完善了技术序列和管理序列的层级匹配，并配套相应的岗位职级和待遇；确立个性定制培养目标、对接后备干部管理、深入开展员工关怀，推动专业技术人员"积分制"管理有效落地，有效提升了技术人员积极性和自我价值实现，提高了公司科研成果总结和转化，缓解了人员短缺，优化了人员结构。主要做法如下。

（一）明确积分制的实施对象和操作步骤

根据管理现状及发展需要，华东工程公司对专业技术人员队伍进行结构化分析研究，决定采取先试点后推广的模式。因方案工程师的工作成果能与工作任务进行一对一的转换，考核易量化，因此选取方案工程师群体为试点对象，进行"积分制"管理的探索与研究。在积累经验、掌握规律、完善措施后，逐步拓展到技术专家和测量、试验类技术人员的管理。

在试点阶段，对所有方案工程师进行基本能力普查，系统评价技术岗位的能力要求、工作内容、考核要素，设定积分类别和标准，将方案工程师人才序列划分为不同的等级，个人专业积分值和人才等级相对应。在推广阶段，对技术专家，根据专业、用户满意度及技术活动参与度考核评价；对测量和试验人员进行分级定档，并根据项目和公司两级考核结果定级和调整，推行"准积分制"管理。

（二）设计积分制度，建立方案类人才序列管理办法

遵循"内外公平结合、竞争与激励结合、经济与贡献结合，适当向核心人员倾斜"的原则，开展方案类人才序列管理办法的制度设计。

1. 积分组成

方案工程师个人积分由A、B、C三类组成。A类积分为初始积分，考量方案工程师个人基础能力，积分设置包括学历学位、资格证书、工龄等，同时根据各类证书的含金量及公司的需求赋予不同的积分值。学历学位积分取其一，按照最高值计算，专科、本科、硕士研究生、博士研究生分别对应30、60、90、120分积分值，"211"以上本科院校毕业生增加10分积分值。职称积分按照从初级到高级分别给予20、50、100分积分值；执业资格积分覆盖公司业务范围，结构工程师、岩土工程师及机械工程师为100分积分值，试验检测工程师和测绘工程师为50分积分值；计算机和外语等级证书积分值为20分，其中外语可根据精通的语种数量累计积分。工龄积分在2014年2月以前设定为2分/月，2月以后由C类积分取代。B类积分为专业工作分积分，重点体现个人的工作业绩，包括技术方案编制、技术总结、科研课题、论文、工法、专利等。技术方案积分包括实施性施工方案编制和方案审批两种类型。方案编制积分按照方案的等级、工作内容，以及是否独立完成分别赋予不同的积分值，审批流程结束方可视为编制工作完成；方案由多人合作完成的，由主编人发起积分流程，按贡献度不同赋予每人不同积分值（三级方案总积分值不超过6分，二级方案总积分值不超过15分，一级方案总积分值不超过30分）；方案审批积分值仅限于方案审批人员，不分方案等级，均按照1分/个进行积分。为鼓励技术人员及时总结和沉淀技术经验、积极参与科技研发工作，对基础性技术工作和科研工作分别设立专项积分。积分科目的划分对应各级科技管理制度要求，并进行动态完善。科技工作由多人共同完成的，由主持工作者分配积分值并发起流程，同一项工作不得多次以不同名义或名称积分。论文由多人共同完成的，由第一作者分配积分值并发起流程，同一篇论文在不同刊物获奖或发表的，以最高等级积分，不重复积分。C类积分为专业岗位日常工作，是对现行办法中技术人员绩效系数的补充。

2. 明确积分等级划分及奖金发放条件

根据对公司技术人员调研结果，结合技术管理要求，对方案工程师人才序列积分值进行了等级划分，共分九个等级。经初步测算，平均工作强度下，员工可在 2 年时间升至三级、6—8 年升至六级、10 年左右升至七级以上，成为公司技术专家。积分奖金发放必须在满足相对应级别的积分下限前提下，同时满足 B 类积分增长值和专业工作条件两个限制因素。方案工程师人才序列等级积分标准、积分奖金和发放条件如表 1 所示。

表 1　方案工程师人才序列等级积分标准、积分奖金和发放条件

人才级别	积分下限	积分奖金（元/半年）	积分奖金发放条件（需同时满足） 积分条件	积分奖金发放条件（需同时满足） 专业工作条件	备注
一级	100	3000	半年内 B 类积分值增长不低于 20 分	半年内至少完成专业技术总结或论文 1 篇	
二级	200	5000	半年内 B 类积分值增长不低于 30 分		
三级	300	7500	半年内 B 类积分值增长不低于 40 分	半年内至少成技术总结或论文 1 篇，且同时至少参与 1 项科技工作（QC、科研、工法、专利）或技术标准化工作	备选项目技术部长、副总工岗位
四级	500	10000	半年内 B 类积分值增长不低于 50 分		备选项目班子、公司机关中层管理岗位
五级	1000	15000			备选项目班子、公司机关中层管理岗位
六级	2000	20000			
七级	5000	25000	半年内 B 类积分值增长不低于 50 分	半年内至少成技术总结或论文 1 篇，且同时至少参与 1 项科技工作（QC、科研、工法、专利）或技术标准化工作	进入公司技术专家库
八级	10000	30000			
九级	20000	50000			

积分计算及奖金发放案例如下。

王某于 2009 年 7 月本科毕业于某 "211" 院校，2014 年获得在职研究生学历，有职称英语 A 级证书及计算机等级证书，2015 年 9 月获得中级职称，持有试验检测工程师证书。该技术员工作经历如下：2009.7—2010.7，A 项目技术员；2010.7—2012.7，A 项目方案工程师；2012.7—2015.7，A 项目技术部长；2015 年 7 月至今，A 项目总工。

该技术员与于 2017 年 1 月报名进入方案工程师序列。A 类积分：90（研究生学历）+10（"211"院校毕业）+50（试验检测工程师）+50（中级职称）+20（计算机等级证书）+20（外语等级证书）+2×56（工龄积分，截至 2014 年 2 月）+8×16+12×18（岗位积分 2014 年 2 月以后）=672 分，即该技术员 A 类积分为 672 分。B 类积分：王某 2017 年上半年独立完成实施性施工组织设计一级方案 2 个，二级方案 2 个，三级方案 3 个。则其 B 类积分为：20×2+10×2+5×3=75 分。C 类积分：12×6=72 分。综上所述，该技术人员在 2017 年上半年结束时的总积分为：672+75+72=819 分。

2017 年 7 月，公司对方案工程师上半年积分进行汇总，按照方案工程师人才序列等级积分标准，王某的人才级别为四级，对应积分奖金为 10000 元/半年，半年内 B 类积分值虽然大于 50 分，但是由于其却没有技术总结或者论文，且未参与任何科研工作，所以未能获得奖金发放。该员工 2017 年下半年积极调整工作思路，撰写技术总结 2 篇，科技论文 2 篇并获得集团科技论文三等奖，不仅拿到积分奖励，还因论文获奖为公司取得荣誉，获评当年公司"先进个人"称号。

（三）精心组织实施方案类人才序列管理办法

1. 前期准备阶段

2014年3—4月，通过著作、报纸、杂志、网络等各种渠道，吸收和借鉴先进的理念，经过多次讨论研究，制定出以"积分制"为核心的课题活动实施方案，并于5月下发了活动通知，开始本次管理创新活动。2014年5—6月，公司采取样本实例综合调查法，鼓励有意愿进入专业人才序列的员工自愿参加积分管理。共计44人报名并填报个人初始积分，由技术服务中心和人力资源部联合对申报材料进行了复核审查。根据抽取的样本，对人才积分进行了等级划分，初步划分为九级，人才序列技能工资初设占比20%。

2. 办法试行阶段

2015年1—2月，根据首次参加活动44人的积分情况，制定并印发《关于发放两阶段方案工程师人才序列管理活动技能工资的通知》。2015年3—5月，根据课题试行情况并进行实证调研后，初拟了《方案工程师人才序列管理办法》，对前期制定的人才序列各项积分值、人才分层定级的积分标准和工资标准进行修订，并提交公司总工会议专题讨论。根据讨论结果，汇总出6项主要意见，对《管理办法》进行了相应修改。2015年6月，经公司制度评审委员会评审，出台了《方案工程师人才序列管理办法（试行）》制度。自此至2017年在公司范围内试行。积分管理每半年一周期，材料审核后在公司范围内公示结果，达到奖金发放条件的随即发放相应奖金。2017年3月，结合试行过程中发现的问题，对人才序列等级积分标准、积分奖金、发放条件和制度中的相关内容进行修订。主要修订内容有：B类积分—根据工作内容及相关制度的变化增补缺项内容；C类积分—降低公司机关技术人员的积分权重；补充人才退出机制，将不符合条件的人员强制退出人才序列。

3. 正式实施阶段

经过近4年的试行，2018年4月，华东工程公司发布《方案工程师人才序列管理办法》，正式进行"积分制"管理。"积分制"管理下，方案工程师收入由"个人薪酬＋积分奖金"构成，个人薪酬标准按照公司薪酬管理办法执行，积分奖金按级别每半年发放一次。

"积分制"管理的各类积分累加方式。A类初始积分由个人提供相关证明文件，经人力资源部确认后累加，初始积分仅计算一次，员工因故退出人才序列后再次进入时不予计分；B类专业工作积分由本人发起流程，由部门负责人或主管领导、主持专业工作的负责人确认后累加；C类专业岗位日常工作积分由信息化系统自动按月累加。

"积分制"的奖金。由人力资源部和技术服务中心联合对填报材料进行审核汇总，并在公司范围内公示、无异议后发放。

"积分制"的积分扣减。根据专业工作情况进行减扣，视情节轻重扣减B类积分相应积分值的1—5倍；各级部门负责人、主管领导和主持专业工作的负责人均可发起扣分流程。

"积分制"的退出。积分值减扣至100分以下的、一年内因积分减扣导致专业技术等级下降两级及以上的、积分值增长为0的、造成一般（不含）以上安全生产或质量责任事故的，退出人才序列，积分清零。

（四）扩展应用"积分制"管理办法

根据方案工程师"积分制"管理的应用实践，华东工程公司分别在2016年1月和2017年4月对技术专家和试验、测量技术人员进行"准积分制"应用，扩展"积分制"管理范围。

1. 应用在技术专家中

华东工程公司建立技术专家库，发放聘书及专家津贴，每届任期2年，任满后依据考核成绩和新的价值贡献等情况重新竞聘。成立技术专家管理组织机构，负责技术专家的考核及日常事务管理。技术专家的考核由专家专业评价、用户满意度评价、技术活动参与度三个维度组成，每半年考核一次，考核评价得分为三维度得分的累加，任期最终考核成绩为各周期考核得分的算数平均数。各单项考评的最高值分别设定为：专家专业评价50分，用户满意度评价20分，技术活动参与度评价30分，其中技术活动参与度评价按照"积分制"原则进行。

专家专业考核评价。根据技术专家在专家会审查、现场技术指导、网络远程技术咨询或其他技术活动的提出的意见和建议进行综合评价。

用户满意度考核评价。在技术服务方面由顾客——接受技术检查、指导和服务的项目对其进行评价，在投标方案编制方面由市场开发主管领导及部门负责对其进行评价。

技术活动参与度考核评价。根据技术专家参与的技术活动次数，按照相应原则统计、计算。具体积分规则为：方案编制导师积分按照《公司实施性施工组织及专项方案管理办法》的方案分级计算；总体施工组织设计3.0分/项目、一级施工专项方案3分/个、二级施工专项方案2.5分/个、三级施工专项方案2.0分/个；含有悬索桥、斜拉桥、拱桥等特殊结构的桥梁投标方案及地铁、市政投标方案3.0分/项目；其他投标方案3.0分/项目；参加评审会议1分/次、参加现场技术活动1分/次；指定专家的网络远程技术咨询0.5分/次（问）；非指定专家的网络远程技术咨询自愿发言0.2分/次（问）；专职副总工程师、经理助理的积分按照0.7系数折减计算。

技术专家负向激励：有刷分造假嫌疑的，不计算技术活动参与度考评积分，并纳入诚信黑名单，取消其下阶段技术专家参选资格。当期考核周期分数低于60分的，扣除下个考核周期专家津贴；任期内最后一考核周期在当期扣除。

2. 应用在试验、测量人员中

试验及测量类专业技术人员工作的可量化性虽不及方案工程师、技术专家，但亦可借鉴方案工程师人才序列管理手段的应用经验进行"准积分制"管理。

分级定档。依据兼顾公平、按劳分配、效率优先等原则，将试验、测量人员考核体系分特、一、二、三档四个级别，各级别必须满足对应的条件。

考核定级。每年12月，由人力资源部组织项目、公司两级考核工作，两部分考核权重各占50%：项目考核由项目领导班子行使评价权，公司考核由机关对口主管部门进行，人力资源部依据两级考核结果综合评定并予定级。

调整定级。对表现优异、在绩效考核中连续多次评优者，由项目推荐、经相关部门复核、报公司班子会讨论通过，可实现破格升级。项目试验室主任、项目测量组长任职期间，发生一般及以上安全、质量责任事故，经相关部门确认后立即降级，降级幅度视事故及责任大小而定；情况严重者，由公司研究后按相关规定处理。

待遇标准。以现行的公司薪酬制度为基准，各档待遇根据定级结果进行浮动调整。特档具体待遇由公司高管层会议研究确定，一至三档分别给予2000元/月、1000元/月、500元/月的上调。

（五）完善"积分制"管理的配套措施

华东工程公司各相关部门集思广益、通力合作，共同制定了一系列的配套措施，并在各层级广泛宣贯落实。

1. 个性定制、精准培训

针对"新员工"，充分发挥公司资深优秀技术人才的作用与潜能。"导师带学员"活动侧重于技术人员，选拔出有经验的技术专家或有良好管理技能的资深管理者作为师傅，对"新鲜血液"一对一帮扶，促动成长。针对"老员工"，秉承"缺什么，补什么"的原则按需培训。根据公司承接的项目特点及不同需求，对专业技术人员分区域、分专业进行精准培训，以确保技术人员面对陌生结构形式、新的工艺工法时，能够快速系统地掌握相关知识；项目实施过程中，根据工程施工进展，聘请不同专业的资深专家现场授课、专项答疑，帮助提升。

2. 对接后备干部管理

将不同积分等级的技术人员纳入公司后备干部管理库备选：三级，备选项目副总工岗位；四至六级，备选项目班子、机关中层管理岗位；七至八级，进入公司技术专家库，享受《公司后备干部管理办法》中各项权利和待遇——技术人员可以一级一级实现自己职业规划的"小目标"。动态管理人才序列人员，因工作失误导致积分降低至100分以下、积分增长为0及造成一般（不含）以上安全生产或质量责任事故的一律调整出列。通过以上手段，激发参与"积分制"管理技术人员的活力，使得晋升通道清晰可见，同时扩大后备干部管理库的备选范围，保证后备干部管理库的相对质量。

3. 深入开展员工关怀

公司大力推行企业文化落地和"星级职工之家"建设。在公司层面，从组织建设、机制保障、标准建立、专项考评开展评比，督导项目提高认识、投入资源；在项目层面，开展一线调研和对标交流，建立"民情档案"，把员工关怀落到实处。对工作3年以内的技术员重点关注技能成长，对工作3—5年的技术骨干重点关注价值实现，对工作5—10年的技术负责人重点关注晋升畅通，对工作10年以上的技术专家重点关注平台提升。同时亦将员工关怀延伸至家庭层面，邀请优秀专业技术人员的父母享受体检"福利"、接送员工妻儿到工地参观"度假"、亲赴职工老家"送家书"。

三、施工企业专业技术人员"积分制"管理效果

自2014年实施以来，华东工程公司"积分制"管理工作进展顺利、效果良好，仅提高了各类专业技术人员的工作积极性、增强了专业技术队伍的稳定性，同时对公司技术人才培养及储备、科研力量提升等均起到了积极作用。

（一）有效提高了员工满意度，专业技术人才队伍趋于稳定

自方案工程师"积分制"管理试行以来，华东工程公司共发放人才序列奖金255.3万元，员工个人奖金最高累计达13.4万元，工资平均增幅到10%。在"积分制"管理的实施过程中，大家在工作中快乐地"挣积分"，不断实现自我价值，专业技术人员工作积极性显著提高、工作满意度也不断提升。2013—2018年度员工满意度如表2所示。

表2 2013—2018年度员工满意度

序号	年度	工作氛围	工作负荷	薪酬福利	晋升发展	总体满意
1	2013年	19	17	17	15	68
2	2014年	20	16	18	17	71
3	2015年	21	23	18	18	80
4	2016年	26	18	24	22	90
5	2017年	27	17	24	24	92
6	2018年	27	17	24	25	93

在"积分制"管理体系下，零分、负分的员工被强制退出；越优秀的员工分数越高，其相应的奖金与福利也会越高。员工利益与企业效益连接更加紧密，流失率有效降低，人才序列活动参与人员也从最初的44人增加至97人，优秀员工更加稳定，凝聚力更强。2013—2017年公司人员离职率如表3所示。

表3　2013—2017年公司人员离职率

年份	公司总人数	离职/人	离职率/%	技术人员/人	离职/人	离职率/%
2013年	552	64	11.59	158	28	17.72
2014年	581	73	12.56	184	36	19.71
2015年	688	70	10.17	252	20	7.94
2016年	583	60	10.29	260	21	8.08
2017年	591	50	8.46	222	16	7.21

（二）有效促进了员工技能提升，人才结构改善明显

"积分制"管理进一步畅通了专业技术人员的职业生涯成长通道，技术人员可以自由选择在专业技术通道积累，亦可以选择在管理通道上发展。在研究和实践中，公司进一步完善了"一对一"的"职业导师制"人才成长机制，促进了人才技能学习和成长。公司专业技术人员占公司总人数比率自2014年的32%提升至2018年的40%；技术人员中中高级职称占比自2014年的33%提升至2018年的58%；33名技术人员提任至公司中层管理序列。技术人员知识结构进一步完善，公路桥梁、市政工程、铁路轨道、其他（含港口与航道、机电等）等四类人才的比例由最初的8∶1.5∶0.5∶0调整为6∶2∶1∶1，人才结构得到有效改善。

（三）有效推动了科技创新，技术成果硕果累累

通过对B类积分的强制要求——半年内完成技术总结或论文1篇且同时参与科技或技术标准化工作1项及以上者，才具备领取"积分"奖金的条件，促使技术人员总结自身工作的心智模式和经验技巧，进一步发挥科技研发成果的"外溢效应"，从而实现新工艺、新工法、新经验在技术人员群体中的组织化和系统传播，使技术经验有效沉淀。试行以来，公司技术管理硕果累累：共承担46项科研项目，其中：已验收科研课题24项，结题待验收9项，在研13项；在《世界桥梁》《公路交通科技》《施工技术》等核心期刊发表论文50余篇；获得国家级工法1项、省部级工法9项、中国交建级工法10项。5年来，共获得中国交建及各类省部级科技奖27项；并于2017年取得上海市高新技术企业认证。

华东工程公司中标率节节攀升，并成功打入新区域、新市场。承建"高、新、特、难"等大型品牌项目数量越来越多，无论是外部新签合同额还是营业额、利润额都得到了有效提高。2017年更是跨入新高度，新签外部合同额首次突破百亿大关，利润总额同比增长385%，人均产值同比增长49%，劳动功效得到有效提高，公司战略规划目标成功实现。

（成果创造人：应　虹、宋　冰、王世宝、闫　朔、闫　超、陈宵梅、肖丽娜、莫　磊、于彤彤、王　洋、季　红、方叶仁）

依托企业集团的"三融合"高技能人才培养体系构建

四川九洲教育投资管理有限公司

四川九洲教育投资管理有限公司成立于2003年，是四川九洲电器集团有限责任公司的控股子公司。旗下包括职业教育、幼儿教育、特长培训和职业培训等业务单元，分别拥有四川九洲技师学院、九洲智能幼儿园（三所）、九洲青少年活动中心、国家职业技能鉴定所、九洲职业技能鉴定站等教学培训实体。其中，四川九洲技师学院（以下简称学院）是公司最大的教学单元和核心业务，主要为行业和地方经济社会发展提供高技能人才支撑，是国家重点技工院校、国家高技能人才培训基地和四川省唯一的军民融合产业高技能人才培训基地，是中国西部知名职业教育品牌，在国家技工教育领域发挥着示范引领作用。

一、依托企业集团的"三融合"高技能人才培养体系构建背景

（一）抓住政策机遇，促进高技能人才培育的需要

近年来，我国高技能人才队伍建设工作不断取得进步，但与经济社会发展需要相比，还存在着总量不足、结构有待优化、人才培养投入总体不足、发展渠道窄等问题。而放眼世界，德国、日本、美国等工业强国都是技师、技工大国，在日本整个产业工人队伍中，高级技工占比40%，德国则达到50%。从市场供需来看，我国技能人才的求人倍率一直在1.5∶1以上，高技能人才的求人倍率甚至达到2∶1以上，供需矛盾十分突出。因此，建设高技能人才队伍、打造更多精益求精的"大国工匠"已是当务之急。近年来，国家高度重视高技能人才培养工作，出台了一系列政策支持各种方式的高技能人才培养。其中，重点鼓励企业集团举办技工院校，旨在进一步深化产教融合、校企合作，切实提高技工院校人才培养质量，加强高技能人才队伍建设。2016年12月，人力资源社会保障部印发《技工教育"十三五"规划》（人社部发〔2016〕121号），明确指出"发挥企业重要办学主体作用，支持企业直接举办或参与举办技工院校，保障国有企业办学与公办学校享有同等待遇"；2017年，国务院办公厅印发《关于深化产教融合的若干意见》（国办发〔2017〕95号），强调鼓励企业以独资、合资、合作等方式依法参与举办职业教育；2018年9月，人力资源社会保障部、国务院国资委印发《关于深入推进技工院校与国有企业开展校企合作的若干意见》（人社部发〔2018〕62号），鼓励国有企业直接举办或通过参股、入股等多种方式参与举办同企业主业发展密切相关、产教融合的技工院校。因此，依托企业集团的雄厚实力，构建"三融合"高技能人才培养体系，是积极响应国家政策要求，加快推进高技能人才培养的迫切需要。

（二）落实军民融合发展战略，促进区域企业发展的需要

2015年8月，四川被确定为全国系统推进全面创新改革试验区，绵阳作为科技城和国家重要国防军工科研生产基地，全创工作的核心任务就在于实施军民深度融合、推动经济社会发展。军民深度融合战略的实现，需要大型企业集团率先探索落实，而培育军民两用型高技能人才是其中的一项重要举措。目前，经绵阳政府机构认证的军民融合企业已达321家，军民融合企业产值1530亿元、工业总产值比重超过50%，保持全省领跑优势。

军民融合企业的持续发展，既需要高精尖的科技人才，更需要一支规模宏大、结构合理、素质优良的高技能人才队伍。而据绵阳市人社局统计，截至2017年年底，绵阳市拥有技能人才36万人，其中高技能人才仅7.92万人，占比22%，低于四川省26%的比例。同时，高技能人才分布不合理，呈现"两

多两少"现象,即国有大中型企业和科研院所多,民营企业和中小企业少;机械加工、交通运输、建筑等传统行业多,电子商务、物流及数控加工等新兴产业和现代制造业、服务业少。高技能人才的不足,严重制约了军民融合企业的发展,不利于落实军民融合发展战略部署。作为绵阳市技工院校优秀代表,四川九洲技师学院借助企业办校的独特优势,通过"三融合"构建高技能人才培养体系,有效实现行业用人标准和人才培养模式的科学对接,不仅是学院参与推进军民融合的科学方法,更是落实军民融合发展战略部署,促进区域企业发展的现实要求。

(三)充分发挥集团优势,发展壮大技师学院的需要

长期以来,九洲集团坚持"以人为本、人才强企"战略,实施"人才工程"和"专家工程",建立多重人才引进和培养手段,在技能人才培养方面独具优势。一是硬件资源优势,集团下属的29个核心业务公司和工厂都是培养技能人才的实训基地,数千台先进的设备仪器为人才培养提供了硬件保障。二是人力资源优势,集团拥有各类专业技能技术人员6500余人,为高技能人才培养提供了强大的教师后备力量。三是经费支持优势,九洲集团200亿元产值背后的上万个生产岗位,为技能人才的就业提供了广阔平台,同时每年均严格按照相关要求提取一定比例的职工教育经费用于人才培养,为技能人才培养保驾护航。四是引领示范优势,九洲集团是国家重点国有企业,是保留核心科研生产能力的地方军工骨干企业、四川省高新科技产业型企业和综合成长型企业和四川省高新技术产业龙头重点企业,在区域、行业中具有较强的影响力,能在校企融合、产教融合、军民融合方面充分发挥引领示范带头作用,带动其他企业积极参与技能人才尤其是高技能人才培养,为区域经济发展提供人才支撑。

二、依托企业集团的"三融合"高技能人才培养体系构建内涵和主要做法

四川九洲技师学院以培养高技能人才为根本任务,依托九洲集团优势,以"加快人才培养、服务企业发展"为目标,将"校企融合、产教融合、军民融合"贯穿人才培养全过程,切实提高人才培养质量,为企业的发展提供高水平、高素质技能型人才支撑,为同类职业院校提供了人才培养模式参考,起到了辐射带动示范作用。主要做法如下。

(一)找准定位,明确高技能人才培养的基本思路

九洲集团始终将九洲技师学院的发展纳入统一规划,并明确提出了两个发展目标:一是到"十三五"末期,办学规模、经营规模、职工收入确保实现60%的增长,力争三个翻一番。二是创建国家一流示范性技师学院,致力于建设技能大师的摇篮、大国工匠的殿堂。2016年7月,九洲高级技工学校正式升格为九洲技师学院,晋升为技工教育的最高学府,具备了培养更高层次技能人才的资格。为确保人才培养目标与办学规格相匹配,学院重新确定办学功能定位。一方面,坚持面向企业,以培养企业一线高级工、预备技师为主要任务,立足于成为企业高技能人才队伍建设的综合基地;另一方面,通过开展企业一线技术工人岗位技能提升训练、技术研修等业务,成为高端职业技能交流和技能人才评价的重要平台。

根据功能定位,学院确立了"校企融合、产教融合、军民融合"的办学思路。"校企融合"是学院为了实现人才培养目标而依托企业、与企业联合培养人才的教育策略,主要体现在三个方面。一是以共同培养人才为目标,实现人才培养模式的创新。通过"引企入校",校企双方共同调整专业结构、改革课程体系、制定人才培养方案和专业教学标准,达到人才培养目标。二是以人力资源合作为纽带,实现校企互利。通过"走出去、请进来"的方式,一方面让教师深入到企业一线系统学习业务技术,强化实践技能,以提高教学能力;另一方面打通引进企业高技能人才的渠道,实现智力柔性流动和人才资源共享。三是以物质资源共享为手段,实现校企互惠。整合校内外实践教学资源,校企双方共享场地、设备和师资,形成具有先进性、针对性、职业性的实践教学环境,为实现工学结合的教学模式提供强有力的保障。

"产教融合"是在校企合作单体互动的基础上，强调学院教育教学过程对标九洲集团所在产业和行业，助力产业建设，是校企合作的高级阶段，主要体现在三个方面。一是将产业的理念、技术、资源整合到学院的培养体系中，学院的教育教学过程对接行业统一性要求，教学上采用产业、行业标准。二是实训、实习强调在真实的工作环境中实干真做，成为教学计划的组成部分。三是以企业标准对技能人才学业水平进行测评，达到"学习与工作一体，学做人与学做事统一"的目标，最终将学院培养的优秀技能人才、科研成果等带给产业，形成发展共同体。

"军民融合"是九洲集团的发展特色，也是竞争优势，强调军民品从战略、经营、管理、文化四个方面深度融合，达到技术互通、人才互用、信息互联、资源共享、基础共建及文化共融目的。根据九洲集团"军民融合科学发展，以军工为根基，以民品求发展，铸就九洲百年基业"的企业发展总方针，学院自2017年开始将"军民融合"作为新的办学思路融入人才培养过程，主要体现在两个方面。一是为以九洲集团为主的军民融合企业培养适应企业转型升级发展的高技能人才。二是依托九洲集团军工骨干企业和四川军民融合高技术产业联盟发起单位、首届理事长单位等平台、资质，与地方政府和职业院校开展政校合作、校校合作，共同培养高技能人才，实现资源共享、融合发展、合作互赢。

（二）依托集团区位和政策优势，全方位开展校企融合培养高技能人才

1. 依托九洲集团社会影响力和优惠政策，聚集高技能人才生源

生源是技工院校生存和发展的基础，也是提高教学质量和优化日常管理的先决条件。近两年来，面对生源市场萎缩、地方保护意识加强、高中高校不断扩招的现状，学院充分利用企业办学这一优势，依托九洲集团及其下属公司的社会影响力开展招生宣传，明确提出"学过硬技术、进百亿九洲"的目标。同时，九洲集团出台了《高技能人才招收培养使用和管理的指导意见》，明确由九洲集团统筹高技能人才的招收、培养、使用和管理，学院参照九洲集团编制的年度计划制订高技能人才招生计划并组织实施，协调集团各用人单位和各下属子公司按照工学结合模式开展高技能人才培养工作，并由集团人力资源部负责考核。文件明确要求，学院的毕业学生原则上优先满足集团公司各生产单位和各下属子公司用工录用需求，凡被录用的学生一律取消试用期，从录用时起按照正式员工待遇标准执行。这一措施将学院毕业生和社会招聘人员明显区别开来，极大地增强了学院对学生和家长的吸引力。在九洲集团的大力支持下，学院生源规模不断扩大，生源质量不断提高，近两年来招生实际完成指标在全省技工院校名列前茅，为高技能人才的培养夯实了生源基础。

2. 依托企业工作任务，推行"项目＋任务驱动"式教学方法

此教学方法以九洲集团工作任务为载体，将某一个技能作为一个项目，实行理论、实践一体化教学，突出动手能力的实操实训，促进学生快速掌握技能。学院首先选择了2017级数控专业班级进行试点，一是成立项目小组。每个小组六人左右，并确定组长一名。二是布置项目任务。教师根据该课程的目标分析，引入一个来源于九洲集团的真实工作任务，并制定项目任务书，要求应用现阶段教学的专业技能与知识去完成项目。三是项目实施。让学生根据项目任务查找资料、自由讨论，并在教师的指导下完成操作训练。四是项目考评、成果分享。设立成果展示区，展示每个小组的成果，逐个上台讲解、分析，最后教师点评。五是项目小结。项目完成后，组织学生交流、总结、反思，找到问题并提出解决办法。经过一学期的对比教学实验，并对试点班级和非试点班级的期末成绩进行对比分析（如表1所示），充分说明这种教学法能促使学生更加牢固地掌握所学专业知识和技能，考试成绩优秀率有明显提高。多数学生的学习积极性、自学能力、团队意识和竞争意识进一步增强。尤其是试点班级的学生在第一学期结束就收获了作品，而非试点班级学生要在第二学期才能做出作品，这一点让非试点班级学生非常羡慕。目前，"项目＋任务驱动"式教学方法已在学院各专业课程中全面推行。由于学院推广得力、效果

显著,被四川省人力资源和社会保障厅确定为首批一体化课程教学改革试点院校。

表1 试点班级和非试点班级期末成绩对比分析

班级	试点班级(2017级数控1班)	非试点班级(2017级数控2班)
人数	56人	49人
平均分	78.8分	65.5分
优秀率	15.2%	10.3%
及格率	93.8%	87.5%

3. 依托校企合作企业资源渠道,促进高技能人才高质量就业

学院坚持把优秀的毕业生输送到优秀的校企合作企业,每年举办校企合作企业专场招聘会,让合作企业优先到校选择优秀毕业生,优先满足其对高技能人才需求。学院对学生进行跟踪服务及管理,确保稳定就业。2017年度,学院毕业生就业率达97%以上,专业对口率90%,用人单位满意率达80%以上。毕业生主要去向为九洲集团及其下属公司、长虹公司、京东方等大中型企业。毕业学生技术过硬、竞争力强,部分学生已经成为所在单位业务骨干。

(三)依托集团产业发展,探索产教融合的高技能人才培养模式

1. 依托集团产业转型升级,创建新型校外实训基地

深圳福瑞祥公司是九洲集团的全资子公司,近年来不断通过市场升级、技术升级大力推进产业转型升级,对高技能人才的需求持续升温。在此背景下,2018年4月,学院与福瑞祥公司签订了《产教融合高技能人才培养协议》,联合举行了四川九洲技师学院机电工程实训基地挂牌仪式。与传统的校外实训基地相比,机电工程实训基地最大的创新亮点是推动企业文化进校园和课堂进企业。一是引进企业先进的管理经验方法和服务精神,应用到学院教育教学管理改革中,提高管理人员的服务水平,增强教职工服务学生培养的意识和能力。二是针对顶岗实习和就业安置环节,把课程搬到企业里,促使学生一边在企业里接触真实的工作场景,一边在企业师傅和学院教师的共同指导下继续学习专业知识与技能,真正实现产业与专业对接、课程内容与职业标准对接、教学过程与生产过程对接。

2. 依托企业实训基地,通过"工学结合"提升高技能人才技能水平

由于背靠九洲集团办学,学院在"工学结合"方面拥有得天独厚的优势。学院通过"教学实习"+"顶岗实习"的双重企业实践,构建出具有九洲特色的"工学结合"高技能人才培养模式。其中,教学实习每学年开展一次,每次时间为1—2个月,各专业班级分批次进入九洲集团及其下属公司参加教学实习,主要强调"参与"和"提高",为后期顶岗实习打好基础。顶岗实习则在最后一学期进行,实习时间为整个学期。学生在学院统一安排下,进入企业开展岗位独立实践,主要强调"融入"和"强化",为真正就业夯实基础。"工学结合"实施一览表如表2所示。通过"工学结合"的模式,学院真正实现了"教师和师傅一体化、训练和生产一体化、课堂和车间一体化、学生和员工一体化",充分体现了企业办学、产教融合、工学结合的精髓。

表2 九洲技师学院"工学结合"实施一览表

工学结合类型	实施时间	实施时长	具体内容
教学实习	每学年一次	1—2个月	1. 专题讲座：企业安排职能部门和生产部门的内训师及技能技术专家向学生讲解产业发展趋势、企业文化、生产组织方式、工艺流程、知识产权等 2. 上岗演练：学生在指导师傅引导下，熟悉相关岗位（工种）职责、操作规范、用人标准及管理制度等，并通过一定的实践操作，初步掌握实践岗位所要求的专业技能
顶岗实习	最后一学期	5—6个月	1. 顶岗操作：学生在指导师傅一对一指导下，进一步掌握相关岗位（工种）所要求的各种专业技能，确保实现独立操作 2. 技术理论课程：由车间及研究所的专业技术人员定期授课，有针对性地讲解生产或研发中的实际问题，促使学生进一步将理论与实际结合起来，更快地掌握知识与技能

（四）依托集团军民融合技术和人才，设置高技能人才培养专业、师资和课程体系

1. 依托九洲集团军民融合核心产业，优化高技能人才培养专业布局

九洲集团坚持军民融合发展战略，已发展为以军事电子、智慧城市为核心业务高科技企业集团，是国家二次雷达系统产品的科研生产基地，空管系统及设备科研生产基地，西部LED产业基地。学院依托九洲集团的军工背景和在行业内的引领作用，按照"专业对接产业，依托行业企业，主动适应产业发展"的思路，紧密围绕九洲集团核心业务、绵阳市深度发展军民融合战略和四川省系统推进全面创新试验的需要，面向国防科技工业、先进制造业、战略性新兴产业和现代服务业领域培养高技能人才，重点打造电子技术应用、数控加工、机械设备装配与自动控制、汽车维修等传统专业，集中建设通信网络应用（北斗导航方向）、工业机器人、无人机应用等新兴军民融合专业。其中，电子技术应用和数控加工为省级重点专业，工业机器人为省级财政专项支持建设专业，形成了以机电类专业为重点，以军民融合专业为特色的专业结构体系，培育并初步形成了电子信息、机械制造、现代服务等专业集群。

2. 依托军民融合企业专家力量，构建高技能人才培养课程体系

学院充分借助企业资源，从九洲集团、长虹公司等大型军民融合企业及中国工程物理研究院聘请了16名大师级领军型人物担任指导专家，为构建有特色的高技能人才培养体系奠定了坚实基础。学院成立了专家指导委员会，邀请专家参与课程体系构建。在专家的指导下，学院根据部颁教学大纲、国家职业标准和军民融合企业的发展重点，全面实施课程改革，创新构建"能力递进"的"模块化＋一体化"高技能人才培养课程体系。其中，"大职业素养模块化课程"主要包括思想基础模块、身心健康模块、职业基础模块、职业拓展模块，如表3所示。"流程进阶专业一体化课程"要求学生从初级、中级到高级进阶式地学习专业技能课程，循序渐进牢固掌握知识技能并逐步提高。以五年制数控专业高级工班为例，学生从第一学期到第八学期进阶式地学习专业一体化课程，如表4所示。同时，在每项专业技能课程实施过程中，通过学院专业教研团队和企业专家团队共同开发出"模块化"的技能项目。以表4中数控车工工艺与技能课程为例，团队以"技能"为核心，研究课程理论与实际的结合，用"模块化"贯穿整个教学过程，探索出从"零件图样—平面造型—立体建模—自动编程—仿真验证—实际制造"为主线的模块化课程，让学生系统学习并掌握数控车工技能。

表3 "大职业素养模块化课程"一览表

模块	课程	意义	备注
思想基础模块	思想道德修养与法律基础、军事基础等	使学生在思想上认同国家和社会，为其进入社会，溶入职场提供思想先导	"大职业素养课程"的基石模块
身心健康模块	体育、心理健康等	使学生学会自我认识、自我调适，强身健体，为职场发展提供物质和心理支撑	
职业基础模块	语文、数学、外语、计算机基础、就业指导等	引导学生积累职业基础知识，认识专业、职业，进入"准职业人"状态	"大职业素养课程"的核心模块
职业拓展模块	社团活动、志愿者活动、假期社会实践等	由前期的认识和知识转向亲身经历和体验，拓展职业素养的宽度和深度	该模块课程主要为学院组织的活动，为隐性课程

表4 五年制数控专业高级工班流程进阶专业一体化课程表

学年	学期	专业一体化课程
1	1	钳工工艺与技能
1	2	车工工艺与技能
2	3	车工工艺与技能
2	4	铣工工艺与技能
3	5	数控车工工艺与技能
3	6	数控车工工艺与技能
4	7	数控铣工工艺与技能
4	8	数控加工综合实训
5	9	数控加工综合实训

（五）依托九洲集团品牌优势，拓宽高技能人才就业渠道

2016年，九洲集团在省市政府的支持下，牵头联合国内从事核、航空、航天、军工电子、兵器装备、船舶、化工材料、民爆八大领域军工企业、民营企业、科研院所、高等院校及事业单位，组建了四川军民融合高技术产业联盟，并任理事长单位。学院在九洲集团的大力支持下，依托四川军民融合高技术产业联盟的资源渠道，不断拓展新的就业市场与实习实践基地，自2017年以来新增有较强实力的合作企业20余家，有效促进了高技能人才高质量就业。

为进一步提升深化产教融合、校企融合，2017年学院通过九洲集团的牵线搭桥，先后与中国航天科技、绵阳京东方、无锡电仪等企业签订了《战略合作协议》，校企合作共建"军民融合专班"，进行"订单式"培养，为企业量身定制高技能人才。专班着眼企业发展对高技能人才的需要，采取体验式教学方法，在深厚的企业文化熏陶中全方位培养学生素养和技能。专班学生毕业后，符合条件的将直接进入企业就业。2017年6月，在九洲集团的大力支持和积极运作下，学院与中国航天科技集团下属企业

及绵阳市人民政府合资合作组建了绵阳科技城军民融合人力资源公司。在大幅度提升学院品牌知名度的同时，学院培养的高技能人才可以通过这个平台输送到中国航天科技集团等十二大军工集团，进一步拓宽了人才就业渠道，对学院的发展起到极大的促进作用。

（六）不断完善技师学院管理制度，保障人才培养质量

1. 建立健全管理制度体系，为高技能人才培养保驾护航

学院实行院系二级管理，实行全员聘任制和岗位、绩效、薪酬"3P"体系，构建"院长负责、集体决策、分层落实、目标考核"的管理体系，建立了以教学管理、学籍管理、学生工作、就业实习、财务管理、资产管理等为支撑的管理制度并严格执行，真正实现了"岗位有责、各负其责、奖惩并举、铁腕问责"，确保了人才培养质量责任得到落实，从而全面提升学院育人水平。

2. 实行准军事化管理，养成"严、细"军人作风

学院实行准军事化管理，推行"上课是学生、实习是工人、平时像军人"的管理模式。学院聘请退伍军人担任专职教官，从日常行为规范入手，促使学生养成良好的生活和职业习惯。一是严格日常操课训练，通过军事体育课和每天晨操、下午课外活动，加强学生体能训练，确保学生拥有良好体格和身体素质。二是建立健全"一日生活制度"，从早上起床、做早操、内务整理、打扫宿舍卫生，到按时上课、遵守课堂纪律、完成作业、自习课点名、课外活动，再到晚上按时就寝等，都有明确的要求，并严格检查。校园内每天军号嘹亮，早操不间断，查寝查铺不放松，制度落实不懈怠。坚持每天查操、查铺制，班主任住进学生公寓，学生干部轮流值班，干部联系学生、学生干部包宿舍、联系学生家长制度等。通过准军事化管理，培养了学生一丝不苟、严谨细致的工作作风，吃苦耐劳的奋斗精神和乐于奉献的军人品德。

3. 传承九洲集团军工文化，培养具有军工职业素质的高技能人才

学院有着长期的军工办学传统和深厚的军工行业背景。在九洲特色的军工文化熏陶下，"拼搏奉献、富国强军"的企业精神、"军工产品，质量第一"的质量行为准则成为广大师生共同的价值追求。2017年，学院紧紧围绕军民融合国家战略，在继承和吸收军工精神特质的基础上，逐步形成了具有特色的核心理念并广泛传播，提升了师生员工的精气神：以"发展为要、团结为上、奋斗为本、幸福为先"为发展目标，以"建设技能大师摇篮、打造大国工匠殿堂"为志向担当，以"一切为了学生、为了学生一切、为了一切学生"为教育初心，并以此传承九洲精神，弘扬九洲文化，凝聚九洲力量。

三、依托企业集团的"三融合"高技能人才培养体系构建效果

（一）高技能人才培养能力增强，人才培养规模和质量进一步提升

自2017年以来，学院共计为企业培养高技能人才培养1019人，全面完成年度人才培养目标，为区域企业发展提供了坚实的高技能人才支撑。其中，学院培养全日制高级工、预备技师毕业447人，为九洲、长虹等大型企业在职员工培养高级工、技师和高级技师572人。在2017年11月举行的首届"四川工匠杯"职业技能大赛中，学院参赛选手郑章辉夺得工具钳工项目组冠军，提前两年实现了学院的省赛冠军梦；在2018年4月举行的第45届世界技能大赛四川省选拔赛中，学院学生王贵获得网站设计与开发项目第二名；2018年5月，学院模具加工技术专业毕业生王肖（现就职于九洲集团机制中心）被授予"绵阳市首届十佳职教毕业生"光荣称号。2018年7月，学院师生参加"四川技能大赛——第三届绵阳市职业技能大赛"，获得一等奖2个，二等奖3个，三等奖9个，学院荣获团体一等奖。2018年9月，学院教师孙家林代表四川省参加全国第一届技工院校教师职业能力大赛，获得电工电子组三等奖。

（二）加快了高技能人才队伍建设，助力企业发展

首先，学院充分利用国家高技能人才培训基地、四川省军民融合产业高技能人才培训基地等平台，依托企业人力资源，积极开展职业技能培训。为企业量身定制培训项目，先后开展了四川省军民融合信

息安全管理培训、绵阳市新技师培训、企业新型学徒制、新员工岗前培训等职业技能培训项目。2017年，学院为企业培养技能人才5000余人次，其中高技能人才572人，取得了突出的社会效益，进一步增强了学院服务企业和地方经济社会发展的能力。其次，学院毕业生依托学院高技能人才培养体系，通过回炉深造，立足工作岗位，不断发挥作用，取得了显著成绩。其中，九洲集团首席技师游洪建已成长为全国技术能手、国家技能大师工作室领办人，2017年被评为"四川工匠""四川省第五届道德模范"；高级技师冷晓江已成长为四川省技术能手、国家技能大师工作室领办人，荣获2017年"感动绵阳十大人物"称号。核心高技能人才的持续发展，不但在技术攻关、技能创新方面为企业立下汗马功劳，更重要的是通过带徒传艺，加快了九洲集团的高技能人才队伍建设，进一步提升了企业的竞争力。

（三）获得企业、政府和社会各界的肯定，社会影响力进一步提升

学院依托企业集团，通过"三融合"办学思路构建的高技能人才培养体系锻造了学生的职业行动能力，毕业生以敬业爱岗、作风过硬、吃苦耐劳、素质优良受到用人单位的广泛好评，毕业生就业率连年保持较高水平。中航天科技、九洲、长虹、京东方、无锡电仪等长期合作企业高度评价学院培养出的高技能人才，并通过具体项目实施推动校企合作深入发展。学院先后与北京中科、京东方、四川西翔、天马微电子、无锡电仪公司等数十家企业签订《战略合作协议》，开展高技能人才培养合作。同时，学院高技能人才培养工作受到各级政府的充分肯定。2017年7月，学院被绵阳市确定为"军民融合人才培养主体单位"；2018年5月，绵阳市委市政府在绵阳市经济建设和国防建设融合发展实施方案中明确指出，"大力支持西科大国防学院、绵阳中学、九洲技师学院等学校，培养军民两用人才"；2018年8月，学院与梓潼县人民政府签订《战略合作项目协议》，与梓潼七一职高共建汽车维修、数控加工、电子技术应用等特色专业，共建5年制高级工试点班和6年制预备技师试点班，为梓潼县企业开展高技能人才培训与鉴定；2018年9月，学院军民融合专业工业机器人纳入四川省中等职业学校基本办学条件标准化建设项目，将获得专项资金600万元用于改善实训室建设和硬件条件，进一步提升该专业高技能人才培养培训能力。

（成果创造人：王国春、庞志刚、陈　佳、殷丽美、花树高、
耿开民、吴春强、杨　翠、祝　林、赵　莉、陈崇卫）

精益生产与质量管理

火电企业基于"三单六化"的配煤掺烧优化管理

国家能源集团江苏电力有限公司

国家能源集团江苏电力有限公司（由国电江苏电力有限公司于2018年10月15日更名而成，以下简称国家能源江苏公司）成立于2008年12月，位于江苏省南京市，主营火力发电、供热业务，是国家能源集团装机规模最大的省区公司和经济效益最好的省区公司。下辖5家火力发电厂，运行发电机组12台、819万千瓦，在建发电机组2台、132万千瓦。

一、火电企业基于"三单六化"的配煤掺烧优化管理背景

（一）电力市场使火电企业面临生死考验

随着我国市场化改革发展的不断深入，电力市场逐步发生深刻变化。发电装机容量严重过剩，2017年年底全国统调装机规模上升至17.8亿千瓦，比2014年年底增长31%。燃煤发电机组出力系数被迫下降，2017年燃煤发电机组利用小时为4209小时，比2014年减少497小时。全国许多燃煤电厂出现亏损甚至严重亏损，亏损面逐渐扩大，经营运转十分困难。同时，全国许多省（区、市）纷纷推出发电计划改革措施，把发电厂电量计划的分配权由政府分配逐步转变为由市场分配，将发电厂上网销售电价的定价权由政府定价逐步转变为由市场定价。这些变化对发电企业提出了严峻挑战，也提供了难得机遇。由于燃煤发电厂燃煤成本占到发电总成本的70%左右，因此，降低发电成本是增强发电企业市场适应能力和竞争力的必由之路。

（二）煤炭市场对火电企业提出严峻挑战

燃煤电厂在设计建设阶段所选择的煤源和煤种都是相对固定的，范围是十分有限的，这为燃煤电厂安全、经济、环保运行提供了可靠保障。近些年来，由于国家煤炭相关政策的调整和煤炭市场的变化，按照燃煤电厂设计的煤源、煤种供煤已经很难做到，并且原设计的煤种煤质大都属于煤炭市场的"细粮"，价格更高。燃煤电厂为降低燃煤成本，获得生存发展，对煤种和煤质的选择范围有所扩大，这样，发电机组实际燃烧的煤种煤质与发电厂原设计煤种煤质就发生了较大偏差，迫使火电企业形成了事实上的燃煤掺烧。这种粗放的、经验型的掺烧方法虽然会对燃煤电厂的经济性得到一些弥补，却对发电厂的安全、环保带来了从未有过的冲击和风险。许多燃煤电厂因此发生安全事故、环保污染事件，不仅给发电企业造成直接和间接的经济损失，而且对社会造成很大的负面影响。面对形势和市场变化，如何有效防范风险和挑战，这是燃煤发电企业必须要回答好的重要问题。

（三）改革创新是火电企业健康发展的必由之路

改革发展是时代的大趋势，适应变化，应对挑战是火电企业应有的态度和担当。头痛医头、脚痛医脚的临时"偏方"可能会奏效于火电企业的燃煤之急、短时之痛，但只有面对问题、面向未来进行深入系统的谋划、破茧脱壳的创新、固本强身的调理，才能使煤电企业经受住电力市场的生死考验和煤炭市场的严峻挑战，才能在煤电企业大亏损的浪潮中扛得住冲击，实现健康可持续发展。如何将传统的燃煤发电机组单一吃"细粮"的计划模式，改变为粗细搭配吃"杂粮"的市场"模式"，是燃煤发电厂降低成本提高效益的有效途径，如何使燃煤发电机组能够持续"吃"到既经济又安全环保的"杂粮"，更是提升煤电企业竞争力，实现健康永续经营发展的关键。

二、火电企业基于"三单六化"的配煤掺烧优化管理内涵和主要做法

国家能源江苏公司针对火电企业普遍存在的生产管理和燃料协同不足、燃料采购与生产需求脱节、

配煤掺烧随意性较大等粗放管理容易导致的经营风险、安全风险、环保风险等严重问题，敢为人先，勇于探索，积极开展管理创新、技术创新，在解剖问题、筛选关键要素、分析历史数据、进行发电机组配煤掺烧试验等大量工作的基础上，制定方案，实施有针对性的设备技术改造，优化燃料管理和生产组织方式，推行发电燃料菜单管理模式，借鉴厨房加工菜品方式，把给发电机组提供燃料的目标定位在实现效益、安全、环保三者之间的最佳平衡上，通过对多种燃煤不同组合配方的自动计算，在计算生成的若干菜单式结果中，选择最优配煤掺烧"菜单"。通过实施基于"三单六化"的配煤掺烧优化管理，构建大燃料协同管理体系，创建一个对安全环保可有效控制、对配煤掺烧结构可精准设计、对最低燃料成本可精确计算、对售电竞争报价可实时指导的燃料管理系统。并依托"三单六化"配煤掺烧优化管理的有效应用，实现了火力发电厂燃料管理由粗放型、分散型管理向精准型、集约型管理的转变，燃料成本大幅降低，安全和环保水平大幅提高，主要做法如下。

（一）坚持目标导向，构建"三单六化"运行机制

为提升火电企业一体化效益，充分发挥燃料采购与生产过程协同潜力，国家能源江苏公司以燃料成本控制为抓手，积极研究探索精益的发电燃料菜单式管理，即"三单"（掺烧菜单、需求菜单、采购菜单）管理，并通过计算机网络系统构建燃料采购与配煤掺烧平台。"三单"是对燃料价值链上的三个核心功能模块实行"菜单式"管理，在效益、安全、环保三大目标的协调统一下，以"掺烧菜单"为主驱动菜单，以"需求菜单"为承启菜单，以"采购菜单"为从动菜单，三个菜单相互作用、相互促进。"需求菜单"依据"掺烧菜单"，以月度入炉煤综合经济效益最优为目标生成需求信息，需求信息再结合市场行情等因素，以月度入厂煤价最低为目标生成"采购菜单"。"掺烧菜单"依据"采购菜单"，以运行员工班次入炉煤综合经济效益最优为目标，指导掺烧工作。

为实现员工安全、生产安全、环保安全、经济安全、效益最佳的工作目标，国家能源江苏公司对燃料管理全过程价值链进行梳理，涉及11个环节、79个要素，经过流程优化选定六个主要环节，提炼出"六化"管理，即燃料采购阳光化、燃料接卸可视化、燃料检验自动化、煤场管理数字化、燃煤掺烧精准化和设备环境标准化。"六化"管理基本覆盖煤电企业燃料管理的全方位，同时又突出管理的重点。"六化"管理相互关联，相互作用，共同构成支持"三单"有效运行的可靠基础和保障，其中，"设备环境标准化"是其他五项管理的基础和保障。

（二）调整组织体制，编织"三单六化"制度保障

1. 成立专业小组，强化管理能力

为保证"三单六化"积极推进和高效运转，根据实际工作需要，国家能源江苏公司建立江苏公司和电厂两个层级的组织机构。

在国家能源江苏公司层级，成立"三单六化"领导小组，总经理为组长；分管燃料、生产、营销的副总经理和所属电厂总经理为副组长，相关部门负责人和所属电厂相关分管副总经理为成员。主要职责是：统一规划、设计全公司"三单六化"方案，组织研究解决有关重点难点问题，对关键课题组织攻关，协调推进全公司"三单六化"工作；通过建立完善制度、调整业务部门关系、改造设备、开发信息系统、评估效益、监督考核等措施持续推进"三单六化"配煤掺烧优化管理落地生根。领导小组工作办公室负责管理日常事务处理和领导小组形成决议的重大事项、重点工作的督办和协调，推动"三单六化"配煤掺烧工作稳步深入。

在电厂层级，成立燃料管理领导小组，下辖配煤掺烧管理小组和绩效考核管理小组。燃料管理领导小组由总经理任组长；党委书记、经营副总经理、燃料副总经理、生产副总经理、总会计师、总工程师、副总师及相关部门负责人为成员。领导小组主要负责在本单位贯彻落实上级公司"三单六化"领导小组部署的工作，研究推进具体工作，组织解决"三单六化"实施中遇到的矛盾和问题。

配煤掺烧管理小组由生产副总经理任组长；燃料管理部、运行部、燃料生产部、设备管理部等部门负责人为组员。主要职责是对配煤掺烧方案、煤仓加仓方式和煤场堆存方式等燃料生产相关业务进行审核、决策，定期向燃料管理领导小组汇报工作。

绩效考核管理小组由分管副总经理任组长；人力资源部等相关部门负责人为组员。主要职责是为保障"三单六化"长效运行制定有针对性的绩效考核管理办法，并定期开展考核，保护和调动责任部门和责任人员的工作积极性，考核结果定期向燃料管理领导小组汇报。

2. 规范规章制度，完善管控体系

国家能源江苏公司建立涵盖燃料掺烧、采购、接卸和绩效管理等8个相关制度，形成层层把关、协调配合、闭环管理、风险防控的机制。不断进行管理制度和流程优化，形成有效实用的制度体系。为量化评价配煤掺烧的实践效果，国家能源江苏公司在实施"三单六化"配煤掺烧优化管理后，强调过程化管理的影响因素，强化入厂采购成本等对利润起直接决定作用的核心过程因子的影响，弱化利润总额等结果因子的影响。严格执行基础管理考核办法，提高各部门和管理人员执行力和责任心，发挥考核的导向作用，增强工作驱动力。

3. 注重机制建设，提升管理水平

逐步将各业务流程图与考核办法以及生产、经营、管理信息系统相结合，建立完善业务流程卡，切实健全机制，不断查找企业管理中的问题和短板，持续改进、持续优化，提升市场竞争能力和风险防范能力。各项流程在企业内网上线运行，各岗位各环节权责边界清晰透明，协作配合便捷高效。

（三）开发数字信息，建设"三单六化"智能平台

国家能源江苏公司积极开发应用燃料管理信息系统，挖掘数字经济、数字安全、数字环保的潜力，通过数字信息的把关作用，在确保安全、环保的条件下，最优化地掺烧低价煤种，降低燃料成本，提高经济效益。通过数学模型和大数据信息搭建燃料管理决策系统——"三单六化"全流程管理系统，包括经营在线与价值创造优化系统、燃料信息管理系统、燃料智能化管控等多个辅助系统。为燃料全流程中的不同环节、不同岗位提供数据共享的平台，实现燃料采制化过程、煤场储存、掺烧管理等统一调度，保证配煤掺烧工作持续优化进行，降低燃料成本，保证机组安全、环保、经济生产。

1. 按需求开发，提供精准信息支持

第一，信息系统首要功能是实现对燃煤在全流程中的管理。燃煤全流程管理涉及以下四个方面：堆料管理是将入厂来煤安排在煤场中，要求尽量避免煤堆相互接触、平衡各个煤场存煤量、方便取料等；配煤管理根据煤场当前存煤状况，给出配煤方案，要求给出能够满足减少煤场自燃概率、保障机组安全运行、达到环保标准、实现成本最低的多目标综合最优配比方案；取料管理根据配煤结果，给出从煤场到煤仓的上煤方式，要求从煤场中选择合适的煤堆位置并且上到指定的原煤仓中；燃烧方式管理要调整机组运行的方式，要求调整运行参数，以满足机组运行安全、减少环境污染、最小化成本的最优化实现。

第二，设置专家系统，用来给出多煤种混烧全程的优化决策。通过知识库的扩充和自学习过程，可以使得这些智能决策超越人工，实现最优。燃煤在煤场中的存放难以直观表示出来，为此系统提供可以将煤场存煤状况可视化显现出来的技术，以利于操作管理人员对煤场的存煤状况有清晰直观的了解。

第三，采用混烧方式的发电机组锅炉在运行中与采用设计时所选煤种的锅炉之间存在着性能差异，而合理、客观的评价这些差异，能够为操作人员提供参考，并为历史寻优提供依据。所以系统提供掺烧结果定量评价方式，为操作人员提供指导。

系统在实际的开发过程中，依据上述需求，以燃料全流程的管理为主要功能，提供依据专家系统的优化决策，并对燃煤进行实时跟踪监测，辅以历史统计查询和报表等功能，建立配煤掺烧全过程动态优

化系统。

2. 运用物联网，构建燃料管理系统

针对传统方式下发电厂燃料管理系统存在的问题，国家能源江苏公司根据自身特点，构建燃料智能化管理信息系统。该系统以原有的"经营在线与价值创造"燃料管理信息系统为基础，全面有机结合燃料智能化集中管控系统，组建完成燃料智能化全要素价值链管控平台。燃料智能化集中管控系统采用整体化设计，以"管"（设备及数据管理层）和"控"（实时作业层）为核心，并向燃料管理信息系统开放安全数据接口，接受来自燃料管理信息系统的来船计划、调运计划、库存计划等；燃料管理信息系统则实现商务流程管理，实现与集团ERP、财务等外部系统的接口。

国家能源江苏公司将物联网与入厂、入炉的煤采样装置、煤全自动制样机和煤电子皮带秤、煤样存储及气动传输装置等重要环节的设备相结合，保证工作的准确性与实时性，便于管理者及时发现不足，降低损失。

除此之外，国家能源江苏公司还将物联网与数据紧密结合在一起，形成燃料大数据。首先，采用以燃料生产设备层、管控层和燃料管理信息层为核心的层级架构，整合燃料智能化管控系统和输煤程控系统，使燃料业务各环节（卸煤、取煤、输送、计量、采样、制样、化验）在统一平台上标准化管控，从而形成一个完整的燃料全数据链。其次，入厂煤计量模块设置双秤超差自动报警功能，接入输煤程控系统，实时发现电子秤异常情况，及时处理，实现计量过程的实时监控，极大地提高计量的准确性。最后，使用煤样瓶洗瓶装置，有效地减轻人员劳动强度，提高工作效率，确保煤样瓶清洗质量，确保无混样情况发生；使用智能留存样柜系统，有效地提高留存样管理水平和效率；使用压缩空气洁净化系统，对制样系统用气进行除油、除水、除杂质，保证压缩空气的洁净度，确保制样系统煤样不被污染。

国家能源江苏公司通过燃料大数据分析发电机组安全可靠性能与经济性能、环保约束条件以及煤场场存情况等，建立燃料配煤掺烧的模型，制定出最优加仓方案，并通过后续反馈信息及时修正加仓方案，保障发电机组安全、经济、环保协调运行。

（四）设计模型算法，打造"三单六化"智慧大脑

1. 科学设计"三单"模型，开展协同联动管理

依托智能化信息平台，建立需求菜单模型、采购菜单模型和掺烧菜单模型，优化"三单"结果的显示方法，按月生成需求菜单和采购菜单，最终结果量化为船次，为月度燃料采购计划提供依托；每日结合发电负荷曲线，生成掺烧菜单，最终结果量化为各机组分煤仓的加仓煤种和比例。

在综合考虑库存煤的入厂煤价、存储成本、锅炉煤耗、厂用电率、环保成本等要素之后，在保障安全生产、环保生产的基础上，计算出各煤种的发电成本变动值，以入炉煤综合经济效益最优为目标进行自动迭代优化计算，求解最佳燃料掺烧方案，即掺烧菜单。

需求菜单主要根据掺烧菜单要求，结合电量计划、机组检修计划后，在满足安全、环保的前提下，以确保入炉煤价最低为目标进行优化计算，提出对煤种、煤量等的需求信息。

采购菜单主要根据需求菜单的要求，考虑煤电互保任务、库存煤调节目标、市场煤种供应等情况后，以入厂煤价最低为目标进行优化计算，最终生成可直接执行的以船次为单位的月度采购计划。

2. 量化各要素影响，精准计算"三单"

在需求菜单中，重点梳理发电量计划和发电机组检修情况对燃煤需求的影响。依托需求菜单，重点加入煤电互保计划和库存调节目标的修正，并根据供应情况做比例限定，保证采购菜单真实可执行；在掺烧菜单中，建立各发电机组成本模型，利用前期分机组掺烧试验结果和以往运行经验数据，建立各发电机组掺烧模型，找到各发电机组"安全、环保、效益"三个方面的平衡点，以"入炉综合成本最低"为优选总目标，制定各项规则。

配煤模型考虑的重要因素包括配煤后燃煤的挥发分、热值、水分、可磨性系数、灰分、硫分。边界条件的设定主要考虑发电机组负荷率变化、发电设备计划性以及突发性检修状况、锅炉运行情况以及环保设施运行情况等加以限制。

（五）实施"六化"管理，奠定"三单六化"物质基础

1. 燃料采购阳光化，促进煤炭透明采购

利用统一的阳光采购平台，通过互联网对市场煤发布采购信息，系统自动接受供应商报价，由系统根据设定的必选条件对供应商报单自动评价、排序，网上公布竞价结果，燃料管理部门提出采购意见，国家能源江苏公司办公会议集体研究决定采购方案，公开、公正、公平开展采购。

重点从以下五个方面进行阳光采购的管控：一是在服务生产经营方面，坚持保供控价，把煤炭现货采购作为保障燃料供应、控制燃料成本的重要举措。二是在采购燃料方面，实施集约采购，发挥规模优势，利用统一采购信息和报价平台，推行市场煤100%网上采购。三是规范采购流程，实行阳光操作，保证采购工作行为规范、公开、公平、公正。四是强化供应商管理，培育优质供应渠道，重点加强对供应商的资格审查和动态管理工作，坚持互赢原则，建立长期稳定合作关系。五是严肃采购纪律，不断总结改进流程。

2. 燃料接卸可视化，建立流程追溯机制

国家能源江苏公司利用无线技术实现人机互动，在进行接卸作业时，按流程操作，在各流程节点保存图片、录音、文字等材料，通过终端实时上传到管控平台，作业全流程可控、在控，并具有可追溯机制。通过燃料接卸可视化建设，将燃料接卸全流程各环节串联起来，从接卸业务的源头开始管控，将原本接卸过程中的分专业、分工种的离散式工作整合到一个流程进行管控，各环节的工作进行实时检查审批，实时防范风险，防范违规。

制定新的"燃料接卸速率受限"考核指标，推动燃料生产人员对标寻优找差，建立提高接卸效率、减少接卸损耗、降低滞期损失的奖惩机制，船舶接卸时对煤炭接卸速率、煤炭堆卸场地、煤炭接卸损耗提出具体要求，促进接卸效率的稳步提升并保持在高位水平。

国家能源江苏公司充分利用电厂码头统一规划、岸线连续施工的优良条件，科学调度码头接卸设备，泊位、卸船机一体化统筹安排，集结一线生产人员智慧创新接卸法，并植入管控平台，指导班组接卸，减少海轮接卸作业轮次，提高燃煤接卸效率，2017年创下多个接卸记录。

3. 燃料检验自动化，提升燃料验收效率

运用自动化和信息化技术，实现入厂和入炉煤收、耗、存、取自动化、标准化、可视化。实现质量验收燃料采样、制样、化验等环节设备自动化、网络化，实时采集、传输燃料管理数据，有效提高燃料验收效率、防范过程中产生的廉洁风险。实时掌握煤炭质量指标，为指导锅炉燃烧提供支持，堵塞人工操作环节的管理漏洞，改善燃料人员的工作环境，消除制样流程监管困难的管理短板，提高燃料管理水平。

在入厂煤验收环节，实现入厂煤皮带机中部全自动采样，有效地避免煤流不稳定时可能造成的空采现象，提高采样的代表性。入厂煤制样环节实现与入厂煤采样之间的无缝对接，完全避免人工取送安全管理风险，入厂煤全自动制样机完全避免人为干预，所制煤样在破碎、缩分、烘干、制粉等环节更加科学合理，避免人为干预的可能。全自动制样后的样品传输、存储也完全实现无缝对接、自动化、智能化。在入厂煤验收环节实现采样、制样、检验过程自动化、标准化，提升管理水平；集成布置、集中管控采样、制样、检验过程，实现关键环节无人值守、无缝对接、实时监控，防范采制化过程的人为管控风险。

4. 煤场管理数字化，实现燃煤科学堆取

依托煤场数字化平台，以二、三维图形全面、直观、实时、动态地展示煤场状态，实现存煤信息精准数字展现（包括航次、煤种、存煤量、热值、挥发分、灰分、硫分、水分等）。同时，完成煤场完善工作，优化煤场排水系统和挡煤系统，加装电子信息展示屏，规范煤场标识和功能区设置。一方面实现各煤种的发电成本计算和展现。综合考虑库存煤的入厂煤价、存储成本、锅炉效率、厂用电率影响成本、环保成本后，在保障安全生产的基础上，计算出各煤种的发电成本变动值，实现发电成本的精确计算。另一方面实现智能化的堆取料决策，引入故障诊断领域广泛应用的专家系统，构建专家规则库和知识库，将运行人员的经验知识和领域专家的规则知识统一管理起来，提供堆取料的自动化决策，即当有新进场的煤时，系统可以根据煤场当前的存煤情况和混烧的要求自动计算出合适的堆放位置，当需要取煤时，系统根据取煤煤种自动计算出合适的取煤位置。

借助于系统给出的科学堆取决策，降低煤场管理对燃料运行人员生产经验的依赖，减少人员的繁重工作。按煤质煤种分类存放，消除分煤种配煤掺烧时煤质波动带来的燃烧扰动；系统提供自动取料建议，有效推进"烧旧存新"工作的进行。各来煤批次在煤场存放时间平均不超过20天，有效降低了存储损失。

5. 燃煤掺烧精准化，满足精益掺烧要求

通过两台斗轮机同步作业和一台斗轮机一台取料机同步作业两种掺加方式，保证掺烧菜单结果得到精准执行。建立后评价体系，从掺烧效益、来煤质量和加仓精度等方面进行分析评价和管理，实现配煤掺烧工作由粗放型、经验型向精细化、效益化的转变，追求"三单六化"配煤掺烧不断优化的目标。

随着燃煤市场价格不断上涨，燃料成本不断上升，为降低燃料成本，大量掺烧经济煤种。以往，在投入AGC的情况下，发电机组负荷率变化在80%～100%时，需要6台磨煤机运行，这种运行方式会造成厂用电上升较多，且影响磨煤机正常定期工作与大小修工作，影响发电机组锅炉运行的经济性和安全性。针对这个问题，对锅炉磨煤机进行提升出力改造，改变减速机螺旋伞齿轮的转速比，制造新螺旋伞齿轮装入减速机。通过更换螺伞等部件，将输出转速由21.6r/min提升至28r/min左右，使减速机的输出转速提高近20%，进而使磨煤机的碾磨能力提高近20%，使磨煤机出力从原来的75t/h提升至100t/h，达到减少多台磨煤机同时运行带来的安全、经济问题。

对磨煤机动静环进行改造，减少石子煤中的煤粉量，有效防止石子煤斗内煤粉自燃，提高设备可靠性。同时，取消磨煤机顶部安全门，防止此处积粉自燃，为掺烧印尼煤等高挥发分煤种创造有利条件。在磨煤机的内部，对于容易积粉的死角填充浇筑料，有效防止磨煤机内部积粉自燃。

实施深度脱硫改造及湿式电除尘器改造，提高环保设施的处理能力，使烟尘、SO_2和氮氧化物达到超低排放标准，同时提高机组对高硫、高灰经济煤种的适应能力；为适应不同煤种的掺烧需要，保证制粉系统安全，在每台磨煤机加装2台DN800的自启闭式管路系统恒压装置，两台防爆门分别装置在热一次风管道和磨本体顶部，有效地保证制粉系统的安全。

为保证配煤掺烧过程的精准化，对发电厂掺烧加仓管理流程也进行了规范，规定运行锅炉专业每天通过"三单六化"系统进行智能化配煤，从配煤方案中选择最优、最合理的配煤方案，并形成纸质版配煤方案，纸质版内容主要包括每台机加仓方案、煤质分析、各负荷下加仓方案分析、加仓方案效益分析，签字后送至运行部副主任审核，运行部副主任审核通过后交至值长台，值长或副值长接到加仓方案后及时在运行日志里记录并通知燃生部调度，燃生部调度接到值长加仓方案通知后及时在运行日志里记录，并根据加仓要求进行上煤。遇到制粉系统故障、调度调差测试、燃料设备故障需要临时更换煤种时，值长或副值长可以临时换仓并汇报运行部副主任、锅炉专工。

6. 设备环境标准化，营造良好作业环境

积极实施安全文明生产标准化建设，改善设备环境条件，助推"三单六化"配煤掺烧优化管理。全面推动燃料接卸、储煤及加仓各个环节的作业和相关设备设施满足火电行业安全文明生产标准化、检修作业标准化、作业环境标准化的要求。在接卸段卸船机落料口加装干雾抑尘装置，对煤场实施防风抑尘网加干煤棚的封闭改造，有效解决印尼煤扬尘问题，同时增设含煤废水絮凝系统，实现含煤废水零排放，实现输煤系统"人与设备、人与环境"的和谐运营。

设备检修标准化作业规范主要包括：检修准备管理、检修现场管理、检修质量管理、检修进度管理、检修工艺管理、检修监理、外委项目管理、检修文件包管理、设备修后性能验证、机组启动及检修综合评价、检修总结与资料整理归档。

建立、实施安全文明生产标准化管理体系，规范人员行为，确保设备设施及作业环境保持良好状态，使各生产环节符合有关安全生产法律法规和标准规范要求，确保设备、设施、仪器保持良好状态及无渗漏，零件、物料、工器、机具放置整齐，人员作业有序，生产场地卫生整洁，并持续改进。

借助制度的推行，彻底改善燃料作业现场环境，实现生产现场的 6S 管理和 PDCA 过程管控，营造良好的作业环境，保证人员健康。

三、火电企业基于"三单六化"的配煤掺烧优化管理效果

国家能源江苏公司自 2015 年研究完成，并推广实施"火电企业基于'三单六化'的配煤掺烧优化管理"成果以来，收到了十分明显的成效。在经营十分困难的电力市场中坚挺前进，经营业绩在江苏省同行业中保持领先，在国家能源集团被树为学习典型，获得省（部）级及以上先进表彰 33 项。

（一）成本大幅降低，效益显著提高

2015—2017 年，国家能源江苏公司累计节约燃料成本 16.7 亿元。其中，2015 年节约 3.3 亿元，2016 年节约 6.5 亿元，2017 年在煤价大幅上涨的不利条件下，剔除电量减少因素后节约燃料成本 6.9 亿元，创造了可观的经济效益。同时，2015—2017 年，在全国煤电企业出现大面积亏损的情况下，国家能源江苏公司创造的利润高居同行业同类型公司榜首，所属发电厂无一亏损，连续三年取得江苏区域大型火电企业燃煤成本最低、单位千瓦盈利能力最高的骄人业绩，在行业内居于领先地位。

（二）示范效应突出，行业学习借鉴

2016 年，原国电集团组织旗下共 102 个发电厂和国内所有二级发电公司在江苏召开"火电企业强化燃煤控价协同管理推进会"，全面推广"三单六化"配煤掺烧优化管理创新成果。2017 年原国电集团再次在江苏南京召开全国范围的"国电江苏公司提质增效现场交流会"，进一步推广以配煤掺烧优化管理为核心的管理成果和经验。2017 年，江苏省企业联合会将"三单六化"配煤掺烧优化管理评为管理创新一等奖，在全省相关企业介绍推广。这些年来，行业内前来学习的企业络绎不绝，发挥出了很好的示范效应。

（三）安全环保受益，实现健康发展

国家能源江苏公司依托"三单六化"配煤掺烧优化管理思想和创新成果，解决了发电厂燃煤长期困扰企业安全环保运行的难题，再未发生燃煤制粉系统爆燃、锅炉高温腐蚀爆管、燃烧不稳定锅炉熄火等事故，再未发生烟气污染物排放失控超标事件，避免了给国家和人民生命财产造成的损害。同时，发电机组烟气污染物排放量逐年降低，全部达到政府规定的烟气污染物超低排放水平。所属泰州发电公司被国家能源局评为"国家煤电节能减排示范电站"，保护了青山绿水、蓝天白云。

（成果创造人：武　俊、杨宏强、陈旭伟、姜国平、张世山、朱永超、
邵家林、陈　焱、张苏闽、雍建强、张红阳、苟慧智）

电网企业促进全产业链资源优化配置的源网荷储互动管理

国网江苏省电力有限公司

国网江苏省电力有限公司（以下简称国网江苏电力）是国家电网有限公司系统的省级电网公司之一，现有13个市、51个县（市）供电分公司和13个科研、检修、施工单位，职工8万余人，服务全省4200余万电力客户，拥有35千伏及以上变电站3100余座、输电线路9.5万千米。2017年，江苏省全社会用电量5808亿千瓦时，增长6.4%；江苏电网调度最高用电负荷10219万千瓦，超过德国、韩国、澳大利亚等国家用电负荷；完成售电量4931亿千瓦时、固定资产投资467亿元；实现营业收入2987亿元，利润80亿元；资产总额2906亿元；连续四年囊括国家电网有限公司同业对标综合、业绩、管理3项标杆第一名，连续六年获得国家电网有限公司企业负责人业绩考核A级第一名。

一、电网企业促进全产业链资源优化配置的源网荷储互动管理背景

（一）促进能源生产和消费革命，为经济社会发展提供安全优质电力保障的需要

随着我国经济的持续增长，人民生活水平不断提高，能源在保障生态文明建设、社会进步和谐、人民幸福安康方面的作用日益凸显。2014年以来，我国已成为世界上最大的能源生产国和消费国，形成了多种能源协同发展的能源体系，但也面临着发展方式粗放带来的能源消费持续增长、资源约束日益趋紧、环境污染问题突出、控制碳排放任务艰巨等严峻挑战，对推动我国能源发展从总量扩张向提质增效转变提出迫切要求。作为关系国家能源安全和国计民生的国有重点骨干企业，电网企业在党和国家事业发展中肩负着重要责任和使命，各项工作与人民群众生产生活密切相关。大力推动能源生产和消费革命，为经济社会发展提供安全、经济、高效、可持续的电力供应，更好地满足新时代人民群众日益增长的美好生活用电需要，不断增强人民群众的获得感和满足感具有十分重要的意义。

（二）深化能源供给侧结构性改革，优化能源供应结构的需要

作为供给侧结构性改革的重要领域，我国能源发展面临传统能源产能过剩、能源开发利用效率不高等突出问题。以电为中心促进清洁能源规模化发展，围绕绿色低碳领域培育新增长、形成新动能，是优化能源供应结构、推动能源供给侧结构性改革的重要任务。近年来，我国清洁能源产业发展迅速。然而，受制于清洁能源发电出力的随机性、间歇性，电源与电网发展缺乏统筹协调、跨区输电通道建设滞后、系统调峰能力不足、市场机制不健全等各种因素，带来弃风、弃光等现象，制约了清洁能源的持续健康发展。着眼于推动能源绿色低碳转型，通过多措并举、凝聚各方合力，实现电网、电源、负荷以及储能的有机衔接，促进清洁能源大规模高比例并网消纳，推动更多的清洁能源通过转换成电能得到开发利用具有十分迫切的需求。

（三）发挥电网平台作用，促进电力产业链资源优化配置的需要

电网是能源资源输送配置和转换利用的枢纽，两端分别连接供给侧与用户。要积极发挥平台作用，推动能源生产侧"开源"，提升电力跨区配置能力和清洁能源消纳能力，强化多元供给，服务能源绿色转型；要推动能源消费侧"节流"，在保障电力安全可靠供应的基础上更加经济高效地配置使用电力资源，促进全社会综合能效的提升。江苏能源发展面临诸多挑战。一方面，作为经济大省、资源小省，江苏是典型的能源输入型地区，外电入苏是必然选择之一。大规模区外来电在故障情况下带来的频率下跌、断面越限和备用容量不足等问题，将对江苏电网的安全稳定运行造成较大冲击，影响能源安全高效供应。另一方面，省内清洁能源发展超规划预期，其间歇性、波动性的特点会带来电压越限、电能质量

和潮流过载等问题。因此，牢牢把握能源安全高效供应和优质服务的根本要求，提升江苏电网平衡调节与资源优化配置能力，推动供给侧电源与需求侧负荷的精准契合与动态匹配，实现清洁能源大规模高效率配置，更好地服务"强富美高"新江苏发展具有很强的紧迫性。

二、电网企业促进全产业链资源优化配置的源网荷储互动管理内涵和主要做法

国网江苏电力深入贯彻落实国家推动能源生产和消费革命、深化能源供给侧结构性改革等重大部署，以促进全产业链资源优化配置为目标，以推动"电源、电网、负荷、储能"（简称源网荷储）协同高效运转为导向，以提升清洁能源、区外来电消纳能力和电网适应性为着眼点，利用"互联网＋"大数据等新兴技术，大力推进组织、机制、流程变革，建立源网荷储互动管理组织体系，构建大规模源网荷储互动在线管控平台，促进电源提升适应负荷变化的调节能力，构建负荷及储能参与电网调节的管理机制，建立源网荷储多方互利共赢机制，积极推动电力产业链市场主体共同参与资源配置的互动管理，实现"更加安全绿色的电力供应、更加经济高效的电力消费、更加互动共享的电力服务"三大目标，有力促进能源消费结构的不断优化，推动江苏电网从以输送传统化石能源发电为主向以大规模消纳清洁能源为主转变；电网资源优化配置能力大幅提升，企业的社会、经济和生态价值创造能力显著增强。

（一）制定源网荷储互动管理目标和整体思路

国网江苏电力推动电网由传统单一的电源适应负荷变化模式转变为源网荷储协同互动的模式，不断提升电网灵活调节能力和弹性恢复能力，实现"更加安全绿色的电力供应、更加经济高效的电力消费、更加互动共享的电力服务"三大目标。在更加安全绿色的电力供应方面，应对大规模区外来电和清洁能源并网对电网安全稳定运行造成的冲击，将电网故障应急处理时间从分钟级缩短至毫秒级，将大面积停电风险消除在萌芽阶段，实现清洁能源的全额消纳。在更加经济高效的电力消费方面，建立传统发电、清洁能源发电、储能设备及海量社会可中断负荷等多方参与、互动共赢的市场化机制，优化电力资源配置，促进全社会节能增效。在更加互动共享的电力服务方面，推动电力流、信息流高度融合，传统能源、清洁能源和新型能源从集中式到分布式泛在互联、互动，电力产业链实现资源和信息共享。

制定源网荷储互动基本策略，明确整体思路与实施路径。以提升源网荷储协同互动能力为核心，制定"源随荷动、源网互动、网荷互动、网储互动、源网荷储协同互动"等主要互动策略，推动电网从单一的"电源调度"转变为"电源调度"＋"负荷调度"＋"储能调度"的新模式。具体实施路径是：一是建立源网荷储互动管理组织体系，提供坚强组织保障。二是充分发挥电网配置资源平台作用，促进电源提升适应负荷动态变化的调节能力，实现源随荷动、源网互动。三是构建负荷及储能参与电网调节的管理机制，实现网荷互动、网储互动。四是强化源网荷储协同互动，建立多方共赢互利机制。五是构建大规模源网荷储互动在线管理平台，实现全产业链资源的统筹调配。通过协同推进、进度管控、全程监督和专项提升等工作机制，积极应用新技术和新方法，有力保障源网荷储互动管理体系全面建成并实现高效运转。

（二）建立源网荷储互动管理组织体系与工作机制

建立高效运转的组织保障体系。在系统建设阶段，国网江苏电力成立大规模源网荷储互动管理体系建设领导小组。公司董事长任组长，总经理任副组长，领导小组下设综合协调组、系统保护组、供需互动组、主动配网组和信通支撑组等各专业组，由公司分管领导及各部门主要负责人担任小组组长和副组长，各小组实行职能部门牵头负责制，明确各专业组职责，强化协同配合，发挥专业合力。在系统运营阶段，成立分管领导任组长的协同管理组，调度、营销、科信、运检、安质、发展、财务等多部门各司其职，协同推进系统运行管理和功能提升、客户激励机制完善等工作，确保系统高效运行、客户广泛参与。

建立全过程闭环工作协调机制。为保障源网荷储互动管理体系协同运转，国网江苏电力对外建立厂

网联席会、用户恳谈会、三方联席会等利益相关方协调机制，建立与政府主管部门的沟通汇报机制，统筹多方资源；对内不断加强组织体系建设和工作机制建设，确保有序运转。在系统建设阶段，建立协同推进和进度管控机制。一是制订里程碑计划，确保关键节点有效把控。二是定期编制工作进展报表，做到信息互通。三是组织召开工程启动会、现场推进会等，并组织下属各地市供电公司专项协调，确保项目稳步推进。在系统运营阶段，建立全程监督和专项提升机制。一是定期组织现场检查，确保系统运行维护管理到位、主要功能运行正常。二是每周编制系统运行周报，及时反映客户终端、通信通道存在的缺陷，编制落实消缺计划。三是组织开展策略完善、功能提升等专项工作，确保系统满足源网荷储互动管理需求。

（三）促进电源提升适应负荷变化的调节能力，实现源随荷动、源网互动

国网江苏电力以提升清洁能源、区外来电消纳能力和电网经济性为导向，以各类清洁能源发电作为刚性电源，以可调节电源以及电网作为互动调节资源，在电源、电网和负荷之间建立起智能友好的互动策略，实现"源随荷动""源网互动"。

源随荷动，通过电力系统实施资源配置平衡策略，不断提高常规发电机组的调节响应能力以适应负荷的动态变化。国网江苏电力积极争取政策支持，采取一系列有效措施，努力提升电源响应负荷的可调节能力。一是建立发电机组调节性能实时监测平台，将全省近8000万千瓦火电机组纳入在线测试评价，全面督促发电企业提高调节能力。二是将全省火电机组调差能力全部提升至50%额定容量，并组织主力机组技术改造，进一步提升至70%额定容量，实现主力发电机组深度调峰。三是建立机组AGC深度调节补偿机制，提高发电企业参与调频调峰的积极性，将机组AGC调节范围由40%提升至45%额定容量。四是实施机组一次调频功能提升工程，投运率达95%以上，电网故障情况下能在1分钟内快速增加近200万千瓦发电出力，更好地适应负荷变化需求，保障电力安全稳定供应。

源网互动，由于清洁能源出力会随着环境因素的随机性发生相应的变化，加强电源与电网互动，即通过能够调节电网参数的灵活交直流输电技术、微网等技术，通过新能源电源精细化功率控制、电网变压器灵活调节有载调压档位等方式，有效降低新能源出力波动对电网安全稳定运行的影响，提高电网适应新能源接入的能力。在实践中，国网江苏电力积极应用柔性交流输电技术。2015年，建成南京220千伏西环统一潮流控制装置（UPFC）示范工程，实现电网潮流由自然分布转变为智能化灵活控制，提升南京地区供电能力60万千瓦，为破解高密度、建设改造困难的城市供电难题提供了解决方案。2017年，建成投运500千伏苏南统一潮流控制装置示范工程，提升苏州地区供电能力130万千瓦。

（四）构建负荷及储能参与电网调节的管理机制，实现网荷互动、网储互动

在与用户签订协议、采取激励措施的基础上，将原来不可调节的负荷转化为电网的可调节资源，根据电网故障处置和资源平衡的需要进行精准、柔性、实时、大规模控制。国网江苏电力基于对能源变革发展的深刻认识以及对电网功能形态变化的深入思考，创新构建"供需引导、精准高效、智能互动、安全可靠"的负荷可中断调控管理机制，为提升供需精准匹配能力、增强客户互动体验提供有力支撑。

通过精准分类，深入挖掘负荷的可调节资源。国网江苏电力通过深入研究用户侧各类负荷特性，将可中断负荷细分为毫秒级、秒级、分钟级三种类别。毫秒级可中断负荷主要包括非生产性负荷和辅助生产性负荷，主要用于电网频率稳定控制；秒级可中断负荷主要包括非工空调、冰蓄冷及电锅炉负荷，主要用于电网关键设备潮流控制及系统的调频调压控制；分钟级可中断负荷主要涵盖工业主要生产性负荷，用于实现削峰填谷、清洁能源消纳及系统备用的业务需求。

利用双边协定，引导社会负荷资源参与供需互动实践。按照"谁参与谁受益"的原则，运用双边协定等经济手段，积极引导海量负荷资源自主自愿调整电力消费模式，参与源网荷储互动。国网江苏电力先后开发应用了有序用电智能决策系统等多个平台，通过日前、日内、实时及紧急等多种优化控制策

略，实现各类负荷的灵活调控，满足供需缺口、调峰调差、频率控制、潮流越限等多种应用场景。2015年，开发应用了需求响应平台及大规模空调削峰系统，并在2016年创造了响应负荷达到单次352万千瓦的需求响应，实现了市场化调节秒级、分钟级可中断负荷。2017年，将充电桩等各类新型用户接入源网荷储互动系统，系统具备260万千瓦毫秒级、376万千瓦秒级可中断负荷的实时控制能力，并完成国内首次毫秒级可中断负荷的实切验证，大大提高了江苏电网的动态平衡能力。

明确网荷互动基本策略，制定可中断负荷的切除及恢复原则。具体包括4项执行原则。一是高耗能优先执行原则。将高耗能用户群组单列，按需优先控制参与电网应急平衡。二是分时段选择执行原则。根据负荷时段特性，将除高耗能以外的用户分为A、B、C、D、E五种类型，其中，A、B、C、D四种类型分别为早峰型、腰峰型、晚峰型及倒挂型，在其所属时段优先控制；E类型无明显时段特征，仅参加循环补备控制。三是可中断容量优先原则。各类型负荷按可中断容量进行动态计算和优先级排序，中断能力强的用户优先控制。四是各时段循环补备原则。在发生故障且本时段对应类型用户响应能力不足的情况下，按照A、B、C、D四个类型进行循环补备，仍无法满足要求时继续补备E类用户。

充分发挥储能装置的双向调节作用，实现网储互动。大力拓展储能等具备"源荷"双重特征的新型装置参与电网调节，促进电力供需匹配更高效、更经济、更安全。储能就像大容量的"充电宝"，在电网用电低谷时作为负荷充电，在电网用电高峰时作为电源释放电能，其快速、稳定、精准的充放电调节特性，能够为电网提供调峰、调频、备用、需求响应等多种服务。在实践中，国网江苏电力通过加快推广应用电化学等储能装置，充分发挥其"补峰填谷"作用，平滑负荷曲线，提升电网供电能力和瞬时平衡能力。在镇江建成电化学储能项目，总功率10.1万千瓦、总容量20.2万千瓦时。开发客户侧储能监控与互动平台，实现省内客户侧储能全面参与源网荷储互动管理。

（五）强化源网荷储协同互动，建立多方互利共赢机制

建立常规优化和故障应急两种模式，推动源网荷储协同互动。综合运用源、网、荷、储等各类互动资源，推动电网从单一的"电源调度"转变为"电源调度"＋"负荷调度"＋"储能调度"，实现清洁能源消纳能力、电网安全运行能力、电力系统经济运行水平的综合性提升，最终实现整个电力系统效率效益的最大化。在具体实践中，源网荷储协同互动包括常规优化和故障应急两种模式。其中，常规优化模式着重解决清洁能源消纳带来的电网安全、经济运行问题；故障应急模式着重解决区外来电故障时的电网安全稳定问题，提升大电网安全防御与应急处置能力。常规优化模式（分钟级和日级）通过不断升级完善电网需求侧响应和主动配电系统，针对本地清洁能源发电，根据所处电网供电区域的可调节电源、负荷及储能资源，通过互动优化协调控制，优化互动方案，实现供需动态匹配，在保证清洁能源消纳、满足电力供应的同时，减少潮流大幅度波动，降低网损，提高电力系统经济性。故障应急模式（毫秒级和秒级）重在解决区外来电和清洁能源接入带来的突发电网安全稳定问题。对特高压故障导致的频率失稳、断面越限和备用不足等问题，快速切除可中断负荷，调用柔性负荷、可调节电源和储能等资源，使系统频率迅速恢复到允许范围，将电网事故应急处理能力提升至国际领先的"毫秒级"，有效防范因系统瓦解等引发的大面积停电事件。

建立需求侧响应和可中断负荷共享有偿机制。推动负荷管理从行政有序用电方式向市场化需求响应方式转变，构建源网荷储辅助服务市场，在与客户协商的基础上，建立平等公正的合约保障体系，将空调、照明等非生产性负荷以及部分不影响客户安全生产的辅助和一般生产性负荷接入源网荷储互动系统，规范精准控制负荷的规划部署、注册登记、征用计划、征用实施及恢复送电保障等全过程流程，实施有效的网荷互动。一是推动省政府出台《电力需求响应实施细则》，通过经济杠杆调配负荷需求，有效转移尖峰负荷，尖峰电价增收的电费专款全部用于补贴实施需求响应的用户。二是按照中断持续时间10分钟以内补贴20元/千瓦，10分钟～30分钟补贴50元/千瓦，30分钟～60分钟补贴100元/千瓦的

标准在全省开展互动协议的签订工作。三是推动政府修订客户端变电所建设标准，在建设初期即将非生产性负荷单独分路控制，方便源网荷储系统接入，将对客户的影响降至最低。四是在愿意参与互动的负荷超过需求负荷数量时，采用市场化竞价模式，挑选价格较低的客户优先参与源网荷储互动，降低激励资金支出。

积极推动政府出台源网荷储互动支持性政策。2017年4月，国网江苏电力邀请五位国务院参事赴江苏实地考察调研，形成参事建议《关于增强电网平衡能力，促进消纳清洁能源的建议》并呈送国务院参事室。加强与国家有关部门沟通汇报，为国家发改委将推进大规模源网荷储互动体系建设要求纳入《电力需求侧管理办法（修订版）》（发改运行规〔2017〕1690号）提供决策支撑；推动国家能源局正式启动国务院599号令《电力安全事故应急处置和调查处理条例》的释义修编工作，将可中断负荷作为社会公共资源参与源网荷储调节互动，明确精准切负荷行为不纳入电网事故减供负荷统计考核范围。促成江苏省经信委出台《关于进一步深化电力需求响应工作的通知》，明确在全省稳步推进源网荷储互动系统建设的工作要求。

（六）建设大规模源网荷储互动在线管理平台

建设泛在信息通信系统，实现信息流互动集成。着眼于电源侧、电网侧、用户侧等多领域数据的集成融合与信息共享，国网江苏电力综合应用大数据、云计算等现代信息技术，打造泛在信息通信系统，集约整合数据信息资源，着力解决基础数据"汇聚、融通、集成、共享"难题。在实践中，通过光纤和电力无线4G专网，提升各系统运行数据的采集和控制速率，支撑源网荷储互动系统的高效运行。该系统分为协控总站、控制中心站、控制主站、控制子站及用户控制终端5个层次。其中，协控总站、控制中心站、控制主站、控制子站部署在变电站等电网侧，用户控制终端部署在电厂和负荷等用户侧。变电站之间的通道基于光纤传输技术，采用双路由配置，实现稳定可靠的通信传输；变电站与用户之间的通道综合运用无线和光纤通信技术，针对大型火电厂等具备光纤通信条件的终端采用光纤专线通信方式，针对负荷、新能源电站、储能等用户提供4G无线专网通信方式，实现信息流互动的灵活泛在、安全高效。

建设大规模供需互动系统，实施负荷分类管理。针对原有传统负控终端在安全性、通信能力、采集性能、控制精细化等方面无法满足负荷快速响应要求等问题，国网江苏电力实施负荷分类管理，研发应用新型负控终端设备及管理模块，形成高速网络下以快速响应为主要特征的实时测控装置。通过用电信息采集系统获取大用户、海量居民、分布式电源、电动汽车、储能单元等负荷资源信息，实时分析全网用户侧负荷资源情况，构建用户负荷分类管理模型，实施负荷的集中、统一调度管理。在实践中，当负荷需求超过电力供给时，系统能够根据调度指令分解下达切除大用户可中断负荷，根据需求响应调节海量工商业和居民柔性负荷。系统实时对大用户可中断负荷特性进行分析，按照"高耗能企业优先、可中断负荷容量优先、时段匹配用户优先"等原则对快切用户进行动态排序，实现供需互动优化调控；在负荷恢复过程中，按照"小容量优先恢复、海量负荷补备置换"等原则，通过调节工商业和居民等柔性负荷，置换大用户可中断负荷，实现已切除用户的快速恢复以及故障影响的公平承担。

建设大区互联电网安全控制系统，确保系统安全可控、在控。以提高系统安全防护能力为导向，开发应用毫秒级和秒级（分钟级）控制两项功能，实现及时感知、预警、切除运行故障。毫秒级控制用于区外来电发生故障时的紧急控制，在电源和电网常规调节措施无法满足电网频率稳定要求时，瞬时触发毫秒级控制功能，在一秒的时间内按负荷重要性切除用户的可中断负荷，同时将所有储能设备自动转变为满放电状态，阻止频率下跌。秒级（分钟级）控制依次通过故障感知、辅助决策、协调控制，实现负荷控制与发电机组快速调节功能的相互协同，除用于特高压故障紧急控制外，也能用于常规的电网事故处置以及电网运行优化控制，解决输电断面超稳定限额、联络线功率超用、旋转备用不足等问题。

(七) 多措并举保障信息安全与运行安全,实现在线管理平台动态优化

源网荷储互动管理在实现管理模式变革的同时,对确保数据信息安全与电网运行安全提出了很高要求。国网江苏电力着力加强数据信息在采集、存储、应用和开放等环节的安全保护,不断完善电网威胁感知和防御能力建设,确保安全可控、在控。

强化信息安全保障措施,实现数据资产全生命周期安全防护。加强电源侧、电网侧、用户侧等多领域数据信息安全分类管控,综合集成应用安全防护技术,为数据资产提供全生命周期的安全防护和监管。一是提供全生命周期防护。从终端加密、传输防泄漏到数据销毁与恢复,将各个分散的安全防护技术整合集成,实现一站式管理。二是违规事件追踪取证。及时发现违反安全策略的事件,以数据资产为线索获取证据链,为安全事件定位和责任认定提供依据。三是提供统一安全管理视图。将分散的安全信息统一采集、存储、分析、可视化,为管理者提供告警、热点、组织等不同维度的统一安全视图。

积极创新应用新技术,强化输电通道风险防范。首创调度、营销一体化控制技术。在国内首次研发应用基于公平性与经济性协调的负荷优化控制技术、动态控制技术和调度营销一体化控制技术,解决了调度与营销主站各自独立组网,难以实现信息共享、策略协调、控制协同的难题,为实施源网荷储大规模互动提供了重要的技术保障。同时,建立交直流输电通道风险管理机制,不断优化电网运行方式,加强重要输电通道安全稳定控制系统管理,优化交直流输电通道运维监控技术措施,协调厂网交界面设备管理。及时修订运行规程,持续深入开展隐患排查治理,杜绝因二次系统拒动、误动导致的重大安全事故。

围绕"准确实用、高效便捷"的目标,动态优化源网荷储互动在线管控平台。在平台基础设施方面,以硬件资产和软件资产可用为目的,定期评价业务需求,根据实际情况升级网络系统、主机系统、安全系统、存储系统和机房专用设施和数据库等。在平台应用功能方面,以平台整体可用和为源网荷储互动管理提供可靠支撑为目的,对业务需求及功能变更进行统一分析、评估和设计审定,定期开展业务和应用的技术运维,优化调整信息内容服务,确认业务功能的完整性和可用性,推进平台更加便捷可操作。

三、电网企业促进全产业链资源优化配置的源网荷储互动管理效果

(一) 实现源网荷储多方共赢,促进能源结构不断优化

源网荷储互动管理体系的构建与运行,使电源侧适应负荷变化的调节能力显著增强,有效引导负荷侧调整电力消费模式,积极参与供需互动,有效推动储能侧充分发挥调峰调频作用,保障电网安全运行和供需平衡,电网作为基础平台的资源优化配置能力大幅提升。通过将能源生产、输送和消费等多个环节协调一体,极大地促进了清洁能源消纳和电力资源优化配置,实现了多方互利共赢。体系建成后,江苏电网的弹性承受和恢复能力显著增强,故障应急处理时间从分钟级缩短至毫秒级,实现大规模区外来电的安全输入;通过负荷优化配置和供需双向互动,有效平抑风电、太阳能发电带来的波动,实现清洁能源的全额消纳,服务能源绿色转型,助力能源生产革命。2017年,江苏区外来电能力达2330万千瓦,同比增长28.3%;省内清洁能源装机达2027万千瓦,同比增长42.6%,电网在不断优化电力供给结构的基础上保持安全稳定运行。2017年5月24日,随着精准切负荷实切演练的圆满完成,江苏电网瞬间切除可中断负荷227.5万千瓦,有效平衡了苏州地区300万千瓦的功率缺失,标志着江苏拥有了"虚拟电厂",电网安全得到有效保障。

(二) 企业经济效益显著提高,社会生态效益凸显

自源网荷储互动管理系统建成以来,国网江苏电力累计消纳清洁能源发电量超过800亿千瓦时,节约原煤3200万吨,减排二氧化碳7900万吨、二氧化硫240万吨。系统直接提升区外特高压直流送电154万千瓦,年增供电量33亿千瓦时。376万千瓦的秒级可中断负荷精准控制能力,有效避免了为应对

短暂尖峰负荷而增加发电容量,相当于减少4台百万千瓦级发电机组建设,直接节省电厂和电网配套建设投资126亿元,每年可减少二氧化碳排放240万吨、二氧化硫排放5.74万吨。在同等解决电网季节性尖峰用电负荷问题方面,采用柔性精准控制负荷的方式与传统依靠发电提供备用容量的方式相比,投资节省10倍以上。

(三)形成了具有特色的源网荷储互动管理模式,已在部分省市推广应用

源网荷储互动管理体系在保障大受端电网安全稳定运行、服务清洁能源规模化发展、应对电网短暂尖峰负荷等方面具有显著的综合示范效益。在国网江苏电力探索实施取得成效后,2018年国家电网有限公司已在浙江、安徽、山东、湖南、河南、上海等省市全面推广应用。2018年7月,国家能源局在实地调研后给予高度肯定,认为国网江苏电力创新构建源网荷储互动体系,是推动能源"四个革命、一个合作"在基层落地的体现,是推动电力绿色、高质量发展的重大举措,对于电网安全和灵活运行,特别是对清洁能源消纳具有突破性的意义。

(成果创造人:尹积军、刘人楷、何大春、卞康麟、陆　晓、
李瑶虹、徐建军、李志杰、江叶峰、杨　斌、费益军)

特钢企业基于全流程的智能化产品质量管控

方大特钢科技股份有限公司

方大特钢科技股份有限公司（以下简称方大特钢）是一家集采矿、炼焦、烧结、炼铁、炼钢、轧钢及钢材深加工于一体，具有年产钢415万吨能力的钢铁联合企业，主要产品包括传统建筑钢材（螺纹钢、普线、盘螺）、商用汽车用钢、工业用材（冷镦钢、易切削钢等）及汽车钢板弹簧（扁钢制品），拥有"长力"牌弹簧扁钢和"海鸥"牌建筑钢材两大系列品牌优势，其中弹簧扁钢、汽车钢板弹簧国内市场占有率第一，拥有国家博士后科研工作站、国家试验室认可（CNAS）检测中心和江西省弹簧钢工程研究中心，其弹簧钢生产与技术创新团队是江西省优势科技创新团队。

一、特钢企业基于全流程的智能化产品质量管控背景

（一）传统生产组织下的质量管控难以适应高质量发展需求

方大特钢很长一段时间内是以库存式组织生产，不适应高质量发展需求。销售因无准确的坯、材库存，产品订单仅仅是简单的接用户需求后安排计划，而因库存、上轮计划执行情况传递不及时或不准确，生产计划的变更量较大，且没有完善的质量设计，生产很难做到根据客户质量需求快速响应；产品生产过程的质量监控、相关工艺质量数据的采集记录由岗位工负责，客户特殊质量需求很难得到准确的传递，也难以为新品开发、质量优化提供数据支持；产品检测由人工判定，入库凭经验按牌号、规格堆垛，系统内无垛位图显示，库存信息得不到准确把握，入、出之间缺乏统一的、协调的管理，移垛、倒库现象严重，严重影响轧材表面质量，也影响发运效率；"捡中药"式发货及手工记录销账，数据多次落地，带来潜在的质量风险；物流信息无法实时跟踪，只有到达目的地，才知道物流运输及产品质量影响情况。整个"订单－生产－交付"过程的质量管控存在脱节现象。由于缺乏完善的质量设计，也带来大量的非计划压库，公司钢坯原料场地设计能力为2万吨，实际容纳量超过4万吨，非计划压库长期占用原料场并造成数亿元资金的积压，每年损失超过3000万元。同时，由于公司信息化程度不高，现场大量工艺、质量基础数据来自人工采集，不可避免会存在人为干扰，对这样的数据进行分析效果事倍功半，甚至出现数据分析的结果与理论相悖的情况。且要对海量数据进行统计分析，需将采集的数据借助数据统计工具软件实现，因此在开展数据分析之前，必须花费大量的人力时间将纸质数据转录为电子记录，录入的过程中还难免出错，即使剩下的少量电子记录也很难保障数据的格式一致。这些都会极大地制约公司对现场基础数据的分析运用，直接影响现场生产过程中的质量优化。

（二）提升企业产品核心竞争力的需要

弹簧扁钢作为方大特钢的战略产品，通过持续多年的耕耘，已成为公司优势产品，销量实现了快速增长，产品销往全国各地及全球市场，多年来在汽车弹簧用钢细分市场占有率持续保持国内领先，盈利能力较强。近年来，众多行业生产企业纷纷进入弹簧扁钢（以下简称弹扁）生产领域，弹扁市场竞争已趋白热化。弹扁市场需求也呈现明显的多元化趋势，一方面，节能环保、汽车轻量化成为汽车行业发展趋势，技术力量雄厚的板簧加工企业通过自身技术研发，少片簧、高应力变截面板簧的需求正逐步提升，对弹簧扁钢的质量要求越来越高。另一方面，各种低端维修、低端配套等产品鱼龙混杂充斥市场，低端维修市场因产品质量要求不高、价格低廉等原因，被一些企业抢占客户和市场份额。为此，方大特钢提出"以弹扁产品战略为前提，不断改善提升产品质量，形成企业核心竞争力"的经营理念，核心是通过产品研发，大力开发低成本、高质量产品；通过质量改进，不断改善提升产品质量，以质取胜，领

跑行业。这就迫切需要企业积极打造全流程的智能化质量管控，减少数据阻断，杜绝信息孤岛，为现场管控、产品研发、质量改进提供完整的线上信息流，以不断提升公司战略产品弹簧扁钢的质量，满足我国汽车悬架系统可靠性和汽车轻量化的需要。

（三）信息化、智能化技术的发展为质量管理创新提供了条件

在国家政策的引导下，近几年，信息技术在各企业的应用范围和深度越来越大，如视觉识别、无线射频识别、无线网络、移动终端等技术的发展和使用成本的降低，为企业大规模应用提供了条件，而装备的自动化、智能化和网络互联，又为企业智能化质量管控提供物资基础。同时，钢铁行业在经历了信息化建设前期的不断探索和经验总结，信息化建设也越来越务实，从大力推进 ERP 建设到更关注车间制造执行系统的建设，从传统的面向职能管理的质量管控转变为面向流程的质量管控，通过信息系统把质量标准和客户要求传递到产、研、销各个环节，实现了产品质量与标准的有效管控，使得钢铁企业的产品质量和智能化水平都得到大幅提升，从而提升了企业的产品竞争力。随着近几年信息化建设的不断发展，方大特钢在人员、技术、系统建设等方面已具备成熟条件，也有相应的软硬件和配套系统支持。通过信息系统的建设彻底把现有二、三、四级系统打通，实现产品标准、客户要求、产品信息、制造工艺数据的采集、交互、分析、控制，通过"标准＋"带动"质量＋"，从而为真正实现产品质量的数字化管控提供保障。

二、特钢企业基于全流程的智能化产品质量管控内涵和主要做法

方大特钢通过建立以质量管控为核心的生产管控体系，以标准化为基础构建企业质量标准库，将钢铁产品的特性描述统一定义产品规范码，构建信息化、智能化的质量管控平台，并实际运用到订单设计、生产执行、检测判定、仓储发运及产品研发、质量提升全流程，实现精益生产、质量管控。

（一）建立以质量管控为核心的生产管控体系

方大特钢以质量管理为核心，梳理销售管理、生产管理、产品检测、仓储物流管理等过程中各环节流程，明确流程优化和重组目标。通过对流程梳理，确立围绕弹簧钢智能化质量管控为核心，以工业化为基础，通过供应链管理、柔性制造等控制手段不断优化公司弹簧钢生产排产与计划组织模式，以满足客户产品多样化、订单个性化的需求。同时在产品的制造周期中，不断丰富和强化信息化对工业化的支撑范围和支撑力度，实现弹簧钢从订单接收、设备管理、生产过程控制、质量监控、生产实绩收集、仓储管理、物流配给、发运物流跟踪、售后服务等产品制造全过程的智能化质量管控。

1. 销售管理

分解销售流程中的各工序，明确与生产组织及仓储发运等管理活动的衔接，把营销活动分解为客户的协议签订与各类评价审核，订单的评审、处理与下发，产成品的发运组织及售后管理，发运资金控制与结算管理等过程。通过弹簧钢销售流程的细化，实现以顾客为关注焦点，并通过各类评价审核、订单的评审，以及弹簧钢轧材的发运组织，为后续的质量设计、质量控制提供数据支持。

2. 生产管理

生产管理包括生产资源的调配与监视和生产计划排程两个方面。生产资源的调配与监视包括对全公司生产资源进行统一合理的安排，确保生产计划的顺利执行；对全公司资源的安排落实情况进行有效的监视，以确保生产的顺利运行。

生产计划排程包括排产计划制订、坯料设计、成品代替等内容。排产计划——根据销售订单的情况，经质量设计后，结合公司现有设备等实际情况，对炼钢、轧钢工序自动生成动态排产计划（允许手工干预），并且对追单、撤单以及安排检修等情况进行提示并自动调整，排产计划分月、旬、周、日、班次，并具有查询、统计、分析等功能。坯料设计——根据以往数据经验建立完善的数据模型，从提高成材率的角度出发进行科学的坯料设计，并对数据进行保存、具备自动学习功能。成品代替——对非计划产品，结合系统的质量判定数据，自动与销售订单匹配，减少库存非计划产品压库现象。对紧急插单

情况，从现有交货期未到的库存产品中划拨进行发货，同时及时提示并调整排产计划。

3. 产品检测

构建质量数据的系统智能匹配、质保书的自动生成平台。一是建立健全产品标准信息库，覆盖公司所有产成品成分、性能标准的产品库，实现检测数据由系统自动判定（允许人工干预），并对异常数据通过色差警示，实现快速识别。二是采用质保书模板的方式，由操作员直接根据需要制作或维护模板，自动调取系统中的判定数据生成质保书，客户可以通过质保书平台自行查询发运实绩和调取质保书。

4. 仓储物流管理

一是坯料库管理业务流程优化。将物流管理的坯料库划归轧钢管理，并与炼钢厂现场坯料管理一并纳入整体产销系统，实现连铸坯的转入和转出在系统内操作，库存数准确，有完整的垛位图，能够实现按订单要求摆放（如按同炉号、同规格、同牌号等要求摆放，并能够定位到具体钢坯）和转运钢坯，这样不但提高了运行效率，更大大降低了堆放、转运坯料出错导致的质量风险。二是轧材库管理业务流程优化。将物流管理的轧材库划归轧钢管理，运用整体产销系统，提升效率，把好产品发运前的最后一道关，使用手持终端按指定信息入库码放，发货时也使用手持终端对条码扫描比对订单信息，同时系统自动销账，杜绝发错货现象，减少因重复倒垛造成轧材表面质量受损。

（二）构建信息化、智能化的质量管控平台

通过整体产销系统，综合应用智能传感、DAS数据采集与分析、智能模式识别、数据通信、SCADA在线监控与分析、可视化物流跟踪等先进的工业控制技术和信息技术，实现完善的质量设计和质量跟踪，构建了信息化、智能化的质量管控平台，如图1所示。

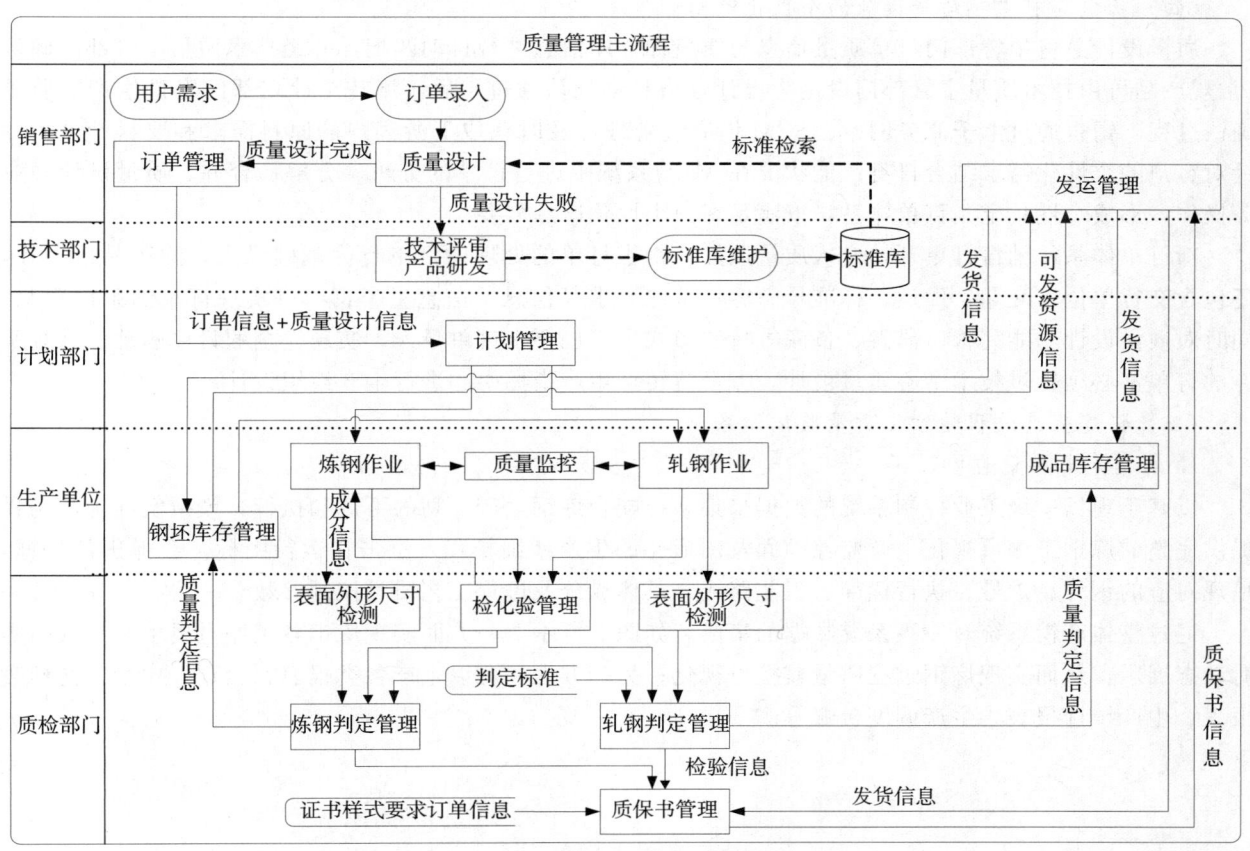

图1 生产全过程质量监控流程

从汇集用户质量需求开始，结合合格的质量设计执行计划管理，到生产过程中的质量参数监控，再到坯料及轧材产品的质量把关、仓储发运的整个生产周期。对生产过程中的质量问题，能够通过与系统对接的电子显示屏或计算机屏幕等界面准确传递并指导现场操作人员迅速做出反应，使质量问题得到及时处理。同时，建立了产品质量电子档案，对各种质量问题进行分类、记录和跟踪，可对当期质量问题进行总结并提出整改意见，也可通过数据报表，快速为管理决策者提供信息。

（三）以标准化为基础构建企业质量标准库

在质量设计过程中，为了保持信息的一致性，避免因销售、生产、质量管理部门理解上的不一致性而造成的效率及质量问题，提高工作效率，建立了产品编码，将钢铁产品的特性描述统一定义产品规范码，在销售、生产、质量等各个环节进行引用，贯彻整个生产环节，起到产销衔接时的共同语言作用。对于一个特定的钢铁产品来说，在生产过程中不仅要遵循许多作业标准、操作要求，并按工序路线一步一步地执行，还要满足许多质量标准的要求，一直到成品交给用户为止。为此，对公司现在和将来要生产的产品进行规范性定义，对所涉及的出厂判定标准、厂内控制标准、厂内生产作业标准进行梳理和规范。建立一个信息化的产品数据维护系统，确保生产、质量、销售过程使用的标准、规范都是最新的、最正确的和一致的。通过编码规范把工序、检验项目、控制标准、产线、工艺、状态、部门、类型、产品等信息，按照一定的规则进行代码化，便于能够根据相应的条件进行判断。维护可量化标准值，指导生产各工序工艺控制和质量放行，警示超标参数。用户特殊要求转化为生产指令，长期用户的特殊要求，采用技术协议的方式形成固定的生产标准，避免重复设计现象；对于临时客户的特殊要求，采用订单带α形式（单独录入特殊要求），把特殊要求转化为生产指令。

（四）构建具有完整质量设计的个性化定制订单体系

质量设计是将销售部门订单质量信息与质量标准库信息进行自动匹配，并经技术质量主管部门确认（常规产品可由技术质量主管部门设定为设计合格自动确认通过）后，流转至计划部门安排生产的质量确认过程。销售通过电子商务网站、SCM供应链管理等及时获取下游客户的原料需求和要料计划，并针对客户的个性化需求结合自身产能状况在 MES 系统中进行订单的分析、分解、合并、质量设计等业务操作，形成个性化定制订单体系，以满足客户个性化产品需要。

新订单体系从销售订单开始介入质量监控，销售订单的处理以订单行为基础录入，除产品信息外，还包含交货单位、交期、发运、标准号、客户特殊要求等信息，信息量丰富，可实现订单的系统跟踪。同时对质量设计功能完善、研发、备库等特殊形式生产也要求订单录入，实现完全的订单驱动。并且所有的订单都必须经过技术中心质量设计，方可流转至生产指挥中心进行生产组织设计。

（五）搭建生产过程精细化质量监控体系

1. 炼钢生产质量监控

以基于现场一级工业控制系统的数据采集系统配合炼钢生产计划的下达和执行，模拟实际生产场景提供完整的炼钢工序可视化生产监控画面及图形化的生产精细排程，点击在运行图标，会弹出信息框，呈现对应的钢种、炉号、执行标准、工艺路线、具体成分及过程工艺质量控制参数。

通过整体产销系统对一级系统数据的集成，如图2所示，一方面实现炼钢各工序主要工艺参数的实时动态展示，从而实现炼钢过程质量监控可视化；另一方面，可以生产各类报表、台账，比如工艺参数报表、生产统计报表、生产调度台账等。

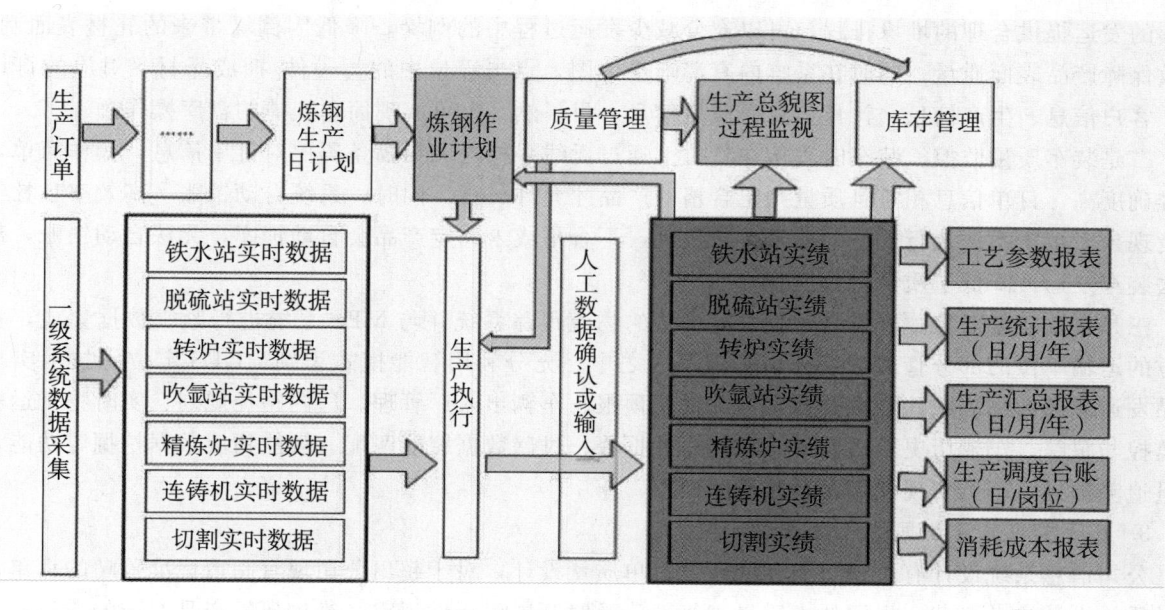

图 2　冶炼数据管理流程

2. 轧钢生产质量监控

结合数据采集系统对轧件在炉内及轧线上的加工状态实时跟踪，并及时收集加热温度控制、轧件过程温度、各架次轧速、轧件尺寸公差等生产实绩。产成品在轧钢下线入库时使用手持终端按指定信息入库码放，客户订单信息随时可查，以条形码及捆号方式标识成品身份，并与订单对应。运用系统中维护的详细制造标准，对产品在制造过程中的各工序主要参数（包括工艺路线、工艺时长、温度、辅料投入量等）做出明确规定，大幅减少工艺违规，稳定了产品质量。同时，现场实时自动采集的数据，为现场管理人员提供实时数据，能够快捷及时根据质量状态进行工艺调整，为管理部门进行质量管理大数据分析提供规范的自动采集实绩数据及对应生产的台账报表。

（六）自主开发产品质量控制系统

1. 产品检测数据自动采集、判定系统

方大特钢研发的 RMMS 系统（大宗原燃料系统）、MES 系统（方大特钢 MES 产销一体化系统）广泛应用于当前的检化验管理中。其中 RMMS 系统主要应用于进厂物资、铁前过程产品、水质检测；MES 系统主要应用于铁水成分、钢水成分、成品物理性能等检测。检化验数据通过系统与检化验设备间通过接口实现数据实时交互，有效避免了人工录入数据出现的差错，极大地加快了数据传递的速度，相关单位能快速接收到数据，快速调整工艺。并能自动匹配质量标准库数据，对采集的检测数据进行自动判定（允许人工干预），审核合格后能够自动生成对应的报告或产品证明书；对匹配异常的各类数据通过颜色提示，实现快速识别。同时，在日常数据分析中，可根据不同需求，设计各类统计报表，为日产质量管理、质量优化及产品研发提供所需检测数据。

2. 智能化的仓储发运质量监控

通过系统给轧材按件/捆在炉号牌上分配、标识条形码，轧材以条形码及捆号方式标识成品身份，条码信息与轧材的订单信息、客户信息、生产信息、计量信息、质量信息精确匹配。在轧材库管理工位上安装无线发射基站并实时传递系统信息至现场手持无线终端，堆垛、转堆、移库、配料、发运等均通过手持终端按提示指导进行。

一是入库仓储质量监控。使用手持终端扫描条形码，系统结合客户订单信息指定垛位入库码放，为后续的发运提供合理的堆垛排程，可以充分减少发运过程中的倒垛，降低因倒垛带来的轧材表面刮擦，有效保障产品表面质量。同时在系统内有清晰垛位图，点击垛位中的每一件/捆成品材，对应的订单信息、客户信息、生产信息、计量信息、质量信息一目了然，也可实现简单快捷的盘库操作。

二是装车质量监控。装车时直接在货位上通过无线手持终端扫描条码比对订单信息，操作简单，数据准确度高，订单信息相符且质量判定合格的产品才允许放行，同时，系统自动销账，高效率且杜绝发错货现象。由于系统执行严格的质量放行规则，不合格或未判定产品会自动锁库，无法自动销账，从而无法装车发运，降低了质量管控风险。

三是发运质量监控。开发基于物联网模式的物流跟踪系统并与MES系统进行紧密数据集成，将第三方的运输单位的部分管理纳入公司管理系统之中。充分利用智能模式识别、GPS定位等技术实现对产品发运业务的物流跟踪，主要包含物资进厂预报、车辆出入厂管理、厂内路径规划、实时物资运输过程监控与跟踪、车辆历史轨迹回放、车辆违规报警、过磅数据智能匹配、智能物流数据挖掘等功能，为质量追溯提供数据，实现智能发运质量监控。

3. 基于在线质量数据的产品研发质量优化

公司信息系统设计有可视化完善的研发订单质量设计，对于超出公司现有制造标准范畴的订单，会通过质量设计自动拦截，提醒技术质量主管部门及时开展可行性评审，维护研发产品对应的质量标准库信息。对试验期间的临时性质量控制，采用订单带α形式，单独录入特殊要求，并将其转化为生产指令。

为了充分保障公司产品出厂质量监管可控，公司研发的整体产销信息系统中开发了易操作的试验产品锁库放行模块。对于系统下发的包括产品研发及质量优化在内的试验产品，系统默认为锁库状态，即使是检测数据经系统自动或人工干预判定合格，仍为锁库不可发货状态，必须待技术质量主管部门指定人员授权解锁后方可扫描发货，从系统上实现了试验品的质量监管。

三、特钢企业基于全流程的智能化产品质量管控效果

（一）产品质量指标稳步提升

通过全过程的质量监控，有效提升了公司产品质量，特别是公司战略产品弹簧扁钢各项质量指标均稳步提升，国内市场占有率保持在45%以上，稳居全国第一。2017年仅发生1起公司质量事故，同比下降29起；不合格品万元质量损失率为1.42元/万元，同比下降8.40元/万元；弹扁线材合格率99.93%，上升0.29%；发生质量异议37起，同比下降121起，质量异议损失下降近300万元。

（二）企业经营绩效显著提升

近年来，方大特钢经营绩效得到显著提升。2016年，方大特钢实现销售收入89.24亿元，同比增长9.52%；实现利税9.04亿元，同比增长581.57%；实现净利润6.94亿元，同比增长505.23%。2017年，方大特钢实现销售收入139.45亿元，同比增长56.27%；实现利税34.25亿元，同比增长904.20%；实现净利润25.50亿元，同比增长267.33%，吨材利润率名列行业前茅。

（三）企业技术研发能力明显提升

方大特钢技术研发、质量优化的能力明显提升。仅公司所属省级弹簧钢工程研究中心于2016—2017年就完成35个钢种系列100多个规格的产品开发、工艺改进及质量优化，同时积极与汽车板簧及主机厂开展研发合作，其中，与一汽集团合作，针对高应力变截面板簧产品需求定向研发的新型弹簧钢FAS3550实现批量化生产。近年来，公司有7项研发成果通过江西省重点新产品成果鉴定。同时主持起草了国家标准《GB/T 33164.1—2016 汽车悬架系统用弹簧钢（第1部分：热轧扁钢）》，该项标准于2017年9月1日正式实施。另外还参与《GB/T 33164.2—2016 汽车悬架系统用弹簧钢（第2部分：热轧圆钢和盘条）》等4项国家标准的起草工作。

（四）产品质量管理水平大幅提高

方大特钢通过智能化信息系统辅助管理，充分减轻了员工在数据监控和测量采集方面的劳动强度；促进执行计划任务的部门之间的横向联合与协调合作，企业管理的通透性得到大幅提升。2017年，"方大特钢质量管控智能化"荣获江西省智能制造试点示范项目，公司荣获江西省智能制造示范企业和两化深度融合示范企业，获得5项计算机软件著作权，得到了行业的认可。已有沙钢、太钢、兴澄特钢、中天钢铁等兄弟企业借鉴此模式，建立起全流程智能化质量管控系统，在冶金行业内具有较好的适用性和借鉴作用。

（成果创造人：谢飞鸣、居琪萍、李红卫、喻　强、庄　娜、张　伟、徐冬华、魏学智、万　云、范众维、章　庆）

百年煤炭企业以"一提双优"为核心的新型生产方式构建

枣庄矿业（集团）有限责任公司

枣庄矿业（集团）有限责任公司（以下简称枣矿集团）源于1878年创办的"中兴矿局"，与抚顺、开滦并称中国近代三大煤矿，是中国第一家官督商办的民族工业股份制公司。1956年成立枣庄矿务局，1998年改制为枣庄矿业（集团）有限责任公司，2011年整合为山东能源集团的权属企业。2017年枣矿集团完成营业收入1030亿元，利润54.07亿元，利税总额超过100亿元，资产负债率46.96%，实现了"历史最好年"。

一、百年煤炭企业以"一提双优"为核心的新型生产方式构建背景

（一）适应新时代煤炭行业发展的需要

一是在安全生产方面。根据行业安全事故统计分析，煤矿企业夜班0：00~7：00属于薄弱时间段，发生安全事故的概率高达41%，远大于白班。由于夜间人体的机能水平降低，职工生理和心理上有所倦怠，安全意识有所松懈，发生事故的危险性增大。如果这个时间段不作业，事故发生的可能性就会大幅下降。二是提高劳动生产效率方面。由于过去受"不靠装备靠管理，不靠投入靠工作"等错误理念影响，枣矿集团多数煤矿对装备升级重视程度不够，限制了采掘装备的更新换代，造成装备投入欠账大，拼设备、拼人力、广种薄收的现象比较普遍，劳动效率不高、总量与均量指标不协调的现象越来越突出，限制了人均效率的提升。三是落实国家政策要求方面。近几年来，国务院多个部委先后出台文件对化解煤炭过剩产能、实行"276个工作日"生产、"机械化换人、自动化减人"、减少井下作业人数提升煤矿安全保障能力等提出了明确要求，在此大环境下，推动煤炭企业生产组织方式变革，减少井下作业班次、提高生产效率变得格外迫切。

（二）满足职工对美好生活向往的需要

随着"以人为本"理念深入人心，职工对工作的需求不再停留在生存层面，越来越多地表达了对"体面工作、尊严生活"的强烈向往。尤其是新生代员工对工作环境的要求越来越高，他们认为采掘工作环境差、劳动时间长、劳动强度高，内心不愿从事采掘工作。另外，受社会上对煤矿工人印象"黑、脏、累"的负面影响，大学毕业生"招不来、留不住"的问题突出。同时，多数煤炭企业开采方式"由近到远"，随着开采年限的增加，工作面较远、条件较复杂的情况愈加突出，导致职工工作时间长、劳动强度大、生活不规律，受高血压、糖尿病、腰腿痛等慢性疾病影响的职工越来越多，体力和精力跟不上工作需要，尤其夜班生产出勤、翻班打连勤造成安全生产压力加大。对此，如果能够改变以往"两头不见太阳"的生活方式及节假日、周末不休息的生产组织方式，取消夜班采掘作业，甚至实现周末集休，职工能够得到充分休息，煤炭行业将回归为正常作息、有张有弛的工作节奏，有助于提升煤矿职工生活幸福指数。

（三）煤矿开采技术发展为新型生产方式的构建提供了技术条件

为弥补生产短板、提高装备水平，枣矿集团加大与大中专院校、国内外知名厂商的合作，推动科研成果从理论向实用转化，自动化、智能化等一大批装备先后投入应用，矿井工作面生产能力得到大幅提高，两个班完成全天生产任务已具备基本条件。随着自动化、智能化装备技术的普及，为解放人力资源、释放先进产能提供了支撑，为生产组织调整创造了机遇。

二、百年煤炭企业以"一提双优"为核心的新型生产方式构建内涵和主要做法

枣矿集团按照系统变革思路，通过提高装备技术水平和优化生产系统、优化劳动组织三个要素的优化匹配，建立煤炭企业新型生产方式，科学压缩生产时间和生产人员占用，最大限度发挥装备、系统、管理的最佳效能，实现"减时不减量、减人不减产"，从而创优生产环境、降低劳动强度、提高人均工效、缩减工作时间，最终达到"取消夜班＋周末集休"的目标，真正让职工在井下生产有"安全感"，在煤矿工作有"幸福感"。

（一）整体规划，分步实施

1. 转变观念、超前布局阶段（2012—2016年年初）

2012年，枣矿集团通过再制造等方式，有针对性地加大生产装备投入，但装备水平整体提升幅度有限。2015年，通过紧密把握行业发展趋势，瞄准技术前沿，加强与美国久益、瑞典山特维克和郑州煤机、上海天地等国内外顶尖装备制造商的技术合作与交流，确立了以"三大一小"自动化综采装备为主体的升级路线图，并将系统优化同步纳入规划。2016年年初，在国家化解煤炭过剩产能、出台"276个工作日生产"的政策规定后，枣矿集团随即确立了"推行周末集休、取消夜班班次"的思路，从"绝不能因为现有问题而否定下步发展，必须以面向未来的眼光来考虑今天的问题"的发展视角出发，多层次组织召开办公会、座谈会，征求意见、研究方案、论证效果，打破干部职工思想观念桎梏。

2. 试点先行、正式成型阶段（2016—2018年年初）

为消除干部职工中的种种顾虑，枣矿集团推行试点先行、分步实施的措施，坚持舆论引导到位，明确"机械化换人、自动化减人"是为了把作业人员从危险区域解放出来，消除职工"换人就是下岗、减人就是失业"的思想顾虑。同时，确保资金保障到位，对矿区应用的新型装备，实行集团出资购置、矿井租赁使用。坚持专业协同、联合把关、整体推进；坚持考核督导到位，将"一提双优"建设纳入集团公司重点工作计划，定期督导考核，多措并举保障了"一提双优"建设的顺利推进。2016-2017年，从省内首套薄煤层自动化机组、6米厚一次采全高机组的成功运行，到全国首个薄煤层智能化生产矿井、省内首个6.5米厚一次采全高智能化机组的建成，枣矿集团用了短短两年时间，实现了由机械化到自动化再到智能化的跃升，"点下鼠标就能出煤"成为煤矿生产的现实。在2017年付煤公司率先取消采煤夜班作业的基础上，枣矿集团于2018年年初在矿区所有矿井全面取消了采煤夜班作业，深受矿区干部职工好评，并在行业内外引起广泛反响。

3. 全面推行、完善提升阶段（2018年以后）

付煤公司试点获得成功后，枣矿集团乘势而上，聚焦"一补七调"这条主线，在补上"下功夫"，在调上"做文章"，加大装备投入力度，弥补发展短板；坚决不搞"一窝蜂"、坚决不搞"一刀切"，实事求是、科学理性地系统推进。装备升级上，坚持费效比较、按需投入、量力而行、分步实施，先后打造了"3大3小"的6个智能化综采工作面、10条硬岩快掘作业线；系统优化上，涵盖煤仓扩容、系统瘦身等100余项改造工程全面启动；劳动组织优化上，坚持因地制宜、一矿一策，成熟一个推行一个，到2018年第一季度末实现了本部11对矿井全部取消采煤夜班作业、3对矿井取消掘进夜班的阶段性成绩。

（二）全面提升装备水平，提高工作面生产能力

提高装备水平坚持实际、实用、实效的原则，充分计算费效比，算清经济账，保证产出大于投入。

1. 推进工艺升级

推进自动化、智能化装备应用，采用综采工作面智能控制技术和可视化远程干预控制技术，应用液压支架电液控制系统、智能集成供液系统、图像视频远程跟踪系统、采煤机和刮板机协同控制系统、远程智能控制平台等综采工作面成套装备，实现割煤、推溜、移架、运输等采煤工艺全过程自动化、智能

化运行，淘汰手动操作等落后传统装备；推进一次采全高工艺应用，淘汰放顶煤工艺，仅资源回收率提量增效就可新购一套全新装备；推进快速挪移单元式巷道支架研发及电液控超前支架推广应用，淘汰超前及端头单体支护；推进机载液压临时支护，淘汰传统前探梁；推进快速安撤装备应用，淘汰绞车牵架人工调架安撤；推进挖掘式装载机应用，淘汰耙装机；推进辅助运输连续化，淘汰调度绞车；推进辅助远程集中控制，淘汰现场操作；实施机器人替代计划，重要机房硐室、主要强力皮带、部分掘进工作面实现机器人自动巡检。

2. 提高装备水平

推进装备功率由小变大，提升作业能力，厚、薄煤层液压支架工作阻力分别达13000千牛、4000千牛；厚、薄煤层采煤机功率分别达2310千瓦、870千瓦，厚煤层工作面日产超万吨，薄煤层工作面具备月产10万吨能力。推进装备厂家由多变少，提升通用能力，通过优选装备厂家、引进合作伙伴，采煤机供应厂家由5家减到2家，掘进机供应厂家由7家减到3家，有效解决了厂家多、型号杂、通用配套性差的问题。推进闲置装备由旧变新，坚持抓增量与盘存量并重，对闲置装备关键部件实施升级，用购置三分之一的价格，使旧装备达到新装备的性能要求，仅2017年就完成500余架液压支架再制造及自动化升级，年节省采购资金1.3亿元，2018年完成1807台套综机装备的升级改造。挖掘老式装备潜力，通过应用液压掘进钻车、挖掘式装载机、巷道修复机"三机配套"，创出硬岩巷道月进195米新纪录，老式装备辅以新型配套用出了新效果。

3. 保证装备质量

枣矿集团坚持做到"三个优选"。优选装备厂家，对制造商生产资质、质量技术、售后服务等进行综合评价，由使用者来评判，真正让质次价高的产品在矿区没市场。优选装备参数，围绕装备与现场相适应，坚持走联合研发、量身定做的路子，改变过去"有什么、用什么，一买了之"的做法，如在滨湖薄煤层智能化装备的合作研制中，与厂家就"空间设计、系统控制、配套采高、煤岩识别"等进行了10多类、50余项技术革新，有效增强了装备的现场适用性。优选装备配件，签订技术协议时，严格约定关键部件的质量标准、质保期限，如刮板输送机，均配置德国进口减速箱及链条链环、美国限矩摩擦离合器、瑞典高强度耐磨板或整铸溜槽，实现过煤量400余万吨情况下的"零事故"，达到低投入高产出的效果，两年井下直接转面15次，节约费用1.2亿元。

4. 保证使用效果

枣矿集团重点抓好培训工作"三个结合"。特殊工种"理论＋实操"，开展"首席技师上讲台"活动，建立覆盖全部特殊工种的实训基地，聘任各专业首席技师做兼职教师，对特种作业人员进行现场实操培训；强化导师带徒、岗位练兵，对有绝招绝活的专业技师，每带出一名技术工种人员，给予师徒2万－5万元的同等奖励。安全管理人员"理论＋实践"，开展"管理干部上讲台"活动，聘任现场经验丰富、专业技术全面的管理人员做兼职教师，对基层安全生产管理人员、班组长和安监员联系实际进行授课；定期举办技术管理论坛，组织专题讲座、典型交流，提升基层安全生产管理人员的业务能力。从业人员"理论＋体验"，实行体验式教学，建立体验式安全警示教育基地、VR虚拟现实培训基地，实现人机实景交互、三维动态仿真演练，增强了培训效果；实行可视化教学，拍摄主要技术工种的"岗位标准流程操作法"示范片，让职工更加快速、直观地学到安全技能，掌握作业标准；实行自主性培训，研发学员自选培训触控系统，并与手机端相联，通过"指尖上的课堂"，职工可自行学习安全生产应知应会知识，学习方式更加灵活。

（三）全过程优化生产系统，提升运输缓冲能力

1. 优化原煤存储系统

井工矿井生产主要由三个系统组成，即工作面生产系统、运输缓冲系统和主井提升系统。工作面生

产是源头，运输缓冲是中间环节，主井提升是关键。这三大系统对应着三大能力，即工作面生产能力、运输缓冲能力、主井提升能力。实施劳动组织优化的关键是提升工作面生产和运输缓冲能力，在保证主井满负荷提升的情况下，对工作面生产系统运行时间进行合理压缩，继而实现取消夜班生产及集休。

随着装备水平的提高，工作面生产能力不再成为制约矿井生产的瓶颈，枣矿集团为充分发挥工作面产能，满足主井提升、取消夜班生产，制定了原煤存储整体扩容规划，大力实施了"储装运系统扩容工程"，在本部矿区规划扩建井下煤仓30个，2018年年底全部完成，为全面取消矿井夜班创造了必要条件，增强了不同煤层调配生产能力。

2. 优化生产保障系统

实施"煤仓＋矸石仓"双仓布置，实现煤矸分装分运、集中分提，每年减少100万吨矸石通过主井提升，保障了生产能力并减少了轨道运输环节；把优化采区及工作面布置作为稳定生产源头的重要保障，在煤层赋存条件允许、确保安全、经济合理的情况下，适当增加矿井水平垂高，扩大采（盘）区和工作面开采范围，加大工作面的面长和推进长度，采用一次采全高或综采放顶煤工艺，减少工作面搬家次数，打造了老矿井"主辅结合"、新矿井"一矿一面"的集约高效生产模式，保证了均衡生产和正规循环作业，减少了系统、设备和人员占用，大幅降低了生产成本和管理难度。

3. 优化生产辅助系统

通过改造溜煤滑槽等手段，减少胶带输送机16部，节约费用2000余万元；优化辅助运输系统，建立以单轨吊、无极绳绞车为主体的连续化、高效化物流运输体系，减少小绞车安装1200余台；优化排水系统，提前施工相邻工作面顺槽作为泄水巷，做到一巷多用、疏排结合、综合防治，年减少专用泄水巷施工5000余米；优化供电系统，实行深部开采直供电，压缩供电层级，地面电缆直接到采区，全长达7800米，有效保证末端供电质量，解决生产制约难题；优化通风系统，2016年来累计收缩采区18个，封闭巷道11.5万米，简化了通风网络，降低了通风阻力，提高了防灾抗灾能力。

（四）建立新型劳动组织方式，提高生产效率

1. 建立新型劳动组织方式

随着装备水平的提升、生产系统的优化调整，工作面生产能力、运输缓冲能力、主井提升能力实现了有序匹配，"井下两个班生产就可满足全天产量要求、减班不减产"的高效生产格局逐步形成，取消夜班作业，周末集休等新型组织方式得以实现。当工作面生产能力足够大，缓冲能力满足8小时主井提升时，可取消夜班生产，满足20小时及以上主井提升时，可实现集休。当工作面生产系统运行16个小时，缓冲能力能够满足主井一天的提升量，可以将劳动组织调整为"二八二"工作制，即生产16小时，检修2小时。当工作面生产14个小时能够满足主井一天的提升量，就可以将劳动组织调整为"二七一四"工作制，即生产14小时，检修4小时。当工作面生产12个小时能够满足主井一天的提升量，就可以将劳动组织调整为"二八"工作制，即一个班先检修4小时再生产4小时，取消22：00－6：00生产。对于检修量大的工作面，可调整为"三六"制，即一班检修，两个班生产。

2. 培养专业化服务队伍

随着新型劳动组织方式的构建，矿井生产人员将不同程度富余。本着对社会和职工负责的态度，立足打破专业间界限，集成资质、技术、人员等优势，遵循不让一名职工下岗的原则，枣矿集团成立了集团公司级工作面安撤、机电设备安装、地质勘探三支专业化队伍，矿井级专业化服务队、物料配送队两支专业化队伍，避免了机构重复设置、人力资源浪费，促进了单位间资源共享、高效协同，矿区劳动力更加均衡，一年来仅安撤专业化队伍就承接了矿区30余面次安撤工程，内部增效6000余万元，并避免了外委安撤安全风险；同时，组建矿业管理公司，提供从矿井勘探、设计、建设到生产、管理、营销、技术咨询一条龙服务，将"人员包袱"变为"人力资源"，成为"创效大军"，将无形资质变为有形财

富,目前,已在陕西、山西托管4对在建和生产矿井,并全面接管了5座省属监狱煤矿,在未增人员的情况下,实现了"一矿变两矿"的目标。此外,选拔煤焦化工行业的技术骨干、管理能手,带领矿井富余人员,积极到省内外焦化行业开展托管经营业务,增加了企业营收效益,"走出去"的步伐越来越稳健。

3. 完善相关制度

枣矿集团坚持"精干高效、先进合理"的原则,及时开展了矿区定编定员定额标准的编制和修订工作,并在目前基础上排定了三年减人提效规划,提出了智能化工作面每班4人,全区控制在35人以内,其他自动化开采工作面每班5人,全区控制在45人以内,智能化掘进工作面每班人员4人,全区控制在30人以内,其他掘进工作面每班5人,全区35人以内的目标。力争2020年在目前劳动组织基础上,采掘岗位人员再减少60%以上,并向"朝九晚五"工作制不懈努力。

(五)开展自动化、信息化建设,实现远程集控

建设了设备全生命周期管理信息系统,实现装备从计划到采购、使用、维修、处置等全程闭合管控,实现快捷、精准、高效管理;建设了工作面智能化信息系统,形成集团、矿井、区队三个层级的设备状态、工作面生产参数监测,将装备使用标准化、用水纯净化、远距离供电供液、乳化液自动配比等固化为标准,加强了装备效能、工作面安全生产管理保障。同时,推进主运系统自动化改造,全面实现集中煤流运输可视化智能管理,现场形成"远程集控、区域巡检"模式;压风、主通风机、排水三大系统集控自动化率达100%;推进运输斜巷自动化集成,实现封闭式、自动化运行;重要机房硐室、炮掘迎头应用巡检机器人,自动采集、实时上传数据,有效指导生产。

三、百年煤炭企业以"一提双优"为核心的新型生产方式构建效果

(一)提高了生产效率和经济效益

一是提升了单产水平。枣矿集团本部矿井厚煤层中已有5个工作面具备日产万吨的能力,薄煤层工作面均具备月产10万吨能力;西部7对矿井平均单产由2015年的8.85万吨/月提升至2017年的10.68万吨/月,增幅达20.5%。二是提升了资源回收率。2016—2017年,枣矿本部矿井共有10个工作面由大采高代替了放顶煤工艺,资源回收率提高11.6%,多回收煤炭107.9万吨,按原煤750元/吨计算,创效达8.09亿元;小槽煤开采资源回收率提高4.1%,每年多回收煤炭4.5万吨,年可增效3000万元。三是提升了煤质效益,滨湖新型薄煤层机组比传统机组减少割矸石0.1m厚,混煤发热量每吨提高近400大卡,年创效2100万元;每年减少割矸量20万吨,按每吨矸石提升运输费用40元/吨计算,每年仅节约提升运输费用达800万元,2017年混煤热值较计划提升148大卡,提质增效1.05亿元。同时,避免了地面矸石排放造成的环境污染。四是降低了人员占用。目前,枣矿集团在册职工44000余人,比历史最高的2012年减少15853人,减幅为26.49%,进入用工最少的新时期,年可节约人工成本9.5亿元。其中,采掘人数为7208人,比历史最好的2012年减少5369人,降幅为42.69%,年可节约采掘人工成本5.3亿元,同时精简的大量岗位人员,为企业走出去、实现转移发展提供了人力支持,近年来,枣矿集团成功托管了山西2对生产矿井,接管了省内5对监狱煤矿,输出技术团队3800余人。五是降低了系统成本。系统高效最直观的体现是原煤生产电耗下降。在矿井运输、通风、排水路线不断延长的情况下,本区2017年原煤产量较2015年增长52.8万吨,原煤生产总电耗下降858万度;尤其是付村煤矿2017年原煤产量比2015年增长46.5万吨,原煤生产用电由3870万度下降至3608万度,原煤单耗下降2.48千瓦时/吨,降幅达19.3%。六是降低了维修费用。2016—2017年,枣矿集团共有15面次综机设备井下直接转面,仅节约拆解、修理费用就达1.2亿元以上,节支降本成效明显。

(二)提升了煤炭生产安全保障水平

实施"一提双优"建设是对煤矿传统作业方式和生产模式的一场根本性变革,将人员从危险的场

所、薄弱时段解放出来，有效提升了安全保障水平。一是有效改善了现场安全生产环境。避免了控顶区顶板离层、失稳现象的发生，大幅减少煤壁片帮、漏矸、漏顶现象，杜绝了顶板冒顶事故。同时，降低了井下设备的维修量，如支架换立柱、换扩帮、面溜换溜槽、掐紧链等危险性高、操作复杂的检修项目，在新装备的工作面杜绝。3年多来，枣矿集团杜绝了重伤以上人身事故、重大非人身事故和职业危害事故。二是有效降低了岗位操作安全风险。通过装备升级，逐步建立了与自动化、智能化生产方式相适应的劳动定编定员，先期打造了智能化工作面全区50人、自动化工作面全区60人的格局，减少岗点工50%以上，将职工从高风险岗点解放出来；在综采工作面实现了端头及超前支护由人工操作向自动化操作的转变，简化了操作工序和流程，提升了施工安全系数，减轻了职工劳动强度。同时，比传统单体梁支护每个采煤区队减少定员15人以上，循环作业时间减少1/5—1/4，切实体现了无人则安，尤其在具有冲击危险的20个采掘头面上，将事故伤害概率大幅度降低。

（三）提高了煤矿职工幸福指数，得到行业广泛认可

通过实施"一提双优"建设，降低了职工的劳动强度，提高了职工的生活幸福指数。一是形成了良性作业循环。取消夜班作业，职工工作时间由疲劳、困顿的夜班调整至精神饱满的白班，既减少了精力不集中造成的安全风险，同时又提升了工作质量，形成了良性作业循环。二是提升了职工幸福指数。取消夜班生产，响应了广大职工的"体面劳动、尊严生活"的需求，进一步满足职工对美好生活的向往，更加凸显煤炭行业坚持"以人为本"理念，为营造矿井和谐环境、改善民生福祉提供了有力支撑。

枣矿集团新型生产组织方式的构建，得到了上级领导的充分肯定和各大主流新闻媒体的关注报道。国家煤矿安全监察局、中国煤炭工业协会、山东省政府、省煤炭工业局有关领导均给予了充分肯定和高度评价。2018年4月16日，山东能源集团在枣矿集团召开了"一提双优"建设现场经验交流会，系统总结、交流、推广"一提双优"建设工作经验。此外，先后有外部单位1800余人次前来调研学习。

（成果创造人：满慎刚、杨尊献、刘文宝、刘中胜、张延伟、靳家皓、徐若友、秦鹏远、李建军、曹东京、沈　彬、杨　涛）

宇航企业矩阵式外协质量管控体系建设

中国航天科技集团有限公司第五研究院

中国航天科技集团有限公司第五研究院（以下简称五院）是中国最主要的空间技术及其产品研制基地。作为中国空间事业最具实力的骨干力量，承担着我国空间技术开发、航天器研制，空间领域对外技术交流与合作，航天技术应用等业务。经过50余年的发展，五院取得了举世瞩目的成就，1970年，成功发射了中国第一颗人造地球卫星——东方红一号，开创了中国探索外层空间的新纪元；2003年，神舟五号载人飞船飞行获得圆满成功，使中国成为世界上第三个能够独立开展载人航天活动的国家；2004年，尼日利亚通信卫星成功实现了中国卫星出口零的突破；2007年，中国首颗月球探测器——嫦娥一号，成功进入环月轨道，树立了中国航天史上又一座新的里程碑；2012年，北斗区域导航系统全面建成，对国防及国民经济建设具有重大意义。目前已有130多颗星船在轨稳定运行，数量跃居全球宇航企业第四位。

一、宇航企业矩阵式外协质量管控体系建设背景

（一）宇航外协产品质量问题突出，传统外协质量管控模式捉襟见肘

近年来，宇航型号任务快速增长，高密度发射成为常态，从一年发射几颗卫星发展到一年发射20余颗甚至40余颗星船，单一型号产品研制数量随之急剧增加，型号研制模式也从单一型号研制向多型号并举的科研与产业并重转型，外协产品种类和供方数量也快速增加，外协工作已成为推动五院型号任务圆满完成的重要力量。但是，由于短时间内外协产品质量管控能力未能有效提升，外协产品质量问题导致的卫星推迟出厂、在轨不能可靠稳定工作的问题时有发生，特别是部分典型通用外协产品，由于材料变化、应用环境变更、鉴定不充分、关键特性分析不到位、产品数据包可追溯性差等原因导致的通用外协产品质量问题，具有批次性特征，波及范围广，严重影响了五院的信誉，也影响了宇航事业的平稳发展。究其原因，传统宇航企业主要以科研为主，宇航产品外协质量管理未能及时适应从科研型向科研与产业并重型的转变。

（二）外协协作配套体系运行不畅，外协质量管理模式和方法粗犷

传统的宇航企业以科研为主，外部协作配套相对较少，外协供方类型简单，对外协供方的管理以供方是否在合格供方名录中为主，对供方产品保证能力、技术和管理精细化水平的要求不高。随着向科研与产业并重转型，充分利用外部资源，通过多方协作实现产品批量生产，推动企业转型升级成为必须，外协配套网络的高效运行成为必然。但目前宇航企业外协网络体系建设不够健全，存在着配套单位众多，能力参差不齐，配套单位企业文化与宇航特殊要求不融合等问题，外协配套网络建设没有完全从合作开发科研精品向更多关注经济指标、成本控制、配套周期等要求转变，因供方质量控制不到位，提供隐患产品，导致产品交付后出现质量问题，批产召回返工的问题时有发生。仅从质量管理体系层面关注单一供方资质的传统管理方式已经无法满足产业化发展的需求，外协配套必须以体系建设为重点，建立覆盖全面、控制合理、能力匹配的协作配套体系。

（三）对标国际先进宇航企业，宇航外协产品保证工作模式创新不够

适应建立国际一流宇航企业，推进产业化、市场化、国际化发展的需要，五院必须积极寻求变革，通过对标波音公司、ESA外协质量管控模式，以及关注各级供方过程和细节管控的基本理念和最佳实践，与五院宇航外协质量管控体系建设相结合，弥补宇航科研生产转型下传统外协质量管理方法存在的

缺陷和不足。建立新型宇航企业矩阵式外协质量管控体系，必须立足于原有基于GJB9001建立的外协管理体系，与国际先进宇航企业外协质量管理方法对接，面对更为复杂的管理对象和管理目标，解决适应全面转型时期宇航企业外协质量管控存在的局限性和不适应性，将外协质量管理由面向组织的供方管理转变为基于组织面向项目的矩阵式精细化质量管控模式，将职能管理转变为流程驱动、关注关键点的管理模式，才能持续推动外协产品的质量提升。

二、宇航企业矩阵式外协质量管控体系建设内涵和主要做法

为适应开放科研生产体系、军民深度融合发展格局对宇航外协质量管控提出的新挑战，五院依托50年深厚的工程实践经验，在借鉴国际先进宇航外协质量管控思路的同时，创造性地将外协质量管控与矩阵式宇航项目管理工作体系相结合，创立基于组织面向项目的矩阵式外协质量管控方法（Conducting of Matrix Quality Management and Control System of Aerospace Enterprise to Its Suppliers，简称MQMCSS）。应用系统化方法，分析不同类型外协项目质量管控特性，识别管控的关键过程域；应用结构化方法，将各关键过程域与（横向）组织的供方能力、（纵向）项目控制要点等进行解析，形成基于组织能力成熟度评价的外协准入机制＋航天器项目产品保证要求传递落实机制的矩阵式外协质量管控体系（MQMCSS）。解决传统外协质量管控的局限性，解决外协对象复杂、外协项目差异性大条件下的外协产品质量控制有效性问题，探索出一条适用于"多层级、多种类、小批量、高可靠"外协配套项目的质量管控新模式。

（一）系统研究，搭建矩阵式外协质量管控体系（MQMCSS）

1. 统筹分析，提炼外协管控体系关键过程域

五院在对近些年外协质量问题全面清理、分析的基础上，围绕对"多层级、多种类、小批量、高可靠"的外协配套项目的质量管控，识别管控薄弱环节，总结、提炼形成MQMCSS的"评""审""查""帮""带"5个有针对性的外协质量管控关键过程域。评——对外协供方产品保证能力、状况、水平进行审查评价。审——对关键过程和重要环节进行审查。查——对外协供方质量体系运行情况、生产现场管理情况等进行检查。帮——帮助外协供方提升产品保证能力。带——带着外协供方共同干。

2. 结构化识别，形成外协质量管控关键活动

围绕5个关键过程域及对矩阵式外协质量管控体系（MQMCSS）内部组织层面、项目层面的质量关联性的系统分析，识别每个关键过程域包含的关键活动（实施途径）。

组织层面明确以外协合格供方配套能力管控为抓手，项目（型号）层面明确以外协产品保证要求的有效落地为核心，识别和分解关键管控因素，形成外协配套网络优化、产品保证要求传递、外协单位统筹管理、产品监造管理、共性问题专项治理、电子产品静电防护体系建设、生产阶段产品保证、5类外协产品针对性控制措施等16个关键活动，并形成具体工作要求，作为五院所属各单位、各型号开展外协质量管理工作的基本要求。

同时，在矩阵式外协质量管控体系（MQMCSS）的实施过程中，按照预置的结构化需求，收集各关键活动的运行数据，利用运行数据分析识别外协项目管控的薄弱环节，并提出改进措施，从而实现外协产品保证能力的螺旋式上升。

3. 过程融合，固化到文件化质量管理体系

《五院宇航科研生产管理若干规定》是五院矩阵式宇航科研生产管理体系的总纲，明确五院各级组织和型号项目办在型号项目管理、产品管理，以及相关的产品保证、外协配套管理、经费与成本管理、物资配套管理、队伍管理、宇航能力建设、基础与保障管理等方面的职责和要求。规定五院外协质量管控体系（MQMCSS）的构成、工作原则、组织和项目的责任体系。

五院按照GJB9001建立质量管理体系，形成质量手册、程序文件、第三层次作业文件（程序性要

求、工作说明书、工作模板）等五个层次的体系文件。通过将矩阵式外协质量管控体系各关键过程域、关键活动纳入各级质量管理体系文件，确保基于组织能力成熟度评价的外协准入机制、航天器项目产品保证要求传递落实机制得到有效落地。

4. 全面支撑，构建横纵两线的外协质量管控组织体系

五院在组织层面建立横向的单位质量管理体系运行队伍、质量管理体系文件等，在项目层面建立纵向的跨单位的专业化产品保证队伍和产品保证专业技术机构，从横纵两条线协调工程技术队伍和资源，推动外协质量管控16个关键活动的有效实施。

横向的单位质量管理体系运行队伍以质量管理人员为核心，牵头组织设计部门、工艺部门、质量管理部门、科研生产计划部门等，依据单位质量管理体系文件，开展外协合格供方的准入管理、战略合作伙伴能力的提升等9项组织层面关键活动的推进和实施。

项目启动后，结合型号任务风险特点，建立纵向的、以项目产品保证经理为核心的项目产品保证队伍，根据需要建立项目技术状态管理、可靠性与安全性保证、EEE元器件保证、材料与工艺保证、软件保证等专题保证工作组，结合严密规范的产品保证文件、配套的产品保证标准、支撑产品保证专业技术发展和专题活动开展的产品保证专业技术机构，形成健全的外协产品保证工作体系。推动外协产品保证要求的传递、关键过程的控制等7项项目层面关键活动的实施。

（二）面向项目，推行精细化产品保证

1. 构建外协产品保证要求分类管理模式，夯实要求有效落地基础

产品保证要求是指导宇航产品研制、生产、交付全过程的产品保证技术和管理活动的纲领性文件。外协产品保证要求是连接外协任务提出方和任务承制方的桥梁，是外协任务研制生产应遵循的标准/规范、质量过程控制、验收等要求准确传递的主要载体，也是外协供方开展产品研制工作的重要输入。

五院建立产品保证要求分类化管理机制，明确通用＋专用产品保证要求（A＋A₁＋B）的编写模式。在此基础上通过对外协任务的梳理和产品特点的分析，形成院和单位通用产品保证要求加270余份一次外协专用产品保证要求、40余份二次外协产品保证要求的"外协产品保证要求"文件体系，实现外协产品保证要求和合理覆盖。

2. 建立五类外协产品管控要点，提升管控针对性

建立面向外协任务的分类管理格局。针对不同外协方式下外协质量控制方法不够细化、控制方法针对性不强等问题，将外协任务类型分为5类：分系统、单机、部组件、零件和工序、二次外协。总结五院多年型号研制的最佳实践，充分发挥五院现有外协质量工作体系和资源优势，针对"多层级、多种类、小批量、高可靠"的外协配套项目，提炼五院宇航分系统、单机、部组件、零件和工序、二次外协等不同层级产品的产品保证技术方法，针对不同任务类型对产品保证方法进行分类组合，建立外协任务类型及产品保证方法实施管理矩阵，形成5份指南，实现分类管理的差异化解决方案。

3. 推行生产阶段产品保证，有效控制生产过程关键风险

五院以航天系统工程理论为指导，按阶段清理生产过程的技术和管理活动，在原有产品保证九个方面基础上，创新提出以"源头识别、基线管控、过程确认"为基本原则的生产阶段产品保证理念、方法和工具，率先在航天系统内建立并实施生产阶段产品保证，系统解决生产问题，并向外协供方延伸。

提炼产品保证要素，实现风险按要素条目化。按产品分类制定风险控制要求，形成涵盖6类通用产品的通用要素；组织外协供方清理生产过程关键风险，以问题为导向，根据用户、型号、产品设计和工艺等要求，通过特性分析提炼产品保证专用要素，构建基于"A＋B"模式的要素体系，按设计、工艺、检验检测、记录等数据项对要素条目化，明确"控制要求/方法、确认时机、合格判据、记录要求"，同时按分系统、单机、部组件、零件和工序、二次外协等分类管理。

针对不同类型的外协任务分类形成单机级、部组件级生产基线报告模板、零件及工序级岗位基线配置清单模板，使产品保证要素通过关重件、关键工序、关键/强制检验点、数据包记录等要求固化在生产基线中。通过差异化模板的制定，突出不同层级任务技术状态控制的重点，实现与相应产品保证要求的呼应。通过生产基线建立，使产品保证要求延伸到外协生产一线的人、机、料、法、环、测等要素，进而固化外协生产技术状态。通过生产基线现场审核、检查等过程管理，有效规范计划、设计、工艺、物资等部门的配合管理，形成流畅的协同管理流程，确保外协产品生产过程的5M1E状态受控，质量满足要求。

4. 开展生产现场检查，杜绝低层次质量问题

五院建立包含9个模块、60余个条款的航天器产品外协供方生产现场检查标准，聚焦生产现场管理和生产资源配置等情况，特别是质量职责落实、操作依据文件控制、生产过程控制、检验控制、防静电控制、多余物控制、产品防护和记录控制等情况。并以此为依据开展生产现场专项检查。

5. 建立外协产品质量信息传递机制，强化快速反应能力

五院和院属各单位通过与外协单位有效的沟通和协商，逐步在单机级以上重要外协单位建立外协产品质量信息通报制度，实行正常情况下定期月报制度、重大质量问题归零信息日报制度、质量问题2小时快报制度，对质量问题举一反三涉及的产品情况通报实施6小时快报制度。为及时掌握外协产品保证信息，为高密度发射形式下的质量问题处理和快速举一反三提供支撑。

（三）基于组织，建立外协质量能力保证平台

1. 优化外协配套网络，强化专业优势

为健全协作配套网络，合理规划外协产业布局和后续发展方向，航天五院组织开展全院外协供方的梳理工作，全面清理宇航产品外协配套单位和外协项目。在完成一、二、三次，直至元器件级外协产品梳理的基础上，对外协单位和任务情况进行深入分析和归纳。按照航天科技集团公司内、外，军工单位、非军工单位的分布，以及分系统、单机、部组件、零件和工序、地面设备、试验、软件等任务类型对配套单位的分布情况、能力适应性、产品控制重点等进行数据统计和分析。

同时，综合按照"优势集中、能力备份、强化互补"的原则，围绕分系统、单机、部组件等不同类外协产品特点，以及总体单位、专业所厂任务协出特点等全面开展外协单位归并可行性分析，制定归并方案，落实归并行动计划。经过合理归并后，五院外协合格供方数量由410家整合为311家，外协配套资源得到合理整合，五院外协配套网络得到进一步优化。

2. 统筹外协分级管理，提升战略合作伙伴能力

建立外协供方分级管控机制。为突出管理重点，整合、优化院级供方资源，与重要供方建立战略合作伙伴关系。通过明确规章、量化考核等措施，落实委托方主体责任，同时强化院抓重点、抓共性的思路，分析全院外协任务特点，建立包含170余家重点外协供方的"院级"航天器外协合格供方名录，对全院科研生产任务有重要影响的外协供方，推行战略合作伙伴管理。

建立对外协供方统筹管理机制。对于涉及五院两家及以上院属单位产品配套的40余家共性外协供方，制定《五院共性外协供方管理责任表》，根据协出产品的重要性、任务量，并参考可靠性"再设计、再分析、再验证"（三再）产品责任单位的界定，指定院内牵头管理的责任单位。牵头责任单位负责该外协单位的产品保证能力提升工作，协助外协供方建立健全产品保证标准规范，建立相应的产品保证队伍，以及组织开展产品保证知识培训、产品监造、生产现场检查、质量能力评价等产品保证共性活动的统一组织协调工作。同时针对关键分系统/单机供方、PCB/特殊工艺供方、静电防护要求供方、质量问题多发供方，分别制定有针对性的管控原则，实现差异化控制，提高管控的有效性。

3. 建立量化供方能力审核与评定机制，强化外协准入管理

五院紧紧围绕外协产品保证能力的提升，通过对宇航产品特点和产品保证要素的分析，科学合理搭建能力要素框架，细化要素标准，量化统计和评价公式，在覆盖产品保证9大要素基础上，将上级、用户和五院近几年外协质量管理要求纳入。聚焦外协供方质量管理体系运行情况、产品保证要求落实情况、产品质量控制措施落实情况及产品实物质量和交付及交付后的服务情况。建立适应宇航型号任务特点，基于产品保证9大要素，包含13个类别、66个模块、300余个条款的航天器产品外协供方质量能力审核标准，并以此为依据开展外协供方质量能力现场综合审核。

通过对宇航任务准入门槛、承担不同研制任务所需承担的能力要求的深入研究，制定外协供方等级评定标准，明确评定项目内容、评定方式、评定周期，梳理外协合格供方分级评定程序，健全与波音公司等国际宇航企业接轨的分级评定机制。按照质量管理体系有效运行及改进情况，产品保证组织与产品保证标准规范体系是否健全，产品保证文件针对性、覆盖性及落实情况，风险识别与控制情况，过程控制情况，产品数据包的完整性，产品质量的稳定性，交付产品研制进度及对客户反映要求的快速响应情况等8个方面、30余项要求，对外协供方能力等级进行量化评价，将外协供方划分为5级。

五院通过建立系统、量化的外协供方审核、评价考核机制，并有效运行，确保对外协供方全面、客观、量化的评价，规范外协供方的准入管理，提升对外协供方质量管控的精细化水平。结合年度外协任务分析和逐步调整配套网络的思路，选取重点外协单位开展质量能力专项审核，在审核中发现的具体不符合项的基础上，针对重点外协单位，结合年度等级评定情况，总结提炼出外协产品研制过程存在的薄弱环节，提出改进建议，实现五院与外协单位的共赢合作。

4. 实施外协产品过程监造，提升关重特性形成能力

为严格重点产品生产过程中关键、重要质量控制点的技术和管理要求的有效落实，减少产品研制过程中质量问题的发生，五院探索建立关键、通用产品及PCB电子装联批产产品关键过程、重要环节等的质量监造制度。由五院各相关单位根据产品特点，选派监造人员在外协供方现场实施对产品生产质量控制状况的监视、验证和督促。监造工作采取长期派驻、阶段检查等不同方式进行。监造人员通过技术交底、专项培训、参加外协单位专题质量分析活动等方式，检查和监督外协单位产品保证要求的落实情况。

五院各单位年初进行外协任务情况分析，识别需要开展现场监造的外协产品生产过程和关键环节，确定监造范围，与外协单位签订监造协议。对于五院共性外协单位，由牵头单位统一按照协议组织实施监造工作，组织编写监造手册，经各单位共同会签确认后作为监造人员开展监造工作的依据。通过对监造问题监督整改、生产活动叫停与处置，重要宇航外协产品的设计、工艺、生产、验证等的关键过程的质量监督和控制得到加强。通过重点外协产品各具特色的质量监造试点，并纳入质量管理体系第三层次文件进行固化，逐步建立工作机制。

5. 建立共性问题专项治理机制，突破质量与可靠性瓶颈

五院建立院、所两级共性问题管理机制，以问题为导向，以可靠性"再设计、再分析、再验证"（三再）为方法的质量问题多发产品专项治理机制，按照问题发现、薄弱环节分析、改进实施、产品再验证的程序实施专项治理。

协调外协产品责任单位，共同成立专家组，有计划地开展共性外协问题的专项治理。针对某所电源产品在研在轨暴露出的问题，开展电源产品研制试验状态确认、生产基线固化、产品状态梳理等专项治理；针对某厂电子产品质量不稳定、生产过程变化控制不严等问题，与配套厂共同研究推进生产基线管控机制；针对某所推进产品多余物控制等关键环节存在的问题，开展生产基线控制、工艺与生产现场管理等专项治理。通过与外协供方一道开展重点外协产品专项治理，滚动解决外协产品质量的突出问题，

彻底解决制约航天器关键分系统质量与可靠性的瓶颈。

6. 实施静电防护体系认证，杜绝静电损伤隐患

航天电子产品静电防护体系化管理，即运用先进的静电防护技术和管理流程，建立覆盖人、机、料、法、环、测等产品质量形成关键要素的系统化静电防护能力。本着"预防为主，从源头抓起"的质量理念，按照我国航天行业首套航天电子产品静电防护体系化管理标准（五院院级标准 Q/W1300－1303），在重点电子类产品外协供方中推行航天器静电防护管理体系建设工作，梳理出航天器涉及静电防护的研制关键过程图。通过举办外协供方静电防护管理培训班，对为五院配套电子类产品的重点外协供方进行系统的培训，为五院航天器电子产品质量可靠性的提升打下良好基础。

（四）统筹兼顾，保障各项措施有效落实

1. 加强队伍能力建设，是外协质量管控活动落地的组织保证

五院结合规范实施宇航产品保证工作，编制包含产品保证、质量保证、软件保证、可靠性、安全性、元器件材料保证、工艺保证、地面支持设备保证等专题培训教材，选拔具有丰富的航天器产品研制经验，熟悉航天产品保证程序和方法的工程技术人员，经过培训、聘任、考核和评价等工作，建立独立的质量管理和宇航型号产品保证队伍，制定制度，明确外协质量管理人员和型号产品保证队伍在外协质量基础能力建设、外协型号产品保证实施过程中的责任、工程流程、实施要求，全力保证组织层面、项目层面外协质量管控关键活动的有效实施。

2. 提升管理信息化，是外协质量管控措施落地的重要抓手

依托五院外协质量问题信息报送系统，将外协质量问题的类型、问题原因、责任单位、解决措施、完成日期等信息进行系统管理，并利用系统对外协质量问题进行汇总和分析；依托宇航能力工程建设管理系统，对院属各单位外协配套任务计划节点进行实时跟踪统计，对相关工作项目的见证材料进行审查和考核；依托五院型号产品电子数据包管理系统，对外协配套产品的验收数据包进行管理；依托五院供应商管理信息系统，对供应商进行有效控制；依托型号供应商管理数据库（院抓总型号配套任务供应商纵向到底）、单位供应商管理数据库（院属各单位外协任务供应商横向到边），打通与质量管理、计划管理系统的接口，实现供应商信息与型号、质量问题、计划推迟情况的关联，为外协质量管控关键活动的落地提供技术手段。

三、宇航企业矩阵式外协质量管控体系建设效果

（一）外协管控体系在协作配套项目中全面落实，形成规范有序的管控局势

五院在探索适应于"多层级、多种类、小批量、高可靠"外协配套项目的矩阵式外协管控方法的同时，积极总结、提炼和固化最佳实践，形成涵盖标准规范15份、规章制度21份、工作指南7份、文件模板8份、外协产品保证要求318份在内的一系列外协管理工具包。外协管理工具包的开发和应用，有效提升了外协质量管理标准化实施能力，切实推动了新型外协管控工作在协作配套项目中的规范有序落地。从外协管控措施落实情况看，外协质量能力审核三年覆盖率、能力审核问题项和分级评定改进工作项按时整改率、按照外协产品保证要求和计划完成总结的产品比例大幅上升。确保外协质量管控体系各工作项目在协作配套项目中的全面落实，外协质量管控体系初步建成。

（二）外协产品质量管控有效延伸，质量水平和质量效益显著提升

宇航矩阵式外协管控体系（MQMCSS）实施后，面向组织的外协产品保证能力建设和面向外协项目的产品保证的工作效果逐步发挥作用，适应宇航产品研制特点的质量管理体系和产品保证要求有效延伸，质量管控效率和效果逐步提高，被动式外协质量管理局面逐步扭转。通过对外协供方质量能力的分级评价、重点外协供方静电防护体系建设等关键活动的实施，外协供方产品保证能力整体得到提升；通过项目产品保证要求传递分解和纳入外协供方研制流程、重点产品监造等关键活动的实施，外协产品质

量与可靠性得到有效提升。

（三）确保宇航型号研制生产任务圆满完成，企业竞争力持续提高

本项目提出的理论、方法和程序已在五院所属14个厂所推广应用三年多时间，应用于国家北斗导航二期、探月工程、载人航天、新一代大型通信广播卫星等多个重大工程型号。随着外协产品配套数量不断提升、交付产品质量问题逐年下降，以及外协产品过程质量管控水平的提高，研究院"小核心、大协作"的外协配套体系逐步健全，配套能力逐步提升，确保了宇航型号任务的按时、高质量完成，客户的满意度也持续提升，企业竞争力持续提高。此外在北斗导航、探月工程、载人航天、新一代大型通信广播卫星等多个重大工程中，五院产品实现了发射场和在轨产品零故障和工作零缺陷，取得了良好的社会效益，为创建世界一流宇航企业，提升可持续发展力打下了坚实基础。

（成果创造人：于　潇、孙　涛、张京波、王进军、吴　臻、郭　京、
郑文霞、钱　锋、杨　力、王　津、杨雪英、黄　威）

钢铁企业以关键工艺节点管控为核心的质量精细化管理

鞍钢股份有限公司炼钢总厂

鞍钢股份有限公司炼钢总厂（以下简称炼钢总厂）是鞍钢股份有限公司的主体生产厂，具有年产1800万吨钢坯能力，现有职工4230人，是目前世界上产能最大的单体炼钢厂。主体装备有公称容量90吨转炉6座、150吨转炉1座、180吨转炉3座、260吨转炉3座，8台板坯连铸机、5台方（圆）坯连铸机。主要生产热轧卷板、冷轧卷板、中厚板、冷轧硅钢、镀锌板、彩涂板、无缝管、线材、重轨及大型材等17大类钢材品种、700多个产品细类、2000多个钢牌号产品，广泛应用于机械、冶金、石油、化工、煤炭、电力、铁路、船舶、汽车、建筑、家电、航空、国防等国民经济重点行业。铁路用钢轨、船体结构用钢板、集装箱用钢板获得"中国名牌产品"称号。

一、钢铁企业以关键工艺节点管控为核心的质量精细化管理背景

（一）应对激烈市场竞争、满足用户个性化质量需求的需要

从行业发展看，整个钢铁行业年产能总计超过12亿吨，产能已严重过剩，市场竞争日益激烈；随着工艺技术的进步，下游用户对钢材产品的个性化质量需求也日趋明显，同时钢铁产品还面临替代材料的挑战。因此，对钢铁产品的性能、品质也提出了更高的要求，品种质量成为关乎钢铁企业生存发展的生命线。鞍钢始终高度重视质量工作，不断完善质量管理，不断提高产品质量。炼钢总厂作为钢铁产品生产的主体单位，过程质量控制的优劣对最终钢铁产品的质量影响巨大，关键工艺节点的建立，促进了炼钢过程质量控制能力的提高，为最终钢铁产品质量控制提供了有力保障。因此，建立关键工艺节点是应对激烈市场竞争、满足用户个性化质量需求的必然要求。

（二）提高过程工艺管控水平、生产高质量铸坯的必然要求

炼钢工序是钢铁产品质量控制体系中至关重要的一环，涉及成分控制、洁净度控制、连铸坯表面及内部缺陷控制等诸多关键质量要素。行业内一般认为钢铁产品的最终质量七成以上是由炼钢工序控制的。炼钢过程是一个复杂的物理化学过程，并且是连续生产，某些质量指标还做不到在线实时测量，虽然近些年来自动化、信息化已在炼钢工序得到广泛应用，但与轧钢工序及其他行业相比较，工艺控制精度和质量控制水平仍有较大差距；炼钢总厂生产线多，产能大，品种复杂，生产难度大，过程质量管控的难度也就更大。炼钢总厂有五条转炉连铸生产线，装备有13座氧气转炉、17座钢水精炼炉、13座连铸机，年产量在1800万吨以上，是全球最大的单体炼钢厂，在这样一个工厂内做好铸坯质量控制的难度之大可想而知。因此，建立关键工艺节点也是提高过程工艺管控水平、生产高质量铸坯的必然要求。

（三）落实集团公司质量工作方针、提升鞍钢品牌的必然要求

鞍钢集团在职代会报告中明确要求，要牢牢把握"国之重器"和"钢铁行业排头兵"的定位不动摇，以高质量发展为导向，树立品牌意识，推进产品升级，促进服务增值，强化质量管理，用高品质叫响鞍钢品牌，用新担当展现新作为。高质量的产品和一流的品牌是一个企业永远追求的目标，也是企业抢占市场、提升市场竞争力的重要保证。建立关键工艺节点就是在炼钢工序强化过程质量管理、推动产品质量升级的具体举措。因此，建立关键工艺节点也是落实集团公司质量工作方针、叫响鞍钢品牌的必然要求。

二、钢铁企业以关键工艺节点管控为核心的质量精细化管理内涵和主要做法

炼钢总厂将关键工艺节点控制作为产品质量精细化管理的核心环节。首先，识别用户对钢材加工和

使用性能上的个性化需求，确定铸坯质量特性，选定决定和评价铸坯质量特性的关键工艺节点及其控制目标，建立节点及控制目标体系。其次，在整合优化技术力量基础上，合理分工协作，建立节点管理的责任体系，以过程工艺、铸坯实物、用户体验三个维度，建立关键工艺节点运行效果的多维度评价体系。最后，开展质量改进攻关活动，推动关键工艺节点控制水平的持续提高。经过两年多时间的探索与实践，炼钢总厂共识别、确定关键工艺节点216个，涵盖脱硫、转炉、精炼、连铸等三级点检岗位72个，覆盖全部2000多个钢种，有效保证了过程质量控制的稳定和产品质量的提升。

（一）识别用户质量需求，确定关键节点及控制目标体系

针对产品"合标不合用"问题，为有效识别用户的个性化质量需求，解决过程质量设计和控制与用户质量需求脱节问题，炼钢总厂建立了识别用户个性化质量需求的工作机制。主要通过分析用户质量投诉、营销人员反馈、技术中心课题组研讨等多种方式，了解影响用户在钢材加工使用过程中遇到的问题，分析用户的个性化质量需求，为过程质量设计和控制提供依据。在有效识别用户个性化质量需求的前提下，确定炼钢工序过程质量控制的关键节点及其控制目标，并继续分解关键节点至一线生产岗位的质量控制点，为有针对性的过程质量控制提供指导。

1. 选定节点——可控、最直接、可评价

选定节点的原则为可控、最直接、可评价。一是能够体现过程质量控制水平；二是该节点控制结果的好坏将直接影响最终产品的质量；三是该节点的控制结果可数字化测量和评价。以炼钢四分厂为例，结合生产的钢种情况、各工序工艺装备能力和特点等情况，在铁水脱硫、转炉冶炼、二次精炼、连铸四个主要工序，选定铁水脱硫处理后的硫含量、转炉冶炼后的磷含量、精炼成分控制、中包钢水温度、全氧含量等关键工艺节点42个。

2. 设定控制目标——保证质量、体现先进、切合实际

节点控制目标设定的原则为保证质量、体现先进、切合实际。一是要以保证铸坯质量为基本前提；二是要有先进性，体现过程工艺控制能力，体现鞍钢的冶炼技术水平；三是要实事求是，切合各产线的装备水平和工艺控制能力。以炼钢四分厂为例，针对42个关键工艺节点，在确保铸坯质量的前提下，结合四分厂生产的主要品种、工艺装备的能力和工艺控制实绩，设定了基础值和最优值两个控制目标体系，作为产线过程控制的目标。基础值是当前工艺装备条件下，通过加强过程管理能够实现的目标值，是我们的短期目标；最优值是需要装备改造或工艺进步等手段才能实现的目标值，是我们的长期奋斗目标。

3. 确定实现节点目标的工艺控制点——规范操作、完善控制、制定作业指导书

在原有工艺指导文件基础上，全面梳理、评价各工艺控制点对工艺节点实现的影响，重新确定实现节点目标的工艺控制点及目标，并通过规范重点钢种操作规范、完善汽车钢生产控制计划、制定各钢种作业指导书等形式进行承接和指导，确保设定目标的实现。

汽车面板用钢是鞍钢集团的重点品种和拳头产品，也是客户要求最为严格且出现质量异议较多的产品。在建立和应用关键工艺节点的过程中，炼钢总厂把汽车面板用钢全氧控制作为建立关键工艺节点的重点突破口之一。

在用户个性化质量需求的识别上，炼钢总厂通过派出专业技术人员到用户处解决质量投诉、向汽车钢营销中心营销人员了解情况、与技术中心汽车钢研究所专家研讨等方式，充分识别用户质量需求。针对汽车面板用钢对用户而言，最重要的质量需求是钢板无表面条状缺陷。

在节点选定上，为达到用户质量需求，铸坯应严格控制夹杂物，一是数量要少，二是尺寸要小，这样才不会在钢板表面产生影响用户使用的条状缺陷；针对铸坯夹杂物要少要小的质量特性，选定"钢水全氧"作为一个关键工艺节点。

在目标设定上,"钢水全氧"含量越低,说明钢水洁净度越高,钢水中的夹杂物越少,铸坯轧后表面质量高,产生条状缺陷越少。一般来说,钢水中全氧含量控制在30ppm以下时,夹杂物对轧后钢材表面质量不会造成不利影响。为体现鞍钢冶炼水平,促进工艺技术进步和实物质量提升,最终设定"钢水全氧"控制目标基础值为≤28ppm,挑战值为≤20ppm。

在控制点确定上,针对汽车面板用钢的"钢水全氧"关键工艺节点,再进一步分解到各工序,形成24个工艺控制点,包括转炉出钢温度、RH脱碳终点氧值、连铸氩气流量等生产岗位操作员可直接操作的控制点,并对这24个控制点确定了控制目标。以上24个控制点及其控制目标,均通过操作规范、控制计划、作业指导书等操作规程文件的优化完善,进行了承接落实。

为了有效承接落实"钢水全氧"关键工艺节点的管控,实现"钢水全氧"含量的在线检验,在鞍钢集团领导和部门大力支持下,于2016年年末在炼钢总厂共安装了11套钢水全氧取样设备,分别配置在一分厂板坯连铸机;二分厂4#连铸机、5#连铸机;三分厂1#连铸机、2#连铸机、1#RH、2#RH;四分厂2#连铸机、3#连铸机、1#RH、2#RH,并于2017年1月完成设备调试,投入大生产应用,实现了"钢水全氧"样品的在线获取。在"钢水全氧"取样设备投入和调试工作的同时,积极与质量检验中心联合组织了"钢水全氧"样品加工工艺优化工作,配置全氧分析用的氧氮分析仪等设备,实现了"钢水全氧"样品的在线制备和测量分析。并在信息化管理部组织下,对质量检验中心和炼钢总厂ERP/MES系统功能进行了优化完善,实现了全氧检验结果的自动传递和采集。

(二)优化整合技术力量,建立关键工艺节点管控责任和评价体系

炼钢总厂以工序管理为基础,管理重心下移至一线操作班组,整合总厂、分厂、作业区技术力量,合理进行管理分工,实施扁平化管理,对关键工艺节点运行情况进行三级点检,形成一级督导一级、各级各有管理侧重点的责任体系。

1. 加强组织保障

炼钢总厂成立专项工作领导小组,厂长亲自挂帅,设立部门、分厂、作业区、工段4个层级的工作组,制定相应的管理考核评价办法,明确了日点检、周汇报、月总结的长效工作机制。各层级、各区域、各工序在炼钢总厂的统筹组织协调下,根据钢种变化、现场实际,动态调整和细化完善节点管控工作,确保节点设立、目标确定、运行监控和效果评价等工作的扎实推进和有效执行。

2. 建立三级点检制度

针对过程工艺管理的职责有交叉,总厂、分厂、作业区等各层级技术管理人员的工作侧重点不明确问题,炼钢总厂以工序管理为基础,明确点检职责,细化点检内容,建立了工艺技术三级点检制度,将关键工艺节点纳入工艺技术点检范围,形成一级督导一级、各有点检重点的责任体系。三级点检的岗位人员组成如表1所示,三级点检的职责和工作流程如表2所示。

表1 三级点检的岗位人员组成

工序	铁水脱硫	转炉冶炼	二次精炼	连铸
一级点检	班长	炉长	炉长	机长
二级点检	作业区副作业长/工程师		作业区副作业长/工程师	
三级点检	机关主管工程师/工程师			

表 2 三级点检的职责和工作流程

点检级别	负责人	职责	工作流程
一级点检	岗位班组长	节点目标控制 问题分析处置	▶ 对当班生产的重点品种钢的工艺参数进行自检并形成点检记录，针对不符合控制标准的参数涂红，记录原因，汇报会上进行汇报讨论，及时分析原因，改进操作 ▶ 对本区域内的影响质量的关键设备进行点检，按照点检标准进行挂牌管理。对于不满足工艺要求的设备，填写《影响质量设备缺陷问题处理跟踪表》，并跟踪缺陷处理结果
二级点检	作业区技术管理人员	问题分析处置 指导一线操作 监督一级点检	▶ 结合关键工艺节点运行评价和日常监控发现的短板问题，确定二级点检项目，并进行点检和记录 ▶ 针对作业区管理范围内的工序间问题组织原因分析及处置 ▶ 针对一线岗位人员操作不当造成的节点目标未完成的情况，指导一线岗位操作人员提升操作技能 ▶ 监督一级点检工作
三级点检	总厂和分厂机关技术管理人员	问题分析处置 监督一级点检 监督二级点检	▶ 结合关键工艺节点运行评价和日常监控发现的短板问题，确定三级点检项目，并进行点检和记录 ▶ 针对全产线范围内的工序间问题组织原因分析及处置 ▶ 监督一级点检工作 ▶ 监督二级点检工作

3. 强化责任体系

坚持把强化责任体系建设作为推进节点管控工作的基础和重点，形成"责任到人、分工明确、互相监督、响应迅速"。一是责任到人。一级点检由岗位班组长负责，二级、三级点检由厂机关和作业区技术副作业长、主管工程师或工艺工程师负责，按产线、按工序确定具体负责人，做到责任明确。二是分工明确。一级点检侧重于控制点的点检；二级点检侧重于本作业区自身问题的发现与处置；三级点检侧重于工序间问题的发现与处置，分工明确。三是互相监督。各级点检记录均上传总厂质量网络，在督导工艺执行的同时，也接受全体职工对点检工作质量的监督。四是响应迅速。针对点检发现的关键工艺节点运行中的操作和管理问题，在每日分厂调度会、每周总厂调度会和每月总厂质量例会上通报，督促问题及时得到解决。

4. 建立"三位一体"评价体系

炼钢总厂为评价关键工艺节点运行情况，建立了过程工艺、铸坯实物、用户体验三位一体的运行评价体系。通过对关键工艺节点运行情况的多方法多维度评价，可及时准确发现过程工艺、铸坯实物、用户体验等各方面存在的问题。

一是过程参数评价。针对过程工艺节点运行情况进行评价，包括是否完成控制目标、是否有进步等；通过日分厂调度会、周分厂质量例会、月总厂质量例会等形式进行通报，并纳入相关总结材料。二是实物质量评价。针对铸坯实物质量进行评价，包括铸坯表面质量评价和铸坯内部质量评价两部分；主要通过铸坯非工艺下线率、夹杂物评级结果、低倍枝晶检验结果等来进行评价。三是用户体验评价。针对铸坯轧后质量建立质量指标进行评价，主要通过重点品种钢轧后缺陷率等指标来进行内部用户评价，通过质量异议率来进行外部用户评价。

同时,以运行效果为对象,构建两个评价维度。仍以炼钢四分厂为例,评价体系包括42项指标,即炼钢四分厂目标体系的42个节点。评价维度有两个,一是平均值是否达到目标,二是合格率是否达到目标。评价方法有两个,一是与目标相比是否完成目标,二是与历史相比是否有进步。

(三) 开展质量改进攻关活动,推动关键工艺节点控制水平持续提高

随着关键工艺节点的运行,通过分析评价体系各项指标的完成情况,也暴露出一些过程工艺控制中存在的问题,而这些问题多是一个班组甚至一个作业区无法自己组织解决的。针对这些问题,炼钢总厂组织相关单位技术人员设立质量改进攻关课题,组建一体化质量攻关团队,开展有针对性的质量改进活动,来解决问题,促进质量提升。再通过关键工艺节点评价体系持续评价质量改进活动的效果,实现关键工艺节点的持续改进。

关键工艺节点运行两年时间以来,通过评价体系发现并设立质量改进攻关课题24项,相应成立了24个质量改进攻关团队,涵盖全厂所有产线和主要生产工序,参加技术人员120余人,截至目前,这24项攻关课题已结题18项,通过质量改进攻关活动的滚动开展,有力推动了质量问题的解决。

三、钢铁企业以关键工艺节点管控为核心的质量精细化管理效果

(一) 铸坯实物质量实现持续提高,用户质量满意度持续提升

通过关键工艺节点的建立和有效运行,铸坯实物质量实现持续提高。一分厂板坯清理率由2016年的70%降至2017年的17.8%,降低幅度达75%;三分厂高强钢中心偏析低倍检验评级达到100%,小于等于B0.5级;针对汽车面板用钢表面的夹杂缺陷问题,通过转炉出钢氧值等关键控制点的管控,关键工艺节点钢水全氧含量持续降低,铸坯洁净度得到稳定控制,成品钢材表面质量得到提升。冷轧产品夹杂缺陷率由2016年的0.69%降至2017年的0.56%,降低幅度达18.8%。铸坯实物质量的提高有力支撑了用户质量满意度的持续提升。2017年,炼钢总厂质量异议率完成0.007%,同比降低25%;公司销售部门组织的用户满意度调查中,满意率连续三年呈逐年上升态势,2017年达到93.53分的历史最好水平。

(二) 过程工艺实现持续改进,质量保证能力显著增强

通过质量改进攻关等活动,解决了制约质量的瓶颈问题,提高了设备功能精度水平,优化了过程工艺参数,促进质量保证能力显著增强。从评价体系的指标完成情况看,2017年与2016年相比,关键工艺节点基础值完成比率提高4.8个百分点,达到86.3%,最优值完成比率提高12.3个百分点,达到41%;方、板坯铸机恒速率2017年较2016年分别提升0.6和1.1个百分点;中包钢水温度合格率同比分别提升2.1和0.9个百分点。

(三) 提升了员工的质量意识,促进了管理精细化

随着关键工艺节点的深入推进与应用,全面激发了钢厂广大干部职工参与质量管理的热情,"不制造缺陷、不传递缺陷、不接受缺陷、实现零缺陷"的理念,已悄然扎根于职工心中,成为职工的自觉行动。同时也推动了现场生产的各环节精细化管理再上新"台阶"。铸坯质量的稳定与提高,相应减少了改钢、热回收的频次,提高了铸坯的质量合格率,2017年质量合格率达到99.73%,超额完成目标计划;同时产能规模也得到了最大限度地释放,2017年炼钢总厂共产钢1709.71万吨,创产能规模的历史新高,为实现盈利目标做出了积极的贡献;各环节的精细化管理,也为降低成本、控制消耗提供了有力保证,炼钢总厂2017年同比2016年共降本2.15亿元,较2017年预算目标多降本7300万元。

(成果创造人:王义栋、李 镇、王 华、李 云、田 勇、孙 群、费 鹏、姜振生、魏 元、马 勇、张晓军、吴世龙)

军工企业以提升过程绩效为核心的"三抓一管"预防型质量管理

中电科仪器仪表有限公司

中电科仪器仪表有限公司（以下简称中电仪器）隶属于中国电子科技集团有限公司，受托管理中国电科第四十、四十一研究所，本部位于山东省青岛市，注册资本5亿元，现有员工3600余人，总资产约42.38亿元，净资产约26.64亿元。中电仪器长期致力于电子测量仪器和自动测试系统的研制、开发及生产，在微波毫米波、光电、通信、基础测量等领域，处于国内第一、国际先进的行业地位。产品广泛应用于卫星、通信、导航、雷达、科研、教育等领域，在"二代导航""嫦娥系列""神舟系列飞船"等国家重点工程中发挥了重要的支撑保障作用。截至目前，累计取得科研成果800多项，其中，国家级、省部级奖项近400项，为国防科技工业和国民经济发展做出了重要贡献。公司先后获得国有企业创建"四好"领导班子先进集体荣誉称号、中央企业先进集体称号。2016年被中共中央授予"全国先进基层党组织"荣誉称号。

一、军工企业以提升过程绩效为核心的"三抓一管"预防型质量管理背景

（一）提升国家电子测量仪器质量水平，保障军工电子测试装备发展的需要

电子测量仪器作为直观体现武器装备质量水平的手段和工具，直接影响着未来装备质量发展的高度和深度。作为装备保障发展的先行军，国产电子测量仪器的质量水平是未来装备发展的根基。中电仪器作为中国测试测量行业国家队领头羊，代表着中国电子测量仪器的发展水平和国产化能力，必须紧贴武器装备质量提升的最新要求，充分利用自身的专业优势，站在国家电子测量仪器发展的战略高度上，全面革新质量管理模式，以预防为主，提升过程绩效，实现尖端测试仪器的自主保障，为装备质量的发展和全面提升打下坚实的基础。

（二）助力集团公司打造具有全球影响力的科技型企业集团的需要

中国电子科技集团公司作为引领电子科技发展的军工集团，始终致力于成为全球电子信息科技的领先者和创新型国家建设的中坚力量，其目标是成为"国内卓越，世界一流"的具有全球影响力的科技型企业集团。在其发展战略上，要求成员单位质量工作要从"任务保证型"向"质量效益型"转变，从"交付装备"到"交付效能"拓展升级，从本质上形成与装备建设和公司发展相适应的新型质量保障能力。在新的历史形势下，中电仪器针对基础测试能力薄弱，中高端产品和服务有效供给不足，电子测量仪器产品结构复杂、精度要求高、研发周期短等特点，迫切需要转变传统的质量管理模式，进一步优化质量管理手段，提升质量管理能力，全方位提高过程绩效，以创新质量管控模式。

（三）打造百亿级仪器仪表产业公司、实现"中国第一，世界前三"目标的需要

中电仪器作为中国电子测量仪器的先锋队，承载着振兴民族电子测量仪器的历史重任。经过几十年的努力，打破了国外的技术封锁和产品垄断，多项产品技术水平比肩世界一流测试仪器水平，实现了国产化仪器的自主可控。但是，受制于我国基础工业水平的发展，电子测量仪器产品的质量水平一直处于比较落后的地位。新的历史时期，技术的发展使得产品升级换代加速，产品研制周期缩短，市场需求不断变化，用户使用环境和条件状态不一，都对电子测量仪器产品质量提出了更高的要求，必须对原有的质量管理模式进行变革，创新质量管理方法和手段，运用先进的质量管理模式，才能实现满足顾客需求，超越顾客期望，适应瞬息万变的社会发展的目标。

二、军工企业以提升过程绩效为核心的"三抓一管"预防型质量管理内涵和主要做法

中电仪器以提升过程绩效目标为根本，通过顶层策划，强化组织保障，以两地三区质量管理一体化为基础，搭建质量管理体系框架，优化质量管理流程，开展质量信息化和质量文化建设工作，建立质量管控机制，推动质量管理工作的扎实落地和有效执行，筑牢质量管理基础。同时，采用并行工程的手段，抓住"设计源头、工艺关键、采购保障"三个关键环节，以预防为主，运用过程方法、PDCA循环和零缺陷思想，开展"三抓一管"质量管理创新活动，明确过程控制要求和过程绩效目标，提高过程的有效性和效率，达到多头并举、齐抓共管、互为补充的目的，实现了过程绩效的增值，产品质量水平的稳步提升和社会经济效益的大幅增长。

（一）筑牢质量管理基础，构建全方位、预防型质量管理框架

1. 强化顶层策划，加强组织保障

中电仪器由公司总经理亲自挂帅，成立质量管理体系"一体化"融合工作组和质量提升行动领导小组，覆盖科研、生产、质量、保障、经营等各个职能部门，为质量管理体系的优化、改进和一体化建设提供了强有力的组织保障。各工作组结合中电仪器的实际情况和质量工作重点，组织制定并发布《质量管理体系"一体化"融合工作方案》《质量提升行动方案》《装备质量综合提升工程实施计划》，从构建质量体系、落实质量责任、夯实质量基础、严格质量管控、狠抓影响质量关键环节五大方面全面策划，确保各项任务目标清晰、分工明确、责任到人、措施到位。

2. 创新质量管理方法，实现质量管理体系文件"一体化"管理

第一，中电仪器高度重视质量管理体系建设工作，将质量管理体系管理过程与业务过程进行高度的融合，建设"前伸后延"的质量管理体系，对产品实行全生命周期质量管控。通过采用过程方法、PDCA循环和零缺陷精细化管理思路，建立一套规范的质量管理制度。从2015年起，以一体化、流程化、信息化为出发点，结合中电仪器蚌埠和青岛两地的实际情况，开展质量形势和质量风险分析以及质量管理体系换版工作，对多年来的质量管理文件进行一次系统的梳理，全面修订质量体系文件4次，融合1次，整合和融合质量体系文件252份，减少文件的重复、交叉或职责不清、流程不通的情况，达到标准统一、流程一致和过程清楚的目标。

第二，文字化的质量管理规定向图示化的管理流程转变。打破以往复杂冗长的文字表述形式，对能够形成流程清单的过程，参照工艺流程图的形式，以管理流程图的形式进行描述，使各个管理流程更加清晰、直观，便于操作。目前，已形成管理流程图30余份，高效指导科研生产流程。

第三，开展质量信息化建设，在内部网站建立《质量跟踪与反馈系统》《质量数据统计分析系统》《不合格品处理系统》等多个质量信息化系统。每季度通过质量管理信息系统，提取质量问题信息，拉条挂账，制订产品改进计划并进行跟踪督办，确保问题得到彻底解决。对于共性、批次性和重复性的质量问题信息，有针对性地进行技术归零或管理归零。

第四，建立二级质量师工作机制，实现质量管理的纵深发展。创新二级质量师管理模式，将质量管理工作前延，根据问题的责任部门，将质量责任进行分解并传递至部门二级质量师，由部门二级质量师进行跟踪落实和反馈。同时，按季度召开二级质量师会，及时通报质量目标的完成情况，对共性质量问题进行讨论，有效提升质量工作的实效性，提高质量问题的解决效率和深度。同时，为调动二级质量师的工作积极性，出台并发布《质量师管理制度》，各级质量师优先获得与质量管理体系有关的外部培训和外部学习交流的机会，优先获得与质量工作相关的各类标准文件，优先获得评选所内质量先进个人的资格，并在职称评审过程中予以重点关注。同时，设立二级质量师岗位津贴，对在质量工作中做出成效的质量师予以岗位补贴，有效提升了各级质量师工作的积极性。

3. 创建多维度的质量管理监督、考核、评价机制

第一，以"压力传递"为重点，健全质量问责机制。根据集团公司装备质量责任追究的管理要求，推动建立清晰的、覆盖全员的质量责任体系，筑牢一岗双责架构。强化规矩意识，细化操作层面文件，修订并发布实施《质量考核与奖惩管理制度》《装备质量责任追究暂行管理办法》等质量责任体系文件，以制度约束行为，杜绝违反制度和超越程序的现象出现。同时，明确考核目标体系，形成月、季度、半年和全年的质量目标考核体系。

第二，以"突出问题导向、突出重点产品、突出重点问题、突出质量奖惩、突出监督检查"的"五突出"为抓手，全方位落实质量工作。一是以问题为导向，通过质量管理信息系统，每季度对产品维修数据信息进行分析，及时拉条挂账，制订产品改进计划并进行跟踪督办，确保问题得到彻底解决。二是以重点问题解决为关注点，组织制定《质量问题信息报送管理办法》《质量问题归零管理办法》，实现质量问题反馈和处置的规范化管理。三是以重点产品为突破口，每年组织开展对重点产品的专项质量检查，对发现的问题列入重点整改项，并指定专人进行跟踪验证，确保重点产品的质量问题100%解决。四是突出质量奖惩，对科研、生产、管理过程中发现的问题，对过程清楚、责任明确的质量问题实施质量奖惩，赏罚分明。五是突出过程的监督检查，按年度形成专项监督检查和不定期抽查相结合的方式对各个科研生产流程进行监督检查。

第三，以"责任落实"为重点，建立质量考核机制。为落实质量职责，将质量工作与业务工作高度融合，结合"任务列表，量化考核"工作模式，强化质量考核的导向作用，在部门任务列表中增加质量考核相关内容，建立质量考核评分细则，从质量目标及质量任务完成情况、质量体系运行情况、产品过程质量控制情况、重大质量问题归零情况、质量否决项等方面进行全方位的量化考核，每个考核要素下面细分为若干个考核点，按照部门的完成情况，每半年进行量化打分，并将考核结果与部门绩效挂钩，有效促进了质量责任的落实。同时，加大质量奖惩执行力度，取得了良好的效果。

4. 加强质量文化建设，营造零缺陷质量文化理念

第一，夯实基础，转变观念，营造浓厚的质量文化氛围。为网站和宣传栏依托，开辟"质量专栏"，常年利用LED显示屏、内部网络、所内宣传栏等进行质量文化理念、质量案例、部门质量文化建设风采展示，共计发布质量案例100余篇，部门质量文化风采展示20多次。各部门利用每周例会的机会，将质量知识、质量理念、质量案例等作为每周例会的内容之一，做到质量工作"周周讲、处处见"。通过线上和线下坚持不懈地向员工宣传质量文化，培养员工精益求精的"工匠精神"，打造良心产品，以强化质量工作作风。同时以质量月活动为契机，每年在全公司范围内组织开展质量改善提案征集活动，从设计、工艺、生产、设备、环境、人员等各个方面提出改进意见和建议，累计征集改善提案500余份，很多改善提案转化为质量体系控制要求，促进产品实物质量的提升。

第二，持续开展QC小组活动，促进质量文化转为价值创造。从2015年起，连续三年开展中电仪器QC小组竞赛，以"质量创造价值"为追求，针对生产过程中的工艺难点、生产瓶颈，设计过程中的设计缺陷、可靠性薄弱点等开展QC小组活动。建立QC小组300余个，5个QC小组获得电子信息行业全国竞赛一等奖。QC小组在每年质量月期间进行成果发布、竞赛评比，对优秀QC小组成果进行展示，对优秀QC小组进行表彰奖励。

（二）抓设计源头，规范设计管理，保证设计质量

1. 以顾客需求为导向，开展质量功能展开，推动建立设计规范

组织设计、工艺、生产人员运用JTBD思维，全面分析顾客需求，专注于顾客需求的满足，通过采用质量功能展开（QFD）进行质量计划设定，质量控制节点和阶段划分，明确设计、工艺、过程控制的质量关键特性，将顾客需求转化为具体的产品质量控制要求，并以质量计划的形式进行体现，确保产品一次做对。在质量功能展开的同时，推动建立设计规范，做好技术基础积累。同时，为提高设计的成熟度和规范化，中电仪器按照专业方向组织有经验的设计师编写设计规范，明确设计要求，保证设计的正确性和准确性，提升可靠性和健壮性。目前已经形成《电子测量仪器通用设计规范》《硬件电路设计规范》等61项具体的设计规范，作为产品设计过程的通用规范，为全公司设计工作提供依据和经验借鉴，为设计质量的提升、提高过程绩效打下了坚实的基础。

2. 转变设计理念，开展平台化设计，提高设计成熟度和规范化

为实现科研院所向专业化公司的转变，中电仪器立足产品的专业化发展，努力推行产品平台化设计，打造通用化、模块化的产品设计平台，实现产业化发展格局。在产品通用化、模块化设计方面，进行电子测量仪器结构平台通用化设计、软件界面标准化设计、软件平台通用化及CPU模块、电源模块、按键操作和显示等输入/输出模块及电路模块的模块化设计工作。通用化平台设计使主要仪器产品零部件的互换性得到提高，新产品零部件标准化系数比老产品平均提高约5%；同时，由于通用零部件数量的增加，减少了专用工装夹具的数量，使新产品可生产性进一步改善，降低了制造成本，提高了过程绩效。

3. 提升设计保证能力，加强设计评审和验证，推动通用质量特性融入设计过程

中电仪器努力推动"六性"等通用质量特性技术在设计开发过程的运用，将可靠性设计等通用质量特性设计工作与业务工作高度融合，使"六性"工作常态化、制度化。同时，为及早发现设计过程的薄弱环节和风险点，提升设计结果满足要求的能力，规范设计评审过程，发布《设计评审管理办法》，明确各个研制阶段的设计评审要求，并以《设计评审要素检查表》的形式予以落实，提高设计评审过程的有效性。建立和完善内控严格的"六性"验证方案、验证细则和接受准则等，释放产品交付后的风险。

4. 提升设计确认效果，设立产品体验中心，实现顾客感受前移

产品体验过程根据产品类型不同，设置不同的体验项目，以全面代表用户需求。产品体验结束后，产品体验中心会形成明确的产品体验意见并反馈到项目组，项目组根据产品体验意见对产品进行相应的设计改进，并作为通过设计确认的必备条件之一，大大提升了设计确认过程的有效性和实效性。产品体验中心的设立，将用户需求和感受前移，有效提升了产品的顾客满意度水平。

（三）抓工艺关键，推进可制造性前移，实施可视化、精细化管理

1. 建立工艺规范体系，提升工艺保证能力

中电仪器大力推进工艺规范体系建立，经过几年的积累，已经形成基础通用、机械加工、特种制造、热处理工艺、表面工程工艺、过程防护工艺、厚薄膜电路工艺、LTCC工艺、电子装联工艺、精密微组装工艺、整机装配调试工艺11类工艺技术规范，并在各技术方向均进行层级细分，形成更为具体的操作指导文件。

2. 细化工艺文件，生产工艺实施可视化管理

为提高过程控制有效性，提高工艺文件的合理性和可操作性，提出"加工工艺细化到线，装配工艺细化到点"的工艺控制目标。为实现此目标，中电仪器采用PDCA方法对工艺流程进行不断优化，组织工艺、生产人员对工艺文件进行细化，并邀请同行工艺专家进行把关，将工艺文件细化到"图解＋文字""量化＋图表"的形式，对生产过程进行详细说明，使操作过程做到"有法可依"。此外，借助工艺文件细化的有利时机，将三维设计的数据引入工艺设计，作为工艺设计的输入，通过三维工艺的实施，将其转化成可指导生产、可直接使用的三维工艺数据，大大提高了装配过程的效率和正确性，提高了生产过程绩效。

3. 提升过程可追溯性，生产过程实施精细化管理

建立生产过程《随行文件》管理方法，对产品实现过程采用"全链条"管理模式，从投料、加工、

装配、检验、试验、包装、交付建立全流程随行文件,让工序流程环环相扣,步步相传,并通过 MES 管理系统,将所有生产过程数据信息进行录入,有效解决了项目研制生产过程中数据混乱、批次不清、状态不清的问题。另外,针对生产过程的关键点,建立过程拍照管理要求,制定拍照定位图,针对关键和重要控制点进行拍照记录,明确拍照要求和存储要求,首次在中电仪器内部实现通过照片或摄像的形式记录产品质量状态的方法,生产过程实现了精细化和具体化的管理要求。

4. 开展可制造性工艺设计,实现"可制造性"前移

中电仪器经过多次摸索和实践,建立"设计可制造性自查制度"。由工艺人员编制各工艺方向的《×××可制造性自查表》,并规定对应的设计人员按照自查表要求的项目进行自查,并将自查结果传递给工艺人员进行确认,工艺人员以自查表为基础,再进行专业的工艺性审查。截至目前,已编制完成 PCB、钣金件、半钢电缆组件、屏蔽盒、软质微带电路、硬质微带电路、衰减片负载片及微波模块等零部组件的可制造性自查表。与此同时,针对电子测量仪器中关键的电路板类设计文件,中电仪器引进 NPI 印制板自动审核平台,通过器件实体库及国内外行业标准和制造标准形成的审核规则库,在 PCB 制造前使用软件进行智能化虚拟仿真分析,实现了 PCB 可制造性审核由人工到智能化、审核规则一致化的飞跃。

(四)抓采购保障,提升采购管理

1. 推动物资管理信息化建设,提升保障能力

为实现对采购保障环节的有效控制,中电仪器建立全新的物资管理系统。该物资管理信息系统,实现了对物资信息及相关数据的收集、汇总、统计、分析和利用,除实现了物资采购申请、计划管理、采购管理、中转管理、仓储管理、齐套管理、物资检验、采购核算等业务功能外,更重要的是实现了相关部门间采购信息的实时交互、信息共享、问题反馈、信息的顺畅流转,以及采购信息的及时获取和实时监控,全面跟踪采购业务过程,大大提高了物资采购相关环节运行效率,提升了采购过程的绩效水平。同时,建立中电仪器《物资编码规则》,实现对物资分类编码管理,物料进入物资管理体系的状态划分为标准、非标准、停产、临时、禁运和剔除。各部门人员选择采购物资时,默认只能选择"标准"状态。非标准、停产、禁运等状态需提出审批流程,剔除的不能再选用,质量保证能力进一步增强。

2. 推进元器件优选工作,实现元器件标准化管理

为实现元器件优选,提升元器件的质量水平,中电仪器组建公司级元器件优选专家组,分管所领导担任工作组组长,标准化和物资部门领导担任副组长,按主要类别成立六个优选小组,分别制定液晶、晶体、FPGA 和 CPU 模块和连接器等关键、贵重以及大批量采用的第一版元器件优选目录,建立元器件标准化信息数据库。此外,对每一类优选元器件,编制元器件应用手册,指导设计师更好地选型和应用;打通采购、设计、生产环节,建立元器件 FRACAS 系统,进而不断优化选型目录和应用手册;加强元器件国产化自主可控工作,选型库中元器件国产化率显著提高;编制《禁用、限用元器件清单》,进一步规范元器件选型应用;细化元器件的验收方式、筛选与质量一致性要求、DPA 要求等;此外,推进元器件工程师在立项之初就加入设计师队伍,在项目研制的方案设计阶段即开始参与元器件的选型、技术指标对比、质量保证能力确定、停产信息的收集等元器件选择、使用和保障工作。组织针对元器件选择和使用的专业评审,进一步提高元器件选型的审核力度。

3. 完善供应商考核,规范供应商管理

为保证外购外协产品质量,中电仪器逐年加大对供应商的考核和评价力度,实行样品考核、现场考核和年度考核相结合的方式,发掘及认证具有基本质量保证能力的合格供应商。通过月度监督加年度考核,配合下场监制等多种手段,实现对供应商的有效监控。首先,每月实时监控外协外购产品合格率和供货及时率,对发现供货异常的供方采取电话沟通、书面整改单或增加现场考核等方式,及时消除供方

带来的质量风险。其次，对关键的生产过程或工艺过程，设置强制检验点，通过采用下场监制或下场验收的方式对供方实施监控，确保外包产品的质量。最后，每年年底组织设计部门、生产部门、采购部门对所有的合格供方进行年度考核，制定详细的供方评定量化打分原则，对供应商实行动态管理，建立供应商白名单和黑名单制度，实行优胜劣汰。对因外购外协问题产生的质量问题，除对供应商进行经济处罚外，还要求供应商进行质量问题分析和归零，确保外购外协质量问题有效解决。

三、军工企业以提升过程绩效为核心的"三抓一管"预防型质量管理效果

（一）产品实物质量水平大幅提升，比肩世界一流先进水平

"十二五"以来，中电仪器以振兴中国仪器为己任，为实现国产仪器自主可控，2009年以来授权专利848件，专利申请量连续三年（2014—2016年）在集团成员单位排名第一；获7项国家奖，134项省、部级及部队科技奖。多项产品取得质的飞跃。如频谱分析仪产品突破了宽频带、大带宽、高灵敏度信号接收和多参数信号分析等多项技术难题，"宽带微波毫米波频谱分析仪"项目使中国成为除美国和德国之外，世界上第三个可以批量制造67GHz频谱分析仪的国家，其研发团队荣获全国"工人先锋号"称号；太赫兹测试与应用产品性能指标与国际上最具有代表性的OML公司、VDI公司和R&S公司产品相比，优于OML公司和R&S公司产品，与VDI公司基本一致，且在稳定性等指标上具有一定优势。对科研生产进行具体部署和谋划，重点工程配备专职质量师进行专项跟踪管理，军工产品质量平稳，产品质量稳步提升。如微波测试仪器返修率指标一年期平均故障率连续四年持续下降。

（二）科研生产合同顺利完成，经济效益稳步增长

围绕"以顾客为关注焦点、满足顾客要求、超越顾客期望"的基本工作思路策划各项工作，科研生产任务按计划节点顺利开展，高效完成各类军民品生产任务，年均入库整机、部件类产品6.6万余台套，保障了2000余份合同的按期履约，合同履约率逐年增加，内部质量成本损失率逐年降低，销售收入质量成本率逐年降低，助推中电仪器营业收入逐年增长，2017年实现营业收入总额19.98亿元，同比增长18.72%，达到历史新高。2016年和2017年连续两年获得集团公司经营业绩考核A级，营业收入、利润总额、经济增加值（EVA）等年度主要经济指标均实现高比例增长，超额完成了集团公司年度经济考核的挑战目标。

（三）提升国防装备水平，社会效益显著增强

多年来，中电仪器为电子对抗部队、海军舰空导弹武器系统、"神舟"系列飞船等提供了大量性能优、质量稳定的电子测量仪器产品，为我军国防基础建设和电子测试保障做出了应有的贡献。目前已累计为国防工业提供5000余台套仪器设备，其中，为"神舟"系列飞船提供测试设备100多台套，为总参信息化部提供设备1000多台套。同时，积极响应国家军民融合战略，扩大民用市场的投资力度，逐步形成了专业化、产业化的发展格局。作为军选民用，中电仪器与原中国人民解放军空军装备部、总参三部、总参四部等长期保持着密切的合作关系，得到了多个军方用户的好评。荣获中共中央"全国先进基层党组织"、国资委"中央企业先进集体"、国资委"全国国有企业创建'四好'领导班子先进集体"称号。以提升过程绩效为核心的"三抓一管"预防型质量管理的实施除带动中电仪器质量管理能力的提升，产品实物质量水平提高之外，还在青岛兴仪电子设备有限公司、青岛依爱通信设备有限公司得到了推广和应用，并取得了较好的应用效果。

（成果创造人：李立功、张红卫、刘军红、金春玲、姜万顺、张 冰、郝英稳、魏 岩、郭 韬、江 岩、路 波、霍建东）

钢铁企业适应国际新标准的卓越质量管理

山西太钢不锈钢股份有限公司

山西太钢不锈钢股份有限公司（以下简称太钢不锈）是太原钢铁（集团）有限公司以钢铁主业募集设立的股份有限公司，拥有完整的钢铁生产技术装备及配套设施。主要产品为不锈钢、冷轧硅钢、碳钢热轧卷板、火车轮轴钢、合金模具钢、军工钢等，不锈钢等重点产品进入石油、石化、铁道、汽车、造船、集装箱、造币等重点行业，应用于秦山核电站、三峡大坝、"和谐号"高速列车、奥运场馆、神舟系列飞船和嫦娥探月工程等重点领域。目前，太钢不锈国内市场占有率第一，不锈钢材出口量保持国内第一，已成为全球不锈钢行业领军企业。太钢不锈拥有 800 多项以不锈钢为主的核心技术，多项不锈钢技术开发与创新成果获国家科技进步奖。太钢不锈曾获得中国工业大奖，两次获得全国质量奖。

一、钢铁企业适应国际新标准的卓越质量管理背景

（一）落实国家政策要求、实现高质量发展的需要

对制造业而言，质量是魂、是生存和发展之根本。近年来国家相继下发《质量发展纲要》、"开展质量提升行动的指导意见"等文件，明确提出要把推动发展的立足点转到提高质量和效益上来。随着中国钢铁产能的急剧增长，钢铁业的市场形势发生了巨大变化。一方面钢铁产品同质化竞争愈演愈烈，另一方面客户的个性化需求越来越丰富，而且越来越多的客户在关注产品品质的同时，还注重制造企业履行社会责任的能力（海外大客户以国际标准设定准入条件）。为落实国家政策要求，积极响应市场竞争和客户需求，太钢不锈在导入卓越绩效模式、推行六西格玛精细化管理的基础上，借鉴 ISO 国际新标准的新理念，探索卓越质量管理的新路。

（二）国际标准化组织修订的新标准为企业质量管理创新提供了新思路和新要求

ISO 标准化组织与时俱进地在 ISO9001－2015/ ISO14001－2015 质量、环境体系新版标准中导入了风险、预期结果和变更。新标准采用全新的 ISO 标准高阶结构，突出基于风险的思维，强调质量管理以关注企业经营绩效为核心，完全是大质量的概念；汽车行业新标准（IATF 16949：2016）此后也相继出台；新标准还强调剔除原体系管理中"形式化"的东西，强调管理体系要融入于组织的业务过程；新标准的价值定位：创新驱动下的基于流程管理、绩效管理、风险管理、创新变革等工作都是管理体系重中之重的内容，在提升产品的品质的同时，各项管理活动必须关注预期的结果——效益。太钢不锈高层敏锐地意识到创新驱动下新标准的主要变化所提供的新思路和新方法，给钢铁企业开展质量管理创新，实现转型升级发展带来的重要价值，决定以体系升标换版为契机，借鉴和运用新标准提供的新思路和新方法，从转变体系管理模式着手，实施管理变革。

（三）以"质"取胜是企业适应客户需求变化、满足相关方要求，提升核心竞争力的必然选择

针对太钢不锈品种多、规格全的产品特点，为适应并有效应对越来越丰富的客户个性化需求，就必须要求企业的产品有很强的应变能力。另外，随着国家对环保治理方面的要求越来越严格，太钢不锈来自环保治理方面的压力也会越来越大。与此同时，太钢不锈在加大高端品种开发、开拓国际市场的过程中，越来越多的海外大客户按国际通用标准以企业必须履行相应的社会责任作为准入门槛。这就要求企业要适应国际化新标准的要求，质量管理要定位于"大质量"概念，以"卓越精品＋卓越经营"提升太钢不锈核心竞争力。

二、钢铁企业适应国际新标准的卓越质量管理内涵和主要做法

太钢不锈秉承"用不锈智慧创造卓越品质"建设全球最具竞争力的战略定位，借鉴和运用 ISO 国际新标准的新理念、新方法，实施四标一体化体系管理改善，经过流程再造，调整机构职能、建立产品工程师机制，推行基于产销系统的全过程质量管控，保障了卓越精品的制造能力，创出了一条卓越质量管理的新路，实现了向高质量发展转型。

（一）对照 ISO 新标准开展管理诊断，明确推进思路

2015 年年末，太钢不锈对质量管理现状进行了梳理，总结出亟须解决的三个方面的系统性问题。一是为满足用户需求，迫切需要进一步全面了解各应用领域和特殊行业的用户质量需求，并需要将这些需求有效贯彻于质量管理全过程；二是现场质量控制——急需进一步提升精细化、本质化管控水平，杜绝过程质量波动和产品质量问题的重复发生；三是质量信息管理与运用——急需进一步完善全过程质量数据、信息的测量、收集、统计和分析，持续改善数据化质量管控效率和效果。

ISO 在质量、环境等方面的新标准发布以后，对照新标准、新理念，太钢不锈进一步对体系管理现状进行了自我诊断。太钢不锈体系化管理（四标合一）已开展多年，和大多数钢铁企业一样在体系管理中都会遇到这些难题——理念上认为体系管理主要是为了应付体系认证审核，形式化的要求多；体系管理与企业日常管理业务之间脱节，俗称"两层皮"问题。具体表现在体系《管理手册》与太钢不锈的特色结合不够，其做出的郑重承诺常落实不到位；体系的程序文件与公司真正执行的管理制度不是一回事，内容上常出现交叉甚至相互抵触，所以程序文件多是为了应付体系审核的检查不便于执行；管理评审基本流于形式，有效性差，起不到管理评审应有的作用；岗位记录（手工）还存在为应付体系检查而专门做记录的现象等。

针对诊断出的具体问题，太钢不锈借鉴新标准的新理念，运用新标准的新思路和新方法，结合本企业实际，在导入卓越绩效模式和推行六西格玛精细化管理等科学质量管理方法的基础上，形成了"卓越质量管理"的思路——卓越质量管理中"质量"是"大质量"概念，其内涵概括为"卓越精品制造保障＋系统化的卓越经营＋高额的效益回报"。推进思路以体系升标为契机，实施四标一体体系管理改善——重新设计管理手册、优化文件管理、全方位风险防控、变革体系管理评审模式以提高有效性，从制度规定源头上和管理机制上杜绝两层皮现象，实现管理体系融入企业的日常运营过程，夯实基础管理；经过内部流程再造，调整机构、机制，把质量管控向产品研发端前移，设立特色"产品工程师"机制，完善"双经理制市场营销模式"，提升产品应变能力；推行基于产销系统数据化支持的本质化、精细化的过程质量控制，保障卓越精品的制造能力，打造满足并超越顾客需求的卓越精品；对关键工艺材料、能源介质实施管控，推行绿色制造、提质降本增效、节能降耗等高效生产方式；提升综合竞争力，实现"以品种质量决胜市场"向高质量发展的成功转型。

（二）适应国际新标准，改善体系管理

1. 重新设计四标一体《管理手册》

新版质量、环境、IATF 16949 标准都是按照 ISO 标准高阶结构编制，在结构、理念及方法、要求等方面已发生较大变化，其中，IATF 16949：2016 标准是在 ISO9001 基础上以客户需求为导向编制的，增加了汽车顾客特定的、很多个性化的要求，比较适合太钢不锈产品品种多、规格全的特点。经过系统策划，太钢不锈创新性地将《一体化体系管理手册》以 IATF 16949：2016 标准为主线进行重新设计，整合质量、环境、职业健康安全和能源管理体系，提高各管理体系标准的一致性和兼容性。将 ISO9001、ISO14001、GB/28001、ISO50001、RB/T103 等太钢不锈在用的管理体系标准要求有机融入管理手册之中；将 JIS Q9001：2008、JIS Q1001、BS EN ISO9000、CARES 建筑产品与相关服务方案 CP&AS16、API Q1、欧盟 PED 指令、AD2000－W0 规范、欧盟建筑产品规范等、挪威石油标准化组

织（NORSOK）标准 M-650 特种材料制造商资格认定、M-630 管道系统材料数据表及零部件数据表、《印度 BIS 相关标准（IS 648、IS 1079、IS 5522、IS 6911）要求》、铁路货车用车轴钢坯、车轮钢坯生产质量保证能力审查表、铁路货车配件产品生产质量审查实施规则——铁道货车用高耐蚀性耐候钢热轧板（带）、《铁路车辆零部件技术审查实施细则》、CTSZB 协议、TSG Z0004-2007、TSG ZC001-2009、《核电质量保证安全规定》《民用核安全设备监督管理条例》等太钢不锈在用的产品认证标准要求有机融入管理手册之中。新版《管理手册》和太钢的管理实践吻合度高，《管理手册》郑重所做出的系统化管理承诺能顺利向下逐级传递，在相应的层面得到落实。

2. 对体系文件进行管理优化

文件化管理水平标志着一个企业的管理成熟度，所制定的规章制度能否得到快速执行则代表一个企业管理的有效性，直接关系到预期的结果。作为《一体化体系管理手册》的支撑文件，太钢不锈原体系文件系统中有 52 个公司级程序文件，这些程序文件与公司管理类规章制度并存。为提高文件化管理水平，借鉴新标准的新理念把体系管理融入企业的日常运营过程，太钢不锈策划并组织实施了文件管理变革。首先对公司文件管理架构进行顶层设计，梳理和优化管理属性分类、明晰权限，建立公司总的《文件控制管理制度》，把公司文件按管理属性分为管理类、技术类和公文类三大类；按管理权限分别由系统创新部、技术中心、公司办公室负责分别进行规范。分别制定了《规章制度管理办法》《技术文件管理办法》和《公文管理规定》明确职责和权限，消除了管理类文件乱发"红头文"等不规范行为。同时，借鉴新标准基于风险的思维新理念，建立全员、全方位风险管控新机制，在修订属管理类文件的《规章制度管理办法》过程中，对每一项制度要求在所管理事项的管理流程图上标注"关键风险控制点"，在管理规定中相应制订应对风险的措施，把系统化风险管控内容落实到公司的各项规章制度中。经过反复对照和评审，太钢不锈决定取消体系"程序文件"的概念，由系统创新部牵头主持，各专业主管部门负责组织对应和取舍，按照新修订的《规章制度管理办法》的规定把原 52 个程序文件所规定的管理事项进行梳理或重新起草，通过 OA 系统按规章制度的审批流程进行线上审批后实施。公司级各项具体规章制度就是《一体化体系管理手册》的支撑文件。此举既剔除了原体系管理中的形式主义，又消除了文件规定之间的交叉或相互抵触等不利于执行的因素，方便了各生产单元的执行，有利于将体系管理要求落实到岗位实践。

3. 对管理评审实施变革

新标准更强调发挥领导力的作用，更注重的是"领导能力"这意味着管理者需要基于企业所处的环境，明确战略发展方向，并在企业内部各层级得到理解并形成共识，进而激发员工为企业创造价值的意愿；同时，关注应对风险和机遇所采取措施的有效性。为消除以往管理评审的弊端，借鉴新标准的理念，发挥领导力的作用，关注应对风险和机遇所采取措施的有效性，太钢不锈把体系管理评审与公司各专业管理年终总结会结合在一起进行，具体落实为质量体系管理评审与次年元月总工例会结合一并召开；环境体系管理评审与次年元月环保专题会结合召开；职业健康安全体系管理评审与次年一季度公司安委会结合召开；能源体系管理评审与年底或次年年初的公司能源专题工作会议结合召开。会前各生产单位、各职能管理部门的汇总材料要按照管理评审输入要求的内容，逐项对应进行总结；公司发展所面临的风险和机遇及应对的策略和措施在职能管理部门的汇总材料中体现。上述会议，要求公司最高管理者出席，并结合公司发展情况对各专业管理做部署和安排。因是专题会议，高层管理者与各级参会人员可进行充分的交流和沟通。会后的会议纪要即是各专业体系的年度管理评审报告。这样的管理评审可一举两得，一方面系统化地管理评审输入要求丰富和规范了专业管理年终总结的内容，另一方面又提高了管理评审的有效性，消除了形式主义的危害，也真正起到了体系进行管理评审的作用。通过各职能部门、生产单元有章可循的系统化总结，使体系管理融入公司日常管理业务中。

4. 推行岗位记录优化精简

太钢不锈借鉴新标准的新理念，转变观念统一认识，把岗位记录优化精简作为体系管理改善的一项基础性的专项工作来开展。优化是发挥产销一体信息化平台的作用，在确保可追溯性和准确性的前提下，充分利用自动采集保障数据的准确性，更有效地应用所记录的数据；精简的重点是现场手工（纸质）记录和专门为应付体系检查而做的记录。太钢不锈成立了专项优化精简项目团队，系统创新部牵头组织，技术中心、能源环保部、安全生产管理部、装备部和信息公司作为项目团队成员，从专业管理角度给予界定和信息化编程技术方面的支持。选择冷轧硅钢厂和二钢厂两个有代表性的单位作为试点单位，各自成立专项优化小组，结合生产现场信息化、自动化控制现状，对岗位运行记录现状进行系统梳理，在各专业主管部门参与指导下制订优化精简方案，信自公司给予信息化编程技术方面的支持，分步进行整改应用。以冷轧硅钢厂为例，在对现场岗位记录梳理的基础上，通过二、三级系统报表开发，网络工艺数据采集、产销/MES 报表优化等工作，减少纸质台账录入，共优化了 87 项记录。对试点单位所取得的成熟经验进行总结和评审，在全公司范围内推广应用。推行岗位记录优化精简夯实了基础管理，为本质化、精细化过程质量管控打下坚实的数据平台基础。

（三）重组质量管理组织机构和管理机制

借鉴和运用国际新标准管理思维转变及管理体系价值再定位等新理念，从 2016 年开始太钢不锈经过内部流程再造，优化调整组织机构和管理机制，为卓越质量管理提供了组织保障。

1. 重组技术中心，优化产品研发和质量管控职能

将质量管控职能向产品研发端前移，把由原品质部划归制造与质量管理部的质量管理职能连人带业务统一划转至技术中心。重组后的技术中心集产品、技术研发与质量管理职能为一体，产品研发人员成为日常质量改进过程中的中坚力量。为实施全过程质量设计、控制、改进的本质化管控，建立全生命周期质量管理机制，提供组织保障。依托技术中心科研人力、分析检测和知识积累优势，质量改进过程中技术研究深度得到强化。

2. 完善"双经理市场营销机制"

充实壮大服务于终端用户的生产技术人员队伍，强化对产品性能熟悉的一线生产技术人员与终端客户之间的信息交流，迅速捕获并借助产销系统准确传递市场信息和用户越来越丰富的个性化需求。有效地应对市场、品种竞争风险，提高产品的应变能力。

3. 建立产品工程师机制

选择负责产品研发和工艺设计的优秀技术人员同时担任所主管品种的产品工程师，承担起从用户需求了解、产品标准设计、工艺设计、过程质量管控、质量改进到用户服务的第一主导职责；并组建产品工程师团队，建立包括"主管产品工程师、专项产品工程师、工序产品工程师"的产品工程师三级团队。实施以产品为龙头、产品工程师为主导的一条龙质量管控机制，实行产品工程师对产品质量管理全流程负责，实现对用户需求的"一站式"解决。

4. 信息化系统助力过程质量管控数据化、精细化

产销一体信息化系统的上线运行，信息化研发团队致力于对各专业模块功能的进一步开发和挖掘，为全过程质量管控实现精细化、科学化提供了信息资源保障。随着产销一体化信息系统作用的发挥，产销系统大数据平台提供海量的原始数据为研发人员运用六西格玛（DFSS）等科学工具，开发高端品种提供了良好的数据支撑。

（四）建立数据化支持的本质化、精细化的全过程质量管控，保障卓越精品制造能力

太钢不锈创造性地运用了新标准的新思路和新方法，以产销一体信息化平台为依托，实施了数据化支持下的本质化、精细化的全过程质量管控。数据化是依托信息化系统深度挖掘数据，应用科学工具有

效分析数据,在质量管理全过程用数据说话;本质化是全面、深度、个性化地挖掘质量要素,探究工艺本质,从顾客和技术源头找到质量管控的正确方向;精细化是精准设定、测量、分析质量要素,精确命中质量设计、管控目标。

1. 坚持以产品工程师为主导的本质化质量设计与过程管控

太钢不锈针对长期以来制造过程质量管控条、块分割,职责要求不统一,因信息沟通不畅、质量改进效率低导致用户抱怨偏多等弊端,实施了以产品为龙头、产品工程师为主导的一条龙全过程质量管控机制。主要包括充分授权,赋予产品工程师能有效履行职责、发挥其职能优势的权限,对产品质量管控全流程负责。为落实产品工程师履职履责,组建配合团队其成员由工序工程师和其他工艺质量管理人员组成,团队成员应承担的配合职责及权限予以明确。第一,工序工程师负责工艺执行、现场工艺的监督和本区域问题的解决。第二,基础工艺设计人员根据专项产品工程师的需求对通用工艺(包括原料、介质、设备等通用要求)进行设计和改进,为产品专项工艺的设计和实现提供支持。第三,工艺、质量管理人员负责工艺落实情况的日常监督、评价和相关信息的收集、分析、反馈,为产品工程师实施设计与改进提供支持。

2. 推行以顾客需求为导向的"一户一标"制

按照新标准中"以顾客为关注焦点"的质量管理基本原则,推行"一户一标"制,即为每个用户专门制定一个标准,以最大限度满足其需求,从源头上保证质量设计的符合性。产品工程师是实施"一户一标"品种设计的主体,顾客标准研究设计小组通过产销信息化平台与营销人员、售后服务人员及工艺管理人员保持无障碍沟通,在深入调查和分析顾客需求的基础上,落实六项工作。第一,设立用户档案卡。按钢种分类,针对重点用户建立用户信息及联系人档案卡,包含用户行业性质、用户特性要求及每次走访信息汇总。第二,成立专业服务团队。按照各职能部门以及生产工序的职责,委派专业服务人员,保证专业人员全年无休服务对应重点用户,提高解决用户需求效率。第三,合同执行。利用ERP和产销系统,专业服务人员及时掌握合同执行情况,并优化生产组织和工艺流程,及时沟通订单信息进展,提高合同兑现率。第四,工艺要求。针对每次用户的常规需求和特殊需求,分别制定明确工艺路线、工艺控制要点,提高产品一次通过率。第五,检验标准。针对用户需求建立明确检验要点及检验方法,并通过信息化系统传递到每个检验工序,确保检验人员明晰检验要求,提高判定准确率。第六,制订专业服务计划。针对重点用户,建立定期服务计划,首先对产品使用情况进行及时了解,掌握用户对产品质量的满意程度;其次了解用户产品需求变化,有针对性地开发产品;最后针对用户产品特性,推荐替代产品,为用户降低成本或提升产品价值实现共赢。

3. 实现制造过程质量全要素的本质化、精细化管控

以工序管控为核心,对"5M1E"(人、机、料、法、环、测)实施无死角控制,其中,通过对"人、法"(工艺设计及操作)的控制,保证产品质量的受控;通过对"机、料、环、测"的控制,保证"法"的落实。一是完善工艺监督反馈流程。技术中心制定生产工艺变化反馈制度,要求生产工序对现场工艺变化情况进行动态说明,以便及时掌控现场工艺变化情况;对现场生产的关键工艺质量参数,设立区域工程师进行不定期监控抽查;确定公司、生产厂、作业区三级抽查流程,对工艺文件管理和现场工艺执行情况进行监督;技术中心组成炼钢组、热轧组、冷轧组,每周对主要工序工艺文件管理和现场工艺参数执行情况进行检查,各生产厂进行日查,形成工艺检查管理PDCA循环。二是运用SPC方法实施全面监控。建立SPC控制点650余个。控制点参数确定的来源,一方面是近两年发生的质量问题、质量波动的分析结果,另一方面是每月质量工作"回头看"的挖掘、梳理结果。通过对管控参数设立SPC控制点,技术人员和岗位操作人员实时关注工艺参数的变化,发现异常及时采取措施进行纠正和预防,防止质量问题的发生。同时,通过SPC控制点的运行,对工艺参数设定是否合理进行验证,对

设定过宽或过窄进行合理的调整。三是强化工艺优化改进管理。对新工艺的审批流程、责任主体、试验流程、试验数量等进行规范，并制定工艺技术操作规程修订审批制度，规范工艺试验情况。对新工艺程序进行审批监控，设定工艺试验流程，做到新工艺试验质量波动控制在最小范围内。四是实施满足工艺要求的设备功能精度管控。优化设备功能管控体系，重点流程包括分区域分专业对照功能精度项目开展普查调研，确定影响产品质量的关键控制点和设备因素，进行重点过程管控；对检测周期长的项目，根据现场是否具备实时记录条件，调整检测周期；设备管理部门与质量部门保持常态联系，及时掌握设备对产品质量的影响信息，尽早介入，实施有针对性的改进；设备管理部门实施对生产单位功能精度管理定期评价；公司技术中心定期对设备管理功能精度的适用性进行评估。五是建立关键工艺关联材料常态监控体系。对各工序影响产品质量的工艺关联材料进行全面梳理，建立工艺材料与产品质量的对应关系，完善、优化关键工艺材料采购标准，实施规范的使用过程管控，形成有效监控的管理体系，实现对关键工艺材料实施长期和常态化的监控、完善、改进。六是对特殊工艺材料实施专项监控。确定重点工艺关联材料（主要是炼钢原辅材料），对使用过程对相关工艺参数的影响进行监控。当这些原材料使用过程中出现工艺波动或供应商更换情况，进入专项信息反馈处理流程。七是建立能源介质管控体系。从建立能源介质采购标准入手，建立健全了工艺介质采购、检验标准管理体系，新增 6 类 39 个采购标准、42 个检验标准，并纳入太钢不锈有效标准目录。采购部对 47 项物料定期取样进行全项指标检测，实现入厂能源介质重点工艺参数批批检验和其他工艺参数定期随机检相结合的入厂验收管理模式，实现降低检验成本和保证产品质量的双赢；研究能源介质参数与产品质量关系，优化工艺控制参数。一方面研究酸、碱、盐等对成品质量有直接影响的工艺介质对产品质量的影响，优化采购标准；另一方面对工业用水等生产工程与工件直接接触的介质进行研究，确认不同工序、产线冷却用水工艺参数与产品质量相关性，积累关联数据。在上述基础上，通过不同能源介质参数对产品质量变化的对比分析，为进一步系统变更和优化工艺介质提供依据。

4. 实施"一废一档"产品质量符合性判定与本质化分析

建立"一废一档"大数据库，对成品检验判定结果与顾客需求标准的符合程度进行量化分析，从中挖掘出质量不符合的本质性原因，为产品质量责任的精准落实与针对性改进提供数据支持。以太钢不锈主导产品不锈钢冷轧卷成品生产厂（不锈冷轧厂）为例，实施"一废一档"管理的主要方式如下。一是建立缺陷品数据档案。依托产销系统、不锈冷轧厂三级系统中的判定信息及自动检测仪检测结果和实物缺陷图片，对不锈冷轧厂判定的退废和二级品料全部建立档案，并形成"一废一档"大数据库。二是实施数据分析。技术中心通过大数据分析，对每卷的缺陷率、缺陷数、缺陷位置、分布特征进行统计，统计结果反馈于冷轧与炼钢提供改进方向。三是优化判定标准和判定方式。通过大数据对缺陷进行统计积累后，运用六西格玛工具逐步优化对二级品与废品的判定标准，实现缺陷按轻重程度分级判定、自动判定。

5. 推进科技支撑+六西格玛的本质化、精细化改进

依托产品工程师对专项品种实施工艺技术深度研究的能力，组建各层次六西格玛改进团队，建立起科技支撑的质量改进团队运作模式，充分发挥质量改进过程中技术和管理相结合的整体优势，实现质量改进本质化、精细化，保证改进效果的持久、有效。一是以科技支撑实现质量改进的本质化。质量管理职能向技术研发端前移后，产品研发人员成为日常质量改进过程中的中坚力量。依托科研人力、分析检测和知识积累优势，质量改进过程中技术研究深度得到强化，为质量改进本质化奠定良好的管理机制基础。二是以六西格玛方法应用和团队化项目形式保证改进过程的精细化与高效化。在产品工程师的主导与参与下，与科技支撑优势相结合，组建多层次六西格玛改进团队，充分发挥团队质量改进活动在策划、过程跟踪、效果评价方面的规范化管理优势，以及六西格玛 DMAIC 改进流程和质量改进工具的精

细化数据分析优势，进一步提升质量改进精细化水平。

6. 选用精细化、数据化的科学管控方法

太钢不锈将融入现场的质量控制点的建立和统计过程控制方法（SPC）的应用，作为过程精细化控制的核心方式。针对主要质量波动情况进行梳理，计算过程能力指数、风险系数 RPN 值，对过程能力低且风险系数较大的因素建立控制点。确立控制点后，填写"SPC 控制点设立表"，并每月进行更新；技术中心先后制定下发《SPC 管理办法》《SPC 现场评价细则》《SPC 月度工作评价办法》等一系列管理制度。通过相关管理制度的制定，进一步夯实了管理基础，使公司 SPC 推进工作能够扎实、有序开展；各单位编写"SPC 控制点作业指导书"并每月更新。SPC 作业指导书将 SPC 和 FMEA（失效模式分析）紧密结合在一起，要求各控制点深入分析可能出现的异常点和异常趋势，并对可能造成异常的潜在原因进行深入分析，制定纠正预防措施，使隐性问题显性化，对各控制点进行本质性研究。

同时，根据各厂实际分类进行推进。对自动化程度较高的单位，以现场自动绘制控制图为主，如热连轧厂、炼钢二厂等。对现场依靠人工取数的单位，基层员工手工绘制控制图，使员工养成实时关注岗位参数变化的习惯，为生产稳定顺行提供保障。创新质量工具应用方法，形成以 SPC 控制图为主，多种质量工具同时使用的 SPC 管理模式。通过创新开展 SPC 推进工作，各单位实现了运用多种质量工具达到过程稳定受控的目的。

此外，通过对 KPI 指标（关键绩效指标）的分解，将与其相关的因素建立控制点进行监控，每月分析控制点的控制情况与 KPI 指标的关联性，以保证通过 SPC 的有效实施促进 KPI 指标的提高。从控制点的重要性、运行的科学性、规范性等方面评估、评选示范控制点。同时，技术中心组织各单位不断挖掘控制点有效运行案例，每月组织专家对申报的控制点有效运行案例进行现场核实、效果验证，对确实有效的进行奖励。

7. 实施"精品工程"创造"卓越精品"

选择核心流程各生产厂的关键工序打造"精品工序"，在生产厂内部打造贯通各工序的"精品产线"，贯通各生产厂的"精品产线"形成公司"精品产线"。明确"精品工序"10 项评价标准，包括用户需求标准化、现场转化简单化、过程监控信息化、分析问题数据化、改进方法科学化、参数设计可测化、隐性特征显性化、指标管理科学化、技术保障制度化、管理保障制度化。同时，完善评价内容和评分方式。采取百分制量化打分方式，以 10 项评价标准为内容，建立管理成熟度量化模型（以"方法、展开、学习、整合"为四个等级、从"水平、趋势、对比、重要性"四个维度进行量化打分）；"精品工序"和"精品产线"均分为"三星""四星""五星"三个等级，其中，三星、四星、五星的最低得分设定为不少于总分的 70%、80% 和 95%。

8. 推行基于产销系统支持的质量数据精细化管理

以产销一体信息化系统为核心，结合各生产厂生产指挥系统（MES）和工艺控制系统，共同构成工艺参数下达反馈系统；工艺技术人员根据产销一体化系统中顾客订单、顾客特殊需求和相关的产品规范码，在线设计编制冶金规范码，确定工艺路径和炼钢、轧钢关键工艺参数，把工艺设计与用户特殊要求实现紧密结合和柔性管理；工艺目标和指令通过信息化系统下达到机旁和炉旁，工艺控制系统参数自动控制生产线工艺装备按顾客订货要求进行生产，保证了工艺要求的及时完整传达到位，避免了人为干预可能导致的违规和质量隐患；现场工艺参数实现了在线动态采集、传输和分析，对过程控制和分析的精细化提供了数据化支持。

基于实时工艺数据传输反馈功能，挖掘工艺和产品质量数据，开发质量数据深度分析系统。以热连轧厂关键控制工序为突破口，按照 SPC 控制理论，编制工艺参数自动分析和动态预警程序，保证关键工艺环节精细化监控的常态化；基于质量深度分析系统，开发基础数据自动统计功能软件和多层次质量报表，为生产过程和质量管理决策提供依据。针对上下工序间在质量信息传递方面一直存在不全面、不系统、不快捷的问题，在炼钢与热轧、热轧与冷轧之间，设计质量预警评价模型，包括根据炼钢连铸和热轧的过程参数、设备运行情况及产品外观质量观察结果，实施半成品分级判定；炼钢和热连轧分级判定结果在产销系统和MES系统传递；上工序根据工艺和质量指标数据分析统计结果，给出质量预评和产品分级判定信息，为下工序针对来料状况进行质量控制提供依据。

三、钢铁企业适应国际新标准的卓越质量管理效果

（一）实现了质量管理水平质的飞跃

四标一体化体系管理改善，理顺了太钢不锈的管理机制，夯实了基础管理，使体系管理融入公司的日常业务过程，破解了"两层皮"难题；基于产销系统数据化支持的本质化、精细化全过程质量管控，保障了卓越精品的制造能力。2017年太钢不锈产品的万元损失率降幅超过30%、异议率降幅超过20%；用户抱怨和投诉呈逐年降低趋势；第三方评价显示太钢不锈的用户满意度、用户忠诚度呈明显上升趋势；太钢不锈产品外观质量、内在质量、包装和质量稳定性方面均呈逐年上升趋势。

（二）有力提升了经营绩效

通过实施卓越质量管理，2017年全公司品种钢质量预算目标完成率较2016年指标进步率均有显著提升，进步率的提升幅度超过80%；工序质量预算目标完成率较2016年指标进步率均大幅提升，进步率提升幅度近70%。2017年太钢营业收入674亿元，实现利润43.8亿元，全年产钢1050.26万吨，其中，不锈钢413.64万吨；出口不锈钢材101.89万吨，不锈钢材出口量保持国内第一，首次突破百万吨大关。经营绩效创十年来最优水平。

（三）促进了企业高质量发展

太钢不锈运用国际新标准理念和方法实施卓越质量，通过更新理念，统一了认识，焕发了全员系统化参与实施的热情，不断研发高端品种和卓越精品，赢得了市场和国内外客户的信赖。以铁道用火车轮轴钢、双向不锈钢等为代表的20多个品种国内市场占有率第一，笔尖钢等30多个品种成功替代进口，超薄、超宽不锈板材独家产品全球领先，产品应变能力和综合竞争力明显提升，保持了本企业在中国特殊钢领域的领先地位，推动了企业高质量发展。

（成果创造人：李建民、王　涛、杨连宏、南　海、苏伟中、
王育田、单祥林、郭新宇、谢海运、张利军、李　彬）

以顾客满意为核心的舰船产品质量综合评价体系的构建与实施

沪东中华造船（集团）有限公司

沪东中华造船（集团）有限公司（以下简称沪东中华）是中国船舶工业集团公司旗下核心造船企业，年造船能力300万吨，年销售收入230亿元。公司坚守"造舰强军，造船兴国"的企业核心价值观，形成军民融合、大中型水面舰艇和高端船舶为主打的丰富产品线，高技术产品占比90%以上，是目前国内唯一在高端特种船领域与日韩船企开展全面竞争的中国造船企业。沪东中华技术力量雄厚，拥有国家级企业技术中心、博士后工作站，依托在司设立的国家能源LNG海上储运装备重点实验室，开展了超低温液货装载等大量前沿科技研究。作为中国海军水面装备和军贸舰船重要建造基地，沪东中华是海军护卫舰和军辅船主建船厂。中国第一艘导弹护卫舰、第一艘船坞登陆舰等海军15型舰船首舰由沪东中华研制，在业界拥有护卫舰和登陆舰的"摇篮"之美誉。

一、以顾客满意为核心的舰船产品质量综合评价体系的构建与实施背景

（一）适应国家发展战略对装备质量要求的深刻变革

目前，海洋已成为维护国家安全和发展利益的重要空间，随着我国海军装备活动范围从近海走向远海，装备在役数量越来越多，高新技术广泛应用，武器装备质量日益成为制衡战略对手、打赢信息化局部战争、推进部队战斗力建设以及支撑国防科技工业提质增效的根本保障，因此，作为军工央企的沪东中华要时刻把国家利益摆在首位，正确认清新时代质量工作的战略地位和全局意义，以对党、对国家、对人民、对事业高度负责的精神，抓住发展机遇，以高度的政治责任感，以顾客满意为核心，站在更高的起点上筹划好质量提升工作，发挥好质量工作在全局中的牵引作用，切实提升装备质量，提升质量综合管理水平。

（二）持续满足顾客对产品质量要求的迫切需要

随着近几年装备使用强度的不断增加，部队对舰船的质量稳定性方面的要求越来越高，顾客对产品质量的要求已经转变为对"战斗力"的要求，其关注的重点也从以往最终产品实物质量延伸到产品的建造过程质量和后续使用保障，还有顾客对产品的不断优化改进要求逐步提高，为满足顾客对新时期舰船质量要求，沪东中华必须对以往常规、单一、粗放的产品质量评价指标体系进行改进和完善，整合和重构目前影响顾客满意度的主要质量控制要素，建立一套科学、合理、简捷且在造船企业具有良好操作性的产品质量综合评价模型迫在眉睫。

（三）保障企业自身高质量发展

对于沪东中华来说，追求更高的顾客满意度、推动高质量发展必须打牢质量管理基础，坚持"质量第一，效率优先"，加强顶层设计，为满足高质量发展要求，分析质量形势、直观反映问题，特别是对可能造成顾客不满意或质量风险的苗头和倾向，提出质量预警，研究方案预案，实现对不同产品的质量水平进行横向对比，寻找舰船产品质量管理方面的短板。同时公司现有比较成熟的质量信息平台和日益提升的精细化管理水平为打造质量综合评价模型提供了有利条件，通过运用综合评价模型，便于提前发现问题、解决问题，实现持续改进，从而不断提升顾客满意度。发挥好质量工作的全局作用，也是公司树立"军品第一"理念，深入贯彻"全特性、全系统、全寿命、全方位"的大质量观，强化军工核心能力建设的自身内在需求。

二、以顾客满意为核心的舰船产品质量综合评价体系的构建与实施内涵和主要做法

沪东中华创建和应用舰船产品质量综合评价模型，是为持续满足顾客需求及公司内外部发展要求，基于企业质量管理核心价值导向，倡导全面、全过程质量管理的理念，在深入调研和数据分析基础上，为解决现阶段产品质量控制薄弱环节，采用适应舰船产品质量控制和评价的维度与要素，在数据信息技术系统支撑下，以达到公司顾客满意度、舰船产品质量指标、制造过程质量、采购产品质量、产品的优化改进的有效提升，并有效实施 PDCA 循环的应用，从而实现公司舰船产品综合质量水平的不断提高，以提升顾客满意度来保证公司的可持续发展。

（一）问题导向，全面梳理影响公司现阶段顾客满意度的薄弱环节

为达到有的放矢的效果，沪东中华对近 2012—2014 年顾客满意度调查结果进行全面分析，查找出如下三方面的主要问题。

一是过程质量控制不到位。沪东中华在日常现场质量巡检中发现，存在关键过程质量参数控制不严、工艺纪律执行不到位、焊工等特殊岗位无证作业等问题，虽然公司产品质量总体稳定、无较大以上质量事故发生，但仍暴露出质量管理不够精细的问题，对进一步提升质量管理水平带来一定的阻碍。

二是采购产品质量不够稳定。沪东中华采购配套产品质量问题时有发生，影响了公司舰船产品的生产进度，特别是随机资料、军检证不全，履历书填写不完整等情况一直被驻厂军代表、接舰部队所诟病，一定程度上对公司品牌信誉产生负面影响。

三是产品持续优化改进与顾客期望有差距。顾客对于产品的要求日趋全面和严格，而沪东中华在新工艺、新技术应用以及设计优化等方面与顾客的期望有差距，在顾客满意度调查中评价得分不够高，严重时甚至影响产品交付。

（二）明确目标，确定质量提升工程的指导思想和实施重点

为布设质量建设发展大局，形成各条线、各部门"齐抓共管、共同促进"的质量工作合力，沪东中华在 2015 年度工作会上，明确"一个目标、二个平台、五个重点、一个模型"的质量综合提升指导思想。

坚持一个目标：持续满足顾客要求。以市场竞争和顾客日益提高的期望为导向，一步一个脚印，持续提高产品质量和服务质量，达到提高顾客满意度的目的。打造二个平台：质量管理信息系统和军厂质量联席会议。充分利用质量管理信息系统的数据查询和统计功能，对产品质量指标、采购产品质量状况及制造过程质量控制进行分析；利用军厂质量联席会议，收集产品优化改进建议和驻厂军代表对产品质量控制的评价信息，确定优化改进项目内容及后续的实施确认。实施五个重点：稳定产品实物质量、严格制造过程质量控制、强化采购产品质量控制、实施产品优化改进、提升顾客满意度。形成一个模型：产品质量综合评价模型。以量化指标为抓手，运用系统工程方法，建立一个适用于船舶总装企业、覆盖船舶建造和服务全业务，且具有可操作性的质量综合评价模型。

（三）组织保障，质量管理委员会全面领导各部门开展质量提升工程

沪东中华明确由质量管理委员会组织提出质量工作的中长期规划，领导开展公司质量提升工程，公司质量技术专家组在质量管理委员会的领导下，组织开展质量技术研究和应用，推进质量提升工程。

（四）构建模型，确定模型使用方法

1. 集思广益，选定模型维度和要素

为准确定位质量模型，沪东中华综合内外部质量提升需求，包括近三年顾客满意度调查收集的意见、舰船产品转阶段节点评审时专家提出的评审意见、舰船产品交付前验委会千分制考核中得分情况、质量方针目标管理要求及完成情况等信息，总结归纳出 9 个模型维度，经公司质量管理委员会、质量技术专家组及驻公司军代表专家投票选定最能体现造船企业过程管理特点的五个维度组成。质量保证部组

织各部门相关人员开专题会讨论确定24个要素。

2. 建立模型结构

整个质量综合评价模型由5个维度和24个要素组成。产品质量指标要素包括专检一次合格率（专检一次合格项目数/专检合格项目数）、军检一次合格率（军检一次合格项目数/军检合格项目数）、RT探伤一次合格率（定位片）（X光定位拍片一次合格张数/X光定位拍片张数）、RT探伤一次合格率（抽拍片）（X光抽拍片一次合格张数/X光抽拍片张数）、UT探伤一次合格率（UT探伤一次合格长度米数/UT探伤总长度米数）。

制造过程质量控制要素包括持证上岗率、工艺纪律执行率、设备防护保养情况、管系防护情况、管子安装、清洁、焊接质量、分段预装完整性、关键过程质量控制、试验册签署情况。采购产品质量控制要素包括采购产品技术要求与订货要求的符合程度、随机资料完整性、军检证完整性、履历书填写完整性。产品的优化改进要素包括优化改进项目完成情况，新工艺、新技术应用情况。顾客满意度要素包括现场工艺纪律执行情况、设备防护保养情况、现场HSE情况、施工质量情况、军代表巡检单。

3. 合理设置要素权重，制定评分细则

结合公司产品质量控制实际情况，将舰船建造阶段分为分段制造阶段、船坞（台）建造阶段、码头及试航阶段，经组织专题讨论会确定各要素分值。

（五）借助质量管理信息系统，为模型提供准确数据

为了数据的真实、准确和及时，公司依托质量管理信息系统平台，开发建造检验验收、焊接质量信息、采购产品质量信息等模块，完成基础数据的采集，改变以往人工反馈机制，降低了采集基础数据花费的时间和精力，确保数据准确性。

第一，报验结果及一次合格率信息采集。专检结果通过采集工程编号、施工部门、检验项目、申请专检日期、检验阶段、专检结果等字段信息，并实现查询和实时统计。军检结果通过采集工程编号、施工部门、检验项目、外检日期、外检单号等字段信息，实现查询和实时统计。

第二，采购产品质量和随机资料信息采集。通过采集入库单号、工程编号、验讫日期、验收结论、采购人员等字段信息，实现查询和实时统计。每月对军检证书、随机资料、履历簿完整性进行统计。以往军品交船验收时验委会对随机资料、履历书的意见较多，通过应用本质量评价模型后，随机资料完成性不断提高，舰船交付时随机文件完整率均接近100%。

第三，焊接质量信息。通过采集工程编号、施工部门、焊缝编号、申请探伤日期、探伤结果等字段信息，实现查询和实时统计。

（六）定期召开军厂质量联席会议，反馈关键质量信息

2017年度，共完成251项军品优化改进。军代表室产品主管每月对现场工艺纪律执行情况、设备防护保养情况、施工质量情况、现场HSE情况、军代表开具巡检单等五个方面进行打分，在军厂质量联席会上进行通报。

（七）运用PDCA循环，找出薄弱环节，持续改进

收集各要素数据，绘制雷达图后对相同阶段船舶的各个维度进行定量评价和横向对比，就可找到薄弱环节，实施有针对性的改进措施。近两年来，沪东中华通过产品质量综合评价模型的应用，找到质量管理工作中的薄弱环节，就现场工艺纪律执行、船用设备防护、中间产品完整性验收、管系防护、采购产品质量控制、随机资料催收和交接等工作，多次组织专题会议，协调各环节的接口、明确具体工作流程，制（修）订《船舶产品设备防护与保养管理办法》《船舶产品物资采购技术协议签订管理办法》《船舶交付质量管理规定》《产品售后服务管理办法》《质量奖惩实施办法》《舰船产品质量事故调查与质量责任追究实施办法》《质量实名制管理办法》《公司各级各类人员质量职责和权限》《新技术、新工艺、

新材料、新设备研究与推广应用管理程序》《采购产品的验证程序》《产品防护控制程序》《顾客满意度测量及评价程序》等质量管理制度及程序文件。

三、以顾客满意为核心的舰船产品质量综合评价体系的构建与实施效果

（一）有效提高质量管理水平

2016年，在集团公司组织的顾客满意度调查中，沪东中华军品综合得分为85分，略低于集团公司同类企业平均水平；民品综合得分为85分，略高于集团公司同类企业平均水平。2017年，集团公司开展的成员单位年度顾客满意度调查中，沪东中华军品综合得分92分，民品综合得分90分，均高于集团公司同类企业平均水平，顾客满意度逐年提升。沪东中华2016年、2017年全面完成质量管理提升工程各项质量指标，且2017年较2016年保持增长，全面完成各项质量管理指标。

（二）为公司高质量发展奠定基础

2014年公司完成军品产值604918万元，2015年、2016年、2017年分别为696502万元、749106万元和735928万元，以2014年军品产值为基数，三年累计增长366782万元，年平均增长122260万元。2015、2016、2017年军品产值同比增长率分别为15.1%、23.8%、21.6%，年平均增长率达到6.7%，经济指标稳步上升。沪东中华几年所交付的舰船质量稳定、性能可靠，标杆舰船、精品工程在军工生产上得到彰显，H1737A交船时在验委会千分制考核中获得982分的高分，创下该系列船的最高分。H1733A交船时在验委会千分制考核中，以北海舰队最高分通过验收，得到海军首长的好评。H1807A交船验收时验委会对随机资料、履历书没有提任何意见。2017年，沪东中华还获得了中央军委装备发展部颁发的质量综合激励，成为第一批获得激励的装备研制单位，军品质量持续提高。

（三）公司屡获殊荣，具有良好的社会效益

2016年，沪东中华造船（集团）有限公司荣获中国工业大奖，这是中国船舶工业系统首次获得这一代表中国工业最高成就的奖项。在质量管理领域，公司也屡获殊荣。2016年荣获第二届中国质量奖组织提名奖，成为国防科技工业系统获得提名的六家单位之一；电焊工张冬伟获得第二届中国质量奖个人提名奖，成为第二届中国质量奖评比中少有的同时获得组织奖和个人奖的单位。

（成果创造人：翁红兵、胡江平、郑　豪、赵文裕、周秀丽、赵继权、况　贶、凌伟兴、卞金露、张伟祥、陈　光、王　飞）

火电企业引入基建监检模式的运维质量监督管理

华能国际电力股份有限公司玉环电厂

华能国际电力股份有限公司玉环电厂（以下简称玉环电厂）是华能集团旗下的标杆电厂，位于浙江省台州玉环市，为华能国际电力股份有限公司全额投资、开发、建设，是我国首座投入商业运行的国产百万千瓦等级超超临界火力发电厂。作为国家"863"计划中引进超超临界发电技术，逐步实现国产化的依托工程，于2004年6月28日开工建设，1号机组2006年11月28日投产，4号机组2007年11月25日投产，创造了一个日历年度内建成投产四台百万千瓦超超临界机组的世界纪录，引领了我国百万千瓦超超临界机组的规模化发展，先后荣获《亚洲电力》杂志"2006年度最佳创新工程奖"、国家科学技术进步一等奖、国家优质工程金质奖等。

一、火电企业引入基建监检模式的运维质量监督管理背景

（一）实施质量强企的客观要求

对于电力企业而言，安全生产及质量管理是企业生存和发展的基础，而抓好质量则是确保安全生产稳定的前提。近几年来，随着机组运行年限的增加，各电厂设备老化问题逐渐显现，现场缺陷开始增多，设备健康状况有所下降，机组长周期稳定运行受到挑战，特别是部分百万千瓦等级机组四管泄漏时有发生，机组振动难以根治，海边电厂的地面沉降、盐雾腐蚀日益突出。同时，承接各电厂机组检修以及设备维护的单位发展不平衡，检修队伍的技术培训和人才培养不能适应企业发展需求，检修维护质量难以保证。如何提高质量管理的科学性和有效性，践行质量强企的方针，成为玉环电厂亟须解决的首要问题。

（二）消除原有质量监督管理模式弊端的要求

基建工程质量监督不仅是政府监督，也是华能集团对工程建设质量管理的重要抓手，更是华能基建质量始终保持行业领先的坚强后盾。其在国家颁布的质量监督大纲基础上增加了焊接、四管、吸收塔防腐专项监检，有效保证了工程建设质量，为机组安全、高效、长周期稳定运行打下了坚实基础。然而，这种质量管理模式也逐步暴露出系统性、专业性方面的不足等问题。另外，也缺少类似于监理验收和华能"质监站"的质量监督体系，检修管控部门同时承担着质量验收职责。而基建工程质量监检体系定位高、专业性强，质检队伍参与项目多、经验丰富。

2016年，在集团公司基建部、生产部的大力支持下，玉环电厂联合华能电力基本建设工程质量监督中心站（以下简称华能质监中心站）及西安热工研究院共同探讨引入基建监检模式的火电企业质量监督管理。

（三）提升企业竞争力实现高质量发展的要求

习近平总书记在党的十八大报告中，提出要坚持以提高经济社会发展质量和效益为中心，大力实施质量强国战略。国务院发布的《关于开展质量提升行动的指导意见》强调将质量强国战略放在更加突出的位置，开展质量提升行动，加强全面质量监管，全面提升质量水平。质量提升归根到底要以企业为主体，全面加强企业质量管理，推广应用先进质量管理理念，提高员工质量意识和质量素养，提升质量管理水平，增强核心竞争力，是顺应质量强国战略的现实需要。作为中国电力行业具有一定影响力的企业，华能玉环电厂必须在探索质量管理的道路上走在前列，响应质量强国战略，率先迈入"质量时代"。

二、火电企业引入基建监检模式的运维质量监督管理内涵和主要做法

玉环电厂作为华能集团试点单位，在原有企业质量管理的基础上，借鉴基建工程的监检理念，实施火电企业运维质量监督管理模式的创新，一方面着重解决经验主义与标准规范之间存在的不协调，强调标准规范和设计要求的权威性，破除惯性思维，以获得优质检修质量；另一方面，通过成立独立的质量监督机构，行使第三方质量管理监督的职能，避免发生"既当运动员，又当裁判员"的现象。通过建立规范标准、组织体系及保障体系，对机组检修、运营维护等实施规范性、标准性、程序性的全过程质量监督，实现全面提升企业质量意识、不断巩固核心竞争力的目标。同时，将质量监督管理新模式向缺陷管理、难题攻关、会风管理、现场文明卫生整治、生态建设等领域全面延伸。

（一）确立火电企业运维质量监督管理指导思想与原则

华能玉环电厂以"质量引领发展，创新注入动力"为指导思想，在电厂的运维及检修中，引入基建监检模式实施质量监督管理，确立"标准规范、独立权威、溯本追源"原则。

标准规范原则：指遵循ISO9001质量管理体系标准，对电厂运行维护、检修及日常工作各阶段质量监督管理活动产生的文件包、施工方案、质检文档、数据等进行规范化管理，统一质量监督标准化规范，避免信息化孤岛。

独立权威原则：华能质监中心、电厂质监办独立于电厂原有的质量管理体系，行使第三方质量监督管理职责，具有奖励考核权利，其在监督管理过程中发现的问题必须执行落实，按期整改。

溯本追源原则：质量监督管理的目的是为明确质量目标，及时发现质量问题及原因，同时寻求质量问题解决、质量改进，明确质量责任，避免设备损坏及经济损失。溯本追源就是要求质量监督管理中应做到质量目标可溯源，质量问题可追溯，落实质量责任，能够举一反三，找出质量原因和解决问题根本的措施和方法。

同时，采取"三步五问"的方法，针对质量监督中发现的问题，不仅只关注表面现象，更注重挖掘深层次原因，走一步看三步，对每一个问题提出至少5个问号，即为什么会发生，是否是设计原因，是否是产品质量问题，是否是检修质量问题，是否是管理层面问题，不断提高质量监督管理工作的主动性。

（二）建立火电企业运维质量监督管理新体系

1. 成立组织机构

华能玉环电厂成立质量监督管理领导小组，由厂长担任组长，成员包括生产管理部门、运行部门、设备管理部门、检修维护部门以及安全监督部门，对质量监督管理过程中出现的问题进行决策并组织攻关。设立质量监督管理办公室（以下简称质监办），质监办设在安监部，将执行标准规范作为出发点和落脚点，全面负责日常质量监督管理事务，包括对原有"厂内—外包"质量"双三级"验收人员、验收全过程、验收结果和实体质量进行监督管理。华能质监中心站作为电厂质监办的顾问，电厂质监办作为华能质监中心站的现场延伸。

2. 实施高效运转

华能玉环电厂依据质量管理"PDCA"的法则，明确质量监督管理体系运转实施流程，即"质监方案——执行检查——问题汇总——提出整改"。

3. 普及基建质量管理监检体系知识

为使员工全面认识掌握基建质量管理监检体系内容，更加深刻地理解按照标准规范做事的重要性，在集团公司组织安排下，玉环电厂邀请西安热工研究院多名专家讲授《基建质量管理体系》课程，对质量管理体系建设、基建期间质量监检的特点进行全面讲解，全厂共有100多人踊跃报名到场听课。同时，针对以往质量管理模式的特点及弊端以及引入基建质监检查的必要性组织开展多次专题讨论，一致

认为提升质量关乎企业的持续发展，建立运维质量监督管理新体系是改变当前质量监督管理诸多弊端的最有效手段。

（三）完善火电企业运维质量监督管理规范与标准

集团公司生产部在玉环电厂组织开展企业标准、规范的修订工作。根据《火力发电厂检修导则》、厂家设备资料以及行业标准，重新修订电厂机组 A、B、C 各级检修标准项目；梳理完善《施工组织方案》《检修管理手册》和检修文件包及各种专项方案，确保引用标准正确、技术数据和标准要求一致；修编《防磨防爆管理规范》《换管工艺管理规定》《换管清洁度工序管理要求》《鳍片更换工艺要求》等专项检修规范；制定《检修质量监检及评价实施大纲》，为机组检修实施质量监检提供方法和依据。组织对新修订的制度进行宣贯，加深设备维护人员对于"标准"的理解。规范质量验收质检点设置，编制质检点设置清单及验收级别。在检修现场张贴设备结构图纸，增加参修人员对设备的熟悉度和按图施工的意识。针对检修过程中的标准执行情况开展自查自纠和专项检查，规范化开展监督管理工作，督促严格执行标准。根据集团公司要求，按照《状态检修导则》等标准，玉环电厂率先开展状态检修，借助振动频谱检测、红外成像等技术，精准分析诊断设备隐患，并建立巡回检查、监测周小结、月分析评估总结等管理制度。

对照设计标准，发现现场照明不足的问题。成立现场照明整治小组，每周开展专项检查并落实整改，优化厂区整体照明布局。2018 年，发布整治通报 39 期，修复灯具 1961 套，改造 LED 灯具 1812 套，新增加照明 350 套、时控开关 36 只，并提出"智能照明"改造的实施计划。

（四）对机组检修实施质量监督

在 3 号机组 C 级检修中，玉环电厂首次运用新模式开展质量监督管理工作，将本次监检分成检修开工后设备解体和检修结束前完工总结两个阶段进行。其中，第一阶段侧重于检查体系和质量行为，从中发现体系文件前后矛盾、技术资料引用标准错误、文件包缺少重要设备结构图、技术记录缺少数据、重点项目方案不全等问题共计 43 项；第二阶段侧重于检查质量验收和实体质量，从中发现锅炉承压部件检查未按照相关标准核定检查内容、支吊架受力未根据运行情况调整至设计要求等问题共计 80 项，均在检修中完成了整改。同时，针对以往的重点难点问题，充分发挥质量监督的指导作用，开展一系列有针对性的质量监检工作。

一是锅炉长周期运行后存在着水冷壁泄漏问题。组织人员有针对性地分析原因，总结经验，在《防磨防爆管理规范》的基础上，修编《换管工艺管理规定》《换管清洁度工序管理要求》《鳍片更换工艺要求》等专项检修规范，并制定相应的质检验收签证记录，按照"定点、定人、定区域"的原则开展检查和验收，确保实现闭环。

二是制粉系统设备存在缺陷较多的问题。玉环电厂从系统设计、设备质量、检修质量等方面有针对性地查找根源，编制主要缺陷分析报告、防"非停"专题报告、状态检修管理规范以及轮修计划等，采取有差别的检修方案和检修策略，并对检修工艺、质量验收过程严格把关和监督，确保检修工作的高质量完成。

三是 3 号机组 1 号轴承存在振动偏大、瓦温偏高、频繁烧瓦的问题。组织对历次振动处理情况开展质量监督检查，参照厂家资料及标准规范对处理过程中每一步进行对比分析，同时结合同类型机组振动处理经验，对其中轴承准确定位、瓦枕接触合格、轴承灵活自位等重点步骤的质量管理提出要求，持续跟踪，严格监督。

四是轴加风机普遍存在振动偏大问题。按照质量监督的标准与要求，通过查询风机叶片设计规范、分析风机整体结构特点，确定振动原因主要为叶片质量不平衡及轴承壳体刚性差而产生激振力。通过对风机叶轮进行精细动平衡试验以及对风机支撑结构进行加固等方法，消除叶轮激振力。

五是依照质监的标准要求，组织仪控、继保专业开展主保护"拍胸脯"活动。重点检查主保护的合理性和完整性以及设备测试、联锁试验的规范性，对热控重要保护的探头、逻辑等逐个进行全过程签证式管理。即各主保护检查后分别由执行人、确认人、监督人签字，每个点均落实责任到人，确保全厂主保护的可靠性。

六是提出创建燃料系统"无人、无尘、无非停"的"三无"理念。借助技术创新，实现"无人"操作或少人操作；通过无动力抑粉、负压吸尘、干雾除尘等措施，实现现场的"无尘"；通过对状态检修和计划检修质量的严格管控，提高燃料系统设备可靠性，异常停运次数同比减少37.55%。

七是空压机系统存在设备数量多故障率始终居高不下的问题。通过质量监督对照检查，发现了设备欠修、维护标准不全、台账缺失、定期检测及分析不到位等问题。经过督办，各项问题得到逐一落实，目前已在创建标准示范区。

通过总结3号机组检修质量管理实践经验，编制完成《检修质量监检及评价实施大纲》，其中涵盖监检依据、监检范围、监检项目、监检方式以及评价等内容，成为玉环电厂计划检修实施质量监督管理检查的重要规范依据。

（五）对火电企业十三项技术监督开展质量监督

火电企业十三项技术监督管理是保障电厂安全经济运行的基础，玉环电厂质监办自成立以来针对火电企业厂内十三项技术监督进行26次专项质量监督检查，编制发布检查通报28期，发现问题319项，并持续督办问题整改，主要问题包括合金钢材质光谱检查缺少验收、励磁机绝缘阻抗测量周期与厂家要求不符、大多数的技术监督缺乏过程质量管控等。并对照集团公司《电力技术监督管理办法》，对发电企业技术监督的主要职责进行专项质量监督检查，发现各专业需上报的报表、西安院半年度检查、上级公司关注问题等"规定动作"资料齐全，而对专业日常监督管理、内部培训、新技术应用、台账记录、体系会议、反事故措施监督等方面主动性不足。

通过对技术监督实施"再监督"，解决各项技术监督工作开展不规范、不平衡的现象，确保十三项技术监督充分发挥对电厂安全生产的基础保障作用。

（六）对火电企业特种设备维护实施质量监督

按照国务院《特种设备安全监察条例》规定，特种设备是指涉及生命安全、危险性较大的锅炉、压力容器（含气瓶，下同）、压力管道、电梯、起重机械、客运索道、大型游乐设施。在火电企业中，特种设备包括锅炉及高压管道、除氧器、高压加热器、疏水扩容器、油罐、气罐、行车、电梯等设备，这些设备的可靠性及健康水平对电厂的安全运行至关重要。

玉环电厂先后对厂内的各种特种设备开展质量监督20次，检查发现重点问题80多项，全部完成整改，其中包括行车绝缘老化、电梯链条卡涩、设备保养超期、缺少过程监督、台账不齐全等，特别是发现了原厂锅炉铝合金检修升降平台制动系统存在着重大设计安全隐患，通过新增超速保护、液压紧急制动系统，有效提高了整体安全性能。

针对以上问题，玉环电厂及时修订厂内特种设备维护保养管理制度以及检查标准，并对照标准，常态化开展检查工作。

（七）健全火电企业运维质量监督管理保障体系

要想做好质量管理，首先要有一支技术精湛、素质过硬、作风优良、能打硬仗的专业人才队伍。玉环电厂制定全方位的质量管理人才培养计划，着力打造一支掌握核心技术的专家队伍，为培养玉环电厂质量管理人才打下基础。同时投入资金搭建平台，多措并举，奖优罚劣，为质量监督工作提供全面保障。

一是"请进来、走出去"，深化交流合作。华能质监中心站专家与玉环电厂建立长期交流沟通机制，探讨质量监督管理的先进理念和做法；玉环电厂专家参与华能质监中心站组织的莱芜电厂达标检查，全面掌握专业知识，提高质量监督管理经验；将质量管理作为重要合作项目，加入与西安热工研究院签署的战略协议中；选派优秀青年员工前往华能上海电力检修公司进行长周期的技能培训，掌握汽轮机、励磁机等设备核心维修技术；同浙江大学建立长期人才培养合作关系，促进质量管理理念的提升。

二是模范引领。发挥全国技术能手、集团公司首席技师、各级技术专家的传帮带作用，对检修维护人员的专业技能进行培训指导，提升质量意识。

三是构建平台。成立9个创新工作室（其中2个为集团级创新工作室）和机务、电气、仪控等专业实训室，为员工提供技术创新和技能实操平台，提升专业技能水平和创新能力。

四是传承管理理念和经验。开办"大家讲堂"，传授和推广质量管理的新理念、新标准，突出"自己讲、讲自己"，倡导"分享体会、传承经验"，在剖析中反思，在总结中提高。

五是激励与考核。质量监督定期开展检查，对检查出的问题规定整改期限，各部门按规定时间进行整改反馈，同时统计质量监督检查问题月度整改完成率，考核标准为80%。对于不足80%的，给予考核；完成率达到80%~90%的，给予奖励；完成率超过90%的，给予重奖；对于年度统计整改率达100%的，给予一次性奖励。

（八）检查评估并推广应用火电企业运维监督管理

玉环电厂在建立保障及激励机制的基础上，对机制的完备性、规范性及有效性定期分析总结，检查评估实施应用效果。同时对质量监督做到每月一检查，每月一反馈，由质监办对质量监督检查问题的落实情况进行通报，年终再对结果统一分析总结。使质量监督管理工作持续完善，不断固化。玉环电厂还将质量监督工作范围进行延伸，在检修及外包队伍管控、设备消缺、文明卫生、厂区绿化、防台措施等方面持续开展质监工作。

检修及外包队伍管控：玉环电厂实行点检定修制，设备检修维护主要采用外委方式，机组大小修全部进行公开招标。而严把检修人员"素质关"也是质监办日常监督检查的重要内容。电厂在招标文件中根据检修质量目标对检修人员的专业资质、技能等级、工作经历等提出明确要求；入厂后依据技术协议对检修人员进行技术能力笔试、面试和实操考试，并定期组织抽查，清退考试成绩不合格人员并要求检修队伍及时补录，对于考试成绩较差的人员进行降级使用或限制范围使用，以保证检修人员的能力和素质满足现场要求。

设备缺陷管理：按照质量监督管理的新思路，玉环电厂对"缺陷"进行重新定义，凡是不符合设计标准的均被认定为缺陷。同时，提出"两鼓励、两处罚、一趋势"，即鼓励多填报缺陷、鼓励多处理缺陷；着重处罚重复性缺陷，着重处罚责任不到位造成的缺陷；最终缺陷目标趋于零，实现"零缺陷保零非停"的目标。另外，将生产例会改为"问题协调会"，将以往泛泛而谈的分析转变为以是否达到设计能力、设备质量是否合格、检修质量是否可控等问题导向的分析，将产生缺陷的根源作为重点内容，着重对消缺质量进行总结和考核。

厂区绿化：玉环电厂提出"每年一小步，十年一大步"的厂区绿化目标，按照"绿色生态"的企业标准，积极践行"两山"理论，常态化开展保养维护工作，倡导不施农药化肥，筑巢引鸟。厂区绿化面积达40万平方米，占总面积的54%，乔、灌植物40余种1.6万株，绿篱1300株，成为名副其实的花园式电厂。

文明卫生整治：玉环电厂地处沿海，盐雾腐蚀和地面沉降较为严重，使得电厂的外在形象受到较大影响。为此，玉环电厂成立文明生产监督管理办公室，与质监办合力加强对文明生产的监督检查，2018年下发通报22期，发现问题444项。同时，实施楼长制、区长制、所长制，明确责任区和责任，确保文明生产治理的全覆盖。

防台措施：以往台风来临前，通常要采取大量的临时性防台设施抵御台风。通过树立"标准"意识，创新地提出采用防台专用防水板和防雨罩，将防台设施固化为基础设施，避免台风来临前大量的重复性工作，同时也达到了美观的效果。

三、火电企业引入基建监检模式的运维质量监督管理效果

（一）确保了设备健康水平及机组长周期安全运行

随着质量监督管理新模式的运用，玉环电厂设备健康水平得到进一步提升，安全生产基础更加牢靠，各项安全纪录不断被刷新，获得全国电力行业设备管理先进集体称号。四台机组保持稳定运行。玉环电厂四台机组同时在网运行79天，创6年来新高；3号机组修后安全运行超过260天，并继续保持稳定运行；1、4号机组均实现修后安全运行100天。机组性能进一步提升。在能源双控的电力形势新常态下，四台机组均能够快速响应电力调度需求，做到"令下则启，启则能并，并则能稳"，稳发电，多发电。锅炉防磨防爆收到成效。通过加强对金属壁温异常的质量监督管理，发现并处理2处受热面异物堵塞以及高再管接座拉裂的重大缺陷，成功解决多项受热面超标问题。锅炉四管无泄漏428天，创建厂之最。

环保各项指标优秀。据浙江省生态环境厅提供的省统调燃煤发电机组考核结果，全厂烟尘、二氧化硫、氮氧化物超标小时数连续三个季度为零，主要烟气污染物全部达标排放，为全额回收环保补贴电价创造了条件。机组全部实现全负荷脱硝。

（二）提升了企业核心竞争力经济效益显著

3号机组顺利完成C级检修后，玉环电厂又组织进行了1号机组和4号机组的C级检修。随着质量监督管理的不断深入，以往质量体系、质量行为、实体质量等方面存在的问题逐渐减少，修后质检点验收率、辅机投运合格率、自动投运率等指标均达到100%，1号、3号、4号机组实现了修后无非停的目标。

2016年，全年累计完成电量184.69亿千瓦时，税前利润13.45亿元，集团、股份排名第一。2017年，玉环电厂获浙江省能源局年度电力运行考核优秀单位，获得4亿千瓦时的奖励电量；全年累计完成发电205.32亿千瓦时，同比增长11.17%，税前利润继续保持集团第一。

（三）初步形成了火电企业质量监督管理新模式

玉环电厂坚持问题导向，以新理念拓展新思路，以新方法破解"老问题"。在原有质量体系的基础上，引入基建监检的模式，推行质量再监督管理。建立更加完善的质量监督组织体系、保障体系、评估体系及激励机制，初步形成运维质量监督管理新模式，并获得集团公司乃至电力行业的高度认可。玉环电厂被中国电机工程学会授予"电力科普教育示范基地"，为传播质量管理新理念提供了广阔的平台。

（成果创造人：赵　贺、李法众、陈　江、陈　戎、杜光利、司广全、沈　琦、柯文石、汪德良、杨百勋、曹剑锋、马巧春）

大型化工企业精益生产管理体系的构建与运行

瓮福达州化工有限责任公司

瓮福达州化工有限责任公司（以下简称瓮福达州公司）是国有大型企业瓮福（集团）有限责任公司的控股子公司，于2008年12月在四川省达州市注册成立，占地3000余亩，总投资50余亿元，现拥有年产120万吨选矿，120万吨硫黄制酸，40万吨磷酸，40万吨湿法净化磷酸，60万吨磷酸二铵，20万吨食品级、工业级磷酸盐，50吨碘，5万吨水溶肥等大型化工装置，同时配套3000万立方米磷石膏堆场和年吞吐量1200万吨铁路专用线。其中，40万吨湿法净化磷酸是世界规模最大、技术水平最先进的生产装置。在册职工430人，大专及以上学历职工占总人数的90.7%，拥有各类专业技术人才占总人数的57.2%。2017年实现营业收入23亿元，人均劳动生产率超过500万元人民币。

一、大型化工企业精益生产管理体系的构建与运行背景

（一）适应经济新常态、提高市场竞争力的需要

"十二五"以来，我国化肥总量保持快速增长，氮肥、磷肥产能、产量及消费量已居世界首位。国内化肥行业在快速发展的同时也存在诸多问题，主要表现在磷复肥产能严重过剩、产品同质化严重、价格快速下滑、资源困乏、市场竞争激烈、环保压力加大等方面。自2013年起国家逐步取消行业扶持政策，且连续三年上调化肥及原材料铁路运输价格。受2013年年底结转库存增加的影响，特别是磷酸二铵产品，2014年市场竞争进一步加剧，大多数企业艰难运行。同时，众多磷化工及磷肥企业远未达到专用化、精细化、高效化，不能适应不同客户的要求，不能满足国内外用户的需要，单位磷制品增值效益不突出；高技术、高附加值精细磷化工制品量小、质低，与国外同行相比差距较大。

（二）改变企业连年亏损、实现扭亏为盈的需要

瓮福达州公司全面转入试生产阶段以来，经过两年的运行，装置产能一直停留在设计产能60%的水平。由于产量较低，加上基本建设投入大，财务费用高，市场疲软，企业亏损严重，处于"小马拉大车"和连年"失血"的状态。存在的困难和问题一是生产不平稳，产量受限；二是市场低迷，原燃料价高、产品售价低；三是资金需求大，资金缺口大；四是小马拉大车，产品单一，固定费用大，主营收入小；五是环保压力大，管理任务重；六是外部费用高，比如水价、排污费、土地资源税等；七是安全生产形势严峻，保运等外协单位少数员工安全环保意识淡薄，"三违"现象时有发生等。如不及时改变这种不利状态，企业将会无法持续运转，更无法谈发展。

（三）提高生产运行效率、实现高效协同的需要

瓮福达州公司生产线全面贯通后，生产组织管理呈现出生产管理力量集中在机关，生产装置管理力量薄弱这种"头重脚轻"的情况，导致装置运行效果不佳，生产效率较低。主要表现在六大生产装置相互影响，管理系统性、协同性较差，任何一个装置出现停车等故障，都会导致其上下游装置相互受到影响，使生产组织不连贯，整体协调性差；生产不稳定、经济指标不理想，由于系统运行不稳定，设备检修频繁，生产系统开停车频繁，生产产量低，能耗高，系统物料损失大、成本高，与瓮福达州公司全面预算管理目标差距较大；采购渠道单一，保障能力弱，风险大、成本高，主要原料硫黄和液氨由周边的单一企业供应，形成唯一供应商格局，无论是供应数量还是交易价格均无话语权；安全环保压力大，内部管理不规范，瓮福达州公司是危险化学品二级企业，厂区内重大危险化学品种类繁多，具有易燃易爆、强腐蚀性、高温有毒等特点，且紧邻长江支流，安全环保工作尤为重要。

二、大型化工企业精益生产管理体系的构建与运行内涵和主要做法

瓮福达州公司以"安全环保、生产精品、响应市场、控制成本、效益最优"为目标,坚持"系统性和计划性"思维,坚持"稳产靠装备,高产靠工艺,长周期靠管理"思路,坚持在思想上树立精品意识、生产上实行精准控制、成本上要求精打细算、管理上实现精益求精,积极推动公司从粗放型管理向精益生产管理转变,在生产经营全过程和全流程构建和运行精益生产管理体系,走出了产出高效、产品安全、资源节约、环境友好的现代磷化工发展道路,实现了绿色发展和高质量发展。

(一) 建立精益生产管理的组织机构和工作计划

1. 成立精益生产管理体系工作小组

瓮福达州公司以目标为导向,以人为中心,以成果为标准,坚持市场导向,从市场需求出发。按照"企业跟着产业走,产业跟着市场走,市场跟着消费走,消费跟着时代走"的理念,积极探索满足时代需求的大型化工企业精益生产管理体系。2014年3月,瓮福达州公司启动了精益生产管理体系建设,成立了以董事长为组长的精益生产管理体系工作领导小组,总体负责领导、组织精益生产管理工作在公司的全面推行,负责精益生产管理工作的总体决策、方案实施、资源调配、部门协调、评价考核等工作。领导小组下设精益生产管理体系办公室,负责从生产管理方面、设备与节能管理方面、质量管理方面、供应管理方面、项目与研发方面制定精益生产管理体系实施方案,负责精益管理工作的日常推进管理、日程计划监控、信息收集与反馈、资料收集汇总等工作,负责组织协调与评价考核、交流汇报等工作,负责与相关部门、各生产装置精益管理工作专员对接,形成良好的组织沟通机制。

2. 制订工作计划

在精益生产管理领导小组的组织下,开始构建精益生产管理体系。本体系为瓮福达州公司内部管理体系,参考 ISO9000 质量管理体系的做法,形成了一套较为完整的体系文件和管理架构。对此,瓮福达州公司坚持目标导向和问题导向,从查找问题或确定目标开始,紧紧围绕生产经营的难点、管理工作的薄弱点开展工作,有的放矢;坚持市场导向,开发适应市场需求的精细化、专用化、高效化、功能化、环保化产品;坚持改革创新,大力开展制度创新、管理创新、技术创新,借助外部的知识和人才保持创新的持续性,保持公司的核心竞争优势。

构建过程分为四个步骤。第一步,深入一线,调查研究。收集数据,找出结症,为构建工作做好准备。第二步,认真分析,提出办法。对生产经营过程中存在的问题,进行全面深入的分析研究,提出切合实际的解决方案。第三步,运行实施,及时完善。在运行中检验精益生产管理体系,并不断修订丰富完善,同时加大宣传,积极推动。第四步,建章立制,规范管理。把经过生产经营过程验证的好的管理经验和办法,以制度的形式固定下来,使之成为工作中必须遵循的原则和要求,不断夯实管理基础。

3. 建立内部审核机制

按照目标科学、效益最大化、监督考核的原则,精益生产管理体系的运行参考 ISO9000 质量管理体系的运行模式,成立精益生产管理体系内部审核小组,体系内审员通过培训考试,掌握供应采购、生产管理、质量管理、财务管理、市场销售等各个方面的知识和制度要求。通过对本体系覆盖范围内的单位定期开展内部审核,验证精益生产管理体系的持续适宜性和有效性,识别精益生产管理体系潜在的改进方面,督促实施部门将文件管理规范化。通过内部审核,持续更新、修订体系文件,对精益生产管理体系构建和运行起到了关键性作用。

(二) 以"两性"思维系统指导精益生产管理

"两性"思维即指系统性思维和计划性思维。所谓系统性,就是所有工作均要从系统的角度去思考和安排,要有全局观、大局观,统一计划、统一安排、统一部署、统一调度、统一指挥,力求达到最优的协同效应。所谓计划性,就是所有工作均应纳入计划管理中,做到有预知、有计划、有措施、有准

备。在总体目标任务统筹下，利用计划性思维和系统性思维，提升工作的协同效率。

1. 系统性

第一，系统思考。要求各个生产主体和投资主体都要站在公司大局上来，系统思考和系统服从公司生产经营中心任务和战略部署，积极走产出高效、产品安全、资源节约、环境友好的现代磷化工发展道路。

第二，系统调度。以年度预算指标作为生产经营总体目标，在市场接受、装置产能允许的条件下，对当期产品效益进行系统动态调整，以磷资源为核心生产要素，按照多种组合产品的加权边际贡献最大化安排生产，使经营结果达到甚至优于年度目标。

第三，系统行动。在各项生产经营中，要求各业务板块系统性安排、系统性组织，系统推进精益生产管理体系和战略目标管理，提高整体绩效和管理水平。通过以销定产，以产促销，加强内部信息沟通，使各部门目标和活动协调一致，促进资源优化配置，保证最大限度地实现公司经营损益目标。

2. 计划性

第一，计划生产。认真分析生产装置的能力和保障，编制好生产计划，化年为月、化月为周、化周为天、化天为时，把生产计划分解到每个小时上，以使管理更加精细。每周五各装置将生产情况报生产运行组，生产运行组根据公司下达的生产指标，结合各装置生产状况，下达下周生产任务；调度室根据任务指标，统一指挥和协调安排生产，确保生产按照计划运行，有效避免装置与装置之间的影响。

第二，计划检修。将设备检修分为三大类：一是日常计划检修，二是非计划检修，三是年度集中检修。基本原则是强化日常计划检修和年度集中检修工作，减少甚至杜绝非计划检修工作。根据生产装置的特点，安排好日常检修计划和做好相关准备，保证检修项目按计划时间完成，使生产、检修两不误。每年安排一次年度集中检修，集中检修清理时间控制在8～10天；在集中检修前3个月，瓮福达州公司自上而下，全面梳理设备隐患，从中筛选出需要在集中检修期间解决的设备问题。为确保计划集中检修清理达到预期目的，严格控制检修进度要求，控制检修支出，同时确保安全。

第三，计划供应。一是生产装置根据生产计划、检修计划提出需求计划，保证所需物资按照计划供应。二是建立绿色应急通道，对急需的物资采用急件的办法加以解决。三是借助社会协助化，设立寄卖库，备一些常用的、通用的用于生产，确保供应满足生产。

第四，计划销售。瓮福达州公司销售工作根据外部市场条件和生产指标安排销售计划，及时完成销售任务，并辅助一些销售政策，保证销售的利润；降低产品库存，有效避免资金积压，从而实现了产供销各环节的平衡，拉动瓮福达州公司磷化工产业发展，切实推进营销战略。

（三）以"三靠"理念全面践行精益生产

"三靠"理念即指"稳产靠装备，高产靠工艺，长周期靠管理"。

1. 稳产靠装备

"稳产靠装备"强调要保障生产设备连续稳定运行，生产设备必须良好，必须保持很高的设备运行率和有效完好率。对此，瓮福达州公司制定了《特种设备管理办法》《设备隐患管理制度》《设备事故管理制度》《设备巡检管理制度》等一系列的设备管理、维护保养、巡检等制度，确保生产设备完好和有效稳定运行。在设备管理工作中，将所有设备按照设备价值和技术难度分为A、B、C三类分级管理，建立并完善设备维修技术档案，制定设备事故应急预案，根据三类设备的特性规定巡检频率。通过设备分级管理，提高重点关键设备的受控力度，确保生产的安全稳定运行。在日常管理过程中实行消缺管理制度，即机、电、仪专业工程师在日常工作中必须强化设备点检巡检工作，排查设备隐患和缺陷，列出设备隐患表，及时采取措施消除设备隐患。瓮福达州公司就是以这种"保胎"式的设备保运维修方式确保了装置设备稳定运行，设备的完好率、运行率一直处于超高水平，应急检修、非计划停车大幅度下降，装置有效运行率明显提高。

2. 高产靠工艺

"高产靠工艺"强调要不断创新，不断优化工艺技术，始终保持工艺技术的先进性，严肃工艺纪律，严格执行工艺参数，杜绝擅自改变工艺指标，提升操作的稳定性，保证操作的可控性，确保指标的唯一性，保证生产控制按照计划运行。为此，瓮福达州公司制定了《工艺技术管理制度》。在生产计划部的统筹协调下，六大生产装置从工艺指标控制、分析项目频率、工艺联锁、报警控制、操作规程、巡回检查、技术改造、生产记录等方面制定了详细的管理标准，通过对工艺技术设计内容的分解、细化、分工，保证化工生产过程中工艺技术管理工作有序开展。2014年至2018年8月，实施重大工艺技术改造和技术措施148项，为提升装置产量起到了决定性作用。

3. 长周期靠管理

"长周期靠管理"强调组织管理在保障长周期运行中的重要作用。对此，公司从组织架构、人员结构、管理制度、管理方法、调度流程、供应链管理等多方面进行了全面梳理和优化调整，使之更加适应和促进生产长周期运行的目标。在各基层单位和部门层面，要求结合自身实际，不断分析查找影响因素，提出有效的解决措施和方法，凝聚了全体干部员工的智慧和共识，积极为长周期、满负荷生产运营出工出力，献策献计。

（四）以"四精"措施提升精益生产管理水平

"四精"措施即精品意识、精准控制、精打细算、精益求精。

1. 在思想上树立精品意识

一是加强宣传教育。通过职工代表大会、党员大会、铁腕提质专题会、增设宣传专栏等方式，广泛宣传贯彻精品意识，提高员工精品意识。二是持续开展"质量提升年"活动。2015年以来，各部门及装置高度重视活动组织，从宣贯、质量培训、客户回访、劳动竞赛、生产物料、产品质量防控以及体系建设等方面开展了系列活动。三是每年9月开展"质量月"专题系列活动。通过开展多级质量培训，提升全员精品意识；以QC活动为载体，提升产品质量；开展劳动竞赛和技能比武，提升员工技术技能水平；开展合格供应商评价活动，保障采购原料及备品备件质量合格率。四是强化质量体系运行。落实质量管理责任，加强质量体系监督审核；加强产品包装和管理，制定了《产品包装及装卸管理办法》和《磷肥运输装车及现场管理规定》，从源头抓起，确保产品包装完好，不断减少破包率，杜绝污包问题。五是实施质量提升工程。2014年以来共实施质量提升工程超过40项。

2. 在生产上实行精准控制

一是各生产装置严格按照工艺要求组织生产，同时结合实际情况，不断优化工艺参数，严格按照参数指标进行生产，做到精准控制。二是组织对各生产装置重点、难点问题进行了技术攻关，众多问题通过技术攻关得到解决。三是广泛开展精准控制技能比武，例如行车技能比武、"优质保产"劳动竞赛、磷酸板框操作竞赛、化学检验工技能比武等，有效提升员工在生产操作中的精准控制，提升业务技术水平。

3. 在成本上要求精打细算

公司坚持以盈利为目标，以成本控制为抓手，推崇精打细算。一是逐渐形成了以计划为龙头、财务为核心、专业管理为支撑、考核为保障、资金计划为管控的全面预算管理体系，全面测算和管理生产经营各种成本费用。二是严格控制采购成本。三是严格控制生产消耗指标。通过加强对生产消耗指标考核、与绩效挂钩、责任到人等措施，全面控制生产消耗。经过全体员工的不懈努力，在产量提升后公摊成本有效降低，磷酸、PPA、DAP大部分产品的主材消耗保持在预算要求的消耗水平以内，多数消耗指标同其他生产基地相比也各有优势。四是严格控制维修费用。以"生产装备完好率高、系统设备运行率高、维修成本低"为目标，切实开展设备保运维修工作，实行计划性预防性维修保养、清理清洗，及时消除设备隐患、缺陷，通过计划性维修减少突击性检修。同时，大力开展修旧利废活动，合理降低备件的消耗，对外降低保运费、工程机械费、备件的采购费、零星外委的把控等，既降低维修费用又保证设备没有存在欠修情况。

4. 在管理上实现精益求精

一是提出"实施三个工程、实现三步目标"计划和"5853'十三五'发展规划"，提出了"创新转型促发展、提高效率增效益""以效率提效益、以时间换空间"等工作思路，很好地统一了公司的思路和办法。二是全面开展内控体系建设，将内控工作贯穿于企业经营活动的决策、执行和监督的各个阶段、各个层级，涵盖了企业管理每一项活动的始终，以保证经营活动的效益性、财务报告的可靠性和法律法规的遵循性，有效防控企业风险。三是高效推行"6S"现场管理。四是全面实施HSE（健康、安全、环保）管理。在基本建设和生产经营过程中加大投入，不断提升和完善健康、安全、环保硬件和软件，确保了企业HSE硬件、软件到位，干部员工思想到位，避免了重大事故和重大环境污染事件的发生。

（五）建立精益生产管理运行保障机制

1. 下基层接地气，进行把脉会诊

为掌握生产现状，推进精益生产管理体系的有效实施，公司领导深入生产和市场一线，走进车间、走进市场、靠近员工，从产、供、销各环节进行了面对面交流，全面了解生产经营过程中存在的问题和困难，掌握生产情况，深入分析问题症结，根据掌握的信息，科学分析，找出结症，获得了解决问题的路径和办法，形成有效的工作方案、管理制度。

2. 调组织定职责，实行专业管理

将各生产装置从生产部中分离出来，使各生产装置成为独立的生产组织单位，负主体责任，生产部则调整为生产计划部，将计划管理职能划归生产计划部；同时，将贸易发展部拆分为供应部和销售部，设立了物流部，突出供应、销售、物流职能，促进相关管理更加专业化、规范化、精益化。

3. 建规章立制度，推进规范管理

瓮福达州公司及时开展建章立制工作，先后建立健全了《设备备品备件管理办法》《生产调度管理制度》《资金计划管理办法》《产品核算管理办法》《备品备件需求计划采购计划管理办法》等160余个管理制度，使管理制度更加完善，执行更有依据。

4. 强考核抓执行，确保落到实处

为确保各项规章制度的执行，公司成立了相关工作小组，并制定考核方案，如现场管理小组、工艺执行小组、安全环保检查小组、设备运行组，要求每周定期或不定期检查和考核，并将检查考核结果上网通报。

5. 给人员建团队，不断充实基层

为各生产装置全面配备相关技术人员充实基层，同时进一步明晰管理层级，形成了以运行经理为核心、运行专业工程师为成员的管理团队，改变了原有的装置只有主任工程师一人单打独斗的尴尬局面，极大地提升了生产装置组织指挥和决策的能力和效率。

6. 抓调度抓指挥，实现协调有效

瓮福达州公司进一步强化调度室在生产中的调度指挥职能，对生产管理实行统筹计划，合理安排，确保各装置生产运行的协同性。由于装置多，相互关联、相互影响、相辅相成，同时涉及产、供、销等方面信息多而杂，通过统一的调度指挥，使生产系统更具有协同性。

7. 抓技术重创新，持续优化工艺

大力推行技术创新，对影响生产、质量和效率的各环节，立即立项技改，以保证生产在最优的工艺条件下运行。同时，出台了"金点子"、合理化建议等评选活动方案，及时奖励有贡献的员工。2015年以来，收集到的"金点子"、合理化建议共计372项，表彰奖励164项，其中"PPA装置反萃工序改萃取工序系统扩能技改"创新项目荣获四川省创新创效金点子合理化建议一等奖。公司获得专利63项，其中发明专利4项，实用新型专利59项；受理专利25项，其中发明专利22项，实用新型专利3项，不断挖掘瓮福达州公司持续发展的不竭动力和源泉。

三、大型化工企业精益生产管理体系的构建与运行效果

（一）不断生产精品响应市场，核心竞争力大幅提升

瓮福达州公司自2014年起逐步构建与运行精益生产管理体系以来，各装置产量不断提升，连续实现了达标达产、稳产高产、精益生产三个跨越。各类产品顺利通过国家化肥中心、四川省质监局、达州市质监局等上级部门的产品质量抽检与考核。磷复肥（DAP）优等品达99.6%，市场形象得到经销商和终端用户的高度认可；净化磷酸（PPA）产品质量更加稳定并取得了食品添加剂磷酸生产许可证，产品出厂合格率达100%，顾客满意度达99%。同时，工业级湿法净化磷酸、大量元素水溶肥料、工业磷酸二氢钾等8个产品被确定为四川省名优产品，极大地提升了公司的品牌形象。净化磷酸、磷酸盐等化工类产值比重由2014年的40%一路上升到2017年的56%，2018年1月至8月，化工类产值占比已达到65%。

（二）精益管理形成常态，高效协同提升管理水平

通过计划性和预防性的检修维护，瓮福达州公司各主要装置设备完好率和有效运行率持续向好，并保持非常高的水平，强有力地支撑了企业主生产装置安全、稳定、长周期、满负荷、优质运行，产品产量持续不断提升。发现和解决了一系列在生产、工艺、装备、质量、安全、环保、现场、基础管理等方面存在的问题，系统地总结提出了精益生产的概念、内在要求和做法，全面深化了基础管理工作，收到巩固基础、降低成本、改良装备、改进工艺、提高产能等一系列效果。

通过构建精益生产管理体系，建立健全了供应、销售、物流组织机构，制定了相关制度，产品主要原料消耗得到有效控制，开拓了产品客户、供应商资源和物流渠道，打破了主要原材料唯一供应商的被动局面，不仅保证了企业的生产经营需要，而且逐步提升原料供应保障能力。

（三）成功实现扭亏为盈和效益提升

瓮福达州公司自2014年实施精益生产管理体系以来，营业收入从2014年的16.6亿元逐年增长到2017年的22.95亿元；经营性现金流从2014年的1.03亿元增长到2017年的2.87亿元；净利润从2014年的－3.35亿元减亏到2017年的－1.98亿元，2018年1-8月盈利7009万元，彻底改变以前没有经营性现金流的局面，极大地提升了瓮福达州公司经营业绩和改善经营状况，实现了扭亏为盈的目标。

（四）普及绿色发展理念，实现安全环保六个零目标

瓮福达州公司先后共投入资金6亿元建设各类环保项目30余项，实现了废水、废气、废渣零排放及磷石膏综合开发利用。特别是在2017年迎接中央环保督察准备过程中，公司环保设施进一步完善，管理工作进一步加强，干部员工安全环保意识进一步提升。瓮福达州公司先后获得四川省环保良好企业、四川省节能减排先进集体等荣誉称号。2014年至今，瓮福达州公司工伤事故为零，设备事故为零，操作事故为零，火灾、爆炸事故为零，交通事故为零，环境污染事故为零，实现安全环保六个零目标。2017年，荣获四川省安全生产标准化二级企业（危险化学品），树立了良好的社会形象。

（成果创造人：黄光柱、付　勇、徐　进、黄世刚、孙建松、冉瑞泉、
刘立锋、文小兵、傅忠德、孙应伦、邓信立、杨培德）

采油企业以提质增效为目标的"五全"精细管理

中国石油天然气股份有限公司长庆油田分公司第三采油厂

中国石油天然气股份有限公司长庆油田分公司第三采油厂（以下简称采油三厂）成立于1971年，生产区域横跨陕西、宁夏2省5市11县1.17万平方千米，管理着靖安、姬塬、油房庄、红井子等11个油田，现有员工6575人，是一家以油田开发为主，兼有产能建设项目管理和技术研究攻关等业务的专业化采油厂，先后荣获"全国五一劳动奖状""中央企业先进集体"等百余项国家、省部级荣誉。2010年至2016年连续7年稳产400万吨以上，2017年生产原油377.3万吨，实现内部利润313759万元。

一、采油企业以提质增效为目标的"五全"精细管理背景

（一）应对国内外低油价形势的现实需要

"十三五"以后，国内经济增速放缓，低油价风险依然影响中国石油的生存与发展，国内经济下行压力加大，产能过剩和需求结构升级矛盾突出，经济增长内生动力不足，对企业生产经营具有实质性的影响。在这种背景下，就挑战原油生产成本底线来说，传统的采油生产组织模式表现粗放，在一定程度上已经不适应提质增效的要求，倒逼采油厂提质增效。因此，采取积极有效的精细化管理，实现油田的经济有效开发，增加效益产量，打好低油价这场硬仗，已然成为采油厂当下首要的任务。

（二）支撑长庆油田5000万吨持续稳产的重要举措

在实现5000万吨发展目标之后，油田公司从企业规模、油气产量快速攀升的快速发展阶段转向了更加注重质量效益的稳定发展阶段，进入了发展速度的换挡期、深化改革的转型期和优化完善的调整期。面对着发展的"新常态"，油田公司明确"2345"发展战略，为采油厂指明了任务和方向。采油厂必须由规模建产向精细管理转变、由新区上产向老区稳产转变、由注重规模速度向突出质量效益转变，精细生产管理，深挖油藏潜力，支撑油田公司5000万吨稳产。

（三）提升采油企业现代化管理水平的需要

采油三厂生产建设区域点多、线长、面广，队伍分散在广袤的戈壁荒漠和群山沟壑中，生产组织和日常管理难度较大。从1992年到2010年，采油三厂原油产量从不足20万吨攀升到420万吨，在生产快速发展的同时，尽管企业也在不断改进、优化管理方式和方法，但管理水平提升的速度始终没有跟上产量规模的增长速度，粗放型、经验型管理现象普遍存在。为走出困境，适应"大油田管理、大规模建设"的发展要求，采油三厂唯一的出路就是向管理提升要效益，转变过去重生产、轻管理的粗放型管理方式，摒弃那些传统的、已不适应现时要求的管理方法，全面实施精细管理，实现企业有质量、有效益、可持续发展。

为此，采油三厂以提质增效为目的，实施全员、全过程、全要素、全方位、全周期"五全"精细管理，提升油田精细化管理水平，适应长庆油田稳中求进、稳产增效的发展要求。

二、采油企业以提质增效为目标的"五全"精细管理内涵和主要做法

采油三厂以"持续稳产、提质增效"为目标，以管好每一口井、花好每一分钱、用好每一米进尺、开发好每一个油藏、管控好每一处风险、调动每一个人的积极性为核心内容和具体抓手，紧抓人、井、油藏、管线、设备、站六要素，突出井上保产量、站上保安全、井区保民生、素质促发展、油藏保稳产、管线保环保六项管理重点，实现全员、全要素、全过程、全方位、全周期精细管理，生产运行有序

高效，油田开发稳中有进。

（一）明确"五全"精细管理总体思路，奠定精细管理基础

1. 优化完善管理机制

从岗位、井场、班组、井区、作业区、采油厂六个层面入手，建立长效工作机制，提高队伍基本素质，优化运行降本增效，加强基层基础管理，提高管理执行效率，提升精细管理活力，精细生产运行管理。

一是岗位层面建立员工能力评估机制。以员工星级评定、能力评估为抓手，坚持公开、公平、公正，坚持动态考评，坚持责权利相结合，将评估结果和奖金挂钩。

二是井场层面建立井场无人值守模式和片区化管理机制。以"可控无人值守井场＋井长（站长）负责制"新型井场管理模式为抓手，注重可控无人值守井场建设、落实井长（站长）片区负责制、配套业务承包激励政策三个关键环节。

三是井区层面建立自主管理机制。建立井区自主管理机制，在定员、定岗、定薪的基础上，适度有效授权，将产量、注水、成本管控等7大项18个具体管理事项下移到井区，将部分票证办理、材料领用等管理权限下放到井区。

四是作业区层面建设简序放权工作机制。在生产组织权、人力调派权、经营管理权、物资采购权方面，按照"简化程序、充分授权"的思路，在合规的基础上，简化申报审批程序，充分授权；本着权责统一性，规范管理，科学调配好有限资源，抓好安全环保，带好队伍，完成生产任务，成本不超不挂。

五是采油厂层面建设前指生产指挥机制。按照"靠前指挥、集中管理、统一协调、一体化运作"的要求，精细运行提质量，创新组织提效能，实现管理增效。

2. 制定现场精细管理标准

在整理汇总制度、标准、管理程序的基础上，编制油水井、站点、井区、油藏四个层面的精细管理规范及标准，编印《员工行为素质手册》和《视觉管理标准手册》两个独立附件，回答精细管理"干到什么程度"的问题，使生产现场的管理提升工作有规范可依、有标准可循。

3. 完善管理体系

以体系化管理的途径推进管理提升，固化经过充分实践的管理方法、制度、标准、载体，构建以绩效考评体系为核心，以HSE管理、质量管理、市场化考核、"六个一"管理提升、"五位一体"人力资源管理等为配套支撑的"1＋N"管理体系，使管理提升实现常态化、制度化、系统化。其中"1"是指绩效考评体系，突出业绩导向，注重综合应用发挥激励作用，倒逼管理提升，"N"是指HSE管理体系、质量管理体系、市场化考核体系、"六个一"管理提升体系、"五位一体"人力资源管理体系。

完善绩效考评体系。绩效考评体系建立在"三基"工作精细考评的基础之上，编制形成体系文件（管理手册、实施细则、程序文件3册），2015年10月21日发布实施。经过四年的运行，形成以业绩为导向，以绩效指标考核为重点的分时间阶段、分业务类别、分基层单位的绩效考评体系，分油田开发、生产运行、工艺工程等9个板块28个业务，分单位类别制定关键指标。

完善市场化考核体系。按照"谁使用、谁考核"的原则，"突出单项考核、重视结果应用、实现优胜劣汰"的思路，突出使用单位考核主体的作用，涵盖工程、物资、服务3大领域17项业务，严格招标准入、合同签订、过程监管到结算考核的全流程监管，实施单项考核（日常考核）、月度累计、季度汇总，形成年度综合考核结果，实施ABC分类管理。加强考核结果应用，将考核结果作为扣除违约金的依据、清退服务商依据、项目结算依据、工作量安排依据、谈判选商依据、续签合同的依据。2013年试点考核，2015年编制形成市场化服务商考核体系文件（管理手册、实施细则、程序文件3册），于2015年11月6日发布实施。

完善"五位一体"人力资源管理体系。围绕管理和技术两条基本发展路径，畅通工人聘干、技师选拔、专家（标兵）选聘、科干提拔、干部有序退出5个通道，不断完善有进有出、能上能下的用人机制。2016年年底初步建立了员工管理体系，编写形成了员工管理体系文件（管理手册、程序文件两册）。

（二）践行"先打基础后精细"的理念，夯实精细管理基础

1. 创建适应新条件下的三基工作法

在不断完善适应数字化、信息化、标准化、市场化条件下新型生产方式、组织方式、管理方式的同时，探索三基工作落地的抓手，初步形成了三基工作法。一是加强基层党支部建设，把基层党支部打造成保障有力、服务到位、作用突出、业绩优良的坚强堡垒。二是抓好基层领导班子建设，打造坚强有力、团结协作、清正廉洁、勇于担当的优秀管理团队。三是加强井区、基层队建设，坚持"站点保安全"的管理理念，以"管控好每一处风险"为目的，推进HSE标准化队站建设，建立标准统一、合规管理、操作规范、设备完好、场地整洁的HSE标准化站队。四是夯实班组基础建设，建立班组长培养、选拔、任用机制，选配具有一定文化程度、责任心强、作风正派、技术熟练、敢于管理、善于团结人的优秀员工担任班组长。五是落实八项岗位责任制，分类建立岗位专责制，健康安全环保制，交接班制，数字化监控及巡回检查制，质量、标准与业务监管制，设备维修保养制，思想政治工作及岗位练兵制，井站核算制的"八项岗位责任制"具体工作内容。

2. 总结精细管理工作经验

以"六个一"精细管理为主题，发动基层干部、井站岗位员工，以岗位工作写实、实际操作方法总结、创新创效经验等形式开展"总结好经验"活动，形成好经验、好做法。建立征集、评选、奖励、分享和推广机制，引导全员立足岗位思考、实践、创新管理提升，干好本职工作，建立形成"经验征集—经验评选—经验分享—经验推广"长效机制。

3. 创建精细管理示范

一是创建场站管理示范点，以提升场站现场管理为目的，培育场站现场管理示范站，形成"五字风险辨识法"等安全文化建设示范站，以及"阳光团队"队伍建设示范站，总结提炼先进的场站精细管理方法，在全厂形成示范带动效应。二是创建精细管理实验区，围绕多层系油藏精细管理的难点问题，优选基础较好的采油作业区进行先导性创新实验，持续深化应用"三分一化"（分对象、分环节、分层级，规范化）精细注水管理法，探索出"三抓一考"（抓动态、抓注水、抓时率，量化考评）油藏精细管理模式。三是创建新时期岗位责任制建设示范点。针对班组岗位责任制建设的薄弱环节，建立新时期岗位责任制的内容和考核办法，在采油井区创建新时期岗位责任制建设示范点。

4. 选树精细管理先进典型

开展放心系列评选活动，选树井场、班组、井区管理提升好典型，激励和调动干部员工参与管理提升的积极性。坚持"自评申报、集中验收、量化考核、阳光透明、基层互评、客观公正、严控比例、注重质量"的原则。评选内容包括放心井区、放心班站、放心井场。评选方式采取在作业区日常基础工作检查的基础上，抽调机关、基层管理人员组成评选小组，按标准进行评选。

（三）管好每一口井，实现原油产量持续提升

1. 管好油井，发挥产能最大化

一是推行单井差异化管理。建设三级防控体系，实施单井分类监控、分级管理和目标管理，确保单井产能的有效发挥。二是实施井筒预警管理。依托数字化工况平台，构建"厂—作业区—生产单元"三级井筒预警管理体系，抓好日常管理预警和综合治理预警，实时监控分析油井生产动态，提升井筒管理水平。三是优化油井措施结构。贯彻执行"能弱不强、能常规不特殊"的措施原则，优选措施工艺、优

化施工参数，控制大型压裂措施规模，突出低成本、短平快的酸化措施。四是加强低产井、长停井分类治理。以经济效益开发为前提，对有潜力的低产井进行分类治理，复产长停井，关停低产井，有效提升单井日增油量。

2. 管好水井，补足地层能量

一是注水系统精细管理。采取注水压力界定、注水泵泵头改造、水源井潜力挖掘等措施，确保系统稳压注水，提升注水泵效与时率；采取优化节能设备、管网优化、采出水有效回注等措施，节约水资源，有效降低注水系统单耗，提升注水系统效率。二是优化水井措施结构。按照"油水并重，水井优先"的原则，以进一步提高水驱动用为目的，推广应用酸化降压、酸化调剖、深部调剖、补孔调剖等工艺，确保注够水、注好水。三是实行"三个强制"，进行注水井井筒专项治理。强制活动车洗井，分清、污水井采取不同洗井周期，清水井半年一次，污水井季度一次；强制超年限井检串：按照清水井大于等于5年，污水、分注井大于等于3年，对超年限井强制检串，净化井筒环境；强制带压作业，对防控水量大于200m³、防空时间大于3天的注水井强制带压作业。配套专项费用补贴，通过细化节点、强化监督、量化考核，有效改善井筒环境。四是注水实时监控。建立注水井工况平台，实现超欠注实时管控，数据对比分析，注水井远程调配，确保精确平稳注水。

3. 管好站点，提升班组管理水平

一是实施班站精细管理。坚持"一站一策"方针，按照"把优势做优、将短板补齐"的思路，以"解决问题"为导向，从查、找、改班组管理薄弱环节出发，分析班组创建过程中存在的共性问题、个性问题，为班组制定有针对性、可操作强的创建方法和措施，提升班组精细管理水平。二是实施站点优化简化。以"关、停、并、转、减"为手段，应用"小型化、撬装化、集成化"设备，对站点实施优化简化，节约费用，减少用工。三是减少原油拉运站点。根据区域分布、层系、液量、含水及拉油距离，通过自压输送、增压输油、集中拉运及完善地面配套等措施，对拉油点实施改造，减少拉油点，减少拉运液量，节约拉运费用。

4. 管好管线，提升管道管控能力

一是建立管线监控层级责任体系。分类分级划分管理和巡护职责，成立以厂主管领导为组长，由各单位生产主管领导组成的领导小组，全面负责管道运行管理工作，提高管线运行管控水平。二是建立管道风险评估体系。编制《管道运行风险评估百分制综合打分表》，根据管道管径、输送介质、环境敏感程度等情况，量化打分确定管道运行风险A、B、C等级，依此确定维护时机、维护方式等针对性措施。三是建立管道完整性管控体系。以"消除安全隐患、提升运行效率"为目标，从管道源头建立风险控制程序，强化管道运行及预警管理，加大隐患管道治理力度，逐步建立管道完整性管控体系，提高治理针对性、准确性，降低安全环保风险。

5. 管好设备，突出设备完整性

一是加强设备完整性管理。坚持"预防为主、保修结合"的原则，建立"当班班检、站长日检、井区旬检、作业区月检"的设备层级检查制度，做到重点设备重点监控，备用设备动态监管。二是推广应用设备再制造技术。将闲置缺配件的抽油机，进行部件再制造装配为完整抽油机，并防腐处理，以备产建新投井、评价井、机抽水源井调剂使用。开展注水泵废旧柱塞、泵阀"镀层"处理再制造试验，提高使用寿命。

（四）花好每一分钱，实现开源节流降本增效

1. 实行顶层设计，完善管控体系

一是推进全面预算管理。巩固"管业务必须管成本"的双向管理格局，深化主干费用业务部门对口管控模式，专项工作匹配专项费用。实施三级预算管理机制，将预算指标分别下达至各费用管控部门、

基层单位。二是建立降本增效目标考核管理机制。制定《开源节流降本增效优化实施方案》，配套完善井下作业费、材料费、燃料费、业务外包费、电费、运费等涉及操作成本主干费用优化的子方案，明确各项费用控降措施，提出节能技改、数字化运用等努力方向，确定各项费用自主调整的实施办法。制定《开源节流降本增效目标考核追责办法》，采取经济和行政两种手段，对基层单位（生产单位、辅助生产单位和科研单位）、领导班子及班子成员、党政主要领导的主体责任进行考核追责。

2. 实施"四级"对标，强化成本管控

一是建立厂—作业区两级互动式对标管理运行模式。厂层面结合生产数据，实施同区块作业区整体及各费用要素、各指标的对标和全厂各单位的对标，并将两类对标结果及时反馈；作业区层面推进基层生产单元对标管理。二是开展"单站消耗和单井效益中心"对标活动。站点成本对标方面，开展站点电费、材料费、燃料费、维修费等主体费用对标分析，制定成本挖潜措施，使经营、生产形成指标监控—监督整改—优化标准的循环联动。单井成本对标方面，推行单井加药、热洗、材料、井下作业的井筒"四费合一"管理运行模式。突出日常的加药、热洗，减少作业频次，提高采油时率，有效控制单井维护成本。

（五）用好每一米进尺，实现储量和产量有序接替

1. 推进勘探开发一体化

按照立体化增储建产的思路，平面上找发现，纵向上寻突破，推进勘探开发一体化，寻找优质建产储量。

2. 优化方案部署

一是持续优化部署。按照效益排队的原则，从区块、层位、井型三个方面，优化部署新钻井，力争用最少的投资，产生最大的效益。二是优化储层改造。树立"储层改造工艺是解放储层产能的钥匙"的理念，坚持"一把钥匙开一把锁"的原则，量化产能主控因素，完善储层改造体系，有效提高单井产量。三是超前注水。坚持优化井场组合、优化试投作业、优化注水系统、超前水源配套、超前注水骨架、超前管线铺设、超前投注水井的"三优先、四超前"原则，在产能和规模落实的前提下，投注超前注水井。

3. 实施过程管控

严把方案设计、队伍准入、入井材料、制度落实四个关口，狠抓监管程序、监督管理、整改落实三个环节，确保每一口井的工程质量，实现井身合格率、固井合格率、方案符合率、一次压裂成功率、抽汲合格率100%。

（六）开发好每一个油藏，实现地质认识更加精准

1. 重新认识油藏特征

深入以韵律为主的单砂体精细刻画，在岩心观察描述的基础上，总结单井沉积微相构型模式，建立单砂体平面与纵向分布模式，进一步细化注采连通关系。

2. 重新认识水驱状况

研究水驱前后储层特征，在单砂体内部构型精细刻画的基础上，结合检查井、加密井等资料，研究水驱前后储层特征变化，量化剩余油分布，为油田开发调整提供依据。

3. 重新认识技术政策

应用油藏工程、动态分析等方法，以合理压力恢复速度和保持水平为目的，精细注采调控，合理开发技术政策。新区探索合理开发技术政策，缩短见效周期、扩大注水见效范围、均衡平面见效程度；老区的重点是精细井组的注采关系，减缓油井含水上升速度。

（七）管控好每一处风险，实现采油厂本质安全

1. 强化层级安全责任落实

按照"党政同责、一岗双责、全员负责、失职追责"要求，进一步明确职责。专业委员会突出专业监管、技术支撑；安监部门强化检查督导、服务协调，业务部门强化直线责任、日常监管，生产单位强化属地管理、贯彻执行。前者成立安全环保督查组，基层单位成立安全环保督查室，推行层级管理方法，推动各层级责任履行。

2. 抓好关键环节风险管控

一是抓好作业许可管理，严把"申请、批准、实施、关闭"4个环节，突出责任归位，明确管控主体，严肃票证签批审核，严格现场安全措施落实。二是抓好方案变更管理，严格执行《工艺和设备变更管理办法》，变更前进行变更过程的风险评估，变更时制定合理可控的风险消减方案。三是抓好承包商管理，严格资质管理，严格现场人员、设备、安全条件等与招标文件的一致性审查，建立承包商的甲方约束管理机制。

3. 加大隐患问题削减力度

一是重点隐患消减，遵循隐患分级治理原则，确立公司及厂内两级隐患治理项目，制定隐患治理部门负责、专人跟进、节点控制制度，推进隐患治理的有效性和实效性，确保重点领域、要害部位、关键环节隐患得到有效治理。二是现场问题消减，按照"控问题总量、减问题增量"的思路，推行"两张表"工作法（对基层单位检查存在问题的整改统计表，对其他单位存在问题的举一反三查改统计表），实现问题闭环管理。三是持续开展安全大检查大讨论活动，发动全员参与，梳理近年来的重复性问题、类似性事件，系统地分析研究，从根本上完善制度，建立机制。

4. 抓好员工风险管控培训

一是实施分层培训，对管理、技术人员突出责任意识教育，对岗位员工突出风险管控培训，对业务承包人员突出岗位技能培训指导和风险交底。二是开展危险因素、环境因素辨识控制，全员安全生产大讨论，安全事故我来讲等主题活动，鼓励全员立足岗位查找风险，落实风险防控措施，确保生产现场过程风险有效受控。

（八）调动每一个人的积极性，实现精细管理落地生根

1. 实施惠民工程

一是收入待遇方面，坚持"公平也是待遇"的理念，薪酬分配向前线倾斜、向生产单位倾斜、向一线员工倾斜，做到作业区与后勤不同，银川与前线不同，生产单位与辅助生产单位不同，东线与西线不同，确保前线员工收入基本稳定。二是正常倒（轮）休方面，将机械、简单、重复的维修抢险，井场巡护，后勤生活服务等业务外包，有序推进可控的无人值守井场建设，缓解用工紧张局面。落实一线操作员工上二休一的倒班制度和干部的年休疗养制度。三是职务（职称）晋升方面，积极表彰先进，公平公正公开选聘干部、评聘专家。

2. 开展工团活动激发员工积极性

一是打造没有围墙的文化中心。成立书法、摄影、文艺、体育四个协会，基层单位成立相应兴趣小组。二是构建群众性创新创效的良好环境。以劳模工作站、劳模工作室为平台，围绕现场实际问题，开展"小改革、小改进、小创新、小节约"创新创效活动。建立创新创效成果发布、奖励、推广机制，举办创新创效成果展，营造全员创新的氛围。以省人、省钱、省力、安全、环保、防盗为主攻方向，重点围绕安全环保、节能减排、降本增效、修旧利废、民生改善等方面，发动员工开展创新创效。

三、采油企业以提质增效为目标的"五全"精细管理效果

(一) 保障了油气生产运行平稳有序

在以提质增效为目标的"五全"精细化管理的作用下,有效保障了采油三厂产量和效益实现持续增长。采油三厂 2006 年以来原油产量以每年 20 万吨以上的速度持续增长,2010 年跨越 400 万吨,2012 年达到 436 万吨,近年来,持续保持全国特大型采油厂地位,持续保持特低渗透油田高效开发的典范地位,全厂实现了多年低含水开发,保持了一类开发水平。

(二) 促进了经济效益的稳步增长

通过以提质增效为目标的精细化管理,采油三厂工业产值连续多年保持 200 亿元以上高位。五年来,全厂共实现主营业务收入 898 亿元,利润总额 381 亿元;投资回报率逐年上升,从 2012 年的 14% 提升到 2016 年的 32%。采油三厂的快速发展为积极促进地方就业、支持和带动地方经济发展做出了贡献,实现了企地"互利、共赢"。采油三厂的发展也得到了社会的广泛认可,先后荣获科研成果 95 项(其中,荣获国家级科技进步奖 5 项,省部级科技进步奖 8 项),获得国家专利 15 项,并获得全国五一劳动奖状等国家级荣誉 35 项。

(三) 推动了企业管理水平持续提升

实现"五全"精细管理将采油厂整体工作和各项管理置于全员、全过程、全要素、全方位、全周期的模式框架内,将分散的工作进行了系统整合,对油田的系统性管理做了整体规划与布局,对人、制度、技术诸要素进行了有效贯通,建立了明晰的管理导向,推动了整体管理水平的提升。通过"五全"精细管理,采油三厂厘清了管理思路,找准了控制重点,有效适应了管理区域广、幅度大、难度高的现状,解决了在油田开发中的专业化职能管理分散、管理有效性不足等诸多问题,真正实现了提质增效,使油田开发步入良性循环。

(成果创造人:高占武、高小东、杨学峰、贾生军、齐连庶、刘尧刚、牟 瑾、时 蕾、张 煜、赵防震、李晓明、尚根社)

航空主机制造企业均衡排产管理

昌河飞机工业（集团）有限责任公司

昌河飞机工业（集团）有限责任公司（以下简称昌飞公司）隶属中国航空工业集团公司，始建于1969年，是我国直升机科研生产基地和航空工业骨干企业，具备研制和批量生产多品种、多系列、多型号直升机和航空零部件生产的能力。产品基本覆盖1吨级到13吨级直升机型号，主要产品有直8、直10、直11、AC310、AC311、AC313等系列直升机。现有资产总额198亿元，占地面积350万平方米，职工近7000名，工程技术人员1800余名，具有中高级技术职称的1000余名。拥有各类生产设备4500余台套，具有雄厚的科研生产技术实力，是国家认定的企业技术中心，设有博士后科研工作站。

一、航空主机制造企业均衡排产管理背景

（一）有效满足客户需求变化的需要

随着我国经济的快速增长，周边日益复杂的趋势带来巨大压力，需要快速建设一支现代化装备的强大军队来维护国家利益。在新的军事思想指导下，陆军作战模式由单一地面向空地立体转换，海军作战模式由近海防御向远海防卫发展，对各型直升机的需求量增加且多样化。军改后，部队转向以实战为目标，对直升机的需求极其紧迫。面对客户需求变化，在承接任务的同时，如何科学排产、精确执行、确保准时交付，需探索一套与之相适宜的柔性制造的均衡生产模式，从根本上解决管理瓶颈，实现企业均衡生产、快速交付。

（二）有效应对航空产品小批量、多品种，生产任务不均衡现状的需要

近些年来，航空产品大力开拓，形成了众多新老平台并存的发展格局。比如直升机产品已经覆盖了从轻型到中型各个吨位的平台。同一平台的产品，因用户的不同或任务需求的不同，也会衍生出不同构型的产品。直升机的特点是实用性强、客户范围广、单一客户需求数量小，产品构型多，带来的产品的图号品种多；零件投产批量小，客户的要求复杂多样，生产任务不均衡，由此带来的计划管理难度加大，而生产计划的好坏也直接反映了生产效率。因此，需构建均衡排产体系，做到早策划、早启动、早安排，将公司产能充分利用起来，消除以往的忙闲不均的生产组织模式，提升公司的均衡生产。

（三）改变传统生产组织方式，深挖内部潜力的需要

昌飞公司传统的生产组织方式是单一的拉式生产，产品制造周期较长，零部件的配套需求集中，厂内数十个零件加工车间步调不一致，造成大量的库存和两金积压，也不能根据客户需求的变更实现生产的快速切换。因此，面对新形势、新的军方客户供货要求，必须突破原有的生产计划模式，采用推拉结合的投产模式，才能有效缓解生产周期紧张、消除生产任务不均衡，实现混合式柔性生产。从国际对标来看，昌飞公司的生产制造能力、企业管理水平等距离欧美先进直升机制造企业还是存在较大差距，需要迅速提高产能、提升管理，快速适应直升机行业的大好形势，在现有资源的基础上深挖内部潜力，缩短与先进制造企业的差距。

二、航空主机制造企业均衡排产管理内涵和主要做法

昌飞公司通过长线排产规划分析发掘多构型整机及部件生产线产能不足风险，提前开展生产线工艺布局调整工作，按精益生产和节拍装配理念对瓶颈零件生产线和整机部件装配线进行柔性工艺布局调整，实现年度交付计划的均衡排产，并指导原材料及零件的预先采购与投产，推动原材料和零件的提前储备，实现零件配套生产的均衡。运用B流程改善的理念努力构建生产计划的事前风险管控和事中现

场问题快速排除机制，对生产计划执行前的能力风险进行识别，通过产能外扩和提效技术攻关进行化解，对生产计划执行过程中暴露的现场问题纳入多种管控平台进行快速处理和解决，以此构建以均衡生产为核心的多级计划排产体系，取得了显著成效。

（一）以生产能力平衡为目标，构建均衡生产的四级计划管理体系

为实现主机制造的整体均衡性，昌飞公司着手打造以能力平衡为基础的生产计划四级管理体系：0级（五年排产规划）、一级（年度网络计划）、二级（生产计划）、三级（车间作业计划），如图1所示。

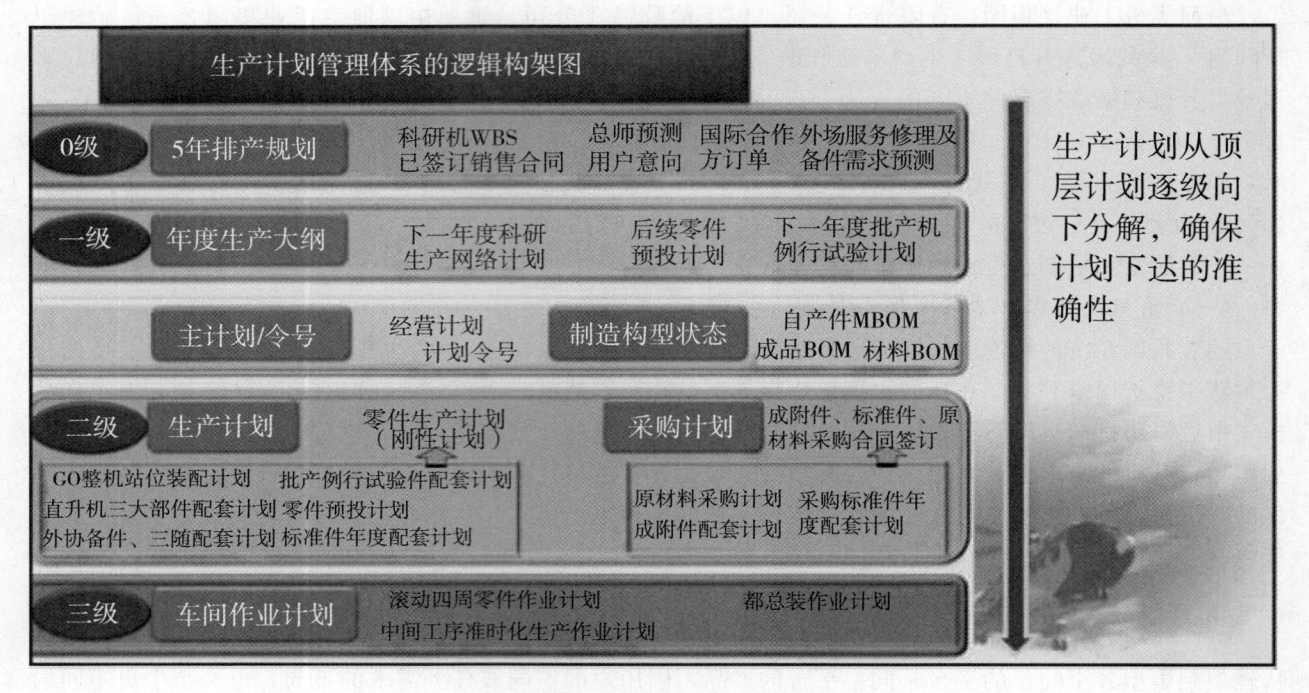

图1 昌飞公司的计划体系

0级计划：指五年排产规划。是由公司多部门共同编制的未来五年的框架式生产规划。根据未来5年公司的发展趋势，对公司的总体任务和可利用资源进行分析，提出整体工业布局规划需求，决策生产线布局调整，提前开展各类生产准备活动。五年排产规划是公司生产经营的主导依据，是对后期生产平衡性的重要保障。

一级计划：指年度生产大纲。是在五年排产规划的基础之上，在根据关键成品供应商能力、零件储备情况，编制出未来的一至二年的一级网络图计划。包括下年度生产网络节拍生产计划（拉式计划）和对五年规划的分解预投产计划（推式计划）。年度生产计划是公司生产的主计划，指导公司生产活动开展，是生产采购计划提前量的保障，为生产平衡策划提供足够的周期。

二级计划：指零件制造等生产计划。在确定全年部装、总装网络节拍后，对各机型架次的零件需求的分解计划。生产计划的包含配套计划和储备计划，生产计划能力平衡是对各制造车间的能力均衡分布和均衡制造的整体分析，为实现年度任务奠定基础。

三级计划：指车间作业计划。零件车间作业计划是有限能力计划，车间在满足刚性计划节点的前提下按合理投产数量进行合并批量排产，对于短周期零件按生产效率指数进行周计划平衡分析；对于长周期零件按加工时间对工序完工节点排布到天，对每天设备组占用能力进行平衡分析，在设备组能力出现不足的情况下，采取诸如设备班次调整、工艺优化提效、外协加工或厂内转移工艺路线等措施加以干预，保证计划可执行。

各层级计划平衡的关系为：0级计划平衡是从规划层面达到产能与需求的统一，并确保年度计划可执行；一级计划主要是平衡根据车间能力的分配。如果年度计划无法达到平衡效果，则返回0级计划。二级计划的平衡是在各车间生产能力平衡结果的基础上的调整工作，如果不能达到平衡效果则返回以上一级计划或0级计划。三级计划平衡主要是车间内部的周期性平衡，主要是通过内部的措施达到满足需求节点的生产组织。

（二）编制中长期（五年）规划，指导企业生产工艺布局调整

五年排产规划是组织企业规划、项目指挥、生产、技术、供应、销售等部门共同编制、评审未来五年的总体排产和规划。在任务输入上，按照任务性质将输入分为批产、科研立项、转包订单、整机部件修理、备件（动部件）等，对任务进行分类识别，不同任务编制不同的输入和审批表单。生产部门统一收集整理，按照订单合同、意向合同、市场预测的优先级进行排产，在规划排产过程中，还要考虑市场预测、意向合同向最终合同订货转换的成熟度，给出明确标识，并制定应急预案。根据五年规划的排产结果，综合公司的总体任务和生产资源，提前策划未来五年的发展方向，规划工业布局，指导生产组织。调整生产线布局，提前开展各类生产准备活动，保障生产流程中人、机、料、法、环、测满足生产布局的调整需求。昌飞公司在2015—2016年根据未来五年排产规划，对铆装节拍生产线、总装脉动生产线以及核心零部件生产线布局进行调整，达到了提升产能的目标。

（三）建立基于推拉式结合的年度计划排产计划，有效平衡年度产能

1. 查找关键瓶颈，平衡年度产能

年度计划排产。优先保证已签订的合同交付节点，公司整体平衡，明确下一年度各机型各阶段部装、总装、试飞的生产交付目标，编制出未来一至二年的一级网络图计划。公司年度计划排产涉及面广，需收集分析的数据多，排产既要考虑用户需求的紧迫性又要考虑到公司的产能。查找出关键项目的能力，如铆装能力、总装能力、自产大部件能力、关键产品配套能力、关键原材料供应能力等，最后依据最小（瓶颈）能力进行决策，即公司实际交付能力。例如，××型号产能指数分析如表1所示，得出最终产能指数为34.5。依据瓶颈能力进行年度计划排产，提请公司根据分析结果进行决策。

表1 ××型号产能指数分析

序号	××型号关键评估项目	产能指数
1	铆装能力	41.4
2	总装能力	46
3	自产大部件配套能力	36.8
4	关键成品配套能力	34.5
5	关键原材料供应能力	41.4
6	最终产能	34.5

年度计划平衡。首先按客户要求的交付节点将各型号的均衡排产至月产出数量，其次平衡装配车间产能，根据关键成品供应商能力、零件车间产能、零件储备情况等，若产能无法满足则再次返回月交付计划排产，直至均衡；经评估确实存在总体产能或者局部月份产能无法满足生产计划交付需求的，则需再次反向平衡五年规划。

2. 构建全机实物站位和数字化相结合的节拍生产线

按整机装配顺序确定站位如图2所示，由技术人员按照新的站位，进行指令的划分以及前置指令的梳理。建立站位结构的指令树，将装配所需零部件全部关联，生产计划则根据部装、总装的交付节点倒

推每项零组件、成品的交付节点,按一定提前量下达生产计划。根据年度生产任务制定的节点通过昌飞制造系统下达 GO 生产任务并进行实时管控。为保证生产节拍可以按节点完成,公司制定了严格的考核办法。在关键站位设置刚性节点,如超过刚性节点未完则进行严厉考核;为督促车间准时配套,防止因零件不及时交付导致生产节拍的停线,公司建立了一套断线管控考核机制,按装配需求节点将可能影响节拍生产线停线的零件纳入断线系统,并进行严厉考核。

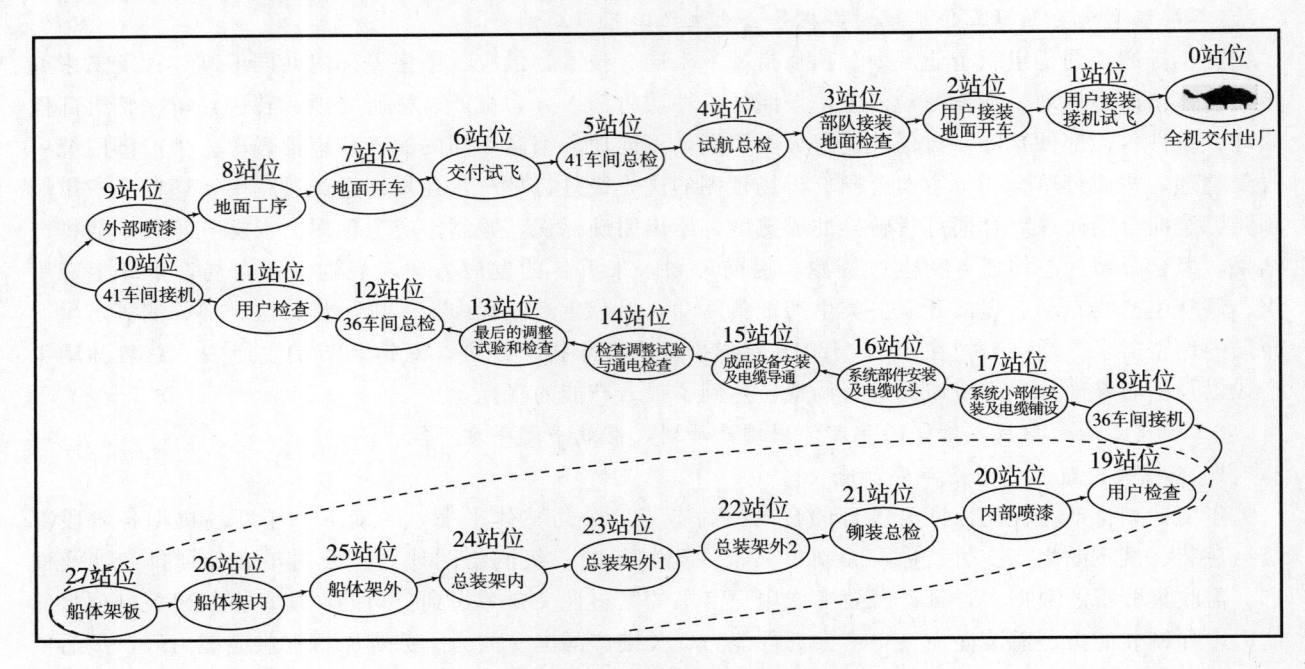

图 2 ××型机 GO 站位

3. 建立推拉结合的节拍化生产组织方式

拉式计划基于有明确的产品交付节点和完整的制造工艺分离面,通过最终的交付节点倒排装配所需零组部件的计划节点。航空产品的特点决定它并不能像汽车的零件那样完全做到准时化配套,必须留有一定的保证量及一定的提前期,来应对应急产品和现场问题的处置。为此,根据公司科研生产一级网络图中的总装节点及 MBOM,设定指令装配周期,倒排出每个零组件的交付节点,按一定的提前的量,下达生产计划。

推式计划是根据意向和预测对通用零件预先投产及原材料提前储备,提前生产准备,缩短交付周期的同时保证生产任务的均衡。通用件的提前储备,是为了满足军民机市场需求提前进行通用零件投产储备,按排产规划,对于将同平台不同构型的产品,构建包含民用构型在内的通用构型(一般至少要占整机 70% 以上才能定义为通用构型),运用数据查询技术,对同平台不同构型的 MBOM 相同零组件进行识别和提取,生成多构型共用的通用构型包,按一定批次一定生产节拍提前进行储备投产,通用构型零件的提前投产缓解配套资源紧张,当需求确定时可快速启动生产,大大缩短了交付周期。同时通用平台批次节拍的控制,可调节生产任务的均衡,同时适当满足外包产品的保有量,提升公司军民融合工作力度。

昌飞公司实行拉式计划和推式计划结合的排产方式,在五个型号平台上使用,通过推式计划缓解配套资源紧张,通过拉式计划拉动生产准时交付。两种计划都遵循节拍的原则,不同点在于拉式计划关注交付需求,推式计划关注自身能力及储备。通过推拉结合的计划排产方式,在没有大规模增加投入的基础上,有效提高了公司产品任务的相对均衡的准时交付率,并降低了投产的风险。

（四）自主开发生产计划管理信息系统，保证了计划下达准确及时

昌飞公司围绕企业战略目标，自主开发了企业级昌飞制造系统（CPS），构建了以科研、生产、客服为中心活动的信息化管理体系，对直升机科研、生产、经营进行全局管控，并能对其进行全过程跟踪与监控，实现了实物流、信息流、价值流的统一，对直升机科研生产技术水平的提升起到了关键作用，对促进公司产业化发展起到了巨大的推动作用。

1. 依托 CPS，实现多层级精准计划下达

昌飞公司构建了技术状态控制、指令编制、生产信息收集子系统，逐一规范生产计划下达所需信息输入来源，并构建生产计划下达的信息化平台，在计划管理过程中提高计划下达的科学性、准确性及可执行性。按五年排产规划组织确认通用平台，预先投产同一平台多构型通用零件，按一定批次一定生产节拍提前进行储备，作为通用生产计划投产。根据一级网络图计划中的部装、总装、试飞交付计划，由技术部门组织构建MBOM，生产部门依据MBOM倒排零组件生产计划，并给出一定的提前量，剔除通用部分后，作为专用件生产计划投产。通用件和专用件构成了整机完整生产计划体系。

2. 创建适合车间特性的多种平衡法则

各个车间生产能力平衡受制造性质的不同所运用的平衡法则也略有不同。平衡法则的应用根据不同车间类型和产品分类评估，确定最优评估方法，或多种方法互相印证，得出最佳的评估结果。

第一，指数平衡法。将下达零件生产计划转化为定量的生产效率指数。生产效率指数=当期车间任务数/车间总人数/（车间对应的基数）。将剩余的生产任务按一定的规则转换为任务指数，得出全年剩余任务量，按节点的分布得出每月任务量；根据单位日能力指数（车间历史周能力数据积累，取相对饱和任务且产能集中释放周期，如每年的10~12月的日平均值）及公司年历的月工作天数，得出每月的产能（月产能=日能力指数×月工作天数），将每月的任务量与月产能对比分析，需考虑未下预估指数、预留能力等最终得出最优的评估结果。

第二，项数平衡法。主要针对批量生产的产品，单件生产与批产时间差别不大的评估方式。对历史项数进行综合分析，确定项数交付能力，对产品而言需按合批的项数进行汇总，用总体的合批任务数与交付能力对比进行可行性评估与预测，主要适用于钣金类车间。

第三，工时平衡法。主要是对车间专业性较强、工序单一的车间，按照工序总体工时和历史完成工时的评估，对生产任务进行平衡的方式。与指数平衡法不同的是，工时更专注于对工序的能力核算，需抛去辅助工序的工时，针对机加车间评估设备的有效工作时间，按设备分组对任务完成的可行性进行评估与预测，主要适用于机加车间和瓶颈工序车间。

车间将年度生产计划任务对应的生产效率指数按月均衡分布排产，削峰填谷，对于无法均衡排布满足交付节点的生产任务，可由车间提出外协申请或技术提效等措施。若仍无法满足平衡，则返回上级计划平衡。

（五）构建作业计划均衡排产及管控模式，充分发挥产能

1. 开展四周滚动生产准备核查模式

为了保证生产准备的及时性，建立了零件加工周期数据库、零件经济批量数据库。昌飞制造系统自动根据零件的交付节点和加工周期推算出最晚生产准备核查节点，车间计划员需在最晚核查节点前启动生产准备核查，系统自动按零件经济批量核查工艺状态、工装工具、原材料库存及下级配套零件的条件，不具备条件的则自动将问题反馈到现场问题系统，系统会提醒相应部门进行问题处理；具备条件的由车间计划员启动零件投产程序。生产准备核查过程中的提醒和强制性启动，能提前暴露出生产所存在的问题，实现了事前管控。

2. 按计划配送变,有效提高创造价值时间

通过对一线工人的工作时间分布研究,发现一些不必要的浪费,如生产准备不充分、多余动作等。为了让生产的实施效果最大化,必须提升物流周转的效率,减少零件由于周转或生产准备不足等待导致的交付节点超期。推行基于配送的 6S 管理,是在原有的 6S 定置管理的基础上,针对单位的现场,以配送为中心,围绕物流规划生产现场布局。设计功能区,应用可视化标识,实现"物流、人流、信息流相统一",提高周转效率的同时拉动背后"看不见"的管理。

3. 推进车间均衡排产

车间对平衡后的生产计划组织生产,都要根据各车间现有生产能力进行测算,依据生产任务总量及车间生产能力制定周生产任务量,通过对班组或工序的生产能力进行量化评估,在编排周计划时先通过充分的生产准备计划将不具备生产条件的任务剔除后,按班组或工序生产能力等平衡模型完成周生产作业计划后下发各班组(含下料计划、配送计划和生产计划等),对局部超出生产能力的计划需制订工序外协计划。通过不断对年度、月度任务的平衡来控制周作业计划,目标任务波动幅度在 20% 以内,保证车间能够进行均衡生产。

4. 开展强有力的生产执行管控

车间将周生产作业计划下发到相应班组进行考核;班组长按周生产作业计划进行组织生产,车间调度员按周生产作业计划跟踪进度,对加工中发生的现场问题,依靠 SQCDP 看板快速暴露问题,通过规范的分层例会制度及现场问题管控平台,拉动相关部门解决现场问题,减少生产停滞,让生产线快速流动。昌飞公司按生产各环节的特性建立多套问题信息化管控系统,并建立相关的企业标准。明确相关单位的工作职责,规范了现场问题的处理流程,具备指导、管控、考核作用。如《遗留工序管理规定》《公司现场问题处理及归零考核管理规定》《遗留计划管理规定》等执行过程中的问题处理机制。

(六)健全检查与考核机制,实现全方位生产计划管控

在生产任务核算达到平衡状态后,为了保障生产的规范、有序、常态、稳定运作,需要建立一套基于生产平衡及准时化交付的考核标准。要求各车间建立内部的生产管控制度与体系。

1. 建立生产准时化内审机制

为了保证生产机制的健全,公司运用质量体系审核理念和方法,建立了一套针对管理的自我控制与持续改进机制,即准时化内审机制。内审机制按照内部制度编制的规范程度、执行效果、改进效果等方面分为达标、铜牌、银牌和金牌四种评价等级。通过每年一次的内审机制,对车间的生产体系进行检查,主要检查车间的体系制度和流程是否存在问题车间是否不按文件制度执行、执行体系出了什么问题。通过几轮的检查与考核,使车间生产机制不断地改进和完善,有力保障了车间生产机制的健全。

2. 设立综合效率指数 KPI,评价车间工作效率

通过设立"综合效率指数"来反映人均工时(效率)增长水平。通过对各车间历史效率曲线及未来任务量的分析,按一定的增长率来确定各车间的生产效率评价标准。综合效率指数是基于生产制造过程实施条码计奖,每个零组件被赋予与工作量匹配的奖金数,人均计奖额的增长幅度可以等同于人均工时的增长幅度。单位时间内人均完成的工作量越高,则综合效率越高,鼓励车间多劳多得。

3. 设定刚性计划完成率 KPI,考核车间准时完成情况

通过对各车间历史完成率曲线及未来任务量的分析,按一定的增长率来确定各车间的评价标准,保证了零组件的准时配套。刚性计划准时完成率=当期准时完成数/当期应完项数。通过综合效率指数、刚性计划完成率等 KPI 主要生产考核指标(约占总量的 50%),多维度来监督与考核车间的计划执行情况,促使车间主动作为,既要保证生产任务量又要保证生产任务准时完成。

4. 开展个人效率与组织效率的综合评价

零件生产车间的生产效率体现为个人效率，装配生产车间的生产效率体现为组织效率。一是推行计件制的个人效率评价体系。公司将工时细化到每个零件的每道工序或者装配站位上，一线工人所加工的零件可以按条码工序实行实时进程计奖，增大了工作积极性。通过信息系统实时统计个人天、周、月或年的生产效率，就能对车间的整体生产效率进行评价与考核，通过评价与考核机制促使车间产能发挥。二是通过断线计划管控提升配套，保证组织效率。为督促车间准时配套，防止因零件不及时交付导致生产节拍的停线，公司建立了一套断线管控考核机制。按装配实际需求节点将可能影响节拍生产线停线的零件纳入断线系统跟踪管控，若超期未完则进行严厉的经济处罚，断线考核机制使得装配车间的准时配套率从97%左右提升到100%，保证了装配生产线的节拍，实现整机的准时交付。

（七）树立A、B流程的理念，推进生产计划体系持续改进

昌飞公司用准时化理念来设计科研生产流程，把执行流程归类为"A流程"；把持续改善、实现价值最大化的优化流程归类称为"B流程"；A流程是被动解决问题，属于拉式，A流程主要是科研生产单位（技术人员）做的。B流程是主动发现、提出问题（差距），并改善，是自主式的，属于持续改善流程，是实现价值最大化的流程，主要是职能部门做的。通过A、B流程的理念导入，推行全员改进改善，减少和降低任何环节的浪费，持续改善。

昌飞公司统一数据源的信息化系统，提供了全面的生产及辅助信息，所以构建信息分析平台，制定详细的分析策略对企业的生产运营情况进行"诊治"尤为重要。在某个区域出现问题，并不能只看指标的本身，需使用数据分析查找问题的根源，给出对应的解决策略，达到处理问题、解决问题、持续改进的效果。四级计划体系的构建是运用B流程理念的持续改进过程。通过各级之间的能力平衡，对计划的执行结果进行预测性分析，并制定相应的解决措施，由事后解决转化为事前预警。通过对车间综合能力的分析，确定瓶颈，制定技术攻关方案，满足生产需求。

计划执行过程中出现的现场问题，通过数据的收集、汇总、分析，发现问题背后的问题，组织团队运用SWOT等分析工具，查找业务短板，通过职代会KPI、自主KPI，持续对均衡排产与管控体系进行优化。营造B流程改善氛围，进一步提高工作效率，从而提升生产效率，实现均衡生产、准时交付。如公司2015－2017年持续改进优化了"生产车间的交付层级及指挥调控方式""均衡年度生产计划的滚动模式""结合综合内审完善车间计划检查体系"等。

三、航空主机制造企业均衡排产管理效果

（一）形成了稳定的生产节拍，公司产能大幅提升

通过中期规划排产的实施，提前策划生产活动，构建了多型号装配生产节拍线和旋翼系统核心零件的单件流生产线，消除了生产瓶颈，公司产能得到了大幅提升。2017年，公司整机交付目标创历史之最，较上一年度提升15.5%；旋翼系统动部件任务与历史最高水平相比主桨毂提升22%、尾桨毂提升36%、自倾仪提升17.74%；各类主要生产绩效指标均有提升，生产效率指数提升5.81%，刚性计划完成率提升了4.1%，断线项数下降率18%。

（二）公司产能得到充分利用，提升了生产交付的均衡性

通过对各层级计划的平衡、常态化数据分析、准时化内审等举措，提前发现零件制造车间某一阶段能力富裕或不足的状况，及时制定解决方案，使零件车间生产任务均衡性得到了进一步提升。通过制定整机均衡交付的过程KPI，以考核拉动零组件、关键成品的及时配套、技术质量问题的快速解决，2015－2017年公司整机交付各季度均实现了1234的交付目标，按航空工业对各主机厂1225的均衡生产考核目标完成了任务。

(三)满足了交付用户的需求,提高了客户满意度

昌飞公司通过建立推拉式计划的均衡排产方式,推进生产计划流程的持续优化,不断探索寻找推拉式的最佳结合点,生产计划体系日渐成熟。打造了一支精心策划、目标一致、密切配合、快速高效的生产队伍,以精益生产助推价值创造,用准时生产兑现企业承诺,有效缩短了生产交付周期,提高了准时交付率,客户满意度大幅度提升如图3所示。

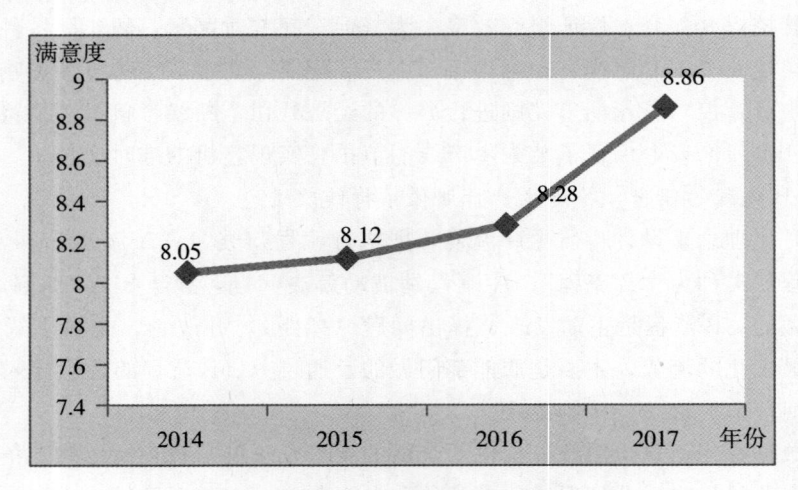

图3 2014—2017年客户满意度情况

(成果创造人:吴智翔、吴小文、林 东、黄 琦、张红彤、崔延风、谢晓文、籍科兴、何建彪、张小强、夏永勤、王 飞)

汽车合资企业基于持续改进的事业计划管理

东风汽车有限公司

东风汽车有限公司（以下简称东风有限）注册资本167亿元人民币，是由东风汽车集团股份有限公司和日产（中国）投资有限公司共同出资成立，股东双方各拥有50%的股份，员工5.2万人，公司主要制造基地分布在武汉、十堰、襄阳、广州、郑州、常州、大连等地，东风有限下辖7个事业部，东风日产乘用车公司、东风启辰汽车公司、东风汽车股份有限公司、郑州日产汽车有限公司、东风英菲尼迪汽车有限公司、东风汽车零部件（集团）公司及东风汽车有限公司装备公司。轻型商用车使用"东风"品牌，乘用车使用"东风""日产""英菲尼迪"和"启辰"品牌。2017年公司批发销售汽车149万辆。

一、汽车合资企业基于持续改进的事业计划管理背景

（一）中日双方经营理念与文化融合的需要

东风汽车有限公司的两个母公司——东风汽车集团股份有限公司和日产汽车公司分别是中日两国汽车产业界的大型企业。东风有限一方面以东风汽车集团有限公司的战略为指引，需要在管理提升、治理方式、管理模式优化、人才培养及人才输出等领域成为东风汽车集团有限公司的"主力军"；另一方面背靠日产的技术支持，致力于提供独特、创新的汽车产品与服务，为公司利益相关者创造卓越价值。如何推动股东双方在市场和客户需求把握、营销创新、产品质量、制造水平、企业文化及员工人才队伍建设等方面支持合资公司成为业内翘楚是公司成立之初双方股东对合资公司的共同要求和期望。股东的战略意志要求东风有限通过自身的主动主导，并基于战略引领将事业计划转换为经营行为，实现两个股东的共同愿望。

（二）多事业协调发展的需要

东风有限由于多业务模式的运营特点，下辖板块众多、机构庞大、层级复杂，最多时五个大型事业部所辖200多个分/子、孙公司。这些子公司间由于没有统一的平台进行有效的沟通与交流，往往各自为战，在战略制定及战略执行过程中往往从自己事业部、分子公司的利益出发，不能有效整合公司的资源，公司内部各职能体系无法形成系统联动，公司中高管理层之间没有就公司战略达成一致，各板块员工之间意志没有统一，公司最高决策层的战略思维没有转化为公司的经营行为，公司整体的利益最大化无法体现。

（三）应对汽车产业环境变化，持续提升企业竞争能力的需要

2012年东风有限规划销量135万辆，同比增长20%，但受外部宏观环境影响，当年日系汽车品牌销量下滑严重，2012年实际销量仅有103万辆。面对变幻的宏观环境形势，东风有限必须改变之前的事业计划推进模式，重新设定一种以公司统一的战略为导向、总部职能体系牵头、业务单元参与研讨、子公司实施支撑的管理模式。基于对宏观经营环境研究、预测并与竞争对手展开各领域对标分析的基础上，东风有限决定将日方股东行之有效的事业计划管理体系引入公司，提升企业整体战略执行力和企业竞争力。

二、汽车合资企业基于持续改进的事业计划管理内涵和主要做法

东风有限践行"信赖""承诺"文化，以"战略引领力行业一流"为管理理念，将母公司的事业计划管理体系与中国汽车市场以及自身经营实际相结合，创新探索出以战略改进项目为抓手、经营和战略研讨为途径的持续改进的事业计划管理实践体系。通过不断重申发展愿景、维护经营使命、确认经营目

标、研讨支柱战略和改进项目（课题），组织研讨、编制并发布公司的事业计划，并持续使用"P－D－C－A"工具检查验证，以"课题达成型"的工作思路推进各事业、各职能战略，实现多业务模式下公司价值最大化目标，取得了显著成效。

（一）开展"信赖""承诺"企业文化建设

东风有限在将股东意志转化为公司经营行为的过程中充分认识到文化理念在公司发展、经营管理、公司文化建设中的导向、激励等积极作用，很早就开始了企业文化体系的研讨。最终形成了东风有限确立了东风有限的企业文化理念体系，于2009年3月在员工代表大会上发布。东风有限的长期愿景为"倍受信赖的公司"，使命为"致力于汽车事业不断超越""致力于利益相关方价值的持续增长"。

东风有限在2008年发布的13计划中提出"成为倍受信赖公司，尊重各利益相关者"后，始终致力于打造"倍受信赖"的企业文化。通过发布企业文化标识、开展企业文化故事征集、在全公司范围内张贴企业文化核心理念海报、大力推进企业文化示范单位创建活动、发布《信赖之基》——员工践行核心价值观故事集，引导员工立足本岗践行企业文化等一系列活动，不仅在公司层面树立"倍受信赖"的良好形象，也使员工建立了"我与公司共成长"的价值观，营造了良好的战略发展氛围，为公司可持续发展提供动力源泉。

自2013年以来，为尽快回复公司整体经营业绩水平，东风有限在事业计划目标推进落地的过程中，从公司经营层面、事业部业务层面、职能体系支撑层面践行"承诺"文化，强调"使命必达"，具体体现为"课题达成型"工作思路的落实和推广。所谓"课题达成型"的工作思路，就是面向事业计划经营目标和结果，不去过多地分析强调目标是否合理，而是基于当前经营水平和目标的差距，分解出相应的改进项目（课题），展开推进并定期跟踪检讨，对达成目标的改进项目予以保持，对未达目标的改进项目寻找原因或追加其他改进项目，确保事业计划的分解目标得到有效支撑，规划的策略得以顺利实施落地。

（二）构建持续改进的事业计划管理体系

东风有限在合资初期导入日产母公司的事业计划管理体系后，通过2003—2012年的运行和探索，自2013年起结合自身实际适时创新，在传统战略规划周期性制定、发布、运行、总结的基础上，逐步形成了持续改进的事业计划（战略规划）管理的总体思路和主要方法，即"1个愿景－3项使命－1套方法"。"1个愿景"是指"战略引领力行业一流"；"3项使命"是指"目标牵引""课题支撑""体系保证"；"1套方法"是指事业计划管理推进"五步法"。同时在日常战略执行的过程中实时进行验证、修订，以便持续改进。

1. 通过定期检讨验证，持续改进体现"战略引领力"

东风有限的事业计划管理是一个动态检讨和验证的过程。为体现事业计划管理在日常经营中的"引领力"，东风有限每年会对公司的经营战略、改进项目、战略课题进行定期检讨和验证，推广最佳实践、改进经营中的不足，弥补当期经营实力与事业计划目标之间的差距，从而不断提升公司的核心竞争力和经营能力。

2. 明确事业计划推进流程

经历了2012年的经营波动后，为确保新13事业计划目标的达成，东风有限在推广"承诺"文化的过程中将经营重心从"做大"调整为"做优"。通过以聚焦事业计划目标达成需要强化的经营能力，着力析出支撑目标达成的各领域改进项目（课题），在全价值链的各个环节通过把握现状、分析趋势、了解动态、明确目标、分解改进项目（课题）等工作加以展开，辅以能力、效率持续改进的职能体系作为保证，经营结果逐年改善，于2016年顺利实现了新13事业计划目标，并于2017年总体销量突破150万辆。

3. 创新开展"五步法"

东风有限的事业计划管理工作通过回答"四个问题"——"在哪里?""去哪里?""怎么去?""为什么?"在传统的事业计划管理的基础上,每年开展管理层研讨,基于"持续改进"的管理思路不断"校准",依照现状把握、趋势分析、动态调研、目标明确、路径的可见性验证五步,充分利用事业计划目标引领公司事业部/职能战略及经营策略的资源调配功能,调动全价值链各个环节进行持续的业务改进,提升经营能力和经营水平。

第一步,把握现状、精准定位,客观认识自己在市场中所处的位置。自2013年起,东风有限滚动推进"现状把握"。不仅通过对经营结果指标的验视,还针对形成当前经营结果的原因,面向全价值链各要素的过程系指标进行全面细致地分析研究,针对形成当期经营结果的原因、亮点及改善点展开全面的分析,总结经验、吸取教训、明确下一经营周期的突破重点。同时,通过推广"详对标、补短板"的工作方式,以行业领先企业为参照,针对东风有限各事业板块自身的行业特点及所处的发展阶段选取对标单位,与行业认知度高、与本企业有可比性、具有卓越绩效和最佳实践的领先企业开展对标。如东风日产对标上海通用、东风启辰对标广汽乘用车、东风股份对标江淮汽车、东风零部件对标、模具公司对标天汽模和日产BS0等。

第二步,分析趋势,洞察先机,在竞争激烈的市场中立于不败之地。事业环境研究担当着为经营层确定公司中长期发展战略,明确公司中长期事业计划和预算管理目标提供科学决策依据的重要使命。自2013年起,东风有限结合日产汽车公司完整的事业环境研究体系和系统的事业环境研究方法,经过本地化创新与完善,目前已构建独具公司特色、行业领先的事业环境三大体系,充分提升了东风有限事业环境研究平台的能力。一是覆盖宏观经济(GDP/CPI/FOREX)行业总需求(TIV)原材料市况(PPI、汽车板材、有色金属、铸造生铁、燃油价格等趋势)等中长期和年度预算前提条件的预测体系;二是公共政策研究协同平台;三是标杆管理体系。三大体系相互支撑、上下协同、统一执行、协力推进,不断提升公司事业环境输出的质量和水平,有效支持了公司中长期事业计划和年度预算目标的顺利达成。

第三步,了解行业动态,主动出击,快速应对,时刻备战。在营销层面,每周分析市场竞品终端价格走势。在经营层面,每月分析竞争对手市场表现。在战略层面,年度战略研讨对标竞品战略和经营结果。在事业环境层面,构建事业环境信息分享平台。

第四步,明确中期事业目标,指引公司前进方向。中期事业目标是事业计划管理结果最直观的输出和体现,是事业计划管理工作的重点。东风有限通过每年年初召开年度事业计划启动会,明确本年度事业计划开展的主要工作内容并发布本年度事业计划相关的日程,以此作为年度事业计划工作开展的起点,由经营规划总部推动、协调各职能部门及事业单元按照工作流程开展事业计划滚动编制、研讨工作。

第五步,明晰达成中期事业目标的关键驱动因素和路径,制订详细的行动计划。目标明确后必须通过具体的路径和行动计划加以支撑以便顺利落地,否则难免流于落空。东风有限为了达成事业计划目标而组织跨职能、跨部门的人员集中在相关领域进行研究、讨论,从而输出相应的改进项目(课题)及一系列实施方策。

(三)以持续改进的战略项目(课题)为抓手,提升全价值链业务能力

2013年以来,东风有限持续改进的事业计划管理工作重点以战略项目(课题)为抓手,聚焦事业"做强做优",面向经营结果、业务能力、职能体系的全面提升,展开改进项目的研讨和推进工作。

1. 改进项目的来源和选择思路

东风有限事业计划持续改进的项目(课题)来源一般有三点。第一,股东研讨、经营层指摘的

TOP DOWN 项目课题。第二，东风有限及各事业部对外发布的事业计划支柱项目课题。第三，经营规划系统识别的经营项目。改进项目（课题）的选择思路聚焦在五点。第一，弥补中期事业计划目标缺口，寻找达成目标的机会。第二，突破长期不能解决的综合问题，保持东风有限可持续发展。第三，通常业务难以开展的长期改进项目研究（如 10 年规划等）。第四，推动事业部间资源协同，降低成本提升效率，实现共赢。第五，开展事业部间的对标、推广最佳实践。

2. 定期召开事业部论坛，深入研讨重点改进项目

事业部论坛是经营研讨会的补充会议，重点在于各事业部战略目标的研讨及个别重要改进项目的补充研讨。东风有限每年会针对旗下的 7 大主要事业板块提前策划当期需要聚焦的重点改进项目，由东风有限职能层面和事业部职能层面开展充分研讨和准备，设定出改进项目推进需要聚集的资源、急需突破的瓶颈和重大决策项目，共同向东风有限的经营层和事业部经营层进行提报。例如，为抓住中国汽车行业自主品牌迅猛发展的机会，东风有限自 2017 年起将东风启辰作为独立的事业单元进行运营和管理。针对启辰事业的未来发展和品牌定位设定改进项目（课题）。经过股东层面 6 个月双方多次的深入研讨，析出了智·趣生活家的品牌受众定位，明确了品牌客户人群。同时明确了下一步展开在研发层面打造魅力家族造型，技术层面导入智能动力、智能网联、自动驾驶，制造层面保持优良的品质等改进项目（课题），支撑启辰事业打造高价值品牌、未来进入自主前十的事业计划目标。

3. 推进改进项目实施

东风有限对各事业计划支柱领域改进项目的进展情况定期跟踪、分析研讨，并向股东及东风有限经营层持续更新报告，了解课题进度、下一步计划及资源需求，使得各领域课题在不同层面得以有效聚焦和分工推进。例如，2014 年在原材料、物流、服务支持采购方面存在跨事业部协同及与东风、日产两个母公司采购协同的降成本机会的背景下，东风有限组建了采购降成本跨公司改进项目（课题）小组。通过以标杆对照活动提升各事业部材料及服务支持采购的综合竞争力及针对各事业部进行流程优化、效率提升、人才培养，并制定中长期 KPI 的工作思路，分解出钢材、油品、一般经费、包装物流四个子项目小组，达成了预期的效果。在原材料、包装物流、服务支持采购方面共享统一的优惠政策；原材料采购建立与东风、日产母公司采购业务协同工作体系；构建采购协同协议和管理制度流程；设立中长期采购降成本 KPI。该改进项目（课题）仅 2015 年一年就实现了超过 6000 万元的降成本效益。

（四）开展战略绩效管理

东风有限引入战略绩效管理，即以战略为导向、结合当期预算的绩效管理系统，促使公司在计划、组织、控制等所有管理活动中全方位的发生联系并适时进行监控。2013 年"钓鱼岛"事件后，公司经营遇到极大挑战，因此在事业计划的执行落地方面，东风有限通过构建事业计划、战略绩效管理和预算管理的"金三角"，以突出强调事业计划改进项目为重点，在当期经营和战略推进之间找到了共通点，真正做到了战略层面事业计划引领经营方向、战术层面战略绩效管理确认运营策略、资源层面财务预算管理合理匹配资源。

1. 战略绩效管理体系分解落实事业计划目标

将公司战略路径及其目标按照一定的规则层层分解至企业中的每个岗位及个体时，不仅注重以利润为中心的财务指标，还要关注如"倍受信赖"等体现公司成长性的战略指标。同时公司事业计划管理部门参与各部门年度 KPI 指标的设定，将事业计划改进项目、战略路径及行动计划的内容纳入年度 KPI 指标。

2. 有效衔接事业计划目标与年度预算

东风有限每年一般于 9 月左右启动年度财务预算编制工作，前提条件与事业计划试算保持一致，各主要财务指标以本年度事业计划目标为基础确定，从而为战略目标的实施提供有力支撑。

3. 滚动研讨、校准绩效和预算管理

通过对当期经营情况和预算执行情况的结果把握，在事业计划管理"五步法"的第一步和第五步中，东风有限会在明确现状和目标的差异后，将改善的行动体现在当年的事业计划改进项目（课题）中，并且持续跟踪改进成果。

（五）动态验证、持续改进战略研讨会机制

东风有限面向事业计划目标的达成，每年开展管理层研讨，充分利用事业计划目标引领公司事业部/职能战略及经营策略的资源调配功能，调动全价值链各个环节进行业务改善，提升经营能力和经营水平。

1. 构建三个层次的研讨体系

从愿景、使命、中长期目标维护，事业部目标、战略更新，职能战略分解落地等角度出发，构建股东、东风有限经营层、事业部业务等三个层面的事业计划研讨体系。通过改进项目的动态验证和持续展开，推动事业各领域能力的强化和提升。主要特点是：强化目标意识、关注重点战略、注重可见性的过程管理、充分调动高层领导直接参与战略研讨和课题推进。战略研讨会一般每年召开2次，第一次侧重于目标的研讨和达成路径、改进项目的析出和明确；第二次侧重于可见性分析、改进项目效果的验证以及行动计划的修正。

2. 建立统一股东意志的高层论坛

2013年以来，特别是最近两年，为了快速应对汽车市场变化趋势，加强战略引领力，东风有限加大了对改进项目研讨的频次和体系化管理的力度。在原有的东风有限经营层战略研讨会以及事业部改进项目论坛的基础上，增加了聚焦在东风有限各事业核心能力提升和持续改进的股东高层研讨会等相关会议。针对合资公司在未来一个时期内的经营目标以及打造重要核心竞争力的改进项目加强股东层面的交流，遵循着确认股东认可的事业计划目标、把握公司当前经营现状、分析研讨当前可见性与目标的差距和达成的风险、析出重点战略改进项目（课题）的推进体系，将股东间的沟通和研讨落到实处，真正促进公司经营质量的提升和战略目标的实现。

3. 落实战略改进项目

在会议管理体制方面，针对战略改进项目的跟踪和落实，东风有限建立了严谨的会议管理体制，对每次研讨会议的作业指定专人管控，将课题落实到事业部各职能部门，同时指定完成日期和下次汇报时间，使战略改进项目形成完整的工作闭环。

三、汽车合资企业基于持续改进的事业计划管理效果

（一）形成具有中日合资企业特色的事业计划管理体系

东风有限将日产注重细节分析、数据管理的事业计划体系和东风以战略举措引领的战略规划体系相融合，通过管理创新、实践持续改进的事业计划管理工作，利用战略改进项目不断强化和完善自身能力，形成了兼具双方母公司管理特色又保持自身"持续改进"创新特点的适应中国汽车市场的事业计划管理体系。由于事业计划管理涉及公司经营管理的方方面面，从外部环境研究到公司内部的商品规划、产品制造、市场销售的各个环节，既培养了员工的团队精神，又提高了个人的专业素养。东风有限通过推进持续改进的事业计划管理实践工作，培养、锻炼了一大批后备干部和业务骨干，为东风集团及相关兄弟单位输送了大量的专业人才。

（二）有效支撑了公司全面完成经营任务

2017年，东风有限通过践行持续改进的事业计划管理实践工作，稳健经营、做强做优，完成了事业发展"南北呼应"的协同布局，组织体系持续优化，公司各方向事业协调发展，总体呈现出持续快速稳健发展的良好势头，全年实现零售和批发销量分别达150.1万辆和149万辆，同比分别增长12.1%

和 12%，整体跑赢大市，市场占有率 5.7%；实现营业利润 197 亿元，同比增长 11%，实现了成立 15 年累计实现销量 1500 万台、营业利润从合资之初的 3 亿元增长到 2017 年的 214 亿元，增长率超过 7000% 的优良业绩。与此同时，在管理质量方面，打造世界级制造品质的产能布局：在雷诺日产全球竞争力排名中，花都整车工厂八年六冠，发动机工厂四连冠，大连工厂获得"日产全球社长奖·品质最佳工厂"奖。

（三）促进了股东沟通透明化，实现了合资双方融合互信

东风有限通过事业计划管理，实现了股东双方信息沟通的常态化和透明化，建立了东风和日产最高层领导参与战略研讨的工作机制，定期研究东风有限未来发展的目标和机会。特别是将战略性的重点课题纳入东风与雷诺日产三菱联盟的合作峰会进行讨论，为公司下一步发展制定更具挑战性的战略目标的同时也为实现这个目标做好资源配置的准备。通过与合资伙伴的高层交流常态化展开、持续进行战略互动，强化了股东双方在合资事业战略规划中合力，资源配置的导向性进一步强化，合资事业的发展定位及思路更加明确，股东双方在战略上也实现了"双赢"。

（成果创造人：雷　平、周先鹏、袁丹伟、徐新堰、符永波、胡　伟、黄志本、张小强、吴晨松、张　丁、李　非、余岳峰）

航天企业以实现产品化为目标的武器型谱管理

中国航天科技集团有限公司

中国航天科技集团有限公司（以下简称航天科技集团）是根据党中央、国务院深化国防科技工业管理体制改革的战略部署，经国务院批准，于1999年7月在原中国航天工业总公司所属部分企事业单位的基础上组建的国有特大型高科技企业，总部设在北京，是国家授权投资的机构。集团公司拥有8家以航天产品经营为主的产研结合大型科研生产联合体，科研生产基地遍及北京、上海、天津、西安、成都、香港、深圳等地。现有从业人员17.8万余人，拥有两院院士31名，各类拔尖人才数量与各类科技成果在央企中名列前茅。2017年，集团公司实现营业收入2315亿元，在中央企业经营业绩考核中连续13年获得A级，名列2017年度《财富》世界500强第336位。

一、航天企业以实现产品化为目标的武器型谱管理背景

产品化是指对航天产品开发、生产、质量管理、产品定型和应用等过程进行优化，以满足小子样、多品种、定制化研制条件下产品实现系列化发展的需求。航天科技集团自2008年起，围绕提高产品质量稳定性和提升科研生产能力的目标，在宇航领域率先开展产品化工作的探索和实践，有效保障了快速增长的众多宇航型号任务的圆满完成。2016年集团公司在武器领域型号研制工作中，以"三化"工作为基础，针对总体牵引力度不够、产品规格和技术状态偏多等问题，结合武器型号研制特点，探索开展以武器产品型谱管理机制构建为核心的产品化工作。该项目的实施背景主要体现在以下三个方面。

（一）武器型号快速高效发展的迫切需要

随着国防现代化建设快速发展，近年来集团公司新立项型号和批生产任务激增，武器型号种类日益增多，多型号批产同步进行，传统的研制生产模式已经不适应新的需求。在传统的研制生产模式下，系统总体单位对产品提出个性化指标要求和环境条件，未充分考虑产品对不同型号、不同用户的适应性和可扩展性，不能适应满足多型号通用的需求。此外，研制单位本身对型谱产品缺乏统筹各领域型号需求和技术发展趋势的总体规划，对现有产品和新研产品系统梳理与规格优化工作还不到位，造成产品品种规格多，研制生产周期紧张，无法形成规模效益。构建武器型谱管理机制，深入推进武器产品化工作是解决当前问题的优选途径，通过优化产品种类、统一技术状态，可以实现产品系列化发展，快速提升产品成熟度，不断提高工作效率和产品效益。

（二）航天武器产品小批量、多品种、定制化的用户需求

航天领域武器产品的研制活动一般具有探索性、先进性、复杂性、高风险性的突出特点，以及高可靠、高质量、小子样研制及一次成功的特殊要求。多年以来形成了小批量、多品种、定制化生产的特点，导致一个武器型号单独一支队伍，每个型号队伍独立研制相关的产品，导致产品品种规格多的现象发生，资源保障紧张、进度压力增大、质量问题多发、经济效益下降等问题日益凸显。构建武器型谱管理机制是在这种情况下，减少产品种类、提高生产效率、确保产品质量的重要举措。

（三）武器型号协同推进发展的现实需要

多年来，各单位在武器型谱建设模式上，主要以"自下而上"的思路在推动工作，即专业配套单位从自身产品发展规律的角度规划产品型谱。由于对系统总体单位武器型号需求的依赖性强，系统总体单位一旦不选用专业配套单位自行研发的产品，就会导致型谱产品的工程实践和工程应用效果不好。同时，武器型谱建设过程中还存在系统总体单位和专业配套单位之间的支持和配合不够的情况，用户方和

研制方、系统总体单位和专业配套单位之间的联动需要加强，构建武器型谱管理机制是解决这一问题的有效手段。

二、航天企业以实现产品化为目标的武器型谱管理内涵和主要做法

航天科技集团针对需要跨单位开展武器型谱建设中的典型产品，由系统总体单位牵引，专业配套单位配合，供需双方上下联动，开展需求统筹、技术条件统一、产品型谱编制等工作。同时，本项目创新性提出将系统总体单位的技术要求与专业配套单位的型谱产品进行对接和完善，形成双方达成共识的产品型谱，并将其定义为"共建型谱"。对于共建型谱产品，双方约定，系统总体单位优先选用，专业配套单位密切配合，不断提升产品成熟度，尽快使其进入货架，使武器型谱建设的成果真正惠及双方，从而推动科研生产模式转型。

（一）开展战略规划设计，制定工作路线

航天科技集团在工作启动之初，进行广泛调研，发现各单位在自行开展型谱建设过程中，缺乏集团公司的顶层策划指导，配套的规章制度、基础研究、实施举措等还不到位，导致型谱建设过程遇到一些瓶颈。在多次研讨的基础上，集团公司确定实施武器型谱建设的指导思想是"明确目标、注重实效、协同推进、持续完善"。明确目标是要紧密结合本单位科研生产与型号、产品特点，面向需求，梳理武器型谱建设发展思路，识别重点工作，明确工作目标。注重实效是要注重武器型谱产品成果在型号研制批产中的应用效果，并对其进行有效的考核评价，保证武器型谱建设工作落到实处。协同推进是要打破型号和单位壁垒，促使各单位主动作为，建立总体、分系统、单机/组件（软件）、器件各级联动，设计单位主导、生产单位配合的工作机制。持续完善是要解决制约武器型谱建设工作深入推进的瓶颈和问题，建立完善的武器型谱管理工作长效机制，支撑武器型谱管理工作全面实施和深入推进。

武器型谱管理机制构建统筹考虑当前武器产品研制现状，以产品化为目标，以技术基础和管理研究为支撑保障，由各单位梳理产品/技术要求清单，摸清要开展工作的现状，在产品/技术要求清单基础上梳理型谱产品/技术要求清单，明确武器型谱机制工作对象，进行武器型谱建设，开展型谱产品研制，快速提升产品成熟度，进行型谱产品选用。航天科技集团公司发布《中国航天科技集团公司武器产品化工作实施方案》。

（二）建立武器型谱管理组织机构，为型谱管理机制建立提供支撑保障

为保障武器型谱管理机制建立落到实处，武器型谱管理机制建立了总体、分系统、单机/组件（软件）、器件各级协同推进，系统总体单位主导、生产配套单位配合的工作机制。同时，航天科技集团建立集团、院、厂所三级的武器型谱管理组织机构，在集团层面设立航天产品化工程研究中心，作为集团层面抓总单位，负责技术基础和管理研究支撑，各院、厂所也相应设立专业机构，如六院结合产品研制管理实际，在院、所两级任命常规发动机、氢氧发动机、轨姿控发动机产品化（副）总师，成立以院长为组长的领导小组和以院产品化总师为主任的办事机构。

集团公司负责统筹策划、指导协调武器型谱管理工作，加强顶层指导；对各单位武器产品化工作的检查、指导和外部协调；对各院、厂所武器产品化工作进行考核，将考核结果作为集团对院的经营业绩考核要素之一，并按集团公司产品化工作奖惩管理办法进行奖惩。

各院、厂所实行一把手工程，按照集团公司工作目标，结合本单位、本型号产品特点，细化工作目标，制订工作计划，逐级分解落实责任，明确各项工作的责任主体。同时，各院、厂所结合武器型号研制及时总结经验、发现不足，加强应用效果评价，确保武器型谱建设成果在武器型号研制中发挥实效。通过持续深化应用和迭代推进，将武器型谱管理工作融入型号科研生产中，完善武器型谱管理工作机制，持续深入推进武器型谱管理工作。各院、厂所根据本单位实际情况和产品特点，建立既面向专业又紧贴型号需求的专业队伍，开展武器型谱管理工作，支撑型号应用，建立专家库，发挥专家作用，促进

武器型谱管理工作推进。

（三）创建"技术要求＋产品"并重的新工作模式，加强产品需求统筹

传统武器型谱管理工作只注重对专业配套单位的产品开展工作，缺乏统筹各领域型号需求和技术发展趋势的总体规划，造成产品品种规格多，无法形成规模效益，其根本原因是过去只针对专业配套单位的产品本身开展产品化工作，忽略了产品设计生产的输入——技术要求。航天科技集团提出在专业配套单位压缩产品种类、规格的同时，系统总体单位要梳理、优化技术要求，对技术要求开展武器型谱建设工作。

为做好此项工作，航天科技集团发布《武器产品化产品/项目清单编制指导意见》，要求集团公司各单位梳理现有总体、分系统、单机/组件（软件）、器件产品，系统总体单位梳理向专业配套单位提出的各型号任务书，形成集团公司武器领域产品/技术要求清单。在此基础上，进一步梳理出可以开展武器型谱建设工作的产品和技术要求，形成集团公司武器领域产品化产品/技术要求清单，为共建型谱编制奠定基础。

（四）探索提出"七要素"协同推进模式，开创供需双方联动工作新局面

为进一步解决总体牵引力度不够，各级配合不强，不同用户、不同型号对产品的个性化需求现象突出等问题，集团公司将"协同推进"作为推动武器型谱管理工作的重点和特点，将系统总体单位与专业配套单位"结对子"作为"协同推进"的抓手，发布《关于全面开展武器产品化"结对子"工作的通知》。针对需要跨单位开展武器型谱管理工作的典型产品，由系统总体单位牵头，专业配套单位配合，上下联动，开展需求统筹、技术条件统一、产品型谱编制等工作，确保武器型谱管理工作取得实效。重点推动跨院单位的"结对子"试点，"对子"双方以"结对子"协议为载体，明确建立协同工作组织、编制共建型谱、共建货架产品研制、产品选用、提升产品质量、提高生产能力、标准规范研究七个要素的工作目标，加强上下联动作用，协同推进。

1. "结对子"对象

"结对子"的工作对象是在前期梳理符合产品化产品/技术要求的清单的基础上，确定的具有一定通用性和数量规模、需要系统总体单位与专业配套单位协同开展武器型谱管理工作的产品/技术要求。

2. "对子"类型

集团级对子是不同研究院间系统总体单位和专业配套单位结成的对子；院级对子是院内不同系统总体单位和专业配套单位结成的对子；厂所级对子是同一厂所内总体部门和专业部门结成的对子；跨集团对子是不同集团公司间系统总体单位和专业配套单位结成的对子。其中，结对子不限于一对一的形式，按照产品特点可以有一对多或多对一等形式。

3. 工作流程

第一，梳理对接。各单位在前期开展产品化产品/技术要求清单梳理的基础上，按照对"结对子"工作对象的要求，将"结对子"统计表上报至相应主管单位，由相应主管单位统一组织，将有共同意向的总体与专业配套单位结为"对子"，并签订"结对子"协议。

第二，协同推进。"结对子"协同推进工作采取"自上而下"与"自下而上"紧密结合的工作流程，其中，系统总体单位要发挥"自上而下"的牵引作用，专业配套单位要结合产品特点"自下而上"主动配合。

（五）推动共建型谱研究与建设，解决型谱产品选用率低问题

系统总体单位对武器产品研制任务书或合同进行需求统筹分析研究，进行国内外同类产品技术要求对标及发展趋势分析，将产品技术指标、环境条件、接口要求等指标相近的要求进行合理整合，优化压缩形成通用技术要求。

专业配套单位对拟开展武器型谱建设工作的产品，结合产品研制技术要求，进行国内外同类产品对标及发展趋势分析，合理规划产品规格系列，用最少规格数量覆盖已识别的产品需求，形成通用产品。

系统总体单位与专业配套单位通过"结对子"的方式，由系统总体单位牵引、专业配套单位配合，将通用技术要求与通用产品进行多轮对接、迭代完善，形成满足需求的共建型谱，支撑组批生产和型号选用。对于共建型谱产品，系统总体单位要优先选用，专业配套单位应积极配合系统总体单位，固化产品的技术状态和产品数据包，优化生产线，不断提升产品成熟度，成为共建货架产品，支撑更多型号选用，从而让协同推进的武器型谱管理工作成果真正惠及双方，实现共赢。

针对型谱产品选用率低的问题，航天科技集团发布《武器单机级型谱编制指南》，创新提出系统总体单位编制"技术要求型谱"的概念，系统总体单位针对向专业配套单位提出的各型号研制任务书进行统筹分析研究，将产品环境条件、接口要求等指标相近的要求进行合理整合，统一接口标准、环境条件、验收要求，制定任务通用要求，为专业配套单位开展型谱编制、压缩规格品种提供良好条件。专业配套单位"自下而上"主动与系统总体单位对接配合，通过产品需求分析、国内外同类产品对标、产品技术发展趋势分析，确定型谱特征参数，提出科学合理的规格间隔原则，合理规划产品规格系列，使得型谱具有适用性和指导性。系统总体单位与专业配套单位对技术要求型谱和产品型谱进行对接和迭代，形成共建型谱，进一步促进系统总体单位和专业配套单位"上下联动"，使武器领域型谱建设工作更加有序、有效。

（六）以研制程序调整优化为抓手，推动型谱管理与试验鉴定工作相融合

按照军方关于改进加强装备试验鉴定工作的新思路，结合装备试验鉴定"三个环路"工作要求，航天科技集团以武器产品研制程序优化为抓手，推动武器型谱管理工作与装备试验鉴定工作融合发展。集团公司发布《武器单机级产品成熟度定级规定（试行）》和《武器单机级产品成熟度定级实施细则（试行）》以拓展武器单机级产品成熟度理论为突破口，将产品成熟度定级与试验鉴定三个环路相结合，对武器产品研制程序进行调整优化，并加强产品成熟度提升过程与试验鉴定工作新要求的节点匹配，从而推动集团公司科研生产模式转型。

1. 在等级划分方面

武器单机产品成熟度等级可从武器产品研制程序和试验鉴定两个角度考虑。从武器产品研制角度考虑，1级对应武器产品研制方案阶段，2级对应武器产品研制初样阶段，3级和4级对应武器产品研制试样阶段，5级对应武器产品设计定型阶段，6级、7级和8级对应武器产品生产定型阶段。从试验鉴定角度考虑，1级-5级对应试验鉴定中"性能试验-状态鉴定"环路，6级和7级对应试验鉴定中"作战试验-列装定型"环路，8级对应试验鉴定中"在役考核-改进升级"环路。

2. 在等级名称方面

体现武器产品研制阶段和试验鉴定环路特点，如1级和2级名称体现武器产品研制阶段，3级和4级名称体现武器产品研制对应阶段重点工作，5级-8级名称体现试验鉴定三个环路工作。

3. 在等级标志方面

结合每个阶段武器产品研制和试验鉴定重点工作，提炼出具有该阶段代表性的描述语句，如1级完成预先研究或技术攻关；2级经过了地面鉴定量级试验考核；3级经过了系统测试和地面验收量级试验考核；4级通过了研制性飞行试验考核；5级通过了性能鉴定飞行试验考核，具备小批试生产条件；6级经过小批试生产，具备交付用户进行作战试验条件；7级通过了作战试验考核，具备批产和正式列装交付部队条件；8级完成了批量生产，可以正式列装交付部队。

通过开展武器产品成熟度定级工作，有助于规范产品设计、工艺、试验验证和过程控制等各个方面的工作，并通过逐级提升，不断细化、完善并固化产品的质量控制要求和相关措施，从而有利于实现武

器产品精细化质量管理要求,不断提升产品的整体质量和稳定性。推动产品研制按成熟度等级提升进行,对构建武器产品专业化发展模式、支持武器型号选用成熟产品以及产品研发、培育和应用等工作有着非常重要的作用。

截至2018年6月底,已完成四院某战略型号三级固体火箭发动机5级,以及七院692厂切割索6级产品成熟度定级试点工作。通过武器单机级产品成熟度定级工作,加强了产品管控,产品质量得到稳定提升。

三、航天企业以实现产品化为目标的武器型谱管理效果

(一)武器型谱选用率及生产效率大幅提高

通过型谱管理机制的构建,在提高型号产品化率、缩短研制周期、降低研制成本方面取得了显著的经济效果。例如某武器型号控制系统弹上产品选用率达到了31.9%,地面产品选用率为64.4%,实现了较高的产品化率,大幅降低了型号研制成本,缩短了研制周期。某两个型号的引信单机级型谱产品,红外导引头电子舱部组件部分产品完成合并投产,节约研制周期约50%,组批生产提升生产效率和经济效益均为30%左右。某类产品统型后的倾角传感器已实现7个型号用户订货同型产品377台套,合同额达1000余万元,产品生产周期由10个月压缩至4个月,生产效率提高一倍以上。通过对压缩后产品的推广应用,825厂效率大幅提升,收入提高了4800万元,全员劳动生产率提高了12.32%,产品交付周期缩短50%以上,结合数字化生产线的建设,将保证年产100万套以上。

(二)品种规格大幅压缩,产品质量可靠性提升,生产组织效率提高

通过型谱管理机制的构建,在型号产品规格优化压缩、减少质量问题等方面取得了显著的经济效果。例如某院通过梳理现有的数十种导弹状态,瞄准领域规划,形成多种弹径平台型谱,弹上设备规划了热电池等8种重要单机型谱产品,地面产品规划了发射箱等型谱,软件初步规划了弹载软件等型谱,以模块、部组件模式发布型谱,产品种类压缩率均大于30%;对弹上电连接器开展了统型,压缩了近50%的规格种类。某院火工品品类由848种压缩至132种,压缩率达到84.4%,通过对压缩后的产品的推广的应用,使692厂的管理效率大幅提升,全员劳动生产率提高了27.1%;武器型号火工品质量问题发生率显著降低。经初步统计,工作开展以来的火工品质量问题同期相比减少约36.6%。某厂分离脱落产品规格数量由103个缩减至73个,实现规格数量压缩29.1%;分离脱落产品质量问题发生率显著降低,全年质量归零问题数下降60%,产品种类压缩和产品质量可靠性得到提升,型谱管理推进效果初显。

(三)协同推进工作机制实现共赢发展

通过武器型谱管理机制的构建,明确七个要素的工作目标,上下联动作用,协同推进效果显著。截至目前,已完成一院12所与九院825厂对连接器、一院一部与七院692厂对火工品等5个集团级(跨院之间)"结对子"工作。12所统一了弹(箭)地接口、级间接口和单机接口标准,按照"系统架构+货架产品"平台化研制模式(方案选用成熟的系统架构,型号选用成熟的货架产品),并对每个系列分别制定系统架构顶层标准,目前已形成《基于1553B总线的固体战略导弹控制系统体系架构》《地地战术导弹控制系统通用弹地接口要求》等所内系列标准。825厂重新制定了分离机构产品的型谱代号命名规则,并按照"零件标准化、组件模块化、产品组合化"的思路,对现有产品进行了梳理、归类,经所、厂反复迭代,将分离机构产品进行了规格优化压缩。12所与825厂已经发布包含10个系列、88种产品的共建型谱,进一步推动武器型谱产品选用。

(成果创造人:张为民、王大勇、仝荣伟、韩一丁、韩天龙、杨世东、陆宏伟、李鸿儒、张佩锋、王溯、刘鑫、孙宇)

军工核心电子元器件企业适应产能快速提升的生产流程优化

中国电子科技集团公司第五十五研究所

中国电子科技集团公司第五十五研究所（以下简称五十五所）是我国核心电子元器件领域实现自主研发与原始创新的多专业、综合性研究所，主要从事固态功率器件与射频微系统、光电显示与探测器件两大领域的研究、开发与生产，是"单片集成电路与模块重点实验室""国家平板显示工程技术研究中心""宽禁带半导体电力电子器件实验室""有源层优化生长技术研究应用中心"等国家级实验室和工程中心的依托单位。建所以来获得3000余项科技成果，60多项国家科技进步奖，560多项部（省）级科技进步奖，先后荣获装备建设重大贡献奖和突出贡献奖、全国文明单位、全国五一劳动奖状、中央企业先进集体、江苏省先进基层党组织等荣誉称号，全所主营业务收入达到53亿元。

一、军工核心电子元器件企业适应产能快速提升的生产流程优化背景

（一）紧跟国际制造大势，响应国家"数字经济""中国制造2025"战略需求

我国的制造业转型发展取得了显著成效，制造业的数字化、网络化、智能化水平明显提高。数字经济与传统制造业的创新融合，不断催生出网络化的协同制造、大规模个性化定制和远程智能服务等符合市场需求的新业态、新模式。随着新型工业化、信息化、城镇化、农业现代化同步推进，超大规模内需潜力不断释放，为我国制造业发展提供了广阔的空间。在此背景下，国家提出"中国制造2025"发展战略，解决我国制造业大而不强、自主创新能力弱等问题。制造业的发展一方面需要技术的革新，另一方面也需要管理方法的改进。尤其像五十五所这样面对全行业多样化的市场需求提供定制化产品的企业，更需要先进的生产模式以应对复杂多变的市场需求。

（二）面向市场发展趋势，全力支撑世界一流军队建设的外部需求

一流军队要靠强大的科技实力来支撑，武器装备军用T/R组件产品市场需求以小批量、多品种为主，随着国内武器装备需求的提升，对T/R组件的研制技术、能力、周期和成本都提出了更高的要求。随着相控阵技术的发展，对产品的复杂度、集成度要求越来越高；整机系统应用场景的多样化也需要不断提高产品的质量。为满足生产与科研需要，五十五所以质量为前提、以计划为导向，合理安排生产资源，从而保证产品及时交付的全流程的整体管控。提升研发与生产产能是全面支撑军队建设的迫切需求。

（三）立足科研生产实际，推动研发与生产协调发展的内在需求

五十五所在一、二、三代半导体领域建立自主发展体系，形成了从设计、工艺，到封装、测试，从材料、芯片到模块的完整技术体系和产品链，研制的核心芯片和关键元器件广泛应用于海陆空天各型装备中。近年来，五十五所深入推进军民融合工作，形成了射频电子和功率电子两大支柱产业，在移动通信、物联网、电力电子等领域处于国内领先地位。伴随着研制型号的多样性要求不断加深，定型项目的订单的逐年增长，所里研发与生产的矛盾正在逐渐加深。原本粗放式的管理模式难以适应规模化的生产需要，主要问题体现在以下两个方面。一是研发与生产的混合使得各个工序产能不均衡，节拍不一致，瓶颈工序制约生产总进度，生产线按照工艺类型分组进行区域化工序管理；二是工站之间产品转运批量大，各工站半成品库存积压，离散式的工站设置，各工站之间的物流距离长，而且在存放的过程中也会造成不可控的质量损失。因此，适应产能快速提升的生产流程优化是解决五十五所自身生产问题，持续提升生产管理水平的内在需求。

二、军工核心电子元器件企业适应产能快速提升的生产流程优化内涵和主要做法

五十五所响应国家关于军工企业提出的创新驱动发展战略和军民融合战略,满足微波、毫米波组件小型化、轻量化、多功能、低成本的市场需求,针对微系统事业部生产过程因研发与生产矛盾派生出的"库存多、周期长、效率低"等问题和制造过程质量保证的要求,通过调整生产管理组织结构,打破班组壁垒,构建以生产过程为核心的组织架构,以研发与生产阶段产品工艺特点为依据,针对产品生产流程重新规划生产布局以实现产品流水生产;通过进行线平衡分析、时间研究和动作研究,搭建仿真生产系统,模拟生产运行状态,以实现生产过程的均衡流动;进一步搭建全自动生产线,实现生产系统的有效运行,逐步替代人工操作,提升产线制造能力;建立均衡化的生产管理体系,保障生产的高效运行。

(一)组建"多业务融合"的矩阵式项目团队,整体设计生产方案

1. 组建"多业务融合"的矩阵式项目团队

以"理论有基础、设计有系统、执行有方案"为原则组建"多业务融合"的矩阵式项目团队。首先,主管生产的副所长挂帅领导微系统部生产改善,同时以生产与设计业务为依托,工艺作为技术辅助组成联合办公室。联合办公室下设制造组、产线综合管理组、设备管理组、信息化小组、质量保障组五个小组,其主要任务:一是以客户为中心,围绕生产计划排程,充分协调研发与生产矛盾,保障研发与生产的订单交付;二是运用精益管理理念,充分识别生产过程中的浪费,优化生产流程,提高生产效率,降低生产成本;三是加强质量过程控制,在提升生产效率的同时,保障交付产品的质量。

2. 整体规划多器件型号分流混产生产方案

在原研发与生产混合排产的基础上,整体规划区分大量成批生产和研发生产混合的多器件型号分流混产生产方案。一是以订单要求为依据,识别大订单成型产品型号,以成立专线的形式进行大规模生产,此类产品具有成型稳定、工艺技术成熟、订单量大的特点。二是以客户为中心,结合生产实际,采取小批量生产计划中融入研发生产计划的手段,将研发业务和小批量生产业务采取混产方式生产排程,力求能够达到缩短生产周期,快速响应客户需求,均衡有效的生产。三是区分生产与研发的分流混产,物资供应采取计划推动和看板拉动的双渠道供应保障生产。四是严格贯彻所级质量管理体系,把控从原材料接收到成品交付的全流程质量,设立关键工序、批量工序质检点,保证产品质量,防范大规模质量缺陷的产生。

(二)搭建"联合多目标"的生产组织结构,建立职能嵌入式管理机制

1. 搭建"联合多目标"的生产组织结构

为实现有效的分层管理组织与业务信息网络矩阵管理的相互兼容,微系统事业部采取行政管理和业务管理相分离的管理形式,建立"联合多目标"的生产组织体系。微系统事业部建立多层、多级、多专业的管理小组,为实现生产效率的有效提升,制造组和工艺组等业务小组的内部和外部协调沟通职能划分到产线综合管理组以及物资市场组等行政小组,实现业务管理和行政管理相分离。微系统事业部增加产线综合管理组、设备组和信息化组完善生产组织体系,建立全流程班组联合实现产量、质量、成本多目标实现的生产组织结构。计划组统筹研发与生产订单组织生产,设计人员与计划共同对产品的交付负责;质量组、工艺组严格管控过程质量,保障生产运行;信息化组、产线综合管理组、设备组充分调动生产资源,保证生产均衡有序运行。

2. 职能嵌入式管理机制的动态运行

为充分匹配生产管理项目实施落地,微系统事业部在搭建"联合多目标"的生产组织结构的基础上实行"职能嵌入式"的管理机制。以制造组、质量组为核心,各班组形成"计划统一调动,全线质量控制,各班组协同联动"的动态嵌入式机制。首先质量职能嵌入生产制造各个过程,每一道工序通过自工序完结,实现下行产品的质量保证;其次计划职能嵌入订单确认、项目立项、物资采购、生产组织等节

点，计划信息由单向流动变成从核心流向各节点，各节点顺序流动的动态模式。微系统事业部通过职能嵌入的管理机制，从系统层面综合考虑产品质量、交付节点以及生产特性，提前做好准备工作，生产流动更加快速。

（三）区分研发与生产业务，采取分流混产方式进行器件生产

1. 应用帕累托分析，识别关键生产业务

微系统事业部2017年合同要求的生产项目共有304项，这其中包含常年生产的大批量产品型号、短期内批产的产品型号和正在研发阶段用于竞争市场的研发产品型号，原有的生产方式是所有型号混在一起生产。鉴于研发的产品和批产阶段的产品具有完全不同的生产制造特性，开展针对性分析。应用帕累托图的分析发现目前两个长线项目（分别是7059和ATR001项目）订单数量在全年生产量的比例达到80%以上，并且这两个项目相对应研发项目生产工艺稳定，市场需求大，能够进行快速有效的生产，给企业带来巨大的经济效益。

2. 根据产品工艺特性，建立生产不同型号的产品线

基于对产品型号订单、交期、工艺特性、研发阶段的综合考虑，微系统事业部将两个T/R项目（7059和ATR001）从众多的新研和小规模批产项目中抽离出来，成立生产专线。这两个项目具有技术状态稳定、市场需求量大等特点，生产过程中产生异常情况的概率也较小。另外，对于研发和小批量生产项目，根据项目的工艺特性，将工艺相近的项目组成项目簇，剩余的产能分成不同的项目簇生产线，同一项目簇的不同项目可以在同一条生产线上混产。

首先，解决项目不同型号产品分流生产问题。针对产品生产分流有两个原则，一是产品的订单数量多，能够满足跨年度生产任务，挑选"ATR"和"7059"两个项目作为分流的生产型号建立第一类专线；二是根据工艺的差异性和生产的兼容程度区分出工艺较为独特的产品类型建立专线，目前将"6—18"作为第二类专线。

其次，解决研发与生产项目工时不均的问题。对研发产品与生产产品的作业内容、作业方法进行差异比对，针对差异点运用ECRS原则对作业进行分拆和合并，统一作业的工装夹具、作业方法，优化作业流程。混流生产线能够同时运行十几个不同型号的产品。

最后，解决分流混产作业方式的差异造成辅料多的问题。对于一、二类专线采取产线生产拉动辅料供应模式，按照后补充的方式进行辅料的供应。混产生产线采取分级推进、辅料合并供应的方式，第一级是完全相同的生产辅料，选择优质的供应商进行大规模的采购；第二级是不同规格的同类辅料，比如导电胶以及成型焊料等，选择质量优质的原料进行工艺转换确认，转换确认后进行统一使用；第三级完全不同的生产辅料进行专项管理，确保辅料供应的及时有效。

（四）应用"三去一补"管理手段，促进生产能力提升

五十五所微系统事业部在研发业务与生产中的大批量业务分离并确定分流混产的生产方式之后，运用精益生产的理念并将其转化形成企业"三去一补"的管理手段促进生产能力的提升。"三去"即"去产能、去瓶颈、去库存"。工序之间生产任务与人员分配的不均衡造成工序间的产能差异巨大，以致工序间形成"过山车式"生产能力分布，波峰生产能力无法有效利用，波谷生产能力缺严重不足。

"去产能"即削去波峰的多余产能，采用的是作业内容分析，在优化作业方法的基础上进行工时测定，然后按照生产计划合理安排各工位的生产人员。"去瓶颈"即填平波谷的不足产能，瓶颈的消除包含内外两个方面。一是对瓶颈工序进行作业观察识别浪费，采取跨工序、跨层级提建议的方法，从生产现场的七大浪费入手充分识别并消除瓶颈的浪费，以及通过增加生产资源、提升工艺技术来扩大瓶颈的产能；二是通过对瓶颈工序的拆分，分散瓶颈压力至瓶颈前后的工序，实现工序的协调以提升流程的生产能力。"去库存"即去除工序间的在制品库存，在优化生产布局的基础上，缩减下行批量，增加下行

批次，下行由以前的不定时不定量随意下行的状态改为基于定时不定量的原则下行，同时在缓冲区设置目视化标识，通过拉动式管理和先入先出的原则保证仅在下道工序需要时进行上道工序产品的生产与传送。"三去"的应用极大提升了生产能力，以低温烧结工艺为例，基于对作业内容与方法的分析，调整各个工位的操作顺序，削峰填谷，平衡工序的操作节拍，整个生产流程的节拍时间从360s缩减为280s，工序能力提升22.2%，线平衡率由65.6%提升到84.3%。

"一补"即"补自动化短板"。针对手工作业中精度要求高、作业强度大的工作，采用自动化设备替代人工的方式实现人员的释放和产能的提升。自动化的实现分为两个阶段。一是手工作业的简化与标准化，通过动作研究、ECRS分析将复杂作业进行简化，并在此基础上开发工装夹具增加操作的便利性，改善作业条件，然后将简化的作业进行固化，编制作业指导书以实现作业的标准化；二是设备作业标准的建立与自动化实现，在人工标准化操作的基础之上将工艺过程动作细分，并在遵循现有国家标准的基础上，将每一种工艺过程进行标准化，规范化，尽量实现唯一化。由设计师和工艺师严格把控原材料精度、一致性的要求进而确定各种原材料接收标准，电路设计师和工艺师协同确定设计规则，工艺师联合设备商协作研发自动化设备的控制程序，工艺师和质量师协同设备商实现自动化设备自动检测。

（五）建立"同步供应、实时反馈"的物资配套体系

1. 实行看板拉动与计划推动双模式物资供应

专线与混流生产的物料消耗存在差异，库房管理采取看板拉动与计划推动两个方式保证生产线物资供应的及时有效。不同类型产品无差异生产过程中，各个工序分别设立物料领取的专员进行工序内物料消耗的统计和管理，并且针对物料消耗的情况适时领取物料。应用此种方法存在产线物料存储量过大的问题，产品一旦投产，物料全部分配到生产现场，造成物料管理困难。混产产线采用计划推动的生产方式，计划组根据订单的交付时间安排分流后的混产生产线，生产计划不仅下发到制造组，更重要的是将物资需求也整合下发到库房，所有的物资供应根据计划的安排供应到生产现场的缓冲区，此种方式为计划推动模式；对于专线产品，计划组将生产计划下发到制造组，制造组各个工序设立线边库，负责生产线的物资需求安排，库房根据线边库的物资消耗通过后补充的方式进行物资供应。两种物资供应的方式一方面能够满足混产小批量产品生产的物资需要，另一方面对于大批量生产需求通过看板拉动进行动态的物资供应。

2. 产研共享物资数据

研发类型产品投产需要对物资库存数据实时掌控，设计师与计划组综合安排研发类元器件的生产任务需要对物资库存进行精细安排，不仅要满足研发类产品的生产制造，更不能牺牲生产物资供应。为了更好地满足两者的生产需要，物资建立信息共享平台，满足计划、制造、设计多方的物资查询、领料需求，通过信息共享平台，可以实时掌握生产进度和在制品库存，提供物资需求的预测依据，同时库房的物资储备明细能够提高设计师与计划组的排产效率，增强了生产交付能力。

3. 面向生产，重新规划仓储布局

分流混产生产方式的提出需求库房仓储布局的重新规划。生产专线的建立改变原有的生产布局，为满足生产过程的均衡性，快速响应产线生产节奏，库房的仓储布局也需要重新改变。首先，生产专线的建立使得整个流程更加的紧凑，原本分布在两层楼的工序统一规划生产，库房依据"一切服务生产"的原则将物料也通过内部的调整将两层的供应合并到了一起；其次，根据生产物资供应的频次分析，依据ABC分类法将物资分成不同供应类型，频次高的安排到距离更容易安排的位置，而将频次较为低的降低存储量，安排到较远的存储地址。

（六）建立"全面覆盖、重点突出"的质量控制体系

1. 厚植质量文化

质量文化建设中着重开展以用心造"芯"为主题的质量专项文化建设，深入挖掘五十五所质量文化底蕴，总结质量管理经验，完成《五十五所质量文化手册》。通过多渠道、多层次、多方位的方式，持续开展质量知识培训、宣贯。加强职能部门、研制生产部门之间的沟通。质量部以月度现场检查和管理评审制度为抓手，主动出击，在做好常规检查的同时，以月度交流会议为沟通渠道，指导、协助科研生产部门分析查找实际运行过程中发生质量问题的原因，并讨论解决方法；为科研生产理顺流程，提高处理效率，推动各部门持续改进质量管理工作。

2. 推行全面质量管理，针对关键过程着重加强质量管控

一是加强原材料质量的管控，针对关键材料增加工艺验证环节，验证通过方可投入生产，从原材料端把控质量。二是提升设备装备质量一致性，微系统事业部采取工艺工程师与设备工程师联合办公的模式，设备调试完成直接满足工艺生产要求，先后委派主任、项目主管、工艺师等人员到日本、成都、北京、上海等地学习先进的生产经验；同时组建了高水平的工艺师团队，聘请哈尔滨工业大学的教授来所交流，有力地支撑生产管理的工艺质量保障能力。三是严格控制关键工序质量，对于容易产生质量问题和大批制造的工序采取过程专检的手段，防止质量问题的产生和批次性质量损失。

除此之外，生产线针对生产过程质量的变化不断进行关键工序及关键设备的质量管理改善，通过对统计过程控制的质量变化，不断调整重点质量检验点，持续改善，不断降低质量风险。

（七）建立"共享集成，高效协同"的分流生产信息系统

五十五所开发构建"数据共享集成、业务高效协同"的信息管理系统，不仅自动识别不同编码规则的数据，而且有效集成生产计划管理与车间执行控制的基础上，实现分流产线的有效协同。该主要包括五个系统模块：基础数据识别模块、分流排产模块、物资供应模块、质量控制模块和制造执行模块。

1. 制造数据的编码与自动识别

产品的物料表、工位消耗点等基础数据是分流生产信息系统成功运行的基础。在进行分流生产之前，原有的生产是一种研发与生产并行混合的状态，数据的编码仅做到对研发件与批件的区分。在采用分流混产之后，大批量的批件已从整体中抽离出来，研发件与小批量批件则仍流经原有的生产线。因此，根据数据在生产管理的实际作用，对数据的编码进行二次处理以实现制造数据的自动识别，处理的方式有两种。一是直接识别，对原有的编码规则不做任何处理，直接在系统中使用，通用的物料配件即采用这种方式；二是增加标识位，在原有批件的产品数据编码中，增加标识位以对大批量批产件与小批量批产件区分，进而在分流之前对产品进行自动识别，并以此作为生产线选择的依据。工艺条件等的自动识别则依据原有的产品型号编码。

2. 构建产、研全流程信息资源应用平台

通过条码技术跟踪车间从物料投产到成品入库的整个生产流程，实时记录并监控生产工序和加工任务完成情况、人员工作效率、劳动生产率情况、设备利用情况、产品合格率、废品率情况等信息。

一是通过对生产信息的全面掌控，研发与生产计划"嵌入式"生产排程能够得到全面支撑，生产项目型号排程充分"预留插位"以供研发项目生产，最后根据所有生产型号进行综合排程。基于"探索开发"的理念，创新制造执行系统。

二是全面获取生产信息，同时通过引用可编程逻辑控制器、生产监控平台、LED显示设备、条码录入设备等先进信息技术和设备实现生产数据采取自动化，生产过程透明化，生产调度动态化，实现物流、信息流高度统一。

三是采取"信息集成共享、统一配送供给"的技术思路，设计零部件的物资供应管理模块。首先，

对分流混产生产线的配送方式、投料点、车间物流路线的配送参数进行统一设置；其次，通过基础数据模块自动识别分流生产线各工位的零部件消耗等参数，及时共享到制造执行模块并可以由物资供应模块读取；最后，根据分流生产计划对生产线进行上线配送。

3. 应用信息系统模拟研发与生产运行过程

依据"仿真模拟"的理念，按照设定未来生产环境，利用信息技术模拟产线运行，全面模拟从设计立项、研发阶段推行，批产审批、物资采购、产品跟踪、现场作业指示等各个环节。通过对模拟运行的生产过程不断迭代优化，快速完成系统优选。

三、军工核心电子元器件企业适应产能快速提升的生产流程优化效果

（一）实现粗放生产向分流混产的精细化生产方式转变

通过分流混产生产流程优化的生产组织，五十五所微系统部建立分流混产生产线，实现生产车间科研与生产交付双目标的达成。改变微系统事业部原有的科研、生产无序粗放式管理模式，建立生产专线，明确主要生产目标，向兼顾科研项目装配生产的需要建立科研、生产项目混产线实现精细化管理转变。在此期间建立使用多目标实现的组织结构，明确各组岗位职责保障生产有序进行，通过"三去一补"的管理手段提升产线生产能力，改善库房管理模式满足分流混产的多样性物资供应，最后通过建立高效集成的信息管理系统打通各层级跨平台的信息交互隔阂，满足生产动态信息全流程管理。

（二）保证研发与批产项目双交付，提升经营绩效

新项目经过一年的推行，研发与批产项目合同交付率从平均70%提升到85%。项目的改善使得中间在制品数量减少50%，从而避免因筛选组件造成人力资源的浪费。不仅如此，均衡生产，自动设备的投入使得产品质量也得到了提升，专线项目气密性检验的平均合格率由90%提升到98%，金丝破坏性键合拉力试验CPK由1.0左右增加到1.33以上，不合格率小于31.7PPM（PPM：百万分之一）。通过工艺优化单日产能从30～40件/天提升至80～90件/天，效率提升150%，四芯污染概率由35%降至1%以内。经济效应也得到了初步提升，微系统事业部在过去的一年里营业额从上一年度的51726.28万元增长到本年度70008.23万元，营业额增长35.34%，完成所里下发的全部生产任务；T/R组件全年产能从年产10万通道直线增长到年产15万通道，产能增加50%，人均产能增加14.2%，2018年的年产能有望突破25万通道。

（三）企业品牌影响力提升，成为行业先进企业

五十五所T/R组件的研制配套能力不断提高，科研生产成绩显著，先后受到各级领导和社会团体的赞誉。2017年间获得集团颁发的集团产品奖，用户单位颁发的产品质量奖，省总工会颁发的工人先锋岗等集体荣誉。同时，各级领导及社会各界人士先后到我所进行现场观摩，领导对我所近年的快速发展、航天产品配套的成绩表示极大肯定。经过多年发展，五十五所已成为以固态功率器件和射频微系统为主业、多专业方向并举的综合型研究所，企业品牌影响力全面提升。

（成果创造人：沈　亚、孙春妹、杨东升、徐吉坤、刘宇旭云、郭才才、
　　　　　　　张　艳、朱晓华、黄琴芳、张孝强、刘　朝、崔永芳）

采油企业基于数据分析的设备全生命周期管理

中国石油天然气股份有限公司华北油田分公司第一采油厂

中国石油天然气股份有限公司华北油田分公司第一采油厂（以下简称采油一厂），位于河北省任丘市，主要担负着冀中油田中部地区原油、天然气开发生产任务。1975年投入开发建设，是华北油田成立最早的采油厂。1975年7月任四井喜获日产1014吨高产油流，宣告华北油田诞生。工作区域分布在河北省沧州市的任丘、河间，保定市的安新、高阳、蠡县，廊坊市的文安等地。管理着8个油田40个油藏的1618口油水井；管理着2座联合站、19座接转站、77座计量站、26座注水站、11座污水处理站、132个单井拉油点；管理着任药线、雁任线、任三联—华北石化公司3条外输线。采油一厂现有地上主辅设备3161台套，设备原值5.6亿元，净值1.2亿元，新度系数0.21。地下抽油杆管共416万米，管道总长度144万米。

一、采油企业基于数据分析的设备全生命周期管理背景

（一）老油田实现提质增效和节能减排的迫切需求

面对能源结构转型和国际油价持续震荡的外部环境，中国石油集团公司明确提出低成本开发、绿色安全发展的战略任务，华北油田要求实现原油产量持续稳定，经营业绩稳定向好，风险管理平稳受控，发展环境稳定和谐的工作目标。采油一厂作为华北油田首个整体进入"双特高"开发阶段的采油厂，已勘探开发40余年的老油田进一步提高采收率的难度增大，吨油成本日益上涨，主要能耗成本居高不下，开发日益艰难。特别是雄安新区成立后，该厂油气资源及生产环境约束加剧，安全环保压力倍增，对提质增效和节能减排的要求，比以前任何时候都更加迫切。设备是企业生产的物质基础，是企业发展水平与现代化程度的主要标志。设备管理是实现安全生产和环境保护的前提，是降低管理成本、提高企业经济效益的重要途径。从设备全生命周期各环节管理出发，通过盘活设备数据这一宝贵资产，将其服务于油气生产和日常管理，不仅是提升设备精细管理水平的重要途径，同时也是老油田提质增效和节能减排的整体要求。

（二）应对采油生产设备管理难题的必然选择

油田设备包括地面采油、处理、集输和生产辅助设备，还包括地下油水井的杆柱、管、泵等设备，分布范围广、数量大、种类多、难跟踪、难统计、难评价。尤其是抽油杆管等井下设备，运行环境决定其无法跟踪使用情况，无法现场检测破损，无法落实到单根进行统计，每年更换频繁、大量使用的抽油杆只能一次性使用一次性报废，造成成本的巨大浪费。对于能够采集数据的地面设备而言，依然缺少有效的信息监控和管理手段。一方面，时常发生设备本身监测数据采集缺失、设备运行参数实测误差大、数据采集频次低间隔大、数据漏测等情况。另一方面，设备管理仍侧重于功能性，忽略了设备的经营性，认为只要保证设备的正常运转就算完成了设备管理，无法保证设备的合理配置、管理和营运。而设备运维大都依靠以往经验或事后应急维修，无法提前预知、事前处置，不但影响占井时间，还容易造成生产事故，危及企业财产和人员生命安全。设备一旦出现问题，责任追究难度大，设备管理处于被动地位。总之传统的设备管理总体而言是粗放、静态和被动的，越来越难以适应油田外部发展环境以及内部生产运行的要求。

（三）推进智慧油田建设的内在要求

采油一厂抓住华北油田公司在冀中地区建设智慧油田示范区的契机，2016年完成了同口数字化油

田建设工程，2017年开始启动西柳、南马等油田数字化建设，为油田从地下到地面、从现场到后台、从生产到科研的全面综合管理提供了技术条件。目前采油一厂正处在由自动化生产向数字化生产迈进、通过未来两三年建设即将全面实现油田生产数字化并扎实谋划推动向智能化迈进的关键时期。而数据资源高效应用，就是由数字化生产到智能油田转型最关键的、最重要的桥梁和载体。立足智慧油田建设基础性工程，充分挖掘数据资源，持续优化分析参数和算法，固化形成适合各类设备数据分析应用的通用模型，用于指导资产轻量化、节能降耗、优化油田生产运行决策，是智慧油田建设的内在要求。

鉴于以上背景，采油一厂于2017年开始实施基于数据分析的设备全生命周期管理，利用信息化技术推进老油田设备管理智能化，实现本质安全、高效生产。

二、采油企业基于数据分析的设备全生命周期管理内涵和主要做法

采油一厂将物联网、云计算、数据分析技术引入油田主要设备管理，从企业的长期经济效益出发，深入挖掘抽油机、加热炉、杆、管、泵等井上井下各类设备在选型、运转、维修、报废等各环节的全生命周期数据，通过分析设备的运行参数、能源消耗、利用率、事故或故障率、污染物排放、维修及使用成本等重点指标，对分析出的普遍规律和奇异值、极端值，找出原因，制定措施，从而建立一个系统化、立体化、动态化的设备管控体系，将传统静态、片面的设备台账管理上升到动态、全面的设备系统管理，将传统事后应急式的设备管理转变为事前预警式的设备管控，将狭义的购置使用扩展为流程各环节、业务各部门间的统筹协作，达到优化设备生产力、节约设备运行成本、减少维修保养费用、保障设备安全稳定运行，实现设备全生命周期效益最大化的管理模式。

（一）制定基于数据分析的设备全生命周期管理的整体规划

1. 以实现安全、完好、经济、高效为目标，明确总体思路

按照中国石油集团公司设备管理三年规划工作部署，全面分析影响设备管理的关键因素，牢固树立设备全生命周期管理理念，提出设备管理总体思路：以物联网技术、智能装备应用为物质基础，以搭建设备全生命周期管理信息系统为技术手段，通过地面地下的设备实现全面跟踪管理，实现对设备状态、运行状况的实时监控，将设备生命过程的数据通过建模、分析加以利用，揭示状态变化规律，找出隐性的潜在问题；建立预警报警模型，为设备选型、故障预测、诊断维修、更换报废等设备全生命周期各环节活动提供建议与措施，不仅实现设备管理的常规功能，还要实现对生产优化设计与采购决策的有力支持，最终到达提高设备安全使用水平与节约设备使用与维护成本的目的。

明确三个阶段实施步骤。一是解决设备全生命周期管理所需的数据采集、管理内容和流程建设问题。二是以抽油杆"数字身份认证"及数据跟踪分析和加热炉节能减排项目为试点，解决数据采集、模型建立和分析流程的适应性问题。三是通过建立多种设备数据分析模型、组织交流学习等方式逐步推广至全厂应用，实现设备整体管理的智能化。

2. 以流程梳理和信息平台使用为手段，建立协同性组织架构

首先，通过流程梳理和权限下放，纵向上明确设备管理决策机构、日常工作机构和执行单位的职责权限，充分发挥计划、生产、科研等职能部门的直线责任和各基层单位的属地责任，全面开展设备全生命周期管理工作；其次，精简机构，将分散的物资供应部门、资产装备部门、油管检修部门作为统一的设备管理部门进行整合；最后，借助集成的信息管理平台，以设备全生命周期管理环节为脉络，从横向上将各职能部门的工作职责按照资产设备管理业务内容进行关联。一方面将设备增加、运维、退出各管理环节业务固化于系统中，实现全程标准化和自动化管理，保障企业管理标准的高执行度，最大程度上减少管理成本，提升运行效能；另一方面增加数据提取和模块分析，将设备资源和企业人力、财力、物力和技术等相关资源进行有效联合，打破部门间壁垒、实现业务整合，强化计划、设计、地质、工程、生产、物资、财务等管理部门间全方位协作，努力拓展设备管理的广度和深度。

（二）搭建设备全生命周期管理的信息管理系统

根据中国石油集团公司信息系统建设"六统一"的原则，结合中石油及油田公司统建系统的数据需求，首先，将设备全生命周期管理的前期管理、采购管理、运行维修、轮换报废四个阶段的业务流程按照体系文件的要求进行网络化，在业务流程网络化的同时收集在此过程中产出的各种结构化与非结构化数据；其次，将已建各种信息系统的数据进行集成，包括数字化油田建设采集的大量生产工艺及设备的实时运行数据、企管一体化平台中的管理流程节点数据、ERP系统中的物资采购数据、工程技术方案及设计资料等；最后，在大量数据集成之后，根据设备类型的不同及数据的可获得性，分别构建数据分析与评价模型，并根据不同部门的业务需求推送评价结果，并提供决策建议。

1. 管理流程网络化

按照"先固化再优化"的原则，依据内部体系文件规定的与设备管理相关的责任部门与职能分工，利用企管一体化平台提供的通用流程引擎，围绕设备全生命周期管理的各环节，定制设备管理的业务流程。重点在与其他流程存在业务重叠、数据交互的环节，需要对多个流程进行梳理优化。在管理流程中嵌入时间、对象、责任人、维保项目、材料消耗等具体内容，确保在时间、人员、资金、材料上为后续的数据统计与分析决策提供更多原始数据，进而实现多种资源的优化组织和有效利用。

2. 工作过程数字化

对于采用传统管理手段难以跟踪的设备，如在井下长时间运行的抽油杆、油管等，采用射频芯片、手持终端及个人手机等物联网、移动互联等技术手段，跟踪设备的状态信息，也可随时获取设备历史记录信息，同时人工补充设备维修保养过程中的数据资料，多数据源头共同维持设备各项信息在时间线上的完整性。如在抽油杆上嵌入高频芯片，实时跟踪抽油杆的状态、井下时间和运行频次；在抽油机等大型地面运转设备上粘贴条码或二维码用来标识设备，替代以安装位置标识设备的传统做法，为单台设备维护保养的时间、内容、参数调整等信息的跟踪记录奠定基础。

3. 设备数据集成化

设备全生命周期管理系统的数据来源于由油田生产开发、经营管理等数据构成的数据池，从设备管理的角度，对数据进行结构化处理，提取出与设备相关的数据，梳理数据逻辑，为下一步的数据分析提供基础数据。在此过程中，集成与设备相关四大类数据流：物资流、资金流、工作流、信息流。

4. 数据分析智能化

根据设备类型的不同与应用场所的差异，构建多种设备的多种数据分析模型。结合设备全生命周期的管理过程，将与设备直接相关的静态数据、运行过程中的动态数据，以及备件与耗材消耗等数据进行关联分析，通过8大类功能模型，采用描述统计法、相关性分析、时间序列分析、灰色关联等数理统计方法，系统自动实时进行数据分析，最终汇聚成对设备的全生命周期管理评价结果，形成健康报告。由于设备运行的复杂性、运行环境的差异及数据可获取性的差异，设备分析数学模型是一个不断改进优化调整完善的动态过程。

5. 信息推送个性化

在管理系统中提供电脑、手机、邮件、短信多种信息推送或主动获取的方式，采用动态化图表、曲线、时间轴等多种可视化的信息展示形式。由于不同岗位人员在设备全生命周期管理过程中的职责不同，关注点也存在差异，推送内容需要进行个性化的调整，如给设备管理专业部门以推送设备的库存、状态、台账等静态数据统计信息为主；给生产管理人员推送设备运行参数、工况、报警、运维建议等实时信息为主；给技术方案设计和采购人员推送采购选型建议等内容；领导更关注的是宏观性的设备总体运行状况等。

（三）多维度数据整合分析，优化设备采购供应链

1. 出入库及备件管理

设备及备件材料等的出入库管理是设备全生命周期管理的关键环节。油田设备由设备提供方运抵油田后，油田安排入库，在设备上嵌入标识识别码，使用手持终端读取设标识信息，或由人工录入相关信息到油田设备管理数据库中，同时系统提示该设备的仓储位置及存放要求，同时向相关人员发出到货通知，便于设备的管理应用。

相关设备出库时，使用人员也需要读取设备信息及录入使用人员信息，系统自动变更设备的使用状态，并显示使用人员相关信息，同时系统提供信息完善补充功能，由下一级管理人员对设备后续使用信息和状态进行补充。

2. 采购流程优化

在传统的物资采购流程中，存在供应商和产品型号集中度不够高、非目录较多等情况。非目录物资的采购，影响集中采购的优势和效益，而且程序复杂，节奏较慢，浪费大量的时间和精力。通过该信息系统，对包括设备采购在内的物资采购，从需求提报、审批、申请、交易、订单处理、供应商交货、收货发货等环节的设置时效管理要求，设定各环节处理时间、质量的考核目标。应用数据分析方法，对采购流程节点消耗时间进行统计分析，可以从任意已知的节点获取物资需求计划的整体执行情况，据此提出预警及改进建议。

3. 设备选型及采购辅助决策

为了确保设备后续使用过程中的人财物资源消耗的最小化，系统根据综合评价模型，定期自动梳理各类在用设备的综合占比及综合成本，提供给方案设计人员进行设备选型参考，从源头上保证设备类型的集中度和性价比。

对接物资采购部门的需求，结合以往的设备采购信息，多维度综合判断，辅助采购部门进行供应商的优选，并提供某些常用设备和配件的备货提醒，保证设备的正常采购和油田的连续稳定生产。使设备采购工作实现新的"三化三集中一规范"，即标准化、规格化、自动化、集中品牌、集中规模、集中供应商，达到规范采购，降低采购费用，全面提升设备采购工作的效率效益。

4. 供应商评价

结合各供应商的供货信息与考核指标，以及设备使用状态分析评价结果，采用层次分析法，分析不同厂家的设备故障率、产品合格率、供货时效、综合成本、最终用户评价等各项数据指标，对各供应商的整体水平进行综合评价，根据评价结果，对各供应商进行资质分级，为设备采购决策提供辅助参考，以期设备采购的效力最大化。

（四）设备运行参数实时跟踪，优化设备生产运行状态

1. 设备工况诊断与故障分析

通过嵌入在设备上的各类传感器，如压力、温度等对设备的运行参数及状态进行监测，评价设备是否工作在合理的参数区间，进而为保障设备的稳定高效运行及设备使用优化提供依据。基于设备采集数据，分析影响设备健康状态因素，确定各设备健康状态评价指标，针对不同的设备特点可基于层次分析、模糊评判、神经网络等模型建立不同设备类型的健康状态评价分级，系统根据诊断结果提出若干项决策建议。

2. 实时报警分析

包括报警条件设置、报警判据自动推荐、报警跟踪处置、报警信息统计等功能。系统内置阈值报警、单参数趋势报警、多参数综合报警三类模型，借助实时数据流分析技术实现报警分析，确保预报警的时效性，并利用邮件、短信等方式实现高级别报警信息的推送；以历史报警信息和历史数据为分析样

本，建立报警判据自动优化调整模型，动态推荐报警条件，并经审核确认后自动生效；通过分析历史报警信息处置结果，评价报警规则设置合理性和报警处置效率。

3. 实时调整优化运行参数

全厂抽油机井占全部油井的90%以上，抽油机井基数大，总体能耗水平高，在采油厂电费成本支出中占很大比例。由于各油井工况千差万别，吨液百米耗电水平波动幅度很大，从0.3千瓦时到几十千瓦时不等。为了如何保证抽油机在合理、较低的能耗水平下运行，建立以提高系统效率为目标的油井抽汲参数优化设计模型，以数字化建设实时监测数据为基础，利用数据挖掘中回归分析、分组分析、灰色关联等方法，确定吨液百米耗电的主要影响因素有系统效率、产液量、泵效、沉没度等，以理论模型与现场措施效果验证相结合的办法，形成较为可靠的模型并计算出适应于第一采油厂的合理阈值，即系统效率17.6%、产液量5天/吨、泵效40%、沉没度200~500米，同时利用现场反馈的措施效果验证模型的可行性。根据该模型的结果，采取措施作业、人工调整参数、加装变频调节设备、间开等措施，油井系统效率上升1.3个百分点、泵效上升5.81个百分点，单井日耗电下降16.02千瓦时。

(五) 设备运行状态数据分析，变革设备维保方式

1. 事后维修转变为预测维修、智能运维

任何设备都有其规定的使用时限，在设备使用时限即将到期或需要检定计量时，系统提供报警，提示相关人员进行检定或更换，同时为最大限度地提高设备使用效力，在达到报废年限而依然可以正常使用的设备，可以继续使用，系统提供专门的超限使用数据库，便于相关人员对这部分设备进行重点管理，保证设备的安全可靠使用。

系统记录设备的维保与巡检等过程类数据，资料的完整性支撑了设备全生命周期管理的实现。这些过程数据包括设备安装、保养、故障维修、巡检四方面内容。设备安装记录单台设备在安装或更换时的时间、地点、人员、项目等信息，这些信息是设备后续生产运维的基础；设备保养根据固定保养周期判断保养状态和基于故障预测技术动态判断保养状态，并自动安排保养计划；故障维修涵盖故障上报、工单派发、维修监督、维修确认等环节；设备巡检基于地理信息系统、巡检路线图、手持巡检终端定期进行设备生产状态的巡护管理，是实行站场无人值守的可靠保障。

2. 日常巡检有记录

设备巡检是油田地面设备日常管理的主要内容，以井场巡检为例，每个井场及相关设备都要每天至少巡检一次，巡检人员通过手持巡检设备，按照既定的巡检路线，在每个巡检点扫描待巡检设备的RFID标签，检查设备运行状态，记录相关监测数据并自动与实时采集数据比对，以便验证实时采集数据的正确性。在巡检过程中会自动定位巡检人员的运行轨迹，并与巡检路线匹配和后端的数据分析，能够有效评价监督巡检人员的巡检工作效率和质量，为绩效考核提供量化的基础数据。

员工在巡检中发现设备故障时，利用手持终端的故障上报功能，扫描设备二维码，填写相关故障信息，并拍照说明。故障上报后会自动生成维修工单推送至相关运维人员，由运维人员对故障进度进行处置。

3. 故障模式风险评价

系统采用基于故障风险的设备维修评价矩阵模型进行故障模式风险评价，用于指导设备的日常维保。评价的因素包括生产损失、安全后果、环境后果、维修成本4个维度，风险程度分高、中、低三个等级。

评价矩阵中，纵坐标为发生程度，分为易发、时发、偶发、少发、极少发五个程度，横坐标为影响程度，分五度，在4个矩阵评价后，在根据最大风险原则，从每个故障模式的风险值中取出风险评价四要素中的最大值，以此作为风险评价的最终结果，提出建议采用的维修方式，供维修决策参考。

（六）设备能耗安全评价分析，促进环保安全工作落实

1. 能耗与效率分析

抽油机是石油开采中重要的机械采油设备，其能耗占油田总能耗的50%以上。开展抽油机井能耗敏感因素分析，根据影响抽油机井系统效率、吨液百米耗电的主要环节，在油藏区块单元之间、同区块不同井井之间、同井不同工况下进行对比分析，明确不同类型油藏与单井系统效率及吨液百米耗电的关系，确定出产液量、泵效、冲程冲次为影响抽油机井能耗的主要影响因素，基于此编制抽油机井节能管理"两图一表"，制定补孔、调参等指导生产调整的决策建议。

加热炉作为原油集输系统中的主要耗能设备，消耗着大量的一次能源，产生大量的废热，造成较大的热污染和能源浪费。对加热炉数据从利用率、负荷率、平均热效率等维度进行初步筛选、分析。根据加热炉影响因素分析结果，建立加热炉热效率影响因素的敏感分析和敏感程度评价表模型。根据敏感程度评价表模型，找出影响加热炉热效率的因素，并进一步分析这种因素产生不确定因素的原因。由每种影响因素随热效率的变化曲线，拟合出各因素随热效率的变化关系式，得出各影响因素的敏感程度。基于加热炉热效率影响因素敏感程度分析结果，可以从过剩空气系数、排烟热损失、负荷率等方面入手，如合理调节过剩空气系数、降低排烟温度、降低过剩空气系数在线控制技术、余热回收利用等。

2. 安全评价

油田设备的安全隐患往往存在于生产工艺和设备中，如果对设备及相关物品的物理、化学性质的把握不甚清晰，对生产过程中与生产设备的危险性不甚了解，一旦对设备的可操作性和安全性分析不足，就会导致对设备危险性的定量评估失真。在设备全生命周期管理系统中嵌入安全管理内容，可以提高设备数据的利用率，并为企业安全生产提高科学的管理依据。

利用现有数据资料，结合事故及事件案例的定量分析，定量评价在用生产设备的事故风险等级，在生产事故预防上能够起到很好的预防警示作用。设备安全性评价包括三个方面的评价指标：设备生产过程的安全性、物料的安全性、安全防护装置的安全性。

三、采油企业基于数据分析的设备全生命周期管理效果

（一）形成了一套基于数据分析的设备全生命周期管理模式

通过建立基于物联网和数据的设备全生命周期管理信息系统，实现了设备从前期管理、采购管理、运行维修、轮换报废等全生命周期的规范化、流程化、信息化、精细化管理，改变了传统人工信息录取、纸质存储档案的工作状态和固有思维模式，强化了设备资源及生产信息共享以及各管理部门之间的业务协同，实现了寻求单一采购价格向全生命周期价格的转变，事后故障维修向事前预防维保的转变，实现了数据资源高效分析利用对生产管理的预警预测，是深化两化融合在采油生产单位的直接体现，对相关行业的经营管理方式具有指导意义。

（二）实现了原油生产与安全环保的协调发展

设备全生命周期管理平台的应用，实现了设备状态的全面监测，设备管理水平进一步提高，主要设备综合完好率由98%上升到99.06%，利用率上升到89.49%，设备责任事故率为零。通过实现设备与现场工况相匹配，降低了设备损耗，减少碳排放量1018吨，减小了环境污染，有助于采油厂实施绿色管理，对当地环境的持续改善提供途径，实现了原油生产与环境保护的协调发展。2017年第一采油厂荣获华北油田首家"安全环保单位"。

（三）设备管理取得了显著的经济效益

截至2018年9月底，该项目结合实施优化集输管线运行参数、调整抽油机参数、优化加热炉运行、对机泵进行改造等多项措施，解决设备与现场工况不匹配问题，取得了明显的节能降耗效果，自用油同比减少735吨，累计增油2453吨，节约电费约84万元。前置设备维修保养，减少设备维修成本385万元。

通过设备优化配置，恢复旧抽油机整机 69 台，利旧闲置 12 台，节约采购资金 1672 万元。通过抽油杆数字身份认证，每年减少 10% 的抽油杆消耗量，同时减少了检泵作业的井次和费用。采购芯片与手持信息终端支出及平台建设投入成本 289 万元。运用相关因素合成法计算，共实现经济效益 2833 万元。

（成果创造人：李经纬、王世海、杜善恩、李　贞、吴　颖、曾　睿、余　涛、黄霖莲、谷　雨、王海红、郑江红、王海青）

隧道施工企业基于大数据的全断面隧道掘进机全生命周期管理

中铁隧道局集团有限公司

中铁隧道局集团有限公司（以下简称中铁隧道局）隶属于世界500强中国中铁股份有限公司，是最早从事全断面隧道掘进机施工的企业之一，20多年的施工历程，已完成盾构机累计掘进641千米、TBM累计掘进146千米的骄人成绩。中铁隧道局保有全断面隧道掘进机87台，设备原值38.3亿元、净值15.6亿元，已成为国内拥有全断面隧道掘进机种类最齐全、数量最多的施工企业。

一、隧道施工企业基于大数据的全断面隧道掘进机全生命周期管理背景

（一）提高设备使用效率，降低设备成本的客观需要

全断面隧道掘进机作为先进的隧道掘进设备，在隧道一次成型、施工进度、施工安全、施工环境、工程质量等方面具有显著优势。由于设备制造周期长且价格昂贵，前期一次性投入大，投入回收速度慢；如果设备出现长期闲置，需要投入大量人力、物力和财力维护保养设备；设备长期存放也会加速设备老化折旧，在设备启用时，设备维修费用也相对较高。因此，需要从设备管理全过程出发，统筹考虑全断面隧道掘进机在规划、选型、设计、采购、制造、使用、维护、再制造直至报废各环节的管理和技术要求，构建适合自身发展需要的设备管理体系，将设备采购、制造、设备使用以及故障处理、报废等各方面综合考量，明确关键节点，细化各个节点的管理职责及要求，通过标准化的全生命周期管理流程推广应用，从机制上实现贯穿各个阶段的整体优化，这对于实现全断面隧道掘进机科学管理，规避设备闲置，提升设备利用率，降低设备成本具有非常重要的意义。

（二）运用大数据等新兴技术，提高设备管理科学性的需要

大数据、云计算等新兴技术蓬勃发展，为推进现代信息技术与设备管理的高效集成融合发展奠定了坚实基础。设备全生命周期管理作为一种先进管理理念，在继承设备维修管理成功经验的基础上，汲取设备综合管理思路及方法，统筹考虑设备可靠性和经济性，具有突出优势，已被国内外越来越多的企业关注与践行。我国地下工程施工企业在全断面隧道掘进机实时状态管控以及使用维护管理等方面还缺乏有效手段，如何创新运用大数据等新兴技术，推动设备管理模式创新，促进现代信息技术与设备选型、采购监造、状态检测、运行维护等设备管理关键环节的深度融合，提高设备管理的科学性，具有十分重要意义。

（三）保障企业生产经营稳健运行的重要举措

随着京津冀协同发展、长江经济带发展等一系列国家战略的深入推进，高速铁路、城轨交通、水利水电、新型城镇化和地下综合管廊等基建投资仍将保持较大规模增长，全断面隧道掘进机施工应用范围不断扩大，隧道施工企业市场前景十分广阔。然而，当前全断面隧道掘进机工程市场参与主体逐年递增，市场竞争十分激烈，中铁隧道局面临核心竞争力减弱、市场份额下降等严峻考验，改革创新意识和市场意识亟待强化。因此，如何在现有施工设备规模基础上，深入实施全断面隧道掘进机全生命周期管理并推广应用，全面提升设备管理水平和核心竞争力，保障企业生产经营稳健运行具有很强的紧迫性。

二、隧道施工企业基于大数据的全断面隧道掘进机全生命周期管理内涵和主要做法

中铁隧道局以实现设备科学管理、提高设备利用效率为着眼点，以设备全过程精细管理为主线，利用大数据等新兴技术手段，统筹考虑全断面隧道掘进机的设备构成特点和特性，将全断面隧道掘进机全生命周期分为两大阶段，即设备购置阶段和设备使用与维护阶段，重点突出选型、制造、使用与维护、

再制造等关键环节管控，切实提高了设备管理水平。

（一）总结经验，搭建全断面隧道掘进机"三二一"管理体系

中铁隧道局经过多年的探索和实践，建立"三二一"设备管理体系，即三级设备管理框架、两级技术支持、一级数据归纳。三级设备管理框架指集团公司、施工型子分公司和项目部的三级管理体系，主要负责体系建设、系统管理和资产管理；两级技术支持指集团公司的专家平台、功能型分公司专用设备中心的专家库，主要从设备选型、故障处置两个层面对项目部提供技术支持；一级数据归纳指利用大数据平台直接从全断面隧道掘进机施工现场收集一线掘进数据，通过海量数据收集、分析，为项目部设备掘进提供支持。

1. 明确管理职责及对象

集团设备部是中铁隧道局的设备管理职能部门，负责全公司设备管理的体系建设，协调专家解决全断面隧道掘进的选型和重大方案论证，归纳分析掘进数据。

专用设备中心和检测中心作为功能型分公司，负责集团公司全断面隧道掘进机采购、租赁、技术支持、监督检查和检测评估工作。其中，专用设备中心负责中铁隧道局内部全断面隧道掘进机的采购、日常监督检查、修造（再制造）业务和技术支持工作，协调子分公司专家处理全断面隧道掘进机疑难杂症，组织开展设备监造工作，结合施工需要开发全断面隧道掘进机配套产品；检测中心负责对全断面隧道掘进机始发及到达阶段状态进行评估，负责设备现场使用日常检测。

施工型子分公司设备部负责本单位全断面隧道掘进机的管理，编制全断面隧道掘进机各项管理制度，负责全断面隧道掘进机项目投标阶段的资源管理，组织或参与全断面隧道掘进机的设备状况分析、故障调查、专家论证等工作，负责组织编制设备退场整修方案。

项目部负责全断面隧道掘进机的现场使用管理，负责制定和实施设备运输、组装、始发、掘进、过站、到达、拆卸以及使用过程中的开仓、有害气体检测等专项方案、作业指导书和技术交底，组织做好设备管用养修工作。

2. 制定完善的管理制度

制定一系列的管理制度、作业标准（指导书）对设备的规划—采购—使用—保养—维修—报废各个环节进行规范管理。如《中铁隧道局集团机械设备管理规则》《中铁隧道集团地铁盾构使用费收取管理办法》《中铁隧道集团闲置设备内部调剂及信息平台办法》等。同时结合社会发展和装备技术的更新和换代，中铁隧道局对现行的制度和办法进行不断的调整和完善，使制度与体系相匹配，让办法与生产相结合，保证全断面隧道掘进机各个阶段都处于可控的状态。

（二）开发全断面隧道掘进机大数据管控平台，收集数据提供决策支持

建设全断面隧道掘进机大数据管控系统，推动各关键节点数据信息融合共享，持续优化设备管理业务流程，实现设备全生命周期管理的科学化、信息集成化及业务的基本统一。通过专业化处理分析设备各阶段的关键参数和施工环境参数，利用"深加工"实现数据"增值"，不断加强全断面隧道掘进机的状态控制、进度控制、成本控制，降低设备管理风险和成本。

科学建立大数据系统架构。由盾构及掘进技术国家重点实验室牵头搭建"智慧盾构TBM工程大数据平台"。大数据系统主要由数据采集层、数据预处理层、数据存储与计算层、数据分析层、能力层及应用层组成。建立涵盖设备全生命周期的大数据平台功能模块：设备选型设计、制造（再制造）、设备采购调拨、施工运行管理、维修保养管理、设备报废管理。其中，设备选型设计模块，旨在根据地层渗透系数、地层颗粒级配、地下水压等因素进行科学选型；制造（再制造）模块，主要包括再制造台账、关键部件改造清单、进度成本管理、验收管理等内容；设备采购调拨模块，主要包括调拨管理、采购计划管理、招标管理、评标专家库管理、合同管理等内容，提升设备利用率；施工运行管理模块，用来对

施工过程进行全程跟踪，将设备施工中的感知设备信息实时采集，上传相关业务数据，利用平台开展辅助决策、统计分析和风险管控等，主要包含设备状态监控、风险预警和管控、进度管理、质量管理、工序分析等内容；维修保养管理模块，主要包括故障库维护、刀具管理、日常保养、预测性维护、备件库管理等内容；设备报废管理模块，主要包括报废计划、设备及管件部件状态评估、设备残值登记等内容。

优化数据采集方案。研制全断面隧道掘进机专用智能数据采集黑匣子，采用多通道数据采集器、基于OPC技术的PLC数据采集技术，进行设备现场机器数据、导向系统数据、故障检测机器数据及人工数据等信息的提取工作，并设计远程数据加密、发送及断点续传功能。所建立的采集系统可满足不同类型、不同厂家设备数据采集，及地质数据、监测数据等非结构化人工数据采集，并避免干扰或更改设备自身程序设置。数据传输通过公共Internet网络，采用VPN通过加密对数据进行传输。对于部分无法自动采集的管理数据通过人工录入方式进行数据采集，保证数据的完整性。

密切结合工程实际提供决策支持。重点在前期管理、运行维修、再制造和报废等阶段进行基于大数据的深度挖掘分析，提高设备全生命周期的整体利用效率。例如，在前期管理阶段，大数据系统利用所存储的大量全断面隧道掘进机的施工数据，选择相似地质、类似施工情况的经验数据，为全断面隧道掘进机的施工决策规划提供指导。在运行阶段，远程实时监控全断面隧道掘进机运行状态和关键参数，使管理人员随时随地掌握施工状况，对于部分运行参数异常发出报警，以便于设备管理人员及时检查和排除故障，实现"事前维修"，保证设备在运行阶段的稳定性和可靠性，有效减少事故发生率，节约成本。在再制造、报废阶段，通过大数据系统衡量全断面隧道掘进机的状况，对再制造的经济性进行提前预测，准确判断设备及其零部件的可再制造性，辅助做出科学正确的决策。

（三）依据工程需要实施设备选型，开展采购全过程管理

1. 因地制宜开展设备选型

全断面隧道掘进机采用"量体裁衣"式的设计理念，类型、工作模式、关键参数的选取与工程地质条件息息相关。中铁隧道局根据多年施工经验，研究制定全断面隧道掘进机选型依据，在每次选型前广泛召开专家研讨会，汇集众智，共同研究复杂地质情况下的设备选型。同时，注重与各全断面隧道掘进机制造厂家进行技术交流，邀请有类似项目、类似设备经验的技术人员广泛充分讨论。选型流程，基本分为四个阶段：确定全断面隧道掘进机类型；确定全断面隧道掘进机掘进模式；确定关键参数；关键系统设计选型。

在全断面隧道掘进机选型时，还需要解决理论合理性与实际可能性之间的矛盾，同时充分考虑环保、地质和安全等因素。

2. 强化全断面隧道掘进机采购全过程管控

中铁隧道局高度重视质量源头管控，严格把好"计划需求－招标采购－市场调研－合同管理－过程监理－验收发货"每个关口，规范履行设备采购招标程序，加强设备采购合同执行，对全断面隧道掘进机制造实行第三方设备监理制度，有力夯实设备质量安全基础。

在编制计划需求方面，做好适应性分析，确保设备自身性能参数、设备功能适应于项目施工工况，满足施工组织计划进度。做好经济性分析，确保设备全生命周期内的使用价值、延伸价值及剩余价值大于当前采购价值，为采购经济性、适应性、性价比等综合优势较高的设备提供可靠依据。在招标采购方面，合理设计评分规则，确保招标文件编制完善，确保最大限度地采购到质优价廉的设备，实现采购程序合规，过程公开、公正、公平。在市场调研方面，全面调研掌握供应商规模、商务资质、生产能力、市场业绩、业界评价等，深入调查了解投标单位是否存在违反招投标法的投标行为、是否存在因设备原因造成的重大事故、是否存在严重的违约行为，实现对设备供应商的量化评价考核，为招标活动的开展

及设备采购的质量提供有力保障。在合同管理方面,加强履约过程控制,紧抓履约检查环节。同时,注重加强与合同方的沟通联系,确保遇到问题及时有效解决。在过程监理方面,重点把控设备进度、质量、投资和安全。对委外制造的部件定期到委外制造工厂巡视,对关键部件必要时驻厂监理。在验收发货方面,设备完成工厂组装调试后,根据设计文件、工程边界条件编制验收大纲,对照验收大纲对整机性能逐一验收,确保设备性能达到设计要求。

(四)精细管理,完善规范全断面隧道掘进机使用与维护管理

对全断面隧道掘进机实行"统一调配、集中管理"。建立中铁隧道局全断面隧道掘进机动态台账,每月更新以便于统一调配,在集团范围内实现资源优化配置。强化工程投标使用管理,使用全断面隧道掘进机参与投标的项目,严格执行标前设备来源(调配/租赁)方案上报公司审批程序,当公司内部有闲置资源时,严禁使用外部资源投标。在工程投标阶段,对设备适应性进行初步分析,对于不能够满足施工要求的设备,在项目评审和成本分析中充分考虑设备整修和改造费用,以满足中标后实施设备整修和改造。当设备掘进里程达到再制造条件时,由集团公司负责再制造,保证设备机况。

深入开展全断面隧道掘进机状态实时监测和评估。科学规划建立涵盖中铁隧道局设备检测中心、子分公司设备检测站和项目部设备检测室在内的三级设备状态监测体系。制定并发布《中铁隧道局设备状态监测管理办法》,明确全断面隧道掘进机状态监测内容和周期、各级检测机构职责等内容。由通过中国合格评定国家认可委员会(CNAS)认证的中铁隧道局设备检测中心,建立严格的检测程序、设备检测管理体系和质量管理体系,对全集团历年检测数据和评估报告进行信息化管理。同时,着眼推动异常问题闭环反馈处理,建立状态监测异常及评估问题反馈处理渠道,确保各级设备监测机构发现的设备问题能够及时畅通地反馈至设备管理部门立即处理。

制定全断面隧道掘进机使用与维保专项方案。坚持"养修并重,预防为主",使用前提前检查机况、使用中跟踪运转、使用后维护清洁。加强全断面隧道掘进机维保管理的宣贯和培训,要求各级公司严格按程序进行设备管理交底,督导项目做好设备维保工作,每个项目根据设备实际使用情况制定保养计划,做好设备的日检、周检、月检工作,实现故障维修和计划维修高效结合。依托专用设备中心片区管理优势,每季度巡查在用全断面隧道掘进机,检查设备维保情况。定期开展集团公司安全大检查或设备专项检查,全面检查全断面隧道掘进机维保工作,并将检查结果在中铁隧道局内部通报。加强设备使用过程中专项方案、技术交底管理,制定《集团公司专项方案管理办法》,明确项目专项方案报批程序。专项方案和技术交底制定后需履行项目部会审,重大方案需组织专家评审,履行集团公司、子分公司两级审核审批程序。督促项目建立专项方案台账,包括全断面隧道掘进机装拆方案、调试方案等及相应的技术交底等。

(五)开展全断面隧道掘进机再制造,延长设备使用寿命

全断面隧道掘进机再制造运用先进的新材料、新工艺、新技术对老化全断面隧道掘进机进行修复和改造。对老化全断面隧道掘进机进行再制造后,设定质量、安全、性能、环保等各项整体指标不低于原型新机,促进设备资源循环、绿色利用。

明确中铁隧道局设备部代表集团对全断面隧道掘进机再制造工作进行系统化管理,确定专用设备中心为中铁隧道局保有的全断面隧道掘进机再制造主责单位,子分公司设备部为子分公司自身保有的全断面隧道掘进机再制造牵头单位,实现各层级各司其职,分级管理。

发布《盾构再制造合规性文件》,编制全断面隧道掘进机再制造流程,进一步规范全断面隧道掘进机再制造程序。在此基础上,依托集团全断面隧道掘进机再制造工作,培养再制造人才,形成成熟的"八步法"(评估、返厂回收、拆解、清洗、检测与剩余寿命评估、修复与再制造、组装调试、售后服务)标准工作流程。强化质量监督,建立严格的再制造质量管理体系,引入第三方监理,实行再制造项

目部、监理部、使用用户三级检验验证，确保再制造设备质量满足要求。

（六）规范全断面隧道掘进机报废管理，科学确定退役设备处置方式

设备退役报废处置处于设备管理的末端，主要包括技术鉴定评估、处置方案研判和退役处置过程等业务环节。中铁隧道局在满足安全、环保、技术等约束条件下，应用设备技术状态评价结果及残值量化评价方法，统一设备退役技术和经济性鉴定标准和流程，为"设备是否再利用、再利用的适用条件"提供决策支撑，科学确定退役设备处置方式。

科学设置全断面隧道掘进机报废条件。中铁隧道局根据全断面隧道掘进机使用及再制造情况，制定明确的全断面隧道掘进机报废条件，要求全断面隧道掘进机的报废必须先经中铁隧道局设备检测中心全面评估，在科学评估的基础上，严格审查全断面隧道掘进机是否达到报废条件。原则上全断面隧道掘进机掘进里程超过10千米，且已计提完全部折旧才能报废。申请报废时，须符合下列条件之一：设备老化、技术性能落后，升级、改造或再制造（大修）费用超过同类型新机价格50%的；因灾害、事故等原因造成设备损毁严重，无修复价值的；按照中铁隧道局规定已进行两次全面再制造的。

严格履行全断面隧道掘进机报废程序。在操作步骤上，首先，由设备保有单位向资产管理部门提出报废申请，申请内容应包含设备检测中心评估意见、设备技术及相关升级、改造或再制造经济分析等内容。其次，由资产管理部门牵头联系，组织财务、工程、安全、设备、审计等相关部门参加，对拟报废设备进行鉴定或委托鉴定，形成鉴定意见。再次，全断面隧道掘进机报废处置必须经党委会和总经理办公会同意。对属于集团公司资产的设备，由资产管理部门提交报废议案，经集团公司党委会和总经理办公会讨论后形成决定意见。属于子分公司资产的，则需要经子分公司党委会和总经理办公会讨论后形成决定意见。最后，由中铁隧道局设备部向中国中铁生产管理部提交全断面隧道掘进机报废报告备案。

规范报废全断面隧道掘进机后续处置。全断面隧道掘进机保有单位成立报废设备处置小组，严格按照公司规定处置。原则上按原值5%的比例收回原值，确实不能收回的详细说明原因，并报相关资产管理部门。对于报废的全断面隧道掘进机若不能整体处置的，应将设备各系统部件分类清理，拆除部分有用的液压、电气、减速机、传感器等部件，其余部件按废旧钢材处理。在具体处理时，实行至少三家报价，择优选择报价高、实力强、符合环保要求的收购单位处理。

三、隧道施工企业基于大数据的全断面隧道掘进机全生命周期管理效果

（一）设备利用效率明显提升，运营成本大幅降低

经过多年来的大量实践和反复摸索，中铁隧道局已形成了完善的全断面隧道掘进机管、用、养、修机制，积累了一定的管理实践经验。自2016年以来，通过积极推进全断面隧道掘进机全生命周期管理工作，取得了良好效果，在保证设备制造质量和施工正常运行的同时，有效满足了设备周转使用需求。中铁隧道局全断面隧道掘进机使用效率得到了明显提升，相比2015年整体提升了38%。自实施全生命周期管理以来，已累计减少了设备投入约16000万元。2017年，中铁隧道局被中国设备管理协会评为全国设备管理创新示范单位。

（二）设备全过程监测管控能力显著提升，保障了现场生产的顺利进行

通过搭建全断面隧道掘进机大数据管控平台，实现了"大数据＋设备全生命周期管理"的深度融合。通过全断面隧道掘进机施工状态实时监控，提前预警风险，积累施工数据，不断优化运维策略、故障缺陷分析，全面推动设备使用与维护管理模式由"事后应对"向"事前防范"转变，"分散现场管控"向"集约远程管控"转变，"传统经验判断"向"数据智能驱动"转变。利用大数据系统建立各个管理层面决策所需要的分析依据和决策评价体系，为业务决策提供数据支持。2017年，中铁隧道局智慧盾构TBM工程大数据应用平台入选工信部全国优秀大数据产品方案和中施协互联网最佳实践案例。

中铁隧道局还通过健全完善基于大数据的设备状态检测体系，建立了监测诊断标准和实施细则，在

检测方式上采取定期检测和动态检测相结合的方式。通过发挥三级设备状态检测体系作用，为设备正常运行提供可靠保证。通过持续加强企业业务管理的监控职能，提高了整个企业全断面隧道掘进机全生命周期管理水平，保障了现场生产的顺利进行。

（三）初步形成了全断面隧道掘进机全生命周期管理模式，具有良好的示范推广价值

中铁隧道局基于大数据的全断面隧道掘进机全生命周期管理，全面系统梳理了设备管理环节中重点难点问题，有效解决了工作推进中的实际问题。全断面隧道掘进机全生命周期管理具有较强的扩展性与示范性，其方法具有通用性，可复制性强，不仅适用于全断面隧道掘进机管理，同时也适用于其他常规设备全生命周期管理，尤其对于凿岩台车、混凝土湿喷机组、双轮铣、旋挖钻机、多功能钻机、悬臂掘进机、提运架设备、移动模架造桥机等大型专用设备，具有良好的示范推广应用价值。

（成果创造人：吕建乐、陈　建、康宝生、刘东亮、寇晓林、张宏达、杨露伟、袁朋飞、蒙先君、李凤远、李大伟）

桥梁建筑企业打造精品工程的"四位一体"质量管理

中铁大桥局集团有限公司

中铁大桥局集团有限公司（以下简称中铁大桥局）前身是1953年4月为修建武汉长江大桥经政务院批准成立的铁道部大桥工程局，2001年改制为现名。中铁大桥局是中国中铁股份有限公司（A股601390和H股0390）旗下的全资子公司，是中国唯一一家集桥梁科学研究、工程设计、土建施工、装备研发四位于一体的桥梁工程承包商兼投资商，具备在各种江、河、湖、海及复杂地质、恶劣环境条件下修建各种类型的桥梁的能力。

60多年来，中铁大桥局经历了"建成学会、发奋图强、融入市场、追赶世界、领先世界"的发展历程，在国内外设计建造了2600余座大桥，成为世界上设计、建造桥梁最多的企业。桥梁质量得到国家高度认可，中铁大桥局荣获第三届"中国质量奖"，打造了一大批精品名优工程，获得国际桥梁大会乔治·理查德森奖6项、国际桥梁大会古斯塔夫·林登少奖1项、国家优质工程金质奖5项、国家科技进步奖34项、鲁班奖34项。拥有桥梁结构健康与安全国家重点实验室、博士后工作站和国家认定企业技术中心，累计培养出4名院士、6名桥梁设计大师，拥有国际和国内专利542项。2017年新签合同额702亿元，完成营业额330亿元，实现归属母公司净利润8.6亿元。

一、桥梁建筑企业打造精品工程的"四位一体"质量管理背景

（一）贯彻质量强国战略的客观要求

国家提出质量强国、交通强国的发展战略，先后发布《质量发展纲要（2011—2020年）》《中国制造2025》《关于开展质量提升行动的指导意见》等战略指导性文件，要求各类企业牢固树立质量第一的强烈意识，坚持优质发展、以质取胜，贯彻实施质量提升行动，全面提升质量水平，加快培育国际竞争新优势，为实现"两个一百年"奋斗目标奠定质量基础。

国务院国资委提出国有企业要走在高质量发展前列，要大力改革创新，提质增效，在全社会树立"质量立企"的榜样，带动中国质量整体提升。为响应"培育具有全球竞争力的世界一流企业"的号召，中铁大桥局确立"打造世界一流建桥国家队"的企业愿景，秉承"精雕细琢，百年品质"的质量理念，积极践行质量强国、交通强国战略，在世界桥梁科技和桥梁质量的高原上争做高峰。

（二）践行质量宣言引领行业发展的自觉行动

1998年长江大洪水，冲出九江大堤"豆腐渣工程"，重庆等地相继出现桥梁垮塌事故，为当时的中国建设工程质量敲响了警钟。在工程质量问题成为社会日益担忧的严重问题之时，中铁大桥局率先在芜湖长江大桥巍然矗立的桥墩旁立下醒目的《世纪大桥质量宣言》汉白玉碑，向社会郑重承诺："我们视大桥质量为生命，对大桥质量终身负责！"并真诚倡议："开展桥梁建设质量竞赛，把每一座桥梁建成内实外美的精品工程，使之成为现代文明的标志！"

桥梁工程质量影响施工过程及运营过程的安全，影响施工企业和运营单位的经济效益，更关乎广大人民群众的生命财产安全，甚至会影响社会稳定。桥梁工程质量控制相对于其他土木工程有其特殊性，施工环境恶劣、施工要素繁多、施工过程复杂，尤其是在深山峡谷、大江大河、深海暗礁等恶劣环境下，质量控制尤其困难。随着社会经济发展，高速、大跨、重载桥梁越来越多，新结构、新材料、新技术运用越来越多，桥梁质量控制要求越来越高。进入21世纪，美国、日本、韩国等国家纷纷提出要建设使用寿命长达200年、300年，甚至更长的大桥，这给中国桥梁科技发展、中国桥梁质量发展带来了

更多挑战和更高要求。

桥梁建造质量是中铁大桥局的立身之本，作为"建桥国家队"，必须大力弘扬精益求精的工匠精神，以打造精品桥梁工程引领中国桥梁行业质量发展。

（三）提升企业竞争优势的内在需求

近年来，建筑行业质量监管越来越严格，国家住房和城乡建设部建立完善建筑市场各方主体守信激励和失信惩戒机制，推行黑名单制度；交通运输部全面开展公路水运建设工程质量提升行动，全面落实工程建设各方质量责任，打造品质工程；中国铁路总公司提出铁路工程产品质量安全红线管理要求，明确红线问题处罚责任认定标准。建筑市场竞争异常激烈，国内各大建筑国企及部分知名民营建筑企业纷纷涉足桥梁建筑市场。国际市场上，法国万喜、日本大成等一些传统建筑企业仍具有强劲的竞争力。

保障工程质量已经成为企业参与竞争的必备基本能力。从根本、长远看，市场竞争就是质量的竞争，今天的质量就是明天的市场，一座桥的质量问题就能摧毁一个企业。中铁大桥局深刻认识到质量对于企业生存和长远发展的重要意义，认识到打造精品工程是持续赢得更多市场份额、提升企业竞争优势、打造基业长青百年老店的根本之道，在桥梁建造实践中持续探索质量管理体系，优化质量管理制度，改进质量控制措施。

二、桥梁建筑企业打造精品工程的"四位一体"质量管理内涵和主要做法

中铁大桥局"四位一体"质量管理体系集"科学研究、工程设计、土建施工、装备研发"等与工程质量相关的四大要素为一体，依托两个国家级科研平台（桥梁结构健康与安全国家重点实验室、国家认定企业技术中心），充分发挥企业技术创新基础优势和工程管理实践经验，以施工总承包为主线，聚集科研、设计、装备研发制造共同打造精品项目，四位汇聚，互相促进，互相支撑，协同创新，丰富中铁大桥局的企业精神和文化内涵，提升企业核心竞争力和创效能力，推动中国桥梁智能制造和智慧服务，持续引领中国桥梁技术和质量管理发展水平。

（一）构建"四位一体"质量管理体系，落实组织、制度双保障

搭建科学研究、工程设计、土建施工、装备研发"四位一体"的质量管理体系，贯穿于项目管控的全过程，共同保障工程质量。

科学研究引领工程设计、土建施工、装备研发的技术发展，是工程质量的保证，中铁大桥局着眼当前，兼顾长远，加强基础理论研究，推进"四新"技术，对工程设计可靠性、施工方案的可行性、装备的适用性进行验证，服务桥梁工程质量。

工程设计指导土建施工，促进科学研究和装备研发，是工程质量的源头，中铁大桥局在工程设计前听取顾客意见和建议，通过设计方和施工方反复沟通，确保方案可行，为建成后全生命周期内安全可靠运营理论基础。

土建施工检验科学研究、设计方案、装备研发的可实施性，是工程质量的主体和关键，中铁大桥局严格按设计施工，推广使用"四新"技术，明确质量管理责任，强化施工过程管控，夯实桥梁工程质量。

装备研发为创新性的工程设计和施工组织提供支撑，是工程质量的保障，中铁大桥局依靠专业装备研发，推动施工工艺工法变革与发展。

在桥梁建造过程中，科学研究、工程设计、土建施工、装备研发有机融合、互相联动，形成一个有机整体，为打造精品工程提供坚实强有力的支撑。

组织保障。建立横向到边、纵向到底、全面覆盖的组织保障机制，横向以"四位一体"为载体，依托中铁大桥局桥梁科学研究院、设计分公司、土建子公司、装备专业分公司，形成以科研、设计、施工、装备研发为产业链的质量管理组织机构，分别对各环节质量进行控制，推进产品质量管控协同发

展；纵向以施工管理为主线，成立集团公司、子公司、项目部三级质量委员会，强化对质量强企战略和质量发展形势的前瞻研究，加强对质量发展的统筹规划和组织领导，设置专职管理机构，配备专职质量管理人员，并在重大项目设置质量总监。

制度保障。有组织、有计划地对科学研究、工程设计、土建施工、装备研发四个方面的有效手段、措施进行总结提炼，逐步形成一整套全员参与、全过程控制、全方位管理的质量管理制度。在科学研究方面，以科技创新为抓手，建立学科带头人制度、内部研究生管理制度、国家重点实验室运行制度、博士后工作站管理制度、经费保障制度、成果奖励制度；在工程设计方面，严格执行工程设计计算复核制度、施工组织设计集中编制评审制度、设计方案检查制度等；在土建施工方面通过工程首件制、隐蔽工程旁站录影制、工程质量实名制、联合检查签证制、班组长质量负责制、安全措施保证制等强化施工过程控制，将各项技术标准落实下地；在装备研发方面，通过设计复核、驻厂监造、人机一体化、远程监控等制度加强施工设备管控，为桥梁施工提供有力的支撑。

（二）大力推进科学研究，突破桥梁质量关键技术

中铁大桥局依托"桥梁结构健康与安全国家重点实验室"和"国家认定企业技术中心"两个平台，以科学研究为基石，研以致用，加强桥梁基础理论研究和中长期前沿技术储备。结合60多年的桥梁建造实践经验，中铁大桥局重点从新材料、新结构、减振抗震、监控检测等方面开展研究工作。

1. 开展新材料研究，解决桥梁工程质量顽疾

桥梁工程使用最多的材料就是混凝土，混凝土质量直接影响桥梁工程的主体质量，特别是影响其承载力和耐久性，危及桥梁安全和使用寿命。只有抓住混凝土质量这个核心问题并加以解决，才能在行业保持较强的竞争力和优势，因此，大桥局将混凝土材料及其浇筑技术和质量控制技术作为重点研究方向。

普通混凝土常见的质量通病一般来说可以通过严格控制设计配合比、浇筑工艺和养护措施达到较好效果，但高盐、高寒及强冲刷等特殊环境使用的混凝土，需要特别研制；随着桥梁向大跨、重载、海洋等方向发展，混凝土的需求和性能也在不断提升。例如，中铁大桥局研究海工耐久性混凝土，应用到杭州湾跨海大桥70米箱梁预制中，首次解决海洋工程中普遍存在的混凝土开裂的质量难题。

大体积混凝土浇筑期温度裂缝的产生不但影响结构的承载力和设计效果，而且对结构的安全性和耐久性也有重要影响，国内曾出现多次大体积混凝土早期开裂病害，带来工期和经济损失。中铁大桥局针对大体积混凝土温控影响因素多的特点，提出对大体积混凝土从材料配合比设计、施工工艺控制、仿真计算优化到实施自动化监控调控的综合温控方案，集合材料、工艺及监控监测各研究方面的优势力量，较分包模式的各自为政，具有无可比拟的管理优势，成功应用于以南京大胜关桥为代表的多座跨江、跨海桥梁大体积混凝土温控工作中。

2. 开展钢结构研究，有效降低桥梁结构风险

钢结构桥梁的主要材料是钢材，关键是连接技术，控制钢桥寿命的主要指标是连接部位的抗疲劳性能。其中，钢材母材从1949年以来有了长足的发展，形成了一整套的结构用钢体系，连接技术主要是焊接和栓接，提高连接部位的抗疲劳性能是关键，中铁大桥局以此为突破口，基于工程实际采取计算机仿真分析和整体、节点模型试验相结合的方式开展大量的试验研究工作，为九江长江大桥、芜湖长江大桥、汕头海湾大桥、坝陵河大桥、洞庭湖二桥等国家大型钢桥的发展提供大量优化设计方案，为促进钢桥发展做出贡献。

重点利用新研发的新材料UHPC开展大量抗疲劳试验研究，研发出钢正交异性板—UHPC组合桥面铺装体系，彻底解决钢正交异性桥面疲劳开裂和铺装层损坏两大世界难题，目前已经应用在多座桥梁上，延长了桥梁服务寿命。重点研发高强螺栓施拧指导体系，优化施拧工艺，指导现场施工，延长了桥

梁服务寿命。

3. 开展减振抗震研究，保障桥梁结构安全与稳定

随着桥梁向大跨度的发展，桥梁结构和构件具有高、大、轻、柔的特点，在风、车辆、地震等荷载作用下，容易发生剧烈的振动问题，轻则引起桥梁主要受力构件的疲劳损伤，严重者可导致桥梁结构的整体坍塌，严重威胁桥梁结构的安全与稳定。

中铁大桥局为了提高桥梁的减振抗震能力，在国内最早开展减振抗震技术研究。从阻尼减振抗震基本理论入手，结合不同桥梁结构、构件的振动特点，设计合理的阻尼减振产品，并通过数值模拟、室内模型试验和实桥验证相结合的办法，对减振抗震设计理论和产品进行反复的验证与改进，使其性能与耐久性均满足桥梁减振抗震的实际需求。从20世纪90年代的九江长江大桥起步，到深圳埃菲尔铁塔、武汉长江二桥等，再到21世纪的黄冈公铁两用长江大桥、南京大胜关长江大桥及武汉天兴洲长江大桥等，研发一系列具有自主知识产权的减振抗震技术及产品，有效解决振动对桥梁结构质量的危害。例如，研发的系列斜拉索阻尼器，成功应用于港珠澳大桥等国内数十座大跨度斜拉桥振动控制中。

4. 开展监控检测研究，保障工程施工过程质量

大跨度桥梁施工过程中受到许许多多确定和不确定因素的影响，需对施工状态进行实时识别，纠偏、预测，从而确保桥梁施工质量及安全。中铁大桥局在国内最早开展大跨度桥梁施工监控监测研究，通过大量的实践控制经验和理论研究，提出无应力状态法控制理论和自校正调节法的控制应用技术，形成云监测平台技术、节段预制短线法控制等多项软件著作权，引领着国内监控行业技术发展，实践于斜拉桥、悬索桥、拱桥等多种桥型大跨度桥梁施工控制过程。例如，施工监控多项技术成功应用于世界上首次采用"二次竖转"工法施工的大桥——大瑞铁路云南澜沧江特大桥等，技术成果获得多项省部级科学技术进步奖，并成为国内首次获得中国土木工程詹天佑奖的监控工作单位。

检测技术是决定施工阶段质量水平的关键手段。例如，针对高速铁路对行车舒适性和安全性的高标准要求而带来的基础不均匀沉降问题，自主攻关研发高速铁路高精度位移（沉降）自动实时监测技术，实现封闭式运营中的高速铁路基础沉降亚毫米级全天候无人化监测及预警，系统长期稳定性、可靠性、安全性较高，提高我国和世界高速铁路安全运营的保障水平；传统桥梁线形测量效率较低、精度不高，通过企业自主课题立项研究的基于物联网技术的结构竖向位移测试系统为桥梁等结构的竖向位移提供±0.1mm的高精度、高效率的自动实时测试，较大程度提高桥梁荷载试验及长期测试的效率和精准水平；面对传统桥检车安全风险高、对交通影响大的问题，研发的桥梁梁底全自动检测机器人轻巧、便捷、安全性能高，不受城市限高架影响，对交通干扰小，实现城市桥梁的无人化快速检测，对各类复杂小曲率半径匝道桥等传统桥检车难以实现的结构检测优势显著等。

（三）高度重视工程设计，确保工程源头质量

桥梁设计作为桥梁项目的起点，是建设环节中重要的一环，是桥梁质量控制的源头。中铁大桥局积极研发具有自主知识产权的专业软件以完善设计工具，并紧跟全球行业发展趋势，将BIM（Building Information Modeling）技术运用到桥梁全生命周期质量管理中，并不断开拓创新的设计方法、结构体系、建筑材料，解决各种复杂条件下桥梁设计的质量控制难关。

1. 研发具有自主知识产权的专业软件，完善设计工具

在商用桥梁设计软件基础上，中铁大桥局开发具有混凝土梁桥设计计算功能、斜拉桥设计计算功能、斜拉桥施工监控功能的钢结构及混凝土桥梁设计软件，对桥梁进行精准的几何建模、结构分析及验算，以保障结构的安全性、适用性。开发具有自主知识产权的空间桥梁设计软件，成功解决大跨、重载、高速带来的轨道形位质量控制难题，为我国高速铁路桥梁处于国际领先水平提供关键技术支撑。

2. 运用 BIM 技术，奠定桥梁全生命周期质量管理基础

中铁大桥局在行业内率先将 BIM 技术运用在设计阶段，通过信息化的工作平台和生产模式，有效提高桥梁设计施工效率和协作，降低冲突，实现精确的多维模拟，成功应用于新白沙沱长江大桥、沪通长江大桥等项目，实现建设、设计、施工、监理及运营等桥梁建造参与单位的即时信息交流、管理共享，有效提高工作效率、减少设计错误和施工矛盾，进一步确保桥梁在设计阶段乃至全生命周期的质量管理。

3. 积极采用新技术，应对复杂工程环境

面对跨江、跨海、山区等大跨度、复杂环境的设计挑战，中铁大桥局在公铁两用桥、钢桁拱技术、多跨悬索桥、跨海大桥、深水基础等方面开展设计方法和结构体系创新，建立基于空间结构、多模式活载加载的新型桥梁设计方法，提出高铁大跨度桥梁形位控制设计方法及高速铁路整体钢桥面设计技术，深入研究三索面三主桁钢桁梁斜拉桥、钢混组合拱桥、板—桁及箱—桁组合梁、斜主桁钢桁梁等新结构，解决高速铁路桥梁荷载重、通航要求跨度大、轨道稳定性差等重大技术难题。例如，中铁大桥局研发的深水大跨高速铁路建造成套技术，如京广高铁天兴洲大桥首创的钢桁梁整体节段架设技术，实现桥梁在重载、大跨、高速铁路新结构及深水、航运繁忙河道建桥新技术的突破。

开创性地开展多塔缆索承重桥梁技术研究，解决其刚度控制、关键结构与建造技术难题。以中塔合理刚度为目标，研究确定选用全钢或钢—混凝土组合结构形式，解决桥梁刚度和主缆抗滑移安全的技术难题，实现我国多塔缆索承重桥梁的技术突破，也为未来建设跨越琼州海峡、渤海湾、台湾海峡等跨海通道提供大桥方案。

系统开展跨海大桥工程建造技术研究，解决海洋环境下桥梁建设技术难题。提出跨海长桥箱梁整孔预制、运架的总体设计方案；开展跨海桥梁波流力研究，系统总结不同墩台外形、不同水深、不同流向的桥梁波流力变化规律，设计出适宜的深水沉井基础、设置式基础、根式基础等新结构；提出海洋环境下桥梁混凝土结构分区域综合防护、钢管桩采用牺牲阳极保护阴极设计技术方案，解决大型跨海桥梁的耐久性难题。

（四）持续完善、规范土建施工，严格管控施工现场质量

中铁大桥局高度重视土建施工，通过责任落实、方案管控、质量措施及现代化手段等来加强现场管理，不断完善、规范项目施工质量管控。

1. 推行质量责任矩阵，质量责任落实到人

建立质量管理责任制，推行质量责任矩阵，将工程质量控制分解为产品控制清单，每一项清单执行都对应责任部门和责任人，并明确各岗位、各环节的作业人员质量控制要求，并细化分解到各个层级，严格落实"党政同责、一岗双责"的管理要求，实行现场旁站、领导带班、领导包保、干部值班制度，将质量管理责任落实下地；加强作业队伍能力建设，与劳务队签订《施工质量安全协议》，劳务人员签署《施工质量承诺书》，构建全员质量管理工作责任制；将管理触角延伸到质量塑造终端，将安全质量责任分解到班组长，促使班组长加强安全质量管控，带动整个班组提高安全质量水平，从根本上解决"三违"行为。

2. 集中管控施工组织设计和专项方案，确保科学性、合理性和可实施性

施工组织设计和专项方案是工程施工质量的基本保证，对工程施工质量起着指导促进作用。为确保方案的科学性、合理性和可实施性，中铁大桥局对专项方案进行严格把控，每年编制总体施工组织设计，并由公司领导组织评审，确定年度项目施工控制重点；每月编制专项方案编制评审计划，要求重点工程的施工组织设计和重大方案由项目部委托施工设计事业部编制，并集中组织评审，确保方案可行后方可实施。

3. 精细现场质量管控，质量措施实施到位

推行工程首件制。在分部分项工程开工前，按照1∶1的比例制作一个首件，如底节墩身、节段梁，经专家评价改进后形成样板，通过首件认可、样板引路、总结完善、全面推进，以样板工程为标准全面展开施工。

落实检查签证制度。在关键工序施工前由项目技术负责人、其他质量管理相关方人员对相关工序是否安装到位、合规情况进行联合检查并签证认可，检查签证遵循"谁检查谁签字谁负责"的原则，实名签认，结论明确。

落实隐蔽工程旁站录影制。在隐蔽工程施工前编制作业指导书及旁站计划，施工时技术员全程现场旁站，每个隐蔽工序都进行摄像或拍照，旁站资料每月汇总存档。在施工过程中，为作业人员提供安全舒适的施工环境，确保施工作业正常开展，进而保证工程质量。

落实工程质量实名制。在桥梁隐蔽工程中实行实名登记制，在墩身、预制梁、钢梁等构造物上设置镌刻企业、施工负责人、开竣工时间等信息的铭牌，有效落实质量终身负责制。

落实安全措施保证制。在高栓施拧、构件焊接等施工关键部位设置安全可靠的脚手围栏等安全防护设施，保障施工工序满足质量管理要求。

实施质量看板管理。在施工现场设置指导施工生产、人员作业的文字、图表标牌，通过简明扼要的作业流程、规范要求等"看板"内容，提示质量控制点、质量要求和防控措施，规范现场作业和管理行为。

4. 推行"四化"管理，改进施工手段

推行"四化"，即机械化、工厂化、专业化和信息化，提升自动化处理信息和控制的功能，提高产品控制精度和控制范围，实现整体加工融合，改进施工工艺工法，如采用自动化机械保证施工精度，减少人员配置；工厂化实现混凝土、预制梁、钢筋笼等流水作业；成立钢梁架设、基础施工、船舶作业等专业化施工队伍，保证专业人做专业事；研发工程项目安全隐患排查系统、桥梁健康监测等系统的应用，减少人为控制环节，使得桥梁施工更加模块化、标准化、规范化，极大地提升了桥梁工程质量。

（五）研发桥梁建造大型装备，改进施工工法，确保质量可靠

工欲善其事必先利其器，桥梁建设倚重于建桥利器。各类大型、新型建桥装备的研发，有力推动建桥施工工法的进步，有力保障桥梁建造质量。

随着桥梁建设向大跨度、海洋发展，桥梁建设面临复杂、恶劣的施工环境，桥梁建设质量压力愈加增大。高空作业、水上作业、现场作业是影响桥梁制作质量的三大关键因素。为提高桥梁梁体、桥墩的制作质量，变水上施工为陆地施工、变高空作业为平地作业、变现场拼装为工厂制造、变人工操作为机械作业，尽量减少现场施工环节和施工时间，研发桥梁建造大型装备。例如，自主研发5000型新型超大钻机，应用于福建平潭海峡大桥主桥4.5米超大直径的钻孔桩施工，填补深海、硬岩、强腐蚀施工环境下桥梁基础施工技术国内空白；自主研发全球最大起重能力的水平臂、上回转D5200型塔式起重机，应用于马鞍山长江大桥、武汉鹦鹉洲长江大桥钢混结合塔主塔吊装施工，保证主塔安装质量，实现快速施工。

在装备研发中创新装备科技，利用先进的机电液控制、"互联网+"、智能控制等新技术，使得大型装备举重若轻，体大但灵巧，即使上千吨的桥梁构件升降移位精度亦能控制在毫米级，提高桥梁节段的安装精度。

（六）依托信息手段提供增值服务，保障运营质量

精品工程不止来源于建造过程，运营阶段的质量管理是工程全生命周期质量管控的一个重要的环节，中铁大桥局坚持顾客至上理念，通过提供增值服务满足顾客需求，提升顾客满意度。

1. 承诺工程保修

严格执行合同约定的工程保修期限，在工程保修期内，如发现或出现任何质量问题，第一时间派驻工作人员进行处置，确保不给运行带来风险，达到业主和运营单位满意，顾客放心。

2. 开展工程回访

按照质量管理体系的要求，定期进行工程回访，及时了解和掌握交付工程的运营情况，给运营单位提供技术服务和科学建议，解决运营形成的病害，提供使用维护指导，同时自发研究桥梁工程管养系统，实现工程运营相关数据的实施传递，反馈到公司桥梁工程管养中心，对运营中出现的问题及时反馈并提出解决方法。

3. 提供健康监测

为呵护桥梁运营安全，实时动态监控桥梁结构状态，中铁大桥局利用专业的桥梁健康监测云计算中心，提供涵盖桥梁全生命周期的技术状态和指标体系，从初期为单独一座桥梁建立一个健康监测系统，发展为建立桥梁集群监控云平台。建立国内最领先的城市桥梁智慧信息系统，实现桥梁档案、巡检养护、健康监测、视频监控、桥梁评估、三维展示、大数据分析、报告报表等功能。研发拥有完全自主知识产权的桥梁健康监测与管养信息化成套技术，提供涵盖桥梁全生命周期的监测技术和指标体系，实时动态监测桥梁结构状态，保障桥梁运营安全，为智慧城市建设提供系统解决方案。研发"铁路桥隧检养修管理系统"，实现检养修全过程的信息化，完全替代传统的检养修管理模式，已被国家铁路总公司要求全路推广。

4. 加强诊断加固

目前我国公路和铁路桥梁超过100万座，其中40%已服役超过20年，技术等级为三、四类的带病桥梁已达到30%。带病工作的桥梁必须"看医生"，需要进行检测评估和诊治加固。中铁大桥局建立"桥梁医院"，为客户提供全生命周期的运营管理服务，通过试验研究，计算分析，采用先进的技术、材料与工艺，对病害桥梁进行诊治和加固，延长使用寿命。

三、桥梁建筑企业打造精品工程的"四位一体"质量管理效果

（一）建成大批精品桥梁工程

中铁大桥局通过践行"四位一体"质量管理模式，建造了一大批精品桥梁工程，已建成知名大桥包括万里长江第一桥——武汉长江大桥，中国人自力更生建造的第一座长江大桥——南京长江大桥，世界最长跨海大桥——港珠澳大桥，世界首座六线铁路大桥——南京大胜关长江大桥，世界上最长的公铁两用大桥——郑新黄河大桥，世界首座四线大跨度重载公铁两用桥——武汉天兴洲长江大桥，世界首座三塔四跨结合梁悬索桥——武汉鹦鹉洲长江大桥，中国企业首次通过国际市场竞标方式中标的桥梁工程——孟加拉帕克西大桥，非洲大陆最大跨度斜拉桥——摩洛哥穆罕默德六世大桥，孟加拉国第一座公路斜拉桥——孟加拉卡拉夫里三桥等。其他已建成的代表性桥梁工程还有九江长江大桥、芜湖长江大桥、东海大桥、杭州湾跨海大桥、青岛海湾大桥、拉萨河特大桥、铜陵公铁两用长江大桥、安庆长江铁路大桥、澳门西湾大桥等。

这些知名桥梁工程是中铁大桥局坚守质量、铸造精品，实施"四位一体"质量管理模式所取得的丰硕成果，代表着中国在世界桥梁建造领域的最高水平，是中国走向世界、实施"一带一路"的"国家桥梁名片"。

（二）引领桥梁行业技术发展

中铁大桥局通过践行"四位一体"质量管理，加强桥梁基础理论研究和中长期前沿技术储备，先后研制多项关键技术和专用设备，用科技创新和技术进步保证质量、提升质量，不断增强企业核心竞争力，持续引领桥梁行业技术发展。

引领中国桥梁结构形式发展。每一种新的桥梁结构形式几乎都由中铁大桥局在国内率先研发、设计与建造，首创新中国桥梁的主要基础与上部结构形式。

引领新中国桥梁建造技术发展。在九江长江大桥发明的深水基础双壁钢围堰施工技术至今仍是桥梁深水基础的主要施工方法。在杭州湾跨海大桥系统研究并首次应用的海上长桥整孔箱梁预制架设技术，填补了我国跨海桥梁建造技术的空白，开创了重大工程大规模模块化施工先河等。以大胜关长江大桥大跨度钢桁双主拱桥建造技术为核心技术的京沪高速铁路项目荣获2015年国家科技进步特等奖。

引领新中国桥梁用钢和桥梁建造装备发展。牵头组织，与钢铁企业联合研发桥梁钢材，将国家桥梁规范中的钢种强度不断提升到新高度，突破桥梁钢生产技术壁垒。研发5000型工程钻机、3600吨吊船、D5200塔吊等大批高技术含量的核心桥梁施工配套设备，增强了海、陆施工能力，打破国外设备垄断，替代进口产品，提升核心竞争力。

（三）创造显著经济社会效益

中铁大桥局坚守质量，突出建桥主业，实施"四位一体"质量管理模式，取得了优异的市场、经济及社会效益。公司资本运营效率持续高效，近3年资本保值增值率均突破110％，比国资委公布的优秀值高10％，长江大型及特大型桥梁工程市场占有率达到35％，特大型跨海桥梁工程市场占有率达到38％，国内公铁两用桥梁工程市场占有率达到81％，拥有巨大的市场号召力。

中铁大桥局建造的一座座精品桥梁实现了与社会、环境、相关利益方的和谐发展，带动了当地经济的发展。承接的"一带一路"沿线国家重大桥梁工程，展示国家桥梁新名片，提高了当地交通运输能力，改善了民众生活条件，促进了当地经济繁荣和发展。

中铁大桥局已建设的2600余座桥梁工程，在设计寿命期内都能够安全连续有效地为社会提供服务，无一发生质量事故。党和国家几代领导人先后到中铁大桥局（工地）视察指导，并给予高度评价。国家市场监督管理总局授予中铁大桥局第三届"中国质量奖"荣誉。中国建筑业协会、中国土木工程学会、中国公路学会等组织对中铁大桥局企业品牌给予了认可。中铁大桥局入选美国《工程新闻记录》（ENR）评选的全球225家最大国际承包商和全球十大桥梁承包商。

（四）探索形成精品工程质量管理模式

中铁大桥局秉承"坚守质量、传承创新"的优良传统，坚守"精雕细琢，百年品质"的质量理念，按照"科学研究、工程设计、土建施工、装备研发"四位相辅相成、有机统一的思路，经过长期的创新实践和经验总结，探索出一条打造精品的质量管理模式。中铁大桥局举办"中国桥博会"，推动"四位一体"质量管理模式在行业内的应用、推广和发展。在中美质量高峰论坛上，中铁大桥局作为中国企业代表分享中国桥梁建设质量提升经验。

（成果创造人：刘自明、文武松、李凤超、何荣康、刘杰文、季跃华、
潘东发、胡永生、吴杰良、戚玉明、范维国、余发东）

大型火电企业基于全方位对标的"三全"管理

宁夏京能宁东发电有限责任公司

宁夏京能宁东发电有限责任公司（以下简称宁东发电）于2008年8月注册成立，注册资本9亿元，是由北京能源集团有限责任公司（简称京能集团）和中铝宁夏能源集团有限公司按65%、35%的比例出资建设的现代化大型火力发电企业。宁东发电现有职工207人，管理部室16个，资产总额38.35亿元。负责建设运营的一期工程2台660MW超临界间接空冷机组是宁夏回族自治区"十一五"期间规划建设的重点电源项目，是国家建设宁东能源化工基地"西电东送"项目，是国内第一个采用表面式间接空冷技术的超临界机组。在近十年的生产经营中，宁东发电取得良好的经济效益和社会效益，累计完成发电量500.79亿千瓦时，实现利润总计9.4亿元，共计上缴税金近10亿元。宁东发电先后荣获全国生产力典范企业、全国职工职业道德先进企业、中国电力信息化标杆企业、全国热控技术管理先进电厂等。

一、大型火电企业基于全方位对标的"三全"管理背景

（一）是提高企业盈利能力和生存能力的需要

宁东发电作为生产产品单一的火力发电企业，在我国经济转型发展的阵痛期，面临诸多挑战，如电力市场自由化竞争日益激烈、新能源供电份额连续增长、"去产能"力度不断加大、电煤供应短缺而煤价持续走高、环保要求持续提升、火力发电综合成本不断攀升、终端上网电价维持低位、利润空间被大幅挤压、收益水平将长期维持低位等，如何高效节约能源、合理配置资金来降低成本，进而提升企业的盈利能力，增强企业的生存能力，显得尤为迫切。经过多方调研与全方位对标分析，宁东发电发现自身在预测、实施、总结、改进、提升等管理环节中存在计划不全面、预算不科学、绩效不落实的情况，造成企业资源、资金、资本的大量内耗，在价值效益生成链上形成了无用功损失、效应型损失和意识型损失等不可逆损失。基于此，适时提出基于全方位对标的全面计划、全面预算、全面绩效的"三全"管理理念，意欲通过企业内部深入挖潜增效，以主动求新、积极求变的创新精神，提升企业的实际盈利能力，增强企业在残酷竞争中的生存能力，切实提升在未来电力市场中的竞争力。

（二）是贯彻上级单位管理要求的需要

宁东发电作为京能集团下属的控股企业，必须坚定的贯彻执行京能集团下达的生产经营理念和发展目标要求。京能集团的中长期发展规划是成为业务结构合理、盈利能力稳健、绿色环保、安全运营、国际一流的首都综合能源集团。为了能够实现这一发展愿景，同时提出了借助全方位对标促管理、促效益、促提升。为贯彻京能集团这一重大管理策略，宁东发电确立"以对标管理和绩效考核相结合的管理手段来应对外部环境变化"的经营管理思路，借助科技化、信息化、数字化等手段，建立基于全方位对标的全面计划、全面预算、全面绩效管理体系即"三全"管理，以全面提升宁东发电的现代化管理水平，以及在京能集团乃至火力发电行业内的竞争实力，最终满足企业自身的可持续发展，进而满足京能集团的发展和管理需要。

（三）是提升企业精细化管理水平的需要

宁东发电由基建转生产后，运营管理效率还有较大提升空间，在煤耗、厂用电率、检修、物资采购、资金占用、管理成本等方面与国内、国际同规模的先进机组相比仍存在一定的差距，主要原因是经营计划、预算管理、绩效评价三者之间形式上没融合，实质上没关联，仅仅强调事后管控等。为改变这

一现状，宁东发电决心构建基于全方位对标的"三全"管理体系，进行全面计划对标、全面预算对标、全面绩效对标，改变计划准确率低、计划目标不清晰、预算目标偏差大、控制指导性弱、绩效评价体系客观分析能力差、唯结果而奖惩、过程控制和督导缺失等不精准、不精细的现状，以有效提升企业精细化管理水平。

二、大型火电企业基于全方位对标的"三全"管理内涵和主要做法

宁东发电为切实提高企业盈利能力和生存能力，以全方位对标为手段，遵循对标范围全覆盖、对标要素全覆盖、对标过程全覆盖、对标标杆全景式的思路，构建基于全方位对标的全面计划、全面预算、全面绩效的管理体系即"三全"管理，将生产经营指标、财务预算费用、绩效考核管理有机地统一到同一信息系统，与先进的指标形成实时对比，通过提示预警和动态绩效评价，形成有效的内部激励和约束机制，通过强化过程管控、全方位对标分析、量化考核评价，实现经营管理"全过程""全贯通""全覆盖"，达到全面提升企业综合管理水平的目的。

（一）明确"三全"管理的整体思路

宁东发电在京能集团对标管理基础上，结合自身管理实际，以对标范围全覆盖、指标要素全覆盖、管控流程全覆盖为原则，科学合理设置对标指标，一方面要涵盖行业标杆、集团内部标杆、历史最优值、设计值、目标值等，另一方面要涵盖企业生产经营管理中的安全、生产、检修、运行、节能、技术、科技、信息、环保、战略、规划、经营、计划、物资、财务、人力、法律、行政、党群、审计、风险控制等所有方面和相应的流程环节。

开发信息一体化平台，嵌入指标要素，通过全面计划对标、全面预算对标、全面绩效对标，实现管理闭环。

全面计划管理要求确保企业所有工作均被纳入其中并逐项参与审定执行，同时对制定计划的合理性、必要性、先进性进行对标查询，杜绝在计划或目标拟定之初，便已落后于行业水平或脱离生产实际的情况，不仅实现范围的全覆盖，还真正意义上做到管理前置、事前预控，进而保证企业各阶段的生产经营指标可控在控。

在全面计划执行的基础之上，对应开展全面预算管理，通过对企业内部各种资源进行对标量化、合理分配，实现对各种资源和要素的优化配置，在确保完成全面计划管理确定的各项目标的基础上，实现公司经济效益、时间效益、环保效益、社会效益的最大化。

全面绩效管理服务于全面计划和全面预算管理，依托全面计划设定的目标，建立生产、经营等专项考核管理办法，通过定期的经济活动分析会评价完成情况，量化考核，强化管理执行力，保障全面计划和全面预算的每个过程环节处于绩效考核覆盖之下，有力促进各项管理工作。

在"三全"管理体系中，全面计划管理是关键，企业各项生产经营活动都依照和围绕其所确定的目标展开，确保企业经营管理活动实施的必要性、科学性、合理性；全面预算管理是保障，既保障完成全面计划所制定各项目标所需的费用、材料等资源的优化配置，又要保证预算指标的合理性、先进性；全面绩效管理是抓手，为了实现全面计划、全面预算管理目标，在执行过程中必须采用相应的控制措施和手段。

（二）建立"三全"管理的组织机制，开通统一信息系统

1. 强化组织领导

宁东发电以京能集团相关管理规定为依据，结合企业特点和管理现状，按照"持续改进、创造优势、提高效益"的工作方针和"统一领导、统一实施、分工负责、全员参与"的工作思路，有计划地开展"三全"管理体系的构建工作。成立以总经理为组长，班子其他成员为副组长，各部门主要负责人为成员的领导小组，负责领导和部署"三全"管理体系的构建与实施工作，审核、审批建设方案，协调和

确定体系建设过程中的重大事项。领导小组下设工作组，负责贯彻落实领导小组决策部署；负责日常管理和组织推进；负责编制实施方案和工作计划，组织召开工作例会；负责开展宣传培训，督促和检查各部门的建设进度和质量。

成立全面计划工作小组、全面预算工作小组、全面绩效工作小组等3个专业工作组，全面参与"三全"管理体系构建工作。各部室贯彻执行企业"三全"管理工作方针与工作思路，动态调整指标体系，管理、评估和完善"三全"管理系统。

2. 完善工作机制

建立周例会制度，工作组坚持每周组织各部门召开一次工作例会，检查本周工作进度，协调解决工作中的问题，制定下周工作计划。建立月度推进会制度，工作组每月组织召开一次推进会，企业分管领导、各部门领导参加，协调工作进度，解决重点和难点问题，制定下一步工作计划。建立宣传和信息发布机制，在公司网站首页上增设"三全"管理体系建设专题网站，每周发布"三全"管理体系构建工作信息和工作计划，通报各部门工作成效和存在的主要问题，宣传相关知识等。建立考评机制，工作组每月对各部门在组织建设、宣传培训、工作进展、成果质量等方面进行监督考评，确保"三全"管理体系的构建工作稳步、扎实推进。

3. 强化过程管控

制定方案，严格计划。制定企业"三全"管理体系建设方案，将方案分解细化为周工作计划，召开启动会议，按照前期策划准备、梳理业务流程、建立全面计划管控体系、构建全面绩效评价体系、构建全面预算管理体系、开发建设"三全管理"信息系统六个阶段，全面部署和分阶段推进"三全"管理体系的建设工作。制定基础规范，制定《全面计划管理办法》《全面绩效考核管理规定》《全面预算实施管理办法》等系列制度，以及"三全"管理系统相关板块构建的基础性文件，为"三全"管理体系建设提供统一的规范。有针对性地开展培训，就"三全"管理体系框架、指标定义、统计口径及计算方法、标杆评选、结果发布、预算及绩效管理系统应用等全过程管理构成，分别针对企业领导、管理人员、一般员工，设置富有针对性的培训内容。

4. 建立统一信息系统

依据公司全面计划、全面预算和全面绩效的相关管理制度，充分利用计算机和网络技术，在原全方位对标系统、ERP系统及财务预算系统等部分功能的基础上，补充"三全"管理的相关工作。"三全"管理信息系统包括的业务模块有全面计划、全面预算（资金计划、预算）、经营指标绩效、设备缺陷绩效、专业技术小组、锅炉防磨防爆、节能管理（值际小指标排名、节能项目奖、节能专项奖）、安全综合管理（安全示范岗、安全生产管理）、生产奖惩管理、科技创新管理等模块。

（三）以全方位对标为基础，设计"三全"管理的指标体系

宁东发电以京能集团全方位对标为基础，围绕宁东发电的生产经营管理，统筹、整合生产管理、综合计划、经营指标、日常工作、审计管控、绩效管理的各项计划和目标，形成"多维一体"的"三全"管理指标体系，并将全面计划、全面预算和全面绩效管理涉及指标建立在统一的信息系统之上，通过专业信息管理系统在实际执行中进行对比、分析。

层层分解落实指标体系，形成"全贯通"经营计划体系，将计划体系内的所有指标都自上而下层层分解，大到利润指标，小到车辆管理都分解落实，目标从高层到低层逐步具体化，指导各级、各环节、各部门和每个员工的行动。用二级指标来保证一级指标的完成，用三级指标来保证二级指标的完成。在建立企业"全贯通"三级指标体系的同时，各业务部门根据部门实际，制定部门目标。

在全面计划管理中，高度重视员工在计划制订与执行中的主人翁作用，发动全厂员工关心并参与计划的制定、执行和检查，把企业计划的制订与执行变成全体员工的自觉行动。

结合经营计划的分解落实，梳理量化全方位对标指标体系。以集团全方位对标细则为核心，围绕生产管理与能效、科技信息与环保、综合管理与绩效三条线，贯穿对标管理委员会、对标管理办公室、对标工作组、岗位四个层级，建立"自上而下、层层支撑、过程对标、全员改善"的"三线四层"全方位对标指标体系，设定综合管理与绩效指标12个、安全管理与科技环保指标8个、生产管理与能效指标18个。

（四）开展全面计划管理，实行全过程管控

全面计划包括安全生产计划、市场营销计划、技术改造计划、设备检修计划、物资采购计划、基建工程计划、信息工作计划、经营计划、人力资源计划、资金计划、投资计划（前期资金计划）、燃料计划等，通过上述内容年度、季度、月度计划的编制、审批、下达、执行、调整、对标分析、量化考评实现全面计划的全过程管控。

1. 明确全面计划管理"四个结合"的基本原则

以"持续改进、创造优势、提高效益"为基本方针，坚持"统一领导、统一实施、分工负责、全员参与"的工作思路，确定经营计划部是全面计划的归口管理部门。为保证全面计划对标管理的科学性、合理性、有效性和前瞻性，将"四个结合"作为全面计划管理的基本原则。"四个结合"，即全面计划管理必须坚持与公司的生产经营发展相结合，与全面预算对标管理和全面绩效对标管理相结合，与外部市场环境及企业现状相结合，与风险防控相结合。

2. 实行"三上一下"的工作机制

针对既往计划管理中存在的计划目的不强，计划的先进性、合理性、科学性不高，责任部门重视程度不高、上报程序和时间不符等问题，将"三上一下"作为全面计划管理的基本工作机制。

根据公司总的生产经营目标定额，在规定时间内编制本部门全面计划，并上报业务主管部门，完成"一上"。经分管领导审批后，按类别进行资源整合、费用归结后上报经营计划部，完成"二上"。经营计划部结合企业生产经营计划和战略目标，综合平衡各部门计划目标，上报公司决策层，完成"三上"。在"三上"中，"一上"是基础，"二上"控质量，"三上"成方案，明确计划编制中的分工和作用。企业决策层借助信息系统对同行业、同类型企业的先进性计划数据开展对比分析，结合企业的具体生产经营状况，对实施计划做出审批，之后由经营计划管理责任部门向各部门下发全面计划，形成"一下"。

在全面计划管理中，与全面预算管理，尤其是全面绩效管理密切结合。在对全面计划完成情况进行同步分析，加强信息反馈，及时发现问题，找出原因的同时，提出改进措施，形成闭环管理。全面计划执行的准确率、完成率与全面绩效紧密相挂钩，实施动态考评。

3. 以"多层次"计划体系为载体，实施"全过程"计划管控

"多层次"的工作计划体系分为公司年度全面计划、季度全面计划和月度全面计划三部分。三层计划相互衔接、相互补充，确保时间和任务进度协调并进。宁东发电的"全过程"管控包括对计划的准确性进行评估，将计划执行情况与绩效考核挂钩；工作计划和综合计划经过严格审批，使计划具有可操作性；实施动态跟踪管理分析，定期召开经济活动分析会，准确、及时、全面反馈计划执行情况，对计划执行过程中的各类偏差分析原因、查找问题，及时采取措施纠偏，有效保障计划的全面实施。

（五）开展全面预算管理，提升预算综合协调性

1. 年度二级预算与月度滚动预算相结合

为增进全面预算的广度和深度，强化预算过程控制，财务部在全面预算管理的基础上，起草并制定《预算控制管理办法》，对全面预算管理进行规范。在京能集团批复预算的基础上，科学合理编制企业二级预算，细化项目、量化金额，将年度预算细化分解到各月、各责任部门，并在实际执行中实行月度滚动预算，加强月度电量营销及成本费用管控力度，落实责任考核，最大化争取电量收入的同时严控超预

算状况的发生，保证预算权威性和指导性。

2. 责任主体编制预算，财务部门提供支持服务

财务管理部门从预算编制的业务部门回归到服务支持角色，预算由承担实现具体管理目标责任的责任主体负责编制，财务机构和财务人员提供是参谋、建议和协助服务，强化预算的全员性。预算编制加强预算表间公式审核与连接，提高预算的编制质量与编制效率。在预算执行中，充分应用ERP预算管理模块，从业务前端进行预算控制，实时进行预算分析，严防超预算情况发生，减少人工预算管控的失误。依托"三全"管理信息系统，实现月度预算的信息化系统管控，各责任部门通过"三全"管理系统编制相应业务预算，最终与经营计划、全面预算、绩效考核相衔接，从而进一步提高成本管控效率。

（六）完善全面绩效管理，科学评价指导工作改进

全面绩效包括绩效评价标准、绩效评价对象、绩效评价内容、绩效评价形式等，通过全面绩效管理系统完成指标历史完成值、标杆值的收集、对标分析，自动计算业务指标和日常工作指标的绩效得分，根据业务指标与标杆值的比对逻辑自动形成业务指标责任人的当期绩效考评结果，根据预设工作的完成情况进行工作质量人工评价，并根据工作的预设完成时限进行工作及时性绩效评价，据此定期出具各项指标的绩效报表及各部门、各岗位的绩效报表，指导薪酬发放。

1. 完善绩效评价机制

着力建立"评价对象全覆盖、评价形式全方位、评价内容全维度、评价标准全渗透"的绩效评价体系。

确定评价周期，优化评价方式，实现绩效的全方位评价。宁东发电坚持定期考核与日常考核的双轨评价模式。定期开展年度考核、季度考核和月度考核，同时注重日常性的评价管理，结合阶段性主要工作和重点任务，适时流动式考评，促进绩效评价工作的科学化、合理化。在绩效评价方式的设计上，宁东发电采用上级评价、同事评价、自我评价的360度评价方式，从多角度进行全方位考评，并通过反馈程序来改善绩效。

创新评价标准，优化改进路径，实现指标的全渗透，提高阳光度。宁东发电实行"警戒线、目标线、创优线"，为各部门和员工明确"标杆方向"和"绩效差距"，从而提高绩效评价的"阳光度"。实行"过程性管理"，通过设计指标的"关键绩效控制点"，将绩效指标分解为若干个小指标，并约定关键指标在时间进度、完成数量与质量、需达到的效果等方面的关键节点；通过过程性沟通、辅导与反馈，群策群力，共同解决指标完成过程中遇到的困难。

2. 自动对标，指导工作改进

信息系统根据对标工作的预设时间点自动产生定期对标工作，在工作责任人的待办事宜列表中自动出现。工作责任人根据细则要求进行对标成果填报，部门主管对责任人的对标成果进行复查，部门负责人对成果进行确认，然后对标办对该项细则的完成情况进行评价。

在信息系统中进行绩效单位得分及绩效评价规则的动态设定。系统通过采集管理指标的历史完成值、标杆值（行业、集团、公司基准），为部门、企业进行对标分析及整改措施制定提供完整准确的指标背景数据。同时将指标的分析、整改措施等信息及时汇总存储，逐步累积形成指标分析整改知识库。另外，将每一项定期工作、公司临时交办、部门临时交办、基础管理、个人计划等工作事项明确到每个责任部门、责任岗位，并按照既定规则生成相应的工作任务，相应人员在集中统一的日历工作台实时掌握自己当前应该要做的工作状态，根据工作的轻重缓急，进行有序的工作办理。

"三全"管理信息系统根据指标的绩效标准规则自动计算业务指标和日常工作指标的绩效得分，根据业务指标与标杆值的比对逻辑自动形成业务指标责任人的当期绩效考评结果；同时，上级管理人员可根据预设工作的完成情况进行工作质量人工评价，并根据工作的预设完成时限进行工作及时性绩效评价，从而定期出具各项指标的绩效报表及各部门、各岗位的绩效报表。工作办理成果通过相应的填报在系统中形成知识档案，供相关业务人员查询调阅。

三、大型火电企业基于全方位对标的"三全"管理效果

（一）企业精细化管理水平大幅提升

通过"三全"管理的实施，生产经营计划制订的科学性、及时性明显提升，计划执行的准确率大幅加强，资金预算与使用更加合理，企业各项主要经营成本费用得到有效控制。2016年完成管理费用4884.36万元，较年度预算减少1091.52万元；完成其他费用8614.07万元，较年度预算减少1819.5万元；完成财务费用11556.57万元，较预算减少1018.88万元。2017年完成管理费用4614万元，较年度预算减少509万元；完成其他费用7722.71万元，较年度预算减少2195万元；完成财务费用10752万元，较预算减少990万元。

此外，"三全"管理的构建与实施，大幅提高了员工的工作效率，充分调动起了员工的积极性和主动性。通过"三全"管理将日常业务工作集中到统一的信息系统上，构成企业每名员工一体化的待办事宜工作列表，集中提醒员工的当期应办工作、即将到期工作、过期工作，大幅避免了员工遗漏工作、延误工作的情况发生，全厂工作变得更加规范有序。高层领导、中层主管通过一体化的待审工作列表，利用空档时间进行工作监督及审批处理，减少下级员工无谓的报送流转时间，公司管理层对于全厂各项工作的掌控更加细节化、及时化。

通过全面绩效对标管理建立起更加公平、公正、公开的激励机制，实现了公平、公正、客观的绩效评价，避免主观判断，得到了员工的高度认可，大幅提高了全员的工作执行力，提高了企业生产经营效率。

（二）企业优异的经营业绩为集团发展做出了贡献

借助"三全"管理的全面有效的实施，宁东发电"稳中求进，严控风险，强化融合，创新发展"的工作方针得以坚决贯彻并取得成效，安全生产、经营管理、节能环保等各项工作稳步推进。近三年，累计完成发电量221.49亿千瓦时，实现利润总额1.91亿元，较为圆满地完成京能集团下达的各项生产经营任务，有效克服了经济下行压力，其中，2017年机组利用小时数5776小时，位列西北电网第一。

（三）推动企业综合实力提升

实施"三全"管理以来，在创新管理、企业文化建设和社会效益上取得较好的成绩。创新管理方面共获得1项发明专利、12项实用新型专利授权，2项发明专利进入实质性审查阶段，共取得3项软件著作权证书，累计在国内科技期刊发表论文100余篇。在社会效益上也取得了诸多社会荣誉，获得地方以及国家行业的高度认可，先后荣获国家优质工程银质奖、全国生产力典范企业、全国"工人先锋号"、全国电力行业设备管理工作先进单位、全国热控技术管理先进电厂、全国职工职业道德先进企业、中国电力信息化标杆企业、宁夏回族自治区十佳企业等荣誉称号。

（成果创造人：苏永健、李云峰、丁文彦、郑广庆、刘　君、
李少平、杨菊梅、石　泉、范清华、陆　龙）

以智能化为核心的航空发动机数字电子控制器柔性生产管理

中国航发控制系统研究所

中国航发控制系统研究所（以下简称动控所）隶属于中国航空发动机集团有限公司，是国内唯一的航空动力控制系统专业研究所。成立于 1974 年，现有员工 1107 人，主要从事航空发动机与燃气轮机控制系统及电子控制器/控制软件的研发、制造、集成、交付和修理保障，以及军民用柔性联轴器的研发、生产和维修保障业务。共完成国家和部级重点科研课题 50 余项，获得国家和部级奖励 33 项，获授权发明专利 87 件。

一、以智能化为核心的航空发动机数字电子控制器柔性生产管理背景

（一）满足航空发动机行业战略需求，解决航空动力"心脏病"的迫切需要

为解决长期以来我国军民用航空动力无法自给自足的"心脏病"问题，结合国家战略及发展需求，航空发动机的自主研制刻不容缓，控制系统的发展也亟待突破。航空发动机控制系统是航空发动机关键组成系统之一，作为现代航空发动机的标志，研制数字控制系统是产业发展的必然选择，而 EEC（Eletronic Engine Control，电子控制器）是发动机数字控制系统的关键部件，作为发动机的大脑，其研制的高可靠、高安全、高质量，是航空发动机全生命周期内高可靠、高安全、高质量运行的保障。要研制世界一流的航空发动机，必须要有世界一流的数字控制系统和系统关键部件 EEC。而将发动机控制系统研发成果快速转换为国防力，必须全面加强产品数字化设计生产能力建设，全面创新改革航空发动机数控产品生产管理体系。

（二）满足中国航发运营管理体系落实推进的需求

AEOS（AECC Operation System，中国航发运营管理体系）是规范企业主价值链的运营类业务，涵盖发动机产品全生命周期的技术和管理活动，是中国航发结合现状，聚焦动力产品研发、生产制造、供应商管理、服务保障等四项业务开展的体系建设，以加快实现航空发动机动力产品自主研制。动控所在提升控制系统产品的生产管理水平过程中，严谨细实、有条不紊地推进 AEOS 建设，过程中以智能化为核心开展的 EEC 柔性生产管理体系创新，无疑是促成 AEOS 推进落地的必要举措。

（三）建设创新引领的智慧动控所的需求

要实现发动机控制系统快速、跨代发展，确保国家"两机"重大专项圆满快速完成，必须基于全生命周期管理的思想，构建集智能物流、智能生产过程控制与产品数据管理、知识管理于一体的"五化"（柔性化、精益化、智能化、数字化、信息化）EEC 生产管理体系。要满足客户多品种、变批量的产品交付需求，确保发动机控制系统的交付进度与质量，提升产品制造能力，必须基于精益制造的思想，落实航发集团 AEOS 战略，通过集成生产计划管理、装配数字化改造和供应链协同管理，实现发动机控制系统制造全过程的柔性化、智能化和精益化管理。动控所希望通过创新管理理念，研究 EEC 生产管控技术手段及管控体系，走出一条有研究所特色，适应多品种变批量军工电子行业生产特点的 EEC 生产柔性化管理创新之路。

二、以智能化为核心的航空发动机数字电子控制器柔性生产管理内涵和主要做法

动控所在先进航空发动机控制系统由机械控制全面转为数字电子控制的需求背景下，依托精益管理思想，以精益化、数字化、信息化、智能化、柔性化为手段，通过智能制造策划、变革组织机制、导入 AEOS、建设智能物流管控、创建无壁垒计划协同管理、构建敏捷高效 COE（Center of Excellence，卓

越中心）组织，打造 EEC 柔性化生产体系等七方面工作，实现以智能化为核心的柔性生产管理体系。

（一）策划智能制造，明晰生产体系建设路径

1. 对标国际先进生产方式，开展智能制造顶层设计

动控所在国内航空工业领域首次引入并通过电子装联 NADCAP 体系认证，电子装联操作员全员通过 IPC 标准培训并获得 IPC 操作资质。同时，通过智能化策划，将数字化、信息化作为贯标和体系运行的手段方法，确保航空发动机 EEC 生产的高可靠、高安全、高质量。动控所形成所领导带队的 EEC 精益、柔性、智能化生产及管理创新 IPT 工作团队，开展由研发、生产、技改、保障等部门人员参与的智能制造顶层设计，开始对 EEC 产品全生命周期进行策划和思考。采用的顶层设计方式是"基层员工参与，流程问题导向，智能改造思考，外部资源协同"，组织基层操作员参与，对 EEC 生产管理流程梳理、未来智能制造场景推演、AEOS 价值流分析，识别流程质量及效率瓶颈，结合未来 EEC 智慧研发需求和军工电子行业存在的共性问题，识别出适应军工电子组装业务未来发展需求的智能化创新改造环节，策划并提出智能改造的需求方案，开展智能化项目的总体设计，同时寻求与国内外装备研发单位合作，寻求内外部资源协同，开展具体管理流程的设计和装备研制。

2. 识别关键问题和环节，部署智能制造建设项目

动控所策划在已建立的 SMS（供应管理系统）、MES（制造执行系统）、PMIS（综合计划管理系统）等信息系统基础上，推进以人机分工为目的的智能制造改造建设项目。第一，针对多品种变批量控制器生产物流系统，采用电子元件的智能仓储、柔性配送及在线式智能存取管控的方式，实现 EEC 物流系统智能调度和协同控制管理。第二，对 EEC 产品生产，推行在线识别、柔性自动回转及分工序混线生产的方式，实现总装的精益化和多品种按需拉动的柔性化生产。第三，基于 ICM（Integration Control Management，集成控制管理）技术的对多型关键异源异构装配设备及无线移动装备的集成管控方法，以异源异构设备的网络信息化管控方式，实现对 EEC 生产过程数据的实时采集，对生产数据链的可追溯性及可分析性进行管控。

3. 立足智能制造核心，形成 EEC 柔性生产体系建设方案

动控所运用工业 4.0 及精益制造思想，依托 AEOS 体系建设推进，研究智能物流系统管控、智能柔性装配方式、异构设备数据采集和网络信息集成控制等国内外先进管理理念及技术手段，以提升航空发动机用高可靠 EEC 研制水平和制造能力为实现目标，形成航空发动机数控系统 EEC 柔性生产管理体系建设方案。第一，以贯彻 EPS（电子生产体系）程序文件为准则，指导精益化、智能化、数字化、信息化的柔性生产管控模式的建立和运行。第二，以数字化网络建设为抓手，对工程数据、制造过程数据，用信息网络化手段实施有效管理，形成 EEC 制造过程数据链，逐步实现生产的数字化。第三，以生产的精益柔性理念为主导，推进 AEOS 精益单元、脉动生产线建设，优化 EEC 生产流程，以流程再造方法及智能化改造手段，建立具有专业特色的智能化柔性生产线，达到高效率、高质量、低成本的 EEC 生产运行效果。第四，以信息技术与生产装备联网融合为手段，在系统符合自主、安全、可靠、可控的原则前提下，推进 AEOS 中的 SQCDP（安全、质量、成本、交付、人员五维度）指标的电子化展示、嵌入式 SPC（统计过程控制）数字化分析及管理，初步实现底层装备生产数据的信息化管控、智能化运行，大力推进人机分工作业模式，使生产线的人工干预度降到最低，以此实现 EEC 生产的流程标准化、过程可控、质量保障，使 EEC 智能化柔性生产管理方式得到应用。

（二）变革组织机制，支撑柔性生产管理转型

在打造智能化为核心的 EEC 柔性生产管理体系过程中，动控所采用 IPT（Integrated Product Team，集成产品开发）团队组织机制开展相关工作。

1. 形成多 IPT 团队，支持智能制造多项目实施

以智能化为核心的 EEC 柔性生产体系建设中，动控所策划了从智慧计划、智能制造到数字化网络等多达四个方面数十个具体项目。为此，针对每个项目运用项目管理理念，按 IPT 团队组织机制，建立体系建设子项目攻关团队，分别成立了智能物流 IPT 团队；数字化 SMT 产线攻关 IPT 团队；柔性精益装配 IPT 团队；生产计划系统改造 IPT 团队。这些团队涉及了生产、设计、工艺、信息化及合作商等，总人数在 50 人以上，关键组织人员 12 人，以此支撑起以智能化为核心的 EEC 柔性生产体系建设。

2. 组织跨界 IPT，获取柔性体系建设突破

动控所进行广泛的跨界跨行业调研，对已有智能化、信息化管理经验的医院药物管理体系、物流行业自动化包裹分拣管理体系、食品行业柔性生产包装管理等进行调研学习，同时组织起由北京中鼎、苏州元谋机器人、广州和创、马来西亚翎博科技、法国 europlacer 等跨国跨单位合作 IPT 团队，以此获得以智能化为核心的 EEC 柔性生产管理体系建设思路和实施能力上的突破。

(三) 导入 AEOS 体系，开展精益 EEC 产线布局

1. 用精益化思想梳理流程转型布局，支撑产线质效提升

为识别 EEC 从电子元件仓储到模块装配再到总装的生产工艺流程，动控所一方面加强精益六西格玛理念灌输，派员参加精益六西格玛培训，培养六西格玛黑带和绿带，通过黑带带绿带、绿带带黄带的方式强化精益六西格玛思想；另一方面，利用研究所搬迁契机，运用 AEOS 工具，开展精益布局设计、模型推演、实地布局，形成了"从轻到重按产品特征从上到下跨楼层布局""从零件到整机按工艺流程从左到右回转布局"的精益布局模式，由此实现产品生产流转不走回头路，产品操作从左手到右手符合人体工程的精益作业方式。

2. 用信息化手段统计节拍优化流程，促成作业模式转变

对装配生产流程进行设计，团队通过对动控所近百种控制器、上千种模块电装工艺的流程梳理，对生产中的三十多个工步操作数据通过 MES 信息系统进行现场采集统计，形成 P－R 分析图，绘制典型产品的价值流图，找出瓶颈工序，应用 ECRS（Eliminate 取消，Combine 合并，Rearrange 调整顺序，Simplify 简化）分析法和精益 QC（Quality Control，质量控制）改善工具，实施工艺路径优化，对工艺流程进行精益再造，对批量生产的产品设计流水作业，确定工序节拍，开展分工步流水作业模式创新，对单件投产的科研产品开展主辅工步拆分，建立个性化主工步作业结合相同辅工步整合的作业模式，同时形成 EEC 柔性生产管理体系程序文件《脉动装配生产线实施细则》。

3. 用数字化方式形成看板显形绩效，建立数据思维的习惯

对于生产过程数据，动控所构建了基于局域通信的物联网，通过数字化手段采集生产数据，形成生产数据实时看板，用于分层例会和生产决策依据，在员工和管理者中逐步建立起用数据说话、按数据决策的工作习惯。例如将 EEC 电子模块生产设备与 MES 系统链接通信，在 MES 系统中嵌入对贴片数据的 SPC 运算分析模块，对系统实时采集的 EEC 电子模块上每个电子元件规格、批次号、安装位置、安装时间及安装状态数据进行实时分析，自动形成贴片运行数据表，运算输出利于决策的故障字柱状图看板，对超出警戒值的数据通过 AEOS 中的 SQCDP 看板警示色，提醒现场管理者对问题原因深入分析，及时采取纠正措施，获得生产状态的趋势信息，为业务持续改进打下基础。

4. 用智能化运行达成柔性运转多品，实现多品种同线运行

为满足多品种同线运行的柔性周转需求，充分运用智能化方式，在产线上布局传感系统、扫码系统，在每个产品上张贴条码，通过传感系统识别产线上周转的各类产品，信息系统指挥线体传动系统实现不同产品在不同工位间按工艺流程周转。例如：在总装等关键单元落实精益单元建设，建成飞翼状回转布局，配置 360°自锁滑动工装的装配柔性自动线，各型产品通过 MPMLINK 工艺设计系统形成

PBOM 后，自动推送 MES 系统，MES 系统按不同生产流程自动生成不同产品的生产订单及流程条码，产线通过读码方式决定各型产品的个性化生产路径流转，实现多品种 EEC 在智能柔性自动回转线上的共线生产。

（四）建设智能物流，运行高柔性 EEC 物流管控

EEC 柔性生产管理体系建设中，针对这个问题，决定以智能化为核心，结合信息化手段，建设智能物流系统和柔性物流管控模型。

1. 协同外部资源，形成跨领域合作开发智能物流模式

动控所本身不具备开发智能物流的能力，于是采取了与自动化设备研制领域的相关单位、系统集成供应商等建立合作研究的途径，结合电子元器件及整机物流特点，开展智能物流相关技术调研。通过学习、借鉴和引用，建立跨领域的智能物流管控模式合作研发 IPT 团队，弥补了动控所智能开发专业弱项，使智能化物流体系的建设顺利开展。

2. 开发数字网络，夯实智能化物流数字基础

动控所在局域网环境下建立了物联网系统，引入智能化物流装备和条码识别系统，将物流装备与物流信息系统联网通信，以此将多品种物料通过扫码识别，物流信息系统处理后，指挥物流装备实时调度和协同控制。智能物流调度及协同管理 IPT 团队，通过物联系统采集的物流数据，开展对多品种变批量 EEC 生产物流的特点识别和分析，发现生产过程中 EEC 所用物料散料多、品种多、流转路径依不同产品工艺流程差异性大等特点。通过物流过程装备智能化开发及信息化运行，将精益流程与物流智能管控融合，实现了基于网络数据智能分析的人－机协同物流控制管理模式。

3. 实施物流改造，形成以智能化为核心的 EEC 柔性物流体系

动控所在电子元件库房、SMT 产线实施了物流方式及管控模式的改造。建立了 SMS（供应管理信息系统），引入了智能料仓、在线式扫码系统，研究航空电子元器件高可靠智能存取调用。在按订单投产模式下，通过研究嵌入智能机械手存取、仓位智能配置技术，实现电子元器件的多品种变批量可靠存取调用；针对投产变批量需求，探索电子元器件配套的高精度分拣包装方法。通过将条码识别、图像位置识别、智能机械手抓取、智能包装标识打印进行系统集成，研制验证样机，验证适应变批量投产的精确配套方法。同时将料仓群与 SMS 系统联网通信，物料入库时，扫描物料条码后 SMS 系统自动将物料信息和入库指令发送至料仓群，物料送入智能料仓口后，料仓内机械手自动夹持物流执行扫码及放入空料位，并将物料信息及料位号实时发送至 SMS 系统。在出入库环节中研究并研制基于激光扫描定位、无轨无线智能自主导航、集成机械手抓取、暂存、运输功能的智能物料周转机器人，自主开发 ICM 软件并运用，通过 SMS 系统及 ICM 系统协同调度和控制智能周转机器人，到出库入库工位转运物料，以此实现对电子元器件集件、配送及反馈的高精度、高可靠智能控制和有序调度。此外，针对在线物料品种多、识别难的问题，通过研究存取人智能卡识别、存取物料条码识别、MES 订单授权关联的方法，实现在线物料的智能存取及实时查询控制。目前这种柔性生产模式正逐步显示出其高效优质的成效，2017 年提前 1 个月完成所内控制器批产产品全年生产任务。

（五）打通信息系统，创建无壁垒计划协同管理

1. 打通信息系统，消除信息孤岛

为了使生产计划及生产数据能在各信息系统中流转，动控所形成了由计划、生产、信息中心、工艺、设计组成的 IPT 协同团队，针对 SMS、PMIS、MES、PDM（设计数据管理）系统各自独立运行的现状，进行网络化通信二次开发，将各系统的通信接口进行标准化转换，形成可彼此识别并通信的链路。同时，基于局域网的物联网络建设，将生产现场设备连入管控网络，对 EEC 生产现场的多型设备进行网络化改造，以此实现生产过程及设备作业数据的网络化采集，消除了生产计划、生产数据等信息

孤岛，为计划协同管控打下了基础。

2. 转变计划方式，形成无壁垒协同

信息孤岛的消除，创造了转变原有生产计划下达、传递、执行和反馈模式的可能，形成了多品种变批量科研生产计划的柔性运行体系，按需求的历史数据区分形成了科研和批产产品的生产计划模式，对比较稳定的批产产品投产，通过 PMIS 系统对接客户需求自动下达月度生产计划，推送 MES 系统形成作业订单，完成后 PMIS 系统自动依据 MES 系统反馈的入库信息更新计划完成数据。对不确定性较强的科研产品投产，直接通过 MES 系统按需形成作业订单，完成后计划员按 MES 系统反馈的入库信息归零科研任务。

（六）变革组织机构，构建无墙式高效组织管理

动控所整合电子设计、工艺、制造部门，形成高效的电子 COE 新组织模式，新的组织模式下设计、工艺、制造职能高度融合，人员通力协作，开始对 EEC 产品全生命周期的研发生产服务管控进行策划。

同时，引入国际同行运营管理体系化思维，依据 AEOS 同步建立健全《动控所 AEOS 生产制造模块程序》《动控所电子部 EPS 电子生产管理体系》，明确了各责任部门在 COE 内的职责。在 EEC 关键生产单元电子装联环节，将国际 NADCAP 认证体系和 IPC 标准消化吸收落地，建立了涵盖通用规范和企业标准的两类 55 份文件的电子工艺规范体系；在信息流程管理方面，引入 PDM、PMIS、MES 等信息系统的同时，建立流程与信息化单元组织，编制了《PDM 系统数据归档接口技术规范》《MES 制造执行系统应用业务管理规范》等规范制度，及时应对解决新模式下，快速变革的业务流程和管理制度之间的不匹配问题。通过经常性的业务流程推演和迭代，识别原有管理制度中的薄弱点，不断完善管理规范和制度，以此促进管理变革和升级。物流业务智能化信息化变革后推动了管理模式由原来的粗放型管控逐步向精细化、透明化方向转型，促进了 EEC 研制业务与智能网络信息的高度融合，以流程变革促发管理变革。

（七）运行 ICM 网络，打造 EEC 柔性化生产体系

1. 放开思路，运用信息化突破难点

动控所内形成了系统合作商、信息化、生产管理、工艺参与的信息化网络改造 IPT 团队，通过调研统计各型设备的网络接口及数据结构现状后，进行数据采集及管控方式的流程与场景推演，获得了一个共识：必须介于业务管控系统和设备执行之间建立一套调度管控系统，由该系统承接各业务系统的生产需求指令，该系统将业务需求指令按各型设备接口和数据格式进行运算转换，转换为各型设备可辨识、可读取的调度执行指令，以此对多型异构设备进行数据采集和调度。IPT 团队开发出基于多源异构设备集成管控的 ICM 集成控制管理软件。通过两年的努力，目前已将 EEC 生产中的智能料仓、智能机器人周转车、SMT（表面贴装技术）线模块贴装、SPI 等关键设备联网，开发的 ICM 管控系统已开始在 MES/SMS 系统与智能料仓群之间发挥智能运算、柔性调度作用。智能机器人周转移动设备数据非 WIFI 采集和运行管控，通过 ICM 与 SMS 和周转机器人通信调度，实现现场物料周转的柔性管控。

2. 立足智能化，形成 EEC 柔性生管体系

按精益理念形成精益化产线，以生产设备智能化改装形成智能化运行，用过程数据自动采集形成数字化分析，以信息系统搭建生产管理网络化平台，以此实现多品种变批量产品的柔性化生产管理，不仅实现了对军工科研多品种变批量产品生产过程状态的有效追溯和柔性管控，同时也实现了 EEC 生产效率的提升和成本的有效下降。例如：SMT 线贴片设备的数据信息采集及智能管控实时运行，就使动控所科研贴片抛料率控制达到民品大批量 SMT 加工行业 0.3% 水平（原模式下的抛料率达到 3% 以上），远优于军工科研行业 1.5% 的控制水平，每年为企业节约抛料成本 300 余万元。

三、以智能化为核心的航空发动机数字电子控制器柔性生产管理效果

(一) 生产效率大幅提升，有效满足了市场及客户需求

动控所以智能化为核心的 EEC 柔性生产管理体系的打造，实现了 EEC 生产从计划到执行到产出的高效率高质量，产线物料智能化配套能力提升了 30%。EEC 总装产能由原来的年产数百台/年，提升到上千台/年，产品装配质量一致性获得提升，总装提交一次交验合格率达到 99.8%，质量水平六西格玛 Z 值提升 12%，满足了部队战机的装备需求。2017 年度国家重点航发控制系统项目按时交付率达 100%。多型多状态产品同线运行变为现实，产品柔性换型效率显著提升，使每天一型的生产换型周期，提升为每天三型以上的产品换型投产。原每天平均 70 次出入库，每次平均耗时 2min，总计平均用时 140min/天，多品种变批量控制器柔性生产管理体系运行后，每次平均耗时 1.5min，因多台料仓协同运行，每天出入库次数减少为 65 次，总计平均配套用时降低为 98min/天。

(二) 管理能力实现了新突破，数据驱动型管理模式初步形成

落实单元作业精益化、人机分工智能化、数据采集数字化、生产管控信息化等措施，形成了具有电子生产特色的 EPS 生产体系，使得研究所生产管理能力获得显著提升，体现在产品质量和交付及时率的同步提升，生产现场已实现无纸化运行，过程数据追溯覆盖率达到 100%。对比原纸质追溯过程数据动辄两周以上的追溯效率，新模式运行后，实现了 2 小时全流程电子追溯，对在制的所有科研、批产及返修产品生产过程数据追溯全覆盖，实现了产品状态数据的实时追溯，为电子控制器产品全生命周期数据链管控体系的建设开启了通道。

(三) 探索了智慧转型的有效路径

EEC 生产及研制打下了数字化基础，更为打造航空发动机 FADEC 系统智慧研发体系开启了创新实践的道路。通过打造以智能化为核心的航发数字电子控制器柔性生产管理体系并有效运行，一方面，智能化为生产管控的精细化和精准化提供了实时的数据信息，打造了 EEC 生产柔性管理模式运行的基础，另一方面，为未来航发 FADEC 系统的智慧研发，及建设数字孪生模型和大数据研发平台打下了 CPS（赛博物理系统）基础；同时这种智能柔性生产管理模式，可广泛应用到与动控所业务类似的多品种变批量科研生产经营型军工科研院所。近年来，国内航空、电子、航天等同行在了解到动控所管理创新成效后纷纷到动控所交流参观。

（成果创造人：刘国平、钱海红、吴 红、陈 熙、奚春明、黄 超、尤 杰、戴瑾珺、陆建楠、丁国琴、陶 俊、黄小兵）

新能源发电企业以消除浪费为导向的精益管理

华电国际宁夏新能源发电有限公司

华电国际宁夏新能源发电有限公司（以下简称华电宁夏新能源公司）前身系华电宁夏宁东风电有限公司，属华电国际全资企业。公司下设3家分公司，分别是宁东分公司、月亮山分公司和六盘山分公司，主要从事风能、太阳能等新能源的开发、建设和运营管理。截至2017年年底，华电宁夏新能源公司总装机容量达到132万千瓦，其中风电130万千瓦，太阳能3万千瓦；在建风电10万千瓦，风光资源储备300万千瓦；资产总额超过80亿元，累计发电约76亿千瓦时，营业总收入近40亿元，净利润约8亿元，现已成为宁夏总装机容量最大的新能源发电企业，为宁夏地区的经济发展做出了突出贡献。先后荣获国家优质工程银奖、中国电力优质工程奖，中国华电集团有限公司五星级发电企业、文明单位标兵、先进企业、先进集体、安全生产先进单位等荣誉称号80余项。

一、新能源发电企业以消除浪费为导向的精益管理背景

（一）贯彻落实提质增效改革要求，推动企业转型升级的需要

当前，随着国内经济增速换挡、经济结构调整、新旧动能转换、电力体制改革不断向纵深推进，发电企业经营发展面临严峻挑战。党中央、国务院牢牢把握改革发展稳定大局，对国有企业提高发展质量、提升经济效益提出了明确要求。作为关系国计民生的国有骨干企业，贯彻落实国资委关于做好瘦身健体、提质增效工作的部署，强化精益规范管理，着力从发展总量、质量、存量上寻求突破，实现国有资产保值增值，是华电宁夏新能源公司的使命与职责所在。推动企业发展方式转型升级，全面推行以消除浪费为导向的精益管理，大力倡导"消除浪费、创造价值、持续改善、精益求精"的精益理念，有效消除价值链各个环节的损耗浪费，提高资源利用效率和管理效率，不断增强价值创造能力，实现公司从传统管理向现代管理转型具有十分重要的意义。

（二）适应经济发展新常态，增强企业核心竞争力的需要

随着我国经济进入发展新常态，经济下行压力增大。在电力市场上，主要体现在发电装机增速持续高于电力需求增速，供大于求矛盾突出，发电设备利用小时将继续下降，电量增长形势不容乐观，市场竞争日益激烈。同时，随着电力市场化改革深入推进，计划电量逐年缩减、市场电量逐年提升，2018年市场电量占到全社会用电量超过45%，预计2020年将达到80%，对发电企业的效益与可持续发展能力带来较大影响。在日趋激烈的市场竞争形势下，发电企业要求生存、谋发展，最大限度地实现公司经营目标，必须创新管理，向管理要效益，靠管理提升核心竞争力。因此，迫切需要构建完善以消除浪费为导向的精益管理体系，不断完善制度与规范流程，从生产运营、财务管理、集约采购等多个方面，运用精益管理方法和工具，消除各种浪费，节约管理成本，促进公司提高效率效益和发展质量，在全公司范围内优化资源配置，推动企业持续健康发展。

（三）完善管理体系建设，提升精益管控水平的需要

在构建实施以消除浪费为导向的精益管理之前，华电宁夏新能源公司对经营管理现状进行了全面梳理，有待完善之处一是价值思维理念还未完全树立，效益意识、市场意识有待加强，公司生产经营过程中存在许多无价值的活动和行为；二是公司管理方式相对粗放，生产、经营过程中的各种损耗、浪费不同程度地存在；三是人员素质能力亟待提升，部分员工缺乏责任心和主动性，执行力不强，部门负责人存在着创新意识不强、改善能力不足等问题；四是绩效考核机制不完善，缺乏明确的绩效目标，考核标

准模糊，缺乏量化性，难以有效促进公司经营指标的完成和重点工作的开展；五是重结果、轻过程，不能及时发现精益目标实现过程中存在的短板、差距，并及时干预、引导。为解决上述问题，构建以消除浪费为导向的精益管控体系，加快推动企业管理手段由落后粗放向先进精细转变，以价值最大化为目标安排经营要素运作，消除公司无价值、无效率的活动，促进企业全面提质增效，提升精益管理能力，具有十分迫切的需求。

二、新能源发电企业以消除浪费为导向的精益管理内涵和主要做法

华电宁夏新能源公司紧紧围绕构建以消除浪费为导向的精益管理这一目标，聚焦企业效益和企业价值最大化，以"消除浪费、创造价值、持续改善、精益求精"的精益管理理念为指导，以规范化、精益化为主线，准确把握"最终客户、客户价值、流程效率、内部浪费、运营成本"五大精益管理要素，以界面清晰、职责分明的组织体系为保障，通过在公司系统科学建立"浪费点"识别体系，运用精益管理工具，进行浪费点诊断、原因分析、精益改善；在此基础上，通过"三种机制、三个平台、三项活动"，健全完善推进体系，确保精益管理贯通落地；定期开展动态评估，促进循环改进不断提升。通过实施一系列举措，实现企业工作流程优化、管理机制创新、资源精准配置，有效降低各方面浪费，提质增效成效显著，管控穿透力持续增强，初步探索形成了具有特色的新能源发电企业精益管理模式。

（一）明确以消除浪费为导向的精益管理指导思想与目标

华电宁夏新能源公司明确以消除浪费为导向的精益管理指导思想。着眼于实施内部变革，以更好地适应经济发展新常态，实现降本增效，华电宁夏新能源公司在借鉴推行7S管理的基础上，提出了"消除浪费、创造价值、持续改善、精益求精"的精益管理理念与指导思想，提出以消除浪费为导向的精益管理基本原则。结合精益管理实施整体方向，华电宁夏新能源公司经过反复论证，明确"六个坚持"的六项基本原则。提出推动精益管理落地的实施思路是"突出一个核心、抓住两个重点、聚焦三大要素、运用四类工具"。具体来看，"突出一个核心"是以企业效益为核心，以价值最大化为目标，强化关键要素运作，按照市场需求组织生产，努力降低生产成本，持续提升企业效益水平。"抓住两个重点"一是抓住"降本"，分析、研究、拆解生产及经营要素，使用精益工具和方法辨识诊断，注重内涵式提升，杜绝浪费，向管理要效益。二是抓住"增收"，积极开展市场营销，创新营销策略，优化电量结构，寻找新的利润增长点，向市场要效益。"聚焦三大要素"是聚焦"投资、物资、资金"要素。加强项目投资成本控制。重点是在风险可控前提下，调整融资结构，降低投融资成本，减少资产折旧费用。优化物资采购存储，通过物资采购优化，联储和库存降低，在保障物资供应的基础上，实现物资的最低成本与最优质量；发掘资金管理潜力，降低财务费用支出，提高资金使用效率。"运用四类工具"是通过全面导入精益管理理念，运用"诊断、分析、改善、标准化"精益管理工具，正确识别损耗和浪费点，确保精益思想、精益方法、精益组织、精益流程在各个部门、各个环节"开花结果"。

（二）构建界面清晰、职责分明的组织体系

1. 建立界面清晰的组织机构

华电宁夏新能源公司强化机构建设，成立精益管理领导小组，由公司总经理、党委书记任组长，分管副总经理任副组长，成员由领导班子其他成员组成。公司一把手针对精益管理规划和推进实施方案等纲领性文件，先后召开3次统一思想协调会议，亲自组织修改文件，高层领导的高度重视参与奠定了坚实的组织保障。

成立精益管理工作小组，办公室设在企管部，主任由精益管理常务副组长担任，成员由企管部和其他各专业部门主任组成。强调以消除浪费为导向的精益管理为核心，以目标和结果为导向，使组织目标更加明确，履行职能更加有效，为工作开展提供坚强保障和有力支撑。

2. 确定层级分明的工作职责

精益管理领导小组是公司精益管理工作的领导和决策机构，审定公司各项管理制度，统筹安排公司精益管理工作。负责整个公司推行精益管理的整体策划、指导、监督，制定推行方案、组织启动和培训，推进过程中总结经验、发现典型并推广，建立保障和激励约束体系，对跨部门的关联性目标进行协调以及对有争议的考核结果进行裁定；研究解决精益管理工作中的其他重大问题。

精益管理工作小组作为精益管理推行的主体，负责具体起草和完善公司精益管理制度方案，根据公司的统筹安排，制定专项方案，成立诊断团队，制定改善计划，把精益管理作为"强基"工作的重要抓手，求新求变求改善，消除浪费，降低成本，提质增收，提高效益；督促指导各单位开展并落实相关管理工作，及时就有关精益管理的重大事项向领导小组汇报。

在操作执行过程中，精益管理领导小组会议原则上每月召开一次，由精益管理领导小组组长主持，精益管理领导小组成员、精益管理领导小组办公室以及各职能部室负责人参加。精益管理办公室会议原则上每周召开一次，由精益管理办公室主任主持，精益管理领导小组办公室、各职能部室负责人和督导师参加，形成精益管理领导小组抓总体，各专业部门各负其责，一级抓一级，层层抓落实的组织管理体系。

（三）科学建立"浪费点"识别体系

推行精益管理的关键是消除浪费，精益管理的"精"体现在少投入，少消耗资源，少花费时间。华电宁夏新能源公司认为企业每个部门、每位员工均需要找准在生产经营管理过程中存在的包括人力、设备、资金、材料、时间等各种浪费，最大限度地消除不必要的环节和程序。

华电宁夏新能源公司深入调研归纳，了解掌握丰田公司精益管理思维方式，学习借鉴丰田公司提炼的制造业企业"八大浪费点"。由于与制造业和传统发电企业相比，新能源发电企业的产品特点与管理特点等方面存在较大差异。例如，在生产组织方面，制造业企业是以流水线为主要的批量化生产以及以离散式为主的个性化生产，改变原材料的物理及化学特性进行产品生产制造；而新能源发电企业生产物料则多为不可控制的风能及太阳能等物料，通过将风能、太阳能等可再生资源转化为电能、热能的生产方式，转化过程受到外界因素影响较大。在此基础上，华电宁夏新能源公司因企制宜，充分考虑生产组织、设备类型、工艺特点、产品特点等多方面因素，综合采用头脑风暴、结构化研讨等方式进行科学诊断，利用3年时间从人机料法环五个维度，在公司开展了三次全员浪费点查找，共查找短板472项。

深入提炼总结，形成新能源发电企业"浪费点"识别体系。针对这472个浪费点进行认真分析，总结提炼共性因素，形成新能源发电企业"浪费点"识别表，全面涵盖新能源发电企业前期开发、工程建设、运行监督、检修管理、市场营销、安全管理、财务管理、物资管控、管理制度、工作流程等23个管理板块，其中既包括新能源发电企业的独有的浪费点，也包括发电企业通用的浪费点。总的来看，在新能源发电企业中，主要存在5大类浪费，即人员的浪费、设备的浪费、物料管理的浪费、制度建设的浪费、环境的浪费。举例来看，人员的浪费体现在选人、用人、育人、留人四个方面，选人时涉及招聘的人员不合格，重复招聘带来的浪费；用人时涉及人岗不匹配、人员闲置以及工作效率低等带来的浪费；育人则包括重复培训、技能不足等方面导致的浪费；留人则涉及人员流失带来的浪费。设备的浪费则体现在前期开发、工程建设、安装调试、运行监督、检修管理、设备报废等各个阶段。

在具体实践中，华电宁夏新能源公司进一步制作形成"浪费识别表"，并下发公司各个层级。由于其简洁实用、操作性强、覆盖面广，能够帮助职工快速查找企业中的浪费点，从而进行改善，很好地发挥标准化复制、应用推广的作用。

（四）分析查找浪费原因，制定和实施消除浪费措施

华电宁夏新能源公司利用精益管理理念和工具，紧密结合各项工作，针对工作中前存在的重点、难

点，全面开展诊断分析，优化配置资源，消除无效的工作、无效的活动，着力推进提质增效、增收节支工作取得成效。选择几类重要浪费点为例，进行例证说明。

一是分析查找检修浪费点，推进精益化检修管理。从设备全生命周期出发，从规划、立项、设计、选型、购置、制造、运输、安装、调试、运行、检修、技改、更新、备件、封存、退役、报废进行诊断，将检修作为重点诊断，从检修的组织管理、检修安全、检修支持、检修成本、检修全过程、检修信息化方面全面进行诊断分析，对各个板块中存在的问题进行改善，个别问题进行重点改善，进一步将优秀的改善过程、做法、成果、经验固化形成标准化文件并进行推广与分享，指导其他工作的精益改善。

二是分析查找设备管理浪费点，提高发电机组效率。华电宁夏新能源公司累计装配采用华创风机共计566台，2015年4月份对前三个月风机功率曲线进行绘制后发现，347台风机功率曲线不合格，较标准功率曲线低3%，造成发电量损失较大。在实践中，以月亮山风电场风机进行试点，从功率曲线、电网限电和风机自身故障三个方面对发电量损失原因进行深入诊断分析。

经过深入诊断，发现主要原因在于叶片表面腐蚀，翼形变化，导致叶片吸收风能能力降低，风能捕获未达到最大化；机械传动效率降低，导致风机效能未充分发挥；测风传感器存在缺陷等情况。进一步根据影响发电量重要程度进行排序，抓住重点问题，制定治理方案，并选取4台风机进行方案验证，试点成功后，进行推广，逐步完成风机性能优化。

三是查找物资管理浪费点，应用智能仓储提高物资管理效率。华电宁夏新能源公司共有29个风电场，主要分布在海原、西吉、宁东，最远相距450千米。实施变革前，各个风电场物资通过Excel表格建立台账进行管理，未开发专门的物资管理工具，由于各风场间检修物资库存信息不共享，物资不能实现统一协调管理，容易造成风场大量积压物资，产生物资的闲置浪费；此外，风机备品备件需公司领导签字审批，往往现场急需备件不能及时通过审批办理领料手续。针对这一情况，根据公司检修物资库存结构及物资管理情况，运用思维导图分别对物资的储备情况、物资领用及查询情况、物资平衡利库问题、仓库管理情况、制度情况进行全面梳理诊断。在此基础上，通过层别法进行归类汇总分析得出，检修物资管理平衡利库、物资查询、物资积压等问题较为突出，并将上述问题作为改善切入点。

通过采用调研访谈、数据收集分析、现状调查等方法进行原因分析，并对根本原因进行重点分析与排查确定。以建立智能仓储管理系统为突破口，进行改善提升，提升物资统一化管理和提高物资供应的可靠性与及时率。智能仓储管理系统上线后，有效满足风场间物资互相调拨、库存物资库存实时查询的需求，实现领料远程申请、审批，确保公司内部风场12小时内调拨到位，提高设备利用率。

（五）健全完善推进体系，确保精益管理贯通落地

1. 建立涵盖推进、竞赛与激励在内的"三种机制"

一是建立推进机制，强化任务实施全过程管控。华电宁夏新能源公司为实现精益管理理念顺利导入，在活动开展初期就下发《精益管理推进计划》，通过计划的刚性管控，实现工作的有序推进。在活动过程中，针对精益管理四个阶段的特点，进行定期通报。每月统计分析指标任务完成情况，对照上月计划进行评价分析，并将指标任务完成情况在月度会上通报，在协同办公系统公示。明确四个阶段跟踪及督导要求，深入开展巡察督察。对于重大事项，不定期进行巡查监督和督察督办，帮助各部门、员工解决推进过程中遇到的困难和问题。为使精益管理活动有效高效推进，通过不同层级的工作例会，实现精益管理工作的有效高效推进，确保工作真正落实到位。

二是建立竞赛机制，调动员工积极性、主动性。首先，华电宁夏新能源公司每半年组织一次精益管理大课题发布，评选优秀课题成果进行表彰；每月开展精益小改善竞赛，组织精益改善发布会，促使更多的小改善成果不断涌现，实现人人参与目标。其次，结合公司文化，开展精益卡通形象设计大赛等活动，提升员工对精益管理认知度和参与度。

三是建立激励机制，发挥正向激励引导作用。通过制定《精益提案改善活动方案》，从部门人均提案率、部门提案改善率、部门提案改善值三个方面进行查评考核，将考核结果作为月度、年度绩效考核、评先创优的重要依据。通过典型带动、评先树优、绩效挂钩、充分调动干部职工参与精益改善的积极性，形成"上下联动、全员参与"的浓厚氛围。

2. 搭建培训、宣传与交流"三个平台"

一是搭建培训平台，让员工更加了解精益管理。为实现精益管理理念顺利导入，宁夏新能源公司组织三批班组长以上管理人员外出到株洲中车、广州丰田等精益管理先进单位进行调研，聘请精益管理专家开展精益管理全员培训和"财务、检修、安全、运行"专题培训，参培率达到100%，实现让职工了解精益管理的目的。

二是搭建宣传平台，不断增强员工对精益管理认同感。利用宣传看板、精益简报、公司网站、微信群、微信公众号等平台，多方位的宣传精益管理理念、宣讲推进精益管理的重要意义、展示国内外和公司精益管理优秀改善案例，实现让职工认同精益管理的目的。

三是搭建交流平台，推动员工积极分享、互学互进。每月举办一次精益管理改善成果发布会，开展精益管理亮点分享、经验交流。截至2017年，华电宁夏新能源公司累计发布改善课题138个，实现让职工参与精益管理的目的。

3. 持续开展大课题、专项课题与小改善"三项活动"

一是深入开展大课题研究。针对精益改善大课题的难度，华电宁夏新能源公司抽调技术骨干人员，成立检修管理、财务管理、运行管理、安全管理小组，按照"以点带面、典型引路"的方式，开展精益管理样板区域的导入和实施工作。先后完成39项大课题实践改善，其中获得专利5项，软件著作权2项，发表论文15篇，为全面推广精益管理工作积累了宝贵经验。

二是深化专项课题研究。华电宁夏新能源公司各部门结合年度重点、难点和提质增效工作，每个部门或班组至少确定一个专项精益管理课题研究。各部门成立精益管理研究小组，制定详细的方案措施和实施目标。精益管理办公室定期对专项课题进行跟踪、督导、考评，确保专项课题的有效推进。

三是开展"小改善"活动。组织全员进行浪费识别和短板查找，查找短板共305项，共完成260项改善提案改善，修订完善标准167个，重建并绘制工作流程图137个，公司基础管理得到进一步夯实。

（六）定期动态评估，促进循环改进不断提升

华电宁夏新能源公司充分借鉴PDCA理念，从目标制定、实施、考核和总结提高等四个方面不断循环提升。每季度各业务部门根据考核方案开展自评与互评，并将考核结果汇总至精益管理工作小组。工作小组对各业务部门的初审结果进行核实，并结合协同工作完成情况的评价，计算各部门季度考核结果得分。提交至领导小组审核通过后，发布精益管理考核结果。实施反馈与绩效面谈，将考核结果应用到公司精益管理全方面。同时，制定下一阶段工作改进计划，不断总结提升工作经验，形成管理闭环。

一是建立精益管理长效机制。常态化审视消除浪费各项目标任务进展，评价实现目标的各种资源使用情况；评价目标实现是否还存在弹性空间；评价所实现的目标在推动和促进企业可持续发展中作用发挥情况。通过对绩效与目标的差别进行评审，查找绩效差距，对行之有效的措施和做法及时总结、提炼，使先进的管理机制和方法得到固化，建立精益管理长效机制，提高管理水平，实现消除浪费、创造价值、持续改善、精益求精的工作目标。

二是不断完善过程闭环管控机制。针对公司重要经营指标目标进度情况进行动态跟踪，及时筛查、分析指标异动，对于监测发现影响目标实现的异动，由目标任务管理工作小组组织各专业管理部门及时开展协同工作，核查并闭环整改，形成"监测分析—指标预警—异动筛查—协同督办—结果反馈"一体化运作的闭环管控机制。

三是开展关键环节风险管控。分析潜在风险对企业目标实现和整体效益的影响，及时梳理发现企业经营过程中存在的风险点和异常点，以异动和问题为导向，加强风险管控，进一步推动流程再造。

三、新能源发电企业以消除浪费为导向的精益管理效果

（一）全方位减少浪费，提质增效成效明显

通过开展以消除浪费为导向的精益管理活动，华电宁夏新能源公司有效降低各方面浪费，取得显著收益。在经营上，通过实施成本费用精益改善，节约各项成本费用1860万元。通过财税争取精益改善，争取土地税减免政策，宁东一二期风电项目减经营期内每年将减少土地使用税169万元。通过设备治理精益改善，2017年设备利用率较2016年提高0.12个百分点。在检修管理方面，通过应用自主检修，与风机厂家洽谈，签订宁东、海原和月亮山风机代维代检合同30万千瓦，全年增加营业外收入162万元。在物资管理方面，深入实施物资储备精益改善，库存物资降低400余万元，风机备件资金占用降低520余万元。在运行管理方面，2017年弃风限电率较全网平均低1.2个百分点；光伏限电率较全网平均低0.88百分点。宁东一至四期线路送出能力由原来的12.5万千瓦提升至21万千瓦，使宁东区域线路送出能力提高10%。根据统计，2017年取得的经济效益超过6000万元。

（二）管控能力显著增强，精益化管理水平大幅提升

在2017年推行精益管理期间，华电宁夏新能源公司共获得专利5项，软件著作权2项，修订相关标准167项，重构工作流程137个。一是管控穿透力显著提升。有效加强了部门之间的协同性和工作指令的穿透力，促使各专业部门强化指导和服务职能；加强上下级的沟通、反馈，改变以往重布置检查、轻跟踪辅导的做法，部门协同能力得到显著增强。二是"三种机制"不断优化完善。通过消除浪费导向的目标管理指标牵引，使个人目标、部门目标和企业目标之间保持一致，落实企业战略目标与管理重点；通过绩效评价，对员工的工作结果进行反馈，及时发现工作中存在的问题并进行修正，通过提升员工的工作来提升企业的效益，使企业进入良性循环。三是管理过程监督更加高效。通过精益管控，定量分析，使工作细节做到精确化、数据化。实现由结果管理向过程管理的转变，确保了岗位目标、部门目标始终与企业目标协调统一。

（三）初步探索形成了具有特色的新能源发电企业精益管理模式

华电宁夏新能源公司打造的以消除浪费为导向的精益管理模式，特点突出，具有较强的扩展性与示范性。通过在公司系统科学建立"浪费点"识别体系，分析查找浪费原因，进一步制定和实施消除浪费措施，着力突破了传统发电企业精益管理切入点难以突破，浪费点较难寻找等薄弱环节，探索了形成了诊断、分析、改善、固化等完整的精益管理模式；特别是当浪费点查找和消除改善难题解决后，通过"三种机制、三个平台、三项活动"，推动精益管理活动从上至下层层贯穿开展，激励广大干部职工积极主动参与。这一整套成熟和完善的精益管理活动推进方法，为其他发电企业推行精益管理提供了有力抓手。通过开展精益管理，华电宁夏新能源公司2017年共修订完善标准167个，重建并绘制工作流程图137个，被中国电力联合会评委"AAAA"级国家标准化良好行为企业。

（成果创造人：李长军、安普亮、韩　超、万　鹏、苏卫东、
王　冕、莫瑞浩、王小青、高振罡、池宗忠、许新华）

大型火力发电厂以设备为中心的技术监督管理

贵州西电电力股份有限公司黔北发电厂

贵州西电电力股份有限公司黔北发电厂（以下简称黔北电厂）是贵州省在国家"西电东送"战略背景下建设的第一批"黔电送粤"火电工程项目之一，位于贵州省毕节市金沙县，隶属于国家电力投资集团有限公司（以下简称国家电投）的控股子公司贵州金元集团（以下简称贵州金元），现总装机容量1200MW（4×300MW），原装机容量1700MW（4×125MW、4×300MW），该项目总投资65亿元人民币，于1996年4月18日正式开工，2004年9月29日八台机组全部建成投产，2014年7月1日4×125MW机组关停，现有员工520人，2015—2017年总产值达到43亿元。黔北电厂投产以来，始终把"安全生产，以人为本，重在管理，贵在落实"，先后获得"国家标准化良好行为电力行业AAAA企业""贵州省优秀企业"等荣誉称号。

一、大型火力发电厂以设备为中心的技术监督管理背景

（一）适应国家节能减排政策的需要

随着我国经济的快速发展，对电能的需求量不断扩大，电力行业发展迅猛。截至2014年年底，全国发电装机容量达到13.6亿千瓦，其中火电达到9.2亿千瓦，约占总容量的67.4%。由于发电企业能源消耗及污染物排放问题十分突出，国务院在《关于"十二五"期间全国污染物排放总量控制计划的批复》中要求，到2015年电力行业二氧化硫排放控制在2086.4万吨。对于黔北电厂来说，运行的辅机较多，电厂中的各种风、烟、水、汽系统也十分庞大和复杂，2014年厂用电率为7.83%，300MW机组供电标煤耗330.9g/kW·h，高出国内同类机组，如何开展节能减排，关系到企业生存发展，成为黔北电厂领导班子亟待破解的关键课题。

（二）提升设备可靠性，增强企业竞争力的需要

电网为满足客户要求，提供高质量的电力供应，需要对自身的供电过程和电源点进行监督；发电企业为提高电力品质，满足电网要求，降低自身成本并减少事故隐患，也需要对生产过程设备进行监督，技术监督已经成为电力生产的重要组成部分。但黔北电厂在设备技术监督管理方面仍面临如下挑战，一是由于设备设计标准与现实工况相差较大，机组从2003年陆续投运到2014年后，安全性逐步降低，经济性能逐步下滑。二是2014年年初，中共中央国务院下发《关于进一步深化电力体制改革的若干意见》，要求形成市场决定电价的机制。随着改革的深入，市场投资机会更为多样，各发电集团、发电厂之间的竞争也将更激烈、更复杂。黔北电厂同其他火电厂一样，在外部环境上面临着煤炭和电力市场的双重挤压，不堪重负，出现过度追求短期经济效益、忽视或者无暇顾及电力生产设备的安全、环保及技术监督管理，严重影响了企业的长远发展。三是"西电东送"任务重，管理创新能力不足，市场竞争压力大，企业资金紧缺，因而设备上存在的安全隐患未能及时治理或治理不彻底。黔北电厂历史上就曾经连续发生多次因设备缺陷和隐患造成的机组非计划停运，每年造成经济损失近百万元，成本增高，同时也严重影响了机组的正常运行。四是由于技术监督管理不到位，设备管理存在"头痛医头、脚痛医脚"的被动局面。因此，加快推进技术监督的精细化管理，提高设备可靠性，是黔北电厂发展的必然趋势。

（三）提高技术监督管理水平的需要

近年来，黔北电厂在应对市场竞争、创新燃煤管理、对标管理、财务成本管理、物资管理等方面取得了一定的成绩，但是在技术监督管理这项工作上，与全厂其他管理的发展不匹配不平衡，存在一些明

显的差距和亟待解决的问题。一是需要进一步规范技术监督管理，发挥技术监督为安全生产保驾护航作用。二是需要进一步抓好基础管理，注重过程控制，提高监督工作质量。三是需要进一步抓好关键环节，强化任务落实，做好重点监督工作。四是需要把技术监督管理控制的关口前移到班组前沿，全员、全过程强化机组的技术监督管理。五是随着新技术、新设备应用越来越广泛，传统的监督手段和监督方法难以满足电力安全生产发展的需要，需要进一步加强人员培训，提升人员素质，提升技术监督整体管理水平。做好上述工作，必须在技术监督管理精细化上狠下功夫，在技术监督体系建设上狠下功夫，才能全面提升管理水平，发展好企业。

基于上述背景，黔北电厂于2015年初开始实施以设备为中心的技术监督管理，促进技术监督管理水平的提高，增强企业的竞争力。

二、大型火力发电厂以设备为中心的技术监督管理内涵和主要做法

黔北电厂以节能环保、提高设备可靠性为出发点，把技术监督作为重要手段，制定先进科学的技术监督标准，对包括绝缘、锅炉、汽机、热工、金属、电测、化学、继电保护及安全自动装置、励磁、电能质量、环保、节能、生产建（构）筑物十三项技术监督项目进行现场监督、检查、评估、改进。通过明确指导思想，完善职能，构建横向到边、纵向到底的三级监督管理网络体系，完善标准规程，实施标准化信息平台建设，创新技术监督管理模式、技术监督评估办法、专业技能培训等方式，同时实施技术监督与节能减排相结合，实现企业设备运行现状的过程控制、网络化管理，构建特色技术监督队伍，确保企业生产持续稳定、安全环保、经济高效运行。

（一）明确指导思想，健全组织领导

1. 明确指导思想和原则要求

黔北电厂实施技术监督管理的指导思想和原则，一是技术监督管理工作中必须贯彻"安全第一、预防为主"的方针，健全组织机构，实行技术监督责任制，建立健全技术监督管理标准和规范细则，建立、完善技术监督体系。在事故发生前及时发现和解决事故隐患，不断提高安全生产水平。二是必须充分利用技术监督评估结果，结合技术进步，采用和推广成熟、行之有效的新技术、新方法，完善、整改设备状况，不断提高技术监督的管理水平。三是必须建立和健全各种监督设备台账和工作档案，由设备主管部门负责保管，并保证其具有完整性、连续性、有效性、准确性。

2. 建立厂部、部门、班组三级技术监督网络

在厂部设立领导小组，由生产副厂长担任技术监督领导小组组长，其成员由生产技术部、HSE部、办公室、燃料部、计划部、运行部门和检修部门等相关负责人组成；在部门成立绝缘、锅炉、汽机、热工、金属、电测、化学、继电保护及安全自动装置、励磁、电能质量、环保、节能、生产建（构）筑物十三个项目技术监督专业小组；在班组设立现场技术监督联络员，挑选业务素质好、敬业精神强的同志担任。

3. 明确技术监督网络人员职责

领导小组负责统筹领导全厂的技术监督工作，贯彻执行国家、行业有关电力技术监督的方针、政策、法规、标准、规程、制度；负责组织完善制定技术监督制度、标准、规范、实施细则、技术措施，并检查、督促、协调、考核全厂技术等监督工作。

生产技术部是企业技术监督的主要职能部门，负责组织编制全厂技术监督任务书并分解到各部门；负责组织实施、检查技术监督工作的开展情况；负责定期组织召开技术监督工作例会，分析设备运行中存在的问题，总结、交流技术监督工作经验，通报技术监督工作信息，部署下阶段技术监督等工作任务。

部门技术监督专业小组负责贯彻落实技术监督管理标准、规程、制度、技术措施，将本专业技术监

督任务书分解至各班组和负责人，编制并上报本部门各项技术监督月报，按要求时间完成半年度、年度技术监督工作总结；负责建立健全部门设备档案、技术档案，保证技术资料完整、连续和与实际相符。

班组现场技术监督联络员负责按照技术监督管理标准规范对本班组设备运行的技术状况进行监督检查，按时向部门技术监督专业小组报告监督检查结果，参与对技术监督检查发现的问题的现场整改跟踪，做好班组技术监督检查台账。

另外，结合黔北电厂人员岗位变动情况，每年更新三级技术监督网成员，确保体系完整，避免因人员因素造成技术管理弱化。

（二）完善标准规程，实施标准化信息平台建设，实现网络化管理

1. 加强组织领导

成立以厂长为组长、党委书记为副组长的标准化管理领导小组。由总工程师负责组织人员完善《黔北电厂技术监督管理标准》，规定技术监督管理的原则、专业设置、监督的主要项目及内容、技术监督机构的职责及分工和技术监督工作的考核要求等。

2. 梳理完善修编各项专业技术监督标准

一是根据企业技术监督的发展水平、设备的状态和管理模式，结合国家、行业新标准或新修订标准，在不断总结经验的基础上，采用科学、系统的分析方法，建立起适用于黔北电厂的技术监督标准体系，对十三个技术监督项目标准进行明确。二是修订《技术监督管理》《燃煤监督管理》等标准，使技术监督管理形成"凡事有人负责、凡事有章可循、凡事有据可查、凡事有人监督"的管理局面。三是加强技术监督的计划管理。每年年底，在总结本年度技术监督工作的基础上，制定下一年技术监督工作计划；在机组大、小修和停机消缺时，根据检修项目制定各专业技术监督计划；在有特殊需要时根据设备治理要求制定专项技术监督计划，做到监督管理内容全面，措施有力。四是在技术监督工作的执行中，严格规定工作范围、负责人、执行人以及各自职责，明确完成时间，使措施执行到位，取得实实在在的成效。

3. 实施标准化信息平台建设，实现标准规程网络化管理

2015年初，黔北电厂建成标准化管理信息系统。该系统适用于标准化体系策划、实施、运行、持续改进的整个过程，包含体系结构的建立以及文件评审、发布、修订、查询下载、统计等标准化体系文件全生命周期管理，还包括标准化文件中规定的记录和报告以附件的形式在系统中进行流转并保留记录。同时，整合并建立企业适用的法律法规、上级文件、资料和标准电子文库等，实现技术监督中所需国家、行业、上级和企业标准网上查询、标准打印和标准自动统计，为技术监督标准的动态管理和持续改进提供了重要的技术支撑平台。

4. 高标准提升企业技术监督管理水平

黔北电厂首先确立关键技术监督指标要创省内先进，进而力争全国先进的指导思想，通过创先争优，提高技术监督管理水平。一是与国家先进技术经济指标对标。二是始终坚持只要机组停运，抓紧时间对设备进行检修维护，提高设备的健康水平。三是通过技术攻关、QC活动解决脱硫测量设备密度计容易堵塞、测量不准的疑难问题。四是实施缺陷全过程跟踪，实现设备缺陷规范管理。修订《黔北电厂设备缺陷管理》标准，从缺陷的输入、记录到消缺终结进行全程动态管理，每月清查设备缺陷并进行统计分析，严格按《黔北电厂考核与奖励管理》标准规定进行奖惩。

5. 全面开展贯标活动

一是组织学习标准规程。从2015年开始，由标准化管理办公室牵头，对标准、规程、制度全面梳理，对不适用的标准，根据最新的法规、上级公司新的制度及现场情况进行修订。二是学习先进，消除隐患。2015年以来，共派出十余批技术监督管理人员到省内外电厂交流学习，引进先进技术，结合黔

北电厂实际，逐项对照改进。

（三）创新技术监督管理模式，实现企业设备运行现状的过程控制

黔北电厂认为必须创新技术监督管理模式，在全面抓好各项技术监督管理工作的同时，技术监督管理的重点应放在设备安全环保运行、节能减排降耗、机组高效经济运行这三个方面。围绕这三个方面，梳理出技术监督重点支撑指标，运用 3A 分类，把主要资源配置在 3A 级指标的监督管理上。为此分别制定技术监督管理指标分级表，下发到各部门班组进行重点监控检查，实现企业设备运行现状的过程控制。

对 3A 级别的指标，包括发电量、供电煤耗、厂用电率、锅炉效率、机组利用小时、真空度、凝汽器端差、主汽温度、再热汽温度、给水温度、机组补水率等，在每日生产协调会上进行汇报，数据出现异常的，会后立即进行分析，查找原因进行解决。对于影响重大，又不能即解决的，成立攻关小组，由副总以上领导担任负责人，投入资金较大的，申请进行技术改造。

对 2A 级别的指标，包括主汽压力、排气温度、真空严密性、循环冷却水温度、监视段压力、高加投入率、除氧器合格率、凝汽器真空等，在每月的运行、技术监督以及燃煤等专题例会进行分析，对异常原因进行查找并解决。对于不能立即解决的，成立攻关小组，由部门主任以上领导担任负责人，投入资金较大的，申请进行技术改造。

对 1A 级别的指标，包括设备消缺率、各加热器端差、各加热器出水温度、各段抽汽压力、各段抽汽温度、炉膛压力、汽包压力、汽包水位、油耗、润滑油温度、润滑油压力、内冷水流量、发电机电压、发电机电流、保护投入率、自动投入率、一次调频合格率、AGC 合格率、电压合格率等，由部门、班组的学习班会进行分析，对异常原因进行查找并解决。对于不能立即解决的，成立 QC 小组，由施工组长（班长）以上人员担任负责人，投入资金较大的，申请进行技术改造。

（四）创新技术监督评估办法，实现评估结果多途径排除隐患

1. 采用系统性分析评估方法，解决全局性关键问题

黔北电厂现有四台 300MW 机组，设备性能的多样性和技术流程的复杂性相互关联，表面问题和深层次问题交相错杂，设备风险越来越隐蔽。例如对企业常见的锅炉爆管问题，技术监督评估专题会不是简单的分析爆管事故的影响和解决措施，而是通过深入分析，找出与之相关联的金属问题、化学问题、水质问题、压力问题、仪表计量检测问题和操作问题，包括可能与之相关联的工艺技术上和管理上的漏洞，挖出"病根"，开出"处方"。

2. 采用"内部用户"参与评估方法，从整个流程上解决问题

黔北电厂把上道工序流程看成是本岗位的供应商，把下道工序流程看成是本岗位的用户，"内部用户"指相关联工序流程上各个岗位的设备操作员、技术员。在问题评估过程中，不同岗位的"内部用户"能发现不同的问题，通过众多"内部用户"的相互沟通，参与评估和决策过程，对领导小组全面了解设备隐患，对各种问题的快速解决具有重大意义。

3. 根据评估结果借助"外脑"解决问题的途径

专家是行业技术制高点上的掌控者，他们有着十分丰富的经验和解决问题的能力，借助专家是黔北电厂解决关键重大隐患问题的重要途径。例如：针对锅炉燃烧效率问题，邀请北京巴威公司、东方锅炉厂、西安热工研究院等专家来厂对 300MW 机组 #2、#3 炉进行调整试验，运行工况得以改善，煤粉得以充分燃烧，飞灰、大渣含碳量降低，锅炉燃烧稳定，燃烧效率得以提高。

4. 根据评估结果自行创新解决问题的途径

充分发挥广大科技人员和职工积极性，与"金点子"活动、QC 活动、技术攻关活动有机结合，自主创新，消除设备隐患，效果显著。黔北电厂成立以生产副厂长为负责人的振动攻关小组，与热工院、

汽轮机厂专业技术人员进行沟通，并聘请专家到现场检查分析，指导工作。小组成员到有类似故障情况的电厂进行调研，最后制定出直轴、动平衡等处理方案。

5. 根据评估结果以高新技术解决问题的途径

为规避新技术应用带来的技术和经营风险，技术人员全程参与技术方案的设计及施工管理，对每一步技术方案和安全措施做到了如指掌。通过与厂家共同设计合作，在国内率先对正压式制粉系统的径向型粗粉分离器进行改造，经过3个月的精心组织，施工项目完工验收，球磨机运行出力提高5%－8%，煤粉细度稳定在6%左右，锅炉飞灰可燃物比改前下降2%左右，同时降低分离器堵塞的频次，减少停磨清理杂物的次数，提高设备可靠性。

（五）创新专业技能培训方式，构建特色技术监督队伍

1. 走出去培训

2015年以来，黔北电厂平均每年安排技术监督人员积极参与全国电力行业组织的有关专业技术交流学习20余人次。为加强专业技术人才的培训，先后派出50多名生产骨干到国内先进电厂考察学习。一方面，外培员工回来后及时将考察学习报告发布在网上，与全厂职工学习交流；另一方面，通过厂内厂外的对比，及时查找不足，特别是到大连泰山热电有限公司学习设备检修管理经验后，看到差距，迅速找准切入点，制定出一系列改进措施，并在2015年机组大修项目工作中加以实施，提高企业设备整体管理水平。

2. 请进来培训

为进一步提高技术监督水平，2015年以来，黔北电厂加强技术监督的培训力度，每年至少举办2次技术监督人员培训班，邀请贵州电科院13个技术监督项目的专家来厂传经送宝，每次参与培训的技术监督人员达100多人，通过与技术监督专家的交流、探讨和研究，切实提高技术监督工作人员的管理水平。

3. 推行师带徒培训

以开展技术监督工作为基础，长期培养和储备人才。2015年以来，每年对新进厂的员工安排专业技术突出的师傅与其签订师徒合同，进行一对一的培训。培训效果纳入师、徒工作绩效考评，促进青年员工早日成才。

4. 与QC、"揭榜攻关"、技术论文总结活动有机结合培训

一是青年员工积极参与QC和设备疑难问题"揭榜攻关"活动，在活动中向专业技术能手学习解决问题的思路和方法，不断提高自身业务技能水平。2017年1月评选出优秀青年员工11人，已成为技术监督工作的后备人才。二是出台技术论文管理制度，鼓励青年员工定期进行技术总结和撰写论文，提高理论水平。2015－2017年，全厂青年员工及技术监督人员共撰写200余篇技术论文。

5. 以技能竞赛促进培训

黔北电厂建成贵州金元培训基地，2015年以来，每年组织开展贵州电力行业职工技能培训和竞赛，参加培训人员达300人次。黔北电厂在2015年贵州金元技能竞赛中，荣获总成绩团体第一名和7个单项（集控运行、焊接、阀门检修、热控、继电保护、低压电气检修、燃煤采制化）第一的优异成绩。

6. 借助手机微信平台，营造技术监督的学习氛围

借助手机微信平台，建立技术监督的微信学习交流群。技术监督人员将各自收集的技术资料，如事故案例、技术监督标准、导则及规程、新技术、新工艺等上传到交流群共同学习，营造技术监督人员学习氛围，提高技术监督人员能力。

（六）实施技术监督与节能减排相结合，实现企业与生态环境平衡发展

1. 在设备管理中加强节能技术监督管理力度

一是根据年度生产计划和考核指标，制定能耗管理目标和工作计划，把节能降耗工作贯穿整个生产管理全过程。节能监督成员认真履行监督职责，对发电设备的运行检修、技术改造等实行全方位的监督管理。通过精细检修维护，消除设备漏汽、漏气、漏水、漏油、漏风、漏灰、漏煤、漏粉现象，确保设备处于最佳运行状态，减少能耗。结合机组检修，加强节能减排改造力度，提高机组经济指标。二是以质量监控为中心、节能技术监督标准为依据、计量为手段，落实运行部门的岗位责任制，对影响发电设备经济运行的重要参数、性能和指标进行监督管理、检查，对发现的问题及时通知检修人员解决。三是在运行岗位，开展机组与机组之间、值与值之间、岗位与岗位之间的指标竞赛工作，到月底进行考核奖励。

2. 在燃料管理中加强节能技术监督管理力度

一是成立由主机运行部、燃运除灰脱硫部、燃料部、生产技术部等部门参加的燃煤调度小组，根据入厂煤情况及当日计划负荷曲线，确定配煤方案，做到精准配煤。同时，加强劣质煤燃烧调整技术培训，提高运行人员调整水平，确保机组的安全稳定经济运行。

二是加强煤场存煤管理，做到科学、规范，有效杜绝雨季煤炭流失。严格入厂、入炉煤计量、检斤制度，对燃料计划和定点供应、调运验收、收发计量、取样化验等工作进行全过程监督，确保检斤率100%，准确率达99.9%以上。结合燃煤效能监察，采用高清摄像探头，对燃煤采样、过磅、卸煤、制样、化验等环节进行全覆盖监控，有效防止人为原因造成的燃煤损失。

三是实施燃料全过程自动化管理，提高工作效率。2015年年底，黔北电厂在原有的燃料信息化系统基础上，建设完成涵盖燃煤采样、制样、化验、计量、结算等燃料一体化系统，实现燃料全过程管理的自动化、信息化。2017年5—8月对采样机操作系统进行升级改造，实现驾驶员刷卡后，采样机自动识别煤车车厢面积及深度，自动布框生成点位、开始采样，避免采样员人为干预采样，达到机械自动化。2017年8月初开发全自动配煤管理系统，11月正式投运，从原来的手工台账升级到自动配煤，配煤合格率从原来50%~60%上升到90%以上。

3. 抓住影响生态环境大项目加强环保技术监督

一是黔北电厂燃煤硫份高达3.2%，远高于设计硫份，为保证脱硫系统设备的稳定运行，烟气二氧化硫浓度达标排放，实现企业的可持续发展，成立以生产副厂长为组长的脱硫改造工作小组，对300MW四台脱硫塔进行增容改造，技术监督专业人员全程参与脱硫系统的改造工作。二是生产技术部牵头，每周组织召开一次脱硫系统设备的运行、检修分析会，对设备的消缺、维护及设备可靠性进行分析，确保不发生环保超标排放。

三、大型火力发电厂以设备为中心的技术监督管理效果

（一）形成制度完备充满活力的技术监督管理机制

黔北电厂在管理优化过程中取得良好实效，堵塞技术监督管理漏洞，夯实自身的设备基础，提升企业技术监督管理水平，确保机组长周期安全经济运行，造就一批业务过硬的专业技术管理人才，同时还积累可供借鉴的经验，为火电企业如何在日益严峻的市场环境下又好又快发展开辟一条全新的道路，是火力发电厂内部管理创新构建与实施的成功典型，为推动地方经济跨越发展，保障贵州电网的平稳运行和完成国家电投、贵州金元的年度经营目标作出了重要贡献。

（二）设备健康安全运行，可靠性大幅度提高

规章制度更加健全，各项技术监督工作有章可循，为设备的健康安全运行提供了可靠的保障。设备实现长周期安全运行，黔北电厂安全生产形势平稳，未发生人身轻伤以上事故，未发生一般以上的设备

事故，八项事故为零（人身重伤及以上事故、责任性较大及以上火灾事故、全厂停电事故、负同等以上责任的较大交通事故、一般及以上设备事故、水库和灰库溃坝事故、重大环境污染事故、恶性误操作事故）。企业安全记录继续刷新，截至2018年6月30日，安全天数达6816天，持续长周期安全生产逾19年。

（三）经济技术指标优良，节能减排效果显著

通过企业内部技术监督精细化管理，黔北电厂2015年至2018年6月30日总计发电量达201.7亿千瓦时，年年超额完成年度计划。节能减排工作取得重大成效：检质率、检斤率均达100%；2016年供电标煤耗同比下降1.16g/kW·h，节约标煤5928吨标煤，按400元/吨标煤计算，取得经济效益237万元；2015—2016年完成两台汽轮机通流部分改造和水系统综合治理改造，汽轮机热耗率降低了350 kJ/kW·h，供电煤耗降低12g/kW·h，2017年节约标煤64704吨标煤，按600元/吨标煤计算，取得经济效益3882万元；2015—2017年，年均脱硫石膏综合利用量30余万吨，粉煤灰综合利用量100余万吨，实现创收1800余万元。

（成果创造人：刘　谢、唐　立、罗坤全、郑昌明、杨旭飞、
蓬国盛、张　轶、周奋发、朱照红、杜　亚）

复杂地质条件下市政公路长大隧道施工管理

中铁十四局集团有限公司

中铁十四局集团有限公司（以下简称十四局）隶属于世界500强企业中国铁建股份有限公司。集团公司下属14个子公司，12个区域经营指挥部，8个直属单位。注册资本金31.1亿元，总资产300多亿元，拥有大型机械设备3700余台，总价值41亿元，拥有铁路工程、公路工程、房屋建筑工程、市政公用工程等四项施工总承包特级资质，以及10余项工程专业壹级资质。集团公司年综合施工能力达600亿元，在海内外建筑市场享有很高的声誉。

一、复杂地质条件下市政公路长大隧道施工管理背景

（一）强化复杂地质条件下的施工管理，是确保高质量完成市政公路长大隧道的客观要求

十四局承建的歇马隧道工程为双洞双向六车道设计。该工程项目为重庆市"五横、六纵、一环、七联络"快速路系统中"一横线"的控制性工程。重庆歇马隧道地处渝西北的北碚区，集隧道施工所有不良地质条件于一体，安全风险高、施工难度极大。一是隧道穿越的观音峡背斜两翼地层岩溶发育，溶洞、溶孔、溶融裂隙密布岩溶地表浅层发育，与地下连通十分直接，尤其是局部地段存在特大型溶洞，隧道施工管理不当将加速对山体破坏，进而诱发大量淤泥和地下水在隧道内涌出，造成严重安全质量事故。二是隧道施工过程中要穿越双向2600米瓦斯地段，瓦斯含量较高，容易发生爆炸、群体中毒等事故，安全风险极高。三是隧址区分布有多个废弃人工开采的老煤窑，煤层采空区密布，加上地表水分布广泛、含水量大、涌水量大，隧道施工一旦揭露，将造成大量突泥涌水灾害。四是地表各种大型水塘、水库、沟渠、落水洞在隧道上方星罗棋布，如果施工中控制不当，可能造成地表塌陷、房屋倒塌等事故。因此，强化复杂地质条件下市政公路长大隧道的施工管理，是迎接风险挑战、建设安全优质高效歇马隧道的客观要求。

（二）强化复杂地质条件下的施工管理，是提升企业核心竞争力的有效途径

重庆歇马隧道就因为其地质条件的复杂，既给施工管理带来了许多难以预料的风险，也给施工企业提升项目管理水平和市场竞争力提供了难得的机会。复杂的施工环境给歇马隧道项目管理工作提出了更高的要求。企业的新技术、新工艺和工匠精神都会在项目施工管理中有效地体现出来，而形成自己特有的核心竞争力。因此，强化复杂地质条件下施工管理，是提高项目管理水平和企业核心竞争力的有效途径。

（三）强化复杂地质条件下的施工管理，是兑现建设合同、提高企业信誉度的基本保证

重庆渝北山区，由于其特殊的地理环境和极其复杂的地质条件，自1970年年初，在不到20平方公里中梁山地区，先后建成通车的铁路和公路隧道共有16座，已建隧道均存在不同程度的质量问题，给隧道运营带来严重安全隐患。鉴于已建隧道突显出来的弊端，重庆市建设主管部门除了提高设计标准和承建合同条件外，为确保施工安全和工程质量，在建设业主与承包商签订的工程承包合同中，明确规定隧道注浆堵水费用、隧道支护参数变更费用、山顶水环境治理和相关措施费均采用包干制，相关施工风险由承包商自行承担。同时提出"安全无伤亡，质量创国优"的具体要求。因此，在施工中抓住重点、难点和安全节点，强化复杂地质条件下市政公路长大隧道施工管理的创新、强化过程控制，是施工企业兑现对业主的承诺，提升项目管理水平和市场信誉的基本保证。

二、复杂地质条件下市政公路长大隧道施工管理内涵和主要做法

中铁十四局集团有限公司在重庆歇马隧道施工中，基于"创新管理、精心运作"的理念，针对该工程本身复杂地质条件下的施工管理特点和难点，坚持一切从实际出发，以建设"环保工程、民生工程、平安工程、用户满意工程"为目的，建立精干高效的组织机构和权责明确的"四位一体"清单式责任体系；做好复杂地质条件施工管理中的风险预测和动态评估；制订行之有效、攻难克险的施工方案；优化施工现场的资源配置；建立快速反应机制，应对施工过程中的突发事件；创新施工技术、攻克施工难关；强化责任成本核算，不断提升项目管理水平，保护了生态环境，安全、高效、优质地完成了施工任务。

（一）建立复杂地质条件下隧道施工的组织机构和责任体系

1. 制定施工的指导思想和工作原则

重庆歇马隧道项目以党的十八大、十九大精神和党中央关于"西部大开发"的一系列政策为指导，以"绿水青山，就是金山银山""环保工程，民生工程"和"建一项工程，出一个精品，造一方福祉，惠一片民生，创一流信誉"为指导思想，坚持"因地制宜、方案合理""防治结合，稳步推进""安全可靠，质量创优""文明施工，生态环保""社会效益与经济效益相一致"的五大工作原则。

2. 配置精干高效的项目管理团队

十四局为项目部选派了经验丰富的项目经理和党支部书记；配备了由30多名本科以上高级工程师、工程师和管理人员组成的精干高效的项目施工管理团队；聘请了多名有着20年以上复杂地质条件现场管理经验的老铁道兵，作为项目施工现场管理的技术指导。

3. 统一管理，整分结合，分进合击

针对歇马隧道进出口"双洞双向"和"四个作业面"的特点和现场管理的实际情况，本着"统一组织、靠近指挥、分级管理、整分结合、灵活机动"的原则，采取"东西齐驱、分进合击"的施工方法，隧道进出两个口分别设立分项目部和若干业务部门，分别负责"两口四洞"的施工现场管理。

4. 聘请外部力量成立专家组

为及时解决施工过程中的技术难点和突发事件，项目部聘请经验丰富的隧道专家、安全环保管理方面的资深专家以及集团公司内部隧道施工技术和管理专家作为专家顾问组成员；联合山东大学、重庆南江地质勘察设计院组成科研创新小组，不断改进和创新市政公路长大隧道施工管理和"新技术、新工艺、新材料、新设备"四新技术的应用，及时解决施工过程中可能出现的难题，从组织和技术上保证施工的顺利进行。

5. 建立"四位一体"的"清单式"责任体系

一是建立合同工期清单式责任体系。项目经理和总工程师同为第一责任人，项目部工程技术部为责任单位，两个洞口分部和四个作业区为具体责任落实单位。根据招标文件规定和合同承诺的工期，项目部列出有效工期和不可抗拒因素给工程进度带来的影响。在此基础上，编制动态的有调节余地的施工进度方案；根据工序衔接的时间节点进行科学分解、责任区分、倒排工期，列出每一个责任主体的工期责任清单，责任到位；制定各责任主体对工期的保障责任和具体的措施，确保合同工期的实现。

二是建立安全环保清单式责任体系。项目经理为第一责任人，项目部安全长为第二责任人，项目部安全质量环保部为责任单位，两个洞口分部为责任督查单位，四个掌子面作业层为具体执行落实单位。在责任履行过程中，成立安全环保文明施工领导小组，列出安全环保责任清单，强化安全环保"四级"责任，签订具体的全清单式的安全环保责任状，形成上下贯通、横向到边的安全环保责任体系和管控链条。实行全面、全员、全岗位、全过程施工的"四全"安全环保管理。在日常工作中，项目部规定必须坚决贯彻安全环保工作"五同时"的原则，把安全环保工作的层级责任，落实到施工过程中的各个环节

和个人。

三是建立工程质量全面创优清单式责任体系。项目经理为第一责任人，项目总工程师为第二责任人，项目部安全质量环保部是第一责任单位，工程技术部为第二责任单位。成立"歇马隧道工程质量全面创优领导小组"，建立起从项目经理、项目党支部书记到两个分项目部、四个作业层面的质量清单式责任制，通过调查研究、试验检测、现场动态监控、数据分析、QC小组创优活动和全员、全面、全方位、全流程的"四全"质量管理，确保项目全面创优目标的实现。项目部还注重强化施工管理过程中的"六大控制"和把好"五大关"。"六大控制"，即动态跟踪中的测量控制、作业流程中的工艺控制、材料物资的比较控制、施工操作的技术标准控制、地质复杂重难工程的超前预报控制、指标进度的质量保证控制；把好"五大关"，即工程技术标准关、主材地材采供质量关、隧道复杂地质段断面开挖风险防患关、隐蔽工程检查验收关、上下工序衔接关。

四是建立成本控制清单式责任体系。项目经理和项目部党支部书记为第一责任人，项目部总工程师为第二责任人，项目部计划合同部为责任单位。歇马隧道项目经理部采用"四步清单式"责任成本控制法，加强对该工程的责任成本控制。第一步，制订项目部责任成本核算和考核方法。第二步，用清单式方法把各责任单位的目标成本，分解到各个责任单位的每一道工序流程，每一项分项工程，每一个作业层面，并形成具体的核算办法，使具体责任单位和责任岗位"未干先知道"。第三步，进行责任成本核算。第四步，开展责任成本效绩考核兑现。

（二）做好复杂地质条件下隧道施工的风险预测和动态评估

突泥涌水是岩溶隧道施工最主要的地质灾害，突泥涌水风险预测和评估则是制订施工攻关方案和施工许可的重要依据。歇马隧道采用综合赋权专家评分法进行突泥涌水风险评估，该方法分三阶段进行。第一阶段进行初步评估，对岩溶水文地质与工程地质条件（孕险环境）进行评估，这是设计阶段制定设计方案、施工阶段判断施工组织设计合理性的半定量理论基础。第二阶段开展二次评估，对孕险环境、致险因子进行评估，这是判断施工组织设计合理性的理论依据。第三阶段开展动态评估，对孕险环境、致险因子、风险控制与管理反馈信息进行综合评估，根据地质复杂的市政公路长大隧道开挖揭露及超前地质预报情况对岩溶水文地质与工程地质条件进行修正，且将监控量测动态反馈信息作为重要的信息化施工风险控制信息输入评估模型。

施工中按照以下流程与方法进行。一是施工前，对隧道全段进行一次初步评估，避免盲目施工，减小由于人为因素带来的风险损失。项目部基于初步评估结论与设计方案，制定施工方案，然后由风险评估单位评估施工方案的合理性，使施工各方对隧道风险状态与规避措施有宏观的总体认识，不至于忽视风险、盲目施工。二是在施工过程中，随施工动态进行施工风险动态评估，若动态评估结论与初步评估结论一致，则按原计划正常施工；若不一致，则暂停施工，提出解决办法，以确保顺利施工。

（三）优化复杂地质条件下隧道施工的管理原则和技术方案

重庆歇马隧道优先采用经过论证的"四新"技术，坚持"谁施工、谁编制、谁负责"的原则，通过方案的充分比选和优化，以确保方案"管理超前、运行可行、安全可靠、经济合理、技术先进"。针对复杂地质条件市政公路长大隧道的特点，通过对施工方法、施工顺序、施工作业组织形式、施工资源配置以及施工"工期、安全、质量、成本"控制流程等的优化，制订出切实可行的施工方案，即《歇马隧道施工组织设计》。同时，还针对隧道内外复杂地质条件和不良施工地段以及施工节点、重点、难点，制订出32个具体的施工方案，并根据隧道施工条件的变化、不同施工工序间可能发生的突发性事件，不断优化施工方案，以确保施工管理实现"安全、环保、优质、低耗"的目标。

（四）重视复杂地质条件下隧道施工的队伍选择和人才培养

歇马隧道项目在施工队伍选择上，本着"队伍精湛，管理有方、公平竞争、择优选配"的原则和

"动态管理、满足现场、专业对口、机动灵活"的管理方针，坚持"四个到位"和"六个相适应"的标准。"四个到位"，即组织到位、管理到位、技术到位和设备到位。"四个相适应"，即计划调配与现场调配相适应、人力资源消耗与项目实际需求相适应、分项工程劳动力实际消耗与劳动力配置方案总体控制相适应、静态管理与动态变化相适应。根据不同阶段、不同工序、不同地质条件、不同施工内容的人力资源需求，通过公开竞标、科学评估、集体决定，先后选配了全国不同地区、不同专业、施工能力突出、市场信誉较好、技术力量强的六支施工队伍，负责隧道施工的进出口两端、四个作业区的分项工程施工。同时还配备了突击抢险、房建、机电安装、沥青路面、隧道管线等20多个专业化施工队伍。

为提高一线员工的技术水平、培养工匠精神，项目部采取了各种措施，对员工进行培训教育。一是邀请中国工程院院士、全国工程勘察设计大师以及相关行业的专家到施工现场为员工讲课。二是组织员工学习工程建设法律法规，举办工程质量讲座，邀请有关专家到项目部进行安全、绿色、环保、文明施工和质量技术方面的培训。三是现身说法，互帮互学。每周六晚上项目部开设"周末大讲堂""技术干部经验交流会""工匠操作经验传播"等讲座和专题会议。通过公开竞争、优化配置、务实培训，使参建的施工队伍真正成为一支支思想进步、结构合理、技术精湛的工匠型队伍。

（五）建立复杂地质条件下隧道施工的反应机制和管理体系

歇马隧道项目对应急预案、后勤保障、实施速度、会商机制、险情监测、安全隐患检查、灾情调查、信息机制等8个要素进行分析，建立突发事件应急响应机制多层递阶解释结构模型，为应急机制系统的研究和建设奠定基础。

1. 组建施工突发事件快速应急响应领导小组

项目部成立重庆歇马隧道突发事件快速应急领导小组，并建立有效的运作机制。一是制订《歇马隧道突发事件快速应急响应管理办法》，二是组建突发事件应急响应专家组，三是配置突发事件应急响应机动资源。

2. 构建隧道施工安全风险分级管理体系

一是对超前地质预报实行分级管理。根据地质灾害对隧道施工安全的危害程度，将地质灾害分为A、B、C、D四级，针对不同等级的地质灾害，开展多层次、多手段的综合超前地质预报，并贯穿施工全过程。二是对隧道施工监控量测工作实施等级分级管理。成立专职测量小组，负责测点埋设、日常量测、数据处理等工作，及时将量测信息反馈施工和设计单位，并根据控制基准建立预警机制，实行分级管理。三是通过地质调查、水文调查等方法对现场施工实施预警并分级管理。

3. 利用施工风险管理系统建立智能化的施工安全预警机制

歇马隧道施工管理从地质灾害演变规律入手，研发"隧道施工风险监控信息系统"。该系统通过网络，给相关管理人员定向发送报警信息，由此构建了隧道施工过程控制的全过程监测预警综合系统；建立多层次、多环节监测预警控制模型，实现对危源的不间断评估，以及对突发事件的全过程动态监测。根据隧道内地质动态评估的实际情况，随机调整和制订施工精细化管理和控制方案，以达到超前预警、及时干预和控制损失的全过程管理目的。同时，还结合人员定位系统、隧道进出洞等级系统、通话及报警系统，实时对洞内施工状况进行掌握，便于施工管理和紧急情况处置。

4. 优化快速响应的应急救援流程

歇马隧道根据项目的特点和周边复杂的地质构造，结合类似工程施工经验，编制36份应急救援预案，建立应急救援响应工作流程，通过分析预警及时发现安全隐患。应急响应领导小组通过信息互通、联动及会商，在较短的时间里判断安全管理等级，确定应急响应措施，并启动相应的应急救援预案。

（六）创新复杂地质条件下隧道施工的管理理念和管理手段

1. 开展强岩溶富水段施工攻关管理

歇马隧道地质复杂多变，碳酸盐岩分布广泛，岩溶地貌发育、岩溶灾害严重。项目部基于当前我国隧道勘察设计及施工技术水平，在深入分析已有岩溶隧道建设经验基础上，创新性地采用岩溶隧道"四步管理"工作法，加强隧道施工安全风险管理，即在隧道穿越岩溶富水段前进行岩溶地表动态勘察和地质调查；在隧道穿越岩溶富水段施工中开展超前预报和安全监测；在穿越岩溶富水段施工时进行动态设计和施工；在穿越岩溶富水段施工完成后进行检测、验证和资料分析工作。通过"四步管理"工作法，有效保证了长大隧道安全有序通过复杂岩溶富水段施工。

2. 开展极软弱破碎大变形围岩施工攻关管理

歇马隧道在攻克极软弱破碎大变形围岩施工管理过程中，通过采集上百组钙质泥岩岩样，进行一系列的基本物理力学参数试验和数据分析，系统揭示钙质泥岩受力变形特性与强度变化规律，同时通过分析隧道不同工法开挖过程中围岩应力释放规律，揭示洞壁不同位置围岩应力释放空间分布特征，这一系列研究为软弱地层大变形控制提供了理论依据。以此为基础，详细研究了软弱破碎钙质泥岩稳定性控制的可控让压方法，提出了先让后抗、抗让结合的新型支护设计理念，并在实际应用中取得较好的成效。

3. 开展岩溶地面塌陷防治攻关管理

项目部针对地表生态环境被破坏的现状，提出"以堵为主、限量排放，综合治理"的控制原则，明确隧道每延米单日排水量控制目标。为实现这一目标，歇马隧道创新并应用了隧道注浆技术体系，完善了隧道注浆效果的有效检验方法，从根本上解决了隧道长期排水引起的地下水疏干、地面沉降、塌陷、重要水源断流等地质灾害。

4. 开展背斜核部瓦斯段施工攻关管理

歇马隧道瓦斯段以沼气为主，存在瓦斯突出的安全风险。针对这种地质情况，项目部在隧道开挖前制定"短进尺、弱爆破、强支护、勤监测、加强通风、早封闭"的施工原则，同时编制防治瓦斯的专项施工方案、超前地质预报方案、通风设计方案、瓦斯监测方案、应急预案和作业要点手册。采用光面爆破，尽可能减少爆破对围岩的扰动，坚持开挖与初期支护紧跟的原则，通过初期支护阻止围岩松弛变形和缩短围岩暴露时间。通过监测数据分析并及时调整隧道作业程序和相关支护参数，安全顺利地通过双向 2600 多米的瓦斯段施工。

（七）强化复杂地质条件下隧道施工的成本核算和效益达标

一是做好成本递次降低管理。根据合同约定的条款和建设方确定的项目造价和预算成本，采用定性定量分析进行科学合理的测算，细化分解到大小 20 多项成本费用，制订出项目直接费用和间接费用的可控成本。在此基础上，又制定了加强管理、减少开支、降低消耗、控制成本、开源节流、在可控成本基础上降低目标成本的措施。

二是抓好成本的责任预算。项目经理部依据该工程的成本管理办法和市场材料物资供应、机械设备租赁、车辆运输和管理费的使用等主要成本进行一周一调研，半月一分析，随时调整。为降低材料费用成本，确保工程质量，项目部在隧道开工前的半个月就对周边的地材和厂供的主料进行调研走访，公开招标，提前预订，一次性签订供货合同，仅此一项就节约成本 300 多万元。

三是在工程施工过程中严控材料超耗。坚持一项一核算，每月一盘点，对超出合同允许超耗值部，在分包单位计量计价中扣除，确保材料的消耗始终受控。

四是针对零星材料进行节超控制。歇马隧道由于地质复杂，容易造成混凝土的超耗。为解决这一难点，项目部制定重点控制措施，有关业务部门的相关人员通过微信群的方式进行每日混凝土节超分析并定期通报情况，超支扣除，奖罚兑现，提高分包单位成本自控的自觉性。

五是认真清理合同清单，注重施工中变更资料的收集，做好变更索赔工作。项目经理部通过清理合同清单，结合施工图设计和现场实际情况，梳理出合同清单漏项变更金额2000多万元。

三、复杂地质条件下市政公路长大隧道施工管理效果

（一）成功建成了复杂地质条件下市政公路长大隧道，确保了施工安全和工程质量

重庆歇马隧道工程项目部在复杂地质条件下优化施工攻关方案，助力科技创新，注重绿色环保，创新项目管理模式，顺利征服了3000米涌水、突泥、岩溶和地质破碎段；穿越了2600多米的瓦斯段、8个煤窑采空区；成功治理了近20次潜在突泥、突水风险的地质灾害。在施工中安全无事故，人员无伤亡、设备无损伤，比计划工期提前三个月安全顺利实现了全线贯通，保护了态环境，实现了隧道的安全绿色施工。该工程在重庆市建委、市质监站组织的多次抽检中，工程质量综合得分均名列前茅，先后获得重庆"市级安全文明工地"、全国"安全生产标准化建设工地"、山东省"用户满意工程""全国用户满意工程等荣誉称号。

（二）掌握和推广了复杂地质条件下的施工技术，创新了长大市政隧道工程的项目管理

歇马隧道施工技术创新和管理创新经验成功应用和推广到了湖北宜巴、四川成兰铁路跃龙门隧道、保宜高速隧道群等20余条隧道工程中，均取得显著的技术经济效益，对岩溶条件下岩溶隧道施工具有重要的指导意义。项目施工管理过程中发表高水平论文30篇；获得国家授权专利34项、软件著作权2项；出版专著3部；形成地方规范1部；省级和企业工法2项。复杂地质条件下，市政公路长大隧道施工管理成果的成功应用，有效的防治了工程灾害，保障了隧道安全。依托重庆歇马隧道项目形成的项目管理模式，为国内外同类型隧道施工管理提供了借鉴。

（三）降低了工程成本、保护了水土环境，赢得了良好的经济和社会效益

歇马隧道在施工管理中，坚持精打细算，强化成本意识、优化资源配置、节约成本5％以上，综合效益达到15％以上，人均创效上百万元，超过了土建工程平均利润率五倍以上。同时，十四局以建设"绿色工程、环保工程、平安工程、便民工程"为出发点，在歇马隧道施工中坚持安全文明施工，不污染环境，不与人争利、不扰动民众，处处为驻地群众所想，保护群众利益。不仅建设了一座方便重庆市民出行的高质量的市政公路长大隧道，而且项目部投资1000多万元为隧道所在地山区居民"修公路、治水塘、保耕地、净环境"，解决了当地2000多亩农田的灌溉和100多户群众的用水难题，维护了当地群众利益，获得了良好的经济效益和社会效益。新华社、中央电视台、重庆电视台、新浪、腾讯等新闻媒体也对该工程项目在复杂地质条件施工管理中所取得的成效进行了20多次报道；重庆市各级、各区、局及相关部门和外地建设、施工单位先后有一千多人到现场观摩学习，推广经验。

（成果创造人：刘京增、吴言坤、李方东、周建芳、郑彦飞、肖载兴、
王盛波、韩孟杰、甘国军、陈仁强、罗天禄、李洪宝）

以提升核心竞争力为目标的平行进口汽车全流程管理

山东高速青岛西海岸港口有限公司

山东高速青岛西海岸港口有限公司（以下简称西海岸港口公司）设立于2012年11月30日，注册资本8亿元，由山东高速物流集团有限公司（以下简称物流集团）和青岛海洋投资集团有限公司共同出资设立。西海岸港口公司定位于汽车产业平台的建设和服务，业务范围涵盖汽车贸易和物流、大宗商品贸易和物流、港口及临港物流园区的投资建设与运营、港口配套服务、物流方案设计等方面。公司连续多年被评为"青岛优秀物流企业"，2017年获得"中国平行进口汽车卓越贡献奖""中国汽车流通行业'互联网＋'实践先锋奖"，总经理杜晨光先后获得"高速集团优秀共产党员""全国交通运输优秀物流管理者"等荣誉。

一、以提升核心竞争力为目标的平行进口汽车全流程管理背景

（一）宏观利好政策和区域环境优势展现

西海岸港口公司注册于青岛保税港区。青岛作为全国首批沿海开放城市，是国务院批准的山东半岛蓝色经济区规划核心区域龙头城市。青岛港是我国第二大外贸口岸，是我国北方最大的集装箱港，青岛已成为环渤海经济圈现代物流发展的超级引擎。2012年年底，国务院正式批复青岛保税港区为汽车整车进口口岸，规划建成集汽车物流、商贸、展示和文化、休闲、于一体的国际化汽车产业聚集区。为此，青岛保税港区在土地配套、金融服务、行政审批、招商奖励等方面推出多项政策，大力支持发展整车进口特别是平行进口汽车业务。西海岸港口公司发挥企业发展的区域环境优势，恰逢其时地于2014年开始涉足平行进口汽车领域，2015年以来业务量连续快速增长，截至目前，公司汽车进口量已占青岛口岸整车进口量30%，成为青岛最大的平行进口汽车综合服务商。

（二）山东高速物流板块协同发展的需要

山东高速物流板块包括港口物流、商贸物流及物流园区建设运营等，平行进口汽车是商贸物流的重要板块之一。物流集团经过对平行进口汽车行业的深入研究和分析，认为平行进口汽车具备做大、做强的潜力，符合山东高速多元化的战略定位和物流集团各板块协同发展的规划。作为物流集团控股公司，西海岸港口公司率先启动，借助山东高速和物流集团品牌、金融、物流优势，纵向布局平行进口汽车产业链，构建海外采购平台、国内分销平台、物流服务及后市场服务等四个平台，打造平行进口汽车完整产业链体系，建立了山东高速在进口汽车行业的品牌影响力，形成了独有的竞争优势，实现了山东高速物流集团各板块协同发展的战略目标，完善了产业布局，构建了核心竞争力。

（三）企业自身提升核心竞争力的需要

西海岸港口公司经过多年的实践与积累，发现平行进口汽车行业普遍存在的问题：一是企业抗风险能力差、盈利水平低，缺乏核心竞争力，使得整个行业企业生存的平均寿命仅有2—3年；二是行业竞争激烈，没有统一的市场指导价，使得企业间长期处于无序的低层次的竞争，互相倾轧，大打价格战；三是运行机制不完善，靠天吃饭，存在明显的大小年现象；四是部分企业经营不规范，投机钻营，扰乱市场秩序。出现上述问题的根源在于平行进口汽车行业比较年轻，行业缺乏品牌企业和核心企业，企业缺少强有力的品牌号召力，运营中缺乏持续稳定的金融支持，缺少与时俱进的商业模式和完整的管理体系。西海岸港口公司与客户紧密合作，相互依托，打造以自身为核心的生态圈，致力于双方的长期可持续性发展，客户群非常稳定，相互信赖。同时，依托山东省汽车产业优势和优惠政策，发挥山东高速集

团的优势，创新性地构建与实施了平行进口汽车全流程管理，各业务板块协同发展，从而有效地解决了上述问题，提升了企业的核心竞争力。

二、以提升核心竞争力为目标的平行进口汽车全流程管理内涵和主要做法

西海岸港口公司以山东高速集团公司战略目标为引领，围绕国外采购管理体系、物流服务管理体系、国内分销管理体系、售后服务管理体系，构建与实施平行进口汽车全流程管理。

（一）贯彻指导思想，制定目标明确、方向清晰的总体规划

1. 以集团公司战略规划为指导原则

西海岸港口公司以山东高速集团多元化战略和物流集团汽车板块发展规划为指导原则，坚决落实"效益高、可持续、有规模、见效快、可防控、能驾驭、不违规"的21字方针。

2. 以提高管理水平和经济效益为核心目标

高起点、高规划、高布局，通过四个管理体系的搭建，降低采购和物流成本，增强抗风险能力，提升企业核心竞争力，发挥平行进口汽车全流程管理的核心作用，增强公司整体管理水平和竞争优势，提升公司盈利能力和可持续发展能力，创造良好的经济效益和行业影响力。

3. 以打造平行进口汽车全流程管理为发展方向

从平行进口汽车贸易业务切入，以供应链服务为主线，通过车联网服务创造新的利润增长点，围绕四个管理体系进一步提升平行进口汽车全流程管理水平，建设特色生态圈。将西海岸港口公司打造成为独具特色、覆盖汽车全产业链，能够提供全流程管理的平行进口汽车产业综合服务商。

（二）构建国外采购管理体系，确保产品供应和货权安全

1. 多维度考量供应商，确保供应稳定，掌握核心资源

海外供应商是平行进口汽车业务中的核心资源之一，西海岸港口公司立足长远，在选择供应商时着重从以下方面落实。一是现场考察供应商在当地市场的实力，确保供应商可提供直接、可靠、稳定的货源；二是在海关查询供应商的进出口记录，确定其业务真实、信誉良好；三是研究供应商的主要车型和优势，确定可以合作的产品和规模；四是比较供应商的成本优势，保证我们的采购成本具备市场竞争力；五是落实供应商在贸易条款、物流时效、货款结算以及风俗习惯等方面的具体要求，确定合同条款，确保双方合作的顺畅，避免法律风险。根据以上几个方面的调研结论，最终选择优秀供应商，与之达成战略合作，成为稳定可靠的采购渠道。

2. 科学选择产品，迎合市场需要，打造差异化竞争力

在采取跟随战略，进口畅销车型的基础上，西海岸港口公司结合自身情况，从消费者需求、国产车痛点、平行进口汽车短板三个方面对进行深入分析。

一是消费者需求。随着我国经济水平的提高，消费者购车能力、购车观念也发生了变化，更注重汽车的性价比，都希望获得更高品质的产品和服务，同时国家层面也提倡适度消费，开始征收豪车税，限制超豪华消费。

二是国产车痛点。目前国内汽车消费仍是10万~20万价格区间占比最大；近几年国产汽车发展迅速，但其制造工艺和内在质量仍然达不到消费者的期待，媒体曝光的国产车质量甚至造假问题屡见不鲜，而进口中规车则由于品牌授权等现有模式的限制，造成价格虚高，性价比低。

三是平行进口汽车短板。一直以来，市场上绝大部分平行进口汽车价格都在40万元以上，过于追求高端，抑制了很大一部分消费者对平行进口汽车的需求。

基于以上分析，2016年年底西海岸港口公司率先引进独家车源的途观、帕萨特、林肯MKX、奥迪Q5等，一举将平行进口汽车价格门槛降至20万元，着力打造20、30、40价格段的产品线，吸引了众多消费者和经销商，目前途观和帕萨特车型已在全国范围内销售500余台，成功在平行进口行业打响了

口碑，建立起差异化的竞争优势。

3. 针对性安排贸易模式，确保货物安全，牢牢掌握主动权

西海岸港口公司贸易结算采用信用证 L/C 和电汇 TT 两种模式。

一是 L/C 模式。L/C 是最常用的贸易结算模式，与 L/C 配合的贸易条款为 FOB 目的港或 CFR 目的港。即通过国内银行开立信用证，国外供应商按照合同约定提供车辆并装船发运，发运后将正本提单交至银行，西海岸港口公司收到银行单据确认无不符合点后，银行支付车款给供应商，西海岸港口公司取得提单，跟踪货物到港后提货报关。L/C 模式可借助银行最大限度地控制贸易风险，同时可充分使用银行融资。

二是 T/T 模式。在 L/C 模式外，西海岸港口公司也采用 T/T 结算模式。与 T/T 配合的贸易条款为 DAT 海外仓或 FOB 目的港，采用 T/T 模式的前提是在采购车源地已设立海外仓，供应商将车辆交货至海外仓，由海外仓的专业汽车物流团队负责检查、验收车辆，提供车辆的照片等信息，由西海岸港口公司确认无误后，直接 T/T 付款给供应商。随后海外仓负责车辆的出口报关和订舱发运，发运后将提单交给西海岸港口公司。T/T 模式下通过海外仓进行车辆安全的控制，可以加快汽车进口效率，降低银行资金费用。

4. 全球化布局海外仓，整合资源，支撑海外采购平台

为支撑海外采购平台的顺利运行，西海岸港口公司在主要的车源地设立海外仓，与专业的汽车物流公司合作，开展采购车辆的检验、收货、仓储、报关、装箱、发运业务，一方面确保车辆安全、控制贸易风险，另一方面在物流环节提高效率，降低成本。以往由供应商分散发运的车辆往往物流费用高、发运时效没有保证。设立海外仓后，当地采购的车辆集中到海外仓进行订舱和发运，由于规模效应，可以向各大船公司申请更为优惠的运价，同时船期也有了保证。目前西海岸港口公司已在主要车源地建立了七大海外仓，分别是加拿大的温哥华、多伦多、蒙特利尔，美国洛杉矶，墨西哥曼萨尼约，德国汉堡和阿联酋迪拜。海外仓的设立，不仅提高了物流效率、降低了费用，同时还推动了海外仓向公共物流服务平台的转变，吸引了众多平台企业纷纷与海外仓合作，扩大了海外仓的业务量，由于集中度的提高，进一步降低了物流费用。

（三）构建物流服务管理体系，提供一票到底的全流程服务

1. 合理选择运输方式，降低成本

随着"一带一路"倡议的推进实施，西海岸港口公司抓住机遇，将部分车辆由传统的集装箱海运改为采用欧亚班列的公铁联运。欧亚班列的运输时效明显高于海运，由于高价值的车辆占用资金较大，资金的时间成本很高，如果能够缩短运输时间，将会大大节约资金成本。因此，西海岸港口公司把欧洲进口的高价值车辆如宾利、路虎改由欧亚班列运输，虽然直接的运输费用比海运略有上升，但平均能够节省 15－20 天的运输时间，由此降低的资金成本远远大于增长的运费。

2. 不断优化运输线路，提高效率

根据国内客户布局和销售需求，西海岸港口公司依托物流集团港口物流优势，在国内主要目的港建立了物流基地，提供通关、仓储和陆运服务。将进口目的港由原来单一的青岛港扩充至天津港、大连港、广州南沙港等各大港口，使进口报关港更接近终端销售地点，一方面减少通关后的陆路运输，降低费用；另一方面节约时间，使车辆通过后能最快交付到客户和用户的手中，提高周转效率。同时为保障汽车销售网络向内陆城市推进，西海岸港口公司依托物流集团仓储物流和城市配送优势，在长沙、天津、昆明、深圳、武汉等全国主要节点城市建立了分拨中心，实现了从港口到销售店的快速送达。从港口至分拨中心的运输采用整车发运的方式，降低运输成本；从分拨中心至区域销售店采用小批量快速配送方式，既保障库存车辆的安全，又满足销售店对车辆的需求。

3. 择优确定物流商，持续提高服务水平

在对物流供应商的选择方面，西海岸港口公司从服务、速度、成本三方面进行综合评价，择优选用。

一是服务。平行进口汽车为高价值商品，从公司资产安全方面考虑，需要选择行业知名的物流企业，其运营规范、过程管控严密、风险防控措施完善；从满足市场需求方面考虑，也需要选择管理规范、客服素质高、需求响应快的物流企业。

二是速度。平行进口汽车占用资金大，清关完毕后需要尽快送达消费者手中，加快资金周转，因此对物流速度要求较高，同时消费者预订车辆后，对车辆的达到时间非常关注，物流需要满足客户的这种期待。因此，物流企业的反应速度成为重要选择考量。

三是成本。物流成本是提高汽车产业链的利润的重要因素，在满足服务和速度要求的基础上，通过比价、竞标等方式选择最优价格的物流服务商。

4. 各环节加强风险防控，确保全程货物安全

在物流全过程中，西海岸港口公司始终把风险防控作为重点，制定了多重机制，力争把风险降到最低：海外物流方面，选择海外仓时，要求仓库必须投保足额的保险；同时将一般的港到港保险延伸至"仓到仓"保险。国内物流方面，除了仓储环节的货物保险、运输环节的单车保险以外，对进入销售店的车辆也有保险覆盖，同时建立了盘点、对账、巡查等多种库存管理方式。另外通过信息化系统，能够实现对车辆海运过程的跟踪，国内的仓储、运输、销售环节，都可以实现对每台车的精准定位，确保车辆安全。

（四）构建国内分销管理体系，创新平行车销售网格化管理

1. 设立分级管理体系，实现经销商网络化管理

依托高速集团品牌优势，建立以消费者为核心的销售和市场体系，公司将平行进口汽车销售从沿海港口城市推进到内陆城市，以旗舰店、品牌直营店、授权加盟商等方式建立了覆盖国内一二线城市的销售和服务网络，建成了线上线下一体的新车、二手车销售以及汽车售后服务网。目前已建设旗舰店1家，品牌直营店22家，授权加盟店已达100余家。

2. 制定营销支持措施，与经销商实现合作共赢

各级销售经销商均可以享受公司制定的各项销售支持政策，具体包括：由公司合作保险公司提供保险支持，为经销商提供符合国家规定的三包服务；签约全国维修网点；实施加盟店区域保护政策；提供20万－500万区间30余款车源的稳定供给，热门新车型的优先供应销售；天猫旗舰店等线上渠道，每年2次以上的宣传推广；已建立的多个国内仓储中心，均可提供给加盟店使用；为店庆、车展以及团购等活动提供宣传推广支持；全国统一指导价格，避免恶意竞争；为加盟店提供多种汽车金融方案，例：一成首付购车、三年以租代购等；不定期地组织人员到旗舰店，由专业内训师进行专业指导和培训。

3. 建立销售管理制度，切实维护公司及品牌形象

各级经销商不得用任何方式方法违规操作或违规经营，损坏公司形象及名誉。当经销商出现违规违约事件，公司将根据考核细则，在加盟费及补贴奖励中扣除。对公司寄售在经销商处的车辆，定期盘库，通过视频监控及GPS系统查验核对车架号和摆放位置。经销商内车辆数量以及车型须按照公司要求进行合理配比。车辆未经报备或公司许可前不得擅自调离展厅。

（五）构建售后服务管理体系，延伸汽车产业链及开发新的经济利润增长点

1. 搭建全国的售后服务网络，解决消费者后顾之忧

平行进口汽车的售后服务一直是消费者最关心的问题，同时也是这个行业发展的痛点。西海岸港口公司的售后服务管理包括：一是日常保养和维修。公司在青岛拥有1家旗舰店，在天津、上海、广州等

国内主要节点城市拥有22家直营店,在国内一、二线大中城市与50多家企业签约合作店,授权加盟店100余家,充分利用社会化资源遍布自己的网点。平行进口汽车的保养和维修程序已经标准化,价格平民化,同时也可以到传统销售中规车的4S店保养和维修;二是"三包"。以国家三包政策规定为基础的"三包"和质保实施方案,具体包括基础部件保修、全车质保、整车三包、联保网络等方案。目前已与10多家专业维修(连锁)企业签订售后合作协议(共有维修点500多家),覆盖了全国主要销售和服务区域。通过引进专业的保险公司,为平行进口车提供售后保险服务,建立了标准统一、服务规范的质保险和车辆商业险。让消费者没有后顾之忧,放心买车、安心用车。三是召回方案。西海岸港口公司已经成为青岛保税港区平行进口汽车试点企业,如某品牌主机厂发布召回公告和车架号段,西海岸港口公司第一时间确定所售车辆是否在召回范围,并根据厂家的召回技术方案拟定技术和零部件供应方案,通知客户在全国的该品牌4S店实施就近进场维修,保障与中规车同样的召回服务。四是零配件解决方案。零配件供应途径主要有两种,一是售后合作企业自行采购,二是我公司统一调配。同时为保障消费者的合法权益,确保零部件质量,建立了零部件采购档案。目前该售后服务管理体系正逐步社会化,成为平行进口车辆和中规车保养、维修、改装的共享服务管理体系。

2. 开展进口汽车租赁业务,形成独具特色的业务模式

西海岸港口公司紧抓"公车改革"和"网约车合法"的发展机遇,以B2B大客户租车业务为切入点,针对轿车、SUV、MPV租赁市场,推出进口帕萨特、进口途观、进口霸道、进口塞纳等高端、差异化车型,嫁接银行、融资租赁公司等金融杠杆,为客户提供汽车分期付款、以租代购等金融方案,大大降低了客户使用成本,市场反应强烈,开辟了新的业务领域。

3. 建立二手车置换及交易平台,建立完整的汽车产业链

中国汽车市场经过近十年的高速发展,已经趋于成熟稳定,但无论是市场规模、服务水平、规范程度,中国的二手车市场与美国、欧洲等发达国家相比差距巨大。随着国家二手车相关政策法规的完善、老百姓消费心理的成熟,我国二手车业务将呈现快速增长的态势。西海岸港口公司抢抓时间窗口,以高端进口车切入,打造了进口二手车置换及交易平台,建立了二手车数据库,实现了二手车车型、配置、车况等信息收集和科学评估,已成为山东半岛地区平行进口二手车权威交易平台。完整的汽车服务产业链,为消费者提供了第二次消费的产品和服务,大大增加了客户黏度。

4. 开拓个性化订制改装业务,打造自有品牌及新的利润增长点

随着大众对生活品质追求的提高,汽车个性化定制作为一种趋势,特别是对于平行进口汽车个性化改装需求很大,50%需要加装且业务利润率较高。西海岸公司整合国内顶级品牌改装企业,建立战略合作,为客户提供专业化私人订制式服务,根据客户需求,提供涵盖多种车型、从简洁到奢华的汽车改装服务,目前已出厂了帕萨特、野马、奔驰商务、林肯领航员等受到市场追捧的车型。今后三年订制改装车业务将成为公司重要的利润增长点,随着发展将进一步打造出行业领先的订制改装品牌。

(六)加强资金管理,保障资金安全性和流动性

1. 拓宽资金来源,确保资金流健康通畅

西海岸港口公司融资渠道主要包括自有资金、股东借贷和社会融资,社会融资包括银行、基金、企业融资等。公司融资结构及规模合理,融资部分占资金总额度的60%~70%。西海岸港口公司依托高速集团资金和信誉优势,经过多年经营积累,目前已获得包括中国银行、交通银行、浦发银行、高速投资控股、光控基金等多家金融机构支持,流动资金及银行授信相对充足,为公司健康持续发展奠定了基础。

2. 加强资金管理,持续提高资金使用效率

在全面预算管理的基础上,每月末确定下月资金使用计划,根据下游销售市场合理确定采购量,从

而确定资金需求量,加强资金的统筹计划管理。西海岸港口公司每月编制汽车行业分析报告,及时掌握市场行情、船期、汇率波动等信息,选择恰当的时机采购车辆,缩短资金占用时间,降低资金成本,减少市场行情和汇率波动对采购成本的影响,提高利润率。选择合适的付款方式,稀缺的现车采用T/T付款方式,期货采用L/C付款方式。针对资金使用的轻重缓急,合理调配资金。西海岸港口公司开发了微信数据统计查询模块,方便移动办公,即时的掌控公司汽车贸易资金动向,实现汽车贸易数据在移动客户端的实时可视化查询,对资金使用全过程进行监控,加强现金流量分析,达到资金流、信息流的高度统一。

3. 严格执行管控要求,实现资金进出安全合规

优化资金约束机制,严格执行资金审批制度,专款专用,加强资金管控。L/C模式下采用银行授信管控,T/T模式下的进行现金管控。当支付完成后,资金管控变成货权管控,通过海关监管、物流监管等方式确保货物安全。严格遵守银行、海关和外管局的资金管控要求,签订严格、准确的外贸合同,遵守海关审价标准及要求,及时提供相关单证资料,海外付款按照国家外汇管理规定及时核销。

4. 建立有效措施和机制,切实避免汇率风险

在应对汇率波动风险方面,西海岸港口公司不以高风险去追求高收益,采用银行锁汇和与客户协商锁汇的方式,防范汇率资金风险。在汇率走势不稳定的情况下,采用银行锁汇的方式。在汇率相对稳定的情况下,根据银行还汇时间和客户付款的时间差,与客户协商合理的汇率。

三、以提升核心竞争力为目标的平行进口汽车全流程管理效果

(一)创造了良好的经济效益

经过三年多的实践与积累,西海岸港口公司累计进口汽车5829辆,进出口额近3亿美元,实现营业收入23.2亿元人民币,净利润2000余万人民币,累计缴纳关税10.5亿元人民币,贡献当地税收1500余万元人民币。公司已成为山东最大、全国前十、独具特色、覆盖汽车全产业链,能够提供全流程服务的平行进口汽车产业综合服务商。

(二)落实了高速集团战略目标

西海岸港口公司充分发挥国有企业品牌、资金、物流等方面的优势,整合上下游资源,降低了平行进口汽车采购、物流成本,提高了整个行业的运作效能,提升了全流程管理水平,很好地落实了山东高速集团多元化战略目标和物流集团汽车板块发展规划,完善了业务布局,提升了企业核心竞争力。2017年西海岸港口公司利润总额占物流集团60%以上。同时,通过四个管理体系的构建,降低了采购和物流成本,增强了抗风险能力,提升了公司盈利能力;通过构建组织体系、制度体系,增强了公司整体管理水平、竞争优势和可持续发展能力。

(三)探索平行进口汽车服务模式

通过平行进口汽车全流程管理体系的构建,使老百姓享有了低成本、高品质的汽车产品和服务,实现了一站到位的购车体验,提供了个性化产品和超值服务。西海岸港口公司在不断发展壮大的同时,不忘回馈社会,成立了专项援助基金。该基金已累计帮助200多名贫困山区失学儿童重返课堂,每年捐赠30多万元,充分展现了国有企业的责任意识和担当精神。西海岸港口公司也将继续遵循"立身以德为本,管理以人为本,工作以诚为本,发展以质为本"的核心价值观,持续秉承"富员强企,通达天下"的企业使命,为更多的消费者提供更优质的产品和服务。

(成果创造人:杜晨光、韩 波、王新平、张 霞、王 琼、孙保华、马正坤)

大型航空企业提升交付能力的生产单元三级优化管理

沈阳飞机工业（集团）有限公司

沈阳飞机工业（集团）有限公司（以下简称沈飞公司）成立于1951年，是以航空产品制造为核心主业，集科研、生产、试验、试飞为一体的大型现代化飞机制造企业，是我国重要的歼击机研制生产基地，形成了军机、民机、非航空民品三个业务板块。沈飞公司自建厂以来，累计生产交付多个型号无数架歼击机，为国防建设做出了卓越贡献。

一、大型航空企业提升交付能力的生产单元三级优化管理背景

（一）满足航空武器装备需求

为适应新军事革命发展趋势和国家安全需求，部队对航空装备的数量和质量提出了更高的要求。陡增的科研批产任务，对沈飞公司的交付能力、生产组织、资源保障提出了严峻的挑战。沈飞公司作为主机厂，产品制造流程长，涉及专业多，协作关系复杂，生产组织难度大，所面对的能力缺口，不可能依靠大规模条件建设和人海战术解决。选择了基于现有能力、深入挖掘管理潜力，以自主创新提高管理水平、提升交付能力的途径，来满足客户对航空武器装备的迫切需求。

（二）落实集团公司运营管理体系建设要求

航空工业集团在全集团范围内统一推进运营管理体系建设，推动业务运营的流程化和规范化，实现管理变革和转型升级。沈飞公司有数十家生产单元，包括钣金、机加、复材、热表、部装、总装、试飞等多种专业，涵盖飞机制造全过程，数量多，种类杂。各生产单元的管理基础和管理能力存在较大差异，导致业务规范性和管理输出结果不一致，对公司整体计划执行和产品交付造成了影响。为此，沈飞公司把全部生产单元的业务规范和能力提升作为贯彻集团要求、推进运营管理体系建设的落脚点，中心工作是统一规范生产单元的管理模式，提业务管理能力，保生产交付任务。

（三）规范生产单元管理，提升管理水平

沈飞公司生产单元的标准组织机构层级是厂、班组、员工，属于制造类企业的典型组织结构形式。但目前生产单元仍存在重生产轻管理、重经验轻创新、重结果轻过程、各级管理不能协调一致的问题。如何将厂级、班组、员工三级管理整合起来，实现企业战略目标的逐层分解和落地，激发三级组织人员的内生动力，促进三级管理的规范化、精细化和标准化，是公司必须突破的一道管理瓶颈。

二、大型航空企业提升交付能力的生产单元三级优化管理内涵和主要做法

沈飞公司为满足航空武器装备需求、落实集团运营管理体系建设要求、规范生产单元管理的需要，构建管理模型科学指导实践，从落实公司发展战略和年度科研生产经营目标出发，统一规范生产单元各级管理的内容和方法，厂级强化目标管理，班组强化现场管理，员工强化执行操作。将安全（S）、质量（Q）、成本（C）、交付（D）、人员（P）五类业务纵向贯通，实现管理目标逐级承接与支撑；以"要素集""工具包""表单族"横向协同三级管理，实现管理规范化和精细化。通过目标管理要素化、现场管理工具化、执行操作表单化的推进路径，促进各级自我控制、自我提高，充分发挥合力作用，从而提升公司交付能力和竞争能力。主要做法如下。

（一）围绕交付能力提升，明确三级优化管理总体思路

生产单元肩负着公司科研生产任务和管理要求落实的重要责任，是公司产品交付的核心，其业务管理能力关系到公司年度科研生产经营任务的顺利完成。沈飞公司围绕交付能力的提升，开展生产单元厂

级、班组、员工三级管理，以"管什么"和"怎么管"来规范三级管理内容和管理方法。以安全（S）、质量（Q）、成本（C）、交付（D）、人员（P）五类业务规范各级管理内容，以要素、工具、表单规范各级管理方法，推动生产单元实现精细管理，促进各级管理模式统一、管理能力提升。

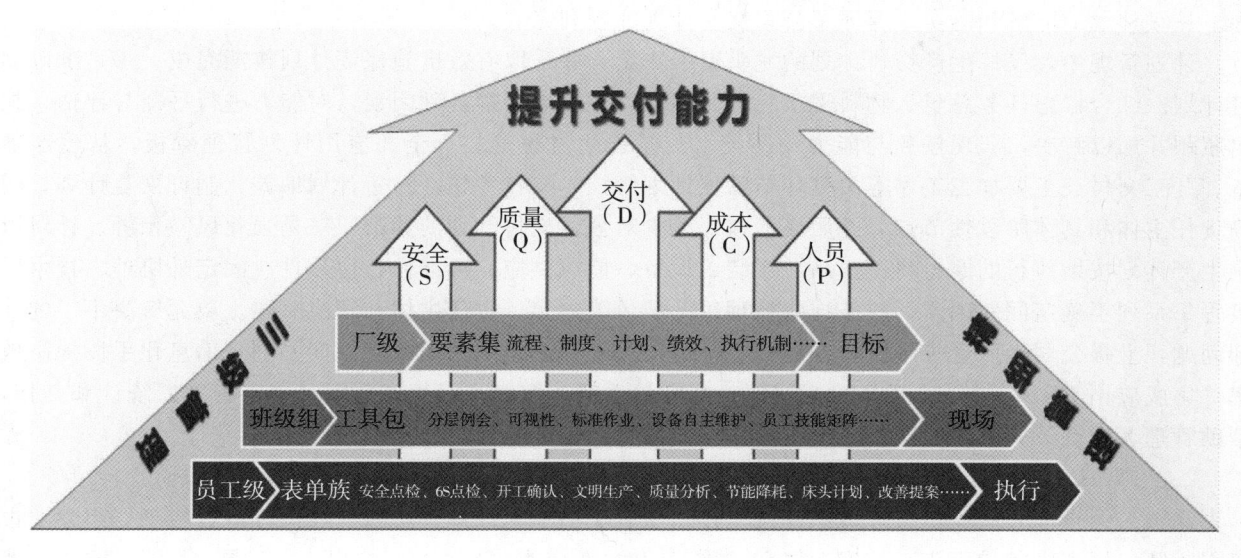

图1 生产单元三级优化管理模型

"管什么"指明确生产单元三级优化管理的具体内容。将生产单元的业务归类为安全（S）、质量（Q）、成本（C）、交付（D）、人员（P）五大类。安全包括技安、保密、环保、消防、保卫等；质量包括二级质量体系、工艺设计、产品验收等；成本包括预算、核算、定额、资产等；交付包括生产计划、生产执行与控制、生产保障、外协等；人员包括绩效管理、员工管理、技能培养等。将公司的年度科研生产经营目标向下分解，按五类业务维度确定各生产单元的关键目标，再逐级分解细化为班组目标和员工目标，三级目标上下有效衔接。通过各类业务关键目标的层层分解和衔接，明确各级管理的内容和要求。

"怎么管"指明确生产单元三级优化管理的具体方法。管理方法要与管理的侧重点相匹配。厂级以目标管理为侧重点，方法是融合计划、流程、制度、绩效、机制等要素集成应用，加强目标的过程管控。班组以现场管理为侧重点，方法是开发分层例会、可视化、标准作业等工具包在一线应用，保障现场的管理效果。员工以执行操作为侧重点，方法是设计安全、质量、成本、生产、人员等表单族并每日应用，实现执行操作的统一规范。

（二）系统融合"要素集"，优化厂级目标管理

厂级管理的核心是围绕厂级安全（S）、质量（Q）、成本（C）、交付（D）、人员（P）各类业务关键目标，统筹单元全部资源，确保公司战略落地和单元各类业务稳定有序开展。根据实践经验将管控手段提炼为计划、流程、制度、绩效、机制五项要素，其中绩效为导向，流程为主线，计划为牵引，制度和执行机制为保障。各项业务的流程要梳理、明确和优化，并完善相应管理制度，以生产交付等计划牵引各项业务有序开展，结果与组织员工绩效挂钩，构建单元内的沟通反馈、培训教育机制来保障各项业务的持续改进。

1. 开展精细化计划管理，提升计划完成率

计划管理是企业完成科研生产经营目标的重要手段。在单元内实行三级精细化计划管理。厂级计划承接公司任务和管理要求，以公司的生产交付计划来制定厂级生产作业计划，并引领其他各项安全、质

量、成本、人员等工作计划，为交付计划提供支持。各班组依据厂级计划，评估班组资源能力进行排产，制订班组生产计划，并分解为员工/工位/设备的日计划。员工严格按日计划进行作业。整体上，将公司年度产品的交付计划细化为员工/工位/设备的每日作业计划，并严格过程管控，实现计划精细化管理。三级计划的分解和落实，保证了公司交付计划的顺利完成。

计划管理中，发挥生产交付计划的龙头牵引作用，并采取有效措施保证计划按期完成。一是准确制订计划。综合考虑任务总量、物料需求、资源能力、生产周期等各种因素，对能力进行平衡与评估，找出瓶颈并加以解决，实现任务与能力相匹配。二是强化过程管控。全面应用计划管理看板，从生产准备、开工交付、主要加工工序等关键环节加强计划管控，按日考核。对于计划偏差，制订恢复计划，明确责任主体和具体阶段性节点，并严格考核，减少对公司交付计划的冲击。三是强化风险预警。针对影响生产计划按期执行的原材料、成品、工装、设备、能源供应、标准件、协作件、固定外协项、技术质量等一系列不确定问题因素，拉条挂账梳理每一项风险内容、责任主体和解决时限。单元解决不了的外部问题，上报公司生产管控平台，升级到主管部门或经理层协调快速处理。四是利用信息化手段提高效率。集成应用ERP、MES、PDM、CAPP、APS等系统，实时进行生产数据采集、管理、统计和归档，帮助管理者准确及时掌控生产计划执行情况，使质量和进度管理更加高效便捷。

2. 开展协同化流程管理，提升流程运行效率

沈飞公司全面开展流程管理体系建设工作。所有生产单元以此为契机开展内部流程梳理，组建单位流程团队，厂主管领导牵头，按安全（S）、质量（Q）、成本（C）、交付（D）、人员（P）梳理内部业务流程，制订梳理计划，明确内部各级管理职责和要求，每项流程均按照"活动、输入、输出、供应商、顾客、流程所有者、表单、标准、绩效、风险"十要素确认具体内容和指标，保证梳理结果规范统一。

3. 开展流程化制度管理，提升制度保障力

沈飞公司组织全部生产单元基于业务流程开展制度管理，将制度与业务流程有机集成，建立二层五类内部制度，二层指内部管理规章和内部管理程序，五类指按安全（S）、质量（Q）、成本（C）、交付（D）、人员（P）将内部所有业务工作归类，形成制度文件。规范制度文件的审批流程，细化制度文件考核标准，量化指标分值、权重和计分规则，涵盖关键能力要素，完善单位内部制度体系文件管理机制，增强制度执行力。建立制度管理可视化看板，将制度面向全体员工，从设计、建立、执行、管理全过程实施可视化管理。全部生产单元按计划完成了各个类别138套1273份制度文件的编制，固化了流程管理效果，提升了制度保障力度。

4. 开展统一绩效管理，提高执行效率

生产单元绩效管理突出绩效考核的"刚性、量化、透明、实时、规范"五原则。规范绩效考核，统一管理平台、统一基础数据、统一考核原则、统一考核指标、统一管理工具、统一业务流程，发挥绩效管理的"指挥棒"作用，通过绩效目标、绩效计划、绩效辅导、绩效考核、绩效激励、绩效改进六个环节形成良性循环。生产单元按照上述原则方法，完善绩效考核管理制度，建立规则，对内部科室、班组和员工进行月份综合评价和排名，将绩效考核结果充分应用，作为薪酬分配、评优评先、岗位调整的主要依据，提高了生产单元各层级的计划执行力度，保证工作聚焦于业务关键目标，进而推动单位目标的实现。

5. 开展执行机制建设，实现三级优化管理常态化

生产单元通过加强沟通反馈机制、培训教育机制建设，持续推进生产单元三级优化管理常态化。一是强化沟通反馈机制，建立管理创新联系人制度，与公司管理创新部门对接。每月召开单位内部沟通例会，总结阶段进展和布置下月计划，宣贯传达公司最新管理思想和动态，定期发布"管理月报"。每周召开周例会了解相关业务工作进展，协调处理问题。每天例会设置上情下达点滴教育环节。二是强化培

训教育机制。建立长效培训机制，公司层每月组织班组长团队建设能力培训，外请专家进行班组长培训；生产单元层每周组织员工素养能力提升培训，安排业务部门专家开展职能培训；班组层每日组织一次点滴教育，安排优秀员工传授业务技能。针对专业管理重难点问题，组织业务专家，宣传交流。多渠道、多层级的全面培训和宣传，极大地提高了全体员工的能力和素养。

（三）开发应用"工具包"，优化班组现场管理

班组是企业落实生产经营各项业务和管理要求的最小组织，也是凝聚员工组建团队的基本单元。班组管理的核心，是分解单元的安全（S）、质量（Q）、成本（C）、交付（D）、人员（P）各类业务目标为班组管理目标，强化现场管理，明确管理责任，提高班组的凝聚力和战斗力，实现班组各项管理目标。公司从多年班组管理的实践经验中总结并在全公司所有生产班组开发推广了分层例会、可视化、形迹化、标准作业、自动排产、设备自主维护、QC 小组、员工技能矩阵等管理工具，覆盖了安全、质量、成本、生产交付、人员管理多方面业务。应用过程中，结合业务实际，识别建立二十类管理表单，明确管理责任和管理要点。

1. 推行安全类管理工具，保障现场安全可控

为保持设备状态完好，班组针对每台设备都应用了设备自主维护点检指导书，对设备进行检查、清洁、保养、调整等一系列维护工作，使设备处于最佳状态。将日常的清洁、点检、润滑等量化，根据监测情况采取处理措施，减少设备故障率，充分保证设备的完好性、安全性和可靠性，保障了生产现场安全。

2. 推行质量类管理工具，推动产品质量提升

依据岗位职责进行业务梳理，落实班组各岗位管理工作的具体步骤、方法、绩效指标等要素形成标准，通过管理者标准作业表的形式每天点检记录。在执行过程中，针对问题及时完善和改进。应用典型工艺规程和标准作业指导书，按工艺文件进行标准作业，规范了操作方法，统一了产品加工过程的要素和标准，提升了制造过程符合性，有效降低了制造和管理成本，提高了工作和产品质量的稳定性。开展质量改进活动。以实际问题为导向，运用 QC 工具分析原因，调查现状，找出措施并认真实施。通过 QC 小组活动，提高了班组成员团队协作和创新能力，做到了会分析、会控制、会计算、会改进，促进了产品质量提升。

3. 推行成本类管理工具，促进改善持续有效

建立形迹化管理改善团队，全员进行现场改善，以产品防护、工装工具、辅助物料、操作方法、作业空间等为着眼点开展改善，以问题为导向选定改善范围，争创管理示范区域。开展形迹化管理，减少了材料损耗、跑冒滴漏，有效保障了生产进度，降低了企业成本，培养了员工的良好习惯和参与改善的积极性。

4. 推行生产类管理工具，确保交付目标实现

建立起覆盖生产单元、业务部门、公司三级例会体系，在所有生产单元内部实施班组/业务室、厂级分层例会。班组例会标准流程包括列队考勤、任务回顾、要素点检、任务安排、问题处理、点滴教育、上情下达。公司 435 个班组都实现了例会标准化。

班组以生产现场为中心，应用可视化管理工具，按照厂级节点要求，将生产相关信息分类，制订作业计划，通过计划控制表单集成管理生产计划、进度及偏差等信息，实现生产过程控制。利用问题跟踪表单记录和揭示生产现场的异常问题，推动相关人员快速反应处理。利用生产绩效表单反映 SQCDP 关键指标状态，进行动态控制和管理改进。通过定期的问题统计分析开展根本原因纠正，减少问题重复发生。

班组应用 APS 自动排产系统，以工艺数据为基础，基于历史数据确定合理的工序期量标准，按照

班组任务的紧急程度，充分考虑材料、工具、量具、工装、设备、样板、人员等多种资源约束条件，将班组计划安排与厂级目标、实际执行、生产能力进行对比分析、查找偏差并进行班组资源配置和能力平衡，确保生产计划精准执行，以保证生产的连续性，更好地满足了交付需求。

5. 推行人员类管理工具，促进团队技能提升

班组以业务需求带动技能培养，以任务带动成长，营造主动学习、主动提升氛围，应用员工技能矩阵工具，持续做好员工技能培养，促进团队技能提升。建立班组长月、周、日三级培训机制，提升班组长沟通与协调能力、计划执行与控制能力、数据收集与分析能力、问题识别与处理能力，拓展班组长管理思路和管理水平。

（四）设计实施"表单族"，优化员工执行操作

员工管理的核心是承接单元和班组的 SQCDP 业务目标，分解为岗位目标，严格按计划执行，按规章操作。在实施中将业务管控要点提炼设计为表单，包括安全生产点检表、开工确认记录表、节能降耗点检表、床头计划控制表、技能培养计划表等，覆盖了员工主要工作内容。点检表单族的实施，既方便员工的填写和记录，又规范和统一了业务执行效果。

1. 应用安全生产点检表，实现员工安全管理

员工应用"安全生产点检表"，根据具体工作环境，梳理出制约安全的各种因素，确定管理标准，从现场设备设施、工装工具、周边环境、个人用品等方面进行每天开工前的安全自检自查。根据 6S 中安全的相关要求，应用"现场 6S 点检表"，每天开工前点检。每日班组早会上自查和互查劳保用品穿戴齐整，不漏过任何一员。每周固定一个工作日早会进行安全生产点滴教育，讲解安全生产知识或典型案例，时刻敲响警钟。在员工自主管理看板上设置"设备安全操作规程"，详细说明设备操作步骤和注意事项；设置"现场生产安全事故应急预案"，公示紧急事故出现时的处理方案。通过以上各项措施，引导员工掌握岗位安全风险点和预防措施，保护个人和公司的财产安全。

2. 应用开工确认记录表，实现员工质量管理

开展员工质量管理，在员工中培养"不制造缺陷、不隐瞒缺陷、不传递缺陷"的意识，坚持质量至上，追求完美产品。实施员工质量印章授权，鼓励操作者获取能力和资格进行产品验收，并给予相应激励，有效促进一线员工积极提高产品质量。从 Q1 章（相应产品族的独立操作和自检资格）开始，通过不断积累考核获取 Q2 章（自干自检和工序检验），最终达到更高技能和检验水平 Q3 章（工序检和半成品检）。

员工应用"开工确认记录表"，对所有产品都进行一次状态确认，检查是否掌握工序内容、是否具备上岗资格；检查工装样板设备是否完好、原材料零件状态是否符合要求；检查工作环境、计量器具是否达标等。在零件厂按工序进行确认，在部总装厂、试飞站按工步进行确认。开工确认相当于对所有产品进行一次地毯式排查，彻底验证了产品加工过程符合性，保证了产品质量可靠。员工应用"文明生产点检表"，每天对产品、标识、多余物等进行检查、清理和确认，保证现场文明生产。员工深入应用"质量趋势分析表"，对每月的一次交检合格率和废品率数据进行统计，观察其发展趋势，针对问题进行分析和改进。通过以上措施，实现了员工质量管理，促进了产品质量逐步提升。

3. 应用节能降耗点检表，实现员工成本管理

员工是成本管理的具体执行者。在员工层面开展成本管理，必须要在细节上下功夫，倡导节约型生产模式。公司设备众多、风水电气消耗量大，节能降耗有较大空间，员工应用了"节能降耗点检表"，在每班的班中、班后，检查照明设备是否及时关闭、风水油气是否有跑冒滴漏现象、设备是否有空转现象并处置。通过公司众多设备降耗累计，效果可观。应用节能降耗点检表，落实了员工成本管理要求，增强了员工开源节流、降本增效的成本理念，取得了一定的经济效益。

4. 应用床头计划控制表，实现员工生产管理

公司计划通过逐级分解到床头、细化到工位进行管控。员工应用"床头计划控制表"，承接厂级、班组计划，严格执行本工位上零件的具体开工交付计划，对计划执行中的偏差及时通过分层例会提出。各级管理者利用例会和管理者标准作业，快速响应和处理。员工应用床头计划控制表，实现生产管理，有力推动了产品的稳定交付。

5. 应用技能培养计划表，实现员工技能管理

结合公司推行岗位能力资格管理模式，员工应用"技能培养计划表"，根据生产实际和岗位需求自我确定技能培养项目，制订培训计划，自我跟踪管理，保证按计划节点完成学习和成长，提高个人技能和素养水平。员工应用"改善提案征集表"，将日常工作中发现的问题、困难进行原因分析，提出解决措施或意见建议；或者为了更有效率、更加简洁地达成工作目标，提出创新性改善意见或方案。改善实施后，员工也将得到一定的激励。员工成长与企业发展互相促进相得益彰。

三、大型航空企业提升交付能力的生产单元三级优化管理效果

（一）促进了科研生产任务的高效完成

厂级抓目标，班组抓现场，员工抓执行，三级优化管理形成有机整体，提高了公司生产单元的管理水平，提升了公司交付能力，助推了年度科研生产任务的完成。与2016年相比，2017年平均零件配套率同比增长10.6%，平均器材配套率同比增长20.2%，部装基本实现了连续、均衡生产，全年提前11天完成总装和试飞交付任务，实现了当年计划生产飞机当年交付和转场的历史性突破。全面完成了集团考核主要经济指标，2017年实现年度营业收入同比增长10.5%，利润总额同比增长19.1%，EVA同比增长27.0%，公司运营质量和效益持续提升。

（二）形成了独具特色的生产单元三级优化管理体系

整合厂级、班组、员工三级管理，纵向以安全（S）、质量（Q）、成本（C）、交付（D）、人员（P）五类业务关键目标贯通，层层分解落实；横向以"要素集""工具包""表单族"协同，不同方法匹配各级管理侧重。厂级强化目标管理，班组强化现场管理，员工强化执行操作，三级优化管理的规范化和精细化，促进了全部生产单元管理模式和管理水平的一致性，形成了沈飞公司独具特色的生产单元三级优化管理体系，落实了集团运营管理体系建设和管理变革要求，为大型制造类企业的精细化管理进行了有效探索。

（三）激发了生产单元和员工的主动性和创造性

通过三级优化管理，将公司的战略目标传递为各生产单元和全体员工的工作目标，并以相应的管理方法促进每级管理的水平提升，促进了公司任务目标完成和经济效益提升，使各级组织和员工认识到管理创新带来的切切实实的效益，在公司内激发了生产单元和员工参与管理创新的主动性，激发了员工的创新潜能，也为公司高质量持续发展注入了活力，打下了坚实基础。

（成果创造人：郭殿满、钱雪松、李长强、郭显华、李晓军、王建明、董桢、张敏、薛艳会、孙先夺、张辉、吕红宇）

航天火化工企业提升安全保障能力的产品质量管理

湖北三江航天江河化工科技有限公司

湖北三江航天江河化工科技有限公司（以下简称江河公司），又名中国航天科工集团第六研究院八六一〇厂，始建于1969年7月，2010年改制为有限责任公司，是航天型号发动机装药、配方研制、总装及某型号系统总装、试验的国有航天大型火化工厂，主要承担国家数十个航天型号的研制与生产任务，拥有两条型号批产生产线和一条高能材料生产线，具备高能产品等多种型号、高能材料的研制与生产能力。现有员工1100余人，2017年企业工业总产值14亿元，多次荣获"全国质量管理小组活动优秀企业""全国优秀质量活动小组""全国质量信得过班组""航天优质产品"等称号。

一、航天火化工企业提升安全保障能力的产品质量管理背景

（一）航天装备系统安全性、可靠性和保障性的需要

江河公司是航天装备研制生产骨干企业，承担多型号研制生产任务，技术密集、系统复杂、精度要求高。研制生产的产品是航天装备的核心动力部分，在整个武器系统中至关重要。在产品研制生产及交付使用过程中，投入高、风险大，存在"一人出错，整体受损；一件报废，一批受阻；一个隐患，酿成灾难；一个缺陷，系统毁灭"的安全质量风险和不可逆性，尤其是最终交付使用的产品，合格率必须达到100%，才能保障整个装备系统的安全可靠性。

（二）产品和生产工艺的特殊需要

江河公司研制生产的固体火箭推进剂发动机及火工品，无论是生产原料，还是最终成品，大多极具易燃易爆危险性，威力巨大，尤其是少数配方组分对压力、温度、感度的敏感性极高，高能高燃速材料在产品中应用，危险性更甚。因此，研制生产过程始终伴着危险，产品质量问题有可能引发或转化为安全问题，甚至可能导致整个武器系统的重大安全事故和功能失败，造成无法估量和无法弥补的损害。现阶段航天火化工企业，大多产品的生产工艺特点是集体作业和手工操作，需要同岗位多人配合，群体完成操作，作业时人员多，环节复杂，任何一个人或工序出现问题将会导致质量问题或引发安全事故。

（三）企业提升市场竞争力的需要

提升全系统安全保障能力，强化质量管理，是贯彻落实航天科工集团公司"1+2+3+4+5+N"转型升级发展思路及战略措施，是在军民融合发展、民参军、军品市场竞争激烈环境中，赢得生存和发展的重要举措。多年来企业已为国防建设提供了大量优质产品，但也认识到在研制生产过程中存在的巨大风险和低层次、重复性的质量问题，产品的生产工艺技术涉及高能材料制作、绝热、称量、混合、浇注、硫化、整形、部装、总装、试验等，需要集体作业完成任务的班组达3/4以上，特殊工种、关键工种20余类，65.5%为集体手工作业，个体技能差异和操作质量都会影响产品质量，影响整个系统的安全可靠性，企业必须在研制生产过程中严控安全质量风险，否则，不仅科研生产停滞、企业发展受困，而且是政治和社会问题。

二、航天火化工企业提升安全保障能力的产品质量管理内涵和主要做法

江河公司根据航天装备产品特性和研制生产过程的巨大风险性、危险性和不可逆性，改变传统质量管理思路，重塑产品自身安全质量意识暨保障装备系统安全可靠性的质量管理理念，在生产源头坚持"三不原则"，在操作过程实行"三个确认"、对待问题做到"三不放过"，应用新技术和信息化等手段，建立"3H"关爱和客户互动机制，以追求产品零缺陷为目标，不断打造航天优质产品，从产品研制到

交付使用全过程提升安全保障能力,从而保障武器装备系统的安全可靠性。主要做法如下。

(一) 明确目标与思路,重塑全员质量意识和理念

1. 确定质量方针和质量目标

企业明确了"以法治质,以德兴质,顾客为本,系统预防,安全可靠,争创一流"的质量方针,树立"工作无差错,产品零缺陷"的质量文化理念,树立"一人出错,整体受损;一件报废,一批受阻;一个隐患,酿成灾难"的安全质量风险观,奉行"老实做人,照章办事,一次做对"的质量行为准则,提高产品研制生产各层面各环节各要素的质量管控能力,实现型号发动机地面热试车成功率100%、飞行试验成功率100%、产品交付验收合格率100%,实现企业"安全第一,质量至上,产品优质,保障有力"的管理目标,增强市场竞争力,赢得更好发展机遇。

2. 优化组织结构和条件保障

将质量检验处调整设置为质量处、计量理化检测中心两个独立职能部门,质量处为职能管理部门,计量理化检测中心为执行保障部门,进一步强化与明确了产品质量管理和产品质量检验的职能与工作职责。质量检验处拆分为两个部门之后,立法与执法分离,相互制约与监督管理,两者的管理职责、责任边界更加清晰,质量部门完全独立行使建立规章制度、监督管理与考核职权,检验中心执行检验标准与操作规范,为产品质量把关。进一步优化了领导班子成员的职责分工,指定了质量工作和检验工作的分管领导和协管领导。独立设置技安处、安全生产技术研究室,重点车间设置了安全总监,主要车间配备了质量联络员,关键操作岗位和工序配置了专职检验员,形成多层级产品质量管理平台。同时,强化了对有关产品安全、质量保障能力提升的技改项目经费、物资和人员等条件保障落实到位。

3. 重塑全员质量理念

组织开展危机意识教育和操作技能培训。3年来投入46.5万元,组织国军标、军检验收细则、零缺陷管理、质量体系等质量基础知识学习,请进来辅导,送出去培训,对经营管理人才队伍、科技人才队伍、技能人才队伍的业务需求进行精准培训,不断提高岗位人员操作技能。开展评选"质量能手""质量过硬班组""免军检检验员""免检工序"活动,推行"自检、自分、自填、自查、自纠"五自活动,倡导"第一次就把工作做对,第一次就把工作做好"和"本岗工作无差错,本岗产品零缺陷"的质量行为。在每年"3·22"航天质量日、全国质量月,举办质量警示教育、知识竞赛、演讲比赛、辩论赛、签名承诺、案例展览、专栏讨论、质量征文、警言警句等专题活动,营造大质量大安全文化氛围,激励并重塑员工提升保障能力的质量价值观。

(二) 生产源头坚持"三不原则",追求产品零缺陷

企业从生产源头抓起,岗位人员坚持"三不原则",从源头、岗位、工序、交付等环节,强化提升装备系统安全保障能力的质量管理。

1. 不接收不合格产品

各岗位职工和操作人员在生产过程中,强化关注本岗、本环节、本工序不接收有缺陷的决策、信息、技术、物资或零部件,始终坚持做到在本岗位、本环节、本工序不接受不合格产品,对有质量问题或缺陷的决策信息、原材料或产品、零部件、生产设备、工装及配套件,包括产品状态、工艺技术状态、生产准备状态等,不予盲目接受与接收,并做到及时报告并纠正处理,直到决策信息、状态准确、产品合格,以及"人、机、料、法、环、测"等要素满足产品质量要求,本岗位、本环节、本工序才接受与接收,坚决杜绝"三违",从源头控制质量和保障产品安全可靠性。

2. 不加工不合格产品

各生产操作岗位人员在本岗位把住安全质量关,岗位人员在设计图纸状态未弄明白、工艺过程未弄清楚、技术标准未吃透、安全技术操作规程不熟悉、关键质量控制点不掌握的情况下,不急于生产、不

急于操作、不急于加工，在各要素和状态都处于稳妥、操作技能满足产品加工的情形下，才生产加工产品，并保证本岗位操作或完成的工部或产品检验100%合格，"产品折射人品"，本岗产品零缺陷，是保障产品自身和装备系统安全可靠性的不懈追求。

3. 不传递不合格产品

各岗位人员在本岗位生产加工的每一个部件或产品的质量，直接关系到整个产品、整个系统的安全可靠性，个体的质量意识、质量责任和操作技能都会影响产品质量，自己加工完成的产品，必须心中有数，因此，在本岗位认真完成自检、互检和专检并达到100%合格后，才传递到下一个岗位，下一道工序或向用户交付，绝不能向下一个岗位、下一道工序和用户传递有缺陷的操作及产品与服务，以保障最终产品质量和装备系统的安全可靠性。

（三）生产操作过程实施"三个确认"，对产品质量及安全可靠性负责

由于企业生产工艺特点，在产品生产过程中需要集体作业方式完成任务的工序和班组较多，而在集体作业中，人数越多，责任越分散，质量难以控制，质量责任不易划分。各岗位人员实施"三个确认"，对产品质量及其安全可靠性负责，在生产操作过程中提升保障能力。

1. 确认上道工序的产品质量

在相同型号产品研制生产过程中，本工序的生产操作者应用相同质量标准，对上道工序流转下来的产品进行质量确认，如果上道工序质量不合格，应做好记录，并及时向相关工艺技术、质量、检验和上道工序操作人员汇报反馈，协助解决处理，再次检验和本工序人员确认完全合格后，才接收任务，才进行本道工序的操作，否则，因前者的问题造成质量事故，完全由本工序操作者负责并承担责任。

2. 确认本工序工艺技术要求和操作质量

每一位操作者在生产操作之前，要确认本工序的生产内容、相关技术要求、设备、工装及有关的工艺条件和参数，生产操作时严格按照岗位标准操作规程操作，严格遵守岗位标准操作规程和工艺纪律，确认自己的操作过程是否符合工艺技术要求，发现问题要及时提出和报告，经工艺技术人员和本人再次确认后继续进行生产操作，对自己的生产操作过程要进行生产质量确认，操作质量确认，产品质量确认，否则造成的质量问题由自己负责并承担责任。

3. 确认交付下道工序的产品质量

生产操作者在本工序完成后，在交付下道工序和用户使用之前，要进行质量确认，不得将不合格品转入下工序，通过自检、互检、专检合格后，才能转到下工序。同时，每道工序都要按照质量问题处理程序对不合格品进行分析，找出原因，拟定对策，预防类似问题再次发生，对关键质量控制点，邀请驻厂军代表现场跟踪检验和确认，在产品定型、地面试验、飞行试验、装箱交付前，还要通过军检开箱验收检验，对交付产品质量合格率进行最终确认，防止一竿子走到底才发现质量问题所带来无法弥补的损害，从而保证在生产操作过程的产品质量，巩固装备系统的安全保障能力与可靠性。

4. 执行操作签名和优化流程

江河公司对生产调度、工艺技术、称量、混合、浇注、装配、质检等40余个生产转运环节，进行工艺优化、流程简化、操作细化，将每一个计划、任务、工步的质量责任落到实每一个操作者，克服交叉重复操作，化繁为简，使每个员工便于操作，做得了，做得对，做得好，每一个操作者在每一次操作后，都要详细记录并签字留名，对自己的操作行为和质量责任负责，以满足航天产品质量可追溯性要求，从工艺技术和生产操作流程上提升安全保障能力与装备系统可靠性。

（四）对待质量问题做到"三不放过"，强化问题归零管理和责任追究

企业坚持"质量是生命，质量是胜算，军品必为精品"，对待安全质量问题或缺陷"三不放过"，做到"问题归零管理，合格才能交付"。

1. 原因责任未查清不放过

由于航天产品的技术密集、工艺流程复杂、型号交叉并行、操作流转环节繁多等特点，也容易出现安全质量问题。因此，对出现的质量问题或缺陷不轻易放过，一定要查清除发生问题的原因和责任，准确确定发生质量问题的故障或缺陷部位，通过地试和理论分析确定问题发生的根本原因和机理，复现问题现象，追根溯源，避免和杜绝类似问题重复发生。

2. 整改落实措施不到位不放过

通过理论分析、地面试验、仿真试验或其他方法复现问题现象，验证定位问题的准确性和机理分析的正确性后，对问题产生的原因和机理而制订有针对性的、具体可行的纠正措施和实施计划，并证明有效，按照"两彻底"要求落实整改工作，做好技术、管理归零后评价管理，并跟踪整改落实，形成整改完成情况报告。

3. 责任人未受到教育处理不放过

在过程清楚的基础上，分清造成质量问题的责任单位和责任人应承担的责任，从主观上和客观上、直接和间接方面区分责任主次、大小，对相关责任人进行处理，对属于重复性质量问题和人为责任质量问题的责任单位和责任人，按照责任和影响大小，给予批评教育、通报、离岗培训、待岗、调离岗位等行政处理，或给予经济处罚，使责任人真正受到教育，对其质量责任负责，使其在思想上提高认识和质量意识，态度上严肃认真地对待所发生的质量问题，行动上积极整改质量问题和完善改进措施与提高质量管理技能，达到思想态度端正、警示惩罚有力、示范借鉴作用明显的效果。

4. 实行问题归零管理

对型号（任务）在预研、研制、生产、试验、使用过程中出现的质量问题，从技术上分析产生的原因、机理，按照"定位准确、机理清晰、问题复现、措施有效、举一反三"的标准实施技术归零；从管理上分析引发问题的原因、责任并采取技术改进、管理纠正措施，按照"过程清楚，责任明确，措施落实，严肃处理，完善规章"的标准实施管理归零，通过"双五条标准"对质量问题进行归零管理，以避免问题重复发生，提高产品合格率，保障产品安全可靠性。

5. 加强考核激励与责任追究

修订细化了质量考核奖惩细则，每年对研制、批产产品质量进行专项质量考核和通报，对提高研制产品合格率，实现批产"零缺陷"的高质量风险单位，一次性拿出 20 余万元给予奖励。每年设置质量风险奖 30 万元，每季度评定一次，在科研生产讲评会上进行点评，对产品质量好的单位和个人，给予 100~3000 元奖励，3 年来奖励 100 万元以上。修订了质量责任追究制度，明确了各类人员质量职责，签订质量责任书，落实主体责任、监管责任、质量行为规范。对关键工序和操作步骤可能出现质量问题和不稳定性等，组织有关人员进行操作前预想及过程回顾，设置质量隐患与风险预警点，开展质量策划，提出注意事项或预防措施，提前预防质量问题。以质量预防、考核奖惩、责任追究，对员工质量责任和质量管理行为进行记录与评价，与其成长通道、绩效考核、岗位调配、评先晋升等形成钩稽联动，激发员工自我提升操作技能和自主质量管理动力。

（五）应用新技术和信息化管理手段，提升产品质量及其安全可靠性

1. 运用"田口"方法提高产品设计质量

技术人员借鉴当代日本学者田口玄一博士创立的质量工程技术，提出系统设计、参数设计、容差设计三次设计思想，将正交试验方法应用于产品研制设计阶段对参数的合理选择，为提高产品设计质量提供了理论和方法，经过实践检验效果较好，保障了产品设计质量的安全可靠性。

2. 应用"3F"技术减少产品故障率

设计、工艺、技术、工程、质量、检验、管理人员和安全技术研究人员，在质量管理工作中注重应

用故障模式和影响及危害性分析（FMECA）、故障树分析（FTA）和故障报告、分析与纠正措施系统（FRACAS）的分析技术和管理技术，对产品质量问题和故障进行综合研究分析，刨根问底，有的放矢采取对应措施，提高产品质量及其安全可靠性。

3. 应用信息化系统在线管理产品质量

建设使用"质量信息化管理系统"，两次升级改造完善"PDM 工艺系统""关键岗位和工序在线检测检测系统"，实现在线快速审查审批设计、工艺技术文件和传递签署完整的文件，通过质量信息化管理系统，时时在线掌握各个工序、工步、操作和检验的产品质量数据，及时指导发现纠正问题和缺陷，在关键岗位、关键环节、关键工种、关键流程设置足量专职检验员，全程跟踪检验，辅以用户代表质量监督检验，在专职检验员对本道工序或操作步骤进行检验合格并签字确认后，才能进行下道工序或步骤，防止不合格品进入下道工序、步骤和交付使用，实现了产品质量过程控制和在线管理，保证了最终产品的安全可靠性。

4. 使用 QC 工具促进质量管理成效

质量管理活动小组（QC 小组）围绕经营战略、方针目标和现场存在的问题，以改进质量、降本增效、完善提高为目的，在质量管理活动中，不断正确使用新的 QC 工具，如关联图法、KJ 法、系统图法、矩阵图法、矩阵数据分析法、过程决策程序法、牵头图法，辅以老的 QC 工具，如分层法、直方图、控制图、排列图、因果图、散布图和调查表，使质量管理活动工作起到了事半功倍的成效。

5. 运用新检测技术设备提升产品质量

投入巨资建成具有国内先进水平的"产品无损检测系统（工业 CT）"，对产品进行深层及断层检测药柱质量合格率，实施运用"质量质心测试仪"检测战斗部合格率，应用"工业内窥镜仪"检测发动机内部表观合格率，使用"超声波检测仪"检查发动机绝热层粘贴合格率，辅以国内最先进的计量理化分析检测设备，对产品性能质量进行全方位体检，全面彻底消除产品质量问题或隐患，保障产品及装备系统的安全可靠性。

6. 技术改造保障生产设备安全可靠性

重视生产设备的安全技术改造，对捏合机、浇注提升机、烘干机、固化炉、试车控制台、装载吊车等生产设备和工具进行了安全技术改造，定期开展针修保养，以确保运行良好，提高设备本质安全度。组织对新材料、新工艺和新配方进行安全性研究与测试，了解掌握特性和安全可靠性注意事项和控制措施，以便指导产品生产和实际操作过程，提升材料、工艺、配方和操作手段的本质安全度，从而保障产品生产过程的安全可靠性。

（六）建立"3H"关爱和客户互动机制，综合提升安全保障能力

1. 实施"3H"关爱，消除不利因素

企业地处山区，工作与生活区较远，分散在武汉、宜昌、孝感、远安等城市和内部宿舍区，子女上学、看病就医、赡养老人等实际困难，容易对员工思想情绪和心理产生影响，也会对产品生产带来不良因素或隐患，甚至构成威胁。为消除对产品研制生产和质量控制的不利因素，企业以人为本，建立实施了"3H"关爱机制，从健康（Health）、和谐（Harmony）、幸福（Happiness）三要素，开展普惠服务、维权服务、帮扶服务、生活服务，做到应保尽保，应维尽维，应帮尽帮，应惠尽惠，努力为职工办实事、解难题，促进职工身心健康，提升幸福指数。投资改善了工作环境和住房条件，新建单身公寓，修建锻炼场所设施，安排通勤车接送家在外地的职工，解决职工子女就近上学和接送专车，为职工提供工作餐，安排职工体检、疗养和旅游，力所能及安排职工子女就业，慰问高温作业和加班职工，组织探望住院职工，使职工爱岗敬业，快乐工作，健康生活，精心打造航天优质产品。

2. 与客户建立互动机制，综合保障安全可靠性

企业建立军企沟通协调、质量联检机制、成立联合课题攻关组、军地一体化质量管控工作组，联合下发质量监督细则，联合产品监制和验收，联合管控质量。梳理外协外购产品发生的质量问题，建立关键外协外购厂家清单和质量审核机制，与供方签订质量保证承诺书，向各合作方输出和传播航天质量文化。同时，组织定期对顾客满意度进行统计分析，在质量管理评审中对顾客满意度测量方法进行审核，对其覆盖顾客群体、调查方法及调查项目进行分析，确认是否与企业战略一致。通过拜访客户或召开专题座谈会，组织各部门建立顾客关系及提供顾客往来途径办法进行评审，对顾客不满意的提出改进措施，对成功经验进行推广应用。

三、航天火化工企业提升安全保障能力的产品质量管理效果

（一）建立了主动预防型的新型质量管理体系

本成果改变了企业既往由被动强制型转变成主动预防型，即由强制性执行质量标准和规章制度、事后追责的质量管理，转变成事前预防、过程控制、主动完善、自我约束的质量管理；由说教灌输、监督检查、处罚追责的制度文化管理，转变为自我提高、主动纠正、追究零缺陷的行为文化管理；由保证自身产品质量和按时交付任务的管理目标，跃升为保障装备系统的安全可靠性和用户满意度达100%的管理目标，铸就了员工"一次就把事情做对，次次都把事情做对"，"质量就是生命，质量就是胜算，军品必为精品，产品折射人品"的质量管理核心理念，建立了系统预防、层层穿透、严密管控、责任落实、质量提升、绩效稽联、产品优质、安全可靠，运行有效的新质量管理体系，更加适应武器装备质量建设的新形势、新任务和更高要求。

（二）产品质量全面受控，用户满意度较大提升

企业承担的航天型号产品质量全面受控，研制、批产及各项地面试验和飞行试验取得成功率100%；产品一次交检合格率100%；批产型号靶场和交装开箱合格率100%；研制型号靶场开箱合格率100%；顾客满意度从93.48%上升到99.89%；批次性、重复性、人为责任质量问题及重大质量事故为零，型号产品荣获中国航天科工集团"航天优质产品"称号，不合格品审理单逐年下降，人为质量事故、重大质量事故为零，一般质量事故从90.3%逐年下降到99.6%以上，用户满意度提上较大。自2004年以来，累计完成QC成果数十项，省部级奖项45次，有24次获得由中国质量协会、中华全国总工会、中国科学技术协会、共青团中央联合命名的QC成果奖，其中3次获得"国家级质量管理"荣誉称号，20次荣获"全国优秀质量管理小组"称号、3次获得"全国质量信得过班组"称号，本成果实施以来，5次获得国家级QC成果奖励。一次顺利通过中国新时代质量体系认证中心审查达标和换证复评审查，在用户单位和科工集团组成的军地联合质量专项检查中，获得高度评价，认为"工厂质量体系运行正常，具有较强的自我完善能力，产品满足使用方要求"，在2013—2017年多次外部二方质量审核和认证中心的监督复审中获得较好评价。

（三）企业核心竞争能力增强，取得显著的经济效益和社会效益

新的质量管理体系更加适应武器装备质量建设需要和市场变化与用户需求，使企业在激烈复杂的市场环境中，增强了核心竞争力，在市场竞争中优势明显，承担航天型号科研和批产任务逐年增加，研制生产能力逐年提高，成为航天骨干企业，在同行中名列前茅，承揽协外型号和配套任务由2013年6个发展到2016年15个，合同金额由8000余万元攀升至15000余万元；企业经济效益逐年增长，工业总产值由2013年7亿元提升到2016年14亿元。

（成果创造人：陈永钊、李九胜、赵文胜、何前明、林朝春、潘云武、刘丰华、马良科、黄　波、刘后浪、杨理国、魏兴武）

炼化企业以预知维修为导向的设备完整性管理

中国石油化工股份有限公司武汉分公司

中国石油化工股份有限公司武汉分公司（以下简称武汉石化）是中部地区最大的炼油化工一体化企业。炼油部分始建于1971年，综合配套能力800万吨/年；化工部分与韩国SK集团合资，2013年建成投产，生产规模80万吨/年。武汉石化近几年生产经营效益稳步增长，2017年获得"集团经济效益优胜单位""创效进步优胜单位"称号，武汉市优秀企业排名第一位。

一、炼化企业以预知维修为导向的设备完整性管理背景

（一）炼油化工企业的设备管理对于安全平稳生产具有重要意义

炼油化工流程企业具有高温高压、易燃易爆、有毒有害、连续生产的特点。装置生产工艺技术复杂，反应介质物料危险，设备运行条件苛刻，个别事故会迅速影响全局，进而突发灾难性事故。装置安全生产，设备是基础，"基础不牢，地动山摇"。从经济效益的角度测算，一个小型规模炼化企业，生产周期延长一天的产值保守估计为500万元，但若发生设备事故造成全厂停工，即使忽略安全环保风险和直接经济损失，仅用于调整开工恢复生产的费用也至少需要500万元。炼化企业多以故障维修为主，预防维修为辅，故障维修这种"随坏随修"方式造成的损害不可控，极易造成"失修"，预防维修因维修周期确定缺乏科学依据，极易造成"过修"。装置开与不开，设备修与不修，通过实施以预知维修为导向的设备体系各要素协同优化，能产生巨量的成本效益比较优势。炼油化工流程行业设备管理的使命，是确保装置安全、稳定、长周期、经济运行。

（二）国际先进炼化企业的设备管理实践为企业提供了借鉴经验

美国维护和可靠性专业协会发布的维修模式发展报告指出，常规维修模式资源花费占比为故障维修55%、预防维修31%、预知维修14%，采用可靠性技术优化预知维修模式的资源花费占比为故障维修8%、预防维修32%、预知维修60%。由此可见，预知维修是实现科学设备管理的立命之本和必由之路。国际先进炼化企业设备管理经历了由故障维修到预防维修方式的转变，应用前沿的风险评估技术，装备先进的监测检测手段装备，已经进入基于风险的设备设施完整性管理的现代设备管理阶段。BP公司实施了承压设备完整性管理（PEI）；Exxon Mobil公司应用运营完善管理体系（OIMS）和可靠性系统（RS）。国内"三桶油"的设备完整性管理也在积极推进，中石油管道公司针对管道线路及站场建设开发了设备完整性管理系统，中海油在上游业务层面开发了设备完整性管理系统，中石化各炼化企业也自主探索各具特色。但是通过国际国内查新调研，尚未有设备完整性在集团（企业）层面全系统、全要素、全流程推进的成熟范例。

（三）落实集团部署，促进设备管理可持续发展的需要

经过几年的不懈努力，武汉石化设备预防维修已经成为集团的"名片"，但同时也遇到了发展瓶颈。2011-2013年度预防维修年增加投入200万元以上，设备故障率在低位持平，并没有因为投入的增加使得故障率得到持续的显著改善，预防维修面临转型升级。2014年，公司设备管理顶层设计，在"设备预防维修"的基础上，提出了"跳出设备看设备""管设备要管设备操作、管设备运行状态、管设备运行环境"等系统化管理理念，创造条件，打好基础，分步推进以预知维修为导向的设备完整性管理体系建设，而在实际落实层面的上又面临诸多困难。企业设备组织架构一直固守公司－车间的直线职能制，即使人均管控设备台件数从几十台到上千台，也没有变化。设备人员平均年龄43岁，一半人员专

业不对口。车间设备员深陷联系、开票、领材料三件事,整日里忙忙碌碌,碌碌无为。基于设备风险和可靠性的预知维修工作尚未开展,预防维修仍以经验判断为主,定量分析缺乏大数据支撑。设备全过程管理实质上到了设备投用的"后半生",对"前半生"的干预影响有限。与此相对应的设备评价指标,仅关注设备本体的"完好率""故障率""泄漏率",不具有体现设备管理全局意义上可靠性、经济性评价作用。装置长周期运行水平为三年一修,与国际国内先进水平有差距。"炼油就是炼设备",中石化集团迫切需要一套科学的设备管理体系,武汉石化"敢为人先",迎难而上,成了首个试点推进单位。

二、炼化企业以预知维修为导向的设备完整性管理内涵和主要做法

武汉石化在集团的支持指导下,与青岛安全工程研究院协同配合,自2014年开始,创造性提出了以预知维修为导向的设备完整性管理体系三维实践架构,发明预知维修技术工具成功应用,设备管理业务全流程数字化处理,建立设备关键绩效指标体系,配套完成"专业管理+区域协同"两级矩阵组织架构改革,有效植入设备完整性管理信息平台,初步实现了设备管理标准化、标准程序化、程序表单化、表单信息化,致力于最终实现全生命周期、全过程、全方位的设备管理。主要做法如下。

(一)建立设备关键绩效指标体系

受集团委托,武汉石化成立了"设备关键性绩效指标体系研究"项目组,对国际国内炼油化工行业设备管理领军企业进行了广泛调研和分析比较,提出了一整套设备关键性绩效指标体系的研究报告,将设备关键性绩效指标拆分至集团级6个、企业级9个、专业级42个、车间级若干(见表1),给出了每一个指标在每一级的计算公式、计算方法和计算频次,以保证每个指标的数据来源客观准确,统计口径同一,指标精算准确,层层递归递进。设备关键性绩效指标既可供企内统计分析调整决策,也可供企外全球同业同等可比。

表1 集团公司级设备管理绩效指标

序号	KPI指标	计算公式
1	装置可靠性指数	$1-\dfrac{\sum[\text{装置综合当量能力}\times(\text{大修分摊天数}+\text{日常维修天数})]}{\text{考核年日历天数}\times\sum\text{装置综合当量能力}}\times100\%$
2	维修费用指数	$\dfrac{\text{保运费}+\text{日常维修费}+\text{分摊大修费}}{\sum\text{装置综合当量能力}}\times100\%$
3	千台机泵密封消耗量	$\dfrac{\text{全年出库机械密封套数}\times1000}{\text{离心泵机械密封数量(含备用泵)}}$
4	千台冷换设备管束(含整台)更换量	$\dfrac{\text{全年更换冷换设备管束数(含整台)}\times1000}{\text{冷换设备数量}}$
5	大机组故障率	$\dfrac{\sum\text{考核机组故障时间}}{\sum\text{所有考核机组计划投用时间}}\times100\%$
6	仪表实际控制率	$\dfrac{\text{实际投用控制回路数}}{\text{总控制回路数}}\times100\%$

该套设备关键绩效指标体系已被集团确认为"炼化企业设备完整性管理绩效指标体系",并于2017年1月发布文件正式实施,集团旗下企业每年报送设备关键绩效指标完成值,作为设备综合绩效考评的重要因素。武汉石化设专人专岗监控、计算、发布"设备关键绩效指标月度报表"。"仪表实际控制率"是从设备角度体现装置现代化程度和装置平稳运行率的重要指标,起初计算指标值偏低,设备部联合生

产调度部门共建"仪表自控率监控平台",从只监管仪表控制系统回路的当前状态调整到监管仪表控制系统回路的累积投用时间,推升"仪表实际控制率"达到集团的领先水平。统计近三年装置可靠性指数、维修费用指数,对标国际知名能源公司,处于较为先进水平。

(二)组建"专业管理+区域协同"两级矩阵组织

企业为强化设备专业管理,同时也为构建设备完整性管理体系提供组织保障、人员保障和技术保障,因地制宜地开展了以设备技术支持中心建设为核心的设备组织架构改革。在设备人员总量不变的前提条件下,采取导师制、调任制、轮岗制、派驻制,以及组建团队等多种方式,充分盘活设备人力资源,历时两年的试点和推广,建成了"专业管理+区域协同"的两级矩阵设备体系组织架构。

1. 成立设备技术中心

设备技术支持中心成立3年,可靠性工程师20人,平均年龄33岁,全部大学本科学历,已经输出了4名设备主任。中心已成为车间设备员心之向往的地方,也令兄弟企业设备部门羡慕不已。同样,企业对车间设备员也提出了"先取证再上岗"的更高要求,首次自主开设"设备技术岗位资格认证培训班",在入职三年以上大学生范围内"海选"后备的设备现场工程师。本着自愿学习、宽进严出的原则,设备部组织专家自主编写课程教材,自主授课考试。88名学员利用工作之余的时间,经过3个月的严苛学习培训,有22名优秀人员通过考试,现已全部带证上岗。

2. 建立"专业管理+区域协同"两级矩阵设备体系组织架构

设备部配备动静电仪专业工程师队伍,邀请企业内外领军专家组建动静电仪设备专家团队,负责企业设备管理顶层设计和总体策划。新成立的设备技术支持中心,组建动静电仪可靠性工程师队伍,派驻到各片区服从设备主任管理,增强车间设备专业技术实力。车间原有设备员变身现场工程师,专注辖区内设备现场管理。维护保运单位为各片区派驻片区经理及动静电仪维护工程师,服从各片区设备主任管理,增强车间设备专业技术实力。维护保运单位组建动静电仪设备维护团队,配合企业设备检维修各项业务顺利实施。

"区域协同"矩阵中,企业将若干车间划片形成五大片区,由设备主任主持片区设备管理工作,除直属车间的现场工程师之外,另接受设备技术支持中心派驻的动静电仪可靠性工程师,维护保运单位派驻的动静电仪维护工程师,组建成立区域团队,负责执行各项设备管理制度。

"专业管理"矩阵中,动静电仪不同专业序列的专业工程师、可靠性工程师、现场工程师、维护工程师组建专业团队,负责本专业的设备可靠性管理,统一推升各片区设备管理水平。

企业"专业管理+区域协同"的两级矩阵设备体系组织架构运行已近两年,专家团队、专业团队、区域团队、维护团队组编的"四大专业团队",专业工程师、可靠性工程师、现场工程师、维护工程师组编的"四大工程师队伍"分工负责、协同配合。设备主任由以往仅领导1~2名设备员,到现在增配8名派驻的专业工程师,使得设备管理重心顺利下移,在片区做实了技术中心、成本中心、维护中心。设备信息沟通流转顺畅,设备专业技术人员成长迅速,设备可靠性管理蔚然成风,设备KPI指标全面向好。

(三)开发应用预知维修技术工具,探索预知性维修

企业依靠自主创新发明了动态可靠性为基础的预防性维修系统(DRBPM)(已取得发明专利),在RCM技术理论基础上,收集近十年机泵历史缺陷数据、故障检修数据,比较设备实体静态特性数据与动态机械运行数据,建立设备动态可靠度与设备关键性评价矩阵关联,加入设备运行环境工艺参数等约束条件,利用网络技术和大数据运算,进行设备运行状态的实时评估,从而智能推送设备维修策略。车间通过这套智能专家系统,可以随时知道哪台设备,因为什么原因建议修理,甚至是修理方案的推荐,再进行人工现场复核,最终确认是否执行预知维修计划。DRBPM系统2014年投用后即受到热捧。系

统监控企业全部2500台机泵，年推送故障预警50项次，年推送预知维修计划500项次，实际执行预知维修计划达75%以上。高温重质油泵一旦泄漏立即会引发火灾事故，一直是炼化企业设备人的"梦魇"，自DRBPM系统投用以来有效杜绝了此类事故的发生，仅在2017年系统就成功预警了两台高温重质油泵的设备运行劣化趋势，及时安排维修消除了重大设备隐患。

受这种动态可靠性为基础的预知维修思路的启发，DRBPM系统内涵越来越丰富。2016年系统功能扩展，实现了全厂电机的预知维修。2017年系统增加了往复式压缩机子模块，监测对象细化到设备零部件级别，实现了往复式压缩机能效实时测算和预知维修。静设备专业建立了换热器能效监测平台，通过实时监控，推送换热器预知维修策略，电仪专业也正在创设以电仪设备寿命管理、状态监测、故障统计为基础的预知维修工作平台（EITPM）。

秉承"预防胜于治疗"理念，采取"预知维修为主，预防维修为辅，尽量减少故障性维修"的策略，企业走出了一条"积极探索—逐步展开—巩固成果—再深化提高"的设备维修特色之路。坚持制定目标策略、编制工作计划、检查督促执行、总结调整目标的PDCA循环，设备预知维修工作的策划、执行、总结、改善得以形成良性循环。选择炼油主要生产装置1000台主要机泵设备，2012年、2016年两个大修年前后三个生产期间半年数据对比，实施DRBPM以来，预防维修总量锐减后保持常量，预知维修（2014年开始）总量略减更为精准，故障维修锐减后保持低位。

（四）完善业务流程，构建设备完整性管理信息平台

1. 设备业务全流程数字化处理

设备管理业务全流程数字化处理，是提高设备管理绩效的必由之路。通过设备管理标准化、标准程序化、程序表单化、表单信息化处理，可实现不同的人干同一件事，执行同一流程，遵照同一标准，达到同样结果。

一是蓝图、要素、分工解构。依据设备完整性基础理论和三维实践架构，蓝图设计确定以设备业务流驱动，职责权限分配至"人员轴"的部门岗位，技术工具支撑通过"技术轴"集成处理，设备业务在"管理轴"进行要素解构。设备业务细分至三级要素（17个一级要素，56个二级要素，82个三级要素），将相对弱化的前期管理、风险管控、变更管理业务也以要素的形式列入。每个要素进一步解构到制度、流程、表单层面，满足业务数字化处理的需要。

二是制度、流程、表单设计。承接管理要素的解构要求，将设备法律法规、规章制度、技术标准与规范、操作规程、设备说明书的内容逐一归集到管理要素。编制了设备完整性管理体系的管理手册、程序文件、业务流程图册，完成全部作业文件的修编工作。逐个要素模块编写说明书，包括制度文件，工作流程图，输入输出表单，以及跨模块跳转逻辑图。

三是优化设备前期管理要素。武汉石化在设备完整性管理体系设计中，特别优化了设备前期管理要素，明确了在设计、采购、安装、试运各阶段，设备部门的主要控制节点和工作内容，通过抓关键环节把控设备"前半生"的质量，从而实现企业内部的设备全过程管理。具体到流程设计上遵从各主管部门的原有业务流程，但在设备管理和技术管理上强调深入参与，主动在我。2012年，企业油品质量升级改造二期工程项目开始实施，由设备部专家组建成立了项目部质量管理部，发布《项目管理手册（质量分册）》，对材料复验、防腐保温、焊接质量验收、转动设备安装试车等提出了细致的执行标准，严格设备技术协议签订，设备采购阶段加强监造和"质量飞行检查"，施工阶段加强安装质量和试车过程质量控制，项目一次开车成功。新上制氢装置为国内最大单套制氢处理量达到80000Nm³/h，新上加氢裂化装置使装备压力上升一个量级达18MPa，国内第一台液力透平与加氢进料泵国产化成套技术成功得到应用，装置第一"达产年"就实现了"四年一修"长周期运行，油品质量升级改造二期工程获得当年"国家优质工程奖"。

四是创设故障强度分析方法。企业贯彻设备为生产服务的理念，创设了设备故障强度分析方法。将设备故障对生产造成的影响从无到有直至全厂停工，设6级并赋予不同的强度扣分，对四级强度以上的设备故障，完成故障报告和根原因分析，每月统计通报。年度扣分结果作为设备各专业的重要绩效评价指标，与设备专业团队负责人的奖罚直接挂钩。企业也已将故障强度纳入设备对生产平稳率贡献的重要绩效评价指标。

五是应用风险评估矩阵。设备完整性管理强调以风险管控为中心，风险评估工具得到广泛应用。设备专业团队定期组织隐患排查，全部问题通过风险评估矩阵进行风险识别，对风险进行分级管理，确定出高、中、低类风险，分别制定整改措施和风险预案，跟踪闭环管理。

六是增设业务待办提示。特设定时性工作提醒、待办提醒、事务超时统计、在线审批推送等功能。方便岗位工作人员业务处理的同时，也能实现设备业务落实情况的监控检查。

2. 构建设备完整性管理信息平台

武汉石化构建设备完整性管理体系的落脚点选择了信息平台建设。关键路线为，按照设备完整性管理体系三维实践架构，以风险管控为中心，以"可靠性＋经济性"为原则，以全生命周期运行为主线，以业务流程为依据，以信息技术为依托，通过管理与技术的融合，构建武汉石化设备完整性管理信息平台。

一是平台与设备管理流程融合。设备完整性管理平台通过业务流程驱动，将各要素各模块串接起来，在线完成既定的某项设备管理实践业务，过程资料全部留存备查。如发现设备缺陷时，在"缺陷管理"模块登记，属于设备隐患则在"隐患排查"模块进行风险评估，属于中度风险则进入"风险管控"模块进行管控，若需要检修处理则进入"检修维护"模块创建工单，直至工单完成，缺陷消除。

二是平台与设备组织架构融合。与设备组织架构相适应，对各层级的专业工程师、可靠性工程师、现场工程师、维护工程师进行角色授权，以完成线上特定设备业务。

三是平台与设备管理技术工具融合。设备完整性管理平台具有包容性、开放性特点，支持接入设备各专业的技术分析工具，集成已有的设备管理系统，已有功能不重复开发设计。企业设备完整性管理信息平台已经完成泵群离线监测平台、动态预防性维修DRBPM系统、实时生产数据采集系统、ERP/EM模块的数据共享交互，可随时进行设备关键绩效指标的自动测算，跨多个系统实现了设备预知维修计划的自动生成、审批确认、处理执行的工作流程闭环管理。

四是开发自动监控工具。设计开发基于设备完整性管理平台"事件数""流转期""处理率""参与度"的多维度自动监控，实现对设备完整性管理体系的自我审核、自我完善和持续改进状况的定量评估。

三、炼化企业以预知维修为导向的设备完整性管理效果

（一）企业实现长周期安稳生产

武汉石化推进以预知维修为导向的设备完整性管理体系建设以来，未发生因设备原因引起的非计划停工，在集团率先实现了"四年一修"奋斗目标，企业连续3年被评为集团公司和省市安全生产先进单位。企业连续3年设备专业综合排名在集团名列前茅。产品保质保量、稳定供应华中地区，辐射全国，履行了企业的社会责任。环保设施安全稳定长周期运行，突发故障基本解决，现场"跑冒滴漏"基本解决。

（二）企业修理成本节约，经济效益显著

武汉石化从2012—2016年期间，首次实现四年一修，成为集团首批试点完成"四年一修"为数不多的企业之一，且在装置检修前夕，设备运行劣化趋势仍不明显，得到集团高度评价并推荐下一周期试点"五年一修"。以平均大修周期60天计，可增加有效生产日5天/年，估算仅此一项可实现利税增加

值 1.3 亿元/年，实现利润增加值 1884 万元/年。年节省开停工费用 500 万元。年节省大修费用 1667 万元/年。企业由于装置运行平稳，设备损坏程度相对低，同时通过科学制订检修计划，合理控制检修深度，运用先进检修技术等措施，在增加四套装置检修工作量的情况下，2016 年大修费用同比 2012 年节约了 3000 万元。预知维修带来故障损坏程度降低，备品备件消耗减少，统计转动设备平均故障间隔时间（MTBF）从 2012 年的 31 个月提高到 2017 年的 43 个月，轴承寿命、机械密封寿命提高了 14%，千台冷换设备管束（含整台）更换量逐年减少至 5 台/千台，估算设备各专业合计减少备品备件消耗 1 千万元/年，库存占用资金下降 1400 万元。

（三）建成具有石化特色的设备完整性管理模式

企业创造性提出了以预知维修为导向的设备完整性管理体系三维实践架构，历时 5 年不懈努力，走出了"洋为中用，古为今用，取其精华，保留特色"之路，成为集团首个设备完整性管理体系在企业全系统、全要素、全流程推进的成功范例，形成了一套具有炼油化工流程行业特色的设备完整性管理体系标准规范。集团已发布炼化企业设备关键绩效指标体系，指标测算客观全球可比。国际知名所罗门咨询机构列示，武汉石化装置长周期运行水平处于亚太领先水平，装置可靠性指数，维修费用指数位列全球第一组群。企业吨油修理费指标除在大修年处于高位，其余年份吨油修理费控制在 30 元以下逐年递减，2017 年为 22.82 元/吨，在集团内保持较好水平。中石化集团认定，项目首次构建了"中国石化特色的炼化企业设备完整性管理模式"，项目技术达到国际先进水平，并以项目成果为基础发布了《中国石化炼化企业设备完整性管理体系 1.0 版》推广应用。

（成果创造人：刘家海、杨　锋、朱晓明、刘　昕、程　聂、武文斌、喻瑶琦、吴乔莉、贾长青、刘　凯）

电网企业实现国际先进水平的同期线损精益化管理

国网北京市电力公司

国网北京市电力公司（以下简称国网北京电力）是国家电网有限公司（以下简称国网公司）的全资子公司，资产总额1105亿元，员工人数22243人，客户数820万户。作为国网公司服务首都的窗口、首都最大的公共事业单位，国网北京电力业务范围涉及电网规划、建设、运行管理和客户服务等，供电面积覆盖北京全境1.64万平方千米，先后圆满完成APEC供电保障、抗战胜利七十周年纪念、中非论坛峰会等重大活动保电任务。

一、电网企业实现国际先进水平的同期线损精益化管理背景

线损是电能从电网传输到用户过程中，在输电、变电、配电和用电各环节中所产生的电能损耗之和，线损率是在一定时期内电能损耗占总供电量的比率，是衡量电网企业技术经济性的重要指标，涉及规划、生产、营销、运行、财务等众多专业，综合反映电网企业的规划设计、生产运行和经营管理的技术经济水平。

（一）国家构建清洁低碳、安全高效能源体系的必然要求

推进能源生产和消费革命，着力解决突出环境问题是满足人民日益增长的优美生态环境需要、建设美丽中国的重大任务。节能降耗是落实国家大气污染治理战略的直接体现。电力行业作为国民经济重要的基础产业，其能源消费量占全国能源消费总量60%以上，二氧化碳排放量占全国总排放量的40%左右，既是碳排放的关键领域，也成为碳交易市场重点对象。自2013年开始，北京、上海、天津、湖北、广东、深圳、重庆七省市试点的碳交易市场全面启动，国网北京电力被作为重点企业纳入控排企业，排放量主要根据线损电量换算得到。国网北京电力作为特大型国有公用能源企业的窗口单位，探索一条科学有效的节能降损管理新模式，对于落实国家生态文明建设和绿色发展战略，建立绿色低碳循环发展的经济体系具有重要的示范和带动作用。

（二）电网企业解决绿色发展瓶颈的有效途径

一是确保线损数据真实合理，实现电网企业科学发展。在国际线损管理中，普遍存在供电量、售电量统计不同步，给电网企业经营管理带来诸多问题。数据不准确，掩盖了异常产生的真实因素，形成线损管理真空地带，难以暴露业务流程中存在的问题，无法有效促进部门协作；数据波动较大，难以科学分析问题原因，难以有效诊断电网高损薄弱环节，不利于科学分析电网现状和落实电网的规划、建设、运行管理。实施同期线损管理，可以有效破解线损管理世界性难题，提供一套行之有效的"北京方案"，保证基础数据真实、可靠，利用大数据分析，有效指导电网发展，实现精准降损，最终达到线损管理的标准化、智能化、精益化和自动化。

二是促进专业管理融合，推动企业高质量发展。线损工作涵盖公司内部的规划、生产、营销、运行、财务等众多专业，涉及电能量采集系统等六大专业系统数据。实施同期线损管理，能够在专业管理上打通壁垒，在数据上规范数据标准，实现数据融合共享，实现管理全过程监控和业务全方位贯通。

三是推动电网企业降损增效，实现可持续发展。面对经济发展新常态，在产业结构调整与环境污染治理的双重压力下，电网企业依靠电量高速增长支撑电网发展难以为继，电网经营发展面临严峻形势，进一步降本增效、向管理要效益成为当前电网发展的关键问题。强化线损管理是节约成本、提升效益最直接有效的手段。根据测算，全国电网线损率降低1个百分点，可减少电能损耗452亿千瓦时，增加年

度利润 320 亿元。

（三）电网信息化发展为同期线损精益化管理提供了必要的物质基础

国网公司加大电网信息化建设投入，通过智能电表推广普及和采集系统升级建设，加快信息化系统建设进程，信息化管理已覆盖电网输变配售全过程，智能电表安装率100%，采集覆盖率达到100%，采集成功率98%以上，为创新线损管理提供了数据信息物质基础和技术支撑。

二、电网企业实现国际先进水平的同期线损精益化管理内涵和主要做法

国网北京电力依托卓越管理理念，破解线损管理世界难题，遵循"大数据分析、五位一体、末端融合、业务流和信息流两个穿透"的管理理念，构建基于"四个保障、三个强化"的同期线损精益化管理体系，以战略规划为统领、以科技创新为先导、以系统建设为核心、以专业融合为关键、以精细管理为支撑，大力培育特色文化，实现指标全过程监控和业务全方位贯通，全面满足线损管理的标准化、智能化、精益化和自动化，努力实现清洁发展、节约发展、可持续发展。主要做法如下。

（一）推进同期线损管理系统建设，强化基础保障

顺应大数据时代发展趋势，持续推进中低压关口全采集、全覆盖，稳步提升档案模型完整率、一致率、数据治理等工作，确保建设一个涵盖全过程、全层级、全专业的大数据线损管理系统，在国际上首次实现数据零录入、专业全统筹、问题全透视。

1. 加快关口建设

制定关口管理细则，明确关口管理职责、计量采集标准、关口工作流程、工作标准及要求，协调生产部门在配网建设改造工程中纳入计量装置安装位置、选型要求等标准。制订关口完善、改造方案，将项目纳入年度计划，组织各供电公司分批次、分步骤实施落实。组织关口普查，梳理各级、各类关口计量装置配置情况，核实关口倍率等重要信息，排查配网开闭站、配电室、环网柜联络情况。组织对联络线路计算模型进行详细研究和探讨，分步解决配网线路多联络引起的计算难题，得到国网公司高度认可和全部采纳。高效完成电量采集系统升级改造，改造全部主站系统16个，更换采集终端273个，调通采集点1.28万个，更换为光纤通道变电站405个。改造后，实现站内关口测点全部覆盖，表底全部正确，系统数据稳定并可自动推送。

2. 提高用户电量采集质量

采取各种办法提高采集数据质量。一是克服用户拒绝更换、长期锁门等不利因素，顶着被投诉的巨大压力，更换装智能表具，实现智能表覆盖率100%。二是对计量表计、采集器、采集通道等问题进行判断分析，有针对性的通过加强信号、调整集中器、敷设光纤等各种方式，调通采集装置。三是完善采集策略，对高压用户及低压非居民日冻结数据按2天共计7次由系统自动采集，有效提高了冻结成功率。四是同时开发曲线拟合程序，实现冻结表底的补全机制，表底完整率提升6.32个百分点。

3. 优化数据集成

一是实现数据融合。不断优化并融合各专业、各层级线损管理需求，组织线损系统实施厂商及各专业厂商研究落实本地化、个性化的集成技术方案，实现线损系统和6个专业系统之间422项数据融合机制。二是保证数据推送。深入分析各类专业数据在各环节的传输时间、到达时间、丢失情况及跳变情况，制定科学合理的补召数据机制，解决在数据推送过程中，因链条过长、环节过多，造成数据丢失和跳变的问题。数据一致率由最初的62%提高到100%，源端系统数据"原汁原味"及时传入同期线损管理系统。

4. 加快基础数据治理

梳理核查"站—线—变—表"电源关系，实现营配调"基础数据一个源头、业务流程一个标准、营配调数据一张图"的工作目标。通过组织开展多期同期线损异常数据专项治理系列工作，基础信息自动

对应率得到巩固，电源关系及计量倍率等重要信息正确率得到提升，电网拓扑关系清晰度得到改善。

四年来，系统稳定运行，数据真实可靠，档案同步率100%，有利于档案模型异动分析，保证"静"态数据全同步；数据自动率100%，有利于源端数据统筹联动，保证"真"实数据全自动；异常监控率达到100%，有利于跑冒滴漏追本溯源，保证异常监控"零"死角；采集成功率98.26%，有利于计量装置异常监测，保证"动"态数据全采集；关系贯通率99.04%，有利于电源关系日常梳理，保证"准"确关系全贯通；线损达标率91.22%，有利于电量电费颗粒归仓，保证指标"百"分百合格。

（二）优化固化制度规范，强化制度保障

固化业务及数据流程，规范增量数据维护信息流，统筹规范各专业管理，优化存量问题消解业务流，做到管理层面有制度可循，执行层面有标准可依，业务层面有规范可用，实现各层级管理均有章可循、有据可依。

1. 构建线损精益化管理体系

成立由董事长、总经理任组长，公司领导班子任副组长的线损领导小组，全面负责线损的管理和协调工作，决策线损管理的重大事项，统筹推进同期线损管理工作。建立界面清晰、协同高效的线损管理体系，按照职责划分对上承担国网业绩、对标指标，对下设置对应指标，垂直布置工作。各部门、各专业出台同期线损管理指导意见和管理制度，对本专业领域内的线损管理工作进行全面规范。

2. 完善工作协调机制

一是各部门、各专业之间横向联合，垂直布置，形成问题销项机制，每项问题处理都明确到人和具体时间，每周发布问题处理进度，形成计划、执行、分析、整改的闭环管理。二是形成数据通报发布机制，每周将线损数据通过内网、运监平台等多种方式发布，每月将线损管理评价结果以正式文件形式通报，实现上下级、专业间、公司间信息互融互通。三是形成技术交流机制，每周召开技术分析会，解决制约线损管理的技术问题，并对进度缓慢的单位进行重点调度。

3. 优化专业管理制度标准

结合国网北京电力管理实际，认真梳理国网各类制度11项。针对线损管理过程中暴露的管理问题和薄弱环节，发布管理流程、配套标准、规范规定等17项，逐步完善同期线损管理制度体系，有效规范调度、运检、营销和科信专业管理，有力指导各属地公司、信通公司、电科院和检修公司的同期线损管理工作；组织编写系统建设里程碑计划、技术标准、培训手册、典型案例、文件汇编等共五类九册，作为各级线损管理人员和专业技术人员的操作指南。

4. 探索线损核查新规范

提炼"线损分析排他法"，逐层逐级排除线损异动因素，从问题分类、数据关联、上下穿透、连续监测、集中整治、深层挖掘等方面实现异动数据快速治理。

发展、运检、营销、调控、科信等专业部门各司其职，分工协作，协同推进系统建设。发展部负责线损的归口管理；运检部负责技术线损管理及10千伏分压、分线线损指标考核；营销部负责管理线损及0.4千伏分压、台区线损指标考核；调控中心负责网损管理及35千伏及以上分压分线和母线线损指标考核；科信部负责关口采集通道及系统运维管理。

建立横向业务协同与纵向层级协同的闭环管控机制，制定各项业务规范，加强关口、用户、电量、设备和拓扑关系等基础管理，逐步形成"运检建档、调度画图、营销挂户、线损校核"的线损综合管控模式，保证信息实时共享、数据及时同步。

（三）深化线损异常监控发布应用，强化监督保障

在国际、国内首次实现线损数据实时监控、预警、发布和处置的闭环管控流程，率先在国际电量管理领域实现"能量流、信息流、业务流"的三流合一，在国内首次借助线损助手APP实现业务末端融

合、借助运监大屏实现异常动态分析、借助桌面终端实现数据静态监测，综合体现物联网技术的进步，确保同期数据真实客观、降损措施有序落实。

1. 全面监测线损数据

一是按照"精准发布、突出重点、强化分析、注重实效"的原则，在国网系统内，首次实现同期线损系统与运营监控平台数据定期对接。通过运监大屏平台，按照月、周、日频度发布线损数据，涵盖统计线损、同期线损全口径指标数据及工作质量评价等全部内容。二是开发桌面终端网站，方便各级管理人员随时查询。重点对造成指标及数据异常的成因构成进行原因归类分析，精选12项对国网北京电力线损影响较大的指标进行监测，通过异常监测—综合研判—派发工单—处置结项，实现闭环消缺。自发布监测信息以来，线损异常问题已由4495个减少到730个，下降幅度达到83.76%，实现服务领导科学决策、服务业务部门管理提升和服务基层单位加强管控等"三个服务"的目的。

2. 加大线损数据稽查归真力度

为保证数据的准确性及真实性，国网北京电力下发《关于进一步加强同期线损系统数据管理的通知》，明确数据计算时间、周数据发布机制、数据核查机制、数据整改机制，形成数据闭环管理，保持数据真实可靠。成立数据专项稽查组，每半个月组织对中间数据进行稽查，提高各供电公司的重视力度，促进各公司对线损系统及源头系统的高效应用。共发布稽查报告38期，发现问题49个，下发整改通知单11张，约谈属地公司9家，整改完成45个。

3. 持续加强线损评价通报

每日发布同期线损"四分"管理日报，实时掌握最新线损治理情况。每周发布分线、分台区线损合格率及提升情况，有利于各单位横向对比。每月下发同期线损管理系统建设情况通报，对月度工作情况、指标完成情况、重点工作开展情况予以发布。截至目前，共发布日报899期，周报52期，月（季）通报17期。

4. 试点线损助手APP

率先按照"掌上监测、业务联动、终端融合、分步实施"原则，依据信息查询预警、工单推送和智能研判等功能开发进度计划，分三步开展试点实施工作。自2018年8月1日系统运行以来，各试点供电所共核查异常台区962个，治理543个，档案全同步、数据全自动、异常全监控三项指标达到100%；试点所线损合格率从81.04%提升到93.11%，提升12.07个百分点（平均每月6个百分点），与未使用线损助手APP的供电所3个百分点相比，提升率快一倍。异常处理更加快捷，线损异常处理时间从同期线损系统实施前的30天左右，缩短为现在的1~3天。

（四）加强全业务链条分析应用，强化分析保障

丰富完善分专业、分电压等级、分单位线损分析机制，在国际上首次建立线损率、采集覆盖率、采集成功率、计量装置异动、档案异动、模型配置等线损全业务链条的贯通分析，实现线损合格率的有序提升、综合线损率的平稳下降，确保数据治理、降损策略有的放矢。

1. 开展"四分"线损日常分析应用

每月组织召开线损专题分析会，形成国网北京电力线损分析报告。通过电源关系数据、基础信息核对、电量比对、计量筛查、电网技术比较等层层分析，明确问题所在，查漏补缺，实现线损合格率的有序提升、综合线损率的平稳下降，解决高负损线路和台区问题，形成同期线损典型问题分析案例经验库和课题研究专项成果。

2. 开展线损重点专题分析应用

围绕北京电网发展建设特点，针对"煤改电"工程的大量实施，分析"煤改电"工程对经济规模及用电结构变化的影响，选取采暖季、春秋季、迎峰度夏不同时段，以A、B、C和D类区域差异化样本

为依据，深入分析电网结构、设备节能状态等因素对线损的影响，探索并提出应对策略，并取得丰硕的研究成果。

3. 开展"三率"线损对比分析应用

开展理论线损、统计线损和同期线损对比分析；专题研究"煤改电"、分布式电源对线损影响，挖掘线损全业务链条数据价值，探索并提出应对策略。每年7～10月，组织理论线损计算分析工作，明确国网北京电力技术线损各层构成，合理制订线损计划目标和指标下达。根据主网线损情况，提出电网经济运行优化方案。根据配网运行情况核查线损水平，组织制订高损设备、线路、台区治理方案，提出分年实施计划。

4. 开展线损异常影响因素分析应用

通过对治理合格线路数据分析，发现影响10kV分线线损合格率的主要问题有四类。一是联络开关未装计量，占比40.42%；二是台区计量异常，占比33.40%；三是电源关系不准确，占比13.30%；四是采集质量不高，占比12.88%，提升分线合格率应重点加强联络关口计量装置安装和加快计量装置异常信息处理等工作。通过对治理合格台区数据分析，发现影响台区线损合格率的主要问题有三类。一是台户关系不准确，占比44.36%；二是采集质量不高，占比31.58%；三是计量装置异常，占比22.66%，提升台区线损合格率应重点加强台户关系核查和加快采集质量提升等工作。

按日监测"四分"线损，计算颗粒度更加精细，计算结果更加真实平稳，改变原有统计线损曲线大正大负，剧烈波动的情况，各月同期线损逐步稳定平滑，线损波动率由26.8%下降为1.60%。

（五）强化人才队伍培养，提升业务技术能力

在国内首次建立涵盖各专业、各系统、各级人员的培训体系机制，实施差异化、针对性培训内容，解决人员在认知程度、管理水平、业务能力等方面的突出问题，打造一支思想统一、能力超强、协同密切的顶尖专业队伍。

1. 开展差异化培训交流

针对各级人员对分区、分压、分线和分台区的认知程度和专业管理水平差异，精心制作操作手册、PPT课件、视频文件等多种培训成果，高效组织集中培训、专题培训、分区域交流、视频培训、上机操作等形式多样化的培训。

2. 进行现场"一对一"帮扶

针对线损治理中的营配关系存量挂接错误较多和增量数据运维不及时，导致营销系统、PMS系统和现场不一致等疑难问题，各专业部门联合办公，采用定点辅导和集中工作相结合的方式，推进现场个性化服务，真正帮助基层人员发现问题、解决问题、根治问题。截至目前，共计下现场服务指导11次，攻克技术难题27类，并同步更新至线损问题库，实现疑难问题和典型经验的共享，促进各供电公司相互学习。

3. 组织技术比武和专业培养

针对线损管理人员专职少、业务能力低等问题，定期组织专业知识和技能抽调考活动，将人员考试成绩和同业对标评价挂钩，有效促进线损管理人员主动学习、主动钻研的积极性；同时，分期、分批挑选基层单位年富力强、有发展潜力的管理人员，到国网北京电力本部各职能部门，进行重点培养锻炼，全面掌握线损管理流程和总体部署。

4. 推广孵化典型经验

针对各单位在同期线损管理中的特色亮点工作，提炼出若干个典型经验题目，按照计划进行孵化培养，并将典型经验编制成为书面资料和电子影像资料，通过有线电视、报纸、网络、板报、宣讲等多种渠道进行广泛宣传，人人皆知，渐入人心，供广大员工学习借鉴，避免遇到重复问题走弯路。

（六）强化工程支撑，补充采集通信等基础业务短板

科学安排线损专项工程，重点开展智能电表全采集、全覆盖，在国内首次引入低压宽带载波技术，实现台区拓扑自动识别，全面支撑同期线损系统数据采集及拓扑分析。合理安排线损治理成本，持续推进数据治理工作，强化降损潜力深度挖掘，实现数据归真、合理降损双管齐下，全面支撑同期线损管理的数据采集、通信及拓扑分析。

1. 明确工程支撑建设原则

存量电网工程及线损率未达到要求的线路和台区，按照营配贯通异动数据管理要求和电网设备图形异动管理规定，全力加大关口建设和数据治理校核；增量"煤改电"及配网升级改造工程，同步开展营配贯通及电量采集工作，同步维护营销系统、采集系统等各专业系统中的基础档案和电源关系，加强线损关口表计、采集和通信通道等工程建设验收，确保工程投运一项、线损率达标一项，带动分线、分台区线损合格率提升。

2. 开展低压宽带载波试点

国网北京电力在北京城区东四地区，选择78个台区安装宽带载波集中器，在分支箱安装具有宽带载波通信功能的二型采集器，实现台区到分支箱的拓扑自动识别，识别率达到100%。

在北京老东城地区，进一步开展全部1850个台区的试点应用工作，除在分支箱安装具有宽带载波通信功能的二型采集器外，在智能电表上更换具有宽带载波通信功能的通信模板，实现从台区到分支箱再到低压户表的全拓扑自动识别。

（七）强化考核评价，营造全员参与降损氛围

完善考核评价体系，提高降损增效意识，在国网系统内第一批创建公司级示范公司和示范供电所，争创国网级线损示范窗口；在国内首次在全公司范围内持续开展"降损增效"劳动竞赛，以点带面，全面加强经营管理，营造全员参与氛围，全面激发各单位加强同期线损管理的积极性和主动性。

1. 丰富完善考核体系

以"规范专业管理、推进线损全过程管控"为目标，完善绩效考核和同业对标指标考核体系，建立奖励约束机制，横向按照职责划分承担相应指标，纵向将分线分台区指标分解到人，明确争优目标及措施，实施线损管理承包责任制，将线损指标、降损成效与工作绩效挂钩。

2. 持续开展"降损增效"劳动竞赛

国网北京电力开展公司级"降损增效"劳动竞赛，每月考核评价产生3家红旗单位和5个竞赛之星，国网北京电力董事长亲自颁奖，并当场兑现奖金承诺。2017年组织开展10期，50人获得竞赛之星；2018年已组织开展劳动竞赛5期，25人获得竞赛之星。以劳动竞赛为抓手，全面激发各单位和员工投身降损增效工作的积极性、主动性和创造性，推进同期线损精益化管理。

3. 创建线损管理示范区

以线损系统建设应用为抓手、以降损增效为目标，创建公司级线损管理示范区，争创国家电网公司线损管理示范窗口，选拔挖掘理论线损、末端融合、管理体系等特色亮点做法，着力培育、深入提炼典型经验，推广应用，充分发挥以点带面、示范引领作用，带动公司整体线损管理水平提升。

4. 系统强化宣传报道

在竞赛过程中，加强宣传报道，制定宣传工作重点，对内选树先进典型，营造争先创优、学习先进的良好氛围；对外主动对接主流媒体，推出立足点高、策划性强、可读性强的传播主题，全方位展示国网北京电力"降损增效"工作成效。在中国电力报等国家媒体上报道4篇，在国家电网报等国网公司系统媒体上报道6篇，在国网北京电力等系统媒体上报道17篇。

通过强化考核评价造氛围，提高全员降损意识，国网北京电力发动五大专业、16家属地公司、3家

支撑单位、149个供电所及供电服务中心，共1万余人投入"降损增效"工作，确保同期线损管理实施成效。

三、电网企业实现国际先进水平的同期线损精益化管理效果

（一）管理水平国际领先，获得广泛认可

在线损水平方面，国网北京电力综合线损率降至6.45%，和理论线损6.0%相距在0.5个百分点内，处于国际大型城市的标杆水平。在技术应用方面，通过智能表覆盖及采用先进的采集设备，率先达到数据全部自动采集，处于国际大型城市的领先水平。在管理创新方面，在国际上率先建成大数据线损管理系统，提出线损全业务贯通分析机制，实现"能量流、信息流、业务流"的三流合一；首次在国内实现线损数据实时监控、预警、发布和处置的闭环管控流程，借助线损助手APP实现业务末端融合。

2015—2018年国网北京电力在国网系统同期线损管理中连续四年名列第一，国网河北电力、国网重庆电力、国网天津电力等9家单位先后学习借鉴。同期线损精益化管理"北京方案"，2015年荣获中国电力行业信息化成果一等奖，2016年入选国网公司"五位一体"典型案例库，2017年获得国网公司管理创新一等奖。

（二）绿色发展引领未来

国网北京电力通过开展同期线损精益化管理，大力推进节能降损，2015—2018年累计降低电能损耗12亿千瓦时，相当于节约50万吨标煤，减少二氧化碳排放87万吨、二氧化硫排放0.88万吨，在减少大气环境污染、降低气候"温室效应"、履行大气环境保护上发挥了积极作用，进一步彰显了国网公司的企业宗旨和以清洁和绿色方式满足电力需求的基本使命，为促进国家生态文明建设和绿色发展战略的落实，建立绿色低碳循环发展的经济体系起到了重要的示范引领作用。

（三）经济效益突出显著

通过同期线损精益化管理，国网北京电力综合线损率由2014年的6.89%下降到2018年的6.45%，降损和成本控制能力显著增强，累计贡献利润近10亿元，促进了企业经济效益的稳步增长。在北京市碳排放考核工作中，圆满完成市政府碳排放履约，累计结余碳排放交易配额40万吨，折合市场价值近3000万元，在国内经济结构升级、增长动力转化、售电量进入中低速增长的关键时期，为电网企业挖掘和开拓了新的利润增长点。

（成果创造人：万志军、安建强、陈斌发、纪　斌、王立永、丁　冬、
吴红林、韩　旻、佘　妍、王登政、王朝凤、齐　清）

以保障清洁能源外送为目标的大型枢纽电网智能运检管理

国网四川省电力公司

国网四川省电力公司（以下简称国网四川电力）是国家电网有限公司在四川设立的全资子公司，负责四川省内电网规划、建设、运营和电力供应业务。公司现有全口径用工人数10.34万人，供电面积44.66万平方千米，供电人口7915万人。2017年，总资产1625亿元，营业收入970亿元，净利润4亿元，缴税5.9亿元。辖区有±800千伏特高压换流站3座、±500千伏换流站1座，500千伏交流变电站49座；500千伏及以上电压等级输电线路192条，长度16498.118千米。

一、以保障清洁能源外送为目标的大型枢纽电网智能运检管理背景

（一）国家优质清洁能源基地和能源互联网建设赋予电网运检更大使命

四川省是全国最大的清洁能源基地，据统计，目前四川省水电装机规模达到7714万千瓦，全球20大水电站，四川省占了6个，到2020年四川省水电装机将达8300万千瓦。为充分保障水电外送与消纳能力，四川电网已建成±800kV复奉、±800kV锦苏、±800kV宾金、±500kV德宝4条超特高压直流输电线路，形成500千伏主网架覆盖全省、主要负荷中心梯格型骨干网架、多层级电网协调发展的电网格局。2017年三大特高压直流满功率外送电力2160万千瓦，公司全口径（含国调机组）外送电量1389.87亿千瓦时，国网四川电力外送电量357.04亿千瓦时，为上海、江苏、浙江、重庆、陕西等地区经济发展做出重要贡献。随着四川省清洁能源的进一步开发，四川电网规模将持续扩大，对四川电网风险防范与安全运行提出更高要求，对传统电网设备运检管理模式提出迫切的变革需求。

（二）清洁能源外送通道的复杂环境给电网运检工作带来极大挑战

四川电网覆盖青藏高原、云贵高原、秦巴山地、四川盆地等地貌，山地、高原和丘陵占总面积的91.8%，地形复杂，地质脆弱，气候多变，自然环境极其复杂。"西电东送""电力天路""川藏联网"等众多重要电力工程的电网设备设施，广泛分布在四川高海拔、重冰区、无人区、原始森林及洪灾泥石流频发地区，自然环境恶劣，输电线路及通道运维检修、应急抢修等工作开展难度大、强度高，给电网运检管理和业务实施带来极大困难和安全风险。面对复杂的运行工况，亟须将先进的信息化、智能化技术应用于电网，实现电网设备状态感知、风险评估、故障诊断智能化，大幅提升复杂运行环境下大电网抵御风险能力。

（三）传统以人力为主的电网运行检修模式亟待变革

"十二五"期间，四川电网运检人员增长率为25%，远低于电网设备规模71%的增长率。"十三五"期间，四川电网预计新增110千伏及以上线路2.3万千米、变电容量1.41亿千伏安。但是人员配置增长无法与设备规模快速增长相匹配，依靠人力为主的传统电网运行检修模式难以满足电网快速发展的需要。

面对上述问题，国网四川电力于2014年年底提出电网智能运检实施方案，增强电网运检专业设备状态和业务流程管控能力，提升运检工作质效，全面保障大电网安全稳定运行。

二、以保障清洁能源外送为目标的大型枢纽电网智能运检管理内涵和主要做法

国网四川电力立足于国家优质清洁能源基地和大型枢纽电网定位，以保障清洁能源外送为目标，针对设备状态管理难、作业过程管理难、人员管理难、资源整合难、电网风险防控难等电网运检业务关键问题，利用现代信息技术，将信息要素纳入生产函数理念，在构建设备状态全场景监/检测基础上，搭

建电网运检智能分析管控平台,并创新管控机制、业务机制、协同机制及风险防控机制,通过信息化变革运检业务管理模式和作业方式,精确感知设备运行状态及风险,实时掌握现场工作进展,以信息流驱动电网运检向数字型、集约型、精益型、共享型转型升级,大幅提升运检质效,保障电网安全稳定运行。主要做法如下。

(一)探索以信息为基本要素的智能运检新模式,转变管理理念

1. 以信息为核心,明确智能运检总体思路

国网四川电力明确大型枢纽电网智能运检管理的工作思路为以国家电网有限公司《智能运检白皮书》《十三五智能运检技术发展规划》为指引,以电网智能化手段应用为依托,将信息要素纳入电网运检业务全过程,建设"两网络一平台"技术体系、优化"一部门两中心"组织体系、构建"一交互一转变"业务体系、打造"一纵向两横向"协同体系、创建大型枢纽电网风险防控机制,创新智能运检工作方式和管理模式,推进电网运检管理理念转变,实现信息流驱动设备状态智能分析和评价、业务管理精益、运检资源配置高效、应急抢险及时科学,推进传统运检业务模式向数字型、集约型、精益型、共享型智能运检新模式转型,可持续性地提升电网运检工作质效。

2. 以信息为驱动,转变运检业务生产方式

一是将信息要素纳入生产函数理念,拓展生产内涵。在传统电网运检生产函数基础上,将信息要素纳入电网运检全过程,推进运检生产方式由人力、设备两要素向人力、设备、信息智能三要素转变。通过将设备状态、人财物等运检资源、业务流程信息化,构建设备状态数据、运行环境数据、运检资源数据高度融合的信息物联平台。以状态数据和运行环境信息流驱动运检人力、设备等资源的智能调配和优化配置。

二是发挥信息纽带作用,拓展人机交互联络方式。依托电网物联网,实现电网设备之间、设备与环境之间的信息交互,汇集海量信息,革新人与设备交互方式,改变传统模式下人力与设备之间的被动联系状态。通过智能信息网络,创新运检任务管控渠道,实现电网设备、运检人员的互联互通与多任务精准、实时、高效管控,提升各层级信息发布、流转、跟踪、反馈、评价闭环管理效率,促进电网运检工作由"人力为主"技能型向"人机交互"智能型转变。

三是转变生产方式,推行实时连续作业。通过对传统运检作业方式进行信息化改造,将"现场作业"转化为以信息流为驱动的"远程作业",从根本上革新运检"空间"概念,使长途跋涉奔赴现场作业的成本大幅下降。通过运检新函数,将以人力为基础、作业时间零散、连续性差的传统运检模式转变为以在线状态数据为基础的"连续作业"和"实时作业",改变运检"时间"概念,推进传统运检业务模式向数字型、集约型、精益型、共享型智能运检新模式转型。

(二)建设"两网络一平台"技术体系,支撑数字运检

1. 整合"天—地"监测资源,构建全天候状态监测网络

构建卫星遥感监测与地面在线监测相结合的状态监测网络,实现对电网设备状态的全方位实时监测。

卫星遥感监测方面,应用卫星遥感技术,全面掌握山火、地质灾害、杆塔倾斜等灾害信息,并接入高精度气象信息,将天气预报拓展至杆塔级,实现大风、暴雨、寒潮、覆冰等气象灾害精确预警,提升输变电设备和通道运行环境监测水平。

地面在线监测方面,接入各类在线监测装置,利用输电线路视频监控装置,有效替代以往人工定时巡检模式,并通过图像智能识别技术,实现自动巡线;利用覆冰在线监测装置实时监控输电通道线路覆冰情况及气象情况;利用红外智能识别在线监测装置实现对无人区线路山火的识别和预警;同时,采用光纤光栅传感器,实现地质灾害、地表形变等监测及预警。

2. 整合"空—地"巡检资源，构建立体式智能巡检网络

构建"移动作业终端—无人机—机器人"互为补充的立体式巡检网络，实时获取设备移动作业终端数据、无人机飞巡信息、变电站机器人巡检数据，消除监测网络覆盖"盲区"，利用图像智能识别技术及时发现输变电设备绝缘子掉串、导线断股、鸟害、锈蚀等缺陷，提升电网设备巡检效率，为输变电设备状态监测与评估提供数据支持。

3. 整合设备实时状态信息，构建运检智能分析管控平台

根据运检业务智能化需求，利用采集到的输变电设备实时状态数据，整合已有信息化成果，2016年率先建成电网运检智能分析管控平台（以下简称管控平台）。建成 7 个模块共 91 个运检业务场景。以数据驱动全面状态分析、主动预测预警、精准故障研判，形成运检业务智能化管理中枢。基于管控平台建立针对各类典型风险（自然灾害风险、现场作业风险）的处置应对标准与分类管控方案，从风险分布时间、空间、发生频率、影响程度四维度开展分类评估、分级管理，实现全景现场可视、高效指挥决策、精益作业管理。

（三）创新"一部门两中心"组织机制，打造集约运检

国网四川电力创新建设电网智能运检管控中心，构建运维检修部—运检管控中心—状态评价中心的"三位一体"运检管理体系，通过"在线管控—日监测—周安排—月计划"运转机制，实现"顶层决策—设备状态管控—运检业务管控"有机融合，推动电网运检由分散管理向集约管理转变，解决运检业务管理和设备状态管理双轨制运转造成管理分散、脱节的问题。

1. 创新管理架构，提供智能运检组织保障

在原有国网公司的"三集五大"体系架构基础上，创新建设国网四川省电力公司和地市供电公司两级电网智能运检管控中心，省电力公司层面的运维检修部负责指挥协调，运检管控中心主要负责对运检业务集约管控，设备状态评价中心专业负责电网设备状态管控，实现信息、业务、资源等的集约管理。

一是运维检修部。运维检修部是保障电网设备安全稳定运行的"指挥部"，负责组织开展电网设备运维检修专业管理工作，全面统筹运检体系人、财、物等资源科学配置。

二是运检管控中心。在运检部的统一领导下设立运检管控中心，分省公司运检管控中心和地市公司管控分中心，省公司运检管控中心主要负责运检业务全面集中监控、风险预警、运检策略优化、信息发布、业务管控。地市公司管控分中心在省公司管控中心指导开展所辖区域设备监控、业务指挥协调、风险处理、结果反馈等业务。

三是状态评价中心。在电力科学研究院设立状态评价中心，依托管控平台高效开展输变电设备状态评价、事故分析、风险评估及专项研究，为智能运检业务推进提供技术支持，支撑运检业务指挥决策。

2. 业务集约管控，提供智能运检制度保障

一是信息集约流转，实现运检要素互联互通。各级运检管控中心通过管控平台信息汇集功能，获取自然灾害预警、设备缺陷和故障、运检作业风险及进度、资源配置等信息，及时反馈至省公司运维检修部、智能运检管控中心、相关职能部门，并按照紧急程度进行分类，将不同类别信息以可穿戴设备、移动作业终端、信息内网等形式传递至班组、部门专责、单位负责人等各层级，实现人力、设备等运检要素互联互通。

二是业务集约管控，实现"三位一体"管理。构建"在线管控—日监测—周安排—月计划"运转机制，针对运维检修部重点生产任务安排、专项工作计划、电网自然灾害（覆冰、山火、雷电、地质灾害、污秽等）等，运检管控中心开展在线管控，利用管控平台多方会商模块，实现对运检现场集中在线管控和故障远程诊断；运检管控中心对当日输变配设备运行工况、现场作业风险、电网运行风险、现场作业、气象环境等进行日管控，提出处置建议，运维检修部和智能运检管控中心对建议进行评估，做出科学部署；运检管控中心汇集每周运检工作开展情况，供运检等部门参考，便于及时、全面掌握运检生产情况。

三是资源集约调配，实现快速协同联动。运检管控中心月度开展运检工作总结，根据"二十四节气工作表"提出次月工作计划建议，运维检修部结合智能运检管控中心的月度预警报告，对各单位工作进行统筹安排。针对应急抢修、重大保供电、重大检修等工作，运检管控中心利用管控平台资源管控模块智能分析结果，分析运检人员、车辆、备品备件、运检装备等资源的分布和状态，提出最优调配路径及配置方案建议，协助公司科学高效调配各类资源，实现协同联动、快速反应。

（四）构建"一交互一转变"业务机制，实现精益运检

1. 实施人机交互，推进运检作业精益化

一是协同巡检。构建以无人机、机器人、带电检测装备为"硬"系统平台与作业规范、风险管控等组成的"软"制度体系于一体的人机协同作业机制，利用管控平台的图像智能识别技术对巡检信息进行智能、快速甄别，及时发现输变电设备缺陷和隐患，缩短人工巡视时间，提高巡检质效。

二是远程管控。通过自动整合现场工作票、管控方案及人员、装备等信息，实时调阅现场视频及图像，对运检作业进行全过程管控，实现远程、实时、多任务监视，全面管控现场作业风险；利用移动作业终端实现操作指令、重点任务、作业流程、风险提示与派发等功能，实现远程管控，提升运检业务效率和质量。

三是带电检测。利用管控平台对带电检测任务、检测周期、检测仪器等进行统一管理，有效推进带电检测工作开展；利用图谱分析、聚类分析、横向/纵向比对等方式，实现带电检测数据的高效处理，快速、准确找出设备缺陷及隐患，提升检测效率。

2. 转变班组职能，促进运检队伍精益化

在电网运检智能化发展趋势下，为匹配电网运检管控中心职能，提出将运检一线班组职能由传统的单一业务执行向分析、评价、管控精益型转变的管理思路，激发班组创造力和能动性，打造"三能班组"，通过提升一线班组的队伍素质、业务能力，推动运检队伍精益转型。

借助管控平台，运检一线班组及时掌握设备基础信息、运检资源、运行状态、检修策略等信息，高效开展输电线路、变压器等11类主要设备状态评价结果分析；并结合高精度三维GIS地图、气象监测及预警信息、现场视频等，精准定位作业现场和风险点位，实现对所辖范围内输变电设备和通道运行状态的综合管理。

运检一线班组主动适应新形势下"一岗多能"要求，依托智能运检管理体系，从传统、简单的业务执行工作模式转变为集"分析－判断－建议"于一体的精益师工作模式。

3. 固化评价机制，实现运检管理精益化

结合精益管理理念，从输变电设备基础资料管理、运行维护、检修、缺陷隐患处理等方面构建省公司、省检修公司、地市公司多层级运检智能管控中心管理制度和业务规范，制定及发布《电网运检智能分析管控系统应用管理办法》《电网运检管控中心管理制度及工作规范》等5项管理制度，优化《电网运检工作任务流转》《电网运检现场作业远程管控流程》等3项工作流程。

结合管控平台实时数据信息，对运检单位及运检一线班组工作情况开展全过程管控和精细化管理，及时对存在的问题进行整理和归类，并通过管控平台、移动作业终端等渠道向运检单位、运检一线班组实时反馈，督促相关主体改进提升，形成精益管理闭环，促进运检管理精益化。

（五）打造"一纵向两横向"协同机制，开创共享运检

发挥智能运检模式下信息快速传递的优势，优化运检部－电科院－各运检单位纵向支撑机制，强化运检专业与调度、营销、财务等专业的横向协同，并与林业、国土、公安等部门协调配合，打破纵横壁

垒，实现共享运检，解决运检资源整合难的问题。

1. 强化"1＋1＋N"各层级纵向支持

构建"运维检修部－电科院－各运检单位（1＋1＋N）"纵向支持机制，借助电网运检智能分析管控平台、移动作业终端实现管理流程电子化，理顺运检业务指令上传下达的纵向管理流程，在运维检修部指导下，由国网四川省电力公司电力科学研究院开展设备状态评价、风险评估、故障分析等，支撑国网四川电力运检业务敏捷决策和管控质效提升，指导和引领各运检单位有序开展运检业务，全面提升运检体系各层级业务管控穿透力。

2. 强化"1＋N"各专业横向协同

构建"运检专业－其他专业（1＋N）"横向协同模式，依托管控平台建立运检资源共享池，实现运检专业与其他专业在人力、技术、设备、项目等方面互联互通，延展运检专业广度，提升协同作战能力。通过与调度协同，接入OMS系统数据，实现设备跳闸、重过载等的高效管控；与营销协同，接入用采系统数据，实现配网低电压、三相不平衡等的精细化管理；与财务协同，接入ERP系统数据，实现运检大修、技改等项目的精益化管理。

3. 强化"N＋N"内外系统资源多方联动

构建国网四川电力内各部门与政府、媒体、通信服务商等系统外单位之间的"N＋N"横向资源联动机制，确保满足电力设施保护、应急抢修、重大活动保电、智能装备通信等需求。

以电力设施保护为例，国网四川电力积极推进政企合作，搭建全省由各地综治委牵头协调、政府部门分工负责、电力公司协作配合、县（区）和乡镇专人负责的超特高压电力设施保护联动网络，实现政府资源与公司力量一体化协调联动，确保电网设备运行问题发现及时、处置到位。

（六）创建大型枢纽电网风险防控机制，实践全方位安全运检

国网四川电力深化应用智能运检管控举措，构建"管理轮""业务轮"双轮融合管理机制，规范电网风险预警来源、预警级别划分、预警信息发布传递和预警响应过程，以风险识别、监测预警、决策处置为主线，有效应对电网设备风险和现场作业风险，支撑大电网安全运行。

1. 管理业务双轮融合，风险预警全过程管控

一是规范智能运检风险预警业务流程。针对四川电网典型风险因素，编制《电网风险运检管控方案范本（试行）》《典型电网风险辨识及运检管控措施库（试行）》《典型电网风险运检管控案例》，狠抓电网风险管控，编制并下发《运检重点作业现场安全风险预警及管控措施》，依托电网运检智能分析管控平台实现"风险评估、预警发布、预警承办、预警解除"全过程业务闭环，使信息反馈更及时，流程衔接更缜密，为电网运行方式安排和检修策略优化调整提供决策依据。

二是强化智能运检风险预警管控机制。运检部牵头负责电网运行风险预控工作的全过程监督、检查、评价、考核，依托安全生产例会、安全风险管控系统、专项安全巡查，从年分析、月计划、周安排、日管控多个时间维度，优化流程，提高效率。通过业务和管理两个闭环的融合与相互作用，不断提升风险预控质量。

2. 多源信息关联整合，电网设备风险有效防范

以管控平台为基础开展远程风险评估与故障诊断，充分利用输变电设备"天－空－地"全景式监测技术，采集供电受损情况及气象情况。通过可穿戴设备、移动云台等装置，整合变电站视频、卫星单兵等资源，搭建由作业现场、管控平台和运维单位组成的信息实时交互会商平台，实现环境、设备、现场信息的快速传递。整合电网网架结构、地理位置、实时气象等数据，实现输变电设备及通道运行风险等的智能识别。将风险管控端口进一步前移，开展基于实时、连续信息流的深度挖掘和多维度关联分析，畅通风险预警至分析决策过程。通过部署应用电网运检分析决策模型，及时制订抢修方案，组织抢修工

作有序开展。

以电网防冰抗冰场景为例，智能运检管控中心依托管控平台建立覆冰监测网，获取全四川重要输电通道的覆冰信息，结合气象预报信息对输电线路覆冰进行预测，实时计算输电线路覆冰厚度，分析覆冰程度，智能评估覆冰风险等级，对输电线路覆冰进行动态预警。国网四川电力运维检修部通过管控系统向全省各供电单位发布覆冰预警信息，综合评估输电线路覆冰状态，适时启动融冰方案，动态跟踪覆冰预测、预警及融冰实施效果。各地（市）、县运维单位接收、复核本单位范围内的覆冰预警信息，采取相应的防冰抗冰与融冰举措，并向上级单位报告防冰抗冰与融冰实施情况。

3. 指挥处置高效联动，现场作业风险有效防控

依托"一部门两中心"构建运检抢修指挥中枢，完善省、市、县多级协同工作网络，实现电网风险快速处置联动。充分发挥管控平台的"信息大脑"作用，实现决策指令、现场信息在管理层和作业现场实时交互。通过远程、实时、多任务监视，全程规范现场复核、风险处置等作业过程，控制现场作业风险。全面应用移动 APP 和终端，强化风险快速响应与移动作业。利用无人机、机器人、移动设备等进行现场设备排查工作，提高故障处理、应急救援效率，确保电网运行快速恢复。

三、以保障清洁能源外送为目标的大型枢纽电网智能运检管理效果

（一）保障大规模清洁能源外送，社会效益凸显

通过实施智能运检管理，清洁能源外送通道运维检修效率与可靠运行水平大幅增强，以 2017 年为例，四川电网水电外送电量新增 95 亿千瓦时，保障了华东、华中、西北、西藏可靠供电，相当于减少标准煤消耗 11.6 亿吨，减少二氧化碳排放约 31.3 亿吨，有力支撑清洁能源发展与消费，提升大电网能源资源平衡能力，也为我国推行大气治理行动做出巨大贡献，社会效益显著。

（二）电网风险有效控制，经济效益突出

2015 年至今，利用电网运检智能分析管控平台，累计智能诊断输变电设备本体异常 3 万余条次；及时准确发布覆冰、山火、污秽、强降雨等自然灾害预警 671 条次，自然灾害导致的故障停运率降低至近 5 年最低水平，500 千伏及以上线路故障跳闸率从 2012 年的 0.857 次/百公里·年下降到 0.251 次/百公里·年，电网设备安全显著提高。在 2017 年"8·8"九寨沟地震抢险中，通过智能运检体系实践，3 天就实现恢复供电，与 2008 年"5·20"汶川大地震 1 个月恢复供电、2013 年"4·20"芦山大地震 2 周恢复供电相比，电网应急处置效率大幅提升，成果通过立体式远程管控、无人值守、故障智能诊断、运检现场远程管控等的应用，累计产生直接经济效益达 1.1 亿元。

（三）运检业务转型升级，运检质效倍增

一是数据驱动的状态管控模式替代经验管控模式，管控平台每天收集各类数据达 13.5G，基于大数据实时分析电网设备状态，设备管控力显著提升。二是远程作业模式替代现场作业模式，2016 年国网四川电力运检业务现场处理量降低 35%，时间成本和空间成本大幅降低。三是连续状态作业替代人工间断零散的作业模式，通过运检管控平台智能预警，替代人工值守模式，提高设备抗风险能力，2017 年累计减少现场工作量约每天 3 万人。四是"一部门两中心"集约型管控替代直线型管控模式，业务执行流程由 5 级减为 3 级，运检业务管理穿透力大幅提升。项目成果得到国家电网有限公司充分肯定，已在系统内 14 家省级供电单位推广应用。

（成果创造人：谭洪恩、刘　勇、贺兴容、徐玲玲、苏少春、尹德君、
张星海、冯权龙、王　超、范松海、龚奕宇、邵　进）

第 32 页的图 8（层次化的质量管控组织架构）改为：

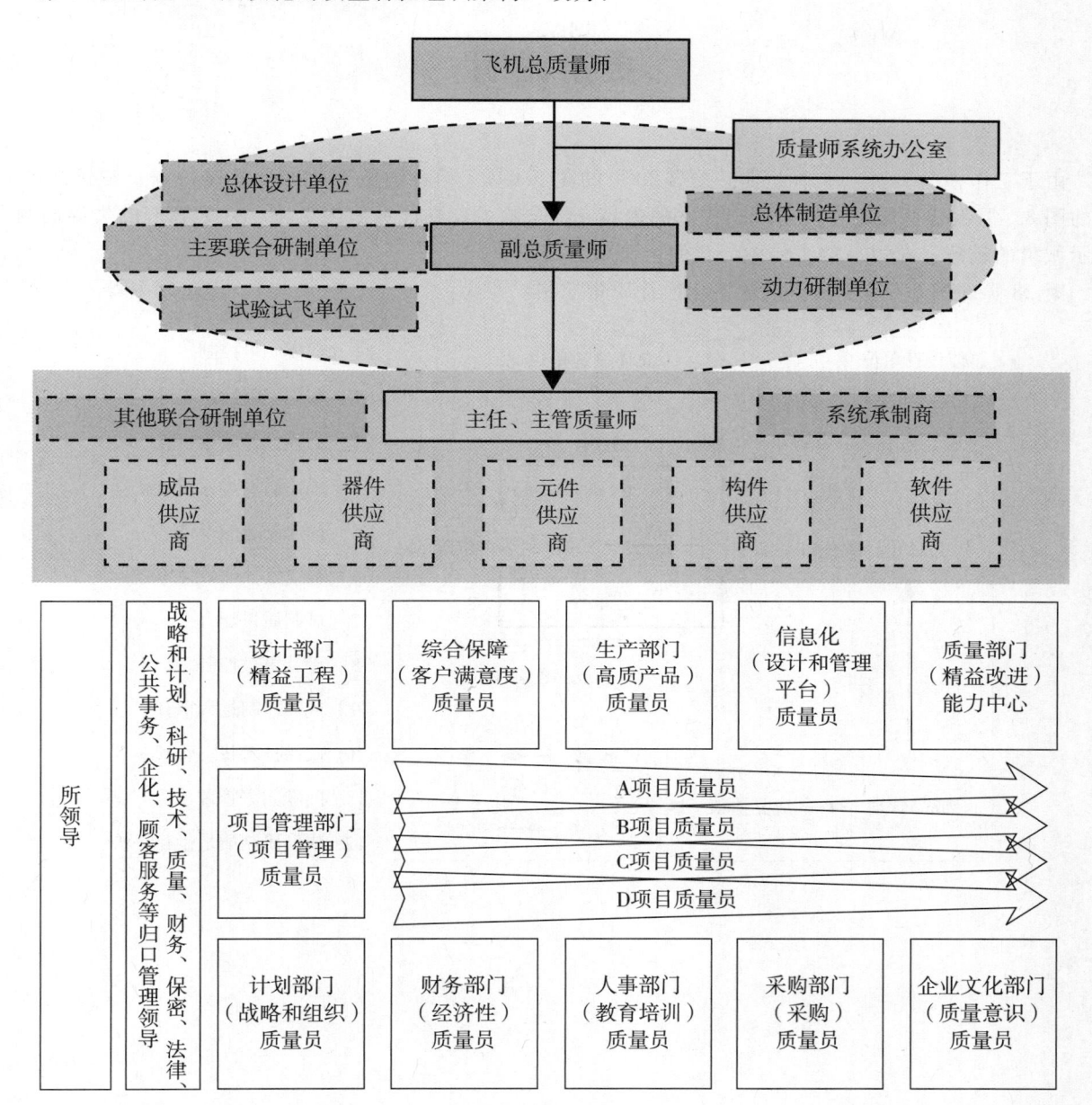

更正说明

由于工作中的失误,本书上册正文第 28 页的图 2(基于模型的数字化设计质量控制)和正文第 32 页的图 8(层次化的质量管控组织架构)的内容有部分缺失,在此页做出更正,并为我们的失误向读者表示诚挚的歉意。在以后的工作中,我们会更加小心细致。

第 28 页的图 2(基于模型的数字化设计质量控制)改为:

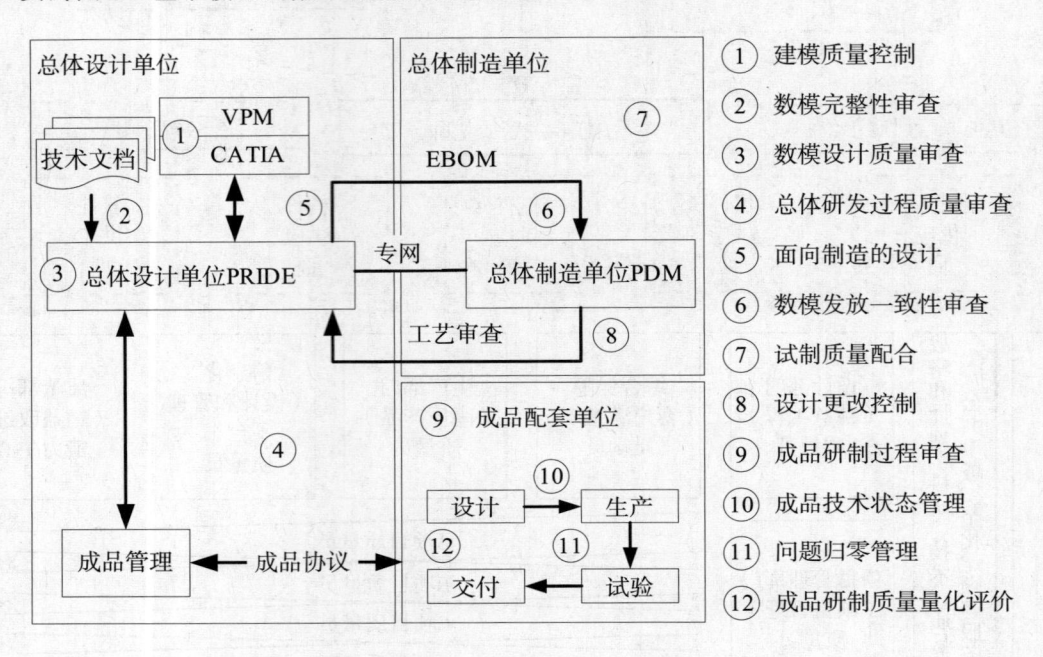

① 建模质量控制
② 数模完整性审查
③ 数模设计质量审查
④ 总体研发过程质量审查
⑤ 面向制造的设计
⑥ 数模发放一致性审查
⑦ 试制质量配合
⑧ 设计更改控制
⑨ 成品研制过程审查
⑩ 成品技术状态管理
⑪ 问题归零管理
⑫ 成品研制质量量化评价